易經原理

王明雄 著

學英

易經原理

作者／王明雄
封面設計／霍榮齡
封面攝影／徐仁修
責任編輯／林慶南

定價／1200 元
□ 1996 年　6 月 16 日初版一刷
□ 1996 年 11 月 16 日初版二刷
行政院新聞局局版臺業字第 1295 號
ISBN 957-32-2820-3
版權所有・翻印必究

Author: Tony Wang (Minghsiung Wang)
e-mail: tony_wang@mindlink.bc.ca
Editor: Chin-nan Lin
e-mail: Amy@yuanliou.ylib.com.tw

NT$1200　Printed in Taiwan

發行人／王榮文
出版發行／遠流出版事業股份有限公司
台北市汀州路三段 184 號 7 樓之 5
郵撥／0189456-1
電話／(02)365-1212
傳眞／(02)365-8989

著作權顧問／蕭雄淋律師
法律顧問／王秀哲律師
　　　　　董安丹律師

印刷／優文印刷事業有限公司
缺頁或破損的書，請寄回更換

YUAN-LIOU PUBLISHING CO., LTD.
7F-5, 184, Sec. 3, Ding-Chou Rd., Taipei
Taiwan, R.O.C.
Tel: 886-2-3651212　#702
Fax: 886-2-3658989
URL: http://www.ylib.com.tw

目　　錄

自 序

　　這本書原先只是我爲了方便研讀易經，而在學習的過程之中留下的筆記材料。這些材料基本上是易經所有辭語的解釋，透過對各種重要辭語的各家注釋，和筆者自己的創見，而推出易經的原理，或是以易經之原理，來分類說明易經辭語的各種含義。所以這本書基本上可以說是易經卦爻辭集解與原理。

　　我入門易經是因緣巧合。在二十多年前一個因緣際會接觸到八字命理，對它之神效大爲驚異。我原先是攻西洋文學的，但是在文學之中，我一直不能找到人生善與惡的各種問題的原因以及命運的根由，所以一旦接觸到命理的奧秘，內心起了很大的震憾，因爲它回答了我過去研究文學時无法解開的的許多疑問。我于是開始研究起命理。

　　徐樂吾的《造化元鑰》，是我命理書的頭一部入門書。另外和八字命理相關之書，凡能在書坊買到的，比如《三命通會》、《淵海子平》、《命理約言》、《滴天髓闡微》、《卜筮全書》都全數買來看。以後在雜誌上寫的和八字命理有關的雜文，也集結成《談天說命》和《命理解疑》二書（台北：時報出版）。漸漸地，五術之各種門道也无不涉獵。最後開始對稱爲衆經之首的易經下功夫。

　　我在易經方面小小努力的動機，和許多文史哲學學者不同。如果說傳統易學可分爲經學易和易術二派，也就是說以儒家（以及某些道家）的讀易和講究法術的易術（如京房易），我的傾向應該很明顯屬於後者。我既无立場行教化立言，也不像搞文史考據者汲汲於爲某一個目的去辯証義理。話雖如此，看過本書的人應該會同意，我基本上解釋易經，並不排除傳統經學義理。

　　象數和義理原本很不好分，因爲二者是相輔相成。象數未細核，義理終渺茫。義理不在象數之外也。虞翻以解易象見長，但他注易用在說明事理之變化和變通，有他對事物理析明白的分寸，比走老莊路線的王弼還通達，被認爲是最專易象的明代易學大師來知德，隱居萬縣的深山中，潛心冥會二十九年，著《周易集註》，對於象數多有發明，由象數推闡義理，以義理印證象數，而无偏執之弊，一時推爲絕學。自初版至今近四百年，流傳頗廣，雖然對經傳註解有些牽強，卻對後世讀易的方法貢獻很大。不過他對陰陽五術並沒有太多發明，對易學在實用的功夫，未必能和他生在同時代著作《三命通會》和《星學大成》的命理學家萬育吾相比。但是後人每言易象都奉來知德爲大師，而當今世人知道萬育吾者已不多。

　　詩書自遭秦始皇焚書，易經以卜筮獨全，自從漢以來治易之學者无數，而括其大別，不外乎象數與義理。大抵漢易長於象，如孟喜之卦氣、京房之變通、荀爽之升降、鄭玄之爻辰、虞翻之納甲。漢易自王弼掃象，以老莊言易，置象於虛幻，漢

易自此而衰微。宋人則長於理，尤以朱晦庵撰本義，捨象以言理，歷元、明、清三朝，數百年之中被當作科考工具，象數論易遂成為讀書人以外之專業人士，山醫命卜相者謀生之用。但讀書之士人卻久久為義理和象數之辯而樂此不疲。到了民國以後，廢除科舉，易經根本就從學者書架移開。少數新文學人士，在易經上下的功夫很深，只是將之用來考證其他學問，或是考証經史，或純粹拿易經來當作考証的對象。有的人則根本不去細讀它，只是方便的時候捕捉一點易經卦爻辭的浮光來否定它的價值。這種讀易經的方法不但无法對易經之理解有所增益，反而使得後起之學子視易經為異物而不再觸摸它了。

易經傳註以及有關論著很多，光是清乾隆三十七年納入四庫全書的就有三百一十七部二千三百七十一卷，但是其中很多是重覆前人之說，尤其是牽涉義理象數二者之爭時，大多是從漢宋二個陣營出發。易經解法分岐是從孔子死後就開始了，在中國歷史上從孔夫子以降，讀書人就不停地為了義理和象數孰輕孰重而相爭。其實並不是讀易經的二種不同方法的相爭，因為這二者形成涇渭，都是經學家所爭出來的。從易術的角度來看，讀易的方法差別不在乎義理或象數，因為這二者差別其實很小，真正大的分別存在玄學和實用之間，若以現代人的說法，就是人生易和理學易。現代學者，搞山醫命卜相的可說是人生易，而從事經傳考証的是理學易。可惜的是，易經實用的部份，尤其是眾多的山醫命卜相專著，都被另置在列朝史書的藝文部裡，像個小老婆被冷落在偏房之中。對搞山醫命卜相的人而言，真正讀易經的方法有所不同，是來自實用和玄理之分。雖然許多古代的學者是學藝兼顧，但是在現代社會之中，易學和易術是分道揚鑣，彼此不太相互照顧的。易術在學術殿堂是毫无立足存身之地，甚至連找個違章建築暫居一下也不可得。

這種思想最主要是因為宋代理學家之影響而變得嚴重。程子說：「有理而後有象，有象而後有數，得其義則象數在其中矣。必欲窮象之隱微，盡數之豪忽，乃尋流逐末術家之所尚，非儒者之所務也，管輅郭璞之學也。」程頤是把象當為術家所為，其實這也是一種外行人的偏見。因為他自己不是管輅、郭璞之流，不知道占卜算命是怎麼一回事，但是他主張象數合一則是真知灼見。易程氏作《易傳》最得朱子之崇。但朱子也說：「易傳不看本文，亦自成一家。」又說：「今學者專讀程傳，往往皆无所得，蓋程傳但觀其理，而不考卦畫經文，則其意味无窮，各有用處，誠為切於日用功夫。但以卦畫經文考之，則不免有可疑者。」可見就易學的觀點而言，朱子對伊川易傳並不十分滿意，他對伊川的批評可是一針見血。

易經從來即有漢宋之爭。漢儒多以象數說易，王弼以陰柔說易，是出儒以入道。宋儒好以易圖義理說易，又援道以入儒。後之學者，或言象數，或言義理，有師法王弼、韓康伯者，各崇所尚以自好而非議他人，斷斷不已，而體物不遺之易學，就

連情投意合如朱子和程子都還互有齟齬，至於生在不同時代、不同地方、不同政治制度的人更是容易有水火不容之勢。一部易經的原理就如此就被弄得四分五裂了。

歷來研究易經者常因爲朱子贊同占卜而將他看成「象術」派，這其中也有一點值得說個分明之處。主要是因爲朱子畢竟還不是個術家，所以他說支持占卜的話都是因爲矯正當時理學過份發達之弊，但說他是象數派則離事實太遠了。而說他是能占卜，是個卜人，即《史記》所說的日者或古時所說之筮人，又風馬牛不相及。朱子是大儒，在易經方面和象數不必有所攀緣，但他有自知之明。明代占卜命相之學術也不因爲少了他這一個榮譽會員而減色，不過以他的見識說點公道話是最起碼的了。朱子說：「後人但見孔子所說義理，而不復推本文王、周公之本意。因鄙卜筮爲不足言，而其所以言易者，遂遠於日用之實，類皆牽合委曲偏主一事而言。无復包含該貫曲暢旁通之妙。但若如此，則聖人當時自可別作一書，言明義理以詔後世，何容假託卦象，爲此艱隱晦之辭乎。」這眞是擲地有聲的名言。清代易學家李光地說朱子以爲先見象數方說得理，不然，事无實証，則虛理易差。這是說得眞確。

朱子作《周易本義》，把宋陳希夷、邵康節的圖書八件，和漢京房、虞翻之分象，卦變諸圖，列於卷首。這些人不但是象數派，而且也是搞算命占卜的大師，可見他對占卜的態度。他的學生蔡元定作《易學啓蒙》，本圖書、原卦畫、明著策、考變占四篇。以邵氏之說爲主要依據，邵並採取漢焦延壽的卦變法，做成三十四圖以說明變占。他支持占卜的立場應該是无可置疑的。焦氏原爲術家，以後受他影響的京房和虞翻也都可以說是術家。但是朱子雖然不挫象數，《周易本義》之中對易象之發明不多。朱子是公開稱頌占筮爲易經之本義，但他一生卻又薄術數爲小道，僅賴大衍之揲四歸以求卦。不論其筮法當否，而得卦以後只用六十四象辭三百八十四爻歸以定吉凶，縱判斷悉，如何能用之看世界萬物之變呢？儒家在傳統講究義理思考，到了現代連義理也不講，當今之學者不言義理，而代以哲學之研究，窒礙橫生，其弊灼然可見。易經之不衰，人心之不壞，其難乎哉。

儒家對空洞的義理思考，尤其把義理和象數二分，加上看不起術家的地位，是中國人思想僵化的原因。

孔子在繫辭上說：「是故君子所居而安者，易之序也，所樂而玩者，爻之辭也。」說起玩易經並不是容易的。眞正能拿易經來「樂而玩之者」，並不是那些只會咬文嚼字的學者，而是從事山醫命卜相和其他以易經來經世致用的人。五四運動以後談易經只有一種人比較講實用的，他們是搞考據和考古的。可是這種人讀易的方法太偏重實証，常常有點壞傾向。在科學主義的要求下，他們拿易經當做考據的工具，來印証考據和考古對象的眞實，而不是易經的眞實。這是目的和方法互爲顛倒。對他們而言，如果在考古中不能找到實物來印証易經中的文辭，那麼易經的這

些文辭就是可疑的，就不值得信。對他們而言，易經有其迷信之處，而它在占卜的功能是毫无可取的。讀易經最忌有立場，考古家和考據家最大的毛病也是太有立場。現代人事事要求証，而古代文化種種現象並不是件件皆可以有實物留下來印証的。比如今人要求証易經之占，无奈著草易朽，早與糞土同盡，自然无遺物可徵，即便是夏殷之占，以龜甲行之。但是據禮記曲禮的說法，龜筴敝則埋之，而筮必用蓍，夏殷欲卜者，乃取蓍龜，用過即棄去之。以實物來印徵易占只能說是一廂情願的想法。現代人科學的歷史觀有其獨斷性，凡不合今人之想法即不合理。近代人的習尚是以今非古，封建、婦女纏足、納妾、迷信皆要去除。根源於三四千年的占卜，自然是可以棄而不顧。現代人相信文明是向前進的，現代的想法一定比以前好，而來自西方的科學思想最爲先進。在這種以今非古的看事物的觀點，占卜不該是易經的本來功能，因爲易經有更高尚的目的。許多人因而斷言易經不是占卜的書，而從占卜來瞭解易經是錯誤的，其實這是很錯誤的想法。易經的確是具超時代的智慧，不能光是以現代才發展出的科學的原理來做爲考驗，因爲它是宗教的產物，不是純粹科學可以全部衡量。聖人以神道設教而天下服，在反對宗教的社會看來，占卜是不足取的。有人以爲如果易經是占卜書，那麼易經也不足取，從而不讀它。

在我研究易經的過程中最不明白的是，爲何人們不會爲了多多瞭解易經而去思索先人是如何創造易經的，然後再以寬大的胸懷學習古人看事情的本事。現代人卻反而只是批判和排除古人。批判的思考原不是易經的思想方法，也不是中國人的思考方法，這是稍懂易理的人都會有的修養。易經是包容性的思考，而不是批判性的思考。包容性的思考就是接納，如果只是一昧以今之理來非議古人，我們如何才能從讀易經中去增加智慧呢？上古之人發明占卜，提供了我們各種活潑的思考方式，我們憑什麼去排斥它呢？

有些易經學者不但批判占卜，而且還以道德的觀點來嘲笑古時的卜人。比如徐世太在《周易解頤》序說爻辭：「巽在床下，用史巫紛若。」是指掌卜者在床下苟合，紛若二字是寫其不堪，則作者對卜筮之態度灼然可見。徐世太取巽卦「紛若」二字來假設古時易經作者對卜筮採取批評的態度，可能犯了好幾個錯誤。他假設易經有個特定作者，而且易經不是記錄一些卜者經驗的書。到底易經如何形成，是到目前尚无法論証的。而他卻以爲作易者不但不占卜，而且還會在易經文辭中嘲笑占卜者，所以巽卦是說史筮在床下幹起見不得人的事。用這種方法解釋一本在數千年中被中國人用來占卜的易經，對於无心的讀者可能會有很大的妨害。

事實上，根據考証，筮法爲商人所固有，巫咸原本爲筮。從周原發見契數卜甲，其構成之數字不是六個即爲三個數字。這和三爻成卦與重卦爲六爻的情形完全符合，可知這些數字必是易卦卦名。周原甲骨出於岐山鳳雛村西周初的宗廟房屋，

從這資料可知以占卜爲用的甲骨文和易經有很密切的關係。易經之創作顯然是卜筮的過程所留下的東西。如果易經有其特定之著作者，而且自己也是占卜者，即便是在床下幹了某些事，這些事必定有遠深於違背「善良風俗」的考量。照我看，巽卦說「用史巫紛若」最多可以說是一群乩童在床下活動，或是捉妖，或是說床下群鬼作崇，才會有紛若的景象。不過古時的床是否和現代只是當睡眠之工具的床完全相同呢？這只是一端。至於是否占卜者妨害風化，這得要從先民所存在的不同時代不同地域的習俗來看。易經演化的過程，遠在孔聖之前至少上千年了，可能連建立儒家道德原理的孔聖人也不一定會將筮者紛若之狀說成傷風敗俗。

易經原爲神道設敎而立。古人爲了提倡義理，而摒去卜筮之道，近代迷信科學，更堅絕反對卜筮命理。豈知義理離去天道，則不免成爲常人浮泛之想。社會之中從事思想工作者，只論人事而无知天理，論及義理只能牽合委曲一事而言，无復包含該貫曲暢旁通之妙。用現代人的說法，就是只會看一個辭語的文字含義，而它在文化宗敎上的深層含意則不給理會或无法解釋圓通。思想的僵固之害常有甚於天然災害。最終之惡果是世道人心喪亡，善惡是非不辨。對於這個問題，清大學士李光地在《周易折中》一書中說得最明白。他說：「天下之道只是善惡而已。但所居之位不同，所處之時既異，而其幾甚微，只爲天下之人不能曉會，所以聖人因占筮之法以曉人，使人不迷於是非得失之途。所以是書夏、商、周皆用之，其所言雖不同，其辭雖不可盡見，然皆大卜之官掌以爲占筮之用。自伏義而文王周公雖自略而詳，所謂占筮之用則一。」

所以我一開始讀易經即深感讀易不能不知占，但是我說的占並不是說只重爻而不重辭——如同歷代占卜家之讀易經以爲爻重於辭。比如《火珠林》起課是只要用卦爻，而不必用到卦辭，就足以判定事情發展的吉凶。聖人既然設卦辭，備而不用豈不可惜。我以爲從卦爻原理來占卜，如能加上卦辭的說明，更是周詳，當然我們萬萬不能把卦辭文字當做修辭學來解釋。我們仍然要根據卦爻變化來解易。易經卦爻辭的豐富性善用在命相占卦上，更是如虎添翼。這是什麼原因呢？因爲易經之卦辭爻辭本身是字字都有深理存焉，也就是說不止是孔聖人繫辭是在敎世人易經的原理，即是周公和文王也在文字中暗告後人種種原理。傳統易經大都是以既濟和未濟當作解釋吉凶的準則，其實易經六十四卦，卦卦都可成爲一種準則，而易經之中的所有辭語都可以敎我們特定的一種讀易經的方法。聖人不待後人求問，而先在卦辭、爻辭、彖辭、繫辭中埋伏了各種陰陽動靜變化之機，不止在定靜的相濟，而且各卦皆有各卦之風光和常態。一件事因何言吉，因何言凶，皆要因時、因地而看。所謂天地之大，不可以數拘也。易經之原理也不止是存在陰陽相濟的定位而已。而易經之妙理也不光是薄薄的由京房易演變出的《火珠林》一書所列的原理而已。易

經是字字句句皆可剖析爲一種讀易的原理。

中國傳統上有這種突破性的思想家很少，但是有則都是驚天動之地之巨作，比如揚子雲和邵康節闡易。揚子雲以數理闡易，是從律曆著手。易學者如不精音律曆法，則无從下手。今人知音律者幾希，而子雲之作成絕響。宋人解易最長圖書，如无邵康節，則其以圖解无象數補之，難免流於空泛。宋易以太極圖爲原易之始，而以皇極書衍數之終，而宋代易學因爲邵氏才能活在民間，其功在于延長了中國人文化之血脈。漢儒言易皆是實象，如孟喜之卦氣，京房之變通。唐初以後因爲王弼掃象，於是漢易自此而寢。但京房易也在人間由占卜、風角、望氣、堪輿、祿命法而流佈各地。可惜像揚子雲、邵康節、京房之人太少，所以易學的發展始終跳不出理念之框框。

除外，易經之注釋和應用可以發展的空間很多。我們不但可以把卦爻辭當做不同解法，而且也可以把六十四卦任何一卦當做一種讀易之準則，以取代傳統以既濟卦當做解易之法則來讀易經。如果以後除了周易之卦序，即取先後天圖之圓周之序貞吉凶，而另從六十四卦之中各卦爲準則來讀易，另闢蹊徑，則除了現在大都數以水火相濟卦爲準，尙可加上以其他之卦爲準則讀易之法，比如以屯卦看易，即屯易；以井卦論易，即爲井易。以此類推而有頤易、鼎易、比易……等等讀易之法，則我們除了目前所有之易經學說和理論，可以以六十四倍之數增加之，易經在文化思想上之潛力實在不可限量。

漢代京房易經把事物互相之關係用：寶、義、制、伐、專來形容，即後世子平命理所說六神--比、劫、食傷、印、財、官等用來看風水、命相，非常靈活好用，可以說是中國人「人理學」和「自然律」的法寶，對於學習易術的人當然是一個必備工具。但是要能鑑幾知微，則非在易經八卦專精不爲功。這當然包括其他諸如納氣、卦候、納甲、爻辰、納音，及其他圖書之變化的知識。人生之事未必非以玄學來化解，光是世俗的倫理學、社會學，都是千變萬化，不是少數學理可以概括的。易經之卦辭可以發展出各種原理供我們研究觀察，其功用不是占卜而已。所以要學易經不能不精通卦爻辭、彖辭、象辭和繫辭。而要把易經讀好，絕對不可以文字片面之含義，或固定之一種讀法、體例、或思想爲足。

近時之易學家鄭燦在他的著作《白話圖解易學啓蒙》第一章第三節中說得好：

「有些古傳的象變法則，本為解釋經傳而設，其法則本身亦見得完整而頗具條理。但因與其他法則同時並用，或遷就某些理論，而不得不變更其體例。似此就要研究其適用的範圍、程度、用法是否得當。如果非變更體例不可，則是與不易之義不相符合。而喪失其使用的價值……」

　　我以為要解決這種遷就理論才可以讀通易經之麻煩，最好是不要太講究某一個理論，或一種體例。不要以為全本易經，或是某一個卦的卦爻辭，是一則典故，像一首詩，一個電視劇那樣有連貫性。這種思考方法很有問題。最好是把易經看成是千千萬萬思考方式的原理性的集合。因為它的原理的廣包性那麼大，如果有一天，人類發現易經少了一半，我們也應該可以從其中一些辭語領悟到易經可能涵蓋的內容才對。事實上，從漢朝今文經和古文經分家，到現在長沙馬王堆本易經出現，並未變更或減少了我們從易經得到的智慧。

　　讀易經不能光在考証辭語上講究，也不必斤斤計較到底某一個辭要作何解釋。聖人在易經上設卦辭、爻辭、繫辭並不是在解釋某一事而已，而是在說明一些思考的方法、一些原理，或一些事物變化的路徑。讀易經最忌諱的是讀者堅持把一個卦看成一個特別經驗的描述，現代甚至有人試著把各卦看成故事，也將它畫出來。這可以對讀易經添加一些情趣，可能未必會對人們思考易經帶來什麼。許多易經的注釋者為了相信六十四卦中個別卦都是單獨的狀況的描寫，或是爭戰、或是婚娶、或建構、或是買賣，一旦成為自己相信的一套，別人的說話就是不通。這種讀易的方法當然可以滿足某些讀者一時想追求答案的好奇心，但是他們一旦離開了這種解說的範圍，或是一時之目的達到了，這個讀者就完全回到无助的情況了。

　　所以解釋易經最好的方法是把所有的卦辭、爻辭、象辭都看成是原理的說明。它可以是修辭學，可以是文學、籤詩、神諭，甚至是謎語。它也可以是一個現象描寫，或如大部份讀易者要的——它是某一個特定經驗的記錄。不過，最好我們不要太講究表面的意義，我們要多研究到底每個辭語，卦象，和數的關係是在告訴我們一種什麼思考方法。而要得到對易經原理最深刻的認識，最好是從占卜下手。古人說善易者不論易，這一句話的意思是真正懂易經的人只會占卜，反而不會賣弄文字。因為易經之深意不見於解釋，而在于占。在占卜家的心中，每個單一卦象都是一種現象學的明鏡，而不是解釋。嚴格來說，易經之意義一旦被解釋了，就開始走樣了。如果我們得到一個卦象，而且也從易經中找到相關的卦爻辭，這個卦爻辭自然會因為和現象的結合而生出很特別的意義。一個人讀易經終日只斤斤計較一個辭必須做何解釋，他只能掌握該解釋片面的含義。但是如果他會卜占，或學到某個卦爻辭的原理，那麼易經對他就會成為一個靈活的思想工具。因為易經不是包含特別意義的書，易經只是一本教人如何賦予意義和創造意義的書。嚴格說來，易經文字的意義是很含混而不相連貫的，這一點卻正是為什麼易經會那麼精準的原因。

　　因而我注解易經時，最強調的是一個被大部份現代人所排斥的觀點：那就是易經絕對是一部占卜書，而且是包羅各類占卜者，可能是來自不同的地域、不同的文化背景、年齡、或性別的筮者的卜占經驗，易經就是現時人所說的乩童的語言。現

代學者研究上古史所提供的的資料明白地指出，易經有許多卦是直接說到占卜者的行為、方法、占卜的說明。這些占卜者不一定是飽學之士，而且在上古之時也未必是社會上德行高潔之流，他們的籍貫包含之地域很廣，蒙卦說的是幼小的卜者的啟蒙，可知卜者是經過訓練的，但有時卜者也可能是從別國家來的俱有占卜能力的人，也許其中有的是俘虜。這些人有能力從事占卜之事，但未必是個讀書人。他們或許可能是史筮，因而必然有某些天賦或訓練，但是不見得所有的筮者都有後世儒者的風範。

易經的卦爻辭當然還是在講一些先民的思想、活動，所以卦爻辭所說的當然離不開宗教、鬼神、祭祀、占卜之事。在讀易經時，我也曾試著從這個角度來解釋。以前注釋易經的人很少願意在這方面著墨，而在現代某些社會可能仍是個忌諱。不過因為這方面的論著很少，我想可以提出來給那些想找出易經原始的運作方法的人參考，這方面的可以發掘的資料實在太多了：在易經之中可以找到的關於占卜、祭祀、建廟、捉鬼等事不勝枚舉：

(一)有關祭司的活動

如上所言，蒙卦說童蒙，也可能是被訓練過的未成年的占卜者。六十四卦中只有蒙卦直言占卜一事並非无理。師卦所說之師在孔子以後說的是經師人師。但上古時之師則是祭神之祭師。祭師要出道，先得知曉音律、五行六律。所以師卦言律。豫卦是說在開國時建廟以祭祖。在祭神時以音律來求天地之合及神靈之保佑。所以豫為樂。

巽九二敎以卜筮之事，史為祭祀時作冊書以告神明的人，巫是祓禳時為歌舞以事神者。巽為命令，兌為口舌，都是指巫。易經之鳴字有許多作用，可以是驅邪，可以是征戰時之鳴金，也可以是占卜時所發之聲。總之，鳴的功用是找出兩個事物間之和音以求吉凶。謙卦之能謙是摸擬鳥叫的聲音，嗛嗛之聲，所以謙為鳴謙。

比卦說原筮，也所見之人，比如闇人、說是匪人也。匪人即不是凡常鬼、罪人（罪民、盜匪、凶徒、陰邪之人也）、或巫者。匪人可以看作是巫者。比卦是以比卦的卦辭說原筮，是最初通曉占卜之巫師。同人卦之所以稱同人，也是因為巫師是居在神鬼與人間，有和人類相同之處，也有所不同。而同人卦也是說占問身份的問題，包括祭祀時鬼神的身份。祭祀前問神之身份的傳統東西方皆相同，可見諸各種詩辭神話之中。

(二)易經六十四卦許多卦是專言祭祀之功能

詩經說需之舞階、崇降。需之因壘，矣天休命。需者，雲上于天，舞雲門也。

即古時在室外，祭神之舞以驅邪。履卦描寫的是初民建立禮儀，祭祀的思考過程，最先從原始的表達形式開始，因爲沒有傳統可循，所以要在險境中去創造。

泰卦以來往，與上下互交爲卦意，除了說結婚之事，也說地上之人祭祀上天之神。在祭神時，得到自己祖先之靈回應是最吉祥，而且從此可以有祭則靈，即无往不復。往是地上之人心向上，而復則是神之復言。復見天地之心，即見到神意。

蠱爲先人之鬼。古人設棺以收管其靈，而以釘爲傳宗添丁之作用。所以蠱有取先甲爲，而後甲爲丁之說。大殮有封釘，即以金（釘）剋木來安魂鎮邪，其目的則爲傳宗接代。

觀是祭神以求見到祖靈。觀卦即民俗所說之＜觀落陰＞。祭神令其出而觀之，又以神廟來管理之。「賁其須」亦可能是說祭神時戲劇之衍生，從借用面具或假鬍扮演不同之角色，以祈神消災。須爲虛，即虛擬之人或事。而賁六二說賁其須。象曰：賁其須，與上興也。興是與在天上之神共祝。賁卦說觀乎人文以化成天下，是說觀看扮演的人所做的紋飾來化災，或開化社會的風俗。賁卦是說演戲謝神的起源。

離卦初九即說消災以辟咎也，離爲災。渙九二渙奔其机。渙上巽，巽爲木。互艮，手憑机之象。二互震足，急行，爲奔。這是家廟中祭神啓靈時巫師開始在神桌上以手示神諭。渙二五互震，在祭神時，神靈失散无主，无法溝通。啓靈時，神桌震動，有出奔之象。此種景象常見于民間神轎在發靈時出奔。

(三)易經做爲驅鬼之法

祭祀主要的目的之一是捉鬼，所有易卦中很多爻象和古人驅鬼捉妖有關。所謂鬼其實也可以就是不合宜的時空交會狀況，這種狀況被形象化，可以利於辨別或去除。通常可能是祖上之靈，比如睽卦說的是事情反顛不合常情，上九即表現因爲疑心生出的不合情之判斷。主要是陽爻在上，處陰位，自己地位不正而无法料事。卦象所見是背負泥土之野豕載滿一車，又似鬼物，所以一面拉起弓要射之，又放下了把弓脫了。此爻或是說古時婚儀時送禮以障目之法，而之間要以雙方打鬥爲儀式。又婚俗最忌爲祖上之鬼靈來相擾，所以睽卦初到五都說宗親同人之遇，遇即遇鬼也。

張弧，即近時之＜搶孤＞，孤即祿命法之孤神或民俗之姑惡。解六三卦象陰爻接近上卦震之陽，是陰乘陽，爲負之象，即背負。下卦坎即坤，坎坤皆車，車上所負爲上爻之物。小象說是醜，即匪類爲醜，即鬼也。又原卦中互離，六三爲離三之中，即二爻所說的三狐，在田中拿到三個作怪之物，置於車上。

震爲動，動則行，震木爲卯月之木，即桃木，用之消去坎水，則下卦之難可解，而醜物亦消聲无蹤，所以解卦說到驅鬼解災之法。歸妹亦爲＜鬼妹＞，即尚未出嫁即亡故之女子。自古相信因爲未嫁而故，其靈會來妨害家族後代女人之婚姻，

所以歸妹者，先嫁出家中之鬼妹，即＜鬼魅＞。鬼是可以捉來吃的，這可見之於鍾馗嫁妹之神話。易理有甲以乙妹妻庚凶爲吉兆之說。因爲乙和庚合。易經是最講假（甲）借，而庚爲甲之殺，陽以陰爲妹，陰可以爲陽合去殺，這是去凶之法。或許古時婚娶之目的之一在消除一個家族之災，這即是從以妹（乙）妻鬼（庚）的想法變來。古時以帝女和番（即泰卦說帝女），或許也是同樣的作用。

漸，從斬，古時有寫漸加耳字在下之聻，放在門上以嚇鬼之風俗。今病方二條曰＜瀉刀＞，曰斧斬若，即取斬鬼之意。古人相信鬼斬除，病自去，這也是去鬼之象。易經說到車的用處有凶有吉，在師卦是載屍體，爲退兵之時狼狽象。睽卦是載鬼一車，捉鬼而回來，這是祭師所作的事。在隨卦、乾卦、坤卦、離卦，都談到車，而車的功能之一是載鬼。

升六四亨于岐山。火性枝，即岐也。亨爲烹，用烹即以火，＜升火＞以祭先人。易經之豫卦和升卦都說冥，因爲上六爲極陰，而比應又是陰，所以不明。如以祭鬼而論，在祭司進入和神鬼相通後，爲極陰之境，而此時又見陰之氣，則會有遊魂出竅的危險。而上六是在廟堂之外，爲荒山野地，反而消掉了要求的福報，而得不到財富和福氣了。

（四）有關傳宗接代

古時因爲長子爲家業之繼承人，所以能得長子是大事。而一家最怕也是剛出生的長子被剋死，所以主祭莫如長子。這句話原是說家中主祭之事要由長子來做，其實長子死了尚有人可以擔任，故實在的意思是祭神之事莫過於問長子的出生，或吉凶。震卦象傳說洊，洊是有如人死而靈又回來，所以古有荐亡。震卦說的是祭神之事，震爲廟象而五爲卦主，是主祭者之位，他是安靈之位，震卦以震驚百里。

易經濟卦說的都是祭祀，主要是爲了傳宗。九四震之長子並非是眞的，而是變爻之取代，所以卦辭說震用，用即代也。因爲如果一家有了長子，就不必去祭神求子了，這是先分封土地，來增加得子之可能性。

歸妹上六終位，和六三終不相應，是婚姻不成之象。上六說古代婚姻儀式，以女子手奉竹筐。在宗廟祭祀，男子則殺羊以供祭。如今女子所持爲无物在中之筐，而羊爲无血之死羊，這可能是草草行之的禮儀。因爲吝而簡禮，以致成爲不吉之祭，或破壞婚事，或是成爲无子之兆。實爲果實，即子孫後代，這是絕後之占。上六變，卦成睽，睽者，睽孤，即犯了＜孤神＞、＜寡宿＞，終非吉兆。

（五）有關建廟地點之選取

萃卦取象爲廟，廟所以事鬼神。廟爲宗族聚合向心力之地，也是溝通先人之靈

和敬神者互相聯絡情感的地方。但是萃卦三五互巽，巽爲木，在兌金之二，又是二陰，金木相爭之象。在家廟之中親族太聚，自然相爭。渙卦是說建廟請神入廟，雜卦傳說渙離節止。離爲分，即將祖先各人所屬之位置分開，以減少各先靈之紛爭，而以節止之。節者，各種節日來祭拜，不同的神享受不同節日。節上卦坎中爻之陽，來居于渙之二爻，所以渙象辭說剛來而不窮。這是以節來邀請祖上之靈來，到了二爻人間之位，以後這些神靈不致窮困无食。節卦主爻爲九五，居中而節。六四上承九五順而奉行之，所以稱安。安就是順承主事者之意，或上天之意。安是爲死者安魂，爲生者安宅。安也可以說安宅，爲剛死的先人安靈。節卦說安節是要尊奉先人之言而安之，不可以將旁系之祖放在家廟中。

　　易經萃卦未安上，是說尙未將先人之靈安在位上，以致先人之神无主（神牌）可入。而剝卦剝上厚下，安宅是請先人之靈包庇厚愛，令生者可以安置其居，即安宅。訟卦安貞是爲了避免先人不同姓者爭爲後世之所立之廟，以免口舌是非。同人九三三歲不興，安行，是說三年過後方才把不同姓之神主入廟。

　　中孚卦有一個很重要的卦象，就是因爲日月暈光之作用，而會有錯象。在祭神是即是錯把別家之神擺在自家廟中祭拜。在古時，爲了避開血緣、宗族之錯象，而有中孚卦來說明。在風水上即所謂偏針，這會造成類別分不清的現象。有時這種顚錯也會以雙生的方式出現，這就是中孚九五有孚攣如的情形。不過因爲中孚之攣如（即鬧雙胞）是發生在正中，即主爻，本來是有孚象，所以是正當而合宜的。

　　本書定名爲易經原理，是因爲易經最原始之作用，就是以上所說的種種宗教活動。易經成爲德道的產物顯然是後世之事，如果不去追求易經所明示的道德含意的原由，我們不會有能力去做合宜合理的道德判斷。可惜後來中國人把理念和實踐二分，所以道德的實踐和理念不一致，以致人們對道德的判斷能力也僵化了。其實中國人的道德理念是有自古至今一貫不變的原則，可以放諸四海而皆準。這個準則或許可說是孔子說的仁義，宗教上即八卦之天地定位山澤通氣，或五行之金木水火相交。中國人的道德是非常在乎變通，同時也很講究因時、因地制宜，所以才能數千年文明不斷。不管任何亂世，中國人始終是有一個很清楚的標準在維繫人的關係，但又能知變通，能因時地制宜的觀念就是易經的原理。事物要求變，必有其不變的某些特質才可以在其中做變化，事物要做大的革新就得保守原來的形質……等等矛盾的原則。不從這變易的角度來看道德問題，就會變成敎條主義。

　　比如易經說「從一而終」，並不一定是指女人不可再嫁。從一而終是說坤卦運作的原理，這才是從一而終的本意。終是自始而終。始爲乾，乾元爲始，坤元爲終，坤卦爲順，爲終，即順先天八卦之左右而行。由乾爲始，即乾、兌、離、震，由坤爲終，即巽、坎、艮、坤。又乾在八卦爲一，從一而終即坤歸元于乾。此處之

「一」字不能以數目之一來看。一爲始，從一而終即一元復始。這未必可以說成女人一生只能嫁一人。

古人說人要守節，到底什麼是節，就得從節卦原始的含意來看才能看見。談到守節、貞節，貞字是易經最重要的一個字，比如元亨利貞。貞不是光指淸白，而是說該做什麼事時就去做，即合於水火相濟之最高合宜性。以前說女人要守貞節，並不是只謂守身如玉。守貞節有可守也有不必守。做臣子要忠貞，也不是永遠愚忠。古人說節，節字就字義在易經就很多面：

一・裁節爲變，裁度合宜，如天地以氣候爲節。

二・四時之節，即天地節而四時時成。節以制度，不傷財，不害民。

三・大蹇，朋來，以中節也。

四・不嫁爲苦節。嫁爲家人象，家人風火，與節之水澤反，反則苦。

五・節當位以節，中正以通。

六・師出非義，師行无節制，皆失律，累人心，使不得放肆。律爲節制，師出以律，就是以陽爻來制陰。

七・節卦初九，不出戶庭，无咎。象曰：不出戶庭，知通塞也。守節要在門內方可以守住。一出門，如寡婦出門，即變節矣。守節只是說出門和入門之差別。而不是一種行爲標準，比如到底改不改嫁。

八・節上艮止，積澤爲鹵，故苦。節卦澤金見坎水，即命理說的金生水是傷官，即尅傷夫官。所以節卦不出庭戶，不光是說守節不嫁，也說有人生下來有守節的天性。命書說：「多金坐局，斷臂流芳也。」

九・當位爲節。易經以陽爻接陰爻，一陽一陰爲正，只要當位，易爻形成了一節一節，所以當位如節。節是守本位。

十・節爲止：先天卦右旋，陽生坎中，至兌，陽終也。節上坎下兌，陽道已終，故節止也。

十一・巽離反節，家人九三象失家節，家人巽離反，互節，這是＜失節＞一語之原意。而困反節，家人九三象失家節。中孚巽兌，下兌即坎，爲澤水困，困節反，故失節。家人若困，可能易於失節。節即閑也，即家門。

若不能從各個角度來看節的定義，那麼朱子所說的「餓死事小，失節事大」就會成爲對女人很不公的封建思想。料想大聖如朱子者不會不講人性事理到這種程度。朱子所言之節自然是指某一特定情形，但其含意則可以合乎以上之各意而无所不包。

本書不稱爲《周易原理》，而直說《易經原理》，其理由如下：

神農原稱爲連山氏，也稱列山氏，所以有連山易。黃帝又稱爲歸藏氏，是有歸

藏易，這都是以氏族代號來稱其書。周易則是取岐陽地名，毛詩說「周原膴膴」，又文王作易之時，正在羑里，周德未興，猶是殷氏，因而題周以別之於殷商，這是周易之由來。本書取名《易經原理》而不稱《周易原理》，是爲了強調易經原始宗教之功用大於道德。上古之易經，其含意大於後世所解釋之道德教化。上古之時，道尚質素，所以易經天文與人事合而爲一，爻象見於自然之道理，這些道理互相貫通，可以從爻象來觀察明白。如僅從道德之出發點來理解，不去還原易經之在原始宗教--尤其是占卜之本色，則易經无以啓發世俗教化，而只是規範世教之工具。至於這些原理如何顯現，讀者應可以從本書之例舉，尤其是本書以占卜者的功能來解釋各卦之卦名看出。可惜因爲傳統解易純然是儒術和老莊之徒居多，而漢易京房之徒則被排擠爲「次文化」，我們對易經的知識始終不能跳出理和義之框框。至於近世五四運動後以西方泛科學之思考讀易，或將易經看成考古學之注腳，其害之大實非三言二語可以道盡。所以本書稱易經，而不稱周易，是有特別之用心。

王明雄（容乃公）
一九九五年亥月　寫於南海學園

體例說明

我開始讀易經動機很簡單--因為聽人家說易經是眾經之源,所以相信這經典之中蘊藏著很深的智慧。它可以回答人生所有問題,而且有教人上知天文下知地理的秘法。這種期望從一開始觸摸易經注釋起,就成為一個夢想的幻滅。因為很少見到易經注釋之書,會教人立即能掌握到許多神秘而又動人心弦的智慧,而不少這方面之著作常令人讀後心生岐疑。所有易經注釋都想提供給讀者某些解說,但是並沒有任何保障說這類解說是否圓通,而且包括易經全部的精神。讀易經最大的困擾是不知道到底自己是否讀懂多少,書中又有許多注釋者略而不提的卦爻辭,到底是注釋者不願多言呢,或是他自己也不知道。

我想和許多无師自通的讀易經的朋友一樣,常在半信半疑之下找到一本別人推介的易經注釋勉強看完。但不知道自己把握的是易經之精髓呢,還是糟泊。而且大部份的時候並未有豁然開朗之感。

我用這種半信半疑的心讀易經,一直到有一天,為了某些注釋含混不清,甘脆把數家易注放在桌上逐字逐行對照來看,才發現原來許多地方各家不但解釋不一樣,而且相當多是互相矛盾。這時我才恍然大悟,原來易經不能這麼讀法的。既然這些名家注易都自說自話,而也被人接受,可見解釋易經這件事是很虛幻的事。易經是不能解釋的。有了這種覺悟之後,我心中生了二種感受,一是更加輕鬆,而同時也對易經的好奇更強。因為易經是不能解釋的,所以對自己親身領受的見解開始有信心。雖然說解釋易經是不容易,也不是唯一的途徑,但我還是相信不能不去從注釋下手。既然注釋是各家有異,所以最好都能拿來參考。好者留之,自認不合者去之。用這種心情,反而對易經字字句句所包含的含義和運作更想去追究,於是開始以筆記的方式,把一些代表性的歷代先聖先賢與當代名家對易經的注解整理出來,凡可參考的一律留之。經過一些時日,我終於發現原來最早去解釋易經的文王、周公、和孔子,對於易經之精義已經在經文中告訴我們了。原來讀易經最好的方法,就是以易經之中所含的字義去讀它。以前聽人說讀易經其實就是要「以易釋易」,就象數明義理,无他道也,這真是有道理。

我用的方法很簡單,每讀到不解之處,我即把易經之中凡是用到該字之上下文找出,然後參照各家之解,如未見有解妥當者,就自己依各卦爻之上下文義來補充,以期做到有疑必決。最後綜合歸納成一些原理原則。比如說讀易經,「時」這一個字很重要。易經常說到「時」字,說「時義大矣哉」,可見時之義很重要。與其去解釋時是什麼,不如把易經提到時字之處都找出,然後一一對照來看文王、周公、孔子,他們對時的解釋最大的和最小的限度在那兒。比對之下,常常會看出易

經所用過的字都合于一套法則，而且準確不誤。終于發現易經所說的所有字辭都有超出字義上的，而又非常嚴密的用法。每個字都界定某些易經的法則和原理。既然易經之含義答案也都存在易經之中，實在不必到書外去緣木求魚，而且精通了原理後，對所有的字辭自己也可相當的把握。有關「時」字之原理，讀者可以參看本書隨卦。

做這個工作，現代人比古人幸運，因爲可以用電腦索引。清代易學家惠棟曾說到易經提到「時」字的卦有乾、蒙、大有、豫、隨、觀、賁、頤、大過、坎、恆、遯、睽、蹇、解、損、益、姤、革、豐、旅、節、小過。實際上我以電腦索引比對易經提到時字的卦，應該是二十九個，即乾、坤、蒙、大有、豫、隨、觀、賁、无妄、頤、大過、坎、恆、遯、睽、蹇、解、損、益、姤、升、井、革、艮、歸妹、豐、節、小過、既濟。今人得到新的工具，對讀易經很有幫助。我就是這麼把易經每一個字用電腦逐一梳耙，而且也全面對照再經過歸納、消化，得到各種解釋。必要時，我也把各種解釋重新放回易經中出現該一字辭的上下文，看看是否合情合理。這些工作用電腦是既方便又快，因而我才可以把幾千字和辭做地毯式的對照。要像惠棟記得住易經中一個「時」字出現多少次，在古時也可算是很不簡單的工夫，但是如果把易經中每個重要的字辭都各別用電腦一一比對、歸納、綜合，即是上千字也是輕而易舉，這是現代人真不能辜負之恩典。

這麼說，並不意味現代人有部電腦就可以和清代之易學大師較量。我越是珍惜電腦索引的方便，反而越用心讀易，因爲讀來稱心如意，也就更樂於沉迷其中。所以在寫作本書時所花的時間不但未見少，反而更多。我原先所想要成的是一部易經辭典，加上易經所可能有的運作原理的集合。爲了完成這工作，要把個別字辭，所有該辭的定義、用法，一個一個有如推磚建屋架起來。有時，一天可能只能做幾個字、做幾個辭而已。而把全本易經用這種方式讀完，所費的時間是多得无法計算的。但是這樣全面消化的結果，是對易經深入的理解以及長年讀易的快樂。

因爲原先希望做成一本可以滿足入門以及專業人士讀易經的易學辭典，所以本書特別做了兩種索引。一是我在書中特別整理過的字辭做一個索引，這種索引可以從六十四卦個別卦中查出，也可以從讀音之序來查出該字出現在何卦，從而在該卦中找出各種解釋。雖然不是所有字都列出來，我是做到該列的都列了。

另一種索引是常用語索引。易經很都用辭都已經注入中國語言之中了，這類字辭的世俗含義和原始含義有很大的距離。比如在本書序中我舉常人說的從一而終，在易經的解釋有另一番境界。以爲我們不能不知這些俗語原本的含意是什麼，否則對古人在運用這些辭語時所有的深層見解无所知，而起了卑視古人之心，這是最要不得的。

　　比如下例俗語，都可以從易經中找到易經的解釋。但是從易經文義加以深究，可知這些話的道理都不平常：

　　同志　　　　（小畜）

　　夫妻反目　　（小畜）

　　做事謀始　　（需）

　　有不速之客　（需）

　　群龍无首　　（乾）

　　從一而終　　（坤）

　　有些俗語不是完全和易經字面相同，但是其典或許是出自易經，或是其深層之道理可以在易經中看得最明白：

　　爲富不仁　　（小畜）

　　隨心所欲　　（隨）

　　解甲歸田　　（解）

　　頤然自得　　（觀）

　　繁文縟節　　（節）

　　蟒蛇　　　　（同人）

　　過繼　　　　（小過）

　　舊事　　　　（豐）

　　雞犬不寧　　（比）

　　這些俗語世俗的用法原本都有易經的道理，不光是我們習以爲常所接受的。明白的說，就是和易經所說的已經變質了，我們把它們放回易經之中加以深思，更能體會到這個字辭各種面目，包括了反義、比義、類義、岐義。一個社會之中一旦使用之字意太僵固，人的包容心與心智的機敏就變小了，因而互相不能理解而岐見橫生。比如現今文人皆愛學西洋人說「解構」，到底如何解，最好莫過看易經之中「解」的原理。試看「解」字在本書中所列義有：

一・緩也。中孚象曰：澤上有風，中孚。君子以議獄緩死。

二・解爲遲：豫卦六三曰遲。豫卦互解，解爲緩，故遲。歸妹四遲歸，亦互解緩。
　　易中陰陽爻得正速，失正則遲。咸四爻正，故咸速。解五爻失正，故解緩。

三・解爲徐：咸曰咸速，解曰解緩，損初四遄，困四來徐，五乃徐有說。震上客不速自來。

四・解不可疾：

　　(一)解卦曰不可疾貞。

　　(二)明夷九三不可疾貞。明夷中四爻互解。解，緩也，以九三得位，陽剛之

性不能緩，故不可疾貞。疾，速也。

五‧解无所往：解，无所往。解自升來，三四爻之上下，升九三往四成解，九三往四，四不宜往五成坎，坎重險也，故无所往。解爲避險也。

六‧解從刀判牛角，取其開散之義。

七‧解爲驚蟄月之卦。因爲春雷動而雨以潤之，日以晅之。萬物生乎震也。天地之間只有陽光可以散開幽滯。日出甲爲早。

八‧解爲蹇之綜，解即解蹇之難。

九‧解爲剝：艮坤爲剝。艮即震位，坤即坎位，有雷水解象。剝爲剖，即〈解剖〉。今之學界盛行解構學，而不知解字在易經有深義在。不論是解構傳統價值、解放一個社會階級、破解一種文學象徵之系統、解開人間之恩怨，无不希望一舉而可以如摧枯拉朽之了結。其結果往往是欲速而不達，其效果必恰得其反。如從本書所列之定義，可以見得解之眞義在於緩、蹇、難、避險。如要打開一個僵局，不能緩而只知道急，則不可以稱爲解，也不易解。這只是其中之一個道理。今人言解構，而不曉爲何聖人說「解之時大矣哉」。

解是要得時，而且要知險。

易經不是修辭學，但是它的世俗性見諸於相當大量的常用成語，正好是初入易經殿堂學者的敲門磚。易經不是界定價值標準的書，而是啓發人類開創價值的書。越是世俗的想法，越是值得人們去用清新的思慮來看淸它的眞義。所以本書加上常用成語索引，以利閱讀。

最後要說明的是，本書无意去破舊也不想標新立異，純粹是作者把幾年來的筆記綜合出來而已，其中並无太多新意。在二千年來中國的讀書人個個都得精讀的書，甚至窮一生之力研讀的，該說的也都有人說過。我想古時讀書人說安身立命，從讀易的角度，就是做一個讀書人，一生之中至少要爲易經這書加上一點個人的注解。這當然不是安身立命之本意，但是至少對我而言，花點精神讀易經，不論多少，久而久之，會產生一種定力，而且因爲對生命、命運的領悟和認知也因而增加，這就是一種安身立命的方法。

本書開宗明義就說易經是沒有特定讀法的，不過要深入理解，最好能熟知易經卦爻和圖書之基本原理。這些原理我都在本書七十章「解說」這一章簡單介紹了。比如何謂之卦、辟卦（消息卦）、八宮卦、往來卦、錯卦、互卦、伏卦⋯⋯等等。除外，有關先天八卦、後天八卦的配置，以及易經之中在先後天相互之位置之合應，以及先後天八卦順逆之行、河圖與五行方位等，都是易經中取象解象或稱名之根據。

易經取象之法古人有的可以給人剖析疑難，多疇昔所未聞者，有的只是爲了強

調自己讀易得法而常有牽強附會之舉。所以要採用時，最好多參照易經取象之原理，比如易經說「遠取諸物，近取諸身」就是一種原則。而卦象形成各家皆有發明，不論何解，重要是看它是否標的出一種原理。易經之卦爻之動皆有所據，比如往來、應與、相比、相乘。何謂相承、何謂有情、何謂相錯，都和易經之字辭有關。卦爻之變多端，皆因時位而異。而這中間之互卦作用非常重要，故聖人說：「辨是與非，則非其中爻不備」。與之相關者爲二五、中正、吉凶、貞悔。其他諸如偕行、志與孚、元亨、元吉……等等之名辭所代表之吉凶，都和二五中爻有關。這些原理很重要，而且知其一端其餘皆可以類推，而常可以從孔子在易經中某一句話點明。

　　本書因爲在做索引時多以電腦來完成，所以在字辭選擇上顯然較刻板，而不免掛一漏萬，其中不少是相重者。不過就我所知，到目前此類索引尙不多見，亟盼本書能拋磚引玉，不久可見各方高明之士來完成一部包羅萬象，而且把易經全部字辭皆納入的辭典。

 乾

乾，元亨利貞。

　　易經以天、地、雷、水、山、澤、火、風取自然象，而乾爲天。天氣清陽而上浮，而且沒有間斷，所以乾以三奇爻爲象。天正位在上，悠久而形體永遠不敝，是萬物最堅定之物。乾之道，陽明純粹而毫无陰私。人要貞潔正大，占卜者得乾可以通天命，所以乾卦是元亨利貞。

　　老子說一生二、二生三、三生萬物，即指乾言也。乾之三畫不加思索而出，出以象三才，至坤則以乾卦分而爲二，已加思索矣，是由先天變爲後天也，這可以比喻爲亞當和夏娃。亞當是原創，而夏娃是後天造出來的。

◎乾

一‧出爲乾，乾上出也。達上者謂之乾，上達者莫如氣。天爲積氣，故乾爲天。

二‧京房曰：「乾象堅剛，天地之尊，故曰堅剛，健也。」

三‧易經以陽爻爲乾，陰爻爲坤。

四‧乾爲天道。乾天象，乾天以陽氣通乎坤，地氣和而正，始有化育。此爲天道也。

五‧乾爲息卦

　　（一）乾爲息卦，初復、二臨、三泰、四大壯、五夬、上乾。凡一陽、二陽、三陽、四陽、五陽之卦，皆復、臨、泰、大壯、夬所來。

　　（二）易言來者，逆而上也。

六‧乾由息而來

　　易經說到來這個字，包含有逆而上的意思。比如：乾自復、臨、泰、大壯、夬所來。

七‧乾上出也，從乙。乙爲物之達也。

◎元爲始

　　元，始也。乾，元亨利貞。元爲乾陽之始，元是萬物之始。

◎亨爲通

　　亨，通也。陽通乎陰也，＜亨通＞也。

◎利爲和

　　利，和也。陰得陽而和。

◎貞爲正

　　貞，正也。陰陽各正，貞爲楨幹也。

> 彖曰：大哉乾元！萬物資始，乃統天。雲行雨施，品物流行。
> 大明終始，六位時成，時乘六龍以御天。乾道變化，各正性命，
> 保合太和，乃利貞。首出庶物，萬國咸寧。

◎各正性命

一．乾坤既交，一陰一陽之謂道。乾用九以化陰，坤用六以變陽。其變其化，要乾陽到了才能變化，所以變化都是乾道。所謂變化，就是變化其陰陽之失正。乾坤交爲坎離，坎離各有三爻不得正，也有三爻得正，必須要乾坤交爲坎離，而坎離交爲濟，然後六位各正。在離爲命，在坎爲性，所以坎離貞爲既濟之後，各正性命，保合太和。這也就是利貞的意思。

二．京房說離爲命，坎爲性。素問說，物生謂之化，物極謂之變，陰陽不測謂之神，神用无方謂之聖。變化之用，在天爲元，在人爲道，在地爲化。

三．乾卦彖辭說的是乾道變化成既濟的過程。易經說貞、正、亨、通、吉等都在說一件事，就是水火相濟。萬物之秩序到了相濟是最高的和諧。在相濟之時最爲吉祥，完全沒有災禍。

◎資

取也。

◎彖

一．彖取于幾
孔子釋經之辭也。彖者，茅犀之名，知幾知象是斷，即彖。彖者取於幾也。

二．彖爲斷
劉氏王獻曰：「彖者斷也，斷一卦之才也。」

◎元

一．元爲首。

二．元，首也，人无首則死。元，仁也，人无仁即亡。

三．乾爲首
乾卦說乾元，指的是八卦以乾始，始爲首也，乾知大始，元惟乾有。說乾元是因爲元惟乾才有，所以說乾元。

四．元爲氣之始也。

◎統

一．統爲本也。

二．乾大統天
陰陽雖變卦，而德仍不能出乾之外也。言統天，乾卦六爻之中含巽，巽爲德。

三．統天：乾彖曰，萬物資始，乃統天。元在天地之先，天之所本，所以說統天。也就是說乾之所以大。

◎六

一‧乾德有六，即：潛、見、惕、躍、飛、亢、是也。

二‧乾卦彖辭曰六位時成

乾貞坎離，是由坎二、五兩陽爻，離初、三、四、上四陽爻，合坎離而成爲乾，六位是指坎二陽、離四陽組成乾卦的六陽爻。

◎雲行雨施

一‧天地之交，交以水火，所以說雲行雨施。

二‧陰升陽降，天道行也。坤升于乾曰雲行，乾降于坤曰雨施。

三‧山出水而雲行，雷震動而雨施，貞而爲濟。

雲行雨施：上坎爲雲，下坎爲雨，乾卦通坤，而成坎離日月。坎以川互艮，山見出水爲雲行。下坎以坎水互震雷，爲雷之動，故曰雨施。此語是說乾卦貞爲既濟。

◎流形

乾卦彖辭曰流形：

一‧流形，即流動之形。陰陽交感成形也。

二‧管子水地篇以人爲水，男女精氣合而水流形。

三‧乾卦是由坎和離相交而成。坎爲水，水性流。離錯坎，和坎有相同之性向，水性也流。

◎始終

一‧乾卦彖辭曰大明始終。

二‧六爻組成，下卦初爲始，上爲終，三又是下卦始之終，四又是上卦終之始，所以說大明始終。

三‧乾起坎而終于離，坤起離而終于坎。離坎者，乾坤之家，而陰陽之府，故曰大明始終。

◎大明

一‧大明爲日月也。

二‧禮記禮器：大明生於東，月生於西。易經之象象凡言大明都是說日。

三‧三爻爲下卦始之終，四爻爲下卦終之始。

四‧乾畫皆陽，今六位皆實爲大明，明爲乾之德。

◎御天

一‧日和月行于天。

二‧乾卦六爻之變，隨巽、離、兌三陰卦，陰御陽也。天爲陽，這是說乾跟著巽、離、兌，即先天八卦之乾在巽後，而在兌離前，是御天之象。

◎變

一‧乾尚變，變而爲利

乾的變和其他卦之卦不同，是乾卦變爲利，是利於各爻。乾卦有三爻不正，即二、四、上。變了這三爻，卦成既濟爲利貞。

（一）乾卦說：「乾道變化，各正性命，保合太和，乃利貞」。

(二)繫辭上十二：「設卦以盡情偽，繫辭焉以盡其言，變而通之以盡利，鼓之舞之以盡神」。變以盡利，變就是發揮乾卦之道。

(三)萃六二，引吉无咎，孚乃利用禴。象曰：引吉无咎，中未變也。未變和歸妹之未變相同，可說是十二支之未所變。坤以變乾，所以說＜利用＞。

(四)變化利於貞。因為從變化中可以調正不順當的卦爻。

二・未為變

(一)歸妹九二，眇能視，利幽人之貞。象曰：利幽人之貞，未變常也。歸妹未變，未為十二支之未，即坤變，所以說＜未變＞，歸妹以未變而為乾，所以利幽人之貞。

(二)未在地支是坤位。坤在陰陽交界，所以稱變。因為陰和陽相交則變。未前為午，午為離火，後為申，申為金。在金火之間，為火為金之區隔。

(三)未在鬼神與人相交之方。申為陰，午為陽。

(四)未變為常。家人初九，閑有家，悔亡。象曰：閑有家，志未變也。未變為常也。＜家人＞、＜未變＞為常，即＜家常＞。

　　歸妹和恆都提到＜未變＞，歸妹、恆卦說的是家人事，所以說未變。

三・剝即為變，是層變，即一層一層剝開之變，所剝者為乾之剝也。

剝象曰：剝，剝也，柔變剛也。柔坤也，剛艮也。下坤上艮柔變剛也。

四・易動則變，易經說：動而後變。

繫辭上十：易有聖人之道四焉。以言者尚其辭，以動者尚其變，以制器者尚其象，以卜者尚其占。

五・參伍為變

繫辭上十：參伍以變，錯綜其數，通其變，遂成天下之文。極其數，遂定天下之象。陰陽合參得伍，陰為兩，陽為參，參兩合而為伍。每爻可得參變，共一十五。

六・開合為變

繫辭上十一：是故闔戶謂之坤，闢戶謂之乾。一闔一闢謂之變，往來不窮謂之通。虞翻曰：「闔閉，翕也。」謂從巽到坤（巽、坎、艮、坤），坤柔象夜，故坤為閉戶。闢，開也，從震到乾，乾剛象晝，故以開戶也。陽變闔陽，陰變闢陽，剛柔相推而生變化，消息卦即先天卦，由此見。

七・剛柔相推為變

繫辭下一：剛柔相推，變在其中矣。繫辭焉而命之，動在其中矣。

八・裁節為變

繫辭上十二：是故形而上者謂之道，形而下者謂之器，化而裁之謂之變，推而行之存乎通。節為裁度合宜，如天地以氣候為節而成四時。財、裁，古通用，鄭玄曰：「財節也。」

九・變動為窮通

繫辭下一：爻象動乎內，吉凶見乎外，功業見乎變，聖人之情見乎辭。

繫辭下二：神農氏沒，黃帝、堯、舜氏作，通其變，使民不倦，神而化之，使民宜

之。

十・變動以利言，吉凶以情遷，是以愛惡相攻而吉凶生，遠近相取而悔吝生。

十一・八卦爲變動之形

說卦傳：觀變於陰陽而立卦，發揮於剛柔而生爻。和順於道德而理於義，窮理盡性，以至於命。

十二・變動在爻之中

繫辭說：「剛柔相推，變在其中矣。」剛爻易而爲柔，柔爻易而爲剛，故變在其中。

中孚初九，虞吉，有它不燕。象曰：初九之吉，志未變也。坎爲志，坎在中，即變在中之意思。

十三・權變。易經之變都是以變爲既濟爲宗，但路徑方式不一。

變者，變爲既濟也。但是巽卦之變並不是直接變爲既濟，而是巽震互易，巽變爲坎，成否泰之易。由否泰再變爲既濟、未濟。

這是經由乾坤變爲坎離，即＜權變＞之義。坎爲權，巽以行權也。

十四・大小人之變爲革

革九五象曰，大人虎變，其文炳也。革九五大人虎變，五爲大人，兌爲白虎，兌變坎（以貞爲既濟卦），坎五之大人爲兌虎所變，故大人虎變。

革上六，君子豹變，小人革面。革自兌變，兌九五爲虎，九二爲豹。豹小于虎，（陽大陰小之意）。離九三爲君子，而三之君子乃九二所變，故君子豹變。

十五・爻爲變

繫辭上三，象者，言乎象也。爻者，言乎變者也。

道有變動，故曰爻。爻有等（上下先後之類別），故曰物，物相雜啓文，文不當，故吉凶生焉。

◎變化

一・中庸：「動則變，變則化，惟天下至誠而能化。」

二・乾通坤曰變，以坤凝乾曰化。

三・天數五，地數五，五者變化之極也。天數五，地數五，五位相得而各有合。天數二十有五，地數三十，凡天地之數五十有五，此所以成變化而行鬼神也。

四・繫辭上二：剛柔相推生變化。變化者，進退之象也。剛柔者，晝夜之象也，六爻之動，三極之道也。

五・說卦傳：水火相逮，雷風不相悖，山澤通氣，然後能變化，既成萬物也。

六・繫辭上九子曰：知變化之道者，其知神之所爲乎。

七・五行以甲己、乙庚、丙辛、丁壬、戊癸等五位合而成變化，爲合化之道。

八・變化：乾變，坤化也。坤作爲物，作當爲化。作，化也。

九・繫辭上五：極數之知來之謂占，通變之謂事。坤爲事，乾爲變，坤爲化，乾變而通成坤。

十・變化爲模擬。

十一・繫辭上八：擬之而後言，議之而後動，擬以成其變化。

十二・八卦爲變化。

十三・繫辭上一：物以群分，吉凶生矣。在天成象，在地成形，變化見矣。

十四・以乾通坤曰變，以坤凝乾曰化。

十五・乾和坤之變爲變化

　　　(一)天地變化。坤卦說：「天地變化，草木蕃，天地閉，賢人隱。」以乾天變化
　　　　　坤地。

　　　(二)繫辭上十一：是故天生神物，聖人則之。天地變化，聖人效之。

　　　(三)賁象曰，觀乎天文，以察時變，觀乎人文，以化成天下。

　　　　　賁象言時變，賁自歸妹通，歸妹有震春，離夏、兌秋、坎冬，歸妹變泰，爲震
　　　　　春、兌秋。四時，即四季，其變化爲天地之變。

十六・四時有變化--春夏爲變，秋冬爲化

　　　(一)恆象曰，日月得天而能久照，四時變化而能久成。

　　　　　春夏爲變，秋冬爲化。

　　　　　恆變至二離夏，至三兌秋，至四震春，至五坎冬，故四時變化。

　　　(二)咸恆爲四時變化。咸變恆相對，爲先天之震、兌、巽、艮四孟月，咸爲震巽，
　　　　　恆爲兌、艮，咸恆爲四時變化。

◎各正性命

一・正爲定，乾坤爲定

　　易經繫辭上說「乾坤定」，，剛柔皆不定，所以說乾道變化，保合太和，乃利貞。利
　　貞就是使剛柔各正其位。

二・乾爲性，巽爲命。

◎首

一・乾爲首，乾卦首出庶物。

二・首出庶物，萬國咸寧。萬國咸寧，說的是利貞的道理，所有的卦都可以調正爲既濟。

三・乾卦象辭曰首出庶物，萬國咸寧。

　　首就是乾也，出庶物者言乾之德高出於物，物之上是乾元也。

象曰：天行健，君子以自強不息。

◎天行

一・天行爲健。天體剛，故健。

二・乾卦象辭曰天行健。天行，天道也。

　　晉語：「歲在大梁，將集天行。」

文言曰：元者，善之長也；亨者，嘉之會也；利者，義之和也；貞者，事之幹也。君子體仁足以長人，嘉會足以合禮，利物足以和義，貞固足以幹事。君子行此四德者，故曰：乾，元亨利貞。

乾元者，始而亨者也。利貞者，性情也。乾始能以美利利天下，不言所利，大矣哉！大哉乾乎，剛健中正，純粹精也；六爻發揮，旁通情也；時乘六龍，以御天也；雲行雨施，天下平也。

◎元

善之長也。元配仁，兼四端，統善，故爲善之長。

◎亨

亨者，嘉之會。亨配禮，嘉禮以合男女，象亨之會合陰陽。

◎始而亨

乾始開通，以陽通陰，故始而亨。乾爲始也。

乾卦文言曰利貞，性情也。因爲天德正，所以乾德利貞。不但乾德利貞，凡六十四卦三百八十四爻陰陽失正就可利貞之。

大壯說利貞，彖辭解釋說大者正也，正大而天地之情可見。乾只說性，其他各卦都說情。

◎利

一‧易經說利貞。利就是乾，乾金爲利。

二‧乾卦文言曰：「乾始能以美利利天下」，乾始就是元，美利就是亨。不過乾卦不言所利，而是爲了利其他卦納入乾之內，所以說大哉乾元。因爲乾是利貞的頭。

三‧利配義：義有嚴有和，利者義之和，會陰陽和會。貞爲知，知以知邪正，事必正乃可行。

◎純粹

一‧乾卦文言曰純粹精也。不雜曰純，不變曰粹。

二‧乾六爻皆陽，故曰剛健。

二五兩爻皆中正，九五一爻陽居陽位，乘比應皆爲陽剛，則純粹精也，此乾之性也。

◎旁通

一‧乾卦文言曰：旁通情也。乾卦文言曰旁通，是易經最重要的一個原理。和易經另一個原理，即類聚，意思是相同。

易經說類聚和旁通，都和先天後天卦位相接有關，即相旁。

二‧乾六爻所發揮多六子之象。因爲六子都是乾體所成的，所以可以旁通。比如：

初爻潛龍，是旁通震。

二爻見龍，是旁通兌。

三爻利見大人，是旁通離坎。

　　三言君子，是旁通艮（艮為君子）。

　　四言躍淵，是旁通坎。

　　五言飛龍，是旁通坎 。

　　上言利見，旁通離也。

三・先天卦對卦即正交，正交之外，就是旁通。旁通就是大傳所說的旁行。大傳說旁行
　　而不流，說的就是十二辟卦。乾、坤與震、艮、巽、兌遇，成復、剝、姤、夬等等。

四・繫辭上四，旁行而不流。

　　乾文言六爻發揮，旁通情也。乾六爻發動揮變，旁通于坤，坤來入乾，以成六十四
　　卦，故曰旁通情也。

五・旁通即變也。旁通，旁行；相旁則相通，旁則行。

◎雲行雨施天下平也

一・易經雲雨常說的是坎卦。上坎雨施，＜雲雨行施＞。

　　乾元陽氣，因雲雨以下降。坤陰之質得以中和，故天下平。

　　坎離為乾坤之大用，坤之大用在離，乾之大用在坎。故乾坎相依，坤離相依。乾升
　　於坤曰雲行，坤降於乾曰雨施。乾坤二卦成兩既濟，陰陽均和，而得其正，故曰天
　　下太平。

二・＜天下太平＞是中國人政治上很重要的觀念。這觀念是乾卦文言所說的雲行雨施，
　　即水火相濟。

初九，潛龍勿用。
象曰：潛龍勿用，陽在下也。

　　易經乾卦六個爻都以龍來比喻，最主要當然是因為龍善變。但是易經卦爻應該是卦卦
都能變，為何只有乾卦以龍相比？主要是因為龍為陽物，而具有陰沉之性，所以最善變，
最合乎變的資格。乾初九是變為巽，巽錯震。巽在地支為辰巳方，震在卯辰方，都沾到震
的邊。而巳為蛇，小龍也。辰為龍，所以擬諸形容取為龍象。但是龍潛在地，其形實已變
為蛇，所以不能當它是龍，只是蛇。既然是一條假龍，當然勿用。說到勿用，到底是「用」
什麼，這就得從易經的原理來看。易經是取一陽一陰互易而生生不息，最理想是變為水火
既濟卦。既濟卦是一（初）爻陽，二爻陰，三爻陽，四爻陰，五爻陽，六爻陰。一個卦要
能變成既濟，就是叫做利涉大川。可以由陽渡到陰，陰渡到陽。因為乾初變了爻成巽，巽
在下卦是陰在下。易經下卦，是陰卦的老家，陰在下，就不求變了，有如賴在窩裡的蛇。
它自己不要渡川，也不能助他人渡川，所以是勿用。

◎龍

一・乾為龍。

　　　(一)乾卦初九潛龍勿用，龍指的是乾的初陽。震爲龍，龍純陽而能變化，以＜行雲
　　　　　施雨＞，故乾以龍爲象。

　　　(二)易經只有乾坤兩卦中提到龍，因爲龍說的是乾坤。

二‧爻即龍，龍會變，爻者變也。爻爲交，蛟龍也。

　　初爻潛龍。二爻見龍，四言龍躍淵，五言飛龍，六爻爲亢龍。

三‧震爲龍。震爲辰，辰肖爲龍。

四‧乾卦象辭曰潛龍勿用，陽在下也。

五‧龍以生物分類爲鱗族。易經中說到鱗族，比如魚，都是陰類。但易經另一個很常提
　　到的是羽族。因爲龍爲鱗族而能飛，用它來比喻陰陽二氣流行，而又飛又潛。

六‧易經中有時會把蛇當爲龍比。以十二生肖，龍肖辰，而蛇肖巳，皆在八卦巽位。

◎潛

一‧初二爲地，初一爲潛。乾初九潛龍勿用，因爲初二是地，初在地之下，所以說潛龍。

二‧潛爲蟄

　　乾初一爲復，復是關閉的意思。勿用，就是關閉的意思，這也就是大傳說的＜龍蛇
　　之蟄＞。蟄，就是潛。蟄是蟲做的事，即伏－－＜蟄伏＞。從來易經只說虎爲伏，蟲
　　爲蟄，而非龍也。龍只能說是潛，因爲伏和蟲都不是水族，而龍爲水族。

三‧巽兌成潛，卦見深淵爲潛

　　變離卦論，乾九四動變成風天小畜，小畜中二、三、四互成兌，兌爲澤，澤之至深
　　者爲淵。小畜上巽爲入，故有潛象。

◎用

一‧易經見乾，則可用。乾爲金，金爲利，利用也。用就是變化。

二‧用以變化

　　用的意思是可以行變化之道，這話怎麼說呢？這是說易經是以九六行變化之道。

三‧勿用。易經說到勿用，包括：

　　乾初九，潛龍勿用。

　　屯繫辭，勿用，有攸往。

　　蒙六三，勿用取女。

　　師上六，小人勿用。

　　頤六三，拂頤，貞凶，十年勿用，无攸利。象曰：十年勿用，道大悖也。

　　坎六三，來之坎坎，險且枕，入于坎窞。勿用。象曰：來之坎坎，終无功也。

　　遯初六，勿用，有攸往。

　　姤卦繫辭，姤，女壯，勿用取女。彖曰：姤，遇也。柔遇剛也。勿用取女，不可與
　　長也。

　　遯初六，遯尾，厲。勿用有攸往。

　　泰上六，城復于隍，勿用師，自邑告命，貞吝。

　　小過九四，勿用永貞。

　　既濟九三，勿用。

　　既濟九三，高宗伐鬼方，三年克之，小人勿用。象曰：三年克之，憊也。

四・陽在下則勿用。潛龍勿用，陽在下也。初陽潛在下，故勿用。

五・其他之義詳本書頤卦。

◎九六

一・九六即參和兩。即天爲參，地爲兩，所以參天兩地。

二・三爲陽，二爲陰，參天兩地。

三・易經說陰陽之道用的是一句話，即「參天兩地」。天即陽，地即陰，陽爲乾，坤爲陰，九六來「參天兩地」。陽數始于三，陰數始于二，也就是「參天兩地」。

四・乾爲老陽，老陽三變皆三，三三爲九。老陰三變皆二，三二爲六。

五・九六爲極，極而變，可變爲用。

六・乾陽用九，坤陰用六。「用」字，就是以之看事物之變化。九六是陽數和陰數之極，數不極不變，九六者，陰陽之極數也。所以九六兩數可以「用」以看事物之變化。

七・陽自九起，乾卦的陽是起自初九，乾初九是十一月之時，陽氣從復卦。

◎初

一・易經最頭一個爻，也即是畫在最下面的一個爻，稱爲初爻，而不稱一爻，但以下的卻稱爲二、三、四、五爻。

二・位始爲初、二、三、四、五爻。干寶說：「位始，故稱初。」

三・明夷卦說初登于天，蒙卦說初勿告。

　　乾卦初九文言曰：潛龍勿用，何謂也？子曰：龍德而隱者也。
不易乎世，不成乎名；遯世无悶，不見是而无悶；樂則行之，
憂則違之，確乎其不可拔，潛龍也。
　　潛龍勿用，下也；潛龍勿用，陽氣潛藏。
　　君子以成德為行，日可見之行也。潛之為言也。隱而未見，行
而未成，是以君子弗用也。

◎陽氣潛藏

　　初爻變巽，卦成爲姤卦。姤卦是爲五月卦，陽氣初生，所以乾卦初九說陽氣潛藏。

◎不見乎世

一・乾初爲震之世爻。世即世爻，即占卜所說的世爻和應爻。

二・乾成爲復，震爲世，初九得正，故不易乎世。

◎遯世无悶

一・易經有應爻和世爻。初九所占爲初九之事，爲世爻。因爲初九和九三不相應，是遯世之象。又初九繫震，震反艮，下卦取艮象，上乾成遯卦。

二・乾震爲世，一陽隱伏乎下，而无坎之憂象，故遯世无悶。乾一爲復，復錯姤，姤自遯變。

三・悶爲憂，坎爲憂，消息无坎，故无悶。

◎无

一・古奇字，和無字通。

二・這個无字和旡（唸寄）不同，在于无字多上頭二橫是連著一塊。无字的寫法是把天字和元字安在一起。古无字是包含天和元二字之意，在六經中只有易經用到這個奇字。它的寫法是天和元合在一起，有天之頂和元字之翹尾。許慎的說文解字注解這個字是「通于元者」，也就是和元始相通。《孝經》上有「上通元莫」的說法，就是人的精靈所感上通元氣。莫就是虛无，凡是這個字都是說和虛无相通。現今我們用的無字也具有這個意思，筆者以爲應該可以通用。

◎是

一・坎離爲正，正爲是。

二・未濟失坎離之道，失是也。

三・乾初九文言說不見是而无悶，和未濟卦上九正好呼應。未濟六爻失正，曰失是。既濟，坎離也。乾初爲復，復无坎離，故不見是。无悶者，遯世无悶也。

未濟卦上九，有孚于飲酒，无咎。濡其首，有孚失是。乾初九和未濟上九，一爲龍頭，一爲龍尾。乾初九不見是，即不見卦爻會貞爲正，和未濟上九相同。但乾卦起始，主變，所以可以无悶。

九二，見龍在田，利見大人。
象曰：見龍在田，德施普也。

乾九二是由初之潛而出。出則見，見也可以說是現，即出現在田中。田是說坤卦，地也，由水到地爲見，又見爲遇，即上下卦遇。易經坤爲地，爲田。上卦坤相遇見龍在田，利見大人。因爲九二變爲陰，則卦成離。離在下卦正是既濟，所以龍之變，是成相濟，因而利見大人。又大人是九五，九二變爲六二，和九五互相對應。九五尊位爲眞正的大人。乾初之出，即能和上卦中爻對應，表示一變即可相濟。

易經之二爻在天、地、人三才之中是人道。由潛龍搖身一變而成人，這是文明開始的第一步。潛龍可以看成是未開化之民族。在民族學中，先民爲拜蛇族和鳥族。所以易經都以蛇鳥（或魚鳥）比，而中孚也是魚鳥相親之象，中孚即成文明之國。易經之乾卦主要是說文明之開化，由蛇族鳥族變成以後之炎黃子孫。易經說到君是指興感行異之人。而大人是聖明德備者。大人爲五，九五見之，除了跟他學習易經等能通鬼神的學問（學以辨之，即分出族類），也學田地之耕稼利益，以利萬物。因此九二之龍不是等閒之龍。因爲他可以

看到天意。

　　乾卦之九二說「見龍在田，利見大人」，是說乾和上卦坤相遇，見龍在田，利見大人。大人常是指在九五尊位之爻。易經坤居上卦，乾九二出了頭，和九五相應，這有如祭神者取到上天感應而會占卜，每卜必得，是大吉之應。所以九二是個利於求神問卜之位。

◎見

兌爲見。易經說到「見」字如下：

乾九二，見龍在田，利見大人。

乾九五，飛龍在天，利見大人。

乾用九，見群龍无首，吉。

乾，見龍在田，德施普也。

乾初九文言，不見是而无悶。

乾用九文言，乾元用九，乃見天則。

乾文言，見龍在田，天下文明。

蒙六三，勿用取女，見金夫。

訟，利見大人，不利涉大川。

蠱六四，裕父之蠱，往見吝。

復，其見天地之心乎。

恆，而天地萬物之情可見矣。

大壯，正大而天地之情可見矣。

睽初九，喪馬勿逐，自復。見惡人，无咎。象曰：見惡人，以辟咎也。

睽六三，見輿曳，其牛掣。

睽上九，睽孤，見豕負塗，載鬼一車。

蹇彖曰，見險而能止。

蹇繫辭，蹇，利西南，不利東北，利見大人，貞吉。

蹇上六，利見大人，以從貴也。

益象曰：君子以＜見善則遷＞，＜有過則改＞。

姤初六，見攸往，見凶。

萃繫辭，萃，亨。王假有廟，利見大人。

萃彖曰，觀其所聚，而天地萬物之情可見矣。

升，元亨，用見大人，勿恤。南征吉。

困六三，入于其宮，不見其妻，凶。

豐六二，豐其蔀，日中見斗，往得疑疾。

豐九三，豐其沛，日中見沫，折其右肱。无咎。

豐九四，豐其蔀，日中見斗，遇其夷主，吉。

巽，利有攸往，利見大人。

繫辭上傳，在天成象，在地成形，變化見矣。

繫辭上傳，仁者見之謂之仁，知者見之謂之知。

繫辭上傳，聖人有以見天下之蹟，而擬其＜形容＞，象其物宜，是故謂之象。

繫辭上傳，聖人有以見天下之動，而觀其＜會通＞，以行其＜典禮＞。繫以＜斷其吉凶＞是故謂之爻。

繫辭上傳，見乎遠，言行君子之樞棧。

繫辭上傳，見乃謂之象。

繫辭上傳，天垂象，見吉凶。

繫辭上傳子曰：然則聖人之意，其不可見乎。

繫辭上傳，乾坤毀，則无以見易。

繫辭下繫，爻象動乎內，吉凶見乎外。＜功業＞見乎外，功見乎變。聖人之情見乎辭。

繫辭下繫，易曰：困於石，據於蒺藜，入于其宮，不見其妻，凶。

繫辭下繫，子曰：小人不見利不勸。

繫辭下繫，子曰：動微，吉之先見者也。

繫辭下繫，君子見幾而作，不俟終日。

繫辭下繫，八卦以象告，爻彖以情言，剛柔居而吉凶可見矣。

說卦傳，帝出乎震，齊乎巽，相見乎離。

雜卦傳，屯見而不失其居。

雜卦傳，兌見而巽伏也。

其中最主要是雜卦中所說的「兌見」。乾九二以息卦看是臨，照辟卦，乾九二爲臨（復臨泰大壯夬）。臨卦是坤兌，臨有兌之象，而「兌」，即「見」也。也即是兌在雜卦中說「兌見」，所以見龍在地上。

◎田

一・田：井，田也。

二・坤巽象田。象井，曰井田。

　　(一)乾二爲臨上，坤二兌即巽之反，曰在田。

　　(二)師上坤五曰田。

　　(三)解下坎即坤二，曰田。

　　(四)恆下巽四應之，曰田。

　　(五)否自漸來，四爲巽，曰疇，＜田疇＞也。

　　(六)巽六四田獲三品，恆四曰田无禽。巽有田象。恆四應巽，而九失位，故田无禽。

三・九爲田。井田爲九塊，故九象田。

　　乾九二見龍在田。九爲井田之象，故在田。

◎大人

一・易經說利見大人，是指可以貞爲既濟之義。這是貞字最重要之意義。易經說利貞，即「合其德，合其明，合其序，合其吉凶之象」。所以說利見大人。而合其德、合其明、合其序，也即是貞爲既濟。因爲乾九二失正，利貞爲坎（以成既濟），九居五爲大人，所以說利見大人。易經的大人是可以貞爲既濟的狀況。

在解卦中，說見龍在田，時舍也；見龍在田，德普施也。這都在說合其德、合其明、

合其時之意。

大人的情況要做到天地人之合，這就是貞爲既濟的理由。

二·大人爲五，九二利見之。

三·陽爲中，陽居中爻爲人位則稱大人。

四·離爲利，爲見。

　　(一)利見大人之義詳見本書離卦。

　　(二)乾九二說利見大人。九二爲離之正位，離在正位居下卦之中，所以離卦說利見。

　　　　乾也說利見，乾金，利也。

五·利見大人，合其吉凶，可以相濟也。

六·易經以陽爲大。凡是說到大，都指陽爻。

◎普

一·乾二德，施之普，坎雨之施也。乾見龍在田，德施普也。

二·普爲普及，即普遍，即坤卦也。

> 乾卦文言九二曰：見龍在田，利見大人，何謂也？子曰：龍德
> 而正中者也。庸言之信，庸行之謹。閑邪存其誠，善世而不伐，
> 德博而化。易曰：見龍在田，利見大人，君德也。
> 見龍在田，時舍也。見龍在田，天下文明。
> 君子學以聚之，問以辨之，寬以居之，仁以行之。易曰：見龍
> 在田，利見大人，君德也。

◎庸

一·庸爲常，爲中。

二·乾卦文言庸言之信：乾九二庸者，常也，曰庸言之信。九二居中，中者庸也。二爲
　　臨，兌口，兌爲常。九二陽實。

◎善世而不伐

　　乾九二善世而不伐。震爲世，无坎，坎爲師象，故不伐。

◎邪

一·不得位則閑，故邪。閑爲間，即隔也。

　　邪爲不正，易經之卦爻不在正位爲邪，即斜也。

二·爲斜，不正，即不得時。

　　乾四文言曰時邪。乾二中而不欲正，故文言曰邪。三正而不中，故言時，四不中不
　　正，故時邪。

◎舍

一・舍爲不用，即棄也。

乾卦文言曰時舍：在可用之時而人不能用之，故曰時舍。即雖有其德，而无其位之意。

二・不會把握時機而不行爲時舍。易經之爻可以成旣濟而失去機會，其爻有二：一爲井初六，井泥不食，下也。舊井无禽，時舍也。一爲乾初。

◎學聚問辯

一・乾卦說的學聚問辯不是說孔子以後儒家之經學的學問。而是學習如何相聚，即方以類聚之聚。問辯可能是易經中常用的辨字。辨在易經中含意很深。詳義可參見本書兌卦、同人卦、剝卦、坤卦和未濟卦。

古人有關聚的學問，包括天體星象和五行之會聚等等。

二・消息卦的臨，坤兌。臨之二至三互震，震爲寬仁。兌爲講習，即學聚問辯。聚者，兌二陽聚也。乾二說兌卦之事，因爲乾卦到二是九二變離爲日爲火爲電，故明。離又爲目，亦明也。

九三，君子終日乾乾，夕惕若，厲无咎。
象曰：終日乾乾，反復道也。

易經之六畫卦以三在三才之中爲人道。在六爻中三是人位，也是君子。乾卦上乾下乾所以乾乾。乾卦之下卦乾終了，上卦再接續，乃健而不息。乾卦是在八卦西北方，是一日之終，西北是離日最弱的時候。又九三以陽剛之爻居在陽位，乃是危厲之地，因爲三爲人爻，而易經有三多凶之說，甚至連晚上也和白天一樣心存憂懼。

易經乾卦是說龍的民族在各族中站立起來。因爲知道居在重要的位置，所以聖人發明君子之道，來警惕人們要虛心。

九三開始稱君子，是因爲由圖騰崇拜的文化不能全部解決人類文明的發展，而必須建立道德倫理。易經在六十四卦中說君子的，有將近五十次，全都賦給一種美德。雖然這些道德理念原本還只是爲了占卜者解釋卦爻之用，但是在日常生活上，都似乎可以成爲應用倫理學的原理，以後甚至於成爲道德敎條。

◎君子

一・君子是指占卜的人。

二・君子在易經是很重要的，一共出現了五十多次。大都和德道修有養有關。比如：

君子終日乾乾，夕惕若，厲，无咎。

子曰：知幾其神乎，君子上交不諂，下交不瀆，其知幾乎。幾者，動微，吉之先見者也。

君子藏器於身，待時而動。

君子之光，有孚。吉。象曰：君子之光，其暉吉也。

君子愼密而不出也。

君子所居而安者，易之序也，所樂而玩者，爻之辭也。

君子以思患而預防之。

火在水上，未濟。君子以愼辨物居方。

三・艮爲君子

君子有艮象。指的是九三，乾九三爲泰卦（乾爲、復、臨、泰、大壯、夬所來），
泰互艮，三爲艮爻，艮爲君子。

四・易經言君子之德性

(一)自強不息

乾象曰：天行健，君子以自強不息。

(二)終日乾乾

乾文言九三曰：君子終日乾乾，夕惕若。

(三)合于四德

曰體仁，曰合禮，曰和義，曰幹事。

乾文言：君子體仁足以長人，嘉會足以合禮，利物足以和義，貞固足以幹事。

(四)修德敬業

即忠信、修辭、知至、知終來修養。

(五)通理正位

坤：君子黃中通理，正位居體。

(六)知幾

屯六三，即鹿无虞，惟入于林中，君子幾。

(七)知捨

屯六三，君子幾，不如舍，往吝。

(八)作事謀始

訟象曰：天與水違行，訟。君子以作事謀始。

(九)懿文德

小畜象曰：風行天上，小畜，君子以懿文德。

(十)有所疑

小畜象曰：既雨既處，德積載也。君子征凶，有所疑也。

(十一)辨上下

履象曰：上天下澤，履。君子以辨上下，定民志。

(十二)儉德避難

否象曰：天地不交，否。君子以儉德避難，不可榮以祿。

(十三)有終

謙謙，亨，君子有終。

(十四)公平

謙象曰：地中有山，謙。君子以裒多益寡，稱物平施。

(十五)嚮晦宴息

隨象曰：澤中有雷，隨。君子以嚮晦入宴息。

(十六)振民育德

蠱象曰：山下有風，蠱，君子以振民育德。

(十七)得民所載

剝上九，碩果不食。君子得輿，民所載也。

(十八)識前言而往行

大畜象曰：天在山中，大畜。君子以多識前言往行，以畜其德。

(十九)君子以同而異

睽象曰：上火下澤，睽。君子以同而異。

(二十)以虛受人

咸象曰：山上有澤，咸。君子以虛受人。

(二一)有恆

恆象曰：雷風恆，君子以立不易方。

(二二)不惡而嚴

遯象曰：天下有山，遯。君子以遠小人，不惡而嚴。

(二三)蒞眾

明夷象曰：明入地中，明夷。君子以蒞眾，用晦而明。

(二四)反身修德

蹇象曰：山上有水，蹇。君子以反身修德。

(二五)見善則遷，有過則改

益象曰：風雷益。君子以見善則遷，有過則改。

(二六)施祿及下

夬象曰：澤上于天，夬。君子以施祿及下，居德則忌。

(二七)夬夬獨行

夬九三象曰：君子夬夬。獨行。

(二八)治曆明時

革象曰：澤中有火，革，君子以治曆明時。

(二九)豹變（合于文理之通變）

革上六，君子豹變，小人革面。

(三十)恐懼修省

震象曰：洊雷，震。君子以恐懼修省。

(三一)申命行事

巽象曰：隨風，巽。君子以申命行事。

(三二)制訂禮數

節象曰：澤上有水，節。君子以制數度，議德行。

(三三)議獄緩死

　　中孚象曰：澤上有風，中孚。君子以議獄緩死。

(三四)行寧其恭，喪寧其哀，用寧其儉

　　小過象曰：山上有雷，小過。君子以行過乎恭，喪過乎哀，用過乎儉。

(三五)吉祥

　　未濟六五，貞吉，无悔。君子之光，有孚。吉。

　　象曰：君子之光，其暉吉也。

(三六)研易

　　繫辭上二，是故君子所居而安者，易之序也，所樂而玩者，爻之辭也。

(三七)言善

　　子曰：君子居其室，出其言善。

(三八)器(器量)

　　君子藏器於身。

　　繫辭上八，乘也者，君子之器也。

(三九)有爲有行

　　繫辭上十，是故君子將有爲也，將有行也，問焉而以言，其受命也。

(四十)待時而後動

　　繫辭下五，君子藏器於身，待時而動。

(四一)知幾

　　繫辭下五，子曰：知幾其神乎，君子上交不諂，下交不瀆，其知幾乎。

(四二)見幾而作

　　繫辭下五君子見幾而作，不俟終日。

(四三)知微知彰，知柔知剛

　　繫辭下五，識矣，君子知微知彰，知柔知剛，萬夫之望。

(四四)安其身而後動，易其心而後語，安其交而後求

　　繫辭下五，子曰：君子安其身而後動，易其心而後語，安其交而後求。

◎惕

　一・三多凶故惕

　　乾九三，三多凶爲惕，故乾九三曰終日乾乾，夕惕若。

　二・易經之乾爲惕。比如：

　　夬九二，惕號暮夜，有戎勿恤。

　　象曰：有戎勿恤，得中道也。這些卦都是有乾。

　　夬九二失正，當貞爲離，乾爲惕，互巽爲號。

　三・乾爲金，金有驚和＜警惕＞之意。

◎終日

　一・終日爲日之終，即日落。日落在乾。

　二・終日是天行一日一周的意思。至三下，乾已終。乾位在戌亥，戌亥在一日是日落之

時，故曰終日。

◎終

三爲終，下卦之極。

◎乾乾

一・爲何用了乾乾兩字呢？因爲乾卦上乾下乾，故曰乾乾。

二・坤卦不言坤坤。因爲坤字原爲雙月。坤爲朋。所以不再說坤坤。

◎夕

一・離兌爲夕。

二・乾九三夕惕若。九三變爲互離（二至五互離），三變後，下卦成兌，卦中見離兌，離爲日，兌在西方，日所下之處。兌爲西，爲日落西象，即夕也。

◎反

一・易經之易即反。

二・反即反吟，復即伏吟。乾卦彖辭曰反復二字，照術的說法，即反吟與伏吟。伏即復，復者爲本宮所叢如乾而又遇乾是也。反者爲對宮所犯。乾後天卦位對宮爲巽，乾巽相衝故曰反。因乾之中爻有巽也。

三・乾卦彖辭曰終日乾乾，反復道也。乾卦說反復道。乾三爲泰，泰三无往不復，乾三反復。

四・反爲反對。即八卦之對卦爲反。所以乾卦說反指巽卦。巽即反也，即乾之對宮。

五・反即復。

六・巽即反也。道即一陰一陽之謂也。

◎復

一・重爲復，即＜重復＞

易經重復之現象很多。比如卦爻辭一次用兩字：乾乾、翩翩、眈眈等。

二・卦變爲同位之卦亦爲復，即乾卦說反復道。乾卦彖辭曰乾乾，乾乾即復也，今九三變兌而互卦變離，先天之乾即後天之離，亦復道也。

乾卦九三文言曰：君子終日乾乾，夕惕若，厲无咎，何謂也？
子曰：君子進德修業。忠信，所以進德也；修辭立其誠，所以居業也；知至至之，可與幾也；知終終之，可與存義也；是故居上位而不驕，在下位而不憂。故乾乾因其時而惕，雖危无咎矣。
終日乾乾，行事也。終日乾乾，與時偕極。
九三重剛而不中，上不在天，下不在田，故乾乾因其時而惕，雖危无咎矣。

◎德與業

坤爲事，爲德。乾卦合坤。乾卦文言曰君子進德修業。乾九三君子進德修業。德就是得心，業是成於事。九三居內外之間，所以以德業來比。

◎實

一・乾爲誠實。

二・易經之中最「誠實」的卦是乾卦。乾爲金，金在五行最實。在六十四卦中全是陽（實）爻組成。而且金爲精，即＜精誠＞，所以乾卦說實。

三・乾九三曰修辭立其誠。乾九三爲泰卦，泰互兌口，乾陽實，故修辭立其誠。

◎幾

一・易經說幾是指天機，即先天卦變後天卦。

乾卦文言曰可與幾也。乾九三曰可與幾也。在卦中以戊己爲幾卦，无戊己不能由先天而變後天。戊己中爲土，即坤也，這就是說光是乾卦是變不出名堂。要有坤土之卦。

二・幾者，動微。震爲動，乾三互震。

三・夫易，聖人之所以極深而研幾也。

◎義

一・乾卦文言曰可以存義。

二・乾九三可以存義。義者，乾兌金德也。

三・乾屬金，乾離同位先天之乾即後天之離，九三互卦有離亦乾之終也。

四・義爲和也。乾文言利者，義之和也。

(一)易經以陰陽相得爲和。和則得利，故義爲利。又金爲利也（其利斷金），又乾爲金，金之德義。所以乾卦爲義卦。

(二)又義爲生氣之象。乾先天和後天與兌相合，合者，和也。

兌初九曰：和兌，吉。兌爲金，金之德爲義，其性爲和。所以兌卦初爲和。金之德爲義，利者義之和也。兌取利象，與乾相合，合爲生氣卦，即乾兌。離震，巽坎，艮坤爲生氣卦。生氣即得利。

(三)說卦傳：觀變於陰陽而立卦，發揮於剛柔而生爻。和順於道德而理於義。

(四)乾文言利物足以和義。和爲義也。

(五)金者義之和。兌初九和兌，吉。兌取需爲通象。需下乾，需變兌，以需之上乾易爲兌，乾兌皆。

五・義爲合

合爲生氣，相合爲求

(一)雜卦傳：臨觀之義，或與或求。同氣相求以合也。

(二)中孚九二曰其子和之。中孚卦見雷風，同聲相應之象。

中孚卦有山（孚三五互艮山），澤（孚下卦澤）。則有同氣相求之象。

(三)說卦傳：觀變於陰陽而立卦，發揮於剛柔而生爻，和順於道德而理於義。和順爲先後天八卦之合，其行要順，則吉。

六 · 義爲方

即三字經說的：「竇燕山，有『義方』」。

坤卦說直其正也，方其義也，君子敬以直內，義以方外，敬義立而德不孤。

七 · 乾金爲義

(一)乾金也。易以金爲義。

(二)繫辭上十一曰：卦之德，成方以知，六爻之義，易以貢。貢是獻給人，即把得到的卦來顯出。貢獻爲金。

(三)繫辭下一，理財，正辭，禁民爲非，曰義。禁爲金也。古時制樂取金剋木，制琴，琴爲禁。即金剋木。

(四)復六三，象曰：頻復之厲，義无咎也。復之下爻爲坤，錯乾，爲金。易以金爲義，是以復卦說義。義爲金。漸卦和既濟卦都說到義无咎，因爲兩卦都有復象，而復是頻復之厲。厲爲利，即義。可說成對事物的合宜性要求很高。

八 · 精義

繫辭下五尺蠖之屈，以求信也，龍蛇之蟄，以存身也。精義入神，以致用也。精爲金，故說＜精義＞。精即義。

需卦，須也，險在前也。剛健而不陷，其義不困窮矣。需下乾爲金。同人九四象曰：乘其墉，義弗克也，其吉。同人上乾爲金。以上皆是以乾爲金爲義。

九 · 合時之宜爲義（與合宜之義不是全然相同）

(一)豫天地以順動，故日月不過而四時不忒。聖人以順動，則刑罰淸而民服。豫之時義大矣哉。

(二)遯之時義：遯彖曰時義大矣哉，否剝則時已无可爲，獨姤遯之際，處之爲難。故其義大。

十 · 頤爲養，頤者義也

頤卦艮震，艮震爲時，故易經之時義見于頤卦。易經說到時義的有睽、解、革、節，和頤卦。但是易經說：天地解，天地革，天地節，而在頤爲天地養物。

京房易以天地爲義爻，義者恩也。乾爲天，所以說以天地爲義。又生我爲義。生我者有父母之義，故爲義。父母者，養我者，頤爲養。所以易經之頤特別有包含義字的意思。

十一 · 合宜爲義

爻不當，故吉凶生焉。當不當，以時義。言時義得，則當，不得，則不當。易經說時義，即是說得宜。比如：

隨，隨之時義大矣哉。

隨九四，隨有獲，其義凶也。有孚，在道，明功也。

恆六五象曰：婦人貞吉，從一而終也。夫子制義，從婦凶也。

遯之時義大矣哉。

姤九二象曰：包有魚，義不及賓也。

鼎九三象曰：鼎耳革，失其義也。

明夷初九象曰：君子于行，義不食也。賁初義弗乘。初无爵位，故不食。即不合時宜者不食。而不合其宜者，賁初九，賁其趾，舍車而徒。象曰：舍車而徒，義弗乘也。

十二·易經說到家，皆以義言

家人象曰：家人，女正位乎內，男正位乎外，男女正，天地之大義也。

歸妹象曰：歸妹，天地之大義也。

乾亦以九五爲正位，故男女正，天地之義也。

旅上九象曰：以旅在上，其義焚也。旅卦失家人，所以其義焚。

◎上位和下位

乾卦說在上位而不驕。乾九三曰在下位。三爲乾下卦之上爻，故居上位。

乾卦說在下位而不憂。乾九三居於上乾卦之下，所以是居下位。

九四，或躍在淵，无咎。

象曰：或躍在淵，進无咎也。

陽爲躍，陰爲淵。乾九四之九爲陽爻，而陰位是淵。陽爻到了陰位不對位，所以有或字，就是或者。當陽爻不變爻則動，動而躍。如果變了爻，則上卦變成震卦，是在上動。由下卦初爻之動，到上卦之動，是一躍而上。易經最重要的一個動作就是渡過大川，也就是成爲既濟卦。但在乾卦之中，這一類的字並未出現。乾卦只說利見大人，卻不說利涉大川。可見聖人對乾坤兩卦有特別之對待。乾卦在上卦居兌和巽之間。巽和兌爲風澤，即中孚。乾在中孚之中，所以有在淵之象。淵者必渡之。而乾取中是所有先天八卦必渡之卦。

乾卦九四文言提到了恆和革兩卦。恆卦的象傳說久。恆爲久。乾也是久，泰乾雖變，而二四仍互乾，乾居終始之間，久也。恆象傳說雷風相與，分乾與坤，雷也。分坤與乾，風也。恆自泰通，雷風之間乾坤在焉，故雷風相與。乾文言九四曰：或躍在淵，无咎，何謂也？子曰：上下无常，非爲邪也，進退无恆。恆，久也。乾爲久，所以乾卦說恆立不易之方說的是乾卦。因爲易經諸卦中，乾卦是最堅久的。

乾卦九二九五皆是大人。大人是通四時之序的人，也就是會占卜的人。革九五稱大人，革卦三五互乾，乾之二四二爻人爻也，四爻變巽互兌互離，革象也，言乾變革之時也。所以聖人特在乾九五之文王稱譽大人。

◎躍

一·躍爲震象。

二·乾九四或躍在淵。躍字有足象。也就是震象，震爲足。

三·大壯震躍

消息卦，乾皆復、臨、泰、大壯、夬所來，到了四爻是大壯，大壯卦中有震，震爲

足，故用躍字。淵字有重坎之象。

四‧躍是暫時起來。既不能安，而又不能飛到天上。尙未飛黃騰達之意。

◎淵

既濟爲淵：乾九四或躍在淵，因爲乾卦的九四失正，所以這個卦要調爲坎卦，成既濟。上爲坎，下坤卦也是坎（坎坤先後天同）成重坎，坎在下，水象靜深，故在淵。

◎或

易經的卦變化全看選擇。一個爻可以上，也可以下，所以就出現或字。比如乾卦四二爻同象或躍在淵之『或』字，是說明四爻可上可下（二四同功，四或可爲二之象也）。

◎无咎

一‧易經說到无咎都可以從正反來看。從反看，凡爻以失位爲咎。貞之得正，即爲无咎。

二‧易言无咎者，憂中之喜，過也。

乾九四无咎。乾彖專言進也。以進躍居五，而得正无咎。

> 乾卦九四文言曰：或躍在淵，无咎，何謂也？子曰：上下无常，非爲邪也；進退无恆，非離群也；君子進德修業，欲及時也。故无咎。
> 或躍在淵，自試也。或躍在淵，乾道乃革。
> 九四重剛而不中，上不在天，下不在田，中不在人，故或之。或之者，疑之也，故无咎。

◎或躍在淵

乾九四失正，一則可以躍居坤五，或在淵，居坤初，所以是上下无常。坤爲常。

◎進退无恆

一‧乾九四失位，說是進退无恆。益卦說立心无恆。又乾爲君卦，四爲臣位，故欲上躍居五，下者，當下居坤，得陽正位，故曰上下无常。進爲居五，退爲居初，故退无恆。乾文言九四曰：或躍在淵，无咎，何謂也？子曰：上下无常，非爲邪也，進退无恆。恆，久也。乾爲久。所以乾卦說恆立不易之方。說的是乾卦。因爲易經諸卦中，乾卦是最堅久的。乾卦九四文言提到了恆和革兩卦。恆象傳曰久，乾爲久，泰乾雖變，而二四仍互乾，乾居終始之間，久也。

二‧乾卦九五爲大人。九四一躍而上九五，所以是可以立即登上九五之尊位，在九五之位，是最爲有利。如占卜而言，九五是最利之占位。但九四是上不著天，得不到上天之神示，下不著人，又不得人心，而下不在田，即失去地利。可以說是天時、地利、人和都尙未有，這是很不適合占問吉凶的時候，所以要變革來取得好的時機和地點。

三・乾之二四二爻，人爻也。四爻變巽互兌互離，革象也，言乾變革之時也。易經之革中有乾，而革錯蒙。蒙中有乾坤（天地合其德之象），四貞爲坎（卦成既濟），下爲離（日月合其明也），四時合序（革之兌離爲秋夏，蒙二互震坎，中有春冬在焉，四時合其序也），鬼神合其吉凶。大人之象也。故革九五爲大人。所以乾九四文言以恆卦來說明定力，恆立不易之方，而革說變更，以治曆明時。如此，則天時地利人和都有了。要問卜，是有求必應也。

四・乾爲嘉，四動承五，故行有嘉也。革卦三五互乾。又占卜最好是取得神之孚信，九四是陽居四爻之位，合于坎卦在上卦之象。所以乾四已見到孚象。坎中體爲乾，坎之爲孚。

五・乾卦文言曰進德修業：乾四曰進德修業。乾道爲德，坤事爲業，以乾進坤，故進德，以坤修乾，故修業。乾文言九四曰欲及時。乾四大壯，大壯震即艮，艮爲時，故曰及時。

◎時與位

一・易彖辭言時的有二十四卦，言中的有三十六卦。象辭言中的有三十九卦，言時的有六卦。因爲時不定，而位有定，所以象辭大多言中。

二・有關時之定義見本書隨卦。

◎不中

九三雖得正位，然非二五之位，故不中，而在二陽之間故曰重剛。

◎重剛

乾爲剛。乾卦從初爻一路到上都是陽，中有互卦多重。四爻是存在重乾（互乾）之中，所以在四爻特言重剛。因爲四爻居剛中之剛，所以不易變動。有如在深谷中躍動而无法作爲。心中充滿疑惑，惑爲迷。因爲九四剛出了三爻，三在下爻之上，有如上爻，而實在是上卦之下爻。不上不下爲惑。

◎或之

一・惑之也，即疑之也。疑其躍則在天，退則在淵。上下得位，故无咎。

二・兩者之一爲或。

　　　　九五，飛龍在天，利見大人。
　　　　象曰：飛龍在天，大人造也。

乾五飛龍在天，五爲天位，故曰在天。九五之占法和九二相同。易經二五爲中位。易經說利見大人，就是卦可以變成一陽一陰之序。大人是精於占卜的人，或可以測出大自然虛實的人。九五剛健中正，是所有爻中重力之中心。處在這個中心，人的德行思想是和天地合一。古來聖人如堯、舜、周公、孔子或奇人如張良、鬼谷、諸葛孔明等，都是大人。

大人最重要的含意是因爲坎居正位而合離，卦成既濟。易經之卦爻象合乎天地定位，則爲大人之位。因爲既濟之坎居九五，所以坎卦的中爻當做大人。而飛龍在天，實際上就是在說坎，可見坎之重要。坎爲水，无水則不能濟度。大自然供給生命的物質也是水。龍見水，則可飛在天上。龍在天，則可以興雨而濟萬物。

◎飛

坎爲飛。乾九五飛龍在天，易經的飛是坎象。離象鳥，坎爲飛鳥。因坎曰習坎。習者，鳥數飛爲習，有鳥飛而上下之象。飛即上下也。乾二或五上下爲坎之中爻，故乾五有飛象，故曰「飛龍」。易經說到坎爲飛之象者如下：

一・小過自雷水解，水山蹇純坎變，也就是說解卦雷水之坎變爲艮，即成小過。

二・蹇卦水山之水變爲雷，成雷山，皆把坎變了。坎水是鳥象。

三・明夷自小過變，翼折下垂，即明夷之一四爻變，地成雷、火成山，即小過。是以明明夷於飛，垂其翼。因爲飛是爲坎象。坎不在了，所以成了垂翼。

四・遯自訟變，即天山之山是從天水之水變，自上應坎爻，所以說飛遯。飛爲坎象。

五・小過飛鳥遺音。坎爲鳥，小過自解（下坎），蹇（互坎），坎象變小過，坎失。小過二五兌口，震爲聲，艮亦震，故鳥去而音尚在。故飛鳥遺之音，是說解卦雷還在，但坎鳥變成了艮，震仍在，而坎變了。

◎造

乾卦彖辭曰飛龍在天，大人造也。造爲作。

乾卦九五文言曰：飛龍在天，利見大人，何謂也？子曰：同聲相應，同氣相求；水流濕，火就燥；雲從龍，風從虎；聖人作而萬物睹。本乎天者親上，本乎地者親下，則各從其類也。
飛龍在天，上治也。飛龍在天，乃位乎天德。
夫大人者，與天地合其德，與日月合其明，與四時合其序，與鬼神乎合其吉凶。先天而天弗違，後天而奉天時。天且弗違，而況于人乎？況于鬼神乎？

乾坤交而爲坎月離日，故與天地合明。天地者，乾坤也，與四時合其序。易說的四時總是指震、艮、巽、兌（代表四季），因爲乾坤合，變坎離，而坎離中有震、艮、巽、兌，故與四時合序，與鬼神合其吉凶。乾離爲神，坤坎爲鬼，故與其合吉凶。先天而天弗違，先天是九二，而與九五之天弗違。後天爲九五，而九二奉天時。乾神合吉，坤鬼合凶。又坎爲鬼，離爲神，乾變離神也，離錯坎鬼也。吉凶易之道也，趨時者吉，背時者凶。易經說合，陰陽交而合。合有吉合，也有凶合。聖人是通鬼神的人，當聖人的道理開始運作，萬物會呈現根據易經之原理而運行的面貌，很清楚使人知道何爲吉，何爲凶。所以說聖人

作，萬物睹。乾文言說：聖人作，萬物睹。乾爲聖人，六子皆乾來，聖作物睹，故利見大人。天地就是陰陽。易經以乾陽通乎坤陰，而成六十四卦。所以說易以天地準，天地即陰陽。

◎合德

一・乾卦文言曰合德。合德是乾坤相合。

二・乾坤相錯，故與合德。

三・德者易也，合德者合易之理也

◎合明

一・日月合其明，此指先後天卦位，先後天坎離皆相對也。八卦上坤下乾。坤爲坎，離爲明。

二・離日也，坎月也，離即先天之乾，坎即先天之坤，日月有明，明者易也。合明者，合易之理也。根據易經之理而行爲合明。

◎合序

四時合其序也可以指後天卦位，後天離南、坎北、震東、兌西、離夏、坎冬、震春、兌秋，九五離，即先天之乾也。

◎人

乾男坤女也，即道也。

◎飛龍在天

乾文言曰飛龍在天。乾五天位，故曰五，言在天。

◎同聲相應

乾文言曰同聲相應，即雷風相薄。相薄，故相應也。

◎同氣相求

氣即山澤通氣。乾文言曰同氣相求，即山澤通氣。通氣，故相求也。

◎水火不相射

一・乾文言曰：水流濕，火就燥。即水火不相射，不相射就是相對。

二・先天離東坎西，坎下潤而不及東之離，火上炎而不及西之坎，故不相射。

◎雲從龍

一・艮山出雲，震爲龍。

　　震、艮先後天同一卦，故雲從龍。

二・乾爲龍雲生天，故從龍；坤爲虎，風生地，故從虎。

◎親

一・本乎天者，親上。巽、兌、離三女之卦體皆本乎乾，其位親乾于上（先天乾在上），震、艮、坎三卦。

二・男之卦體，皆本坤，其位親於下，故各從其類。

三・火炎上，水潤下，所以說親上和親下。親上爲火，親下爲水。

◎風從虎

乾文言九五：兌爲虎，巽爲風。巽兌爲同一卦（先後天同位），故風從虎。

◎天地

一‧天地即陰陽。

二‧易與天地準，以乾陽通乎坤陰，而成六十四卦，所以說易以天地準。天地即陰。

◎合德

一‧德者易也，合德者合易之理也。

二‧乾坤相錯，故與合德。

三‧天爲德。九五爲乾之正，位故得位天德者，乾之德也。

◎四時合其序

四時合其序，也可以指後天卦位，後天離南、坎北、震東、兌西、離夏、坎冬、震春、兌秋，九五離即先天之乾也。

◎鬼神

坎爲鬼，離爲神，乾變離神也，離錯坎鬼也。

吉凶易之道也。趨時者吉，背時者凶。

◎人

乾男坤女也，即道也。

　　上九，亢龍有悔。
　　象曰：亢龍有悔，盈不可久也。

◎亢

一‧五爲天位，在上曰亢。

二‧乾上九亢龍有悔。乾上九居天(五爲天位)之上，故曰亢。失位，故有悔。

三‧陽止爲亢。子夏傳曰：亢，極也。凡卦象陽在上有止，象亢，雖不止而自止者也。
　　（飛之極易致危，故曰有悔。）

◎悔

一‧易傳說：「震无咎者，存乎悔。上九有悔，則知進退之道。」

二‧有悔則知進退。

三‧易經之悔有二義

　　(一)回念前失。

　　(二)前本无過，今處有過之地而悔不如前。乾卦之前數爻陽生陽長，初无過失，到五爻則盛極。

四‧乾卦彖辭曰：亢龍有悔，盈不可久也。陽亢則悔，盈則必消，不可久也。

　　六爻皆陽无陰，故曰亢龍。亢，盈也，極也。自來極則必反，盈則必覆，故有悔。

◎不可久

陽亢則悔，盈則必消，不可久也。

◎**亢龍**

極陽无陰，故曰亢龍。亢，盈也，極也。自來極則必反，盈則必覆，故有悔。

◎**悔**

一‧悔字詳本書家人卦、咸卦，以及悔亡之注解。

二‧悔字不止是包括後悔，即事後對災咎生懼，也有回頭之意。因爲乾卦到了上九陽爻，可以回頭從初爻開始。這時會有乾坤之消息卦之作用。在陽氣回時，陰氣也跟著而起。這個悔字在易經不一定有壞的意思。

乾卦上九文言曰：亢龍有悔，何謂也？子曰：貴而无位，高而无民，賢人在下位而无輔，是以動而有悔也。

亢龍有悔，窮之災也。亢龍有悔，與時偕行。

亢之為言也，知進而不知退，知存而不知亡，知得而不知喪，其唯聖人乎？知進退存亡，而不失其正者，其唯聖人乎？

　　陽亢必消，上九惟知進退，居乾上不知退，居坤上則亡則喪。退三則存則得，知進退則不失其正位。聖人所以用九六進退六爻，各正性命，保合太和。

　　乾卦上九是代表所有陽爻在上九之位。文言說上九貴而无位，易經之爻通常到了五就已經是高不可攀的了，而上爻就是被成了外人，所以上爻常被當做无位看。也就是在論事情的時候，在解釋爻位時，上爻的意思和其他五爻也常不同。乾上九文言曰貴而无位，上九在事外，故貴而无位。因爲无位又无民，所以像被遺忘的過氣君王，有无限的悔恨，只好回頭當個无地位之人。又以凡人論，因其无位，所以言貴。

◎**亢**

窮高曰亢，即<高亢>。上爲高。

◎**高而无民**

乾上九文言曰：高而无民。乾六爻无陰，故无民。

◎**賢人在下位**

乾文言曰賢人在下位无輔。賢人指的是九三，九三君子與上九敵應，故在下位而无輔。

◎**无位**

乾卦文言曰无位。凡卦二爻爲人，二爻爲內卦之人位，五爻爲外卦之人位，然非中爻不辨。即互卦上下互三四兩爻爲全卦之人位，今在上爻是无位也。

◎**无民**

坤爲眾民之象，卦无坤是无民也。

◎**无輔**

兑在先天卦位爲乾之輔，兑在後天卦位亦爲乾之輔，今變兑與乾等，是无輔也。

◎有悔

无位、无民、无輔，是亢之極也，故有悔。

用九，見群龍无首，吉。
象曰：用九，天德不可爲首也。

◎九

一・乾貞用九，坤貞用六。

二・用九

（一）爲何乾元用九？乾彖曰元亨利貞。而乾之二、四、上，三個爻失位。二曰利見大人，四曰或躍在淵，上曰亢龍有悔，說的都是貞九六之義。指將失位之九，正爲六。乾卦失位的都是九，所以說用九。因爲乾卦的二、四、上九失位。

（二）用九還有另一個意思。易經老陽九，老陰六，少陽七，少陰八。七八是陰陽之交，九六是陰陽之極。極則必變。周易尙變，故陽用九，陰用六，以其九六皆極，而必變也。乾坤是九六之宗。所以在乾坤卦中明其用。乾二四上失正，用九變二，下乾成離，用九變四，上乾成坎。

◎首

一・乾變坎爲无首

无首：乾卦說用九「群龍无首」。爲何无首？因爲乾之二四上爻不正，貞其爻，用九變二爻，卦成離，用九變四爻，上乾成坎，乾爲首，乾變坎，故无首。就是不應當頭。

二・乾无首吉，比无首凶。

三・群龍无首：群龍的群是什麼意思？物以三爲群。三就是初、三、五爻得正，故有群龍可見。爲何群龍无首吉？何以比卦說无首凶呢？因爲乾卦不能爻爻皆變，否則連龍都沒有了。

易上爻爲首，而陽不可極，極則必消。乾卦之陽在上，故以无首爲吉。因爲乾卦亢陽爲嫌。而比卦則以從陽爲貴，故无首而凶，時義不同。

四・乾上无德，故无首。乾爲首，无首者卦之德无有出於乾之上也。

易經以變易爲理。如乾卦六爻皆變，則成相對之坤卦。乾之下卦爲水下，而上卦爲天。群龍是有在水底，有在下上飛躍者，如易經之初爻爲足，則上爻爲首。上爻變，則成群龍无首。陽爻在上是災，變則无災。所以說天德。用是指運用，也是指變之。把乾卦中所有的陽爻變了，就成坤。用九就是將九變爲六。

乾卦群龍无首尙有另一種意思。乾爲衆陽之首。然六爻之動是由復臨泰大壯夬，遞

變至乾。乾是在尾，而不是在首。

易經之創造是由一元開始。所以乾卦是終而不是始。而復、臨、泰、壯、夬、乾有如一條龍。如乾卦變，這一條陽爻生長的秩序就被改變了。「群龍无首」之首不是指龍頭，而是指无人帶領。因爲乾卦是陽氣之終，所以不變是不能生存了，變成了群龍无首是好事，不是壞事。

五・初爻也可以說是首。

◎群龍

易經六爻不論陰陽都是可以當龍。龍是指一接一。

◎天德不可爲首

一・陽爲天德，首爲極位，陽極必消，故天德不可爲首。

二・用九就是六位皆九。純陽則天德也。萬物從天德起，所以天德很重要，是得天之助。

三・祿命法之天德爲天德貴人，其法如下：

　　　正月起亥而順行

　　　正丁二坤（申）中，三壬四辛同，五乾（亥）六甲上，七癸八艮（寅）逢，九丙十居乙，子巽（巳）丑庚中。或正丁二坤（申）宮，三壬四辛同，五乾（亥）六甲上，七癸八艮（寅）逢，九丙十乙，子巳丑庚逢（天德者，正丁、二坤、三壬、四辛、五乾、六甲、七癸、八艮、九丙、十乙、十一巽、十二庚也）。

　　　月柱地支　　子　丑　寅　卯　辰　巳　午　未　申　酉　戌　亥

　　　日柱見干支　己　庚　丁　申　壬　辛　亥　甲　癸　寅　丙　乙　爲天德貴人

天之德從天門而降。亥爲天門，因以名之。天干天德，寅建在丁，卯建在申。人事天功取陰陽相助也。

一・地支之德於天（天德）即天干爲陽也，地爲陽，則天爲陰。

二・寅內之人元丙，得天丁之助。

　　　卯內之人元癸，得陽貴坤（申）中壬水助。

　　　辰內之人元癸，得天之壬助。

　　　巳內之人元庚，得天干辛之助。

　　　午內之人元乙，得天干乾（亥）中甲助。

　　　未內之人元乙，得天干陽貴中甲助。

　　　申內之人元壬，得天干陰貴中癸助。

　　　酉內之人元乙，得天干艮（寅）中甲木之助。

　　　戌內之人元丁，得天干艮（寅）中丙木之助。

　　　酉內之人元乙，得天干艮（寅）中甲木之助。

　　　酉內之人元乙，得天干艮（寅）中甲木之助。

　　　戌內之人元丁，得天干陽貴中丙火助。

　　　亥內之人元甲，得天干陰貴中乙助。

文言曰：乾元用九，天下治也。乾元用九，乃見天則。

　　乾卦文言曰：自試。自試者即上下无常，進退无恆之意，以躍字形容之，自試其可否能用也。

◎則

　　順天而行，故曰天則。則，法也。

◎用九

　　乾六位皆用九。純陽是天德，是萬物之開始，任何東西都不能比它先。如果比它先就凶，隨它在後就吉，所以說不可爲首。這是易經吉凶最根本的大義。

 坤

元亨，利牝馬之貞，君子有攸往，先迷，後得主，利。西南得朋，東北喪朋。安貞吉。

　　坤卦是六爻純陰，象徵至柔至順。易經以陽爲君子，陰爲小人。易經中說到小人也指坤卦。因爲陽德光昌，可以比之君。坤陰不光，而是要以陽氣來發揚光大，所以陽氣有如坤之君。而陰道晦窒比之小人。

　　易經之全陰或全陽都因爲偏極而失調，孤陰孤陽都有弊端。孤陽之弊爲剛愎，而孤陰則爲柔靡。若以害言，陽之弊易識，而陰之弊難辨，其害潛而較孤陽之弊深遠。所以在易經以坤爲惡、爲害、爲小人，而以陽爲君子、爲善。不過這並不是說陰氣本來就是小人，必得是當陰氣害了陽氣的成長，才叫小人。如果陰氣可以助長陽氣，也可以說是君子。果如陽氣不長，反而退縮，坤就變爲小人了。這種說法並不是指陰只能是代表敗壞，因爲陽中有陰，陰中有陽。如果陰太弱，則是陰中之陽，而陽太強，則可說是陽中之陰。二者相輔相成。全陽則成爲陰之生了，全陰則可看成是陽。

　　坤卦在消息卦中是消，所以坤爲消。消息卦是由一陰到五陰，它的功能是消去陽氣。坤是消。初爻爲姤、二遯、三否、四觀、五剝、上坤，這就是變的開始。凡初陰、二陰、三陰、四陰、五陰之卦都來自姤（一陰）、遯（二陰）、否（三陰）、觀（四陰）、剝（五陰），這即是爲通。有變有通而成爲一個周期。

　　坤從土從申，所以從申者，一陰起於午，二陰臨於未，三陰至於申，三畫皆爲陰，故從申。坤卦在八卦中是土。申在地支藏干取五行，是庚壬戊，戊爲土。易經陰陽之運轉，晝夜循環，陽明象徵白天，陰暗象徵夜晚。夜到子時爲極，日到午時爲極。午時之後，天轉陰，所以古人說陽生於子，陰起於午。從午到申，爲陰象漸長之三個時刻，即午、未、申。坤在後天八卦位在未，爲午、未、申之中。午未爲火土，申爲金水土，所以坤以土爲主，在坤卦之其義爲厚載。因爲土性厚廣生，所以能載物。坤爲地，地之爲體能生萬物。君子藏器於身，待時而動，象徵地之應時育物，故坤致養。

◎坤

一・坤卦是六爻純陰，象徵至柔至順。

二・坤象爲地，從土、從申。

三・坤即巽也。巽象曰：「重巽以申命」，說的即是坤。巽爲命，而巽說申命，即坤巽同位。巽卦說，君子以申命行事。坤爲事，即以巽順行坤事。

◎消

一・姤爲消之始

凡一陰、二陰、三陰、四陰、五陰之卦，都是來自姤（一陰）、遯（二陰）、否（三陰）、觀（四陰）、剝（五陰），這即是爲通。有變有通而成爲一個周期。

　　六消乾爲姤；
　　二消乾爲遯；
　　三消乾爲否；
　　四消乾爲觀；
　　五消乾爲剝；
　　六消乾爲坤。

二・消卦自否起

(一)否天下无邦也，內陰而外陽，內柔而外君子，小人道長，君子道消也。

(二)消卦自否起，小人道長，至觀而長及四，至剝而長及五，再長則乾陽消盡。

三・乾盈則消

豐日中則昃，月盈則食，天地盈虛，與時消息，而況於人乎，況於鬼神乎。

豐彖言天地盈虛，與時消息。豐自泰變，泰爲天地。泰變豐，乾之盈消，與坤之虛息，震（豐之雷也）爲時，故天地盈虛與時消息。

四・臨消不久，升消不富

(一)升亦爲息。臨消不久，升消不富。

(二)升上六，冥升在上，消不富也。

(三)豐卦說與時消息。豐爲富--＜豐富＞。升卦上六，冥升在上，消不富也。

◎消息

一・消息爲時

易經之乾坤互動，而有互相消息的作用。而消息是配合時序而進行。消息卦言時之義也。

二・大傳曰變通莫大乎四時，這也是說乾和坤之消息。比如豐卦象辭言天地盈虛，與時消息。

豐自泰變，泰爲天地。泰變豐，乾之盈消，與坤之虛息，震（豐之雷也）爲時，故天地盈虛與時消息。天地就是乾坤。

◎變

易經中最重要的一個字就是變。到底什麼是變呢？可以從坤卦看出來。首先，坤表現的就是消息卦的消。由初爻姤、二遯、三否、四觀、五剝形成坤，這就是所謂變。

◎通

所說的通是凡一陰、二陰、三陰、四陰、五陰之卦皆姤、遯、否、觀、剝，是爲通。

◎亨

一・亨爲通

乾之元，終於亥，坤由乾卦出，初爲子，品物咸亨，故坤元亨。而乾卦的元亨也和

坤有關。

因爲乾和坤通，即『乾元通乎坤』，所以說元亨。因爲亨也有通的意思，即亨通。通在乎陰和陽之相通也。

二‧坤爲始。乾卦元亨利貞，坤卦也說元亨。元亨之元是始之意。

三‧元亨之義詳本書臨卦。

◎馬

一‧易經說到馬有很多的意思。坤之繫辭說：利牝馬之貞。因爲坤初爻以陰居陽位，不正。貞爲陽，下卦成震。震在易經有馬的意思。坤三爻也不正，如果貞三爻，二、三、四爻互成震也是馬，因爲這兩種爻的陰變陽皆從坤變出的，所以所成的馬也是牝馬，即坤卦爲母馬。而利牝馬之貞，就是說可以以坤來貞正。因爲初爻一動即爲正，是利於貞。

二‧易經說馬的卦不少，比如：

屯二乘馬，初爲震馬。

明夷二，馬壯。

賁四白馬。

渙初六，用拯馬壯。

屯上九，乘馬班如。

大畜九三，良馬逐。

明夷六二，明夷，夷于左股。拯馬壯，吉。

晉，康侯，用錫馬蕃庶，晝日三接。

睽初九，悔亡。喪馬勿逐，自復。見惡人，无咎。象曰：見惡人，以辟咎也。

渙初六，用拯，馬壯。

中孚六四，月幾望，馬匹亡，絕類上也。

三‧坤之坎有馬象。乾坤卦中都說到馬，因爲坤卦貞三五皆爲馬。

四‧乾至健，坤交乾爲既濟，初、三、五皆爲馬，故行地无疆。易經凡說到行字，皆指乾陽，而行爲馬之動象。

五‧坎爲馬。

◎來往

一‧坤爲往

有關往來之義詳本書无妄卦。

二‧有攸往

攸是久，往就是前進--從艮之東北進到西南。

三‧坤爲君子之往

「君子有攸往」，在道德的涵義是說君子在道德上可以有所進取。

坤主德，君子向前進取是有道德的，則可以爲憑據的，可以長久努力。

◎先後

一‧坤爲先

坤卦的繫辭說先迷後得主。易經先後和卦位有關。西南得朋，東北喪朋，先是說一歲之先，即丑寅，也就是東北位。坤卦居東北是居先，指陰，即爲先陰。因爲陰性爲暗，暗則迷。坤爲陰，坤居東北即先迷。

二·坤爲後

　　(一)坤說先迷後得主。西南在十二支是未申，後天八卦的陰氣到了兌西爲逆行，申後再未。坤卦所在的是未申之地，也即是陰之後。後得主的主可以指陽，因爲陰主。坤卦到了未申後便住入陽的範圍，也可以說是得主。在這兒的東北爲丑位，西南地支是未，都可以當做地理位置來看。

　　(二)坤爲後。後，后也。
　　　　坤與先後天之卦象有關。易經乾五文言言先天卦象，坤彖言後天卦象。一氣流行，乃乾天之象。後天五行定位，乃坤地之象也。所以先天主乾，後天主坤。

三·未爲末，後也。

四·後爲後天

　　坤卦說後順得常。後指後天，後天之卦坤在西南。
　　卦位老父三男，老母三女是順而得常類。即陽與陽爲類，陰與陰爲類。

◎朋

一·陰卦見陰爲朋

　　(一)坤居東北，由東北變後天，往居西南，正南在後天卦位是離，正西後天卦位是兌，都是陰卦，所以和坤同類。西南得朋也。天東北方是即坎震，正東震、正北坎都是陽卦，與坤異類，所以坤在方是失其類，喪朋也。

　　(二)坤爲陰，故得朋
　　　　得朋之得在易經是同道的意思。如果以後天卦解，陰方正是陰之初降（亥爲陽始，巳爲陰始），其令爲夏秋之交，萬物初結實而養之地也，與陰同道，故曰得朋。

　　(三)易學家崔憬說：「西方坤兌，南方巽離，二方皆陰與坤同類，故曰西南得朋。東方艮震，乾坎二方皆陽與坤非類，故曰東北喪朋。」

二·朋爲類

　　(一)東北喪朋爲不類，艮爲非類。
　　　　坤在後天八卦所居的是西南方，艮卦在後天八卦是居東北位，西南是陰方。東北陽方，坤艮陰陽是不類，而且艮坤對易。艮爲君子，艮之君子自西南來。

　　(二)朋爲類。坤喪朋，象曰得主。守其役之分，即守住一個主人而安。曰得朋，引其役之類，即性向相同之伴同行。

三·互補則可爲朋

　　說西南得朋，東北喪朋，是因爲坤取西南陽氣爲朋。西南方是陽氣盛之地，即陰所需，所以多和坤同類，東北者爲陰盛，乃陽所喜，與坤不互補。所以對坤而言是失其類。這正好和坤取西南爲朋是相反的看法。不過易經之原理是說相反之理也可通才對。朋友說話有忠言逆耳者，也有情洽而不逆之交。有同個性而相親之友，也有

　　不同個性而互補之友。二者之作用不同，但都可以爲朋。

四·相好爲朋

　　木賊土而失朋。北水木之地，於時多春，木則賊土，水則洩氣，兩相乘制，乃失其好。俗語<好朋友>，以好爲朋。

五·二爲朋。西南得朋，東北喪朋。二人以上皆謂之朋，從隨行也。睽兌亦爲朋。

六·兩貝爲朋，五貝也是朋。貝是海介蟲爲陰族。西南本來是坤方，月坤爲遯，時則二陰，後天卦以坤爲二陰，正合兩貝之義。歷否、觀至剝而西盡，時則五陰，合五貝之義。西南到西盡，是由兩貝到五貝，所以說西南得朋。

　　東北在後天八卦爲艮，月卦爲臨，時則二陽，歷泰、大壯至夬而東盡，則時五陽。二陽息，則二陰消。五陽息，則五陰消。從消息卦來看，也可以看出坤爲朋之義。

　　這說法見清代楊以迥著《周易臆解圖說卷上》。

◎利

　　易經以得陽爲利。坤卦東北喪朋，西南得朋，說利西南得朋，東北喪朋。

　　因爲得朋則坤息，則坤陰消而爲陽，故得喪皆利。

象曰：至哉坤元，萬物資生，乃順承天。坤厚載物，德合无疆。含宏光大，品物咸亨。牝馬地類，行地无疆。柔順利貞，君子攸行，先迷失道，後順得常。西南得朋，乃與類行；東北喪朋，乃終有慶。安貞之吉，應地无疆。

◎至

　　從高而下，從高下至地。

◎如一

　　說從一，人猶地也。天地止於一元，坤元者，乾元所至，故曰至哉坤元。元乃乾氣，是說天地如一。

◎終

　　坤<從一而終>，說婦女從一而終的本意。終是自始而終，始爲乾，乾元爲始，坤元爲終。坤卦爲順、爲終，即順先天八卦之左右而行。由乾爲始，乾、兌、離、震，由坤爲終，即巽、坎、艮、坤。坤爲終。

◎承

　　承者行也，坤說承天。承者，行也，謂地順天而行也。

◎疆

　　說德合无疆，无疆指的是乾。

◎宏

坤卦說含宏，宏大在易經是指坤卦之意。乾二五爻和坤相交，爲坎，即互易其卦中之爻。以坤含乾，故含宏。

◎光

一・坤二五交，爲離，以乾光坤，故其光大。易經光明可指離，易之乾說到雲雨大明，坤含宏光大，可知光大是在說乾卦。

二・坤二爻說道之光，因爲坤二五交成爲離，離是火之光而之交，交以水火。所以坤也是有光的意思，但是是和乾交而後得離卦，以離爲光之象。

三・光大，坤二五交乾成離，含宏光大。

四・咸亨爲光：坤含光大，凝乾之元，終於亥，坤出乾初子，品物咸亨，故坤元亨。

五・坤含萬物而化光。坤中爻化乾爲離，故化光。離爲光。

六・含萬物而化光。坤爲包，包則含。坤因爲是全陰爻，所以可以包含其他之爻。

七・干寶曰：「大，光也。」坤爲大所以光。

◎无疆

一・坤爲馬，坤爲地，行地爲馬。坤之行地是指和乾相交。

　乾行至健。坤卦說行地无疆，坤交乾，卦成爲既濟，初、三、五皆爲馬，故行地无疆，凡行皆乾陽爲之也。

二・疆：乾爲強，疆也。

　乾在郊（戌亥爲郊），爲邊疆。

三・德合无疆

　无疆指的是坤能順乾而行。因爲乾卦爲疆，坤能和乾合，順之而利貞爲既濟。所以說德（即合无疆『乾』）。

　坤合乾，卦成相濟，即无疆，所以德合无疆。

◎先迷後得

一・坤卦說到先後。先即先天卦，後即後天卦。

　先天卦也，先迷而失道，指先天卦位老父三女、老母三男是迷而先道。

二・先則迷，以失柔順之道也。後順得常，後而順陽也。後順得常，所以後得。

　(一)不是順行則迷。

　(二)先于陽則迷，以失柔順之道也。坤後順得常，後而順陽也。

◎安貞

一・安貞爲吉。

二・坤言「安貞」，指坤之六二、六四、上六三爻原是居正位，故以安其正位爲吉。

◎常

一・順則得常。做人行事以順乎常理則吉，所以坤卦說順得常。所謂順，即依常理做事做人。

二・坤卦說後順得常，後指後天。

三・後天卦位老父三男，老母三女，是順而得常類。即陽與陽爲類，陰與陰爲類，同類在一起即爲順常。

四·坤道爲常

　　坤曰黃裳，裳爲常。

五·乾文言曰得主而有常。常者母道也，言坤得乾主而父母之道備也。

象曰：地勢坤，君子以厚德載物。

◎厚德載物

一·坤爲厚，土德爲厚。

二·乾之行健，坤之勢厚，君子法乾健以自強，法坤厚以載物。所以與天地合其德也。

三·坤爲載。

文言曰：坤至柔而動也剛，至靜而德方。後得主而有常，含萬
物而化光。坤道其順乎，承天而時行。

　　坤剛至柔，但是坤動則變，變了爻都是剛爻。坤初爻變爲震，二爻變爲坎，三爻變爲
艮，三爻全變則爲乾。坤所變都是陽，所以動則剛。乾爲剛，是坤卦不宜動也。因爲動則
變剛，而坤之卦貞靜。老子說：「天下莫柔弱於水，而攻堅強者，莫之能勝。」所以柔能
制剛。從卦變來看，坤初爻變卦成地雷復，二爻變爲地水師，三爻變爲地山謙。坤爲地，
地在地理上稱之爲＜地方＞，方不一定指四方形，而是有方位之限。因坤爲靜，靜則有範
圍，即易經說的範圍天地而不過。又坤道貴後不貴先，因爲坤道守常，所以後於主，主爲
震。在先天卦中，乾、兌、離、震、坤、艮、坎、巽，震之後爲坤，是坤必在震之後，所
以後得主。

　　在實際生活上，坤爲國，震爲主。要立國先要有主，國才可以立。另一個意思是，乾
爲主，坤在乾之後，坤爲常道。靜闔之時含萬物生意在其中，而動闢則化生萬物而光顯。

◎剛

　　剛指乾，乾地之動也剛，地之承天而行，故剛。

◎方

一·靜者，坤主靜。方則靜，坤主靜，故方。

二·方指地也，即天圓地方之意。

三·地體安厚方也，无所不載，大也。

◎承天

一・承為順，乾為天。坤卦坤道其順乎承天。

二・承天而時行：承天而時行不息也。

三・承天而剛

　　坤文言曰坤至柔而動也剛。剛指乾，乾地之動也剛，地之承天而行，故剛。

◎承天而時行

　　易經說時行即與四時同行。時行之義詳見本書遯卦。

◎地

一・坤文言曰坤至靜而德方。

二・靜者，坤主靜。方者指地也，即天圓地方之意。

◎主

一・乾為主

　　坤文言曰後得主而有常。主謂乾也，父道也。

二・主：往之他所，得其所主也。在其他處遇主。

　　睽九二說遇。遇主于巷，无咎。即二應五為遇。五為主，所以遇主。

　　主：非夷也。

三・震為主

　　(一)震驚百里，以百里為侯主。

　　　　震卦說震驚百里，驚遠而懼邇也。出可以守宗廟社稷，以為祭主也。震卦為宗
　　　　廟之主。所以易經之卦說主，大都是指震卦。

　　(二)明夷初「主人」有言，震為主，夷之初自小過來，小過之震象也。明夷之主人
　　　　自小過來。无妄象曰：无妄，剛自外來而為主於內，无妄下震。震在內，以震為
　　　　主。

　　(三)序卦傳革物者莫若鼎，故受之以鼎，主器者莫若長子，故受之以震。

四・豐為夷主，即外人之首。豐九四，豐其蔀，日中見斗，遇其夷主，吉行也。

初六，履霜，堅冰至。
象曰：履霜堅冰，陰始凝也，馴致其道，至堅冰也。

　　坤卦初爻為姤。姤月卦為夏至到小暑。因為天行日躔，所以稱為姤，就是遇。每年二
十四節氣，凡是相對的都會有互相類似的性質，這和易經的原理相同。和夏至相對之節氣
是冬至，冬至陽氣潛地下，而地上嚴寒，冰霜凝結，走在上頭好像人在冰上行走，所以坤
初爻喻為履霜。因為坤陰初爻也和乾初相似，一為夏日，一為冬日，所以兼寒熱，爻辭有
交互，有對待。

　　姤初和剝相對。剝是陰剝陽，而姤為女壯，是陰氣漸起。易經以陰盛為忌，所以初以

姤爲象。姤爲後，就是要有先見，以防後患。

◎堅冰

一・姤，五月卦；九月肅霜，剝卦也；十月堅冰，坤卦也。

二・坤曰冰至，姤曰女壯，此所以言陰道之消漲，宜防微杜漸也。

◎陰始凝

一・坤卦是十月之卦。節氣九月霜降，坤十月之卦，令水始冰，地始凍冰之象。

二・陰始指姤卦。陽氣是順陰性，不爲制防，必至堅冰也。坤初六爲姤卦，坤始於姤，姤爲五月卦，是陰氣剛開始之時。陰始於微霜，最終會變成堅冰也。所以陰始凝說的是代表五月三伏生寒的姤卦。姤卦雖然在夏天，實則寒氣已始，要防微杜漸。

> 坤卦初六文言曰：積善之家，必有餘慶。積不善之家，必有餘殃。臣弒其君，子弒其父，非一朝一夕之故，其所由來者漸矣！由辨之不早辨也。易曰：履霜堅冰至。蓋言順也。

文言曰積不善之家。爲何坤言家？易經說家有家人之意，即巽離（風火家人）。先天兌即後天巽，先天乾即後天離，兌乾爲夬，夬反姤，而坤初在消卦即姤。爲姤，坤爲不善，姤反夬，兌即巽，位乾即離位，家人象。一陰生，積至六陰之坤，不善之家。

◎一朝一夕

晝夜者，剛柔之象，由姤至坤，故非一朝一夕之故。

◎順

古字，即愼。辨，馬融曰：「別也。」坤卦文言說「蓋言順」，是指坤卦因爲有分辨而能順變爲既濟。一陰爻接一陽爻叫順。

◎相交

說到夬履，因爲履夬兩卦相交易。可知易經之中有夬象者，可看成履。

◎履

一・坤初曰履，以坤消爲姤，姤初錯復，復，震足也。

二・初爲履。坤卦之初又是陰爻之初，所以先在坤卦說履。

　　易經在坤初、離初、歸妹二、大壯、大有，都說到履。

三・九月爲霜

　　(一)坤初爻履霜。九月肅霜，剝卦也。姤，五月卦，乾消初成姤，所履者九月之霜也。於初一陰即知六陰之將至。這是說由姤到剝卦之變化。

　　(二)坤言「堅冰」。姤，五月卦；九月肅霜，剝卦也；十月堅冰，坤卦也。姤爲陰消之始。

　　(三)堅冰至：九月肅霜，剝卦也，姤，五月，乾消初成姤，由剝到姤，所履月之霜

也。於初一陰即知六陰之將至。九月肅霜，剝卦也。夬反剝。

四‧履霜。爲何坤中見履象呢？坤初六本來從消息卦來看是姤卦。坤變初六爲姤。姤卦
就是履象。姤和夬相對，夬是澤天，和天澤履相交，履象。乾消成坤，消初爲姤，
姤夬相對，夬交易成履。

五‧泰互通，泰中有夬象（一四互爲夬），故歸妹初九曰：「歸妹以娣，跛能履。」一五
互夬，象曰：雷在天上，大壯。君子以非禮弗履。

離初九，履錯然。敬之也，无咎。

六‧履爲不處，履而泰，履以行和，履和而至。

七‧夬即履

(一)夬、離、大畜通，互夬；歸妹自泰通，互夬；大壯、大有互夬，此類卦（山天、
地天、雷天、火天）都說到夬，交易即履，故易中有夬象每以履言。

交易即履，故易中有夬象每以履言。夬爲契約，所以俗說＜履行契約＞。

(二)大有、大壯皆互夬而有履之象。

(三)履霜堅冰至是說夬。乾消成坤，消初爲姤，姤夬相對，夬交易成履。夬初爻說
「能履」，因爲歸妹陰爻上進成泰卦，泰互夬，夬爲履象，而且泰通。

四上進，故能履。

(四)履自夬來。易中言夬象者即言履。

(五)履爲霜

履爲霜，故坤說履霜。因爲履卦是夬象，夬到剝履九月之霜也，履霜堅冰至。

八‧履爲足

履，以坤消爲姤，姤初錯復，復爲震，震足也。

九‧足在塗爲有履

履，陰爻在初爲巽之正位，入之象。今變震爲足，震爲大塗入於地，而足又在塗，
履之象。姤初錯復，復爲震，震足也。足爲履。

◎冰

一‧坤初始凝，坤爲凝冰的過程。

坤初曰履霜堅冰，陰始凝。初六始姤，姤爲五月，陰氣始，至爲九月霜降，坤十月
之冰。

這個過程是一步一步，有如履霜。由霜到堅冰，始於微霜，終堅冰也。

二‧坤卦以馴(順)致其道

因爲陽性的特性是順陰性，如不爲制防，可能由陽而變到堅冰的地步。

三‧坤十月卦見冰

九月霜降：坤十月之卦，令水始冰，地始凍冰之象。

四‧陰消爲冰

坤卦言「堅冰」。坤曰冰至，姤曰女壯，同是說陰氣之消漲。

所謂消。即由四觀、五剝、到上坤。消到坤，坤爲霜降，堅冰至。

◎家

一・坤言積善之家。此「家」字爲何出現在坤卦呢？易經用家，有家人卦之意。

震，風火家人。先天巽即後天坤，先天離即後天震，故巽離（風火家人）和坤皆說家。

震（地雷復）即復，爲家人。而復錯姤，坤初在消息卦即姤，故坤卦出現「家」字。

二・積善之家：坤作爲姤，錯復，坤即巽位，震即離位，有家人象。

三・不善之家：坤初爲姤，坤爲不善，姤反夬，兌即巽位，乾即離位，家人象。

一陰生，積至六陰之坤，爲積不善之家。

◎慶

一・坤卦文言曰：「積善之家，必有餘慶。」

乾爲慶，從息卦看自乾以往，姤至剝，陽爻爲乾餘慶，即乾卦之餘。復、臨、泰、大壯、夬爲餘慶。

二・震爲餘慶

虞翻說：「乾爲積，以坤牝，乾滅出復，震爲餘慶，坤積不善，以乾通坤。」

三・慶，乾爲息卦、初復、二臨、三泰、四大壯、五夬、上乾。凡初陽、二陽、三陽、四陽、五陽。泰、大壯、夬爲乾之餘，爲餘慶。

四・慶之義詳坤卦、大畜、睽卦、升卦、困卦、兌卦等。慶在各卦中有不同的用法。

◎殃

一・復、臨、泰、大壯、夬，爲餘殃。

二・坤文言曰積不善之家，必有餘殃。坤爲殃，自坤以往，消息卦復至夬爲坤之餘，陰爻爲坤，＜餘殃＞。震爲餘慶，巽爲除殃，初生巽爲餘殃。

三・殃爲滅。所謂滅，即以消息卦來看易經乾坤之轉變。一旦陽氣消盡消光了，就是終盡，所以說殃。

四・不善爲殃。坤對乾不善，所以坤爲殃，姤爲餘殃。

虞翻曰：「乾爲積，以坤牝，乾滅出復，震爲餘慶，坤積不善，以乾通坤。」極姤生巽爲餘殃。

五・災爲殃。災字之義詳本書豐卦和旅卦。

◎弒君

一・坤消乾爲弒君，乾爲君。

二・坤文言說＜臣弒其君＞，子弒其父，非一朝一夕之故，其所由來者漸矣，由辨之不早辨也。

三・陰生至否，下乾父象，消是爲子＜弒君＞。

坤文言曰臣弒其君，說的是消息卦。由坤陰生至否，初爻爲姤、二遯、三否爲坤，乾父象消，是爲子弒君。

◎漸

一・坤卦文言說「其所由來者漸」，漸卦爲巽艮風山漸。巽先天即坤後天，先天震即後天艮。言由者漸，以坤初姤，錯復，坤即巽位，震即艮位，有漸象。

二・凡物有變移，除而不速之謂漸。

三・漸坤卦言由者漸，以坤初姤，錯復，復即巽位，震即艮位，有漸象。

◎辨

一・辨爲剝。

二・辨字之義詳見本書剝卦。

三・陰爻爲辨。坤初即陰爻之首，所以說辨即分也，把陽爻分爲二。

六二，直方大，不習无不利。
象曰：六二之動，直以方也。不習无不利，地道光也。

孔穎達說：「生物不邪謂之直，地體安全是其方，无物不載是其大。不習而无所勉強出其自然而得之。」六二變爻成坎，坎爲水，和土相剋。因爲坎爲習，坎在易經稱習坎，坤六二如果不變爻，就是不習，也不會有所不利，而且也不會不和乾相和。

因爲坤卦六二是離之中爻，而易經相濟之卦是取坎在上，而離在下。六二本來就是陰爻，也正是離卦中爻，是完全合乎爻位應有之陰，所以不必變爲坎（不習），也不會不能成相濟，因爲離在下卦就是有相濟之象。易經以利字來說明卦變成既濟。

◎不習

一・坎爲習。習字之義詳見本書坎卦。

二・坎伏坤。坤爲不習，伏爲反也。

　　六二之動，直以方，不習无不利。

三・坎曰習坎，坤二乃離爻，坎伏其下，故曰不習。不習者，坤之簡能也。即可以不必學而能，這是易經易簡之原理。坤六二中正，故无不利。

四・乾消爲坤，至二爲遯。遯自訟變，故曰不習。坎水變山，坎爲習。

五・坤以直方大而能。坤六二，直方大，不習无不利。

　　直方：乾爲直，坤爲方，乾坤爲兩大。此說乾內坤外，故以直外方。

六・簡而不習

　　坤文言曰不習。坤之簡能也，故不必習。

　　習可能爲襲，即因襲。坤卦之簡而不習，不一定是說不必學習，而是指因襲，即能有另一種創新之意。

七・坤二曰不習。坤二變爲一坎，坎爲習坎，習者重也。坎今只出現一次，則爲不習。

八・習爲復，坤不復。因爲復是坤卦消之極而反。

九・不習：乾消爲坤，至二爲遯，遯自訟變，故曰不習。坎水變山，坎爲習。

十・坤卦六二、六五都說不習。因爲坎取在易最完美的既濟五爻。易卦凡五爻是陽爻即爲習。五爻被陰爻所居，非坎之象，也就是不完美，即爲不習。

十一・坤以簡能也，可以不必學而會，這是老子的道理。人自法天，天法自然。

十二‧坤爲陰爻。陰爲偶，偶不重也，故不習。

◎地道

一‧乾爲天德，坤爲地道。

「地道光」：坤貞爲離，離爲光，故地道光也。

二‧乾天位，故曰天德。坤二地位，故二曰地道。

◎地道光

一‧坤貞爲離，故坤卦說地道光也。

二‧先後天同位都可說光。坤變坎，先後天同位，故曰：地道光也。

◎直

一‧坤：「六二，直方大，不習无不利。」此說乾內、坤外。乾爲直，坤爲方，乾坤爲兩大，故以直外方。

二‧坤无所不載以其直也。生物不邪直也，地體安厚方也，无所不載，大也。

三‧直外方。坤卦小象說：「六二之動，直以方也」。

四‧文言曰：直其正也，方其義也，君子敬以直內，義以方外。

坤卦說无不利，義爲利。因爲君子內直，即正，所以通義利，可以不習而知道義理。

五‧立而德不孤。直方大，不習，无不利，則不疑其所行也，直是不疑。易經以相似爲疑，先後天同位也是疑。

六‧兩卦互相校正就稱爲直。比如乾可以校正坤，所以乾爲直。卦以乾爲直，是因爲乾是由六個直爻組成。而乾可以補坤，因爲相似而可以互補，所以乾坤卦說疑。可以說坤和乾很相似，又是相反，所以有疑。校正也是爻字的功用。

七‧不邪爲直。坤卦說直，物不邪直也。

八‧坤卦象曰方以直。直爲乾也；方，坤也。乾消爲坤，消至二爲遯。乾之直，爲坤之方，故曰六二之動，直以方。

九‧乾爲敬，故直其敬也。

◎大

大者陽也。

◎方

一‧天圓地方。

二‧坤方，乾爲大。方和大不相連。故坤小象曰：六二之動，直以方也，而不及大字。

文言曰：敬以直內義以方外。

三‧坤爲義，故方其義也。坤之位在未申。未以木爲直，申以金爲直。申爲地支，中藏有庚壬戊。

◎孤

一‧對待而不孤。乾坤合德而不孤。

乾坤對待，故不孤。又後天之坎即先天之坤，先後天同位是謂合德，亦不孤也。

二‧單則孤。

三‧孤字之義在易經由睽卦表現出來。睽卦說睽孤，睽爲違，即兩相違背，背則孤。

◎疑

一．同位則不疑。

二．王疑者，乾之易之也。

三．坎爲隱伏，又其於人也爲加憂，爲心疾，疑之象。同位則志合，故不疑。

坤六二文言曰：直其正也，方其義也，君子敬以直內，義以方外。敬義立而德不孤，直方大，不習无不利，則不疑其所行也。

坤卦爲柔順之卦，但柔順者要本性正直才不會陰邪，這要得到乾卦的配合。正直是不屈不撓之氣節，而方正則是擇善固執，不隨便變節。坤卦要保持這些美德，就是因爲坤是以乾爲模擬的對象，否則成孤陰而不敬不義。敬是爲人正直，有義者必自制。德之偏者爲孤，孤者不大，因爲敬之至者外必方。太圓滑則爲不敬，義之至者內必直，否則必奸邪不善。

坤文言所說的君子就是乾卦。易經之卦都含有錯卦、綜卦、反卦的含意。乾和坤是錯之卦。坤六二說的是乾卦之義，是上六所說的陰疑（模擬）于陽。陰卦有疑似陽卦之處也。

◎方

一．陰爲地方--＜地方＞。

二．敬義立而＜德不孤＞。

直方大，不習无不利，則不疑其所行也。

三．坤二爻得中氣，而在地上，自然之性，廣生萬物，所以生直而且方。

四．臣道貴直，在下則以直對上。妻道貴方，方則體大而能容--＜有容乃大＞。

六三，含章可貞。或從王事，无成有終。

象曰：含章可貞，以時發也。或從王事，知光大也。

坤卦有含容、包容之象。坤能包含乾，所以坤初爻一陰，二爻爲二陰，陽氣尚存，到了三爻是全陰，就把陽氣全含起來，所以六三說含章。因爲陽氣性彰顯爲章。坤另一意義是貞。貞字特別用之三爻，是因爲坤三爻卦候爲正秋，秋天五行爲金，主＜兵事＞，也就是王事。但是坤卦爲土，土生金而无相剋之相，所以只有＜出兵＞而无戰。而且坤爲國，下卦爲國內，所以不說戰，只有上六才是戰於野。

坤卦有含和養之義，也有收藏之義，所以＜秋收冬藏＞。可見坤六三之王事只是操演

兵士和收成。

坤卦因爲能包容，連乾卦都能包容下，所以可以承擔軍國大事。但是坤爲陰柔，爻中只是含剛，而不剛，不能去執行大事，而可以做教育、訓練、準備和宣揚的工作。坤六三曰「知光大」、「以時發」，陰發而爲陽，故知光大。是等著和乾卦相接之最佳時機和乾相配合，一舉而成。坤包容乾，剛柔相雜而成文，文成爲章。所以坤道可以以文采來發揚乾道。

易經三爻全有危險的特性，三多凶也。坤之六三變爻，卦成謙。因爲六三不急於成，陰爻爲順，以謙虛之心從王事，始終一貫來處世，不論成敗都沒有危險。

◎含

一・六三爲兌，兌爲口，三爲兌口，故坤三曰含章。

二・包爲含，爲坤。包爲含，含即括。這些字都坤卦的標記。坤陰爲包。

三・兌爲口，含也。坤卦三爻說含章，三爻爲兌之，三爲兌口故含。

四・坤爲吝嗇，含之象。

◎章

一・含章。坤爲文，故曰章。

二・赤白相間爲章。

　(一)坤卦三爻象曰：「含章可貞」。

　(二)青赤爲文，赤白爲章。赤，南方色也；白，西方色也。

　(三)三爻三陰出地在夏秋之交，赤白相間之時也，故曰含章。

三・坤爲耦，畫章也。

◎可貞

一・貞在易經是最重要之字。因爲根據易的原理，爻變是爲了變成相濟。可以相濟，即可貞。

二・易經之卦爻如失正，若變成當位之爻，卦即可貞。易經卦爻可貞者很多，比如：坤六三失正，曰可貞；无妄九四失正，曰可貞；損二、三、五、上失正，象曰可貞。

◎成

艮爲有成。

◎无成

一・坤六三曰：无成有終，成言乎艮。艮，萬物之所成終而所成始也。卦无艮，故曰无成。

二・坤六三，否自遯消，成言乎艮，艮消故无成。

三・坤三爻曰无成，消息卦之坤六三爲否自遯消（艮是消。初爻爲姤、二遯、三否、四觀、五剝、遯下艮，艮爲成＜成言乎艮＞），蒙變否艮消，故无成。

四・成字之義詳本書艮卦。

◎從

綜爲從，即綜爻卦爲從之卦。坤綜乾，從之象變艮。所以坤六三變艮爲從。

◎有終

一‧易經以艮爲終

（一）先天八卦乾、兌、離、震、巽、坎、艮，艮爲最終，後才接坤。

（二）坤綜乾，從之象變艮。今變艮，故有終。

二‧坤爲大終

（一）先天八卦以乾、兌、離、震、巽、坎、艮、坤之序。坤是在最終一卦，坤爲終。坤六三无成有終。

（二）坤以大終。乾坤相貞，坤三當居乾上，故有終。

◎可

一‧當其時爲可。

二‧艮爲時，所以見艮則可貞，得時也。

（一）坤三爻曰含章可貞。坤以消卦而言六三爲否。 否，互艮，艮爲時，當其時也。

（二）時曰可，以卦言，有艮象也。

◎**大事**

一‧坤六三曰或從王事。王大也，王事，大事也。

二‧虞翻云：乾爲王，乾爲大，乾之事即大事。

三‧王事爲大事

（一）乾爲王，坤爲事。坤三爲否，以坤從乾，故或從王事。

（二）王事：王大也，王事，大事也。虞翻云：乾爲王。

（三）易經的「事」字有經營重大事件，比如征戰、祭祀、喪事、婚儀等，即人生大事。

（四）王事爲出征。

◎**知光大**

坤六三之發，陰發爲陽，故知光大。

坤六三文言曰：陰雖有美，含之以從王事，弗敢成也。地道也，妻道也，臣道也。地道无成而代有終也。

　　易經以取法天地爲象。法象最著不過於三綱五常，即夫妻君臣之道。因爲天統乎地，所以地道順天而奉天命行事。地是代天成物者。坤卦本身雖有文采，而又包容萬物，因爲爻爻爲陰，性柔順而退，不是其才不足，而是缺少進取，不足以成事。坤卦所以從王事，是指它可以在背後陰助乾卦，來成就乾卦所要做的。乾爲王，王事就是乾卦之事。天地之道是以地代天成務，天空虛幻不若地之實在。天能創造萬物，卻要有地來繼其後而完成，所以坤卦爲終是終天之所未終也。地不專其成，而只能續天之終，所以坤六三說无成。

　　易經之道，因爲百物不廢，无所不容，自然會有吉有凶。但是上天有好生之德，天之

好德由坤之无爲來表現，人們可以由大地之善良面目體會上天之慈祥。但是大自然仍有其險惡之一面，所以守易經要知始終。懼以終始，其要无咎，此之謂易之道也。這說的是坤卦。坤德爲包，百物皆容在中，以愼始終也，故无咎。坤道以能柔中，所以无咎。以柔中來包容。繫辭上傳二章說憂悔吝者存乎介，震无咎者存乎悔，也是說坤道之能愼知懼而无咎。震即恐懼修省之謂也，坤卦之二三爻爲震。

　　易經其他之爻說无咎者都含有陰咎之无爲、包容、愼懼的特性。无咎之義詳見本書在以下各爻對无咎的解釋。

◎**地道无成**

　　坤二失正，當貞爲陽，故地道无成。

◎**有終**

　　上爻爲終。坤六三言曰地道无成而代有終。坤三當乾上六，故代有終。上爻爲終也。

◎**成**

　　成乎艮也。坤卦六三文言以從王事，弗敢成也。

一‧坤卦六三一再說不成、不敢成。因爲坤六三變卦成艮，不變則不成。以消息而言，坤之三應該是否卦，遯消爲否，是艮之消，艮爲成。易經說成言乎艮，所以是不敢成之消。

　　說坤三消卦。坤三爲否（如例示），遯（乾艮）消爲否（天地），成言乎艮，艮消，不成，故說「弗敢成也」。消卦之變化如下：

　　　　初六消乾爲姤；

　　　　六二消乾爲遯；

　　　　六三消乾爲否（艮之位）；

　　　　六四消乾爲觀；

　　　　六五消乾爲剝；

　　　　上六消乾爲坤。

二‧坤三爻爲陰，陰居陽位爲失正，所以地道不成。即坤之道不可行在三。

　　　六四，括囊，无咎无譽。
　　　象曰：括囊无咎，愼不害也。

　　坤六四爻消乾爲觀，觀爲八月卦。八月爲酉月，酉在後天八卦是兌，這是秋收之時，萬物收斂，陽氣入地，所以用括囊來比喻。以易象來看，兌象有底有口之器。可以收容東西。而上虛下實，外表謙虛，而有內在，是君子之風，表現出謹愼而无爲的態度。

　　坤卦是以无爲來作爲有，以收納來供給更多的人，所以坤爲致養。坤六四因爲身近尊貴之位，如多譽則招謗，幸而四爻離多譽之二爻遠，所以不爭虛名以免招惹人家之批評。

◎括

一・四曰括囊，无咎。荀九家易曰：坤爲囊，且屬純陰而凝閉，故曰括。

二・括，結也。括囊，結囊也。坤爲吝嗇，括囊象括，從手，中爻互艮，艮爲手。

三・坤卦說包，包爲括。＜包括＞、＜包容＞都是坤卦之德性。

四・括用手，艮象手。

　　坤六四曰括囊，无咎。括從手，中爻互艮，艮爲手。

五・括爲收，即＜收括＞。

六・坤四曰括囊，坤六四消乾爲觀，八月之卦。天地陽氣至八月收藏，故曰「括囊」。

　　括囊即秋天之收成。坤卦說无成有終，也是指收成。

　　萬物囊括于地中，萬物囊括于心中。

◎无咎

一・易經說无咎，凡是卦爻可以貞爲既濟則无咎。

二・宋代之蘇軾說：「出咎則入譽，出譽則入咎。无咎、无譽爲人生之難事是也。」

三・易以陰在陽外多咎。坤六四得位承五，故无咎。

四・繫辭下傳第十一章：「易者使傾，其道甚大，百物不廢，懼以終始。其要无咎。此之謂易之道也。」說的是坤卦。坤德爲包，百物皆容在中，以慎始終也，故无咎。

五・坤道以能柔中，所以无咎。以柔中來包容。

六・繫辭上傳二章說，憂悔吝者存乎介，震无咎者存乎悔。也是說坤道之能慎知懼而无咎。震即恐懼修省之謂也。坤卦之二、三爻爲震。

　　易經其他之爻說无咎者，都含有陰咎之无爲、包容、慎懼的特性。詳見本書在以下各爻對无咎的解釋：

　　既濟初九，曳其輪，濡其尾，无咎。象曰：曳其輪，義无咎也。

　　渙上九，渙其血，去逖出。无咎。象曰：渙其血，遠害也。

　　渙九五，渙汗其大號。渙，王居无咎。

　　豐初九，遇其配主，雖旬无咎，往有尙。象曰：雖旬无咎，過旬災也。

　　艮六四，艮其身，无咎。象曰：艮其身，止諸躬也。

　　漸六四，鴻漸于木，或得其桷，无咎。象曰：或得其桷，順以巽也。

　　小過六二，過其祖，遇其妣，不及其君，遇其臣。无咎。

　　鼎初六，鼎顚趾，利出否。得妾以其子。无咎。

　　革六二，己日乃革之，征吉。无咎。

◎譽

一・陰在二多譽，坤六四遠二，故无譽。

二・四爻在外故多懼。懷智苟容，以觀時變，雖无功无譽，所以避害也。

◎慎

一・慎則不害

　　坤卦四曰「慎不害」。坤六四乾消爲觀，觀四互艮，艮爲慎。做事慎則无後害。

二・乾以遠爲害

坤消乾爲觀。觀互艮，艮愼乾消。乾以遠爲害，所以坤六四不害。

坤六四文言曰：天地變化，草木蕃。天地閉，賢人隱。
易曰：括囊，无咎无譽。蓋言謹也。

　　坤六四文言解釋天地爲陰陽二氣所組成。陰陽相感則植物便可蕃茂，所以草木指否卦之上爲陽爻，下爲陰爻。乾和坤相交可以成相濟，可以未濟，可以成泰，也可以成否。當天地變，六四爻變成陽，則乾坤之交可能成爲否卦和未濟，這是天地閉的現象。六四原是陰爻，是開口之爻，開口代表可以發表言論。六四變化，爻變爲陽是口閉了。口閉合比喻爲括囊，君子在黑暗之時代應該危行其言，才可免於亂世之禍。括囊是閉口不議時政，故曰蓋言謹也。六四變爻上卦成震，雷地豫，豫九四爲无疑之象。
　　文言是說陰陽卦氣相感，則凡事皆吉，如不相感，凡事皆凶。如陰疑于陽，或陰陽錯亂，二者必相戰，凶事必臨。變爻成豫卦是吉。因爲豫爲樂，音樂之首要在陰陽和諧。
◎隱
　一・隱爲伏。伏即占卜所言飛伏之伏。賢者爲能預言未來者，其言隱而伏。
　二・賢人隱：人，三四兩爻爲人爻。變震中爻互坎。坎爲隱，伏隱之象。
◎天地變化
　天地變化，四爲觀，錯大壯，大壯二女，以乾天變化坤地。
◎草木
　一・坤爲乙，乙爲草木。
　　　六四文言曰：草木蕃。坤爲乙。
　二・陰爻爲草木
　　　(一)坎象曰百穀草木。
　　　(二)震巽爲百穀草木，其陰爻皆本乎坤，故百穀草木麗乎地。
　　　(三)陽爻爲木陰爻爲草，初六陰爻草茅之象也。否爲坤，所以否坤皆說草木。
　三・在下位爲藉，即草木。大過初六曰藉用白茅。位在下稱爲藉。
　四・震爲木
　　　无妄大象曰先王以茂對時。艮爲時，震反爲艮，故言對時。先王爲乾，乾即震。震爲草木，爲蕃鮮，故曰茂。
　五・草木即草昧
　　　(一)昧爲未，未木之庫也。
　　　(二)屯雷雨之動，天造草昧宜建侯而不寧。草昧：震爲草，坎隱伏爲昧。
　六・焚字所燒者爲草木
　　　賁卦說焚，山以草木爲飾。山下有火，草木焚山，成賁，所以賁字有焚義。而焚者

草木也。

賁色白，所燒爲白茅，茅即筮草。

六五，黃裳，元吉。

象曰：黃裳元吉，文在中也。

坤爲土，五行以土爲中。因爲五行金、木、水、火都依附在土，而又是黃色。天下黃土居多，所以坤爻居中都以黃稱之，甚至易經五爻都和黃之象有關。因而自古黃是帝王之色，王居九五之尊也。

易經以乾爲衣，坤爲裳。六五爲坤上卦之中爻，所以稱黃裳。又柔爻居中在上，其象爲裳。坤以六五之陰順而居在尊位，以陰居中。是溫順之人居在尊位，而先天之坤爲後天之離，離爲文明之象。是德和而又有文釆的領袖。

坤六五變坎，卦成比，比爲樂，君王與民同樂。中爻成剝，剝盡而福來。坤爲衆陰之主。坤爲民，是衆民來獻寶，是國富民安之象。又坤居裳是因爲坤土守常。凡領導人能以常理治國，不亂出花招，必能獲萬民之心。

◎黃裳

一·裳爲常，坤道也。

二·黃裳元吉，即乾元之吉，因爲乾爲離。易經以五黃爲中，中者吉，而離爲中，故黃吉。坤五爲離中爻，離二黃離元吉，坤五黃裳元吉。坤五下居乾二，以乾爲離，柔中之德，順承乾陽，乾元之吉也。

三·凡陰之不吉，以其消陽也，乘陽也，揜陽也。

黃裳元吉是說坤以離中入乾而合爲既濟，既濟爲吉。

四·黃裳：坤，爲中央土黃，又爲裳。

◎元吉

一·有關元吉之道理，在易經可說是最重要的原理。其他之解說可參考本書屯、復、渙、大畜諸卦注。

二·元吉者先後天同位

坤五黃裳元吉。凡言易元吉者皆先後天同位。元，即指先天言也。

三·元吉，黃離元吉。乾爲元，乾爲離，故乾元吉。

◎中

一·中分爲中

(一)坎爲中。

(二)離爲中，離爲黃故黃中。黃爲中。坤六五文在中。

(三)坤六五象曰：「文在中也」，在中者爻五爻位也。爻二五之位居卦之中，故在

中。

二・平分爲中。坤五爻象曰：「文在中也」，奇爲質，耦爲文，坤爲乾之平分而章言也。

三・章爲二，在中也。

四・一分爲二，即曰中。坤五分乾爲二，文在中也。

五・王肅云：「坤爲文，五爲中，故文在中也。」在中，即黃色也。故左氏傳言，黃中之色是也。

六・坤中爲離，所以說黃裳。

◎吉

一・易經幾乎不說不吉，而吉則多多。反之，易經吉、凶、悔、吝四字只有一爲吉，其他三者爲凶悔吝。可見聖人對人生看法未必是負面的。

二・陰消陽不吉。凡陰之不吉，以其消陽也，乘陽也，揜陽也。

◎文在中

一・卦例，奇爲質，耦爲文。

二・坤卦說文章是因爲坤把乾平分而卦開始有紋路變化。

三・章，二也，即分也。坤卦之分從中起。中者指二五爻位言，二五之位居卦之中，故在中。這是說乾坤變坎離之義。

四・王肅說：「坤爲文，五爲中，故文在中也。」在中，即黃色也。故左氏傳言，黃中之色是也。卦能之變，主要在于中央之土。

坤六五文言曰：君子黃中通理，正位居體。美在其中，而暢於四支，發於事業，美之至也！

黃中通理即天理。乾爲天，即乾通坤之理。坤之五爻原不得位，因爲五黃爲中，而坤卦是土，爲黃色，所以合於中爻之色。雖然不得其位，因爲坤之土在五行是合於東、西、南、北四方，有如人之四肢通暢，井然元章於條理，而无一點私欲。而且五爻變成陽，成坎。坎爲通，又既濟之卦就是坎在上。所以坤卦之上卦稱爲正位。

又乾體應該在上，而坤體在下。現在坤之陰居上卦之中，以柔順之道居尊，有如聖人垂衣裳而教化眾生，能謙讓下爻，又能把心意感通到每個爻位，感而遂通。這是坤卦无爲而治的表現。人无私心則可以无爲，无爲則不固執己見，不固執己見則可以和眾人相感相通。

◎通理

一・一部易經說的无非是一個通字，而通則要合理。

二・黃，中之色；裳，下之飾。坤五下居乾二，以坤五通乾，故黃中通理。

乾之天，理也。又乾爲天，即＜天理＞，人事要合乎天道。

三・黃中通理，就是說乾坤之相通要從坎離而來。這是坤卦六五爻辭的解釋。坤六五是在坎的本位。因為既濟是由坎居上卦而成的。

先天之乾，坤即後天之坎、離。坤之變坎，由中五而來，所以說通理。但從坤卦而言，通乾即離，離為黃，離為中。

四・理即道，即一陰一陽之謂道也。又中五之色黃。

◎體

一・坤為身，即申。四肢之伸也，所以坤為＜身體＞。坤文言說「正位居體」。

二・坤為身，故為體。這是說乾二居坤也，因為乾坤同體，所以正位。

上六，龍戰於野，其血玄黃。
象曰：龍戰于野，其道窮也。

上六爻在易經中稱龍，因為上六在天，龍行于天。因為乾卦六爻純乾，也稱為龍。又龍為一條，以陽爻為代表。坤上六變艮，艮綜震，震為辰，即肖龍的地支。為何稱戰呢？上六高據坤卦之極位，陰長則陽消，二者相爭於一角。上六為郊野之爻，又是天位，所以相戰。又坤卦為十月卦。十月為亥月，亥在後天八卦取乾方，坤以月卦為亥，乾以八卦居亥。龍戰于野，是指乾卦和坤卦皆位在亥位。亥為野，二者爭居亥位，所以戰。以卦位來說，戰乎乾，也即是相爭于亥位。而就卦候而言，說戰于野，是說坤在卦候居亥。兩者皆居亥，乾坤合居，陰陽相薄，所以說是龍戰也。

以天地來分陰陽，則天為陽，而地為陰。如以血氣來分陰陽，則血為陰，而氣為陽。上六純陰，爻乘在五爻坎中之位。坎為血，但坤卦中坎不見，所以坎為假借，坤中之坎非真坎，所以取坤五黃為色。這句話其實是說乾和坤相交而戰。上卦乾五入坤而得坎卦，則可以相濟。下卦坤交陽而二爻變為離，也是既濟象。相戰就是相交，變既濟是因為天地相雜，相雜而色黃。

◎戰

一・易經八卦最多戰爭之地就是西北乾方，所以易經說卦說戰乎乾。坤上曰戰於野，乾為野。

二・坤上六消乾為坤，坤十月卦，于方曰戰乎乾，于候曰戰于野。蓋乾方為亥，坤候為亥，乾坤合居，陰陽相薄，故龍戰也。陰陽相薄，就是說坤卦和乾卦同時爭於一個位置。

三・消息之位，坤在于亥，下有伏乾，為其兼于陽也，故稱龍。

四・乾為戰爭之地。說卦：戰乎乾，乾仍亥位。爻說「戰於野」，乾為野。

五・易經說天地之雜，言乾坤合居也。易理以合居而不同則相戰。

六・坤上六變艮，是陰極而陽動也。九月為剝，陰疑已極，一陽不能敵陰也，故戰。所

以坤上六龍戰于野。

七‧玄黃，天地之雜，言乾坤合居也。

◎乾爲龍

先天之位，坤在于亥，下有伏乾，爲其兼于陽也，故稱龍。兼于陽就是佔了乾的位置。

◎野

一‧乾爲野。

二‧後天卦乾在亥。坤上六說「龍戰于野」，指亥方。

◎龍戰于野

一‧亥沖辰，辰爲龍。又亥在後天八卦爲乾所居之方，乾龍也。亥爲龍宮，龍爲辰，逢亥位爲龍入大海。

二‧乾爲龍：坤上六變艮爲山地剝，上爻變陽，陽爲乾，乾爲龍。

三‧月卦，坤十月卦，九月爲戌，十月爲亥，乾所在之卦位，故稱龍。

四‧龍戰于野，乾坤相爭于亥，陰陽相薄在西北，是苦戰。

五‧坤爲地，野者地之大者也。

> 坤上六文言曰：陰疑於陽必戰。為其嫌於无陽也，故稱龍焉；猶未離其類也，故稱血焉。夫玄黃者，天地之雜也，天玄而地黃。

　　坤卦本來不稱龍，因爲坤和乾相似，而用龍爲假借。坤上六變卦成陽，因爲坤和乾之卦相似。以消息論，坤在于亥，下有伏乾，爲其兼于陽也，故稱龍。又坤爲地，地有野地之稱。兩卦在西北之亥方相遇，因爲坤卦陰爻盛，陰盛則水必凝爲冰，所以坤卦爲履霜，即坤初六之履霜堅冰至。因爲坤陰過盛，行爲是一派君王之象，所以和乾不相容。

　　本爻說明易經一個重要原理。當兩個卦，或爻有相似性，但又不全然相同，則會相疑而相爭，這是不吉利的現象。而血本爲紅色，因爲坤五爲黃色，在坤中之象都會帶中性之色。坤卦因爲可以和別人相容而和順，但是和乾是相錯而相似，並不是很和諧之情況，所以不吉。天下事物若太似而无法分辨，則是非生。

◎疑

一‧古作凝，凝爲結霜也。坤卦言履霜，因爲凝霜。

二‧似也。卦氣坤司亥月，乾居亥方，坤兼于陽。

三‧乾不敵陰故戰。卦剝必戰，因爲坤爲乾之伏，其象如乾。而其位先後天卦位也相似，所以有所疑。疑即擬，即看來很相似。

四‧坤六曰戰，因爲坤上六變艮，是陰極而陽動也。九月爲剝，陰疑已極，不能敵陰也，故戰。

◎嫌

一・嫌爲似，即疑。

二・李鼎祚集解本作兼，而无无字。九家易陰陽合居，故曰兼陽。合居爲兼。

三・嫌爲兼。坤卦上六變艮卦成剝，剝反謙，所以上六文言說嫌。因爲坤卦要變上六，前後看來和謙卦很像。

四・凡易中見他卦之名者，必有其象。皆不容略者，這也是嫌之意。

◎未離其類

一・艮坤同體，故未離。坤卦上六變成艮，艮是坤之體也，故曰未離其類。易經之同體爲類，比如艮坤同體爲土類。

二・未離其類：言艮猶是坤之體也，故曰未離。

◎雜

一・天地之雜：雜字指雜卦言。乾坤兩卦外，其餘各卦无一不是陰陽相雜。

二・天玄地黃：黃者坤之離，玄者乾之坎，皆中爻之色也。黃，玄之色不在本卦，而在雜卦之中。

三・雜指雜卦言。乾、坤兩卦外，其餘各卦无一非陰陽相雜。

四・雜，觸類旁通是也。

五・乾坤相雜，就是六十四卦所以出生。

六・乾坤相雜而戰。

七・雜爲中

雜中之色。天地玄黃：黃者坤之離，玄者乾之坎，皆中爻之色也。黃，玄之色不在本卦，而在雜卦之中。雜色爲中色。

用六，利永貞。
象曰：用六永貞，以大終也。

易經卦變是不用九即用六，即用六去貞正不正的陽爻，或用九去貞正不正之陰爻。坤德靜，用六則動而變陽。坤初、三、五不正，故用六以貞之。用六，利永貞之道也，變成既濟卦。位居不正之爻（即陰爻居陽位，陽爻居陰位），皆可用之貞。坤貞用六坤靜，用六則動而變陽。

◎大

一・大爲野。

二・乾上六龍戰于野，坤爲地，野者地之大者也。

三・京房曰：「眾心不安，厥妖龍鬥。」

◎大終

一‧大，陽也。

二‧大終者以坤始，以乾終。用六陰變陽，故曰大終。

三‧易之最終爻爲陽爻。終於陽，大終也。陽爲大。

四‧大則乾陽也，始於陰而終于陽，故以大終。

五‧以坤始，以乾終也。

◎用

一‧利則可用，即＜利用＞。金，爲利。坤卦用六，利永貞。

二‧乾爲利用

　　坤上六利永貞，指的是乾。

　　乾屬金，利也。坤爲地，爲母。地主靜，永也。利永貞者，以乾之利在坤之貞也。

　　因爲坤正而乾也得以發施效用，二者合成相濟，所以說大終，相濟成終。

 **屯**

屯，元亨，利貞，勿用，有攸往，利建侯。

屯卦卦體震下坎上，中爻互坤。艮，變剝，剝爲上窮，必難。序卦傳說屯爲盈，盈而不散，則阻。下體震卦一陽動於二陰之下，中爻互坤，坤爲地。雷自地下發奮而不散。雷屯結不雨，不能解災。人情鬱結而不通則无匡濟時艱。屯卦演阻難之象，所以氣始交未暢曰屯，物勾萌未舒曰屯，世多難未泰曰屯。屯爲乾坤始交而震生，爲一索得男。難生也。萬物始生而遇坎難，所以爲屯。

屯卦說盈是滿。震爲雷，車也。坎勞也，水也，即民衆。得震之武，衆順之文，文武備，可以建國，力量厚。屯卦象曰：「屯，剛柔始交而難生，動乎險中，大亨，貞。天造草昧，宜建侯而不寧」。象曰：「雲雷屯，君子以經綸。」

屯卦是說建國之初萬般皆難。屯即周公封伯禽於魯，「分之土田陪敦」。敦即屯也。先以壘土而封疆，四周種植樹木以護持疆界，這就是天造草昧。據杜正勝著《周代城邦》，周人不但在東方築軍政城堡，還造野及野人聚居的邑社。即所謂封建也不止是一個據點而已。周公封伯禽於魯，「分之土田陪敦」，陪敦就是附庸。殖民城堡外的土田是有邊界的，古人謂之「封疆」，或謂封的本義只徵土地上有生長得很茂盛草木。其象見於散氏盤，象兩手捧草木種植的情形，這全反映在屯卦象辭。可見周人封建是先以壘土而封，而且也種植樹木以護持疆界。這即是易繫辭說不封不樹。

不封不樹是草昧之象。屯卦坎如月，晦暗不明，所以要上進向外求取新的文化資源。其中最重要的是建立一個可以規範飲食男女人道倫常系統之制度。屯卦六二說反常，即不合倫常，而六四象曰求而往明，即求文明之事。周公在乾坤卦後先演屯卦有其特別用心。

◎屯

一・屯爲乾坤之初化也

乾爲陽，坤爲陰。陰陽初交時，鬱結而不通，似有險難之象，就是屯。屯下震，震一陽動於二陰之下，是坤一索於乾，動而始交，坎一陽陷於二陰之間，象爲險陷。屯象草木初出地，尾遇屈而未伸，一陽動於下而上未應，中爻艮止，所以說屯。

二・氣不交暢爲屯。

三・屯，固也。

四・屯爲木陷於水不濟之象。

五・屯卦爲六十四卦之始，君子卦之始，生也。

六・八宮居坎卦之二世卦。

七‧反復解。屯爲水雷。屯之反復爲解卦，雷水解。

八‧屯之綜卦爲蒙，錯卦（比肩卦）爲鼎。

◎元亨利貞

一‧卦卦利貞。易中卦卦利貞，惟元亨非卦卦所能。

二‧易非卦卦元亨利貞，僅下列之卦有：

> 乾，元亨利貞。
>
> 臨，元亨利貞。
>
> 屯，元亨利貞，勿用，有攸往，利建侯。
>
> 无妄，元亨利貞，其匪正。
>
> 隨，元亨利貞，无咎。

三‧元亨利貞說先天左四陽卦，陽卦備足爲元亨利貞。

> 一陽震至二陽兌，爲隨，隨象曰，元亨利貞。
>
> 二陽離至二陽相聚之兌，革象曰，元亨利貞。
>
> 一陽震至三陽乾爲无妄，无妄象曰，元亨利貞。
>
> 屯卦上坎下震中互艮，三男皆備，爲元亨利貞。

四‧具有先天四陽之象 但不全者爲元亨，或元吉。

> (一)屯錯鼎，鼎元吉。
>
> (二)无妄錯升，升元亨。
>
> (三)隨錯蠱，蠱元亨。

五‧卦可貞爲既濟，則元亨。凡陽息之卦可元亨。

> 陰卦變爲未濟，六爻失位，只曰元亨而不曰利貞。

◎元亨

陽退之卦不曰元亨者，臨錯遯，爲陽退，故不元亨。革錯蒙，蒙昧不通，故曰元亨。

◎元吉

一‧先天卦陽生坎、申、至巽二陽至乾三陽爲元陽之吉，故渙、井、訟皆曰元吉：

> 風水--巽坎
>
> 水風--坎巽
>
> 天水--乾坎

二‧左旋爲元吉

> 先天右旋爲元亨（日月之躔）
>
> 　坤→　艮→　坎→　巽→　乾→　兌→　離→　震→
>
> 左旋爲元吉（天之運行）
>
> 　震→　離→　兌→　乾→　巽→　坎→　艮→　坤→

三‧損六五元吉。象曰六五元吉，自上右也。

> 損自泰來，由乾而兌，由坤而艮，正天佑行之象。

◎亨

亨爲通。元亨者，先天乾元亨通之意。利貞者，貞各卦失正之爻。

◎勿用

易卦因爲見坎爲坎險而說勿用。震卦勿用有攸往。震初九爲乾勿用之爻，外又有坎險，故勿用有攸往。如陽卦遇坎，則被所阻而不進，比如需、蹇卦都是。

◎利建侯

屯卦利建侯。屯爲坎震，震爲侯，屯中互坤，坤爲民，有國有民，故利建侯。

> 彖曰：屯，剛柔始交而難生。動乎險中，大亨，貞。雷雨之動，
> 滿盈。天造草昧，宜建侯而不寧。

◎難

一‧屯爲難。屯字，說文解字解爲難也。屯卦是坎水在上，盛之以仰盂，坎水塞而不通，故爲屯。

二‧難之義詳本書蹇卦。

三‧草木初出地，尾猶屈而未伸。一陽動於下而上未應，中爻艮止，所以屯，難也。

四‧卦中爻見互艮，艮爲止，難也。屯三五互艮。

五‧屯卦象曰：屯，剛柔始交而難生。剛爲乾，柔爲坤，始交者爲震。一索得男，爲乾坤始交，難生爲坎。萬物始生而還坎難。

六‧易經含坎的卦和辭都有難義。而易經上卦乾坤後接六個卦，卦卦都難。這是萬事起頭難也。屯、蒙、需、訟、師、比，卦皆有含坎，坎險也。

七‧其他卦說到難之處：

　(一)需象曰：需于郊，不犯難行也。

　(二)否象曰：君子以儉德避難。

　(三)明夷以蒙大難而能正其志。

　(四)蹇象辭，難也。

　(五)兌象辭，說以犯難。

　(六)繫辭下繫：損先難而後易。

　(七)繫辭下繫：其初難知，其上易知。

　(八)說卦睽者，乖也，乖必有難。

◎始交

一‧震爲始交。

二‧屯象說「剛柔始交」。屯爲坎震，震爲乾坤始交，一索得男，故剛柔始交。

三‧中孚，履虎尾。中孚值在十一月虎始交也，在十一月中孚卦氣在虎交候前十日，鶩值候爲虎始交。十日後爲中孚。震爲寅，寅爲虎也。

◎屯由水而生

屯爲洪荒之世，故象重「天造草昧」四字，開闢之時萬物莫不由水而生，故屯。

◎大亨

大亨即元亨。

◎大

元者大也，由震至坎艮，故大者亨。

◎坎動險中

屯彖：「動乎險中」。險中，坎也。

◎天造草昧

天造草昧，宜建侯而不寧。昧：震爲草，坎隱伏爲昧。

◎盈

一・厚也。人物之力多，爲厚。

二・滿爲厚。坎水在坤上流，厚之至也。

◎不寧

坎爲不寧。

屯卦彖曰：「宜建侯而不寧」。坎爲勞卦，故不寧。寧爲動也。

象曰：雲雷屯，君子以經綸。

◎屯

屯爲腹，俗語＜滿腹經綸＞。

◎經

一・經爲常，俗說＜經常＞

(一)屯卦爲經，經者常也，頤卦失常。

(二)屯卦曰君子以經綸。經者，常也。雷雨之時，君子治世，不論其變，而論其常。

(三)屯卦爲常。頤卦曰拂經，是失常的意思。頤卦由屯變，屯之上九變爲陰爻，卦
　　成頤。

(四)艮震頤。屯爲常，變成了頤，就是失常。所以頤卦說「拂經」。

(五)頤自屯通曰拂經，以上九變而失常也。

二・失經爲失常。

三・經爲徑

屯坎艮，艮爲經。艮爲徑路，徑，經也。艮爲徑，門路也。艮爲經象，屯卦中有經
綸。屯初震，震反爲艮。屯上坎三至五爻互艮，故屯卦有經象。艮爲徑路，徑，經
也。

四・經與緯

(一)坎離爲經，震兌爲緯。

屯象曰：「君子以經綸。」坎離爲經，震兌爲緯。

（二）布爲經綸

經綸中爻互坤，坤爲布，帛經綸象也。經綱也，綸目也。此言建侯之時，君子宜守經。

> 初九，磐桓，利居貞，利建侯。
> 象曰：雖磐桓，志行正也。以貴下賤，大得民也。

漸三爲艮，艮爲石，九二得位，成大石。屯初磐，震得位也。屯卦初爻爲震，震陽木，又是主祭者，乃國之棟樑。剛正之才，以石喻之。震原是動爻，但上爲艮，艮乃柱石，在大路上，所以象是路上磐石，令人不得行過。聖人以屯來比喻建立國家之難在於初先。因爲動則有難，所以先王以屯卦來敎導後人在建立家園時，要觀望而待，以靜制動，所以說盤桓。屯初九，磐桓，利居貞，利建侯。磐桓，動而退也，這是以退爲進。因爲民居在城之外，盤桓可以擴大活動範圍，而增加當作臣妾的人民。

屯初變坤爲比，比樂師憂。比爲樂是與民同樂，相比爲輔也。上卦坎水，水生木爲恩，變坤土爲仇。即以土抵水之難，利堅守，不利冒進。

◎磐

一・大石爲磐。屯初九，磐桓，利居貞，利建侯。大石爲磐。

二・艮石得位爲磐。

三・其他之義詳漸卦。

◎桓

植物，皮黃白色即大柱也。

◎利貞居

一・震木爲桓，可使房屋堅牢，利貞居。震爲木，震利居貞。貞者，改正也。

二・屯初九磐桓，震爲木，故有桓象。

屯卦利居貞。艮爲居，震反艮，故利居貞。震利居貞。

◎利貞

易經利貞都是有兩個意義：一是有利於守貞，爻在正位也。一是有利於正，即可以變爻，變之後卦爻得正。一貴靜，一貴動。

◎侯

一・四爻爲侯

（一）屯卦利建侯：易以四爻爲侯位。

（二）比象曰：地上有水，比。先王以建萬國，親諸侯。比九五爲王，四以下之爻爲諸侯。而四爲諸侯最得王之親者。

（三）豫，利建侯，行師。四爲侯位，豫上爲比，故親諸侯。又豫自謙通，謙互師，
　　　變豫，帥師之長子，進征于四，四爲侯位，故利建侯。

（四）晉康侯，用錫馬蕃庶，晝日三接。四爲陽，四以下三個爻都是陰，是三爻接四。

（五）晉，進也。晉自觀通，進四于五，觀四之陰進卦成晉之六，四爲侯位，故晉康
　　　侯。

二・震爲侯
　　蠱上九，不事王侯，高尙其事。象曰：不事王侯，志可則也。
　　王侯：蠱下巽，巽錯震，震爲侯，上互震亦侯，有二震疊用王侯。

◎志行
一・易經說到志行地方有不少，比如：
　　升，用見大人，勿恤，有慶也。南征吉，志行也。
　　睽九四，睽孤。遇元夫，交孚。厲，无咎。象曰：交孚无咎，志行也。
　　巽彖曰，剛巽乎中正而志行，柔皆順乎剛，是以小亨，利有攸往，利見大人。
二・其義詳本書大畜卦。
三・坎變震爲志行。
　　屯卦初九象曰，志行正也。志行：坎志，震行。志行由坎變震也，臨初志行正也。

◎貴賤
一・繫辭上三：是故列貴賤者存乎位。
二・繫辭下九：三與五，同功而異位，三多凶，五多功，貴賤之等也。
三・陽貴陰賤。
四・屯卦以貴下賤：陽貴陰賤，屯初九坎與觀初九通，觀巽坤陰，貴下賤。

◎貴
一・易經以上爻爲貴，陽爲貴。
二・貴字之義詳本書歸妹卦。歸妹之歸或同貴。

◎民
一・坤爲民。
二・屯得民，屯互坤。屯初爻象曰：大得民。觀象曰：觀民，設敎，觀下坤。
　　大得民：屯觀互坤爲民。
三・民可能只是指奴隸，古時以男奴爲臣，女爲妾。易經下卦賤，爲民也。

六二，屯如，邅如，乘馬班如，匪寇婚媾。女子貞不字，十年
乃字。

屯卦六二說屯是邅邅，也是屯，是不能前進而折回不走。六二乘九，而爲九所忌。六

二九五相應，卻被初九拖住，加上前是坎，坎爲盜匪。所以屯卦顯示是結婚過程之中的問題。屯字有反常之意。而屯卦說君子以經綸，就是從反常之中經營出一種常俗。

屯卦說的是一個宗族落地生根，開始建國。不但是建城廓，壘土而封，而且也是去把各種婚俗變成建制。屯六二是說古時婚俗各種情況：

一‧匪寇婚媾：古時婚姻制未定時有搶婚之俗，後延其俗而以搶婚爲禮。趙翼《陔餘叢考》卷三十一：村俗有以婚姻議財不諧，而糾眾劫女成婚者，謂之搶親。匪寇婚媾可能是說古時搶親之事。

二‧求婚或結婚乘馬。屯四馬爲乘。

(一)屯卦六二說乘馬班如。班如是說馬不前進，俗語說＜班師回朝＞。易經中坎爲馬，震爲四，所以屯卦可看成四馬，故乘馬班如。

(二)晉人以得婿爲乘龍，即＜乘龍快婿＞。龍在易經以馬。乘馬可能有結緣之事，男家乘馬娶親。

三‧女子不嫁

(一)不字爲不嫁。

(二)屯六二不嫁初九，爲苦節。

到底不字是說什麼？因爲屯六二變了卦即成爲節卦，可見屯卦和節相通，也即是女子守節。守的是初爻爲陽(以陰合陽)。但是一爻在節卦中是苦節，所以屯二爻不肯和初爻合。水澤節，初九之道窮，苦節也。所以六二不字(嫁)初九也，這個卦是以屯卦來說節卦的事，因此才有女子貞不字的事。

(三)屯卦說到女子貞不字。貞不字的意思是女子不嫁。

(四)屯卦初六說乘馬班如，明明爲得到乘龍快婿，又說十年不字，這是因爲鬼婚之俗。女子出嫁是已故之人。

四‧不得嫁爲不字：屯通臨、觀，臨、觀皆言婚嫁。臨卦互歸妹，觀卦互漸，而歸妹卦反漸(震反巽，兌反艮)，故不字也。也即是說觀卦中互漸是和歸妹相反，所以女不得嫁也。

五‧臨觀兩卦皆說到男女嫁娶，但是都是嫁娶特別的狀況：

(一)臨卦地澤，一五互爲雷澤，即爲歸妹，歸妹就是嫁娶之象。

(二)睽卦火澤因爲互爲歸妹，所以兩女不同居。即兩女子相處一室有如夫妻，不宜也。

(三)節卦水澤節互歸妹，卻是守節，主女子失其夫。

(四)臨卦初九，咸臨，貞吉。象曰；咸臨。貞吉，志行正也。咸字指的是男女相合，也和嫁娶有關，這是有利婚娶之卦。

(五)漸卦反歸妹(歸妹震兌，漸爲巽艮，震巽反，兌艮反)，不利婚娶。

(六)觀卦中互漸，反歸妹，所以不利求親。

(七)屯卦由觀卦取其通象。但觀卦互漸，漸卦不利求親，所以屯卦說不字。

觀卦六二，闚觀，利女貞。象曰：闚觀女貞，亦可醜也。說的可能是相親所見爲醜女，所以序卦傳說：「臨觀之義，或與或求。」一者可得，而一者要求，指求婚也。

六‧據朱駿聲著《六十四卦經解》注，匪寇婚媾，媾字妊娠也，乳也。引虞翻說：「屯三失位，變體離，離爲女子，爲大腹，故曰字。」今屯三失位，故坤離象不見，就是无孕，十年乃字是說結婚十年後才有孕。

◎屯如

屯六二屯如，邅如。邅的意思是人不進去，也就是退的意思。這是說由屯卦到臨卦的過程。屯和臨相通。屯卦的坎到二爻，卦就變成了地澤臨。坎卦陽爻由五退到二爻，二是人位，所以是指人不進而退。這「屯如邅如」的樣子。

◎坎寇

坎盜爲寇。

◎婚

歸嫁曰婚。

◎媾

一‧再嫁曰媾。

二‧朱駿聲著《六十四卦經解》，做孕解。

三‧朱駿聲著《六十四卦經解》，其注再婚爲媾。

◎班如

一‧馬相牽在一起而鳴爲班。班如是相牽不進，即盤旋。

二‧坎爲馬，馬在險中不能動，則班如。

三‧震爲馬，屯震乘馬班如。屯取萃爲通象，以萃九四退初下卦爲震馬。乘爲變，變成震馬。

◎女子貞

一‧屯六二通觀二，觀二利女貞，與臨通二五交易，兌女得正，女子貞也。

二‧女子貞說的是屯卦坎震和觀卦巽坤雖然沒有女子象，但是可以和臨卦相易，因爲屯卦二爻通觀卦二爻，以觀卦五爻(即觀卦巽之五陽爻)和臨卦相易，兌卦貞爲正。因爲兌卦的二爻失正，改爲陽爻，所以利女子貞。即可改變女子卦（兌卦）的二爻爲正（陽爻）。

三‧易經有利女貞者爲觀卦和家人，說的都是改變兌卦不正之爻。

◎字

一‧字：曲禮，女子許嫁，笄而字。

二‧字爲嫁，歸妹。屯、臨、觀皆言嫁娶。

三‧有孕爲字。

◎剝爲十

一‧剝爲十月：屯卦說十年乃字。屯一五互爲復卦，復即剝反。從息卦而言，自復至剝，中間歷經臨、泰、壯、夬、乾、姤、遯、否、觀。是一年十二個月中的部份歷程。剝，十月卦。

二‧屯爲一歲。而屯卦是震起艮止，正好是一年之年象。所以屯卦有年象。

◎十年

一‧十年乃字：復剝爲陽始終，姤夬爲陰始終，復反復其道，姤勿用取女，臨泰壯，皆

互歸妹之反歸妹也。遘否觀皆互漸之女待男也。故必過五，互剝之象。

二・歷十年之久乃字，乃字者，二乃字五也。以二五爲陰陽正應也。

◎婚媾

遇爲婚媾。屯曰十年乃字，字爲婚，而婚媾者皆有相遇之意。比如節卦，水澤先後天同位也，同位則相遇，婚媾之象。然其婚媾由變而來，是不得其當也，所以節卦說匪寇婚媾。

◎貞不字

屯卦說女子貞不字。好爲坤，坤道成女。女子指中爻互坤言，坤道成女，女子在坤卦之始，即兌之上，不見陽陰之合，爲不字之象。

象曰：六二之難，乘剛也。十年乃字，反常也。

◎反常

一・屯爲反常，兌爲常。屯卦六二象曰反常，因爲屯取臨通象，從以看屯之二。臨下爲兌爲常，屯卦是從臨變來的。臨上卦坤之中爻（即臨之五爻）爲陰，下到了二爻，使下卦之兌的中爻由陽變陰。兌卦變成了震。而臨卦也成爲屯。由臨變屯，臨的下卦兌爲常，而臨之六二反五，即反兌。

二・經爲常，失經爲＜反常＞。

◎難

一・見蹇卦詳解。

二・屯乘剛爲難

屯六二小象曰：六二之難，乘剛也。難指上卦爲坎，坎爲難也，即屯象所說剛柔始交而難生之難也。

三・屯水雷，以雷覆爲山，卦成水山蹇。蹇難，所以屯卦說難。

◎乘

一・乘爲變

屯卦六二說剛乘，乘的意思可以看成是變。因爲屯卦不字，要變臨卦，才可成就嫁娶。以六二陰爻變爲陽，下震卦成兌，所以說乘剛。二爻才能以陰合陽，乘即變也。

二・乾爲馬，乘之象。

三・上陰下陽，柔乘剛。凡易言乘剛指陰爻言。

四・陰佔陽爻之位，爲乘剛。以歸妹和泰互易，泰九三往四，歸妹六三乘九四（乘即佔也）。

五・卦爻之陰爻在陽爻之上也是乘剛。豫六五，貞疾，恆不死。象曰：六五貞疾，乘剛也。恆不死，中未亡也。

> 六三，即鹿无虞，惟入于林中，君子幾，不如舍，往吝。
> 象曰：即鹿无虞，以從禽也。君子舍之，往吝窮也。

　　屯卦六三描寫出古人剛建居舍或村落，爲了生存發生之事，這是涉及在壘上之城外活動時，和他族劃分界限，即鹿是在夏至時鹿角成熟，可以收成。无虞是不安之意，虞爲安，也是古時崇拜鳥族之先民在進行田獵時和異族遭遇，因爲在林中追鹿，而見不到虞鳥，所以只好放棄不再前進。虞與燕稱安，與鳥從禽，即安。是和自己族人同行，不再前進窮追，因爲前途多險。

　　近人章炳麟以爲屯卦是說草昧部族之生活。當時民獨知畋漁，所以有即鹿无虞，惟入于林中之辭。六三以陰居陽位，又在震動之極，遠无相應，又近无相比，獨行入林，是妄動一場。上卦中爻艮爲山，在山之麓，尚可以進退，幸而艮在震上，爲頤體，有安養之福。又頤爲火象，爲離體，即從禽而安。既然往上走是不通，不如從自家人回。本爻三爲君子之爻，又二四互坤爲順，順則從。從而安。六三陰變陽爲既濟，既濟亦是上吝之卦。都是保守求安之象。

　　一·艮爲林中。屯卦六二入于林中。屯三、四、五互卦爲艮，山象，林中也。
　　二·艮性爲獨。惟入于林中：惟，獨也。艮爲犬。犬性獨，易言獨者皆艮。比如：
　　　　晉初六象曰：晉如摧如，獨行正也。晉初六摧二，二五互艮。
　　　　大過卦象曰：澤滅木，大過。「君子以獨立不懼，遯世无悶」。艮爲君子，所以說說獨立，艮性爲獨。
　　三·復六四，中行獨復。復下爲震，震反艮。

◎鹿
　　一·夏至即鹿。屯卦六二象曰：即鹿无虞。因爲夏至陽氣開始屈收，陰氣開始上升，正在此時鹿也開始解角。即鹿，就是到(即)鹿身上取角。
　　二·鹿：麓也。艮爲山，山爲麓。三居中爻艮之足，爲麓之象。

◎吝
　　一·吝爲不通。屯初小象曰往吝窮。吝爲不通。
　　二·上爻爲窮，下爻不可往，往則吝。
　　　　(一)往吝：易以上爻爲窮，无論九六居之，皆吝。
　　　　(二)姤上九，姤其角，吝。无咎。象曰：姤其角，上窮吝也。
　　　　(三)咸九三，咸其股，執其隨，往吝。
　　　　(四)蒙初六，發蒙，利用刑人，用說桎梏以往，吝。象曰：利用刑人，以正法也。

◎舍
　　追入圍中，而不逐，爲舍。坤舍章。

◎虞
　　一·虞：屯卦六二象曰「即鹿无虞」。去取鹿角而不怕掌山林之政令，因爲取之合時。

二・在山上管禽獸的人。

三・虞字之義詳本書中孚卦。

四・得位則安，虞爲安。

五・兌卦爲虞。

◎從禽

坎爲禽，坤爲從禽。屯六三象曰以從禽，坎象飛鳥，六三從坎以從禽也。

> 六四，乘馬班如，求婚媾，往，吉无不利。
> 象曰：求而往，明也。

屯卦是說初次到一個地，要以能守爲安，不宜盲進。屯六四說往。往是下爻到上，自內而外。六四變爻，則中爻成巽。巽爲長女，震爲長男，婚媾之象。易經所說之婚媾只是比喻。凡是相遇，知遇相見，都是合其義。初爻往上和四爻相接。六四近九五之君，但三五互艮爲止，无法向前，而初爻招之。卦象班如，就是六四並无大才而前又有阻，不敢前行，不如回到自家。不過六四在大君之後，有九五保護，所以往而无不利。如是爲了求取相合而前往，可得以既濟之功。因爲初至五互頤爲離體，可見屯卦中已含了上坎下離既濟之象。屯中見咸，无往不利。往者，求婚媾也。屯取萃爲通象，萃澤地二至上互咸，咸卦取女吉。求婚媾，往吉，屯自萃通，萃四互咸，取女吉。九四退初，男下女也，故求婚媾。屯與觀通，觀互漸，女歸待男行，待男下求乃行。

◎往

由下卦到上卦爲往。

◎明

一・屯初至六四體爲離，故明。屯體爲明。

二・初民有改火解災法，即取明也。利求民，即利往他人之家取火。

> 九五，屯其膏，小貞吉，大貞凶。
> 象曰：屯其膏，施未光也。

本爻坎體有膏澤霑潤之象，故曰膏。本卦屯爲屯膏。膏即養人者也。屯卦六居二，九居五，上下皆正。屯卦初至五互頤，頤爲養也。而上坎下震，坎性向上，是膏澤下於民。爲在上者屯積民用之食。易經上經自乾坤後，屯蒙言取女納婦，需訟言酒。食爲飲食男女，

人之大欲存焉。飲食男女爲小事，征戰建城爲大事。屯卦利守不利攻。又屯通大畜，大畜
爲止、爲養，是養民之時，所以小事吉。出兵攻城爲大貞，而震在內受阻，不利征伐也。
又屯九五變坤，坤爲土，土尅水，利於稼穡，取財爲用。但火見土爲失其明，六四往而求
明，而九五則不利於求明。

◎膏

一・兌爲膏

　(一)屯九五曰屯其膏，屯與臨通，臨之澤爲象。兌澤爲膏，在屯，故屯其膏。屯錯
　　　鼎，故鼎三曰，雉膏。因爲鼎九三到五互兌，爲膏象。

　(二)孟子離婁：＜膏澤＞不下於民。澤爲兌。

二・膏爲潤。屯九五屯其膏。以變爻而論，九五陽變陰，坎成爲坤。九五變坤爲地雷復，
　　上坎，坎潤萬物。今變坤，坤爲土，水已變土，不能潤物矣，故曰屯。

三・膏爲潤人肌膚，爵祿所以養人也。

◎大小

大爲陽爻，小爲陰爻。屯九五小貞吉，大貞凶。小者指陰爻，大者指陽爻，九五陽爻變
陰，成復，上爲坤，三四五互坤，坤爲貞，故爻辭兩貞字。

◎貞

一・坤爲貞

　　屯九五小貞吉，大貞凶。小者指陰爻，大者指陽爻，九五陽爻變陰成復，上爲坤，
　　三、四、五互坤，坤爲貞，故爻辭兩貞字。

二・朱駿聲著《六十四卦經解》，注貞爲卜問。以卜貞會意。握粟出卜也。大貞爲大卜，
　　即國家大事。

三・女子貞不字，節之象曰：「苦節，不可貞，其道窮也。」與十年乃字之貞通。

◎未光

一・屯九五施未光，施爲發也。光者坤彖之「含弘光大」，坤文言之曰「萬物而化光之
　　光也」。爻動卦成復卦，復彖曰：復見天地之心；復於辟卦爲十一月，陽氣初動，
　　未光也。屯之卜爲坎，先天八卦爲正西，於時爲秋，下爲震，先天東北，於時爲冬
　　至，一秋一冬正爲寒冷之境，故施未光也。

二・未光之義詳大畜卦。
　　大畜爲光，其理見大畜未光解。大畜爲光，所以畜也。屯積而不畜養，所以未光。

三・陽陷陰中爲未光。

四・坤含光，復未光。

　　　上六，乘馬班如，泣血漣如。
　　　象曰：泣血漣如，何可長也？

屯卦爲上坎下震。坎爲馬，二與四乘陽，又承五。而眾陰才具不足，得上承陽，可以分愁解憂。而上爻无所承，憂不能解，所以泣血。

◎乘馬班如

班爲退，＜班師＞回朝之班。以變卦論，屯上六變巽爲風雷益，上卦坎，坎陷也，則不可進。變巽爲進退，故曰乘馬班如。

◎泣血

一・坎離爲泣血。體坎爲血，伏離爲目，互艮爲手，淹目流血，泣之象也。

二・兌在上爻爲開口，下坎爲水，所以是哭，而不是笑。

三・坎爲血卦，故曰＜泣血＞漣如。漣者，泣下之貌。

◎何可長

一・屯上六，小象曰泣血漣如，何可長也。屯下卦震，震爲長。今上爻變巽，巽亦爲長也。震爲木，巽亦爲木，木陷于水中之至，故小象何可長也，即木不可長大。

二・易經說不可長之卦有許多，全是陰在下者。所以陰在下，即日落，不會久長。又陰本性喜下，陰在下，則不向上行，有如木不長。而屯卦下爲震卻是陽，而欲動。卦上爲坎，體離爲陰，所以也是不可長久。

這些卦包括否、既濟、中孚、離、大過、豫、姤等。詳細的道理見本書否卦。

◎漣

一・漣即連，即離。離爲麗。

二・上六爲陰乘陽，有兌象，即哭泣也。漣爲上六和二、三、四爻之陰爻象相接爲漣。

三・坎爲加憂，爲血卦，爲哭泣，漣如之象。

蒙

蒙亨。匪我求童蒙，童蒙求我。初筮告，再三瀆，瀆則不告，利貞。

易經本是占卜之書，而六十四卦之中以占卜一事做爲卦辭是蒙卦。蒙卦是專爲占卜一事而寫的，而童蒙也可能是被訓練過的未成年的占卜者。因爲蒙就是卜者，他可能就是乩童。蒙卦說到很多是敎育小兒的事，但是古時經學未開，小孩能學的无非是祭神之事。

蒙卦上艮爲少男，五行爲土，下坎爲中男，五行爲水。其象是止而蒙昧。水土是相剋的。中爻離象火，中爻三陰爲坤。外陽而中陰，是筮人也。中爻離爲光明，但要有名師開啓，靈性才通。

蒙卦是一開始即稱亨，就是祭神時和神通，所以蒙是說敎小乩童的過程。易經坎卦在下是不通的，所以初即筮告，和神相通，爲何又不能通，因爲筮者由小童來承接時，既不熟，所以不能進行占卜之事。再三問，而无濟于事。瀆是水土相混，上卦是艮土，而三五互坤又是土，是小乩童不靈，心不淸也。但是因爲易經坎在下卦錯離，二爻和五爻相應，二爻有志向上行，所以終究可以學通。

來知德以蒙爲下民，而非童蒙，即小孩。下民可能是來歸之異族，或沒有身份之人民，比如俘虜。如以現代敎育論蒙，則蒙卦所說頗合敎育之原理。蒙爲艮山下爲坎，艮爲童，坎爲源，而山下之水爲泉，可喻爲訓蒙之道。在山水淸，出山水濁，人性本善，如山上之水，可以保持淸潔。所以初爻發蒙可以啓智。六二包蒙，則以初生之兒尙幼稚，要以愛心包容之。六三金夫象徵物慾外誘，六四遠實是戒學者離開現實而虛浮不專，所以學而不成。六五爲專心於一志，而有成。上九可以出師爲用。

蒙象曰果行。坎水爲流，象泉。坎爲疏流，艮爲山厚，爲果行育德之象。這是說育之道在德，即培養品性，那麼養之道就在疏通，即開導。

◎蒙

一．蒙爲萌，蔓艸加在草木之上稱爲蒙。蒙與萌通，萌草生芽，物之始生，稚幼之貌。
　爾雅：蒙玉女，即女蘿菟。物初生之形，未開著爲蒙。小孩弱昧，要依大人以開智。

二．陰陽失位爲蒙
　蒙卦坎水在艮山下，陰陽失位象，爲蒙昧不明，故卦曰蒙。易經以坎在上爲吉，今在下被艮蒙。坎爲智，坎智未開，懵懂。

三．蒙卦體爲艮。艮爲少男，童蒙者也。

蒙二五互師，蒙中有師。艮爲求，童蒙所求者爲師。師在古時可能是占卜師、樂師、醫師、經師，即＜啓蒙＞師。蒙卦說的是占卜：

(一)蒙卦繫辭曰筮。筮艮象，艮爲七，蒙上爲艮，三至上是互震，而震是艮之反，所以蒙卦中有兩個艮，也就是兩個七。七七四十九，正是大衍用數。屯震爲草，蓍象也。艮爲手，揲象也。所以蒙卦說的是占卜。

(二)占卜爲射復，復即蒙也，求所以未見。

(三)蒙爲占，革爲未占。革卦和蒙相錯。一個是火澤，一個是山水，所以革卦曰未占。

(四)蒙爲筮，初筮告。震爲草，蓍象也。艮爲手，揲象也。蒙錯革，蒙曰筮，革曰未占者之謂也。

(五)一兩、二霽、三蒙。蒙于靈龜爲卜兆之象。

(六)震爲草，艮爲手，蒙爲占。求師同于求神。詩經說：我龜既厭，不我告猶。如有人對神不敬，即瀆神，即不可以求神。

四·蒙卦陽氣動於地下，而二上兩爻包坤，有離象。如日光下照，地下必會產生蒸氣，即蒙氣也，即＜濛濛＞之氣。

下坎上艮，二上兩爻包坤，有離之象。火熏於地，水氣蒸發，形成蒙蒙之狀。

五·蒙，昧也。鄭玄曰：「蒙，幼小之貌，齊人謂萌也。」易經卦象見昧之象有豐卦、明夷、屯卦。蒙說昧，即＜蒙昧＞。

六·蒙爲正月卦。干寶以蒙于消息爲正月卦，爲物之稚也。

七·蒙爲黎明之光。蒙下錯離，象曰光射水上浮，有一種光天黎明時見之，即遯氣是也，故亨。

八·蒙爲觀

二爲觀五。師、蒙二爲觀五，觀之五來二成師，童蒙所求者也。觀爲學院。

九·蒙不知有父。蒙，山水蒙，坎水爲中男，艮山少男。中爻互震長男也，互坤母也。是三男從母，上古之世，知有母而不知有父，即蒙之時也。坎水在艮山下，陰陽失位象，爲蒙昧不明之象。蒙卦可能是說母系社會之文化，所以不知有父。

◎童蒙

艮爲童蒙。艮少男，童蒙象也。

屯者世之蒙，乃未開治之天下，故曰草昧。蒙者人之屯，乃未學識之赤子，故曰童蒙。

◎瀆

一·水土相雜爲瀆。

二·蒙初瀆則告，下坎水也中互坤。項安氏曰：「水土相雜則汙而成泥，是瀆之象也。」

◎我

一·坤艮爲我，震亦爲我（震反艮），躬象。

二·我，施身自謂也。易言我皆坤艮之象。坤爲身，艮爲躬，身爲我身，躬爲我。

三·我，躬也；又震爲我，蒙二互震爲我。如觀六三曰：觀我生，進退。觀三爲坤，觀五之我，五互艮也。艮爲我。

四・觀卦變蒙頤，故皆曰我。
五・艮爲我
　　(一)益五互艮曰惠我德。
　　(二)中孚二五互艮曰我有好爵。
　　(三)解上震爲反艮，艮爲我。六三曰：自致致戎，又誰咎也。

象曰：蒙，山下有險，險而止，蒙。蒙亨，以亨行時中也。匪
我求童蒙，志應也。初筮告，以剛中也。再三瀆，瀆則不告，
瀆蒙也。蒙以養正，聖功也。

◎正
　一・蒙彖曰：蒙以養正。養：蒙二自頤通，蒙以卦坎變震，卦成頤。頤九二居中，中則必
　　　正，故蒙以養正。
　二・易經說的養不一定和吃有關，也可能是養心。九二爲中，中爲心，中則必正。
◎時
　一・蒙卦爲艮坎，艮居丑寅，爲四時始終。
　二・蒙卦曰時中，蒙卦上爲艮。蒙通頤，頤下震，震起艮止之卦多曰時，以周四時也。
　　　艮亦曰時，艮居丑寅，爲四時始終也。

象曰：山下出泉，蒙，君子以果行育德。

◎蒙
蒙卦之象多因爲蒙在內，外不顯，所以凡是潛藏之東西都以蒙來比。
一・果行爲泉，蒙爲泉象。
二・蒙爲足行，震爲果行，蒙彖曰果行。蒙中爻互震，震爲蕃鮮果之象，又爲足行之象。
三・蒙爲泉，蒙彖曰果行。坎水爲流，艮爲山，厚。坎象泉。
四・蒙爲養育。坎爲育，艮爲德，蒙卦曰育德。
五・蒙爲育德
　　蒙中互坤，爲母育之象。德，坤德也。坤德以順爲性，育德之順，就是循序漸進之
　　意。
六・驚蟄爲發蒙。蒙卦在一年之節在立春，因爲立春之候爲蟄，蟲始振，這是發愚之象。

> 初六，發蒙，利用刑人。用説桎梏，以往吝。
> 象曰：利用刑人，以正法也。

　　蒙卦是占卜以問求子以及教養兒女。刑是比較艱困嚴苛的方法。在占卜時，筮者可能以皮肉之痛的自刑來求靈光之發生。也可能是在俘虜之中找到鄰國能任祭祀工作之人來問卜。俘虜即刑人，蒙卦是說占卜之法，卜者在古時為專業之人，所以要占者身上有刑具狀況來進行。

　　發蒙即既濟。占卜者能得到神靈之感應，則可以求問。蒙初六爻變兌，卦成損。損為以自傷或自貶以得神應。

一・坎為陷，初六在下，幽囚陷溺於坎窞之下，故象曰刑人。

二・艮震為桎梏。

三・桎：在足曰桎，在手曰梏。桎梏為刑具。因上艮中爻互震故也。震為足，這是蒙卦初爻的卦象。

四・利用刑人可解為厲以用刑。

五・噬嗑為刑獄。本卦坎錯離，艮綜震，火雷噬嗑。噬嗑為獄象，見本書噬嗑卦。

六・刑

　　(一)五行有地支相刑。

　　(二)方和局之間會形成相刑：七則沖，十則刑，六則合。

　　(三)十為煞數，十為死也。積數到十，則悉空其數。天道惡盈，滿則覆。故自卯至子，子逆卯，極十數而為刑。

　　(四)鬼谷子說：＜君子不刑定不發＞，若居仕途多騰達，小人到此必為災，不然也被官鞭撻。

　　(五)相刑：亥亥、卯子、未丑、寅巳、午午、戌未、巳申、酉酉、丑戌、申寅、子卯、辰辰。

　　(六)相刑是互相令另一種刑式不能成，變為亂了，因為合而互相剋制。

　　(七)三刑生於三合。申子辰三合，見寅卯辰三位，形成申刑寅，子刑卯，辰辰自刑等。其理有如夫婦相合而反致刑傷，這是造化人事之道也。

　　(八)火刑在南方，因為金剛火強而自刑，自苦也。

　　(九)木落歸本，亥為木根，木到冬而歸根。亥刑亥，卯刑子。

　　(十)木流趨東，故木刑在東，到東而不返。午刑午，自刑。

◎說

一・說為兌，易言說皆兌

　　(一)小畜互兌，曰說輻。

　　(二)大畜互兌，曰說輹，具互兌。

　　(三)遯卦上為艮，艮反兌，曰莫之勝說。

(四)序卦傳，入而後說，故受之以兌。兌者說也。

(五)歸妹下爲兌，曰說以動，所歸妹也。

(六)困九五，劓，刖，困于赤紱。乃徐有說，利用祭祀。困上爲兌。

(七)隨卦彖曰：隨，剛來而下柔，動而說，隨。隨卦爲澤雷，上兌。

(八)大過上兌，曰剛過而中，巽而說行，利有攸往，乃亨。

(九)睽卦爲火澤，曰說而麗乎明。

二・說爲脫。用脫桎梏以往，即利用正法刑人，辟以止辟，刑期无期，使人脫身於刑。
　說爲解。

◎發蒙

一・發即發光，即啓蒙

　　(一)坤發於事業

　　　　坤卦說君子黃中通理，正位居體。美在其中而暢於四支，發於事業，美之至也。
　　　　由內而至外爲往，由外復內爲來，小往大來。美在其中暢於四肢，發於事業，
　　　　通泰之象也。

　　(二)坤爲光，光即智慧

　　　　坤六二象曰：六二之動，直以方也。不習无不利，地道光也。坤卦說不習，是
　　　　說學習的開始。

　　　　坤六三象曰：含章可貞，以時發也，或從王事，知光大也。光大即是文明之始。
　　　　坤的二爻說道之光，坤二五，交成爲離，離是火之光。坤卦說這些光的比喻就
　　　　是開啓心智之光，所以光有＜啓蒙＞之意，所以坤卦以時發。從養育的觀念，
　　　　啓蒙要得時，不可太早也不可太晚。

　　(三)晉道未光。晉上九曰：道未光，易言坤道，地道光也。地道含光，就是有待開
　　　　發。晉卦火地，是火在土中，而蒙是水在土中，其意相同。

二・孚爲發

　　易經說發，有孚的意思，即可以成長到理想的境界，也就是既濟。

　　(一)大有六五，厥孚交如，信以發志也。威如之吉，易而无備也。信以發志的信是
　　　　孚也。發，施也。信以發志，即可以和中孚卦那樣好。爲何志爲發呢？就是因
　　　　爲發者孚也。

　　(二)豐六二，豐其蔀，日中見斗，往得疑疾。有孚發若，吉。
　　　　象曰：有孚發若，信以發志也。有孚發若就是說有孚即發的意思。

三・發都有變成既濟的可能。易經最高的境界是既濟，可以通往既濟的狀況即發。

　　(一)豐六二象曰發若，豐離火在下卦，既濟離火在下卦也。

　　(二)大有變既濟，六五曰信以發志。大有下乾即離。

　　(三)豐變既濟，二曰信以發志也。

　　(四)坤三曰以時發。

　　(五)豐四、五發之。豐四發之五成坎孚，動而得正。上卦爲坎，正爲既濟，故有孚。
　　　　孚信也。

◎法

坎爲法，中者正也。坎爲法律，寅爲廉貞，以貞用刑也。

> 九二，包蒙吉，納婦吉，子克家。
> 象曰：子克家，剛柔接也。

　　蒙二上和五爻相應，而初與三四都是陰爻，爲包象。又三五互坤爲包，即有老婦包庇照養。即八字祿命法所說之帶正印。包養在四個陰爻之中，有如被家中四位女性長輩照料。又初至五互爲師卦。是母兼爲師，這是有教養之局。艮爲門庭，爲家象，而坤爲含弘，有教无類也。二四互震爲子，伏巽爲婦，二以剛接柔，故納婦。接，即是傳宗接代。而震居中爲二代之間相接著。九二變陰爻，爲坤。卦成剝，剝者人丁稀少者，可見此子爲傳家之獨子。家中陰盛陽衰，男丁要承家業又繼父母雙方香火，這是子克家之意。克，即承襲家香火。

◎包

一・包爲天地

　　(一)天地曰包。易見天地之象同在一卦曰包，如：

　　　　泰否曰包。泰爲包荒，否爲包承，泰爲坤乾，否爲乾坤。

　　　　姤卦曰包有魚。姤卦爲乾巽。先天巽爲後天坤，故姤有乾坤象，即天地象，以九二之陽包初陰。

　　　　蒙二之包，亦以九二之陽包初陰。初陰承陽二，陽包陰，即否包承之象。

　　(二)陽包陰，即仳蔭。

二・包蒙言包涵，包容也。易經之容字有包象。

三・易經坤卦言包和括二字（詳坤卦）。

◎婦子

一・初六爲婦子。

二・易初六承九二者曰婦或子

　　(一)鼎初六得妾以其子。

　　(二)蠱初六，幹父之蠱。有子，考无咎。

　　(三)大過九二曰，老夫得其女妻。

三・家爲家人，家中有婦子。

　　蒙二曰婦曰子，蒙下四爻互解，錯家人，有父子夫婦之象，故曰婦子。

◎克

一・水火遇爲克

　　(一)蒙卦二曰子克家，蒙下四爻互家人，坎水克離火，故子克家。

（二）克爲承當；陽見陰爲克。

（三）蒙卦二曰子克家。原卦坎中男，艮少男，互震長男，九二變坤爲母。卦中有三男一母，故爲子克家。

二‧克爲接，以柔接剛爲克也。蒙卦子克家，因爲蒙卦二五震長子，初爻柔而接之。

三‧克爲承家，比如子能娶婦。

四‧居下位而能任上事爲子克家。坎在下，艮在上。坎正位於上卦，而守在艮下，艮爲門內，家也。

五‧克字之其他義詳本書未濟卦。

◎家

艮下爲家。蒙二曰：子克家。初下卦在艮之內，艮之內爲門闕門之內家也。

六三，勿用取女，見金夫，不有躬，无攸利。
象曰：勿用取女，行不順也。

蒙卦之卦象爲內清外濁。上爲土，下爲水，清流在內待發。

來知德注本爻以坎之性本是趨下，六三乘二陽爲乾金，乾金爲夫，上之六五和坎同是陰爻，不相應。六三自然從九二與之相合，但不是正合。六三陰柔不中不正，又上爲艮止，下在坎陷之中。象徵无知蒙昧之女，而嫁不得人，而且是自己捨身而從人，有成爲人家家妾之象。以教育而論，六三是喻爲一個只求現實方便而捨身嫁人之女。自暴棄，昏迷于人欲，不可以教。

如蒙卦以教人占卜而作，六三勿用取女是說祭祀時筮者不得法，不能擔任其職，所以改以女性之卜人來接事。又金夫，可能是金矢之諧字。金矢噬嗑之象，指乾離同位爲上下交通之象。此爻是表示求神問卜不順，改以女祭司以筮。爻變巽，巽爲長女。而卦變蠱，蠱爲女惑男。山下之水泉變爲山下之風，蠱卦互兌。說卦傳，兌爲澤，爲少女，爲巫，爲口舌，巫即蠱。

◎勿用

一‧艮止勿用

蒙卦六三曰：「勿用取女」。六三變巽爲山風蠱，上艮，艮止也，故曰勿用。互坤，坤道成女。

二‧陰往以消陽爲勿用。

三‧勿用之義詳屯卦。

◎離爲見

蒙卦六二曰：「見金夫」。坎錯離目，故曰見。

◎躬

艮身爲躬。蒙六三互震，震反艮，艮爲身，身爲躬，故蒙六三曰不有躬。

◎金矢（金夫）

一・乾爲金（見說卦：乾爲金），又乾爲夫。坤爲妻。蒙三五互坤，爲妻，妻見金夫也。又蒙六三互坤，坤錯乾，乾爲金，故曰金夫。

二・金夫亦可能是金矢之諧。

三・噬卦九四，噬乾肺，得金矢。上離爲乾，乾爲金。

四・姤初六，繫于金柅，貞吉。有攸往，見攸往，見凶。羸豕孚蹢躅。象曰：繫于金柅，柔道牽也。姤上卦爲乾，乾爲金。

五・又蒙初爻和三互易，卦變蠱。剛中失守爲兌所佔，蠱爲女惑男也。

六・以金賂己者爲金夫。

七・蒙六三變爻成巽，巽爲女。九二乾卦之爻，乾爲金。

八・占卜古稱射覆，射者得中爲見矢。

◎不有躬

一・夫不得體爲子有躬

　蒙卦下卦坎，二五互震，上卦爲艮。三卦正好是三男，爲夫道。全卦由三個陽卦，即坎、震、艮形成，三者皆男子也，所以二爻說子克家。而後天八卦坎位正北，艮位東北，震位正東，而西位之卦不居之。三子卦卦體皆陽，而六三爻象爲兌體。其氣候卦位皆陰，女得位而男无體，所以夫不有躬，无攸利。

二・見金夫不有躬，爲女主奔求之意，即見到了金夫，即捨身而就也。金夫或可解爲多金之夫。陰求陽，不能自濟，必依附強者以爲主，故曰陰求陽，以暗求明也。蒙卦六三說女倡。

三・坤爲躬，不有躬即女失婦道。

　蒙六三曰「不有躬」，可以說成「不有坤」，也就是失去婦道。

　（一）坤變巽爲不順。

　　蒙六三曰「不有躬」。蒙六三互坤，從變卦的角度看，坤變，下卦成巽。坤變了，而失其順之性，所以是失了身，也就是失去婦道。

　　因爲坤變巽，坤道已失，從此不順。坤爲不順，失其道也。坤本順，變巽，如風之散，不順象也。這是說女子變其性，如風之散，即失其道也。

　（二）兌爲正秋。稟金氣。而女以柔爲貴。秋金肅殺，非婦道也，不有躬即女失婦道。

◎无攸利

无攸利之義詳本書歸妹卦和未濟卦。易經見到未字，在未濟卦和歸妹卦（妹即未）。

六四，困蒙，吝。
象曰：困蒙之吝，獨遠實也。

困於蒙昧而不能開明。六四爲陰爻，雖然得位，上爲陰爻，而下也爲陰爻，是居在坤陰之中。要從九二，則隔于六三，要從上九，則隔於六五，是遠離陽爻，所以不明，即心不開明，是蒙昧之象。又陽爲實，是遠實，而且是獨遠。其他爻都可以近陽爻和陽爻形成正應。從教育的觀點，童心无由啓發，身旁都不是可以教導他的人，而可以開啓他心智者都在遠處，蒙通觀卦。

觀上巽下兌，下坤爲坎，成澤水困。觀爲閉在門內省思，思而不學則殆。觀就是光憑思考來解決問題，不從師也。而觀和蒙都有困象，都是坎在下卦而塞。

◎困

一・觀爲困象，蒙通觀，所以也困。

觀上巽爲兌，下坤爲坎，爲澤水。觀之風地通澤水，澤水之困，以九四之塞，因爲塞，故困。澤爲澤困坎，故爲困象。觀上巽，後天巽爲先天兌，後天之坤爲先天坎，故觀爲困。

二・觀自蒙通，蒙上震艮手，下坎水，盥象。

觀卦初六，童觀，小人无咎，君子吝。蒙卦說童蒙。

蒙卦六五，曰童蒙。蒙山水，山之六五來觀水之陽二，成坤，上成巽風下成坤爲風，地觀。初在二下，故曰童觀。

三・蒙爲塞。又蒙艮在上，坎水困於下。蒙爲艮在上，坎在下，困爲兌在上。蒙之愚在於智未開，困在於有難未解。孔子曰：「生而知之者，上也；學而知之者，次也；困而學之，又其次也。困而不學，民斯爲下矣！」

◎離虛山實

蒙六四困蒙，象曰遠實。山水爲困，以上九之止，止故困也。山本實，今變離中虛，遠山之實也。

六五，童蒙，吉。
象曰：童蒙之吉，順以巽也。

蒙六四和六五都是陰爻，爻多則暗昧不清所以稱爲蒙。但六四之困蒙和六五童蒙一爲吉，一爲吝。六四遠實所以吝，而六五居尊位而下應九二，有答有應，又能承上九，變卦爲巽，巽爲順也。敬而順，又能虛心下問，所以可以事神。童蒙是純一未散，專心在一個人身，只聽一家之言，所以精誠而心自然靈。

童蒙並不一定是說小孩童。易經在咸卦中說憧憧，即爲童也。咸九四憧憧，咸兌艮二少，爲童，咸貞上兌成坎，下艮成離，爲相濟卦，相濟九三互坎，爲兩坎之卦，兩坎則兩心，以兩心從兩童，故曰憧憧。所以童，實在是童心未泯者。憧憧即反慧爲童，即＜反老返童＞。民俗中乩童亦爲成年人者，仍是稱爲童。

◎順

一．坤爲順，蒙六五變爲坤，順以巽。

二．蒙六五互巽，巽爲善。變卦之後，卦爲風水渙。

　　六五變巽爲風水渙，中爻互坤順也。今變巽，是順而善。

◎童蒙

　　蒙卦上爲艮，六五爲艮之所蒙，艮爲童。

上九，擊蒙。不利爲寇，利禦寇。
象曰：利禦寇，上下順也。

　　蒙卦上九變坤爲師，即可以克服他人之難而出師。蒙卦說小童學習占卜之道而當祭師。蒙卦中有師，而上九出師矣。擊蒙，即射覆之意。具有占卜能力者可以射覆。

　　蒙卦所說之寇即災邪之事。童蒙出師，可以與神相通而上下皆順，順者无災。上卦變坤，坤爲坎，上下皆同，而志同則順。原卦坎爲寇，爲匪。艮爲手，爲止，但止而不通，是不利出師。變爻成師，則可以出師矣。

◎擊

一．擊爲支，去竹之枝。

二．擊蒙：擊，支也。支，去竹之枝也。易言擊皆去義。

三．艮爲手，擊也。蒙上艮爲擊。

四．擊，王肅曰：「治也。」即取木作教刑之意。上艮爲手，擊之象也。

五．擊者，以手持物高向下之義。上九爲外卦，艮之主爻，艮爲手，而位在上，有如舉手下擊。蒙覆眾，爻之勢。

◎利禦寇

一．蒙，利禦寇

　　坎水爲寇，艮山止之，坎寇不行。漸三之坎寇，自四下退，爲寇則止之象。

　　蒙上利禦寇，漸卦互蒙，故利禦寇。如果蒙卦說教小兒之法，小兒性亂，如寇盜，要以漸漸調治來預防。

二．不利爲寇：坎爲寇，蒙中有師，九五退二（觀風之九五易爲地之二成爲蒙坎），蒙五互師，乃行師敗象。故不利爲寇。

　　蒙上九曰：不利爲寇。蒙下坎，坎爲盜，即寇。艮止之，故不利爲寇。

三．漸利禦

　　漸九三，鴻漸于陸，夫征不復，婦孕不育，失其道也。利用禦寇，順相保也。

　　漸卦說禦寇，是說以漸來防患未然。患即是寇。

四．繫辭說慢藏誨盜，冶容誨淫。易曰：負且乘，致寇至，盜之招也。

五·蒙卦上六：擊蒙。擊者兵刑所弼教，不利爲寇。又蒙中有師，師即軍師，以軍法行師也。行師可以止寇盜之亂。

六·蒙上艮爲手，五爻和上爻互易，上動成坎。所以上九見到了寇象。但是逆乘陽，故不利爲寇。

七·易中坎水見艮山，則利禦寇。山者，水之所止也，蒙利禦寇。

◎寇

一·坎爲寇。坎水遇兌澤，則致寇至，以澤者水之所歸也。

二·艮爲禦，坎爲寇。

◎禦

一·艮爲禦。艮爲狗，狗主守禦者也。

繫辭上六：夫易廣矣大，以言乎遠則不禦，以言乎邇則靜而正，以言乎天地之間則備矣。

二·禦，止也。

◎上下順

一·易言上下爲先後天八卦。

二·變坤爲順，因上卦之坤在後天爲坎，下卦之坎在先天爲坤，上下卦皆見坤故順。

三·蒙卦艮爲山，自上禦下爲順。

䷄ 需

有孚，光亨，貞吉，利涉大川。

需卦有孚光亨是吉祥之卦。因爲需卦中爻離，表示問事者心地光明，不爲私欲所蒙蔽。需貞吉，易經說貞吉是卦在正位。需卦坎在五陽，陽剛中正爲需之主。需之卦主正，即問事者處在正當地位，又得時，所以需卦說是有所待，即是我當待。

序卦說需爲飲食，並非日常之飲食而已，而是以酒食敬神。有所期待而敬神，非爲需也。是神對我无所待，而我也對神无所待，純是敬奉，則大得神之信心，爲有孚光亨。詩經說需之舞階，崇降。需之因疐，矣天休命。需者，雲上于天，舞雲門也。即古時在室外祭神之舞以驅邪。

◎需

一·須也。

二·三陽上進而遇險阻，必待九五之援而後可以成利涉之績，故曰需。須養而成。

三·有待而行，需漸皆取有待而行之意。

四·需從雨從而，「而」古文爲天，即乾。

五·需爲濡，即飲酒而濡其首。

六·需爲大川。需爲坎乾，乾大也。中爻互坎，坎川，下乾大也。

◎有孚

需自中孚通，故曰有孚。

◎光（音廣）

一·離爲光。需中爻互離互兌，含有孚光亨之義。

二·坤、泰、咸、渙光大，俗說＜發揚光大＞。

三·謙尊而光。

四·夬其危乃光。

五·坤地道化光。

六·頤上施光。

七·噬嗑、震、兌、晉、夬、萃未光。

八·觀、未濟、大畜、履之光爲光明之義。

九·光亨：關子明言光者物之神也，實指離而言。離乾同位，故光亨。

◎孚

一・頤爲孚

　　(一)坎爲頤有孚，中孚爲頤有孚，孚頤也。

　　(二)孚：坎中四爻互頤，風澤中孚中四爻也互頤，同取頤爲孚象也。

　　(三)坎爲孚。坎中四爻互頤。損卦和益卦都互頤，風澤中孚四爻也互頤。

二・貞坎爲有孚。

三・水浮于上，上卦貞坎爲有孚。易上卦貞坎，即曰有孚。

　　有孚和中孚不同，有孚是眞正的孚起來，如鳥伏卵象。

四・坎或兌在上爲有孚。

五・鳥爲伏。有孚：孚信也，鳥伏卵之象。孚字從爪從子，履手曰爪。鳥在孵蛋時以爪
　　反覆其卵，都是如期不失，所以孚爲信。

　　風澤中孚上巽爲雞，雞在上爲伏象。

六・＜陰下孚陽＞，陽在下陰在上，爲有孚。

　　陰下孚陽，上下相抱；陽上望陰，內外相承。有孚不同于中孚，中孚爲孚之至也。

七・凡是易經中之卦，陽爻在二五，可稱爲孚。

八・易經无巽而見坎兌爲孚象。坎中實，兌口舌，爲孚。

　　(一)坎、未濟、解、晉、比，有坎无巽，稱孚。

　　(二)損、夬、泰、大有，有兌无巽，稱孚。

　　(三)需、睽，有坎兌无巽，是孚。

九・易經爻辭說孚大多在中爻

　　(一)比、晉、萃、姤四個卦在初爻言孚。

　　(二)家人、井、未濟上爻言孚。

　　(三)其他都是中爻言孚。

十・易經用孚字很多，可知其重要性。用到孚字的卦二十五個，用到孚字的爻有三十個，
　　主要皆爲坎義，如：

　　(一)比初六，有孚，比之，无咎。因爲比卦之坎在上卦。

　　(二)小畜九五，有孚攣如，富以其鄰。九五巽貞爲坎，因爲坎在上卦。

　　(三)隨九四象曰，隨有獲，其義凶也。有孚在道，明功也。從變卦看，九四變卦成
　　　　坎。坎在上卦，所以說有孚。坎卦上爲坎，曰習坎，所以坎卦說有孚。

　　(四)大壯初九，壯于趾。征凶，有孚。大壯三到五互兌，兌爲坎在上爲孚象。

　　(五)解卦六五，君子維有解，吉，有孚于小人。解三五互坎爲孚象。

　　(六)損益卦互反，皆說到有孚。益中互頤，損互頤，頤爲大過反，而大過反中孚，
　　　　皆爲孚象。

　　　　損卦說有孚，元吉。无咎，可貞。利有攸往。益卦九五說有孚惠心，勿問，元
　　　　吉，有孚，惠我德。

　　(七)萃初六，有孚不終。萃上爲兌，兌即坎，在上亦爲有孚。

　　(八)革九三至五互坎，革九三曰征凶，貞厲，革言三就有孚。

　　(九)未濟上九，離在上而坎在下，坎不在上所以說有孚失是。這是飲酒象。

◎不及

睽為不及，需象睽而不及（不足也）。需卦二、五互離，兌為睽，不及之象。

◎利涉大川

一・凡易見乾、坎、兌皆為利涉。因為乾在後天左右為坎兌，要進退皆涉水（坎兌為水）。
　　如：

　　（一）需卦之乾，後天卦左右為坎兌，進退皆必涉川。

　　（二）同人利涉大川曰乾行。同人彖曰：同人于野，亨，利涉大川，乾行也。先天卦
　　　　　乾經兌而至離，兌為川，利涉也。

　　（三）大畜利涉大川，應乎天也。需，下乾上坎中互兌，所以利涉大川。

　　（四）訟繫辭曰：有孚、窒、惕、中吉。終凶，利見大人，不利涉大川。
　　　　　訟為乾坎，易見乾、坎、兌為利涉大川。

二・卦中互中孚、互頤（反大過）皆為利涉。大過者，大（乾）之涉川也。

　　（一）大畜，利貞，不家食，吉。利涉大川。大畜中互震兌，利涉大川。又互頤，頤
　　　　　反中孚，故利涉。

　　（二）益，利有攸往，利涉大川。
　　　　　益互頤曰；利有攸往。中正有慶。利涉大川，木道乃行。頤反大過。

三・有行舟之象者，比如震在兌上，即利涉大川。

　　（一）大畜中互震兌為舟象，利涉。

　　（二）蠱，元亨，利涉大川。蠱彖曰，元亨而天下治也，利涉大川。
　　　　　蠱中互震兌，震動于兌上，震為舟，在兌水之上，為涉水。

　　（三）渙，木在水上。乘木有功也。利涉大川，乘木舟虛也。利貞，利涉大川。

四・需卦是由乾坎兌三卦組成。乾為大，在乾坎之中互兌，有涉之象，所以利涉大川。

彖曰：需，須也，險在前也。剛健而不陷，其義不困窮矣。

一・需養，物初蒙稚須待養成。

二・需從雨從而，中互離兌，含有孚光亨之義。

三・三陽上進而遇險阻，要待九五之援而後可以成利涉之績。

◎前

一・前也是說到先後天之位置。

二・易說上為前，需卦彖曰險在前，是說坎險在上卦，又需卦說險在前坎險也，坎在上，
　　故曰在前。又後天坎在乾前，需亦坎在乾前，故險在前。

◎中孚為不困

不困：中孚巽即兌，兌即坎，為澤水困，中孚變其義，不困矣。

> 需，有孚，光亨，貞吉，位乎天位，以中正也，利涉大川，往有功也。

◎光亨

離爲光亨。水天需，通風澤中孚，中孚離象，故光亨。

◎上爲天位

一・上爲天位。

二・天位：九五坎之正位，又爲乾之正位，天位下乾故稱天位。

三・天一生水：需卦坎乾合成，天一氣也。河圖天一生水之意。

◎九五中正

需卦九五說以正人也。這兒說正指的是九五陽爻，九五陽爻爲正中。

◎往爲進

需九五：往有功。往，進也，進而出險故有功。

> 象曰：雲上于天，需，君子以飲食宴樂。

◎雲上于天

坎水也，水氣上升爲雲，天一生水，將需之時也。

◎飲食

一・兌爲飲食，需九五象曰：飲食宴樂。飲食下互兌口也，口能飲食宴樂者，乾陽舒說也。

二・噬嗑飲食。需通大壯，壯遯相對，遯上乾即離，下艮即震，爲噬嗑，故曰飲食。

> 初九，需于郊，利用恆，无咎。
> 象曰：需于郊，不犯難行也。利用恆，无咎，未失常也。

恆自始生，由陰始至陽始，由巽至震。恆爲巽震。需卦象曰利用恆，恆下巽上震，二五互乾兌。需卦的形成爲乾右行之象：初至三爲互巽，二四爲互乾，三五爲互兌，四上爲

震。由巽而乾、而兌、而震，正好是先天卦巽到震（巽、乾、兌、離、震），是右行，剛到了坎即止。這是由陰生（陰始生于巽）之始，以至陽生（陽始生于震）之始。所以需中有利于行（即乾陽右行）之象。又中互爲恆，所以是利用恆。這個卦說明先天卦陽卦行走的道理在于顯出有恆的現象。

　　乾利右行，不犯難（坎）也：巽、乾、兌、震爲右行，到了坎而止，不犯坎，坎爲難，所以說不犯難。因爲陽卦爲右旋，右旋則巽前之坎險自不犯之也，故不犯行也。乾爲金，金爲利。所利者，右行也。需初爻距上卦坎險最遠，而上爻和初都在外緣，爲郊，即天高皇帝遠，可以日出而作，日入而息。需卦是說日常居住在郊野之人，敬神十年如一日，成爲必須，而不是＜遇難＞時才臨時抱佛腳。初九陽剛得正，又未見險，所以不冒進。所謂義命自安。需初爻變巽爲順，卦成井。井守常而有恆。

◎郊

一・乾爲郊。初九變巽，水風井，需于郊，即井之改邑不改井。

二・需于郊：乾爲郊，先天卦乾至坎，爲陽之消也。乾不欲進，故需于郊。

三・需九五象曰需于郊，郊是在乾坎之間，距國百里爲郊。需卦爲坎乾，所以需卦有郊象。後天八卦乾坎在郊。

四・乾爲郊野（龍戰于野）。乾爲野，坎爲邦險。城隍也。乾之前，故于郊。

五・需即郊。郊爲乾地。戰于乾，在爭戰之地，有所需也。又郊爲地極，不可進，所以知難而退，故需于郊。

◎恆

一・需卦初九利用恆。
　　水性有恆：需上坎。坎水，水不避汙，出不辭難，臣之常節也。得位有應，故利用恆。

二・恆，久也。乾爲久。

三・需卦初變之井，无喪无得，恆之象也。因需而變成恆。人之習，也是因需而變出，之後成爲一種慣性。所以需利用恆。

四・需在乎得。而卦之井，井无喪无得。

五・需中爻互恆，所以需卦初爲利于恆。

> 九二，需于沙，小有言，終吉。
> 象曰：需于沙，衍在中也。雖小有言，以終吉也。

　　需九二陽爻居陰位，二五互兌，兌爲剛鹵，即沙也。沙在洲際。接水之處。所祭者爲河神也，所以需于沙洲。需九二坎爲水卦，水近（岸）有沙。二位次漸近坎險，雖未至患害，中間隔一位也。中爻二至四互兌爲口舌，水行在中央，而沙在水旁，中流通而可以相

濟。九二變爻，卦成既濟，所以終吉。易經以陰爲小。小者，小鬼也。需在水祭河神，大
神不來，而小鬼有言，多少是口舌之災而已，而非大犯。所以言吉。

◎終吉

　　一・先後天對待爲吉。

　　二・九二變離，先後天對待之卦也，雖凶，而君子知幾故終吉。

　　　　需九二，需于沙，小有言，終吉。

　　　　訟初六，不永所事，小有言，終吉。

　　　　訟六三，食舊德，貞厲，終吉。

　　　　履九四，履虎尾，愬愬終吉。

　　　　蠱初六，幹父之蠱。有子，考无咎。厲。終吉。

　　　　賁六五，束帛戔戔，吝，終吉。

　　　　家人上九，有孚，威如，終吉。

　　　　鼎九三，方雨虧悔，終吉。

◎離爲終

　　需九二以吉終。從變卦來看，九二變乾成爲離，先天卦位始于乾，後天卦位終于離，所
以說終。因爲乾離同位，所以吉，也就是變卦爲吉相。又需卦中二五互乾離。先天卦之
乾爲陽卦的開始，離爲陰卦之終，所以說終吉。

◎沙

　　一・兌爲沙。需卦互兌，爲沙。兌爲剛鹵，稱爲沙，即水中之剛。

　　二・需九二需于沙。沙需互兌，澤爲也，澤畔有沙。

◎坎下之兌爲小

　　需卦九二說「小有言」：兌爲言。兌口在坎爲隱伏，小少也。小有言者即人无言之意，
至人无言之意。

◎衍

　　一・流，即＜衍流＞。九二爲坎象，九二在中爲坎水之流。

　　二・水朝宗爲衍。

九三，需于泥，致寇至。
象曰：需于泥，災在外也。自我致寇，敬慎不敗也。

　　需九三陽爻得位。親和坎接，有如泥。爻互兌爲澤，澤爲帶土之水。需爲酒食，而今
見泥，是水土相雜爲瀆。井見泥亦不食，今祭神而瀆，遭致凶鬼來擾，幸而祭者親自入河
之中，需於泥，而驅災到水之外。或非因水而起之災，是自己引起之凶鬼來擾。今九三接
水，行正，立正，敬慎事神，所以不被凶鬼所欺。

大壯通九四爲震，遂泥之爻，以大壯之震爲需之坎，故致寇至，坎爲寇。

◎災

一·需卦九三災在外。

二·需九三曰災在外。需九三乾爲金，三五互離，乾金上接離火。離爲災，在上曰外。正大傳所謂相近而不相得，也就是不相礙，所以需卦災在外也。易經之災也可以看成是火。因爲火卦在乾上，即外，故說災在外。

三·災之義詳本書剝卦、旅卦、離卦。

◎慎

一·艮爲慎，離爲敬。

二·慎：艮爲慎，需通中孚。需三五互離。中孚三五互艮。需與中孚互通。中孚互艮爲慎。需互離爲敬，中孚和需通而爲慎敬。

◎泥

一·土入水爲泥

　　(一)需九三需于泥。

　　(二)井初六象曰，井泥不食，下也。舊井无禽，時舍也。

　　　　豐四之井初成需，所以井曰泥。因爲需爲泥也。

　　(三)震九四，震遂泥。象曰：震遂泥，未光也。震九四遂泥，土入水爲泥，此象言明夷變震，明夷四爲坤土，變震互坎水，有土入水之象。

二·泥者瀆。水土相雜則汙而成泥，是瀆之象也

三·止爲泥。泥爲止，震九四互艮止，以九四失正，失其震動之性。故震遂泥。

四·泥爲接需卦水接天，親與坎接爲泥。

五·其他有關泥之字義，詳本書震卦、井卦。

> 六四，需于血，出自穴。
> 象曰：需于血，順以聽也。

需六四上下左右都是陽爻，而獨六四爲陰，有穴象。易經觀卦入于穴，而需出穴。穴者，鬼狐藏身之所。觀者，收狐鬼在觀之中，以免其成祟。坎爲隱伏，又爲血，爲求穴中之妖物而祭神以血。祭以血，令鬼狐出穴，穴血同音，同意而取代之，這是消災之法。通常災大者祭以血。六四和初九相應，又互兌錯巽爲順。六四應初之陽，陽來救援之，而且九五中正。六四得到上下左右護佑，所以入險不險。

◎穴

一·由地出爲穴。

二·坎水爲子，即鼠，入穴者。

三・穴地爲井，井需象也。

四・坎爲隱伏，穴象。

◎血

一・坎變兌爲出血。

二・需六四曰出于血。需六四之坎變兌，坎卦變爲澤，需卦成澤天夬。夬爲缺，兌爲毀折，坎爲血，出血象也。

◎順

一・先後天相接爲順。先後天卦之行，先後相接爲順，乾兌爲順。

先天卦位乾一兌二，順也。需卦六四坎變爲兌，上兌下乾爲順，乾一兌二也。所以需六四順以聽。後天卦位乾六兌七亦順也。一、六、二、七合變化之大用。

二・夬象辭剛長乃終也

夬爲三月卦也。一變而爲純乾卦。乾四月卦，故夬之象曰「有攸往，剛乃終也。」乾爲剛。往爲順也。

三・耳以順爲聽

需卦六四曰順以聽。坎爲耳，耳痛，聽不聰也。又坎爲血，卦耳中血，隱伏穴也。故血出則復聰，是順以聽也。聖人說＜耳順＞。

四・坎爲美脊之馬。馬壯則順，渙初說拯馬壯吉，順。

五・易經說順德、順命、順天應人。

> 九五，需于酒食，貞吉。
> 象曰：酒食貞吉，以中正也。

需九五在尊位，優游和平，不多事，以自擾。无爲而治。這是平時常在无事是以酒食敬神。易經以坎兌爲酒食，離震爲飲宴。需卦上坎，中互兌。三五互離，九五變則爲互震。酒食飲宴皆全。

酒食爲祭神之物。古人以爲鬼尙求食。比如左傳宣五：楚令尹子越初生，伯父子文怕國家會亡在他手中，臨終時，聚其家族，說：「椒（子越）也知政乃速行，无及於難」，又哭說：「鬼求猶求，食若敖氏之鬼不甚餒而」。

◎食

一・易中坎水言酒，兌口言食，必坎兌之爻得正。如：

　　(一)需九五，需于酒食。需上坎，爲酒，變卦成兌，兌爲食。

　　(二)訟卦上乾即離，下艮即震，爲火雷噬嗑，故訟六三食舊德。

　　(三)訟反需，需有飲食之道。因爲需有訟象。

　　(四)困錯賁，賁噬嗑一卦，故困九二困于酒食，以豐上震即離，下離即震，爲火雷

噬嗑象。

(五)大畜曰不家食。大畜上爲艮，艮震也。下爲乾，乾離。

(六)漸即歸妹之反，互豐，故漸六二飲食衎衎。

(七)明夷初至五互豐，上爲坤虛，離又中虛，故明夷初九三日不食。因爲豐爲食象，上震下離，反噬嗑，故不食。

(八)未濟只說酒（上九，有孚于飲酒，无咎），沒提到食，因爲未濟只有坎卦。坎爲酒，兌爲食。需九五，五爲坎酒，四爲兌口，故需于酒食。

(九)九五變坤爲地天泰，互離，離就人身而言代表大腹。大腹可以容酒食。所以泰卦九三說于食有福。泰三兌爲口，二至四互兌爲食。又泰取歸妹爲通象。

(十)歸妹上四爻互豐，有噬嗑象，故三日食。

二·酒食需口，原卦互兌，兌口也，酒食需口者也。

三·坎上離下爲飲食象。需三至五互離，坎水在水上，酒食象。坎在需爲飲食之道。

> 上六，入于穴，有不速之客三人來，敬之終吉。
> 象曰：不速之客來，敬之終吉，雖不當位，未大失也。

　　需卦上六繼續捉拿＜狐妖＞而入狐穴。需卦上爲坎，爲穴。坎外陰爻陷之極，是入穴。上六和九三相應，是內外相應，所以是順吉之象，求神可得回應。爻言客，客可說是上下二爻互對爲主客。而祭神者與神靈相對，所以也是主客。

　　需上六爲主，九三爲客。需上六「＜有不速之客＞三人來」，指和上六相對的九三，九三爲乾卦。易繫辭說「唯神也，故不疾而速，天行而至。」乾爲天，天行爲乾行，即由乾而兌，爲速行也。需卦上坎，坎爲隱伏，入穴，而非兌，不是速行。所以乾成了上卦的不速之客。這可說是自天而降之神靈也。

　　繫辭說唯神也，故不疾而速，天行而至。需卦上六說有不速之客三人來。客是和需卦上六相對的下乾。乾卦對的是坎，而不是順行的兌，所以乾爲不速之客。又坤爲神，乾非坤也，所以乾也是不速。因爲從繫辭說神，即速也，所以俗語有＜神速＞一詞之用法。而神之所以快來，是因爲求問者處在正當之位，而且又上下相應。

　　上六變陽爻，陽爻在上不當也。因爲變爲巽，巽順也。又巽和下卦之乾相鄰。相鄰則有相助之義。一陰一陽，所以未大失。

◎坎變巽爲入穴

　　需上六入于穴：需上原卦坎，坎爲隱伏，穴象也，上六變巽，巽爲入也，故入于穴。

　　小過六五，取彼在穴。小過震艮，艮爲穴。易經說穴，很清楚是在說艮。

◎三人

一·三人爲離。

需卦上六說到有不速之客三人來，易經說到三人皆爲離。離數三（乾一、兌二、離三、震四、巽五、坎六、坤七、艮八）。需上卦三到五互離，故曰三人。

二・三爻爲三人

損六三，三人行，則損一人。一人行，則得其友。象曰：一人行，三則疑也。三人行，則損一人。三人行損一友，乾爲人，三爻爲三人。

三・孔子說＜三人行＞有吾師。

四・需下卦乾三陽爲體，有三之象。上六坎陷也。

◎內爲主，外爲客

一・需卦說飲食，是請客的事。上六說到有不速之客三人來。三爲離，三到五互離，是和上坎爲坎離，爲飲宴之象。而上六卦位已出互卦之外。外爲客，所以說有客。

二・繫辭說豫卦重門擊柝，以待暴客，蓋取諸豫。

◎位不當也

一・需上六爲坎，坎上以陰乘陽，故不當位。

二・在陰之內，是君子與小人爲伍，故曰不當。

三・先後天同位爲當，變了，失位，位不當也。

四・艮互變坎。坎與坤先後天同位，變則否。故曰位不當也。

五・柔居三爻，或五爻爲不當之位

(一)噬嗑柔得中而上行，雖不當位，中指六五言，柔居之，故曰不當。

(二)臨六三象曰：甘臨，位不當也。陰柔居三失位，故曰不當。

(三)震六三，震蘇蘇，位不當也。

(四)兌六三，來兌，凶。象曰：來兌之凶，位不當也。

(五)中孚六三象曰：或鼓或罷，位不當也。

(六)睽六三象曰：見輿曳，位不當也。

(七)履六三，咥人之凶，位不當也。

(八)豫六三，盱豫。悔，遲有悔。象曰：盱豫有悔，位不當也。

(九)否六三，包羞。象曰：位不當也。六三爲艮之正位，否六三爲陰，柔居艮之正位，故不當。

六・陽居四爻爲不當

(一)晉九四象曰：鼫鼠貞厲，位不當也。晉九四貞厲，位不當也。貞厲以四之位不當，位不當，所以初爻四爻相易。九在四位不當。

(二)萃九四象曰大吉无咎，位不當也。

(三)困九四雖不當位，有與也。

(四)小過九四象曰：弗過遇之，位不當也，往厲必戒，終不可長也。

七・震在上爲位不當

(一)大壯六五象曰：喪羊于易，位不當也。

大壯喪羊于易。大壯上震，坤爲羊，大壯震在上失位。

(二)歸妹征凶，位不當也。无攸利，柔乘剛也。

訟

訟，有孚，窒，惕，中吉。終凶。利見大人，不利涉大川。

　　訟卦其實是說不訟之道。訟為爭辯，以卦象論，是天運在上，水流在下。乾為天，坎中男，在後天八卦乾和坎相近，在西北和北方。坎在易卦是在上為濟，今流在下，必要爭回其位，而乾在上不與也，二者所爭是同位。乾與坎相近，易經以卦相近，近而不相得為凶，所以成訟。

　　九五中正，以居尊位。中爻巽木下坎水，本可涉大川，但三剛在上，陽實陰虛，遇巽風，則有覆舟之象。訟卦為相爭。訟之卦德是剛陵乎下，下以險伺乎上，二者都要求勝，所以起訟。下卦坎為先天之坤，和乾形成否，否反也，因反而訟。

　　乾為剛，而坎為險。若健而不險，必不生訟；險而不健，必不能訟。因為天性為健而險，生來好訟。下卦之坎正，卻不得位，一定要爭回其位，上又不應，所以行險。但訟卦又具有不訟之德性。卦辭曰：有孚，惕，中吉，終凶。這都是從坎卦來看。上卦九五陽為坎中有孚，而下坎居九二，也是有孚。有孚則誠信，心誠實而不詐。上卦乾為惕，惕為戒懼，即畏下卦之險，怕刑罰也。又卦形為金在上，水在下有困象，即塞也，窒塞而能含忍也。又乾坎在先天八卦中夾巽，巽為順，卦象中和，中和而不狠愎。

　　訟卦是教人以不訟之心去行訟。否為塞，塞不通，則為訟而訟，即終而凶。吉即窒者，塞而能含，是能忍。訟卦之卦象有孚、窒、惕，和中。有孚是心誠實而不偽詐。窒者，窒塞而能含忍；惕者，戒懼而畏刑罰；中為和而不狠愎。

◎訟

一‧爭也。禮運曰：「飲食男女，人之大欲存焉，有欲則爭。」

二‧反爭為訟，言之于公也。

三‧訟從言從公。上剛下險，天自西轉，水向東流，違行成訟。

四‧訟以剛能，乾與兌為折。乾兌皆金，金為剛。

五‧乾為天，坎中男。乾與坎之爭，近而不相得，所以成訟。

六‧訟上乾，乾為金，折象，即折獄，也就是斷案。斷為折也。

七‧乾剛也，剛則不折不斷，且能折斷他物為聽訟之人，故聽訟曰折獄、曰斷獄。其中的意義皆從訟卦之乾來看。

八‧辯才為訟，言之于公為訟。

九‧訟卦為離卦之遊魂卦，離為戈兵。天氣將刑殺，聖人用師之卦，所以訟不親。兆民

　　　未識，天命不回之意。

十・訟九二一陽沉溺二陰之間，窒之象。訟卦是因爲窒塞而興訟。

◎折

一・折獄，俗語說是＜斷案＞。

二・兌也是折。

三・豐卦說：「君子以折獄致刑」。

　　賁象辭，子以明庶政，无敢折獄。兌爲折，因爲兌卦也是金。豐卦和賁三、五皆互
　　兌，爲折象。

◎大人

坎居五爲大人，乾變離爲目，則利見大人。

◎有孚

一・訟自中孚通，變坎有孚，故訟有孚。

二・中孚六四變訟，九四之實，故窒塞。窒孚，彼此之情不能相通，致訟之由。窒孚是
　　關在家中不和別人相通，而相訟通，是上下交爭。

三・中孚變訟，爲舟入淵。浮則浮矣，但很危險。

四・訟自中孚通，中孚利涉大川。變訟四之風木，入兌澤之下，爲舟入淵之象，故不利
　　涉。中孚爲虛浮，訟爲塡實，故不利涉。訟象辭說：「不利涉大川，入于淵也。」

五・來知德注訟有孚，因爲需訟相綜。需上卦之坎來居訟之下卦，九二得中，故有孚。

六・虞翻注九五剛來居柔地得中，故能有孚。

◎惕

巽變乾戰，故惕。

◎利見大人

一・乾見離，利見大人。乾大人，離爲見。

　　(一)乾九二，見龍在田，利見大人。乾同離故利見大人。

　　(二)訟繫辭：利見大人。乾之二五爻互離，離爲目，麗也，故曰利見大人。又離爲
　　　　利，乾也是利。

　　　　訟卦象曰利見大人，是因爲訟卦之中五爻和二爻相應。一爲乾中爻陽，一爲坎
　　　　坎中爲相訟象。但是卦爲乾又二五互離，都是有利之象。

　　(三)蹇卦象曰：蹇利西南，往得中也。不利東北，其道窮也。利見大人，往有功也。
　　　　蹇，坎艮，先天坎爲後天之離，先天之艮爲後天之乾。卦成離乾，故利見大人。

二・五爲大人

　　(一)訟卦見離，離爲見，五爻見離，利見大人。

　　(二)巽利有攸往，利見大人。又大人謂五，巽二失位往應五，故利見大人。巽五互
　　　　離。

　　(三)萃，亨，王假有廟。利見大人。

　　　　萃利見大人，大人爲五，大人天地合其德，日月合其明，火地之象，晉也。

◎利涉大川

一·水見風，不利涉大川

　　訟繫辭說不利涉大川，因為訟下坎為水。三至五互巽，巽為風，不利涉大川。

二·其他利涉之義詳本書同人、益、渙、需卦。

　　　彖曰：訟，上剛下險，險而健，訟。訟，有孚，窒、惕、中吉，
　　剛來而得中也。終凶，訟不可成也，利見大人，尚中正也。不
　　利涉大川，入于淵也。

◎利見

貞為正，可以貞正即利見。

訟下乾變離，利見大人也。利見即利於貞為既濟卦之下離也。離為見，即利于貞見也。

◎中正

一·易經說利見大人，尚中正。萃卦利見大人，所以萃卦聚以正。

二·二和五爻為中，得位為正。

三·亨通為正，易經說中正皆有亨通之意。

　　乾文言九二曰：龍，德而正中者。

　　乾文言：大哉乾元，剛健中正。

　　乾文言：知進退亡而不失其正者，其唯聖人乎。

　　坤，直其正也，方其義也。

　　坤，君子黃中通理，正位居體。

　　屯初九象曰：雖磐桓，志行正也。

　　蒙象曰，蒙以養正，聖功也。

　　需象曰，位乎天位，以中正也，利涉大川，往有功也。

　　需九五象曰：酒食貞吉，以中正也。

　　訟九五象曰：訟，元吉，以中正也。

　　師象曰，能以眾正，可以王矣。

　　小畜九三象曰：夫妻反目，不能正室也。

　　履九五象曰：夬履貞厲，位正當也。

　　否九五象曰：大人之吉，位正當也。

　　同人，中正而應，君子正也。

　　豫六二，貞吉，以中正也。

　　隨九五象曰：孚于嘉，吉，位正中也。

　　臨，大亨以正，天之道也。

　　觀象曰：中正以觀天下。

畜：剛上而尙賢，能止健，大正也。

離上九象曰：王用出征，以正邦也。

遯九五象曰：嘉遯，貞吉，以正志也。

大壯卦象曰，大壯利貞，大者正也。正大而天地之情可見矣。

晉六二，受茲介福，以中正也。

明夷象曰，內難而能正其志。

家人象曰：家人，女正位乎內，男正位乎外，男女正，天地之大義也。

蹇象曰：蹇利西南，往得中也。不利東北，其道窮也。利見大人，往有功也。當位
貞吉以正邦也。

益，利有攸往，中正有慶。利涉大川，木道乃行。

姤九五象曰：九五含章，中正也。

萃，亨，聚以正也。

井九五象曰：寒泉之食，中正也。

革象曰：革而信之文明以說，大亨以正。

鼎象曰，君子以正位凝命。

艮初六象曰：艮其趾，未失正也。

艮六五象曰：艮其輔，以中正也。

巽，剛巽乎人正而志行。

巽九五象曰：九五之吉，位正中也。

兌九五象曰：孚于剝，位正當也。

渙九五象曰：王居无咎，正位也。

節，當位以節，中正以通。

中孚九五象曰：有孚攣如，位正當也。

既濟利貞，剛柔正而當位也。

繫辭上，以言乎邇則靜而正。

繫辭下，理財，正辭。

繫辭下，夫易開而當片辨物，正言斷辭，備矣。

象曰：天與水違行，訟。君子以作事謀始。

◎違

一‧水東流爲違行

(一)天上蟠，水下潤，天西轉，水東流，故違行。

(二)訟卦說違行。因爲訟上爲乾，乾西轉，而下爲坎，坎水東流，是相背而行。

二·乾文言憂則違之。

三·乾坎違行

（一）訟象曰：天與水違行。先天卦乾在西，坎在東；東左行，西右行，違行也。

（二）就卦數而論：乾一坎六，坎一乾六。先天乾一坎六，後天坎一乾六，是違行也。

（三）就事而論：卦理先天以乾為始，後天以坎為始。

（四）就自然律而論：天上蟠，水下潤，天西轉，水東流，故違行。

四·下爻承上爻則无違

（一）損，弗克違，元吉。（詳解見本書損卦）

（二）益六二，十朋之龜，弗克違，永貞吉。

五·卦與天地相似為不違。

繫辭上傳：與天地相似，故不違。

謙六四不違則也。坤為地，艮為地，相似。事物因相似而不違對方，則有謙意。

六·天行乎上，水流乎下。其行相違，所以成訟。

◎始

一·乾坎為始。乾知大始，又乾在先天卦為卦之始。

二·坎為謀，坤為事。

三·訟卦九二說君子以作事謀始。訟卦坎乾，乾知大始。

四·坎為謀，乾為始，錯坤為事、為作，坤作成物也。乾者八卦之始，坎者五行之始。

在實際人生的含意，作事謀始，可以減少人間的爭訟。

◎謀始

天上蟠，水下潤，天西轉，水東注，其行相違。謀之于始，則訟端絕矣。

初六，不永所事，小有言，終吉。

象曰：不永所事，訟不可長也。雖小有言，其辯明也。

訟卦初即說事，事在易經中有特別意義。通常事可以包括：凶事、記史之事、婚娶之事、喪事、祭祀之事。訟是人與人相互爭訟，所以是訟事。因為事有大有小，大事大占，小事小占。祭祀不一定是為了大事，有時小事也可以占。因為女子可以為桑樹相爭，牧羊者可以為羊爭，最後引發二者之戰。忿起於笑談之間，所以〈做事謀始〉。

小有言是因為初六柔爻居剛位，難免有齟齬。但是初六地位低下，所以不敢大聲，低聲細語，最後可以消去爭端，這是小有言之利。初六變爻卦成兌，為口才。而初六上進一和二爻，爻而成離，離為辨明。

訟天水，初六變兌為天澤履。變兌為口言之象，小有言。又兌為少女即小，兌為言，故小有言。履為塞也，卦辭為窒為象。窒就是不能含忍，思考不通，容易啟訟端。

◎小

初爲小，兌爲小（少女），兌爲言。

◎不永所事

一・訟卦初六不永所事。永就是長久的意思，不永就是不永其訟。永即長也。訟卦初六
不永所事，訟不長也。

二・蠱爲事。事字之義詳本書蠱卦。

三・訟爲事，即訟事。

◎辯明

兌離爲辯明。訟初六象曰：雖小有言，其辯易明也。辯兌也，兌爲口故辯。明互離，離
爲目、爲日、爲電，故明。

九二，不克訟，歸而逋，其邑人三百户，无眚。
象曰：不克訟，歸逋竄也。自下訟上，患至掇也。

訟九二是說一個聚落三百戶全體惹上了麻煩。九二是陽爻居陰位，坎水居下是不濟於
事，但九二好訟，无上卦不相應。九五中正，理直氣壯，九二不能以訟克服。九二是坎爲
難，身在難中，又處不正之立場，所以在一場訟爭中難以取勝，結果只好抱頭而回，因爲
抱頭而回免除了災咎。對手可能是人數眾多的邑戶，也可能是城堡，更可能是在天上之鬼
神。歸而逋，可能也是見鬼而逃回，逃回時還順手取了別人之物以消災。

來知德說：「自下訟上，義乖而勢屈，禍患猶自取也。」地位和勢力不如人時，不要
以爭訟來解決問題，能及時回頭，可以免災。

九二變坤，坤爲戶。變卦爲否，由難而否，應反其道才可，所以不宜進而宜退。坤爲
藏，又大來小往，是可以向大的一方取財。因不訟反而得財。

◎歸

一・歸爲雷澤象

訟九二歸而逋。易言歸者，都有歸妹卦的意思，即雷澤象。

二・訟之坎爲勞卦，萬物以之爲歸也。

三・易經說歸之義，詳本書歸妹，漸卦。說到歸字之卦有：

泰六五，帝乙歸妹，以祉元吉。

漸，女歸，吉，利貞。

歸妹，說以動，所歸妹也。

歸妹卦象曰：澤上有雷，歸妹，君子以永終知敝。

繫辭易曰：憧憧往來，朋從而思。子曰：天下何思何慮，天下同歸而殊塗，一致而
百慮。

序卦傳，泰者通也，物不可以終，故受之以否，物不可以終否，故受之以同人，與人同者，物必歸焉，故受之以大有。

序卦傳，漸者進也。進必有所歸，故受之以歸妹，得其所歸者必大，故受之以豐。豐者大也。

◎逋

一·逋，逃避也。訟九二說歸而逋，逋是逃走。訟九二坎變坤，訟卦成爲天地否。克是征服的意思，也就是勝利。不勝而還，所以說歸逋。

二·逃亡又取走了別人之東西也是逋。

◎不克

不克爲勝。訟卦說不克爲歸，不克爲不勝。

◎三百

離爲三，震爲百，訟九二說三百戶。訟二互離，離數三百，故曰三百。震數百，在三爻爲三百。

◎无眚

一·子夏傳妖祥曰：「眚，坎爲多眚。」今變坤爲順也，不因其人之訟累及也人，故无眚。

二·離目加坎多眚，今變否下順，不見坎多眚，亦不見離目，故有无眚之象。

三·此卦言罪无連坐也。九二以下訟上，開罪于其尊強，設追其咎，必連累多眾。

◎邑

門戶爲邑，艮爲戶，艮爲邑象。

一·邑：艮爲門戶，爲邑；人位，爲邑人。艮爲山，可見原始之邑應依山而建者。証之于易經中其他卦：

（一）比九五，顯比，王用三驅，失前禽，邑人不誡，吉。象曰：顯比之吉，位正中也。舍逆取順，失前禽也。邑人不誡，上使中也。三五互艮，爲門戶，邑之象。

（二）謙上六，鳴謙，利用行師，征邑國。地山謙下艮，艮爲門。邑也。

（三）无妄六三邑人之災。象曰：行人得牛，邑人災也。二五互艮爲門戶，爲人位也。

（四）夬繫辭，揚于王庭，孚號，有厲。告自邑。夬上澤與艮相錯，爲門庭。

（五）升九三，升虛邑。三五互震反艮。

（六）井繫辭曰：改邑不改井。井通泰取通象，泰中即震，震反艮爲邑也，泰卦變爲井卦，震變坎，卦成水風，艮邑變爲水，爲改邑之象也。

（七）訟卦二爻說其邑人三百戶无眚。因爲訟二爻變了，卦成否。否二五互艮，和泰相反。否中有艮象，但是否之艮變爲訟，邑不見了。所以三百戶邑人皆因而免訟。

（八）晉上九，晉其角。維用伐邑，厲，吉无咎。貞吝。二四互艮，艮爲邑。

（九）艮爲戶。訟九二邑人三百戶。中爻互變艮，艮爲門戶之象。

二·周民族武裝拓殖建立軍事、政治城堡名曰國，國外的廣大田土稱爲野，野上的小聚落稱爲邑或社（見杜正勝著，《周代城邦》）。

三‧邑爲人所居者，即普通沒有地位的人民。

◎掇

一‧拾取爲掇，艮象。訟取否通，否中有艮。

二‧自取爲自掇。

◎竄

鼠象，鼠竄。艮爲鼠，其逃如鼠也。訟卦九二不克訟，歸逋竄也。

六三，食舊德，貞厲，終吉。或從王事，无成。
象曰：食舊德，從上吉也。

王事是相對小事而言。六三因爲近上卦，上卦爲乾，乾爲王，說的是國與國之間爭戰之事，小事則是喪事。訟是對上不滿，或對天上之神祇不滿而抱怨。食舊德可以解爲平日敬神所得之福報。一旦因爲吃了苦，而對上天有所抱怨，最好是記住過去的福報而心存感恩，因而放棄對天之訟爭。以人事而言，舊德也可能是先人留下的世祿。這些好處雖小，在進行大事時不得志，可以因以往之恩德而不埋怨。

訟六三柔爻居陽位，是謙敬之人。在重要位置上，上有陽剛之乾，自己奉命行事，不妄自主張，自求多福。來知德注舊德即舊惡。凡人和別人爭訟，常是因爲舊日有懷恨不平之事。有這一個恨，放在心中，有朝一日就起爭訟。在和他人進行爭訟，如果自己身份不足，不可承擔國之大事。

◎食舊德

一‧後天爲舊，坤順爲德，巽爲食。

食舊德：後天之坎即先天之坤，故曰舊；坤順也，故曰德。巽錯兌口象，故曰食舊德。

二‧食舊德是說含忍而放棄爭訟，而報答舊日之德。

三‧包含爲食

(一)明夷說三日不食，訟卦和明夷旁通，兩者皆說食。

(二)食在訟有＜食言＞之意。

離爲食，包在乾坎之中爲食。

(三)食也是日蝕，因爲訟是天（日）和坎（月）相爭而日失其光，爲日蝕。

四‧食是忍氣吞聲。

五‧舊德是先人得到之官祿。

◎王

易經說到王字皆和乾有關。提到王字的地方有下：

坤六三，含章可貞。或從王事。

師彖曰，能以眾正，可以王矣。

師九二，在師中，吉，无咎。王三錫命。

比象辭，地上有水，比。先王以建萬國，親諸侯。

比九五，顯比，王用三驅。

豫六三，盱豫，悔，遲有悔。象曰，盱豫有悔，位不當也。

隨上六，王用亨于西山。

蠱上九，不事王侯。

觀象曰：先王以省方，觀民，設敎。

觀六四，觀國之光，利用賓於王。

噬嗑象曰：雷電噬嗑。先王以明罰敕法。

離上九象曰：王用出征，以正邦也。

離六五象曰：六五之吉，離王公也。

坎，天險不可升也，地險山川丘陵也。王公設險以守其國。險之時用大矣哉。

復初九象曰：王遠之復，以修身也。

復象曰：雷在地中，復。先王以至日閉關，商旅不行，后不省方。

明夷六五象曰：明王可息也。

井九三，王明。

離上九，王用出征。

家人九五，王假有家，勿恤。吉。

蹇六二象曰：王臣蹇蹇，終无尤也。

益六二，王用享于帝，吉。

渙，亨，王假有廟。

夬，揚于王庭。

萃繫辭，亨，王假有廟，利見大人。

萃六四象曰：王用亨于岐山，順事也。

歸妹彖曰：天地不交而萬物不興，歸妹，人之終始也。

豐繫辭亨，王假之，勿憂，宜日中。

渙九五，王居无咎，正位也。

繫辭第十一章，王與紂之事邪是故其辭危。

繫辭第二章，古者包犧氏之王天下也。

◎從事

一・坤爲從。從是順理成章做一件事，坤爲事也。

　　坤六三，含章可貞，或從王事。或從王事，知光大也。

二・乾爲王，坤爲從，乾爲王事，坤爲行事。

　　坤六三，含章可貞，或從王事。訟六三，或從王事无成。從是一在先，一在後，在
　　先天卦乾和巽相從。在後天卦，乾和巽相對。訟六三互巽。是和上卦又是從，又是
　　對。後天乾居艮位，今本卦爲互乾坎，三上互乾巽，不見艮，艮爲成，故无成。

易經事字意思很多，比如：終日乾乾，行事也；極數之知來之謂占，通變之謂事；王用亨于岐山，順事也。有時和王字相連，因爲乾爲王，坤爲事，而乾說行事。坤說從事。

九四，不克訟，復即命，渝，安貞吉。
象曰：復即命，渝，安貞，不失也。

訟卦說的不是打官司的道理，而是如何消除訟源。而人命犯了刑訟，常會一而再，再而三，有人甚至每打必敗，而有人會莫名其妙被陷冤屈，一而再，再而三。訟卦初爻說訟事不可長；九二不能不自量力而去打勉強的官司；九三是要人姑念舊德，而知道含忍之好處；九四要知命而不訟。

訟中爻巽變亦爲巽，所以是重巽。重巽即命，即順而又順，即是知命者所以知命，是安於正位。在面對訟事時，要先去掉引起忿爭之事，內心要改變忿爭之心。因爲九四陽剛處在柔位，是立場不足而氣盛，安貞則不會失敗。所以不克訟是不會打勝的訟事不去勉強進行，而反復去反省自己之命運，可以心安而理得。

易經克字通常有五行相剋之含意。訟是乾坎變爲巽，巽木和乾相剋而木敗。訟九四、初六相應，以上凌下，下爲陽爻在陰位，要去和初六之陰爻陰位相敵，有如行不正之大人去強壓无力而又不犯錯之小人。變巽受剋其理難伸。變卦爲渙，渙爲水上行舟，可順不可逆，可以利涉大川。順就是順命。

◎復
一‧訟初爻和四爻相應。互易，卦成中孚。中孚中四爻互頤，頤有剝復象，故曰復。
　　訟事取信爲徵。
二‧訟反即復命。易經說到復字的有下。皆復卦象。
　　乾卦終日乾乾，反復道也。
　　小畜九二，牽復，吉，象曰：牽復在中，亦不自失也。因爲小畜自姤通，小畜六四復初，回復到初爻成爲姤。
　　泰九三，无平不陂，无往不復。
　　泰上六，城復于隍，其命亂也。
　　睽初九自復，見惡人。
　　解，利西南，往得眾也。其來復吉，有攸往，夙吉。解曰其來復吉，因爲解自升解自升通，九四回復到三，即成爲卦升。
　　漸九三，鴻漸于陸，夫征不復。
　　繫辭第七章，復德之本也，又說「復小而辨於物」、「復以自知」。

◎命

一‧重巽即命
　　(一)訟四說復即命。即命：巽卦之彖說「重巽以申命」。即，就也。訟卦三到五爻
　　　　互爲巽。四爻變，上卦乾成巽，兩個巽就是重巽。易經巽爲命。
　　(二)重巽，就是申命，即一再申言，也就是復，重復的意思。重復就是申。巽爲命
　　　　令，故復即命是也。
　　(三)訟象爲言辭反復。
二‧命即是天命。

◎渝
一‧渝爲震，爲變動。
二‧訟卦九四說「渝安貞」。隨卦初爻說「官有渝」，豫上爻說「成有渝」。
　　渝，馬融說：「變也。」巽爲進退又爲不果，渝爲變。

◎不失
一‧卦爻變後仍在爲不失。
二‧訟四說不失，因訟三互巽，四爻變後，上卦爲巽，不失巽之常也，即不＜失常＞。

九五，訟，元吉。
象曰：訟元吉，以中正也。

◎訟九五中正
一‧九五變離爲火水未濟。變離爲目，爲利見大人之兆，言斷者能衡其平而无訟者也。
　　易經以八卦完滿行走一周期爲元吉。從事物變化來看，頭尾相接不中斷，陰陽都在
　　正位，都是吉祥事。
二‧訟卦九五是陽爻在五，雖然和二爻不相應，因而相訟，因爲訴訟者能講公平，不去
　　歪曲事理，終究會在最好的時候收場。
三‧本爻變離爲火，離火和乾金。先天之乾即後天之離，所以是先後天同位大吉之配。
　　金見火爲財，中爻成大過之象。大過是棺木，離乾兌巽在先天卦是相鄰，而衆陰爻
　　聚在老父身旁，又是元吉之象。見棺得吉，官司必勝。

◎元吉
一‧訟九五元吉。易經元吉之卦很多，詳見本書屯卦、坤卦、離卦、益卦、渙卦。
二‧元爲貞，即分別陰陽也。元字和陰陽之進退有關。即由陽走到陽一周爲元，或由陰
　　到陰完成一周都是元吉。如先天卦由乾到坎，由坎進而到艮、到震、到乾，坎到乾
　　剛好一周，即一元。
　　又先天卦右旋陽生坎中，至巽二陽生，故渙坎至，巽四曰元吉，至乾三陽生，故訟
　　坎至乾五曰元吉。由後天卦來看，坎位子，乾位戌亥，自子至亥，消息氣一周，從

先後天八卦看都是元吉。

三‧元陽爲元吉。

訟九五，元吉，由坎一陽進爲乾三陽，元陽之吉。而家人四曰大吉，家人四陰爻，故不曰元，曰大。易經之元比大還能代表天道。其他依此而推，卦中坎遇巽、乾即爲元吉：

(一)坤六五，黃裳，元吉，文在中也。

(二)大有上九，視履考詳，其旋元吉。象曰：元吉在上，大有慶也。

(三)泰六五，帝乙歸妹。以祉元吉。象曰：以祉元吉，中以行願也。

(四)復初九，王遠復，无祇悔，元吉。象曰：王遠之復，以修身也。

(五)大畜六四，童牛之牿，元吉。

　　大畜艮互震，自震至艮，乾陽之氣，一周，故六四曰元吉。

(六)離六二，黃離元吉。象曰：黃離元吉，得中道也。離二互巽，五互兌，自巽至兌，坤陰之氣一周。

(七)損六五曰：弗克違，元吉。象曰：六五元吉，自上祐也。

　　損二互震，自震至艮（損上卦艮），乾元一週，元吉之象。

(八)益初九，利用爲大作，元吉无咎。象曰：元吉无咎。下不厚事也。

(九)益九五，有孚惠心。勿問，元吉。益初至五互艮震，震起艮止（由寅到丑），爲一周。

(十)渙六四，渙其群，元吉。渙其丘，匪夷所思。象曰：渙其群，元吉，光大也。渙巽坎，易見巽、坎、乾元吉。

(十一)鼎爲火風。離位午，巽卦後天位在辰己。自午至已消息一周，故鼎彖曰元吉，亨。

(十二)井上六，井收勿幕，有孚，元吉在上，大成也。井爲坎巽。易經卦中見坎巽乾皆爲元吉。

◎通

往來不窮謂之通。

上九，或錫之鞶帶，終朝三褫之。
象曰：以訟受服，亦不足敬也。

古時上朝衣著男以鞶革，如鞶絲，是命服之飾。訟上乾爲君，君在上，變兌口，中爻爲巽，巽命也，是表示受命而易服。中爻離日爲朝，離日居下卦爲終。在日落時，已經因爲庭命而被褫奪所錫之朝服。上九有亢象。人之好爭，在庭上也爭訟，即或因爲好爭而得官，並不值得尊敬。

　　人如爭強好勝，窮極在官司之中，就算能打勝官司，令別人痛苦，而自己總有一日會取禍喪身。就算能爭勝而得到高官厚祿，位列三公，也不能長保其祿位。訟上九變兌，乾兌同宮。

◎鞶帶

　　一‧上九變兌爲澤水困。困卦之九二朱紱方來，九五困于朱紱。鞶帶亦朱紱之類也。小象之服，服即命服也。

　　二‧鞶帶，大服也。帶形乾之象。

◎朝

　　一‧同人爲朝。訟在朝上爲乾，下爲離。乾爲甲，離爲日，日出甲上，故稱爲朝象。且至食時爲終朝。

　　二‧易經朝字只出現在訟卦。

◎鞶

　　古者，男鞶革也。

◎褫

　　一‧奪也。

　　二‧褫，王肅曰：「褫解也。」褫者離互而兌變之象也。乾爲衣，兌之毀掇折，褫之象。

◎錫

　　一‧錫，賞也。

　　二‧師九二，在師中，吉，无咎。王三錫命。象曰：在師中，吉，承天寵也。王三錫命，懷萬邦也。

　　三‧晉，康侯，用錫馬蕃庶，晝日三接。

 **師**

> 師，貞，丈人吉，无咎。

　　師卦象地中之水，眾多而聚。師卦爻象以五為命將之主。二為軍中主帥，其餘人君用師之道在得正，與擇將成之人。以事而言，有戰勝攻取之吉。師，貞，丈人吉，說的是貞者水之德也。易經之貞是把卦貞為既濟。濟卦上坎，水德也。

◎師

一・師為眾

(一)師卦以九二居中，一陽行五陰之間，上下相從，聚眾之象。

　　大地所載之物最多是水，尤其是地下之水，所以師為眾。

(二)坤眾也，象變艮止也，師卦上六小人勿用，故曰勿用。

(三)二千五百人為師，癸為十。

　　馬融曰：二千五百人為師。因坎中有癸，癸數十而。師卦地水，地數十，坎以癸計，癸數十。兩者皆數之極也。

(四)相乘得百。所謂師者合天數五(坎)地數五(坤)，五五二十有五。以百乘之，得二千五百人是成數之最眾也。

(五)坎帥坤眾為師。

(六)水多為眾。師上坤下坎，象曰：地下有水。地下之水多於地上之水，所以象曰：「師眾也」。水藏在地上有如寓兵於民，所以說君子以容民畜眾。

二・師為比

(一)易經一陽之卦，只有師卦和比和之陽得位，即陽居二五。比字和師有相似之處。古時候无事為比閭族黨，是以比卦初到四互坤，坤為眾，即師也。而五爻一陽守內，在上為之主，君象也。有事為伍兩卒旅，所以師卦眾在外，一陽在下為之主，將帥象也。

(二)比主在內，師帥在外。

(三)師之對卦是同人，比的對卦是大有。大同而治，不外乎師比之善用。

(四)雜卦傳乾剛坤柔，比樂師憂。

三・師為同人

同人九五，同人，先號咷而後笑，大師克，相遇。象曰：同人之先，以中直也。大師相遇，言相克也。

同人，克也。出師所以征剋。同人曰：二人同心。坎為心，同人錯師，師中有坎，坎為心，在同人之中，故為同心。

同人錯師，故曰大師。＜大師＞之成就在與人不同。

四・師為伐

(一)師為伐，明夷互師，伐象也，故三言狩。

(二)乾卦无坎，坎為師象

乾卦九二，閑邪存其誠，善世而不伐，德博而化。易曰：見龍在田，利見大人，君德也。乾九二說善世而不伐。坎為師象，乾无坎，故不伐。

(三)既濟九三，高宗伐鬼方，三年克之，小人勿用。象曰：三年克之，憊也。

(四)貞即伐。師上六為不正之陰爻，所以說伐，伐者使不正之爻變正。正為貞，貞即征，征伐即貞正。伐，師（地水）以正其先也。

五・師為謙

(一)謙六五，不富以其鄰，利用侵伐，无不利。象曰：利用侵伐，征不服也。謙言侵伐，言征邑國。謙自師來（地水陽爻來地山），帥師之坎子，進而得正，故利用師以侵伐。

(二)為師之德在謙，即論語子路所言之不伐善。不伐善為謙。

(三)地山謙下卦半覆，即山覆為雷，卦成地雷復，所以謙利用征伐。復曰十年不克征。

(四)謙上六，鳴謙，利用行師，征邑國。象曰：鳴謙，志未得也，可用行師，征邑國也。謙上六征邑，邑為艮，下征初六也。征，正其不正也。師有貞正之義，所以自古兵法言＜師出有名＞。

(五)豫自謙通，謙互師變豫，帥師之長子，進征于四，四為侯位，故利建侯。

六・師與夷皆為伐

(一)晉上九維用伐，晉夷一體互師，故明夷言狩，晉言伐。

(二)師為伐，明夷互師，伐象也，故三言狩。

(三)既濟之中有明夷象、有師象、有同人象，都是說伐。明夷三言狩，伐也。師行多曰時狩，明夷九三明夷于南狩，明夷自臨來，九三自臨二升，二至上，互師。師為征也。既濟卦三爻曰三年克之。

既濟九三象言勞師之久（坎為勞），憊也。俗語＜勞師動眾＞。師坎為勞，坤為眾。

七・復為師

(一)復通為師，曰長子帥師。長子居中以帥坤眾，命將行師之象，故卦曰師。

(二)復上六，迷復，凶，有災眚。用行師，終有大敗，以其國君凶，至于十年不克征。

復為不宜行師，復即行師敗象。復自來師，以師之九二退為初九，而卦即變成復。師變復即師敗也。復即回，復即＜班師回朝＞。

(三)泰九三无往不復。泰九三互復，故勿用師。

八‧蒙不利師
　　(一)蒙初至五互師，乃行師敗象。故不利爲寇。又蒙卦下坎，坎爲師，上艮，艮止，
　　　　是師止之象，〈不利行師〉。
　　(二)不利爲寇：坎爲寇，蒙中有師，九五退二（觀風之九五易爲地之二成爲蒙）。
　　　　蒙五互師，乃行師敗象，故不利爲寇。坎爲寇。
九‧雜卦傳乾剛坤柔，比樂師憂
　　坤上坎下，外順內險，伏至險於大順，藏不測於至靜之中，所以爲憂。
十‧師和訟相接，兵和刑爲治國之大政。
十一‧眾之首爲師。
十二‧師爲輿尸。師六三，師或輿尸，弟子輿尸，可能是指車載人之死屍。
十三‧師卦說以樂占卜、出師、打獵等事。
十四‧孔子說〈三人行〉必有吾師。

◎丈人
一‧丈人有德
　　訟卦繫辭說丈人吉，所謂丈人是有德之人。
　　孟子曹交問一節中，說到曹交提起文王十尺。坎中有癸，癸數十，十尺爲丈，丈人
　　以身度之長，喻德能長人者也。
　　癸爲十，一丈爲十尺，身之長也。
二‧丈爲長，能御眾，爲天子諸侯主軍者。
三‧眾人所歸往者也。
四‧師卦主爻爲二，是全卦唯一陽爻，是眾人之師。二爲人爻，所以稱爲人。丈人就是
　　老成持重，練達識時務的人。

　　　象曰：師，眾也，貞，正也。能以眾正，可以王矣。剛中而應，
　行險而順，以此毒天下，而民從之，吉又何咎矣。

◎剛中而應
師爲坎宮之歸魂。然有坎而居坎，應也。
◎毒
一‧藥攻疾者爲毒。
二‧兵革凶器，行師危事，五刑之用，斬刺肌體，六軍之鋒，殘破城邑，皆所以險民，
　　毒天下也。
三‧荼毒姦凶之人，令之服王法，毒民于險而得順道者，是聖王所難之事。所以師卦說
　　容民。

四‧易經之卦最象毒者爲噬嗑，有關毒字其他之解釋見噬嗑六三遇毒解。

五‧廣雅以毒爲安，即安天下。

六‧茶苦也。

象曰：地中有水，師。君子以容民畜衆。

◎畜

易經畜爲聚，即相鄰爲聚。

一‧畜爲聚，即聚衆

小畜：先天卦位巽與乾鄰，中爻互離，離即先天之乾也，在後天卦位離與巽鄰，且後卦位乾巽對待，這是聚之象，也即是相鄰。鄰爲聚也，所以畜卦爲最聚之卦。師和小畜都是辟乾。（辟之義詳本書辟卦解）

二‧師爲聚，小畜爲聚。畜爲同位而相合，故聚。師先後天同位亦聚。

三‧師類比，同小畜。在序卦正好是師、比、小畜卦相接亦爲聚。

◎以

役也。

初六，師出以律，否臧。凶。

象曰：師出以律，失律凶也。

師卦下卦爲坎，坎爲律，水性平也。律爲平度。坎正位在上卦，所以必出。而坎水由震木導出，二五爲震，初爻无震，而變爻則坎律失。初爲始，出師之始必先定律，否則軍无紀律，不論勝負都不吉。

初六以陰爻居陽位，是不合陰陽之法。二爻陽爻在陰位，三爻陰陽在陽位，而坎卦居下卦，這些都是違反卦爻之法，所以師初爻失律。初六變兌爲臨，臨八月卦主災，臨卦八月有凶。初六變兌爲地澤臨。

左傳說執事順承爲臧，臧者善也。臧就是紀律伸張，臧否就是失律。初六要出師之前，先要加以紀律約束，否則无法行軍，而必遭凶敗。以祭神而論，祭師要出道，先得知曉音律、五行六律。不知律而作法，會遭惹凶災。

◎律

一‧音律。

師爲律師，以音樂判吉凶爲師。周禮夏官大司馬之職：「若師有功，則左執律，右秉鉞，以先愷樂獻于社。」

二‧律所以聽軍聲。春官太師職曰：「大師執同律以聽軍聲，而口詔吉凶。」

三‧坎爲律

（一）律，法也。坎爲法律，坎爲法，水主平也。

（二）訟初六師出以律。律，法也。坎爲法律，現所說之訟師。

（三）律爲法。號令嚴明，部位整肅，坐作進退，攻殺擊刺都要照法度。

四‧坎變兌失律

坎變爲兌，兌爲折毀是法敗之象。失律，坎敗也。師出非義、師行无節制皆失律。坎爲律，律以黃鐘爲本而位于坎。十二律即兵事。

五‧律召吉凶

周禮大師曰：「大師執同律以聽軍聲，而口詔吉凶。」

六‧師吹律合音。兵書曰：「王者行師出軍之日，大師吹律合音。商則戰勝軍士強，角則軍擾多變失士心，宮者軍和士卒同心，徵者將急數怒軍士勞，羽者兵弱少威。」

七‧律爲累，累人心使不得放肆。律本爲節制，師尚謀，以律制師。又師出而和律則得制。一以制己之兵，一以制敵。

◎否臧

一‧否：破敗也。訟初變而否。否，音鄙，惡也。初動之臨互歸妹，歸妹爲泰，反否之始，故爲否象。

二‧臧，有功也。

◎出

震爲出。師卦无震，以二爻降初，卦息爲復。復下震，震爲出也。坎變震，坎爲律，變震則失律。又師以二之五成既濟爲貞。要貞正則坎失，即失律矣。易經之出字用法可分爲：

一‧震爲出。乾和震爲先後天同卦。乾也是出，因爲陽爲出，乾震爲陽。乾首出庶物，萬國咸寧。震，震驚百里，驚遠而懼邇也。出可以守宗廟社稷，以爲祭主也。

二‧出坎比爲血、泉、涕者。所出爲坎，通常是坎卦被其他卦擋住或易去了：

（一）蒙象曰：山下出泉。蒙坎在下未出。

（二）需六四，需于血，出自穴。需上坎，坎爲血。

（三）小畜六四，有孚，血去惕出。

（四）離六五，出涕沱若。

（五）渙上九，渙其血，去逖出。

三‧出爲出師或出征

（一）師初六，師出以律。

（二）離上九，王用出征。

四‧出門，或出庭

（一）同人初九，同人于門，无咎。

(二)隨初九象曰：官有渝，從正吉也。出門，交有功，不失也。

(三)明夷六四，入于左腹，獲明夷之心，于出門庭。

(四)節初九，不出戶庭，无咎。

五・坎爲中，坎出則出中

(一)坎九二象曰：求小得，未出中也。

(二)未濟，小狐汔濟，未出中也。

六・出于平面，即出地，或出位

(一)豫象曰：雷出地，奮，豫。

(二)晉，明出地上。

(三)鼎初六，鼎顛趾，利出否。

(四)艮象曰：兼山，艮。君子以思不出其位。

九二，在師中吉，无咎，王三錫命。
象曰：在師中吉，承天寵也。王三錫命，懷萬邦也。

　　師卦之師見于九二。九二是全卦唯一陽爻，師卦說眾這個字，是因爲九二和其他陰爻對比。師之爲師是因爲以九二之陽爻來制其他之陰爻。制是師的責任，包括創制基本之條理，並以規矩教學生。周禮太史掌六律以六呂以合陰陽之聲，聲爲律。又律爲軍法，釋名律爲累也，累人心使不得放肆。律爲節制，師出以律就是以陽爻來制陰。師卦是九二陽在中，但六五失中，而九二與六五應合，合即律也，以合而征之。六五成九五，而九二成六二，上下互易是上錫下，即上爻賜于下爻。師卦之象多以錯卦來解。二五互震爲異，異命也，所以說錫命。上坤爲地而曰承天，而師卦錯同人。師爲同人，同人九五大師克，象曰以中直。中直即九二陽剛之直而在中。同人乾離先後天同位，師坎坤也同位。師之與人不同而爲師，與人同爲人師。同人離乾相征，師以水土相克。同人乾在上爲王，離在下爲錫，同人中爻異爲錫命。可見同人之象都說師卦。

　　易經原本是卜筮之書，而卦爻都說祭祀之事。師爲祭師而居在中，以制群陰，群陰即天上鬼神也。師合同人，同人是說鬼神之人與人相同，可以以己之心度量之。全卦之精神和主控都在二爻。

◎在師中

一・震在師之中，復震入中成師。

二・師通復，復成師，乃復之震長子進而居中（師二四互師）成師，故在師中。

三・師二四互震，二五互震體，二到上二六休是互震體，共三個震，所以在師卦中特別提到震字。可見師卦具有震卦的動象。但是是動在中。

　　古時出師皆有震動之舉，所以擊鼓鳴金。

◎吉

> 一・坎坤同位，爲吉。
>
> 二・九二變坤爲純坤，爲先後天同位之卦本吉，故曰吉。今中變爲純坤，復本位，仍在師中以先後天卦位合。

◎王三錫命

> 師錯同人，乾爲王，離數三，中爻互巽，巽爲申命，故曰王三錫命。
>
> 一・曲禮：「一命受爵，再命受服，三命受束馬。」這是三錫原意。錫爲賜。
>
> 二・周禮：「一命受職，再命受服，三命受位。」

◎三

> 師二體震。震本數三，坎數一，坤數二，合而爲三。

◎寵

> 一・承天得寵。
>
> 二・師九二曰：寵也。九二王三錫命，小象言承天寵也。天乾也，坤承天也。師二五互坤，上卦爲坤。
>
> 三・剝六五以宮人寵，六五順承上九之乾君，故宮人寵，宮人（乾爲人），爲乾所寵。
>
> 四・寵：龍也。乾爲＜寵物＞之卦。乾即龍。

> 六三，師或輿尸，凶。
>
> 象曰：師或輿尸，大无功也。

　　師六三以陰柔停在九二上，象死人橫陳在車上，六三還在下卦，但即將就上卦。坤爲大輿，六四爲巽，巽爲木，有就木而尚未就木之象，所以稱爲輿屍，或是要送到墳場之人體。這個爻可以看是祭師在主持埋葬死者，是出殯的儀式。也可能是說在征戰時，戰死之將士以車送回。

　　易經卦象多變，要從各種不同相關來作解釋，不可拘泥爲定象。六三柔爻，才弱而居師之上位。九二大師不主事，而由六三之部下主事。六三變巽，巽九三頻巽。巽卦頻巽是象鬼影。可見師卦之輿尸又可能是驅鬼之祭師所行之事。此象可以比爲睽卦載鬼一車，即車上之尸，故尸亦爲鬼之意。

　　師坤下坎爲眚。易經以陽爲災，陰爲眚。虞翻說坎多眚，即多鬼。坤下坎眾，所以鬼多。又六三陰爲小，可小不可大，大者无功。如以祭師來比，其身份低，功力小，而非大師，所以不可指望有大法力。六三變巽爲地風升，巽爲進退，升也。巽坎同宮，水藉巽水而升，吉。升字在易經之中有人之靈魂上升之含意。

◎凶

　　師六三說凶，易經三爻多凶。

◎輿尸

一‧尸為屍

(一)陳尸在車。訟卦六三師或輿尸，尸說的是死人倒地之臥形，也就是陳也。故死人稱陳人。經詩說「誰其尸之」，也是有陳的意思。俗說＜陳尸＞。

虞翻以坎為車，多眚，又以坤為尸。輿尸可以作尸在車上解。

(二)輿尸：巽九三為頻巽。頻者不定紛擾之象。此爻變巽言將兵者事權不一，將不用命之意。輿尸者眾人為主而无專主也。故曰或，或之者，他人也。

二‧尸為失

即群龍无主，在戰場命不專一。即師九二說得寵，即得到管事的龍頭帶兵。而六二輿尸，即失去了龍頭。師卦之尸字見於下面情況：

(一)六三失正爻變，則下卦坎變巽。巽為柔弱之卦，為進退，眾令紛繁，所以失主。

(二)師卦二爻以上有三個震體、三個坤體。三為多，所以有紛繁象。

(三)坤為尸，坎為車。

三‧尸為屍通。禮記曲禮：「在床曰屍，在棺曰柩。」

四‧來知德以坎和坤都有眾多象，所以言輿。

◎功

一‧三多凶，五多功。師六五長子帥師，弟子輿尸，非其所主，所以无功。

二‧陽為大，陰變陽，＜大而无功＞。

師變升，師下卦之坎變巽成為升。不該升而升，所以大而无功。

三‧大无功：訟六三曰大无功。易經之爻，三多凶，五多功。今三去五尚遠，故曰无功。

四‧大在易經通常指陽，陽大陰小。今師六三陰變陽，卦變巽。爻變陽大心，然究為變爻，雖變大亦无功也。

五‧大无功也

繫辭下一：爻象動乎內，吉凶見乎外，功業見乎變，聖人之情見乎辭。

六‧坎六三，來之坎坎，險且枕，入于坎窞，勿用。象曰：來之坎坎，終无功也。坎六三是下卦剛要到上卦，即坎地，為入險。不能用，即不能去做。

七‧需，有孚，光亨，貞吉，位乎天位，以中正也，利涉大川，往有功也。

六四，師左次，无咎。
象曰：左次无咎，未失常也。

六四陰爻居陰位，是正常之位，在師卦下卦二四互震，以出為主要動向，而到六四為強弩之末，所以不前行而後退。師一宿為舍，再宿為信，過信為次。因為六四得位，所以未失常。師六四為互震，震在易經為左。震錯巽，六四互巽為入。左為入也，退舍也。

　　左在八卦以代表陰儀、陰爻、後退、青龍、潛藏、春天、愛心等等。師字本是以出爲吉，而以退爲不吉。左和師的品質是相反的，但是在陰柔的環境，或沒有強勢的條件，宜退不宜進，宜守不宜攻。當自己力量不足，行師之道要避敵轉進，此時退爲正常。

　　六四以陰爻居陰位，陰以退爲常。又六四下无應，度不能勝，所以退師。知難而退，合于常理。

◎左

　　易經說到左，有下面的含意：

一・左爲前，右爲後。

二・次爲左，左爲次，故曰左次。

三・先天陰儀四卦居左，陽儀四卦居右，師左次，明夷左股、左腹，二四位。豐，右肱，三位。先天橫圖，陽儀四卦居右，陰儀四卦。

四・易以二四陰位爲左。

　　明夷六二：「夷于左股」，先天陰儀四卦居左，陽儀四卦居右，易以二四陰位爲左，明夷六二爲陰，曰左股。四爲陰，曰左腹。

五・師六四說＜左次＞。古人尚右，左次本凶，因後天卦震在坎左次。二月之卦陽氣始動，雖互坎有險卦變爲解，動而免于險，无咎。且五行坎水能生震木，可化險爲夷。

六・師夷爲左，左爲次

　　師錯明夷，師曰左次，明夷左股。

　　孔子說夷人爲＜披髮左衽＞。

七・左次：師一宿爲舍，再宿爲信，過信爲次。

八・兵禮尚右，左爲＜常備師＞。常是＜殿後＞者。

九・在後天八卦以震在左，兌在右。即左青龍，右白虎。管子曰：「春生于左，秋殺于右。」

　　震爲春爲木，故稱爲左。凡是卦見震體在易經則曰左。同人二四互巽，巽在後天八卦爲春之位。所以同人九三，三歲不興，安行也。左爲安。

十・師卦六四動，爻變震。震在東方爲左。

十一・行軍之法右背山陵前左水澤，立於可攻可守不敗之地。故師左次无咎。風水右水倒左斷，不能用衰龍旺虎法，否敗必敗无誤。

十二・春生于左，秋殺于右。

十三・木居左，金居右。

十四・古時官員降級叫做＜左遷＞。

◎左右

一・易經以乾爲右，坤爲左。明夷六四曰左股，豐九三曰右肱，又乾也稱先，坤稱後。

二・先天卦之左右。泰卦象曰：輔相天地之宜，以左右民。泰下卦爲坤，坤爲民。先天乾在離之右，而坤在坎之左，所以泰卦說左右民。

三・乾爲右，坤爲左。

　　(一)明夷六四曰入于左腹，獲明夷之心。明夷下爲坤，六四入左腹，左，震也。明

夷无震，自雷山小過通，小過四互巽入。

(二)小過之六自艮初入于震左，變夷之坤，坤爲腹。

小過之震也，易爲夷之坤，震爲左。

(三)豐卦九三陽，曰右肱。

◎常

卦理爲常。師六四未失常：言未失卦理之常。易經震爲常，豫爲備，師之常也。

六五，田有禽，利執言，无咎。長子帥師。弟子輿尸，貞凶。
象曰：長子帥師，以中行也。弟子輿尸，使不當也。

師卦從初到四有互爲坎體，小過也是坎體，所以六五有鳥象。因爲六五在上坤之中，即田之中。卦中有乾象，所以言利。又出征在田，是爲田獵和鄰戶相爭而出征。由主爻上數，卦成震，有長子率師之義。

六五爲用師之主，和九二相應，是不對位而有應。六五柔順居中，是不得已才用兵。利在振振有辭，可以聲罪討伐。而師出有名，可以无咎。

師小象曰：長子帥師，以中行也。因爲是由長子替父出兵。或可能是帶喪出兵，凶事。而弟子輿師，明顯是主帥在征之中陣亡。車上運了主師之屍體。

本爻之征，或是空无之作，即模擬的宗教形式。

◎田

一‧田爲獵，坤爲田。見坤爲獵。

　　(一)師五習獵

　　　　師六五曰：田有禽。六五變坎爲習坎。荀爽註：「田，獵也」。上坤，坤爲地，田象，言獵于田之上，故曰田。今變坎，坎爲禽，田有禽也。

　　(二)巽六四田獲三品，巽四有田獵象。

　　(三)解九二田獲三狐，艮爲狐。解取小過爲通象，小過震艮中互坤，坤爲田，由小過變解。坤象失，所以解卦說天地解，而雷雨作。又震爲甲，易經甲假借爲田之象。解上爲震。

二‧二爻爲田：乾卦見龍在田。易經二爻有田之象。

◎執

師利執言：

一‧師卦六五曰利執言：義爲利，故俗說＜仗義執言＞。

　　師六五曰利執言。師之坤變爲坎，三五互艮，艮爲手，執之象，獲之也。

　　言，聲討之詞。執言者，今人謂之仗義執言是也。六五變坎則五爻爲乾正位。乾屬金，故曰利。師卦說聲討之事，可能和田獵與戰事有關。凡師皆以利執言，比如訟

師。樂師則執金木之器，木爲言。

二‧師六五說利執言。是因爲卦象是田有禽，如果在田中行獵，會傷害稼禾。

三‧師卦六五，似說主帥敗績死亡，由長子帥師，是不得已之事。即行使不當之職位，是權宜之計，而要有人執言說項。

◎震爲長子

師六五長子帥師。師二五互震，震爲長子。

◎坎爲弟子

坎爲震之弟，地支爲坎子。

弟子：坎者震之弟也，故曰弟子。易經言弟子者只有師卦。又後天卦坎十二地支爲子。

◎貞凶

軍旅之事以專爲貴。若使長子帥師任事又以弟子輿尸，其間則不相容，雖貞亦凶。

一‧易經貞凶卦如下：

(一)屯九五，屯其膏，小貞吉，大貞凶。象曰：屯其膏，施未光也。

(二)頤六三，拂頤，貞凶，十年勿用，无攸利。象曰：十年勿用，道大悖也。

(三)恆初六，浚恆，貞凶，无攸利，象曰：浚恆之凶，始求深也。

(四)巽上九，巽在床下，喪其資斧，貞凶。象曰：巽在床下，上窮也。喪其資斧，正凶也。

(五)節上六，苦節貞凶。悔亡。象曰：苦節貞凶，其道窮也。

(六)中孚上九，瀚音登于天，貞凶。象曰：翰音登于天，何可長也。

二‧貞凶之義詳本書節卦上六。

◎中行

一‧易經言中行者有：

(一)師六五，弟子帥師以中行也。

(二)泰九二朋亡，得尚于中行。象曰：包荒，得尚于中行，以光大也。

(三)泰六四，中行獨復。象曰：中行獨復，以從道也。

(四)益六三，益之用凶事，有孚，中行。

(五)益六四，中行告公從，利用爲依。

(六)夬九五，莧陸夬夬，中行无咎。象曰：中行无咎，中未光也。

二‧中行的意思：

(一)中孚爲中行。益六三有孚中行，六三不正，上進爲上六（爲既濟），上巽亦爲有孚，故有孚中行。

(二)震爲中行。益六三告公用圭，益下卦震。震位在中，故曰中行。
復六四，中行獨復。象曰：中行獨復，以從道也。復自豫來，震爲中行。以豫變復（雷地，變地雷），以震雷之獨變也。

三‧二五相應爲中行

(一)夬九五中行，九五中正，曰中行者，二五相應，五欲二之中行，與五同決上，故夬中行。

(二)泰九二，包荒。用馮河。不遐遺，朋亡，得尚于中行。象曰：包荒，得尚于中行，以光大也。中行謂五，以二配五也。二變五爲離，離之光入于乾之大，故小象曰以光大也。又離爲中。

(三)師卦中行是說六五。六五不是在正位，由別人代行，即下卦之坎，坎爲長子。所以師卦說長子帥師。因爲六五和九二相應，二受任帥師。二上升到五去行主帥之職。

四・中爻爲中行

師二五互震，震長子也。五變成習坎卦，今五爻變而中爻不變，故曰以中行也。

上六，大君有命，開國承家，小人勿用。

象曰：大君有命，以正功也。小人勿用，必亂邦也。

師卦是說明建立一種制度的過程。在祭祀禮儀中，師是開創風氣，開始宗派的<宗師>，在師卦就是九二爻。在封建社會是建國的過程。上六以陰在陰位，是昇平之主。戰事已過，天下太平，正是論功行賞時。就國家而言，師卦之軍將都是命卿，是開國之臣。君王奉天承命。就學術而言，師卦說承，即俗說<師承>。師卦中坤爲承，坤卦言承天。是依聖王之命開啓後學，如宗教，則依上天之神靈。大君即爲鬼神。上六爲師卦之終。身任師位的人要頒行勳賞之令，或封疆開國。連宗教也對鬼神有封神之榜，各依官職大小來接受陽間之人祭拜。而官職大者可以享受神廟與祠堂，接受到家中，這是承家的意義。

上六爲坤，坤爲陰卦，在師卦之中要以陽爲師，發揮陽道。所以以坤陰爲亂。去陰，則卦才能變爲上陽下陰之既濟象。

◎大君

一・乾爲大，易以卦見乾有大君象。

履六三，武人爲于大君，志剛也。履上爲乾。

二・臨六五，知臨大君之宜，吉。臨卦說大君，即俗說＜君臨天下＞。

臨遯相錯，遯上乾爲大君。

三・師錯同人。同人有大君象，因爲同人上乾。

四・大君就是聖人。

五・師上坤錯乾，乾爲大君。

◎家

一・家在易經見於：

蒙九二，包蒙吉，納婦吉，子克家。象曰：子克家，剛接柔也。

師上六開國承家。

損上九，弗損益之，无咎，貞，吉，利有攸往，得臣无家。象曰：弗損益之，大＜

得志＞也。
二‧家的意思
　　(一)門內爲家。師上六＜開國承家＞。上六變艮，艮爲門，門內爲家。
　　(二)風火爲家
　　　　蒙九二，曰婦曰子；蒙下四爻，互解，錯家人，有父子夫婦之象，故曰婦子。
　　　　蒙下四爻，互雷水解，錯風火家中，水克火，解錯家人，故克家。
　　　　損自歸妹變（雷變山），歸妹反漸，風山變風火，上四爻互家人，歸妹變損，
　　　　家人象失。
　　(三)同人爲家
　　　　師上承家，師錯同人，同人下四爻互家人，承五上兩爻，故承家。
　　(四)噬嗑爲家，在家食也。
　　　　大畜不家食：大畜有豐象。山即雷，天即火，又雷火豐有噬嗑象（震即離，離
　　　　即震）。噬嗑食也。
　　(五)豐爲家
　　　　豐上蔀其家，豐下四爻互家人，五上兩爻，震草覆之，故蔀其家。
　　(六)坤爲家。坤見艮爲承家，坤爲邑國之象，變艮爲門闕，門闕之內，家之象。
　　　　損卦艮變坤，故曰无家。无家之損。
　　　　師卦坤變艮，故曰承家。
　　(七)師上六「開國承家」：坤爲邑國之象，變艮爲門闕，門闕之內，家之象。又坤
　　　　爲母，主家事之人也。曰開曰承，爲手之象也。

◎邦
坤土爲邦
一‧師上六小人亂邦、師九二懷萬邦也。師上坤爲邦。
二‧離上九象曰：王用出征，以正邦也。坤爲邦，離正爲既濟，坤之三陰皆正位，以正
　　邦也。
三‧否天下无邦也。以坤三爻而兩爻失正，雖有坤而无邦也。
四‧中孚象曰：孚乃化邦也。
　　中孚二五互震互艮，震艮在先天卦中有坤，坤爲邦。中孚之中，互卦有坤之象。故
　　孚乃化邦。

◎小人勿用
一‧阻止不正之陰爲小人勿用，即不能令小人得其道也。
　　師卦上六小人勿用，小人者卦多陰爻。師上坤變艮，艮以止之，艮坎皆屬陽剛。上
　　振能止小人而勿用也。
二‧令失正之陰去之，使其无用（以變通卦來看）。
　　(一)既濟九三，高宗伐鬼方，三年克之，小人勿用。
　　(二)既濟三曰小人，既濟取泰爲通象。泰六居五，失正，爲小人。以既濟貞泰之六
　　　　五，除去小人也。故小人勿用。

三・小人亂邦。師上六「小人亂邦」與九二之「懷邦」相反。

四・陰多小人。陰虛无君，坤成乾滅。以弒君也。

◎亂

一・離目眩，亂神。履初九，素履道坦坦，幽人貞吉，中不自亂也。

　　九二居中，故曰中亂者。履二四互離，離為目，目炫，故亂。又坎為中，今二中非坎，而是離，離來亂坎。

二・覆（復）則亂　特別指城，國等。

　　泰上六，城復于隍，其命亂也。城復于隍，喻君為不道人心已失也。復（覆）也。復上六說的是國家城市的覆滅。

三・坤為亂。易中有之亂字皆見坤象：

　　(一)否六二包承，小人吉。大人否。象曰：大人否，亨，不亂群也。

　　(二)萃初六，有孚不終，乃亂乃萃。若號，一握為笑。勿恤，往，无咎。

　　　　中孚初乃亂乃萃，萃自屯來，屯之震成坤，成亂。（乾為正，故坤為亂）比卦一陽上下皆應，萃二陽，所以无所適從。志亂之象。

　　(三)漸上九，鴻漸于陸，其羽可用為儀，吉。象曰：其羽可用為儀，吉，不可亂也。

　　　　坤為亂，漸上九象曰不可亂。漸自否通，以否之坤為亂。

　　(四)既濟，亨小，利貞，初吉終亂。以坤為終為終亂，坤為亂，其義詳本書既濟卦。

比

> 比，吉，原筮，元，永，貞，无咎。不寧方來，後夫凶。
> 彖曰：比，吉也。比，輔也，下順從也。原筮，元，永貞，无
> 咎，以剛中也。不寧方來，上下應也。後夫凶，其道窮也。

　　比卦爲卜筮所設，所以比卦說比吉、原筮。卜筮者，吉凶以一旬之內爲斷。過旬即再筮。蒙卦爲筮。比之剛中在上卦，所以稱爲原筮。下卦名初筮，上卦名原筮。易經以剛爻性向上，剛中在下可發動下卦之力。比如蒙卦剛中在下發蒙，而比卦是由上卦之坎發動，比剛中在上，故有君德，而有人來親輔。所謂原筮是未經過人教育出來的巫師。因爲和上天直接相通，所以很少犯錯。所以原筮是元永貞，就是永遠正確的。

　　比卦之比，最古是指一個蛇族之人爲了要歸化其他族，而採比類的方法。從文化的觀點，這是兩個不同風俗者互相比較以求得彼此的和諧或融合。眞正的方法我們无法得知，比卦的卦爻辭留給後人對於思考問題時，許多可以用到的類比、對比、反比等方法的啓發性。下畫爲前，上畫爲後，凡畫卦陽在前者爲夫。比如睽遇元夫。此夫指九五陽剛當五乃天德之象。比卦是地上有水。地上之水，即山川河流。四海之內由山川隔成萬國，好比就是不同之國度。先王體察這個道理而分封諸侯，建立萬國。

◎比

一・比，吉也。易經以內外皆正爲吉。

二・比爲輔。

三・土得到水會變弱，水得到土就能流，所以比卦吉。

四・比卦先天坤居北方，後天坎居北方，坤坎同位，所以說比吉。

五・下順從上爲比。

六・比爲密。二人爲眾，反眾爲比。眾不親，比親。

　　比：說文，密也。先後天同位，密之歸魂也。

　　比，坤下坎上，先後天同位，京房曰坤宮歸魂卦。

　　比說親比，比爲密，所以情同手足爲＜親密＞。

七・地得水而柔，得地而流。水地親比，故比。

八・比兩心相依，朋之象。朋爲先後天同位，朋爲比，＜朋比＞。

九・比之類別

　　比爲＜相比＞，所以有朋比、＜比擬＞、＜比附＞、＜比異＞。

十‧比爲＜比和＞。物之和合无間者莫如水之於地。比卦上爲坎下爲坤，所以稱比，合和无間之意。

十一‧人情親比爲吉祥之象。

◎吉

蒙象遯之吉，否大人之吉，大有威如之吉，臨敦臨之吉，賁永貞之吉，大畜六五去勢之吉，頤顚頤之吉，頤居貞之吉，大過棟隆之吉，離六五之吉，明夷六二馬壯之吉，家人六二中饋之吉，家人威如之吉，睽遇雨之吉，革改命之吉，艮敦艮之吉，豐六五來章之吉，巽紛若之吉，巽九五有終之吉，兌和兌之吉，渙初六馬壯之吉，中孚豚魚之吉。

◎比吉

一‧易經以比和爲吉，稱爲比吉。

二‧中孚巽兌天地同位，相比和爲吉。中孚豚魚之吉，信及豚魚也。中孚爲比吉。

三‧相親爲比吉

　　否九五，休否，大人吉，其亡其亡？繫于苞桑。象曰：大人之吉，位正當也。否上九變爲萃，上兌下坤，澤與地本相親，相親爲比吉。

四‧先後天同位爲比吉

　　(一)相同爲比吉。大有、同人爲相同，故比吉。

　　　　大有六五象曰：厥孚交如，信以發志也。威如之吉，易而无備也。

　　(二)離乾先後天同位，其志同也。相同爲比吉。

　　　　離六五，出涕沱若，戚嗟若，吉。象曰：六五之吉，離王公也。

　　　　離六五變乾爲天火同人。同人爲先後天同，同而比吉。

　　(三)臨上六，敦臨，吉，无咎。象曰：敦臨之吉，志在內也。

　　　　臨坤兌先後天同位，故比吉。同位爲比。

　　(四)賁九三，賁如，濡如，永貞吉。象曰：永貞之吉，終莫之陵也。

　　　　九三變震爲山雷頤，此爻先後天同位之卦，故比吉。變震，震又與離先後天同位，且中爻互卦坤氣亦相通，故爲永貞之吉。

　　(五)比卦初六變震，先天卦位坤震相比。

五‧易經六五爲陰在陽位，上爲陽在陰位爲爻位，卦爻都是陰陽相應。而且下順上，所以稱爲六五之吉，這是可說＜順天＞之吉。

　　六五陰順承上九之陽，得坤順承天之道。陰和陽相比和爲比吉。

　　(一)大有六五象曰：厥孚交如，信以發志也。威如之吉，易而无備也。

　　(二)離六五，出涕沱若，戚嗟若，吉。象曰：六五之吉，離王公也。

　　(三)大畜六五，豶豕之牙。吉。象曰：六五之吉，有慶也。

　　(四)豐六五，來章，有慶譽，吉。象曰：六五之吉，有慶也。

　　(五)蒙六五，童蒙，吉。象曰：童蒙之吉，順以巽也。

　　(六)頤六五，拂經，居貞吉，不可涉大川。象曰：居貞之吉，順以從上也。

六‧中孚爲濟，易經見中孚象爲比吉。

　　(一)頤六四，顚頤，吉，虎視耽耽，其欲逐逐，无咎。象曰：顚頤之吉，上施光也。

頤曰顚，爲反顚。頤卦有反顚之象。兌而巽，順也。中孚是也。反過爲中孚。
中孚濟象。故比吉。

(二)大過九四，棟隆，吉，有它吝。象曰：棟隆之吉，不橈乎下也。

大過和頤相反而意同，都是先天八卦兌巽一順一逆。頤爲順，大過爲逆。因而
頤和大過都有相比吉之象，而且都用居住象。頤爲居貞，大過爲棟隆。

七‧家道之吉

家人六二，无攸遂，在中饋，貞吉。象曰：六二之吉，順以巽也。

(一)六二之吉爲家人之吉也。六二之吉，下順上也，家道以下順上爲要。

(二)家爲養育之所。家中四爻互頤，頤養也。頤爲和（＜頤和圓＞，＜頤和＞）。
中四爻互頤吉。

(三)中孚爲吉。吉，濟也。家人有中孚象，家人通中孚，中孚爲濟象，又家人六二
順三。

(四)家人互巽，巽象爲吉。

(五)家人親也，相親爲比吉，其義見家人卦。

(六)比卦說比吉，輔也，下順從也。所以比卦有家人象，因爲親而比。又人民親比
君王是下順從。比卦是兩個可以相聚之物和人相置，可以左右，也可以上下。

八‧自反之吉

比爲反身，即自身之相反，爲比之另一意思。反身爲弓，所以有威如之吉，其解如
下：家人上九，有孚，威如，終吉。象曰：威如之吉，反身之謂也。

(一)上九有孚。有孚則濟象，先後天相比類之吉也。

(二)離爲威。離火爲威，大有五曰威，家人上曰威，皆離也。離吉。
弦木爲弧，剡木爲矢，弧矢之利，以威天下，蓋取諸睽。

(三)反身爲躬。躬爲弓，即睽。反爲比，比吉。

(四)頤爲顚，反身也。頤之顚於大過（頤中互大過）。大過爲顚，大過之兌、巽反
中孚之巽、兌，頤之見於兌、巽之反中孚巽、兌。

(五)家人爲自身日日所返之地。

九‧陰爻遇坎，即坎爲雨，遇雨爲吉。

睽上九，睽孤，見豕負塗，載鬼一車，先張之弧，後說之弧，匪寇婚媾，往遇雨則
吉。睽中爻互既濟，又六三和上爻互應，爲相比和之象。離遇坎，坎爲雨。離坎相
應。

十‧比以順爲比吉

(一)革九四，悔亡，有孚，改命之吉，信志也。

革九四貞爲坎。卦成既濟。革二四互巽。巽爲順。改後卦成相濟，爲吉。順改
爲不順，革命之吉也。

(二)渙初六象曰：初六之吉，順也。

渙初上承坎。渙爲喚，即＜承喚＞。初六所承爲二爻之坎中。易經初爻爲陰爻
則不對位，因爲初以陽爻爲正，但是上有陽爻，則陰以順陽，順則吉。

　　　　(三)明夷六二，明夷，夷于左股，拯馬壯，吉。象曰：六二之吉，順以則也。

　　　　　　明夷二順三，比下順上則吉。巽爲順，順爲比吉之。下順上也。巽象爲吉，家
　　　　　　人互巽。

十一・九二之吉，爲巽兌之吉

　　　　(一)巽兌爲風澤中孚，孚吉。

　　　　(二)巽九二，巽在床下，用史巫紛若，吉。无咎。象曰：紛若之吉，得中也。紛
　　　　　　和若爲重而多之意。巽爲上下皆巽。巽爲順，上下順，所以說紛若之吉。

　　　　　　易經以巽爲吉。上下巽爲相類之比。因爲以順相比，而不是惡性相爭，所以
　　　　　　巽卦爲比吉。又巽卦用重復之比之方式很多，比如先庚三日、後庚三日是先
　　　　　　後之比。

　　　　(三)兌九二，孚兌，吉，悔亡。象曰：孚兌之吉，信志也。

　　　　　　兌爲對，兌之對是和巽相對。巽九二紛若之吉，兌九二也是孚兌之吉。又巽
　　　　　　兌合而爲中孚，孚兌之吉也。兌卦孚象，易經見孚都是比吉。這也可以從中
　　　　　　孚爲巽兌看出來。

　　　　(四)兌初九，和兌，吉。象曰：和兌之吉，行未疑也。和爲比和，兌卦和象很多，
　　　　　　比如：鳴鶴之和，巽兌之和。和之義見本書兌卦。和則比，所以兌卦初九和
　　　　　　九五都說和。和爲悅，＜和悅＞。和爲合，即先後天八卦之合。兌卦對合之
　　　　　　義道之最詳。

十二・庚之先後三日爲吉

　　　　　巽九五，貞吉。悔亡，无不利，无初有終。先庚三日，後庚三日，吉。

十三・艮與敦厚相同而吉。艮上九，敦艮吉。象曰：敦艮之吉，以厚終也。

◎原

一・原，再也，事物相比爲再。可因比而見其原始之相類性。

二・蒙卦說再筮，再筮爲原筮，即爲了審度事情吉凶，再以另一種方法來占問事情。

三・原始也，即繫辭說之原始要終。坤爲終，坎爲始。

四・筮法有親舊，依舊筮法爲原筮。

五・原爲源。比卦坤內坎外，水自地出有如泉水，所以比卦說原。水原自土。蒙卦之象
　　說山下出泉。蒙，君子以果行育德，和比全然相同。蒙卦代表潛能，比卦代表的是
　　自然生長。

◎筮

筮與比相比類，古之筮法是取比類而來。

◎元

一・乾爲元。師九二再筮，所得乾元用九。元者，乾也。

二・元爲長，坤爲眾陰之長。

◎永貞

易經說利永貞時有下面的意思：

一・坤貞用六。坤卦之德爲靜，用六則動而變陽。

坤初三五不正，故用六以貞之。用六，利永貞之道也。比自師通，師變比，師之六五爲比之九五，此坤之用六，永貞大終也。也就是把上卦坤的中爻變成爲坎，爲既濟卦之貞。益六二，坤用六利永貞，益六二永貞吉，益六三失正，三利往上，以上卦之陽爻來貞正（改變）。下卦六三陰爻。

二‧既濟永貞。賁九三，賁如，濡如，永貞吉。

賁九三永貞。貞上九爲上六，六五爲九五，得既濟卦，故永貞吉。

三‧主爻不變爲永貞。小過九四，往厲必戒，勿用永貞；艮初六，艮其趾，无咎，利永貞。艮卦只有六二、九三、六四三爻得正。初爻承二應四，三爲下卦。主爻皆得正不變，故利永貞。

◎不寧

一‧坤爲寧，坎爲不寧，方來不寧。

二‧不寧

　(一)不安寧。坤動陷坎，險在前，其行不可自止。

　(二)无寧如此，即不如，即見險不如停止方是。

　(三)十二生肖以酉戌後接亥。酉爲雞，戌爲狗。後爲亥水，即坎爲不寧，所以說＜雞犬不寧＞。

三‧震動則不寧。比坎勞，震動則不寧，坤爲方（坤六二直方），坤來于下，故方來坤，來而順從，九五卦成爲比。

四‧兌九四，商兌未寧，介疾有喜。兌取需爲通象。需爲坎勞，故未寧。

◎後夫

上在五後，五爲後夫。

一‧前後，前禽後夫。比失前禽，前禽謂師二，二在五前，謂之前禽。禽，坎也；師，坎在上卦，上在五後，謂之後夫。後夫，夫爲五也。又前後也以序卦論。易言前後有許多用法，一以卦之往來言，往則進前，來則退後。需蹇坎上，皆曰險在前。

二‧繫辭基本上以主爻之解釋爲基幹。比如比卦上爲九五陽爻與六二相比，和比卦上六爲陰，乘九五之陽。陰居陽上爲逆，故後夫凶是以下卦爲後，上卦爲前也。上六變巽爲風地觀，先天之巽即後天之坤，比也。

◎來

易所言來，皆謂自上來下，故來爲上下應也。由上而下爲來。

象曰：地上有水，比。先王以建萬國，親諸侯。

◎比

比卦象說的比是和師之比。師卦和比相通又是上下易位卦，所以比卦和師比類，說的皆

和師卦之事同。

一・比樂師憂。師坎憂在先，後可以安樂。比則恐耽於逸樂而終患憂凶。
　　＜先天下之憂而憂，後天下之樂而樂＞、＜先樂後樂＞爲＜今日之師＞。

二・師上爻小人勿用，比上爻說比之首凶。

三・比通師，師互震爲建，坤爲國。比象爲先王以建萬國。師上六說大君有命，開國承
　　家。

四・比卦象曰地上有水。師通比，故地上有水，地水師也。

五・師和比之聚不同。正聚爲師，即師出以律之師。兩人爲聚，比反衆，以衆接比爲比，
　　用法不同。

六・師上陰下陽，外順內剛。比則下陰上陽，險外厚中，是朋比而不和，交暱而不節。

七・師出以律。比則水行地上，雜然而聚，浮波逐浪，无主失從。

八・比卦衆在內，一陽在上爲主，君象也。師衆在外，一陽在下爲之主，將帥象。

九・師對卦爲同人，比對卦爲大有。

十・坤坎先後天同位，都是一陽五陰。陽居下爲正位，剛以柔行，陰從陽命，協于師義。
　　比則坎坤兩兩相對，以下比上。

十一・師坎在下不順，所以出師。比坎在上爲順，所以比吉。

十二・蛇爲雙女。雙，比也。

◎建國

比通師，師互震爲建，坤爲國。

◎親

一・同位爲親

　　(一)雜卦傳，同人親也。同人乾離同位，故親。

　　(二)雜卦傳，親寡旅也。旅爲離艮，不同位。

　　(三)雜卦傳，訟不親也。乾坎不同位。

　　(四)比卦坎坤同位，故親。

二・家人爲親

　　(一)雜卦傳，同人親也。同人互家人于下四爻。

　　(二)訟不親也。訟互家人于中四爻，一家之人相訟，故不親。

　　(三)親寡旅也。旅反家人于下四爻，所同者一家人，故親也。旅因與家人相反，以
　　　　外爲家也。

三・同人之卦象爲親，雜卦曰同人親也

　　(一)比錯同人，同人親也。比錯大有，同人之對，故曰親。

　　(二)比卦二五互坤，坤爲土又爲邑，又中爻互艮，艮爲手建之象。

　　(三)先後天同位，親之象。九五陽爻統率群陰，王之象。五陰，諸侯也。

四・比在子平法爲比劫，即手足兄弟姐妹，即比肩劫財。所以易經六十四卦只有比卦言
　　親。親爲手足，即＜親如手足＞，或情同手足。

五・雜卦說同人親也，而訟則不親。訟卦乾爲天，坎中男。乾與坎之爭，近而不相得，

所以成訟。訟是說父子爭。

六‧繫辭上一，易則易知，簡則易從。易知則有親。

◎侯

一‧四爻爲侯

（一）比親諸侯：比初爻諸侯，諸侯爲皇親。

（二）豫曰建侯。四爲侯位，豫上爲比，故親諸侯。豫利建侯，行師。豫自謙通，謙
互師，變豫，帥師之長子，進征于四，四爲侯位，故利建侯。

（三）晉，康侯，用錫馬蕃庶，晝日三接。

晉，進也，晉自觀通，進四于五，觀四之陰進，卦成晉之六，四爲侯位，故晉
康侯。四爲侯。

（四）蠱上九，不事王侯，高尚其事。象曰：不事王侯，志可則也。

二‧震爲侯，王侯。蠱下巽，巽錯震，震爲侯，上互震亦侯，有二震疊用王侯。

> 初六，有孚，比之，无咎。有孚盈缶，終來有它，吉。
> 象曰：比之初六，有它吉也。

　　比卦是古時封建立國時，建以祭祀求問如何分封土地，這是稱據比的道理來做。祭祀
時要以缶土煅成之器祭神。這器具是做爲敬酒之用。

　　這一段可能是說蛇族文化。它字即是蛇字之義，在祭神時如果請到蛇族之神來，是終
來有它，也就是有孚。在易經中經常提到有孚，即卜得既濟或可以變成既濟之卦，也就是
取得鬼神之同意。有孚又是先後天同位，即生者和死者相處在同一個立場。所問之事可以
得到應允。當祭司占到有孚之卦，或和孚信相關之卦，缶中酒即可倒滿，以示神之信心。

　　又比卦是初要建國時之祭祀，各地風俗不同，占法也不同。初爻和應爻不同，也不相
應，是表示風俗不同，神諭不會接受，或是祭錯了其他宗族之神。這時要先立信，使天下
不同風俗之地，不同風俗之族系都可以相通，這就是比卦的作用。初六是先比比看才說比
之。當神靈共信建立，以前未比的，都會由外而來。但是要先見到自己家族之神，即「有
它」，見到蛇族之象，而後可以以相類似之習俗來祭祀。

　　朱駿聲著《六十四卦經解》注，初在應外，以諭殊俗。聖王之信，先被四表，絕域殊
俗，皆未親比，故无咎。相比以信爲先。積之既久，昔所未比者，皆自外至。比坎在上爲
孚。孚之詳義見本書有孚卦、需卦、坎卦。此爻說屯卦，屯者盈。震爲缶，屯初九純坎
來，坎有孚，故有孚盈缶。

◎缶

易言缶皆震變：

一‧震仰盂，缶之象。震爲雷，又動也，鼓象。

二・坎四，樽酒，簋貳用缶，二互震離，自大畜通畜，互震爲鼓爲缶，變離，故不鼓缶。

三・離九三，日昃之離，不鼓缶而歌。震爲雷，又動也，鼓象。變震而艮止之，不鼓也。

四・坎有孚盈缶，離不鼓不缶。比之下卦變震爲水雷屯，屯爲缶反。

五・坤土爲腹，震爲足，土爲腹而足居之，缶象，這是祭祀之器。

◎有孚盈缶

一・有孚爲有坎也。坎之卦辭，習坎有孚，有孚比之者，言坎比坤也。

二・有孚盈缶，比卦初六變震，先天卦位坤震相比。且中爻互坤，坤坎先後天同位，則坎仍不變，所以比卦二爻連用二重大孚。因爲坎孚不變，有孚變震，震仰缶，中有孚即缶中有水也。比變屯，水還在的意思。屯是反缶，也就是把缶倒了，水還在。

三・又缶爲酒器。有孚盈缶是有酒在甕中。未濟說有孚于飲酒，孚爲水酒。

◎終來

坤中有未，坤始于未而終于巳，故曰終來。

◎有它

來者變也。它，古蛇字，有它者爲有巳也。陰卦爻辰未之上有巳，巳古蛇也。陰卦之爻辰未巳始于未，終于巳，首尾相續，故吉。蛇性首尾續，所以＜虎頭蛇尾＞。蛇爲雙女，雙，比也。

　　　　六二，比之自內，貞吉。
　　　　象曰：比之自內，不自失也。

　　事物因相異而可比，亦因類而比。類比有異類、同類。易經以下卦爲內。比上卦爲坎，下卦變坎，是上來比下，即內比。又六二處在內體之中，爲九五之正應，所以＜內應外合＞。爻柔順中正，所以貞。上卦陽剛中正，下卦陰柔守中，所以貞吉。易經以外卦應內卦爲正常。如內卦无主爻，則以內卦反應外卦。比卦坎外坤，內卦无主爻，即家內无主，以外卦九五爲主。所以這是比之自內。如果比是成親之比，即結爲連理，則是女求於男。不自失可比喻爲自己不忌失其身也。

　　小畜卦九二，牽復，吉。象曰：牽復在中，亦不自失也。牽復即陰陽互相剋制。比之下坤上坎一陰一陽，成水土相制，而水成帶土之水，而土爲帶水之土，二者皆不失其本性。這是現代人所說的你泥中有我我泥中有你，即水土交融，所以不自失。也就是說水和土相混都不會失去自己本性，這是最理想之比。

　　比爲和而无間，世間之和而无間未有如水和土，水土之交融。

◎自內

一・六二變坎爲習坎。變坎內卦與外卦同比之象，故曰比之自內也。

二・比六二，比之自內，貞吉。比之自內，不自失也。比六二變坎爲習坎，變坎內卦與

外卦同比之象，故曰比之自內也。

◎貞吉

比，吉也。且二五爻相應而中爻互艮，水與後天之坎位相比皆吉也。

◎不自失

一・變坎仍不失比之道也。

二・不計自失其身。

六三，比之匪人。
象曰：比之匪人，不亦傷乎？

比卦六三陰爻居陽位，是匪人也，匪人即不是凡常所見之人。比如閹人、鬼、罪人（罪民、盜匪、凶徒、陰邪之人也），或巫者。六三爲兌所索之爻，而兌爲口舌，所以匪人喻爲巫者。比卦是以比卦卦辭說原筮，是最初通曉占卜之巫師。六三是從各不同之宗族之巫師來求得通神之法，這是初民在建立新的封建國土所要先做的，因爲六三和上六不相應，所比匪人。而與異常之人相比，有時會不愼引起凶災，所以稱爲傷。傷可能是血光，可能是喪亡。六三變艮爲水，水山蹇，不吉。六三失正，居人位，爲匪人。匪人，非人，馬融曰非也。後天卦位坎艮比連，艮爲閹寺宦官所居即匪人也。匪人也是鬼。

◎不亦傷乎

一・見血爲傷。變艮則中爻所互之艮，亦變坎爲血卦，傷則有血。

二・氣洩爲傷。

◎匪人

一・鬼非人，匪人也

（一）比坤爲坤之歸魂卦。與否六三同義，即爲鬼也。

（二）比六三乙卯。乙木爲坤土之七殺，五行以殺多見鬼，所以比爲匪人。又乙卯上下皆巽，木多爲鬼。

（三）比六三失正。易卦之三爻爲人位，陰居人位，爲匪人。干寶曰，六三乙卯坤之鬼吏，故匪人。

二・聞一多《周易義證類傳纂》引《詩經》：「哀我征人，獨爲匪民」。以匪民爲罪民。古時有罪之人服力役，征夫爲役夫，故自稱爲匪民。

聞一多未提及者，罪民之中常有自因爲通曉特別之風俗，而成爲異族之筮者。

三・行凶之人爲匪人

三爻多凶，否初至五互爲剝體。剝削他人者爲匪人，所以比說傷。

人與人之比如比而後一方受傷，即爲匪人之比。比如妒他人之比，或受妒之比，都是比之匪人。

四・否爲非，即匪。非人爲寇，即匪寇。否卦說否之匪人，不利君子貞。

五・匪字之義詳本書否卦。

六・比六三爲兌所索之爻。兌爲巫，巫爲陰邪之人居人神之間，爲匪人。

七・兌正秋月卦值否，有否匪之象。

> 六四，外比之，貞吉。
> 象曰：外比於賢，以從上也。

　　六四外比於賢。外是外卦，即上卦。在上卦之中以九五爲全卦唯一陽爻，有如眾人中唯一剛正又賢明者。比卦九五爲賢，而師卦唯一之陽爻爲九二，爲師中之師。六四因爲親近九二，和九五相比而受益，所以外比而從上，即六四陰順，順從九五之賢者也。人有賢明之長輩是最可親比的，如順從之，无不大吉。六四因爲陰爻在陰位，更知順從之道也。

　　因爲比之內卦坤體成，六四出坤之外，互巽。巽爲順也。又巽木親土，這是以土順木之生。

◎外

一・外卦也。外比：外卦（澤）比坤（地）也。後天卦位坤兌相比（依），變兌中爻互，亦變爲巽，巽與坤先後天同位，比也。中爻互，又變爲艮，艮與坎又相比也。

二・六四變兌爲澤地萃。

三・內比爲相應之比，外比爲非其應之比。

　　貞吉：上近九五，九五有德位可親之故貞，比則吉。

四・易經卜法以內卦爲己身，外卦爲他人。

◎外比於賢

一・賢爲賢人，即九三卦。易經以三爲人。比如乾卦上九曰：亢龍有悔，何謂也？貴而无位，高而无民，賢人在下位而无輔是以動，而有悔也。這個在下位的就是九三的賢人。

二・易經艮爲賢。上九如果是陽爻，具艮象，也可說賢。艮爲山，自古賢人居在山上修養。

　　(一)易經凡是六五承上九，可以稱爲尚賢。

　　(二)大畜象曰尚賢。艮爲賢人。尚爲上九。

　　(三)易經之頤卦和大畜都是因爲艮卦而稱賢。

　　(四)漸象曰：山上有木，漸。君子以居賢德善俗。

三・養爲賢。賢者養德，所以易經以養卦稱賢

　　(一)鼎象曰：鼎，象也。以木巽火，亨飪也。聖人亨以享上帝，而大亨以養聖賢。

　　(二)頤天地養萬物，聖人養賢，以及萬民，頤之時大矣哉。

(三)大畜剛上而尙賢，能止健，大正也。

(四)損五元吉，損二至上亦互頤養賢。損二簋(音鬼)可用。

(五)大畜四元吉。大畜養賢，以上四爻互頤，養賢養民爲賢也。艮爲賢。

四・易經以六五承上九爲尙尙賢之象。而坎正位在上卦五爻，坎爲隱，伏隱之象。爲隱藏之賢人也。養賢（艮爲賢）爲吉。

九五，顯比，王用三驅，失前禽，邑人不誡，吉。

象曰：顯比之吉，位正中也。舍逆取順，失前禽也。邑人不誡，上使中也。

比卦最爲明顯即九五，九五爲比卦主爻。陰陽之氣陰常晦暗，陽常光顯。比到此境，一陽居高明之位，顯然呈露，所以顯。比卦之顯比是以自己之賢才在眾人之間得到眾望，又可以无私之我來和他人相比，這都是顯比。

比卦和師卦都說到田中之禽。而師卦是講從師，而比卦是從同類。師卦六五田有禽，而比卦九五是失前禽。禽爲陰爻，喻比卦九五陽爻在眾多陰爻之中，只能比其一位，九五所能比的是上六，其他初、二、三、四之陰爻都是前頭之禽。易經之比只取其一比一。一和多則爲師，而不是比。

◎顯

一・陰比陽而顯。陰見陽，陽倍加光輝，陰晦而陽反光顯。

二・大比小而顯。比卦陽居五，故大。師比相對，比下爲師，曰三錫，下比也。

三・高和低相比而顯。比卦中爻互艮(水地)，先天卦位坤與艮比，後天卦位艮與坎比，互艮，艮爲山，高出坤地之上，顯之象。

四・相遇而比則顯，先後天同位之卦爲遇(詳本書關於遇字之解)。

比卦九五變坤爲純坤，坤與坎先後天同位，比也。坤與坤遇亦比也，因遇之比而顯。

◎驅

師互震，車馬一驅，謙；再驅，豫；三驅比也。師曰三錫，下比也，比曰三驅，上師也。

◎邑人不誡

艮爲邑，二爲人位，爲邑人。比通師，師象兵，師變比，兵革象消，故邑人不誡。

上六，比之无首，凶。

象曰：比之无首，无所終也。

　　比卦最上无首之比，有幾個意思：比卦之比與无首是比成九五。九五已爲卦首，似首而實在不是首，所以九五爲无首。九五所比者爲九五以下，就是初、二、三、四等。上六駕在九五之上，是不能比人，又不比於人，不是再嫁，就是附贅。

　　乾卦六陽，所以乾上九群龍无首則吉。比上六是陰，陰以大終，陰而无首，不以大終，凶之道。无首之比可喻爲一個人被遺留在群體之外，无可與人相比。因爲陰爻在外，又无所寄，是孤魂野鬼，无人祭祀。如果是活人，活在陰處，即沒有地方可以寄託，而不知所終。世界上事物原沒有不能比的，但自己隔于外，則无理可比。

　　无首之比即承比。易中承比，皆謂陰之承比乎陽，无以陽承比陰之理。若乘則以陰乘陽，陰陽之變也。

◎无首

一・乾用九見群龍无首吉，是陽變陰也。今陰變陽究陰體也，陰而无首，故凶。故荀爽曰：「陽欲无首，陰以大終，陰而无首不以大終，故凶。」

二・剝无首

　　(一)比自剝通，上以陽變陰，則无首矣。

　　(二)剝艮爲終，艮變，无所終也。

三・比卦之九五本是卦首，因爲是一陽下臨四陰，有如頭在上而四肢在下。上六看來是首，而實在不像首。所以上六說比之无首。是以上六和九五相比而不能與之相比。

四・上六孤立在外，外爲後，所以象是另嫁一次，所以比卦說後夫凶也。子平命理以比劫旺之女命會再婚，婚而有後夫（子平命理可參見明朝萬育吾著《三命通會》）。

五・乾爲首。九五爲乾之剛，乃首。九五已和四陰相比，上六无人可比，所以稱爲无首之比。

◎終

終者，坤道也，先天終于坤。今坤與巽比非終也，故曰无所終。

䷈ 小畜

小畜，亨。密雲不雨，自我西郊。

　　畜在易經有聚、養、和止之義。畜可以用牧人畜牧來比喻，把牛羊群聚在一起爲最聚衆。餵它們食物，令它們變得更大，就是養。以牧圈圍起不讓它跑走，是止。小畜卦一陰五陽，一陰有如一個牧羊人，而五陽象牛羊成群。小畜爲一陰畜五陽，所以小畜。因爲陽剛而陰柔，柔少，得到剛多之情，是情志交融，所以稱爲密。

　　小畜另一個比喻是天上的雲氣聚會。小畜巽風在天上，中爻離錯坎雲之象。中爻兌西，下卦乾郊。凡雲自西而來東者，東方木，水生木，木洩其氣，所以无雨。易經有雲自西而東則不雨的說法。自西而東因爲洩氣，雲和天和成一片，是衆而和之融和，所以說亨通，這和比卦水土交融的情形相同。也有人把小畜說成雲成衆在西北方，慢慢擴到天空的每個角落，因爲聚在一角，所稱小畜。相反來看，陰陽交則生雨澤，而陽氣不得伸，只得止，止即蓄。但陽上升，則陰氣无力固蔽，則不雨，所以稱爲小畜。

　　乾爲金玉，又大天寶，而巽爲小女。金玉入小女之手，不能多留，所以小畜爲寡。小畜卦是說文王居岐山，爲君而居人之下。藩服在商紂之下，有雲而不雨，有才德而不能展佈。這有如乾在巽下，乾爲君，而巽以順取容，只會討好，而不能激發他的事業。

◎畜

一‧畜爲同位而相合。風天巽乾同宮，所以聚。

二‧畜爲鄰

　　(一)先天之乾與巽爲鄰，鄰近也，畜爲近。又後天巽東南，乾西北。巽乾在先後天八卦是同位。

　　(二)履小畜爲鄰。

三‧畜爲相近又相合。月卦乾爲四月卦，和巽之辰巳同位。

四‧畜爲止。先天左四卦陰消陽息，右四卦陽消陰息，易中乾遇巽、坎、艮皆止而不進，進則陽消。

　　小畜風天。兌離震、坤、艮、坎、巽，後接乾。先天左四卦爲乾、兌、離、震。右四卦爲巽、坎、艮、坤。左陰消，右陽消，乾在右，遇巽左爲消而不進。以此而言：

　　(一)乾遇巽，陽小止，曰小畜。乾遇艮，陽大止，曰大畜。

　　(二)乾遇巽，陰在前不進而需。

五‧畜爲聚，玄田爲畜。養也，積也。

小畜先天卦位巽與乾鄰，中爻互離，離即先天之乾也，在後天卦位離與巽鄰，且後天卦位乾巽對待，皆聚之至也。

六‧小畜爲少

(一)雜卦傳說小畜寡也。

(二)謙象曰：地中有山，謙。君子以裒多益寡，稱物平施。

(三)謙言君子以裒多益寡，謙履相錯，履小畜相對，小畜寡也。

◎密

小也：

一‧小畜上下五陽，互卦見兌，兌少爲小。

二‧小畜六四陰爻爲主爻，易經陽爲大，陰爲小。主爻爲陰，則曰小。

◎亨

中爻互離爲亨。

◎雨

一‧風散雨止。小畜上風，風散則雨止，畜爲止象。

二‧小畜卦繫辭說密雲不雨。履變小畜，以兌替風故不雨，此說小畜之風象。小畜自履通，通故亨。在履爲兌雨，履上卦澤變小畜之巽風，風以散之，所以小畜說密雲不雨。

三‧易經以爻聚爲雨象

小畜卦說密雲不雨：密者聚也。兌爲澤，澤氣上升而成雲，雲騰雨致乃乾陽。

四‧陰爲雨

小過六五，密雲不雨，自我西郊。小過初至五互咸，五動又之咸，大卦變成咸，兌即巽，艮即乾，有小畜象。小畜不雨，陰寡也。小過不雨，陰過也，其陰陽不和則一也。密雲者陰氣也，西郊者陰方也，陰過乎陽之象。

五‧小過有小畜象。小過之過爲陰過陽，即五之陰過四之陽也。

六‧小畜有解蹇雨象，解下坎，蹇二四互坎，坎水爲雨。小過取解蹇通象。解下水爲雨，蹇上坎雨，變爲震（小過之震），象天之將雨而遇雷霆。

七‧小畜通履，履兌位西，乾爲郊，自兌至乾，故自我西郊。密雲不雨，非風雲際會之時。小畜爲大人物之號召力只在凝聚之中，巽順取其包容，而非作爲之時。

八‧小畜繫辭說自我西郊。易經以乾爲郊，乾在郊爲戰爭象（龍戰于野），以天候而論則是雲和雨之爭。

九‧密雲爲陰氣。小畜上爲巽，巽爲陰也。巽木招風而不招雨。

◎雲

小畜中爻離錯坎，爲雲之象。

◎西郊

一‧乾兌爲西郊：小畜中爻互兌，兌西方也。乾爲郊，故曰西郊。後天八卦乾坎在郊。

二‧陰爲西，外爲郊。

三‧震爲郊，震百里也，國外百里爲郊。小過上震，爲郊在外（上卦爲外），即俗語＜郊

外>。

四‧兌爲西：小畜中爻兌爲西。辭曰「自我西郊」。西郊，陰方也。

◎密雲

陰氣也。

彖曰：小畜，柔得位而上下應之，曰小畜。健而巽，剛中而志
行，乃亨。

◎柔而得位

小畜取四爻爲名，上巽下乾，陰主斂，所以能畜。四爻陰得位，柔爲巽也。六四爲巽之
正位，故曰柔得位。

◎上下應

一‧易經說應，通常指對爻互應，即一爻對應四爻。但大畜大有特別言應，是以五陽應
　一陰，非以對爻相應。

二‧上下即乾巽也，乾巽互應。

　　大有彖曰：大有，柔得尊位大中，而上下應之，曰大有。

　　比卦曰彖：原筮，元，永貞，无咎。以剛中也，不寧方來，上下應也。後夫凶，其
　　道窮也。上下應也是「來」應，上下應者，物歸于眾也。

三‧柔得位而應：一柔而應五剛，柔得尊位而應。比如：

　　小畜柔得位而上下應之；大有柔得尊位，大中而上下應之，陽應之。陰能有大也，
　　大中五爻而言。同人柔得位得中，而應乎乾。

◎志行

易經說到志行地方有不少，比如：

一‧志爲同爲<同志>。先後天同位或相鄰爲志行，即同行也。

　　(一)小畜健而巽，剛中而志行，乃亨。健，乾也。志行即乾巽對待也。

　　(二)否九四，有命无咎，疇離祉。象曰：有命无咎，志行也。否九四變巽，巽坤先
　　　　後天同位。志行者指先後天同位（坤巽）。

　　(三)履九四象曰：愬愬終吉，志行也。履乾和兌爲先後天相合之卦，所以志行卦取
　　　　中孚和履相交，卦成震，震動也。中孚爲孚象，即合，也是志行。即坎志之行。

二‧坎爲志，震爲行，坎變震爲志行

　　(一)豫象曰：豫，剛應而志行。順以動，豫。

　　　　豫自師來(雷地初九--來地水九二)，師自謙來(地水九二來--地山九三)，師坎
　　　　志上行，坎志上震曰「志行」。

　　(二)屯卦初九象曰：志行正也。屯爲坎震。坎志，震行。

(三)未濟卦九四象曰，貞吉悔亡，志行也。坎爲志，震爲行，四坎變震，故志行。

三・夫妻同行爲志行

睽九四，睽孤。遇元夫，交孚。厲，无咎。象曰：交孚无咎，志行也。

睽卦取中孚爲象則志行。因爲中孚上兑，三五互艮。上兑兑爲妻，互艮爲夫，兑艮有夫妻象。

四・變坎爲志行（坎位正于上，方可貞爲相濟）

(一)升南征吉，志行也。升錯无妄，以无妄九五互易升六五，坤成坎志，故志行也。

(二)巽剛。巽乎人正而志行，柔皆順剛，是以小亨，利有攸往，利見大人。彖辭曰：巽乎中正而志行。巽取訟通象，巽變坎，志行也。訟六三上四爲巽。巽變訟之坎，坎志上行也。

密雲不雨，尚往也。自我西郊，施未行也。

凡雨者，皆是陰氣旺，凝結得密，方得降爲雨。今乾上進一陰，止他不得，所以彖曰尚往也。

象曰：風行天上，小畜，君子以懿文德。

巽，風也。乾，天也。巽者，萬物之潔齊也。乾，懿美也。中爻互兑，兑爲口言之所出，言者身之文也。又互離，麗也。

初九，復自道，何其咎？吉。
象曰：復自道，其義吉也。

小畜和復卦正好相反。小畜乾在下，而復坤在上。小畜之巽在上，而復震在下，兩卦合併，乾和坤相反，而巽和震相反，又是上下卦相反，所以取反復爲義。復是一陽始，息而陽可上進，即收復上爻，所以雖五陰朋來，而可以无咎。而小畜一陰在四爻，初和四和，

四有下行之義，即回到復卦之陽位，所以小畜初九稱復。因爲初爻是復之本位，當復要上升，巽才可回復。

畜，另一個意義是牽--即復卦和小畜互相牽連。如此二者爲一體。小畜卦說的是主爻四爻回復本位，在于能知止，知止則定。易經陽爻要上，必要有陰爻下來。一上一下是互相牽制的。又小畜下卦乾陽，在下和四爻之陰相應。如男女有情，而乾被群陰所止，不能有所動作。乾金爲義，是個義氣男子，是不謀于女，而幾不得于義。因爲守乾之義，否則爭合，天下亂矣。原爻是乾變巽爲木，二木比和，則无所爭，而成相比。

◎復

一‧復卦在相通之卦之中交復。

小畜初九，通姤而復。姤錯復，易有姤象則復。

小畜自姤通，姤錯復。小畜自姤通，初復。姤曰：復自道。

訟自中孚通，四復，中孚曰復即命。

解自升通，彖復升曰其來復吉。

二‧覆爲復

復在小畜與无往不復，不遠復之義同。即復（覆）於在下之位而不進。復就是被蓋住了而不能前進。比如雷被壓在地下爲覆（復）。

繫辭下七履以和行，謙以制禮，復以自知，恆以一德，損以遠害，益以與利。

三‧來爲復。小畜上卦巽，下卦乾。陰性向下，由上向下爲來。來爲復，一陽來復，曰元吉。

姤，一陰來復，曰貞吉。四復爲牽。小畜九二，牽復，吉，象曰：牽復在中，亦不自失也。

九二，牽復，吉。
象曰，牽復在中，亦不自失也。

九二要比初九接近陰爻，所以不能如初九那樣剋制。因爲九三也是陽爻，成爲牽制，而初九也在後頭跟著。九二受上下之牽，不能如願和四爻和。不過九二陽爻守中，而且自己知道一女在眾男之中，如相爭必會有亂，不如保持君子風度。

小畜原卦爲家人，今二爻變陰，下卦成離。二個離是相牽。而原卦上巽，三到五互離，已是家人象。原卦中爲家人，變卦又是家人，也是牽象。這有如在現實人生人，眾男爭一女，而只有家的觀念牽制才使眾人克己復禮，不生亂子。

◎牽

一‧兩卦相連爲牽。小畜九二與初牽連而進故曰牽復。

二‧牽爲制，即牽制

(一)以陽制陰，即＜牽制＞。

　　牽，制也。姤初之繫，以繫陰者，制陰也。姤二之包，以包陰者，制陰也。

(二)巽，德之制，牽也。繫辭下七，巽德之制也，於姤二、小畜二，見其德之制。

　　易經見巽卦有牽制之義。小畜六四復初，九二亦以剛中之德牽之也。

　　夬卦九四，臀无膚，其行次且，牽羊悔亡，聞言不信。夬上兌反巽，牽挽也。

　　上巽為繩直，牽之象。

三・八卦先後天相接為牽

(一)乾後天之位與離相牽連也，今變離與互之離又相連牽也。上卦巽在後天兌之位，

　　牽也。後天之位乾兌相連牽也。今變離不獨相牽且復位也。凡卦相關皆吉兆也。

　　小象言中，中指二爻也（九二），相牽則不失。

(二)巽乾為小畜，巽乾在先天卦為相接。所以牽象。

四・易卦二爻接為牽。小畜初九和九二二爻皆為陽。九二牽初九而進，故牽復，復為重，

　　即二個九。

九三，輿說輻，夫妻反目。
象曰：夫妻反目，不能正室也。

　　小畜卦一陰而五陽。陰衰陽盛，是難配之象。在男女姻緣來說，就是必須絕配。又乾老父，巽長女，是老男配黃花閨女，所以不能算是正配，女必為妾。九三乾錯乾為輿，九三為剛爻，又接在巽下，為陰所乘，心必欲合之。而巽女所想合的是下卦初爻。乾金性剛，中循中道，急躁莽撞，結果必然好事難成。這變化可以比喻為車輪脫落，而車身偏斜顛覆。九三性剛，不能愛其妻，而中爻互離為目，巽又多白眼，成反目之象。這是老少配，又是勢利之合，而无感情。

　　易經以金木相剋又合為吉。但吉中仍帶凶。九三乾，變爻成兌，為金。乾金剋巽木，而變兌又和巽成金木剋而不和。越想親近，越不能相融。又小畜卦乾夫在內，巽妻在外，兩人行徑剛好相反，這正是有如車子脫輻。巽卦為妻，被金剋火洩，九三變，三五互艮又被阻，不能改變現狀，成掛名夫妻。

◎輻

一・鄭玄曰：「輿，下縛木與軸相連鉤心之木也。」

　　九三正受六四之畜，又金木之交正大，傳所云近而不相得者，故其象如此。

二・輻為輹：車之伏兔所以承輪者。

三・軸也。孟喜曰：「軸縛也」。輿之行在軸，輿說（脫）軸，不可行也。

　　說輹：即車轉軸，說（脫）輪于輿也。

(一)小畜以巽畜乾，象乾陽之止而不行也，車不能行也。

(二)大畜九二輿說輹。象曰：輿說輹，中无尤也。其爻橫貫下卦之中，如車下橫木之貫乎轂中，故取象於輹。

四‧小畜九三所說有二義：一爲車輪破轂裂而後脫。一爲車軸在行中脫。易經以畜則止，所以小畜之與脫輻，指車行中止，因爲車輪破而止。

◎輿

大腹爲輿：

一‧中孚大象離，離其於人也爲大腹，乾錯坤，坤爲輿。大腹能容物亦輿也。

二‧說，同脫，輿遭毀折是不可行也。中爻互變艮，艮止也。又互變震，震，動也。止于動，則輿毀。

◎夫妻反目

一‧離爲目，在下爲反目。

小畜互離，目在上，目自下向上，反目之象。巽爲多白眼，目反則眼之白者多也。

二‧<夫妻反目>：卦爲風天，巽多白眼，大象離，離爲目，乾爲夫，乾錯坤，妻也。今變兌，兌，說也。中爻互變艮，艮止也，止于說，不睦也。夫妻皆有目，故曰反目。

三‧豫爲目。小畜風天，錯雷地豫，豫三盱豫，盱爲目上視，錯小畜，反目之象。

四‧小畜九三受六四之畜，又乾巽金木之交正大，近而不相得也。即夫妻不和。

◎不能正室

一‧男主外，女主內，陰乘陽則不能正室。小畜互家人故有夫妻象，家人女主內，男主外，小畜三上互家人，陰以乘陽，不能正室者也。

二‧陽在下而女在上，非正位之室。

反者正之對也。小畜之卦乾下陽也。巽上長女也，中互兌，少女也。

三‧互離中女也。是一陽統三女而陽又在下，不能正室也。

六四，有孚，血去惕出，无咎。
象曰：有孚惕出，上合志也。

小畜卦六四是全卦之主爻。六四是獨一陰爻，有如人身之缺口，缺口而出血。易經在卜占上有大事大占，小事小占。小畜是占問小事，比如夫妻、生子女等事。而小畜也以祭祀之儀式中以殺畜牲來問神。

小畜卦一陰爲主爻，統畜眾陽，是以小畜大。在易經中，女性占問之對象，唯一可以拿小畜來代表。因爲陰居中，上承九五，下乘九三，是互離。離爲虛、爲牛，在下卦爲小牛。離錯坎，坎爲血。上卦巽爲順，是坎水出，爲出血之象。而坎出，到上卦，成爲中孚。又六四和上九相應。這是祭祀時以惕血來問神而得到神之贊同。

小畜是占問夫妻之相處。九三夫妻反目，因爲爭合，六四與初九相合。六四原不得其

位，變成人妾。但在外可以代表家人，雖陰乘陽，在眾男人无能爲力時，女人成了家的支柱，家業得以振興。

小畜也可以占一場車禍。初爻復自道是車子覆于自己之路上；二爻牽復，即車子被牽連了其他的車而傾倒；三爻輿脫輻是車輻脫了；四爻見血光；五爻得手足之助攜；上九占出行吉凶。車禍可以用來說明畜止會有的困難。因爲小畜巽爲進退，而下卦乾爲亢進。上頭是又要走，又要停，下頭急著要向前，於是把車卡住了。

◎有孚

一・大畜上巽，巽貞爲坎，四五曰有孚。

二・易經于行，不論是車舟皆爲孚象。利於行則爲孚。

三・有孚即可行也。

四・大畜九三變兌爲風澤中孚，小畜二四互爲兌，三五互巽，中孚象。

◎血

易經有關血之含意：

一・血去惕出：小畜六四血去惕出，說的是由中孚變小畜。風天小畜之九三陽變陰，下乾成爲兌。乾去了，乾爲惕，所以惕出，恤去。小畜爲小聚。而孚爲散。小畜六四說由聚變爲散之道理，在於乾卦要變爲兌才能散得開。風行天上爲雲。乾爲金，歛也，變兌，開也，開而後散。

二・乾爲血乾也，因爲血乾而病才可以化開。小畜風天是利於病，故无咎。

三・血有聚散之道理。小畜爲小聚，是病氣聚在身，孚爲散。

四・管子說南方曰日，其氣爲熱。熱生火與氣；北方曰月其氣爲寒，寒生水與血。內經說清者爲衛，濁者爲營。營行脈中，衛行脈外。衛統氣，營統血。陰性在內，雖有血象，而在外卦，爲血出。

五・坎爲血。恤，血也。

（一）坎爲血。小畜卦所說之勿恤是指牛羊之血，和祭祀之用有關。

（二）泰九三，无平不陂，无往不復，艱貞无咎，勿恤其孚，于食有福。

泰爲祭。勿恤其孚，或可指勿鄰恤所俘之犧牲。羊牛之物不憐惜其血而殺之，可爲祭物。

（三）家人九五，王假有家，勿恤，吉。有家即有廟，在商周用到家字常指廟，即祭祖之地。

家人王假，有家，勿恤。指的是以牛羊祭祖，勿恤即不惜犧牲。

（四）萃初六，有孚不終，乃亂乃萃。若號，一握爲笑，勿恤。往，无咎。萃有孚，兌羊在上，可以祭也，故勿恤。又有孚即合于祭神之禮，孚爲合。

（五）坎爲憂恤，上坎得正，故恤去。

六・出征前之祭神曰勿恤

（一）升，元亨，用見大人，勿恤，南征吉。升用見大人，勿恤，有慶也。南征吉，志行也。

（二）夬九二，惕號莫夜，有戎勿恤。象曰：有戎勿恤，得中道也。有戎勿恤是出征

之前之祭。

七‧恤爲血，即血則懼

（一）小畜六四變乾爲純乾，中爻互離，離錯坎，坎之卦曰習坎有孚，又坎爲血卦。
今變乾則血已去惕懼也。

（二）惕出：九三夕惕若，今變在四爻在三之上故曰出。
巽爲風，蠱之所自出也。血不行則蠱生而成病癱疽，醫者治之血去則愈，愈則
惕。上合志：巽上變乾，則上巽與下乾合。

八‧夬爲惕出

小畜風天，半覆風爲澤，卦成澤天夬，故小畜曰惕出。夬曰惕號。

> 九五，有孚攣如，富以其鄰。
> 象曰：有孚攣如，不獨富也。

　　小畜卦九五處在六四之上，是六四之鄰，而又直接由六四所蓄。和六四兩爻交攣在一
起，情投意合，有如拘攣團結，而相輔相成。這是說相處在一起，可以互通有无而致富。
六四陰爻，可以畜九五陽爻之財富，而易經以虛爲容納，又爲家，都是積財之地方。一個
人富，可以先由發其家，成了富家，後發其鄰。如小畜五爻借重其鄰巽卦之近利來做生
意。而五爻財大氣粗，四爻可以依其鄰股實之資力而致富。

　　小畜卦九五是占如何取財。小畜卦是吉卦，因爲和中孚相同義。小畜和中孚皆可貞爲
既濟，既濟五爲坎，坎有孚，三亦互坎，有孚，兩坎相連，爲攣如象。存于既濟之中也，
所以既濟是有兩坎卦，爲攣象。攣爲雙也，也就指同一物。而攣是指連在一起的東西。又
小畜之攣字占雙生子。

◎攣

一‧連也。馬融曰連也。

二‧攣爲索。攣爲手足之牽。大畜上爻爲艮所索，下爻爲巽所索。艮爲手，巽爲股，而
九五牽攣曲於其間，故曰攣如。

三‧左右其手。大畜中爻互坎。坎有孚象攣。攣，馬融曰連也，虞翻曰及也。凡事能左
右之意。變艮爲手，故攣如象（左右其手）。

四‧攣字本爲手足曲病。小畜中孚皆可貞爲既濟。既濟五爲坎，坎有孚，三亦互坎，有
孚，兩坎相連，爲攣如象，存于既濟中也。既濟中兩坎爲攣象。攣爲雙也，也就指
同一物。巽貞爲坎，故四五曰有孚。

◎富

一‧相鄰爲富，易經說富以其鄰。人能小小節畜即可富及其鄰。

二‧巽爲富

(一)震反巽不富。反巽爲震，震仁，爲富則不仁。

　　富皆震，故＜爲富不仁＞。

(二)富皆巽，巽近利市三倍也。先天卦乾巽相鄰，故富以其鄰。富以其鄰和乾卦相

　　鄰。

三・大畜大富

(一)小畜九五變艮爲山天山大畜。由小變大富。

(二)富以其憐：大畜者富之意。先後天同位之卦。其象曰剛健篤實。其德富之象，

　　鄰者因先天卦位乾與巽，離與震相比鄰也。變艮中爻互變震後天卦位艮與震，

　　乾與兌皆相鄰也。

　　此爻正，互變卦皆相連固結，言能及於鄰也。

(三)小畜不獨富：富及左右，故曰不獨。

四・不獨則富

　　小畜說不獨富。易經以孤爲獨。小畜因爲乾巽相鄰，互相照應。乾金以剋巽木，木

　　可爲用。

　　又＜德不孤，必有鄰＞，取其互利也。

五・富可以是聚而富（萃卦爲聚），有而富（大有爲有），養而富（鼎之養），或蓄而

　　富。

上九，既雨既處，尚德載，婦貞厲，月幾望，君子征凶。

象曰：既雨既處，德積載也。君子征凶，有所疑也。

　　小畜卦和歸妹、大有都有相同的卦象，三個卦都說乘載。是三個陽爻在下，而上卦有陰爻，所以是乘。小畜卦的卦象似乎是講嫁娶之事，因爲征凶都和出外娶女的事有關。但是巽卦在小畜是在上，有已嫁之象。易經以已嫁之女爲婦，這裡是說把已嫁之婦再送去再嫁。顯然小畜卦說的是再醮之婚事，也就是娶了寡婦入門。所以雜卦傳說小畜寡也。

　　小畜卦之畜或可以解爲畜牛羊，蓄財富，但也可以說是蓄後代之香火。小畜之婚娶是有特別的目的的，就是爲了某家傳宗接代。

　　易經日月相照都和男女婚娶有關。所謂望，就是陰盛之望。小畜卦一陰眾陽，似乎陽多陰弱，易經之原理卻以最少爲最重。在小畜卦中，某家香火是面臨絕傳，因爲陽多陰少。今以絕配的方式取了寡婦，既可以不怕相剋，又解開了陰少陽多之忌。

　　小畜卦上九變爻，卦成坎，坎爲雨。原卦巽，巽爲散，又是進退之象。又雨又止。小畜巽在終，陰終不能畜陽，所以雨止。雨止，則不孕。這是象徵卜占結果可能得子，又不易有子，所以要向上找。這又可能是女子年歲比男子大的意思。

　　征凶是爲了剋除鬼氣而征。在小畜卦是金剋木。乾金可以剋巽木，這是以婚娶來消除

家中業障的方法。在歸妹卦本書說得很詳細。征凶不是壞的意思，是破除凶邪。本爻變坎，卦成師，師爲剋，所以占卜結果要征，即非要娶不可。卦以陰止陽之進，所以說貞厲。表示要消除之災咎很凶，用的方法也極烈，娶已婚之女是其一端。

疑爲孕。有所疑，即占卜結果是可以成孕，得子有望也，所以卦說月幾望，月滿象孕也。

◎望

一・日月相對成望。又望，滿也。

(一)小畜有震兌象，又見日月，所以月望。

(二)小畜坎爲月，離爲日，小畜巽錯震，中爻兌。震爲東，兌爲西，日月相望也。

(三)二月幾望：乾象三陽滿盈，爲月之望。兌將虧之月，皆近于望者。

二・陰盛爲月之望，易經中有三個卦說月幾望。

中孚六四，月幾望，馬匹亡，无咎。象曰：馬匹亡，絕類上也。

歸妹六五，帝乙歸妹，其君之袂不如其娣之袂良，月幾望，吉。

小畜上九，月幾望，君子征凶。

這三個卦都是陰陽之關係。中孚是從乎陽，歸妹是應乎陽，而小畜是抗乎陽。

三・望，月之十五也。月幾望，言畜之極也。坎爲月互離，爲日月之光，以爲光至望，將由盈而虛。幾，近也。近爲鄰，小畜卦爲鄰近之相，所以說月幾望。

◎雨

一・坎爲雨。小畜上九既雨既處。上九變坎，坎爲雨，又水在天上亦雨之象。又雨爲相濟之象。

二・易經有需象則雨。

三・小畜上曰既雨。上爻變，小畜卦上九變坎，水天需成需，雲上于天，不雨者，既雨矣。

◎既處

一・小畜既處，履不處。小畜反，而卦成履。履爲不處，小畜處也。

二・既者，既濟也，需上四爻互既濟，而互夬。兌即坎，乾即離，又既濟象履（水火，天澤）。

三・處：止也。尚德載，坎，其於輿也爲多眚。巽，長女婦之象，然陽變陰，貞而能厲。言爲婦者當謹貞道，不可忘厲（自制）也。

◎征

進也，君子知盈虛之理，守而不進，如既處又如婦之貞，方合畜之道。

◎有所疑

因坎爲如，憂疑之象。

◎載

一・乘即載。比如乾在下，上卦有車象，即稱載。

二・易經載字和車行有關。坎爲輿，卦見坎都會有載之義，比如需卦上六說不速之客三人來。需上爲坎，坎爲車象。畜卦和需有相通之義。都是天上見到雲氣，而都也有

載之義。需卦說三人來。畜卦未說三人，但是下卦乾為三陽，也是三人。需卦和小畜卦之三陽即是車上乘載昀。

易經另一個卦，火天大有也說到載。火天大有是乾在下，即三陽在下為離所乘。大有卦說大車以載，象曰積中不敗。小畜和大有都因為下卦為乾，而有乘載之象。乘載也是積。

小畜即有積象。所以俗說＜積蓄＞。大有積中不敗，是坎車上積載著三陽，載之向上行。

三‧載，滿也。

◎婦

一‧巽卦在上卦，上卦為外，象出嫁之女，所以爻稱婦。婦是已嫁之女。

二‧易經說征凶和嫁娶有關。

 履

履虎尾，不咥人，亨。

履是說建立禮儀之過程，卦象所說的是儀式和祭禮。履爲易中之禮，豫爲易中之樂。文明爲辨物，即繫辭說的類族辨物。禮儀爲文明，其設立是使人與野人有所分辨。履卦也是說明人生實踐的過程。在實踐中，人會面臨各種錯誤，履卦的特性即是相錯，所以有履錯然之說。錯有交錯，和亂錯。如錯是交錯，可以將相似和相近的東西交易而互補，但是也會因爲錯置而造成錯亂。在人事禮儀上的錯置會造成不良的影響，所以履卦以虎爲喻。

虎是背上有交錯紋的動物，人和虎相處會有生命之危險。但走在虎身之後可以以柔剋剛，這是人在實踐中得到的經驗，也是創造文明的經驗。履卦以卦爻說明實踐的步驟。初爻爲素履，即不講求虛飾，如此可以把左右其他同類的個性特點標顯出。二爻爲先找平坦之路走，而先找處在幽暗之處的人，或是不常見的人來當學習的對象，而後以害怕踏到虎尾的心情來做一件創新之事。三爻是經驗不足，有如眇或跛，或是徒具武力而无智慧的武夫。四爻是面對未曾處理過的危機，有如踩到虎尾而顫慄不已。九五爲剛毅果斷。上六爲對全部經驗的反省與考核，遇事當機立斷，不怕險難而有所戒懼，事後全盤檢討。以這方法踐履篤實，自然進退從容。

◎履

一‧履爲夬

(一)夬爲履。夬爲快，履爲行，行動爲決也。

(二)泰互通，泰中有夬象（初四互爲夬），故歸妹初九，歸妹以娣，跛能履。履初五互爲夬象。象曰：雷在天上，大壯。君子以非禮弗履，履錯然，敬之，无咎。

(三)離大畜通，互夬；歸妹，自泰通，互夬；大壯、大有互夬，這些卦（山天、地天、雷天、火天）皆夬，交易即履，故易中有夬象每以履言。

(四)夬能履。夬初爻說「能履」。因爲歸妹陰爻上進成泰卦，泰互夬，夬爲履象，而且泰通。四上進，故能履夬來。易中言夬象者，即言履。

二‧履夬相交

(一)履卦說到夬履，因爲履夬兩卦相交易。易經之中有夬象者，皆可視爲履。

(二)歸妹泰互通，泰中有夬象（初四互爲夬）。故歸妹初九，歸妹以娣，跛能履。

(三)大壯初五互夬，象曰：雷在天上，大壯。君子以非禮弗履。

(四)坤言「履霜堅冰至」，坤所履爲夬。

(五)履夬交易即履，故易中有夬象每以履言，夬爲契，故俗語說＜履行契約＞。

三·履爲姤

(一)姤有履象。坤六履霜，所以陰爻初六即有霜象。爲何坤中見履象呢？坤初六本
來從消息卦來看是姤卦。坤變初六爲姤，姤卦就是履象。

(二)坤初六，履霜，堅冰至。以坤消爲姤，姤初錯復，復爲震，震足也。足爲履。
姤和夬相對，夬是澤天，和天澤履相交。夬和履相反，姤也相對。

四·履爲謙

(一)繫辭下七，履以和行，謙以制禮。繫辭下七，是故履德之基也，謙德之柄也。

(二)謙卦說天道虧贏而益謙，說的是謙履九六相易之道，即以乾陽之盈者益謙。地
道變盈而流謙，說的是謙履相錯，謙之坤以陰變履，乾之盈以乾爲坎，故地道
變盈而流謙。履一陽五陰，謙一陰五陽，以謙之陰益履，實以履之陽益謙，二
卦皆成三陰三陽，爲兩既定，故稱物平施。益謙一辭實在說履卦。謙履相錯，
九六互易，履以和行，謙以制禮，謂其相貞也。

五·履爲不處。不以不公道的方法取得爲不處。論語里仁篇，子曰：「富與貴是人之所
欲也；不以其道得之，不處也。」；「不處」是不去據爲己有。

(一)雜卦傳：小畜寡也，履不處也。履爲不處，履而泰。

(二)繫辭下七，履以和行。履以行和，履和而至。

六·履以錯爲禮

(一)錯：如火之躁，錯然雜然。凡東西爲交，斜行爲錯。

(二)離初九，履錯然。敬之，无咎。象曰：履錯之敬，以辟咎也。
因爲離火于德爲禮，其狀爲火之自然紛雜之貌。

(三)錯：火貌自亂也，＜錯亂＞也。序卦傳物畜然後有禮，故受之以履。

七·履是指犯人穿的刑具

(一)噬嗑初九，履校滅趾，不行也。噬嗑說刑獄事，初九即用履字。

(二)噬嗑下互艮，又反艮。有趾足之象。而噬嗑又是上離，下震爲離，即火象爲禮
也。禮者，履。噬嗑下震反艮。艮爲趾，震滅之。

八·履從舟。踐而行之爲履，即＜履行＞。

九·履爲禮，尊卑也。履上爲乾天，乾尊於上，下爲兌澤。澤卑於下。內和悅而外剛健，
嚴而和（澤爲俾，儲水之所）。

十·朱子語類說，履上乾下兌以陰躐陽，是後躐他。如踏他足跡，以重蹈別人之步爲履。
故有履必有先行。

象曰：履，柔履剛也。説而應乎乾。是以履虎尾，不咥人，亨。
剛中正，履帝位而不疚，光明也。

◎履

一・履爲屨，在刑事上是犯人身上的刑具。

噬嗑初九，屨（音唸句）校滅趾，不行也。令之不能行也，亦可看成被法令或法條所拘限。

二・履卦的特性是相錯

（一）履爲足之錯。履以之去適赤足，爲相錯之象。

（二）履爲乾兌，在先天八卦爲乾、兌、離、震之順，而後天八卦爲乾、兌、坤、離之序。易經以交斜爲錯，履和離在先後天八卦既相似，而又有小差別，所以稱錯。

離卦初九，履錯然。敬之，无咎。象曰：履錯之敬，以辟咎也。自古以來，辟咎即消災之法，而通常是以取代之法。以一物幾乎相似而生錯亂者來形成錯亂象爲災。後世之禮法由是而發生也。

（三）世界上之事相近而又不相得則爲災，相近而又有小差也會錯亂，在風水上用偏針有此忌，非能人不可用也，否則有精神錯亂之虞。

三・大壯象曰：雷在天上，大壯。君子以非禮弗履。

（一）履以兌柔履乾剛，故嘉會合禮。大壯上震，中互兌。以震在上而兌在下，也是履象。但兌和乾在先天卦是乾兌生氣之卦，而震兌則不合。凡不合則非禮。

（二）壯履皆以乾爲體。壯爲震乾體乾，剛之過矣。履以乾兌，剛中有柔。

四・歸妹初九，歸妹以娣，跛能履，征吉。象曰：歸妹以娣，以恆也。跛能履，吉，相承也。

五・履爲信而順

繫辭上十二：信也，履信思乎順，又以尙賢也。是以自天祐之，吉无不利也。

◎柔履剛

一・初二兩爻屬於地道。一陰步於地，成履之象。

以乾坤對卦而言，坤之六二進入乾之九三，是柔履剛。坤之初六曰履霜，離之初九曰履錯然。敬之，无咎。都是柔履剛。因爲柔相，彬彬有禮也，是以履爲禮。

二・履爻象以六三爲主，一柔履二剛，爲踐履之象，足踐地。

六三兌柔，履九四乾剛，四爲虎尾也。

三・兌少女柔，乾老父爲剛，履柔履剛。

四・柔履剛是指柔爻在剛爻之下，把剛爻當鞋履來支撐，而柔爲弱，實非容易也。柔履剛是說兌柔在乾剛之下，承其重也。

五・兌爲少女至弱，乾爲至健，故曰柔履剛。履踐履也，中爻互離互巽。

◎履虎尾

一・躡後爲履。比如下方之爻在上方之後，二爻在初爻之後爲躡。

履九四說虎尾，履六三在九四後躡之，故爲履虎尾。

二・乾兌乘謙，震足蹈艮，故曰履虎尾。

三・履九四應初九，初九爲尾。九四下履初九之尾，初九之尾即下卦最尾之爻，即六三。

下卦兌爲虎，兌之最後爻即虎尾。履柔在下，躡足也。

八卦兌爲至柔，乾爲至剛，以柔躡于乾之後，故曰履。

◎履爲履霜

坤爲履霜，履卦象坤。爲何坤中見履象呢？坤初六本來從消息卦來看是姤。坤變初六爲姤。姤卦就是履象。姤和夬相對，夬是澤天，和天澤履相交，爲履象。乾消成坤，消初爲姤，姤夬相對，夬交易成履。所以坤初爻見履，即履霜。履霜操是一首古琴曲，是蔡邕（字伯喈）所撰，孫星衍校。原文見蔡邕《琴操卷上》。履霜操：

「履霜操是尹吉甫的兒子伯奇所作，吉甫是周朝的上卿也。他的兒子伯奇的生母死了，吉甫又娶了後母。後母生了個兒子取名伯邦。伯邦爲了自身的利益，向吉甫進譖言說，伯奇見到吉甫之妾很美，因而對她生了色欲。吉甫不相信此言，說伯奇爲人慈愛仁孝豈會有這種念頭。吉甫的後妻說，可以讓伯奇和妾同在一個空房中試探他，然後請吉甫登樓偷看。之後，後母知道了伯奇仁孝，无法害他，於是取了毒蜂綴在衣領上由伯奇拿去給他的父親吉甫穿。於是吉甫大怒，將伯奇驅趕到郊野。伯奇編水荷作衣服，採槁花充飢，淸晨履霜來表達无罪而被逐的痛苦。於是取古琴彈出曲。曲子說：

> 履朝霜兮採晨寒，考不明其心兮摧肺肝，何辜皇天兮遭斯愆，痛歿不同兮恩有偏誰，説顧兮知我冤。

後來宣王出遊，伯奇之父親吉甫跟隨他，伯奇乃作了歌在宣王之前以宣洩他的怨。宣王聽了，說這是孝子才能說出來的美辭。這件事讓伯奇的父親吉甫知道了，於是到郊野找他，並射殺了後母。」

◎虎

一・彖辭之文明以乾爲虎，諸家以兌西方爲虎。

二・邵氏補象乾爲虎。

三・荀九家艮爲虎，因艮主寅，虎寅獸。

四・虞翻逸象坤爲虎，其說出於京房之坤爲虎。

五・兌西方之卦，上應西方七宿，此七星太白主之。

六・明夷爲虎：坤爲虎，自臨來，兌亦爲虎。明夷有虎象。夷爲地火，即寅中戊丙也。寅爲虎。

七・虎爲西方金獸，乾兌西方金卦，所以履卦見虎。

八・兌爲虎

(一)履卦象曰履虎尾，履以兌履乾，以陰躡陽之義。兌爲虎，兌居西，西方七宿爲白虎。

(二)乾五文言曰：雲從龍，風從虎。

(三)兌履自夬通，上兌爲虎口開于上，九三乾人應之，被咥。夬通履，三上相易，上之虎口閉而不開。六三之人，說相應之。九四爲虎尾，六三自後躡之，故爲履虎尾。

◎帝位

一‧帝位爲五，九以剛中正之德履之。

二‧履從尸，又從彳從反，取行義也。統之于心曰禮，踐而行之曰履。五剛中正當位，謙震爲帝。五帝位，疚爲疾病，五履帝位，坎象不見，故不疚。

◎咥

一‧馬融作齕。

二‧兌錯艮，陽虎也，兌之陰虎也。悅而應艮之陽虎，兌艮相錯有咸道也。尾者少男少女象也。陰陽相應而悅，又兌爲西方白虎，且爲口，故曰咥。咥爲兩虎互交也。

三‧乾變兌，似咥人。然爲悅體，故不咥。

四‧履卦下兌爲虎，上爲乾阻之。虎口與上絕，不咥人。

五‧虎原是吃人的，然性直前不反顧，只要在虎後，就不會被吃。

象曰：上天下澤，履。君子以辨上下，定民志。

◎辨

一‧履見兌爲辨。履自夬通，故曰：「上天下澤」。兌爲口舌，互離爲明，明以辨之。

二‧天乾也，澤兌也，澤上通八卦，自始至終可以辯上下也。履卦見乾和兌爲始終之象。

三‧辨則无疑，所以履象夬，爲決疑。

　　(一)兌爲口之象也。巽爲不果，疑之象。

　　(二)定者，去其疑也。履重實踐，是无所疑也。

◎民志

一‧坎爲志。履錯謙，坤爲民，互坎，爲志。

二‧定民志：謙履二卦，九六相易，成兩既濟。既，定也，故定民志。

◎定

一‧既濟定也。

二‧稱物平施爲定。

三‧謙履二卦，謙大象，君子以裒多益寡，稱物平施。謙履相錯，取其陰陽之多者，益其陰陽之寡者，二卦皆三陰三陽，稱物平施，成兩既濟，此爲「定」之義也。

◎上下

一‧易經八卦不論先天或後天，按其序在一起即爲上下。比如先天卦乾、兌、離、震，乾和兌上下。後天卦兌爲酉，乾爲戌亥，也是上下。履卦爲乾兌，在先天和後天都在一起，所以說上下。

　　履爲禮，知上下也。先天乾一兌二，後天乾六兌七，皆上下也。

二‧易經其他處說到上下的不少，詳本書小畜、蒙、剝卦。

> 初九，素履，往无咎。
> 象曰：素履之往，獨行願也。

　　履初爻陽爻得正，但和四不相應，是安份守己穿白衣素鞋的布衣。履守端正，獨來獨往。素是白色，五行白爲兌金，可比喻爲未經過文飾過的白金，素樸而原始。凡物質通常是先質素而後文飾。履是柔承剛，柔向上行，而踩在乾剛之上。因爲柔弱，雖然前有險陷，因爲柔質不亢，所以无傷。這是素質的好處。因爲沒有文飾，可以不受拘束。

　　履卦描寫的是初民建立禮儀、祭祀的思考過程。最先從原始的表達形式開始。因爲沒有傳統可循，所以要在險境中去創造。易經履卦之意思是履霜，或履薄冰。足下寒而堅，不易走出一條路來，而只由一些不受現實環境約束的人來實驗。顯然這種現象也存在其他文化活動中。易經是一本教人卜占祭祀之書。履卦記的是由祭典而建立了禮儀。

　　在易經之中，白虎是一個最重要的象徵。文化的產生是從克服白虎之力量發生的。這包括音樂、天文、政治、巫術……等等。金和木之相和是協調的表現，也就是吉祥。木无法剋金，則白虎要咥人，災咎即起。如何把不受拘制的白虎帶到被禮儀規範的文明世界，是履卦所說的課題。

◎素
　一‧布衣之士爲素。
　二‧素爲白，西方之色，兌居西方色白。
　三‧履爲禮，禮以質爲本。素履是指最沒有修飾的禮儀。
　四‧坎色白，故素。
　五‧履小畜通，小畜初應四，巽爲白素。

◎无咎
　一‧易經只要具有起碼的中孚之象即无咎。爲何中孚爲无咎，詳本書中孚卦。
　　　履小畜通，小畜以乾遇巽，爲陽之消，履以兌遇乾，爲陽之息。
　二‧履初九變坎爲天水訟，訟不利涉大川。因善履于初，危而无咎。

> 九二，履道坦坦，幽人貞吉。
> 象曰：幽人貞吉，中不自亂也。

　　履卦九二是陽剛之爻居陰位。又下卦爲兌，兌爲口舌，所以九二有訟獄之象。易經之兌卦常和牢獄有關。比如隨上六拘繫之，乃從維之，是被拘之象。中孚象辭曰君子以議獄緩死，而歸妹九二說利幽人之貞，這和履卦幽人有相互之應，都是被人所拘之象。文王作

易是在囚中，所以以囚來表現陽剛之氣被拘之感。九二陽爻居中，是忠心耿耿。但是九二和九五都在中，而並不相應。六三小人居上，又成了口舌，是造惡言者。這活生生描寫了文王作易時的處境。

　　九二變爻，卦成震，震爲路，所以說坦坦。變了震，卦成无妄，可知人之被囚是无妄之災。幸而九二是履卦剛要向前走，中爲互離，二到上爻成同人。與人同心，所以貞吉。二動爲震，震爲道，故履道。

◎坦坦

　　一・兌二數，故重復坦坦字。

　　二・震爲大路，大路坦坦。九二變震爲天雷无妄，互卦爲離，離又錯坎，坎神離鬼，故以幽人象之。震爲大塗故曰坦坦。履九二變震，中爻互變艮，艮思不出位之象，故守貞，小象曰，中不自亂也。

　　三・在路上走，走中間則平坦，從旁則崎險。履九二剛居中，所以平坦。

　　四・陽爲坦，陰爲險，＜險陰＞。

　　　　履九二和初九都是陽爻相重。易經特別重要之義則以重字表示。

　　　　九二居中，故曰中亂者。離爲目，目炫，故亂。

◎幽人

　　一・易經履卦和歸妹卦都說到幽人。

　　　　幽人可比喻爲幽閒貞靜之女，或遭時不偶，抱道自守者。女人嫁錯丈夫或夫不賢的也稱爲幽人。又先人未嫁而死者也稱幽人，比如已過世未嫁之姑姑。

　　二・坎在朔方也稱爲幽都。

　　三・二互離，日在兌西，日入，故人幽。幽，不明也。

　　四・幽人也是被囚的人。

　　五・幽人之義詳歸妹卦。

六三，眇能視，跛能履，履虎尾咥人，凶，武人爲于大君。
象曰：眇能視，不足以有明也。跛能履，不足以與行也。咥人之凶，位不當也。武人爲于大君，志剛也。

　　履卦六三陰爻居陽位，是不得其位。六三在兌卦之上，兌爲白虎。兌三爻陰，是開口之虎。四爲虎尾，三履之于後，故曰柔履剛也。柔履剛是很危險之事，有如在刀口上行走，或是在虎口前走。因爲虎能開口咥人，處在六三豈不凶哉。易經以三爻爲人位，人在虎口，被吃定了。但三爻變卦成乾，以兌體而有文明，乃變爲剛武。上乾下乾，乾爲金。爲武人之象。乾爲大君，是有武功之君王。乾和兌都是金，金與金相比，未必可以有伏虎之功。這是六三不正之柔而志氣太強，又无才德，又自用自專，如以強力要履行君王之威，一定遭

殃。

　　易經以武爲魁罡。而履象虎，虎爲武，則要以文明來伏虎。這個道理可見之於後世道家發明走罡步的法術，即以北斗七星爲式之，再依八卦之序行走來消災驅鬼。五行以走到七爲殺，而七殺即稱鬼。可見履卦說武人的道理是取木和金相制。金原剋木，而木可化金爲文明之器。如金木相停，不但不剋，而且相和而成器。履卦乾和兌皆爲金，是金盛而木衰，所以木受傷，而有眇和跛之象。履卦二四互離爲火，六三陰柔，不能任克，所以說不足以有明也。

◎眇

一・目不中則眇。履三互離，目不中正，故眇。互巽，股不中正，故跛。

二・看東西都要正視，如不用正視，則稱爲眇。

三・外爻或上爻爲陰，下爲目，則目被陰翳，可以看而看不淸，就是眇。

四・木爲目，木被折爲眇。履中爻巽錯震。巽震都是木，而居兌卦之位，被兌金所毀，所以目眇。

◎跛

一・走路要正中而走，不中則稱爲跛。

　　(一)不中是指不居在中爻。

　　(二)歸妹初九不中則爲跛，九二不正則爲眇。

二・兌爲折，又六三爲主爻，主爻中斷，其體不完，有殘疾之象，稱爲跛。

　　(一)六三變乾爲純乾，互巽，巽爲多白眼，眇之象。

　　(二)離爲目，今變乾，乾健也。離目健是眇之能視也。

　　(三)巽爲股，下兌，兌爲毀折，故曰跛然，巽爲進退。能進退，是履也。

◎咥

咥人凶。三在虎口爲人位，故咥人凶。

　　　九四，履虎尾，愬愬終吉，
　　　象曰：愬愬終吉，志行也。

　　履卦之履在初九和九四有另一層意義。履卦以虎爲喻，這是因爲虎音同伏。虎爲伏獸，又虎也和符同音，符爲合，又易經是取義于＜壁虎＞，即蜥蜴之＜善變＞。在履卦說的虎除了可喻爲山中之虎，也有壁虎的意思。這可以從革卦虎變之解看出。

　　至於虎被比爲易，是因爲易經很重要的卦象，即中孚，是取象壁虎和山虎。中孚，信也。如鳥之孵卵皆如期，而不失其信也。中孚値在十一月虎始交也。在十一月中孚卦氣在交候前十日，鶿値候，爲老虎才開始交配。十日後爲中孚，所以中孚也有虎象。

　　履九四以愬愬終吉，這也是取中孚爲象。九四變巽爲中孚，中孚與履互變，成互震，

震動也。行之象，變艮，艮止也。虎交尾畢也，這是取履虎尾和中孚相交成互震、互艮。履九四變巽爲風澤中孚，先後天同位，故終吉。

履卦乾和兌是同宮之卦。先天卦乾兌、離震、巽坎、艮坤，因爲相接而又相生，所以同宮。同宮之卦都是可以相濟，所以終吉。

易經之卦相交是象徵文明之創造，周公制禮作樂就是開創文明。在制作禮樂時要採取和自己文化相近的來融會而成新的文化。禮並非守成不變，履卦爲禮之本。而履象取虎，是大人虎變。

六三不是大人，只是＜大君＞。而且六三位不正，而九四也不正，都不是大人之事。六三以柔弱之才而其志剛猛，所以觸禍。九四以剛明之德而其心愼戒，所以免禍。九四因爲不中不正，有自知之明，最好以交易而各取彼此之長。因爲位不正，自然會有震懼之心。在履九四以老虎相交來比喻。

◎履虎尾
　一‧虎爲寅
　　　寅爲春，春木旺，水見木而洩，春水寒冷，蹈春水有如履虎尾。
　二‧虎尾：初爻爲尾，九四也是乾之初爻，故重言履虎尾。
　三‧履虎尾爲交配之意。
　四‧履錯謙，謙，坤爲虎，艮爲尾，乾爲人，乾兌，乘謙（反面爲乘），震足蹈艮，故履虎尾。

◎愬愬
　一‧害怕之狀。易經以四爻多懼。又四應初，有履虎尾之象，所以多懼。虎易驚，虎爲震，震驚百里。
　二‧又壁虎性易驚懼。震卦彖曰：「震來虩虩」，牆垣之虎性易驚懼，是虩也，重震，故虩虩。虩虩，即愬愬。

九五，夬履貞厲。
象曰：夬履貞厲，位正當也。

易經卦象合於相濟之相，即爲吉祥。而相濟包括中孚所說的孚，孚即利涉大川。履卦是占問建立新的禮儀規範的過程。如果符合自然之道，即可貞吉。履卦九五是正位，所以可以合於「孚」的條件。這是可以從履卦和夬卦相似處看出。中孚也有「呼號」之象，在易卦就是兌卦。因爲兌爲口，故號。夬卦和履相通，履卦初到五互中孚。而夬卦彖辭曰孚號，夬爲孚號。所以履卦取和夬相同之卦象，即呼號相通。又履卦錯夬卦。夬三爻和上爻相易即爲履，在夬九居三，六居上，就是可以貞正爲相濟，所以說貞。

履卦主要的動物象爲虎。虎最善嘯，即呼號。而夬爲上六開口，夬上爲兌，是虎開口。

虎開口爲號。雖然虎叫是合自然之道，因爲形相危險，又是柔爻乘剛爻，所以稱有厲。

　　履卦柔履剛，是文明人的行止，因爲行動太小心，成事不足，所以禮多反而礙事。九五是大權又能擔當的人，所以要表現一點果斷。易經大傳說，履以和行。履初爻爲兌，兌是和兌，可見履卦內兌以和爲本。履者，禮也，以和行之者也，而夬卦內，乾以剛爲本，夬者，決也，以剛行之者也。合履和夬，則禮儀合法度，則可以爲用。

◎夬履

　　履卦所履行的是天象之運行，在夬卦說明之。夬以乾遇兌，右旋而陽息，故上曰其旋元吉。謂兌至乾左旋，爲元陽之吉。

◎貞厲

　一・陽變正爲厲

　　　履六三失正，夬之象位皆正，故夬貞也。陽居陽位者厲。

　二・履六爻，凡陽居陰位者，吉，陽居陽位者，厲。

◎位正當

　一・易中當位之爻，貞而厲者，必與卦義相左者也。

　二・當位者，九五當天位也。

　三・九五變離爲火澤睽，履卦上下相易即夬，夬者決也。履爲恐懼之至也，若在履而爲夬之行，則不可也。

　四・乾之正位在五，故曰位正當中也。

　　　上九，視履考祥，其旋元吉。
　　　象曰：元吉在上，大有慶也。

　　履卦說到禮儀之建立，禮要合方圓。方是指以合義理（義爲方），而截然不可變改。而圓是人步履周旋。履之折旋以天合而怡然不可解。凡事合乎事理，敬神以禮，可得到庇佑。易經八卦之運行，右旋爲元亨，左旋爲元吉。易經卦爻取八卦之旋轉來看事物之吉凶。古時禮儀有三千三百多種，不外乎周旋與折旋而已。履卦上九說明人能考究最好的禮法，而能得理在周旋和折旋之間，則可以中規中矩。

　　履上九是吉祥之爻。占得此爻，即將到來之事都會有可看見的徵兆。因爲易經合於八卦旋轉的卦，我們可以清楚看到它是合理而合義的。易經說的元吉之卦就是這一類。我們從履卦可以學到觀察各種禮儀的合理性、合義性，也因此而可以預測未來之吉凶。但是這種卦爻太清楚，最不宜問生死大事。

　　上九變兌爲麗澤，兌復本位故曰元吉。

◎視

　一・離目爲視。履中互離，離爲目，視象。視其人所履之終，則貞德自見。

二‧視是回看，即詳審發生過的事。

◎祥

一‧善爲祥。

二‧從羊，變兌故也。上乾爲天，天能降祥也。

◎旋

一‧反也，反而與上兌比也。

二‧八卦之運行有左旋和右旋

　大有慶也，大乾也有慶。變兌，兌，說也，慶之象。

三‧先天卦左旋，自兌二陽，至乾三陽（澤天夬），元陽息極。故吉。

四‧旋，轉也。夬澤天，履天澤，夬之旋也。

◎元吉

一‧乾必至上爻乃息成三陽，故元吉在上。

二‧有關元吉之解，本書復卦說明最詳。

◎大有慶

履自小畜通，小畜互大有，乾爲慶，故大有慶。

附：履霜操原文

　履霜操見於蔡邕（伯喈）撰，孫星衍校，琴操卷上履霜操者尹吉甫之子伯奇所作也。

　吉甫周上卿也，有子伯奇。伯奇母死，吉甫更娶後妻生子曰伯邦，乃譖伯奇於吉甫，曰伯奇見妾有美色然有欲心，吉甫曰伯奇為人慈仁豈有此也。妻曰試置妾空房中，君登樓而察之後妻知伯奇仁孝，乃取毒蜂綴衣領。伯奇前持之，於是吉甫大怒，放伯奇於野。伯奇編水荷而衣之，采楟花而食之。清朝履霜自傷无罪見逐，乃援琴而鼓之曰：履朝霜兮採晨寒，考不明其心兮摧肺肝，何辜皇天兮遭斯愆，痛殁不同兮恩有偏誰，説顧兮知我冤。宣王出遊，吉甫從之，伯奇乃作歌以言感之於宣王。王聞之曰：此孝子之辭也。吉甫乃求伯奇於野，遂射殺後妻。

 泰

泰，小往大來，吉，亨。

　　泰卦以天地相交來說明兩個大家族以婚姻相結合，而成爲綿密又互相助長的關係網，
有來有往。泰卦取鳥象，又取中孚。孚爲信，鳥之孵卵皆如期不失信。月令仲春玄鳥至，
至之日，以太牢祠于高禖。玄鳥就是燕子，燕子生時來巢，入堂宇而亂，這都是取孕育之
義。亂字有孕義。

　　又風水學以鳥入宅，是一種自然力來生我之身，即祿命法之得印。因爲這不是規則而來
的，所以稱有亂之意。

◎泰

一‧泰卦二五互歸妹，泰卦即歸妹。泰互歸妹，又與歸妹通，泰卦之象皆和歸妹有關。
　　歸妹說嫁娶，泰卦也說嫁娶。

二‧泰變歸妹
　　(一)泰之六三之小，往外爲四，卦成歸妹。而歸妹九四之大，來內爲泰之三。大來
　　　　而三陽類聚成泰，故亨。這是說明泰卦和歸妹大小互通的道理。
　　(二)歸妹中互既濟，九四下六三成泰，交以三四兩爻者也。

三‧震爲兄（泰二五互震），兌爲妹（泰卦二四互兌）。
　　泰有歸妹象，故泰卦說歸妹。

四‧泰爲大。坤至三爲泰，泰爲大。

五‧泰爲通，通泰也。泰古時唸大，以手掬水洒物，同汰，即＜淘汰＞。

六‧謙、小畜皆地天泰象。謙四上互體泰，小畜初四互體泰。

◎來

一‧由外入內曰來。

二‧泰爲來，所以說＜否極泰來＞。

三‧泰，小往大來，吉亨（六三之小往外爲四，九四之大，來內爲三）。
　　小往大來爲通象。由內而至外爲往，由外復內爲來，小往大來。美在其中，暢於四
　　肢。發於事業，通泰之象也。

四‧易經提到來有下列之處：
　　需上六，有不速之客三人來。
　　比，不寧方來，後夫凶。

比初六，終來有它吉。

泰，小往大來，吉亨。

否，大往小來。

賁，柔來而文剛。

復，七日來復。

无妄，剛自外來而爲主於內。

坎六三，來之坎坎。

離九四，突如其來如。

咸九四，憧憧往來。

蹇初六，往蹇來譽。

蹇九三，往蹇來反。

蹇六四，往蹇來連。

蹇九五，大蹇，朋來。

蹇上六，往蹇來碩。

解，其來復吉，乃得中也。

益六二象曰：或益之，自外來也。

困九二，困于酒食，朱紱方來。

困九四，來徐徐，困于金車。

井，往來井井。

震，亨。震來虩虩，恐致福也。

震六二象曰：震來厲，乘剛也。

震六五象曰：往來厲，危行也。

豐六五，來章，有慶譽。

兌六三象曰：來兌之凶，位不當也。

渙象曰：渙，亨，剛來而不窮。

既濟，實受其福，吉大來也。

繫辭上，極數之知來之謂占，通變之謂事。

繫辭上，遂知來物。

繫辭上，神以知來，知以藏往。

繫辭上，往來不窮謂之通。

繫辭下，憧憧往來。

繫辭下，日往則月來，月往則日來，日月相推而明生焉。

繫辭下，寒往則暑來，暑往則寒來，寒暑相推而歲生焉。往者屈也，來者信也，屈信相感而利生焉。

繫辭下，夫易，彰往而察來。

說卦傳，數往者順，知來者逆，是故易，逆數也。

雜卦傳，萃聚而升不來也。

彖曰：泰，小往大來，吉亨，則是天地交而萬物通也，上下交
而其志同也。內陽而外陰，內健而外順，內君子而外小人，君
子道長，小人道消也。

◎通泰

泰，馬融曰：「大也。」鄭玄曰：「通也。」陽氣上升，陰氣下降，相交則合而和，和
而通，通而泰。所以說內健外順，上下志同。

◎天地交泰

泰者天處地位，地處天位是也，故說天地交泰。三陽與三陰交，俗謂天氣下降地氣上升。

◎交通

泰歸妹通，泰說天地相交之義。從變通卦看，天地交而上下通是泰自歸妹通。歸妹卦天
地下交而萬物下興，變泰，故天地交而萬物通，是為＜交通＞。

◎志同

歸妹九四互坎志，變泰，上下相交，坎志下同三陽，故其志同也。

◎陰陽

易經中只有乾、坤、泰、否言陰陽，其他的卦說的是剛柔，說明陰陽有特別的含義。在
繫辭上傳說一陰一陽之道：「陰陽不測之謂神，陰陽之義配日月。」說的是卦理。繫辭
下傳說：「陽卦多陰，陰卦多陽。陽卦奇，陰卦耦。陽一君而二民，君子之道也。」陰
二君而一民，小人之道也。乾，陽物也；坤，陰物也；陰陽合德而剛柔有體，天地之撰，
說的是爻理。說卦傳說：「觀變於陰陽而立卦，發揮於剛柔而生爻。是以立天之道，曰
陰與陽；立地之道，曰柔與剛。分陰分陽，迭用柔剛。」除外易經不再提陰陽兩字。

◎合明

乾坤交而為坎月離日，故與天地合明。天地者，乾坤也。

◎長短

一‧道之消長，大來則道長，小往則道消。泰為小往大來，所以泰為長，＜長泰＞。

二‧起復成巽為泰卦，萬物盛長也。

三‧易經消息卦說長短。陰爻息而降，陽稱者長也。

四‧長短之道理，可參見本書復卦對長字之解。

◎小人

大人者育人者也，小人者害人者也。

◎消

易經以陰爻之變為消。消者，陰從姤卦起，終于乾卦。萬物成熟，成熟則給用，給用則
分散。所以陰爻說消，消則散。

◎道

震為道。君子道長，小人道短。泰三四互震，震為道，故曰君子道長，小人道短。

象曰：天地交，泰。后以財成天地之道，輔相天地之宜，以左
右民。

◎交

一・易經說到交有：天地相交、正交、節令之交、乾坤交、一卦之中上下之爻互交、不
　交、卦對卦之正交、兩卦互易其爻之交、兩卦相錯之交、震交（剛柔始交）、辟卦交
　戰、夫妻相愛之交、交而害、先後天同位爲交如、交而有功、同志之交、＜君子之
　交＞等。

二・相含之交，即乾坤交。坤卦說＜含宏＞。

三・兩卦相錯之交。比如履卦說到夬履，因爲履夬兩卦相交易。

四・坤之三爻三陰出地在夏秋之交，即坤卦說＜含章＞。

五・成互濟爲交。歸妹中互既濟，九四下，六三上，卦成泰，交以三四兩爻也，即「天地
　之交泰」。乾坤交卦成既濟。

六・水火之交。雲行雨施，天地之交，交以水火，所以說雲行雨施。
　天地之交，交以水火：坤和乾交而後得離卦，乾和坤相交得坎卦。

七・夫妻愛之交，即家人卦象曰：王假有家，交相愛也。
　家人九五交相愛，上卦變坎成相濟，坎離相交，水火不相射，故交相愛。

八・旁通之交，即先後天卦之正交。先天卦對卦即正交，正交之外，就是旁通。旁通就
　是大傳所說的旁行。大傳說旁行而不流。

九・交害也。＜交害＞爲禍害，同位而无咎。
　大有初九變巽，和乾對待，亦交也。但火金、金木皆相害。今同位對待，同位則氣
　和。乾離交害。巽乾交害，火金、金木皆害也，同位則不交害。不交爲害：否爲七
　月卦，月令天地始肅，不交之謂也。否爲不交，泰爲交。不交：下坤上乾是坤遇坤，
　乾遇乾、兌兌、震震，是不通也。

十・先後天同位。大有六五變乾爲重乾，離以中虛爲孚，變乾，乾與離先後天同位之卦
　也，故曰交如。

十一・交合。蠱卦之巽入也，艮止也，互兌。兌說也，震動也。動而悅，男女交合之象。

十二・同志之交
　　　泰彖曰天地交而萬物通也，上下交而其志同也。泰自歸妹通。歸妹四互坎志，變
　　　泰，上下相交，坎志下同三陽，故曰上下交而其志同也。
　　　睽九四，交孚无咎，志行也。

十三・知交。艮卦象辭：知剛柔交錯。

十四・始交。震爲始交，即虎之交，交在中孚。屯彖說剛柔始交，屯爲坎震，震爲乾坤
　　　始交，一索得男，故剛柔始交。
　　　中孚履虎尾。中孚值在十一月，虎始交也在十一月，中孚卦氣在虎交候前十日，

騫值候爲虎始交。十日後爲中孚，震爲虎也。

十五・无交

　　大有初九，无交。

十六・相濟之交。比如：晉需錯，相交易成相濟。

十七・有功之交：隨初九交有功。

十八・陰陽＜交戰＞之交。比如臨十二月辟卦，綜觀，觀八月卦也，其時陰氣未至斗建
　　丑酉，臨斗建丑，即＜陰陽交戰＞。

十九・＜交易＞

　　繫辭下二：日中爲市，致天下之民，聚天下之貨，交易而退，各得其所，蓋取諸
　　噬嗑。

二十・繫辭下卦說到：君子上交不諂，下交不瀆。安其交而後求，无交而求。

二一・交則通，＜交通＞。

　　泰說天地相交之義。從變通卦看，天地交而上下通是泰自歸妹通。

二二・交爲錯：如火之躁，錯然雜然。凡東西爲交，斜行爲錯。

二三・交則互易，＜交易＞

　　(一)履夬相交。

　　(二)履卦說到夬履，因爲履夬兩卦相交易。可知易經之中有夬象者，可看成履。

　　(三)相交即互易其卦中之爻。以坤含乾，故含宏。乾行至健，坤交乾爲既濟，初
　　　　三五皆爲馬，故行地无疆，

二四・＜君子之交＞。子曰：知幾其神乎，君子上交不諂，下交不瀆，其知幾乎。

二五・泰爲交，否爲不交。

　　否象曰：否之匪人，不利君子貞，大往小來，則是天地不交而萬物不通也，上下
　　不交而天下无邦也。

二六・无交爲害。大有初九，无交害，匪咎，艱則无咎。象曰：大有初九，无交害也。

二七・＜交以信＞

　　(一)大有六五象曰：厥孚交如，信以發志也。孚爲信。孚爲離象，離合乾。大有離
　　　　乾。離乾以先天卦合爲交。

　　(二)睽九四，睽孤。遇元夫，交孚，厲，无咎。

二八・先天八卦相對之卦即正交。

◎財

一・財爲裁，古通用。財成即「裁成」，即裁爲四時以成天，裁爲四方以成地。

二・鄭玄曰：「財，節也。」節象曰：天地節而四時成。節以制度，不傷財，不害民。

三・繫辭下一：天地之大德曰生，聖人之大寶曰位，何以守位曰仁，何以聚人曰財。萃
　　爲聚，又同類相聚。

四・金剋木爲裁，即＜我剋爲財＞。五行木剋土，土剋水，水剋火，火剋金，金剋木，皆
　　爲取財。比如庚、辛、金剋甲、乙、木爲財。

五・坤爲富，泰上坤爲財。后：乾爲君，后之象。泰卦象曰：天地交，泰。后以財成天

地之道。

六・坤卦爲財富。泰卦上坤，三五互震，二四互兌。震爲左（左青龍），兌爲右（右白虎），坤爲民。而泰下卦爲陽卦，以坤陰來輔佑乾陽，坤以財能。這就是詩經說的宜民宜人，受裁于天。

◎左右

泰象辭說：「輔相天地之宜，以左右民」。

一・乾離在右，坤坎在左。

二・輔相左右即助也。易經以震爲左，兌爲右，坤爲民。

三・以左右民：坤爲民，先天乾離右，而坤坎左，泰貞既濟，六五爲六二，坤民自左而右也。

初九，拔茅茹，以其彙，征吉。
象曰：拔茅征吉，志在外也。

泰卦下卦三陽爻，是有志一同，也是同類。在三爻以拔茅茹來比喻，因爲茅的枝和莖都堅韌，拔之不絕，要連其根彙一起拔。舉凡同類，只要牽頭一根，其他根也會同時牽動。在泰卦，以下卦三根陽爻來代表・泰卦是以拔茅來形容一個家族和另一個家族結合時，其變動是根鬚糾結，拔此則連彼而起。但是順其根本而拔，就會助長新生。這也是兩家結爲連理目的。

泰卦取歸妹爲通象，所以歸妹卦中的卦象可以影射到泰卦來。歸妹和泰都拿茅草來比。茅是薄而易生，象徵家族的繁衍。而歸妹和泰都說征，征即出去娶親。歸妹是嫁女，所以征凶。而泰是娶女，所以吉。志在外，是一心外求，所求的是可以調和一個家運的姻緣。初九以其彙的彙，可以從易經類別和類聚來看。泰是天地交、陰陽交，陰在外，陽在內。陽剛在內而外順，可以向外發展。初九和外卦是相應情通志合，所以外出有所求，无一不順。

◎茅

一・茅，一名茅蒐，即茜艸蔓生。與茅皆枝莖堅韌，拔之不絕。薄而重用之物爲茅。

二・泰通歸妹。震爲茅，歸妹九四象茅。夫茅之爲物，薄而可用重也。

三・茅潔白，比爲君子。

四・茅被比爲君子。泰初九拔茅茹，否卦象曰：拔茅貞吉，志在君也。

五・震爲茅。泰自歸妹通，歸妹震爲茅，九四象茅茹。茹，本也。

◎征吉

震爲征，歸妹征凶，泰征吉，以歸妹之六三易四，三四兩爻皆得正，故泰征吉。

◎茹

茹茹，本也。

◎拔

反艮手，拔去之。

◎彙

一・類也，變異為地風升。茹變異為木，茹，根也。

二・彙，類也，一種蟲，似豪豬，即蝟。

◎征

一・進也，拔茅茹者，提拔一人，則天下賢人自然牽連而進。

二・易經之征，為婚娶。

三・征之義詳本書革卦和大壯卦。

九二，包荒，用馮河。不遐遺；朋亡，得尚于中行。

象曰：包荒，得尚于中行，以光大也。

泰九二占問娶親對象的選擇。選擇的對象有近有遠，也有要過河到對岸。二爻剛居柔位，是要強烈的動意要改變現狀。九二和初九相近而不相應，和九三也相近而不相應。九二與六五隔了二四，有如一條河，雖然較遠，但兩情相合，所以說不遐遺，即不會因為遠而放棄。二與初爻為邇，隔三四與五為遐。

泰卦原卦是三陽結在下卦，有朋象。二爻為求親而必須遺忘初和三爻，所以朋亡。泰卦朋亡之象是取咸。咸九四朋從爾思，咸卦取中爻互乾，稱朋從。這是比喻乾卦和坤卦要求相交。坤為朋，即乾得到坤之相從，則可以一起相濟。從現實中的意義來看，易經說的陰陽相交就是婚姻大事。婚姻相好，首要是知道兩人類別的互補性，所以完全相似的同類是不合宜之配，不如在遠處求。為了求相交之對象，要能捨去和自家人及手足之私情，以期建立新家。對新人態度要能守中，不可堅持自身的特點，要有包容他人草茅荒穢之象。如此可以陰陽相通，以利共濟，以期發揚光大新的家族、宗族之生命。

九二包荒是包其初，即初之草茅荒蕪象。包字又有孕象，即男女交媾而成孕。九二坎之中爻為水象，二陰包一陽。坎為壬，壬即壬辰。在泰卦之中不成此象。泰下乾，初和三爻皆陽，无包之象，所以包荒。包荒可以解釋為无孕。孕以月望為徵，而乾中无坤、无坎，所以孕象失，即朋象亦失，所以朋亡。這可以占為无子之象，或流產。因為无子，而必須再婚之方法，或遠娶來變更家族之運氣，以求傳宗接代。

◎荒

一・曠之形，如大荒、八荒、洪荒。

二・水多一片為荒：

(一)孟喜曰：「荒，水廣也。」

(二)水性歸，歸於一片，歸妹有荒之象，眾水歸源。

　　　泰自歸妹來，取歸妹爲通象。歸妹三兌澤，四坎水，二五包之于中，故曰包荒。
三‧天地相包，水在中爲荒。
四‧泰九二包荒。天包乎地爲包，故泰否曰包荒。

◎馮河

一‧泰歸妹通，歸妹三兌澤，四坎水，震足動于坎河中，故曰馮河。
二‧馮爲馬渡河。
　　明夷六二馬壯，泰互大壯，所以可以馮河。又一乾一坤，周而始，爲既濟之義。說
　　卦傳曰：坎爲亟心，立心爲恆。恆爲乾之健而不息，坤行无疆，都是說馬之象。

◎不遐遺

歸妹泰通，歸妹九四來三，互復，不遐遺，即不遠復之義。

◎朋

一‧坤爲朋
　　上爻坤，朋之象，引朋之同志也。志在外，地外卦也。
二‧朋字之義詳本書坤卦。
三‧歸妹泰通，泰九二曰朋亡。兌爲朋，兌變乾，而朋象亡。
四‧乾爲遠，故不遐遺，兌爲朋，坤虛无君，欲使二上，故朋亡。二五易位，故得上于
　　中行。
　　九二變離爲明夷，荒：曠之形，如大荒、八荒、洪荒。孟喜曰：「荒，水廣也。」
　　變離則互爲坎，坎爲水，河之象。震爲足，足在坎川之上，故有馮河之象。
五‧朋亡：先天乾坤對待，坤朋也。今變離在坤，朋亡之象。中行：中行謂五，以二配
　　五也。二變五爲離，離之光入于乾之大，故小象曰：以光大也。

◎尚

一‧配也。男就女爲尙，即相配。男女交配，女曰歸，男曰尙。
二‧泰卦說的是天地之道，又通歸妹，所以是說嫁娶之卦。

　　　　九三，无平不陂，无往不復；艱貞无咎，勿恤其孚，于食有福。
　　　　象曰：无往不復，天地際也。

　　泰卦以來往與上下互交爲卦意。除了說結婚之事，也說地上之人祭祀上天之神。在祭
神時，得到自己祖先之靈回應是最吉祥，而且從此可以有祭則靈，即无往不復。往是地上
之人心向上，而復則是神之復言。復見天地之心。
　　泰九三互兌，爲說，互震爲笑，所以是有說有笑，這是因爲求神者得到祖先以說和笑
回應。泰卦上下三爻皆應，而三與上正應，上爲宗廟，互震爲稼，又爲長子主祭，這是最
愼重之祭，即給自己祖先奉祀。兌爲口，有鬼神來食，所以有孚，因爲這是完全的回應，表

示祖先之靈托福。天和地正式相交，交爲際也。

　　泰卦所說天地之交可以從先天八卦看最明。先天由震起行到乾，而坤有行到巽，最後接在乾爲天際，則中間有艮山坎陷是无陂不平。而反之由乾到震，巽到坤，接在震爲復。即回到原處。這說明地理學與八卦之運行，是永遠不終而永遠回到原點。終而復始，人之福氣最後用盡，成爲鬼神，這是傳宗接代的過程。

◎陂

一‧泰卦九三无平不陂。

二‧陂爲傾，地如果平到極點則會有險陂，這是証明地球爲圓之道理。所以九三說天地際，即天和地在地平線相接。泰卦是地天泰，即地和天相接，而无往不復也是說地球是圓的道理。因爲无論向東向西直行，最終會回到原地。

三‧陂爲折地，兌爲折。泰二四互兌，兌爲毀折，折陂之象。地傾斜也。

◎往和復

一‧坤地爲平，坎險爲陂。泰通歸妹，歸妹九四來三，歸妹通泰，无往不復也。

二‧平之與陂，往之與復，皆相隨至。九三進則六四，反升爲降，轉進爲退，故有平陂往復之象。泰九三變兌爲臨，中爻互爲兩震，震與乾在納甲，乾納甲則復也。故曰无往不復。

◎艱貞

既濟之坎艱貞之，乃得正而无咎，既濟三亦互坎，艱貞也。泰貞既濟。

◎勿恤其孚

一‧易經說勿恤都是以勿恤爲句。

二‧泰卦說勿恤其孚。坎曰有孚，九三位正，故勿恤其孚。坎爲恤（即血），泰卦上下爻合爲既濟。易經是以合乎相濟條件的卦都說孚。而泰卦未必變坎，而以勿恤其孚是說相濟之道。

三‧有關勿恤其他之義詳本書大畜卦。

四‧易經說孚，是指得到神靈接受，即上下應而可以濟度。既濟說有孚於飲酒的道理相同。

◎食

于食有福：

一‧易經兌卦爲食。泰三互兌口，故食。泰貞既濟，乾變離，離爲福，故于食有福。既濟其福也，即＜吃福＞。

二‧噬嗑爲食，易經之卦有噬嗑象爲食。

　　泰三曰食：泰歸妹通，歸妹上四爻互豐，有噬嗑象，故三曰食。

三‧易經爲占卜祭祀之書，六十四卦凡是說食，都是以食奉神。

◎際

一‧乾坤交際。

二‧泰九三，變兌爲地澤臨。乾本坤也，天氣下降，地氣上升，故小象曰天地際也。際者，天地之際，即天地之間也。際就是相接，先天八卦在巽和震相接。

六四，翩翩，不富，以其鄰，不戒以孚。
象曰：翩翩，不富，皆失實也。不戒以孚，中心願也。

　　六四在上卦下卦間，即天地之際，即春分鳥兒初生餵食，四五上爻皆陰，爲鳥群飛之象。本爻取鳥之特性善於收藏來比喻。又一陰在下亦爲藏也。

　　鳥在易經有孚信之意，也代表生育，在泰卦之中尤其是和孕字有關。泰卦主旨是上下之交，在占卜是求問生子之事，或爲了求子而結婚。乾卦爲男家，要度到上卦進行婚娶。六四代表群鳥聚在一處，鳥多即可擇之偶多，但是對象多是不富之家。六四陰虛，何況五爻和六爻也虛，變成不富之象。較窮之女方必須要從鄰近三爻之男方借到財力，以壯其場面。雖然門不當，戶不對，因爲互相補對方之缺，以求宗族之繁盛，所以无所忌諱。

　　陰象下交於陽，乃出于中心所願。六四變陽爻爲大壯，泰互大壯，豐互大壯。有上棟下字象，故豐其屋，是結成了家後，家富屋肥。

◎翩翩
　一·泰卦爲翩翩之象，翩翩下飛也
　　(一)井自泰通，初應四曰翩翩，曰舊井无禽。
　　(二)恆自泰通，四正翩翩之位，曰田无禽。
　　(三)賁自泰通，四正翩翩之位，曰白馬翰如。以此證明泰有鳥象。
　　(四)泰歸妹通，歸妹四互坎飛鳥，變泰，坎鳥下飛，翩翩，下飛也。
　二·易經凡是重字都有相接之象，但是以翩翩最明。
　　翩翩：三陽爻比三陰爻，比接之狀也。
　三·飛鳥爲翩翩：泰中爻互震，今又變震。震爲震動，翩翩之象。
　四·物以三爲群。泰卦上三爲陰爻，有如鳥群飛。鳥數飛爲習，群飛爲翩。
　五·翩翩，即下飛也。
◎富
　一·坤爲富
　　(一)坤厚載物，富之象。今變震，則所載之物已動，是不富也。
　　(二)小畜富以其鄰，謙五不富以其鄰，謙下艮即乾位，小畜富以其鄰，小畜上巽即坤位。
　二·易言不富皆震象，以上中兩爻陰虛也。泰通歸妹，歸妹四震爻，故不富。
　三·<傾囊>則不富。泰上卦爲坤，坤爲囊，上兩爻陰畫中虛，如門戶大鍵大開，傾囊之象，所以不富。
◎鄰
　一·泰之中爻上互震，下互兌，先天卦位乾比兌，坤比震，皆鄰也。
　二·後天東震鄰坎，西兌鄰離。
　三·鄰之本意爲家，六四本來是家人之意。家人六四可稱爲富家大吉，而泰卦六四只說

鄰，不說家。

◎戒

一‧不戒以孚：戒，告也，孚，信也。

二‧鳥叫爲戒。

三‧泰上下之交皆三四兩爻，三曰其孚，四曰以孚，乃上下交而志同之象。孚，坎志，泰貞既濟，下坤爲坎孚，亦不戒以孚也。

◎實

一‧陰爲虛，陽爲實

（一）泰卦坤居上失實。

（二）震爲坤虛，失實。

二‧又陰虛居上，失實。

三‧離九三失實。九三、九四皆有兌象，九三陽變陰，九四陰變陽，皆有兌象，兌爲毀，失泰之實也。

◎中心

中心願也：中，中爻也，中爻坎志，即志願。中心爲願。

六五，帝乙歸妹，以祉元吉。
象曰：以祉元吉，中以行願也。

泰卦取歸妹爲通象，所以說的是婚娶。在不同的爻之中，有不同社會階層的人的婚娶方式。初爻是說居在郊外住茅草屋的野人之婚俗；六二是住在城郭和荒野之間，即兩個區域所包的農夫之婚事；六三和六四是和城裡和郊野之際的平民的婚事；六五是說帝王之女的婚事。

本爻是以商朝的帝乙來取象。泰之卦候在東，與後天卦位震同，即帝出乎震。震爲長男，而泰之六五則爲中女，長男之女。這個神話是說在仲春，即震卦的季節，帝乙爲了妹妹辦婚事。六五爲陰爻，而六五居中是貴婦之位。又在泰卦之外卦。泰卦是以兩家通婚，而居高位之女方爲貴族。歸妹以祉是說貴女下嫁，降福夫家。元者善之長，帝王之妹以和順之德降福夫家，可以保永久之福。

◎帝乙歸妹

一‧帝出乎震，震兌間爲甲乙，坤陰納乙，故曰帝乙。

二‧歸妹：泰六五變坎爲水天需，此歸妹象也。

◎歸

一‧女嫁曰歸，以男爲家也。

二‧歸妹爲歸。泰自歸妹來，以歸妹六三兌妹，外歸于泰四，與漸女歸吉同，故曰帝乙

　　歸妹。歸妹者歸四爲三，女子大歸之象，所以无攸。泰者，歸三爲四，乃女子于歸
　　之象，所祉元吉。

三・易經卦爻以回爲歸，即歸來。易經由下爻到上爻爲去，由上爻回到下爻爲來。

四・來知德卦專言來之道理，即爲卦爻之來去。

五・歸之義詳本書歸妹卦。

六・歸爲順，即＜歸順＞。陰陽以氣言，健順以德言，易惟乾、坤、泰、否言陰陽。

◎元吉

卦合先後天乾、坤、坎、離之大用，故曰元吉。

◎乙

一・上坤，坤納乙，上互震，帝出乎震，故稱帝。與坤合，故曰帝乙。易經說帝出乎震，
　　震在八卦是卯位，卯之地支即爲天干之乙。古時以乙爲帝王稱乎不少，因爲震爲帝，
　　所以以乙爲帝也合理。商湯自稱爲「天乙」。以後五行易以有天乙貴人之稱。商朝
　　六世祖爲祖乙，紂父爲帝乙。帝乙可能是古時帝王之名稱。

二・乙爲一，甲爲乙。

三・上卦坤爲乙，乾爲甲。

◎妹

一・下互兌，兌爲少女，故稱歸妹。

二・帝乙歸妹：泰二五失正，二五交易，爲帝妹下嫁，離爲祉，六五下成離，故帝乙歸
　　妹以祉，謂歸妹而以離祉歸之也。

三・甲以乙妹妻庚，凶爲吉兆。

四・泰卦大五爻應二，二者互應而合。五爻爲陰，爲妹也，下嫁二陽爲妻。上爻之五爲
　　震，所以說乙妹。震爲卯，卯乙也。下爻乾爲震，震庚也。下卦之中爻爲庚。乙妹
　　嫁庚，這是說歸妹之道理。

五・泰卦和歸妹卦之關係詳歸妹卦。

◎中行

中以行願：中即六五，互震，震爲足，行之象。六四之翩翩，六五之帝乙因泰之候鴻雁
來，故爻以翩翩形容之。

> 上六，城復于隍，勿用師，自邑告命，貞吝。
> 象曰：城復于隍，其命亂也。

　　泰卦坤和乾交，到上六終，終而復始。當承平日久，泰極而否象現。這情況可以比喻
爲城垣傾覆而墮至城外深溝。是一個國家分崩離析之時。在這時不能用兵，因爲勞民傷財
只會使民心更加散亂，只能將神意在親人之中播告，漸及于遠，以論其利害，用之收拾人

心。

本爻取象於商朝，商朝之先王積累而致尊崇，有累土爲城之事。泰卦內卦爲乾，積陽而成乾道，有如城基。後紂傾覆國家，尊崇頓替，比喻爲城復于隍之象。以明上六爻象，陰消之極。泰卦以天地之交泰演人心之交泰。人心交互溝通，則相親而不相忌，然後可以致世運之通泰。

本卦原是說婚娶。上六陰爻在上是由治而衰。從占卜之原理，與神之溝通到了極點，必要回復到原來上和下之分寸，而不可再續，否則得到的指示是亂而令人不解的語言。這時不可再問，而要退守。問命者只能在彼此之間先建立世俗之溝通與瞭解，這是在天意不清時應該作的方法。

以現代人的觀念而言，文化有其大家遵循的語言系統。當這一個共同的符號系統因爲日時久遠而不具影響力時，社會之中的成員只能回復到原始的時候，重新建立彼此理解。這時以婚姻和人際之交接已不可能把不同的族群和社群鴻溝縮小，人們只好先從建立互信與感情，來重新發展語意的新秩序。

◎城

一‧卦爻見土包虛中爲城

上六變艮爲山天大畜，坤土變艮亦爲土，艮山之象，故曰城。

二‧城爲戊土。

◎告命

一‧誥命。

二‧否巽爲命。下爲巽，宣布君之命令爲告命。

◎隍

一‧城下溝爲水也。

二‧壑爲隍，城下之溝。无水稱爲隍，有水則爲池。

◎復

城復于隍，喻君爲不道人心已失也。復（覆）也，說一城之人心已敗到極點。

◎師

一‧坤眾也，象變艮止也，故曰勿用。

二‧師爲復

(一)泰三无往不復。泰三互復，故勿用師。師復有三義：一爲老師爲生復習，二爲以兵師收復失土。泰卦上六城復于隍，勿用師。復是指覆敗，此爲三義。

(二)泰卦下坤，師上爲坤，兩者是反復。

◎祉

一‧易經之祉爲宗廟，是傳宗接代之象徵。

二‧泰卦之五變體爲離，離爲大腹，所以說祉福，即有後之象。泰上爻爲乙，乙爲卯，泰爲陽中，萬物以生。生育者，嫁娶之貴。仲泰月，嫁娶男女之禮所稱慶者，爲傳宗之喜。所以泰卦說祉。

三‧帝出乎震。泰卦六上說震，所以主祭者莫如長子。

◎邑

四井爲一邑，古時是官名。城主所居爲邑。

否

否之匪人，不利君子貞。大往小來。

　　萬物情感不相通，各自爲是就是否。否卦適於做小事--小事即娶妾爲小，驅鬼爲小。否卦和歸妹卦都說不交，有相類之處。乾坤異體，升降殊隔，果不犯尊。

◎否

一‧否從口、從不。以否定之意見發表，故口爲否。

二‧否自乾來。陽往而消，陰來而息，至三爻成否。

三‧否爲志不同，離散之象。

四‧小人在位爲否。小人色屬內荏，即內柔外剛爲否。

五‧天氣上升而不下降，地氣沉下又不上升，二氣相隔成否。

六‧逆爲否，順爲臧。坎在下而坤在上爲逆。師初六，師出以律，否臧，凶。坎爲律，坤爲眾。今眾不在律之下，是不聽令，故爲逆反。

七‧遯九四，好遯。君子吉，小人否。陰居陽位，而不得體爲小人否。

　　遯九四君子吉，小人否。遯與否惟九三之一爻相異，三以陽居之，則爲艮之君子，而四尙與陰遠，无剝陽之患，三若以陰居之，則否之小人而四與陰近，有消陽之憂，故遯九四君子小人。

八‧一物之反面爲否。比如鼎初六，鼎顚趾，利出否。否爲坯模，利出否，即利于從坯模取出。否爲反，坯模爲實物之反。鼎有實，所以利出否。

九‧人在否時以節儉爲德，不可榮華其身。

十‧否卦上下不通，是指在祀神時未能得到啓靈的效果。通爲＜通靈＞。

十一‧否字有相隔的意思。

◎君子

艮爲君子，九三往爲九四（漸之九三往否之九四）漸之艮失，失君子之貞。

◎大往小來

一‧易經說往來至爲詳者，爲來知德之易注。

二‧往來之義詳本書无妄卦。

三‧否自漸通，來漸之九往外，六四來內，故大往小來。

四‧陽主生息，可稱大，陰主消耗，故稱小。上乾氣向上，坤氣向內，大往（向外）小來（向下）。

象曰：否之匪人，不利君子貞，大往小來，則是天地不交而萬物不通也，上下不交而天下无邦也。內陰而外陽，內柔而外剛，內小人而外君子。小人道長，君子道消也。

◎不交

下坤上乾是坤遇坤，乾遇乾、兌兌、震震……是不通也。乾往居外，坤來居內，陽氣上而不下，陰氣下而不上，二氣不交，其志不同、不和、不通，隔塞成否。

◎匪人

一‧乾爲人，坤匪人

(一)否卦否之匪人，否爲匪。

(二)否自漸通，九三變六三爲坤，匪人。致否者，六三之匪人也。即因爲三爻之變而令全卦成爲相反之卦。

(三)坤爲乾之反面，故以坤爲否，故坤爲匪人。

二‧三爲人位，失正則匪人也，否六三原爲人位，失正，居人位爲匪人。

三‧鬼非人，匪人爲鬼

漸卦三之四爲否。干寶曰：「六三乙卯坤之＜鬼吏＞，故匪人。」中國人之信仰把神的地位和人的政治相比，所以鬼也有官吏之分。

四‧匪人：非爲普通之人，比如閹人等。比六二比之匪人，馬融曰：「非也。」後天卦位坎艮比連，艮爲閹寺，宦官所居即匪人也。

五‧丑類爲匪人

離上九獲匪其醜。離下三爻皆正，上三爻匪(失位爲匪)。離自大畜通，大畜九二上四成離，獲離之匪，與上九同爲醜類。又醜爲鬼之同意語。醜同丑，易經以醜字爲鬼，即匪也。

六‧无爲匪，大有交无害，匪咎。

萃九五，萃有位，无咎。匪孚。象因三往上而坎變，孚象失，故匪孚。又萃一字爲孚象之反，小過飛鳥，內聚爲萃不飛，匪孚也。

七‧坎爲匪，寇爲匪，坎爲冠

屯六二、賁六四、睽上九都說「匪寇婚媾」。這三個卦都互坎，坎爲盜匪之象。

賁下離中女也，下艮少男也，中爻互坎，中男也。互震長男也。

八‧不合爲匪，比如＜匪夷所思＞

渙六四匪夷所思。渙本散之象，而六四言丘，丘爲聚，此非常理所思者。

九‧否爲比，兩者都具有匪之義。

匪字其他之義詳本書比卦。比卦和否都是取實物和其代替品來相類，其形因非原狀，所以言匪。以人而言，其否類爲鬼。以男人而言，乾之否類爲坤，所以易經以坤爲鬼。又歸爲鬼，其取類之法爲＜歸類法＞。即將事物相類而不全然相同者以同一類

等而視之。

十‧否爲坯模，匪可能是印模。

十一‧否之匪人，即天也，天非人所能想像。

十二‧人道不興之時爲匪人，這種時候是不照人理。周文王在殷末世，見世道之否，所以發匪人之句。孔子居春秋之否，乃曰道之將行也與命也，道之將廢也與命也。孟子居戰國之否，乃曰莫之爲而爲者天也，莫之致而至命也。否之匪人天數也，君子貞者人事也。

十三‧匪人爲天也。否之匪人是說它不是講人道之時代，而是依天然之道，非文明之道。在講天然之道對講義理之人是不利的。

◎邦

一‧否象曰天下無邦。坤爲邦，坤土爲邦。

　　　師上六小人亂邦。

　　　師九二懷萬邦也。

　　　離上九以正邦也。

　　　中孚象曰：孚乃化邦也。

二‧易經許多地方都是以坤爲邦解。師上坤，離貞以坤爲濟，中孚互坤。

象曰：天地不交，否。君子以儉德辟難，不可榮以祿。

◎儉

一‧坤爲嗇吝，儉象，即坤之括囊之義。儉德爲坤也。

二‧乾爲德，坤以藏之也。儉德者，收斂其德。

◎辟

一‧艮，止也，故有辟之意。

二‧辟從辛，做劈木之用。木爲鬼，金制木以辟咎也。

◎不交

一‧否爲七月卦，月令天地始肅，不交之謂也。

二‧歸妹象曰：歸妹，天地之大義也，天地不交而萬物不興。否與歸妹皆陰陽之卦故否、歸妹交都是不交之象，易經只有否和歸妹說不交。

三‧否不交是不通象。否下坤上乾是坤遇坤，乾遇乾，兌兌、震震……是不通也。

四‧睽象曰小事吉，睽火上水下，不交之卦，是上下情不通。小事不是吉事。睽卦說的都是和陰間打交道之事，所以說小事，小爲陰。

五‧漸九三婦孕不育，婦之孕者，陰陽交也。否陰陽不交，漸自否通。所以漸之九三有否不交之象。

六‧益卦說无交而求，也是說否卦。否天地不交，益卦是損一方來益另一方。

七‧大有初九變巽爲火風鼎。大有下卦乾，鼎初爻爲長女，火天離乾先後天同位，所以大有无交害。變巽，巽和乾對待，亦交也。火金、金木皆相害。

八‧易經以先後天同位對待，同位則氣和。氣和則交，不和則不交。

九‧否爲不交，泰爲交。

◎祿

一‧祿，福也，詩曰：「天被爾祿」。

二‧五行命學以人之生命爲祿，是祿命法。

三‧人命爲祿，死了就稱爲不祿。

◎榮以祿

一‧否卦說不可榮以祿。易象以乾爲福祉，否自漸通，漸四互離，漸變爲否，故不可榮以祿。

漸之互離，剋乾金也。榮爲離也，離剋乾，乾離爲祿，相剋不祿也。繫辭上傳言出乎身，加乎民，行發乎邇，見乎遠，言行君子之樞棧，樞棧之發，榮辱之主也。

二‧清朝之名臣＜榮祿＞爲反主者。榮以祿是說否卦，否爲反。

初六，拔茅茹，以其彙。貞吉，亨。
象曰：拔茅貞吉，志在君也。

否卦和泰卦的爻辭是相對的，所以否卦初六爻辭和泰初九相同。唯一不同是泰說志在外，而否卦志在君。泰和否都拔茅茹，以其彙，也都說征吉。易經征吉拔茅茹，可以比喻爲親族的相率連關係。征吉說的是婚娶之利。泰卦是以男方去求女方以結成佳偶，而否卦下卦爲陰，是保守而不開放的性質。不過否卦下卦爻爻和上卦爻爻皆互應，所以也是相配之相，所以說征吉。但是否卦說的是破落家族躲在一個小地方避難。因爲家資不足，所以只能由別人供應，而在求婚的心態是排斥他人的。

易經泰和否卦以茅草爲喻，是因爲茅有多種，比如白茅、黃茅、香茅、和苞茅。它的特性是根特別長，有春生也有秋生。泰之月候應春，否之月候應秋。以根來類比一個個性特類的群體，則泰和否都相同，只是否是往內縮，而泰向上長。二者皆可比喻爲生殖力特強的家族。否卦因爲內縮，所以內向性強，忠於自己家族之主。如果能以新的君主來引導它，則可以將家族移向一個新的方向。

◎彙

類也，此字義見泰卦。

◎茅

一‧草爲茅，巽爲草，即茅。

(一)否初六變震爲天雷无妄。陰爻在下者入之象，入即巽也。初六巽爻，巽爲草木，陽爻爲木陰爻爲草。初六陰爻，草茅之象也。

(二)否自漸通，漸巽爲茅，漸之六四者，茅之茹(本)也。

二· 茅之爲物，薄而用可重，以剛承剛，則有傾折之患。以柔承剛，則无覆敗之憂。

三· 茅之義詳泰卦。

◎否泰之貞

貞吉亨，泰初貞吉，否初也是貞吉亨。泰初九得正，否初六失正，都是貞之乃吉而亨也。因爲貞而吉，否所以可以貞吉。易經之辭包含二種情況以此最明，說辭正和反都合。

◎拔

變震，震動也。互艮，艮爲手，動手以反拔之，拔茅之象。

◎茅茹

物體相連欲結爲一塊爲茅茹。

◎志在君

否自漸通，漸互坎志，九三之四爲否之乾，故志在君也。

六二，包承，小人吉。大人否。
象曰：大人否，亨，不亂群也。

否卦和泰卦都說到包。泰是包荒，否是包承，承是下爻接承上爻，而包是上爻包庇下爻。二爻和四爻都被五爻所包，而六二包初爻，又被初爻所承。泰卦之包是包含別人的東西，而否卦是包自己的東西，是有私心的包庇，而不是寬宏大量的包涵。否卦上之陰爻向下，而陽爻向上，互不相交。這種狀況所顯現的是自我閉塞但內聚很強的群體，不和他人交流。雖然群體不亂，卻不創造生機。否卦表現的特性是各自爲群，和別人不相涉，互不傷害。如果從事的是小事，就可以做得很好。

就婚姻而言，上下卦不交是同類之氣太強，而不接納別的氣，也不能和別人合理相爭，所以都是勉強的相配，比如納妾、同居、娶異族，或男女年齡相差很大的配對，命理稱爲硬配。

否卦在祭神時所能求問的是地位較小的小鬼，而不是高高在上的神明。它會包庇有私情之人，而缺少公正。問大事是萬萬不可的。坤與坎先後天同位，是小人之勢，故小人之吉也。大人指九五言位尙未至也。

◎包承

一· 乾包坤爲包。包，如泰卦之乾道包，否六二變坎。

二· 包爲承

(一)易經之包義詳本書坤卦。凡有坤之義都有包義。

　　　　(二)包爲承上。這個定義在否卦說明最清楚。否六二和九四是二四同功，二者照理
　　　　　　都要承應九五。二爲四所包（承），所以六二包承，承即承上之爻也。二因爲
　　　　　　和四都是陰爻，一同承五之包，包即上蓋下。
　　三‧否爲包，天包乎地者也。

◎**大人否**

　　五爻爲大人，否卦天地分體，所以大人否，就是說和下卦和上卦分隔之象。所以是大人
否。

◎**亨**

　　一‧易經以上下卦之相應，而合於卦名者爲亨。
　　二‧否二五相應，而上下卻相背相隔，這種應正是強調否背的意義，所以說亨。亨即合
　　　　乎其義理。

◎**承**

　　一‧艮手爲承。否六二變坎爲天水訟，中爻互艮，爲手承之象。
　　二‧否爲承。地承乎天爲承。否卦天上，地在下，地承天。

◎**群**

　　一‧群字之義詳本書渙卦。
　　二‧易經以三爲群。
　　三‧坤爲群。否卦下坤，爲三陰之群。又坤爲亂，因爲坤之正當位是上卦，而不是下卦。
　　　　否之坤居下位不正，不正之群爲亂。
　　　　否卦下坤爲亂，因爲上下卦相反而相應。既相應，是合乎易道，所以否卦三爻說不
　　　　亂群。

　　　六三，包羞。
　　　象曰：包羞，位不當也。

　　泰卦說包，而否卦也說包，兩者所包不同。包字是陽含陰爲包。泰卦陰在上，不能含
陽，所以泰是不包，而否才是包象。否卦的否字就是包，不過每個爻的包含意不同。

　　否六三是陰，未能合理地去包六二之爻，反而是被九四所包。否卦六三陰爻居陽位，
地位不正。而九四也不正，兩個不正的爻互相包庇，是立場不正者互相祖護。六三本來地
位是該包含六二，反而被包，所以用羞字來說明。這可比喻處在要職的小人一心求上進，而
不顧羞恥阿諛奉承。

　　否卦卦象匪人。在否卦的狀況，正常的事物、人物，和人事關係都不合乎正常人的運
作，反而較適合不正常的人的關係。小人互相包庇只是其中之一端。這個爻也可以比喻人
際關係中不正常的情況。比如不正常的夫妻、小人得志、陰邪作祟等等。

　　否是容器。盛食物的盒子要有特別的密合，才可以用來裝腥、羝（唸字）、膾、炙、醢、醬之類的食物。所以否卦六三包羞，否卦之大象是艮巽。六三動而成乾艮，正配是天山遯之卦，在否見以遯守爲策略，是上策。中爻二至上互爲姤，姤爲遇。柔遇剛，是曖昧之遇。六三變成乾一男，巽女，艮爲男，兩男一女，是否反的男女關係，至爲羞人之事也。

◎羞

一・坤恥爲羞，否成于三，三以不正爲上所包容，故曰包羞。

二・羞從丑，丑即否也。凡違義失正則可羞。

三・羞即匪人。孟子曰：「無羞惡之人者非人也。」

四・羞爲膳羞，即腥、羝（唸自）、膾、炙、醢、醬之類的東西。

　　否卦口之物，即容器。包羞爲容納美食之食器。

五・羞，饎饎，即奉承之意。

　　包者，乾包坤也。今變艮爲手，有奉承之意。

◎位不當

一・位不當之義詳本書需卦。

二・陰居陽爻爲位不當。

三・否六三爲艮之正位，今變而來，又在陰之內，是君子與小人爲伍，故曰不當。

> 九四，有命无咎，疇離祉。
> 象曰：有命无咎，志行也。

　　否卦之爻是爻爻不正，但每個爻地位不同，所以有的不正而不凶，有的不正而大凶。否九四陽爻居陰位，是仁人君子有位而无實權。而且又是近九五之君側，地位顯著，卻是伴君如伴虎。易經九四是多懼之地，易于得咎。九四變爻後變成巽，巽爲順，是可以變而成吉。與個性剛烈之君王相處，能順而不得咎，所以九四有命，是在否境之中以順應來維繫自己的生命。

◎命

巽爲命：

一・九四變巽，巽爲命。巽坤先後天同位，故无咎。

二・否自漸通，漸四爲巽命，否四失正，若貞爲漸，則有命而无咎。

◎疇

一・類也，可指眾人，亦爲田疇。否自漸通，漸巽有井象，故以疇言。

二・九爲疇，夏疇九，取井象。有井即有祉，即先天之廟。

　　否九四變陰爻成觀卦，觀即廟。觀爲先後天同位卦。

　　先後天同位（坤巽），巽爲命，命即先人之言可卜，故曰有命。否卦字含有无卜之

象，即先人不言，否字從不、從口。

◎志行

志者指先後天同位（坤巽）。

◎離祉

一・離，附也，即有神靈之宗廟。離爲陰，即鬼。易經以陰類爲鬼。

二・祉：福也，即福祉。太玄經說陽无介，疇離之劇，反是介也。疇離之劇可能是古時在家廟祭神時扮演的戲劇。陽无介，即陽氣太旺者不能當靈媒，而要由在祭神時演出的巫師來做介助。

三・泰二五失正，二五交易，爲帝妹下嫁，離爲祉，六五下成離，故帝乙歸妹以祉，謂歸妹而以離祉歸之也。

否初三四失正，初貞吉亨，乃貞而吉。否天地不交，三四易，卦成漸，陰陽乃亨。

九五，休否，大人吉。其亡其亡？繫于苞桑。

象曰：大人之吉，位正當也。

否卦卦之動態在於陰消陽之憂。但否卦乾在上，居九五，坤在下順，所以无法消之。卦態呈現爲休止之狀。因爲坤无法逆勢，所以九五在上无所憂忌，大人之吉也。否卦的卦性即是乾和坤休止相往來，休止爭戰。

否卦九五陽在位，是自滿自足。但是休止不動是如同死亡。而且上卦之安定，是建立在下卦全陰完全虛脫的地基之上，有如把一個國家安危繫在弱柔的桑木。桑樹在古時是用來分開不同的田地。桑田之桑，分疇而種，枝幹條達，是柔而韌，枝弱而易折。即不能成爲支撐的木幹，但也可以用之於一時。這只是造成短暫的安全，並沒有長久的保障。

◎大人

否之九五陽剛中正之位，乾之九五利見大人是也。

◎休

一・人依木息曰休，即<休息>。

二・休否，即息在巽爲木，休息之以觀其會也，即旁依在木而觀看祭神之過程。

三・易卦見巽爲木，見木有所依

(一)否自漸通，漸爲巽木，五爲乾人，有人依于木之象。

(二)否卦二五互爲巽，巽爲木。否之五爻居巽之最上，依木而立。爲休之象。

四・美爲休。

五・休爲喜。

◎苞

一・苞即包。坤爲包，亦爲桑（黃桑）。

二・苞即本也。

◎亡

一・其亡其亡：否爲陽消之卦，故曰其亡其亡。

二・亡：變離則互坎，坎險也。繫于險，亡之道也。

◎桑

一・否有衣象，曰桑。

否上乾下坤，有衣裳之象，故于木象桑。

二・桑之爲木者，上玄下黃，以象乾坤也。桑爲乾坤。

三・桑爲喪，否即喪，其亡即說喪事。桑字預兆喪亡。

四・武丁時，桑穀生于朝，祖乙曰：「穀野艸也。野艸生于朝，亡乎。」

桑之爲言喪也，可見自古桑就被看成喪。

◎繫

一・巽爲絲，連繫之用。先天八卦乾、兌、離、震、巽、坎、艮、坤。乾以巽繫在坤卦上。

二・否自漸通，漸巽爲絲，否坤性順從，不能消乾使亡。漸四巽陰，不欲陽消，以陰繫陽也。

◎苞桑

巽，櫟柔木也。桑爲柔木，故詩謂之柔桑。草木叢生曰苞。

上九，傾否，先否後喜。
象曰：否終則傾，何可長也？

否卦和泰卦相反。泰極則否，否極則泰。泰卦上六爲復，即顛覆，不吉。而否則是傾復，是傾倒不利之物，倒則通暢。所以否之極爲憂，而傾則喜。否之傾和鼎之覆折足都是倒，因爲否和鼎都取容器爲象。傾則倒，否和泰相綜，否倒成爲泰，所以否之傾是吉。把不吉利的向外傾出去，是爲否。

否上九變卦成萃。萃爲聚，是兌坤。兌坤在後天八卦是相鄰，鄰而聚。事物一旦開始相聚，就可以溝通，所以萃爲順天命。繫辭說觀其所聚，而天地萬物之情可見矣。此與否上九先否後喜通。

◎傾

一・反類爲傾，即一物之反面。

否泰反類，否極反泰，故否至上而傾。

二・倒也，即反，如反卦。

三・傾爲復，取泰卦之无往不復爲象。否和泰相綜，泰上復，否上則傾復。泰卦之上六

城復於隍，是城之傾覆到隍溝，和否之傾復同意。

四‧坤德爲容，百物皆在中

坤在上爲容，在下則傾。易者使傾，否坤在下，故否言傾。

五‧陂爲傾，即无陂不平之陂。

六‧傾爲覆，即＜傾覆＞。

傾字指示鼎卦之顛覆。鼎折足而覆，木在下則穩，鼎卦之木在下。

◎喜

一‧卦象相親則喜

否上九變爲萃，上兌下坤，澤與地本相親，故爲萃。萃卦象辭曰：利有攸往，順天命也。

二‧通則喜

先否後喜：泰三互兌之喜，故先後喜。又傾畢則通，故後喜。事物顛三倒四則否，否則不通，所以不喜，通而後喜，易經說喜之處都有通象。

◎先否後喜

一‧泰之三互兌，傾覆成反兌，爲否，故先否。

二‧上九變兌爲澤地萃，兌爲毀折傾之象。否窮則傾，傾畢則通，故後喜也。

後喜：兌爲喜象。否則傾，故先否。傾則通，故後喜也。

◎何

何即是否。易經中用何可二字有好幾個地方，何都可以取否之意來解。否爲不可，何亦爲不可。否是陽制生長之義。

◎何可長

一‧易經之陰陽消長，指乾坤之消息卦。陰消陽息，爲陽不能長。

否卦之不可長，因爲否是陰消。

二‧下卦爲陰卦，即不可長，因爲陰消也。比如：

(一)否上九，傾否，先否後喜。象曰：否終則傾，何可長也。否下卦爲坤陰。

(二)既濟上六象曰：濡其首，厲，何可久也？

既濟下卦爲離陰，爲上坎之濡頭(即離三爻爲坎所息，濡爲息)，陰消即不可長。

(三)中孚上九象曰：翰音登于天，何可長也？

中孚下卦爲澤陰，翰音爲鳥向下飛時叫聲，因爲下爲澤陰，陰消而不可長。

(四)離九三象曰：日昃之離，何可久也？

離九三日昃(音側)之離，三在下離之終也，日昃之象。三至五互兌西，日偏于西，亦日昃之象。爲因日已要落，所以不久。

(五)大過九五象曰：枯楊生華，何可長也？大過下巽，木在下而上金剋之，木不易生長也。

(六)豫上六，冥豫，成，有渝无咎。象曰：冥豫在上，何可長也？

雷地豫，坤在下。雷聲欲發揚，而下坤陰是陰暗不明而无風无雨，所以雷有聲而不長。又雷在卯月驚蟄最發。雷欲發要見山、見巨木，而不是土地。

（七）姤彖曰：姤，遇也，柔遇剛也。勿用取女，不可與長也。

　　　姤上乾下巽陰，巽木欲長而乾金剋之，所以不可與長。

三・漸行慢。凡事漸則不能快，快則不可長，否卦自漸通，漸巽爲長。

四・否卦和泰卦相反。泰卦說長，即復卦復亨剛長之意，有關長字在易經中表現出消卦
　　的作用，可參考本書復卦之說明。

 # 同人

同人于野，亨，利涉大川，利君子貞。

同人履通，履六三應上九，三爲人位，乾爲人象，故曰同人。

◎亨

乾離同位爲光亨。

◎同人

易繫辭說：「易曰：憧憧往來，朋從爾思。子曰：天下何思何慮，天下同歸而殊塗，一致而百慮。」同人最終的目的是世界大同。

一・同人爲親

（一）雜卦傳，大有衆也，同人親也。

（二）同人以柔爲主，柔得位得中，善與人同，所以雜卦說同人親也。又上應乎乾，所以可以同人。易經以乾爲人。

（三）乾卦說：「本乎天者親上，本乎地者親下，則各從其類也。」各從其類就是同人，和自己同類之人相從也，這就是親的意義。

（四）比卦象曰：地上有水，比。先王以建萬國，親諸侯。同人與比都說親。

同人乾離先後天同位而親，比水地和同人反卦而錯，兩卦都是絕命之配卦。是取其上下卦陰陽不合而求其同之義。凡事物要親，要同類而有所異。

二・同人與比卦先後天同而不應，有所不同。同人不比也。要與人同，則不能比。同人和比爲相反而錯之卦。比和同相反義，比以无所不比爲比，同人以有所不同爲同。君子不比，而君子與人和同，所以君子不＜隨俗＞，因爲要與人同，則必要有所不同、有所不爲，而又能隨俗緣。

三・同氣則相求，即相和而應。八卦以相對爲應，而應則呼應。相對則同，即和同。

（一）乾文言九五曰：飛龍在天，利見大人，何謂也？子曰：同氣相求，水流濕，火就燥，以坎離相對，乾坤相對也。

（二）同氣相求以合也。中孚九二曰其子和之，中孚卦見雷風，同聲相應之象。卦有山（孚三五互艮山）澤（孚下卦澤），則有同氣相求之象。艮兌在先天八卦相對，因爲相對而應，因而同。所以中孚曰相和鳴，此爲中孚之象。

四・中孚爲同

凡是卦和卦成爲同體、同聲、同氣之象，都是具有中孚之象。因爲易經以先後天之

卦相合為中孚，也是同。

(一)同體：中孚巽兌為同體之卦。

(二)同聲：上為巽，二互震，雷風之同聲相應。

(三)同氣：下為兌，五互艮，山澤之同氣相求。

(四)同人：上艮即乾，下震即離，有天火同人之象。

五‧同中而異

易經之卦凡稱為同者，所標榜的也是相異之處。所以睽卦說君子以同而異：

(一)睽為火澤，上下乖異，故曰異。以中孚之同，為睽之異，故君子以同而異。

(二)中孚睽通，中孚為同，睽為異，故君子以同而異。

六‧不同之卦方會同居

(一)睽卦象曰：「睽，火動而上，澤動而下。二女同居，其志不同行。」又說「天地睽而其事同也，男女睽而其志通也，萬物睽而其事類也，睽之時用大矣哉。」這也說明萬物萬事會同在一塊相處，一定是性向有相背才能長聚。而性向相背的東西反而因為有所不同，其行事或動向才可以放在一起被分類。若果完全相同，就不會成一類了。

(二)睽卦說二女同居，其志不同行。因為同居，即先天卦分東西，而睽之離兌同在一方，但一為燥一為濕，其志不同行。燥向下，而濕向上也。

七‧易經乾卦說親上親下。而泰卦說小往大來，吉亨，則是天地交而萬物通也，上下交而其志同也。因為泰是內陽而外陰，而同人是內陰而外陽。陰陽相交，泰以上下交而說志同。俗說＜同志＞之理由此可見。

八‧師為同人

(一)同人九五，同人，先號咷而後笑。大師克，相遇。象曰：同人之先，以中直也，大師相遇，言相克也。可知同人卦之含義在師中。同人乾離先後天同位為遇，師以先後天坎坤相同位為遇，一先一後，所以同人之先為師之遇。師為坤土剋坎水，同人以離火剋乾金。

(二)同人先後天同位為心，即＜同心＞。同人曰二人同心。坎為心，同人錯師，師中有坎，坎為心在同人之中，故為同心。

(三)同人下離上乾。離火剋乾金，所以同人剋，即征也，出師所以征剋，所以同人為師。

九‧頤為同人

頤艮震，先天之艮為後天之乾，後天之震即先天之離，所以頤卦有乾離象，即同人象。易經卦中見到頤象者，都有同人之象。與人同者性頤。

十‧渙為同人

(一)渙象曰：柔得位乎外而上同。渙六居四，故柔得位乎外。四中爻互頤，頤為艮震。艮即乾，震即離，有天火同人之象，所以渙卦中有同人象。而渙之上為巽。

(二)渙為巽坎。先天八卦乾兌、離震、巽坎、艮坤為生氣卦，所以說同。即同氣相生。渙卦為巽坎，合為生氣卦。而渙之水生木，為相生而合，所以上同。

（三）渙下卦坎和上卦之巽因爲形成生氣卦，所以說上同。即下之坎和上之巽和而同。

（四）天地睽而其事同也。睽通中孚，中孚互艮震，先後天艮爲乾，震爲離，乾離爲
　　　同人之象。

（五）渙象言上同。渙惟四五得位，故四上同于五。

十一・同人爲與人相通聲氣

同人者，通人情也。繫辭說以類萬物之情。類爲同，事物相通，可爲同類視之。
泰卦說天地交而萬物通。通則同（見泰卦和同人之關係），俗語說＜同情＞之義
見于同人，與人之情相通而和同，和而同之即生情。

十二・同爲歸

（一）繫辭下五易曰：憧憧往來，朋從爾思。子曰：天下何思何慮，天下同歸而殊
　　　塗；＜殊途同歸＞。

（二）家爲歸。序卦曰與人同者，物必歸焉。同人初至四爻互家人，天下一家物必
　　　歸之，即＜同一家人＞。

（三）繫辭說與人同者物必歸之。

十三・易經相隔之爻在正當的位置都是陰陽相同，也就是初、三、五陽爻，而二、四、

上爲陰爻。所以繫辭下九說二與四同功而異位，三與五同功而異位。

十四・物變否而後復同

否爲反之變。成否後，終將歸回相同，所以同爲歸（俗說＜同歸＞于盡），而否
後爲同。所以序卦傳，泰者通也，物不可以終通，故之以否，物不可以終否，
故受之以同人。與人同者，物必歸之。

十五・同爲相接之卦

（一）乾文言曰同聲相應，即雷風相薄（後天震巽相接）。相薄，故相應也。

（二）比如節卦，水澤先後天同位也，同位則相遇。節曰婚媾，爲相遇之象。

（三）姤卦巽坤，巽即坤地，先天之巽即後天之坤，故姤曰天地相遇。

（四）困相遇，兌坎先後天同位。

十六・先後天同一卦爲同

（一）雲從龍：艮山出雲，震爲龍。震艮先後天同一卦，故雲從龍。

（二）風從虎：乾文言九五，兌爲虎，巽爲風。巽兌爲同一卦（先後天同位），故
　　　風從虎。

（三）同人先天乾，後天變作離。先後天同位，名曰同。

十七・合爲同，俗說＜合同＞

（一）乾卦曰：「夫人者天地合其德。乾坤對待，故不孤。」又後天之坎即先天之
　　　坤，先後天同位是謂合德。

（二）噬嗑，合也，此卦先天同位，故曰合。

十八・坎爲疑，同位則不疑。

十九・同爲遇

同人九五，同人，先號咷而後笑。大師克，相遇。象曰：同人之先，以中直也，

大師相遇，言相克也。

二十‧同人爲宗，即<同宗>

　　(一)睽六五厥宗噬膚，宗，同人于宗，睽六五厥宗，宗爲同人（同人于宗）。

　　(二)詩經大雅：「宗子維城。」即同姓爲宗。

二一‧同人爲家。師上承家，師錯同人，同人下四爻互家人，承五上兩爻，故承家。

二二‧志爲同（<同志>），先後天同位 或相鄰爲志行，即同行也。

　　(一)否九四，有命无咎，疇離祉。象曰：有命无咎，志行也。否九四變巽，巽坤
　　　　先後天同位。志者指先後天同位（坤巽）。

　　(二)同人主卦爲二，和于之中正相應，爲通天下之志者。

二三‧同爲吉

　　先後天同位，則終吉。

　　(一)訟初六，不永所事，小有言，終吉。

　　(二)訟六三，食舊德，貞厲，終吉

　　(三)履九四，履虎尾，愬愬終吉。九四變巽爲風澤中孚，先後天同位，故終吉。

二四‧同爲一物爲同。同心之言，其臭如蘭。

　　臭，巽爲臭也。蘭，爲草木，草木爲巽。臭和蘭皆巽卦，同一物也。

二五‧同爲類，<同類>。後天同位之卦，同位爲類。乾離同位，同人曰類族。

二六‧體相同爲同

　　(一)中孚爲同：中孚巽兌爲同體之卦。中孚下爲兌，五互艮，山澤之同氣相求。

　　(二)乾九五子曰：同氣相求。說的是雲從龍，風從虎。

　　　　同人卦，先後天同位故曰同。

　　　　泰彖曰：上下交而其志同也。

　　　　睽，二女同居，其志不同行。

　　　　睽，天地睽而其事同也，男女睽而其志通也。

　　　　睽象曰：君子以同而異。

　　　　革彖曰：二女同居，其志不相得，曰革。

　　　　渙彖曰：柔得位乎外而上同。

　　　　繫辭上五，鼓萬物而不與聖人同憂。

　　　　繫辭上八，二人同心，其利斷金。

　　　　繫辭上十一，藏於密，吉凶與民同患。

　　　　繫辭下五，天下同歸而殊塗。

　　　　繫辭下九，二與四，同功而異位，其善不同。

　　　　序卦傳，與人同者，物必歸焉。

　　　　雜卦傳，大有眾也，同人親也。

二七‧巽爲同人

　　同人卦體巽，巽風。天在上，火炎而從之，得風而後炎上，因巽而得其同。同爲
　　通聲氣。風行无所不通，巽爲風。

二八・爲人和同者爲君子，所以同人曰君子貞。

二九・天字和火字都是從人，所以天火同人。天與人同也，＜四時佳興與人同＞。

　　　　天乾也，火離也。荀爽曰：「乾舍于離，相與同居，故曰同人。」

三十・同而合爲門。

◎同人于野

一・同人夬從夬卦來，二和上爻互易，柔得中而應乾，下奉上之象，義同于人，是以同人。夬二升上，上爲野，是同人于野而得通。

二・巽爲同，乾爲野。同人三五互巽，而君子爲五，是君子與人同于野。

三・同人上乾下離，兩卦應在仲夏，值芒種夏至，是陽氣最旺之時。是時德在野，同人初九是震卦所索之爻，震在卯二月，是陰陽氣均，日夜平分，所以稱爲刑德合門。刑是陰，德是陽。刑德合門就是陰陽之氣如同門一樣相同又相合。刑德合門之說，見淮南子《天文訓》：

「陰陽刑德有七舍，何謂七舍：室、堂、庭、門、巷、術、野。十一月德居室三十日，先日至十五日，後日至十五日，而徙所居各三十日。德在室則刑在野，德在堂則刑在術，德在庭則刑在巷，陰陽相德，則刑德合門。八月、二月陰陽氣均，日夜分平，故曰刑德合門。德南則生，刑南則殺。」

《天文訓》說的是日月之晷影。冬至日行最南，其影入北室最深，所以稱德在室。日南則月北，日影北入則月影南，出故曰刑在野。自此而後日影漸移而出，月影漸移而入，每月各移一位，故德在堂而刑在術，德在庭則刑在巷，至二月而刑德合。日月從此相交而過。

以此類推，五月則德則野，刑在室。同人乾上離下，應五月卦氣，所以同人卦辭說同人于野。初九移前三位，卦辭爲同人于門。

◎野

一・國外百里爲郊，郊外曰野。

二・乾爲郊野，郊外曰野。易以上爻爲野位，坤上龍戰于野是也。

三・同人自履之野地來，由乾而行，歷兌至離也。

◎于野

初九于門，六二于宗，上九于郊。郊爲野。

◎利涉大川

一・乾行之象

　（一）同人先天卦乾離中爲兌澤，自乾而行，歷兌澤以至離爲涉川，已濟之象，故利涉。

　（二）大畜後天乾艮中爲坎河，由乾至坎河，故大畜利涉大川。

　（三）蠱先天巽至艮，必涉坎河，故蠱利涉大川。

　（四）泰後天坤乾中爲兌澤，故泰曰包荒、曰馮河。

(五)泰否變坎離，卦名既濟未濟，而未濟利涉大川也。否之坤行至坤，必經兌澤。

二‧風木之象

(一)益，利涉大川，巽風行震舟也。

(二)渙，利涉大川，巽風行震舟於坎河也。

(三)中孚，中孚利涉大川，巽風行震舟於兌澤也。舟行水澤下，則不利涉。

(四)大過，澤滅木，故過涉滅頂。

(五)屯，坎水位震舟上，曰勿用，有攸往。

(六)頤自屯來，五正坎險，故頤五不可利涉大川。頤上坎水變艮山，故頤上九利涉
　　大川。

三‧旁通

(一)需自大壯通，震舟上浮坎水，屯坎水在震舟上，曰：勿用，有攸往。

(二)訟自中孚通，巽風木入乎兌澤之下，為入淵之象，故不涉大川。

(三)謙初用涉大川者，後天坤艮之中為兌澤，乾為河坎之川，其對方為震離之木，
　　涉川必用，故曰用涉。

四‧互坎之變通

(一)同人自履通，必涉兌澤。

(二)頤自屯通，必涉坎河。

(三)渙自漸通，必涉坎河。

(四)謙自師通，必涉坎河。

(五)未濟自否通，九五來二，必涉四之互坎。

(六)中孚自家人通，上下皆互坎，故皆有利涉大川之象。

五‧離中空象舟。同人下離利涉，有舟，利于行水。

六‧易經之卦體象中空，如舟，為中孚。離體中空為舟象。

七‧離見巽，舟行遇風，利涉。

　　同人中爻互巽，巽為風，離中虛舟之象。舟行遇風利涉之象。上錯坎，坎險也，是
出險也。

> 彖曰：同人，柔得位得中而應乎乾，曰同人。同人曰：同人于
> 野，亨，利涉大川，乾行也。文明以健，中正而應，君子正也。
> 唯君子為能通天下之志。

◎柔

柔為陰爻。柔得中為離之正位，故曰得位得中。

◎應乎乾

應乎乾之九五也。乾離先後天同位，故曰同人。

◎乾行

一・乾行就是過川

先天卦由乾而行，必歷兌澤才可以到離卦之位，爲涉川已濟之象，故同人于野。

二・亨，利涉大川，皆由乾行者也。

三・又乾爻上行，故曰乾行。

◎文明以健

同人爲文明而健。離，文明之象，乾健也。

◎中正

同人九五、六二皆得位，得位爲中正。

象曰：天與火，同人。君子以類族辨物。

◎類

一・同族爲類

(一)族爲親族或家人

類族：乾離同居南方，乾爲人，同人之象。雜卦傳，同人親也，故象曰族，爻曰宗。以同下四爻互家人也。家人爲一族。俗說＜親族＞或＜家族＞。

(二)同人爲同一類而歸于一族。同人象曰：天與火，同人。君子以類族辨物。

乾離同人。天與火原爲異類，但先後天同以類稱。天，乾也，火，離也。荀爽曰：「乾舍于離，相與同居，故曰同人。」

(三)乾之歸遊入離，離之歸遊入乾，類族也。歸同歸魂，遊同遊魂。

二・類爲合

(一)孔子曰：「君子和而不同」。

同人以有所不同爲同，比以无所不比爲比。而事物間要樣樣都可以比時，才可以兩兩相比，互相較量。比如在比賽，對手的條件要相同來比才公平，比了才有意思。也就是說兩個東西要有不同點才可以當同類。當兩樣東西因爲先有個別的特點，才可以因爲找到了相同點而聚合。

(二)族是相歸屬，類族是同類則同一歸屬。

三・相比爲類。物因同類而可以相比＜類比＞，比以无所不比爲比，同人以有所不同爲同。

四・類爲朋，坤曰得朋，其役類也曰喪朋。始終於主而絕於類上也。

五・同類相親

(一)因同類而相親。八卦同性爲同類，比如艮、震、坎爲陽一類，因爲同類而互相

親近。乾文言說，本乎天者親上，本乎地者親下，則各從其類也。乾爲天，震、
艮、坎三卦男之卦體，其位親下爲坤。陰卦之巽、兌、離親乾之上，其理同。

(二)相親則其類同，即同一家之人，而不是同性。因爲三男卦和坤相親，是因爲親
於上，是另一種同類，即性相異但相親而同類。

六・同類相擬，即互相冒充

(一)比如龍和蛇相擬（疑）

同類之疑即龍蛇之相仿冒，所以說必戰。勾爲龍蛇之器，即五獸之勾陳與螣蛇。
戊巳以土相類也，皆爲土類，因而互相勾陳。

(二)坤陰疑於陽必戰，爲其嫌於无陽也，故稱龍焉。猶未離其類也，故稱血焉。

(三)未離其類即相擬

未，即辰巳午未之未，在坤位。未爲後天坤位，坤未位近離，即未離其位。是
說未和離在先天卦是同位相鄰而相類，而且是未坤離之類。但是這是同類相比
而會爭，以稱戰。又易經相近則疑，疑即是假冒和自己相像者。比如未離，即
以未疑（擬）離，因爲相同而爭。

七・類字在本書頤卦有更詳細說明。

頤六二，顚頤，拂經于丘頤，征凶。象曰：六二征凶，行失類也。

八・易經之八卦中任一卦，其先後天卦成乾坤，爲天地之睽而事類。坤爲事，以類乾。
睽，天地睽而其事同也，男女睽而其志通也，萬物睽而其事類也，睽之時用大矣哉。
先後天相同即以類稱睽卦火澤。火動而上，澤動而下，先天卦火爲乾，萬物天親上
也，先天卦澤爲坤，萬物地親下，各從其類，故萬物睽而其事類。

九・中孚六四，月幾望，馬匹亡，无咎。象曰：馬匹亡，絕類上也。

◎辨物

一・辨字之義詳本書坤卦、剝卦。

二・明爲辨，同人以明爲辨。同人自履通，履爲兌乾，兌變離，明以辨之也。

三・辨：辨日與月之分。同人辨日月。

四・族爲屬，辨也，即分別同一宗與他宗不同之法。男女以辨姓（所以姓從父或從母），
上下辨禮，士辨志。官辨事，辨事即辦事。以事類分門而辨。

五・同人通師。師卦之坤爲類，乾爲族。

乾陽、坤陰、體姤，天地相遇，物咸章。即天地因相遇而辨，辨而明，故成章。

初九，同人于門，无咎。
象曰：出門同人，又誰咎也。

同人卦是區分人之同與不同，最先之分從門開始。門內爲私事，門外公事。同人下卦離

柔中之德，外承乾君，初九以長子之位，盡職門內之事來事父與君。這是先從自家人之同開始。

　　謙卦有出門之象。謙初至四互艮互震，艮爲門，震爲出。說明人出門在外時要知道謙虛。同人取履爲通象，履錯謙。艮門互震，震出，故曰＜出門＞，所以同人出門也要知謙爲要。同人爲出門，遯爲入。入則不必與人同，而出則要求和別人合同，不能標新立異，這就是同人的精神。所以同人爲出門之德。同人初九變艮爲天山遯，遯爲出門離家。變艮，艮爲門闕以內，一家之事也。在家則和外人有異。這是因爲在家時，和家人先要相同，成了一家之家風，因而開始和外人有異。

◎門

一・兩陰爲門，兩戶爲門。陰畫偶，有門形。

二・明爲門。履兌錯艮，艮爲門，履初動（變）爲艮門，故同人于門，得正，故无咎。

三・門爲初爻。易經初九爲震爻之位，帝出乎而震。震大途爲行，所以初爻有出門之象。又卦變則成艮，艮爲門。同人卦初爻變，天火變天山，變遯，遯爲出門，即遯世而離家。這些含意在同人卦表現最明。

　（一）同人初九爲同人于門。初九剛而无應，取二之相類比者與之相應，取近而與人同。即出門才可以同。

　（二）隨初九，官有渝，貞吉。出門，交有功。
　　　　隨在家隨父，出門（即嫁人）從夫官。

　（三）節卦初九，不出戶庭，无咎。象曰：不出戶庭，知通塞也。守節要在門內方可以守住。一出門，如寡婦出門，即變節矣。

四・門有門內和門外。門內之職事父爲先，門外之職就是朝庭之事，即今日之公務。

六二，同人于宗，吝。
象曰：同人于宗，吝道也。

　　說文解注：「宗，尊祖之廟也。」宗就是人之本。廟號不遷最尊者爲祖廟，其次是宗廟。同人六二爲陰爻居下卦之中爲得其位。但陰爲私，而同人於宗室之內是樹立門戶，或標榜宗親之相近，而異于他人，所以小象稱吝。同人初爻是出門，出門在外則又和人同，所以不會有咎。二爻六二是宗族自異他人，所以吝道。又變爻爲乾，有如成立新族，而卦成純乾。乾卦在六十四卦是卦之祖宗，即卦之首，可見六二之變，是要把自己的宗族變成眾族之祖宗。本爻六二和上卦相應，但是六二是一陰處在眾陽之中，其德其能都不是眾族之統領。雖然六二得到九五之應，論時勢也可以統合眾陰，畢竟力量小，只能同人于宗之內。

◎宗

一・家人爲宗。同人下四爻互家人，睽乃家人之對（睽火澤，家人風火），故同人、睽皆有宗象。

二・眾爲宗。

三・宗是在家廟門內之西牆。

四・同人爲宗。睽六五厥宗噬膚。睽六五厥宗，宗爲同人（同人于宗），睽與同人通，初至五互同人。

五・宗爲族--＜宗族＞。雜卦傳，同人親也，故象曰族，爻曰宗。以同人下四爻互家人也，家爲宗爲族也。震驚百里，驚遠而懼邇也，出可以守宗廟社稷，以爲祭主也。

六・吝爲宗：易經二五皆正，而二爻稱爲吝者，只有同人六二一爻。

七・虞翻以乾爲宗，宗黨也，同姓相取吝道也。

宗爲尊也。乾爲宗，尊也。

◎吝

一・宗爲標定一族的記號，所以宗爲不同。同人二爻不同于五，而同于三，未爲大同，故吝。

二・坤爲吝。陰道取貞靜，從一而終，和宗同爲吝，吝即不與他人相混，和坤之吝同意。

九三，伏戎于莽，升其高陵，三歲不興。

象曰：伏戎于莽，敵剛也。三歲不興，安行也。

伏戎于莽是金宿于木。同人卦候應中夏，而上卦乾應滿，值巳午月，巳爲巽位之支，巽爲木。而巳爲金之長生，所以伏戎于莽是指巳。巳在地支爲蛇，蛇藏在草叢中。而莽者＜蟒蛇＞也。同人九三動之以伏與升，伏是九三伏在九五之下。對二而言，三在二之上，是升。中爻巽爲伏，爲草之象。易經出現伏字和蠱字有關，在同人九三指的是蛇。中國上古以崇拜的圖騰來分辨各民族之同與異，最大的二族經常相比、相爭。易經是鳥族的人，經常面臨因爲通婚而出現歸屬的問題。同人卦是類族辨物，就是分出自己一族和他族的差別。因爲九三出現蛇族的人伏在草叢之中，而升到高地，而有三年的時間不相來往。

同人卦占問身份的問題，包括祭祀時鬼神的身份。九三上陽，下也是陽，是上下都剛，沒有來相應者。而且是一伏一升。九三在下，身份高在九五之下，不可犯上，所以只能安行而不可遽發。

◎三歲

一・同人三動之无妄，无妄錯升，互艮爲山陵。无妄震起艮止，爲周歲之象。

二・炎性炎上，自乾兌離，火下行，澤又相制，三四爻火金相剋而相交。正大傳所謂近而不相得者，故二四有伏戎莽，乘墉攻克之象。

三・爻爲年歲。崔憬以一爻爲一年。項安世曰：「凡陽卦稱歲，陰卦稱年。」

◎伏

一・坎爲隱伏之象。

二・巽爲伏

（一）同人二五互巽爲伏。雜卦傳，兌見而巽伏也。

（二）蠱彖曰：蠱，剛上而柔下，巽而止，止於下爲伏。巽爲伏，因爲巽止于下。

三・遯爲陽爻之伏。

四・鳥爲伏。鳥孵卵之象，有孚爲鳥。易上卦貞坎，即曰有孚。有孚和中孚不同。有孚是眞正的孚起來，如鳥孵卵象。

五・先後天八卦相合則互伏。比如：先天之坤爲後天之坎，所以坎伏于坤，由是可知坎爲習，坎伏坤，而坤卦說不習无不利。

六・鬼象爲伏。觀卦說闚觀也，實爲鬼觀。坎爲隱伏，暗昧之觀，爲闚之象。通常會偷他人者，若不是盜（坎爲盜），即爲鬼，或陰人。

七・易經卦有飛伏。八卦說飛伏，比如復初九不遠，乾爲遠。乾伏于坤，故不遠。

八・同人卦說伏戎，即隱兵在野，即伏兵。

◎莽

叢木也。變互巽爲柔木，莽之象。

◎戎

一・離爲戈兵，戎也。同人上離，故同人曰伏戎于莽。

二・金爲戎。

◎升

同人乾變震，萬物出乎震，離爲日，升之象。

◎高陵

巽爲高，變離中爻互變艮，艮爲山，陵爲象，故曰升其高陵。

◎不興

不興：興起也。震爲象。中爻變艮，艮止也，故曰不興。

◎安

安，何也，如何可以。

> 九四，乘其墉，弗克攻。吉。
> 象曰：乘其墉，義弗克也。其吉，則困而反則也。

同人九四出于下卦之外，所以和下卦已不同其類，是外人矣。同人卦是說族類可以因融合而變爲相同，也可以因爲離出而變成不同。九四是出乎內卦而升到外卦，可以比喻爲在城內居住的人，離開自己族人而乘到城垣之外，這時開始和自己的族人不同。但是九五

是另一個家族，居在更高之城上，九四无法進入，所以又未被新的宗族接納同化，結果困在兩家之中。即不能上，又不能下。這最合于比喻一個離開一個族類，而成為游離分子的個體的命運。

九四同人說明異化的個體在找尋新的歸屬時，太快放掉自己原來的品類特質的危險性。九四以牆垣來比喻。說卦傳說巽為高，有牆垣之象。九四和下卦、初爻和三爻不但不相應，而且九四未能上進，反而下攻。攻自己人，是不合義理的。義理不可移，所以說則。

◎反則

一‧則是不能變改的。義理是不可以輕易變移的，所有義理都守一定的法則。

二‧同人九四是說人被分類是有其合理性，所以稱為則。

◎墉

一‧離為籬，即間隔之物。墉之用在離隔，易經說到墉字都有離象。
　　離中虛，外圍之象。又易經中城取隔象，所以大象離之卦會解為城。城是隔離內外之用，又中空外圍。
　　(一)泰，城復于隍，取歸妹互離。泰卦上六變艮，大象離，曰城。
　　(二)解上六，高墉，取貞。解卦取家人之象。家人為離，有和他人相隔離而為家人，又解卦上六變卦成離。
　　(三)既濟卦互兩離，上，在其上，為高墉之上。
　　(四)同人四乘離，乘其墉。墉是高的土牆。離內空外圍，墉象。

二‧巽為墉。巽又高又直也是墉象，同中三、五互巽。

三‧宗是古時家廟的高牆，就是墉。

四‧大抵上說，乘其墉是攀上了高墉。因為乾剛在上，下為離火未能剋之，所以用攻。

五‧家人即墉。古時家字也用來說是廟。同人四變卦成家人，即家廟。家人和解旁通，而解卦上爻曰墉。同人九四解墉，即解困。牆為困。解上六，公用射隼，于高墉之上，獲之，无不利。而解卦上爻也說墉。

◎弗攻克

一‧同人三四火金相克，四變為坎，以乾變坎，四上皆正，弗克也。

二‧同人九四變卦而承五，卦體為訟。乾剛在上，故弗克攻。訟為下攻上之乾天。

◎困

一‧墉為家園象，困在家也。

二‧困和同人九四都是巽體。同人二四互巽，困三五互巽也。所以同人九四象辭用困。同人九四爻變為陰，上成巽卦，卦成家人，在家為困。如乘其墉，則反困而出。

九五，同人，先號咷而後笑。大師克。相遇。
象曰：同人之先，以中直也，大師相遇，言相克也。

　　在八卦分類上，最不易分類的是離火。所以同人取離火乾金，因爲離火和乾有太多相似，但又相反。易經之火无定體。離卦九三，日昃之離，不鼓缶而歌，則大耋之蹉凶。離卦九三是說明老人之嘆息，因爲乾金之老人和少女之離火相遇，卻不能弄淸彼此之關係，時而快樂時而憂愁。同人九五直接說的是離火的特性。常情而言，乾爲老人，較易憂愁，而離火少女，較易歡樂。二者相遇，是老人先嘆其心中之憂，而少女則令他發笑。這是好的相遇，又是內和外之相遇。

　　從類比的觀念來看，同人卦指出了世界上原並无完全相同的事物的分類。事物是因爲有不同，才可以因爲他們的相似點而被分爲一類。而常常相剋的東西，比如離和乾，卻因爲相剋而最可以類比，這是相剋的原理。包括人與大自然、神靈鬼物，都可以和人相比爲一類。一旦可以比爲一類，兩者因爲相剋而變爲相輔相成。

　　同人九五以音律來比喻吉凶。易經以哭爲凶，笑爲吉。音律之凶爲五行之不調。凶者必要調正，就是征吉。春官太師職曰：「大師執同律以聽軍聲，而口詔吉凶。」不吉則要征之。大師是專以判定音律之異同來看吉凶，以便剋除不吉之氣。氣調順了，就是既濟。

　　同人與師以九五、六五交易，同人變成了既濟，師卦變成爲未濟。這是說明大師的作用是克去不正之爻。四上失正之爻變正，陰陽始相遇也。同人錯師，所以師是不同人。凡音律有天份者，必有不同於人之處。

◎號

一·同人之號爲哭號

　　(一)兌爲笑，同人反兌爲號。

　　(二)同人先，大有後，同人互反兌，故先號咷，大有互順兌，故後笑。

　　(三)旅自否通，泰先否後，泰互順兌，故先笑。否互反兌，故後號咷。

　　(四)同人大有錯師比，師先比後，師憂，故後號咷。比樂，故後笑。

二·易經說到哭和呼叫之辭，可以從四時五行之性情來觀察。五情配五方，東方曰春，其志爲喜；南方曰夏，其志爲樂；西方曰秋，其志爲哀。易經分配在五個季候，配合五行，而具有五種感情。後天卦乾在西北，所以其情志爲怒和哀，所以有先號咷之象。而以月候之分，乾屬五月象夬，同人九五爻象和夬很像，所以其志爲樂。因此同人九五說後笑。

三·家人內多親故，先笑。旅親寡，後咷。

　　渙九五爲大號。渙下離爲坎，風水變風火，家人也。

四·師憂爲號，比爲樂，樂者笑也。

五·號爲夬，即澤爲口開向外而內實，故爲號。號之義詳本書夬卦。

六·大聲呼叫爲號，哭泣不止爲咷。

七·離爲火，火聲无常，故忽號忽笑，故曰號咷。同人、旅、大有、明夷，皆曰號咷。

　　明夷，上初登于天，後入于地，登天者晉，入地者明夷，晉先夷後，序卦之次。

　　同人師以四上交六交易，同人爲既濟，師爲未濟，故用大師以克去。四上失正之爻，陰陽始相遇也。

◎大師

地水象師，眾爲師。

一・乾爲大，同人錯師，故曰大師。

二・眾爲師，陽爲大，同人九五爻變卦成離，離爲戈兵，陽爲大，五爻相比爲眾，師爲
　　眾也。

三・師爲伐，師（地水）以正其先也

　　(一)謙言侵伐，言征邑國。謙二至上互師爲伐。

　　(二)明夷言南狩。明夷二至上互師，狩爲師。

　　(三)晉，伐邑。晉初至五互比，比錯師爲伐。

　　(四)未濟，伐鬼方。明夷互師爲伐。未濟有明夷象，未濟坎爲坤。

　　　　伐之義詳本書未濟卦。

四・同人旁通師，大師以土和水相克。師九二本乾九二，以同人遇師，如故舊之相遇。
　　故師以克同人四上之失正者。

◎遇

一・同人先後天合，所以相遇。

二・同人二五互爲姤卦，姤爲遇。

◎大師相遇

　　同人錯師，故曰大師。互姤遇，故曰相遇。

◎先後

一・先爲先天八卦，後爲後天八卦。知先後是爲了順天命。

二・先後之義在於與人相同，所以易經卦中有先後之辭以同人最明白。同人卦說先後天
　　相合爲同，天與人合爲同，最清楚的是先後天之合。同人卦之九五說：「同人，先
　　號咷而後笑。」

三・旅上九先笑後咷，先號咷而後笑爲同人之象。旅寡親，是與人不同，故先笑後號咷。
　　同人初四互家人，所以說同。旅三至上互睽，所以親寡。

四・旅豐相對，皆互家人，豐先旅後，序卦之次，豐互家人，于內多故也，故先笑。旅
　　反家人于外，親寡旅也，故後號咷。

五・坤卦說坤，元亨，利牝馬之貞。君子有攸往，先迷，後得主。利西南得朋，東北喪
　　朋。先爲先天，後爲後天。先天卦卦位乾兌、離坤、老父三女，老母三男並不順行，
　　所以以迷字來表示。後天卦位乾艮、坤兌，老父三男，老母三女是順而得常類，即
　　陽與陽爲類，陰與陰爲類。所以後天卦爲順，先天卦爲迷。坤卦說後順得常。後指
　　後天，不合類爲迷。

六・否上九，傾否，先否後喜。否上九變爲萃，上兌下坤，澤與地本相親，故爲萃。萃
　　卦象辭曰：利有攸往，順天命也。

　　否卦先爲否，是見于先天之地天相反而不順。變爲萃卦，萃卦說觀其所聚，而天地
　　萬物之情可見矣。

七・蠱卦卦辭：蠱，元亨。利涉大川。先甲三日，後甲三日。

　　後天卦震在甲後，所以後甲三日。一卦三爻，爻值一日。後甲可以解釋爲後天之甲。

又蠱爲艮巽中爲震甲，是以蠱卦說後天之甲，所以蠱卦說元亨而天下治。此處天下之天爲後天。

八‧巽九五，貞吉。悔亡，无不利，无初有終。先庚三日，後庚三日，吉。

先庚三日：先天卦巽位西南在庚之先，後天卦兌位正西在庚之後。巽反即兌，二卦相次，故先庚三日，後庚三日，此先後天八卦之象也。

九‧復卦象辭說：雷在地中，復。先王以至日閉關，商旅不行，后不省方。先王說的是先天卦主，即乾卦。先天之坤爲乾之止也，止爲閉。后不省方之后可解爲坤。乾爲王，坤爲后，也可解爲後天卦之後。震坤在後天不相接，所以象辭說不行。

十‧易經序卦之序有先後之義

睽上九，先張之弧，後說之弧。易序，家人在睽之先，家人巽繩加坎弓，先張之弧也，睽在後，以兌說承坎弓，後說之弧也。

十一‧先後有序。易經先後之義可見之序卦，比如：

(一)先笑後咷。先笑序卦，泰先否後。泰互順兌，故先笑也。否互反兌，故後號咷。火聲无常，若號若笑。

(二)繫辭下七，先難而後易。序卦傳，損之先爲解，後爲益。解爲坎之難，損益後爲夬，夬爲決。難以決爲易，又乾爲易，損之後夬爲乾宮之卦，夬下乾，乾爲易。

◎中直

一‧乾德中直，不私于物，則＜天下大同＞。

二‧乾坤以九二相交，坤成師，乾成同人。同人之先爲純乾，以九二之中直，動而交坤，則卦成同人。

上九，同人于郊，无悔。
象曰：同人于郊，志未得也。

易經之乾卦爲野。乾在先天八卦西北方爲郊，郊爲野。乾上九亢龍有悔，而同人上九无悔。乾之上九爲陽居上卦，陽在上不得位，有如從別國而來的征服者。但同人和乾卦不同，在於下卦爲離。離爲陰，居下則合宜，而離和乾爲同宮之卦。同人于郊，是比如人走到野外風俗人情和自己不同的地方，而能去接納他。因爲同人內卦爲虛，不自以爲是而要強加自己的想法給別人。所以到了野僻之國度可以入鄉隨俗。

在不同的學術和宗敎，也可以用同樣的角度來看同化的問題。當不同派別的想法相遇，任何一方都不去想用強迫的方法去征服他人，就會在異中求同。同人之大有二，乾爲大，離爲大。兩大相遇也是相剋，但互相克除的是彼此的弱點，結果是造成和諧的相剋。

◎志未得

一・坎爲志。而上卦爲乾，乾爲郊，因爲乾據上卦，坎不得其位，所以志未得。

二・易經以二女同居，其志不相得。同人上爻變，乾變兌，卦變爲革。革卦說二女同居，志不相得。同人變兌，因悅而變，反而成上下皆陰，其志不相得也。男女之相悅因其相異，而在異中求同而合。變，則成同中求異，反而相背。

三・未得一辭之義詳本書震卦。

䷍ 大有

大有，元亨。

　　大有者，所有的東西之中取最大的，稱爲大有。能成爲最大，而又能名實全歸，就是最完美和善，即元亨之意。大有的卦象是一柔爻得位取五之尊位，上下五陽皆從之。上下從之，則天下爲其所有，其所包蓄者甚大。卦體以日在天上爲象，火在天上无所不照，爲大有之象。

　　以卦候而論，火在天上炎熱正盛，夏至後伏暑之氣，五爻爲全卦唯一陰爻，是三伏生寒。一陰伏於上九亢陽之下，爲陽極陰生之象。萬物以春生夏長秋殺。夏至之後萬物長養盛大之極，而且未經秋殺則成而毀。大有是取在亢烈中之一絲生意而致令萬物欣欣向榮。所以大有，因爲一陰之生而眾陽伏之，氣无不通。

　　本卦主旨說明要有，不可以強求，有之本意是令大家都有，而主導者要能養育萬物令之生生不息，而不是搶奪之，令別人由有而變成无。大有之所以大，是因爲和別人相同，上下左右都互交而通暢，所以全卦以容納爲象。比如二爻大車以載，三之公用亨於天子，上九之天祐，都是虛中受益之象，初之无交則孤立害，而四之匪其彭乃過盛之戒。所謂滿招損，謙受益，凡事不過而守中。剛則決，必濟以柔和方能共濟。

◎大有

　一·大有爲富

　　(一)秋收爲大有獲。互體有兌，兌爲澤，秋也。秋，收成大富有也。

　　(二)大有爲夬卦上之五。夬爲缺，不缺則大有。

　　(三)大有乾施澤流，互兌爲澤，離夏長茂，兌秋收成，爲大富有象。

　　(四)一陰領五陽，五陽爲賢人，賢才眾多，天下稱臣。

　二·大有爲眾，故曰＜大眾＞

　　(一)在卦中獨陰爻得五陽爻，以陽爻爲眾。

　　　　雜卦傳，大有眾也，同人親也。

　　　　師曰：師，眾也。貞，正也。能以眾正，可以王矣。師以二爻爲王，領眾陰。

　　(二)坤土爲眾。火生土而多，所以易經以離見坤爲眾。

　　　　晉六三，眾允，悔亡。象曰：眾允之，志上行也。明夷坤離，象曰：明入地中，明夷。君子以蒞眾，用晦而明。解，解利西南，往得眾也。解下坤，坤爲眾。

　　(三)序卦曰，大有物必歸焉，＜眾望所歸＞也。

三・大有爲孚

易經孚說有孚，可指大有之孚。

易以先後天相合爲孚，離乾先天居同一位，故大有也說孚。

四・大有爲慶

(一)慶爲喜，即<喜慶>。履卦上九，視履考詳，其旋元吉。象曰：元吉在上，大有慶也。易經以兌爲喜，履爲乾兌。乾爲大，兌爲慶。大有卦下爲乾，二四互爲兌即慶，所以大有也是履象。履爲禮，喜慶必有禮式助之。

鼎爲二四互乾，二五互兌。中兌體爲慶象。

(二)頤上九象曰，由頤，厲吉，大有慶也。

五・大有爲養

易經之鼎、小畜、大有、頤，皆有養象，都稱大有。

(一)鼎養。鼎曰大有慶。

(二)小畜初至五爲大有。卦稱大有得。畜爲養。

(三)繫辭上十二，大有上九，履信過順，又以尙賢也。尙賢爲養賢。尙賢之義爲大有。此義可見古時如貴族養士之制，即取大有之義。

(四)頤爲養，所以卦稱大有慶。

六・大有爲得，即大有之得

(一)豫九四，由豫，大有得。勿疑，朋盍簪。象曰：由豫，大有得，志大行也。豫之得爲得志也。豫九四失位，四五相易成比錯大有（水地，火天），大有得，得坎也。坎爲志，豫爲安，安心才可得其志。

(二)得利也

小畜初至五爲大有，曰大有得。畜爲聚，聚可得財。大有乾爲利，二四互兌爲利。小畜下乾，二四互兌，其理相同。

隨卦六三求有得，利居貞。隨中爻互變乾，乾屬金利也。上爲兌，兌爲利也。

大有、小畜、隨等卦都是見乾和兌之金而有得。

(三)得爲德。大學曰：「有德此（斯）有人，有人此有土，有土此有財。」

七・大有非比

(一)非可比擬則大有。

(二)比卦是一陽而五陰應，庶民來歸之象。大有一陰而五陽應之，衆賢輔主之象。比爲平庸之才人率領衆生，大有爲不平凡之庸才，得天下群倫之匡扶。

八・大有共生。夏火在天，萬物並生，曰大有。

九・同人則大有

大有綜同人。六五居六爻之中最尊貴之位，是柔得尊位而大中。大有是同人下卦之離往大有之上卦，得五之尊位，居大有卦之中，而上下五陽皆從之。上下之陽爻都來從它，則五陽都歸它所有。陽爲大，陰爲小，大有是把大的都據爲自己所有。這可比擬爲一位地位低下的文士，因緣際會變了位置而到了重要之地位中，而衆英雄各不相讓，致令文士執掌樞紐。

> 彖曰：大有，柔得尊位大中，而上下應之，曰大有。其德剛健
> 而文明，應乎天而時行，是以元亨。

◎柔得尊位

大有是上離下乾，同是以柔爲主，居中得位，易經以第五爻爲最尊貴之爻。一陰居尊爲卦主，能得五陽爲其用，所以名爲大有。

一‧小畜柔得位而上下應之，獨陰在四爻。

二‧大有柔得尊位，大中而上下應之，獨陰在五四。

三‧同人柔得位得中而應乎乾，獨陰在二爻。

四‧大中者，五爻也。上下應者，物歸于眾也。

　　一柔而應五剛，柔得尊位而陽應之，陰能有大也。

◎應乎天

應乎天說的是離卦和乾卦相應：

一‧同人履，乾居上，曰應乎乾。

二‧大有、大畜乾居下，曰應乎天。

◎時行

一‧易經以卦見震、兌、坎、離，即東、西、南、北四卦爲四時之行。

二‧時行之義詳本書艮卦、遯卦、小過卦。

三‧乾到離爲右施時行也，即依天時之行。

四‧大有爲與時行之卦

　　（一）大有曰應乎天而時行

　　　　離日在天，每日右施一度，積三百六十五日有奇，與天會以成歲，而春夏秋冬四時行。

　　　　大有自乾至離，中互有兌（乾、兌、離、震），在先天爲右施，爲日行天之象。

　　（二）大有與比反而象通。比下坤爲地，四時臨大地也。

　　　　比初爻動成震爲春，至二動成兌爲秋，至三動成離爲夏，上坎爲冬，故曰時行。

> 象曰：火在天上，大有。君子以遏惡揚善，順天休命。

荀爽曰：「夏火王在天，萬物並生，故曰大有。」

初九，无交害，匪咎，艱則无咎。
象曰：大有初九，无交害也。

大有卦之卦主爲六五，而六五和初九不是正應，各不相關，是无交之狀。但是因爲不相關，所以无交而无害。彼此既然沒有相對應之必要，无交往是不礙事的。大有卦上爲離火，下爲乾金，本來最怕的相害就是離火來剋乾金。因爲初爻和六五相隔，去離火尙遠，未和離卦到了相交之境。

大有卦從五行之原理來看，是火金相剋爲財，因生財所以有得。但以京房易來看，相剋爲財必有所傷害，這要看火和金二元是否相當。如財多身弱而不堪其剋，則不富反而窮。大有是離在上不得位，乾在下也不得位，兩惡旗鼓相當，才可以生財。而二元不可形成相交之局，否則即交而爲惡。大有卦說遏惡是指以惡止惡。相剋之物如果不互相糾纏，而只是互相砥礪，是相剋而生財。大有上下卦相對（即不交）而又相合，所以无咎。

本爻變巽爲木，木生火，中爻成坎象，坎爲水，水生木，可消坎水之中。坎爲艱，原爻辭說艱則无咎。這是說火金相剋而得水來調和，則不會互相剋成兩敗俱傷。

◎害

一‧交害
(一)交者爲禍害，同位而无咎。
(二)交就是兩卦互越一位。易經之八卦相接爲鄰，而成互相通氣之卦，如先天八卦乾和兌、離和震、巽和坎、艮和坤。
(三)交害即相對而不相合。
(四)八卦以同方異性相剋爲絕命卦。乾離、兌震、巽艮、坎坤皆爲絕命卦；包括同人、大有、隨、歸妹、比、師。

二‧異方異性剋爲禍害卦：乾巽、兌坎、離艮、震坤；包括小畜、姤、困、節、旅、賁、豫、復等卦。
節卦坎兌爲禍害之配置，所以節卦說天地節以制度，不傷財、不害民。不害民即以免害民。
繫辭上八幾不密則害成，說的是節卦。即君子不出庭戶，恐幾不密而害成。

三‧絕命卦：同方異性剋--乾離（同人、大有），兌震（隨、歸妹），巽艮（漸、蠱），坎坤（比、師）。

四‧先天八卦成絕命方之兩個卦，形成交害之卦：相交之卦比如乾離、兌震、離坤、坤坎、巽艮爲絕命、破軍、兌金。離乾火金相剋，兌震金木相剋，坤坎水土相剋，巽艮木土相剋。
先後天卦位同之兩個卦即无交害。无交害：初九變巽爲火風鼎，大有下卦乾，鼎初爻爲長女。火天離乾先後天同位，交害也。變巽，巽和乾對待，亦交也。火金、金木皆相害，今同位對待，同位則氣和。對待則氣感，雖交无害，亦曰匪咎。

五·易說到无交害或不害之卦，皆爲天地相合之卦：

　(一)大有初九，无交害。大有乾離先後天同位，故无交害。

　　　大有九三象曰：公用亨于天子，小人害也。小人之害君子不害。

　(二)咸六二象曰：雖凶居吉，順不害也。艮兌爲延年之卦，故順而不害。

六·坤爲陰之卦，坤爲害

　坤六四象曰：括囊无咎，愼不害也。即坤爲害，爲不愼之害也。

七·火爲災，即災害。易經之離卦多見災。

八·无交爲害

　(一)上下卦有相對之兩爻不交爲害，這是无交害之一義。

　　大有初爻和四爻相敵而不應，即兩爻不相與，這是〈无交〉之象。

　(二)上下卦相對之兩爻不交成敵應，但因爲交而避開了相害之可能，也叫不交害。

　　大有上卦離剋下卦之乾，離之惡在四爻之陽爻，有遏（炎爲遏）阻之象。而下卦乾之初爻和四相敵應。因爲不相應，所以離卦之惡害也不傷于乾金。這叫做无交之害。其道理和遠小人以避咎相同，所以大有初九无咎。

九·大有初爻變成鼎，鼎上下相生相養，所以大有初之變是好變。因變而相養，所以古時說〈養賢〉，即得天下之士相助又能養賢，則可問鼎天下。

> 九二，大車以載，有攸往，无咎。
> 象曰：大車以載，積中不敗也。

易經說到車的用處有凶有吉。在師卦是載屍體，爲退兵之時狼狽象。睽卦是載鬼一車，是捉鬼而回來，這是祭師所作的事。在隨卦、乾卦、坤卦、離卦談到車，是作爲搬運、造作以利益天下。大有卦的大車是可以積德而爲天下謀利的事。大有九二積有積蓄的作用，是陽爻衆多而又可以累積精力，所以富於創造。在載運東西如果受剋，則所載之物損壞。

大有九二體健而柔中，二和五上下相應，所以得君之令，足以擔當重任。有如大軍載物，可以任重道遠，而且完成使命。乾錯坤爲大輿大車之象。變離，離錯坎，坎中滿，所以爲滿載之象。下卦乾爲金，變爻，卦成離火。上爲離火，下爲離火，離火剋金爲不敗之剋。火金相停，大富之象。

◎大車

一·師六三象曰：師或輿屍，大无功也。師之輿爲大車，故曰〈大而无功〉。

二·虞翻以坎爲車，師卦說輿屍，又以坤爲屍。輿屍可以作屍在車上解。坎爲眚，多災也。所以師之大車爲屍車。

三·易經乾坤也是車，坤申爲車象。乾大也，乾錯坤，所以大有九二變離爲重離，乾錯坤，坤爲輿車之象。乾大也，故曰大車。

　　　　大有九二，大車以載，有攸往，无咎。象曰：大車以載，積中不敗也。

　　四·隨爲車（俗語＜隨車＞）

　　　　繫辭下曰隨卦服牛乘馬，言車之象。隨震爲車，乾爲大車服牛以引重，坤爲小車則
　　　　乘馬以致遠。

　　　　繫辭下二：服牛乘馬，引重致遠，以利天下，蓋取諸隨。

　　五·兌亦爲車。困四曰金車，四爲兌。

　　六·車字之義詳本書賁卦。

◎載

　　一·坤離爲載

　　　　載：變離，中虛。虛中，能容物，故曰載。

　　　　坤厚德載物，坤无所不載，坤同離，故離爲載。

　　二·剛履柔，則能載。

　　三·積和載和小畜卦很有關係。因爲小畜是小小積蓄，可是日久就成大大富有。

　　　　積和載之義詳本書小畜卦。

◎積

　　一·積爲容

　　　　大有能容，所以俗說＜有容乃大＞。

　　二·積中不敗，容者不敗

　　　　(一)＜積中不敗＞：積中是充之意，即留空位在中以待。中者九二中位也，車能容
　　　　　　物故曰不敗。一個人行事以中庸之道，或有容乃大，就不會失敗。

　　　　(二)復上六，迷復，凶，有災眚。用行師，終有大敗。因爲師中實，師卦中實，敗
　　　　　　有後盾，不會失敗。

　　三·虛則能載能積。大有離在上，中虛。在上位者心虛，則可以容納各方賢才。大有上
　　　　離中，以一中之虛足以乘載萬物矣。且離爲文明，文積在中，發于事業，故健而能
　　　　容。

　　四·易經陽多之卦都有積的意思。因爲陽爲實，實多則積。凡是陽比陰多都是積：

　　　　(一)夬五陽一陰，說壯于前趾，實則是說車，而不是說人之足。

　　　　(二)小畜五陽一陰，卦說積德載。小象說牽復在中，牽的是車子。

　　　　(三)大有有車象。所以說積中，即積陽德而居中。

◎敗

　　一·艮爲敗象，艮爲止。凡事物受阻而止爲不行，必敗。

　　　　復卦用行師：坤爲眾，師之象。復下震反爲艮，艮止也。又復自比來，取比爲通象。
　　　　比互艮。艮止師止大敗之象，艮爲敗象。

　　二·需未泥。需九三象曰：需于泥，災在外也。自我致寇，敬愼不敗也。

　　　　需卦中互兌，兌反艮。所以下乾可以上進不敗。

　　三·火金相剋，因受剋者而敗，所以大有初爻說交无害，三說小人害，又陽爻不居中則
　　　　敗。大有離之六五爲陰居中，所以爲敗。

九三，公用亨于天子，小人弗克。
象曰：公用亨于天子，小人害也。

大有九三釋天下爲公之義爲大有。九三疊三陽而成乾，陽之性，剛明而无私，三爻爲三公，是无空隙可以私藏。又大有爻位上下平分，而九三在平分之際，代表三公上奉君王，是爲下卦乾之主。乾爲天，而上卦離爲日，日麗乎天，天純陽而離火也是陽氣，是上下連成一片，卦氣相通。這全靠九三之介，其功不小。九三功業地位通于天子，其勢足以分天子之權。大有二三皆欲共濟五之大有，三欲將功業亨于天子，而四在中阻之，乾離相剋，而四爲小人阻之令其不能剋，則火金无相濟之功。

易經在大有卦所宣之主旨，是虛與實之相濟而形成大有之體。大有卦離爲中虛，而乾爲實。實和虛一旦不相通，實可以害虛（參見本書渙卦對害字之解釋）。火爲惡，惡火逼金則害生。這都是九四在中間作梗，所以是小人之害。

大有卦本是无小人之卦。六五居尊位，不能稱小，其餘都是陽爻，也不能說是小。而以卦爻之位，四爲小人之位，所以稱小人。四爻居九三和六五之間，是一心想得君王之歡，而不顧天下爲公之目的。

◎弗克
　一‧小人背公而營私，與爻象正相反，故曰小人弗克。
　二‧弗克即不剋。陰陽五行二行互剋而有合，或其他一行來解剋，爲弗克。

◎離爲公
　一‧公，離爲公。說文：「公，平分也。」即＜公平＞。
　二‧天无私覆，地无私載，日月无私照，所以稱三公。
　三‧背私爲公。韓非曰：「自營爲私，背私爲公。」

◎天子
乾爲天子。易經中只有大有爲天子一辭。

◎亨
　一‧亨，京房曰獻也。左傳以亨爲享。
　二‧易經見鼎象都說亨，因爲鼎爲烹。
　　　大有二爻變則卦有鼎象，所以九三說亨。
　三‧亨之大者有亨于祖先，亨于家人，而最大爲亨于天下。大有九三變兌爲火澤睽，合天下之睽。所謂聚人曰財也，就是亨于天下。

◎小人
　一‧小人指變兌言。兌爲毀折，爲口舌，爲妾，皆小人之象也。
　二‧小人之義詳本書觀卦和大壯卦。
　三‧照易經卦爻之位分，天子指的是五爻。爻位初爲元士，二爲大夫，三爲諸侯，又爲三公，四爻是小人爻。

> 九四，匪其彭，无咎。
> 象曰：匪其彭，无咎，明辨晢也。

　　大有九四是個明暗不分之爻。易經之四爻大多是很曖昧不清。比如乾九四爲淵；坤六四和晉九四皆見鼠，鼠不見光；震九四遂泥而未光；蒙六四困；需六四言穴；恆九四田无禽；噬嗑九四骨得金矢而未光；巽六四爲悔亡；鼎九四爲折足；未濟九四爲鬼方；離九四爲焚死；旅无所容；睽爲孤。而大有爲匪其彭，發的不是鼓聲，而是其他的雜聲。

　　九四變卦，則三五互爲震，震爲雷。九四雖居離體，而爲震爻，就本身爻象來看，是雷聲，而不是鼓聲。雷聲是自然之聲，而鼓聲是驅鬼、征戰、祭祀，和慶典之聲。如果在這些重要場合，鼓聲不發，是不吉利的。而九四因爲地位不明，所以弄出的是雷一般的怪聲，是凶象。但是因爲九四居在君王之側，逼於六五之陰，而下爲三陽承應，又是外卦之下爻，所以尚能分別出來。

　　彭也可以作旁解。九四是在下卦三個陽爻之上，是過份之陽盛，以陽剛居柔位，是欲望大而居位不高，所以一心要求上進。如強求，則是凶象，如是遇合，則爲吉。在求和遇之間，九四因爲近君側，而不必左右爲難，所以是過而无咎。九四變艮爲山天大畜，積蓄之象。

◎匪其彭

一・彭爲盛，匪爲不盛。

二・彭，詩出車彭彭，行人彭彭，駟騤彭彭，是說車馬威儀之盛。即乾爲馬之盛。

三・多爲彭。彭亨爲驕滿之態。

四・鼓聲爲彭，是聚眾而進之聲勢。

五・彭爲旁。

◎晢

一・晢爲哲，即詩經所說的既明且哲，以保其身（明哲保身）。有若无，實若虛。

二・晢即兌，兌爲折，折離也。

> 六五，厥孚交如，威如，吉。
> 象曰：厥孚交如，信以發志也。威如之吉，易而无備也。

　　大有六五是全卦的主爻。全卦唯一的陰爻又居在中正之位，它的威信是由尊位發出，由中而積。一陰得五陽之尊崇居高位，而能用賢明中正之態度以處事。是以在下者也以誠信之禮來報答，上下无一絲僞善。六五明君賴群賢以輔治，則任賢勿貳，去邪勿疑，地位

穩定而得眾望。大有上卦離爲火，下卦乾爲金。六五爲離之主爻，能剋乾金。離之情柔而光明，以柔剋剛，是剋而吉。離錯坎爲智、爲通，主爲人通達明理。中爻有兌夬之象，是柔順者又能果決，這是最佳領導者之寫照。

　　大有以六五一陰爲主，包容眾陽而爲其所有，所以稱大有。六五陰爲虛，虛則能容。而易經以少爲準。一陰比多陰能容，有容乃大，所以全卦卦象都是以虛中受益來說明。

◎交如

　　一‧六五變乾爲重乾，離以中虛爲孚，變乾，乾與離先後天同位之卦也，故曰交如。

　　二‧姤爲交，即＜交姤＞。大有五與初爻互相交易，大有變成姤。所以大有六五有姤之象。

◎厥

　　一‧失去爲厥。

　　二‧厥即夬也，大有初到五爲夬體。

　　三‧厥是決然，即非常明確。

◎孚

　　一‧易經說到孚字的特性很多，詳中孚卦。

　　二‧凡先後天同位之卦則言孚，後天之離即爲先天之乾。大有乾離，所以說孚。

◎信以發志

　　信，孚也。發，施也，離爲火，發之象。志者心之所至也。

◎志

　　一‧離乾先後天同位，其志同也。

　　二‧坎爲志。大有離體，離錯坎。

◎威

　　一‧陰少則威

　　　　六五居尊位，又陰以少而厲，所以說威如。六五柔順中正，高而不危，故吉。

　　二‧離日爲威如。離爲日，變乾日照天下，光耀四方，故曰威如。

◎无備

　　易而无備。无備，无爲也。

上九，自天祐之，吉无不利。
象曰：大有上吉，自天祐也。

　　上九居亢盈之位，在易經卦中上九是悔吝多，而吉利少。在大有上九陽亢，居在離柔之體，所以不至太過。上爲天，天以陽氣來覆育萬物，萬物蒙其利，而得以榮發。上九可比喻爲已退休之太上皇。下有六五之明君，柔順而得群賢之助。在上之太上皇採取无爲而

治，享受上天賜給的福氣，而且也把福氣降給在下之臣民。

　　從大有卦上九可以看出要求上天保佑，不如得虛心容納別人，發揚誠信，與別人在異中求同，而以柔剋剛的手法來解決問題。如此則吉人自有天相，必得上天之保佑。

　　上九變震爲雷天大壯。自，從也。言上九之吉由六五而來（咸如者天佑之也）。

◎天

　　參考頤之「何天之」，明夷之「初登于天」，中孚之「翰音登于天」，皆无乾象，故知此是指上爻言。

◎祐

　　一・口助爲祐。大有通比，坤爲自，乾爲天，兌爲口。口助爲祐，故自天祐之。

　　二・比坤爲順，乾爲信，又爻變震，動而明也。卦之大壯，正大而天地之情可見矣。

　　三・自天祐之是指先天卦右行

　　　　(一)自天右之也。卦凡右行，如乾兌、乾離皆利。

　　　　　　乾爲天也，以乾主爲先天卦。大有爲乾離，是先天卦右行，所以吉无不利。

　　　　(二)先天右行爲吉之說，見本書謙卦中无不利的解釋。這是易經最重要的原理之一。

☷ 謙

謙，亨，君子有終。

謙卦是說有而不居。萬物有終會損到无，如果保持若有若无，則可以避去滿遭損之累。在大自然之中，地是平的，无所謂高或低，但因爲有了高山，而對照之下顯得地的卑下。因爲地之卑下，所以自然的力量不會瓦解它，而只會使山崩下。所以謙之意是山在地中。在自然中，天位高，而日月以其光明照耀大地令其生長。日中則昃，月滿則虧，這是天道的消漲，這是天道益謙之象。在大地之中，地形隨天時變化，水向東流，風因木生，地形會消蝕而最後變平，這是地道的流動性。人事的道理也是相同。凡事不可過了極端，否則招惹了鬼神，因爲鬼神對做事不留餘地者會剋害之，而對謙虛者會給福報。

做人謙虛得到人的尊敬，地位反而更加顯榮，所以謙是尊而光。光者可以被見，好事傳千里也。謙虛的人是令人不可及。踰者遇也，就是令人无法衡量出自身的眞本事、眞功勞，如此反而更是尊而高。因爲從一開始就屈于人下，所以這個人的名聲、福德，都永遠不會被消除，這是君子有終之道理。要有始有終，在形體上就可做到无限而自如。

◎謙

一・謙卦善鳴。

二・謙

(一)兼也。歸藏易用兼，故謙初曰謙謙。兼爲兩。

(二)謙爲兼，兩者相同爲兼。謙卦艮爲山，地爲山，所以謙。

(三)隨六二，係小子，失丈夫。象曰：係小子，弗兼與也。隨兌秋爲老，丈夫也。震春爲年輕，小子也。兩者皆給，即一人答應嫁二男，一老一少，這是兼之意。

三・山至高而地至卑爲謙

(一)艮一陽居於九三，象天道下濟而光明，地道卑下而上行，山至高而地至卑，屈止於下，謙之至也。

(二)寓卦德于卦象之中，以卑蘊高有而不居，是以名謙。

四・謙卦嗛，陰嗛于陽爲謙。

五・謙與師、剝所通。

六・來知德注謙爲有而不居。山至高，乃屈地之下，謙之象。止于其內，而收斂不伐順乎其外，而卑以下人。

七・謙爲兼，即假也。取代爲假，是故易爲謙。謙有變易之意。

◎終之義

一‧艮為君子，陽為君子。坤為終，謙卦君子有終。先天卦艮至坤，乾陽消淨，陽為君
　　子，君子有終也。終，艮成終，坤大終。
　　坤六三，含章可貞。或從王事，无成有終。

二‧艮有成有終
　　坤六三曰无成有終。成言乎艮，艮，萬物之所成終而所成始也。卦无艮，故曰无成。
　　今坤綜乾，從之象變艮。今變艮，故有終。

三‧易經以坤為大終（乾、兌、離、震、巽、坎、艮、坤，坤為終）。坤六三无成有終；
　　睽六三无初有終；困九四，困于金車，吝，有終；巽九五无初有終。

四‧終，終萬物莫盛于艮，而坤在先天之末亦終也。

五‧下卦為初，上卦為終
　　巽九五无初有終。巽震相交易，震為離，巽成坎，又以坎離易以成兩既濟。巽變坎，
　　上坎正，下坎不正，故无初有終。易以下卦為初，上卦為終。

六‧庚者終也，甲者始也（納甲卦言戊巳居中，甲居東方，庚居西方。而八卦納甲，甲
　　納于乾，以甲為始，「乾為始」）。庚納于震，以庚為終。巽九五：「无初有終，
　　先庚三日，後庚三日」。七干中无甲，故先庚曰无初（甲）有終。故巽无初有終。

七‧先天卦終于坤。謙卦九三曰有終吉。謙之艮坤，以艮為先天左旋卦之始，以坤為終。

◎亨

一‧合則亨。謙為兌五世卦，艮與兌合，故亨。

二‧謙卦是從乾上九來到坤卦中，坤卦變成謙，又謙與履旁通，以坤上九之乾之三爻，
　　乾卦變成履。乾為履卦之上卦，乃乾盈履上，而虧於坤卦之三爻成履。即以乾之貴
　　來助坤之下位，所以卦象是益謙。即以上之損而益下。因為乾為天道，天道下濟，
　　故亨。

象曰：謙，亨。天道下濟而光明，地道卑而上行。

剝之上九來三變謙。

◎天道下濟

一‧坎為水，濟之象。

二‧謙卦象曰天道下濟。謙二四（大中）互坎，濟也。濟，大中互坎。上和天之中的雲
　　氣變雨下降是為下濟。

三‧濟為施，天的位置上而氣向下流，施是上者給于下。

◎地道和天道

天道為乾，地道為坤。

◎**上行與下行**

易之上行與下行各有其義。

◎**上行**

一・水性下，位在上，以上行為貴，故坎上行(坎志上行也)。

　　豫自師來（雷地九一來--水九二），師自謙來（地水九二來--地山九三），師坎志
　　上行，艮即乾天，故謙曰天道下濟（言坎也）。

二・水見風上行（升也），木旺水漲，木衰水消。

　　坎自升來：天地之水，坤化不測，當木氣旺時，水澤暴長，木氣衰時，水澤暴消。
　　水之上行，必由風升之，故坎自升來。升為風在地，風起水漲。

三・尚為上，上行則有尚。坎行有尚，坎自升通，升互震，震為行，行而上居五位，故
　　行有尚。尚字和上行有關，易經該上行之卦莫過于坎，坎在相濟之情況是坎在上。
　　有關尚字之義詳本書坎卦。

四・三人行，以上行為益友

　　損六三曰：三人行，則損一人。乾為人，三爻為三人，泰之下卦乾互震，震為行，
　　故損一人。損下兌，兌為朋，艮為友，一人上行為艮，三上相應，故得其友。

五・征為上行

　　革六二征吉，革五為兌金，金以火革，下卦之火征上卦之金，故革曰征(上行)吉。

六・風行地上，上行下效

　　井木上有水，水氣上行至杪，此木上有水之象。地下巽風，鼓氣以上行也。風行地下
　　不好，上下皆風，上行下效，必宴。

七・柔進而上行，則剛退下行。陰卦或陰由下爻到上爻為進，向上進行也，皆以吉論。

　　(一)噬嗑，柔得中而上行。

　　(二)晉，柔進而上行。晉象曰進，柔以進上也。六五之柔進而上行，初之柔進四，
　　　　三之柔進上。

　　(三)睽，柔進而上行。睽自中孚通，六五柔進上行。

　　(四)鼎，柔進而上行。

　　(五)損，損下益上，其道上行。

八・上行之道

　　(一)卦爻上進之謂也。比如損象曰：損，損下益上，其道上行。

　　　　損其道上行是由泰而歸妹、而節、而損。

　　(二)泰三互震，震為道，為行。泰三上四為歸妹，上五為節，上上為損。

　　　　其道上行也，爻取歸節之意，這是說泰卦到女歸節是上行之道。

　　(三)謙與剝通，剝之坤＜地道＞三爻到艮卦的上爻互易，剝卦變成謙。故地道卑而
　　　　上行。剝成謙的過程是由剝卦之地道上行到艮卦而成，其過程是很謙卑的，這
　　　　是謙卦的寫照。又剝之艮互震，震行也。

　　(四)地道上行：承天而上行故謙曰上行。

◎**下行**

一·火性炎上，自乾兌離，火下行，澤又相制，三四爻火金交之交，正大傳所謂近而不相得。

二·天火同人卦自乾兌離，火下行，以兌相制，故吉。

三·水地--雷地--地山，陽之（往下行）下也。謙之下行由比而豫、而謙也。

◎光明

謙彖曰道下濟而光明。光明之義為：

一·艮爲光明

艮象曰：艮，止也。時止則止，時行則行，動靜不失其時，其道光明。謙爲坤艮，艮光明之道也。

二·離爲光明

謙互坎，坎錯離，光明之象也。

天道虧盈而益謙，地道變盈而流謙，鬼神害盈而福謙，人道惡盈而好謙，謙尊而光，卑而不可踰，君子之終也。

◎虧盈

一·月有盈虧

虧盈爲坎月之象，謙履互通，小畜履相對，小畜月幾望，小畜爲巽乾（天風），履爲乾兌，乾象盈甲，巽變退辛，兌象見丁，巽兌皆幾望之月。

二·乾盈履上，虧上之坤，故曰虧盈。

三·虛爲虧，謙卦說盈虧。謙錯乾則變爲離，離中虛，虧之象，虛補不足，故曰益。

四·天道下濟，是謙虛之象。以高位者下接在低下者，這是指天上之氣下注，會流到虛空之地，而形成助益。天道對盈滿者則損之，對謙抑者則補益之。這是日月運行消長取象。

◎地道變盈

變是傾壞，地道是指坤道。對滿者，會令之破壞以便新生。

◎盈

一·謙卦有之盈有虧盈、變盈、害盈和惡盈

(一)天道虧盈--＜虧盈＞。

(二)地道變盈。

(三)鬼神害盈。

(四)人道惡盈（俗曰＜惡貫滿盈＞）。

二·乾甲兌丁爲盈，皆曰履之乾兌也（乾甲兌丁之盈，卦納甲之盈象）。

三·謙說月盈之道，盈爲月之滿。

四・乾象盈甲。

五・謙兼說溢（益卦），即以乾益坤之寡。

六・坎為盈。謙卦中坎，盈坎象也，流亦坎象也。

七・坎見坤乃盈。卦地道變盈，上坤互坎，坎中滿盈之象，其盈由中爻而來，故曰變也。謙履相錯，九六互易，履以和行，謙以制禮，謂其相貞也。

◎謙為益

一・天道虧盈而益謙：謙履九六相易，以乾陽之盈者益謙。

二・地道變盈而流謙：謙履相錯，謙之坤以陰變履乾之盈，以乾為坎，故地道變盈而流謙。坎為流，流而盈。坤變乾為盈　水滿而流也。

三・坤錯乾，乾天道也。坤變乾盈，坎動而潤下，水流溫，故流謙也。

◎鬼神

一・中爻坎，鬼之象；坎錯離，神之象。坤坎為鬼害，人道即乾。害之義詳大有卦和離卦。

二・高明之家鬼瞰其室是也，如能謙則日增其美。
艮為光，其道光明，故謙尊而光。謙卦說尊而光。山出地尊也。艮之彖曰其道光明。

◎卑為地，尊為山

一・卑即地。謙卦說謙尊而光，卑不可踰。謙上卦坤為地，地卑也。坤在上不可踰，踰為震象。艮反震，不可行。下卦艮，艮為徑路，互震為足，足動踰之象也。

二・地之地位在下，所以稱為卑。

◎君子之終

謙尊而光，卑而不可踰，君子之終也。

◎踰

震足，卑者艮也，君上位，震足不可及也。

象曰：地中有山，謙。君子以裒多益寡，稱物平施。

◎寡

一・小畜為寡，寡和過反。雜卦傳，小畜寡也。
謙言君子以裒多益寡，謙履相錯，履小畜相對，小畜寡也。

二・小畜不雨，陰寡也。小過不雨，陰過也。

◎稱物平施

巽稱也，乾施也，坎平也，陰陽物也，艮手裒也，履一陽五陰，謙一陰五陽，以謙之陰益履，實以履之陽益謙，二卦皆成三陰三陽，為兩既定，故稱物平施。

◎平

一‧平爲公，公爲民。

二‧謙卦君子以裒多益寡，稱物平施。謙履互通，履大象曰，以定民志，可見謙之益寡
　　是爲了公眾，是爲公平也。

◎裒

抒也，取也。字書作捊。艮爲手，捊也。

◎裒多益寡

損多益寡也。

初六，謙謙君子，用涉大川，吉。
象曰：謙謙君子，卑以自牧也。

　　謙之義爲自貶損以下人，如艮山之堅定，坤土之厚順爲謙卑者的品格。山在地之中，
跟一大片土地比較之，山不過一坏土，數塊石而已。但是地使山看來巍巍在上，自是地自
謙廣以增益山之高。反之，山自謙高以益地之大。兩者都以謙來彼此增益，所以說地中有
山，而不說地下有山。這是大地之中的一小片山。

　　謙卦初六是陰爻居陽位。地位卑下而又无名份，是卑之下矣。又處在下卦艮山之中，
艮卦以山之高而不自我拱高，又與地之廣相比，所以自謙。初爻以謙居謙之中，所以謙之
甚矣。易經以利涉大川爲天理與地理之相合，與人情相通，所以通則萬事大吉。但謙卦有
涉川之象，而无涉川之理。只因中爻震木在坎水之上，故說涉川。因爲无涉川之理，所以
說用。就是用涉川來比喻初爻爲吉祥。因爲自謙，則可以避險。易經之涉川也有避險的意
思。謙卦六個爻個個都有自謙之需要。二爻六二得位，有所得，可以自鳴；三爻有功勞；
六四是名正言順，而以搞讓爲謙；六五可以侵伐和上六利用行師，都有功可言。只有初爻
是因爲自認无能无德，而自知以謙爲上策，在退中養晦。

◎謙謙

一‧謙謙爲君子。比之豫，豫之謙，上而益下，謙謙君子之象也。

二‧初最下爲謙，二陰承陽也是謙，所以謙卦說謙謙。

三‧此爻可以行事，所以涉大川。但是要知謙虛之道，以退爲進。即山要＜謙讓＞地之
　　廣大，方能顯其高；地要尊山之高，方能顯其闊。謙讓即兩者皆讓。

四‧謙卦初六曰謙謙。謙謙，謙初六變，下卦艮變爲離，地山謙成地火明夷。初爻在下
　　故謙。而變爲地火亦爲謙象，最下謙而又謙也。荀爽曰：「謙初爻在下爲謙，二陰
　　承陽，亦爲謙，故曰謙謙。」

五‧謙虛：在下爲謙，謙又虛也，＜謙虛＞。

◎用涉大川

一‧由艮到坤爲涉大川。

謙卦初六用涉大川。謙爲艮坤，由艮至坤（巽、坎、艮、坤），以風木行于水澤。

二‧由師卦通變爲謙，師之坎成謙之艮，由坎到艮，即巽坎艮，易卦先天順行爲利涉。
　　謙自師通，坎水變艮山，利涉大川。

三‧既濟爲利涉大川
　　謙履互通，各貞其九六，謙履初五相易，各成既濟，故用涉大川。
　　易變成離卦爲舟，舟爲涉川之用也，所以說用涉，不說利涉。
　　謙卦初六變，下卦艮成離，離中虛舟象也，中爻互坎，川之象。今在初爻，坎尙未
　　至，故曰用涉。

◎自牧

一‧坤致養，牧也。謙初六自牧，牧養也。坤萬物皆致養也。

二‧牧養牛者，坤爲牛，震爲人，驅之故象牧。

三‧謙卦之坤自三降初，卑以自牧。

四‧上坤爲馬，爲牛牧之象。牧，養也。

　　　　六二，鳴謙，貞吉。
　　　　象曰：鳴謙，貞吉，中心得也。

　　人要知謙，先要知自己之過。謙卦初至五互爲小過。小過是飛鳥遺音，而豫卦也有小
過象。又謙之三五互爲震，震動則鳴。易經鳴的含意很深，不可忽視也。鳴即共鳴，凡兩
件事物相應則會共鳴。易經以鳥爲孚象。中孚錯小過，小過飛鳥能渡過大川，又能呼應，
所以鳴的意思是鳥在找到共鳴時候的叫聲，也是鳥在順利渡川時的叫聲。這相和的境界，就
是易經上下相通的境界，就是翰音登于天之境界。謙卦所說的鳴謙，不是一個人自鳴得意，
而是找到了知音，打開宇宙之間的神秘之鑰。在這境界之中，事情發展都不會受到阻礙，
而人也可以預知過去和未來的關係，做的事合于天理。因爲六二和九三相近，相近而相應，
所以鳴而吉。

◎謙卦多鳴

謙卦由鳴所變，故謙皆曰鳴。而謙卦就包含了以下之鳴：

一‧豫之鳴：安爲現狀之鳴
　　謙六二鳴謙，地山謙六二自雷地豫變（六三之四），豫震有鳴象。豫之鳴爲安於現
　　狀之鳴。

二‧履之鳴：知禮之鳴
　　謙六二鳴謙，地山謙錯天澤履，履兌爲口舌，亦有鳴象。知禮之鳴也。

三‧小過之鳴：不自大之鳴
　　謙六二鳴謙，謙互小過，飛鳥遺音，亦有鳴象。自鳴而不過份，即不自大，則合小

　　過之鳴。

四‧謙之鳴：自謙之鳴

　　謙六二鳴謙，謙自師通，師二爲震，故鳴謙于二。自謙之說爲鳴謙。

五‧通情之鳴

　　嗛爲謙，故謙鳴，通情之自謙，即可互通心意之謙。

六‧孚信之鳴：即鳥鳴，鳥象爲鳴

　　(一)中孚九二鳴鶴在陰。鳴爲鳥象，謙卦曰謙謙爲習象。坎也爲鳥，故謙卦多鳴。

　　(二)謙重互震（一向上，一向下），爲鳥象。

　　(三)謙卦多用鳴字。因爲謙互震，初至三艮反震，初至五成爲雙互震（上震下艮反
　　　　震之象），爲上動下動，爲鳥象。謙卦、小過、豫卦都有飛鳥象。而謙之鳥象
　　　　可由初至五互震看出。

七‧風之鳴：即一般說的＜風評＞

　　謙卦巽爲風，風能鳴，故曰鳴謙。

八‧震動而鳴

　　謙卦象爲一陽在三爻，而眾陰如同聲波在兩旁振動。互震，震爲雷，亦善鳴。

九‧占卜之鳴

　　鳴者：近人屈萬里以爲相命爲鳴。古時以鳥爲占卜，又卜者以兩塊木板發聲如鳥鳴。
　　鳴謙爲相命之意，謙者知命，見屈萬里《周易集釋初稿》。據筆者所知，直到近代
　　以占卜爲業者，尚有擊木沿街拉客之舉。

　　鳴者：聲名聞之爲鳴，即＜不鳴則已，一鳴驚人＞。

十‧陰陽相應則鳴。

◎貞吉

一‧位正則吉

　　謙得師之正爲吉。謙六二貞吉，謙自師變，九六皆正，故貞吉。

二‧先後天同位則貞吉

　　謙六二變卦成巽爲升，巽坤先後天同位則志合，故貞吉。

◎中心

　　謙初六象曰中心得正。謙自師變，師之坎心在中，移三得正也。中心得也，中指六二言
　　心得者，指同位言也。此爻說有才德者含謙遜之心，則可得令名而居之。

　　　　九三，勞謙，君子有終吉。
　　　　象曰：勞謙君子，萬民服也。

　　謙卦九三是全卦唯一的陽爻，九三又是正位。謙之二五互坎爲勞象。中爻之水，是水

居中，爲井之象也。井水是勞民勸相，又是有節而守。所以勞者，不是誇耀自己的功勞，而是以勞動來表示自己的謙遜。因爲自己動手，動身來作模範，而且下卦艮象山之不移，是善始善終，有頭有尾。又九三相應爲上六，六爲大終，所以九三卦是能有始有終的美德。

凡卦以一陽爲主者，象皆以剛言，如復曰剛，豫曰剛應，比師剛中，但是謙卦象不言剛，因爲性剛則不會謙虛。九三之剛是自我節制之剛，得五陰爻之順服。

◎勞

一·坎爲勞

(一)謙九三勞謙，謙自師通，故勞謙。勞，坎也。

(二)九三變坤爲純坤，中爻互坎，坎爲勞，故曰勞謙。

二·民功曰勞，事功曰勞。

三·有功而能讓人，爲勞謙。

四·勞爲井象。水動則勞，井卦說君子以勞民勸相。

◎吉

一·有終則吉，謙九三，有終吉，謙互震艮，謙三爲人位，九居之，先天卦一陽始震，一陽終艮，故君子有終。

二·謙全卦以唯一之三爻而又得位，故吉。

三·坤土艮土，上下皆土，故吉。九三變卦成坤，上坤下坤，上下相同爲吉相。

◎萬民服

坤爲眾又爲民，坤順服之象。

六四，无不利，撝謙。
象曰：无不利，撝謙，不違則也。

易經說吉无不利，无不利就是大吉。謙卦是以自卑來表示對別人的謙敬。因爲高和卑是相比而來的，當自己要對別人有謙恭之心，最好要做到和別人无法相比，也就是求得和別人相同的程度，來減少和別人相比，其次是完全不去考慮相比者的地位。在易經之中，凡是一陽五陰，其卦不論是陽爻在那個位置，是否當位，都給陽爻特別的重要。因爲易經以少數爲尊，比如復卦之元吉，師卦之錫命，豫卦之大有得，比卦之顯比，剝卦之得輿，都是尊重少數的陽爻，而不論其地位。在謙卦中，六四是才和位都是陰，而和九三有才又得位之爻的賢者在一起。如果相比，六四是一點也比不起。與其和九三相比，不如和它劃分界限，變得和它完全相似，這是撝的意思。撝是分裂，也是相僞裝。這種謙虛是避開和別人互相比較能力和地位的方式。一個人如果不強和他人有所異同，也是一種謙虛的方法。

在人生中，義理最講原則，不能任意改變，人生之價值也如此。但是人避開和別人對立，則可以不必去面對許多道德上的衝突，不會違背道德原則，這是撝謙的好處。

◎撝

一・揮也，乾六爻發揮之意。坤之三以時發，即乘機以發動之義。謙九三得正，故以三撝初五之陰。

二・撝為麾，舉也，義同麾。

三・上下皆通為撝。

四・撝即偽，可說是假為恭謙，以利和上之通。六四欲上居五，以陰欲上是合于法則，但要保持謙恭之心，則无不利。

◎无不利

一・先後天同位則无不利

謙六四无不利，撝謙。六四變震為雷山小過，雷山先後天同位，則志相得，故无不利。

二・位中正，得位則无不利。

坤六二，不習无不利。坤六二中正，故无不利。

巽九五，貞吉，悔亡，无不利，无初有終。象曰：九五之吉，位正中也。

三・先天卦右行，自天右之也。卦凡右行，如乾兌、乾離皆利。乾為天也，以乾主為先天卦。

大有上九，自天祐之，吉无不利。象曰：大有上吉，自天祐也。

繫辭上十二易曰：自天祐之，吉无不利。

鼎上九，鼎玉鉉，大吉，无不利。鼎為兌離，先天右行也。

四・陰承陽則吉，无不利

大過陰承陽，故无不利也。老夫得其女妻，故无不利。

五・兌澤為金，金利也。卦象為兌，无不利。

(一)臨初九，咸臨，吉无不利。臨下兌，兌為金，金利。

(二)大過九二，枯楊生稊，老夫得其女妻，无不利。大過上兌，兌為金，金利。

六・肥為利。卦有肥象，即肥卦，為利。

(一)遯上九肥遯，上九變兌為澤山咸，變兌者，萬物之所悅也，饒裕也。兌正秋，收成象也。

(二)咸九二變震為地雷復，兌錯艮為澤山咸故曰咸臨，兌變震震動也，兌說也，動而說，故无不利。

七・卦互相錯而成相濟，則无不利

(一)晉六五悔亡，失得勿恤，往吉，无不利。言晉需相錯相交易而互成既濟，需二往晉五，晉亦成既濟，无不利。

(二)巽九五悔亡，无不利。以巽震互易成坎離，坎離互易成既濟。故悔亡，无不利。

八・利為器

君子藏器於身，待時而動，何不利之。解上為震，震反艮，艮為弓，故解上弓象，為器也。弓矢之器，上震反艮為躬，无不利。繫辭下五易曰：公用射隼，於高墉之上，獲之，无不利。利，器也──＜利器＞。

六五，不富，以其鄰，利用侵伐，无不利。
象曰：利用侵伐，征不服也。

　　謙六五是陰爻居尊位，和三爲相隔之鄰。此爻說明謙者可以富，可以不富，要看相鄰者爲何。要順此卦意，宜以進征來表明，而不是退卻。進者，不論如何皆可得利。

　　易經以卦合乎既濟爲吉，不合而可以貞正爲貞吉，但不必合，已經合乎相濟之象，也是貞吉。謙卦之中三五互爲震，震在東，謙之反卦爲履，履下卦兌，是震和兌皆具，所以可以征，也可以不征。六五在上爻是鳴謙利用行師，而六二也是鳴謙。鳴的卦象有征伐之聲，是鳴金出兵，六五和上六之鳴，以六二之鳴爲相應之位，但六五不征，是利用上六之征伐，不是自己出征，所以不服。以卦象論，六五爲尊位，一呼百應，上下都要聽他，是因爲六五有自謙之美德，不以征爲征。謙卦之所以不以陽剛或強暴爲尙。

◎富

一·乾巽富，坤震不富。

二·易中乾巽皆有富象，坤震皆有不富象，以乾實坤虛，震爲仁，巽近利也。

　　易經言富者：如小畜九五，有孚攣如，富以其鄰。因爲小畜爲乾巽，兩卦是富象。

三·巽近利爲富。家人六四，富家大吉。象曰：富家大吉，順在位也。家人巽，巽近利爲富。

四·陽實爲富，陰虛不富。富的意思之一是充實。比如小畜卦有五個陽爻，所以不獨富，是五爻皆富，而陰都是不富，所以泰卦六四說不富。

五·富即福。

六·恭者不富人，儉者不奪人。

◎不富

一·坤震不富

　　无妄六二象曰：不耕穫，未富也。

　　升上六，冥升在上，消不富也。升上坤。

二·謙則不富

　　謙六五不富以其鄰。謙自豫來，豫震爲不富，豫雷地爲震坤（乾、兌、離、震、坤）。震與坤鄰是不富之象。這是說卦含坤和震，兩者都是虛象。謙卦因爲謙而虛所以不富。謙爲地山，坤艮（巽、坎、艮、坤），坤與艮鄰，以豫變謙，故以其鄰。

三·虛者不富

（一）泰六四，翩翩，不富，以其鄰。以上中兩爻陰虛也。泰通歸妹，歸妹四震爻，故不富。

（二）不富以其鄰。小畜自履來，天風巽爲富，天澤與巽一體，兌與乾鄰，乾與巽鄰，以履變小畜，故不富以其鄰。

（三）利用侵伐，師象。謙六五利用侵伐，謙自師來（地水陽爻來地山），帥師之坎

子，進而得正，故利用師以侵伐。

◎伐

凡師有鐘鼓曰伐，无曰侵伐。六五離爻，離爲戈兵，侵伐之象。離爲伐。

◎鄰

一・東西稱爲鄰

謙卦之主卦爲三，所以要看三爻之相鄰關係，要居和謙卦相關的三爻和本爻（即五爻之象）。謙卦三和五互爲震，謙之反卦爲履，在履爲兌。震和兌一在東一在西，易經乃以東和西稱鄰。

二・易經之卦在八卦中相隔爲鄰，爻相隔也爲鄰。在謙卦六五中，和六五相鄰是六四和上六。因爲六五自己不富，其鄰居也不富。

三・鄰是既濟卦，因爲既濟坎離。在先天八卦中，坎和離一在東一在西，就是既濟卦所說的東鄰和西鄰。

四・鄰之義詳既濟卦。

上六，鳴謙，利用行師，征邑國。
象曰：鳴謙，志未得也。可用行師，征邑國也。

易經之鳴字有許多作用，可以是驅邪，可以是征戰時之鳴金，也可以是占卜時所發之聲。總之，鳴的功用是找出兩個事物之間之和音以求吉凶。謙卦之能謙，是不求在特定的位置和其他事物直接相比擬，而是從一個全新的關係來看待。

謙卦上六相對應的卦爻是九三，是上下相應，是以所處的地位是有利的。但是九三是能者多勞，而上六不能與之相比。只能利用九三的能力來實現征伐的目的，所謂征伐是指調正卦爻之陰陽分配，以求上下相合又能水火相濟。

◎利用

一・易經說到「利用」共有十五處：

蒙初六，發蒙，利用刑人。

需初九，需于郊，利用恆，无咎

謙六五，不富以其鄰，利用侵伐。

謙上六，鳴謙，利用行師，征邑國。

觀六四，觀國之光，利用賓於王。

噬嗑，亨，利用獄。

益初九，利用爲大作。

益六四，利用爲依，遷國。

萃六二，引吉无咎，孚乃利用禴。

升九二，孚乃利用禴。

困九二，困于酒食，朱紱方來，利用亨祀。

困九五，利用祭祀。

漸九三，利用禦冦。

繫辭上十一，利用出入，民咸用之謂之神。

繫辭下五，利用安身，以崇德。

二・利用之義不外合先天卦右行者，如需卦象曰利用恆。恆下巽上震，二五互乾兌。需卦的形成爲乾右行之象。初至三爲互巽，二四爲互乾，三五爲互兌，四上爲震。由巽而乾、而兌、而震，正好是先天卦巽到震（巽、乾、兌、離、震），是右行，剛到了坎即止。這是由陰生（陰始生于巽）之始，以至陽生（陽始生于震）之始。所以需中有利于行（即乾陽右行）之象。又中互爲恆，所以是利用恆。這個卦說明先天卦陽卦行走的道理，在于顯出有恆的現象。

三・乾利右行，不犯難（坎）也。巽、乾、兌、震爲右行，到了坎而止，不犯坎，坎爲難，所以說利右行。

四・利即用，一卦入令他卦之爻之變正。比如：

　（一）觀六四利用賓于王，觀自晉通，「用」晉九四爲觀九五（巽賓也），而陰陽皆正，故利用賓（巽爲賓）于王（離爲王）。即晉卦中之離爲王來變成觀之九五。

　（二）謙自師通，師九二進謙九三，師行得正，上六正應九三，故利用之。

　（三）比如噬嗑，亨，利用獄。

　　　噬嗑與刑：物在頤中，隔其上下，因齧而合，乃得其亨，以喻人于上下之間有亂群者，當用刑去之，故言利用獄。以頤卦之六四正噬嗑之九四。

　（四）升九二孚乃利用禴，二五失正，貞之，初升二，二升五，變其初爻，則上爲坎孚，故孚乃利用禴。禴，離爲夏，禴，夏祭也。萃六二引吉，孚乃利用禴。道理相同。

五・變乾爲利用：乾金性利，故曰利用以也。

◎征

一・易經征字解釋見本書革卦和大壯卦。

二・謙上六行邑國。征者正也。

三・謙之征居復卦爲象，征即剝復。

　　地山謙，下卦半覆，即山覆爲雷，卦成地雷復。所以謙利用征伐。復曰十年不克征。上六爲正，正爻可以調正不正之爻。謙卦不正之爻爲初爻，以上六來征伐初六。謙上六爲邑，邑爲艮。上六變上九，卦成重艮，重艮爲兼山。下正初六。下卦爲艮，邑也，即在高處攻城。

◎邑

一・邑：爲易經中被征之卦。

二・上爻下剝爲征。下卦如爲艮，則成征邑之象。

　（一）謙上六征邑，邑爲艮，下征初六也。征，正其不正也。

(二)晉上，惟用伐邑，以上九伐六三之不正也。

三・易經以坤爲土，國土也。

(一)升卦坤在外，故曰升虛邑。

(二)晉卦坤在內，故曰維用伐邑。

(三)泰之上六曰自邑告命。

(四)坤上六曰開國承家。

(五)復之上六曰以其國君凶。

(六)訟六變坤，曰邑人三百戶。

(七)益之中爻坤，曰利用爲依遷國。

(八)夬下體錯坤，曰告自邑。

(九)渙九五變坤，曰渙王居。

(十)謙上六征邑國，上六坤爲邑。

◎鳴謙

要看所鳴是在那種場合或那種鳴法，而有下面之不同的謙虛的解釋：

一・善鳴爲謙，即能自己表達心意者。

謙上六鳴謙，上六應三互震，震善鳴，故鳴謙。

二・臨事而懼，即所謂謙。所以謙上六鳴謙，鳴者爲驚懼後之聲。

三・＜自鳴得意＞者，所鳴亦爲鳴謙。

四・此爻說明可以鳴其自謙之心，但不容易得到別人認同，必須有所爭訟。

豫

豫，利建侯，行師。

易經以震爲諸侯之象。坤卦爲行師，屯卦有震无坤而說建侯，謙卦有坤无震而說行師，豫卦是震坤皆有，所以是建侯行師之象。豫卦陽在上，陰在下，是剛柔相應。謙以一陽帶五陰，而豫卦也是一陽帶五陰。豫之四爻爲主，一剛爲眾陰所從，上卦震行，四爻之陽剛向上，下卦之坤從之，所以豫卦是順而動。

豫卦卦象爲樂。因爲陰氣出爲哀，而陽氣爲喜，豫卦之陽氣已出到地上，是解脫後的和樂氣象。易經之震凡出地則恐懼驚顫，上行到地，則歡欣和樂。

傳統先賢皆以爲豫卦是雷震出地，演振奮悅樂之理，也以之來戒除恣情之逸樂，以爲耽迷於聲色之警惕。爻象之論，先賢大體以爲，初爻鳴豫與上六冥豫爲志不可滿，樂不可極；三之盱豫是責趨炎附勢之人；二之介與石，與五之貞疾是不忘憂患；四爲全卦之主，唯一之陽爻得眾陰之從，而與民同樂。全卦除了六二之外，其他都非凶即險。

筆者以爲，本卦實則爲開創建國時爲祭祀而定出音律之規章。初爻爲鳴豫，是試探；二爻介于石爲金石與絲竹之辨；三爻盱豫是定下祭祖之法；四爻爲完成作樂之過程而有所得；六五則探知樂音不和之處；上六則是專爲祭祀陰間之鬼所用之曲。

◎豫

一・豫爲逸

(一)逸爲出，即跑出來。隨卦爲：一・雷出地；二・物隨雷出。

(二)逸爲安。劉向曰：「雷以二月出，其卦曰豫，言萬物隨雷出地，皆逸豫也。」安然而出狀。

二・順性而動爲豫

鄭玄曰：「坤順也，震動也，順其性而動，莫不得其所，故謂之豫。」豫以動，眾必所隨，而天下隨時。

三・說樂也

豫：喜豫說樂之貌也。

四・豫爲大。序卦說爲大，物大而不爲害稱之豫。

豫爲坤震，坤爲老母，震爲長男。母老子強，故豫。即強而无害。

五・豫爲怠，即无憂懼之心

雜卦傳：萃聚而升不來也，謙輕而豫怠也。

六‧豫爲預，即預備

中庸說凡事豫則立，不豫則廢。豫爲備也，安不懼，而有備爲豫。

七‧禁之未發爲之豫。

◎侯

一‧四位爲侯。豫利建侯行師：豫自謙通，謙互師，變豫，帥師之長子，進征于四，四爲侯位，故利建侯。

二‧豫卦坤震。坤爲土，震主器者，震驚百里，所以豫爲諸侯。

三‧易言侯者：

(一)比卦親諸侯。

(二)蠱卦上九，不事王侯。

(三)晉康侯。

四‧易經說建侯最明爲屯卦。屯下震，中互坤，豫象也。豫利于行師建侯。有關侯之義詳本書屯卦。

五‧建侯和豫樂：建侯所以興，利行師所以除害，民所豫樂也。

六‧豫爲行師又建侯：屯卦爲建侯，謙卦爲行師，豫卦兩者皆有，建侯又行師。

◎師

一‧師字之義詳本書師卦和泰卦。

二‧師德爲謙，所以謙卦互師。豫以通謙卦取師爲象。師所以正，所以征也。正他人之不正，所以爲師。征不善之類，所以興師。

豫利建侯行師：豫自謙通，謙互師，變豫，帥師之長子，進征于四，四爲侯位，故利建侯。

三‧豫卦中爻坎爲陷，一陽統衆陰，是帥師之象。

◎艮爲建

豫，利建侯。侯：震，侯之象。中爻互艮爲手，建之象。

◎師之德

一‧師爲豫，強而不害，故利建侯行師。

二‧師得衆，坤爲衆師之象。

三‧師必出行：卦見上震，則足可以出。震爲足，在上，爲外行之象。

象曰：豫，剛應而志行。順以動，豫。豫，順以動，故天地如之，而況建侯行師乎？

◎天地

易經之卦有許多是可以比爲天地者，所以說天地如之：

一・艮即乾天（先天之艮即後天之乾）

　　豫自師來（雷地九一來，地水九二），師自謙來（地水九二來，地山九三），師坎
　　志上行，艮即乾天，故謙曰天道下濟（言坎也）。

二・震即艮之乾天，故豫曰天地如之。

　　(一)巽即坤地--先天之巽即後天之坤，故姤曰天地相遇。

　　(二)兌即巽之坤地（先天之巽即後天之坤，先天之兌即後天之巽），故咸（澤山）
　　　　曰天地感而萬物化生。言咸之澤爲坤，與艮之乾天也，故天地感。

◎剛應

　　陽剛在應爻也。豫爲震宮，一世卦，應在四世位，爲震之陽畫。

◎志行

　　豫彖曰：豫，剛應而志行。志行之義可以是：

一・震爲行。豫彖曰：豫，剛應而志行。今豫在震宮故曰「志行」。

二・志者指先後天同位，比如否九四，有命无咎，疇離祉。象曰：有命无咎，志行也。
　　否九四互坤巽。坤巽先後天同位（坤巽）。

三・坎爲志。爻上升而變坎成志行。

　　升彖曰志行，升南征于无妄，以无妄九于易升六五，坤成坎志，故志行也。

四・陽爻尚行。陽之志得行爲志行。

> 天地以順動，故日月不過而四時不忒，聖人以順動，則刑罰清
> 而民服。豫之時義大矣哉。

◎天地以順動

一・凡事合天理則順，背天理則逆。順以動，則一念一事都合乎天理。天地之動與人之
　　小小的動都相合。天地是順自然之氣而動。

二・順以動：雷動于上，坤順于下，爲天地之順動。

◎不過

一・易經以相濟爲不過：繫辭上四，知周乎萬物而道濟天下，故不過。

　　(一)豫卦上震爲乾，下坤。合爲乾坤，濟象。

　　(二)先天八卦震坤爲鄰，相接爲濟--＜接濟＞，所以豫卦爲濟，濟則不過。不過的
　　　　意思，在這兒不是不能度過，而是不會錯過。

二・豫卦三爻變，雷地豫變成雷山小過，所以卦中說不過。豫久而變，生過也。

三・坎離得正爲日月不過

　　豫由初變至四需，離爲日，坎爲月，皆得其正，故日月不過。

四・失時或失度爲過。豫卦說日月不過，過，失度也。

◎四時

豫言四時不爲過，豫有震春坎冬，小畜有兌秋離夏，而多失位離既濟，則日月不過，而四時不忒。

易經另一卦說四時爲觀卦。觀卦自小過通，也是四時不過。可知小過爲＜過時＞之義。

◎四時不忒

豫動初時震爲春，至四兌爲秋，至五爲坎冬，離爲夏，故四時不忒。忒是差迭也。

眾：豫繼謙，謙繼大有，大有繼同人。同人卦，皆言得眾也。故日月不過而四時不忒：震春陽用事，時以序行。

◎刑罰清

一・互坎居中爲日月不過，坎水爲刑罰，清坤眾爲民服。

二・坎爲刑罰，坎得正，故刑罰清。

◎民

坤爲民。

◎時義

易經說到時義大之卦有：豫卦、遯卦、隨卦、和旅卦。豫爲雷地，隨爲澤雷，遯爲天山，旅爲山火。四卦皆爲震艮。時之義詳本書乾卦。

象曰：雷出地奮，豫。先王以作樂崇德，殷薦之上帝，以配祖考。

◎奮豫

即很快躍出，爲躍上、奮動也。雷動地上，萬物乃豫。雷爲陽氣，震爲龍。陽極而生陰，陰陽相擊而成雷。如龍奮向上爲豫躍之象。

◎崇

充滿爲崇，盛大的樣子。

◎坤

順也，有德者莫如坤，故先王以之崇德。

◎作樂

一・震爲聲、爲作，互坎爲律，故以作樂。

二・古時作樂要按照所祭的對象而採不同的音樂，由朝廷決定。因爲萬物本乎天，所以祭天在郊。人本乎祖先，所以有廟，在祭祀天和祖先，要用最盛大的音樂，而且也要照時令。所以冬至祀上帝于圜丘，而配之以祖，必是樂薦。秋祀上帝于明堂而配之以考，也要以樂薦。

◎殷

一·說文：「作樂之盛曰殷。」

二·盛也，殷薦是祭神最盛大的。

◎祖考

一·五行之義，震木爲坤土之祖考（木剋土，土亡，故震木爲坤土之考）。

二·豫卦上震下坤，象曰祖考。坤爲死，曰祖考也。

◎祖妣

小過上震下艮，曰祖妣。

◎薦

豫卦言薦，薦進也。豫三五互坎，坎爲隱伏，鬼神之所居也。

◎上帝

震，帝出乎震，故曰上帝。

初六，鳴豫，凶。

象曰：初六鳴豫，志窮凶也。

雜卦，豫，怠也。初六陰爻居陽位不正，初六和九四是陰陽正應。而九四爲近君之權臣，初六以地位卑下无才无德而與在位之大人相交，有邀寵之象。而九四近六五之君位，和六五近而相得，自然无心和初六和應。所以初六之鳴不能取得共鳴。

易經鳴字可以探出天地、人事之和諧性。鳴出現在謙卦和豫卦之中。謙有鳴謙，豫爲鳴豫，而兩者之鳴不同。謙爲上六之鳴，爲高飛之鳥所鳴，而豫爲初六之鳴，爲未出道者之鳴，只能假借九四之呼應而出聲。因爲上下既懸絕，而初又不中、不正，上下情乖，不能唱和，其不能唱和，初之志窮矣。

雜卦說謙輕豫怠。謙上六是鳴在天上，爲翰音登于天，何可長也。而豫卦初六爲初鳴而不驚人，其志怠矣。二者都不是孚信之鳴。易經說到聲音發在陰處都有鬼象。初六是陰爻，在全卦之最下，又是重陰之下，不但沒有和樂之容，而且鬼氣重重，所以鳴而凶。古人可以從音律知吉凶，豫卦是斷音律之法。

◎鳴豫

一·自鳴爲鳴豫

豫初六應震曰鳴豫，謙上應曰鳴謙。鳴謙者，人鳴其謙；鳴豫者，自鳴其豫。公私不同，吉凶亦異也。

二·豫爲雷聲大作，山谷響應。

三·坤爲十月卦，見震，十月爲履霜，非得時也，不是好鳴。

四·坤爲老婦。老婦之鳴爲牝雞司晨，凶也。

五·鳴豫爲得人之譽而自鳴。如名不符實，或淺狹之量，多縱欲，其事必敗。如以勤勞

　　　補拙，可有小成。

　　六・鳴豫或指不祥之鳥聲，忌見陰人壞事。

◎怠

　　一・豫，離卦曰怠也。以九之剛居四，故怠。

　　二・易，一陽之卦承應之爻（即豫之初六應九三）皆吉。惟豫承應九四不吉，以承應之，
　　　　志在怠也。即多招來之責，而不願任之，其心怠也。豫爲怠象，不宜招過實之名。

◎志窮

　　一・易經之志爲坎中之志。坎中陽爻，志向上。如兩個事物相孚相得，即爲中心願，或
　　　　得志，兩人之心志相得。

　　二・志爲心志，其義和鳥之鳴相同。鳥鳴時腹鼓，爲心中充氣，通常指相應之爻是陰和
　　　　陽相應，而且得位。中孚說中心願。中孚九二鳴鶴在陰，其子和之，中心願也。謙
　　　　卦說中心得，六二鳴謙，豫初六鳴豫，曰志窮凶。

　　六二，介于石，不終日，貞吉。
　　象曰：不終日，貞吉，以中正也。

　　　　豫卦作樂是爲了振奮人的心志，以免耽溺。豫卦下坤爲土，因爲初爻和三爻都爲陽爻
之位，所以是土中之堅者，即石也。石性剛，而坤卦在先天八卦是二數之位，坤之二數是
本位之數，所以六二爲坤之正位。六二和六五都是陰爻，不相應，所以六二是介然自守者。
上不應五是上交不詔，下不比初，是下交不瀆，耿介之操守，堅貞如石。

　　　　六二爲陰柔，最怕耽溺在安樂之中。鑒於初六鳴豫爲凶，所以特別小心，所以說介于
石。因爲能分辨，不等到過度即收回逸豫之心而自戒。不終並不是說不終止，而是不會溺
在昏暗或日之晚時，而能見機振作。或是六二能守中，而不像初六亂鳴。不等到一日之終
就立即以逸豫自戒，去邪守正，常保其吉。

◎介于石

　　一・豫樂之時，人最易溺，此卦六爻惟二有中正之德，與四无比應之情，志不在豫，是
　　　　其堅介之操，有過于石。艮爲石，二至四互艮，故介于石。介是豫卦二爻。

　　二・介爲分疆。物堅而辨爲石，堅石不變其志者。

　　三・小小之分即纖介。

　　四・豫二象處在和他人皆不同之境，但立場超然，所以要能分辨是非，力行中正，做事
　　　　果斷，威武不屈，則可成事。可如日之不終，永享隆譽。

　　五・此爻利巽方，不宜乾方。

　　六・介爲大。

　　七・石在古時爲樂器，即金石之器。

八‧豫卦介于石，不終日。介大也，朋友相接之義，豫下互艮，艮為小石，故曰介于石。

◎終日

一‧戌亥爲日之終

乾曰終日乾乾。終日是天行一日一周的意思。至三下乾已終，乾位在戌亥，戌亥在一日，是日落之時，故曰終日。

訟上九終朝，上終乾應三互離，巽日在辰巳，終朝之時也。辰巳在十二地支是戌亥相反之位。一為終朝，一爲終日。

二‧兌在先天八卦爲終，離日在西，即離日之終也。豫卦六二不終日。謙錯履，履天澤，離日在西，兌終之象。

三‧巽不終日。戌亥爲日之終，戌亥反巽，巽爲辰巳，故巽不終日。

豫卦由地山謙變，謙錯天風小畜。小畜離居巽位，巽爲辰巳之時，故豫卦曰不終日。

四‧革爲日終。革，巳（音四）日乃孚，元吉，利貞，悔亡。

革自兌卦通，互離于三，終日象。變革離日居兌下，亦終日象。巳日者，終日也，又巳爲四。既濟六四曰終日戒。終日，自朝至于日中艮，有日中之象。

五‧三爲終

初爲始，二爲中，三爲終。故乾九三曰「終日（終日乾乾）」，豫二曰「不終日」，既濟六四曰「終日戒」。四在兩離中，日中則艮，故終日戒也。

六‧日在中爲不終

豫六二不終日，豫坤貞爲離，卦成豐，豐象宜日中。豫卦六二有豐象，故豫六二曰不終日。豫卦六二不終日，六四終日戒。

七‧日在中爲不終日，或終日之戒

日在中爲日終之戒，因爲在中爲不終日。既濟四，終日戒，以四在兩離之中，日中則艮，故終日戒也。豫六二位中正，故貞吉。貞坤爲離二，在日中，故不終日。

八‧三爲日終

繫辭下五，君子見幾而作，不俟終日。易曰：介于石，不終日。

不俟終日：終日曰離也，離初爲日出，二爲日中，三爲日終，六二居中，故不俟終日。互離日，居中也。

九‧不終日：中爻互變爲離，離爲日，變者非正也，故曰不終日。

◎中正

六二爲中正之位。

六三，盱豫，悔，遲有悔。
象曰，盱豫有悔，位不當也。

　　豫卦是九四唯一之陽爻得到眾陰爻之順，而呈一片和樂安順之象。但是每個爻地位不同，心境也不同。六三是最近九四，可比喻爲位近權位而意欲攀附之。六三陰柔居陽爻，是不中不正。九四爲豫之主，而六三承奉之。其表情是張目迎視在上之喜悅以獻其殷勤。但九四是一人獨得眾陰之逢迎，而不爲所動。六三是自取其辱。

　　豫之九四是從下卦陰氣中甫出地之上，而有和樂之氣。六三尙在地中，斜視他人和樂，而自己下毗重陰，心中不免有所悔。而自爲陰爻，性本遲疑，是位不當之誤。本爻變陽爲小過。豫由初變至四成需，離爲日，坎爲月，皆得其正，故日月不過。

　　豫天地以順動，故日月不過。人在豫樂之中，是日月都在運行之範圍中，而不亂。因爲地爲靜，而天在上運行。又小過是主祭祖。小過之過其祖，遇其妣，是說祭祖時見到自己所祭之神。豫卦上震下坤，以震木剋坤土。易經以相剋爲見到祖考，和小過意思相同。豫卦之卦象是以禮樂祭祖，六三盱豫之豫是因爲土尙未動，所以未能得見其儀式之完成。卦變小過，則祭祖之儀式可成。

◎盱

一・上視也，張目也。豫六三盱豫。震在上動，目不定也。

二・小畜反目爲盱。小畜三反目，盱目上視，豫錯小畜，六三仰視九四，以爲豫者也。

三・盱：小人喜悅倭媚之貌。

四・目不正爲盱。豫六三盱豫，東張西望也。坤在西，震在東，離在中。

五・坎在下，則頭在下，目向下看。豫中爻互坎，坎爲下首則目視下，故曰盱。

◎遲

一・不決爲遲。

二・巽爲遲。豫卦中互坎，坎爲決心，今曰遲變巽，巽，進退之象也。

三・豫爲＜猶豫不決＞，因而錯過大事。豫六三是進退不定。

四・解爲緩。豫卦三至上互解，故緩--＜遲緩＞。豫六三宜決，不宜解。
　　豫卦六三曰遲。豫卦互解，解爲緩，故遲。歸妹四遲歸，亦互解緩。

五・易中陰陽得正則速，失正則遲。震六三陰陽不得位，所以緩。

六・遲則悔。豫六三盱豫，遲有悔，悔吝者，憂虞之象，三互坎，憂也。

七・豫六三變艮爲雷山小過。過則悔，悔則遲。

◎位不當

一・位不當之義詳本書需卦。

二・位不當：艮互變坎，坎與坤先後天同位，變則否，故曰位不當也。艮之正位在三，今由變來故不當。

　　九四，由豫，大有得。勿疑，朋盍簪。
　　象曰：由豫，大有得，志大行也。

◎由

一‧行也

(一)道由人所由。上九，由頤，厲吉，利涉大川。　頤艮爲門，門爲人所由也。

(二)行也，上震，震爲足，行之象。又震爲大塗。互艮爲徑路。論語說：＜行不由
　　　徑＞即此意。行不由徑是由豫。

二‧用爲由。

三‧由豫：馬融作猶豫，疑也。豫九四說由豫。其主象爲朋，即致豫之功以示保豫之
　　道。此卦爻利陰性，因爲坤爲朋，朋爲聚，但多聚則爭。如知相聚之道可致福泰。

◎大有得

一‧易經說得，其中一個解釋是得朋，得是得朋。

　　　豫九四震錯兌，兌說也，變坤，坤則得朋。大有，得朋之事也。又得爲得朋，大有
　　　互兌爲朋。

二‧豫九四失位，四五相易成比，錯大有（水地，火天），大有得，得坎也。故大有得。

◎勿疑

坎爲疑，坎居五則勿疑。坎，其於人也爲加憂，心疾故疑。今變坤則坎已去也，故曰勿
疑。

◎朋

一‧兌爲朋

　　　大有互兌，坤西南得朋，比坤順從于五，朋類合聚，如比之水土相黏，故朋盍簪。

二‧朋盍簪：朋合戠（埴，黏也）。

　　　朋：坤遇坤朋之象，坎與坤先後天同位，故曰朋。

三‧朋爲合聚，聚則可得。

四‧朋盍簪，簪，即是聚。群物依歸如髮簪。把東西連起，或歸合之義。

　　　此爻朋以簪喻，爲女人之聚，即裙釵之會。

五‧朋之義詳本書咸卦和兌卦。

◎盍

一‧合也。京房曰：「簪者聚髮之物」。上震，震錯巽，其于人也爲寡髮，今變坤，坤
　　衆也。

二‧坤爲盍，闔也（坤，闔戶）。盍，合也，坤爲合，故曰戠，虞氏以戠爲簪。

◎大行

雷地先後天同位故曰志，震爲足行之象。

六五，貞疾，恆不死。

象曰：六五貞疾，乘剛也。恆不死，中未亡也。

　　豫卦是說在開國時建廟以祭祖。在祭神時以音律來求天地之合及神靈之保佑。六五爲在位者之爻，是主祭者。因爲六五爲陰爻，權不在六五而由九四所乘。所以貞問到疾病之事，有如六五爲有疾之祭主，而沒有能力主事。

　　六五爲震卦之中，震有恆象，恆爲不亡。易經以坎爲疾，而六五爲陰爻，所以无疾。豫卦最忌是大群人由豫，群朋歸附于九四，而九四不在位，所以不能主事，六四力弱，不敢作主，也不能承受九五之責。但是因爲居中位，又在震卦之中，所以尚可以有點作爲，是虛位不死，得此爻不宜問疾病，但有解。

◎貞

　常也。

◎疾

一・疾爲不豫

　　豫六五貞疾，以陰乘九四之剛，四爲坎疾，故貞疾。

二・疾雖然是不豫，但人非无疾，所以豫亦可解爲宿疾也，因爲恆豫者不死。

三・疾者，陰陽偏勝而不得其正則疾。故卦以陰居陽，陽居陰者謂之疾。

四・因爲病來通常都很快，所以病稱疾。

五・古時地支計時以子卯之時稱爲疾日。六五居震體之中，勢奮又快而急。又震卦位在　　東方之，於地支爲卯，象爲急如病發在體內，這是易經以會意的方法來比喻。

◎死

一・艮爲死，坤亦爲死，艮坤皆土，人死入土。

二・震爲生，艮反生爲死。

三・豫六五恆不死，先天陰陽皆終於坤，至震一陽反生，故不死。

四・中孚象曰：澤上有風，中孚。君子以議獄緩死。緩爲豫，豫者生，豫上震。

五・終爲死

　　繫辭上四：仰以觀於天文，俯以察於地理，是故知幽明之故原始反終，故死生之說。

六・恆不死，反艮也

　　(一)恆久而不已，震反艮止，故恆久不已。恆上震反艮，艮爲止，恆不止也。

　　(二)豫六五恆不死，五動成萃（澤地），反互恆（雷風）也。

　　(三)恆不死之義，是說僅能不死，而不是說不死了，就沒別的事。恆從月，月爲月　　　　魄，稱死霸。

　　(四)震體有恆象。九四爲豫卦主爻，以初六爲正應。九四以上震而似恆，所以豫爲　　　　不死之象。古時以恆占不死。

七・反終不死

　　豫六五言死，大傳原始及終，故知死生之說。

八・震反生

　　豫六五恆不死。觀我，觀我生也，此易之原始也。離四死如困，三死其將至，此易　　之及終也。

九・離爲分，即死也。是忽然來之死。

離九四，突如其來如，焚如，死如，棄如。象曰：突如其來如，无所容也。

十·恆不死：豫六五言恆不死，以坤即巽風也。

人如終身得一小病，雖有不決，往往長生，如疝痔狐臭等。這道理即爲恆不死之意。恆常若有死之威脅，反而致生。這個道理遠深于孟子說的生于憂患之義。

十一·坎止則不死。坎爲疾，病可治也。

豫卦六五曰不死。豫下互艮，艮止也，中互坎，坎爲心疾，疾止故不死。豫稱疾。豫中爻互坎，坎爲心疾，爲耳痛，疾之象。

十二·兌卦說忘其死。說之大，民勸矣哉。

十三·大過爲死。凡事不宜過，太過乃是難免一死矣。離九四互大過，爲死。

十四·豫六五說病和死之道。爻象是縱己以自溺。如作事正當，養生取常道，雖得疾而可延壽，如不守常道，不能自立，見疾臨身歲運逢之，則不免災咎。只是卦象不死，得強者引援則有救。

◎乘

一·馬爲乘。豫卦震坤二卦皆有馬象，故曰乘。

二·六四所乘者爲豫卦主爻，所以說乘。

上六，冥豫，成，有渝无咎。
象曰：冥豫在上，何可長也。

豫卦下坤有迷失之象。豫爲建侯而立宗廟以存社稷。祭之以樂，是爲豫樂之由。但奉祀之人迷于音聲之迷，而不以正常之道奉祀，致令廟堂陰霾密佈，鬼氣重重。易卦之占如不得通順，不利於後世子孫。重者或可絕嗣，所以說冥在上，不可長，即不能傳宗接代。

本爻上六以陰柔居豫之極位，爲昏冥于豫之象，不清不楚，又无能打開局面。五陰如同五鬼，至上六，冒充神明在上，爻動而成離，離占災也。又離爲鳥，在豫之上是小過死象，鳥所叫的是翰音登于天，何可長。鳥聲太高，在六爻，殊爲不吉。上六冥豫之樂或爲祭之以亡者。其樂不和，所以不可以長奏而不止。

◎冥

一·陰爲冥

(一)豫上六，冥陰性暗，故冥。升曰冥升，豫曰冥豫，坤三陰也。

(二)豫曰冥豫，震二陰也。上六極陰，比應又陰，故冥也。

二·張目爲盱，翕目爲冥。冥豫，即耽于樂也。

三·升卦冥升，在于不息。豫卦冥豫，在于有渝，即先迷失道，後順得常。有渝是守常而知變。

人在常態中最安，但安而不知變，會落于耽溺。豫下爲坤卦，坤卦先迷失道，後得

　　常。因為豫上六為陰，坤之陰首要在于順性守常。

四・冥者不明也，即鬼

　　豫四爻即中爻互艮，乾鑿度以艮為鬼，冥門。

　　艮靜如冥暗不顯，其路今變離明也。

五・豫卦上爻是在不明中求安為忌。豫卦顯見縱己，如知所變，則无咎。在上者自己不
　　明，必要察納雅言，遷善改過，則名利可得。

六・冥在莊子中說鯤鵬二氣之流行。鯤居北冥，氣在地底也。鵬浮天頂是以南冥為天池，
　　陰氣之極為冥。

◎渝

一・渝，變也，動也。

二・豫上六成有渝，成言乎艮，謙通艮變震，震為渝（變動），故成有渝。

三・渝，變也。項安世曰：「凡言渝者，當以變卦觀之。」豫上六之渝言變，震變離卦，
　　上六變離為火地晉。

四・巽象為渝。巽不果，巽為進退未定，所以有渝象。

　　巽為進退又為不果。訟四互巽，隨下卦震，錯巽，豫上卦震，錯巽，皆為巽之進退
　　而不果，故有渝。

五・震性動，渝變也。成者極也，指上六。

◎不可長

一・巽為長（長短之長），震為長（長上之長），二長皆通。

　　(一)屯上六象曰：泣血漣如，何可長也。

　　(二)屯卦下卦為震，震為長，今變巽長也。又震為木，巽亦為木，木陷于水中之至，
　　　　故小象何可長也。即木不可長大。

　　(三)小過四象曰終不可長也，四互巽為長。

二・命短則不可長也

　　(一)大過九五象曰：枯楊生華，何可久也？大過象死，命不可長久也。

　　(二)華者芝之類也，下巽，柔木也。芝，巽之至者，芝之命至短，楊之材易枯，且
　　　　生華則楊枯之至也，故小象曰何可久也。不可久，則命不長。過九四小象曰終
　　　　不可長也。小過為死象，故言不可長。

三・猶豫不可長

　　(一)喜樂不定，則不可長。

　　　　否上九，傾否，先否後喜。象曰：否終則傾，何可長也。

　　　　荀爽曰：「陰性昧居尊在上而猶豫，說不可長。」

　　(二)陰昧而猶悅，不可長也。

　　　　豫上為陰爻。陰性冥，居尊在上，而猶豫悅，其樂不可長也。

　　(三)時緩時弛，張弛不一，即不可長

　　　　盰和冥反，一張一翕。

　　　　冥豫在上，何可長也：古為瞑字，張目為盰，翕目為冥。上六冥豫，與六三盰

豫相反，一翕一張，皆不可長也。

四·兌巽反，巽爲長，兌不可長

夬上六，无號之凶，終不可長也。巽爲長，夬上六兌，故无可長。

五·无實之聲不可長也

中孚上九象曰：翰音登于天，何可長也。巽爲長，爲雞，翰音爲鳥象，爲无實之聲，故不可長也。

䷐ 隨

> 隨，元亨利貞，无咎。

　　隨卦的特點是上下通。隨下卦爲震雷，上爲兌，爲後天卦之東西。又隨卦本身四象齊全，所以是元亨利貞之象。隨卦是震下兌上，雷出於地，而澤降自天。雷電作而雨澤隨之而下。隨卦的澤不是川澤之澤，而是雨澤之澤，也就是夬卦所說的。

　　天下之隨，如女之隨夫、士之隨君、政之隨民，不能只爲權勢，而要能合于義理。求者以剛而隨人，被隨者以柔以待人。兩者一有仁，一有義。兌金爲＜白虎＞而剛來，震木＜青龍＞而柔隨。震動而感兌，悅而隨，是＜龍吟虎嘯＞，震春兌秋，天下隨時而剛柔並濟，是爲大亨之貞。

◎隨

一・後天對待之位也。後天震在東，兌在西。一東一西爲對待。

二・隨爲從，以貴下賤，以多問寡，舍己從人之道也。此爲＜隨從＞之義。
　　咸九三，志在隨人，所執下也。

三・陽隨陰爲隨
　　巽象曰：隨風，巽。君子以申命行事。
　　隨卦爲巽離兌三卦，故曰隨風。乾卦在先天跟隨著巽、離、兌，也就是陰卦御陽。

四・物見巽則隨：因爲巽爲風，物見到巽風則相隨之。
　　(一)巽象曰：隨風，巽。君子以申命行事。巽申命，巽爲風，物見風即隨之。
　　(二)艮六二，艮其腓，不拯其隨，其心不快。象曰：不拯其隨，未退聽也。
　　(三)咸九三，咸其股，執其隨，往吝。象曰：咸其股，亦不處也。志在隨人，所執下也。
　　(四)繫辭下二，服牛乘馬，引重致遠，以利天下，蓋取諸隨。
　　(五)雜卦傳，隨无故也，蠱則飭也。

五・隨爲歸
　　(一)隨即跟從人而歸去，隨卦爲震宮之歸魂卦也。
　　(二)隨爲生與成。震東方之卦萬物隨之生，兌西方之卦萬物隨之以成。生與成，隨之道也（卯酉之沖）。卯，生之位也；酉，成之位也。
　　(三)隨爲震兌，即卯酉相對。即彼此二物相隨，目的是相通。
　　　　朱子說：己能隨物，來隨己彼。此相從其通易矣。

六・隨爲以行動和和悅之言行來號昭天下

　　震動兌說，內動以德，外說以言，則天下之人慕而隨從之，故謂之隨。

七・我先隨物，則物會隨我

　　隨卦之上下兩體各爻，皆以剛而下柔，降尊屈貴，忘其賢智以下於人。我能隨物，
　　物必隨我，有隨之義。

八・隨彖曰：動而說。動震也，說兌也。動而說，隨時之要旨。隨人、隨和之特點是動
　　而悅。

九・比肩爲隨

　　隨卦下爲長男。初和四互艮，艮爲跟隨。艮和震都是男，比肩相隨之義。

◎无咎

　　隨利貞无咎，隨自否來(否之上九來隨之初九)，以乾剛而下坤柔，以陽隨陽，失理之正，
初上變不失位，故无咎。易以不失位爲无咎。

◎元亨利貞

一・隨不蠱，所以亨利貞，變既濟爲元亨利貞。

　　隨曰元亨利貞。蠱曰元亨，不曰利貞。隨蠱相錯，貞其九六，二四兩爻交易，隨成
　　既濟。六爻皆正，故曰元亨利貞。蠱成未濟，六爻失正，故曰元亨，不曰利貞。

二・震在下動，萬物發育爲元亨。雨澤爲利，震兌一在東，一在西，合既濟，故貞。

三・元亨利貞之義詳本書屯卦和離卦。

> 彖曰：隨，剛來而下柔，動而說，隨。大亨，貞，无咎，而天
> 下隨時。隨之時義大矣哉！

◎剛來下柔

一・乾爲剛，易經乾陽由上到下爲＜剛來＞

　　(一)隨卦彖辭曰剛來而下柔。渙、亨剛來而不窮，皆指乾陽由上到下。乾爲剛。隨
　　　　自否通，否上九之陽爻爲剛，陽爻下行來坤地之初，坤初爲陰柔之位，從否變
　　　　到隨的過程是剛來而下柔。

　　　　剛爲貴，以貴下賤，是上就下，是隨之眞義。在上不驕也，即＜隨和＞。

　　(二)除了上就下，隨卦尙有男下女之意，即以男就女，在婚俗是男被招贅。

　　　　否上剛，以上卦乾變成隨之震，下卦坤變成隨兌說，爲相隨之象以震隨兌也。
　　　　剛而下柔即咸卦男下女之意。

二・剛下益柔爲損

　　損剛益柔有時。損言時，損自泰通，艮爲時，爲泰震之爻（泰自三爻互震行，爲雷
　　澤歸妹，上行爲水澤節，泰三爻之陽往上爻，卦成山澤損。）

三‧剛來下柔則通

　　渙彖曰：渙，亨，剛來而不窮，柔得位乎外而上同。

　　渙取否爲通象。否之上卦爲乾陽，四爻陽爻來二，下卦成坎。坎爲通，通則不窮。窮與通相對而相反者也。故渙之卦是顯示否卦的陽到陰，其象爲通而不窮也。

◎天下隨時

一‧因隨後天爲對待之卦，即震兌、卯酉相對，正好爲一天之時，故曰隨時。即後天奉時之意，俗語說＜隨時＞。

二‧易經的道理以四象爲據，所用之卦要先明白其象。象不明，則難斷福禍。隨卦四象明朗，而含八卦之象齊全。隨時而應。

◎＜天時＞

天爲先天卦也。

◎時

一‧隨爲＜天時＞

　　(一)隨天下隨時，互艮爲時。先天卦震、兌、巽、艮爲春、夏、秋、冬四孟月，大傳曰變通莫大乎四時，謂先天此四卦也。隨、蠱相對相錯，隨以震春至兌夏，蠱以巽秋至艮冬，四時皆備，又循序以進，故彖曰天下隨時。

　　(二)大畜爲時。蠱則言終則有始，天行也。隨卦和蠱相錯，又隨四之蠱初爲大畜，大畜爲時。

　　(三)隨下震中互艮，震艮爲時。

二‧震艮爲時行

　　與時行也：遯彖曰與時行。乾九五當位應二，艮爲時，天行健，故與時行也。

　　言乾應艮，與艮時行也，應時而動也。

三‧艮爲時，亦爲舍

　　(一)艮爲舍，止爲舍，時爲行。

　　(二)當位爲時，不當位爲舍。

　　(三)易經之中言時舍有二處：乾二和井四。乾二不當位，又不升到坤五，所以說時舍。井初不當位，應當升到二以既濟，二尙未升，所以也說時舍。

　　(四)泰互震，即是艮(先後震爲後天艮)，艮爲時，艮也是舍。

　　(五)艮居丑寅，爲四時始終也。四時地支來看起自寅(首月)，終爲丑。而艮居丑寅，同時有寅首丑尾，故以艮來言時。

　　(六)蒙卦艮坎，艮爲成，艮亦時也，蒙卦說時中。

　　(七)艮爲＜歲時＞

　　　　艮象曰時止則止，時行則行。艮位丑寅，一歲始寅終丑。故艮爲時、爲歲。

　　(八)觀彖言四時。觀自小過通，小過雷山，山艮，位居丑寅間，爲一歲之始終，故觀曰四時不忒。

　　(九)艮爲時，艮爲離明，故易經言明時。

四‧大畜時也：雜卦，大畜時也。大艮下卦爲艮，故言時。

五・四時

(一)元亨利貞，備四時也

易經元亨利貞就是包括四時。四時即春、夏、秋、多，或後天卦完成一周之行。

(二)元亨利貞：乾文言以元亨利貞爲仁義禮知，木火金水，春夏秋多四時。凡益之
遂，與時行。益象曰與時偕行，艮爲時，震爲行，益自否來，否四互艮，益下
爲震。

(三)大有：右旋爲離日行天之象，於先天卦位一周，先天卦離、震、坤、艮、坎、
兌、乾，由離而乾爲一周。備歷四時元氣，故亨。

(四)隨蠱相錯，在先天爲四孟月，隨日隨時，蠱曰終則有始，天行也，謂其備四時
也，故隨元亨利貞，蠱元亨。

(五)革蒙相錯，在後天爲四仲月，故革元亨利貞。澤火革，山水蒙，卦爲兌、離、
艮、坎。

(六)无妄升錯，在先天爲二孟月，二仲月，故无妄元亨利貞，升元亨。

(七)屯鼎相錯，在後天爲四仲月，故屯元亨利貞。鼎元亨。

(八)臨互復，自復至坤十二辟卦，消息之氣一周，故臨，元亨利貞。

六・柔以時升：升象曰柔以時升，升自小過通，小過下卦艮爲時。小過艮二升六四（上卦
成坤），小過變升，柔以時升也。

七・時即爲位：凡卦之變，言時乾道也，言位坤道也。爻定于位，爻爲時之物。

八・易爲時

(一)易經繫辭說：易之爲時也，原始要終以爲質也。六爻相離，唯其時物也。這是
說易經是定於時的原理，有頭尾。

(二)易經說到時之處很多，皆在爲易經之門徑做定義。卦卦都有對待時的看法：

乾，六位時成，時乘六龍以御天。

因其時而惕。

君子進德修業，欲及時也。

時舍也。

與時偕行。

與時偕極。

與四時合其序，與鬼神合其吉凶。

坤象曰：含章可貞，以時發也。

蒙，時中也。

大有，應乎天而時行。

豫，故日月不過而四時不忒。豫之時義大矣哉。

隨，而天下隨時。隨之時義大矣哉。

賁，觀乎天文，以察時變。

觀，天之神道，而四時不忒。

无妄象曰：先王以茂對時，育萬物。

頤，頤之時大矣哉！

大過之時大矣哉！。

坎，險之時用大矣哉！

恆，四時變化而能久成。

遯，剛當位而應，與時行也。小利貞，浸而長也。遯之時義大矣哉！

睽，睽之時用大矣哉！

蹇，蹇之時大矣哉！

解，解之時大矣哉！

損象曰：二簋應有時，損剛益柔有時，損益盈虛，與時偕行。

益，凡益之邈，與時行。

姤，天下大行也。姤之時義大矣哉！

升象曰：柔以時升。

井初六象曰：舊井无禽，時舍也。

革，天地革而時成。湯武革命，順乎天而應乎人，革之時大矣哉！

革象曰：君子以治曆明時。

艮象曰：艮，止也。時止則止，時行則行，動靜不失其時。

歸妹九四，歸妹愆期，遲歸有時。

豐，日中則昃，月盈則食，天地盈虛，與時消息。

節，天地節而四時成。

節九二象曰：不出門庭，凶。失時極也。

過，過以利貞，與時行也。

既濟九五象曰：東鄰殺牛，不如西鄰之時也。

繫辭上六，廣大配天地，變通配四時

繫辭上九，揲之以四，以象四時。

繫辭上十一，是故法象莫大乎天地，變通莫大四時。

繫辭下一，變通者趣時者也。

繫辭下五，君子藏器於身，待時而動。

繫辭下九，易之為書也六爻相雜，唯其時物也。

雜卦傳，大畜時也。

(三)易彖辭言時的有二十四卦，象辭言時的有六卦，雜卦一處言時。

(四)惠棟說易經言時卦的有：乾、蒙、大有、豫、隨、觀、賁、頤、大過、坎、恆、遯、睽、蹇、解、損、益、姤、革、豐、旅、節、小過，實則惠棟有誤。

易經提到時字的卦，應該是二十九個，即：乾、坤、蒙、大有、豫、隨、觀、賁、无妄、頤、大過、坎、恆、遯、睽、蹇、解、損、益、姤、升、井、革、艮、歸妹、豐、節、小過、既濟。其中惠棟未提到的是升、歸妹、既濟。而惠棟說到大過、觀、旅等卦並未有時字。且惠棟也漏了坤、歸妹、既濟等卦。

九·隨曰＜隨時＞，節曰＜失時＞，革曰＜明時＞，无妄曰＜對時＞，睽蹇曰＜時用＞，

豫、姤、旅皆曰＜時義＞。隨自朝至暮，爲一日之象，故曰隨時。

十・坤曰＜時發＞，賁曰＜時變＞，而於艮无，傳統偈其義曰時止則止，時行則行，動靜不失其時，其道光明，故君子進德修業，欲及時也，此可謂孔子於易獨得之秘，而爲天下萬世指迷者也。

十一・震起艮止之卦多曰時，以周四時也。艮亦曰時。

十二・震爲對時

　　（一）无妄卦說先王以茂對時：艮爲時，震反爲艮，故言對時。无妄下卦震。

　　（二）易卦見艮爲時。

十三・隨卦說天下隨時，隨卦三五互艮爲時。

十四・消息爲時，消息卦言時之義也。大傳曰變通莫大乎四時，豐彖言天地盈虛，與時消息。

　　豐自泰變，泰爲天地。泰變豐，乾之盈消，與坤之虛息，震（豐之雷也）爲時，故天地盈虛與時消息。

十五・繫辭說變通趨時：乾、姤、遯配夏，否、觀、剝配秋，坤、復、臨配冬，泰、大壯、夬配春。十二月消息卦相變通，周于四時也。

十六・春夏秋冬爲時，四時也

　　（一）變動趨時，言十二辟卦。坤、復、臨爲冬，泰、大壯、夬爲春，乾、姤、遯爲夏，否、觀、剝爲秋。五十二卦皆由此十二卦來，故以趨時者。

　　（二）天地節而四時成：兌秋坎冬，互震春，節變泰，變離爲夏，互艮爲時，故四時成。革卦說天地革而四時成。

　　（三）四時者，震春、坎冬、離夏、兌秋。革蒙相錯。蒙二互震坎，震春，坎冬，革爲火澤，離夏，兌秋。四時存于革蒙之中也。

　　（四）革卦說四時合序，革之兌離爲秋夏，蒙二互震坎，中有春冬在焉，四時合其序也。

十七・時爲通，塞爲失時

　　通塞：節，通塞以時。初九象曰知通塞，初知通塞，无咎。

　　九二不出，凶而失時。

十八・震反艮，故震也可說是時。

　　歸妹卦九四遲歸有時。艮爲時，震艮一體，所以說故遲歸有時。

象曰：澤中有雷，隨，君子以嚮晦入宴息。

◎雷響的原理

一・雷通則響

澤中有雷，是說否卦變隨，否不通，變了後可通，通則雷響。

隨卦說嚮晦：隨彖言嚮晦。隨自否通（否之乾九，向坤初六，通爲隨卦），乾陽向坤陰，嚮晦也。

二・來知德以嚮爲向。

三・雷在二月出地，八月入地，這是造化之理。有白天必有夜晚，有明必有晦，所以人生天地有出必有入，有作必有息。其在人心有感必有寂，有動必有靜，這是造化之自然。因此：（一）豫卦象曰雷出地奮。豫，先王以作樂崇德，殷薦之上帝。（二）雷在地中則閉關不省方。（三）雷在澤中則向晦宴息。

四・雷爲向晦：震在東方爲日出暘谷，兌在西方爲日入昧谷，是八月正兌之時。雷藏在澤中是向晦之象。因爲澤亦是地，不可執泥。

◎宴

一・宴爲安，即豫。雷出地則豫，即雷聲已釋。雷在地下爲隨，雷出地爲豫。

按消息卦，隨居雨水驚蟄之間，至春分雷乃發聲，其卦爲豫，則隨之時，雷猶蟄藏，故澤中有雷。

二・坤爲靜，靜則宴息

隨彖言嚮晦。隨自否通，（否之乾九，向坤初六，通爲隨卦）以乾入坤靜，入宴息也。即通而後響，響而後安。事必發後安，發之以時也。

三・隨自朝（震）至暮（兌），爲一日之象，故曰隨時。

嚮晦宴息：隨彖言嚮晦宴息，隨卦在一日，爲自朝至暮之象（兌震中互巽艮），故嚮晦入宴息。後天兌在西，震在東，由震至兌爲一日之象。嚮晦宴息也，兌爲晦息。

◎嚮晦

向晦也。晦，昏暮也。震則日出，卯則日沒，由震而兌，自明向晦。

◎君子

一・隨彖曰君子。雷者陽氣，夏用事，今在澤中，秋冬時也，故君子之象。

二・君子在易經中之用法見本書乾卦。

◎渝

一・不正爲渝。

二・隨初官有渝，渝變也。隨以陽隨陽，失理之正。

◎息

一・弱爲息，強則不息。乾象曰：天行健，君子以自強不息。

二・乾由息而來

易經說到來這個字，包含有逆而上的意思。比如：乾自復、臨、泰、大壯、夬所來，也即是息。隨卦說息，是因爲隨卦是從否卦之乾變來的。

三・宴息：中爻互巽，巽，入也，中爻互艮，艮，止也，入而止息之象。

四・＜日出而作，日入而息＞。隨時也，隨卦下兌爲息。

五・艮爲息。隨卦中爻爲艮，艮爲入，而止息之象。

六・息爲消息卦之息。繫辭上十二，則乾坤或幾乎息矣。

七‧陽主生息，可稱大，陰主消耗，故稱小。上乾氣向上，坤氣向內，大往（向外）。

宴息：隨彖言嚮晦。隨自否通（否之乾九，向坤初六，通爲隨卦），以乾入坤靜，入宴息也。

八‧息爲入暮之象，震至兌爲息。

隨彖言嚮晦宴息，隨卦在一日，爲自朝至暮之象（兌震中互巽艮），故嚮晦入宴息。後天兌在西，震在東，由震至兌爲一日之象。嚮晦宴息也。

九‧息爲入。隨卦說嚮晦宴息；隨中爻互巽，巽，入也。

十‧息爲至，艮見巽爲止息。隨卦中爻互巽互艮，艮，止也，入而止息之象。

十一‧剝象曰天行。乾息爲盈，坤消爲虛，故君子尙消息盈虛，天行也。

十二‧臨爲息，觀爲消，故臨卦說消不久。

臨爲息卦，觀爲消卦，臨反即觀，觀爲八月卦，自臨至觀，必歷泰、大壯、夬、乾。姤遯否七月卦，至觀八月，觀之乾陽已至四，八月故消不久也。

十三‧春夏爲變，秋冬爲化，息卦爲進，消卦爲退。

十四‧息爲熄，即滅也。革卦象取水火相息，息必滅也。

明夷六五，箕子之明夷，利貞。象曰：明王可息也。明夷爲離入坤，坤爲離中虛之息。明王爲離，可熄也。

十五‧生爲息，即<生息>，俗說也說<生利息>。革水火相息，息爲消息之息，澤火則相革，水火相息，水火互根，故相息。息，息生也。

十六‧消息與時

豐彖言日中則昃，月盈則食，天地盈虛，與時消息。豐自泰變，泰爲天地。泰變豐，乾之盈消，與坤之虛息，震（豐之雷也）爲時，故天地盈虛與時消息。

初九，官有渝，貞吉。出門，交有功。

象曰：官有渝，從正吉也。出門，交有功，不失也。

隨卦的隨是跟隨，要跟隨，就會變。隨之初隨二，二隨三，三隨四，四隨五，五隨六。初九是陽爻得位，震主器之象。主器者動，而隨是隨官鬼，即管我之鬼神。隨之出門，見到可合則即隨之，不合則去之，是<隨心所欲>。

隨卦說四時和人生之重要性。不論求官、問姻緣、或財利，可否得之，要看出門時所遇是否與我有合。隨初九是離開私人之地到外隨人。在家之人內爲官，而在外爲鬼。這是官出了門就生變。在家所求的東西，在外不一定可以得到，所以只能隨緣。隨四時節令。如果出門，人所行爲正，所遇爲合，則相交即可以成爲助我之力，而不是害我之鬼，則有功矣。

隨卦說到人要隨環境變化，順應天時和地利行事，就无阻擾。隨卦初九陽剛得正，當

隨之時，變而隨乎二，二居中得正，不失其所隨，這是＜開門大吉＞之相。易經隨卦初爻即講到門的道理，這和吉凶很有關係，因爲人一出門即隨人而去了。

　　隨初九變坤爲澤地萃。隨初九顯示和正式之場合和人物交往，要能隨和而守常，時時警覺事情變化，宜出門和他人交往，以求內外聲氣相通。

◎門

一·艮爲門

　　說卦傳艮爲山，爲徑路，爲小石，爲門闕。

　　(一)隨二五互艮，爲門。隨初九象曰，官有渝，從正吉也。出門，交有功，不失也。隨初到二即出門。

　　(二)節九二，不出門庭，凶。象曰：不出門庭，凶，失時極也。節二五互艮爲門。

二·履爲門

　　(一)艮爲門，履錯艮，同人取履爲通象，故同人于門。

　　(二)同人初九，同人于門，无咎。

　　　　同人自履取通象。履兌錯艮，艮爲門，履初動（變）爲艮門，故同人于門，得正，故无咎。

　　(三)履艮錯，故履亦有門象。

三·牖爲門

　　牖互艮，艮爲門闕之象也

四·門闌爲閑，中孚有閑。

　　(一)閑：闌也，從門，中有木。艮爲門，震爲木，門中有木，家人自中孚通，中孚初至五互艮。

　　(二)二爲震，震爲木，門中有木，故爲閑。

五·乾爲門。＜奇門＞術以開門屬乾。乾中有亥，乾納壬甲，金動水生。水生而生萬物，故乾爲資生萬物之初。乾又爲天門。又乾在先天和艮相對，艮在東北方，乾在西北方，所以說＜開門見山＞。

六·日月爲門

　　天位地位（天地設位）：乾、坎、艮三皆天位，坤變巽三卦皆地位。震兌居中爲赤道，爲天地之門。

七·陽爲戶，陰爲門

　　節初九戶庭，九二不出門庭。初陽爲戶，二陰耦，故曰門。

八·門庭

　　(一)明夷六四，于出門庭。

　　(二)節九二，不出門庭，凶。

九·互震爲庭

　　(一)節三有門庭象，互震也。

　　(二)艮爲門，（門取艮象），門之內爲庭。庭爲四三互震行，故行其庭。

　　(三)明夷六四，入于左腹，獲明夷之心，于出門庭。象曰：入于左腹，獲心意也。

夷四門庭，互震也。

(四)艮卦艮其背，不獲其身，行其庭，不見其人，无咎。

十・門內爲庭

節初九不出戶庭。節五互艮門，門內爲庭。三四爻皆艮門之內，爲庭位。

十一・＜重門＞

(一)兩艮對合，重門之象。

(二)繫辭下二，重門擊柝，以待暴客，蓋取諸豫。豫上下艮相對，豫之震爲門，又互艮，艮爲門，故重門。

十二・鬼門

(一)木爲鬼，艮爲門，艮見木爲鬼門。

(二)觀：坤爲地、爲衆，巽爲木、爲風。九五天子之爻，互體有艮，艮爲鬼門，又爲宮闕，地上有木，而爲鬼門。

十三・門是公和私交界限。門內爲和，門外爲公。

◎門戶

一・艮爲戶門

(一)訟九二邑人三百戶。中爻互變艮，艮爲門戶之象。

(二)節初九戶庭，九二不出門庭。

二・出門爲出家門也。一爲出家，或是出嫁。

隨卦即隨人也，即＜嫁雞隨雞，嫁狗隨狗＞。

三・震爲出門。上艮，艮爲門檻，即不出門。

(一)頤爲門象。隨和節都是中互頤。隨卦初至四互頤。頤上艮下震，艮爲門檻，震在下震不能出。節二五互頤，是震在下不能出。

易經說出門卦有：隨初出門有功。節卦不出門庭。

(二)明夷三五互震，无艮有震，震可出，所以明夷六四于出門庭。

履錯謙，艮門互震，震出，故曰出門。

(三)節九二不出門庭。節二應艮，艮爲門，互震爲出，而五爲艮止，二又失位，故節二不出門庭。

(四)隨初出門有功，震爲出，互艮門。故隨卦出門有功。

(五)明夷六四于出門庭。陽三失位，三互震，震爲出，出到五之門庭。

四・陽失位爲出，節二互震，二陽失位，故初不出戶庭。

隨初出門交，陽二失位。明夷六三出門庭，陽三失位，三互震。

五・出門同人

(一)出門爲與人同也。

(二)同人卦曰出門同人，有誰咎也。

六・艮門離目爲闚觀

(一)觀六二，闚觀。觀上艮爲門闕。六二變卦，下卦成坎，坎錯離，離爲目，目在內卦，反象，爲闚觀也。坎爲隱伏暗昧之觀，闚之象。

（二）豐上六闚其戶，豐上震下離。震爲門，承以離目，故闚其戶。

七‧門闕

說卦傳艮爲山，爲徑路，爲小石，爲門闕。

八‧艮門乾野，廬象也

（一）剝上九小人剝廬，終不可用也。艮爲門闕，廬象也。

（二）艮爲舍，乾爲野，舍在野外，廬之象。

九‧閉關

（一）象曰：雷在地中，復。先王以至日閉關，商旅不行，后不省方。

（二）坤爲閉關

復象曰：雷在地中，復。先王以至日閉關，商旅不行，后不省方。復爲震，震反艮，艮爲門，故復曰閉觀以省方。

閉關：闔戶爲坤，閉關之象。復上坤爲閉。

十‧出門爲小過

（一）小過艮震，艮爲門。震爲門，小過爲＜過門＞。

（二）小過有門。小過震艮，震艮皆門也。

（三）明夷六四于出門庭，言小過象也，小過四爲震，震門也，明夷取小過爲通象。

十一‧＜開門＞、＜關門＞

（一）隨下震爲開門，故初九出門之象。節下兌爲閉門，故初二有不出之象。

（二）通塞：節，通塞以時（初九象曰知通塞，初知通塞，无咎。九二不出，凶而失時）。

十二‧＜門戶＞爲通

（一）是故闔戶謂之坤，闢戶謂之乾。一闔一闢謂之變，往來不窮謂之通。

（二）不出戶庭，知通塞也：節初九象曰：不出戶庭，知通塞也。節上坎下兌，坎爲通，兌爲塞。

（三）坎塞下爻爲兌。初正于塞位。知其通之已塞，不出，故无咎。

十三‧乾坤爲門戶

（一）乾坤爲易之門言各卦皆出入于乾坤也。

（二）乾坤其易之門邪：乾坤爲陰陽所出入，易卦陽爻皆自乾來，陰爻皆自坤來，故乾坤其易之門。

◎有功

一‧五多功。九四失正，故欲初出四之門（四互艮）上交于五，互有兌朋之象，所以言交。

二‧二與四同功，二多譽爲功之象，故九四小象說功。

◎官

一‧我剋爲官

（一）九家易曰，陽來居初得正爲震，震初庚子爲子，得坤乙未土之位，故曰官（土剋水爲水之官）。

　　　(二)隨卦初曰官有渝，以上震木，受下兌金剋，我剋爲官。即兌官之變。初兌變卦
　　　　成坎。

　　　隨初九官有渝。古時以夫爲妻之官，嫁夫需從一而終，除非夫故，否則不變。
　　　官有渝，即夫亡故了。從正即改嫁。

　　　從正吉：有渝是父死長子主器，此時母從長子，故小象曰從正吉。

　二・官爲主守者。一個卦之主爻可以稱爲官爻。隨卦初爲主爻，所以說官有渝。震在兌
　　　下是雷開始收聲。而初九是雷震於下，卦象和初九爻象相背，所以說官有渝，渝爲
　　　變。

　三・隨初爻爲震，震位東，在地支爲卯。說文以卯爲＜春門＞，震主器象官。

◎出門

　一・＜出嫁＞

　　　隨卦初爻說出門，即出門隨人，出嫁之意。象曰官，即京房易之正官。我剋爲官，
　　　比如金剋木，金爲木之官。隨卦澤爲金，震爲木，金剋木爲木之官。所以初爻即說
　　　出嫁。隨人，兌爲雞，＜嫁雞隨雞＞也。

　二・節卦澤金見坎水，金生水是傷官，所以節卦不出庭戶而守節不嫁。

　三・歸妹卦也是澤金剋震木。但震木在上反隨，說出嫁之事，但是是以男方爲主，歸其夫
　　　之家。

◎渝

　　變也。初九變坤故曰有渝。

　　　六二，係小子，失丈夫。
　　　象曰：係小子，弗兼與也。

　　　人之出門即有相隨之現象。有相隨即會被羈絆，主要是相合之對象不淸。隨卦六二所
演者，是一女子遇上有可以合和之丈夫，而自己卻因爲剛出門，尙思戀著未出門的靑梅竹
馬。隨卦爲兌震。兌秋爲老，丈夫也，震春爲年輕，小子也。一個女子同時答應終身給了
一個老的，一個少的。六二和初九相近而相戀，六二又和六四相燕行。因爲自己不敢大步
走出，以致失去了結合之機會。這是人隨，心不隨所致，心有所懸之故。

　　　隨卦六二曰失丈夫。隨卦上兌下震，爲少女兌之丈夫，易經僅隨卦有丈夫之辭，可見
丈夫是女子所隨者。此爻是失去所跟隨之人，怕立心不定，愛親邪媚之人。不利地位低下
之人，有不寧之象，且有官災。隨卦六二變爻成重兌，是二女相比，相成佳偶，是跟隨錯了
人。

◎係

　一・係爲繩

　　(一)隨六二曰係小子，六二變兌，卦成爲重兌，中爻互巽爲繩直，係之象。

　　(二)隨六二言係，隨以逐爻相隨，二能隨三不能隨初，爲繩象。

　　(三)坎上六，係用徽纆，寘于叢棘。

　　　　徽纆：三股爲徽，兩股爲纆，皆索名。係爲繫。

二・遯九三，係遯之屬。係又作繫。

三・繫爲連累。《國語上》：「將焚宗廟，係妻孥。」《孟子》：「係累其子弟。」

◎丈夫

一・震爲長男，故稱丈夫。

二・易經以陽爻爲丈夫。

◎小子

一・艮爲小子

　　＜小子＞：中爻互艮，艮爲少男，故稱小子。

　　漸初六，鴻漸于干，小子之厲。漸下卦爲艮，艮小子也。

二・小子爲地位小者，丈夫爲小子所靠之人。

◎與

陰陽相應爲與。

◎兼

一・兼爲艮山，艮象曰兼山，兼爲山。六二變爻成兌，卦成重兌。兌反艮，故重兌成兼山。

二・兼爲謙，即兩者皆要。隨六二陰爻，上和九五相應，而又和初九相近，又是近而相得，所以上下都隨。是兼與之象。

六三，係丈夫，失小子。隨，有求得。利居貞。
象曰：係丈夫，志舍下也。

　　隨卦二至上互爲兌艮，是咸象。咸卦是上澤下艮，山澤互通聲氣而相求。有男女求愛之義。但六三和六二處境相反，六三上接九四是丈夫，而下爲六二小子。六三變離爲革，革爲去故也。爻象說明六三爲了居在高位而顯著之丈夫，放棄了青梅竹馬的小子，去其故人而＜移情別戀＞。

　　六三雖陰居陽位，爲了求顯貴而上進，是勢利之舉，但求貴而得貴。中爻巽爲利市三倍，所以財利有加。易經以相近而互相求。六三求九四，一爲陰爻居陽位，一爲陽居陰位，是爻居不正之位。但陰陽相合，所以利於居貞，即居在原地而各自變正。

　　九四本來應該隨九五。九五有權有勢，當然是九四應託付其志者，因爲九四得六三之隨，心不在朝庭，而願隨六三同行，其志所居，是下卦平民之生活。所以六三有如貴人之

助，而可以上進，而財富皆可得。六三可比喻為紅粉佳人得英雄之知遇，而令英雄隨之。方使英雄不愛江山愛美人。

　　隨六三陰爻居陽位，此爻利下人上進，可得貴人助，但不得下人之力，而要防下人之害。利于求婚，不利生子，求財可得。

◎求

　　一‧求：以陰陽相求也

　　　　(一)隨六三言求，震艮互取之象。言三四爻，以陰求以陽也。

　　　　(二)否互觀，故三曰求二，象曰與三，以陰求陽。

　　　　(三)坎九二求小得，坎二求初而得陰。

　　　　(四)坎求小得，小者初陰也，初順承陰，故二得初。

　　　　(五)隨三有求得，三求四而得陽也。

　　二‧易經以同氣相求

　　　　同氣（山澤通氣）相求。乾文言曰同氣相求，即山澤通氣。通氣，故相求也。

　　　　乾九五文言曰：飛龍在天，利見大人，何謂也？子曰：同氣相求，水流濕，火就燥，雲從龍，風從虎。

　　三‧艮兌為求

　　　　艮為少男，兌少女，男女相求。中孚下為兌，五互艮，山澤之同氣相求。

　　四‧求：求婚，或求合。

　　　　易經說求偶和求合之辭很多，都是以求一字來表示：

　　　　(一)屯六四，乘馬班如，求婚媾，往，吉无不利，象曰：求而往，明也。

　　　　(二)井九三象曰：井渫不食，行惻也。王明，受福也。

　　　　(三)蒙亨。匪我求童蒙，童蒙求我。

　　　　(四)頤，貞吉。觀頤，自求口實。

　　　　(五)坎九二，坎有險，求小得。象曰：求小得，未出中也。

　　　　(六)恆初六象曰：浚恆之凶，始求深也。

　　　　(七)繫辭下五，尺蠖之屈，以求信也。

　　五‧天地相交，山澤相求

　　　　繫辭下五，无交而求，則民不與也。

　　　　繫辭下五，子曰：君子安其身而後動，易其心而後語，安其交而後求，相應與相交為求。

　　　　雜卦傳，臨觀之義，或與或求。

　　六‧相合為求

　　　　(一)同氣相求以合也。

　　　　(二)中孚九二曰其子和之。中孚卦見雷風，同聲相應之象。

　　　　(三)卦有山（孚三五互艮山）澤（孚下卦澤），則有同氣相求之象。

◎有得

　　一‧大有象為有得。乾離為大有，所以卦見乾離也是有得。

離乾爲大有得。豫九四，由豫，大有得。豫九四失位，四五相易成比錯大有（水地、火天），大有得。

隨六三求有得：互巽，巽爲利市三倍，求有得之象，＜有求必得＞。

豫九四失位，四五相易成比，錯大有（水地，火天），大有得，得坎也。

二・小畜初至五爲大有，曰大有得。

三・巽爲利，故易見巽則有得。

四・乾金爲利

隨六三利居貞：隨中爻互變乾，乾屬金，利也。

◎志舍下

下者，內卦也，即震也。舍下者，止于震也。止于震，即從一之義。

◎志

一・隨六三言志舍，三四易則三互坎志。

二・坎爲志。

九四，隨有獲，貞凶。有孚在道，以明何咎？

象曰：隨有獲，其義凶也。有孚在道，明功也。

隨的所有含義之中，跟隨有權有勢力之人即會有收獲。隨九四有如大臣近九五之君。九四爲陽爻居陰位，所居非地，而兌爲虎，又隨卦上卦兌主義，而下卦震主仁。上卦之象爲白虎。九四＜隨身在側＞，是＜伴君如伴虎＞，隨時有生命之險。漢蕭何、韓信皆爲功臣，而韓信先求封爲齊王，後來不知足，又要封楚王，這是隨而有獲。但以九四陽居陰，毫无安順之心，要求明其功，是不合理而危險的。隨卦之三至上互爲兌巽，爲澤風大過，是死象，所以大凶。

此爻有不義之獲，得之不宜，但所隨得正，可進取功名。位極而无凌主之嫌，勢重而无專權之過。不得其卦者有所獲而致凶，取之不當也。九四變坎爲水雷屯，是利建侯，而不利分封。九四由動而入說（入上卦之兌），兌，隨之至者也。

◎獲

一・艮爲手，獲之象。

　　(一)艮卦繫辭說「艮其背，不獲其身，行其庭，不見其人，无咎。」艮其背，不獲其身，是靜中之靜；行其庭不見其人，是動中之靜。靜是說走路手不動也。

　　(二)艮變晉也。艮自晉通。九四來三，而成重艮。晉下坤爲身，坤變爲艮，故不獲其身。

二・巽爲近利市三倍，亦獲之象也。

三・獲爲利，俗語＜獲利＞。繫辭下五易曰：公用射隼，於高墉之上，獲之，无不利。

四‧陰爻得陽爻爲獲也。

　　明夷六四獲明夷之心，陰爻得陽爻爲獲。六四得三，三爲坎心，故獲明夷之心。

五‧田獵爲獲

　　(一)解九二田獲三狐，艮爲狐，解自小過通，小過震艮，艮在三，爲三狐。

　　(二)小過變解三互離，艮狐入離罔之中，故田獲三狐。

　　(三)離上九獲匪其醜，无咎。

　　　　離下三爻皆正，上三爻匪。離自大畜通，大畜乾艮，山之利（乾）。

　　(四)巽六四，悔亡。田獲三品。

　　(五)繫辭下五，動而不括，是以出而獲。

六‧在射矢之賽中，射中者爲獲。

◎有孚

一‧有孚即捉到俘虜

　　有孚，時人屈萬里以爲是「孚作俘。幸有俘虜在道，可以明其肭，故得无咎」。見
　　《周易集釋初稿》。

二‧有孚，坎之卦辭。今九四變坎，坎道也。坎爲水，故明。

◎**在道明功**

　　四爻居多懼之也，然已近五爻多功之位，故何咎之有。以坎之月可見五之功也。

　　　九五，孚于嘉，吉。
　　　象曰：孚于嘉，吉，位正中也。

　　隨卦隨人其動機合于義理，其時機合天時，則爲＜隨善隨喜＞。隨卦最喜之爻是九五。
九五爲君位，而居在兌卦之中，以陽居兌陰，剛居柔中，當隨之時則有人來隨。九五又和
六二天地相合。卦辭說「隨，元亨利貞。」就是說九五之爻。在隨卦之人九五上承陰爻，兌
悅在上，爻有既濟之相。在上位者尙能隨人而行，而其跟隨者也因爲他居中正之位而歸順
之。本爻說合禮之隨最佳。而世上男女配爲佳偶，兩情相悅而動，是最爲吉祥，所以說隨
卦元亨利貞。此爲喜慶之卦爻。合中道爲佳，不宜過度進取，不宜退縮。

◎**嘉**

一‧離爲嘉

　　乾離先後天同，乾亦爲嘉。

　　(一)禮者，嘉之會也。離爲嘉。

　　　　離上九，王用出征，有出征，有嘉。

　　(二)隨九五孚于嘉，離爲嘉，坎爲孚。隨卦以三四失正，三四相易，兌成坎孚，震
　　　　成離，卦爲既濟，以五孚二，故孚于嘉。

　　　革六二象曰：巳日革之，行有嘉也。以離火革乾金，故行有嘉。行爲相剋之意，
　　　是指好的相剋。
　二・亨通爲嘉
　　　乾文言曰：元者，善之長也。亨者，嘉之會也。
　三・合禮爲嘉
　　　君子體仁足以長人，嘉會足以合禮。離爲禮，離爲嘉。
　四・位中正爲嘉：離上九象曰孚于嘉，位正中也。
　　　隨卦九五孚于嘉。以五孚二故爲嘉，其位中正也，喜中正爲嘉。
　　　遯九五，嘉遯。貞吉。象曰：嘉遯，貞吉，以正志也。遯九五嘉遯。嘉者，陰陽亨
　　　通，嘉會之象。
　五・嘉爲婚事
　　　嘉偶爲妃，婚禮爲嘉禮。
　六・隨九五曰位中正，五相孚，故位中正也。中正爲嘉。

　　　上六，拘係之，乃從維之，王用亨于西山。
　　　象曰：拘係之，上窮也。

　　　在追隨人者，最極端者是追隨避世而遯居山林者。隨上六在兌卦之上，兌爲西，是在
西山。而上六爲野，有人藏在山中之象。追隨此人者必是一心繫之而不放也。比如孔子有
七十二弟子之隨，或五百人之隨田橫。追隨這類超拔脫俗之人，必是＜上窮碧落下黃泉＞，
護之而維之，眾心維。
　　　本爻爲兌錯艮，爲＜歸山＞之象。隨卦上六是取蠱卦象。蠱上九不事王侯，即不追求
功名利祿，而一心要隨賢者入山。上六是隨之終爻，无所隨從，見九五來相隨，而遯而歸
山。此爻以誠信待人者可通於神明，有求必應。不得者，志不能遂，要防陰損・讒言。上
六變乾爲天雷无妄。
◎維
　　　隨上六乃從維之。
　一・　維，四維也。
　　　（一）隨上六乃從維之。上六變乾，乾在後天爲四維之卦，故曰維。
　　　（二）隨上六抱係之。隨中爻互巽，巽爲繩直，係維之象也。
　二・＜維繫＞也。隨上六拘係之，乃從維之。隨上三五互艮，上三兌反艮，爲手拘之象。
　三・解維反，解開維繫。
　　　解六五君子維有解，解六五失正，二五相易，卦成爲萃，萃二陽相聚，繫也。
　　　萃卦上二陽爻，巽爲繩，維之，故君子維。

四‧兩柔爻纏終于外爲維。

　　坎象曰：維心亨，乃以剛中也。坎二柔爻于外爲維。

五‧隨字雖然是有隨意的意思，但同時還是由于有所維繫約束，才能隨意而行，隨上爻在隨之上无物，是无所隨，因此說維繫。

六‧維字見于易經下列之處：

　　(一)隨上六，拘係之，乃從維之，王用亨于西山。象曰：拘係之，上窮也。

　　(二)晉上九，晉其角。維用伐邑，厲，吉无咎。貞吝。象曰：維用伐邑，道未光也。

　　(三)解六五，君子維有解。吉。有孚于小人，象曰：君子有解，小人退也。

◎亨

一‧亨爲祭也。隨上六王用亨。隨卦上下通，易經通象通常和祭神有關。

　　上六卦宜以誠人，推而其可通于神明。

二‧亨，京房曰：「祭也。」古文享即亨也。

◎西

兌爲西：

一‧隨上六王用亨于西山，艮錯兌，艮爲山，兌後天居西，故曰西山。

二‧小過六五，密雲不雨，自我西郊，小過五互兌，小畜通履，履兌位西，乾爲郊，自兌至乾，故自我西郊。中爻互兌，兌，西方也。乾爲郊，故曰西郊。

三‧既濟九五，東鄰殺牛，不如西鄰之時也。

　　西爲兌也，東震之鄰爲坎，西兌之鄰爲離。既濟爲坎離，震兌之鄰也。

四‧隨卦稱西，以卦上爲兌，下爲震。後天震東兌西，正好相對。而震爲帝，帝出乎震，震在東方。上六爲兌，至上六致祭向西，故稱西山。兌錯艮爲山。

◎上窮

小象曰上即下，六之上也窮極也。

蠱，元亨，利涉大川。先甲三日，後甲三日。

　　上艮下巽，卦之上下兩體和兩體之爻畫皆剛上而柔下，剛在上則愈剛，柔在下則愈柔，上下不交，則積而至於敗壞，蠱遂生焉。所以得此卦要會變。剛以變柔，柔以變剛，最忌守常，陰人之言最不可聽。陰人包括无教養之女子、行事不正之男子。

　　東西久而不用會生蠱，稱為蠱；久處安溺而人會生病，稱為蠱；天下久安而生弊端也是稱蠱。為國之道，最怕是在上者自處太峻，不能虛衷納諫，則惑日深，在下者又過份自卑，不敢抗顏進勸，則蠱亂而不得救。蠱之患在於山太高而風太低，上下不得流暢。

　　蠱卦之事態為迷。得此卦，多起自艱辛，可得舊恩祖德。如要求解，要在過去之事故中找。蠱為下剋上，比如子剋父，下官剋害上官。巽為木，木在艮土之下，看似艮土重而高大，實則木在山下剋土而土壞。自古以子剋上為考，考剋同義，子必能剋父，而父之權威才可以顯。但風之順太陰而多變，所以自來有子剋父而父故者。若剋而不故，則為吉。

　　蠱為蠱，有蠱即有甲。甲為假借，即借時日為光陰。甲為時日的建始，從甲逆推，其先第三位為辛，取在破舊中更新改造之意。從甲順推，其後第三位為丁，為傳宗添丁之丁，蠱卦言傳宗的必要。一個家族到了某個時候，會要血統混亂或衍繁的變化，為求傳宗接代順利，以蠱卦為占。

　　蠱為先人之鬼。古人設棺以收管其靈，而以釘為傳宗添丁之作用。所以蠱有取先甲為辛，而後甲為丁之說。大殮有封釘，即以金（釘）剋木來安魂鎮邪，其目的則為傳宗接代。蠱卦之蠱字實在是兒子的意思，女人懷孕亦為蠱象。

◎蠱

　一・蠱為變

　　(一)歸妹為變，變以四時，蠱艮巽，歸妹震兌，合而為四時。變之以四時，變通四時。歸妹卦具四時，所以歸妹卦即變卦。

　　(二)賁，觀乎天文，以察時變，觀乎人文，以化成天下。蠱為化。
　　　　賁彖曰時變，賁自歸妹通，歸妹有震春，離夏兌秋坎冬，歸妹變泰為震春、兌秋，泰變賁，為坎冬變夏。歸妹錯蠱。

　　(三)恆，日月得天而能久照，四時變而能久成，聖人久于其道而天下化成，觀其所恆，而天地四時言歸妹也。歸妹震春，離夏兌秋坎冬，變泰則四時變化，泰變恆，則能久成，以咸變恆相對，為先天之震兌巽艮四孟月。咸為震巽，恆為兌

　　　　艮，而成言乎艮也。

　　(四)蠱爲十八變。易上經十八卦即十有八變而成易也。故爲＜十八變＞、＜少女十

　　　　八變＞。　蠱在易經之序次爲第十八個卦。

二‧蠱爲＜古怪＞、反常。歸妹之變守常也，蠱錯歸妹，反常也。

　　(一)歸妹九二，眇能視，利幽人之貞。象曰：利幽人之貞，未變常也。

　　(二)家人初九，閑有家，悔亡。象曰：閑有家，志未變也。

　　　　家人反歸妹，歸妹守常，家人爲常，即＜家常＞。

　　(三)萃六二，引吉无咎，孚乃利用禴。象曰：引吉无咎，中未變也。

　　(四)中孚初九，虞吉，有它不燕。象曰：初九之吉，志未變也。志未變爲歸燕也。

三‧蠱爲文化

　　(一)革九五，大人虎變，其文炳也。虎爲蠱，大蠱也。虎即蠱。虎爲文，蠱爲化。

　　　　革象之始爲文化之變新。

　　(二)蠱卦言幹父，幹母：爻言父母有五。即天數五地數五，五者變化之極也。

四‧蠱言父母

　　蠱六爻皆取父母之象。因爲先後天方位艮巽在先天，巽西南而艮西北，西南和西北

　　即後天乾坤父母之位，所以蠱卦以父母象來說。

五‧蠱爲父

　　蠱六爻除二爻外皆說幹父，只有二爻說幹母，蠱卦爲幹父之蠱。

　　初六，幹父之蠱，有子。

　　九二，幹母之蠱，不可貞。

　　九三，幹父之蠱，小有悔。

　　六四，裕父之蠱。

　　六五，幹父之蠱。

六‧蠱飾也

　　(一)蠱爲飾，事之壞者當飾。

　　(二)蠱爲飾而巽爲順。蠱和巽：事太順則變蠱，以事而言蠱飾和巽順，事之壞者當

　　　　飾，事之順者而當行。

　　(三)蠱外張內弛，僞飾的狀態也。

七‧蠱即崇蠱，爲幹蠱，即現代人所說的以各種道術作法。

八‧蠱爲惑

　　(一)蠱爲惑，即＜蠱惑＞。子夏傳說蠱以風化爲蠱。蠱，惑也。

　　(二)惑爲亂。萬事從惑而起，故以蠱爲事。蠱即古，故也＜故事＞。

　　(三)少男惑長女爲蠱，蠱爲惑。艮爲少男，巽爲長女，中爻互見震兌，兌爲少女，

　　　　震爲震長，女惑男，風落山。春秋傳，女惑男，風落山謂之蠱。

九‧以文皿蠱爲蠱，物久不用而蠱生。

十‧蠱爲穀。穀之飛爲蠱，即食米之飛蠱。

十一‧梟桀之死鬼爲蠱，即被斬首之凶犯之鬼爲蠱。命理以偏印多梟神，梟神可以奪食。

賊律曰：「敢蠱人及教令者棄市。」梟首爲棄市，古刑法之一。又五行命理以偏印多爲梟。梟爲鳥，專食惡蟲毒蠱。

十二・蠱爲巫

    (一)蠱卦互兌。說卦傳，兌爲澤，爲少女，爲巫，爲口舌，巫即蠱。

    (二)巽九二，巽在床下，用史巫紛若。史巫即蠱，蠱卦之巽在下。

        易經巽在下大都是多事之卦。

十三・蠱爲通，因爲先後天同位之卦也，即通靈。京房曰：「巽宮歸魂卦也。」

十四・蠱爲蟲。蟲以＜風化＞，所以風從蟲，蠱巽爲風。風在山下，鬱而不暢，則山木多滯，淫而蟲生。

十五・蠱卦互錯相反。蠱反爲隨，隨錯蠱，隨而反則蠱，蠱而反則隨。

十六・蠱隨綜，皆言男女交合之象。合于禮曰隨，不合禮爲蠱。

    蠱剛上而柔下，交合之象。（天德者，正丁、二坤、三壬、四辛、五乾、六甲、七癸、八艮、九丙、十乙、十一巽、十二庚也）

十七・蠱爲顛倒

    先天卦巽在西南，後天在東南，都是風行天下之象。艮先天在西北，後天在東北，都是山覆地平。所以風應行在天上，而地應在下。而蠱卦反而是艮在上，而巽在下，是上下倒置，是蠱壞之義。

十八・蠱爲壞

    周易以後天卦位爲主，後天卦艮位在東北，五行東木北水。凡是器物有木之質，燥濕不定，則會朽敗。艮在後天卦是兼木水，而遇巽風，水濕而風燥，則會變腐敗。在中國西南方多瘴癘，人久住則得病，是水濕風燥，所以長蠱。而中國西南方少數民族也有放蠱害人之傳說。

◎元亨

蠱隨相錯，隨元亨利貞，故蠱元亨。

◎利涉大川

一・先天由巽至艮（巽坎艮坤）必經坎水，故利涉大川。

    要涉大川得靠舟楫，利則有風。蠱卦巽爲風，又爲木，可以做涉川之用。

二・蠱中爻互震，動于兌之上故曰利涉大川。

◎先甲三日，後甲三日

一・甲指納甲言

    後天卦位艮在震前，震中有甲，前三干爲癸壬辛，即先甲三日，巽在震後，震中有甲，甲後三干爲乙、丙、丁，即後甲三日也。

二・後天卦，艮震之間爲甲。艮先甲三日。後天卦，艮震之間爲甲。一卦三爻，爻值一日。艮三爻在甲先，故先甲三日。

三・震爲後甲三

    震爲後甲之三日。後天卦，艮震之間爲甲。一卦三爻，爻值一日。

    艮三爻在甲先，故先甲三日。震在甲後，故後甲三日。

四·離爲三，艮在甲先，故先甲三日。

隨蠱相錯，相易以成既濟和未濟。隨成既濟，震變爲離，離爲日數三，是後甲三日。蠱成未濟，艮變爲離。變爲日數三，是先甲三日（後天之位，甲在艮震之中）。

先甲，在甲之先，爲艮也。艮變離，三日也。

五·小過爲甲，解爲甲坼。

(一)甲在震艮之中，震艮小過，有甲象。

(二)小過上震下艮，中爲甲位，故小過有甲象。

(三)解卦取小過爲通象，小過變解，艮象失，故甲坼。

六·後天卦艮東北，巽東南，中爲甲方（震），巽先艮後，由巽至甲（震），必歷三爻，（巽艮乾震）故後甲三日。由艮至甲（震），必歷三爻，故後甲三日。一爻值一日也。

七·先天卦巽艮之中爲坎（巽坎艮坤），坎對離，離亦爲後天甲方（後天震方）。由巽至甲（巽、坎、坤、震，震爲甲也），必歷三卦（巽一坎、艮、坤一震，中夾坎、艮、坤三卦），故先甲三日。由艮至甲必歷三卦（乾、巽、坎、艮·乾爲甲，在艮前三位）。

八·離爲甲方（後天之離爲先天之甲，即震）

隨爲兌震，先天中爲離（兌離震），離後天震爲甲，先甲三日，隨之震也，即隨卦兌震之中爲甲（離日）。震兌之中爲甲方，後甲三日，即在離之後，隨之兌也。

九·子夏傳：「先甲三日者，辛、壬、癸也，後甲三日者，乙、丙、丁也。」

先甲三日：爲辛、壬、癸之三物也。辛、壬、癸、甲之序。

七干中无庚——辛壬癸——甲乙丙丁（戊己）。

後甲三日：爲丁、丙、乙、至甲也，丁、丙、乙、甲之序。

七干中无庚——辛壬癸甲——乙丙丁（戊己）。

十·時人屈萬里引《經學厄言》說：「經於甲庚，同有先後日三日之文，明无他義。先甲三日者，甲子、甲戌、甲申，後甲三日者，甲午、甲辰、甲寅也。先庚三日，亦即六庚耳。」

先甲三日：甲子、甲戌、甲申。後甲三日：甲午、甲辰、甲寅。

先庚三日：庚午、庚辰、庚寅。後庚三日：庚子、庚戌、庚申父。

先甲三日，後甲三日，照屈萬里的說法是殷人的習慣。照殷曆譜推求祖甲及帝乙、帝辛時之祭典，祭先祖者自甲日起；祭先妣者以庚日。這是因爲其祖先之名男爲甲起，女自庚起。

十一·庚爲先甲

庚就是光有辛、壬、癸，則庚不見。光有乙、丙、丁，後接戊已不論，庚也不見。先甲三日：爲辛、壬、癸之三物也。辛、壬、癸、甲之序。

七干中无庚——辛壬癸——甲乙丙丁（戊己），但後之庚不見了。

後甲三日：爲丁、乙至甲也，丁、丙、乙、甲之序，七干中无庚。

十二·馬季長曰：「甲在東方，艮在東北，故云先甲。巽在東南，故云後甲。」

十三 · 甲爲先，故曰先甲

　　甲爲十干之首，蠱卦說先甲三日，蠱爲造事之端，舉初而明事之始也。

十四 · 以上下卦釋先甲後甲

　　乾納甲，蠱自泰來，泰乾在內爲先甲三。隨自否來，否乾在外爲後甲三日（爻主一日，三爻爲二日）。先甲後甲言乾之上下也。

　　泰之乾初爻往下變蠱之艮（上爻），巽中上二爻爲乾甲之氣，艮上爻亦爲乾甲氣，先甲者成爲後甲，甲皆在終（艮爲終，上爻亦爲終）也。

十五 · 以爻釋先甲後甲

　　否之乾上爻爲隨之初爻，震初爻爲乾甲氣（即否之乾上爻），兌初中二爻爲乾甲氣，後甲者（震），成爲先甲（兌所居爲先前之乾『否之乾』，有甲氣。甲皆在始也）。

十六 · 以卦變釋先甲後甲

　　蠱甲在終（艮爲終），隨甲在始（震爲始），蠱反爲隨，故終則有始也。

十七 · 以消息卦釋先甲後甲

　　先天卦與始終，先天震、兌、乾三卦爲陽息，巽、艮、坤三卦爲消，隨爲震兌，息卦之始，蠱爲巽艮，消卦之終。

乾（甲）← 　兌 ← 　　　離 ← 震（息卦之始）　　兌震隨

坤　 ← 艮（消卦之終）←坎 ← 　巽　　　　　　 艮巽蠱

十八 · 十二消息卦

復	臨	泰	大壯	夬	乾	姤	遯	否	觀	剝	坤
-	-	-	---	---	---	---	---	---	---	---	- -
---	---	---	---	---	---	---	---	---	---	---	---
---	---	---	---	---	---	---	---	---	---	---	---
---	---	---	---	-	---	- -	---	---	---	---	---
---	---	---	---	---	---	- -	- -	- -	- -	- -	- -

　　　　雷 澤 隨　　　　　　　　　　蠱 風 山

　　++++++++++++　　　　　　　　　　++++++++++++

　　　　　　############ ###############

　　先甲三日　　　先甲三日　　　後甲三日　　　　後甲三日

　　---------------------------始　 ----------------------終

　　月即日也

十九 · 以十天干言：

後甲爲**乙丙丁**------>

　　兌　**丙**　乾　**丁**　巽

　　　　　　　　　蠱內巽爲庚位

　　乙　　　　　　　庚

　　離　　　己戊　　　坎

　　甲　　　　　　　**辛**

　　震　癸　坤　**壬**　艮

　　------------>　先甲　爲辛壬癸

隨內震爲甲位

二十‧先甲三日爲辛，即辛壬癸甲，後甲三日爲丁，即甲乙丙丁。辛和丁都是陰日，即
　　　柔日。禮記：「內事以柔日。」幹蠱爲家事，故用柔日。

二一‧王引之曰：「先甲三日，後甲三日，皆作行事之吉日也。」
　　　蠱爲有事之卦，巽爲申命行事之卦（蠱下巽），必諏日以行。辛少牢饌食日用丁
　　　巳（辛在甲後三日，丁在甲前三日）。

二二‧消息卦巽值申月，爲庚金得氣之時，故巽五先庚三日，後庚三日。蠱曰先甲後甲，
　　　仍是取蠱錯隨之義。隨下震爲先甲，上兌爲後甲。震兌中爲離，先天離爲後天之
　　　甲方。離爲三，爲日。
　　　先甲三日言震兌也。震在甲前，爲先甲。兌在甲後（兌離震--），爲後甲。又消
　　　息卦以隨內卦值寅月未候三日，以隨外卦值卯月初候三日。寅卯之間，正爲甲
　　　位。值寅者三日，先甲三日也。值卯者三日，後甲三日也。

　　　象曰：蠱，剛上而柔下，巽而止，蠱。

蠱泰通，泰乾剛上，坤柔下，坤陰入內，而陽止以外，陰以消陽，陽所以蠱壞也。

◎**剛上**

一‧乾爲剛，剛在上
　　（一）蠱剛上而柔下。
　　（二）蠱泰通，泰乾剛上。
　　（三）大畜剛上而尙賢，能止健，大正也。
　　　　　剛上而尙賢：大畜自需，自大壯來（山天，水天，雷天），故大壯初九往爲上

九（山變水），乾往上，故剛上。

(四)恆彖曰剛上而柔下。恆自泰通，六四降初，初九升四，是乾剛向上。

二‧艮在外為剛。賁柔來而文剛，艮在外卦故曰剛，陽抵上為剛。

> 蠱，元亨而天下治也。利涉大川，往有事也。先甲三日，後甲
> 三日，終則有始，天行也。

◎治和亂

一‧乾為治。乾元用九，天下治也。

二‧巽初九象曰：利武人之貞，志治也。巽取訟之上乾為治，以貞訟之乾為坎，卦成相濟，以乾來治坎，治即正也，所以乾元用九，天下治。治，就是相濟的狀態。

三‧蠱天下治

　　蠱天下治，先天卦隨為震兌，震、兌、乾為陽之息，國家之治象也。巽、艮、坤為陽之消，國家之亂象也。然天元之氣，无一日之止息，蠱反為隨，此乾元之亨通，而天下治也。

◎天下治

蠱彖曰天下治。邵子觀物外篇曰：「天地之氣運，北而南則治，南而北則亂，亂久則復北而南矣。蠱由震至兌，正北而南，以蠱反隨，正元之亨，亂而復治之象。」

◎往有事

一‧蠱彖曰往有事。蠱由巽至艮，正南而北。隨由震至兌，正北而南。以蠱反隨，亂而復治之象。蠱之時，上下皆以无事為安，往有事，所以治蠱。

二‧往者，故也。蠱為故，往為往故。

三‧往，進也。

四‧蠱卦在序卦是隨之後。序卦之前後也是來往，所以序卦曰：以隨人必有事也。

◎終則有始

一‧蠱為陽終之象，隨為陽始之象，二卦相錯，又相對，故終則有始。

二‧易經山震消息，歷乾坤象。乾為始，坤為終。終則有始之義詳本書巽卦。

三‧蠱為陽終（蠱由巽二陽，至艮一陽），隨為陽始（震一陽，至兌二陽），蠱反為隨，故終則有始也。

四‧先甲三日，後甲三日，與兌之先庚三日，後庚三日，皆指納甲言，先後共七日。七艮者萬物之所成也。

五‧七日為成，艮為成。成言乎艮也。

六‧終而有所成，始也。

◎天行

先天之巽爲後天之坤，先天之艮爲後天之乾。至後天卦位巽乾與艮坤皆對待。

一・乾之行爲天行，乾爲天。

乾象曰：天行健，君子以自強不息。

乾曰：終日乾乾。終日是天行一日一周的意思。至三下，乾已終。乾位在戌亥，戌亥在一日是日落之時，故曰終日。日行到乾，爲天行一日。

二・七日之行。復象曰：反復其道，七日來復，天行也。

三・先天由乾而兌、而離、而震，爲天行。易繫辭說：「唯神也，故不疾而速，天行而至」。乾爲天，天行爲乾行，即由乾而兌。

四・消息一周爲行

十二消息一周爲天行，言消息之意。

剝象曰天行。乾息爲盈，坤消爲虛，故君子尙消息盈虛，天行也。

五・乾與震爲天行。天行：乾爲天，震爲行，故天行也。

六・天行俱有下列的特點--剝象曰天行，言君子尙盈虛消息：

　　　　出入无疾（坎爲疾）

　　　　反復其道（剝反復）

　　　　虧巽消艮

　　　　出震息兌

　　　　盈乾虛坤

七・天道爲天行，天行即天干之行

蠱卦先甲三日以辛、壬、癸行。後甲三曰以乙、丙、丁行，十干以甲始，以癸終。終則有始，說的是天干流行以計日時。古人以天干地支命日，故曰天行。

象曰：山下有風，蠱，君子以振民育德。

蠱卦爲下之風，實則爲山中所藏之風。而這種風並不是空氣流動之風，而是物體氣變之風。巽爲風，无孔不入，物之變莫不由風，氣化也。巽爲風，又爲命，振民之象。艮爲山，山多材，木育德之象，是地氣培育林木而借風來形容。古人說德欲其崇，把人的德行比成樹木，所以以山比喻，振民以風俗如風之行也。

初六，幹父之蠱。有子，考无咎。厲，終吉。

象曰：幹父之蠱，意承考也。

　　易經以陰剋陽爲賊。蠱初六爲陰爻居陽位，上承陽，是陰賊陽之義。巽卦之主卦即是初爻，以陰居初，是弱小无力，不會剋傷。這是卜一家生子，命有剋父之象，而初爲弱，所以不害。蠱卦所占，是因爲變化而造成某一家傳宗接代發生了問題。家族因歷史久遠，而有不良之後代，其中以剋父爲一端。如子不強，則不會把父剋死，反而會帶給父的好處。所以考无咎，考爲父也。山即一家之風水，而水下有風，可以生蠱，則帶來家中災害。但如風不壞土，則家道興旺。

◎父

　　蠱初六言幹父之蠱：

　　一‧蠱通泰，泰乾父坤母，乾坤變，故父母之蠱。

　　二‧蠱巽艮皆子，巽位于乾，艮位于坤，故幹父母之蠱。

　　三‧蠱生木中，生意將盡，卦由一陰至二陰，乾消盡，故幹父之蠱。

　　四‧幹父之蠱：初六變乾爲山天大畜變乾，乾爲父，艮爲少男，幹者木之正幹也，先天之巽變成後天之坤，先天之艮變成後天之乾，所以爻象多取父母。即後天乾坤之證明。

　　五‧蠱卦艮在上卦，有如人父，而巽順在下，有如人子，子道爲勞而順。幹可比喻爲幹木。巽爲木，蠱中爻互震也是木，幹就是木之莖幹，一家要見枝幹才可繁茂。又木爲剋土者，所以巽爲子。子所剋者爲＜偏財＞，五行祿命法以偏財爲父。

　　六‧另一解以子爲枝，而父爲幹。

◎幹

　　一‧木之幹

　　　　蠱初六言幹父之蠱，風落山，以卦互兌秋，秋風落木，木落幹存，故爻皆言幹。

　　二‧幹即做，繼續如樹之幹。蠱事也，幹父之蠱即繼志述之意。

　　三‧巽爲才，才幹也。

　　四‧蠱初爻得先人之業，可克紹箕裘。幹父之蠱爲繼前人之事。卦爻爲多事之始，非盡全力以赴不爲功。主考試可中，又主喪父母。

◎考

　　一‧考，父也，父死爲考。蠱初六考无咎，蠱初至四互大過，死也，父死爲考。

　　二‧履上九，視履考詳，其旋元吉。象曰：元吉在上，大有慶也。考，成也。

　　三‧蠱初六說考。蠱之下卦是由乾變而來，乾變，父已沒之象。

　　四‧剋我爲父

　　　　(一)五行以陽剋陽爲偏財。比如庚金爲陽金，剋甲陽木，庚金即爲甲木之考。

　　　　(二)五行之義，木剋土，土亡，故震木爲坤土之考，震木剋坤土也。所以豫卦上震下坤，彖象曰：殷薦之上帝，以配祖考。

　　　　(三)震爲坤之考。又坤爲死，曰祖考也。

◎子

　　一‧初爻爲子

　　　　蠱初六有子，初巽爲巽子。陰順承陽二，曰子克家。鼎初陰承陽初，曰得妾以其子。

二‧子字之義詳本書鼎卦。

◎厲

蠱初六柔居剛，故厲而終吉。

◎終吉

一‧離爲終：先天卦始于乾，後天卦位終於離。以離爲終。

需九二雖小有言，以吉終也。九二變乾成爲離，先天卦位始于乾，後天卦位終于離，所以說終。需上六象曰：不速之客來，敬之終吉，雖不當位，未大失也。

二‧卦貞爲既濟，六爻皆正，終吉。

家人上九有孚，終吉。上九貞爲坎，成既濟，六爻皆正，故終吉。

蠱初六曰有子，考无咎。厲。終吉。蠱隨以三四兩爻相易，隨成既濟，蠱成未濟，以反既濟。蠱初爻當成既濟上爻，故初曰終吉。

三‧先後天同位，則終吉

訟初六，不永所事，小有言，終吉。

訟六三，食舊德，貞厲，終吉

履九四，履虎尾，愬愬終吉。九四變巽爲風澤中孚，先後天同位，故終吉。

四‧艮爲終，先天一陽以艮終震始。賁六五，束帛戔戔，吝，終吉。蠱九三終无咎。終者，艮也。九三應上九，艮居上无咎。以六居上，上艮，艮爲終，居上得以貞正，故終吉。謙九三，有終吉。謙互震艮先天卦，一陽始震，一陽終艮，故君子有終。三得位，故吉。

五‧六爲終，賁上六終吉。上爲窮位，故吝，得正，故終吉。

鼎九三，鼎耳革，其行塞，雉膏不食。方雨虧悔，終吉。象曰：鼎耳革，失其義也。

六‧巽變乾爲後天對待之位，故无咎，又與上艮先後天同位，故終吉。

◎父母

一‧巽艮象父母。家人、離即乾位，巽即坤位，蠱言父母，以巽即坤位，艮即乾位也。

二‧意承考：同位則意同。上艮爲手承之象，變乾，乾爲父即考，承考者，父死而子繼者也。

九二，幹母之蠱，不可貞。
象曰：幹母之蠱，得中道也。

　　傳統父系社會家傳以男方爲主，但某些遺傳是利女方，而不利男方。爲了解除因爲遺傳不良，風水敗壞而帶來一家災害，有改姓、招贅、認養子女、納妾等方法。爲了避開女姓太強，而有改母姓等。蠱卦占家族之興衰，正常情形是以傳父系爲主。但爲了怕絕丁，而有改母姓之制度。蠱卦以艮爲山在上，而巽在下，是不利改爲母姓，所以說幹母之蠱不

可貞。蠱卦九二是陽居陰，有如男子生在專生女子之風水的家，所以是弱兒。而九二上應六五，六五爲幹母，即能幹的女性。上下相和應，所以得中道。九二也有所照應，一家不必改姓，而可以平安。

◎母

一·蠱初九幹母之蠱，蠱隨相錯又相對，隨由一陽以至二陽，坤陰亦然，則母蠱也。

九二變艮爲重艮，此爻言先天之巽即後天之坤。坤爲母，在後天艮坤對待，變艮，艮爲門。門以內家事也。重艮爲重門，象重門以內，是母之事也。

二·二爻與母：蠱二曰幹母，晉二曰王母，小過曰遇妣，應皆六五也。

三·二至五互震兌，先天震至兌而坤陰壞，故二言母蠱。

四·蠱二至四互兌坤，巽至兌先天坤陰盡，則坤道壞。

◎不可貞

一·貞爲陰道之事。

（一）自古以女子曰守貞，易經中說不可貞，說的是坤卦的地位。蠱卦上爲艮，不利坤，因爲是艮爲坤之終。

（二）蠱卦山風，初和二都不在正位。如果把初爻和二改了，貞二于初，變山火賁，結果必得變改了坤卦之流行。先天陰生離中，至艮陰盡，坤道壞矣，改了之後下卦成離。因爲先天卦陰生離中，上卦的艮正是坤終之地，所以不可貞也。

（三）貞二于五，卦成風山漸，先天一陽生艮，至巽二陽生，乾之三陽近，坤道矣壞。

（四）貞上于五，卦成水火即濟，先天一陰生于離中，由離至坎，坤之三陰消矣。

二·九二貞爲六二，成純艮，反之互屯之大貞凶，故不可貞。

三·蠱卦宜陰不宜陽。所以蠱爻多說幹父，只有一爻說幹母。

大貞凶：屯九二大貞凶。彖不可貞二曰凶。

四·不可貞，不可以爲常也。小象曰得中道也，九二得位故曰中道。

五·此爻爲老女當道，宜陽不宜陰。但主事爲女可以貞爲吉。

此爻是人臣贊君之業而示以祇順之道，可得前人之恩。女命勤儉持家，坤道盛則不宜直逆，尤不可幾諫。

九三，幹父之蠱，小有悔，无大咎。

象曰：幹父之蠱，終无咎也。

蠱卦九三爲陽爻居陽位，是得位而才可用。蠱卦是說到希望以生子來剋去某一家家運衰落，或改變父親的命運，即生子改運法。九三生的是能幹之子，可以承當父業，也能帶來一家氣運和家族發達。但是九三強而有剋父之憂，所以小有悔。但上卦四五皆陰爻，九三和四五陰陽相和而不亢，所以无大咎。

◎小悔

一・易經以爻失位則悔。

二・易經以六爲小。蠱九三小有悔，小爲六，上六之小來于初而失位，故三小有悔。

◎終无咎

蠱九三終无咎。終者艮也，九三應上九，艮居上无咎。

◎幹父之蠱

一・幹爲做也，即繼續其志，兒子承父之志。

二・乾爲父，接父之業爲坎、震、艮三男爻

　蠱九三變坎爲山水蒙，此爻言先天巽艮二卦之坎，後天乾艮二卦之間亦爲坎，坎中男也。中爻互震，震長男也。三子皆能繼父之志，故曰幹父之蠱。

　此爻過於剛，所以小悔。爲剛者當勇決，當爲則爲。即使小有差錯，能知過而改即可。得此爻者可得手足朋友之助，可承前人之業，可以无大過。

六四，裕父之蠱，往見吝。
象曰：裕父之蠱，往未得也。

　蠱卦六四變卦，蠱成鼎。鼎成器，是象一家家業之建立。蠱爲生子之象，而六四爲陰柔之質，又在柔位，是得其位也。在陰盛陽衰之家，男子強則被剋死，所以六四看來因循慵懦，卻命中幫父而帶來財利。因爲此子是裕父之子，所以不必怕剋父而送給別人，或離家出走。往未必可以得也，往是往外發展。

　蠱六四卦意爲窮則未得。蠱卦各爻皆得才氣，但到六四性萎靡不振，有大才而不可施。此爻利於守成而不利更新，忌多疑誤事，不利向前人求助。可在小處著手，而不宜心志太高。

◎往

往上也，上爲窮位，无論六九居之皆吝也。

一・蠱六四往見吝，上九自泰初往，往爲窮位，故往見咎。

二・屯自觀通，六二往上三曰，往吝，三應上也。

三・蒙自臨通，初九往上，初曰以往咎。

四・咸自否通，六三往上，三曰往吝，上自三往也。

五・蠱自泰通，初九往上，四曰往見吝，應初之往也。

◎見

巽白眼爲見。蠱六四見吝，巽爲多白眼，泰變乾，變巽，故曰見。

◎裕父

一・財爲裕。

六四變離爲火風鼎，此爻言先天之離在後天巽艮之間，今變離而互變乾，所以說父。巽爲財，得財爲裕也。

二・裕爲寬，即＜裕寬＞

（一）陰陽爻得眾爲裕。蠱六四以陰居陰位，承應又皆陰爻，是以寬。

（二）柔爲寬。蠱六四曰裕，晉初六裕无咎。晉自觀通，初六進而居四，仍成觀，居柔位，柔爲寬。

三・益爲裕。繫辭下七，益，德裕也。益爲長裕。

六五，幹父之蠱，用譽。

象曰：幹父用譽，承以德也。

蠱六五陰柔之爻居在尊位，上應九二非其所承，而是相應。六五爲主家之女性，得幹練之九二助之，可以發揚家道。

蠱卦占得出名之子，六五爲賢明而柔順之子，可以承父志，而不會剋父。得此子則家譽可以傳揚，祖先之德可以相承相接。此爻利求才之人，可得賢人之助。既然名聲在先，不得不上進保持。又卦變爲巽，上巽下巽，爲先庚後庚之象，可以創新。巽爲風，蠱得風而散，利治病。

◎譽

一・二爲譽，二能承五則多譽。蠱六五用譽，二多譽，以六二承九五，九五爲乾父之爻。

二・譽，游也。

三・譽即豫也，即安樂。

◎承

一・承爲下接上。六五所承爲上九之德。二、三不取承，取應。承，承以德也。

二・承以德也：上艮爲手，承之象。德即譽也。

上九，不事王侯，高尚其事。

象曰：不事王侯，志可則也。

易經五爻爲王侯之爻，下面諸爻爲諸臣，因爲上九艮止，是凡事皆不可行。是无爲而治者。易經言事之卦爲巽、爲蠱、爲隨，都是取巽爲事，本非主兵，所以除了兵事，不論大小事都包括。在蠱卦中有＜傳宗接代＞之事，有喪葬之事。這些事都會發生災變，所以

蠱卦言事，即凶事。蠱上九爲陽爻，居上爲亢，不可事六五之王侯。上九變而卦成坤，坤爲陰爻，則主生女，而无父子相剋之利。所以對家中陰多陽少之事无助矣。

　　易經說變通之謂事。蠱爲變而卦合四季。又和隨卦反而錯，都是合乎天地相通之道。自古生男育女都是因先後天卦之合與不合而有分際。如上九是艮止，是不可再進，不如置身度外，不去爲了生男育女而煩，亦是一種解決之法。

◎王侯

　　蠱上九不事王侯：蠱下巽，巽錯震，震爲侯，上互震亦侯，有二震疊用則以王侯論。

◎事

一・乾爲事。乾文言曰：貞者，事之幹也。

　　繫辭上五，極數知來之謂占，通變之謂事。乾之離通以乾爲主。幹即爲主。

　　乾卦說終日乾乾，行事也。終日即戌亥，乾之位，上乾下乾即乾乾。易經卦爻之變即由此而行，即行事。所以事即卦爻之變化。

二・坤爲事

　　(一)坤爲王事

　　　　坤六三，含章可貞，或從＜王事＞。

　　(二)震有事在中，祭神之事

　　　　其事在中：震六五其事在中。坤爲事（易大象曰申命行事），明夷變震，坤爻下而之三，在艮廟之中，故其事在中，言明夷之變震也。

　　(三)坤爲順--＜順事＞

　　　　升六四象曰：王用亨于岐山，順事也。

　　　　升六四順事，順，坤也。升上坤。

　　　　蠱上九，不事王侯，高尙其事。上九之位已在錯互之外。蠱二五互坤，坤爲事，故曰不事王侯。

　　(四)＜厚事＞

　　　　益初九象曰：元吉无咎，下不厚事也。二五互坤，坤爲厚，初九在二下，故爲下不厚事。

　　(五)作事謀始

　　　　訟象曰：天與水違行，訟。君子以作事謀始。

　　　　坎爲謀，乾爲始，錯坤爲事爲作，坤作成物也。乾者八卦之始，坎者五行之始。

三・三爲多凶之爻。坤多事，多事又居中即凶，＜　凶事＞。

　　三多凶。益六三，益之用凶事。益二五互坤，中爲三爻，三多凶，坤居中爲凶事。

四・蠱爲事

　　蠱爲造事之端，舉初而明事之始也。

五・通變之謂事

　　損初九，已事遄往。无咎，酌損之。象曰：已事遄往，尙合志也。損初九已事遄往，已止也。損自泰通，變艮爲坤，坤爲事。

　　繫辭上五，極數之知來之謂占，通變之謂事。

繫辭上九，引而伸之，觸類而長之，天下之能事畢矣。夫子曰天下事動皆貞一。

六‧＜有事＞，即祭祀之事

　　(一)震六五，震。往來厲，億，无喪有事。

　　　　震六五有事。春秋凡祭祀曰有事。震五應二，二互艮廟，宗廟社稷，震為祭主，
　　　　故言祭祀之事。

　　(二)坤大象曰申命行事。坤在先天卦和震同行。震為行，故有事。又震雷坤地成豫，
　　　　為樂，祭神之事也。

七‧隨為有事

　　震六五有事，喜隨人者，必有事。震六五動卦成澤雷隨，有事之象。俗說＜隨喜＞
　　或＜喜事＞。二者皆與人同行之事。

八‧＜行事＞

　　巽象曰：隨風，巽。君子以申命行事。

　　行事：巽錯震，以震取象。震以五爻九六相易，震成隨。巽五爻九六相易，巽為蠱。
　　震為隨，巽為蠱，震五有事，隨必有事也。故知巽中有事之象，取隨蠱卦之象也。

　　申命行事：巽象曰申命行事。巽錯震，震以取夷之坤為通，坤為事也。巽中有事象，
　　取之于震中之事象。巽卦之彖說「重巽以申命」。

九‧史為事

　　易之與也，其當殷之末世，周之盛德邪。當文王與紂之事邪，是故其辭危。其稱名
　　也小，其取類也大，其旨遠，其辭文，其言曲而中，其事肆而隱，事為史也。

十‧教為事

　　坎象曰：水洊至，習坎。君子以常德行，習教事。

　　臨，教思。學聚問辨，寬居仁行。

十一‧數為事

　　繫辭下子曰：陰陽合德而剛柔有體天地之撰，以通神明之德。以體天地之撰，
　　撰，事也，或曰數也，即天數。上九變坤為地風升，此爻言先天之巽即後天之
　　坤，上艮，艮止也，巽為高，艮為山。

十二‧蠱為故事。蠱為事，風為傳言，悶在山下，久而未傳之事為故事。

十三‧蠱為事是大事

　　大事即禍，禍為大過也。所以蠱卦有禍和大過之意。蠱為造禍之始，禍為過也。
　　易經小過說不可大事，大事和小事皆和蠱有關。山風為蠱，澤風為大過，是陰過
　　陽，即澤水過艮山。此爻為有才不得其用，不宜進取，不利侍奉他人。在得意處
　　尤要防招忌，以免惹禍。

◎高尚

一‧隨為高尚，易經以爻向上行為尚。蠱中互震，震動而上。隨下震，動而上。

二‧高尚其事：隨下動而向上。隨人者必有事。動而上悅是高尚之事。蠱上九反隨，象
　　隨，做高尚之事也。

◎志可則也

初六曰意，上九曰志。艮變坤在後天爲對待，坤巽又先後天同位，故通則法也。

 臨

臨，元亨，利貞。至于八月，有凶。

臨卦兌下坤上，中爻互震互坤。爻位自下而上，初爻和二爻爲陽，三、四、五、上爲陰。初和二剛而下接四陰，爲從高臨下。如將卦爻比成爲地形，則坤爲地本高於沼澤，有居高臨下之象。此比喻則以上卦爲高，下卦爲低。坤在上爲高，而兌在下爲低，所以臨卦有二個含意。一是＜居高臨下＞，一是以剛而臨柔。因爲是順勢而上下相應，卦有亨通之象，所以稱爲大。

臨之卦象是取兌悅坤順，兩中爻剛柔相應，監臨之勢。所以臨字可以解爲監督之義。陽氣正大而逼近陰氣，一步一步，有如監視之。但是臨之逼不是威迫，不是倚剛之強暴，而是順著陰之退，合理前進，而彼此相應也。所以臨卦之臨，是善意而且有風度。這種進退合乎自然，就是天道之臨。

臨卦有教思之作用。因爲君子體會兌澤之源流，坤土之廣載而包容之心，一面保育一面控制人民之生長，以使人民心思不厭。天下之物密近相臨者莫低地與水，故地上有水則爲比，澤上有水爲臨。大業由事而生。中爻互震互坤，爲豫。豫利建侯，即建立國家又教養人民。

臨卦彖辭說八月有凶。因爲八月爲陰，不利陽氣生長。但是最好的生長環境也是在有相逆之處。臨綜觀，觀爲八月卦。觀爲風行地上，是敎化的一種方法，以好的風俗行敎化，但風俗的變化會受到人心左右。而臨卦則君王和人民一心，上下相通，不必談敎化或風俗的問題而人民自願向上，所以凶不會久。

◎臨

一‧臨爲觀。雜卦傳，臨觀之義，或與或求。臨上錯乾，下錯艮，綜觀。

二‧臨爲復象

臨爲大寒之卦。坤息至十二月之卦，陽氣初盛，故大亨。又候卦之臨在丑月，丑數二，丑與子合，爲天地之始合，故臨大復小。臨以二陽臨陰爲大，陰以一陽潛在地下，故復小。

三‧臨爲際。澤上有地，乃澤涯也。水之際也。

泰九三象曰：无往不復，天地際也。臨爲復，天地之際，所以事物能往即復，事到盡頭就往回。

四‧臨爲咸

咸與臨皆兌體，故咸臨皆稱咸。咸爲鹹，兌于地爲剛鹵。

五・臨爲大

(一)說文：「監，臨也。」鄭玄曰：「大也。」

(二)臨自復變，復小臨大。復小臨大，故復元吉，臨元亨利貞。

(三)序卦傳有事而後可大，臨在蠱事之後。

六・自上看下爲臨。臨澤卑，地高，相臨之象。

七・臨爲凌

(一)大在上，爲凌逼之意。

(二)二陽在下，陽性要上進，進則臨逼於陰。

八・左傳說不行之謂臨

臨卦說不行，卦旨是教思无窮，保民无疆，以坤陰爲行教。陰爲柔善，以柔克剛。有容乃大。凡事由上向下看。

◎元亨

一・先天卦之變通爲亨

元亨者，先天乾元亨通之意。坤，元亨，利牝馬之貞。君子有攸往，先迷，後得主。

二・元亨爲始

(一)乾卦元亨利貞，坤卦也說元亨。元亨之元是始之意。

(二)亨爲通，乾元通乎亨。

(三)坤凝乾之元，終於亥，坤由乾卦出，初爲子，品物咸亨，故坤元亨。而乾卦的元亨也和坤卦有關。因爲乾和坤通，即「乾元通乎坤」，所以說元亨。因爲亨也有通的意思，即亨通。而亨通在乎陰和陽之相通也。

三・大有爲元亨

(一)元亨即大亨。

(二)元者大也，屯卦由震至坎艮，故大者亨。

四・先天卦通則元亨

(一)大有由乾而兌而離，先天卦右行爲乾兌離震。順行則通，故元亨。

(二)大有卦其德剛健而文明，應乎天而時行，是以元亨。

五・蠱，元亨，利涉大川。即先天順行爲利涉，故元亨。

升，元亨，用見大人，勿恤，南征吉。

六・陽盈則元(圓滿)，即元亨。

无妄元亨：无妄乾震，先天卦由震一陽至乾三陽，陽息而盈，故元亨。

元亨：无妄以震動乾，故元亨利貞。

七・通而不濟爲元亨，濟爲元亨利貞。

比如升无妄錯，无妄陽卦，曰元亨利貞。升陰卦，曰元亨，不曰利貞，變未濟也。

八・先天陽息爲元亨。革元亨，易言元亨者必先天陽息之卦也。革先天陽息之位。革由離至兌，先天八卦乾、兌、離、震、巽、坎、艮、坤，中反行，由離至兌陽息，以後爲乾，故曰元亨。

九・上下皆坤爲元亨利貞。臨，元亨利貞。至子八月，有凶。臨上互坤，臨爲十二月辟卦也。上坤互坤，坤德備矣，兌在下，兌亦坤爻，故有元亨利貞四德也。

十・行爲通，通則亨。鼎柔進而上行，是以元亨。

十一・臨以息卦論爲大寒之卦。臨者，凌逼也。

◎凶

一・陰陽交戰爲凶。

二・臨十二月辟卦，綜觀八月卦也，其時陰氣未至斗建丑，酉臨斗建丑，即陰陽交戰之謂也。臨觀相對，中有泰、大壯、夬、乾、姤、遯、否七月卦，至觀而爲八月，復消至四。

三・臨卦八月有凶是從消息卦來解。易經以陽爲日，陰爲月。臨卦的卦象是二陽上長，但卦體是兌和坤，都是陰卦。以陽氣行在陰卦中，有如逆水行舟，所以稱凶。如以月計，則從陽數起來算爻之進退，可見於候卦。

　　陽以一個陽爻爲復　　子月　　一陽復始

　　　　二個陽爻爲臨　　丑月　　陽漸盛

　　　　三個陽爲泰　　　寅月

　　　　四個陽爲大壯　　卯月

　　　　五爲陽爻爲夬　　辰月

　　　　六個陽爲純乾　　巳月

　　陰以一個陰爻爲姤　　午月

　　　　二個陰爻爲遯　　未月

　　　　三個陰爻爲否　　申月

　　　　四個陰爻爲觀　　酉月　　陰之長

　　　　五個陰爻爻剝　　戌月

　　　　六個陰爻爲坤　　亥月

　　因爲觀卦正好在酉月上，見陰之消不久。又觀在酉，而先天之兌也在酉。全卦都是陰氣，故爲凶戾。觀卦和臨正相反。臨是陽氣漸盛，所以一消一盛，這是雜卦說或與或求的道理。

四・八月爲秋，秋決，凶月也。

　　八月爲閉。八月爲酉，秋收之時。天地閉，賢人隱，故有凶也。

象曰：臨，剛浸而長。

◎浸

一・澤爲巨浸。

二・浸，遯小利貞，浸而長也。臨，剛浸而長。遯錯臨，剛爲大，一大一小。

三・剛浸而長，剛即陽爻也，由復而臨，復一陽，臨二陽。陽爻日浸長大，亨之象也。
　　兌爲水澤，自下浸上，故浸而長。

四・浸爲漸，兌爲水澤，自下浸上，故浸而長也。臨卦二陽在下，上爲四陰。
　　初二兩陽爻自下漸向上長，以剛臨柔。

> 說而順，剛中而應。大亨以正，天之道也。至于八月，有凶，
> 消不久也。

◎剛中而應

地澤臨。說，兌也；順，坤也。故臨說而順。

一・師剛中而應，行險而順，以此毒天下，因應而可以克。毒爲克也，即治天下之民。
　　師爲坎宮之歸魂。有坎而居坎，應也。九二居中爲剛中。

二・无妄象曰：剛中而應，大亨以正，天之命也。
　　无妄六二應九五，剛中而應。二五爻陰陽得位，故曰應。

三・萃九五應六二。象曰：萃。聚也，順以說，剛中而應，故聚也。

四・升九二應六五。巽而順，剛中而應，是以大亨。

五・臨剛中而應，天之道也
　　剛中而應，陽爻取中爲剛中。陽爻居九二之位與六五相應也。以臣之剛應君之柔，
　　君臣相得之象，俗曰＜君臨天下＞之意。

六・臨剛中而應曰天道，无妄曰天命。臨坤兌，无妄乾震，臨无妄相錯。
　　中正：剛中應柔，中正也。

◎八月有凶

一・臨大寒之卦。以律推之，自大寒至秋分，二百四十八日奇，約爲八閱月，所以臨卦
　　象辭說＜八月有凶＞。

二・坤爲月，兌爲酉，八月也。臨象震，震爲卯，卯酉沖爲凶。

◎消

一・陽亢則悔，盈則必消，易上爻爲首，而陽不可極，極則必消。

二・坤爲消，坤上六曰消乾爲坤，是以坤爲消。坤之消如下：
　　坤初六消乾爲姤；坤六二消乾爲遯；坤六三消乾爲否；坤六四消乾爲觀；坤六五消
　　乾爲剝。
　　初爻爲姤，二遯，三否，四觀，五剝，上坤。

三・先天卦陰消陽息在左，右四卦爲陽消陰息。先天左四卦陰消陽息，右四卦陽消陰息，
　　易中乾遇巽、坎、艮，皆止而不進，進則陽消。

四・臨爲息，觀爲消，故臨消不久

臨爲息卦，觀爲消卦，臨反即觀，觀爲八月卦，自臨至觀，必歷泰、大壯、夬。

乾、姤、遯、否七月卦，至觀八月，觀之乾陽已至四，爲八月，故消不久也。

11	12	1	2	3	4	5	6	7	8	9	10
復	臨	泰	大壯	夬	乾	姤	遯	否	觀	剝	坤
− −	− −	− −	− −	− −	―――	―――	―――	―――	―――	―――	− −
− −	− −	− −	− −	―――	―――	―――	―――	―――	―――	− −	− −
− −	− −	− −	―――	―――	―――	―――	―――	―――	− −	− −	− −
− −	− −	―――	―――	―――	―――	―――	―――	− −	− −	− −	− −
− −	―――	―――	―――	―――	―――	―――	− −	− −	− −	− −	− −
―――	―――	―――	―――	―――	―――	− −	− −	− −	− −	− −	− −

五・否天下无邦也。內陰而外陽，內柔而外君子，小人道長，君子道消也。

六・泰內健而外順，內君子而外小人，君子道長，小人道消也。

七・豐爲消

　　(一)因爲豐卦說與時消息。豐爲富，＜豐富＞。臨消不久，升消不富。升卦上六，
　　　　冥升在上，消不富也。

　　(二)豐，日中則昃，月盈則食，天地盈虛，與時消息，而況於人乎，況於鬼神乎。

八・消息爲時，消息卦言時之義也

　　(一)大傳曰變通莫大乎四時。

　　(二)豐彖言天地盈虛，與時消息。豐自泰變，泰爲天地。泰變豐，乾之盈消，與坤
　　　　之虛息，震（豐之雷也）爲時，故天地盈虛與時消息。

象曰：澤上有地，臨。君子以教思无窮，容保民无疆。

◎臨

一・澤上有地，澤日長以臨地，臨之象也。

二・教思。臨兌，兌口講習也，故以教思。

三・一高一下相接爲臨。澤爲卑，卑和地互爲高下相臨之象也。

四・臨下卦爲兌，兌爲講習。

◎保民无疆

一・臨象曰容保民无疆，古時君主＜臨朝＞之意。

二・澤，兌也；地，坤也。項安世曰：「教思无窮屬兌，容＜保民无疆＞，屬坤。」

◎容

一・坤地爲容

(一)坤爲寬也，＜寬容＞。坤德含宏，＜有容乃大＞。

(二)臨象曰容保民。臨爲坤兌，坤爲地，容也。

(三)師象曰：地中有水，師，君子以容民畜衆。坤爲容、爲民、爲衆。

二‧旅＜无所容＞，又俗謂＜无地自容＞，取地爲容之義。

(一)序卦傳窮大者必失其居，故受之以旅，旅而无所容。

(二)旅上爲離卦，離卦在上失位，故无所容。

(三)離在上爲旅象，離九四象曰：突如其來如，无所容也。

(四)恆九三：不恆其德，或承之羞，貞吝。象曰：不恆其德，无所容也。

初九，咸臨，貞吉。
象曰，咸臨，貞吉，志行正也。

　　臨卦後天卦位爲二陽。以候卦論是在丑位，即艮位。艮在東北居高，初九在內卦爲兌體之下，以兌臨艮，爲澤山咸。所以臨之卦說咸臨初九陽氣不強，而九二繼之在上，而固其根本。所以初和二都說咸。因爲初和二都有咸象，臨取咸爲象，咸爲山澤通氣，是卦氣上下相通之吉象。臨卦有遍臨之意，所以臨卦取咸卦爲象。咸即人人皆宜。咸卦是山澤通氣，而臨卦是澤上有地，都是陰陽相感。

◎咸

一‧咸爲感應--＜感應＞。

二‧臨爲咸

(一)臨只有初二兩爻有感應。即初九、初二爲陽爻，和相對之上爻爲陰爻互相應和。在兌悅之中而感，爲咸。

二五爲中，陽居二或五，互以陽陰相應，爲剛中而應。

(二)臨卦之臨，顯現和遯卦之關係。遯卦上爻之臨，則卦成咸。而遯爲退，和臨之凌逼性相反。兩卦都有和悅之氣，即兩卦之卦體都是兌，所以也稱爲咸，以表它有感應之性情。

(三)解爲咸

臨自解象來，初九自解四，即解之上卦陽爻到初，解下坎成兌，解卦成臨。故臨取解爲通象。解上震，即後天之艮，下坎，即後天之兌，以艮下兌，其象爲咸。故臨初九之變顯在咸象。

(四)小過也有咸象。就小過卦來看，臨也可以取小過爲通象。小過初至五，互咸，故小過有咸象。臨取小過爲通象，故咸臨。咸爲上震下艮，小過初爻二爻皆爲陽，下而爲臨，如下圖示：

咸	小過	臨
▬ ▬	▬ ▬	▬ ▬
▬▬▬	▬ ▬	▬ ▬
▬▬▬	▬▬▬	▬ ▬
▬▬▬	▬▬▬	▬▬▬
▬ ▬	▬ ▬	▬▬▬
▬ ▬	▬ ▬	▬▬▬

(五)小過下爲艮，和三四易，下卦成兌。小過即變成臨。但爲何有咸卦之象呢？因爲小過變臨的過程，是以小過之艮和臨之兌（皆下爻）互易，即艮少男和兌少女互易，艮兌有咸象，所以臨初和臨二都說到咸臨。

(六)咸是普遍之意，比如＜老少咸宜＞之咸。

三・臨爲過，＜走過＞、＜過度＞

小過初至五互咸，有咸象，所以臨初、臨二皆曰咸。

左傳：＜不行之謂臨＞。兌爲塞，臨卦體爲兌，故臨曰＜不行＞。

◎貞吉

變坎爲地水師，此爻先後天同位之卦，故曰貞吉。

臨初九爲吉卦。初九和九二皆見對應之和，凡事和則可成。得此卦者只要順道而走，不必拐彎抹角。

九二，咸臨，吉，无不利。

象曰：咸臨，吉无不利，未順命也。

臨卦九二陽居陰位，而得上之應。九二和初九都居在陰爻之下，但二者個性不同。九二是有剛中之德，而又有上進之勢。易經以群陰在上爲危，因爲群陰＜不甘雌伏＞。九二以下卦中爻乘剛直之質，可以濟之，而足令群陰心悅誠服。九二爲剛中，上進五爻則可以形成坎在上，所以可以上濟。陰爻之盛，見陽爻之臨，未有不心服者。而令人服是因爲進逼者能與人相通，又互應又相感，有相生之義，所以吉无不利。

易經以上下卦交通能形成相濟則有利，即利涉大川，也可以成大事。臨卦是不順命的好處。因爲臨卦群陰在上，可比喻爲人生前途多困，而五爲君位，爲命。兌綜巽，巽爲命。九二爲陽剛，不可能順其他四陰之命。易經許多卦都以順命爲吉，但在臨卦以陽居下，不可順，順則凶，所以反而不能順命。人生之中有小困，反是代表機會，此時不順命才合天道，但不順並非與命相抗，而是與之相對應又能親臨其危境而解決之。聖人以咸稱臨，是要人能以天地相合之道理來折服困難。

　　咸爲人人皆有之爲咸，即＜老少咸宜＞。咸臨可比喻爲人與人互相砥礪，而不是讓一人高高在上。咸臨是在團體中各個份子互相和其他成員接觸督促。所行之法，人人適用，而不會造成少數人之損失或受苦。咸臨是臨卦中最重要的，因爲臨卦就是咸卦的精神實現。

◎咸臨

一・咸臨爲重。二陽二陰爲重，故重稱咸臨。

二・易卦下爻有二陽者，二陰者，常會加重其主卦之辭重復用。比如：

　　(一)臨卦初九、九二悅，咸臨。臨下卦二陽爲兌。

　　(二)觀卦二說觀生。觀卦下二陽爲巽。

　　(三)小過二說弗過。小過下卦二陰，即弗過。

三・屯有咸象，臨九二咸臨，臨取屯爲通象。自屯五來(易也)，屯上坎即兌，下震即艮，其象爲咸。

四・咸即臨。咸和臨卦九二爻同。咸下卦艮，臨下卦兌。艮兌以錯同，故咸臨。

　　小象曰行正。初九剛正以敎思，感人則人无不相應。

◎未

一・即十二支中之西南方爲未。坤爲未。

二・臨卦爲坤、兌。坤在後天西南爲未，兌在後天巽爲順，即酉順接在未。

三・臨卦在未方即坤來接巽命，所以臨順命。臨卦上下卦形成順命之象。

四・未在八卦爲西南方，已經逼近西方陰地，甚至已打成一片，所以要講以順出逆。西方忌逆行也。利於大，利於已成定局之事態。

◎吉无不利

俗語＜吉利＞：

一・易經之卦爻上下相感和，皆吉而无不利。

　　臨咸二氣感應以相與，臨則天氣下達于五爻上爻之天位，臨亦感應，以相與會，故吉无不利。

二・无不利詳見本書謙卦六四解。

◎順命

一・觀巽爲命，臨＜順命＞。臨九二順命。

二・臨取咸爲通象。兌綜巽，巽爲命，坤順也。順命者，言坤與巽也，臨卦无巽，而其順巽卦爲綜卦而來，故曰未。

　　　　六三，甘臨，无攸利。既憂之，无咎。
　　　　象曰：甘臨，位不當也。既憂之，咎不長也。

　　臨卦下卦爲兌。兌的主爻爲六三，兌悅也。臨卦是陰和陽相逼，但過份相逼則苦，而

願打願受爲甘，即自甘之甘。六四是地和澤相接之處。臨上兌反巽，巽與坤同類，同類相接，又地澤相比，特別親切。

臨卦說明甘味的本質在於甘和苦只是一線之差，能知憂懼而不以勢淩人，則別人不會感到苦，反而甘之如飴。六三陰爻坐陽位，爻位不當。而下乘初二兩陽，以柔履剛，所以會有甘味之喜，而實則六三是直接面對初二兩陽爻之淩逼，能自喜，所以无憂。即使憂之，也不會有災咎。

臨卦六三說明統御之道，領導者要能做到被領導者心甘情願，則可以加之以嚴苛之法也不以爲苦。

◎甘

一・＜甘苦＞

流澤爲甘，水止爲苦。臨曰甘臨，節曰苦節，皆下兌之卦。水之流者甘，積者苦。臨上坤虛，澤水流通，故甘，遇難則處虛則不受苦。節上艮止，積澤爲鹵，故苦。

二・甘臨：甘者五味之一，土味也。上坤，兌口銜坤爲甘。臨以土爰稼穡，稼穡作甘也。土上得種植爲甘，坤土也。兌爲口，說也，甘臨之象。

三・无咎：此爻天地對待之卦故无咎，无咎故甘。

◎憂

震有驚，遠懼邇之象，故曰憂。又變乾變九三爲惕，若亦憂之象也。

◎位不當

陰柔，居三失位，故曰不當，能憂則无咎。

六四，至臨，无咎。
象曰：至臨，无咎，位當也。

臨有地接澤爲＜臨淵＞，地水爲＜臨陣＞，地山爲＜登臨＞，都是地在上，而＜居高臨下＞。臨爲坤上兌下，六四位升到兌澤之上，已到了坤地之體。象履坤地而俯臨窪澤，所以說至臨。

人在面對一個特定活動的時刻，爲＜臨場＞，也就是至臨。至臨是人直接和活動對象的人地物面對面。如以君王統治天下來比喻，咸臨是與民同樂，與民同心而无爲而治。甘臨是令被治者甘服，至臨是親自到臨民間。六四柔爻爲順，順民心、順勢或順應。而陰爻在柔位，是自屈以降來和民間打成一片。

◎至

一・說文：「至，從高下至地。」

二・至，從一也，一爲至

（一）坤從一，所以坤卦說至。

　　　(二)易經各卦上卦見坤即爲止。坤彖曰：至哉坤元，萬物資生，乃承天。

　　　(三)上坤至即「至哉坤元」之至也。說從一，人猶地也。天地止於一元，坤元者，
　　　　　乾元所至，故曰至哉坤元。元乃乾氣。

　　　(四)坤，君子黃中通理，正位居體。美在其中而暢於四支，發於事業，美之至也。

　　　(五)訟九二，不克訟，歸而逋，其邑人三百戶，无眚。

　　　　　象曰：不克訟，歸竄也。自下訟上，患至掇也。

　　　(六)到八月爲至，即一年節氣開始調易。臨至于八月，有凶，消不久也。

三·從一爲至。一，地也，水爲一，故易經坎象常以至來表示。

　　　(一)坎象曰：水洊至，習坎。君子以常德行，習教事。

　　　(二)解六三，負且乘，致寇至。貞吝。象曰：負且乘，亦醜也。自我致戎，又誰咎
　　　　　也。

　　　(三)解九四，解，解而拇，朋至斯孚。解下坎，坎至下卦爲至。

　　　(四)井卦繫辭曰：井，改邑不改井，无喪无得，往來井井。汔至。井水在上，由下
　　　　　出也，故至。

　　　(五)繫辭上八子曰：易者，其知盜乎。易曰：負且乘，致寇至。坎爲盜，爲至。

　　　(六)至之爲文，鳥飛從高下至地爲臨，所謂＜居高臨下＞。爲君者，爲不居高位而
　　　　　不知民疾，到下方訪探爲至。

　　　(七)至臨爲坤。乾道以大爲臨，坤以至爲臨。

四·易經各卦上卦見坤即爲止。坤彖曰：至哉坤元，萬物資生乃承天。上坤至，即至哉
　　　坤元之至也。

　　　(一)坤初六，履霜，堅冰至。

　　　(二)臨地澤。故臨，元亨，利貞。至于八月有凶。

　　　　　臨六四，至臨，无咎。象曰：至臨，无咎，位當也。

　　　(三)復上坤。故復象曰：雷在地中，復。先王以至日閉關，

　　　(四)訟九二象曰：不克訟，歸逋竄也。自下訟上，患至掇也。

五·震爲足，至之象也

　　　豐象曰：雷電皆至，豐。君子以折獄致刑。

六·乾在下卦爲止

　　　(一)大壯爲止，乾在下皆止也。

　　　　　大壯則至：由乾而震，退而陽止，故雜卦曰，大壯則止。

　　　(二)乾文言信，所以進德也。修辭其誠，所以居業也，知至之，可與幾也。

七·卦成既濟爲至

　　　(一)需九三，需于泥，致寇至。需二易明夷五，卦成既濟，故需九三致寇至。上成
　　　　　離，離爲災，災在外也。故象曰：需于泥，災在外也。自我致寇，敬慎不敗也。

　　　(二)坤初六，履霜，堅冰至。

　　　(三)繫辭曰：易其至矣乎。夫易，聖人所以崇德而廣業。知崇禮卑、崇效天卑法地，
　　　　　這是說易經以既濟爲最高理想的道理。

◎位當

一・陰居陰，陽居陽，爲當位，但皆言四五之爻。陰居四爲當位，居五不當位。陽居五
　　當位，居四不當位。

二・六四當位

　　(一)臨六四位當：六四居外卦之初也。巽之正位在四也，巽屬陰，以陰居陰位，故
　　　　曰位當也。

　　(二)賁六四象曰：六四當位，疑也。六四陰爻當位。六四之位巽也，陰位也。

　　(三)蹇當位貞吉。蹇六四象曰：往蹇來連，當位實也。
　　　　蹇六四當位實，九三當位，陽實也。

三・九五當位

　　(一)夬九五正當位：當位者，九五當天位也。

　　(二)遯剛當位而應，與時行也。剛九五當位。

四・六四居陽不當位

　　需六四陰居之，不當位。上坎九五，大也。需不當位，未大失也。

五・六五不當位

　　(一)頤柔得中而上行，雖不當位，利用獄也。中指六五言，柔居之故曰不當。

　　(二)噬嗑柔得中而上行，雖不當位，利用獄。

六・九四不當位

　　解九四，解而拇，朋至斯孚。象曰：解而拇，未當位也。

七・六爻皆不當位

　　困象曰：來徐徐，志在下也。雖不當位，有與也。困除了五爻之外，其他各爻皆陰
　　陽未在定位，所以困不當位。

八・未濟雖不當位，剛柔應也。

九・當位爲節。易經以陽爻接陰爻，一陽一陰爲正，只要當位，易爻形成了一節一節，
　　所以當位如節。繫辭說以行險，因爲兌卦不符節，當位了以後即成節。所以節卦說
　　當位以節，中正以通。上坎來調下卦兌之不符節。
　　臨卦上坤，和節卦都是上卦符節，而下卦不符節。易經坤和坎在上是正。未濟卦之
　　上九即因爲是離在上，所以不符節，而未濟上九說不知節。易經在最終一卦說節，
　　有大義存焉。因爲節爲符節，易經最終之境即符合。

◎无咎

臨六四是陰臨陽，照說是得咎。因爲臨卦上下卦相應，六四和初九相應，所以无咎。

六五，知臨大君之宜，吉。
象曰：大君之宜，行中之謂也。

　　古人說＜秀才不出門＞，能知天下事。臨卦六五是君位，爲君者亦可以如秀才不必出門，而可以知天下之事。六五爲虛心下士之君，能知人善任，又不剛愎自用，雖非英武，不失爲明君一個。在太平盛世可君臨天下。臨六五變卦成坎，爲相濟之象。坎爲通，又上下卦都中爻得位，是合乎中道。不偏不倚，可爲一國之棟材。

　　六五居高臨下，近則時或有危道。六五處在坤體之中，漸遠於澤。上臨下，而居中，則无危。能知而又能遠離下卦之小人，有大君之風。臨卦的德行爲知。知的條件是要親臨其事。所謂知，包括對事理有恰當的把握。而聖人一言以蔽之，即守中庸之道也。人如能對所有事守中庸之道，可以得到各種不同的認知，不會因爲見識少而有偏狹的看法。

◎知
　一‧坤在上爲知
　　　坤之六三知光大也，上坤，故曰知。
　二‧貞爲知，知以知邪正，事必正乃可行。
　三‧節爲知
　　　臨六五變坎爲水澤節。節知通塞。
　四‧臨自屯通，五爲坎水，水德知也。水主智。

◎知的條件
　一‧知臨：臨六五知臨。五爲帝王之位，知臨爲帝王之知。以＜君臨天下＞。
　　　坤爲知：坤知光大。易經卦爻中只有臨卦以知爲名，臨爲大，其爲知之大者也。其他易中所言之知甚多，但可見知臨爲主。
　二‧見險能止
　　　蹇，難也，險在前也，見險而能止，知矣哉。
　三‧知敝
　　　歸妹象曰：澤上有雷，歸妹。君子以永終知敝。
　四‧知通塞
　　　節初九，不出戶庭，无咎。象曰：不出戶庭，知通塞也。
　五‧知其極
　　　未濟初六，濡其尾，吝。象曰：濡其尾，不知其極也。
　六‧知節
　　　未濟上九象曰：飲酒濡首，亦不知節也。
　七‧知始
　　　繫辭上一，乾知大始，坤以簡能。
　八‧知易，易知
　　　繫辭上一，易則易知，簡則易從。易知則有親，易從則有功。有親則可久，有功則可大。
　九‧知命
　　　繫辭上四，與天地相似，故不違。知周乎萬物而道濟天下，故不過，旁行而不流，樂天知命。

十・知晝夜

　　繫辭上四，範圍天地之化而不過，曲成萬物而不遺，通乎晝夜之道而知，故神无方而易无體。

十一・知見（＜眞知灼見＞）

　　繫辭上五，仁者見之謂之仁，知者見之謂之知，百姓日用不知，故君子之道鮮矣。

十二・知數

　　繫辭上五：極數之知來之謂占，通變之謂事。

十三・知盜

　　繫辭上八子曰：易者，其知盜乎。

十四・神知：知變化

　　繫辭上九，顯道，神德行，是故可與酬酢，可與神知矣。

　　繫辭上九子曰：知變化之道者，其知神之所爲乎。

十五・知來

　　繫辭上十，遂知來物，非天下之至精，其孰能與於此。

　　繫辭上十一，藏於密，吉凶與民同患，神以知來，知以藏往。

　　說卦傳：數往者順，知來者逆，是故易，逆數也。

十六・知方

　　繫辭上十一，是故蓍之德圓而神，卦之德成方以知。

十七・知幾

　　繫辭下五子曰：知幾其神乎，君子上交不諂，下交不瀆，其知幾乎。幾者，動微，吉之先見者也。

十八・知微、知柔、知剛

　　繫辭下五，識矣，君子＜知微＞、知彰、＜知柔＞、＜知剛＞，萬夫之望。

十九・知己短

　　繫辭下五，子曰：顏氏之子，其殆庶幾乎？有不善，未嘗不知；知之，未嘗不知；知之，未嘗復行也。

二十・自知

　　繫辭下七，履以和行，謙以制禮，復以自知。

二一・知懼

　　繫辭下八，其出入以度，外內始知懼。

二二・知本末

　　繫辭下九，其初難知，其上易知，本末也。初辭擬之，卒成之終。

二三・知吉凶

　　繫辭下九，噫，亦要存亡吉凶，則居可知矣。知者觀其爻辭，則思過半矣。

二四・知險阻

　　夫乾，天下之至健也，德行恆易以知險。

二五・知崇禮卑

　　　(一)離南爲禮，坎北配知，震東配仁，兌西配義，坎配知，知欲其崇，而坎位乾
　　　　艮中，乾艮皆天，故崇效天，離配禮，禮欲卑，而離位坤巽中，坤巽皆地，
　　　　故卑法地。
　　　(二)崇爲祟，知崇基本上是宗教的能力，即可以和鬼祟之物相通者，或預知凶祟
　　　　之事。

◎大君
　一・臨遯相錯，遯上乾爲大君。臨遯九六相易，則遯之大君，來居臨五上，卦爲坎，亦
　　　知臨。
　二・坤錯乾，乾大也，又爲君，故曰大君。

◎行之中
　臨六五象曰行之中，臨遯之五（臨遯相錯），九六相易，行中之謂也。

　　　上六，敦臨，吉，无咎。
　　　象曰：敦臨之吉，志在內也。

　　臨卦是以易經的角度來談經驗主義。臨是＜臨事＞，即親臨政事。臨的一個明顯的含
義是重復。和習坎以重復爲學習要則的道理相同。所以臨上六稱敦臨，即易經復卦說的敦
復。以書法爲喻，學者要＜臨帖＞。一是照原著重復，其二是一臨再臨，是重復演習以求
逼眞。而臨逼之作用在於厚實其力，有如在土上加土，以益其功。
　　經驗的取得，要深入而且能无存先見進入被學習的對象，也就是要和學習的對象相感，
而有情。這在易經就稱爲咸臨。除了和經驗對象有感情，還進一步把學習之苦變成甘美之
事的甘臨，從而進入學習對象之內，取得最高的吸收。之後要以客觀的角度來取得對象的
認知。爲了能長久保持經驗，要重復演習，使學習者和對象合一。

◎敦
　一・敦，大傳安土敦乎仁。敦爲安而不動之意。
　二・坤艮皆土，臨互重坤，復亦互重坤，艮爲重艮，土厚，故敦得位吉。
　三・敦爲益，加之于上也。土上加土或把土加在其他物上。臨爲土加澤。以土益澤。
　　　(一)臨上六敦臨，六五應九二，上六又附益之，謂之敦臨。即上六加之六五以應九
　　　　二。
　　　(二)艮上敦艮：坤厚爲敦，自晉來，坤土之上加以艮山，故曰敦艮。
　四・敦爲復，即一而再。復六五敦復无悔。
　五・重坤重艮爲敦。坤爲土，艮爲土，重爲敦，俗曰＜土墩＞。
　　　(一)重坤重艮皆曰敦。敦，安土敦仁，敦爲土德。
　　　(二)復五敦復，復二至四互坤，五互重坤。

(三)臨上敦臨，三至五互坤，上互重坤。

(四)艮上敦艮，艮上重艮也。

六‧在上之艮爲敦

(一)艮卦五爻艮字皆在上，只有上稱爲敦艮。

(二)復六五敦復。復自比來（水地後雷地），比互艮，艮上敦。

(三)敦仁：泰卦也，天氣下降以生萬物，故敦仁，生息萬物，故謂之愛也。

七‧敦爲屯

艮上敦艮。復六五敦復，六五變爲水雷屯，屯即敦也。

八‧山爲敦，山高厚故曰敦。

九‧坤卦在上，即土在上爲敦。

先後天對待吉，臨上敦臨之吉。臨坤兌先後天同位，故吉而无咎。

◎在內

一‧中爻爲內。

二‧下卦爲內。

◎志在內

一‧蹇上六象曰志在內，坎爲志，蹇上卦坎。二六應，二爲內，下卦爲內。

二‧中孚象曰：中孚，柔在內而剛得中，說而巽，孚乃化邦也。

中爲內，中孚中虛，故柔在內。

三‧臨卦坤在外，兌在內。坤之功，即兌之功。坤不自見其用，而志在成，澤之利以臨卦下二陽爲主，故下六稱，志在內也。

䷓ 觀

觀，盥而不薦，有孚，顒若。

觀的意義是示象給人而爲人所觀。以卦爻論，二陽在上尊位，四陰在下，有如四方之臣民。二陽而被下四陰所觀。觀爲盥，是在神廟祭鬼的儀式。祭享之事，是以生人＜事鬼神＞，但＜祭神＞有由下向上奉敬祭品，其義爲薦。初爲陽爻如生人在上，而鬼神在下，下爲地，是灌酒在地上來安撫亡魂野鬼。在祭神前主祭者要先洗手，這個儀式稱之爲盥。因爲盥是生人在上，死者在下，合乎觀卦陽在上的卦象。因爲薦是生人在下奉上祭品給在上的亡魂，所以觀不薦。

觀是祭神以求見之。觀卦即民俗中所說之＜觀落陰＞。祭神令其出而觀之。觀卦初爲童觀，二爲闚觀（女子之觀），三爲觀我生，四爲觀國，上九爲觀他人之生，可能是指以不同的宗教儀式求得和亡魂相見。比如童觀是請乩童來招魂，觀我生是入到陰間看自己一生，觀國是＜關亡＞到地府，觀其生是看家人之亡魂。說卦傳說觀變於陰陽而立卦，發揮於剛柔而生爻，在陰間和陽間之變，其理和陰陽爻相變相同。

觀卦是風行地上，有周遊歷覽之象。古時之君王以觀卦的道理省察四方，觀察民情，各因其風俗習慣而設施政教。觀民設教，如君臣禮，從依民俗。所以古來有＜君子治人不求變俗＞之說，就是政教要先以民俗爲根基，而不是先從＜移風易俗＞下手。這個道理在觀卦所說之觀民，觀國看出。又觀卦要求正當之觀。觀卦之卦主爲我，即六四。六四是從內視變到外視而培養出靈視者。六四變卦成上乾下坤，即否泰之象。否泰反類。泰上坤爲坎，下乾爲離，卦成既濟，相因而成天地之道。繫辭下一說，天地之道，＜貞觀＞者也；日月之道，貞明者也；天下之動，貞夫一者也。觀就是要正其觀，即找出能正確觀察的方法。

◎觀

一・觀，諦視，即非常之觀察，可景觀。常事爲視，不平常之視爲觀。

二・上陽下陰爲觀

　　(一)觀上陽爲人，下陰爲鬼。人在上以觀鬼也。

　　(二)觀爲鸛鳥，仰鳴晴，俯鳴則陰。

三・觀爲盥，祭神時洗手爲觀。

四・易經說觀天文、觀象。可見觀重要。觀字之原理之一：中爻互觀，即有可觀。

　　(一)萃彖曰觀其所聚，而天地萬物之情可見矣。初至五爲觀，故曰觀，所以萃說天

地可見。易經之見字其實含觀之義，因為見用太多，不另舉實例。

(二)觀二至上互為觀（風地），觀上九，觀其生，志未平也。這可說是觀生觀，一種意象生另一種意象。這是易經對現象觀察的方法。即以象觀象，觀中生觀。

(三)頤象曰：頤，貞吉，養正則吉也，觀頤，觀其所養也。自求口實，觀其自養也。頤九五下為初九，成風地觀，坤民得其養，故觀其所養也。

五‧否為仰觀

(一)觀為否所變。否初至五互觀，卦自否來，可觀矣。

(二)否卦中互觀，否二五互為風地，所以易經有仰視之卦象和否有關。否為觀天文之方法，如同人在看天必須仰身道理相同。

(三)賁，觀乎天文，以察時變，觀乎人文，以化成天下。賁卦因為通泰，所以也透過泰和否之互相反類取得觀象。而觀是看天文，賁卦說的是化，即人文。因為賁取泰，為泰之反。自古天文地理相合，道理取自泰否兩卦，在這可以見得。

(四)咸象曰，觀其所感。咸與否通，否互觀，故曰觀。天地感而萬物化生，聖人感人心而天下和平，觀其所感，而天地萬物之情可見矣。

(五)恆象曰，聖人久于其道而天下化成，觀其所恆，恆觀象，天地否互觀，否為泰之反，否泰反類也。恆自泰來反否，否互觀，故觀其所恆。

六‧觀之道在于變通

繫辭上二，是故君子居則觀其象而玩其辭，動則觀其變而玩其占。

繫辭上八，聖人有以見天下之動而觀其會通，以行其典禮，繫以斷其吉凶，觀者，知變通而行占卜之道也。

七‧否為＜反觀＞

(一)否卦初至四爻為互觀。否和泰反，所以否卦為反觀。

(二)仰以觀於天文，俯以察於地理，是故知幽明之故，原始反終，故死生之說。所以易經說否泰反類。

八‧觀為感，即＜觀感＞

天地感而萬物化生，聖人感人心而天下和平，觀其所感＜觀感＞，而天地萬物之情可見矣。

九‧易經說到觀的方法在於四卦：

萃觀，即聚精會神看；頤觀，怡然自得來看；咸觀，求取合情之＜觀點＞；恆觀，中貫不變的觀點。

十‧觀的途徑為＜觀象＞，以求吉凶

(一)繫辭上二，聖人設卦觀象，繫辭焉而明吉凶。

(二)繫辭上二，是故君子居則觀其象而玩其辭。

十一‧頤為觀

(一)頤九五下初卦成觀。易經在頤卦中用了許多觀字。頤為觀頤，觀即為頤；頤象曰觀其所養，初九觀我朵頤，六四虎視，九二眈能視。頤實為觀同字。

＜萬物靜觀皆自得＞，即＜頤然自得＞也。

（二）觀之目的，是看萬物致養之道。坤為養，養為養身、養賢、養氣。又觀實為關，即閉。閉則口實，氣內充。

十二・鬼門為觀

觀，坤為地，為眾，巽為木、為風。九五天子之爻，互體有艮，艮為鬼門，又為宮闕，地上有木，而為鬼門。

十三・古人以門闕謂之觀。取其為人所觀，中爻互艮為限，限於內外之象。又闕是古代宮殿、祠廟和陵墓面前的建物。通常左右各一，雙闕之間的空缺為通道，稱闕。闕以磚石木混合建成，其上再建大樓就是觀。

十四・觀，八月之卦也。易經說八月有凶。有凶其實是鬼月，所以觀卦說神道。

十五・馬融曰：「觀者，進爵灌地以降神也，中爻互艮，艮為手，巽潔也，以手潔物盥之象也。」

十六・觀字為設在門內。本卦主大建物中得神靈之庇，物以聚後可觀。又凡所觀者皆為否反之象，故觀者要由內省後外視。內虛為頤養，外視由下而上，即從下人之角度看事情，或由陰人鬼神的角度來看事情。

十七・觀為鸛鳥，仰鳴晴，俯鳴陰。上陽下陰之象。

十八・觀即觀靈，即以通靈而觀陰間之象

繫辭上八，聖人有以見天下之動而觀其會通，以行其典禮，繫以斷其吉凶，是故謂之爻。爻為交，即神鬼界與人世交會。會通者，即通靈也。

十九・觀諦視也，常事曰視，非常曰觀。

二十・觀卦為先後天同位之卦也，京房曰乾宮四世卦。

◎盥

一・觀盥兩字古相通。

二・觀自小過通。小過象坎，觀象艮，艮手自坎水來，盥象。

坎為水，坤為器，艮手臨坤，坎水沃之，盥之象。

祭之初迎尸入廟，天子洗手而後酌鬯，洗謂之盥。

盥：觀自蒙通，蒙上震艮手，下坎水，盥象。蹇下艮手，上坎水，亦盥象。

晉四互艮，手，坎水在一爻，亦盥象。

三・馬融曰：「進爵灌地以降神也，祭祀之盛莫過初盥降神也。」故孔子曰：「禘自既灌而往，吾王欲觀之矣。」

四・坤為牛，巽為潔，盥而薦牲之象。

◎薦

震為長子薦也：

一・豫象辭曰：雷出地，奮，豫。先王以作樂崇德，殷薦之上帝，以配祖考。上震曰殷薦。震長子為宗廟祭主，故薦。觀盥而不薦，有孚顒若。觀五互艮，故不薦。

二・薦，進也。觀卦是四個陰爻在下，而陽爻在上。陰爻本性不向上進，所以觀不薦。

◎有孚

觀巽即兌，坤即巽。有孚之義詳本書需卦。

◎顳

一·頭大為顳，仰也。

二·敬也。達于顏也。巽為顙，觀離為目。

> 彖曰：大觀在上，順而巽，中正以觀天下。觀，盥而不薦，有
> 孚，顒若，下觀而化也。觀天之神道，而四時不忒。聖人以神
> 道設教，而天下服矣。

◎大觀

一·臨者大也，臨卦在觀卦之上，故稱大觀。

二·易經有直以大取卦名，比如大壯、大有、大過、大畜。但觀卦不說大。因為觀為大
之後，即臨之後，臨為大。有在卦中以大稱之者，比如大舆、＜大師＞、大觀。

三·大觀的意思是觀卦，俗文學紅樓夢中之＜大觀園＞。
由初爻童觀，而二爻門（闚觀），由門而道，由三爻道（未失道），而四爻國（觀國之
光），說的是觀看的方法。由小而大，這即是大觀之來由。

四·觀卦曰四時，即坎、離、震、兌之大化氣也。

◎神道

觀二陽居天位，象神道。

一·神道設教：乾為聖人，五上為乾爻，乾為神，為道。

二·臨長象震，觀長象為艮。臨以教思，臨觀相對，觀以神道設教。

三·易經言神道者為鬼象。觀卦神道設教，觀長象為艮，互體有艮。艮為鬼門而又為宮
闕，地下有木而為鬼門。宮闕者天子宗廟之象也。

◎四時不忒

一·忒為過
觀象曰不忒。忒，過也。觀自小過變，故不忒。又忒，差也。

二·四時：觀象言四時。觀自小過通，小過雷山，山艮位居丑寅間，為一歲之始終，故
曰四時。

三·四時不忒：春神勾芒，夏神祝融，秋神蓐收，冬神玄冥。即堯典羲叔、仲羲、和仲、
和叔四宅是也。

> 象曰：風行地上，觀。先王以省方，觀民，設教。

◎觀爲宮闕

坤爲地，爲衆；巽爲木，爲風，九五天子之爻互艮，艮爲鬼門，又爲宮闕。地上有木，爲鬼門，即宗廟之象。

◎風行

一・＜風行＞地上：風，巽也，地，坤也。風行地上，萬物類以生殺且无孔不入。

二・＜風行＞，流行也。

◎省方

一・坤爲方，巽爲省。

觀象曰：「先王以省方」，即省察各方也。坤爲地方之象，衆民之象，巽爲命教之象。

復象曰：商旅不行，后不省方。坤爲地方，巽爲命，省之象。復下震，反巽。

二・方，四方。后不省方：姤卦象曰，后以施命誥四方。

◎設

一・艮爲設

坎卦卦互艮，爲設。坎爲險，坎曰王公設險以守其國。

二・設以定形，易經以定形爲設

繫辭說天地設位，天設位于五，地設位于二。天地成位于中。

八卦之乾坤爲天地，離坎爲日月，艮兌爲山澤，皆設以定形。巽震爲風雷，皆无形也。風雷爲益，所以繫辭下七曰：「益長裕而不設，困窮而通。」

三・所造爲設，故曰天地設位

繫辭上二，聖人設卦觀象。聖人爲人，而非自然，所設爲＜後設＞，其目的可以藉以判別眞假。所以繫辭上十二又說：「設卦以盡情僞。」

四・設教

臨卦曰教思。艮爲設，觀卦曰設教，臨卦下艮曰教思。觀長象爲艮，艮爲設也。

> 初六，童觀，小人无咎，君子吝。
> 象曰：初六童觀，小人道也。

　　觀卦的觀象是初到四陰爻有如眼睛向上望，所望的是五爻陽爻。在宗教儀式，眼向上望被比喻成在地府的亡魂向陽間看。如以國政而言，可比喻爲萬民向上瞻仰君王的風采。從人世生活，可以看成兒童或女子向上所看到的世界。反過來說，也可以從九五陽爻的角度來向下看到陰間地府、衆民、或兒童女子的世界的樣子。

　　易經所有的卦象可以從反的一面來解釋。所以童觀可說是兒童之觀，也可以看成兒童之可觀之處。觀卦中爻二五互艮，是少男，所以有兒童的含意。

◎童

一‧童蒙之意，稚也，即百姓日用而不知。

二‧卦體爲長艮，艮爲少男，童也

　　(一)蒙卦求童蒙，蒙上艮，艮少男，童蒙象也。

　　(二)大畜六四，童牛之牿，元吉。大畜下艮少男，故爲童。

　　(三)旅下艮，旅六二，旅即次，懷其資，得童僕貞。九三，旅焚其次，喪其童僕，
　　　　貞厲。

　　(四)咸下艮，曰憧憧。艮爲童。

◎小人

一‧陰爲小人

　　(一)內健而外順，內君子而外小人，君子道長，小人道消也。

　　(二)遯卦彖言遠小人。陽爲君子，陰爲小人。

二‧易以失正之爻爲小人

　　(一)既濟九三，小人勿用。

　　(二)泰六居五，失正，爲小人。

　　(三)解六五，有孚于小人，解六五小人居君子位。

　　(四)觀初六小人无咎，觀自否變，初應四，陰得正，故小人无咎。

　　(五)遯九四，好遯。君子吉，小人否。

　　(六)革上六小人豹變，九四不正，爲小人。

三‧陰居上六爲小人

　　(一)師上六，大君有命，開國承家，小人勿用。

　　(二)革上六，君子豹變，小人革面。俗曰洗心＜革面＞，小人之革也。
　　　　革爲乾，爲面也。

四‧卦多陰爻者稱小人

　　(一)師卦上六小人勿用。師卦初、三、四、五、上皆爲陰，陰多爲小心。師長勞小
　　　　童必爲小心。軍中之師領小卒爲小人。

　　(二)剝上九，碩果不食。君子得輿，小人剝廬。象曰：君子得輿，民所載也。小人
　　　　剝廬，終不可用也。

五‧小人不與初六、六二兩陰爻相應，位在卦之極，以退爲進，心无掛慮，雖位不當，
　　仍爲吉利。

六‧坤卦爲小人。泰外卦爲坤，內君子而外小人。

　　(一)否內卦爲坤，內君子外小人。

　　(二)否六二包承，小人吉。大人否。象曰：大人否，亨，不亂群也。

　　(三)大有九三，公用亨于天子，小人弗克，象曰：公用亨于天子，小人害也。

七‧小人指變兌言。兌爲毀折，爲口舌，爲妾，皆小人之象也。

　　(一)大壯三四皆言小人。大壯長象爲兌，有小人在也。

　　(二)解六五有孚于小人。解六五陰居位，爲小人，以六五退二成萃，萃上四爻互大

過，故解可取大過爲通象。解无兌，取大過上兌爲義。

(三)大過澤風，兌即巽位，巽即兌位，有風澤中孚之象，故有孚于小人。兌爲小人
也。

(四)繫辭上八，陽一君而二民，君子之道也。陰二君而一民，小人之道也。兌卦二
陽一陰，爲小人。

八‧艮爲少男，爲小人

(一)艮錯兌，兌爲小人。

(二)觀初爲童觀。觀長象爲艮，艮少男，爲小人。艮錯兌，小人也。

(三)初六變震爲風雷益，互艮，艮爲少男之象。艮爲背，負也。艮爲小人。

(四)遯象曰：天下有山，遯。君子以遠小人。下卦爲艮，小人也。

(五)繫辭上八子曰：負也者，小人之事也。

繫辭下五子曰：小人不恥不仁、不畏不義、不見利不勸、不威不懲，小懲而大
誠，此小人。

九‧大過風、姤風、漸風、夬澤，都是因爲陰爻之小人而憂，因陰在外也。

大過初九爻陰，姤初陰，漸初二陰，夬上六陰。陽實在內，陰在外爲憂。坎陽實。
陰在外爲坎象。夬，決也，剛決柔也，君子道長，小人道憂也。

◎小人无咎

一‧小人无咎，陰爻得位。

二‧易經中只有觀卦說小人无咎。因爲觀卦是鬼的世界，小人就是鬼。

三‧觀初六小人无咎，觀自否變，初應四，陰得正，故小人无咎。

陰小人，陽君子，位賤，以小人乘君子，故无咎。

◎君子吝

一‧陽伏陰下，故君子吝。

二‧君子道窮：觀初六陰長陽消之始。

初失正，陽道初窮，故君子吝。

三‧易經以坤爲吝，上窮爲吝，不通爲吝。易中僅以觀卦見君子之吝。

四‧此爻本先後天同位元吉，今變爲益，下卦之坤爲雷在地中象，陰欲動而眾抑之，是
君子不能有爲之時也，故吝。

◎童觀

一‧童觀爲＜書塾＞

觀爲院，童觀是指小孩讀書之處，即書塾。其象取自蒙卦，義詳本書蒙卦解觀之義。

二‧小孩之見爲童觀

童觀，如童蒙之見人，无遠慮也。小人下觀而化者也，故无慮。

三‧由下往上看爲童觀

蒙卦六五曰童蒙。蒙山水，山之六五來觀水之陽二，成坤。上成巽風，下成坤地爲
觀卦。初在二下，故曰童觀。

四‧得此爻，要將自己的身份降低，童心不泯，則事事了然。

> 六二，闚觀，利女貞。
> 象曰：闚觀女貞，亦可醜也。

　　觀卦是以祭酒來＜招魂＞。這種儀式有時由女性的祭司或靈媒來做，稱之爲闚觀。觀卦下爲坤，坤卦爻爻都是陰，但六二是離卦之中，所以以女稱之。

　　古時婦女主內，男主外。女子要看門外之事，要從治家的角度去看，這種看法會有利於家道之興。易經家人爲女子之象，但在外做事時，事事皆從家庭的利益著眼，不但小氣，而且醜惡。比如興國大業，則不能由內向外看，而要俱＜宏觀＞。宏觀是闚觀的相反辭。闚觀可以用之來觀察＜陰私＞（比如揭祕陰訪等）、偷看之象、＜驅鬼＞、＜問神＞、監察、找別人缺點、＜辯証法＞等等；闚觀也是將頭倒反來看事情，所以以相反的觀點看事物也是闚觀。六二爲離，離爲目，中女，體坤爲闚戶，外互艮，艮爲近門關，觀之象。

◎闚
　一・內視也，上艮爲門關，今變坎錯離，離爲目，目在內卦，門在外卦內卦之間。目由門關而出，坎爲隱伏，暗昧之觀，即闚觀之象。
　二・女目近門爲闚觀。離中女外互艮門。女主內，所以自內外視被當做女之觀，即闚觀。
　三・闚觀是眇一目而視，這和歸妹九二眇能視，利幽人之貞的意思相同。
　　　幽人，即陰人。古時祭司或有眇目者。眇而能視，即能靈視鬼界者。
　　　歸妹爲鬼魅。象曰：利幽人之貞，未變常也。即眇者之視未變爲與正常人相似者。
　四・不出庭戶，而從一個小門縫透視爲闚。
　五・闚，閃也。

◎醜
　一・坤爲醜，陰而保守爲醜。觀六二象曰可醜，觀風地，坤爲醜也。
　二・在易經中鬼爲醜類，老婦爲醜，又辛苦也稱爲醜。
　三・醜之義詳本書解卦和漸卦。

◎利女貞
　一・觀卦六二利女貞。觀下互坤，坤爲母，故曰女，闚者見其近未見其遠，婦女之見，故曰利女貞。
　二・易經有利女貞者爲觀卦和家人。說的都是改變兌卦不正之爻。兌卦是陰卦。
　　　(一)將不正的陰爻變爲正位的陽爻，比如家人自中孚通，六三爲六二，曰利女貞。家人六三爻來六二貞爲正，火變澤，利女貞。將不正之陽爻變爲正位的陰爻爲利女貞。
　　　(二)觀自晉通，六五爲六四，曰利女貞。晉上卦爲火，火之六五變爲觀卦上卦巽風之六四，六四爲正，貞陰爻爲正，利女貞。
　三・觀卦變渙，觀之渙，柔得位而上行，利女貞。此爻爲陰陽格局小而陰暗。不利凡事告白，不能居高臨下，利婦人之貞。

六三，觀我生，進退。
象曰：觀我生，進退，未失道也。

　　易經之爻，變化而生吉凶。變化之道于一進一退，所以乾文言說：「知進退存亡而不失其正者，其唯聖人乎。」易經之三爻在下體之最上，即是門戶，可以進時即進，可以退時即退。觀之六三和六二是兒童與女子之觀，是在戶內。而三則正要走到戶外，在外則不是家，而是國。六三可以說是人的本我，在人世與神界之間。六三居下之上、上之下，進退兩爻都是陰。大進一爻，則為四陰，陰強而陽弱，即在神界。而退一爻則為二陰，陰弱而陽強，為人世之界。在這分際，六三和九五都是處在分際之間，吉凶難判。人在此時可以有不同觀點--從下到上看為外視，或上到下為內省。觀卦上卦為巽，巽為進退，而六三正是<進退兩難>之時。此爻說明人有時必須在兩種世界中，折中而有進有退。觀我生進退，即不進也不退。而在進退之中可以溝通不同之陰陽兩界。

◎進退
一・巽為進退。巽二陽一陰，二陽為進，一陰為退。先後天卦皆至巽而陰進陽退也。
二・變化者，進退之象也。
三・乾文言，知進退存亡而不失其正者，其唯聖人乎。
　　九四曰：或躍在淵，无咎，何謂也？子曰：上下无常，非為邪也，進退无恆。
四・漸為進，長為生。
五・觀由坤至巽，陽進陰退。自水山蹇，雷山小通，三又陽進陰退。
六・巽為進退不果，故曰進退。今變艮，艮止也。又為徑路，道之象。止于徑路，即徘徊歧途之意。此爻進退不明，凡事以漸進。面臨岐路，不可徘徊，要取新徑或小徑。

◎生
一・坤為生。坤性順多孕，生生不已，故為子母牛生之象。
二・巽為生。生，先天卦陰生于巽，至坤而極。巽者，坤所從生也。坤為身（我也），我以巽生，故曰觀我生。此言消息之象。
三・升為生。生，觀六三曰生。
　　觀風地，地風為升，曰地中生木，以巽一陰生坤三陰，地風升與此同。

六四，觀國之光，利用賓於王。
象曰：觀國之光，尚賓也。

　　易經以陽為光。觀卦五和上爻為陽，陽明在上，被四表光四方。而下坤為國，有如天

上之光明照耀大地，而六四直接承五，可以清楚看到光明之象。五為君王之位。六四親炙
人君之德，國家之治，可利用這個特別的地位作為王家的助理。觀卦之觀喜近不喜遠。而
六四最近，看得最清。賓是指國君待下臣以禮，而利用之則可以為君效勞。

六四是觀卦之主爻，觀是八月之候，秋高氣爽，光華呈露。禮記月令為仲秋之月，是
築城建都邑時，所以觀卦取象為觀國之光。本爻為居盛之居，故以從王為利。遇事以近高
位之人可成，有面君之喜。下卦為內，六四在下卦之外為出。出國旅遊見他國文物山川為
＜觀光＞。觀九五上九之光也。

◎國

一・易乾曰萬國，益曰遷國，師曰開國，觀曰觀國，謙曰征邑國，復曰其國君，坎曰守
　　國，明夷曰照四國，未濟曰大國，繫辭曰國家，以名稱國者，為觀。

二・坤為國。國為坤，土也，俗言＜國土＞。

　　(一)乾，首出庶物，萬國咸寧。坤為寧，萬國咸寧為坤道。坤為國。

　　(二)益六四，利用為依，遷國。益初四互坤，坤為國，益自否取通象，否之坤變益，
　　　　坤上遷，坤為國，有遷國之象。

　　(三)師上六，大君有命，開國承家。師上六開國承家，師上坤，坤為邑國之象

　　(四)比象曰：地上有水，比。先王以建萬國，親諸侯。比上坤為國，地上有水是設
　　　　險以守國。

　　(五)謙上六，鳴謙，利用行師，征邑國。謙上坤為國。

　　(六)復上五，迷復，凶。有災眚。用行師，終有大敗，以其國君凶。復上坤為國。

　　(七)坤為國，先天卦艮震中有坤(乾、兌、離、震、坤、艮、坎、巽)，故升卦有國
　　　　象。坎象曰守其國。坎自升來，取升為通象。升為艮震，為國也。

　　(八)明夷上六，初登于天，照四國也。明夷自小過取通象。小過為震艮，震艮中為
　　　　國。又震為四，坤為國。

　　(九)未濟九四曰大國，九四失正，貞為六四，卦為互坤，坤為國，六四得位，為大
　　　　國。未濟九四曰三年有賞于大國，未濟取否為通象，下見坤。

三・繫辭下五，安而不忘危，存而不忘亂，是以身安而國家可保也。六四變乾為天地否。

◎光

一・觀卦中爻互艮。艮之象曰其道光明，故曰光。

二・觀自晉通，六四（巽）本六五（離），離為光。

◎賓

一・不在本位，而在變卦之位為賓。乾為王，而不在本卦，而在變卦故曰賓王之賓也。

二・鴻雁為賓：觀為八月卦，八月鴻雁來。又八月之賓九月也，九月為剝，其始候為鴻
　　雁來賓，故曰賓。

三・巽為賓

　　(一)姤不利賓(巽象賓)。姤九二不利賓，震象主，一陽在內也。巽象賓二陽在外。
　　　　姤一陰既生，必進而消陽，不利于巽賓也。

　　(二)姤九二，包有魚，无咎。不利賓。象曰：包有魚，義不及賓也。

四·利用于賓王：觀六四利用賓王，觀自晉通，「用」晉九四爲觀九五（巽賓也），而
陰陽皆正。故利用賓（巽爲賓）于王（離爲王）。

◎利用
乾金爲利，觀六四變上卦成乾，乾金性利，故曰利用也。

> 九五，觀我生，君子无咎。
> 象曰：觀我生，觀民也。

觀卦之觀有由下向上觀，也可以由上向下觀。觀坤巽之巽爲陰之一爻，是陰初生。而
下坤爲陰之盈，其陰氣是由上而生。九五變艮，艮爲一陽生，是乾之消而陰之生。觀卦所
觀者爲陰之生，陰生而鬼神現。這是由陰生而從上下觀。如九五變卦成艮坤，山地剝，剝
爲陽之消。九五本是乾卦之爻，乾居在巽艮之間，由下向上看是陽氣之生。

在現實世界中，觀察事物會因從上或從下觀而有不同的顯現。世界因爲觀看者的眼界
才發生，本來未必存在。從虛幻界看現實界，則陰生而虛象顯。由現實界看實象，則會顯
出實象。所以觀察是因爲我而生也。觀察之方法，及所觀看的實景有多少人，就會有多少
不同的顯現。

◎我
一·坤也，坤爲身，故爲我。
　坤之三陰自巽一陰生，至二陰息，至坤三陰盈，六三坤居巽艮下，曰觀我生。生陰
　之氣也。
二·九五變艮爲山地剝，在上剝盡，高處不勝寒。得此爻不孤而可得眾望。
　艮爲躬，爲身，即我也。乾之三陽自艮一陽生，至巽二陽息，至乾三陽盈，觀本乾
　消，九五原乾爻，居艮巽間（乾而後巽而後艮），曰觀我生，生陽也。

> 上九，觀其生，君子无咎。
> 象曰：觀其生，志未平也。

觀卦大都是說自我反省的＜內觀＞，即由內卦向上卦觀看。上卦爲陽，所以＜可觀＞。
但上九爲上下之外，可以從置身度外來＜客觀＞地觀察。觀其他的爻從一陽生爲二陽，一
陰生爲二陰，這是觀其生之意。上九高高在上，可以觀九五爻。這是完全以外人之角度來

觀看。但是古人知道客觀是不可能的，因為再客觀也有立足點之不同，即志不平也。不平，則不可能心平氣和觀察，不可能公平地看一件事。客觀的世界在易經而言是不存在的。

　　此爻為水土同位，有相爭之象，但水土也是可以交融。水出在外生風，所以多是非，有財而不易得。但也不易有大困難，可以无咎。

◎**觀其生**

　　察其他人之能力也。漢京房將此喻為：「大臣之義，當觀賢人，知其性行，推而貢之。否則為聞善不與，茲謂不知。」

　　觀其生，因他人有志未平也，與九五觀我生之義略有不同：一為觀己，一為觀人。

　　一・志未平。觀卦上九上爻處異地，不易執持也。故志未平。平為安也。

　　二・水土交融為志平。觀上九小象曰志未平也。志者指水土同位言，平者水之性也。

　　三・觀卦上不平。觀上巽，巽為風，風吹水面則波浪出，未平之象也。巽出則不平。

◎**无咎**

　　此爻先後天同位之卦也，故氣通，通則无咎。

䷔ 噬嗑

噬嗑，亨。利用獄。

　　噬嗑否卦所通。先天離，後天震，故曰噬嗑。即先後天相合之卦。噬嗑而亨，剛柔分，動而明。雷電合而章，柔得中而上行，雖不當位，利用獄。噬是齧，嗑是合。噬嗑卦象是頤間有物阻之，要用力咬斷上下齒才可以合緊。上下齒爲兩個陽爻，而二、三、五爻皆陰，是口中之空虛，初至四互爲頤象。而全卦中間夾一個四爻爲陽，如四爻變爲陰，則全卦爲頤，所以噬嗑卦口中之物是九四陽爻。通常易經噬嗑卦主要以刑獄、飲食、市井三象爲主。噬嗑和頤卦很像，只差了一爻不同。頤卦上下都是陽爻堵塞。中爲陰，有如牢獄。四爲人爻，所以九四是獄中之人。把九四變爲陰，則全卦成頤，是沒有人住的牢獄，所以噬嗑是斷獄之象。又噬嗑也被比爲市井。井錯噬嗑，初至四爲頤養，頤井和噬嗑都和飲食有關。

　　噬嗑卦爲震下離上。後天卦震位在東，離在正南，二體相就，位應在東南之維，即十二地支之巳。巳爲噬，噬嗑爲食。依照燕禮，吃喝要在大射之先，射是兵事，應秋季。在秋季之前爲夏。易經月候在五月常和飲宴之象有關，比如需九五曰需于酒食，需爲五陽月候，在春夏之交，噬嗑有嘻笑之象。五情以春爲喜，夏爲樂，噬嗑有笑言之占。噬嗑火雷爲相見情親，則笑語。離爲相見。

　　噬嗑卦爻象提到的事物，似乎反映了周代建立殖民城邦的情形。噬嗑的象辭說先王以明罰敕法，是在初建國是立法以治。初九和上九言刑具，是爲了順服殖民或管理俘虜所採取的措施。六二噬膚滅鼻是處理獵物連皮一起燒來烤食。因噬嗑爲食，又在日中，所以噬膚滅鼻未必是純指刑人。六三噬臘肉，九四噬乾胏(唸子)，六五噬乾肉，是描寫周代先人建國是攜弓箭、執干戈、裹乾糧遷到新土的情形。《詩經大雅公劉》中說：「迺裹餱糧，于橐于囊，思輯用光；弓矢斯張，干戈戚揚，爰方啓行。」（見杜正勝著《周代城邦》，第二章--周人武裝殖民與邦國，二三頁。）

◎噬嗑

一‧噬爲齧，咬合也。

二‧嗑，合也。此卦先天同位，故曰合。噬嗑離震爲先後天卦之合。震下離上先後天同位之卦，同宮爲合。噬嗑爲巽宮五世卦。

三‧噬爲市，日中爲市，市城有嗑象，即有噬象。而市之獄多，獄象口，常閉之。又古時刑獄多設市井中。

四‧噬嗑爲獄

(一)物隔頤上下，因齧而合，用之來比喻人在上下之間有亂群者，常常以刑去之。所以噬嗑爲刑獄，牙齒有如獄之鐵窗。

(二)噬嗑中互艮，艮爲門，坎爲叢棘，一陽囚中，獄之象。

(三)獄字是由犬和火書成。犬爲艮，火爲離。噬嗑上爲離，中互艮。

(四)坎爲陷，人入獄爲陷。震爲驚，雷搏擊，是驚嚇犯人。山愼重，刑獄大事也。

(五)刑獄以柔爲中，噬嗑離爲柔

刑獄所以去天下之梗也。寧失不經，哀矜折獄，故利用柔中。以人事而論，貪贓枉法者爲法安之梗；在人際關係之中，善于讒謗，口舌挑撥者爲人際間之梗；凡是造成不和者都是。以柔爲中，所以去其梗。

(六)豐用法于既犯之後，噬嗑立法于未犯之先。

(七)噬嗑下互坎爲法律下互艮，艮止也，止訟也。

五‧噬爲食

(一)雜卦傳，噬嗑食也。食字之義詳本書需、訟、大畜卦。

(二)需象曰：雲下于天，需，君子以飲食宴樂。

需通大壯，大壯遜相對，遜上乾即離，下艮即震，爲噬嗑，故曰飲食。

(三)易經卦說到刑字，都和食有關：訟六三，食舊德，貞厲，終吉，或從王事，无成。易經說食和刑常常相關。訟爲刑，食舊德。豐卦折獄，也說月盈則食。兩卦取噬嗑食爲刑獄象。

(四)豐和噬嗑象最近。歸妹互豐，所以卦中有歸妹象的卦也和食相關。比如泰九三，无平不陂，无往不復，艱貞无咎，勿恤其孚，于食有福。泰卦通歸妹。歸妹上四爻互豐，爲噬嗑食象。

六‧噬嗑卦爲市，市井龍魚雜處，无所不包，所以說利用。此卦五行俱備，其象在各卦之中至雜，所以是聚天下之貨交易而各得其所。所涉及之事，士、農、工、商、刑、禮、天文、地理无所不包。

中爻互卦成蹇，蹇難。中爻坎象爲智，智可克服難關。內木外火。水，水以木，木生火，是五行相生，順當而發。艮止在中，火在艮之外而生土，連連相生，生者財利亨通。中爻坎水艮山爲＜聚珍＞之象。震動交易又震錯巽，利市三倍，聚天下之貨也。巽爲進退，艮爲止，爲各得其所之象。進退合宜，自然高昇。

七‧噬，說文爲「喙也。」玉篇「齧也。」揚子方言：「食也。」

八‧嗑然之笑聲爲噬。

九‧噬爲吸呷。

十‧噬爲巳。

十一‧噬嗑爲烈

(一)噬嗑六三變，下卦成離。六三變離爲重離日也。上卦離，下卦離，卦體重離，日與火更烈矣。

(二)噬震在下，初爻爲陽爻，剛居之，是個性暴躁之象。

◎亨

一・噬嗑亨，通否。否五之坤初，坤初之乾五，剛柔交，故亨。

二・噬嗑曰頤中有物爲梗。今齧（唸孽）而去之，得到暢通。易經以通則亨。

◎獄

一・離明震威，刑也。

二・頤象爲牢，獄象也

（一）陽中含陰爲牢象，頤爲陽中含陰。

（二）豐震離。初四互頤，噬嗑離震，二上互頤，頤爲陽中含陰，牢象也。故豐和噬嗑皆言獄。

（三）中孚外巽兌，中互艮震。中孚中互頤，牢象也，所以中孚議獄。

（四）頤上艮，艮先天所在即爲後天之震，下震，震之後天即爲先天離卦所在之位，故艮震即震離。頤爲獄象，因爲頤有震離之象。

（五）噬嗑象曰頤中有物，頤爲獄，和噬嗑相同。

三・折獄

（一）折獄即斷獄。斷有正和反之義。正斷爲把一件拖久的案子了結，反斷是把一件已經判了的案子翻了，兩種情況都是折獄。

（二）豐和噬嗑相互通，三上相易，噬嗑成豐，噬嗑之三五互坎，坎爲獄，易爲噬嗑，三五互兌，以兌（折）來折坎之獄也。

又兌爲刑，噬嗑離豐，致（遭）兌之刑也。

（三）噬嗑是上下齒之間有物橫梗，必須咬斷而口腔才可以合攏。障礙去除後則亨通。這個道理用之來治理獄政，治獄要果斷，才能无枉无縱。

四・噬嗑卦中互坎。坎一陽陷于三陰之中，故獄象。豐卦下爲不明又見屋象，所以豐卦言獄。豐卦說「君子以折獄致刑」；豐卦二四互爲兌，豐三五互坎爲獄。

五・獄從犬犬，二犬所以守也。坎互艮象獄。艮爲狗。

六・噬嗑和賁相綜。噬嗑卦利用獄，賁卦也說獄。

七・噬嗑，亨，利用獄，喻上下之間有亂群者當用刑去之，故言利用獄。物在頤中隔其上下，因齧而合乃得其亨（《崔憬易探玄》）。

象曰：頤中有物，曰噬嗑。噬嗑而亨，剛柔分，動而明，雷電合而章，柔得中而上行，雖不當位，利用獄也。

◎頤

一・噬嗑爲頤。頤上艮即震，下震即離，有噬嗑之象。惟九四一爻梗，頤九四去而噬得。頤與噬嗑皆巽世卦，故曰頤。

二・頤中有物

(一)頤之卦爲口象。今噬嗑與頤互較增多一陽，是口中已含有物也。頤多一物爲食物。頤爲獄，多一物爲人。

(二)口中虛爲頤，頤卦說自求口實，求實以養也。在噬嗑則口中已有物則實矣，猶囚在囹圄之中，反而能再加食他物，而應決而去之，是亨道也。頤以多一物爲爲合，噬嗑以少一物爲合，所以噬嗑可說成＜失合＞。

三・頤非好合，以物在其中（即噬嗑之四爻，隔之），此爲齧也。因齧而合，乃亨，通也。

四・物在頤中，隔其上下，因齧而合，乃得其亨。以喻人于上下之間，有亂群者，當用刑去之，故言利用獄。即用獄以去不利之物。

◎須

一・雨爲須

需卦曰需，須也，險在前也。需從雨，也從而，皆雨象。雨下如鬚，故須鬚同。

二・毛爲須（鬚）

賁六二有頤象，曰賁其須，在頤（即人之面頰）曰須（鬚）也。

三・長女，姐，爲須。歸妹六三，歸妹以須，反歸以娣。姊爲須也，巽長女爲須。

四・大畜爲須。面之有須（鬚）爲大畜也，故人留須謂之畜須。賁六二變乾，成大畜。

◎剛柔分

兩唇柔也，齒剛也，動震也，明離也。震離先後天同位，故動而鬥則二體合矣也。

◎雷電合而章

一・雷乃聲，電乃光，一物也，故曰合。合而成文故曰章。易以陰陽先後天同位爲合。震爲雷，離爲電，震離先後天合。

二・柔得中而上行，雖不當位，利用獄也：中指六五言，柔居之，故曰不當，獄者動如雷之能斷明如電之能察，柔而得中，其人治獄有哀矜之心。

三・震離相乘即雷電相合，雷電相合行動便章顯，顯而章。

◎不當位

噬嗑以柔居六五爲不當位。易經中說不當位甚多，見本書需卦。

◎利用

易經說到利用情況大約以如下之分類：利用的意思可以包括：有利於，或可以用之於某一事，也可以說是做某一事會有利和有用。利用之義詳本書謙卦。

一・刑：蒙初六，利用刑人。

二・修爲：需初九，利用恆；益初九，利用爲大作；繫辭上十一，利用出入；繫辭下五利用安身，以崇德。

三・戰爭：謙六五，利用侵伐。謙上六，利用行師。

四・國事：觀六四，利用賓於王；萃六二，孚乃利用禴；困九二，利用亨祀；困九五，利用祭祀；漸九三，利用禦寇。

◎柔中而上行

一・內剛者爲齒，外柔爲頤。

二‧易中噬嗑、豐、賁、旅四卦，論用刑皆六居五，柔中之卦，蓋治獄非明威无以正法，非以柔中行，又恐其流于殘忍，故六五雖不當位，利用之以治坎獄也。

三‧六五爲噬嗑本卦之卦主，即利獄之決定者。以柔居剛位，又下乘九之剛，柔能用剛，恩威並濟之象，所以利於治理刑獄。

四‧噬嗑和賁是相綜之卦。以賁下卦離之柔得中，上行而居噬嗑之上卦。所以噬嗑之柔中是取賁相綜爲象。噬嗑爲刑獄之象，不柔則失之暴，不中則失之縱。柔中則可以寬猛得宜，有哀矜而不流于姑息。噬嗑、賁柔中上行是取賁象。賁爲无色，无色則公正不偏。

象曰：雷電噬嗑。先王以明罰敕法。

◎雷電噬嗑

離爲電，震爲雷。雷動則威，電彶則明。二者相合故曰噬嗑。

◎先王

一‧渙象曰先王以享于帝，立廟。渙取否爲通象，否之上卦乾，爲先王。

二‧无妄象曰：先王以茂對時，育萬物。无妄上乾，乾爲王，上爲先。

三‧復象曰：先王以至日閉關，商旅不行。復初陽爲乾卦之陽，乾爲王。初爲先。乾在黃泉之下，爲先王。

四‧觀象曰：先王以省方。

五‧比象曰：地上有水，比。先王以建萬國，親諸侯。

◎敕

一‧鄭玄曰：「猶理也。」

二‧敕，古之飭字。雜卦，蠱者飭也。飭在本書有時作飾，因爲古文飭和飾相通。賁是和噬嗑相綜，而多取噬嗑爲象。賁卦爲飾，而噬嗑則曰敕法。

初九，屨校滅趾，无咎。
象曰：屨校滅趾，不行也。

噬嗑下震，震爲東方木，木在重陰之下，爲拘象。震爲足，二四互艮爲限。足被限，是被加桎梏之象。震爲足跡，跡滅是不能行也。噬嗑卦下體爲震木，上體爲火，木遇火而燃。然而初九陷在重陰之下，又見互艮土，土滅火，所以火不續而熄。噬嗑中爻坎，坎爲

桎梏，校之象。下卦爲震，震變坤，震木變成土，即足不見，滅其跡也。

　　初九爲震之初行，可能是比喻押解人犯或俘虜至他處，不行亦可能是令人犯不得行走而拘之，使他不再犯。又大過爲澤滅木，故過涉滅頂。而噬嗑爲滅趾。一爲滅頂，一爲滅趾。可見噬嗑有大過之象，即有死人之凶事，即用極刑。噬嗑初九是對剛發生的罪過以嚴刑懲罰，令之不敢再犯。初九和九四不相應，而二四又是互艮，艮爲止，艮則不能行。噬嗑卦有猛烈之象，犯人最烈之責爲死。以初犯者即可以處死，所以不行。

◎履校

　　一·噬卦下震，震爲足，亦爲木。履，貫也。校者，木絞校者也，在漢代稱爲貫械。

　　二·干寶曰：「貫械也。」上互坎，坎爲桎梏，加于足上故履校。互艮爲指足，指爲趾，刑之至輕者也。

　　三·校，木絞校者，即貫械。命理又稱爲＜貫索＞。

◎履（唸句）

　　一·拘也，即拘足之物。

　　二·履是皮做的鞋子。

◎校

連木爲校。校是木做以囚人之。

◎无咎

噬嗑卦象曰无咎。震得正位，故无咎。

◎趾

　　一·指也。艮象以取其執止物也。《爾雅》釋言：「趾，足也。」

　　二·釋名：「止也。」

　　三·足跡爲趾，震爲跡之象。

◎滅趾

　　一·足械，從上視之不見趾，所以稱爲滅趾。

　　二·此爻爲有限之象，所忌爲小過，宜防微杜漸，行事不能踰矩，否則遭刑罰、風疾、口舌之禍。

　　三·此爻不利暗疾。

　　四·噬嗑初震爲坤，是足不見而爲滅跡之象。于刑爲刑具施于犯人，令其不能行。

◎滅

　　一·火過兌滅。豐互兌澤以滅離火，爲災象。

　　二·滅，剋也。澤滅木，大過。大過象曰：澤滅木，大過。澤爲兌金，剋木。

　　三·滅者傷也，滅鼻是也，即古之劓刑也。噬嗑六二，噬膚滅鼻，乘剛也。

　　四·滅爲无，或令之不見（掩）

　　　　(一)剝初六，剝床以足，蔑貞，凶。象曰：剝床以足，以滅下也。

　　　　　　滅下即把床放在地上。下卦爲坤，今變震爲足，床者所安也。

　　　　　　床之足尤爲安床之要具。因爲床腳有裂，人漸不安矣，所以把床腳包起來，以足滅，就是將之遮掩。

（二）噬嗑上九，何校滅耳，聰不明也。何就是負荷，把刑具放在犯人頭上，把耳朵蓋著不見，所以稱爲滅耳。噬嗑初九，屨校滅趾，不行也。道理相同。

五·大過爲死卦，滅即沒也

（一）繫辭下五，善不積不足以成名，惡不積不足以滅身（死也）。

（二）大過上六，過涉滅頂。上六，過涉滅頂，凶。无咎。象曰：過涉之凶，不可咎也。

（三）剝初六，剝床以足，蔑貞，凶。象曰：剝床以足，以滅下也。即把床蓋起來讓別人看不到。

六·滅爲削：剝卦爲消乾之卦。以陰消陽，所以剝初六象曰，以滅下也。

七·滅從戌，戌含火，滅水臨其旁，有水沒火之義。

八·滅即蔑。左傳襄公二十五說到文公接陽樊時，陽人不服，晉侯圍之。（陽人）倉葛說：「……今將大泯其宗祊，而蔑殺其民，宜吾不敢服也。」蔑殺民人是不給被征服之國之人民身分，泯除其宗廟，令貴族成爲平民，將被征服之民變成野人。滅即蔑，相當後來之滅他人之國。噬嗑卦所說之滅，亦有滅他人之國的含意。

◎不行

一·不敢遂行。噬嗑卦初九，屨校滅趾，＜不行＞也。

二·復卦象曰后不省方：坤爲地方，復初陽、二、三、四、五、上陰。陽欲動，則眾陰抑之，故不行。

三·震爲行，巽反震不行。復商旅不行：震錯巽，巽近利，利市三倍，商旅之象也。巽不行也。

四·兌爲塞，臨兌，故臨爲不行。左傳：「不行之謂臨。」兌爲塞，臨卦體爲兌，故臨曰不行。俗說＜臨行＞，爲未行之前。

五·說輹則車不能行：說輪于輿也。小畜以巽畜乾，象乾陽之止而不行也。車不能行也。

六二，噬膚滅鼻，无咎。
象曰，噬膚滅鼻，乘剛也。

　　噬爲啃食。噬嗑卦所說的食，不是平常的食。所食之物、其所食的方法，以及所食的事情本質，都帶有如火燒之烈，而又有咬破的情形，所以噬嗑常被比成懲罰犯人以燒燙皮膚爲戒。如以此象推論，亦可比喻其他有啃食之象的情形，比如以火烤燒獵物來當遠行的乾食（即製乾肉）、捉鬼狐或祭神時之祭司行火祭、如今時之乩童過火或以針穿鼻。

　　有人認爲古代非貴族大概難得吃肉，肉食才變成貴族的標幟。曹劌所謂「肉食者鄙」，是把吃肉的看成一個階級，劉向說苑有「肉食者」與「藿食者」之分（卷十一），是把吃肉的和吃菜的分成兩個階級（杜正勝著《周代城邦》，一〇五頁）。此說不甚合理。古人

所說之食肉，應指特別爲祭神用的肉，只分給有功績者，料想平民應亦可以田獵畜牧取肉爲食也。噬嗑卦中所說的取肉，可能從屠宰開始，即講究按照易經噬嗑卦所說的方法。本爻之噬膚滅鼻或許有關。

　　噬嗑卦本身爲身上之肉象。六二爲膚，即皮肉，三爲皮中之肉，四爲陽爻是肉中連骨，五爲陰，肉也。爻位漸漸深，形容啃肉近骨則難。中四爻互蹇，難矣哉。肉見骨爲難。柔爻无骨，易噬易嗑。中四爻是啃齧之象，所以中四爻都說噬。又六三變，則卦二四互兌卦，兌爲日蝕，又是噬之象。可見噬嗑中是充滿了啃食之象。

　　此爻是治人而不免爲其所傷，以其所遇之難制也。又爻帶殺伐，行事過疾恐致皮肉之傷或受挫。易經以噬嗑爲滅之象。睽孤也，孤者狐，狐多智，豕多智。見噬嗑則被滅，這是說人不可太狡詐，否則終會遇到災禍。

◎鼻

　一・艮爲鼻

　　　(一)噬嗑互艮。艮爲鼻，鼻滅坎水中，藏而不見，爲滅鼻。

　　　(二)噬嗑六二，噬膚滅鼻。鼻者艮也。艮无膚（虎）象，艮爲膚，爲狐。

　　　(三)虞翻以艮爲臭，與鼻通是也，鼻沒入水中，隱藏不見，故噬膚滅鼻。

　二・豕有鼻

　　　(一)噬嗑六二卦象見豕

　　　　　噬嗑說豕也。豕爲長鼻之畜。德爲水智。噬嗑火多，滅水。

　　　(二)六二變兌爲火澤睽。睽上九，睽孤，見豕負塗，載鬼一車。睽卦中見豕。

◎膚

　一・艮爲膚

　　　(一)噬嗑卦六二噬膚：艮爲膚，變兌兌爲口，噬嗑，又加口其噬也烈，有噬膚之象。

　　　(二)臀无膚：姤和夬卦皆臀无膚。姤九三臀无膚，艮爲膚，巽爲股。

　　　　　夬九四臀无膚，夬初至四互巽，巽爲股，臀即股。夬下艮，艮爲膚。巽（臀）兌同體，故有臀无膚。

　　　(三)剝六四剝床以膚，剝至三，三之艮象已消，故剝床以膚。

　二・卦序相近者爲膚

　　　(一)比如以先天卦而言，巽五、坎六、艮七、坤八，艮坤相接爲膚。

　　　(二)剝爲艮坤，睽爲兌離，噬爲離震，都有說到皮之相。

　　　(三)剝床以膚爲薦席，若獸之有皮毛也。剝有膚象。

　三・噬嗑即噬膚，嗑爲膚也

　　　睽六五，厥宗噬膚。宗，同人于宗，睽六五厥宗，宗爲同人（同人于宗）。睽與同人通，初至五互同人，同人二，同人于宗。同人上乾即離，下離即震，有噬嗑之象，噬嗑二噬膚，故厥宗噬膚。

　四・馬融以爲柔脆肥美爲膚。儀禮聘禮：「膚鮮魚鮮腊，即豕肉也」。豕肉最肥，故曰膚。

　五・噬嗑六二曰膚，因爲六二和初九二爻相接，膚指的是初爻。

◎无咎

坤得正位，故曰无咎。

◎乘剛

一・上陰下陽，柔乘剛。凡易言乘剛指陰爻言。

　　(一)噬嗑六二乘剛。噬嗑下震，震陽卦故剛震，爲馬乘之象（見屯之六二）。

　　(二)豫六五，象曰：六五貞疾，乘剛也。三五互兌，兌柔，三四互乾，柔在乾上乘
　　　　剛。

　　(三)困六三象曰：據于蒺藜，乘剛也。困上兌下坎，柔乘剛。

　　(四)震六二象曰：震來厲，乘剛也。

二・卦爻之陰爻在陽爻之上也是乘剛。

　　震六二厲，危也。震二爻以柔乘初之剛，故厲。

三・陰佔陽爻之位，爲乘剛

　　(一)以歸妹和泰互易，泰九三往四，歸妹六三乘九四（乘即佔也），故曰乘剛。

　　(二)蒙六三見金夫，指二爻剛體，水性趨下，志在二而不從上失位乘剛。蒙下坎，
　　　　三爻爲陰，佔陽位，而不從上（水性向下），故曰乘剛。

> 六三，噬腊肉，遇毒，小吝。无咎。
>
> 象曰：遇毒，位不當也。

　　噬嗑卦中之陰爻爲肉象。六三、六五都是夾在九四一塊骨頭兩旁的肉。六五離火，在
三之上，變爻成離。變爲兩重之火，其肉自然而乾，乾之過者爲腊也。說文腊爲乾肉。周
禮天官書腊人掌乾肉，包括田獸之肉乾。腊也可能是久酒有毒。噬嗑六三爲兌爻，候應正
秋，事宜田獸，正是腊人製肉之時。酒爲養陽之物，而六三之爻月候爲陰，陰與陽相毒。
又在震體，震木遇秋金是刑殺之象，所以才以噬嗑比喻刑人。

　　又噬嗑六三只用噬字，而不用噬嗑二字，可見噬有特別意義。噬即筮也，就是占卜的
儀式。占筮或可能是問如何分配乾肉，尤其是當已祭過之祭品要賞賜給王公臣子的。筮爲
占，而占得之肉有新有舊。六三是陰爻，不在正位上，如何能得到好肉，所以得之爲過時
或加過了酒而味道特重的肉，所以稱爲遇毒。這個爻因爲是陰爻，在噬嗑卦中尚是肉，而
不是骨，所以是无咎而小吝。

◎位不當

一・位不當之義詳需卦、兌卦、睽卦等。

二・噬嗑柔得中而上行，雖不當位，中指六五言，柔居之故曰不當。這是位不當最常見
　　的情形。

◎肉

一‧易經噬嗑卦說肉，他卦未說肉，故噬嗑之肉象為專也。

二‧膚裡為肉

噬嗑六三言腊肉，三在膚裡稱肉，六三近日（噬嗑上離），為日，煬于火，曰腊肉。

三‧離坎艮為腊肉象

毒：噬嗑三五互坎，坎為豕，三在膚（艮）裡稱肉。離人在上煬之。

四‧噬嗑六三曰腊肉，周官掌乾肉曰腊人。腊肉者必火炙之始成，加火為毒。國語周語

下：「厚味實腊毒。」

五‧陰稱肉，噬嗑九四上接離，離為日，上日下照，故曰乾肉。

陰稱肉，位當離，日中烈，故曰乾肉。

◎毒

一‧毒中含飴

(一)噬嗑卦九四變艮為山雷頤，頤為飴。此爻毒在其中，不可大意。又德不足以治

人而人有不服，不可以小技逞強，如有問題應在內中找出肇端，易于以毒攻毒。

(二)噬嗑六二說毒。因為藥不毒烈，疾無從愈。用刑不重，犯者不會悔改。

(三)噬嗑性為合，縱有不合，則不得不用特別手段。因為初九為剛，即不應四又不

承二，是秉性剛強，不得不以重刑逼之，所以六二噬膚滅鼻乘剛。

二‧火遇雷為毒。

三‧味厚者為毒，或陳年之肉為毒。

四‧陰居陽為不當位，二者相害為毒。

◎遇

一‧噬嗑為遇，噬嗑火雷，離震在先天為相鄰之卦，相鄰為遇。

二‧易經中許多卦有遇字皆含有火雷之象：

(一)睽九二變震為火雷。卦曰遇主于巷，遇元夫。

(二)豐遇配主。

(三)小過大象坎，坎錯離。小過上震，震離火雷，故小過遇其妣、遇其臣。

三‧遇之義詳本書姤卦。

九四，噬乾胏，得金矢，利艱貞，吉。

象曰：利艱貞，吉，未光也。

噬嗑九四是頤中唯一的陽爻，可比為口中之一根硬骨頭。因為噬嗑上體為離火，而初

四又互成離體，是極為乾烈的，所以稱九四為乾胏，是一根很不容易咬嚼的東西，有如金

矢。九四也是只用噬，而不是噬嗑，所以也是說占筮。占者要求乾肉，而所求得的是金矢。

乾肉是賞賜給有功之人，而九四以陽爻居陰位，是有才能的人卻不得重用，神靈特給他金

矢，就是要他去做戰。金矢固然不好受用，卻可以以之立功。利于要找艱難之工作者。因爲可以立功，所以稱吉。

許多易經注家把金矢說成在燒烤的腊物肉裡發現的箭頭，在吃食時不小心咬到口中。因爲易經是占卜之書，比爲神之告示似乎較合理。從卦象看，噬嗑九四是全卦最不宜留的，因爲有了這根口中釘，頤象就沒有。若去之，則卦變爲頤，頤然自得，不必那麼辛苦。

如噬嗑爲獄象，則去掉了獄中之犯人，是天下大治。爲政者要占到金矢，可以有所表現。所以幾乎要完全美好的社會團體，如有性剛作梗，大家多會吃苦。噬嗑九四就可比喻爲此人。因爲九四无相應之爻，要去之很容易，所以這個爻貞吉。陸續以爲金矢是剛直的東西。

◎胏

一‧子夏傳作脯；馬融曰有骨謂胏；是肉之連骨者也。

二‧胏：肉有骨謂之胏。

◎艱

一‧難食爲艱。噬嗑九四言艱，因爲臘肉硬，故難食。

二‧九四互坎爲艱。

◎噬嗑之金

一‧乾爲金

　　(一)六四得金矢：乾屬金，離爲戈，兵之象，金矢合。乾離同位也。

　　(二)黃金：金生水，而煉于離火，黃應土而映于沙，故曰黃金。又乾爲金，故得黃金。

二‧四互離。離黃，金爲黃色。

三‧噬嗑六二卦意言毒。因爲變離爲火，二火比和財源必旺，下卦爲震，震木生火，而且震離先後天同宮。

◎毒

一‧相刑爲毒。噬嗑六三曰毒，噬嗑卦火火相刑，即入午午自刑。

二‧坎爲毒。噬嗑六三遇毒，相刑之意。

三‧毒爲藥，魚腊之用

　　(一)荀子王制曰：「魚鱉孕別之時，罔罟毒藥不入澤，不夭其生。」可知古時有毒藥捕。

　　(二)噬嗑九四，噬乾胏，遇毒。

　　(三)師。剛中而應，行險而順，以此毒天下，吉又何咎矣。毒爲坎，師下坎爲毒。

四‧毒，茶苦也。

五‧毒爲怨。用刑治人，不足令其知悔，反受犯人怨毒。即以強迫之手法，常會有反彈。比如臘肉令人食其味太重，有如加毒。

六‧陰太烈爲毒。噬嗑六三陰居陽位，而性暴，則成陰毒。

◎矢

一‧離爲矢，矢貞下卦成離。

(一)噬嗑火雷，三上相易，下震成離，故得金矢。

(二)晉上離，晉五矢得。

(三)解爲大離象。二得黃矢，其下卦貞爲離也。

(四)黃矢：解得黃矢，離爲矢，二爲黃離，中正也。解二互離，離居下得中正位。
噬嗑四得金矢，晉五矢得，皆離得正位也。

二‧矢爲失

矢與得：晉六五失得(矢得)，晉需相錯，相互交易，晉之五往而之二，晉坤成離，
離爲矢，離居下體得正，其矢仍得。噬嗑四得金矢，解二得黃矢。

三‧睽爲矢

繫辭下二：弦木爲弧，剡木爲矢，弧矢之利，以威天下，蓋取諸睽。

四‧噬爲矢。噬原爲卜筮之物。筮爲噬。亦矢也。

噬嗑九四，噬乾胏。得金矢。利艱貞，吉。象曰：利艱貞。吉，未光也。

五‧隼爲矢。易經在旅卦中把雉和矢同論，旅六五射雉，一矢亡。

解上六，公用射隼，于高墉之上，獲之，无不利。

孔子說：「隼者，禽也。弓矢者，器也。」禽即擒，矢爲器，實爲同一物。

六‧金矢是指箭鏃

噬嗑九四利艱貞：噬嗑九四失正，四五相易(成頤卦)　九上居五爲坎(噬嗑之四
互坎)之艱貞，則利而吉矣。

◎未光

一‧離爲日、爲火、爲電，皆光也。今變艮止也，光而止，未光之謂也。

二‧未光之義詳本書大畜、晉、萃、和震卦。

六五，噬乾肉，得黃金，貞厲，无咎。
象曰：貞厲，无咎，得當也。

噬嗑六五離在先後天爲乾卦。乾爲金，是最堅硬的東西。六五爲離，色黃，所以有黃
金之象。離變爻，卦成坎，是相濟之象。六五爲居尊位，是動到最高權威之人，而用刑于
人，人无不服。其斷案明快而要仁心。因爲陰柔之人來施刑，所以說厲。厲可以說是嚴酷
之人斷案，爲厲，或仁厚之人斷重刑之案，也是厲。後者之厲是剛柔相濟，判事有如黃金
之堅。如以祭祀論，六五求問所賜之乾肉。因爲問者是尊貴之人，而又謙虛爲懷，所得者
爲黃金，黃金乃賜給貴族者，身份得當也。

噬嗑卦是很酷烈的卦，所說的是刑罰，所以以六五之爻特別重要。這個爻主要說的是
嚴厲的情況，如何採取嚴厲的方法解決問題。答案是要守中，要柔順，而知剛柔相濟之道。
本爻利求財，黃榜題名之象。要改變現狀得用嚴峻手法。

◎厲

易經用厲的地方很多，是個重要的字。包括：

大壯九三，小人用壯，君子用罔，貞厲。羝羊觸藩，羸其角。

大畜初九，有厲，利己。象曰：有厲利己，不犯災也。

晉九四，晉如鼫鼠，貞厲。象曰：鼫鼠貞厲，位不當也。

小過九四，无咎，弗過遇之。往厲必戒，勿用永貞。象曰：弗過遇之，位不當也。往厲必戒，終不可長也。

既濟上六，濡其首，厲。象曰：濡其首厲，何可久也？

艮九三，艮其限，列其夤，厲薰心。

兌九五，孚于剝，有厲。

小畜上九，既雨既處，尚德載，婦貞厲。月幾望，君子征凶。

革九三，征凶，貞厲。革言三就，有孚。

訟六三，食舊德，貞厲，終吉。或從王事，无成。

剝九五，孚于剝，有厲。

家人九三，家人嗃嗃，悔、厲吉。婦子嘻嘻，終吝。

旅九三，旅焚其次，喪其童僕貞，厲。

晉九四，貞厲，位不當也。

晉上九，晉其角，維用伐邑，厲吉，咎，貞吝。

乾爻辭九三，君子終日乾乾，夕惕若厲，无咎。

復六三，頻復，厲，无咎。象曰：頻復之厲，義无咎也。

漸初六，鴻漸于干，小子厲，有言，无咎。象曰：小子之厲，義无咎也。

睽九四，睽孤，遇元夫，交孚，厲无咎，厲薰心。

履九五，夬履貞厲。

震六二，震來厲。億喪貝，躋于九陵。勿逐，七日得。象曰：震來厲，乘剛也。

震六五，震，往來厲。億，无喪有事。象曰：震。往來厲，危行也。其事在中，大喪也。震震之二來厲，故五震往來厲。

噬嗑六五，噬乾肉，得黃金，貞厲，无咎。象曰：貞厲，无咎，得當也。

頤上九，由頤、厲吉，利涉大川。象曰：由頤、厲吉、大有慶也。

蠱初六，幹父之蠱，有子，考无咎。厲終吉。

姤九三，臀无膚，其行次且，厲，无大咎。

夬繫辭，夬，揚于王庭。孚號。有厲。告自邑，不利即戎，利有攸往。

遯九三，繫遯，有疾厲，畜臣妾，吉。象曰：繫遯之厲，有疾憊也。畜臣妾吉，不可大事也。

遯初六，遯尾，厲。勿用有攸往。象曰：遯尾之厲，不往何災也。

一・位不當則厲

　　晉九四貞厲，位不當也。遯初六厲，遯陰浸長，勢欲消三，三所以有疾厲。初六陰居陽，又上進。陰上進，又不當位，故厲。

二·柔乘剛爲厲：夬卦彖辭曰孚號有厲，夬通履，履互中孚，兌口，故號。夬之兌口在上爻，一陰在上，其他都陽爻。是柔乘剛，故有厲。

三·易經之中，如果卦爻變了之後得正，卦曰貞厲者，都是厲，因爲和卦德相反之故。比如噬嗑上卦離，六五之柔中，貞六爲九。原本是得其正爲善，但是噬嗑之卦是以柔中爲卦之德，所以雖然貞（改）正了，還是過頭（厲）了。

四·有危險則厲，比如：

(一)噬嗑六五貞厲，是過而危也。

(二)震六二厲，危也。震二以柔乘初之剛，故厲。

(三)小過九四，小過往必危厲。

五·往來進退不宜之厲

(一)遯九三疾厲，坎爲疾，遯自訟通，訟之坎爻居三，是疾之進象，故有疾厲。

(二)震二內卦惟有六來，故震之二來厲。外卦則六來九往（成明夷），故五震往來厲。

(三)震六五震往來厲，震之六五乘九四，九六皆失正。故震往來厲，震變明夷。

六·陰佔陽爲厲

(一)遯三有疾厲，大畜遯交易之卦(天山，山天)。故大畜初曰有厲，厲者，陰（遯之三，陰爻）下來位了初位（爲大畜之初，爲陽爻）。

陰居陽位，故厲，即太過份了。

(二)頤上九厲吉，上九陽居陰位，失正，故厲。厲，危也。由上而頤下，故厲正。

七·厲，懼也。因爲有戒心，所以吉。凡易例厲多吉。初六厲終吉，乾之九三厲无咎，因乾之九三互爻變巽，巽爲進退。厲之意進退之象也，就是知進退，有戒心。

懼者有防，所以吉。

八·九居三常常是厲。但是以其得正，則厲而吉无咎。

(一)乾九三，君子終日乾乾，夕惕若，厲，无咎。

(二)姤九三厲，九三過剛，故厲。姤三本爲九，姤者陰也，故厲而无咎。

(三)旅九三貞厲。以九三過剛不中。

(四)晉上九厲吉。晉三失正，以上九貞之（離下伐之意），上九貞爲九三，過剛，故厲。

(五)艮九三厲。以艮自晉來，上震艮，震行艮止，三爲晉離火之爻，又互坎心，故火氣熏心。危厲也。

(六)遯九三厲，九三之爻，陽爲陰繫，故厲，陰爲陽厲，則吉。

(七)大壯九三貞厲，九居三過剛，故貞厲。

(八)家人九三厲，九居三故厲。

(九)革九三，征凶，貞厲，革言三就，有孚象曰：革言三就，又何之矣。

九·初六、六三原以陰爻居陽位爲忌，故厲。因爲是陰爻，所以反而以吉論。陰可貞爲陽，比如：

(一)復六三，頻復，厲，无咎。復三貞爲九，復者陽也，故厲而无咎。

(二)訟六三，食舊德，貞厲，終吉。

（三）蠱初六，幹父之蠱。有子，考无咎。厲。終吉。

（四）漸初六，鴻漸于干，小子之厲，義无咎也。

十‧通常陽爻在陰爻之位，或在陰多之卦中為厲。

　　頤上九，由頤，厲吉，大有慶也；家人九三，家人嗃嗃，悔，厲，吉；晉上九，晉其角。維用伐邑，厲，吉无咎；睽九四，睽孤。遇元夫，交孚。厲，无咎。

十一‧九居五爻多厲，若先後天同位則否。

　　　　兌九五孚于剝，有厲。兌取需為通象，需錯晉，晉四互剝。陽剝為陰，故有厲。

十二‧易中爻變得正而曰貞厲者，皆與其卦德相反。比如噬嗑六五之柔中，貞六為九，失其柔中之德，雖貞亦厲。得正，故无咎。

◎得

此爻先後天同位也，故曰得。

◎黃金

離中為黃，乾為金。噬嗑六五得黃金，以六五貞為九五，離成乾，故得黃金。鼎曰黃耳金鉉，取象之義同。

◎得當

先後天同位即得當也。先天之乾即後天之離，今外卦之離變乾，是先後天同位也。

上九，何校滅耳，凶。
象曰：何校滅耳，聰不明也。

　　傳統注易家都以何為荷負，校為刑具；以人的身體分上下，則上爻為首。校是一種稱為連木的刑具。上九取高位，中爻三五互坎，坎為桎梏。來知德以坎也是耳痛之象，所以稱為滅耳。有人解為刑具負荷在頭部，連兩耳都被滅沒。朱駿聲則解為人的頭上套上了枷鎖，則從下看而不見耳，故曰滅耳。這些比喻似乎都很牽強。或以滅耳為古時之刵刑，滅鼻為劓刑，滅趾為刖刑。可是依易經噬嗑初九應是小刑，不當斷趾，而上九罪大，不當以輕刑，可知噬嗑所說未必是比喻為去耳之刑。易經之象辭本來是不能以現實情況來解，如以現實情況解，必須是合乎常情。不過易辭之解也只是用做占卜者解卜之依據而已，不必以事實來論斷其合宜性。

　　上九陽爻所索為艮山，而噬嗑之主爻為震。震為木，木生在山上是山木相連，有連木之義。又上九艮爻位處最高為眾爻所荷，而艮山則荷木，所以稱何校。校為木也，校從交，即易爻，噬嗑主要的卦象是頤中有物，即咬木在口，荷校也可能是說卦中之爻象不清。神靈之回答可以聽聞，而語辭不明，即聰而不明。若以卜占之事來看，何校可能是乩童作法時在身上自加之刑具。滅耳是以針穿耳，此爻所處情形險惡多變，多因為資料訊息不足而失誤，而要完成常得蹈險是非括撓。禍患隨身而到，問疾多危。

◎何

一・負也，也作荷，擔也。如今何枷，則從下視之不見耳，故曰滅耳。

二・何，荷古今字。朱子本義作負即荷也。

◎滅耳

一・離爲木，坎爲耳。木在耳上，何校滅耳之象。身套在刑具，耳沒在下。

二・坎爲耳。噬嗑上九凶，上九下離爲戈兵，上互坎耳，上三相易，坎耳失去，故滅耳。

三・坎自下滅上，滅耳。

四・鄭玄曰：「離爲槁木，坎爲耳，耳在木上何校滅耳之象。」

五・古之刑法，滅趾荆也，滅鼻劓也，滅耳刵也。

六・易經說滅耳，其實是滅口之同意。口與耳齊也，滅口即處死。

◎＜聰明＞

坎爲聰，離爲明：

一・夬九四，臀无膚，其行次且。牽羊悔亡，聞言不信。象曰：其行次且，位不當也。聞言不信，聰不明也。

　　夬九四貞正可以爲坎，坎爲耳，夬卦三五互坎爲耳，九四居不正之位，是耳塞之象，耳必不聰，雖聞牽羊之言，必不信也。

二・繫辭上十一，古之聰明睿知，神武而不殺者乎。

三・鼎九三鼎耳，五有聰明之象。鼎上卦離爲明，初到五互坎，坎爲陽，離爲陰，三居中位，三爲陰陽交暢。

四・虞翻：「乾神知來，坤知藏往。庖犧在乾，五動而之坤，與天地合聰明，在坎則聰，在離則明。」坎爲聰明，坎不正，曰聰不明。坎體得正，則聰。

五・鼎彖曰：巽而耳目聰明，柔進而上行，得中而應乎剛，是以元亨。

◎耳

一・坎爲耳

　　(一)噬嗑上九凶，上九下離爲戈兵，上互坎耳，上三相易，坎耳失去，故滅耳。滅耳爲不明是非。

　　(二)中爻互坎之上，坎爲耳，故有滅耳也。坎爲耳變震，是坎已動，故聽不聰也，因滅耳故也。

二・耳和火有關。易經言耳只有鼎卦和噬嗑，而皆和火有關，也和食有關。

三・噬嗑上九變震爲重震，震象兩耳。

賁

賁亨，小利，有攸往。

賁卦中爻互坎互震，上錯兌，下錯坎，綜噬嗑，爲泰卦所通。賁卦是上下有火。賁是和噬嗑相綜，而多取噬嗑爲象。賁卦爲飾，是以噬嗑上卦之離來文飾下卦雷震之剛，所以噬嗑卦是柔來文剛。柔指的是離卦爲柔，剛是陽卦爲剛。噬嗑也有文明之象，但是是猛烈而且苛毒。離火下來文剛，則柔剛交天文，文明以止爲人文，是由肉食的蠻強時代進化爲合人性的人文時代。火原本是很容易成災的，因爲人類從天文學到了節氣的運用，而可以觀察大自然之序，以合自然之法來治人，而且教化之，有如山下之火照在山上，使山之草木鮮明，泉石生輝。

賁也用刑獄，但是噬嗑是以嚴刑來防民之邪，而賁以文明止之，目的是使獄政去除。人民有如山上草木聚在一起，賁卦把作爲刑獄之威之離火，變成眾人平等而无特別色彩的光照，刑獄成了教化的工具而不是懲罰。

賁卦說貴族捨車而走路，這是與平民合一的做法。而賁卦說到原始之婚儀，即搶親，可能是乘白馬之貴族和平民通婚。六五尊位上居住的不是操生死之權的帝王，而是社會中高絕之賢人。我們似乎可以在賁卦中看到平等而文明的社會的理想。《孔子家語》說到孔子占卜，筮得賁卦，愀然曰非正色也，非吾兆也。賁卦之明在內，所以有才而不顯，不利進取，而宜守份，名不可過實。孔子當時一心是要想變革當時之政治，他之不悅不是因爲賁卦之平等而文明的精神，而是因爲他有所進取而時不我予。

◎賁

一·賁爲陽包陰

　山以草木爲賁，即飾。故上從卉，卉者草木之至，卉是百草之總名。凡草木花葉都在枝頭，花爲陽，陽氣呈露在上，以象艮一陽在上。賁下從貝，貝爲陰族。而其背甲有文章，陰內陽外，以象離之陽包陰。從字面看，賁字卉在上，而貝在下，陰陽之氣陽應在外，而陰宜在內，由內達到外，所以其勢順。

二·山以草木爲飾。賁无色，而以背景爲色。

三·山下有火，草木焚，山成賁，所以賁字有焚義。

四·凶下之火照射在山上，使山之草木鮮明，＜泉石生輝＞爲賁。

五·旅之鳥焚其巢，象出於賁。賁旅上下相易之卦，山見火皆焚。

六·賁音奔，且同義。奔，反本也。

七‧賁，說文爲文飾之貌。

八‧賁離中虛，大則爲火、爲日電，細至于爲鱉、爲蟹、爲蠃、爲蚌，爲龜，而亦有文
采，故下從貝。貝者水族之至賁者也，貝之背爲文。

九‧賁爲觀

（一）易經說觀乎天文，以察時變，觀乎人文，以化成天下。離日爲天文，艮爲石，
地文也。
天文在下，地文在上，山地文相飾而成賁。有如人君以剛柔仁義之道，飾成其
德。剛柔雜，仁義合，然後嘉會禮通。這是以天文飾人文而成文化。艮爲成，
天地以節氣相交爲天文，四時之變，懸乎日月，聖人之化，成乎文章。

（二）賁彖言觀，賁通泰，泰否反類，互觀。

（三）時變：賁彖言時變，賁自歸妹通，歸妹有震春、離夏、兌秋、坎冬，歸妹變泰，
泰卦互爲震兌，震爲春，兌爲秋，泰變賁，爲坎冬變夏，這是時變的意思。

十‧古時候把繪山于衣，繡火于裳，取賁之象。

十一‧賁爲豐裕象。賁艮土得離火生，生我爲恩，財源不停也。下生上。

十二‧賁二五互爲解，解則通，萬事皆可以通，通者得財。

十三‧賁字爲變之義，是以飾來變。賁取貝水蟲背上之紋，所以在素色上加上文飾就是
賁。

十四‧噬嗑爲武治（即嚴苛之法治），賁文治（教化爲治）。大畜爲學（經學），賁爲
文（文藝）。

十五‧賁卦象北斗星。初爻和四爻相應爲經，爲斗柄。二、三、五上各相比，爲緯，爲斗
腹。

◎亨

易經以坎在上，離在下爲正。賁卦體性爲火，又離下火，故亨。

◎小

陰爻多言小：

一‧賁卦言小是看在六五之陰爻。小利有攸往：小者，六五之陰，往謂上也。離，陰卦
也，故曰小。

二‧易經以艮爲少男，離爲中女。賁、艮、離是陽小而陰大。由離陰而至艮陽，是由內
卦往外卦，由小至大，所以賁小利有攸往。

◎利有攸往

一‧卦相接爲往來，後天之數艮八離九相連故也。賁爲艮離，相接卦。

二‧復爲來，來復。

三‧利有攸往之義詳本書復卦。

四‧賁卦要變成相濟，要由卦爻之來往得之。賁六五往上，上九來五成既濟，故小利有
攸往。易經卦爻說利有攸往乃變成既濟之卦。

五‧賁不利攸往，即不利於大行。因爲坎險在下，艮山止于上。夾震在中，故不利大行，
小行可以。得此爻不可遠行。

◎白

下離文之盛，下艮由文而質，故三爻皆取象于白，白者質也，非賁也。

象曰：賁亨。柔來而文剛，故亨；分剛上而文柔，故小利，有攸往，天文也。文明以止，人文也。觀乎天文，以察時變。觀乎人文，以化成天下。

◎柔來

離在內卦，故柔來。

◎分剛

艮在外卦故曰剛，凡陽之體其文柔。其文柔，其一義是說陽卦多陰，即艮體中有二陰爻。陰爲分，所以艮之上卦說分剛。因爲艮卦有二陰爻，又陰也是文，而艮卦陽在上，是剛強。因爲體中有陰之分，所以說分剛。即以陰來分剛之氣。又易經的原理是物相雜爲文，繫辭曰：「爻有等，故曰物；物相雜，故曰文。」在艮卦說明了分即文，即以陰來文柔陽，因爲又是陽，又是陰，陰陽相雜，所以說文。

◎分

一·別卦爻之剛柔也。

二·陰爲分也。

◎柔來而文剛

一·以離文發爲天文，如日、月、星辰皆剛也。

二·噬嗑和賁相綜。噬嗑上卦爲離，離爲柔。噬嗑之離到賁成爲下卦。易經綜卦之一卦變到另一卦，由上到下卦，稱爲來。噬嗑之柔到賁之艮上，是柔來文剛。綜卦是來知德解經之法。

三·艮卦彖辭，知剛柔交錯。

◎文柔

純剛純柔皆无文，泰下純剛，上六柔來，而剛得其文。俗說剛爲質，柔爲文，與經不合。

◎文

一·物相雜爲文。賁象曰，分剛上而文柔。繫辭曰，爻有等，故曰物；物相雜，故曰文。

二·文即離也，〈天文〉爲日月星辰，因其光晦明，而察災祥人文風俗禮敎是也。

三·說卦傳，坤爲文，坤爲耦爲文。在中爲文。二五爲中，坤六五文在中。奇爲質，耦爲文。

(一)坤六五象曰，黃裳元吉，文在中也。在中者，陰爻居二五居中位也，爻二五之位居卦之中，故在中。

(二)易經以文在中也。離爲文在中，坤六五象以二五居中。

(三)坤六五象曰：「文在中也」。奇爲質，耦爲文，坤爲乾之平分而章言也。章爲
　　二，在中也。坤六五分乾爲二，文在中也。

(四)質法天，文法地。地爲坤，故以坤爲文。

(五)繫辭下二，觀鳥獸之文，與地之宜。坤爲地，以地宜文也。

(六)繫辭上十，參伍以變，錯綜其數，通其變，遂成天下之文。天之下坤也。

(七)繫辭上四，仰以觀於天文，俯以察於地理，是故知幽明之故，原始反終，故死
　　生之說。

四・離爲文

　　離爲雉，雉文明而麗于草木。

五・文爲天文。易經說柔來而文剛，以離文發爲天文。日月星辰皆剛也。

　　離爲災祥。離光，天文日月星辰，因其光晦明，而察災祥人文風俗禮教是也。

六・文與柔。純剛純柔皆无文，泰下純剛，上六柔來，而剛得其文。俗說剛爲質。

七・文爲明，革象曰文明。離爲文，又爲明。革、離，＜文明＞。

八・文以齊大小。卦有陰陽，自有大小，卦有上下經，上經陽而下經陰，文王分經，正
　　所以齊大小之卦也。

九・有文難合。觀卦无文，觀卦曰＜苟合＞，賁卦有文爲＜難合＞。難合，則難散也。序
　　卦說物不可以苟合而已，故受之以賁。

十・文過滅質。

十一・文爲曲。坤壬乙合，水居爲＜文曲＞。

十二・虎爲文

　　(一)寅爲虎或豹。寅爲木，文也。革上六，君子豹變，小人革面。征凶，居貞吉。
　　　　象曰：君子豹變，其文蔚也。小人革面，順以從君也。
　　　　革九五象曰：大人虎變，其文炳也。

　　(二)革彖曰，巳日乃孚，革而信之，文明以說，大亨以正。革而當，其悔乃亡。
　　　　兌爲虎，因爲虎身有紋，所以革卦說文明以兌。革是虎皮。

　　(三)明夷內文明而外柔順，以蒙大難而能正其志，箕子以之。明夷爲地火，十二
　　　　地支之寅藏干爲甲丙戊，丙爲火，戊爲土。明夷之火土具寅象，寅爲虎。

十三・賁爲文

　　(一)賁爲天文、人文。賁文明以止，人文也。

　　(二)賁卦曰柔來而文剛，故亨；分剛上而文柔，故小利，有攸往，天文也。

　　(三)賁觀乎天文，以察時變，觀乎人文，以化成天下。

　　(四)大畜爲學，賁爲文。

十四・乾離同位，離爲文，故乾也是文。大有、同人、小畜皆曰文，因爲都含有乾卦。

　　(一)大有，其德剛健而文明，應乎天而時行，是以元亨。

　　(二)否同人曰：同人于野，亨，利涉大川，乾行也。文明以健，中正而應，君子
　　　　正也，唯君子能通天下之志。

　　(三)小畜象曰：風行天上，小畜，君子以懿文德。

十五‧雜色爲斑。賁爲斑，物相雜爲文。

十六‧文明以止

　　(一)賁彖曰文明以止。文明爲離，止者艮。言禮有分以相守，如艮之止也。離火
　　　　化之象，艮止成之象。

　　(二)文明以止，人文也。

　　(三)賁卦上爲艮止，象爲節制刑罰以行仁政，上所艮爲酷刑。

十七‧古之昭其文者，以火以山爲多。論語臧文仲居蔡山節藻梲，取賁之意耳。

十八‧震爲紋。竹斑有紋，震爲蒼筤竹。

十九‧禮以＜飾身＞，文以＜飾言＞。飾而後能立，言有飾而後能遠。

二十‧文爲柔。賁綜噬嗑。噬嗑上卦之離來文飾賁之剛，柔爲離火之陰卦，剛爲艮之陽
　　　卦。柔來文剛以成離明，賁卦說文柔。

二一‧賁艮在離上，即止。文明治天下，至爲治也，不以威武治天下。

◎天文

一‧離日爲天文。離爲日，即天文也。艮爲石，地文也。天文在上，地文在下。天地二
　　文相飾而成賁賁然。

二‧離爲文明，日月星辰，高麗于上，故稱天文。

三‧天文之象

　　泰中互震兌，震爲春，兌爲秋。賁中互坎離，坎冬離夏。賁中互巽，巽爲艮盈縮，
　　月始生爲朏，朔見東方爲縮朒，也說是側。晦見西方爲朓也，歷象在天成變，所以
　　賁卦說觀乎天文，以察時變。賁之變見于泰和賁卦之卦象。

四‧賁象斗。初爻和四爻相應爲經、爲斗柄。二、三、五、上也相應爲緯，爲斗腹。所
　　以賁卦象天文。

　　　　　象曰：山下有火，賁。君子以明庶政，无敢折獄。

◎君子

一‧賁象曰君子。賁山下之火，明不及遠，故君子象之。

二‧君子在易經中之義詳本書乾九三。

◎刑

　　兌爲刑人。噬嗑變豐，上九來三互兌，毀折。兌爲刑人，故君子以折獄致刑。

◎折獄

一‧旅不留，折獄也

　　(一)賁象曰无敢折獄，兌爲折，坎爲獄。賁變旅，初九往四（上艮成離），成互兌
　　　　折，而賁之互坎象失，故旅不留獄。

　　(二)旅曰君子以明慎用刑，而不留獄。

　　　　　旅變賁，九四來初（上離成艮），无兌之折，有坎之獄（賁三互坎），故无敢
　　　　　折獄。賁无敢折獄，旅不留獄。

二‧折獄就是把犯人從牢裡放了出來。

三‧刑獄之事，不可文致。舞文弄墨，深文周納，俾離文網，都是不合刑獄之道。賁之
　　意義是文飾，所以无敢折獄。

四‧賁上艮，艮色白，故爻多言白，凡獄之平反者亦謂白。

五‧又山艮也，火離也。明、離之象，折獄亦明也。

六‧艮爲敢。賁卦說无敢，艮止之意。噬嗑利用獄而與賁綜，故无敢折獄。

七‧折獄另外一個意思是廢除以刑獄解決事情。

　　賁上錯成旅，互兌，兌爲毀折，故曰折獄。折獄者，不用獄也。賁卦卦象是明察，
　　所以治政可以不用刑獄。

八‧賁爲憤，即心不平也。賁中互坎心，在艮下，受壓而不平。

◎庶

一‧眾也。

二‧庶爲眾人之集，賁是眾色所集，如賁之色陸離也。

　　　初九，賁其趾，舍車而徒。
　　　象曰：舍車而徒，義弗乘也。

　　易經說明卦爻之用辭常和車行有關。比如，乘是上爻乘下爻，但也有乘車之含義。舍
是下車或止，即爻到上不得再行爲止，也是下車之義。爻由下到上爲上行，而車向前走爲
行。不過車行和步行並不是完全相同。在古時，貴族的地位以車計，出門或征戰坐車，而平
民只能步行，至於俘虜罪犯則只能走路步行。

　　噬嗑和賁爲相綜之卦。噬嗑上離下震。震反艮，艮在上，離在下爲賁。在噬嗑和賁兩
個相綜卦內，初九都是有趾字。兩個卦都是在建立一個社會制度時而發生之現象。噬嗑說
如何以刑律來管理，而賁則從教養與建立文化來著手。一爲武，一爲文。噬嗑斷獄，而賁
不敢折獄。這兩個卦之初九都和外出有關。噬是屨校滅趾，是禁令不得讓犯刑者出門，以
防他們不會自己行走而再犯。而賁是賁其趾，是有地位的貴族，以文飾腳來改變身份，不
坐車而和平民一樣走路。爲了道義，這是以身作則教化人民的方法。成功了，就可以捨掉
嚴刑苛法了。

　　賁初九是有車不得坐，因爲身份問題，是安於下者。得此卦者剛正文明，飾躬厲行，
則可成名於天下。如果問卜者目前不得志，不能因爲現況而放棄，因爲知遇者尚未來也，
也許要暫時勞碌奔波掣肘俯仰，或要倚靠他人，寄人籬下。因爲機會即來，所以不必輕言

退卻，棄易從難，遠親向疏。此爻靜凶而動吉。

◎車

一‧易經爻說車字有四卦：

大有九二，大車以載，有攸往，无咎。

賁初九，賁其趾，舍車而徒。象曰：舍車而徒，義弗乘也。

睽上九，睽孤，見豕負塗，載鬼一車，先張之弧，後說之弧，匪寇婚媾，往遇雨則吉。

困九四，來徐徐，困于金車。吝，有終。象曰：來徐徐，志在下也。雖不當位，有與也。

二‧車之義，參見本書大有卦之大車詳解。

三‧易經以坎、坤、震都有車象。但大有、賁、睽三卦皆中坎。坎為水，可乘也。而困卦中未見互坎，而是互離，所以困。困就是沒車可以坐。而賁卦中互坎互離，所以是有車可以坐，但是不坐而徒步。這賁初九之爻是吉中有凶，因為有而不得其用也，而不得其用之因是義，或是為了義理，或因為義憤（賁即憤也）。

四‧古時大夫乘車。易經以初爻為士，士是沒有車坐的。卦中說弗乘，就是因為初爻地位卑下，无車也。

五‧易經以爻在上為乘，在下為承。因為賁卦的上爻為艮，艮為剛，下為離柔，剛不乘柔。這也是為何賁卦初爻是有車不得坐之故。

六‧賁中互震，震足也，所以賁趾應在艮。艮為舍，坎為車，位在下，所以舍車而徒步。

七‧賁趾可以解釋為自飾其行，也就是說為自行的行走、旅行、行動，以美好的言辭來自圓其說。即不乘坐車而徒步，因為坐車不合自己身份。賁離火在下，為禮也，這是因為禮而辭讓。

八‧舍車而徒。舍、坎為輿車之象。坎為水，水性流動如車輪之運轉，今變艮，止也，舍之象。即有車而不以車行也。

九‧舍車而徒步，行義在不乘。

◎趾

艮為趾。

◎徒

一‧震在初為動，艮為趾，凡陽在下者動之象。因初爻為震之正位也。動其趾，行之象，徒步也。

二‧中爻互震，震為大塗，為足。足行干大塗，行也。賁其趾，即飾其趾。

六二，賁其須。

象曰：賁其須，與上興也。

賁卦的卦象是光輝內含，有所掩蔽而未呈露，是光正要發而若明若暗。賁所呈的色調是无色而有光，有如火之光被山擋住了。賁是以一明一止來顯現各種紋彩，須是其中一種方法。須是依附、假借之意。士者投身在一個領袖之下是依附，學者爲了求知而依附在名師之下。這可比喻爲鬚之附於頤。頤動則須也動，不附則自己不能動。

賁象爲六二中虛，而兩陽包乎其外。六二爲離之主，離爲中女，陰體也，有以陰飾陽之意。賁其須，亦可能是說祭神時戲劇之演生。從借用面具或假鬚扮演不同之角色，以祈神消災。須爲虛，即虛擬之人或事。而與上興是與在天上之神共祝。賁卦說觀乎人文以化成天下，是說觀看扮演的人所做的紋飾來化災，或開化社會的風俗。

本爻乘車爲畜象，即大畜脫輞，成敗在于依附之物大小也。喻爲兩頤之鬚，附麗之象。可以借他人之力，或提舉而營爲无阻。但一不小心即和現實脫離而失去機會。又凡事要從虛實看，鬚有眞假。

◎須

一‧賁六二賁其須。賁六二變乾爲山天大畜。大畜所畜爲長久之鬚，即大鬚。

二‧賁自三至上有頤象。二在頤下，須之象也。毛在頤曰須，在口曰髭，在頰曰髯，三至上，在頤體。二在頤下，須之象。頤就是面頰，頤動則須跟著動。

三‧賁卦比喻爲天陽麗于天，而隨天旋。鬚附麗在兩頤，而隨兩頤動。

四‧賁爲飾，演戲時所用的假鬍鬚。

五‧須，乾爲面毛也，賁人之首者也。變離，離麗也，又中虛。首之有鬚、眉、髮，皆麗首之物也。

六‧須之麗于首最虛立也。中互坎，坎爲血之餘，爲髮，須爲文飾。

七‧須爲需。陽氣盛故生須。坎乾水天需也，須需同。

◎上興

此仍是說須。中爻互坎，坎爲後天之下，乾爲先天之上也，故小象曰上興。興和與同義。與爲從，與上興是跟著上頭的人攪和。因爲六二變卦成大畜，大畜是知時而作的卦性。但大畜是乾金剋金自己，无法自立，而且二五不相應，非隨三而動不可。金爲貴，相比財互爭，不宜失其居也。此爻以得靠山爲佳。

九三，賁如，濡如，永貞吉。
象曰：永貞之吉，終莫之陵也。

賁卦是說建國後以文化來開導人民的過程，這之中尚包括許多由被征服國的人民的地位，和文明歸化。賁初九賁其趾，是指身份的改變，文飾其所穿的鞋或腳，因不同的社會地位而異。而舍車而徒，也可能是說被降爲平民的大夫不能乘車而改爲走路。六二是說到穿衣和面上之鬍飾，以及酬神演戲作爲教化人民的方法。六三是由宗教生活引到倫理生活

而開始有儒者出現。這三個爻都是隨離卦存在。離卦是文明之象。上艮爲止，是對民間之文化作某些限制，以便使其不會歪邪。這是賁之卦象。孔子占得賁卦而興嘆，是因爲賁卦內斂而自守，他占問時卻是一心要有作爲。賁九三象曰永貞之吉，因爲賁九三有坎象，在下卦爲不濟，是占他時運不濟，最終是不可能登到高陵的。他見到當時政治呈現易經最完善的，和天地水火相濟之境相離甚遠。

此爻爲利于永貞之爻，安逸豐足而无所缺。文足以華國，道足以經時。有清名而得重望。九三爲得位，而在坤陰之中，即有成事之條件和環境。但上爻不應，不可太用力，因爲天時不濟。

◎濡

一・詩曰：「羔裘如濡。」

二・賁九三賁如濡如，離火文明，故賁，坎水潤澤，故濡如。

三・儒即濡

（一）賁有離之文以自飾。二四互坎水以自潤，爲儒者之風。

（二）賁爲文飾，儒者以文飾身者。

（三）賁是光輝內含，是儒者之德。

四・外剛內柔爲儒。

五・濡爲如，即如如然而不動，安而自如。

六・賁二四互坎。坎水爲濡，坎在下爲未濟之象。因爲未濟，所以濡首濡尾，而陷身不能前。

◎永貞

一・卦成既濟象則利永貞

賁九三永貞。貞上九爲上六，六五爲九五，得既濟卦，故永貞吉。

九三變震爲山雷頤，頤卦爲先後天合之卦，此爻先後天同位之卦，故利永貞。

小過九四，无咎。弗過遇之，往厲必戒，勿用永貞。

益六二十朋之龜，弗克違，永貞吉。

二・永貞者即坤用六利永貞也。坤爲貞，利于坤之氣則說是永貞。

賁卦九三變震，中爻亦變爲坤，所以稱利永貞。

易經坤卦有安定的作用。坤卦出現在艮離，求其是投合，因爲艮和坤相合。而坤和離是先後天同位，可知賁卦之象是與（即順坤之從）而興。興即與，即同類在一起助興。

三・永在下爲坎。水長爲永，所以永有坎象。

賁九三永貞吉：自離至艮，陰道之亨，艮得前往即爲坎位，小利有攸往者，謂艮利往爲坎也。陵，艮也，謂艮往爲坎，陵象失，利貞爲坎也。

◎陵

賁九三象曰莫之陵。艮爲山陵，艮貞爲坎（得既濟卦），山陵象失，故終莫之陵也。

> 六四，賁如，皤如，白馬翰如。匪寇，婚媾。
> 象曰：六四當位，疑也。匪寇，婚媾，終无尤也。

賁如、皤如、和翰如是三個階段。賁如是由无色開始變爲白。六四爲陰爻，陰无文彩，又在上卦之下，被掩蔽而未能呈露，所以是賁如。賁如是自己的本色未被人知。六四爲巽所索之爻。說卦傳說巽爲白，爲寡髮。六四與九三相易，則上坎下離成爲相濟。易經說到翰如、翰音都是相濟之意，也就是可以過河。在易經中所問之過川，其中是爲了征戰，也有是爲了娶親。翰如是白馬王子過河搶親，在屯卦、節卦、睽卦，都說到匪寇婚媾。始雖相隔而終相親。

此爻先苦後甜，先難先易。馬爲五，白馬者，年高者飛騰之象。有類似惡行之人來擾，而終究是成爲親家。形勢既不分敵我，則可親而近之，可以化凶爲吉。又爻利于決行，利于結合而得援。先阻後順，求婚可成。但白爲凶色，喜中有沖。

◎皤

一・老人爲皤。白髮爲皤取爲象，孟喜曰：「老人頭也。」

　　賁六四賁如、皤如。皤，老人白也。從白，番聲，言髮也。

　　賁自泰來，乾爲老父，三互震。震爲髮，又乾色白，故白髮。

二・馬作足橫行曰皤。因爲馬在快行如飛時，看來如鳥。在此是借鳥之羽毛轉喻爲髮。

三・乾爲老父。泰三互震，震髮，坤爲毛髮，頤象須。

　　賁自泰來，取泰爲通象。泰下乾爲老父。泰三互震，震髮，上坤，爲毛髮。又賁之三爻變，卦成頤，頤之卦象有如人之頰須。

四・坎爲白。賁中爻互坎，坎白色，故曰皤如。

五・顙爲白顛。顛，亦賁如也。

六・白馬：震爲馬，爲白，故曰白馬。

　　(一)白馬翰如：賁上互震，震于馬也，爲的顙。的顙者，馬額上有白。

　　　　三國時劉備得名馬爲的盧，鼻上有白點，理相同。

　　(二)禮記檀弓：「殷人尙白，戎事乘翰」，翰爲白馬也。

七・須爲髮，在坎爲白髮，故皤如。坤爲毛髮，二在互頤下，故象須。

◎翰如

一・飛爲翰

　　賁六四白馬翰如，言馬如鳥飛翰之疾也。翰爲羽翰之翰，羽爲鳥飛。

　　鳥：一・坎爲飛鳥；二・泰四有翩翩之象。

二・高大爲翰。

三・翰如：翰，鳥飛也。翰如言馬疾如飛鳥也。此爻說的情況是古時搶婚之過程。其解釋見本書屯卦。

四・禮記說商人尙白，戎事乘翰。秋爲白，賁卦四陰爻，候值秋分寒露之際，即後天卦

位之卦方（西北方）。商五行爲金，金色白，這是說賁卦之陰爻爲白，而主兵事又主乘馬。又賁六四爲巽，巽爲木，爻候值秋分寒露，秋爲金。木遇金相剋，有如遇匪。不過易經之遇匪不一定是不好。因爲遇爲合，如是好事，則婚媾爲喜事。

五‧巽卦爲白，而賁六四變陰爲陽則見巽。巽色白有如白髮之色，而翰如白馬。

◎婚媾

一‧賁變離與下離遇，婚媾之象。

二‧賁自泰來，泰互歸妹，震兌相婚媾之象。

◎寇

一‧中爻互坎，坎爲盜匪之象。

二‧賁自泰來，泰互歸妹，互坎，寇。

匪寇婚媾：賁下離中女也，下艮少男也，中爻互坎，中男也，互震長男也。三男一女，曰匪寇婚媾，即搶婚之過程。

三‧賁六四離錯坎爲盜寇。而九三初當作匪寇，實則因爲陽剛中正，但原本不是爲盜者之流。

四‧本爻爲婚媾象。又三至五變兌爲金，二至四變巽爲利市三倍。上下都離，是火之比和。本卦卦象火生土，正是財源大進。其一解爲所得爲陪嫁之粧奩。

◎當位

即當六四之位也。六四之位，巽也，陰位也。

◎疑

坎爲疑。

賁六四象曰疑，坎水在離火上，水動則滅火，故有所疑也。賁下四爻互既濟，水火疑也。

◎尤

易經以當位則无尤。賁六四終无尤。尤，過也。賁六四當位，故无尤。

> 六五，賁于丘園，束帛戔戔，吝，終吉。
> 象曰：六五之吉，有喜也。

賁卦卦義爲文飾。文人之飾可以是表示身份，如賁趾；或爲祭祀或演藝而飾，如賁其須；或浸潤於書畫，爲賁其濡；或追求功名，乘馬而入翰林；或可以退居在山中，如陶淵明而成隱士。賁六五在艮體，爲山，上九乃艮山之主，而六五在山下中平之處，爲山所障蔽之丘園。聲聞不彰，而所得之束帛微薄。六五爲中正之道，而在山中，是一個心懷社稷的賢士。六五以陰爻居五位，本是不宜，因爲上有艮阻，前進无路，所以選擇退隱是辛苦，但很吉祥。

賁六五賁于丘。艮山震林失其位在山林之間，賁飾丘陵以爲園囿隱士之象也。此爻爲

田園高廣，但以恭儉政天下之治，利以小而多成事。又貴人在山野遠方，而非左右廟堂之中。爻爲尙實，雖傷于固陋，而不足以昭文采之觀，但儉約敦厚者可得天下之財。

◎丘

一・艮爲山丘

　　賁六五賁于丘園。艮爲山，半山爲丘，艮爲果蓏。山之四旁高而中平者爲丘。

二・艮卦在上卦時，其五爻可以稱爲半山。

三・山之四旁而中平者丘。

◎園

一・虛中而垣其外者爲園。

二・賁六五賁于丘園。樹果爲園，艮爲木果，震爲竹，賁六五爲在山上之景象。

三・園爲內，即家也，俗說＜家園＞。六五變巽爲家人，內必和也。本卦之和爲相生之和，以火（家人的性質）來生艮山，即立山爲家，是富泰之相。

四・易經之園字是很高潔的人所居之地。丘園，是在山頂的園林。

◎束帛

帛者白也。古時以白繒爲束也。這是古時給處士爲見面禮的東西。賁六五在園，又是山上，這是很高遠的地方。會在這地方的處士，都是隱居以待時者，希望有朝一日得到束帛之聘。古時招士以束帛，上加璧玉。所以六五象有喜，因爲可望得用也。

束：五疋爲束，三玄二纁爲陰陽五爻之象。巽數五，故曰束帛也。

◎吝

一・易以六五承上九爲尙賢之象。賁之六五、上九皆无應，坤又爲吝嗇。言以五上相易成既濟。

二・以六居上，上爲窮位，故吝；得正，故終吉。

◎戔

一・小也。

二・戔爲殘

　　（一）賁爲殘

　　　　子夏傳作殘。泰坤上去一陰，卦成賁。所以賁是殘，即未完而有所留爲戔。

　　（二）象帛之不完而殘。

　　（三）水之小曰淺。

　　（四）金之小曰錢。

　　（五）歹之小曰殘。

　　（六）貝之小曰賤。

　　（七）戔從二戈，兵也。兵多則殘，不勝其用也。

　　（八）戔戔是多之意，爲二戈之引伸。賁六五束帛戔戔，表示禮多。

　　（九）多餘，即殘留的。泰坤去成賁，故殘殘。既濟繻有衣袽，言泰成既，上坤帛僅存其繻下之乾衣，僅得其袽也。

　　（十）賁六五用小字，則其格局不能大。因賁大象爲坎，下卦爲離，水剋火，所以不

可大事，以防生災。坎爲訟事必至，然上下皆離，離象爲光明，得離之助，火生艮土，所以坎事不興。這是爲何賁卦不敢折獄。

◎有喜

一·兌爲喜

賁上錯兌，說也。故小象曰有喜。

二·陽爻得位爲吉，吉則喜

賁六五有喜。五變之陽（變既濟六五易上九之陽），故有喜。凡易言有喜皆陽爻。

三·易經說有喜是見財。賁上九變坤土，下離火生之。又艮和坤皆土，其相爲多財也。

◎終

一·艮爲終

易經以艮之爻索上六，而且艮在先天卦爲終。

二·終之義詳本書謙卦。

上九，白賁，无咎。
象曰：白賁，无咎，上得志也。

賁上九是亢龍之位。陽居在上无路可進，通常是凶象。賁卦是以明珠翳光，璞玉匿美，抱具質素而未加飾。此爻是說文飾之最反而是最素之色。因爲素色是原始之色，也是所有色彩中最絕的顏色。賁上九實在是賁卦的本象。因爲上九是文飾之最高，即反樸歸眞，所以居上位是无礙于事的。這有如老子所說无欲則剛，可以居在高位而不必怕受傷。

◎白

一·賁爲白

(一)賁上九白賁，因爲賁即爲白之義。

(二)白爲白素，引伸爲山林中之人。白賁可能是有道行者，或年長者，所以說皤，或白髮取象。

(三)白爲原色。考工記說畫繢之事，後素工。古時在帛上繪上彩色，後再加上素色，這是白賁。這種以素色爲原色，是因爲以質爲文。賁字之白，是質重于文。所以賁卦說的文，並非多彩的紋，而是樸素的原色。

二·易經以陽爻得正稱爲白。

三·賁上九言白。陽必得正，故象以白。易經說白的東西，都是陽爻得正，可見白是正色。

(一)震馬之有象白者，初九陽得正也。

(二)巽象稱之爲白，因爲三五陽得正也。

(三)賁卦說白，是因爲五上相易，上九居五，陽得其正，故曰白賁。

白可以說是還原其本色。

(四)上九變坤爲地火明夷，明夷爲平白。

四·艮爲白，艮在上也，色白。所以艮卦在上之賁卦稱白賁。

五·翰爲白色馬，皤也是白色，又賁爲白，其中皆有通之意。

六·賁上九白賁是因爲九居賁爲極，則反有色爲无色。所以白賁，即反我自然之本色，所以質勝文也。賁所以退居山林。但上九爲賁得志之爻，得志時反而還我本色。此爻見于本色。質樸之德者可以得用。賁極而反本，可免過錯也。

◎无咎

一·艮變爲坤，後天對待之位也，故无咎。

二·易之大用在二八。二八者，艮坤也。艮坤一易位則氣通，故无咎。

◎得志

一·心之所至也。艮坤卦位同志之卦位也。

二·志爲同志。賁上九變坤，坤爲土，離生之，坤、艮比和爲同志。又得生爲得志也。

三·賁上九得志：坎爲志。賁五上相易變成坎離相濟，艮成坎，取五尊位，故上得志也。此卦証賁通泰，泰地天，合既濟之坎離。

䷖ 剝

剝，不利有攸往。

　　剝卦以月候而論，是九月或十月之卦。九、十月秋天是樹葉落盡之時，剝五陰在下，一陽在上，陽爻勢力薄弱孤單，必定剝落。剝卦之剝是剝陽，陰爻之勢方張。剝卦是坤土在下，而艮土在上，上下都是土，所以剝而順。因爲艮在上爲阻，外阻，陽氣无可逃遁，只能眼睜睜看著被下降的陰氣所剝蝕。剝卦演出易經最重要的四個字，即消、息、盈、虛。即剝而後復，復爲陽之息，姤爲陽之消，乾爲陽之盈，坤爲陽之虛。剝卦正是陽而將成虛脫之時，這是天道自然，而君子所以尙消息。

　　剝卦以土地屋宅以及床塌爲喻。艮爲山，山附於地，而地欲寬而厚，厚則剝而不削。爲上者順應民心，而省刑罰、薄稅歛，讓坤土成長。這是剝自己來養眾生，陽不欲消陰也。在剝卦中五個陰爻就是人民。就家宅而言，屋子的基礎厚，是因房子的重心上輕而下重。同理，人的身子和屋子相同，最怕由下而上的侵蝕。因爲秋天氣削，身體容易遭到地上寒氣之侵而受冷，所以剝卦引申而演床之特性。床爲人安身之處，人可以藉之離開地面而不受陰氣。在現實生活之中，睡床被剝並非常見。氣從地上升而漸至人身，不愼則人身受到剝削，這才是剝卦之義。

◎剝

一・物柔變剛則剝：易經並不說夬卦剛變柔，而只說剝卦以柔變剛。而且易經只在剝卦說柔變剛。見柔變剛是專指剝義。柔變剛可以解爲：

（一）以下柔變上之剛，剝卦下坤爲柔，而且剝卦自初爻起，有三個互卦皆坤。即下卦初至三爲坤、二四互坤、三五互坤。又初至五爲大坤，可以說柔之至也。

以四個坤來變上九一陽，是一層一層剝開來，所以剝象曰：剝，剝也，柔變剛也。柔坤也，剛，艮也。下坤上艮柔變剛也。

（二）乾消至五，五至尊。至尊爲陰所變，爲剝。剝爲削--＜剝削＞。削爲消，乾陽之消也。

二・剝卦是一陽浮于眾陰之上，即孚于剝。兌九五象曰：孚于剝，位正當也。物以浮力來剝除外來之異體。

剝卦大象爲艮，艮反兌，所以兌是剝之反。反即孚，所以兌卦說孚于剝。

三・物爛而剝

雜卦傳，剝爛而復反也。

四·飾盡而剝

　　比如油漆之飾。漆為飾，久後即剝。

　　序卦傳，致飾然後亨，則盡矣，故受之以剝。剝者剝也。

五·復反為剝：易經說剝而後復。

　　剝卦為復之反，此見之息卦。自復至剝為一輪，即剝而後復。

六·剝為十

　　(一)剝為十月卦。

　　(二)屯卦說十年乃字。

　　　　屯初、五互為復卦，復即剝反。從息卦而言，自復至剝，中間歷經臨、泰、大

　　　　壯、夬、乾、姤、遯、否、觀，是一年十二個月中的部份歷程。

七·剝為霜，即坤之履霜

　　剝卦為霜，故坤言履霜。因為履卦是夬象，夬到剝履九月之霜也。

八·剝，去果之殼

　　剝卦言果（上九，碩果不食），復卦曰仁。剝之果，即復之仁。這也是說剝復道。

九·剝，裂也，從刀，刻割之意。

十·剝，落。萬物零落之象。

十一·柔為陰，陽為日。以夜剝日，變日永為宵永。

十二·剝為毀壞。剝六四剝床以膚，凶。艮為膚，陰剝陽至四，乾毀。

十三·剝為坤下艮上，坤和艮是後天對待之卦也，也是先天相接卦。

十四·說文曰：「裂也。」馬融曰：「落也。」

十五·剝大象為艮，也象巽。合之是巽木艮土，木剋土，小人道長，君子道消也。

　　　陽道消，君子以避凶趨吉為要，雖然目前不利，但即時要變好，只是比較慢。這

　　　是剝卦之精義。

十六·剝為蝕。五陰進迫一陽，陰乘勢盛，足以剝蝕陽剛而使之變質。

◎**利有攸往**

一·其義詳本書復卦和无妄卦。

二·剝不利有攸往，乾陽消至五為剝，剝再消之，則為純坤，故不利有攸往。

三·剝以柔剋剛，剝取夬為旁通象。夬為小人道長。子弒其父，臣弒其君，故不利有攸

　　往。

四·剝卦是五陰侵上，陰長而剝陽氣。月候在霜降立冬兩氣。上卦為艮止，再進則為陰，

　　故不利有攸往。

◎**往**

一·剝錯夬，夬決之則為純乾，故夬利有攸往。

二·剝反復，復利有攸往，往為坤也。

三·姤為陽消之始，故有攸往見凶。

四·易以陽變陰，陰變陽為往。

　　剝以柔變剛，故曰不利有攸往。

> 象曰：剝，剝也，柔變剛也。不利有攸往，小人長也。順而止
> 之，觀象也。君子尚消息盈虛，天行也。

◎變剛

一‧柔坤也，剛艮也。下坤上艮柔變剛也。

二‧剛為長日，柔為長夜，剝卦形容日夜交易之象。最長之日開始遭夜之侵，即柔來變
剛。

◎順而止之

一‧剝的形成是一方面順物之勢，一方面又止之。下坤，順也；上艮，止也。

二‧剝象曰順而止之。消卦自否，小人道長，至觀而長及四，至剝而長及五，再長則乾
陽消盡，故當順而止之。止其長也。

◎觀

一‧觀為八月之卦也。觀，二陽四陰；剝，一陽五陰。君子尚消息盈虛，天行也。

二‧觀象：剝自觀變，六爻之象多取自觀，故曰觀象。
剝是由觀卦之五爻消而成剝，即剝卦之前為觀。

三‧剝是由五旁通夬二成觀，所以剝卦有觀象。

四‧剝象言觀象，觀其消息盈虛也。

（一）觀卦所觀為日行。

（二）觀所觀為消息卦之變化
由乾至剝，陽之盈者消，陰之虛者息，此天道之自然，君子則與四時合其序
也。

五‧觀為消象。剝，坤消乾也，觀卦所變，所以剝觀說觀象。

六‧易經最重要的活動是觀象。象是必須由人去觀察而加以解釋出來，而觀易爻最主要
是看乾和坤消息。由剝開始為坤來消乾，這是觀的開始，所以說君子尚盈虛消息。

◎盈虛為消息

說的是消息卦天行之序。剝九月之卦，天行至此由消而息，由盈虛剝九月之卦。天行至
此，由消而息，由盈而虛。

◎天行

一‧見本書蠱卦之說明。

二‧剝象曰天行。乾息為盈，坤消為虛，故君子尚消息盈虛，天行也。
盈虛消息為天行。

三‧剝象曰天行，言君子尚盈虛消息：出入无疾（坎為疾）；反復其道（剝反復）；虧巽
消艮；出震息兌；盈乾虛坤。

◎小人長

陰為小人。剝下五陰，由初到五為長。

象曰：山附于地，剝；上以厚下安宅。

◎宅

剝象曰安宅，艮爲宅。

◎附

一・離，附也（即附麗也）。離爲附，依而附，以陰附陽爲附。

二・兌爲附決。艮錯兌，故剝象曰山附于地。山附地，明被剝也。

初六，剝床以足，蔑，貞凶。
象曰：剝床以足，以滅下也。

剝床以足，可以有兩個不同的解釋。一是把床腳取下，通常易經一陽在上，而下全爲陰，可以看成宅象、盧象、床象。易經初爻索震卦是足象。陰剝陽，足去矣。自下而上，床的下愈空，到五爻則床剝盡矣。床下空，則下滅。來知德注剝床以足爲剝落其床之足。另一個解釋是取巽卦爲床。巽中一陽爲床板，初爻空爲床足，三爻陽是躺在床上的人，但是剝卦並沒有巽在其中。但如果看剝卦六五之主爻，六五剝陽爲陰，則陽未剝之前，上卦就是巽，也就是床，是尙未被剝的床，這有如床皮被取走了。但在初六並不見巽卦，所以也无剝象，這是因爲剝床並不是說剝去了床腳，而是剝床以足，即從床腳開始剝，一路向上把所有床板差點兒都剝光。而一路剝，最後則演床第之事，不堪一提。

一・初爲震，上艮爲土，以木剋土，因爲方相隔遠，難以爲助也。助力既失，凶禍不免。地基缺固，其家必傾。不宜盲目擴充。剝自初始，雜卦，剝，爛也。凡物之爛，由外及中，故剝自初始。

二・此爻是小人之害正。剝已開始，貴氣淺薄。事无定則而小人爲害。又損兄弟手足不得下人之助。但利于修建、重造。

◎足

一・巽爲足。鼎卦下巽，巽爲足。剝卦初六剝床以足：乾初爲震，足。

二・人在下爲足。剝初六坤以載物，床以安人，人在下爲足。

◎蔑

一・蔑爲无。剝初六蔑貞凶，蔑无也。以陰剝陽，无正道，故凶。剝初六之蔑爲遮掩，即蔑。

二・輕慢爲蔑。

三・蔑爲魅。床下陰所藏者見魅，故貞凶。

四・剝初變卦成震，震在陰下，所以滅下。

◎蔑足

一・床下有鬼魅爲蔑足。床置地故下卦爲坤，今變震爲足，床者人之所安也。
床之足尤爲安床之要具，今足有裂象，人漸不安，故曰以足蔑，即滅也，即无也，即无可安床之地。

二・陰居陽位，而且又是初爻，无所爲，所以蔑足也。初爲足，不安爲蔑。

◎滅下

一・滅之義詳本書噬嗑卦。

二・滅爲削。剝卦爲消乾之卦，以陰消陽，所以說剝初六象曰「以滅下也。」

◎床

一・來知德曰：「補象艮爲床。」

二・巽卦爲床

（一）巽卦爲床。巽二陽在上，初陰在下爲床象。

（二）床，巽象。剝言床，剝自乾變，每爻皆有巽象。二至上、三至上、四至上，都是大巽之象。所以巽卦初爻到四爻都說床，是一層層而上。

（三）剝有巽象，每爻有巽象，初至四，所以言床。剝卦以上象床，初象足。

（四）巽設木東南隅。乾人藉之，床之象也。

三・床以安人也。床有臥床或坐床，後世胡床、藜床爲坐床。

四・床爲木。剝卦初如變坤爲乾，也就是說將坤以乾論，則乾初動成巽。巽爲木即床。

五・釋名卷六：「人所坐臥曰床……長狹而卑曰榻，言其體榻而近地也。」床和榻，床較高寬，周圍有圍欄，可施帳幔。

六・床爲家中之物。黃穎曰：「床，簀也」。困爲木在圍中，即家中之床也。困中互家人，床在家中。

◎巽在床下

一・巽卦在上九和九五之下都有床下意味。
巽上九巽在床下，巽取訟爲通象，訟三互巽，巽爲床。變巽，九四入三卦成巽。訟九四互巽，床下也，故訟有巽床之象。變巽，巽入在床下（訟之巽床之下）。

二・易經陽下爲陰曰在床下。巽九二巽在床下，巽爲木，二陽在上，初陰在下，床之象。

六二，剝床以辨，蔑貞，凶。
象曰：剝床以辨，未有與也。

易經取剝卦象床，而實在是說「辨」之道理。而其所以取床，是因爲床象合於辨的各種情況。辨是分上下，此爻是事情開始分裂而不全，惡事就在眼前。身居上爲不安，是翻

身之時，剝分先後上下而剝，易繫辭說「若夫雜物撰德，辨是與非，則非其中爻不備」。剝六二是中爻，床在人之體下順而承。易經取床為剝卦之象，是因為床體為異，一陽在上而下為陰，是床之象，下能承上為順，如床順，則人可以安睡。剝初六上進一和二爻，交而成離，離為辨明。又離為禮。禮，履也，知禮在于明辨。而履為足，履卦象曰履，君子以辨上下。辨上下之間即剝。履大象頤，頤為安養，人之安養莫重於睡眠。

　　履象曰：上天下澤，履。君子以辨上下，定心民志。人能安睡才可定心志。而床也是文明的創物，文明為辨物，即繫辭說的類族辨物。禮儀為文明與野人之分辨。

　　床的特性是辨。床有上下之分，即床上和床下。床是人解困的地方。當困時，人在床上得到息休。所以繫辭下七說困，德之辨也；井，德之地也；巽，德之制也。人在床最要能分辨，一以明是非而不淫邪，又因床之順令人易於耽溺，以德制之可免。剝卦以六二稱辨，六二是早來之爻，辨大小是非要早，所以易坤卦繫辭說積善之家，必有餘慶，積不善之家，必有餘殃。臣弒其君，子弒其父，非一朝一夕之故，其所由來者漸矣，由辨之不早辨也。易曰：履霜堅冰至，蓋言順也。這本是說剝之下卦為坤。而一朝一夕即是人與床相見之時，床之六二在下是履於地，而床性順。因為順，更要早分辨，否則習以成癖，終不可改。繫辭說：「是故列貴賤者存乎位，齊小大者存乎卦，辨吉凶者存乎辭。」

　　辨的另一個意思是分大小。易以陰為小，而剝為一陽外全陰，以一陽來分出陰之小。剝綜復，繫辭第七章說：「復德之本也」，又說：「復小而辨於物」。陰爻為辨。坤初即陰爻之首，所以說辨，即分也。把陽爻分為二就是分。辨的第三個意思是分水火。所以易卦剝、未濟，都以辨稱。火在水上未濟，未濟是水在火上。君子以慎辨物居方，離為明，坎為知，故辨，未濟水火相。而以火辨水，故離在上，以水辨火，又火水即日夜。日為離，月為坎。人入夜上床，而天明起床，有日夜之明之效。

◎蔑

一．六二變卦為蒙。蒙為蒙昧，昧為蔑變坎。一陰可助三陰在上，坤為土，外卦艮土，土剋水，其凶不免。二五不相應與小人為伍。

二．蔑為＜曖昧＞。卦為陰象，不光明正大，為床第之事。

三．蔑貞為不貞，六二剝為風流事。

◎辨

一．辨為兌卦

　　剝六二剝床以辨。辨，兌也。剝二消乾之兌爻，故剝床以辨。

二．床幹為辨，或為床簀，也有說是薦。也就是床身之下和床腳之上，可分辨上下之處為辨。

　　剝六二剝床以辨，辨，床之分別上下者也，策足之間也。

三．足上和膝下之處為辨。屈則相近，伸則相遠，所以稱為辨。

四．任何分別兩者之間的曰辨，比如象獸指爪。

五．剝二成艮，艮為指，二在指間為辨。

六．剝的現象必先有分後才剝。

七．履為足。履卦象曰：履，君子以辨上下。辨上下之間即剝。履大象頤，也是離（即

二陽包陰），所以離即辨。離爲禮。禮，履也，知禮在于明辨是非。

◎與

應也。咸二氣感應以相與。剝六二未有與，艮上下相敵應，不相與也。剝二无應，未有與也。

◎未與

陰陽相應曰與。二五皆陰，故象曰未與。

六三，剝，无咎。
象曰：剝之无咎，失上下也。

易經卦辭只說无咎，而不加其他之辭語者，爲剝卦六三。因爲變艮爲土，上下皆艮，二土比和其財必旺。三六又相應，剝卦卦性爲眾陰去陽，而獨此卦去其黨而從征。雖失去上下，是失小人，得君子。又中爻坤也是土，三土通爲一氣，艮坤在先天又是生氣卦，所以无咎之至。易經以同類相聚又互通生氣爲佳。六三變艮爲兼山艮，艮止也。六三變艮，三，艮之正位也，亦止也。言止于剝，剝无剝也。

剝卦初爻、二爻、四爻都是剝床，唯三爻和上九相應。眾皆剝陽，三獨應上，无剝害之意，是以无咎。此爻得道多助，且爲非同類者之助，宜從善而深與之。特立獨行者可得他人之讚美，但身在花叢，要防迷亂。

◎上下

一・上下爻

上下爲上下爻。剝三爻上爲二陰，下爲二陰，但三爻獨自和上九相應，所以失上下。

二・失上下：上指六二言，下指六四。此中爻皆互坤。今六三變艮，則中爻爲震，爲坎，皆陽以間坤之眾，失上下爲小人之上下也。坤爲朋，上下即朋也。

三・剝六三失上下，上指六二，下指六四，四陰獨與陽應，故失上下也。

四・上下是无常性的，所以上下无常和進退无恆同義。

乾文言九四曰：或躍在淵，无咎，何謂也？子曰：上下无常，非爲邪也，進退无恆，非離群也。繫辭下八，易之爲書也不可遠，爲道也屢遷，變動不拘，周流六虛，上下无常，剛柔相易。

五・易言上下爲先後天八卦

蒙卦說上下順。蒙卦上變成坤，坤爲順。蒙變成師，童蒙因得師而順。因上卦之坤在後天爲坎，下卦之坎在先爲坤，上下卦皆見坤，故順。師生之關係如天地，而師生也是先後之關係。師爲先生，這是易經說明上下順之道。

六・先天或後天之卦相成爲上下，比如乾一爲上，兌二爲下。履象曰：上天下澤，履。君子以辨上下，定民志。上下：先天乾一兌二，後天乾六兌七，皆上下也。

七‧一陰或一陽得眾應爲上下應

易經互應之卦爲上下對爻，比如一對四爻。但也可以指一陰和眾陽，或一陽和眾陰相應。比如：

小畜彖曰：小畜，柔得位而上下應之，曰小畜。是以五陽應一陰，非以對爻相應。

大有彖曰：大有，柔得尊位大中，而上下應之，曰大有。大中者，五爻也。上下應者，物歸于眾也。一柔而應五剛，柔得尊位而陽應之，陰能有大也。

八‧上卦之爻和下卦之爻爲上下，比如：

泰彖曰：泰，小往大來，吉亨，則是天地交而萬物通也，上下交而其志同也。泰自歸妹通，歸妹四互坎志，變泰，上卦之爻和下爻相交。

九‧上卦爲上，下卦爲下

否彖曰：上下不交而志不同。乾往居外，坤來居內，陽氣上而不下，陰氣下而不上，二氣不交。乾爲上卦，坤爲下卦。

十‧易經序卦在前之卦爲上，在後之卦爲下。即六十四卦之序有上下之分。但也說上經爲上，下經爲下。序卦傳有父子，然後有上下，有上下然後有禮義、有所錯。但是上下无常是說上經以乾坤。上爲乾，下爲坤。但易經也說上下无恆，即是說下經之事。

六四，剝床以膚，凶。
象曰：剝床以膚，切近災也。

剝的動作是一層一層解開。如以剝床而言，剝卦初爻是床足，二爻是床幹，三是床面，剝四是和床面相接的人身部份，即皮膚。六四是上下相接處。上艮爲陽，下坤爲陰，陽和陰相接在六四之爻。而六四爲陰爻，是人背之膚也。

本爻說膚，其實是說切身之災。剝六四變卦，變成離。離爲火，火生土，是自爻生別人，所以此爻非吉地，因爲財氣洩于他人。而六四變陽，三五互坎，離火本不爲害，和坎相近而成災，而且坎離相接。易經以相接爲皮膚之接，切身之害也。災是水近火，因相近而成災。

易經的爻象以相接者爲害我之人也。因爲近而相剝，切身之害不可不防。但是身在眾人之中，相剝是苦樂同當。

◎膚

一‧艮爲膚。剝六四剝床以膚，剝至三，三之艮象已消，故剝床以膚。

二‧皮爲膚，獸以皮毛爲膚。床以剝盡，次第及膚。

三‧有人說膚又作簠，祭器也。

四‧膚是血肉之外的保護。血肉是陰物，而皮膚是血肉之一，爲陰中之陽。坤有如血肉，

而膚是下卦的延伸，又存在於上卦之艮中，象膚。

◎災

一・卦變離為焚，剝六四近災。剝六四變卦成離，離為災。災在床上為焚身之象。

二・晉為災

（一）剝六四近災。剝六四變卦成離，變離為火地晉，變離中爻互變為艮。艮，荀九
　　　家易為膚。離為火，故小象災，即在床上燒了皮膚。

（二）北人九月之後以火暖床下。晉二月卦也，二月撤火，否則災也。

三・床上之火為欲火，災之根也。

四・易經對災之解很多，其他義詳本書豐卦和旅卦。

六五，貫魚以宮人寵，无不利。

象曰：以宮人寵，終无尤也。

剝卦初至五為陰，易經以魚為陰物，一連串在一起為貫。剝六五是幾乎剝盡，卦之剝
陽為陰，其象有如閹人被剝去陽性之器，而幾乎剝盡。魚成串，是乾魚，也是陽氣幾乎剝
盡，從活生生的魚到僅留一絲生意的乾魚。在上古民族之出入都帶乾食，貫魚可能是其中
很重要的一類。

剝為五陰之卦。五月月候以六主，即最尊位，有后妃之象。六五是六五承上九而臨
眾陰之上。一陽為君，而六五以陰之主領眾陰，有如一串魚在太陽底下。又六五為后，其
象為姤，正好是剝之反，所以姤卦說包魚。因為后在上包庇其他之宮女，所以姤為包魚。

剝六五這個比喻是說明剝到快要了盡時，會包起已剝之陰處，而和陽分開。這是剝真
正開始被剝除的時候。剝六五貫魚是陰氣過盛，以剝到六五而止。上艮為止，因為止，而
出現剝。上九之陽終被剝除。如上九為君王，其所以為宮室之外，是一個被惡妃帶領其他
宮中之陰人來消除其權位。這個性形見諸清代末期王室之陽氣被剝，凡男性之主都被剋害
或排除之情況。慈禧太后領眾妃專權就是剝象的一個活生生的例子。

易經以巽為魚，魚者床之飾。六五還是說床之象。六五變，上卦成巽，下卦為坤土。
木剋土為得，得財也。六五變陽，而成諸陰在下，本是剝象，反成小人之助。巽綜即老陽，
坤老陰，陽陰正配，應在女性，此爻多得陰助也，而且陰不剝陽反助陽。只因上九尚有一
陽可頂也，此爻率眾從善可以得到大利。利營謀拔萃，人情和合。宮觀住持，婦人進家，
男人得陰助，家和福生。

◎魚

一・剝六五貫魚。巽為魚，姤包魚，剝自乾消，每爻皆有巽象，其魚非一，故五用巽繩
　　以貫之。巽為繩直貫象，姤包有魚是九二之陽包六之陰。一至五全部為陰爻，有如
　　一列排象魚穿在一塊。魚為陰類也。

二‧另一個比喻是諸陰爲眾妾，立爲一排。

三‧魚之義詳本書姤卦。

◎寵

一‧剝六五以宮人寵。六五順承上九之乾君，故比爲宮人寵。宮人（乾爲人）爲乾所寵，順上九之陽。上陽爲艮卦之止，令下四之陰，不使剝陽，而且帥陰順承上九，這是六五在剝卦的正面作用。因爲順，所以貫魚以宮人寵也。

二‧六五變巽爲風地觀，觀者有以示人而人所仰者也。眾陰在下爲仰之象。

◎宮人

一‧艮錯兌爲小女，即宮女也。

二‧艮爲閹寺居，宮人之所。古時宮刑爲閹，賤而无位，如同平民，所以稱宮人。

三‧貫魚和宮人爲同類。又坤爲西南，爲朋類，坤爲終。因剝坤爲終而无不利，以同類之故。

上九，碩果不食。君子得輿，小人剝廬。

象曰：君子得輿，民所載也。小人剝廬，終不可用也。

剝上九碩果是指在枝上未被人摘食者。剝上九一陽在上爲碩，果大不食，一定剝落朽爛，所以孔子說剝者爛也。果爛落地，其人之核又復生仁。上九之陽爲一陽在陰，在後天八卦爲乾亥（亥爲核）之位，即復，一陽復生于地而重生。萬物再生有如得輿。輿爲載，也是坤卦之象，就是得地之覆載。

剝卦五陰爻承一陽，有如廬舍，人用之以覆蓋，陰氣在下一層一層剝之，到最後椽瓦不留，是剝盡而人无以安其身。這是小人剝廬之象。諸陽消盡是徹底把陰陽分隔，而陽无可剝于上，必生于下，此現象有如得輿。如剝上九比喻爲家居，則房子壞盡，不如乘車載了所有之傢俱到別地安身重起爐灶，所以剝上九象爲君子得輿，民所載也。得輿而民所載，是離開破屋到新地重新建立家園。碩果必要爛而後生，這和聖經中所說之一粒種子不死之道理相同。

此爻利乘大位者，乘車馬服民心而爲弭亂開治之主，不宜修造或重建，宜到處找人才相助。又防下人之侵，和老婦相干。死相相臨，少年不利，有子不孤。

◎果

剝上九碩果，乾爲木果，艮爲果蓏。

◎不食

一‧井不食。易經有井之卦象爲不食之象

（一）剝上九不食，剝互純坤，上坤即坎，下坤即巽，爲水風井，非火雷噬嗑，噬嗑，食也，井故不食。

　　　(二)井水風，反噬嗑。噬嗑，食也，火雷食象。

　　　(三)頤爲口中无物，不食之象。剝反爲復，反則吐食也，故不食。

二・剝可食，不剝則不可食

　　　剝上九，碩果不食。果至碩大不易剝，詩經所說：「八月剝棗。」

三・艮錯兌爲口，可食也。象變卦成坤，上坤下坤，无口，不可口矣。

四・碩大果不食，必剝落朽爛，即不可食。

◎輿

一・坤爲車輿

　　　(一)剝上九君子得輿，坤爲輿，剝上九變卦成坤，艮爲君子，以坤載艮，故君子得
　　　　　輿。

　　　(二)大畜言輿說輹。九二，輿說輹。象曰：輿說輹，中无尤也。大畜坤爲輿。

　　　(三)大壯九四，貞吉，悔亡。藩，決。不羸。壯于大輿之輹。

　　　　　大壯九四，大輿之輹，坤爲大轝（音與），爲輹。大壯之坤象來自泰之變通。
　　　　　泰坤爲輹。大壯說馬壯，或言馬車之輹。睽六三，見輿曳，其牛掣。睽之輿或
　　　　　爲牛車。

二・五陰一陽爲載之象

　　　　(一)剝上九五，陰載一陽爲輿之象。輿者載也。

　　　　(二)剝上九，變坤爲純坤，坤爲厚載。

三・輿爲載，君子載德，德爲得。君子得輿如一陽在上，得五陰之載。

　　　大畜言輿說輹。九二，輿說輹。象曰：輿說輹，中无尤也。

四・乾爲轉，輿之象。大畜九三，良馬逐，利艱貞。日閑輿衛，又爲圜，日行如轉車。

五・震爲輹（復）。小畜錯震，大畜互震，兩卦皆說輿說輹。

六・坎爲輿見之睽卦

　　　睽六三，見輿曳，其牛掣。睽互坎。

◎碩果

一・碩爲石，石不可食，即核爲仁。核者剝之盡也。

二・君子爲碩果。上九爲僅存之一陽，即俗言＜碩果僅存＞。艮爲君子，一根在剝卦之
　　　上。艮爲果。

三・剝爲艮坤。艮坤爲生氣卦同宮，可是坤老陰无老陽相助。目前是剝削之時，假以時
　　　日可以致富。剝綜復，一元復始可期。碩果可食，且即再生。

四・剝陽大陰小，碩之象。

◎剝廬

一・艮爲門闕，廬象也。今變爲坤，則艮已失廬之象。

二・艮爲舍，乾爲野，舍在野外，廬之象。

三・一陽在上爲宅象。一陽初剝，即无家可歸，國破家亡。

四・剝之象出在上九變坤，坤爲老女入宅，而剋去其他家人。家人出爲剝廬。

五・廬，殿中直舍也。

◎得輿

一‧得輿是民所載也：坤爲衆，民也。坤爲地，坤能載物，故曰君子得輿。

二‧得輿與剝廬皆利于外而不利于內。得輿則有車可乘（坤爲輿），而剝廬是无屋可居。

◎終不可用

終不可用是說不可即時得用：

一‧艮在山自下，其頂遠，非一時可攀緣。

二‧剝卦說碩果，碩果皮肉剝蝕，終不可用。但其核仁仍在，而復生後可成大木。

三‧山之剝爲石土，由上下落，而其根基乃在。上爲終，終不可用。

復

復，亨，出入无疾，朋來无咎。反復其道，七日來復，利有攸往。

　　復卦初爻爲陽，二、三、四、五、上爻爲陰，復卦和姤卦之乾巽以一陰在下剛好相錯。姤爲后，而復爲先王，二者爲陰和陽相互補，也說明陰和陽相逆出入。當陽從初爻上升，同時陰爻也從上下降，一由外向內，而同時一由內向外行。復卦是十一月卦，是陽氣始生之月。十一月陽生而復，一陽生于內，而同時陰氣浮在外，到了四月爲姤卦之月，姤之乾陽雖然已＜老成＞，而陰氣未息也。復卦雖說一陽之復，也同時說到陰爻之收。天地雖分有陰陽，而二者不過一內一外，或是二者實在是同時存在爲一物之二面。一內一外，一升一沉，一盛一衰，一代一謝。

　　復卦之剛反是從剝之剛來。剝卦剛到極，被陰所剝，由上反下而成爲復。因爲剝卦體象爲巽，巽爲順，所以復卦說順行，是說乘剝之巽而反行。復是一陽從上反到開始的地位，再從開始之位而出到上爻。從下上行，是陽氣增長，而陰氣消減。當一陽得勢，會得其朋類相率而來併力進取，所以萬物從死復生，從生到死是无法阻擋的。復卦震雷未發聲時爲復，是最爲安靜之時。雷是陰陽二氣相薄而後發出之聲，雷聲一響萬物即復蘇。萬物發生之時，上下安靜，以養微陽之氣。古時帝王知道大地要休息，就是使國家之元氣得到調整。每年要有固定時間關閉道路使商旅休息，帝王也不省政事，以示法天之意。

　　復卦上震下坤。坤爲土，震爲木，木剋土，一陽剋眾陰，其力難當。震爲雷，陰陽交加，雷在地中，發其志堅定，是白手起家之象。如能堅定果斷，凡事可成，如柔豫不定，困難重重。復爲一陽五陰，五陰爲五鬼，五陰在上，一陽在下，是五鬼纏身。如反復其道，五鬼可以運財。凡事能重而復始，則无事不可成。

　　復卦和姤卦都是消息卦之起始。息卦始復終咸，消卦始姤終中孚。冬至起復，夏至起姤。復爲冬至卦，陽起初九，爲天地先，萬物所始，即＜一元復始＞。

◎復

一·反復爲道。乾卦說：「終日乾乾，反復道也。」
　　雜卦傳，剝爛而復反也。物剝而後爛，爛後復生，這就是生命之道。

二·復即重也，俗曰＜重復＞
　　(一)訟四說復即命。
　　(二)易經巽爲命。重巽，就是申命，即一再申言，也就是復，重復的意思。重復，

就是申。巽爲命令，故復即命是也。

(三)復卦爲重復。復初至二，陰在上陽在下爲復體，初至三震爲復體，初至四爲復體，初至五爲復體。所以復卦每上一爻都是重復。

三‧无往不復

泰九三，无平不陂，无往不復，艱貞无咎，勿恤其孚，于食有福。泰之上爲坤，坤不能往，只能復。无往不復是說坤不能往，也不能復。復爲乾消坤。

四‧復即孚也。睽自中孚來，中孚中互頤，頤有復象。

五‧來復，即重新回到復爻

乾陽自姤，始消卦之經歷，是由姤、遯、否、觀、剝、坤六卦，至復爲七，故七日來復。解利西南，往得眾也。其來復吉。

六‧由復象而來爲來復。解升通，解四來三爲升，升互復，故其來復。

七‧剝爲不復

(一)剝卦說剝而不復。

(二)漸九三夫征不復，不復，剝之象也（剝而不復）。否互剝，漸自否來，漸有否象，否中有象。征而不復是出征而不回，所以否。

(三)漸九三，鴻漸于陸，夫征不復。

八‧復爲行。繫辭下五，復行也。易曰：不遠復，无祗悔，元吉。

九‧繫辭下七，復，德之本也。

十‧臨自復變，臨大復小。繫辭下七，履和而至，謙尊而光，復小而辨於物。

十一‧復爲知

復以自知，復小而辨于物，故復爲知。繫辭下曰，知之未嘗復行。

繫辭下七，履以和行，謙以制禮，復以自知。

十二‧乾陽之始爲復

八月雷早收聲，二月雷始發聲，十一月正雷在地中，一陽初動于黃泉之下，乾陽始復，故卦曰復。

十三‧復吟即伏吟。伏，復也。復卦六四中行獨復，爻變與下震比，復也。即占卜所稱之復吟，即祿命法之＜伏吟＞。凡事在每個變化的階段都有兩個相反的特質，一爲顯性，一爲隱性。二者和錯卦綜卦一樣剛好相反。在變化中，隱性的一面我們稱爲伏。伏即復，伏象會在適當機會浮現。

十四‧復爲亨。復卦說復亨，一陽復始就是亨通之象，所以復則亨。

十五‧復爲出入。一陽反入到開始之位就是復，即自內而出。

十六‧說文：「往來也。」

十七‧復是雷在地中。雷爲陰陽二氣相薄所發出聲音，雷聲一響，物隨之復蘇。

◎出入

一‧消息卦出入不見坎

復出入无疾，復卦「出入」所說的是消息卦的道理。消息卦陽出指的是六卦：復、臨、泰、大壯、夬、乾。易經巽卦象爲入，也就是乾陽向坤地入也。消息陽入者六

卦：姤、遯、否、觀、剝、坤，十二月卦陽入，皆无坎卦。坎爲疾，无坎，故出入
无疾。

二‧繫辭上十一，利用出入，民咸用之謂之神。

三‧出入爲門戶所事

乾坤爲門戶。乾坤爲易之門，因爲各卦都是出入于乾坤也。這個道理要從消息卦出
可以看出來。

四‧出入是指音樂和法律的節度

易經大傳說＜出入以度＞，度是指節以＜制度＞，因爲度是由音律來的，節故有制。
又度，即法也，坎爲律（法），出入爲度量也。

在消息卦之中，陽六卦──復、臨、泰、大壯、夬、乾，和陰六卦──姤、遯、否、觀、
剝、坤皆无坎。因爲坎爲其法度。

五‧出入以知懼

（一）出入以知懼：十二辟卦陽爻，入者六爻，出者六爻。陽爻在內，則陽道之長，
陽爻在外，則陽道之消。其消長皆以法度繩之，故知懼。

（二）陽爻繫辭下八：其出入以度，外內始知懼。

六‧復言出入，泰否言內外。

七‧出入爲天之運行也

復卦說出入无疾。疾，速也，出入，天行也，即四時之運行。无疾者有一定之次序。

◎反復

一‧震爲道，復反震爲＜反復其道＞。復爲乾陽，復反震爲道，故反復其道。

二‧反復其道。反復即卜者之＜反吟＞也。凡本宮所叢，對宮所犯爲反復。今復卦上下
互坤犯叢之謂也，叢則必犯對宮，如夬、姤、剝諸卦皆如是。

三‧反爲還，即回。

◎七日來復

一‧消息卦陽自姤至復爲七

乾陽自姤，始消卦，歷遯、否、觀、剝、坤六卦，至復爲七，故七日來復（消息卦
不曰月，而曰日）。

二‧《易緯稽覽圖》：甲子卦起中孚，每卦得六日七分，每爻得一日有奇，至六日七分
後，中孚盡而復來矣，故曰七日來復。復，十二月卦，陽生于子也。

三‧七日來復：先甲三日辛也，後甲三日丁也，自辛至丁凡七日。先庚三日丁也，後庚
三日也，自丁至癸凡七日。甲木剋於辛金，歷七日爲丁火所剋，則甲木來復矣。庚
金剋於丁火，歷七日爲癸水所剋，則庚金來復即得矣，其他的日子道理相同。

四‧天行之度以七爲限，以七日而更，醫家以人之氣七日一變。

五‧日數爲十計，不及半爲三，過半爲七。

六‧七日所說的是卦爻來往一周期，即君子被剝的過程。由剝卦之初六起到復之初九正
好七爻，所以說七日。七日是最短的過程，有事不宜遲之意。因爲凡事久則變，而
要復是起死回生之事，不能慢。

七‧來知德注：陽生于子中而流向東，干位爲癸。以天干來代表日子，甲乙木爲春，丙丁火爲夏，庚辛金爲秋，壬癸水爲多。先日至爲壬，後日至爲癸。多至陽生至癸，所以稱反復其道七日來復。復是起多至。戊己在中，土无形而依火，所以戊己之天干不計。

◎出入无疾

一‧疾，速也；出入，天行也，即四時之運行。无疾者有一定之次序，不能遲速也。

二‧疾爲急迫。太陽出入于赤道內外，至多至而不能再快，行漸遲。

三‧坎爲疾。復卦是十二消息卦表徵。出入就是指十二消息卦來往，十二消息卦沒有坎，所以說出入无疾。

四‧復卦陽上九回到本位，行動順利，所以說无疾。是中間无阻。

◎其道

一‧坤初六，馴致其道，至堅冰也。

二‧復，朋來无咎。反復其道，七日來復，利有攸往。

三‧恆，亨，无咎，利貞，久于其道也。天地之道，恆久而不已也。

四‧蹇，蹇利西南，往得中也。不利東北，其道窮也。

五‧損彖曰：損，損下益上，其道上行。

六‧艮象曰：艮，止也。時止則止，時行則行，動靜不失其時，其道光明。

七‧漸九三，鴻漸于陸，夫征不復，婦孕不育，失其道也。

八‧節上六象曰：苦節貞凶，其道窮也。苦節不可貞，其道窮也。

◎利有攸往

一‧消息卦由陽至陰爲小利攸往

　　(一)剝不利有攸往，乾陽消至五爲剝，剝再消之則爲純坤，故不利有攸往。

　　(二)剝反復，復利有攸往，往爲坤也。

　　(三)无妄，元亨利貞。其匪正，有眚，不利有攸往。无妄下九不利有攸往，上九再進即先天陰位，故不利有攸往（乾之後爲巽）。

二‧由陰而往陽，得以順行之謂也

　　(一)賁九三永貞吉。自離至艮，陰道之亨，艮得前往，即爲坎位，小利有攸往者，謂艮利往爲坎也。

　　(二)先天卦左旋陰生巽下，至兌陰終，巽互兌，曰小亨，利有攸往，亦爲陰道之亨也。陰之終利而爲陽也。

　　(三)賁利有攸往。言賁上離下艮，自離至艮爲陰道（由離一陰生，至震二陰，至坤三陰），艮回爲二陰（艮爲陽之起），賁言自陰至陽，故利有攸往，往陽也。

　　(四)大過，剛過而中，巽而說行，利有攸往，乃亨。

　　　　大過，先天卦巽至兌，由陰至陽陽終，兌前爲乾，故利有攸往。

三‧後天之數相連即利於來往

　　(一)賁卦利有攸往。賁卦艮離，後天之數艮八離九相連故也。

　　(二)復卦爲坤震。後天之數，坤二震三，兩數相連，故曰利有攸往。

四‧利於往上行

(一)賁卦小利有攸往。小者，六五之陰，往謂上也。六五往上，上九來五成既濟，故小利有攸往。

(二)大畜九三，良馬逐，利艱貞。日閑輿衛，利有攸往。象曰：利有攸往，上合志也。

五‧往來皆見乾卦，則利有攸往

(一)大過利有攸往。大過爲巽兌，先天之數乾之左右爲兌巽二卦，今中爻皆互乾，故有攸往。

(二)夬，揚于王庭。孚號。有厲。告自邑，不利即戎。利有攸往。剝錯夬，夬決之則爲純乾，故夬利有攸往。

夬上一陰純乾，故利有攸往。剝不利有攸往，剝往爲坤也；夬利有攸往，夬往爲乾也。

(三)損上九，弗損益之，无咎，貞，吉，利有攸往，得臣无家。象曰：弗損益之，大得志也。

損利有攸往，損二、三、五失正，二往五易之，三往上易之，成既濟卦，故利有攸往（往，爻往上行也）。損上九利有攸往，陰陽消息止艮起震，自艮往震，損震六二起往五，損下卦變震成益，震之一陽下生，爲益之象，故利有攸往（大畜上艮，三曰利有攸往）。

六‧利於陽之行，則爲利有攸往，即剛長也。

(一)巽、震、兌、艮四隅卦，恆由巽至震，乾陽復生，損由兌至艮，乾陽一周，故恆損皆利有攸往。

(二)恆利有攸往。恆，震上巽下，先天卦巽陽方終，至震陽復始，終則有始，變利有攸往。

(三)損，有孚，元吉，无咎，可貞，利有攸往。損二互震，自震至艮，乾元一周，故元吉。

(四)巽，剛巽乎人正而志行，柔皆順乎剛，是以小亨，利有攸往，利見大人。巽，陰之生也，凡陰利往（向上）而爲陽。

(五)復象曰：復亨，剛長。動而以順行，是以出入无疾，朋來无咎。反復其道，七日來復，天行也。利有攸往，剛長也。復，其見天地之心乎。剛爲陽，剛長就是陽爻之行。

(六)夬利有攸往，剛長乃終也。益利有攸往，利涉大川。益利有攸往，中正有慶。利涉大川，木道乃行。

七‧陽爲始，陰爲終，卦見始爲利於攸往。

(一)恆利有攸往，終則有始也。

(二)益卦利有攸往。雜卦，損益，盛衰之始，否泰反類，損爲否始，益爲泰始，損益，利有攸往。

(三)萃，亨，王假有廟。利見大人，亨，利貞。用大牲，吉，利有攸往，利見大人。

象曰：復亨，剛反。動而以順行，是以出入无疾，朋來无咎。
反復其道，七日來復，天行也。利有攸往，剛長也。復，其見
天地之心乎？

◎動
指陽爻在下也。

◎剛長
一・剛，陽也。言一陽來復，陽漸長也，由復而臨，由臨而泰，由泰而大壯，由大壯而
　　夬，由夬而乾，剛長之理也。
二・來知德以復之出爲一陽至五陽而漸漸加長。復之長爲漸，入爲陽剛由上爻回到下爻。

◎長
一・首爲長，長唸掌。
　　(一)乾文言曰：元者，善之長也。
　　　　善之長也，元配仁，兼四端，統善，故爲善之長。
　　(二)木性愛長，所以易經之木卦有長的意義。震巽爲木。震爲長，巽亦爲長也。屯下
　　　　卦震，震爲長。今上爻變巽，巽亦爲長也，木陷于水中之至，故小象何可長也，
　　　　即木不可長大。
　　　　屯上六，乘馬班如，泣血漣如。象曰：泣血漣如，何可長也？
　　　　大過九五象曰：枯楊生華，何可久也？大過兌金剋木，木不能長。大過死而止，
　　　　不長久。
二・永爲長。訟初六，不永所事，小有言，終吉。訟卦初六不永所事，永就是長久的意
　　思。
三・由下爻陽消到上爻，這即是泰卦所說之長。
　　一陽來復，陽漸長也，由復而臨，由臨而泰，由泰而大壯，由大壯而夬，由夬而乾。
　　復彖曰：復亨，剛長。臨卦說剛浸而長，剛即陽爻也，由復而臨，復一陽，臨二陽，
　　陽爻日浸長大亨之象也。遯小利貞，浸而長也。遯錯臨，其義和臨相同。遯卦也說
　　日月之遯，即起落。泰卦說內君子而外小人，君子道長，小人道消也。
四・大壯上六，羝羊觸藩，不能退，不能遂，无攸利。艱則吉。象曰：不能退，不能遂，
　　不詳也。艱則吉，咎不長也。
五・夬利有攸往，剛長乃終也。夬上六，无號之凶，終不可長也。
　　夬卦是陽消之最末，所以夬卦說終不可長。

◎順行
一・震爲行，坤爲順。坤下爲震，順行也。
二・復卦一路都是同一種爻，不須變化而可直行，所以順行。

◎天行

天行之義詳本書蠱卦。

◎**天地之心**

一・太極之心也

先天卦震坤連比。震四由乾一、兌二、離三而來，坤八由巽五、坎六而來。一順一逆，坤震相比故動。動，指陽爻在下也。

二・復小而辨於物，辨之於早也，故見天地之心。

◎**天地**

一・天地之交，交以水火。

二・坤上六爻言說天地之雜也。

三・天地之情：大壯利貞，大者正也，正大而天地之情可見矣。

四・天地之交。泰象曰：天地交，泰。后以財成天地之道，輔相天地之宜，以左右民。

五・天地之天氣運：邵子觀物外篇曰：「天地之氣運，北而南則治，南而北則亂。」

六・天地之大義：泰之象，男女正。家人男女正，天地之大義。家人六二女正乎內，九五男正乎外。

歸妹彖曰：歸妹，天地之大義也，天地不交而萬物不興。乾亦以九五爲正位，故男女正，天地之義也。

七・天地之象：天地之象可以解，也可以散。

小過六三往三成解，乾坤天地之象散矣，則天地之象解。

八・言乎遠則不禦，以言乎邇則靜而正，以言乎天地之間則備矣。

九・天地之數，而各有合。天數二十有五，地數三十，凡天地之數五天地之數爲五十五。

十・天地之道，貞觀者也。日月之道，貞明者也。

十一・天地之大德曰生，聖人之大寶曰位。

十二・天地之撰：乾，陽物也；坤，陰物也；陰陽合德而剛柔有體。天地之撰，以通神明之德。

十三・震，天地之雜也，天玄而地黃。

十四・天地之體：卦者天地之體，五行者天地之用。

◎**朋來**

一・兌爲朋，兌在內爲朋來

(一)易經以內卦爲來。復卦朋來无咎，因爲消息復之卦，臨至夬或爲兌，或互兌，皆有兌朋之象，故曰朋來。兌爲朋，在內稱來，五陰從陽。初陽正息而成兌，故朋來无咎矣。

(二)五陰從初，初陽正，震息而成兌，所以朋來无咎。兌爲朋。

二・蹇九五，大蹇，朋來。象曰：大蹇，朋來，以中節也。

蹇九五朋來。蹇自升通(蹇九五來二，成升)，升互兌，爲朋二之兌，兌朋來于五，而成大蹇。

三・朋來无咎

(一)朋來可能是明來。日爲大明，自南而北則近于人，所以說來。太陽之光有如朋

友而來。

（二）朋來无咎。坤之後天卦位以西南爲得朋，東北爲喪朋，今上震，震在東，喪之象也。然中爻皆互坤，喪朋而又得朋也，亦復象也。

四・相鄰爲朋

復卦從二爻起是一連串陰爻，稱爲朋。剝卦也是一連串陰爻，而不稱朋。因爲剝是陰邪之氣漲，群陰作怪，有如一串魚，而不是朋。

◎无咎

一・陽動于上而順上行也，上下不相違則无咎。復上坤下震，先天卦爲相接之卦。震之動，坤相接，成大震之象，是无咎之象。

二・復卦是以一陽得勢，則其他陽爻一路跟進，而來努力進取，所以得此卦要踴躍趨赴不可過遲，過遲則困難重重。

象曰：雷在地中，復，先王以至日閉關，商旅不行，后不省方。

◎先王

一・乾爲王。

二・易經稱先王之卦爲比，豫、觀、噬嗑、復、无妄、渙卦，其作法都是和生民建國之用者有關。

　（一）渙彖言先王以享于帝，立廟。渙取否爲通象，否之上卦乾爲先王。

　（二）无妄象曰：先王以茂對時，育萬物。无妄上乾，乾爲王，上爲先。

　（三）復象曰：先王以至日閉關，商旅不行。復初陽爲乾卦之陽，乾爲王，初爲先。乾在黃泉之下，爲先王。

　（四）比象傳曰：地上有水，比。先王以建萬國，親諸侯。

　（五）觀象曰：先王以省方，觀民，設敎。

　（六）豫象曰：雷出地，奮，豫。先天以作樂崇德，殷薦之上帝，以配祖考。

　（七）噬嗑象曰：雷電噬嗑，先王以明罰敕法。先王爲乾初。

◎對時

一・艮爲時。震反艮，震爲對時。

二・以茂對時

　艮爲時，震反爲艮，故言對時。先王爲乾，震爲草木，爲蕃鮮，故曰茂。

◎復

雷在地中，復。八月雷早收聲，二月雷始發聲，十一月正雷在地中，一陽動于，黃泉之下，乾陽始復，故卦曰復。

◎閉關

一‧復象曰：雷在地中，復。先王以至日閉關，商旅不行，后不省方。

復為震，震反艮，艮為門，故復曰閉觀以省方。

二‧坤為閉關。闔戶為坤，閉關之象。復上坤為閉。

◎后

一‧后即姤卦也

復卦象辭說后不省方，姤卦象曰「后以施命誥四方」，今隱復下，故后不省方。

二‧坤為后

泰上坤曰后。泰卦象曰：「后以財成天地之道。」復卦象辭說「后不省方」，坤為地方，巽為命，省之象，不省方也。

三‧姤一陰在下，也可說是后者，因為以陰卦為主也。

姤卦一陰在下，以坤陰為主。姤和復相倒，所以復卦說，先王以至日閉關，商旅不行，「后不省方」。姤，后以施命誥四方，天風為姤。下卦風初爻為一陰。

四‧初爻以後為后

后與先王：先王為乾初，初之後為后，即坤。震卦之初為唯一之陽爻，二、三、四、五、上都是陰，二上互坤中又互坤，為后。

五‧復卦和姤相錯。復一陽居初，陽之大為君，應居在五爻才對。在復卦中，陽居初，是潛居深宮，不省政事，所以說不省方。因為復卦之五爻是陰爻，而不是陽爻。是后而不是君，所以稱后。

◎方

古時記事用的版子為方，所記為出入之事，比如巡省四方。

◎復象商旅

一‧復以姤取象為旅。復錯姤，姤互重乾，乾離同位，乾艮亦同位，有火山旅象。

二‧商旅

（一）兌巽為旅

兌為商，亦為旅，巽為賓，亦為旅，兌巽反復一卦，姤一陰生。

（二）復下震為大塗，中開大路為旅之。坤為眾旅客。以卦象而論，復卦下為震，震為大塗，中開大路為旅之象。上坤為眾，是眾商旅。震綜艮，艮止不行之象。而坤為闔戶，閉關也。

◎至日

復，先王以至日閉關。至日，多至之日。因為日復至，故曰多至。

◎不行

一‧易經有可行和不可行的道理。行與不行，詳本書噬嗑卦。

二‧商旅不行：震錯巽，巽近利，利市三倍，商旅之象也。震為大塗，行之象。

三‧萬物發生之時，上下都是安靜的狀態，以養微陽，復卦說商旅不行，即雷在地中之靜也。

四‧復卦說至日閉關，商旅不行。商在左傳襄公九年說商主大火，旅也象火。商旅不行是因為天上火星災象，而中止旅行。

> 初九，不遠復，无祗悔，元吉。
> 象曰：不遠之復，以修身也。

　　復卦初九是從剝卦上九而來。復卦所說的復，就是說重頭再來，所以初九是復卦的主爻。因爲剝是陰氣到了極點，而回到復初。復初九接剝上六之後，離開上爻不遠。而易經的上爻是乾卦所說的亢龍有悔。凡到了上爻，極易令事回頭而生悔。但復卦因爲已經開始決定重頭，所以不至於要＜後悔＞。復也是後的意思，悔念生於事後。復卦初爻陽爻是諸爻之先，雖五陰加重在上，然回顧一陽已復始，根基已立，又因前事不久，尙可以殷鑑，只要往前，不至於要後悔了。

　　復初九變爻成坤。震在初爲八卦之正位，變柔，和震爲相剋之卦。坤土和上坤比和，財旺之象。剝盡而復，其力甚大。震爻爲一卦之主，男長代行權，家道興旺之象。復初是善事其心，斯可以道，利創業。

◎遠

一·乾爲遠。復初九，王遠復，无祗悔，元吉。象曰：王遠之復，以修身也。
　　復初九不遠，乾爲遠。乾伏于坤，故不遠。
　　乾爲遠：渙上九象曰遠害去逖出。渙自否取爲通象，否上乾，乾爲遠。

二·其稱名也小，其取類也大，其旨遠，其辭文，其言曲而中，其事肆而隱，事爲史也。

三·遠爲大人，遠慮爲大人之慮。童觀，如童蒙之見人，无遠慮也，小人下觀而化者也，
　　故无慮。

四·行道未至曰遠，已至曰祗。卦下震，震爲大塗，象道路。

五·遠小人。遯卦象言遠小人，陽爲君子，陰爲小人。

六·爻隔爲遠。姤九三象曰：无魚之凶，遠民也。陰爲民，四與民，四與陰遠，故遠民。

七·震象曰驚遠而懼邇。乾爲遠，坤爲邇。

八·損以遠害。謙以制禮，復以自知，恆以一德，損以遠害，益以與利，困以寡怨。

九·逖者，遠也。乾爲遠，故渙上九象曰遠害。

十·遠无所止。夫易，廣矣大，以言乎遠則不禦，以言乎邇則靜而正，以言乎天地之間。
　　乾天遠，天高則不禦。禦，止也；遠，无所止也。

十一·遠難至也。易曰鉤深致遠以定天下。鉤者，曲而取之。遠，難至也。

十二·先天八卦之用，遠則含蓋一歲之寒暑，中則一月之朔望，近則一日。

十三·遠爲物，近爲身。遠取諸物，近取諸身。

十四·遠爲天下。剡木爲楫，舟楫之利以濟不通，致遠以利天下，蓋取諸渙。服牛乘馬，
　　引重致遠，以利天下，蓋取諸隨。大車服牛以引重，小車則乘馬以致遠。易曰：
　　不遠復，无祗悔，元吉。
　　不遠復，取象于剝反復之象。乾爲遠，復自坤反（消息卦由坤反到復），故不遠復。

十五·非爲時之物也。易之爲書爲時物故曰：「易之爲書也不可遠，爲道也屢遷，變動

不拘，流六虛，上下无常，剛柔相易，不可爲典要，唯變所適。」遠指的是空間，時物爲時間。

十六・遠爲應。易曰遠近相取，遠謂應與不應，近謂比與不比。比如遜上九遠離小人，上不與初六、六二兩陰爻相應。

十七・遠爲長。說卦說巽爲長。風行之遠，故爲長。今變坤，在坤宮仍爲上世之，復者復爲上世也，凡卦復爲元位者，亦曰元吉也。

◎祗（唸之）

一・祗：適也。朱子作抵，及也。行道未至曰遠，已至曰抵。卦下震，震爲大塗，象道路。

二・祇，音祈，亦作禔，安也，福也。

三・祗爲病。无祗悔是由易經繫辭說明白的：

繫辭下五子曰：顏氏之子，其殆庶幾乎？有不善，未嘗不知，知之，未嘗不知，知之，未嘗復行也。易曰：不遠復，无祗悔，元吉。祗是說顏氏之病。

復初九是由坤回頭變爻而成了震。如變此爻，卦就无可回頭，所以不遠復，即不會從遠（上爻）回頭。卦往而被陰所剝，所以是有悔之現象。這是象顏回短命不回的情形。

四・祗爲抵。復初九无祗悔，是說初爻是事情從頭開始做，能改過而重來，就不會到達必須悔怨的程度。

五・復初九，无祗悔。復自剝反，剝上爻即乾之亢龍，有悔之爻，剝則安于有悔，復則无安于悔。復六五敦復无悔意思相同，都是說爻不是乾卦上九之有悔。初九變坤爲純坤，坤爲陽盡，已无可回頭，是无可復悔。

◎元吉

一・復爲元「復元」，所以復爲元吉

（一）元吉：後天卦位此爻爲坤宮，初世之卦也。

（二）復，死而後生，所以元吉

後天卦位此爻爲坤宮，初世之卦也，今變坤，在坤宮仍爲上世之，復者復爲上世也。凡卦復爲元位者亦曰元吉也。即死而復生，所以元吉，即可以還回元命。

（三）坤六五黃裳元吉。

（四）易經只要說到元吉，都是指皆先後天同位。元，即指先天言也。

二・乾見離，先後天同位故元吉。又乾爲元，黃離元吉。乾爲元，乾爲離，故乾元吉。大畜六四元吉。卦互震艮，震起艮止，四序一周，乾元之吉，故曰元吉。

三・陰爻承上陽爲元吉

坤黃裳元吉。坤五爲離中爻，離二，黃離元吉，坤五，黃裳元吉，坤五下居乾二，以乾爲離，柔中之德，順承乾陽，乾元之吉也。

四・先後天合爲元吉

（一）六五曰元吉。泰卦坤乾坎離，卦合先後天乾、坤、坎、離之大用，故曰元吉。

（二）大畜六四，童牛之牿，元吉。象曰：六四元吉，有喜也。艮乾先後天同位，故

元吉。

五‧元字和陰陽之進退有關。即由陽走到陽一周爲元，或由陰到陰完成一週，都是元吉。
先天卦陽生坎，申至巽二陽至乾三陽，爲元陽之吉，故渙、井、訟皆曰元吉：

風水--巽坎
水風--坎巽
天水--乾坎

(一)先天卦由乾到坎，由坎進而到艮、到震、到乾，坎到乾，剛好一週，即一元。
又先天卦右旋陽生坎中，至巽二陽生，故渙坎至巽四曰元吉，至乾三陽生，故
訟坎至乾五曰元吉。

(二)由後天卦來看，坎位子，乾位戌亥，自子至亥，消息氣一周，心如故卦訟是乾
坎，所以訟五說元吉。

(三)大畜六四，童牛之牿，元吉。大畜艮互震，自震至艮，乾陽之氣一周，故四曰
元吉。

(四)離六二，黃離元吉。象曰：黃離元吉，得中道也。離二互巽，五互兌，自巽至
兌，坤陰之氣一周。

(五)損六五，弗克違，元吉。象曰：六五元吉，自上祐也。損二互震，自震至艮（損
上卦艮），乾元一周，元吉之象。

(六)益九五，有孚惠心，勿問，元吉。益初至五互艮，震起艮止（由寅到丑），爲
一週。

(七)鼎爲火風。離位午，巽卦後天位在辰巳，自午至巳消息一周，故鼎彖元吉，亨。

(八)渙六四，渙其群，元吉。渙其丘，匪夷所思。象曰：渙其群，元吉，光大也。
渙巽坎，易見巽坎乾即爲元吉。

(九)井上六，井收勿幕，有孚，元吉在上，大成也。井爲坎巽。
易經卦中見坎巽乾皆爲元吉。

(十)革卦兌離，合先天兌離震巽一周，故革卦巳日乃孚，元吉，利貞，悔亡。

六‧回復本位爲元吉

(一)復，一陽來復，曰元吉。姤，一陰來復，不曰元吉而曰貞吉。

(二)履，尸中之復也。履上九，視履考詳，其旋元吉。上九變兌爲麗澤，兌復爲本
位，故曰元吉。

(三)歸即復也，泰卦取歸妹爲通象，故泰卦元吉。
泰六五，帝乙歸妹，以祉元吉。象曰：以祉元吉，中以行願也。
泰自歸妹來，以歸妹六三兌妹，外歸于泰四，故曰帝乙歸妹。歸妹者歸四爲三，
女子大歸之象。泰者，歸三爲四，乃女子于歸之象，歸即復也。

七‧消息卦運行一周爲元吉。元者，圓也。
大畜（震乾），錯萃（澤地），四爻大吉。大畜乾至艮，陽之終也，終則有始，故
四元吉。
萃坤至兌，陰之終也。陰之終，爲陽之息，故萃四大吉（萃爲陰卦）。

八‧養賢（艮爲賢）爲吉，易經之頤卦和大畜皆曰養賢。

　　（一）損五元吉。損二至上亦互頤養賢，損二簋（音鬼）可用。

　　（二）大畜四元吉。大畜養賢，以上四爻互頤，養賢養艮爲賢也，艮爲賢。

九‧吉者幾也。元爲先，元吉者先幾（先機）也。

　　動之微，乃幾之先見者也。動之微，言復卦之初震，動于地下，故微。復初曰元吉，吉之先見者也。知幾者，知吉也，先知吉者也，以復卦爲一例。

十‧右旋元吉

　　（一）火天大有，離兌乾，爲天行之象，即自天右之吉无不利。

　　（二）鼎上九，大吉，无不利。巽、乾、兌、離（主巽，元吉），所以上九大吉无不利。

　　（三）履：視履考祥，其旋元吉--即兌離巽乾，卦由乾起，右旋而巽、而坎、而艮、而坤、而震、而離，而兌爲一周。此說明天行之履（行）。

　　（四）坤五元吉。乾坤錯九六易，乾變離，坤貞爲坎。

十一‧卦合於右行之序，故元吉

　　（一）泰五元吉，由乾而坤。

　　（二）既濟，乾離、坤坎。

　　（三）復初元吉，震坤。

　　（四）大畜四元吉，乾艮。

　　（五）離二元吉，巽離。

　　（六）損上曰元吉，兌艮。

　　（七）益初五元吉，震巽。

十二‧元陽之吉

　　夬履：夬以乾遇兌，右旋而陽息，故上曰其旋元吉。謂兌至乾左旋，爲元陽之吉。

十三‧元吉爲佛家所說之＜圓寂＞，即＜歸源＞之寂。

　　象曰：元吉在上，大有慶也。元吉：乾必至上爻乃息成三陽，故元吉在上。

十四‧復小臨大，故復元吉，臨元亨利貞。

　　上世也。凡卦復爲元位者亦曰元吉也。鼎，元吉，亨。

十五‧先天卦右行爲元吉

　　（一）損：五元吉。象曰六五元吉，自上右也。

　　　　損自泰來，由乾而兌，由坤而艮，先天右行之象。

乾　　兌　　坤　　艮

(二)大有：由乾而兌

```
---        ---       ---x
- -        - -x      - -x
---        ---x      ---x
---x       ---x      ---
---x       ---       ---
---x       ---       ---
  乾         兌        離
```

(三)先天右旋為元亨（日月之躔）

　　坤> 艮> 坎> 巽> 乾> 兌> 離> 震>

　　左旋為元吉（天之運行）

　　震> 離> 兌> 乾> 巽> 坎> 艮> 坤>

◎修身

一・躬為身，反躬修身。

二・復初九象曰修身，復通剝，剝艮為躬，剝反則反躬，反躬所以修身也。

三・復行也，有不善未嘗不知，知之未嘗不行，言修身之道也。

　　　六二，休復，吉。
　　　象曰：休復之吉，以下仁也。

　　復卦六二是陰爻乘在初九陽爻之上，陽爻要上進，而不能進，必先休息之後才可進。所以六二是休復，即休息後再復工。因為六二陰處中，在下卦是得位，而且也從陽，所以不會成為初陽的阻礙。復之初爻有如初生之嬰兒，元氣尚未養足，所以遇到六二之陰，必有心要和它偕行，藉六二和初九陰陽相助而成長。一陽生下為復，如二陽疊進，則變臨，而不復矣。

　　復六二變爻成臨。臨觀之義或與或求。變兌，震為動，兌為言，利於說服。澤為金，金，坤為土，土生金，自身又生水，吉順之象。六二柔居陰位，柔順中正，並自旺。休養生息不勞而獲也。仁為生意，長壽相。疾者得愈，但不利求官。

◎休

一・復六二休復，休象人依木，木德仁，＜依於仁＞也。休與仁相關，人有休而有容，則有仁心。

　　祿命法以水從木為容，即＜從容＞。水性容於木，但水流木不回，則有休止之危。

二・復卦六二象曰休復。復下卦震主動，變卦變則不動，成息之象。

復因卦爻變而成爲臨，復變臨爲消息卦之道，休息之象也。休息爲復象。

三・休與元相關。剝之果，即復之仁，果中有仁，生即成木。復之初，即乾之元。

四・奇門以休門爲水

　　无物不殺，霜雪之寒，純陰之氣，元武之精，三光不照，爲鬼邪之居之宮。但是爲何說休復吉？休門之水爲至陰之地。萬物以水爲生，而發揚於外。收斂歸根，而藏精於內，子者乃一陽復始之初，所以復卦說休復。

五・休爲美。

◎仁

一・木之生爲仁

　　復六二象曰以下仁也。易經六十四卦中言者仁者有二處：乾與復之六二而已。仁者，果仁也，言木之生也。

　　復卦二爻象爲休，休者寬仁。仁就是初生的東西，比如果核、果仁。孔子說克己復禮，就是以最仁慈的方式對待別人，而克制自己。

二・元者，仁也，即復元。

三・剝卦言果（上九，碩果不食），復卦曰仁。剝之果，即復之仁，生生之元也。又復爲亥（核）卦雷在地中，雷即龍也。亥爲乾位，乾爲龍。

四・仁，子爲仁。復卦六二變卦成爲臨，臨爲十二月卦爲子，子爲仁。果之子即稱爲仁。

六三，頻復，屬无咎。
象曰：頻復之厲，義无咎也。

　　復卦初爻一陽復始爲初復，在六二休復，到三爻又見陰爻。六二和六三兩個陰爻在卦成相疊，兩陰頻乘初陽，有凌駕之勢。初陽要升長，與陰爻是相扶相助又相剋，所以不免加諸初爻凌屬之色，因爲陽和陰一向是不會相爭，所以對陽氣之生長不但不會妨害，反而給它一種激勵。如果不是六三加在六二之上而令陽氣頻頻受挫，陽氣反而懈殆而不成器了。

　　復六三變離爲明夷，夷爲傷也。傷不一定是傷害。在祿命法中，傷爲洩，對初生之物在成長中是新陳代謝的意思。而雷聲在地中，能發萬物是因爲含蓄在地中的能量可以發洩出來。雷一聲響大地回春。傷的另一個意思是物傷其類。因爲明夷下離，離與震同類，震見同類而相傷之。木以生火爲傷，震木發而爲火可以暖和陽春。易經以同類相助爲義。六三變離爲明夷，明夷傷也。內卦震木變離，木生火自旺。外坤土，火生土是生他。生來生去而无所得，是爲平。夷爲平也。六九變陽，陽居正位爲有力之象。復三互坎爲心憂，防心病血光，爲屢失屢得之象。此爻是改過不咎，即敗而復。卦象爲入，乍進乍退，或是或非。要會＜難中取易＞，長中求短。爻變明夷得其大首之象也，可成名，但事多反復。

◎頻

一‧纇象頻。纇有憂象，象頻也。纇爲眉，纇本作嚬，眉也蹙也，即＜東施效頻＞之頻。復卦六二爲陰，六三也是陰，是頻象。頻是一雙看來很相像，而並不是完全像的東西。通常在面相學以人的眉毛代表，所以頻是眉。又復三互坎，心憂，爲蹙也。

二‧震巽纇象。復自謙來（地山後地雷，雷自山來），復三互坎，憂象，是爲頻也。巽卦說頻巽。震卦是一陽振二陰，巽卦是一陰振于二陽，形如音叉之振動原理，或調頻器，與現時人所說之頻率振動原理相同。因而震卦和巽卦含有頻字之義。復卦下震，震且復卦坤震具有大震之象，三者都是頻動之象。

◎頻復

一‧復三互坎，心憂象。

二‧頻復：頻，纇也。纇爲巽象。

（一）復自謙通，謙互震，震巽皆爲纇象。

（二）巽自訟通，訟三互巽，巽纇也。

三‧頻，屢失屢得之象。復卦三曰頻復。因六三變卦變離，土性不定，故有屢失屢得之象。坎憂，故三曰頻巽。

四‧復六三頻復，巽三頻巽。六三變離，爲地火明夷。

◎義

坤錯乾，乾金也，易以金爲義。

> 六四，中行獨復。
> 象曰：中行獨復，以從道也。

易經以三和四爻爲中。而六四又居五陰之中，在復卦是重要的位置。復下卦震，震爲行。而六四變爻卦成爲震，也是行。居中而行，是中行。上卦變爲震，下原是震，兩卦一起行則相從。六四本來和初九相應，因爲六四變爻成爲震，震爲行，所以有自己出行之傾向。讓初九一陽獨復，六四陰爻不與初相應，初爻因爲一路是陰爻相朋從，所以也不與六四特別相應。但是六四居中爲震，可以和下卦之震同行。在爻象來看，是雙雷齊響。易經中行有中孚之意思，即上下相成既濟。中行也代表震卦之行。

復卦之能復，是因爲陽爻一枝獨秀在群陰之中＜特立獨行＞，而不肯苟合眾人之意或譁眾取寵，而唯道是從。通常某種已衰敗過的運動、思想，和群體的復興，都是由少數意志堅定而不又隨俗的人完成的。

六四居五陰之中唯一有應之卦。六四應初九，所以獨，獨應也。六四陰居正位，性中和而不孤獨也，所以不吉不凶，乃是好的獨行。復卦初曰修，二爲仁，四爲從道。四應遠，所以說從。就是跟和自己環境不相近的人相從。六四變震，卦成重震，二木並主，財路有源。卦利於和別人不同者。此爻爲吉是因爲能隨俗眾而不附和，生亂世而不爲之所污。要

從道,貴人在遠方。

◎**中行**

其義詳見本書師卦。

◎**從**

一‧從為順。復六四變爻卦成震,震錯巽,巽為順,復之從為順其道而行。

二‧朋為從。易經之朋相從,同類相聚,聚而從。復卦有朋象,朋則從。

易經中用從之處為:

(一)乾九五文言,雲從龍,風從虎。

(二)坤六三,含章可貞,或從王事。

(三)屯六三,即鹿无虞,以從禽也。

(四)訟六三象曰:食舊德,從上吉也。

(五)師彖曰:而民從之。

(六)比彖曰:下順從也。

(七)比六四,外比於賢,以從上也。

(八)隨初九象曰:官有渝,從正吉也。

(九)隨上六,拘係之,乃從維之。

(十)革上六,小人革面,順以從君也。

(十一)復六四,以從道也。

(十二)頤六五,順以從上也。

(十三)咸九四,憧憧往來,朋從爾思。

(十四)恆六五象曰:婦人貞吉,從一而終也。夫子制義,從婦凶也。

(十五)益六四,告公從,以益志也。

(十六)蹇上六,利見大人,以從貴也。

(十七)鼎初六,利初否,以從貴也。

(十八)小過九三,弗過防之,從或戕之。

(十九)易則易知,簡則易從。

(二十)從則有功,有親則可久。

> 六五,敦復,无悔。
> 象曰:敦復,无悔,中以自考也。

所有的生物由死復生,到了成熟的階段會變得渾厚而能自省。復卦六五經過生成的各階段而近圓滿,不必怕陰邪之氣來傷。這時已培養出對付各種外力入侵的能力,這個能力是由遺傳而來。因為六五爻居中,象徵成熟的個性,溫順而不屈,而且可以從自己祖上的

先人，發現自己族類的特質加以發揮，以抵抗外來之攻擊。

　　復卦五爻以陰而伏陽，中以自考，是說中爻自己找出陽爻之氣存在自己身中。考是祖先之靈，每個事物都可以在自身找（考）到自己生命之基因。基因決定生命的存亡也。復卦上卦爲坤，從二至四、三至五、四至六，都是互坤之卦。坤爲土，土爲敦厚之象。復卦上卦爲坤，坤爲母，離爲王，故曰王母。爾雅釋親說父之考爲王父，父之妣爲王母。晉自觀來，離火爲坤土之母，巽木爲坤土之母。母性之特質是保全和養育。陽氣得到坤陰之養育而不致太過亢激，而遭致天譴。

　　六五變坎爲屯。屯爲土，土變土亦厚矣。五爲尊位，陰居之，是仁慈之君主行敦厚之政，因在下无應，不能大有作爲，敦即修己以自考。修己以敬則與人无怨。外卦坤土變爲水土，土剋水，一爲橫財或爲凶災。坎在天爲雲，初五在變卦後成互離，所以坎離相見是相濟象，平順中見吉。

◎敦
　一・詳本書敦卦。
　二・臨卦爲敦臨。艮以上九爲敦，艮卦爲敦艮，取山象爲厚之意。
　三・敦爲艮
　　　艮上敦，復六五敦復。復自比來（水地後雷地），比互艮，艮上敦。地雷復互重坤，有安土敦仁之象，故復六五曰敦復。
　四・敦爲屯，復六五變爲水雷屯
　五・敦爲復，即一而再。
　六・敦復无悔。敦，變坎中象爻艮，艮爲山，厚敦之象也。又坤順也，艮止也，順而止之，故无悔。中以自考：中指六五言。考，成也，言成敦之象由中爻而成也。
　　　五有伏陽，中以自考者，考其陽德得喪存亡也。

◎考
　一・考，成也。豫象曰：先王以作樂崇德，殷薦之上帝，以配祖考。子考无咎。厲，終吉。象曰：幹父之蠱，吉承考也。
　二・父死爲考。蠱初六考无咎，蠱初至四互大過，死也，父死爲考。
　　　祖考：五行之義，震木爲坤土之祖考。豫卦震木剋坤土，土亡，故曰祖考。
　三・震爲考之祖，震爲坤之考。又坤爲死，曰祖考也。
　四・巽木爲坤土之母，豫曰祖考，小過曰祖妣。
　　　蠱初六，幹父之蠱，有子，考无咎。

　　　　上六，迷復，凶，有災眚。用行師，終有大敗，以其國君凶，
　　　至于十年不克征。
　　　象曰：迷復之凶，反君道也。

易經上爻不論陽爻或陰爻都是很容易蹈險。陽爻之險是旺極而亢，陰爻之險是迷。亢則有災，而迷亦有災。復卦一陽生長到上六，陽爻上升要得到陰爻之配合。雖然上六可以助陽之復，因爲坤在居上爲先，先則迷，會因爲陰氣太強而把陽氣遮掩了，所以復上六迷復，即復而不知其已復矣。

《說文解注》：天文爲災，目生爲瞖。火與目爲陽精，生瞖則爲陰障。障爲迷。初九陽生在內，而上六陰蒙於外。仁氣日長，殺氣日消。金陰爲師老，故行師大敗。復卦的特性是回復本原，所以以復元之心，不能行征伐之事。因爲復到了上六已經是成夬象了。復剝相綜，復爲陽初爲復，而剝陰極爲剝，二氣居上，必要爭王而一決了之，是龍戰于野之時。而復元之機可能因爲出師不利而失。

坤爲迷，先迷後得主也。復爲後，是要先迷失。群爻都復而上爻未復，是主上昏庸。上六變艮爲頤，安於現實也。坤爲眾，即師象，變艮，大象爲離，離爲戈兵，動武之象也。頤大象爲離，離在外爲災。復二四互坤，二五互坤，坤爲土，土五，二五得十。上變爲艮，亦爲土。卦震木不能剋上之旺土，所以十年不剋征。又不剋征就是卦不得其正也。上六艮變爲陽土，偶位居陽，上无救兵，下无糧草，出兵必敗。此爻凶象，反君道之故。又上六陰變陽是孤陽，孤陽不生，小人當權。又陰柔又居終爻，爲迷復。占此爻，天災人禍並至，若出師必喪師辱君，十年還不能雪恥復仇。

◎迷

　　一・坤爲先迷

　　　　坤卦的繫辭說先迷後得主。

　　二・陰爲先迷

　　　　迷是指陰，因爲陰性暗，暗則迷。坤爲陰，坤居東北即先迷（東北喪朋）。坤居東北，則是先陰。陰性暗，暗則迷。坤卦說先迷後得主，西南在十二支是未申。

　　三・坤不可居先，居先則迷

　　　　坤先則迷，以失柔順之道也。坤後順得常，後而順陽也。

　　四・不合類爲迷，即失類

　　　　先天卦卦位老父三女，老母三男是迷而先道。後天卦位老父三男，老母三女是順而得常類。即陽與陽爲類，陰與陰爲類，所以後天卦爲順，先天卦爲迷。坤卦說後順得常。後指後天，不合類爲迷。

　　五・迷復：坤先迷也。復五陰上而一陽下，正坤之先迷。坤先爲迷。坤象曰坤先迷反君道也。

　　　　迷復而凶：坤先迷也（先迷而後得主）。復五陰上而一陽下，正坤之先迷，故迷復而凶。

◎災眚

　　一・異自內生曰眚，自外曰祥。害物曰災，離象曰災，坎象曰眚。

　　二・眚祥災。傷害曰災，妖祥曰眚。

　　三・離爲火，災也。錯爲坎，隱伏，眚也。

　　四・子夏傳：「傷害曰災，妖祥曰眚。」

◎師

一‧復不能行師之理由

(一)出兵不喜中道而回，回爲復，復有敗象。

(二)行師敗象。復自來以九二退爲初九，師敗也，言不宜以復象行師也。

(三)復爲乾陽消陰，消卦以金爲主，金克木，復不克征。

復不克征：震爲征，消息卦、臨、泰、大壯、夬、乾、姤、遯、否、觀，或兌或乾（无離无坎），皆金象也。金以沴木，艮于受咎。震爲征，故不克征。

(四)泰三无往不復。泰三互復，故勿用師。

二‧用行師：坤爲眾，師之象。艮止也，師止大敗之象。

以其國君凶：坤，國也。下震，君也。故曰國君以用也。今變艮，艮爲閽閽寺，則令不行，故凶。

◎國君凶

一‧先天卦陽始震終艮，至坤則乾消盡矣。復以震至坤，正乾消盡之時。乾爲君，坤爲國，故以其國君凶。

二‧復反君道：復上六君道，言乾君之道（坤藏）。復之初陽，乾君姤反，五陰居上，一陽居下，反君道也。

◎十年

一‧十年不克征，凶。復上卦六爻說十年，以上爲剝位。由復至剝，中必歷臨、泰、壯、夬、乾五陽卦，姤、遯、否、觀、剝五陰卦。以震起艮止，爲年象，故至於十年。

二‧復有年象。復由震起艮止，爲年象。

䷘ 无妄

无妄，元亨，利貞，其匪正有眚，不利有攸往。

　　凡事達到无妄之境宜守而不宜攻，攻必有損。无妄是陽自外來，而陰柔主內，凡事以不置於心中，爲不妄之法。又不妄爲不可妄想，誠心爲要。身外之物得无妄而茂盛，自人法天，天法自然。萬物各得无妄之性，所謂各通其性各遂其生，无妄或有妄要看正與不正。正則无妄成爲无災，不正則成爲无妄之災。乾金在外，震木在內，中互離，爲火木相生而火剋金。但剋力小反而成相助，力足以剋而得用其財也。

◎无妄

一・无妄：妄，望也。无妄，无所希望。

　　无敢希望爲无妄。无妄乾上震下，天威下行，皆齊絜不敢虛妄也。

二・无妄之災爲上窮之災也。

　　乾上九有災，无妄亦窮之災。故雜卦言无妄之災，上窮之災也。

三・无妄爲大旱。京房謂无妄爲大旱之卦，萬物皆死无所期望，因无妄災也。

　　无妄自訟來，訟坎三互離，變无妄，坎離皆失（所謂日以暄之，雨以潤之皆不見矣），故无妄有火災象。

四・无妄之災爲官災，有訟象。

　　无妄之災有訟象：无妄自訟通，訟三互離火，故曰災。

　　无妄之災，或繫之牛：无妄有訟象（自訟通），訟三有牛繩象（三互離爲牛，上爲巽繩）。又三人位，言人之災也。

五・无妄爲邑人之災

　　邑人之災：艮爲邑人，天雷无妄自天水訟來，天水訟來自天山遯來。訟爲邑人之訟。訟九二，不克訟，歸而逋，其邑人三百戶，无眚。艮爲邑。无妄自訟來，訟二曰邑人三戶无眚。訟變无妄，九二失去一陽，故邑人之災也。

　　遯變訟，曰邑人无眚，訟變无妄曰邑人之災。

六・无妄之疾：坎爲疾，无妄无坎象。取自訟，无妄自訟來，訟五應坎疾，訟變无，无妄取訟爲通象。訟以坎爻居初，是疾退之象，故无妄之疾。

七・无妄，即无往也。上九至上，乾陽已窮，无復可往也。

八・无妄，无忘也，毋亡也。

九・无妄爲過也。過爲往，爲妄。

十・无妄是指不亂來。乾爲天，天无妄行。震爲雷，雷无妄動。

◎利有攸往

一・利有攸往一辭見大過卦、損卦、復卦、賁卦詳解。

二・无妄卦是震下乾上，中爻互艮互巽，有山有風，乾天震雷，陽氣舒發。无往（无妄）不利也。

三・易經說到利有攸往有下面之處：

(一)賁卦繫辭曰，賁亨。小利，有攸往。彖辭曰，賁亨。柔來而文剛，故亨；分剛上而文柔，故小利，有攸住，天文也。文明以止，人文也。觀乎天文，以察時變。觀乎人文，以化成天下。

(二)大過卦辭棟橈，利有攸往；亨。

(三)恆卦，亨，无咎；利貞。利有攸往。

(四)損而有孚，元吉。无咎。可貞。利有攸往。曷之用？二簋可用享。

損而有孚，元吉，无咎，可貞，利有攸往。

損上九，弗損益之，无咎，貞，吉。利有攸往，得臣无家。

(五)益卦，利有攸往，利涉大川。

(六)夬，揚于王庭，孚號有厲，告自邑，不利即戎，利有攸往。

(七)萃亨；王假有廟。利見大人。亨；利貞。用大牲吉。利有攸往。

用大牲吉，利有攸往，順天命也。

(八)巽卦，小亨。利有攸往，利見大人。彖曰：重巽以申命，剛巽乎人正而志行，柔皆順剛，是以小亨，利有攸往，利見大人。

(九)復亨。出入无疾，朋來无咎。反復其道，七日來復。利有攸往。

利有攸往：後天之數，坤二震三，兩數相連，故曰利有攸往。

(十)无妄元亨；利貞。其匪正，有眚。不利有攸往。

◎无妄元亨

无妄乾震。先天卦由震一陽，至乾三陽，陽息而盈，故元亨。

◎利貞

无妄三四上失正，故利貞。利貞，有所可以貞也。

◎有眚

乾上九有災，无妄亦窮之災，故雜卦言无妄之災，上窮之災也。易經言有眚者如下：

一・訟九二，不克訟，歸而逋，其邑人三百戶，无眚。

二・復上六，迷復，凶，有災眚。用行師，終有大敗，以其國君凶，至于十年不克征。

三・无妄繫辭，其匪正，有眚，不利有攸往。

四・无妄上九，无妄，行有眚，无攸利。

五・小過上六，弗遇過之，飛鳥離之，凶，是謂災眚。

◎攸往

无妄上九不利有攸往。上九再進即先天陰位，故不利有攸往（乾之後爲巽）。

◎无妄不利升

无妄升相錯，无妄有攸往，即往于升，上爻乾之後即巽，下爻震之後即坤。乾震變巽坤，升爲陰，故不利。這就是雜卦所說的升不來也。升原征于乾，升變乾爲正，巽變乾，風上天。

◎**无妄四時**

因爲无妄卦四象全，大象爲離，中爻互漸，漸大象爲巽坎，四象備，離、坎、震三象爲震宮象。因爲四時全，所以以茂對時育萬物。

◎**元亨**

一‧无妄卦辭曰亨。无妄爲震乾，以震動乾，故元亨利貞。

二‧元亨之義詳本書臨卦和隨卦。

彖曰：无妄，剛自外來而爲主於內。

◎**剛自外來**

无妄卦辭曰，无妄，剛自外來而爲主於內。

◎**自外來**

一‧易經之變通卦由外卦變到內卦，比如：

益六二自外來。益卦取否卦爲通象，益自否來。否之四陽爻來初成益卦。陰四爻爲外卦，來初爲益初也。所以益自外來，即由外卦來益我。卦的流通是從天地否，再變爲風山漸，再成爲風水渙。否卦之上卦的陽爻，從上卦之四爻到三爻（即漸之九三），再到二爻（即渙之九二），最後成益之初九。由四三而二而初，即從外而來。

二‧上九爲外。益卦上九象曰：莫益之，偏辭也。或擊之，自外來也（小象上九）。无妄彖曰剛自外來。无妄自訟，自遯來（天水，天山，天雷），遯上九來初，故剛自外來。

三‧乾爲外

无妄彖曰剛自外來。以六子之卦，陽爻皆自乾來。无妄以震遇乾，故剛自乾來。

動而健，剛中而應，大亨以正，天之命也。其匪正有眚，不利有攸往，无妄之往，何之矣？天命不祐，行矣哉！

◎**剛中而應**

无妄卦乾震二爻爲陰，五爻爲陽，陰陽得位，故曰應。

一‧坎在中爲剛中，九二居中爲剛中。

　　蒙卦曰，以亨行，時中也。又曰初筮告，以剛中也。

　　師卦曰剛中而應，行險而順，以此毒天下。師坎在下，九二居中。

　　臨剛中而應，天之道也。臨上坤下兌，九二陽爻剛中，和六五陰爻相應。升九二應
　　六五，所以升卦說巽而順，剛中而應，是以大亨。

二‧九五爲中，亦曰剛中

　　无妄象曰：剛中而應，大亨以正，天之命也。

　　无妄六二應九五。剛中而應。九五爲陽，剛居中。

　　萃九五應六二。象曰：萃，聚也。順以說，剛中而應，故聚也。

　　萃上兌下坤。九五應六二。

三‧乾爲剛

　　履象曰：履，柔履剛也。說而應乎乾，是以履虎尾，不咥人，亨。剛中正。履上乾
　　爲剛，下兌爲柔。

◎**无妄之往**

上九居陽之窮，上若前往即入陰位，故无妄之往何之矣。

◎**天命不祐**

天命不祐行：先天卦左四卦皆陽，右四卦皆陰。自巽而乾，至坎艮而乾之二陽消，至坤
而乾之三陽消盡，故天命不祐行。

◎**匪正則有眚**

不正則有災，眚爲災。

象曰：天下雷行，物與无妄，先王以茂對時，育萬物。

◎**育萬物**

　一‧初九應四，互艮時，艮反爲震，震爲生，乾爲大生，故育萬物。

　二‧育萬物：九四互頤，養象。

◎**以茂對時**

艮爲時，震反爲艮，故言對時。先王爲乾，震爲草木，爲蕃鮮，故曰茂。

◎**天下雷行**

乾天也，雷震也。无妄上爲乾天，下爲雷震，爲雷行天下，是一種妄行。

◎**物與无妄**

物與即物一也，太極之意，即萬物各正其性命也。无妄一如无物。萬物各本其所以，亦
如无物也。

◎**先王以茂對時**

震下草木之象，乾下大之象，萬物重言天命之所祐也。草木蕃茂，有如對上天之照應之照應的一種无心的回報。

初九，无妄，往吉。
象曰：无妄之往，得志也。

因爲无妄之妄含有「往」之意思，所以我們有必要深究易經中「往」的用法。

◎往

一・易凡言往者皆指外卦言，由內而外曰往。往，之外也。

二・變成相對之卦即爲往。比如无妄卦初九，往吉，所說的是變卦則往對待之位。初九雷變坤，乾坤天地定位，故吉。

三・卦有來往

易經說來和往皆和乾卦有關，因爲凡卦來往皆經過乾。其理詳本書復卦。

四・往爲順，即先天卦往乾之行。由艮到坤順行也，所以艮到坤爲往。即先天卦巽、坎、艮、坤，由艮到坤，順行爲往。又艮到坤爲君子之往，往者順，來者逆。

(一)後天八卦左四陽卦，震離至乾，自下而上，爲順以往，皆已生卦，乾至震，自上而下，爲逆以來，皆未生卦。右四卦巽、坎、艮、坤，坤至巽，自下而上，爲順以往。

(二)巽至坤，自上而下，爲逆以來，皆未生卦。

(三)數往者順，謂順以數之，皆已生卦。

數往者順：坤以三陰順往乎乾而成女，乾以三陽逆來乎坤而成男。以坤數巽、離、兌之卦，爲已生者。正數往也。說卦傳，數往者順，知來者逆，是故易逆數也。

五・往則通

繫辭曰：往來不窮謂之通。泰彖曰：泰，小往大來，吉亨，則是天地交而萬物通也，上下交而其志同也。內陽而外陰。

六・往爲進。比如：

(一)往就是前進--從艮之東北進到西南。

漸彖曰：漸之進也，女歸吉也。進得位，往有功也。進以正，可以正邦也。其位剛，得中也。止而巽，動不窮也。損卦遄即可往。遄爲速，遄往，快進也。陰陽得正則速，失正則遲。

損初四得正，易經之初爻和四爻必欲得正爲宜。得正，即可往。

(二)需九五往有功：往，進也，進而出險故有功。

豐初九，遇其配主，雖旬无咎，往有尚。象曰：雖旬无咎，過旬災也。

損初九，已事遄往。无咎，酌損之。象曰：已事遄往，尙合志也。

七・往有功，漸往有功。漸自否通，否之三進四成漸。上承九五，故往有功也。

八・往爲反

（一）往爲反，反則有事

蠱，元亨而天下治也。利涉大川，往有事也。

蠱彖曰往有事，蠱由巽至艮，正南而北。隨由震至兌，正北而南。以蠱反隨，亂而復治之象，所以往則有事。因爲往爲反也，反則不安，不安爲有事之象。

（二）復爲反，有往即有返

解，利西南，无所往。其來復吉，有攸往，夙吉。復爲返。

九・往則窮，窮見吝，故往吝。往則往上也，上爲窮。

往，上也，上爲窮位，无論六九居之皆吝也。

（一）蠱六四往見吝，上九自泰初往，往爲窮位，故往見吝。

（二）屯六三，即鹿无虞，惟入于林中，君子幾，不如舍，往吝。

屯自觀通，六二往上三曰往吝，三應上也。

（三）蒙初六，發蒙，利用刑人，用說桎梏，以往吝。

蒙自臨通，臨之初九往上，卦成蒙，初曰以往吝。

（四）咸自否通，否之六三往上，卦成咸，故咸九三曰往吝，上自三往也。

（五）蠱自泰通，初九往上四曰往見吝，應初之往也。

（六）无妄即无往也。上九至上乾陽已窮，无復可往也。

（七）萃初六，有孚不終，乃亂乃萃。若號，一握爲笑。勿恤，往，无咎。

十・易以陽變陰，陰變陽爲往。

十一・往爲行

大畜象曰：天在山中，大畜。君子以多識前言往行，以畜其德。

往行：大畜象曰前言往行。言指互兌言，大畜互兌互震。兌爲口，言之所出也。行指互震言。震爲足行也。

十二・往爲過，卦義見小過。

（一）往不宜過。小過卦曰：往不宜過，過則厲。小過往必危厲，震六五震往來厲。

（二）過此以往

繫辭下五曰：＜過此以往＞，未之或也。窮神知化，德之盛也。

繫辭曰過此往消息卦，復姤二卦爲陰陽之始，若過復姤，自一陽以至六陽之乾，而終于咸，自一陰以至六陰之坤，而終于中孚。

（三）過不宜往

小過九四，无咎。弗過遇之，往厲必戒。小過上爻取蹇象。蹇，宜來，不宜往。往爲蹇難，是故小過往必危厲。

（四）往上可，但過旬有災。

豐初九，遇其配主，雖旬无咎，往有尙。象曰：雖旬无咎，過旬災也。

（五）小過九四象曰：弗過遇之，位不當也。往厲必戒，終不可長也。小過取蹇象，

蹇象宜來不宜往，故往屬必戒。

十三・往乾爲利，往坤不利

　　（一）剝不利有攸往，乾陽消至五爲剝，剝再消之則爲純坤，故不利有攸往。

　　（二）剝錯夬，夬決之則爲純乾，故夬利有攸往。

　　（三）剝反復，復利有攸往，往爲坤也。

　　（四）姤爲陽消之始，故有攸往見凶。

◎**往吉**

往慶，往而有得，往而有功。

一・先天卦往乾之位行，則往吉。

　　（一）无妄初九往吉。往，言剛長也。由震至乾，中有離兌以震一陽，往爲難。

　　（二）往于升：无妄卦言往于升而有眚。往，由坤往乾也。先天卦由乾至坤，爲逆而
　　　　而來。

　　（三）由乾來坤也，由坤至乾爲往，故雜卦曰升不來也。升爲坤巽，先天卦由坤到巽
　　　　要經過乾。由坤往乾是順而當，所以往吉。

　　（四）卦交往後成既濟爲往吉，往有功。

　　（五）晉六五往吉。晉需相錯，相交易成既濟，晉六五往需二，需成既濟，故往吉。

二・卦交往後成既濟，往慶，往吉。

　　（一）晉五往有慶。慶，乾離爲慶，晉需相錯，交易互成既濟，晉五爻往需卦二爻，
　　　　變需爲離，成相濟，而有慶。

　　（二）乾爲離，故往有慶。晉之五往需之二得離，得位，故有慶。

　　（三）睽上九，睽孤，見豕負塗，載鬼一車，先張之弧，後說之弧，匪寇婚媾，往遇
　　　　雨則吉。
　　　　睽上九往遇雨，坎爲雨，睽下卦兌，初變坎，而居上之離往于下。上九，往遇
　　　　雨則吉，睽上爲離卦，往下以成既濟，以水火相交也。離下而遇坎，坎爲雨。

　　（四）屯六四，乘馬班如，求婚媾，往，吉无不利。象曰：求而往，明也。

　　（五）睽六五，悔亡。厥宗噬膚。往，何咎？象曰：厥宗噬膚，往有慶也。

三・往見有功：凡陽卦爻皆自乾來，陰卦爻皆自坤來，來往爲相濟而有功。

　　（一）蹇卦「利西南，往得中也。不利東北，其道窮也。利見大人，往有功也。」
　　　　蹇，坎艮。

　　（二）需，有孚，光亨，貞吉，位乎天位，以中正也，利涉大川，往有功也。

四・往而有得

　　豐六二往得疑疾，變卦後往對待之位則吉。

　　无妄初九往吉。初九雷變坤，則卦成爲乾坤。以下卦變，上卦爲乾，乾坤天地定位，
　　故吉。又由下卦到上爲往。无妄卦初九所演變之往吉，對往之義表示最爲明白。

◎**往來**

一・往來言乎其氣也，即卦氣之流行。

二・往來爲相濟

(一)咸九四憧憧往來，咸九四來初成相濟卦，故曰往來。

(二)兌為朋，咸九四朋從爾思，坎為思，兌朋下初，咸成相濟卦，既濟上坎中互坎。

(三)繫辭說「易曰：憧憧往來，朋從爾思。」兌朋從于兩坎之下，故朋從爾思。往來為相濟也。

三‧往者在外，故曰彰。來者在內，故曰察。

　　夫易，彰往而察來，而微顯闡幽，開而當片辨物，正言斷辭備矣。

四‧易有變通，則有往來。

　　乾坤上爻往來而成艮兌，故曰上澤通氣。乾坤下爻往來而成坎離，故水火不相射。

五‧否泰為來往卦

(一)泰，小往大來，吉亨（六三之小往外為四，九四之大，來內為三）。

(二)大往小來：否自漸通，漸之九往外，六四來內，故小往大來。

(三)泰九三，无平不陂，无往不復。

(四)否之匪人，不利君子貞。大往小來。

六‧上下爻互動為往來，即井井之意

(一)井，改邑不改井，无喪无得，往來井井。汔至。亦未繘，井，羸其瓶，凶。

(二)井，往來井井。井自泰來，陽往居五，上坤成坎，陰來在下，下巽為井，故往來井井。往來，上下爻動之象。

七‧來往為升遷（蹇）：蹇卦多言來往，與升之來往也。蹇卦曰來升，升卦曰往蹇。蹇九五來二成升，升九二往五成蹇。往為遷（蹇）：

(一)水山蹇，蹇自升(地風)通，升二往五，上卦地為水，下卦風成山，升成蹇，故蹇卦六爻皆曰往蹇。

(二)蹇六四往蹇來連，蹇初六往蹇。蹇自升通，五自二往，往而為蹇，故蹇初、三、四、上皆曰往蹇。故上六象曰：往蹇來碩，志在內也。利見大人，以從貴也。

(三)蹇當位貞吉。蹇六四，象曰：往蹇來連，當位實也。

　　蹇六四來連，蹇之九五來二成升，九四於二，二、三之陽相連。先天之氣往乾行，則卦以巽坎艮坤行，此為往之義也。巽坎艮坤相連，蹇卦地山，坤艮也，坤艮相連。但反向而行（是坤艮而非艮坤），所以蹇卦說來連，而非往也。

(四)蹇九三，往蹇來反。象曰：往蹇來反，內喜之也。

　　蹇九三往蹇來反，蹇自升通，升互復，復為反。蹇下艮即震，亦有反之象。

八‧震與明夷互往來

(一)六五，震往來，厲，億无喪，有事。

(二)震六五震往來厲，此象言震與明夷之往來，震六五乘九四，九四為明夷往之爻，震之六三與九四往來，成明夷。

九‧知為來，藏為往。繫辭上十一，藏於密，吉凶與民同患，神以知來，知以藏往。易之六爻以順以數往，逆以知來也。

十‧日月為往來

　　日往則月來，月往則日來，日月相推而明生焉。寒往則暑來，暑往則寒來，寒暑相

推而歲生焉。

十一・往來爲伸屈

往者屈也，來者信也，屈信相感而利生焉。

十二・往來爲復，來往即來復

復：說文往來也。

(一)泰，小往大來，吉亨。

(二)歸妹九四來三，歸妹通泰，无往不復也。

(三)否自漸通，漸之九往外，六四來內，故小往大來。

(四)泰九三，无平不陂，无往不復。象曰：无往不復，天地際也。

(五)否之匪人，不利君子貞。大往小來。

(六)復爲反，有往即有返。

(七)解利西南，往得眾也。其來復吉，有攸往，夙吉。

解，其來復吉，解升通，解四來三爲升，升互復，故其來復，升則上坤爲後
天西南卦，下巽爲先天西南卦，正象之利西南，故其來復吉。

(八)往來者言乎其氣也。由內而外此曰往，由外而內曰來。

(九)咸九四憧憧往來，咸九四來初，成相濟卦，故曰往來。

咸外卦兌，內卦艮，外卦感內卦，九四一則可以和九五類聚，一則也可以與
九三。

(十)類聚爲往來之象。往來，不定也。

(十一)水流不止，往來之象。（見咸卦九四爻辭解）

十三・往有尚

(一)往爲上也，卦成既濟爲有尚。

(二)豐初九往有尚。初應四，豐四失位。四往上成既濟。豐變既濟，以初應上往
之爻，曰往有尚。

(三)節五應上往之爻，曰往有尚。仍坎行有尚之義。

節取泰爲通象，節之五自泰三上往，往而得位，居尊，故往有尚。

(四)往爲尚，往上也。

(五)密雲不雨，尚往也。自我西郊，施未行也。

凡雨者，皆是陰氣旺，凝結得密，方得降爲雨今乾上進一陰，止他不得，所
以象曰尚往也。

十四・往有事

蠱，元亨而天下治也，利涉大川，往有事也。先甲三日，後甲三日，終則有始，
天行也。蠱爲事，隨人者必有事。隨卦爲兌震，與蠱巽艮相從。蠱卦以上艮來止
下巽（艮爲止也）。

巽爲事，巽上下以无事无安。蠱者爲往，往者有事矣。

十五・坎无所往

坎爲險，易見坎則无所往，取解之象象言无所往。以解上震，四往五，卦成坎之

　　　　重險，解以動而免險。若動而走險，失解之義也。故解四曰无所往也。无所往，
　　　　解自升來，三四爻之上下，
　　　　升九三往四成解，九三往四，四不宜往五成坎，坎重險也，故无所往。
十六・不勝而往，往不勝也
　　　　夬初九，壯于前趾，往不勝，爲咎。象曰：不勝而往。
　　　　往不勝爲咎：夬初九往不勝。初欲決上陰，一陽在下，力微不勝。
十七・履初獨往
　　　　履初九，素履往，无咎。象曰，素履之往，獨行願也。
十八・震往來厲
　　　　震六五，震。往來厲，億，无喪有事。

◎得志
　　无妄初九往得志。以无妄自訟通，訟初坎志，震動變坎，動而得志也。

　　　六二，不耕穫，不菑畬，則利有攸往。
　　　象曰：不耕穫，未富也。

◎菑（音滋）
　一・一歲曰菑。无妄六二不菑畬。
　二・菑，田一歲也，畬田三歲也
　三・无妄六二不菑畬，番耨曰畬，无妄六二變，天雷成天澤。今變兌，兌爲毀，又其爲
　　　地也爲剛鹵，故爲不耕穫，不菑畬之象。

◎畬
　　三歲曰畬也。六二變兌爲天澤履。

◎耕
　　震司春令，上卦乾象農具，互艮，艮爲手，象種植。

◎无妄有養象，利出仕
　　中四爻互家人，變互頤養。與山天大畜之不家食吉（上六互頤養）同意。又二剛中而應，
　　君臣相得，故利往出仕也。

◎不家食吉，利出仕
　　无妄不家食吉，利出仕。

◎不耕獲
　　京房謂无妄爲大旱之卦，萬物皆死无所期望，因无妄災也。旱災則不耕獲。

◎未富
　　陰爲虛，陽爲富。不耕，惰于農事，未富之象。

◎富

一・陽爲富

无妄六二未富。陽爲富,地澤陰,不富也。

陰爲虛,陽爲富。不耕,惰于農事,未富之象。

泰六四,翩翩不富以其鄰。以上中兩爻陰虛也。泰通歸妹,歸妹四震爻,故不富。

二・易經中有農事的辭語,即有富之義。比如:

无妄六二不富。古以農爲富,不耕穫,故未富。

三・震爲不富,不富皆震,＜爲仁不富＞也。

(一)无妄六二不富。无妄下卦爲震,震不富。

(二)易言不富皆震象。因爲震卦上中兩爻陰虛也。虛則不富。泰通歸妹,歸妹四震爻,故泰卦六四,翩翩不富以其鄰,不戒以孚。

(三)謙六五不富以其鄰。謙自豫來,豫震爲不富,豫雷地爲震坤(乾兌離震坤),震與坤鄰。謙、小畜皆地天泰象。

(四)臨消不久,升消不富。升卦上六,冥升在上,消不富也。

(五)无妄六二曰未富。六二爲陰虛,陽爲富,地澤陰,不富也。

四・先天卦或後天卦二卦相鄰,比如先天乾和兌,離相鄰。卦見相鄰必富,故易經說富以其鄰。謙五不富以其鄰,謙下艮即乾位,小畜富以其鄰,小畜上巽即坤位。

(一)小畜九五,有孚攣如,富以其鄰。象曰:有孚攣如,不獨富也。先天卦乾巽相鄰,故富以其鄰。

(二)又小畜九五,有孚攣如,富以其鄰。小畜九二變,卦成大畜。小畜乾離,變艮中爻互震,互兌。卦由乾離變爲震乾大畜。大畜互艮、互震、互兌,下卦乾,後天卦位。艮與震,乾與兌,皆相鄰也。互卦,變卦都相鄰。相鄰則畜,畜則富。所以小畜、大畜皆爲富。因爲都是由相連之卦結成。

(三)又富者是因爲富能及左右。所以小畜九五說不獨富。

(四)小畜自履來,天風巽爲富,天澤與巽一體,兌與乾鄰,乾與巽鄰。以履變小畜,故以其鄰。

(五)小畜先天卦位巽與乾鄰,中爻互離,離即先天之乾也,在後天卦位離與巽鄰,且後天卦位乾巽對待,皆聚之至也。故小畜爲富。

五・大畜者富之意。先後天同位之卦,其象曰剛健篤實,其德富之象。

六・巽爲富,巽近利市三倍也。大畜乾巽,故大畜九五富以其鄰。

七・豐卦爲富

(一)豐卦說與時消息。豐爲富＜豐富＞。臨消不久,升消不富。升卦上六,冥升在上,消不富也。

(二)大畜有豐象。山即雷,天即火,又雷火豐。

(三)大畜不家食:大畜有豐象。山即雷,天即火,又雷火豐有噬嗑象(震即離,離即震)。噬嗑,食也。

八・坤爲富。坤厚載物,富之象。

九‧大有爲富

(一)大有中有互體有兌，兌爲澤，秋也。秋，收成大富有也。卦互兌，皆富象。

(二)小畜初至五爲大有，大有之富象，故小畜富以其鄰。

(三)富爲有。大有爲富。繫辭上五。富有之謂大業，日新之謂德。

十‧家人爲富

家人六四，富家大吉。象曰：富家大吉，順在位也。

家人六四富家，家人風火，巽爲富（利市三倍）。

十一‧坤巽富，坤震不富

易中乾巽皆有富象，坤震皆有不富象，以乾實坤虛，震爲仁，巽近利也。

升上六，冥升在上，消不富也。

十二‧日月爲富，天地爲富，物无不備也。物无不備，故曰富有。

繫辭上十一，是故法象莫大乎天地，變通莫大四時。懸象著明莫大乎日月，崇高莫大乎富貴。

十三‧乾貴坤富：乾爲金玉，坤爲布帛。

六三，无妄之災，或繫之牛，行人之得，邑人之災。
象曰：行人得牛，邑人災也。

六三變爲同人，同人親也，親則可超，親反其累也。常理最容易遭无妄之災的是親人。如古時連座法，或誅六親九族，都是无妄之災。此爻有財氣，變卦同人離爲火，剋金，但被无妄卦之中爻互艮所止。又此爻爲繫牛，離爲牛，中爻巽繩，艮爲鼻，爲拉牛之象。三爲行人，是牛被人拉走了。雖六三同人是富象，拉走即失財，一得一失。左手得，右手失。此爻好事皆爲人所得。行人之得邑人之災，可以解釋爲行人得牛而逃，邑人受累。受累爲＜无妄之災＞。

◎无妄之災

无妄之災有訟象。无妄自訟通，訟三互離火，故曰災。无妄之災，或繫之牛：无妄有訟象（自訟通），訟三有牛繩象（三互離爲牛，上爲巽繩。又三人位，言人之災也）。

◎牛

无妄、大畜皆言牛。大畜六四童牛之牿，大畜无牛象，取自需卦四互離牛，无妄自牛取自訟，訟四互離牛也。大畜之牛來自需，无妄之牛來自訟。

◎或繫之牛

一‧互變艮，艮爲手，互變巽，巽爲繩直。離爲牝牛，故曰繫牛。

二‧牛：无妄六三曰或繫之牛，大畜六四曰童牛之牿。无妄自訟來，大畜自需來，四互離，牛也。无妄之牛取諸訟，大畜之牛取諸需（天水--天雷，天山--水天）。

◎行人之得

行人者，震爲大塗，又爲足，行之象。三四兩爻爲人爻，故曰行人。

◎災

一・不正得災

（一）无妄匪正：无妄卦辭說其匪正，即有眚，眚即復卦災眚之眚也。

（二）人事不正都帶來災咎。

二・无妄爲災

（一）雜卦傳，大畜時也，无妄災也。

（二）无妄爲大旱：京房謂无妄爲大旱之卦，萬物皆死无所期望，因无妄災也。

（三）无妄六三變離爲天火同人。變離爲火，火能焚木，災象也。

（四）无妄上九行有眚，爲窮之災。六三行人之得爲邑人之災。皆是不正。上應爲陰
　　　而卦爻九，三應爲陽而卦爻六，因爲不正，而有災。所以无妄其匪正，有眚。

三・在上窮，爲災

（一）乾，亢龍有悔，窮之災也。

（二）乾上九有災，无妄亦窮之災。故雜卦言，无妄之災，上窮之災也。

（三）需九三，需于泥，致寇至。象曰：需于泥，災在外也。自我致寇，敬愼不敗也。

（四）无妄上九，无妄，行有眚，无攸利。象曰：无妄之行，窮之災也。

（五）旅初六，旅瑣瑣，斯其所取災。象曰：旅瑣瑣，志窮災也。

四・離在乾上，災在外

需九三，災在外。需九三乾爲金，三五互離，乾金上接離火。大傳所謂相近而不相
得，也就是不相礙，所以需卦災在外也。易經之災也可以看成是火，因爲火卦在乾
上，即外，故說災在外。

五・需卦離在乾之外，不犯災。

（一）需初應四，互離，互乾和互震。離在乾外爲災在外。所以需九三曰災在外。

（二）大畜象曰不犯災，因爲大畜有需象。

六・火過兌滅，即火遇到兌澤，被兌之水所滅。豐互兌澤以滅離火。爲災象。

七・離爲災

（一）離爲天文日月星辰，因其光晦明，可以用之以察看災祥、人文風俗禮教是也。

（二）離爲火，近火爲災。

　　　北方之人九月之後以火暖床下。剝六四變卦爲晉，晉爲二月卦也。二月撤火，
　　　所以否則災也。所以剝六四象曰：剝床以膚，切近災也。

（三）離爲災，坎爲眚。災者天殃，眚者人害。離爲火災也。錯爲坎，隱伏，眚也。
　　　剝六二，剝床以辨，蔑貞，凶。象曰；剝床以膚，切近災也。

（四）旅初六，斯其所取災。旅取賁爲通象。賁初爲離，旅初應離，焚如之爻，故取
　　　災。

（五）小過上六，弗遇過之，飛鳥離之，凶，是謂災眚　。
　　　小過上六言災眚，離爲災。

(六)无妄六三變離爲天火同人。變離爲火，火能焚木，災象也。

(七)異自內生曰眚，自外曰祥，害物曰災，離象曰災，坎象曰眚。

眚爲祥災。子夏傳：「傷害曰災，妖祥曰眚。凡統言，災亦謂之祥。」（左傳僖公十六「是何祥也，吉凶安在。」）

(八)遯初六，遯尾，厲。勿用有攸往。象曰：遯尾之厲，不往何災也。

遯自訟來，三互離爲災。

八・失物爲災

无妄六三，＜无妄之災＞，或繫之牛，行人之得，邑人之災。

象曰：行人得牛，邑人災也。

九・訟爲災

(一)无妄之災，或繫之牛：无妄有訟象（自訟通），訟三有牛繩象，三互離爲牛，上爲巽繩。又三人位，言人之災也。

(二)失水爲訟。天和水相爭，所以失水爲无妄之災。

无妄之行：无妄自訟來，訟坎三互離變无妄，坎離皆失（所謂日以暄之，雨以潤之皆不見矣），故无妄有火災象。京房曰：「无妄爲大旱之卦。」

(三)邑人之災：艮爲邑人，天雷无妄自天水訟來，天水訟自來天山遯來。訟邑人无眚，訟變无妄，邑人之災。邑人之災是城裡的人互相告狀打官司。

(四)＜无妄之災＞有訟象：无妄自訟通。訟三互離火，故曰災。天和水相爭爲訟，訟是缺水象，即旱災也。

十・厲爲災。大畜初九，有厲，利己。象曰：有厲利己，不犯災也。

十一・陽爲陰蔽則災，故火滅爲災，兌爲離之災也。

豐初九象曰過旬有災。離爲火，陽爲陰蔽故災。易中離畏兌，離爲日，兌西方，日之所沒。離爲火，西位，火之所死。火滅爲災。

十二・過爲災，因爲過爲禍也。

過旬之災：離爲火，火過兌滅。豐互兌澤以滅離火，爲災象。

離納己，震納庚，自庚、辛、壬、癸、甲、乙、丙、丁、戊至己爲一旬，爲過，故曰過旬之災。

十三・陰過陽爲災。陰多于陽中，聖人皆曰災。

十四・迷則遇災

復上六，迷復，凶。有災眚。用行師，終有大敗，以其國君凶，至于十年不克征。

◎邑人之災

一・无妄六五象曰邑人之災：乾錯坤，坤爲邑，變離爲火，災之象。牛不耕作，故有災。先後天同位，故无咎。

二・艮爲邑人，天雷无妄自天水訟來，天水訟自來天山遯來。訟邑人无眚，訟變无妄，邑人之災。

九四，可貞，无咎。
象曰：可貞，无咎，固有之也。

九四變巽爲風雷益，變巽爲風雷對待，故曰可貞。

九五，无妄之疾，勿藥有喜。
象曰：无妄之藥，不可試也。

　　无妄九五變爲噬嗑，乾離先後天同位。卜得本爻問病最佳，勿藥而自愈。中爻互艮、
互巽，艮爲藥石。得此爻者家內雖平安而不離藥石。下卦震，上變離，木生火，財源不斷。
中互坎，坎爲疾憂，得財之時必病也。又九五中正得位，化凶爲吉，故必藥而愈也。
◎无妄之疾
　　坎爲疾，无妄无坎象。取自訟，无妄自訟來，訟五應坎疾，訟變无妄，疾退矣。故无妄
之疾，勿藥有喜。
◎勿藥＜有喜＞
　　无妄九五勿藥有喜。无妄九五互巽，巽反兌，兌說，故喜。勿藥之喜，反喜也。九五變
離爲火雷噬嗑。變離則中爻變坎，坎爲心疾，病象。勿藥有喜：乾爲金，艮爲藥石者。
勿者艮止之，故曰勿藥。
◎不可試
　　无妄之藥，不可試也。互巽則錯兌，兌爲口試也，今已變離而錯亦兌矣，故曰不可試。

上九，无妄，行有眚，无攸利。

　　上九无妄，即无路可往，宜早回頭。物極必反已到終，萬勿再進，行者必有眚災。又
上九之无妄是无事忙，即生在太平盛世，不必徒勞而无功。兌爲陰金，震爲陽木，金剋木，
爲得財，但噬嗑中互坎爲險，或有血光之災、水火之災。噬嗑之火旺見水，風女口舌也。
◎无妄
　　即无往也。上九至上，乾陽已窮，无復可往也。

无攸利：无妄上九有眚无利。无妄前往爲升（天雷變地風升），升中爻爲歸妹，又无妄上九動，天雷成澤雷隨，上九變兌爲澤雷隨，隨與歸妹交易（歸妹，征凶也，隨，嚮晦入宴息），皆不利往之卦，无攸利也。

◎有眚

上九，无妄，行有眚，无攸利。

无妄上九動而成兌，兌爲毀折，故有眚。易經上九多爲冥迷，所以行有眚。

> 象曰：无妄之行，窮之災也。

◎无妄之行

无妄自訟來，訟坎三互離變无妄，坎離皆失（所謂日以暄之，雨以潤之皆不見矣），故无妄有火災象。京房曰：「无妄爲大旱之卦。」

◎窮

極也，上九言不順天命者當時位窮極之際不可行而行，故有眚。

䷙ 大畜

大畜，利貞。不家食吉。利涉大川。

天藏在山中，所謂天不是指蒼芎，而是說自然的變化蘊藏在山中。山能興雲作雨，在山中蘊含天地造化之機。乾坤爲天地，但乾坤也是坎離，坎離爲天地間之冷熱變化也。本卦天在山中，以比喻所蓄之大。物產生聚在於富裕，民生人才之儲備在於選賢於能。蓄勢所以待發，積聚所以備用。因爲能大用，所以蓄備必須十分充實。所以六爻初、二、四、五都取蓄止爲象，大畜上九爲畜之最高點，所以有通衢大道可行。大畜卦象爲天在山中。天爲大器，山則極止，能止大器，故名大畜。人畜德者始能畜賢，不畜不進也。山覆爲雷卦成大壯，故大畜利貞。

◎**大畜**

一・大畜爲牛

（一）易與星宿皆上值天宿，大畜爲牛。

需四互離，故象牛之一角仰也。大畜自需來，自需得牛象，需中互離也。大畜之牛，卦中不見牛，取自需象。需自大壯來，需之牛得大壯之角位，牛大壯。

（二）牝牛：大畜六四，童牛之牿，元吉。離畜皆曰牝牛，離取大畜卦相通。

无妄、大畜皆言牛。大畜四童牛之牿，大畜无牛象，取自需卦四互離牛。无妄之牛取自訟，訟四互離牛也。大畜之牛來自需，无妄之牛來自訟。

二・畜爲養

（一）畜臣妾：遯九三畜臣妾，大畜交易爲遯（天山交山天），畜養也。臣妾爲人君所養。

（二）養德也，即修養德行。大畜卦說以畜其德，養賢，即畜賢。

（三）畜爲畜賢。有賢爲大有，畜賢爲大畜。畜所養爲德，即養賢。

三・畜爲止

（一）以乾遇巽，一陰生而陽小止，故風天曰小畜。乾遇艮而陽大止，故山天曰大畜。

（二）大壯四之上卦成大畜，易經以乾爲大，艮爲畜。又乾爲金玉，金玉藏在山中，是爲大畜。

四・大畜養賢

（一）大畜四元吉。大畜養賢，以上四爻互頤，養賢。養艮爲賢也，艮爲賢。易經之頤卦和大畜皆曰養賢。

(二)剛上而尚賢：大畜自需，自大壯來（山天、水天、雷天），故大壯初九往爲上
　　九（山變水），乾往上故剛上。

五・大畜爲須

(一)面之有須爲大畜也，故人留須謂之畜須。賁六二變乾成大畜。

(二)人因爲須而蓄。

六・畜爲聚，鄰爲聚

(一)師象曰：地中有水，師，君子以容民畜衆。畜衆，聚衆也。

(二)小畜先天卦位巽與乾鄰，中爻互離，離即先天之乾也，在後天卦位離與巽鄰，
　　且後天卦位乾巽對待，這是聚之象，也即是相鄰。鄰爲聚也，所以畜卦爲最聚
　　之卦。

七・大畜時也

雜卦傳，大畜時也。大畜下卦爲艮，故言時。

八・大畜富，小畜寡。

小畜爲寡，謙言君子以裒多益寡，謙履相錯，履小畜相對，小畜
寡也。艮爲山，多寶藏畜之大者也。艮乾先後天同位，畜之極者。小畜卦富以其鄰，
是小富之意。先後天同位之卦其象，曰剛健篤實。

九・畜爲需，爲壯。大畜與需，大壯通。

大畜先後天同位之卦也。小畜爲後天同位，故爲小。大畜爲先後天同位，故爲大。
山天大畜，山覆爲雷卦成大壯，故大畜利貞、大壯利貞。

十・畜爲積。

大畜卦體乾下艮上，以陽畜陽，所畜之力大。小畜乾下巽上，六爻五陽一
陰，取其以一統衆，積小致大之衆。大畜是乾下上艮。乾艮皆陽，陽大而聚力愈大。
大畜之積，所積爲積德。以廣大之積德利於經常而固定之生產。積養不只一家，而
是家家有飯吃。即以長期而固定的生聚，來使衆人都能累積財富。

十一・大畜是家養之畜牲。

九三爲良馬，六四爲童牛，六五爲豶（唸分或奔，是豕）。

◎不家食

一・大畜有食象，无家人象。大畜與需通，需飲食之道。大畜四互頤，有食象，无家象。
大畜自訟通。訟中四爻互家人，變大畜，家人象失，所以不家食，即不在家吃。

二・不家食是說在朝庭吃公家的。食祿於朝，不家食之謂也。

三・畜爲食，大畜不家食

大畜有豐象。山即雷，天即火，又雷火豐有噬嗑象（震即離，離即震）。噬嗑食也，
所以畜爲食。易經之大畜、豐、噬嗑卦皆通，因爲都爲食象也。

◎食

一・需、大壯、遯、噬嗑通于飲食。

二・噬嗑爲食。雜卦傳噬嗑，食也，火雷噬嗑。說文噬爲唸也。揚子「方言」，食也。
易經其他提到食字有：

(一)訟卦，上乾即離，下艮即震，爲火雷噬嗑，故訟六三食舊德。

(二)困錯賁，賁噬嗑一卦，故困九二困于酒食。

(三)豐上震即離，下離即震，爲火雷噬嗑象。因爲豐爲食象（上震下離），豐反噬

嗑，故不食。

（四）明夷初至五互豐，上爲坤虛，離又中虛，故夷初三曰不食。

（五）大畜曰不家食。大畜上爲艮，艮震也。下爲乾，乾離。震離爲豐，豐反噬嗑，
噬嗑爲食，故大畜曰不家食。

大畜二五易位成家人，家人卦體爲噬嗑，噬嗑爲食。上爻變成既濟，既濟爲重
坎，不成家人，所以不家食。

（六）泰三曰于食有福：泰歸妹通，歸妹上四爻互豐，有噬嗑象，故三曰食。

（七）需通大壯，壯遯相對，遯上乾即離，下艮即震，爲噬嗑，故曰飲食。

（八）市爲食。日中爲市，上明而下動，噬嗑爲市合，也是和食貨同音。

三・需爲食。序卦傳需者，飲食之道也。

（一）需象曰：雲上于天，需，君子以飲食宴樂。需九五象曰飲食宴樂，飲食下互兌
口也。

（二）需有飲食之道。訟反需，因爲需有訟象，是以訟卦說食舊德。

四・豐爲食

（一）豐錯噬嗑，噬嗑爲食，故豐食有食象。

（二）漸即歸妹之反，歸妹二五互豐，故漸六二飲食衎衎。

五・兌爲食

（一）巽反兌，兌爲食，巽亦爲食。

（二）訟六三，食舊德。訟三互巽爲食。

（三）泰三互兌口，故食。

（四）兌爲食，未濟只說酒（上九，有孚于飲酒，无咎），但是未濟卦沒提到食。因
爲未濟只有坎卦。坎爲酒，兌爲食。需九五，五爲坎酒四爲兌口，故需于酒食。
明夷初至五互豐，上爲坤虛，離又中虛，故夷初九曰三日不食。因爲豐爲食象
（上震下離）。

（五）剝則兌口象伏，故剝上曰不食。

（六）頤錯大過，上兌即坎，下巽即兌。頤象曰：山下有雷，頤。居子以愼言語，節
飲食。兌爲飲食。

（七）井九三，井渫不食，爲我心惻。渫是去污而清潔之，潔是巽象（潔齊乎巽），
井卦下巽故潔。九三之水未至兌口，故不食。兌爲張口，吐也，吐故不食。

（八）漸有兌象。漸歸一卦，巽兌相反，故漸亦言兌，即有飲食之象（飲食衎衎吉）。

六・豐與噬嗑反，噬爲食，豐爲不食。井錯噬嗑，井不食。

（一）明夷初九三日不食。明夷小過通，小過上震即離，下艮即震，爲噬嗑象。變夷
互豐，豐有噬嗑食象，但反噬嗑，故三日不食。

（二）井卦言食與不食。井卦錯噬嗑，噬嗑爲食，故曰食與不食。

（三）井不食：井水風，反噬嗑，噬嗑，食也。火雷食象。

（四）需九五，需于酒食，貞吉，象曰：酒食貞吉，以中正也。

（五）泰九三，无平不陂，无往不復，艱貞无咎，勿恤其孚，于食有福。象曰：无往

不復，天地際也。

(六)剝上九，碩果不食。君子得輿，小人剝廬。象曰：君子得輿，民所載也。小人
　　剝廬，終不可用也。

(七)大畜，利貞。不家食，吉。利涉大川。

七·中饋爲食

(一)家人六二，无攸遂，在中饋，貞吉。饋，食也，中饋即中孚之意。

(二)家人通中孚，中孚中有食象，何以言之？中孚中四爻互頤，頤養，頤艮震。艮
　　即震，震即離，震離豐。豐震離，火雷噬嗑，噬嗑食也。

八·頤爲食。食物以養爲義，故頤曰＜大塊朵頤＞。大畜四互頤，有食象。

九·月盈則食

(一)豐卦說日中則昃，月盈則食，天地盈虛，與時消息，而況於人乎？況於鬼神乎？

(二)豐錯渙，渙坎巽，坎月居巽下，月已虧矣。又渙之巽爲兌之反，反兌之口下食
　　其坎月。

◎利涉大川

一·利涉大川皆有坎變艮象。後天八卦乾至艮中有坎之大川。

(一)大畜山天由乾入艮，經坎川與需通，坎變艮爲涉川已濟之象。

(二)山雷頤自水雷屯通。坎變艮，故頤利涉大川。坎山謙自師通，曰用涉大川。

二·乾健也，中爻互震，震動也，健而動於兌澤之上，故利涉大川。

三·後天卦乾左爲坎水，右爲兌澤，由乾而行，進退皆必涉大川。如同人曰利涉大川。
　　大畜自需通，上爲坎水，中互兌澤，故需利涉大川。

四·利涉大川之義詳本書中孚、訟、同人、渙等卦。

◎家

易言家皆有家人象。

一·易經卦凡有家人象都稱家

(一)蒙九二克家。蒙下四爻互雷水解，錯風火家人，水克火，解錯家人，故克家。

(二)師上六承家。師錯同人，同人下四爻互家人，承五上兩爻，故承家。
　　師上爻所承之家爲學術上之家，即＜專家＞之家。

(三)損上无家。損自歸妹變（雷變山），歸妹反漸，風山變風火，上四爻互家人歸
　　妹變損，家人象失。歸妹歸到別人之家，所以失自家人。

(四)豐上蔀其家。豐下四爻互家人，五上兩爻，震草覆之，故蔀其家。

(五)大畜不家食
　　大畜有豐象。山即雷，天即火，又雷火豐有噬嗑象（震即離，離即震）。噬嗑
　　食也。

二·家人爲得子之象
　　易經卦見家人象，常是得子兆。昔日商瞿四十无子，孔子爲之筮，得大畜卦，曰後
　　于五丈夫子。又凡卦中互家人象也說家。比如大畜互家人，艮爲門闕，是家之象。
　　食，兌口食之象。

象曰：大畜，剛健篤實，輝光日新其德；剛上而尚賢，能止健，大正也。不家食吉，養賢也。利涉大川，應乎天也。

◎剛健

剛健，乾也。篤實，篤從馬，乾也。艮止則馬行頓，艮爲山，實也。

◎光

管輅曰朝旦爲輝，日中爲光，亦艮象（重艮之象曰其道光明）。謙之彖曰下濟而光明。又曰尊而光。

一‧坤爲光

(一)坤六三象曰：含章可貞，以時發也。或從王事，知光大也。坤六二象曰：六二之動，直以方也，不習无不利，地道光也。坤的二爻說道之光，坤二五交成爲離，離是火之光，而天地之交交以水火。所以坤也是有光的意思。

(二)道未光：晉上九曰道未光，易言坤道，地道光也。坤三失正故未光，未光所以用伐。謙卦曰人道惡盈而好謙。謙尊而光，卑不可踰，君子之終也。

繫辭下七履和而至，謙尊而光。謙爲坤艮，坤艮皆有光之義，故謙爲兼光，因爲兩者皆爲光。

二‧乾爲光

(一)乾卦說雲雨大明，坤卦說含宏光大，指的是乾卦之光。

(二)大畜彖曰：大畜，剛健。篤實，輝光，日新其德。

(三)泰下乾，九二象曰：包荒，得尙于中行，以光大也。

三‧離爲光

(一)離乾同位，故乾光亨，以離爲光也。

(二)坤二五交爲離，以乾光坤，故其光大。易經光明指的是離。

(三)離爲光明：謙互坎，坎錯離，光明之象也

謙彖曰：謙，亨。天道下濟而光明，地道卑而上行。

(四)未濟貞爲既濟，下離，離爲光，故曰有光。

(五)頤六四顚頤，象曰：顚頤之吉，上施光也。頤上爲離，離爲火，爲日爲電，皆光也。

(六)晉上九晉其角。象曰：維用伐邑，道未光也。晉上爲離，光也。

四‧艮爲光明

(一)艮象曰：艮，止也。時止則止，時行則行，動靜不失其時，其道光明。艮其道光明：離爲明，艮其道光明，艮通晉三爲離。謙爲坤艮，艮光明之道也。

(二)觀六四，觀國之光，利用賓於王。象曰：觀國之光，尙賓也。觀中爻互艮。艮之象曰其道光明，故曰光。

五‧孚爲光

(一)夬，揚于王庭，柔乘五剛也。孚號，有厲，其危乃光也。

(二)需，有孚，光亨，貞吉，位乎天位，以中正也。利涉大川，往有功也。

(三)未濟六五有孚。吉。象曰：君子之光，其暉吉也。

(四)俗語說＜浮一大白＞，即爲光意心，浮爲孚。

六‧大畜爲光

大畜彖曰，輝光曰日新。大畜自需來，需有互離日在。訟曰終朝，以互日在巽辰方，正朝旦之時，＜朝旦＞爲輝。

◎未光

一‧陽爻爲光，陰爻揜陽爻，爲未光

(一)震九四遂泥，未光。此象言明夷之變震，明夷之離變，夷爲震故未光。凡陽爻爲陰爻揜（掩），每曰未光。

(二)兌上六引兌。象曰：上六引兌，未光也。

(三)噬嗑九四象曰：利艱貞。吉，未光也。離爲日爲火爲電皆光也，九四變卦，離變艮，艮止也，光而止，未光之謂也。

(四)震九四震遂泥。象曰：震遂泥，未光也。

(五)萃九五，萃有位，无咎。匪孚。元、永、貞、悔亡。象曰：萃有位，志未光也。

(六)夬九五，莧陸夬夬，中行无咎。象曰：中行无咎，中未光也。

夬九五中正，因與上同爲兌體，而又爲上六之陰所乘，故中未光也。

(七)屯九五，屯其膏，小貞吉，大貞凶。象曰：屯其膏，施未光也。

二‧坤含光，坤失未光

晉上九曰象曰：維用伐邑，道未光也。易言坤道，地道光也。坤三失正，故未光。未光所以用伐。

三‧坤含光，復未光

屯卦爲水雷，九五爻變，卦成復。上爲坤，下爲震。屯九五象曰：屯其膏，施未光也。施未光，施爲發也。光者坤象之「含弘光大」。坤文言之曰「萬物而化光之光也」，爻動卦成復卦，復彖曰「復見天地之心」，復於辟卦爲十一月，陽氣初動，未光也。

四‧坎震取寒位，未光。屯之上爲坎，先天八卦爲正西，於時爲秋，下爲震，先天東北，於時爲冬至，一秋一冬正爲寒冷之境，故施未光也。

五‧水見土爲遂泥，水土相雜，未光也

(一)震九四，震遂泥。象曰：震遂泥，未光也。震九四遂泥，土入水爲泥，此象言明夷變震，明夷四爲坤土變震，互坎水，有土入水之象。水土相雜則汩，而成泥，是瀆之象也。

(二)水土相雜爲膏。屯九五，屯其膏，小貞吉，大貞凶。象曰：屯其膏，施未光也。

六‧艮土湮火，未光。噬嗑九四象曰：利艱貞。吉，未光也。噬嗑上離，離爲日、爲火、爲電，皆光也。噬嗑九四失正，四五相易卦變艮止也，光而止，未光之謂也。

七‧未爲玉兔。未之光也，即坤之光，坤之光即月光，玉兔爲月。

八‧萃九五有位，志未光也。萃未成坎離，坎離皆鳥象，故志未光也。

九‧易經說到未之爻共四十多個。未爲未濟，未字皆和未濟相關，即爻位非正，比如離在上、兌在上……等。離在上爲噬嗑，兌在上卦爲夬萃。

◎尚賢

大畜象曰尙賢，艮爲賢人，尙爲上九，易以六五承上九爲尚賢之象。

◎應天

一‧應乎天也：乾爲天，離與天相應。

（一）大有曰其德剛健而文明，應乎天而時行，是以元亨。應乎天而時行：離日在天，每日右施一度，積三百六十五日有奇，與天會以成歲，而春大有象辭應乎天而時行，是以元亨。離日應天也。

（二）同人、履、乾居上，曰應乎乾。大有、大畜乾居下，曰應乎天。中孚中孚以利貞，乃應乎天也。

（三）應天，先天卦巽兌中有乾天，故孚曰應天。大畜利涉大川，應乎天也。

二‧應天即與乾同行，比如同人說乾行。

三‧天爲五位，與五相應爲應天。

中孚應乎天。中孚二、三、上利貞。二貞爲六，三貞爲九，上貞爲六。二、五、三、上相應，五上皆天位，故應乎天也。

四‧中孚象曰應天，上曰登天。訟乾爲天，二動應乾，故乃應乎天也。

五‧上爲天位（五和上皆爲天位），與上相應爲應天。

> 象曰：天在山中，大畜。君子以多識前言往行，以畜其德。

◎中

中的意思是卦入於爻中。比如：大畜天在山中，明夷明入地中。小過雷入山中。

◎前言往行

言指互兌言，兌爲口，言之所出也，行指互震言。震爲足行也。

> 初九，有厲，利已。
> 象曰：有厲利已，不犯災也。

大畜利已而不犯災是因卦意爲止畜。有財要先留下，才可以和別人分享，否則成空。

初爻變巽爲木，巽木剋艮土，是得財之象。但是中爻離爲火，木先生火，而不會全力去剋土，所以不易聚財。大畜就是要節制來畜留財力，以財生才。所以富者如不是有大能，要以節省來生財。

◎厲

遯三有疾厲，大畜遯交易之卦（天山，山天），故大畜初曰有厲。厲者，陰爲陽厲也。

一·懼也，凡易例厲多吉。初六厲終吉；乾之九三厲无咎，因乾之九三互爻變巽爲進退，厲有接厲之意，進退之象也。

二·厲是指兩種力量不相援助反而相排擠，這是造成危厲的原因。

艮和乾都是陽卦，兩者不投和但互相砥礪，這是東西可以積畜的原理。

三·厲字之義詳本書噬嗑卦。

◎己

己爲止，大畜＜利己＞。

一·艮四與五陰爻，畜止乾初與二兩陽爻，故初與二皆自止不進，不受陰害。小畜初復道，大畜初利己，皆艮止之意。大畜說利己，己爲止也，即艮象也。利己者言利之所止也。

二·大畜有厲利己，己，止也。大畜卦有利于止畜。

三·乾爲利，大畜艮所止的是乾之利。因爲乾爲大，大的力道抑止才會產生累積的潛力。

四·損初己事，止也。

五·易經大畜說利己。本書取來知德注己字音爲夷止反，爲自己的己。在這兒觸到易經最令人困擾的問題，就是許多版本用字不同，到底那一個字才對。照筆者之見，易經原來並不是文字，而是口語相傳之物。民初出土之周易殘石，以及近年出土的長沙馬王堆易經帛書，其中所用之字許多和傳統經傳中所見之字辭不同，但皆形或音相似，可見古時易經並无一定的寫法。長沙馬王堆發現的漢熹平周易石經很多和傳統六經之中周易六十四卦所寫的不同。比如石經之蹇卦大蹇朋來之朋作崩，而蹇字在漢石經作寋（唸簡，與蹇同音）。曾被誤爲是石經之本的京房易亦將困卦之上六困于葛藟，于臲卼之「臲卼」寫爲劓劊。艮卦不拯其隨之「拯」作承。其他例子甚多。考証學家或以爲經文必有特定之寫法，這種想法並非无據。但是從以上幾個重要易經文物可見，易經在漢代，如京房等大師手中，都无求于形意之拘，何況是更早之創造各種易經文化（占卜者）之先民。所以筆者以爲，易經最重要的是如何去用，而不是要根據那個本子去用。考証易經文字未必是研究易經唯一之途徑也。這個道理，凡是能占卜算命的人比較能理解。

許多易註把大畜初九之己字解爲止，有的最多加上注音爲夷止反，或唸「紀」，而石經則作巳，易經中之不同之本取同音不同形之例不勝枚舉。在周易之中用到不少己、已、和巳三字，其實許多是同形或同音而相通。己、已、巳三者皆有止意，不過本文所取爲夷止反，即己。如本書開宗明義所主張的，易經之卦辭如何寫並不重要，最重要的是易經之原理。

◎牛

无妄大畜皆言牛。大畜四童牛之牿，大畜无牛象，取自需卦四互離牛，无妄自牛取自訟，訟四互離牛也。大畜之牛來自需，无妄之牛來自訟。

◎災

一‧災之義詳本書无妄、離卦。

二‧大畜初九怕犯災。因爲大畜卦性爲止，不宜躍進，以免自災害。

> 九二，輿說輹。
> 象曰：輿說輹，中无尤也。

　　下卦乾爲陽剛健，二爲中位，執中行權當止則止，不操切進取，如輹說車止而不行。輹，伏兔也，車下鉤心夾軸之物，凡事要合中道。因爲車之行要先知其止，就是想開快車就得先要好的煞車，否則車就要拋錨。九二變離火，爲火生艮土，但離錯坎爲陷，所致必損必陷也。幸而大畜卦本來卦體爲乾火剋金，上艮土生金，一剋一生，无所損失。而坎又剋離火，坎爲陷，可抵去離火乾金之患，所以此爻无災象。无尤就是无災。從此爻看做人，說話含蓄，用錢節畜，災咎遠離。

　　山天大畜，山覆爲雷卦成大壯。大畜曰輿說輹，大壯曰壯於大輿。坎爲輿，需變大畜，坎之輿爲艮止。輿說輹也，乾爲圜，爲健行，車輪之象。

◎輿說輹

一‧乾運轉不息，又爲圜輿象輹車下縛也。變離，中虛說輹之象。

二‧說，脫也，互兌，兌爲毀折。說也同脫，馬融曰解也。說輹則輿不能行，因上艮，止也。小畜三受四畜，故三輿說輹。大壯，壯于大輿之輹。

> 九三，良馬逐，利艱貞。曰閑輿衛，利有攸往。
> 象曰：利有攸往，上合志也。

　　乾爲良馬，其象爲逐。同氣相求，與上九相合共同建功。但是九三變爻爲損象，體爲頤，爲安樂閉瑣而損，不宜輕舉妄動。又乾爲金利，又是車馬，爲金革兵器。閑字爲熟習之意，即平時要講究操演，一但有事，可以有所作爲。此爻卦象是下卦變爲兌金，又爲澤。中互土，土能生金。而大象爲離火，火能剋金，旺金見火无不富貴也。大畜火旺災象多，上艮止之，可以化險爲夷。又大畜是畜德，其性爲養，以涵養道德于未用之時，待時而後動也。

◎良馬

乾爲良馬。九三變兌爲山澤損，乾爲良馬，受損，所以說良馬逐。

◎逐

京房曰進也。良馬逐：乾爲馬互震，震爲作足之馬，良馬也。

◎艱

上艮止，不進之謂，故曰艱。

◎日閑

閑，習也。坎爲習，離爲日，二五失正，貞爲既濟。上卦坎艱，三互坎艱，故利艱貞。即大畜可變爲既濟，既濟坎多利艱貞。

> 六四，童牛之牿，元吉。
> 象曰：六四元吉，有喜也。

上卦爲艮止也。下體爲乾，爲純陽過剛。四爻爲陰和初相應，以柔剋剛。以六四之柔剋剛，則初爻如牛性之＜畜勢待發＞，可以有所壓制。大畜六四之爻旨在于始發之勢易於遏制。又上不勞於禁，下不傷于刑誅，因爲以仁心對待小牛之方法，所以有喜。易經說到喜字都和發財有關。變離爲火，火剋乾金，而火在下爲正位，是家中做飯之火，而不是在外之災咎之火，所以大利於財，這也是能畜養者所該得的。又一四爲正應，初變而成巽木，木生火，四變成離之大火。二個相對相應之爻變了還是互相照應，所以喜事重重。重爲童。

◎牛

　一・離爲牛

　　(一)離卦曰離，利貞，亨。畜牝牛，吉。

　　(二)大畜六四，童牛之牿，元吉。畜四來二成離，童牛變爲牝牛。

　　(三)无妄六三，无妄之災，或繫之牛，行人之得，邑人之災。象曰：行人得牛，邑人災也。

　　(四)无妄大畜皆言牛。大畜六四童牛之牿，大畜无牛象，取自需卦四互離牛，无妄自牛取自訟，訟四互離牛也。大畜之牛來自需，无妄之牛來自訟。

　　(五)昭公四年春秋傳曰純離爲牛。坤爲牝，坤二五之乾爲離，故爲牝牛。

　二・大畜爲童牛

　　(一)大畜六四曰童牛。離有牛象。大畜自需通，需四互離，離畜牝牛。大畜下艮少男，故爲童牛。

　　(二)牛羊之无角曰童。大畜，童牛之牿，即无角之牛也。

　三・坤爲母牛

　　(一)雜爲說，乾爲馬，坤爲牛。

說卦傳：坤爲地、爲母、爲布、爲釜、爲吝嗇、爲均、爲子母牛。

(二)離，畜牝牛。坤爲牛，爲子母牛，以坤中爻即離中爻，坤爲母牛，離爲子牛，坤腹藏有離牛，故爲子母牛。

(三)離卦和大畜卦都說牝牛吉，因爲都是在陰坤之位也。

四・牛爲角象

(一)需四互離，故象牛之一角仰也。

大畜之牛，卦中不見牛，取自需象。需自大壯來，需之牛得大壯之角位（即九三）。大壯九三，羝羊觸藩，羸其角。

(二)大畜四，童牛之牿，需大畜，角成艮木之止，故象楅，而爲童牛之牿。

(三)睽三其牛觢（音至），以大畜變睽，大畜自大壯來（山天序雷天）。

六四之角反而向下，故象牛之一角仰。

(四)睽六三牛掣，大畜六四爲童牛之牿。牿者，角弛，變睽，陰爻下而陽爻上，象牛角之一俯一仰，故其牛掣。

(五)晉上九晉其角，晉坤離爲牛，牛有角，上爲角位，故晉其角。晉有牛象。

五・鼎革爲黃牛

革初九，鞏用黃牛之革。離爲牛，二爲黃，革爲澤火反爲火風鼎，鼎革同一卦也，有黃牛之革象，變遯，遯六二，執用黃牛之革。下卦爲艮，艮手爲執，故執之用黃牛之革。

六・旅卦喪牛

(一)旅上九，鳥焚其巢，旅先笑後號咷。喪牛于易，凶。象曰：以旅在上，其義焚也。牛喪于易，終莫聞也。旅上九喪牛于易，牛乃坤之順德，否下坤，旅取否爲通象。否變旅，坤順而成艮止，艮爲喪，故旅上九喪牛于易。

(二)牛乃坤之順德，否下坤，旅取否爲通象。否變旅，坤順而成艮止。艮爲喪，故旅上九喪牛于易。

(三)旅六五非坤陰之正位。坤爲牛。旅上離即乾，下艮即震，无妄之象也。无妄曰或繫之牛，行人之得。牛被人所得，爲牛失之象也，所以旅卦上九說喪牛。

七・牛爲吉。離大畜牝吉：

離，利貞，亨。畜牝牛，吉。大畜六四，童牛之牿，元吉。

八・離與大畜皆爲牛

離彖曰畜牝牛吉。離六二之柔自大畜四通，畜之四陰來二成離，畜四童牛之牿元吉，畜四來二，是以畜牝牛吉。二爲牝牛，二與四同功，皆坤位陰正也，故象牛。

九・賁卦有牛象

賁下離得正，有牛象。賁變旅，下離變，亦喪牛象。

十・既濟九五，東鄰殺牛，

不如西鄰之禴祭，實受其福。象曰：東鄰殺牛，不如西鄰之時也。實受其福，吉大來也。

泰之坤爲牛，既濟卦言東鄰殺牛，說的是泰變既濟之象。泰變既濟，泰之坤土變既濟之坎血，濟之離爲戈，故有殺象。

十一・服牛乘馬

　　　　繫辭下二，服牛乘馬，引重致遠，以利天下，蓋取諸隨。

　　　　隨四互艮，穿鼻之象。隨上兌，兌反巽，巽為繩，所以隨卦說服牛乘馬。

十二‧牛為物。

十三‧牛為大牲

　　　　萃用大牲吉，牲為畜象。萃大畜錯，大畜有牛豕之象，說文，牛，大牲也。坤為
　　　　牛，以坤變離貞為相濟，故曰大牲。

◎物

一‧家人象以言有物，兌為口、為言，離為牛，說文：「牛，為大物也。」孚二兌口為
　　　言，二五中實，家人自中孚通。

二‧又物為吻，牛之口。

三‧物有本末：萬物皆始於丑二，丑屬牛，牛大物也，故物從牛。星紀起於牛，本末皆
　　　從木，木下為本，木上為末，寅卯屬木。

◎元吉

一‧大畜六四元吉。卦互震艮，震起艮止，四序一周，乾元之吉，故曰元吉。

二‧大畜（震乾）錯萃（澤地），四爻大吉。大畜乾至艮，陽之終也。終則有始，故四
　　　元吉。萃坤至兌，陰之終也。陰之終為陽之息，故萃四大吉（萃為陰卦，不曰元而
　　　曰大）。

三‧元吉之義詳本書乾卦。

◎牝

變離為牝牛，艮為少男，童之象。

◎牿

橫木置角，端以防觸福衡是也。牛角橫木曰牿。

◎有喜

互兌故＜有喜＞，此爻先後天同位，故元吉。

◎童

一‧大畜說童牛，是未角者（還沒有長角的牛），就是先以梏福（橫木）令牛不會觸人，
　　　也就是禁于未發之意。

二‧艮為童，艮小子也，大畜上艮。

　　　　六五，豶豕之牙，吉。
　　　　象曰：六五之吉，有慶也。

　　　豶，豕去勢曰豶，就是閹過了的公豬，會馴服而其牙齒不再傷人。六五辭象之意是閹
的目的，是不必拔去豕牙而可以將之馴服。六五變巽為木，雖下卦乾金剋木，但是巽乾合，

但三五在變爻後互爲離，離爲隔，可以減少金剋木之力，而且化其頑。又巽木反而生火，正是金木火三象相互輝映。艮土得火生，艮爲小男，五行貴氣全注在土上。六五卦變成小畜，正好是以小而得大，所以卦象是吉，而且吉而有慶。大畜喜事，所以殺豬。

　　大畜六五，豶豕之牙，吉。吉爲祭，豕牙之吉即＜牙祭＞也。大畜爲牛、豬，大畜爲陽性之豬。六五陰居之，是去勢之後的豬，陰其勢而肥之，可以爲祭物。祭神之物，人得而食之。

◎豶

　　一‧豶（唸焚），豕子曰豶，最後生者爲么豚。

　　二‧豕去勢曰豶。變巽中爻離，離錯坎，坎爲豕。離中虛，失勢之象也。

◎牙

　　牙，畜也。

　　一‧豕之杙（唸億），以杙繫豕，防其唐突。坎豕而爲艮木，畜以止之，正杙之象。故大畜六五曰豶豕之牙，管豬的工具。

　　二‧牙，杙也，以杙繫豕也。

　　三‧參差不齊爲牙。因爲六五爲陰，而上九爲陽，兩者參差。

　　四‧六五爲＜蓄勢＞（勢爲豬之生殖器），即＜蓄勢待發＞。六五之陰爲壓制上九之陽，可說是陽之蓄，發作前之備。

◎有慶

　　大畜六五象曰有慶。六五之陰得上九之陽，陰得陽曰有慶。

　　坤象傳，東北喪朋，乃終有慶。艮居東北，六五得承上九，有慶也。

　　易經說到慶字皆爲喜之象。下面的卦都說到有慶：

　　一‧兌九四，商兌未寧，介疾有喜。象曰：九四之喜，有慶也。

　　二‧豐六五，來章，有慶譽，吉。象曰：六五之吉，有慶也。

　　三‧困九二，困于酒食，朱紱方來，利用亨祀。征凶，无咎。象曰：困于酒食，中有慶也。

　　四‧升，用見大人，勿恤，有慶也。南征吉，志行也。

　　五‧益，利有攸往。中正有慶。利涉大川，木道乃行。

　　六‧睽六五，悔亡。厥宗噬膚，往，何咎。象曰：厥宗噬膚，往有慶也。

　　七‧頤上九，由頤、厲吉，利涉大川。象曰：由頤、厲吉、大有慶也。

　　八‧大畜六五，豶豕之牙。吉。象曰：六五之吉，有慶也。

　　九‧履上九，視履考詳，其旋元吉。象曰：元吉在上，大有慶也。

　　十‧晉六五，悔亡，失得勿恤，往吉无不利。象曰：失得勿恤，往有慶也。

◎慶

　　一‧乾爲慶

　　　　（一）兌九四象曰慶，兌取需爲通象。兌之九四乃需之乾爻，故有慶。即兌有慶象。

　　　　（二）豐六五有慶。乾爲慶，乾陽爲慶，九四上五乾陽得位，故有慶。

　　　　（三）困九二象中有慶。乾爲慶，九二乃否之乾爻，困自否通，故中有慶也。

(四)升象曰有慶，乾離有慶，慶乃乾離之象也。用見大人，則下巽成離（日月合其明也），有慶者，合乾之初、三、五、之正位也。

二・離爲中，故離有慶。又離取乾位，乾亦爲有慶。

　　(一)益象中正有慶，乾離爲慶。二五中正，益三上以九六相易，下成離上成坎，二五中正爲坎離，故中正有慶。

　　(二)慶，乾離爲慶，晉六五象曰：失得勿恤，往有慶也。
　　　　晉需相錯，交易互成既濟，晉五往需二變需之乾爲離，故往有慶。
　　　　晉之五往需之二得離，得位，故有慶。

　　(三)大畜初曰利己不犯災，二中无尤，三利有攸往，四元吉有喜。五爻吉有慶。上爻，亨。離通大畜，元吉之爻，自四來二得其中正。

三・易卦有大有之象爲大有慶

　　(一)頤上九象曰：由頤，厲吉，大有慶也。頤之六五，尊養上九之賢，象同大有，故大有慶。

　　(二)履自小畜通，小畜互大有，乾爲慶，故大有慶。大，有慶也。大乾也，有慶，變兌，兌說也，慶之象。

四・陰得陽爲有慶。大畜六五象曰有慶，六五之陰得上九之陽，陰得陽曰有慶。

五・爻承上，上爲終，爲有慶。坤彖辭，東北喪朋，乃終有慶。艮居東北，六五得承上九，有慶也。又坤爲終（巽坎艮坤，坤爲終）。

上九，何天之衢，亨。
象曰，何天之衢，道大行也。

　　上九之畜已經密集，可以取之不盡用之不竭。其所堪負荷之事業前爲天衢大道。上九爲艮，下爲乾，老陰老陽正配，是富貴壽考相。艮爲上，艮土生乾金，是泄生。在上位者反而要照料下民。但大象爲離，離爲火，火生土，其生之力大，所以艮土用之不盡，而且上九變卦成坤，艮坤同宮，有生有助之配也。

◎天衢

　一・古時皇城中之大道爲天衢。

　二・艮爲路，乾爲天，天上之路也。

　三・道大行，不家食。涉大川，无往而不利矣。

◎何

　易經之何可有下列之解：

　一・即爲何之何，疑問辭

　　(一)繫辭下五，何不利之有？

　　(二)繫辭下五子曰：天下何思何慮？天下同歸而殊塗。

　　(三)小過初六，飛鳥以凶，不可如何也？

　　(四)小過九三，弗過防之，從或戕之。凶。象曰：從或戕之，凶如何也？

　　(五)鼎九四，鼎折足，覆公餗，其形渥，凶。象曰：覆公餗，信如何也？

　　(六)否上九象曰：否終則傾，何可長也？

　　(七)既濟上六象曰：濡其首，厲，何可久也？

二‧不知所往也

　　(一)革九三象曰：革言三就，又何之矣。

　　(二)遯初六象曰：遯尾之厲，不往何災也。

　　(三)无妄彖辭曰：无妄，元亨利貞，其匪正，有眚，不利有攸往。

三‧當荷，即負荷，負擔

　　(一)噬嗑上九象曰：何校滅耳，聰不明也。

　　(二)繫辭下五易曰：何校滅耳，凶。

四‧何可二字爲否之義，易經中用何可二字有下面之處。皆以何取否之意。否爲不可，何亦爲不可。

　　(一)中孚上九象曰：翰音登于天，何可長也。

　　(二)離九三象曰：日昃之離，何可久也。

　　(三)大過九五象曰：枯楊生華，何可久也。

五‧何爲背也，即負荷。大畜上九何天。何者，背也。

六‧何之義詳本書否卦。

◎衢

四達謂之衢。

一‧大畜上九天衢亨通：大畜彖不曰亨，至上畜極而通，故上曰亨。

二‧雜卦，大畜時也。艮爲時，謂此爻之天衢亨通之象。

◎天

一‧上爲天，上爻爲天。

二‧大畜上九曰天衢。乾爲天，艮爲徑路，易例上爲天。

◎大行

一‧大行：天衢本不能行，變坤爲泰，通也。

二‧畜上九道大行：上九應三互震，震爲道，爲行。大者乾也。

䷚ 頤

頤，貞吉。觀頤，自求口實。

　　震爲動、爲木，艮爲土。內卦震木剋外卦艮土，中爲眾陰所隔，剋力小爲无爲之象。但二到五爲坤陰，而艮爲小人壓頂，非吉象也。艮山在眾民之上，下爲坤土，艮坤土比和，財富无外流，如善加引導，其潛力无窮，所以頤以養正爲要。此卦以口取象，口爲上頰，而下顎動。上爲靜，下要動，以靜來制動爲吉。

◎頤

一・先後天同位之卦也。

二・頤爲臨、觀、屯、蒙、晉、明夷所通。觀頤、蒙養、屯錯鼎養。

三・頤，互復，互剝。

◎貞

頤中互坤故曰貞，坤爲貞也（泰否之卦）。

◎口實

頤自求口實：

一・頤自臨通，以二爻上第六爻成坤、兌、臨，兌口中虛，震爲自，自求口實。

二・頤中有物曰口實。自二至五，有二坤，坤載養物，即人們食的＜口實＞。

三・自求口實：吃要得體的意思。

四・陽實陰虛，實者可以養人，虛者被人養。指的是虛者自求于陽之實也。

象曰：頤，貞吉，養正則吉也。觀頤，觀其所養也。自求口實，觀其自養也。

◎頤，養正之吉

一・陽養陰，下動上止，各得其正，則吉。

二・凡下動而上不動爲頤，養正就是取蒙卦之象。頤動則口開，養之則蒙，所以蒙爲養正。

三．頤之爻象取龜息虎視，說的是古時道家養身之道。孔子非道家，只說節言語、愼飮食。又頤爲養，以節言語、愼飮食爲主。頤反大過，大過爲禍，所以＜禍從口出＞。

◎養

一．蒙爲養

序卦傳，蒙者蒙也，物之穉不可不養也。

二．養爲亨，即亨以享上帝，是祭神之意。

(一)鼎彖曰：聖人亨以享上帝，而大亨以養聖賢。

鼎（自巽通）巽錯震帝于上，故亨以享上帝。亨以享上帝：享爲養象，頤中有養也。震爲上帝（亨與大亨有鼎象，巽初至五互鼎，亨。）。

(二)大畜不家食，吉，養賢也，即養聖賢，在此意爲已故之先人。

(三)蒙卦初筮告，以剛中也。再三瀆，瀆則不告，瀆蒙也。蒙以養正，聖功也。

(四)震初至四亦互頤，巽初至五亦互鼎。故震、巽卦云亨與大亨。

三．頤爲養，養亦爲亨，頤養家臣也。頤上爲艮，廟也。頤之養爲養已故之家神也。

(一)渙中四爻互頤，震帝在二，艮廟在五曰亨（震艮有帝亨之象）。互頤，頤爲養也。

(二)益下四爻互頤，震帝在初曰亨帝。

(三)頤錯大過，故大過卦曰天地養萬物。聖人養賢以及萬民。

(四)大畜六四元吉。大畜養賢，以上四爻互頤，養賢。養艮爲賢也，艮爲賢。

四．養爲食奉祿也，即＜禮賢＞也。

(一)大過曰天地養萬物，聖人養賢以及萬民。

(二)大畜上四爻互頤艮賢在上，曰不家食吉，養賢也。

(三)損上九互頤，得臣无家，禮賢人也。

(四)賁三上互頤，賁，束帛戔戔。禮賢人也。

(五)蠱上九互頤，蠱，不事王侯，高尙其事。

(六)鼎自巽通，錯震帝于上，故亨以享上帝。

五．養爲不窮

頤爲震艮，震起艮止，有始有終，故頤之養不窮。

井養不窮：坤、井卦皆曰養不窮。井錯噬嗑，初至四爲頤養，有震起艮止之象，故不窮。井彖曰井養而不窮：坤萬物皆致養，井自否來，否之坤變坎，故井養不窮。

六．養卦爲大有，易經大有象之卦皆曰養。

(一)易經之養爲養賢。大有卦說養賢，大有爲順賢。

(二)頤上九象曰大有。易經的鼎卦、小畜卦、大有卦、頤卦皆有養象，故象大有。

(三)元吉，元吉養賢。易養賢之象者，每爲元吉。

七．噬嗑彖曰：頤中有物，曰噬嗑。

序卦傳：物畜然後可養，故受之以頤，頤者養也。

八．養身法頤

乾坤鑿度曰養身法頤。

九．觀頤，觀其所養也。自求口實，觀其自養也。

（一）在上位者省視下位之教育爲觀頤。

（二）頤九五下爲初九，成風地觀，坤民得其養，故觀其所養也。即聖人以神道設敎
　　　而天下服。觀是指神廟、道觀等。

（三）頤卦說觀其所養。頤大象爲離，離目也，目觀。

十‧頤之養有：

（一）養身--即口欲之養也。

（二）養德--即聖人養賢也。

（三）養民--即觀其所養也。

（四）爲人所養--即蒙之養，或敎養小孩之養。

十一‧蒙、鼎、頤皆言養。

十二‧養正爲貞正。頤與屯蒙通，蒙以養正。

　　　頤，養也，養道貴正，故頤貞吉。

十三‧鼎爲養，頤取鼎通爲養正

　　　頤彖曰養正。頤與蒙通、與屯通，屯鼎相錯，故鼎養。

十四‧養頤互重坤，坤萬物皆致養，故頤養。

十五‧頤卦之道理是養正。不論養人、自養，以正道爲要。

天地養萬物，聖人養賢以及萬民，頤之時大矣哉！

◎天地

一‧天地之義見本書復卦。

二‧頤爲天地之象。天地爲時也，頤卦見乾坤，頤錯大過，大過中爲純乾，乾天也。頤
　　互坤，地也，故天地爲頤。

三‧天地之性情

（一）天地順以動。豫，順以動，故天地如之。

　　　豫天地以順動，故日月不過而四時不忒。

（二）天地爲泰--天地交泰

　　　豐彖言天地盈虛，與時消息。豐自泰變，泰爲天地。泰變豐，乾之盈消，與坤
　　　之虛息。震（豐之雷也）爲時，故天地盈虛與時消息。

（三）包爲天地

　　　天地曰包。易見天地之象同在之象曰包。如：

　　　泰否曰包：泰爲包荒，否爲包承、泰爲坤乾，否爲乾坤。

　　　姤卦曰包有魚。姤卦爲乾巽。先天巽爲後天坤，故姤有乾坤象，即天地象。以
　　　九二之陽包初陰。

蒙二之包，亦以九二之陽包初陰。初陰承陽二，陽包陰，即否包承之象。

(四)天地爲頤：頤錯大過，大過中爲純乾，乾天也。頤互坤，地也，故天地爲頤。

四・天地即陰陽

易與天地準，以乾陽通乎坤陰，而成六十四卦。所以說易以天地準，天地即陰陽。

五・天玄而地黃。

六・天地之情爲正

繫辭下一，天地之道，貞觀者也。

大壯彖曰：大壯利貞，大者正也。正大而天地之情可見矣。

七・天地爲內外，即家也

家人彖曰：家人，女正位乎內，男正位乎外，男女正，天地之大義也。

八・天地爲聚：萃，觀其所聚，而天地萬物之情可見矣。

九・天地之動在時

頤卦艮震，艮震爲時，故易經之時義見于頤卦。易經說到時義的有睽、解、革、節、和頤卦、天地睽。但是易經說：天地解，天地革，天地節，而在頤爲天地養萬物。

(一)睽火澤。天地睽而其事同也，男女睽而其志通也，萬物睽而其事類也，睽之時用大矣哉！

(二)解雷水。天地解而雷雨作，雷雨作而百果草木皆甲坼，解之時大矣哉！

(三)革澤火。天地革而時成。湯武革命，順乎天而應乎人，革之時大矣哉！

(四)節水澤。天地節而四時時成。節以制度，不傷財，不害民。

(五)頤水雷。天地養萬物，聖人養賢以及萬民，頤之時大矣哉！

(六)豫，天地以順動，故日月不過而四時不忒。聖人以順動，則刑罰清而民服。

十・天地爲盈虛

豐日中則昃，月盈則食，天地盈虛，與時消息。

十一・天地爲廣大

繫辭上六：廣大配天地，變通配四時。

十二・天地之數五

繫辭上九：天數五，地數五，五位相得而各有合。天數二十有五，地數三十，凡天地之數五十有五。

◎賢人

艮爲賢人。

◎時

震艮爲時。

象曰：山下有雷，頤。君子以慎言語，節飲食。

艮爲節，故節飲食，俗說＜節食＞。口用動，口容止，語言飲食失宜，病之因也。即＜禍從口出＞、＜病從口入＞。頤卦之卦意是止爲吉，動爲凶，所以外三爻止，爲吉；內三爻動也，皆凶。動極爲大悖，止吉爲大慶。

◎愼

艮爲君子，爲愼。

◎食

食之義詳本書需卦。

一・需爲飲食

(一)需象曰：雲上于天，需，君子以飲食宴樂。

(二)頤象曰：山下有雷，頤。君子以愼言語，節飲食。

(三)漸六二，鴻漸于磐，飲食衎衎，吉。象曰：飲食衎衎，不素飽也。

二・需通大壯，壯遯相對，遯上乾即離，下艮即震爲噬嗑，故曰飲食。

序卦傳，需者，飲食之道也，飲食必有訟，故受之以訟。

三・節爲飲食

(一)大過要節食，大過通節。頤錯大過，上兌即坎，下巽即兌，爲水澤。（大過即節）節自觀通，風地觀，巽即兌，下坤即坎，爲以困卦來易節卦，故頤有節象，即＜節食＞。

觀有困象，以困（觀）來通節，頤之義也。頤錯大過，上兌即坎，下巽即兌，爲水澤。（大過即節）節自觀通。觀卦爲風地，上巽即兌，下坤即坎，卦成澤水。澤水卦爲困。澤水倒反卦成水澤節，所以觀卦有節象。而頤卦因爲錯大過，也有節象。

(二)節爲愼食

艮止也，震動也。動而爲止，愼與節之謂也。易經之食見于節和漸。節和大過，食不宜過，宜節。漸曰：「飲食不素飽」，是以食之道在于節和緩(漸)。

初九，舍爾靈龜，觀我朵頤，凶。
象曰：觀我朵頤，亦不足貴也。

頤初九變坤爲剝。中爻爲離，離爲龜，爲中虛靈明之象。頤卦象曰天地養萬物，地就是初九。頤之初九負有二至五爻互坤之地，又坤爲民，以初九負萬民在上。初爻居陽剛之位，本性清明，志氣如神。本來神龜爲貴神，但居在初位，不安於室，而一心要和六四小人互應，所以不爲貴也。有貴之名，而无貴之實，則爲非眞，易經以不眞爲凶。此爻可以因爲得到眾人之回應而取貴，但是因陰得貴，反而有凶。

頤卦爲養，養之道在能有自省。頤卦象辭說天地養萬物。地是初九，初爲陽，實足以

養人，以居下位而爲動體，自矜所養，不能養人，故凶。口容靜，上卦艮止，故上三爻皆吉，下卦震動，故下三爻皆凶（頤宜靜也）。

◎龜

一・坤爲龜

(一)頤初九變坤，爻變坤，坤爲藏，龜以息養，善藏于地者。

(二)益六二，十朋之龜，弗克違，永貞吉。坤爲朋，頤初變坤，坤爲朋，所以說十朋之龜。

(三)十朋之龜：損自泰通，損卦演泰卦。泰互歸妹，歸妹三互離，離爲龜，歸妹下兌，兌爲朋，損之兌，即益之巽，巽兌同體，兌數二，巽數五，二五爲十，四爻之數，亦爲十。故爲十朋之龜。

二・頤中爻爲離。離爲中虛，凡中虛爲龜象。

頤爲龜，因頤之本卦二陽抱四陰，形如離，離中虛象龜。

三・靈龜：周禮天龜曰靈龜。

四・龜不食，則不可觀

以龜不食之靈來觀我朵頤，飲食之人，不貴，故凶。

五・否自漸來，四互離，爲龜。四爻數十，巽兌一體。

六・賁離中虛。大則爲火爲日電，細至于爲鱉、爲蟹、爲蠃、爲蚌、爲龜，而亦有文。

七・損六五，十朋之龜。朋雙貝，價值二十大貝之龜最神。

八・頤卦體爲長離，離爲龜，初上爲外骨，中四爲內，龜蟄在下，伏氣咽息不吃，知道節制欲好，節飲食之道也。

◎我

上爲卦主，故言我。爾爲初爻。

◎舍

一・不升爲舍（捨也）

易經之中言時舍有二處：乾六二和井初六。乾二不當位，又不升到坤五，所以說時舍。井初不當位，應當升到二以既濟，二尙未升，所以也說時舍。

二・艮爲舍

頤初九舍爾靈龜。靈龜，離爲龜火，在上則明。象靈龜。

泰互震即是艮（先天震爲後天艮），艮爲時，艮也是舍。

三・艮爲時，亦爲舍。當位爲時，不當位爲舍。

大畜時也：雜卦，大畜時也。大艮下卦爲艮，故言時。

井初不當位，應當升到二以既濟，二尙未升，所以也說時舍。

四・就位爲舍，即得到位置

旅六二旅即次。艮爲舍，二、三得位，二以三爲次。舍即就也，故旅即次。

五・舍近求遠爲凶

頤初九陽居陽位爲得，但和初九相應者六四。其中六二、六三皆爲陽，初陽自然往上和四相合，是＜捨近求遠＞。有如男求女，近而不顧。又舍實爲捨，即初陽不理

其他之陰爻。而諸陰爲坤象，即龜，今初陽捨他而去，初陽不能照料其他之人，所以爲凶，令人不得食也。

◎朵

一·垂爲朵

頤初九朵頤，朵，垂也。晉與頤通，晉四下垂成頤，故觀我朵頤。晉下垂成頤，就是口實豐富，如木之重朵朵也。

觀我朵頤：看我有得吃的。

二·朵，動也，凡陽卦在下者動之象。

◎不足貴

初九、上九均變爲陰，易例陰賤陽貴，故曰亦不足貴。

六二，顛頤，拂經，于丘頤，征凶。

象曰：六二征凶，行失類也。

六二爻辭象解：六二變兌爲損，損上益下，內卦必有所損，而外卦必有所益。二五不相應，本是坤體，坤艮同宮，所以有所增益。頤卦本來即是顛象，因爲倒來倒去都是頤。今變爲損，而損卦之性爲損下益上，這又是顛倒了，因爲照理應是上來增益下，今上來益下，又六二以下求于上，爲逆行也。經是常理，拂經是不照常理。頤六二，六二變兌爲山澤損，損以下益上，頤以上養下。

◎顛

一·過爲顛

頤六二顛頤，顛大過也。顛者自上越于下，逆理之常。

二·顛則損

頤卦正倒都是同一體，雖拂而順，但變則爲損。兌變澤，澤性趨下故曰顛。

三·頤曰顛。大過錯頤，大過爲顛，故顛頤。

四·顛，倒置也。

五·頤之拂顛：頤先天卦自艮而震，順也。雷山小過，自震而艮，逆也，頤是也。

頤卦有拂顛之象。兌而巽順也，中孚是也。自巽而兌逆也，大過是也。頤之六二拂顛，言先天卦之順逆。

◎拂

一·自下拂逆于上。拂經，經，常也；拂經，背常理也。

頤六二以下求于上，逆理之常也。

二·今人屈萬里以爲經爲頸。

三·拂，違也。

◎丘
艮爲丘。

◎征凶
頤六二征凶。頤自臨通，頤互歸妹，二互震爲征，震在兌上而又失位，故征凶。

◎類
一・同位曰類

(一)乾卦文言九五說雲從龍，風從虎，聖人作而萬物睹，本乎天者親上，本乎地者親下，則各從其類也。

艮山出雲，震爲龍，震艮先後天同一卦，故雲從龍。

兌爲虎，巽爲風，巽兌爲同一卦（先後天同位），故風從虎。

(二)天地睽而其事同也：同，天火也。睽通中孚，中孚互艮震，天（艮爲乾）火（震爲離）同人之象，故其事同。

(三)類族：同人象曰：天與火，同人。君子以類族辨物。

乾離同居南方，乾爲人，同人之象。雜卦，同人親也，故象曰族，爻曰宗。以同下四爻互家人也。

繫辭曰，觸類而長之，是先天後天同位之卦，同位爲類。乾離同位，同人曰類族。

二・陰與陰、陽與陽同類，不合類爲迷，即失類。

(一)中孚六四象曰絕類上也。中孚取睽爲通象，睽二女同居，二陰爲類，九四絕其二陰，故絕其類上也。上九爲上，陰，故類。

睽九四、初九二陽爲類，變中孚，故絕類上也。

(二)坤卦辭曰坤，元亨，利牝馬之貞。君子有攸往，先迷，後得主。

先天卦卦位老父三女，老母三男，是迷而先道。

後天卦位老父三男，老母三女，是順而得常類，即陽與陽爲類，陰與陰爲類。

所以後天卦爲順，先天卦爲迷。坤卦說後順得常，後指後天，不合類爲迷。

(三)艮坤不類，東北喪朋

坤卦在後天八卦所居的是西南方，艮卦在後天八卦是居東北位，西南陰方，東北陽方，坤艮陰陽是不類，而且艮坤對易。艮爲君子，艮之君子自西南來。

(四)兌離同類，西南得朋

西南得朋：坤居東北，由東北變後天往居西南。因爲正南在後天卦位是離，正西後天卦位是兌，都是陰卦，所以和坤同類，西南得朋也。在後天東北方是即坎震，正東震，正北坎，都是陽卦，與坤異類，所以坤在東北方是失其類，喪朋也。

(五)雜卦傳：否泰，反其類也。否泰之陰陽相反，故反類。

(六)方以類聚

繫辭上一：方以類聚。陰陽相遇，卦聚一方，此即所謂方以類聚也。先天巽、乾、兌聚于上，後天坤、兌聚于下，所以物相遇而後聚。

五行同氣會方：亥子丑會北方，寅卯辰會東方，寅午戌會南方，申酉戌會西方。會方
爲聚。

三‧頤失類

頤六二行失類。頤通臨，臨互震，震爲行，震初九、九二爲類，變頤，故行失類。

四‧絕類：以陰絕陽類，陽絕陰類

(一)中孚爲絕類

中孚六四，月幾望，馬匹亡，无咎。象曰：馬匹亡，絕類上也。

(二)睽爲絕類：睽九四、初九二陽爲類，變中孚，故絕類上也。

五‧繫辭下二，近取諸身，遠取諸物，於是始作八卦，以通神明之德，以類萬物之情。
繫辭上九，引而伸之，觸類而長之，天下之能事畢矣。

六三，拂頤，貞凶，十年勿用，无攸利。
象曰：十年勿用，道大悖也。

頤六三見艮土在上，六三成坎，坎爲水，土性剋水。但中爻又是坤土，水被反剋矣。
此爻凶象。天九地十，十年之凶運也。三本爲陽，爲合上九變陽爲陰。六三、上九相應是
拂逆而上，又是迎合，心非正也，所以說拂頤。但此爻變坎，卦成賁，大象爲離也。水在
火中，坎剋在離而得財。但坎受土制，此財只能在他人手中得，否則得之非義。

山雷頤，上下互象，自相反易，卦還是頤，所以象曰道大悖矣。悖者，正反相對爲悖。
山雷頤上艮下震，兩者相反後交易。艮反爲震，震反爲艮。反後互易仍是頤卦，此爲悖也。
易有貞凶，不可貞，不利君子貞者。

◎貞凶

一‧易經陰剝陽則貞凶

(一)剝初六蔑貞凶。蔑无也，以陰剝陽无正道，故凶。

(二)恆初貞凶，亦征凶也。恆初應四，互歸妹，位不當也。

二‧征凶，歸妹也。

(一)大壯初應四，互歸妹，曰征凶。

(二)恆初六浚恆，貞凶，无攸利。象曰：浚恆之凶，始求深也。

(三)巽上九，巽在床下，喪其資斧，貞凶。象曰：巽在床下，上窮也。喪其資斧，
正凶也。

三‧乾陽消失爲凶

吉凶者，得失之象也。巽九五貞凶，乾陽變陰巽，陰爲陽消之始。吉凶者，得失之
象也。乾失一陽，故訟乾變，九四下爲九三，六三上爲六四，卦成巽，雖可貞，因
乾陽失，故亦凶也。

四・屯卦五爲大貞凶，所以屯卦是貞凶之卦，因爲屯卦陽之窮也。

(一)屯下震上坎互有艮坤。由震至坎以及艮坤（乾兌離一震一巽一坎艮坤）爲乾陽
之窮也，屯五大貞凶（大者，陽也）。

(二)師五貞凶。師五動爲純坎，二至上互屯，所以師五貞凶。

(三)隨九四動爲屯，所以隨四貞凶。

(四)頤六三貞凶。頤自屯變，三應上，若貞上于五，卦仍爲屯，故貞凶。

頤六三十年不用，頤貞上九于五，爲屯，屯卦說貞不字，十年乃字。故頤卦六
三說十年勿用。屯卦說貞不字的意思是貞凶而不得，必要十年才可以貞（即改
去）凶。易經說貞凶的深意在本書師卦和節卦舉得很詳細，在這兒可以採取一
個解釋--說是去除女人因爲命帶不合之氣而无法出嫁，得等十年才可以把妨害
結合的氣消除。這是某些女人須要晚婚的理由。屯字就可以說成女孩蹲（音屯）
在家等十年才出嫁。但是過了十年，是太久了，又是違反自然，悖大道也。易
經對十這個數字有很多看法。十年基本上不是一個好數字，數之極也。當然貞
不字也未必一定得解釋爲女子出嫁。其他事物之運轉也方是以十爲極，或者要
過十年才可以貞，或到了十，就不可貞了。這兩個情況都有可能。

(五)節上六苦節貞凶，中孚上九貞凶。中孚貞上爲節。二至上互屯，屯大貞凶。節
二至上互屯，屯大貞凶。

五・貞凶：八卦定吉凶，吉凶生大業。八卦定吉凶的方法，見于卦體之左右旋。

先天論陰陽吉凶之法：

天體左旋，陽生于震，至艮而陽窮，窮故凶也。

日月右旋，陽生于坎，至兌而陽窮，窮故凶也。

（詳見節卦）

六・止爲貞凶，因爲止于乾陽，所以易經節卦貞凶。因爲節爲止，貞凶有節象。

(一)節上六，苦節貞凶。悔亡。象曰：苦節貞凶，其道窮也。

節上坎下兌，由坎至兌，而止于乾，乾陽之窮，故貞而凶。

節上六坎爻，正應下三之兌爻，所以上曰貞凶。故節卦爲止，止於陽也。

(二)中孚上九，瀚音登于天，貞凶。上貞成節，故凶。上風貞成坎，卦成中孚。故
中孚貞凶，即有止節之意。

(三)巽上曰貞凶。巽上貞爲坎，上爲坎，二五互兌、互節，故凶。巽貞爲節，有止
之意。

(四)恆初曰貞凶：恆反咸，兌即坎，艮即震，有屯之象。恆初至五爲大過，兌即坎，
巽即兌，有苦節之象。

七・明夷爲誅，故貞凶

頤六三貞凶。頤自明夷通，明夷變三爲頤，明夷九三上爲頤（三之應），失正，若
貞上于三，卦仍明夷。明夷，誅也，凶之義，故頤六三貞凶。若貞上于五，卦爲屯。
屯，大貞凶也。

八・師卦用兵死人（與尸），故貞凶。師六五，田有禽，利執言，无咎，長子帥師。弟子

輿尸，貞凶。象曰：長子帥師，以中行也。弟子輿尸，使不當也。

◎十年

一・十年爲復。自復至剝爲十卦，故爲十年。

從息卦而言，自復至剝，中間歷經臨、泰、大壯、夬、乾、姤、遯、否、觀，是一年十二個月中的部份歷程。所以易經見到復卦說十年。

（一）復上六，迷復，凶，有災眚。用行師，終有大敗，以其國君凶，至于十年不克征。復爲息卦之起頭，所以復卦稱十年。

（二）屯卦說十年乃字。屯初、五互爲復卦，復即剝反，所以屯卦說十年。

（三）頤六三，十年不用。年者，震起艮止爲年象（頤，艮震也），頤互復、互剝，自復至剝，爲臨、泰、大壯、夬、姤、遯、否、觀、剝十卦，以一卦一年，故曰十年。

二・震起艮止爲一年之周轉。如果卦含十這個字，則有十年之義。

（一）剝十月卦，而屯卦初至五互爲艮震，是震起艮止。二五互卦見剝復，正好是一年之年，所以屯卦說十年乃字象。

（二）復上六說十年不克征，凶，因爲上爲剝卦之爻位。由復至剝，中必歷臨、泰、大壯、夬、乾五陽卦，姤、遯、否、觀、剝五陰卦。復以震起，而復之上六實爲剝卦之位。剝上爲艮止，以震起艮止，正好是一年象，故有至於十年之說。

三・二五得十

屯卦說十年乃字是因爲二陽和五陰爻合，即婚媾之合，所以屯卦說是歷十年之久乃字。乃字者，二乃字五也。以二五爲陰陽正應也。又二五得十，所以說十年。

四・頤卦有十年象

頤六三曰十年不用，道大悖也。實則是說頤卦爲十年之道。

（一）頤貞上九于五，爲屯，屯二爻說不字，而頤三說十年勿用。「勿用」一辭含有屯二爻不字的意思。因爲頤卦貞上爻于五，卦變爲屯，屯爲大貞凶。而頤六三貞凶，這是說明十年是違反自然的界限。頤卦六三實在是說屯卦之道理。所謂道大悖，不是反自然，而是不用之意。

（二）易經剝卦也有十年之意思。頤卦也同時取剝卦十年之象，所以剝卦上爻說之不食，而頤卦是說人可以不食是因爲能自養。養生之道在于十年之功，十年之內不反自然之道，而又能不食，爲頤卦的涵養。頤卦說的口福，不是在于多吃，而在少吃。其限度爲十年。

（三）頤卦艮震爲十年

頤六三，十年不用。年者，震起艮止爲年象。頤卦爲上艮下震，艮震又互復，爲消息卦自剝至復共十卦。臨、泰、大壯、夬、姤、遯、否、觀、剝十卦，以一卦一年，故曰十年。

（四）頤互復，互剝，自復至剝。頤中有復象，所以頤六三說貞凶，而復卦上六之爻辭說十年不克征，而象曰反君道。復反君道，而頤卦說道大悖。道最大之悖莫過于反君（天）道也。

五‧卦畫奇耦卦之數十，故十年。

　　頤卦十年勿用。卦畫奇耦卦之數十，故十年。艮止也，故曰勿用小象。

◎止則勿用

一‧蒙卦六三曰勿用取女。六三變巽爲山風蠱，上艮，艮止也，故曰勿用。

　　師上坤變艮，艮以止之，艮坎皆屬陽剛上振能止小人，而勿用也。

　　師，坤眾也，象變艮止也。師卦上六小人勿用，故曰勿用。

　　遯初六，遯尾，厲。勿用有攸往。艮爲止，尾受阻，勿用也。

　　小過九四，无咎。弗過遇之，往厲必戒，勿用永貞。

二‧勿用，就是關閉的意思。這也就是大傳說的＜龍蛇之蟄＞。蟄就是潛。

　　乾，潛龍勿用，陽氣潛藏。

　　乾初九，潛龍勿用。

　　乾，潛龍勿用，下也。

三‧陰多爲小人，小人勿用

　　(一)屯卦二、三、四、五、上皆陰爻，故屯卦曰勿用。

　　(二)蒙六三，勿用取女。見金夫。

　　　　蒙初、二、四、五、上皆陰爻，故蒙曰勿用。

　　(三)師上六，大君有命，開國承，小人勿用。師初、三、四、五、上皆陰爻。

　　(四)頤六三，拂頤，貞凶，十年勿用。頤上艮下震，陰爻多。

　　(五)坎六三，來之坎坎，險且枕，入于坎。勿用。坎卦爻多陰爻。

　　(六)姤彖曰：姤，遇也，柔遇剛也。勿用取女，不可與長也。

　　　　姤以一陰而遇五陽，此不正之女，故勿用取女。

四‧小人勿用

　　爻失正爲小人，既濟三曰小人，易以失正之爻爲小人。

　　泰六居五失正，爲小人。以既濟貞泰之六五，除去小人也，故小人勿用。

五‧勿用，不食之意。頤六三十年勿用。頤互復，互剝，自復至剝，爲臨、泰、壯、夬、
　　姤、否、觀、剝十卦，臨、泰、壯、夬四卦，皆有兌口，而口上空虛，姤、遯、否、
　　觀四卦亦有口，而兌內空虛。頤之勿用者，求養不得之象。

　　乾卦无兌食之象，剝則兌口象伏，故剝上曰不食。

◎道

一‧頤六三，道大悖也。道，養之道也。

二‧頤中爻變互震，震爲足，又爲大塗，道之象也。又中爻變坎，坎爲陷悖之象。

> 六四，顛頤，吉。虎視耽耽，其欲逐逐，无咎。
>
> 象曰：顛頤之吉，上施光也。

此爻顚象，是敎人在常道中求安頤。耽者爲視近而志遠也。變離爲目視之象，所視爲初爻之地。象虎之行垂首下視于地，而心求于天位之上。視下爲耽，志上亦爲耽，一上一下爲耽耽。而頤中間三個爻皆爲陰，陰是人之欲望。上卦二陰，重在下卦二陰，所以說逐逐。逐逐者，即遂遂也。又遂爲追，即有所求于養也，此爻利于養生養子。以四爲所得，但得者亦虎亦龜，可能是顚三倒四，所以不可太強之欲求。

◎顚

一・大過，顚也。

（一）雜卦傳，大過顚也。

（二）顚者，逆也。先天巽至兌爲逆，大過逆行。

（三）鼎初六顚趾。顚大過象，鼎初至五互爲大過，故鼎初六爲顚。

（四）顚，倒置也。

二・頤爲顚，爲反顚，弗顚也

（一）大過錯頤，大過爲顚，故顚頤。

（二）頤六四顚頤，頤自晉通，晉之九自四爻下初爻，成頤，故顚（自上顚越下也）。

（三）頤、艮、震先天卦，自艮而震順也，雷山小過。自震而艮逆也，頤是也。

（四）頤卦有拂顚之象。兌而巽，順也，中孚是也。自巽而兌，逆也。

三・顚則折。鼎折足，鼎互大過，顚，故折足，覆公餗。

四・先天卦逆行爲顚。頤順，反顚。

（一）大過是也。頤之六二拂顚言先天卦之順逆。

（二）中孚爲沸（浮或沸）爲調理時大鍋（『過』）中之水過大而沸。大過爲大鍋，即鼎中之互爲大過。又頤卦也說拂，其義相同，也是說由下爻到上爻。

◎吉

頤六四，顚，吉。頤自晉通，晉之九自四爻下初爻，成頤，故顚。初九得正，故吉。又晉四下初爲頤，是四能養初也。

◎虎視

一・坤爲虎，離爲目。離坤爲晉。頤自晉通。離目爲初九，是虎之視也。

二・觀爲視。頤卦。頤卦初九之五爲上仰，卦成觀。

◎虎

一・虎：

（一）兌爲虎，兌上一陰爲陰之始，而位正西白虎之位，其德爲義。白虎爲殺，右君西方。

（二）兌爲虎，以兌居西，西方七宿爲白虎。

　　革九五大人虎變。五爲大人，兌爲白虎。

（三）履卦象曰：履，柔履剛也。說而應乎乾，是以履虎尾，不咥人，亨。

（四）履九四，履虎尾，愬愬終吉。履虎尾，以兌履乾，以陰躡陽之後。

（五）兌金爲虎。虎見離爲文炳。革九五，大人虎變，其文炳也。

二・乾上爲龍，五爲虎，履其尾也。

三・虎爲膚，艮无虎象爲狐。

　　噬嗑六二，噬膚滅鼻。鼻者，艮也。艮无膚（虎）象，艮爲膚，爲狐。

四・坤位在西南，爲虎道。

五・壁虎性易驚懼。象曰：震來虩虩。牆垣之虎性易驚懼，是虩也。重震，故虩虩。震位寅，爲虎，重震，故震卦曰虩虩。

　　夷中之離爲福。震之九四所懼者，乃明夷之離爻，故恐致福，故曰震來虩虩。虩，蠅虎。坤爲虎。虩，善驚易懼者也，初九應四，四多懼。

六・虎爲七月生

　　頤爲二十七卦。春秋考異郵曰三九二十七者陽氣成，故虎七月而生。

　　（釋申月爲白虎）

七・艮爲虎

　　(一)噬嗑六二，噬膚滅鼻。鼻者，艮也。艮无膚（虎）象，艮爲膚。爲狐。

　　(二)履錯謙，謙，坤爲虎，艮爲尾，乾爲人，乾兌，乘謙（反面爲乘），震足蹈艮，故履虎尾。

　　(三)頤上爲艮，艮爲虎，在上爲視（頤大離之象爲視，離爲目也）。

　　(四)頤爲虎卦，所以頤六四曰，顛頤。顛上在下也。頤卦震在下，艮爲虎爲上向下視，下視爲＜虎視耽耽＞。

　　(五)艮爲虎，艮爲寅，寅爲虎。

　　　　兌爲虎因艮錯兌也。艮亦爲虎（見履）。

　　　　耽耽：上卦艮變離，中又爲艮，重，故用耽耽疊字。耽耽爲虎下視貌。

八・中孚爲虎交（孚爲虎）

　　中孚，信也。如鳥之孚卵皆如期而失其信也。中孚值在十一月，虎始交也在十一月，中孚卦氣在虎交候前十日，騫值候爲虎始交。十日後爲中孚。

九・虎尾：初爻爲尾，九四也是乾之初爻，故重言履虎尾。

十・履爲虎（震）蹈艮。履從尸，又從彳從反，取行義也。踐而行之曰履。虎西方金獸，乾兌方金卦，故稱履虎。兌爲少女至弱，乾爲至健。故曰柔履剛。

　　乾兌乘謙，震足蹈艮，故曰履虎尾。

十一・白虎開口

　　兌履自夬通，上兌爲虎口開于上，九三乾人應之，被咥。夬通履，三上相易，上之虎口閉而開。術家以兌位破爲＜白虎開口＞。

十二・諸家所說之虎義不同

　　虎：彖傳之文明以乾爲虎。諸家以兌西方爲虎。邵氏補象乾爲虎，荀九家艮爲虎，因艮主寅，虎寅獸。虞翻逸象坤爲虎。其說出京房之坤爲虎。

十三・虎主太白

　　兌西方之卦，上應九七宿，此七星「太白」主之。

十四・巽兌同一位，故從，所以乾文言九五說風從虎：

　　兌爲虎。巽爲風。巽兌爲同一卦（先後天同位），故風從虎。

十五・頤在易經六十四卦中爲第二十七卦。春秋考異郵曰三九二十七者陽氣成，故虎七
月而生（釋申月爲白虎）。

◎欲

坎心爲欲，頤通晉，晉互坎，心也。

◎逐

頤六四逐逐，震爲逐。

◎无咎

此爻先後天同位，故无咎。

六五，拂經，居貞吉，不可涉大川。
象曰：居貞之吉，順以從上也。

頤六五拂經，拂，逆上也。頤自屯通，屯之九五逆上成頤（屯坎之九五逆上爲頤艮之
上九），故拂經。五爲君位，上養，非經常之道也。俗語說＜拂逆＞。六五變巽爲風雷益，
頤卦陽居初、上兩爻，中四爻均爲陰爻，象舟本可川，今變爲巽，巽爲風，舟遇不可涉。

中爻坤，坤順也。六五坤順承上九之陽，得坤順承天之道，故貞吉。頤六五居貞吉。
易陰陽順逆，較所處之位尤重要。比如頤之六五居貞吉，以陰承陽，故吉。

上九，由頤，厲吉。利涉大川。
象曰：由頤，厲吉，大有慶也。

頤上九爲一陽在上，下爲諸陰，變坤爲復。頤卦上爻原爲艮土，艮坤同宮。頤大象離
爲火，火生土，是原卦和變卦相生。又頤上下爲先後天相合，利涉大川。此艮卦得其大用，
得合得生，大吉大利。此爻之利在於能蒙養。易經厲字常是警惕，在頤卦反而屬以爲吉。是
因爲能知止而得從。頤以從虎象，所以以厲爲戒。上九錯兌爲澤，大川之象。上九變坤爲
地雷復。頤爲養，養後人之元氣可以復元。

◎由

通過門道而行爲由：

一・豫九四，由豫，大有得。豫爲頤卦之反（豫爲大坎，頤爲大離），成爲門之一開一
　　合。故易經只有豫卦和頤卦見由這個字。頤下艮，艮爲門。豫二四互艮，也是門象。

二・豫九四，由豫，大有得。象曰：由豫，大有得，志大行也。豫卦九四曰由豫，豫卦

上震，震爲足，行之象。由，行也。

三・由，道由人所由。頤艮爲門，門爲人所由也。

由頤：頤上九由頤。上九艮，艮爲門，爲徑路，人所由者。

四・由是從。上九剛明之資，雖然不得位，是天下之養皆從上九以養之也。

頤上九說由頤，是說上九得二五諸陰爻之從，而得到頤養。二上互爲蒙象，蒙爲養。又眾陰爻如小人跟上九，蒙受其養。

五・頤卦上九說由，也有行的意思。上九爲極位，但頤是剛中取柔，可以往前。由即由此前行。

◎厲吉

一・上九過剛爲厲，可貞之，故爲吉。

(一)頤上九厲吉，上九陽居陰位失正，故厲，厲危也。由上而頤下，故厲正。

(二)晉上九厲吉。晉三失正，以上九貞之(離下伐之意)，上九貞爲九三過剛，故厲。

二・家人九三家人嗃嗃，悔、厲吉。

蠱初六幹父之蠱，有子，考无咎。厲終吉。蠱初六應上，幹父之事，故厲，考爲父。晉上九，晉其角，維用伐邑，厲吉，勿咎，貞吝。

三・厲，危也。

◎大有

一・大有爲順賢。

二・頤上九象曰大有。易鼎、小畜、大有、頤，皆有養象，故象大有。

三・鼎二至上爲大有，頤自屯來，屯錯鼎。鼎曰大有慶。

四・小畜初至五爲大有，大有爲富象，故畜富以其鄰。

五・大有上九，履信過順，又以尙賢也。

六・頤之六五，尊養上九之賢，象同大有，故大有慶。

 # 大過

> 大過，棟橈，利有攸往，亨。

　　剛爻超過柔爻一倍，內剛外柔，雖內心逞強，外則行之以和悅之道，所以可化險為夷。上兌為金，下巽為木，是金木相剋。因內剛，爻位初、二、四、六皆錯，難免禍事多。又卦爻之陰陽不甚調和，中爻乾為老夫，上為小女，下為長女，是過猶不及之配。大過卦象為棟橈，即木折曲而无扶持，只能獨立行事，无法承擔大局。又大過為死相，不宜問生，遇凶事可以女為間來化解。

◎過

一・過為＜經過＞，即先天卦之行也。

　　大過卦九二象曰過以相與。大過為兌巽，先天卦兌巽中為乾，乾為大。由兌到巽乃過乾，是大過。過就是經過。

二・過為悔

　　(一)內卦為貞，外卦為悔。

　　(二)蠱之貞，風為悔，山底為體。正為貞，悔為過，故俗曰＜悔過＞。

三・大過大動也

　　序卦說不養則不可動。頤為養，養則多必動，動則大過，大過大動。

四・過為咎，即不當之爻。過必補，故補為過。咎為過，＜補過＞則无咎。

　　易經之卦爻九六失正為過，貞其九六乃无咎。故无咎者，善補過也。

　　失位為咎，悔變而之正，故善補過也。悔吝者，言乎其小疵也。无咎者，善補過也。

五・葬為大過象。葬宜厚，故取諸大過。

　　葬取象于大過。大過卦木上有口。乾人入中，上卦兌為巽之反，巽為木。下（內）卦為巽，內為木，棺象。上卦反巽木，外木為槨象。

六・大過為＜超過＞也

　　過，越也。小過卦為陰過陽，故三、四陽爻皆曰弗過，過不宜也。

七・小過中四爻即大過。

八・大過為節，＜過節＞也，大過有苦節之象。大過兌即坎，巽即兌為節，苦節。卦成水澤節，所以觀卦有節象。而頤卦因為錯大過，也有節象。

九・過為旅，旅人為＜過客＞

　　旅九三言喪，即人生寓為＜逆旅＞。

旅中互大過。大過，棺槨，死期將至。旅九三，喪其童僕。艮為喪期，故喪其童僕。

十・過為尤。旅六二象曰，得童僕貞，終无尤也。尤，過也。旅二互大過。

十一・大過為極刑。豐互大過，死象，故豐彖言折獄致刑。

十二・大過為鍋。鼎互大過，大過，＜大鍋＞也。

十三・大過反頤

（一）序卦傳，物畜然後可養，故受之以頤。頤者養也，不養則不可動，故受之以大過。大過為養賢聖。過曰天地養萬物，聖人養賢以及萬民。頤互大過，頤為養。

乾為天，為聖人。坤為地，為養。大過互乾，大過中有聖人象。

（二）頤為養生，大過為死。頤反大過，故頤卦言大過之象。

十四・大過為困，困中有大過象。大過枯楊，困中互大過。

困初六，困于株木。三至上互大過，枯楊株木，困為木死於內，枯象也。

十五・大過為天，小過為地

（一）大過巽兌中有乾天，大過震艮中有坤地。

（二）解卦有過象。天地解（而雷雨作），解自小過通，小過互大過，大過巽兌中有乾天，小過震艮中有坤地。卦變為解，即坤變為坎水，天地之象解。

（三）大過巽兌中有乾，故有老婦老夫之象。小過明震中有坤，故有其祖妣之象。

十六・不過

（一）水火相濟為不過。繫辭上四，與天地相似，故不違。知周乎萬物而道濟天下，故不過。

（二）繫辭上四，範圍天地之化而不過。

（三）坎為日，離為月，坎離皆正為不過。

（四）＜不過＞，豫由初變至四需，離為日，坎為月，皆得其正，故日月不過。

過，失度也。豫天地以順動，故日月不過。日月不過是說離皆得其正。

十七・大過為離，離為死象。離九三互大過，離為大過之象。離九三棺槨之象，所以離九三凶，嗟之凶也。離九三象曰昃，二至五互大過，棺槨之死象，故嗟而凶矣。

十八・大過為顛

（一）雜卦傳，大過顛也。

（二）頤六二，顛頤。顛，大過也。顛者，自上越于下，逆理之常。顛則沒。大過上六過滅頂。大過澤滅木，故過涉滅頂。

十九・過為往，為妄。繫辭下五，過此以往，未之或也。窮神知化，德之盛也。

（一）往為過，卦義見小過。

（二）大過棟橈，利有攸往，亨。

二十・忒為過。觀象曰不忒，忒，過也。觀自小過變，故不忒。又忒，差也。

繫辭上四，與天地相似，故不違。知周乎萬物而道濟天下，故不過，旁行而不流，樂天知命，故不憂。

二一・孚為大過，凡有大過象者皆為孚。

損益卦互反，皆說到有孚。益中互頤，損互頤，頤爲大過反，而大過反中孚，皆
爲孚象。

二二·大過爲棺槨

大過中四爻陽象棟，上下二陰象支柱爲屋，全卦又象棺槨。生則宮室，死則棺槨
也。

二三·大過，大陽也，過盛也。

(一)大過，十月小雪氣也，故曰枯楊生梯、枯楊生華。

(二)大爲陽，陽稱大，大過象曰大，說的是陽爻也。

(三)大過爲陽爻之過。

二四·大過爲棟，或棟之過。大過繫辭曰棟橈，九三棟橈凶，九四棟隆吉。

二五·陰過陽爻爲過（過多）。

二六·大過巽兌中有乾天，小過震艮中有坤地，大過事天。

二七·過即利涉，涉過一水爲過。

序卦傳有過物者必濟，即因卦之過而必須貞爲相濟之卦象，所以涉川爲過。又繫
辭下二斷木爲杵，掘地爲臼，杵臼之利，萬民以濟，蓋取諸小過。所謂萬民以濟，
即令易經之卦卦皆利涉，可以成既濟卦。

二八·大過爲巽下兌上，先後天同位之卦，震宮遊魂卦。

二九·益卦象曰：君子以見善則遷，有過則改。過改而得益。

三十·父爲大，父死爲大過

蠱初六考无咎，蠱初至四互大過，死也，父死爲考。大過之時，大矣哉。

三一·萃聚不過爲不飛。萃一字爲孚象之反，小過飛鳥內聚爲萃不飛，匪孚也。

◎**大過**

一·棟：棟屋之中樑也。大過棟橈。

二·大過爲棟。棟字只用在大過卦。大過象曰棟橈，大過通大壯，大壯上棟下宇。繫辭
下二上棟下宇，以待風雨，蓋取諸大壯。

三·棟爲極，杅也，中之意。

四·棟是屋之脊。

◎**橈**

一·大過象曰橈，屈橈也。大過象棟橈者，以棟所任過重，故橈。

二·橈爲曲。橈，曲木也。棟橈：國家大臣之有幹才與有橈曲行爲也。＜大丈夫能曲能
伸＞，棟爲伸，橈爲曲。

三·大過棟橈。大過通大壯，大壯上震木爲棟，上來初成大過，上承四陽其任過重，棟
必屈橈。

四·巽爲乙，曲木。橈爲風也，乙爲曲木。乙爲卯，乙爲巽，巽木爲風也。

大過象曰棟橈，橈萬物者，莫疾乎風也。象曰棟橈，本末弱也。本末，初上爻也。
初陰爲本，上陰爲末。

五·橈爲弱，本末弱則曲。大過大壯皆言屋。大過有壯象，大過之二陽承二陰本壯也，

今二陰在上和下，即初爻和上爻皆爲陰，弱矣。

六・大過中爲乾，中乾（音干）

（一）大過之陽在內，乾在內爲陰包，中乾（干）之象，＜外強中乾＞。

易經之乾（唸前）可轉意爲乾（唸干）。

（二）大過中本末皆爲弱，獨大于中，陽剛无協，內外同敝。強而不可久。

（三）兌爲毀折，折則曲，＜曲折＞也。撓弱而曲也。

七・棟過中屋傾

棟橈則屋壞，主弱則國荒，初爲善始，末爲令終，始終皆弱而橈，由不執中而過也。

八・艮虛則過

一陽畫在木下，則根柢回暖爲本。本一陽畫在木上，則枝葉向榮爲末。

巽上陰則艮虛。艮爲根，根虛木折，兌上令而枝槁，所以橈也。

◎利有攸往

一・其義詳見本書復卦。

二・大過利有攸往。先天卦巽至兌由陰至陽，陽終，兌前爲乾，故利有攸往。往，往乾也。

三・利有攸往：先天之數乾之左右爲兌巽二卦，今中爻皆互乾，故利有攸往。

彖曰：大過，大者過也。棟橈，本末弱也。

◎過

一・易言過，以二五中爻定之，大過陽過乎中（中即中爻，二、三、四、五），小過陰過乎中，初陰爲本，上陰初上陰柔，故本末弱也。

二・大過爲巽兌卦，先天巽兌皆偏而不中，巽兌皆爲二陽之卦，所謂陽過乎中。

◎本末

本爲初六，末爲上六，六陰弱。

剛過而中，巽而説行，利有攸往，乃亨。大過之時大矣哉！

◎剛過而中

此卦中爻皆互乾，去初上兩爻皆乾也。乾者，元亨利貞，故曰剛過而中。剛者乾也。中者中爻乾也。

◎巽而說行

指的是由先天由巽卦到兌卦之行（巽乾兌，而不是兌、離、震、坤、艮、坎、巽之序）。
大過逆行。大過顚也，顚者逆也，先天巽至兌爲逆。

◎大矣哉

一・乾始能以美利利天下，不言所利，大矣哉。

二・天險不可升也，地險山川丘陵也。王公設險以守其國。險之時用大矣哉。

三・天地以順動，故日月不過，而四時不忒。聖人以順動，則刑罰淸而民服。豫之時義
大矣哉。

四・大亨，貞，无咎，而天下隨時。隨之時義大矣哉。

五・天地養萬物，聖人養賢以及萬民，頤之時大矣哉。

六・剛當位而應，與時行也。小利貞，浸而長也。遯之時義大矣哉。

七・天地睽而其事同也，男女睽而其志通也，萬物睽而其事類也，睽之時用大矣哉。

八・當位貞吉，以正邦也。蹇之時用大矣哉。

九・坎天險不可升也，地險，山川丘陵也。王公設險以守其國。險之時用大矣哉。

十・天地相遇，品物咸章也。剛遇中正，天下大行也。姤之時義大矣哉。

十一・天地解而雷雨作，雷雨作而百果草木皆甲坼。解之時大矣哉。

十二・天地革而時成。湯武革命，順乎天而應乎人。革之時大矣哉。

> 象曰：澤滅木，大過。君子以獨立不懼，遯世无悶。

◎滅

一・澤滅木，大過。大過自大壯通，震變兌（大過之兌巽變大壯之震乾天），故澤滅木。
澤滅木說的是洪水過大。滅，沒也。

二・滅之義詳本書噬嗑卦。

三・巽地上爲風，在澤地水火之中爲木。澤水養木，大過則滅其杪。滅爲沒，水多。

四・澤滅木爲大過。大爲坎，水也。大過爲水之過，即澤滅木之過。
大過的大說的是陽。天一生水，水爲陽。

◎立

立字之義詳本書恆卦。

◎獨立

立爲恆象。大過自恆來，恆立不易方（上下皆木也）。大過象獨立。

恆上震木，下巽木，大過有巽无震，故獨立。不獨相牽且復位也，凡卦相關皆吉兆也。

小象言中，中指二爻也（九二），相牽則不失。

◎獨

艮性爲獨：

一・大過卦象曰澤滅木，大過。君子以獨立不懼，遯世无悶。艮爲君子，所以說獨立，艮性爲獨。

二・屯六三，即鹿无虞，惟入于林中，君子幾，不如舍，往吝。

惟入于林中，惟，獨也。艮爲犬，犬性獨，易言獨者皆艮。比如：

(一)晉初六象曰：晉如摧如，獨行正也。晉初六摧二，二五互艮。

(二)復六四，中行獨復。復下爲震，震反艮。

◎懼

一・震爲懼

(一)懼：震象以恐懼修身，懼爲四爻象，四多懼也。震自明夷變，明夷四爻變而爲震，故震卦驚遠懼邇。明夷上坤，明夷錯訟，訟上乾。夷四變震，震多懼，故明夷曰震驚懼邇。

(二)不懼：大壯震爲恐懼，大壯變大過，无震故不懼。

二・守法爲懼

出入以知懼：十二辟卦陽爻，入者六爻，出者六爻。陽爻在內，則陽道之長，陽爻在外，則陽道之消。其消長皆以法度繩之，故知懼。繫辭下八，其出入以度，外內始知懼。

三・履爲懼之至。履霜，愼之至。

四・易經言厲之處皆爲懼，所以凡易例厲多吉，厲知進退（有關厲字之解和例子，請看本書噬嗑卦）

◎遯

一・遯爲反之義。

二・大過象遯世无悶：震爲世，大過通大壯，又大壯爲遯之反卦（震乾反乾艮）。遯世者，反震爲艮也。

◎无悶

一・大過象无悶，无悶者，外爲兌，內爲巽順也。比如鍋(大過象鍋)下爲風，上爲水，水起爲澤。如鍋中之物沸起而无燜。

二・大過在上經坎、離之前，小過在下經既濟、未濟之前，過此各盡水火之功用。

三・上、初兩爻變即爲乾。乾初九潛龍勿用，遯世无悶；乾之上六亢龍有悔，亢則有悔。

初六，藉用白茅，无咎。
象曰：藉用白茅，柔在下也。

大過初爻變巽成乾，爲夬。乾兌同宮爲富貴之相。乾巽爲生氣卦，且變乾和上爻兌皆

金。乾爲金玉，兌爲珍珠，下以茅草舖之，更顯其貴。且茅爲白，乾兌金皆爲白，亮麗无比。但无火，則丁缺，是有財而无後之占。大象坎爲陷，變乾災除。初六是柔藉于陽剛之位，剛柔相濟。

◎藉

一・在下位爲藉。大過初六曰藉用白茅，位在下稱爲藉。

二・藉是草茅做的蓆子。以前的人蓆地而坐，但在祭神時爲了講樸質，而以茅草舖地，事天以質也。大過巽兌中有乾天，小過震艮中有坤地，大過事天以質。

◎白茅

茅至秋而白，上兌爲秋，下巽爲白。

◎白

一・巽爲白。巽，乾陽在上，故爲白。巽多白眼，巽互離，目不中，錯震，互坎，耳不正，故巽多白眼。

二・陽得正爲白

（一）賁爲白。上九言白，陽必得正，故象以白。

（二）震馬之有象白者，初九陽得正也，巽象之爲白者，三五陽得正也。

（三）賁言白者，以五上相易，上九居五，陽得其正，故曰白賁。

三・震爲白馬。震爲馬，爲白，故曰白馬。

四・坎爲白。白馬翰如：翰爲老人頭也，中爻互坎，坎白色，故曰翰如。

五・艮色白，故爻多言白，凡獄之平反者亦謂白。

六・兌爲白

（一）兌爲虎，以兌居西，西方七宿爲白虎。

（二）繫辭上八，初六藉用白茅，无咎。子曰：苟錯諸地而可矣，藉之用茅，何咎之有，慎之至也。

（三）繫辭上八，夫茅之爲物，薄而可用重也。慎斯術也以往，其无所失矣。

（四）大過初六變乾爲澤天夬，夬兌爲白。

（五）藉用白茅：藉，借也。大過下巽爲木，巽木柔爲茅。中互乾，乾色白，故曰白茅。棟將橈，蔽之以至輕之白茅，可不摧折。

九二，枯楊生稊，老夫得其女妻，无不利。
象曰：老夫女妻，過以相與也。

大過九二巽變爲艮，變艮爲土，可以生上卦之兌金。本卦爲巽木，木剋土。自身爲財，是財爲自用，而嫌自私一點。上兌澤爲水，水生木，是外來生我，更添其富。又變爻後艮兌正配，尊貴之相。又二五互乾爲老父，下巽，上又是兌，老夫得女妻，爲陰陽老少相得

之配。枯木逢春，可以再生。如得大過二爻，是死不成反而再發也。九二變艮爲澤山咸，爲男女相感。

◎茅

巽爲茅，巽白柔，故爲茅。

◎楊

一・凡木在水中必毀，只有白楊可生，其生爲沐浴之生。女命得之爲＜水性楊花＞。

二・枯楊：大過九二枯楊，巽爲楊，澤滅木，故枯。

三・楊，澤木也，木而大過之時，過兌之正秋，兌爲秋，木逢秋爲枯之象也。

四・枯楊生稊，成木更生也。楊易枯，過秋後必發其枝，使其下滋而上益潤則易盛。

五・澤滅水爲在水中之木，必毀。白楊之性勁直，不能成爲屋材。

六・枯楊生稊：稊者，楊柳之穗也，言楊柳之秀。

◎易與夫婦之道

一・兌震爲婚媾之象。兌震，歸妹也。

二・泰互歸妹，泰變大壯，大壯下乾老夫，四互兌女，二五相應，妻象。

三・大過由大壯變，大壯之上六來爲初六，以巽陰承乾陽，故老夫得其女妻。臨變頤，初九爲上九，故老婦得其士夫。

四・大過爲巽兌二卦，中有純乾，此先天卦位乾左右巽兌之象。乾老夫，巽兌爲女妻，故大過九二老夫得其女妻。先天卦坤與乾皆爲大過之時（由左過右，右過左，故取過以相與也）。大過錯頤，頤爲震，艮二卦中有純坤，故老婦得其士夫。

五・大過反對爲頤，頤之反對爲大過。頤爲臨變，臨錯大壯，大過大壯通，皆有婚媾之象。大過老夫得其女妻，頤老婦得其士夫。大壯自泰變，泰下乾老夫，三互震士夫。

◎老夫

一・七十曰老。晉以六十六爲老，隋以六十，唐以五十五，宋以六十。見《文獻通考》戶口考。

二・公卿大夫和家臣皆稱老。一・上公曰老，二・上卿曰老，三・大夫曰老。左傳襄公三年「祁奚請老」所用之意，即致仕（推薦能者做官）也。凡久於其事者皆曰老。

◎妻

一・初和二爻相得爲取妻之象。

（一）大過九二得女妻。易初六承九二，多取妻妾象。

（二）蒙九二納婦吉。

（三）鼎初得妾以其子。鼎互大過，鼎初之妾，即大過之女妻。

二・火爲妻，火爲離卦，水剋水爲妻。

（一）困六三不見妻。妻，妃也，水火爲妃。三以坎互離，坎夫離妻。離火最畏兌澤，三應上澤滅火，妻當凶。

（二）妻爲棲也，即靠。大過是老夫得女妻，其實是棲身自家之女。大過中互乾，變變咸也是中互乾，上下皆爲巽兌之女兒，是父仗二女爲生。

三‧妻者，齊也，與夫齊體。

◎**得**

大過九二老夫得其女妻，得者，陰得陽，陽得陰也，陰陽相得也。

◎**无不利**

大過陰承陽，故无不利也。

◎**過以相與**

一‧男女年歲相差太過而相合，即大過。

大過九二象曰，過以相與。過爲經過。二爻過初與五，五過上與二互乾，陽之盛者也，故曰老。上兌少女也，爲老夫女妻之象。

二‧古時男人歲數過大，娶二十之女，老婦年歲過大嫁三十之男，皆得其子，稱爲過以相與。

三‧相對相與爲過。大過爲兌巽，山澤又通氣，故過以相與，言至九二爻則陰陽相與。

◎**相與**

一‧相與爲過，山澤通氣爲相與。過者，艮與兌不在同方，而相通，即山澤通氣。

二‧大過爲兌巽，是互通聲氣之二卦。先天卦兌巽中爲乾，乾爲大。由兌到巽乃過乾，是大過，過就是經過乾之大。

三‧初與四爻，二與五爻，三與上，陽以應陰，陰以應陽。二氣感應以相與曰應與。

四‧雷風相與。恆象曰：恆，久也。剛上而柔下，雷風相與，巽而動，剛柔皆應，恆。恆象雷風相與，分乾與坤，雷也；分坤與乾，風也。恆自泰通，雷風之間乾坤在焉，故雷風相與。

五‧不相與

艮象曰，艮其止。止其所也。上下敵應，不相與也，是以不獲其身，行其庭，不見其人，无咎也。艮其背，兩象相背，故不相與也。

九三，棟橈，凶。
象曰：棟橈之凶，不可以有輔也。

大過九三下卦巽變坎，卦成困。上兌金生坎水，是相生。二四互離，離火又剋上金，而卦是困象。財來而困難重重，時來時斷。又上兌中互離，下巽全是女象。坎爲盜是淫象。又大過陽爻過于陰，而實在是陰卦之象淹過于陽，是婦女无節。又坎在困中，多疾多訟。棟樑折了，最好重造爲是。

◎**棟**

大過三、四言棟。三、四應大壯之上與初爻，大壯上與初爻爲棟。故大過三、四言棟。

◎**橈**

大過三棟橈，三應兌（上兌），毀折，凡物過剛則折。

一・風性橈，即澆。橈萬物者莫疾乎風。

二・橈（唸腦）爲繞物之蟲，蛇也。

◎凶

一・大過九三過剛，凶。

二・九二變坎爲澤水困，變坎，坎爲棟，又爲陷橈之象，後天之巽即先天之兌同位。同位者，相與者也。

◎輔

一・太弱即不可輔。大過九三小象不可有輔，巽爲輔，三應上已弱，故不可以有輔。

二・陽以陰爲輔也，相隔不能輔。

坎與兌隔乾，今變坎，中爻之乾變巽又變離，是澤水相隔也，非輔也，故小象曰不可以有輔。

九四，棟隆，吉。有它吝。
象曰：棟隆之吉，不橈乎下也。

大過九四變坎爲井。三五互離，是水剋火爲財。下卦巽木又生火，財源不絕。又上卦兌錯艮，艮爲隆又爲庭。艮變坎，艮坎先後天合爲吉，又上變爲井，下巽爲蛇。在井水下之蛇實爲潛龍之貴也，所以說棟隆。隆爲龍也，有龍繞樑，原應爲吉，但只是龍相蛇身，上強而末弱，不得翻身也。有如沉在水底之水頭无以用也。

又蛇爲文，在大過之中，九四是說＜文過＞。九四變坎爲水風井，變坎互變兌，兌錯艮，艮山也，隆之象。

◎有它

一・內爻出而承應外之爻爲它，即其另一個爻。凡爻出承應之外，則曰它。

九四過五說上，乃有它者上。大過四有它吝，中孚初有它不燕。孚之初即過之四（中孚大過澤風，風澤），孚之初卦皆兌說。

大過之四皆兌。這是中孚和大過互易。初和四爻相應之言它。

二・易經中之它都有蛇象，它爲蛇，其義詳本書中孚卦。

九五，枯楊生華，老婦得其士夫，无咎、无譽。
象曰：枯楊生華，何可久也？老婦士夫，亦可醜也。

大過九五變震爲木，上震下巽爲恆。二木比和，財官穩固。兌綜巽，巽爲楊木，兌爲悅。二五互乾，乾錯坤爲老婦。楊樹開花是散漫而无益。兌錯艮爲少男，少男老婦相配，消耗青春，无長久之理。此爻凡坤、艮之象都要從錯卦取得。即爻說乾而實爲坤，說兌而實爲艮。這是大過顛倒象之看法。易經自古說＜顛象＞者少，而說覆卦者多。覆卦即顛卦，六十四卦爻爻都有顛象存在。若不能從生看死、從陰看陽，不容易看通所有卦象之實義。震即草，大過自大壯通，大壯上震，五震爻，故有華象。

◎**老婦得其士夫**

一・大過自遯通，遯一爻陰上于上，上爲震，故老婦得其士夫。又大過之九五，乾陽之極，大過之至也，極則必變，故取大過變頤（大過錯頤），頤之象，震艮爲士夫，中互純坤，爲老婦得震艮士夫之象。故大過之九五取頤象。

二・大過之五爲頤，以頤有老婦得士夫之象也（頤震艮爲夫，互坤老婦）。

◎**士夫**

九五及上爻互乾，今變震爲長男，士夫之象。

◎**老婦**

乾錯坤，老婦之象也；乾數爲九，老夫。

◎**枯楊生華**

一・楊枯則生華（昇華）。華者芝之類也，下巽柔木也。芝，巽之至者，芝之命至短，楊之材易枯，且生華則楊枯之至也，故小象曰何可久也。

二・枯楊得澤則生華。下巽爲楊，上兌爲澤。

> 上六，過涉滅頂，凶无咎。
> 象曰：過涉之凶，不可咎也。

大過上六變乾爲金，兌亦爲金。二金比和，財官雙利。又兌乾先後天同位，大吉大利。但此爲變卦而言，乾佔兌位，兌爲折，乾爲首，是折去其首滅頂之象。此爻忌在人命變了大貴到頂點而大凶。因爲无福氣可以居之。乾兌雙金，下爲巽木，木不能承而必折。得此爻，遇到大好之運即有殺身之禍，而在家富貴臨身其身便絕，只能由後人享受。

◎**過涉**

大過上六過涉。震爲足，大過自大壯通，取壯之震足行于大過之兌澤中，過涉之象。大壯震爲足，兌爲澤，震足沒水，故過涉也。風俗通說涉起于足，足一躍三尺，再躍則爲涉也。涉字從步，步長六尺，以長爲深，則涉深六尺。過涉者，誤涉也。過爲誤。

◎**滅頂**

大過上六＜滅頂＞，頂爲首，乾之首也。大過卦无乾，大過自大壯通，取大壯之乾象。大壯之乾變爲大過之巽，故滅頂。

◎滅

一‧滅之義詳噬嗑卦。

二‧滅爲災，災在易經中用意可參見離卦、噬嗑、旅卦等。

三‧上六變乾爲天風姤，兌爲澤，乘乾之首（兌折乾之首），故過涉滅頂。變乾，則兌之水退，而首又出矣，故无咎。

四‧澤水沒巽木爲孚，大過以水滅木取孚象。

 **坎**

坎，有孚，維心亨，行有尚。

坎爲險也。水流其中爲坎，中爻互震互艮，小過象，即遇險而不得過。坎卦說的是險和出險。人在坎苟之中可以自主的是心志，占得坎卦，如能誠信以維繫自己的心志，安于義命，而不僥倖苟免，那麼人的心會有主張，利害禍福不能撼動他，因此反而擺脫了心中的壓力，脫然无累，而心可以亨通。由是察看時勢時一定要依理而行，加上心志堅定，就可以出險。坎爲二水相比，其力甚大，中爻成頤，衣食无缺。又水必得風而能進能出，坎多智，无離之明，則聰明反被誤。

坎象爲中滿，中互離爲光明。小人散在近身，水成阻害。坎自升來，天地之水，坤化不測，當木氣旺時，水澤暴長，木氣衰時，水澤暴消。故巽氣旺月而水漲，巽氣廢而水涸。是水之上行，必由風升之，故坎自升來。坎爲通，中正以通。困又坎爲心，如果坎居中，即人的人志不偏不倚，一定亨通。所謂亨通是可以想出解決的方法。

◎習

一·重爲習

(一)習重之意，坎上坎下之謂也。

(二)習重也，以水而言，指的是水流行不休不止。

二·八純卦只有坎卦之德險不吉，所以不可不習。

三·坤卦六二，直方大，不習无不利。

乾爲直，坤爲方，乾坤爲兩大，故以直方大。

四·坎爲習，坎伏坤，坤爲不習

(一)坎曰習坎，坤二乃離爻，坎伏其下，故曰不習。

(二)不習者，坤之簡能也。

(三)不習，乾消爲坤，至二爲遯，遯自訟變，故曰不習。坎水變山，坎爲習。

(四)坤六二曰不習。坤二變爲一坎，坎爲習，今只一坎，故曰不習。

(五)習坎：左傳說水懦弱，民狎而玩之，則多死。這是習坎的意思。習可解釋爲玩水。

五·兌爲講習

(一)兌兩口相應，兩說相承，故兌象曰講習。

(二)兌象曰朋友講習。習，坎也。兌取需爲通象，需變上爲坎，故曰習。兌，兩口

相應，故曰講。

六·謙謙爲習

中孚九二，鳴鶴在陰。鳴爲鳥象，謙卦曰謙謙爲習象，坎也，爲鳥，故謙卦多鳴。

七·習爲數飛也。天下最不怕坎險者莫如鳥。小過飛鳥，取疊畫坎象。

八·閑，習也。大畜九三，良馬逐，利艱貞。日閑輿衛，利有攸往。是說每天練習車馬守衛之術，爲畜備之義。閑爲習也，即＜閑熟＞。

九·習爲積，位在下故習，＜積弊成習＞。

十·習，學困難而險之事。

◎有孚

一·陽實爲孚。

二·孚爲信。言水之性爲守信有孚。水性有常，潮水升降皆有定時，往來朝宗于海，不失其時，照節氣（消息）和月相應。

三·坎有孚象

(一)坎象中孚，坎自升通，上坤即巽，下巽即兌，有風澤中孚之象。

(二)坎中四爻與中孚中四爻同（互頤），故坎有孚象。

(三)坎之二五實，實德相孚，故坎有孚。

(四)坎中滿故孚。

四·貞坎爲有孚。易經上卦是坎，或可貞爲坎，即曰有孚。因爲孚就是坎也，而且水是浮于上，上卦貞坎就是有孚。易上卦貞坎，即曰有孚。

有孚和中孚不同。有孚是眞正的孚起來，如鳥伏卵象。既濟上爲坎，有孚，九三亦互坎，有孚。

(一)損卦有孚，損貞爲既濟，卦有兩坎，故有孚。易有孚皆言貞坎也。

(二)井卦說有孚：井初爻和二爻易，卦成既濟，既濟互重坎，所以井卦說有孚。

(三)家人上九說有孚。上九風卦變爲坎，即六爻貞正成坎。成坎就有孚。

(四)益九五有孚。益惟三上失正，以三上九六相易（以貞既濟），上巽爲坎，有孚，九三亦互坎，有孚。

益六三有孚，六三貞爲九三，互坎，坎爲有孚，故曰有孚。

(五)未濟上九曰有孚于飲酒。上離貞坎，坎有孚。坎爲酒，故有孚于飲酒。

未濟貞爲既濟，上爲坎，坎有孚。

(六)革九三有孚，三至五互坎，革四貞成坎爲相濟，有孚。

(七)信以發志：豐四五發之。豐四發之五，成坎孚，動而得正。上卦爲坎，正爲既濟，故有孚。孚，信也。

(八)革，巳日乃孚，革四失正，貞四爲坎（坎在上卦爲既濟卦），坎有孚，故巳日乃孚。

(九)頤大象爲坎，所以頤卦有孚。而中孚卦二五互頤，所以中孚卦也說有孚。

(十)中孚九五有孚，習坎爲有孚，中孚取睽爲通象。睽通五爲坎爻，故有孚。中孚之孚見之于睽也。

五‧與中孚卦通之卦皆有孚

　　(一)家人上九有孚，家人中孚通。

　　(二)損有孚，益卦也說有孚。損益體象中孚。

　　(三)小畜互中孚，故小畜五有孚攣如。小畜中孚五為主爻，故以五正各爻之不正。
　　　　小畜中孚皆可貞，為既濟。既濟五為坎，坎有孚，三亦互坎，有孚，兩坎相連，
　　　　為攣如象，存于既濟中也。既濟中兩坎，為攣象。

　　(四)小畜互中孚，四五曰有孚。中孚二五皆陽爻。兌小畜，二五亦陽爻也。兌五孚
　　　　于二（浮）。

六‧凡卦見巽兌、兌巽，或卦中互為巽兌、或兌巽，即為有孚之象。

　　觀卦巽即兌，坤即巽。巽貞為坎，故四五曰有孚。

　　訟自中孚通，變坎有孚，故訟有孚。

七‧孚體象大過，凡有大過象者皆為孚。

　　(一)損益卦互反，皆說到有孚。益中互頤，損互頤，頤為大過反，而大過反中孚，
　　　　皆為孚象。凡卦互大過即為有孚象。大過巽兌，巽兌先後天同。

　　(二)損有孚，損益體象中孚，二至上互頤，錯大過，兌即巽，巽即兌，有中孚象。
　　　　故損有孚。

八‧頤為孚，頤二五互中孚。

　　(一)坎為頤，頤大象為坎，坎中四爻互頤，有孚。中孚為頤有孚，孚頤也。

　　(二)中孚中四爻互頤，同取頤為孚象也。

　　(三)損互頤，損卦說，有孚，元吉。无咎，可貞。利有攸往。
　　　　損卦九五說：「有孚惠心。勿問，元吉。有孚。」

　　(四)益，互頤。損益卦互反，皆說到有孚。益中互頤，損互頤，頤為大過反，而大
　　　　過反中孚，皆為孚象。損益體象中孚，二至上互頤，故損有孚。
　　　　益九五，有孚惠心，勿問，元吉，有孚，惠我德。象曰：有孚惠心，勿問之
　　　　矣，惠我德，大得志也。

九‧坎或兌在上為有孚。

十‧鳥為伏

　　有孚，孚信也，鳥伏卵之象。

十一‧「陰下孚陽」（陽在下陰在上）為有孚。

　　陰下孚陽，上下相抱，陽上望陰，內外相承。有孚不同于中孚，中孚為孚之至也。

十二‧中孚為中行

　　益六三有孚中行，六三不正，上進為上六（為既濟），上巽亦為有孚，故有孚中
　　行。

十三‧萃有孚象。萃象曰虞吉，孚初虞吉。萃初六有孚不終。

十四‧易經見舟楫之象為有孚。

　　渙卦以刳木為舟，剡木為楫，有舟楫之利，所以有孚。

十五‧易經言有孚如下：

(一)需有孚，光亨，貞吉，利涉大川。

(二)比初六，有孚，比之，无咎。因為比卦之坎在上卦。

(三)小畜九五，有孚攣如，富以其鄰。九五巽貞為坎，因為坎在上卦。

(四)小畜六四，有孚，血去惕出，无咎。象曰：有孚惕出，上合志也。

(五)隨九四，隨有獲，其義凶也。有孚，在道，明功也。從變卦看，九四變，卦成坎，
　　　坎在上卦，所以說有孚。

(六)家人上九，有孚，威如，終吉。象曰：威如之吉，反身之謂也。

(七)坎卦上為坎，曰「習坎」。所以坎卦說有孚。

(八)大壯初九，壯于趾。征凶，有孚。大壯三到五互兌。兌為坎在上，為孚象。

(九)解卦六五，君子維有解，吉，有孚于小人。解三五互坎，為孚象。

(十)中孚九五，有孚攣如，无咎。象曰：有孚攣如，位正當也。

(十一)豐六二，豐其蔀，日中見斗，往得疑疾。有孚發若，吉。
　　　　象曰：有孚發若，信以發志也。

(十二)革九四，悔亡，有孚改命，吉。象曰：改命之吉，信志也。

(十三)損，有孚，元吉，无咎，可貞，利有攸往。曷之用？二簋可用享。益九五有孚
　　　　惠心，勿問，元吉。有孚，惠我德。

(十四)萃初六，＜有孚不終＞。萃上為兌，兌即坎，在上亦為有孚。

(十五)革九三至五互坎，革九三曰征凶，貞厲，革言三就有孚。

(十六)未濟上九，有孚于飲酒，无咎。濡其首，有孚失是。象曰：飲酒濡首，亦不知
　　　　節也。
　　　　未濟上九，離在上而坎在下，坎不在上所以說有孚失是，這是飲酒象。

象曰：習坎，重險也。水流而不盈，行險而不失其信。維心亨，
乃以剛中也。行有尚，往有功也。

◎剛中
　坎剛中，剛則實而有信，中則虛而能通。

◎往有功
　五多功。坎自升通，升之三上行于五，五多功也。

◎維心
　一·六十四卦惟坎言心。
　二·＜維心＞：坎為心，自升通，升九三上為坎九五，心中且正，維心亨。
　三·心為中。維坎剛中，故維。

◎心

一・爻動卦成復卦，復彖曰「復見天地之心」，復於辟卦爲十一月，陽氣初動，未光也。

二・易經見憂愁之象爲坎。易經以坎爲心，心有憂或不快都是坎象。

（一）坎爲隱伏，又其於人也爲加憂、爲心疾。心疾，疑也。

（二）艮二其心不快，晉二愁如，這兩個卦的三爻都說到坎。

晉卦之二應五，是柔進上行，五互坎。坎原位爲九五而非九四，所以晉之互坎是失位之坎，所以是憂其失正也。艮二互坎，可以說是從晉之二來。因爲坎原本不宜在下，艮之二見失位之坎，是應合了晉二之意。艮六二說不拯其隨，而晉六二是受茲介福，是受到先祖母之祉祐，但是這是從母而來，艮卦六二是說不宜跟（艮）隨，這是怕自己失去家中男性正傳而生之感，所以其心不快。艮卦是三五互震爲長子，長子主祭，也主一家香火之傳，這兒說的是長子之愁也。

（三）坎爲不快，憂也。

旅九四＜我心不快＞，旅取賁爲通象。賁九三互坎，坎爲心。

賁初九變旅之四，失正。賁之坎象失正，故我心不快。

三・坎爲心，孚爲心，坎爲實心。

益九五惠心。益和渙通，以益二易爲九二，爲二，所以益以二惠（給）。渙爲坎心，以渙之有孚而惠之以實心也。渙卦以刳木爲舟，剡木爲楫，有舟楫之利，所以有孚。

四・中爻爲心，中心也

（一）謙六二象曰，中心得也，謙自師變，師之坎心在中，移三得正也。

中心得也，中指六二，言心得者，指同位言也。

（二）說卦傳曰，坎爲亟心。亟，內陽剛動也。亟心，或曰極心，中也。

乾爲馬，坎中爻，乾也，故極心。

五・先天卦一周爲心

益九五，有孚惠心。勿問，元吉。益初至五互艮震，震起艮止（由寅到丑）爲一周。

六・離爲心

（一）離之心虛，故明。離反坎，坎爲心，離亦爲心。

（二）離中虛，二爻之心即人心，五爻之心即天心也。

（三）易无心象，坎離皆心也。離之心虛，故明。

七・坎見離爲熏心

艮九三熏心。熏，以火也。艮自晉來，艮三互坎，晉上離，互坎心，故火氣熏心。

（俗語：利欲＜熏心＞，坎爲欲。）

八・願爲心

（一）漸九五象曰，得所願。上貞坎，坎爲心，心願也。

（二）心也坎象。渙九二象曰：渙，奔其机，得願也。渙下坎，上居五正位，得願。

（三）坎中實，中爲心。中孚九二象曰：其子和之，中心願也。

（四）泰卦六四象曰：翩翩，不富，皆失實也。不戒以孚，中心願也。

（五）家人變中孚，二曰中心願也。坎爲心，歸妹、家人皆互坎心。

九・先後天同位爲心，即＜同心＞

同人曰二人同心。坎爲心，同人錯師，師中有坎，坎爲心，在同人之中，故爲同心。

十·恆爲心，即＜恆心＞

釋益卦之恆心：坎爲心，坎之象存于益進之道也。

(一)否之漸（否之下卦坤三進四，上卦成風，下卦成艮，否變風山漸），漸之坎心立于三。

(二)漸之渙（漸之下卦艮山，二進三，與之相易，下卦艮變坎，漸卦變成渙），坎心立于二。

(三)渙之益（渙下卦坎，初爻二爻相易，下卦成震，變益），坎心立于初无坎，是勿恆之象，故凶。

(四)益卦曰立心无恆。恆益爲交易之卦，繫辭下解益曰立心无恆。恆變益，故立心无恆。

十一·易經提到心字之處很多：

(一)比六四，外比之，貞吉，象曰：外心於賢，以從下也。

(二)履象曰：上天下澤，履。君子以辨上下，定民志。

(三)泰六四象曰：翩翩，不富，皆失實也。不戒以孚，中心願也。

(四)謙六二象曰：鳴謙，貞吉，中心得也。

(五)復彖曰，復，其見天地之心乎？

(六)坎繫辭，習坎，有孚，維心亨，行有尙。

(七)坎彖辭，維心亨，乃以剛中也，行有尙，往有功也。

(八)明夷六四，入于左腹，獲明夷之心，于出門庭。象曰：入于左腹，獲心意也。

(九)益九五，有孚惠心，勿問，元吉。有孚，惠我德。

(十)益上九，莫益之，或擊之。立心勿恆，凶。

(十一)井九三，井渫不食，爲我心惻，可用汲，王明並受其福。

(十二)艮六二，艮其腓。不拯其隨，其心不快。象曰：不拯其隨，未退聽也。

(十三)艮九三，艮其限，列其夤，厲薰心。象曰：艮其限，危薰心也。

(十四)旅九四，旅于處，得其資斧，我心不快。

(十五)中孚九二象曰：其子和之，中心願也。

(十六)繫辭上八，子曰：君子之道，或出或處，或默或語。二人同心，其利斷金。

(十七)繫辭上十一，是故蓍之德圓而神，卦之德方以知，六爻之義易以貢，聖人以此洗心。

(十八)繫辭下五，子曰：「君子安其身而後動，易其心而後語，安其交而後求，君子脩此三者，故全也。」

(十九)繫辭下五，莫之與，則傷之者至。易曰：莫益之或擊之。立心勿恆，凶。

(二十)繫辭下十二，能說諸心，能研諸侯慮，定天下之吉凶，成天下之亹亹者。

(二一)繫辭下十二，將叛者其辭慙，中心疑者其辭枝，吉人之辭寡，躁人之辭多，誣善之人其辭游，失其守者其辭屈。

(二二)說卦傳，坎爲水，爲溝瀆，爲隱伏，爲矯輮，爲弓輪；其於人也爲加憂，

爲心病，爲耳痛，爲血卦，爲赤；其於馬也爲美脊，爲亟心，爲下首，爲薄蹄，爲曳；其於輿也爲多眚。爲通，爲月，爲盜；其於木也爲堅多心。

◎行有尚

坎行有尚，坎自升通，升互震，震爲行，行而上居五位，故行有尚。

水性下行，必上行乃成既濟，故坎以上行爲貴。尚，爲貴也。

◎尚

一‧向上爲尚

小畜繫辭密雲不雨，尚往也。自我西郊，施未行也。陰爲雨，卦一陰而五陽，下卦乾要上行，即尚往也。往爲向上，尚爲上。

泰九二朋亡，得尚于中行。泰以二五互易成既濟，以二易五向上也，故爲得尚。

二‧貴爲尚

水性下行，必上行乃成既濟，故坎以上行爲貴。尚，爲貴也。

蠱上九，不事王侯，高尚其事。

觀六四象曰：觀國之光，尚賓也。賓爲貴，即＜貴賓＞。

三‧卦爻五承上九爲尚

易以六五承上九爲尚，尚賢之象。

大畜象曰尚賢。艮爲賢人，尚爲上九。

四‧上爻爲尚，以乘陽爲窮

夬卦繫辭揚于王庭，最上之爻爲陰柔之爻，乘五之剛也。夬卦說揚于王庭，柔乘五剛也。孚號，有厲，其危乃光也。告自邑，不利即戎，所尚乃窮也。

五‧尚，王弼曰：「配也。」豐初九遇其配主，雖旬无咎，往有尚。即兩卦或兩爻相配。

六‧上行爲尚

坎行有尚，坎自升通，升互震，震爲行，行而上居五位，故行有尚。

節取泰爲通象。節之五自泰三上往，往而得位，居尊，故往有尚。

泰九二朋亡，得尚于中行。泰以二五互易成濟既，以二易五，向上也，故爲得尚。

習坎，有孚，維心亨，行有尚。坎卦中行也，坎中爲陽。

七‧功爲賞，賞爲尚

有尚，指往有功也。因坎爲勞卦，凡坎用事皆曰往有功，＜有功必賞＞。

八‧困，險以說。困而不失其所亨，其唯君子乎？貞，大人吉，以剛中也。有言不信，尚口乃窮也。

觀，八月之卦也。觀二陽四陰，剝一陽五陰。君子尚消息盈虛天行也。易有聖人之道四焉，以言者尚其辭，以動者尚其變，以制器者尚其象，以卜者尚其占，周易尚變。

◎有孚

坎中滿故有孚。

◎行

坎互震，震爲足，故行。

◎險

一‧屯爲險

(一)屯卦說，動乎險中，大亨，貞，利建侯。

(二)屯卦爲坎之西，水爲不寧，險象。故孔子說動乎險，則不可无君。

二‧陰卦多險

險易：陰卦辭險，陽卦辭易。易之辭象皆出自動爻也。

三‧坎爲險

(一)兌以行險：節上坎爲險，二互行下兌，故說（節下兌）以行（節二震行）險（節上坎險）。利西南：解利西南，西南之地无坎險也，故利西南。

(二)蹇屯之險：蹇屯皆曰險，屯動于險中，則不避險，蹇止于險內，則不走險也。

(三)坎行險而不失其信：水性有常，消息與月相應，故不失其信。

四‧蹇爲險

(一)蹇彖曰險在前

蹇之卦象坎在艮前，而下艮位，亦即乾位（先天之乾位），後天之乾前亦是坎，亦險在前也。蹇見險而能止，艮遇坎也。蹇，難也，險在前也，

(二)蹇爲坎艮：先天卦正西坎，西北艮，其陽窮于艮，所以蹇卦是窮而險。

(三)蹇見險能止。艮爲止。蹇，難也，險在前也，見險而能止，知矣哉。

五‧需卦險在前。易經說上爲前，需卦象曰險在前，是說坎險在上卦，坎險勿用。

陽卦見坎爲見險勿用，因爲陽卦不能向前，比如震卦勿用有攸往。震初九爲乾勿用之爻，外又有坎險，故勿用有攸往。

陽卦遇坎，皆欲其止而不進，比如需蹇是也。易經用到險字的地方，都是水之險：

(一)蒙彖曰：蒙，山下有險，險而止，蒙。

(二)需，須也，險在前也。剛健而不陷，其義不困窮矣。

(三)訟彖曰：訟，上剛下險，險而健，訟。

(四)師，剛中而應，行險而順，以此毒天下，而民從之，吉又何咎矣。

(五)蹇，蹇，難也，險在前也，見險而能止，知矣哉。

(六)解：解，險以動，動而免乎險，解。

(七)困，險以說。困而不失其所，亨，其唯君子乎。貞，大人吉，以剛中也。

(八)節，說以行險。當位以節，中正以通。

(九)繫辭上三，是故卦有小大，辭有險易，辭也者，各指其所之。

(十)夫乾，天下之至健也，德行恆易以知險；夫坤，天下之至順也。

◎重險

坎象重險，言險體相重也，有更歷備嘗之象。

◎重

易經之六十四卦說到重的只有重乾、重坎、重巽。

乾九三，重剛而不中；坎象曰：習坎，重險也；巽象曰：重巽以申命。

◎盈

水流而不盈，行險而不失其信。乾陽天一之水，兩陰坤岸之土，岸高水深，故爲陷、爲險。乾陽在中二陰在外，陽動于中，故流。

一‧乾爲盈

　　(一)乾亢龍有悔，盈不可久也。乾上九有悔，以其盈。

　　(二)小畜上九月幾望。乾象三陽滿盈，爲月之望。兌將虧之月，皆近于望者。

　　(三)坎九五不盈。盈，乾爲盈，乾盈于上，坎陽在中，故不盈。

　　(四)坎卦上六象曰水流而不盈。乾爲陽，陽陷于陰中故不盈。水性趨下，不盈溢崖岸，故不盈。

二‧盈爲溢。

三‧水性平，水止則平，流則盈。

　　比初六，有孚，比之，无咎，有孚盈缶，終來，有它，吉。比爲水流在地上，爲盈象。一則爲滿，一爲平，故相比。

四‧屯者盈

　　(一)震爲缶，屯初九純坎來，坎有孚，故有孚盈缶。屯爲盈，物屯則盈也。

　　(二)序卦傳有天地，然後萬物生焉，盈天地之間者唯萬物，故受之以屯，屯者盈也。

五‧謙卦有：(一)天道虧盈；(二)地道變盈；(三)鬼神害盈；(四)人道惡盈。俗曰＜惡貫滿盈＞。

六‧損剛益柔，損益盈虛，與時偕行。

七‧虛爲虧，謙卦說盈虧。謙錯乾則變爲離，離中虛，虧之象，虛補不足，故曰益。

八‧乾甲兌丁爲盈，皆曰履之乾兌也（乾甲兌丁之盈，卦納甲之盈象）。

九‧坎見坤乃盈

　　謙卦地道變盈，上坤互坎，坎中滿盈之象，其盈由中爻而來，故曰變也。豐日中則昃，月盈則食，天地盈虛，與時消息，而況於人乎？況於鬼神乎？天地爲盈虛。

十‧大有爲盈。序卦傳，有大者不可不以盈，故受之以謙。

十一‧流，坎爲流，流而盈。坎象水流，坎陽動于中，故流。

十二‧謙卦中坎。盈坎象也，流亦坎象也。

十三‧天道虧贏而益謙：謙履九六相易，以乾陽之盈者益謙。

　　地道變盈而流謙：謙履相錯，謙之坤以陰變履乾之盈，以乾爲坎，故地道變盈而流謙。坤錯乾，乾天道也。

十四‧觀，八月之卦也。觀二陽四陰，剝一陽五陰。君子尙消息盈虛天行也。

十五‧不盈：水入於地，不盈之象。變坤而互水坤，平之至也。

　　　　天險不可升也，地險，山川丘陵也。王公設險以守其國，險之時用大矣哉。

◎**天險**

一‧坎象曰天險不可升。天，五也，五互艮止，故不可升。

二‧天一生水，故曰天險。

◎**地險**

一‧地，二也。艮爲山。

二‧坎由坤而來，故曰地險。

三‧坎象曰山川丘陵。

半山曰丘，丘下稱陵。天下之險莫過於山川丘陵也。

◎**王公**

一‧坎錯離，離爲王，互震爲公。

二‧九五爲王也，六三王公也。

◎**守其國**

坎象守其國。坎自升來，來上坤國變坎，互艮震，艮震中有坤國，故守其國。艮爲守也。

◎**不可升**

中爻艮，艮止也。止則不可升。不可升：五爻爲天位，故＜天險＞，五爻從乾來，故不可升。天爲乾。

◎**設險**

互震，震爲敷設。互艮，艮爲山丘陵象，艮止也，即守也。

◎**時用**

用，即用九用六之用。言盡水火之大用。

象曰：水洊至，習坎。君子以常德行，習教事。

◎**洊**

一‧坎象曰水洊。洊，再之意也，前後相仍之意。坎坎重，如後浪前浪相繼。

二‧洊，習之義。

◎**常德行，習教事**

德行與教事存于坎卦中。

◎**常**

坤爲常，坎自升通，升上坤。

◎**德行**

坎象曰：水洊至，習坎。君子以常德行，習教事。

節象曰：澤上有水，節。君子以制數度，議德行。

一‧易經說德行和坎險有關。德行即知險也，這個道理說明在繫辭。

（一）繫辭上九說，顯道，神德行，是故可與酬酢，可與神知矣。

（二）繫辭上十二：「神而明之，存乎其人。默而成之，不言而信，存乎德行」。又說：「夫乾，天下之至健也。德行恆易以知險，夫坤，天下之至順也，德行恆簡以知阻。」

（三）乾卦的德性至健，只有健才能面臨險，而不爲險所陷。

（四）坤德至順，順的本質是行簡。惟有順才能行于阻中，而不爲阻所止，即順其勢而行。

（五）常德行可以涉險，習教事可以夷險。所以德行是可以知道如何在險困的道路行走。以習（坎爲教事，爲習）來夷險。乾和坤之德，即健（天行健）和順來行險。

二・此爻象說明坎爲學問之道，即在習。

◎教事

坎象曰教事，坎自升通，升互臨，臨，教思。學聚問辨，寬居仁行。

> 初六，習坎，入于坎窞，凶。
> 象曰：習坎入坎，失道凶也。

坎卦初六變兌，變爲節。兌金生水，爲內卦生外卦是財外流，陰變陽進之象。坎見窞，是陷中見陷，凶險无比。見節爲止，能守則不失。

◎窞（音但）

坎底爲窞，或坎中小穴。

◎習坎

一・習坎，入險之道也。習坎而反入于坎，則失所習之道也。故習坎凶。

二・坎初六習坎，坎險之習在初，家道之閑（習）亦在初。

三・坎初六習坎，習，閑也。大畜曰閑。

坎窞凶：坎初六入坎窞凶，易中初陰承二陽多吉，此曰凶者，在重險之下也。

◎失道

一・爻爲道，坎中爻爲水道。坎初六、上六失道。水由地中行，中爲水道，初不及中，故失道。上過乎中，爲過之失。

二・震爲道，震卦失爲失道。

睽九二未失道，道，震也。睽通中孚，中孚二五爲震，中孚六四變睽，睽六五和九五相遇變中孚，震在未失道也。

觀六三，觀我生，進退。象曰：觀我生，進退，未失道也。觀風地，六三曰失道。六三變，卦成艮，風山漸。六三變艮，艮止也。艮又爲徑路，道之象，止于徑路，即失道。

九二，坎有險，求小得。
象曰：求小得，未出中也。

變坤卦爲比。坤土剋水。但水大土小，財力薄。中爻爲艮，爲止之象。艮爲門，在內可小成。又坎未出中，即未濟。坎中滿，未出中則无入財之地。易經以中實爲得，但不出中則小實。比爲先後天坎坤同宮，爲好的配置，所以有所得，但是只是小得。

◎求小得

一・在小處著手，即可得。

二・陰有實爲得。

三・求得

(一)坎九二求小得，坎二求初，而得陰。坎險在下，二互震，出求者，求出險也。
　　坎求小得，小者，初陰也，初順承陰，故二得初，得者小也。

(二)隨三有求得，三求四而得陽也。九二變坤爲水地比。

(三)小得：此爻先後天同位則得。陽變陰，故曰小。

◎出中

一・坎九二小象求小得，以二互震，出陰，未出乎中，出若未出，故爲小得。

二・未濟彖曰未出中。中者五也。未濟取否爲通象，否四互艮，艮爲狐（濟：否之乾坤中必濟兌澤。故小狐汔濟言四爻，未濟之四未出五），故未出中。

六三，來之坎坎，險且枕，入于坎窞。勿用。
象曰：來之坎坎，終无功也。

坎六三變巽爲井。巽爲木上之水來生，是外生內，吉。但是中爻成三陽，上下皆爲陰。坎六三變井，是有物沈在井中，而井不生水。水不上升，成爲有泉而井水不上升。來之坎坎，是說不易也。此爻難多在於不通。无路可通，屈守爲上策。

◎來之

一・內稱來，外稱之。上下皆爲坎，故曰來之坎坎（上下皆坎）。

二・來之坎坎：坎九三來之坎坎，之，往也。坎自升通，坤巽升之九三往五，成坎之九五，升之六五來三，成坎之六三，一來一往，成兩坎，故來之坎坎。

◎枕

一・枕，安也。坎六三險且枕，因爲六三互爲艮，艮爲止也。水來有物止之，枕是也。枕，止也。坎互艮爲止。

二‧在首爲枕。

三‧枕爲沈。坎六三險且沈，坎自升來，升之六自五退三成坎，不升而沈，坎本險卦，三
　　且爲升之沈爻，沈則入坎窞，升之反爲沈。

◎勿用

坎九三勿用，九三言出險之道，勿用之以出險也。

◎坎

上坎，下坎，故曰「坎坎」。

◎來

巽入也，水來之象。

◎險

坎六三曰險，六三失位乘二，二亦失位，故險。

◎无功

坎六三象无功，坎自升通，在升六陰居五陰，五多功，六五來三，終无功也。

六四：樽酒，簋貳用缶，納約自牖，終无咎。
象曰：樽酒，簋貳，剛柔際也。

　　坎變兌爲金生水。原卦陰爻得位與九五相近而應。陰上見陽爲藏在樽中之物。陰在下
剛柔並濟。坎爲險，終必通，所以无咎。此爻取物不易，宜自儉約。

　　易經說雜物撰德，非其中爻不備者。這是說到坎六四之爻。坎六四樽簋，坎中爻爲頤
養，故四言樽簋。離中爻爲大過棺槨，故四言死棄。四爻是很重要之一爻，因爲說出卦旨。
坎四是養象，即養生也。因爲節約而可以求生。離卦之四是不能養，因爲和坎相反，所以
占以死之相。

◎酒

一‧坎爲酒

　　（一）需六四，需于酒食。需上坎爲酒。

　　（二）未濟上九，離在上而坎在下，坎不在上所以說有孚失是，這是飲酒象。但是需
　　　　　卦說酒食。需有兌，而未濟沒兌，所以未濟卦沒提到食。未以食濟也。

二‧酌爲酒。損卦說酌損：酌，酌酒之象。損自泰通，泰自歸妹來，取歸妹互坎爲酒食。
　　泰三互震，三之四成歸妹，四之五成損。歸妹四爲震之尊，互坎爲酒。易經說到酒
　　字的地方有：

　　（一）需九五，需于酒食，貞吉。象曰：酒食貞吉，以中正也。

　　（二）坎六四，樽酒，簋貳，用缶，納約自牖，終无咎。象曰：樽酒，簋貳，剛柔際
　　　　　也。

(三)困九二，困于酒食，朱紱方來，利用亨祀。征凶，无咎。象曰：困于酒食，中有慶
　也。

(四)未濟上九，有孚于飲酒，无咎。濡其首，有孚失是。象曰：飲酒濡首，亦不知節
　也。

◎樽酒

一‧震爲酒器，坎六四「樽酒」，坎爲酒，二互震爲樽，酒器。酒簋也。
　坎爲酒，又卦象坎爲水，震爲足，坎酒在上，樽酒之象。

二‧樽酒：互震，震仰盂，樽之象，坎爲水，酒之象。兌中有酉坎遇兌，酒之象也。

◎爵

一‧酒尊，上刻爵形。

二‧鳥象。爵之鳴，節節足足，取爲飲戒。孚二互震爲酒尊，家人互坎，坎爲酒，而爲震
　尊。震艮皆曰我，故我有好爵。

◎缶

一‧坎爲缶，坎爲酒，缶爲酒器。坎六四用缶，缶酒器也。

二‧貳缶：震爲竹簋象也，變兌，兌數二，故曰貳缶，爲瓦器也。中爻艮土，離火，陶
　之所成。

◎簋(音鬼)

黍稷器也。損二互震，曰二簋，震爲樽，爲簋。簋爲刻木、或竹，施丹漆，艮震之合，
土木之皿，這是薦鬼神之器。

◎貳

貳爲副樽。坎六四貳用，貳，貳副也。禮有副樽，門外缶，門內壺，卦有兩坎，故貳用
缶。坎卦爲坎坎，即二坎。

◎樽

坎六四樽簋，坎中爻爲頤養，故四言樽簋。

◎牖(音有)

一‧牖爲窗
　坎六四納約自牖，牖，穿壁以木爲交窗，所以見日。坎四互艮，艮爲牆，有坎穴以
　受日光，牖之象。

二‧納約自牖：坎六四納約自牖，牖，穿壁以木爲交窗，所以見日。古者祭于室中，奠
　于牖下。

三‧聞一多在《周易義證類傳纂》說，納約自牖是從自己的地窖中取出酒食。可能是指
　在獄中鑿地爲窖所爲。尹賞傳曰：「治獄穿地，方深多數丈餘，乃以大石覆其口，
　名曰虎穴。」
　此說甚有理。坎爲獄，坎中之食爲獄之用也。此似乎可證易經之占者常會是犯人或
　敵人之俘虜，因爲有特殊之能力而被請來，其獄中酒食不缺。

四‧牖：互艮，艮爲門闕之象也，牖爲門。

◎納約

坎六四納約。納，奉也，約，儉約也。六四變兌爲澤水困，困則窮，所以要儉。
◎**剛柔接**

坎六四象剛柔接，接，四接五也。

> 九五，坎不盈，祗既平，无咎。
> 象曰：坎不盈，中未大也。

坎九五變爲師，變爻爲坤，坤土剋水得財象。此爻變爻爲土，土只能剋水而不洩水，最是怕滿。但土填坎之中，水不流，而又不盈，即坎內无水，所以不盈，而不是水无源。坎失水无險，又水不流則土平，這是中不大而自安。
◎**祗既平**

坎九五，祗既平。祗，京房、虞翻、說文皆作禔（音提）。禔，安也。坤安，坎爲平。九五變坤爲地水師，平安之象。
◎**中未大**

一‧陽爲大，九五爲中陽爲大，爻變陰，故曰中未大也。

二‧中未大：坎九五中未大。中不盈滿，故未大也。二曰小，得五曰未大。
◎**无咎**

此爻先後天同位（地、水），故无咎。

> 上六，係用徽纆。寘于叢棘，三歲不得，凶。
> 象曰：上六失道，凶三歲也。

上六變巽成風水渙。變艮爲手，所以卦中多和手相關之象，即捕捉犯人。這是六陰柔居險地，在最險處冒險者。變卦之渙中二五互爲頤象，是牢象，所以无法脫險。三歲爲終歲之義，即永不脫身。本爻皆是獄象。叢棘，獄也；徽纆，縛罪人；係，繫也，即拘。獄是相當險的地方。坎陽性上，最怕到了頂頭而不知返，比如被判了終生坐牢而不得出。易經陽卦之六爻通常都險。幸而坎上六是陰爻，所以只是以困在獄中爲苦象，只有在其中安份守己，至少性命可保。易經最險莫過於死，而坎之險不必死。
◎**係**

繫也，即拘。
◎**叢棘**

一‧獄也。坎上六叢棘有獄象，坎上六遇五互艮，易中坎遇艮，每有獄象。

二‧叢棘，皆柔木也，爲巽之象。又坎爲叢棘，古獄之四圍皆植叢棘。

◎歲

一‧先天卦一周爲一歲。

(一)同人九三，伏戎于莽，升其高陵，三歲不與。同人九三動之无妄，无妄錯升，互艮爲山陵。无妄震起艮止，爲周歲之象。

(二)豐上六，豐其屋，蔀其家，闚其戶，闃其无人，三歲不覿，凶。
象曰：豐其屋，天際翔也。闚其戶，闃其无人，自藏也。

二‧艮爲歲

(一)豐上六三歲。豐取噬嗑象。噬嗑通艮，艮爲歲。噬嗑變離，離爲三，故三歲。

(二)三歲：漸九五三歲不孕，離爲三，艮爲歲。

(三)崔憬以一爻爲一年。項安世曰：「凡陽卦稱歲，陰卦稱年。」

◎三歲不得

一‧坎上六曰三歲

(一)上爲上卦第三爻，故曰三。

(二)離爲三，坎中之四爻卦體爲長離，離數三，故曰三歲。

(三)坎錯離，離爻數三，離爲見。

二‧困初六三歲不覿，豐上六三歲不覿。豐二之離目，應五之兌澤。而初曰三歲不覿，上爲卦之終也。
困三之離目，應上之兌澤，而初曰三歲不覿，初應四，互離之爻也。

三‧菑，田一歲也，畬田三歲也。

四‧不得

(一)坎變巽，巽爲不果，不得之象。

(二)不得出來。

(三)三歲不得：坎上六三歲不得，凶。坎上險極故繫之獄，三歲之久不得出險，而凶。三歲不得出，實際上是說終生不得出也。

◎徽

一‧糾繩三股爲徽，兩股爲纆，皆索名。取象巽，巽爲繩直，縛罪人，是捉犯人之用。

二‧黑索也。

◎寘

置也。

◎失道

見坎初爻解。

離，利貞，亨。畜牝牛，吉。

　　離卦是中爻互巽、互兌。離把巽兌分開。一陰附上下之陽，所以離者明也。離一陰其中爲兩陽在外，火中虛而暗，以其陰也；水中實而明，以其陽也。離卦巽爲木，兌木剋之，而生爲火。卦象爲佃以漁，可畜可養，得之无不富也。離中互大過，爲死人得其棺槨之象。此卦不宜問生，宜問死。中爻互坎，禍不離身。離又錯坎，上下皆爲陷害，是炎中帶煞，其禍不小，得災必死也，要慎防之。離爲附麗之義，又離卦以家人爲象。女子離母親歸到夫家，即往從附麗之義。

◎坎與離

　　坎與離，一生一養。體頤養，離體大過。

　　離字在易經諸卦都有特殊意義，讀離卦可參考之：

一‧乾九四文言曰，進退无恆，非離群也，君子進德修業，欲及時也，故无咎。

二‧坤，陰疑於陽勾戰。爲其嫌於无陽也，故稱龍焉，猶未離其類也，故稱血焉。坎爲血，坎卦即離。

三‧否九四，有命无咎，疇離祉。象曰：有命无咎，志行也。

四‧小過上六，弗遇過之，飛鳥離之，凶，是謂災眚。象曰：弗遇過之，已亢也。

五‧繫辭下二，作結繩，而爲網罟，以佃以漁，蓋取離。

六‧說卦傳，乾爲馬，坤爲牛，震爲龍，巽爲雞，坎爲豕，離爲雉，艮爲狗，兌爲羊。

七‧說卦傳，乾，健也；坤，順也；震，動也；巽，入也；坎，陷也；離，麗也；艮，止也。

八‧說卦傳，帝出乎震，齊乎巽，相見乎離，致役乎坤，說言乎兌，戰乎乾，勞乎坎，成言乎艮。

九‧說卦傳，乾爲首，坤爲腹，震爲足，巽爲股，坎爲耳，離爲目，艮爲手，兌爲口。

十‧說卦傳，離爲火，爲日，爲電，爲中女，爲甲胄，爲戈兵。其於人也爲大腹，爲乾卦。

十一‧序卦傳，物不可以終過，故受之以坎。坎者陷也，陷必有所麗，故受之以離。離者麗也。

十二‧序卦傳，入而後說，故受之以兌。兌者說也。說而後散之，故受之以渙，渙者離也。

◎離

一・離爲附麗。附也，麗也。

離彖曰：離麗也。離借麗字，麗爲離，附麗也，火必附著于物而有形。火托于木，附麗也。煙飛灰降，別離也。

(一)說卦傳，離麗也。

(二)否九四，有命无咎，疇離祉。附也即疇（社會之人），附于福氣。

二・離爲災

小過上六，弗遇過之，飛鳥離之，凶，是謂災眚。小過卦象長坎，錯離，象鳥。

三・網羅爲離

古者網羅所致曰離。繫辭下二，作結網，而爲網罟，以佃以漁，蓋取諸離。

四・離爲見

(一)說卦傳，帝出乎震，齊乎巽，相見乎離。

(二)說卦傳，離爲目，艮爲手，兌爲口。

(三)易經中所說利見大人指的是乾（大人）見離。乾爲金，金利也。

五・離爲鳥，或雉。說卦傳，坎爲豕，離爲雉。

六・說文：「離，黃倉庚也。南方朱鳥，象離之位。」古文作離，山神也，獸形。

七・離爲火。五行離爲火，南方火也。

八・離爲散

序卦傳，渙者離也。渙取否爲通象。以否之四陽離散坤三陰，故渙爲離散之象。故雜卦曰，渙離也，離散也。

九・京房曰：「離爲命，坎爲性。」

十・離，日也，明也

(一)坎月也，離即先天之乾，坎即先天之坤，日月有明，明者易也。合明者，合易之理也。

(二)火外明，日內明。

(三)離，重明，明月也，月得日而光。月之明即日之明也。

十一・離爲終

後天卦位終于離。乾爲陽卦的開始，離爲陰卦之終。

(一)需九二以終吉。從變卦來看，九二變乾成爲離，先天卦位始于乾。後天卦位終于離，所以說終。

(二)不俟終日：終日曰離也，離初爲日出，二爲日中，三爲日終，六二居中，故不俟終日。

十二・三人爲離

(一)需卦上六說到「有不速之客三人來」，易經說到三人皆爲離。

(二)離數三（乾一、兌二、離三、震四、巽五、坎六、坤七、艮八）。需上卦三到五互離，故曰三人。

十三・離爲中

(一)易經說到中，常指離，因為離中虛。

(二)泰九二朋亡，得尚于中行。象曰：包荒，得尚于中行，以光大也。

中行謂五，以二配五也。二變五，為離，離之光入于乾之大，故小象曰以光大也。又離為中。

十四‧離有食象

(一)易經有家人或食，都具離象。因為家或飲食要用到火。離為火。

(二)大畜不家食。大畜有豐象，山即雷，天即火，又雷火豐有噬嗑象（震即離，離即震）。火雷噬嗑食也，雷火豐，豐有食（噬嗑）象。

十五‧離為目

小畜互離，目在上，目自下向上，反目之象。巽為多白眼，目反則眼之白者多也。

十六‧離為孚（中孚），為腹。

中孚大象離，離其於人也為大腹，乾錯坤，坤為輿。大腹能容物亦輿也。

十七‧離中虛，為舟象

同人卦說利涉大川，同人中爻互巽，巽為風。離中虛舟之象。舟行遇風利涉之象。上錯坎，坎險也，是出險也。

十八‧離為牛，畜養也。坤為牝牛，又中虛有牛牢象。

十九‧離為隔，離為陰隔陽。

二十‧離，心也，中虛之象。二爻之心即人心，五爻之心即天心也。坤二五之乾成離，坎為心，坎離同，離永為心，俗曰＜同心＞。

二一‧離為畜

(一)大畜、小畜之長體皆為離。離與大畜皆自遯生。

(二)離畜牝牛，離取大畜通。又離自大畜來。

(三)離為畜：大畜互兌，小畜外巽。離體為巽和兌，所以離卦說畜。

◎元亨利貞

一‧易經元亨利貞就是包括四時。四時即春、夏、秋、冬，或後天卦完成一周之行。

(一)乾文言元亨利貞，配仁、義、禮、知，即木、火、金、水四氣，也就是春、夏、秋、冬四時。

(二)大有：右旋為離日行天之象，於先天卦位一周，先天卦離、震、坤、艮、坎、兌、乾，由離而乾，為一周，備歷四時元氣，故亨。

(三)隨為兌震（乾、兌、離、震），備四時也，故隨元亨利貞。

(四)澤火革，山水蒙，卦為兌互離，艮互坎，合先天八卦（乾一兌離一震，坤一艮坎一巽）之行。

(五)臨互復，自復至坤，十二辟卦，消息之氣一周，故臨元亨利貞。

二‧利貞者，可以貞正為相濟卦也。易經言利貞之處：

(一)離，利貞。上離三爻皆失正，故利貞。

(二)離，利貞，亨。離自大畜來，大畜則止，止无亨理。故大畜彖惟言利貞不言亨。

(三)乾，元亨利貞。

(四)乾，乾道變化，各正性命，保合太和，乃利貞。

(五)乾文言，君子行此四德者，故曰：乾，元亨利貞。

(六)乾文言，利貞者，性情也。

(七)屯，元亨利貞，勿用。有攸往。利建侯。

(八)蒙，蒙亨，匪我求童蒙，童蒙求我。初筮告，再三瀆，瀆則不告，利貞。

(九)隨，元亨利貞，无咎。

(十)臨，元亨，利貞。至于八月，有凶。

(十一)无妄，元亨利貞，其匪正，有眚，不利有攸往。

(十二)大畜，利貞。不家食，吉。利涉大川。

(十三)離，利貞，亨。畜牝牛，吉。

(十四)咸亨，利貞，取女吉。

(十五)恆，亨，无咎，利貞，利有攸往。

(十六)遯亨，小利貞。

(十七)大壯，大壯利貞。

(十八)明夷六五，箕子之明夷，利貞。象曰：箕子之貞，明不可息也。

(十九)損九二，利貞。征凶，弗損益之。象曰：九二利貞，中以爲志也。

(二十)萃，亨，王假有廟，利見大人，亨，利貞。用大牲，吉。利有攸往。

(二一)鼎六五，鼎黃耳金鉉，利貞。象曰：鼎黃耳，中以爲實也。

(二二)漸，女歸，吉，利貞。

(二三)兌，亨，利貞。

(二四)兌，說也。剛中而柔外，說以利貞，是以順乎天而應乎人。

(二五)渙，亨。王假有廟，利涉大川，利貞。

(二六)中孚，豚魚吉。利涉大川，利貞。

(二七)小過，亨。利貞。可小事，不可大事。飛鳥遺之音，不宜上宜下，大吉。

(二八)小過，過以利貞，與時行也。

(二九)既濟，亨小，利貞，初吉終亂。

◎牝牛

一‧大畜六四，童牛之牿，元吉。畜四來二成離，童牛變爲牝牛。

二‧柔即五爻之陰，中正即五。伏陽出在坤中，故畜牝牛。牛者土也，土爲火子，離陰卦，牝陰性，自牧之道。

三‧牛之義詳本書大畜卦。

彖曰：離，麗也。日月麗乎天，百穀草木麗乎土，重明以麗乎正，乃化成天下。柔麗乎中正，故亨，是以畜牝牛吉也。

◎麗

> 一‧離爲麗
>
>> 離象曰離麗也。四陽麗乎一陰，火麗乎木也。
>>
>> 序卦傳：陷必有所麗，故受之以離。離者麗也。
>
> 二‧日月爲麗
>
>> 日月麗乎天，坎日月。其陽本乎乾，故日月麗乎天。
>>
>> 序卦傳說陷必有所麗，故受之以離。離者麗也。這兒所說的是坎和離兩種東西形成日月麗天。
>
> 三‧兌爲麗澤
>
>> 兌卦象曰：麗澤，兌。君子以朋友講習。睽卦象曰說而麗乎明。睽卦爲離兌，兌爲麗澤，所以睽卦是麗乎明。即以反照的光澤。
>
> 四‧艮爲山，爲明。旅之離爲麗，附於艮山，以山和日相照。
>
>> 旅象曰：旅，小亨，柔得中乎外而順乎剛，止而麗乎明，是以小亨，旅貞吉也。旅之時義大矣哉。
>
> 五‧麗爲中正之爻
>
>> (一)坎象麗乎正，坎初三麗乎二，四上麗乎五，二五居中，中則正也。
>>
>> (二)坎在上卦以正爻爲中正，離在下卦以二爻爲中正。
>
> 六‧火麗乎木
>
>> 震爲百穀，巽爲草木，坤爲地，乾二五之坤，震體屯，屯者盈也。盈天地之間者唯物，萬物出震，故百穀草木麗乎一陰，火麗乎木也。
>
> 七‧離中之陰即坤中之陰也，故曰牝牛。畜即乾，畜坤之陰也，故象曰柔麗乎中正。中正者，三四之陽爻也。
>
>> 柔麗乎中正：離之德麗，陽麗乎陰，重明麗乎正，陽之麗陰也。柔麗乎中正，陰之麗陽也。

◎木

> 一‧百穀草木：坎象曰百穀草木，震巽爲百穀草木，其陰爻皆本乎坤，故百穀草木麗乎地。
>
> 二‧離中互巽木，坎中互震木也。

◎化成天下

> 天下言乾也，離通大畜，大畜乾天在下，乾變離，故化成天下。

◎重明

> 一‧重爲明，習爲坎。
>
>> 離象曰重明，重明者，離之四陽爻。重明麗乎正，陽之麗陰也。正者，二五陰爻，陰爻居中，中則正也。
>
> 二‧重明：目有二，故曰重明。

◎畜牝牛吉

> 一‧離象曰畜牝牛吉，離六二之柔自大畜四通，畜之四陰來二成離，畜六四童牛之牿元

吉，畜四來二，是以畜牝牛吉。

二·離火剛燥，必以牝牛之柔順者畜之，乃得火之益，而不受火之害，故畜牝牛吉也。牝牛就是坤。坤爲土，土化火，這也是化成天下之化的意思。柔麗乎中正，是以畜牝牛吉也。

象曰：明兩作，離。大人以繼明照于四方。

◎兩

一·日月爲兩，離兼日月爲兩作。作或爲著同義，即俗說＜著作＞。

二·坎象曰明兩作，日月爲明，月以繼日故明兩作，貞上離爲坎也。

三·咸九四，貞吉，悔亡。憧憧往來，朋從爾思，朋爲兩，坤和離同類，爲朋。

四·說卦傳，參天兩地而倚數。

◎大人

一·坎象曰大人，易中見大人，皆以上坎爲大人，下離爲利見。乾文言：夫大人者，與天地合其德，與日月合其明，與四時合其序，與鬼神乎合其吉凶。

二·否小人吉，大人否。六二包承，小人吉，大人否。象曰：大人否，亨，不亂群也。

三·利西南則利見大人

賽利西南，往得中也。不利東北，其道窮也。利見大人，往有功也。當位貞吉，以正邦也。

四·易經說利見大人，是指可以貞爲既濟之義。

(一)乾九二，見龍在田，利見大人。乾九二失正可貞爲既濟。乾九五失正，利見大人，可貞爲陰爻，成既濟。

(二)訟下乾變離，利見大人也。利見即利於貞，爲既濟卦之下離也。離爲見，即利于貞見也。

(三)賽上六利見大人，賽通升，升曰用見大人，升无妄錯以九六相易，皆貞既濟（以下卦離之離目以見坎之大人也），故賽曰利見大人。

五·乾見離，利見大人

乾爲大人，離爲見，乾離爲同人也，同人利見大人。乾九二，見龍在田，利見大人。乾同離故利見大人。

訟繫辭，利見大人：乾之二五爻因互離，離爲目，麗也，故曰利見大人。

賽卦利西南，往得中也。不利東北，其道窮也。利見大人，往有功也。賽，坎艮，先天坎爲後天之離，先天之艮爲後天之乾。卦成離乾，故利見大人。

晉火地。火離爲乾，地坤爲離。故晉爲大人言。

萃，亨。王假有廟。利見大人。萃利見大人，晉火地，火爲乾，坤爲離，故晉爲大

人。萃卦之兌爲坎，坤爲離，所以萃利見大人。

升彖曰有慶，乾離有慶，慶，乾離之象也。用見大人，升，元亨，用見大人，勿恤，南征吉。離彖曰：明兩作，離。大人以繼明照于四方。

坎爲陽在中，中爲大，坎居五爲大人，乾變離爲目，則利見。革九五大人虎變。五爲大人，兌爲白虎，兌變坎（以貞爲既濟卦），坎五之大人，爲兌虎所變，故大人虎變。

六・易中利見大人皆貞九六之義。而各卦言利見大人者，必上爲九五乾、訟、蹇、萃、巽是也。

七・二五爻爲大人

巽，利有攸往，利見大人。又大人謂五。巽二失位，往應五，故利見大人。巽五互離，巽二失位往應五，故利見大人。巽，剛巽乎中正而志行，柔皆順剛，是以小亨，利有攸往，利見大人。

乾文言九二曰：見龍在田，利見大人，何謂也？子曰：龍，德而正中者也。

革九五，大人虎變。五爲大人，兌爲白虎。

巽卦三、四、五得正。利下卦之巽貞爲離也，離爲見。上巽貞坎五爲大人，故利見大人。五爲大人。易中見大人皆貞九六之義。

庸言之信，庸行之謹。九五，飛龍在天，利見大人。

困大人吉：困彖大人吉，困卦五上得正，貞大人（五爻）吉。師貞大人吉。

乾九五文言：飛龍在天，利見大人，何謂也？子曰：同氣相求，水流濕，火就燥。

八・革爲大人

大人者，天地合其德，日月合明，四時合序，鬼神合其吉凶。必卦有革象，乃言大人。革九五，大人虎變，其文炳也。

革錯蒙，中有乾坤（天地合其德之象），四貞爲坎（卦成既濟），下爲離（日月合其其明也），四時合序（革之兌離爲秋夏，蒙二互震坎，中有春冬在焉，故四時合其序也），鬼神合其吉凶。大人之象也。故革九五爲大人。

九・遠爲大人，遠慮爲大人之慮。

童觀，如童蒙之見人无遠慮也。小人下觀而化者也，故无慮。

十・大人，即占卜之人。

◎四方

坎象曰四方，後天離南坎北，先天離東坎西，爲四方也。

◎兩作

上下皆離，故也。天之日月，人之兩目，皆可以明。

初九。履錯然，敬之，无咎。

象曰：履錯之敬，以辟咎也。

離初九象皆指初應四。四爲焚象，又突如其來，卦辭爲履錯。即群動相交而失其禮。初爻如日方出，以火性之急躁，是躍躍欲動。離之錯，錯成坎。坎爲陷，所以動則得咎。幸而初爻變成艮，艮爲止，躁象被止。而坎陷也被艮所止，是小安之象。此爻多是非，或訟，或男女情事，事態急如火性。依理而行，則无咎。

◎履

離初九履，坎通大畜，大畜四互夬，夬交錯即履，故履錯然。變艮爲徑路，履象。

◎錯然

一・離初九錯然，履錯然也。

二・離初九錯然，日出之始，群動交作也。

◎敬之

離初九，履錯然，敬之。履爲禮，禮无不敬，敬爲離德，離初九无咎。

◎避咎

一・朱駿聲著《六十四卦經解》，作遯咎，而不是辟咎。

二・避咎是說＜離開＞不良之人。

三・禮以避咎

離初九象曰：履錯之敬。以辟咎也。離在上失正，離以四爲突之逆子。又火爲禮，自古禳災之法多以火爲止，禮以避咎也。

四・惡人可以避咎。所謂惡人有二種定義：一是凶惡之人或鬼魅，二是命凶之人。這些人在死後常被當做神靈祭拜以消除災咎。

睽初九，悔亡。喪馬勿逐，自復。見惡人，无咎。象曰：見惡人，以辟咎也。

睽初以見避咎，離初以敬避咎也。睽以四爲惡人，睽或可當鬼。

五・土可以消火之烈，所以艮爲去咎之法。

否象曰：天地不交，否。君子以儉德避難，不可榮以祿。

◎錯

火貌自亂也。

◎辟

一・艮，止也，故有辟之意。

二・辟，避也，辟咎。明愼用刑而不留獄，故曰辟。凡易之言聽訟、折獄、致刑皆由離之變。錯因離明也，訟之道在明。

　　六二，黃離元吉。
　　象曰：黃離元吉，得中道也。

六二變乾爲大有。離下卦之中爲正位，又離在八卦是二數，本爻爲二爻，是相比和，

和則吉利。六二之柔變乾，又是乾離先後天同宮，更是大吉大利之卦。本卦得中，所以凡事不必太急于成功，順其自然則可无往不利。

◎ **離元吉**

大畜（初爻已不犯災，二中无尤，三利有攸往，四元吉有喜，五吉有慶，上亨）。離通大畜，元吉之爻自四來二，得其中正。

◎ **黃離**

一・離六二黃離，黃中色，故二曰黃離。

二・離二言黃，二本坤爻。坤五黃裳元吉。坤六五來于乾二，即黃離元吉。

三・黃指土也。離後天居先天乾位，乾之變因中一爻變也，變乾由中央土之作用。

◎ **元吉**

元，一周之意：

一・大畜六四元吉，大畜艮互震，自震至艮，乾陽之氣一周，故四曰元吉。

二・離六二元吉。離二互巽，五互兌，自巽至兌，坤陰之氣一周，陰之終正陽之息，故離二元吉。

三・訟五曰元吉，後天坎居子，乾取戌亥，自子至亥十二月，一周，乾元之吉。

四・鼎象曰元吉，離居午，巽居辰巳，自午至巳十二月，亦一周，乾元之吉。

五・離二元吉，離二互巽，爲後天卦，離至巽，乾元一周之象。

六・先後天同位，曰元吉。

◎ **中道**

一・中爻得位，爲得中道

蠱九二象曰：幹母之蠱，得中道也。小象曰得中道也，九二得位故曰中道

二・六二在內卦中位，故曰中道。道即一陰一陽之謂也。

（一）離六二，黃離元吉。象曰：黃離元吉，得中道也。

（二）解九二，田獲三狐，得黃矢。貞吉。象曰：九二貞吉，得中道也。

解下坎貞離，九二成爲六二，得中道，故得黃矢。

（三）夬九二象曰：有戎勿恤，得中道也。夬九二得中道。二貞爲離，故得中道。

（四）既濟六二，婦喪其茀，勿逐，七日得。象曰：七日得，以中道也。

既濟六二爲離中，得中之道也。

三・離爲中，卦見離得中道也

（一）解九二得中道，解下坎貞離，九二成爲六二，得中道，故得黃矢。

（二）夬九二象曰：有戎勿恤，得中道也。得中道，二貞爲離，故得中道。

蠱九二，幹母之蠱，不可貞。象曰：幹母之蠱，得中道也。

（三）離六二，黃離元吉。象曰：黃離元吉，得中道也。

（四）夬九二象曰：有戎勿恤，得中道也。二貞爲離，故得中道。

四・卦行一周爲中道

離六二，黃離元吉。象曰：黃離元吉，得中道也。離二互巽，五互兌，自巽至兌，坤陰之氣一周。

> 九三，日昃之離，不鼓缶而歌，則大耊之蹉，凶。
> 象曰：日昃之離，何可久也。

　　變離爲噬嗑卦。下變震，木生火，火外生不利已。二至四艮震木可以剋之取財，九三陽居陽位爲得位，吉也。爻象爲鼓缶，日蝕之象，災來也。又艮爲午後之日，光明不久留。如目前有好景，要即時把握。火在內爲生，在家人爲吉，火在外生爲災，不吉。又離卦變爲噬嗑，爲火又見火。噬嗑爲刑獄之象，多少要涉訟口舌是非。爻見死，不利問生。

◎日昃（音側）
　　離九三日昃之離，三在下離之終也，日昃之象。三至五互兌西，日偏于西，亦日昃之象。

◎缶
　　一·坎爲缶
　　　　離三四陽在二五之陰中爲互長坎之象。坎爲缶，缶盎也。爲樂器。詩經說：坎其擊缶，坎坎鼓我。火聲无常，若笑若泣。
　　二·坎卦六四，樽酒簋，貳用缶，納約自牖，終无咎。
　　　　坎上下皆坎，所以說貳用缶。坎爲陶之器。
　　三·屯爲缶。屯從十從山，和缶相同。
　　　　比初六，有孚，比之，无咎，有孚盈缶，終來有它，吉。比之初爻在說屯，可能是古時以酒器作樂器之用的缶。易經以震爲缶，屯初九純坎來，坎有孚，故有孚盈缶。屯爲盈，物屯則盈也。
　　四·缶字之象見本書比卦。
　　五·缶：震仰盂，缶之象。震爲雷，又動也，鼓象。變震而艮止之，不鼓也。
　　六·日蝕之爲災，擊鼓消之。這是日昃之離，不鼓缶而歌之意。因擊鼓而蝕消。

◎鼓
　　一·震爲鼓
　　　　離九三不鼓缶：缶（音否），離自大畜通，大畜三互震，爲缶。爲鼓。鼓，震也（鼓之以雷霆）。
　　二·缶爲當作擊鼓之器。

◎日昃之離
　　震爲木互巽，爲高木。中爻互兌，兌西方也，在西方時側也。艮爲西下之日。
　　一·豐，日中則昃，月盈則食，天地盈虛，與時消息
　　二·日之方中，雖高木不能蔽。日昃，高木可蔽日也。

◎歌
　　一·兌口爲歌，震爲鼓。離卦九三曰，不鼓缶而歌，是因爲離中无震，而有兌。
　　二·離自大畜通，大畜四互兌口，兌爲說爲口，歌象。又大畜互震，震爲鼓，變離，爲不鼓。易經之震卦爲仰盂，盂可比爲鼓，或缶。所以大畜卦中有缶象。

大畜之象變離，鼓給變不見了，所以離卦說不鼓缶而歌。缶之義詳本書中孚初六。

三・中孚六三，得敵，或鼓或罷，或泣或歌。象曰：或鼓或罷，位不當也。

中孚六三或歌。兌說，或歌也。

四・畜歌離嗟（音街）：離九三大耋之嗟，大畜四互順畜兌，故歌，畜四來于二，二四易成離，成反兌，歌者反而嗟矣。

五・離上六若戚嗟若吉：離錯坎，坎為加憂。兌為口，嗟象。

◎耋

七十為耋。

◎離為死象

一・離互大過，死象為凶，＜生離死別＞也。

二・離九三凶，嗟之凶也。離九三象日昃，二至五互大過，棺槨之死象，故嗟而凶矣。

三・大過之象：離九三棺槨之象，九三互大過。

九四，突如其來如，焚如、死如、棄如。

象曰：突如其來如，无所容也。

離九四變艮為賁。本爻離為火變艮火，火生土，為生他而不利己。初和四不相應，六五陰爻坐陽位，德順情柔。九四賓威震主，與初遠相攻，且與三爭權奪利，但上以陰柔制之，只能守成。而爻象為焚如，是坐以待斃。此爻為父子相逆，離火之女剋乾金之父，為父女之爭。又是鳥焚其巢，无家可歸，這是為何不能自守之因。要另起爐灶可以起死回生。

◎逆子

離九四突如其來，離六二自大畜來（大畜六五來二成離），離成為乾（大畜之乾）之子（變成離），離子火剋乾金父，為突之＜逆子＞。

◎突如其來

一・艮為山，山勢高，故曰＜突如其來＞。

來者，來下體之火也。

二・突為觸逆的意思，即命理所說之反剋我所生者，在此比喻為逆子。

離九四突如其來，離六二自大畜來（大畜六五來二成離），離成為乾（大畜之乾）之子（變成離），離子火剋乾金父，為突之逆子。二四者所自來，故突如其來。

◎突

煙囪。古人燕雀，火自鄰突來。巽鳥之巢于棟樑間者，方相悅哺煦而不知禍之將及，為趨炎而忘災者。所以突如其來說的是災字。巽為乙，乙為燕也。

◎死

一・離九四互大過，為死。

二·死如：變艮，互變坎，坎死象。

◎野

乾爲野，棄屍之處。

◎焚如

一·離九四焚如，離自大畜來（大畜六五來二成離），四在畜爲震艮，大畜上爲巽，巽爲木，木見離焚。

二·風木（離二互巽），木得火而焚，故焚如。

三·焚如：互巽，巽爲風，風動火發其勢，更熾，故焚如。

◎棄如

離九四棄如，言逆子也。棄，捐也。離九四取義于子。

焚如、死如、棄如，皆言逆子也。不孝于父母，不容于朋友，故燒殺棄之。火有養母之法，白虎通曰，子養父母，何法，法長夏長木。夏火王，其精在天，溫暖之氣，養生百木，是其孝也。冬時則廢，酷烈之氣，焚燒山林，是其＜不孝＞也。

◎无所容

一·失位則无所容

序卦傳，窮大者必失其居，故受之以旅，旅而无所容。旅上爲離卦，離卦在上失位，故无所容。

二·易卦有旅象則无所容

離在上爲旅象。離九四象曰：突如其來如，无所容也。

三·易經之卦失坤，坤爲地，无地則无所容，即俗說＜无地自容＞。

恆九三象曰：不恆其德，无所容也。

四·易經之四爻爲不易處之爻，所謂四多懼，所以易經四爻之卦象常用无地可容來說明：

(一)乾四爻文言說：或躍在淵，无咎，何謂也？子曰：上下无常，非爲邪也，進退无恆，非離群也。進退无恆，即无地可容而不知如何進退。

(二)晉九四，晉如鼫鼠，貞厲。鼠藏穴无可容身。

(三)離九四象曰：突如其來如，无所容也。

(四)剝六四象曰：剝床以膚，切近災也。是无膚則无可坐。

(五)恆九四象曰：久非其位，安得禽也。

(六)睽九四，睽孤。

(七)鼎九四，鼎折足，覆公餗。則鼎不可容物矣。

(八)噬嗑九四，噬乾胏。得金矢。得金矢爲亡象。

(九)震九四，震遂泥。象曰：震遂泥，未光也。

(十)旅九四象曰：旅于處，未得位也。

(十一)艮六四，艮其身，无咎。象曰：艮其身，止諸躬也。

(十二)未濟九四，伐鬼方。

(十三)離九四爲焚死。

五·无所容之義詳本書臨卦。

六五，出涕沱若，戚嗟若，吉。
象曰：六五之吉，離王公也。

　　離六五變爲乾金，卦成同人。乾金到火之地，相剋也。變爻爲陽，五和二相應，人同此心而對下民生悲憫。離爲家，家在九五之位，變爲同人，離卦和同人爲相和，可見財富之大。以大財作善事。離王公，爲王公之相，得道而多助。

　　離火之性是又近又怕，世上人情莫不是如此，所以此爻有嗟嘆之象。爲父子間一旦有隔而生嗔，分了又生思念之心。如卦得木生火，火之生不絕，則情有所寄，而父慈子孝。爻變，卦互鼎革，＜鼎革＞之時，家人睽離，不利聚合。辭曰「離王公」，卦變乾爲君，是王公。家在九五之位，故曰離王公也。是失權離家之象。

◎沱
　一‧沱爲雨。離六五沱，沱，大雨貌，坎爲雨也。
　二‧沱爲涕：離爲目，兌爲澤，出涕如雨。可能是人爲煙所衝，則涕出。
　　　涕沱：離爲目，兌爲澤，水也。目中有水象涕沱。

◎吉
　離六五有兌象（與兌相反），易中兌象，每以憂爲貴，取其與兌反，乃能變而取正也。（臨三、萃上，此義也）

◎離爲王
　一‧坎卦曰王公設險以守其國，險之時用大矣哉。坎錯離，離爲王，互震，爲公。
　二‧五爲王位，離六五曰離王公，五爲王公位。
　　　（一）王公：離六五王公。六五王公位，出坎于離，居得正，故吉。
　　　（二）離王公：變乾，爲君，是王公。俗說＜王公＞貴戚。
　三‧離王公
　　　（一）順陽附麗于五。陽當居五，陰還退四，五當爲王，三則爲公。四處在其中，是附上下之徒。麗王之後爲公，所以說離王公。
　　　（二）坤以其中女之柔，來附在乾君之剛。這是離卦之生成。有如離開母而從王公，可以附麗，本性還是向坤母。其象如詩經之衛女思歸不得，以寫我憂。
　四‧王：離上九王用出征，離爲王，震爲出，爲征。

上九，王用出征，有嘉，折首，獲匪其醜，无咎。
象曰：王用出征，以正邦也。

　　離上九震爲豐。王爲離日，如日中天。震爲動，離爲兵，動兵爲出征。出兵是取得敵人之頭目，是爲折首。離火之兵皆凶，所以兵多非吉也。離上九變之旨在于取得水火既濟之和諧狀態，所以王用出征以正邦也。

　　離爲光明，正大，有驚无險。震綜艮，土得火生，變正，是出貴人，而且地位高。又震爲長子，長子代父出兵，震在離位，下又是離火，相生而得富，中无多阻。震爲仁，以仁心待人，其後可堪。離卦之爻象爲折首，即斷頭。凡事取其重要處下手可成。

◎征

　一・征爲正

　　　離上九出征，正離爲既濟，六爻皆正。

　二・離爲征戰

　　　(一)離爲甲冑，爲弋兵，變震，震動也，故曰出征。

　　　(二)古時夏官司馬掌兵，兵猶火，所以火有兵象。

　　　(三)離爲雉，雉好鬥。

◎邦

　　離上九正邦，坤爲邦，離正爲既濟，坤之三陰皆正位，以正邦也。又乾五出征坤，故正邦也。乾爲王。

◎无咎

　　離上九无咎。離上九出征，征爲正，正離爲既濟。六爻皆正，故无咎。

◎匪

　　離下三爻皆正，上三爻匪。離自大畜通，大畜九二上四成離，獲離之匪，與上九同爲醜類。

◎折首

　　＜斬首級＞爲折首。

 咸

咸亨，利貞，取女吉。

　　咸卦包含離爲日見天，坎爲月見地。懸象著明，萬物可見，是以咸爲見，即觀。易經以山在地下爲謙，山在澤上爲損，山在澤下爲咸，天地開竅在山和澤，所以咸有虛受之象。兌爲金，艮爲土，土金相生。中爻坎象爲水，金水相生，這是大富大貴的配置。卦爲澤山，陰陽正配，坎錯離爲光明之象。兌在外，无所禁止，而三、五互乾又是金，下卦爲艮土，土以生金，財外露矣。而中爻二上互成坎體，坎爲水，水多主淫，見金生之，以流蕩爲忌。又坎水得乾，兌金生，且爲逆生之水，招蜂引蝶之象。坎爲疾藜，家中必不安，旬日不離藥石。本卦利於求合，利男女之事。但山下有水，情如泉湧，一發不可收，宜制之以禮。又求病難愈。咸以順爲吉，无論風水命造，忌水見金逆生。

◎咸恆相配
一・咸艮位乾，恆巽位坤，故上經首乾坤，下經首咸恆。
二・君子之道，造端乎夫婦，故爲下經之首。

◎咸
一・咸爲感
　（一）咸（澤山）曰天地感而萬物化生。言先後天卦咸之澤爲坤地，與艮之乾天也，故天地感。
　（二）咸彖曰：咸，感也。柔上而剛下，二氣感應以相與，止而說，男下女，是以亨利貞，取女吉也。咸感，咸爲兌艮山澤通氣，故咸感也。否乾剛坤柔，二氣不交，柔上剛下，則二氣相感。乾以剛與坤，坤以柔與乾。
　（三）感爲應--＜感應＞，咸卦上下各爻皆應，故咸感。
二・咸爲兌
　（一）咸與臨皆兌體，故咸臨皆稱咸。
　（二）咸爲鹹，兌于地爲剛鹵。
　（三）損反咸，咸男女之合。兌爲咸，咸澤山，損山澤，損爲反咸，即＜反感＞。
　（四）咸九二變震爲地雷復，兌錯艮爲澤山，咸故曰咸臨。兌變震，震動也，兌說也。動而說，故无不利。
三・小過爲咸，小過有咸象
　（一）小過初至五互咸，故小過有咸象。臨取小過爲通象，故咸臨。

　　　(二)小過初至五互咸，有咸象，所以臨初、臨二皆曰咸，相與爲＜過從＞。

四・咸爲无，按序卦无咸。孔子以有立教，故序卦无咸。无爲道教之精神。先天兌艮相
　　對，艮居西北，即後天乾位，即戌亥之位，咸從戌，天地姻訾之口，八風不周之方。

五・屯有咸象

　　　(一)臨九二咸臨。臨取屯爲通象，自屯五來（易也），屯上坎即兌，下震即艮，其
　　　　　象爲咸。

　　　(二)屯中見咸，无往不利。往者，求婚媾也。

六・萃爲咸。萃澤地二至上互咸，咸卦取女吉，萃爲聚爲遇。

七・咸同戌。戌爲悉，有味相同之意，易无體而感爲體。易經說最多之事者爲婚姻、刑
　　法二者。下經起咸恆，彖曰觀所感，感爲咸也，所謂＜觀感＞。

八・兌二十爲少女，艮三十爲少男。山澤通氣，爲取女之象。

◎咸亨

　　咸自否通。天地否三陰與上陽相易成咸，否上下不交變咸，柔上剛下故亨。

◎取女

一・陽順陰，取女吉。咸取女吉，兌女居外，艮男下求，三上皆正，故取女吉。
　　咸取漸歸，咸取女，漸女歸，漸以陰順陽，故女歸，咸陽順陰取女。

二・上下皆陽取女不吉。蒙六三象曰：勿用取女，行不順也。蒙卦上艮下坎，上下皆陽，
　　取女不吉也，故行不順也。

三・陰居不正，取之不吉。姤，女壯，勿用取女。勿用取女：姤以一陰而遇五陽，一陰
　　居不正也。

　　　　象曰：咸，感也。柔上而剛下，二氣感應以相與，止而說，男
　　　下女，是以亨，利貞，取女吉也。

◎亨

　　亨，咸亨。二氣相感，亨。

　　　　天地感而萬物化生，聖人感人心而天下和平，觀其所感，而天
　　　地萬物之情可見矣。

◎觀

咸彖曰觀其所感，咸與否通，否互觀，故曰觀。易經說到觀的方法在於四卦：萃觀、頤觀、咸觀、恆觀。

一‧萃彖曰觀其所聚，＜聚精會神＞。

二‧頤彖曰觀其所養也，＜萬物靜觀而自得＞，（頤然自得也）。

三‧咸彖曰觀其所感＜觀感＞（相互感應之觀照）。

四‧恆彖，聖人久于其道而天下化成，觀其所恆（長久之＜感化＞），而天地萬物之情可見矣。

象曰：山上有澤，咸。君子以虛受人。

◎虛

一‧咸有虛象。咸山澤通氣，山虛則能升澤之潤，澤虛則能納山之流。又坤爲虛，乾爲人。

二‧君子以虛受人，咸象。以坤之三爻容乾之三爻于中，故以虛受人。又咸內乾陽，外坤陰，以坤包乾，以虛受人也。

初六，咸其拇。
象曰：咸其拇，志在外也。

咸卦以初六變離爲革。離爲火，火剋金，可得財，但艮止之，平平而已。火來生土，吉利。變爲革象，爲二女同居，但在咸地，其合甚異。又革爲同居而志不同。咸之艮初陰應四，四得正，成既濟卦（咸之兌成坎）。坎志在外，即心在外而身在內也。所以合者，非天然之合，乃肉體合而心不合也。否與人身，人之一身，陽上陰下，否之象。

◎拇

一‧足大指爲拇，在此處爲初爻。

二‧兌艮咸，艮爲指，坤爲母。

◎咸其拇

一‧拇，母也。艮爲指，坤爲母，故咸（感）其母失位。此言咸之變爲既濟，艮感否卦之坤母，而應之四，四得正成既濟也。

二‧拇爲大指，艮爲指。咸爲含，以口含之。咸其拇，比喻爲以口咬他人之足之大指，或喻爲床第之事。

三・咸其拇，或爲感其母，即坤爲母，而兌爲咸，喩人對母之情。小兒有含拇指之習，
　　是從斷奶後開始。

　　　　六二　咸其腓，凶。居吉。
　　　　象曰：雖凶居吉，順不害也。

　　　　咸六二變巽卦之大過。巽爲風，風爲動搖之象。居於大過之中，是居於凶地。但巽爲
順，只要順，則居凶不害也。這爻象可以比爲有人睡於棺槨之中，以死爲生。順其害而不
會遭凶險，即最凶險之地就是最安全。

◎腓
　　一・咸六二咸其腓。腓，足肚子也。在脛之上，股之下。
　　　　六二中正與五相應，不能不隨，感而動，故爲咸其腓。
　　二・脛踹，自膝下至踵曰脛。論語憲問：「以杖叩其脛」。
◎凶
　　易經以該靜時反而動，＜動則得咎＞，故凶。咸六二凶，咸貴靜而不動，六二動，故凶。
◎居吉
　　咸六二居吉。二爲艮體，艮之德止，艮爲居，故居吉。

　　　　九三，咸其股，執其隨，往吝。
　　　　象曰：咸其股，亦不處也。志在隨人，所執下也。

◎股
　　咸九三咸其股。股，巽爲股。
◎隨
　　一・隨同咸
　　　　(一)咸九三執其隨，咸隨義同。
　　　　　　咸爲男下女，隨爲剛下柔；咸上兌下艮，隨上兌下震，震艮同體。
　　　　(二)咸和隨卦都說悔吝。陽隨陰所聚非正，所以吝。
　　　　(三)繫辭下二服牛乘馬，引重致遠，以利天下，蓋取諸隨。
　　二・隨同蠱，＜骨髓＞
　　　　(一)＜隨從＞，隨蠱也。隨卦爲兌震，與蠱、巽、艮相從而司四季。隨而從之，蠱爲

蠱，蠱爲從。

(二)隨蠱相錯，在先天兩卦是四孟月。隨兌震，蠱艮巽。隨曰隨時，蠱曰終則有始。

(三)蠱隨綜，皆言男女交合之象，合于禮曰隨，不合禮爲蠱，即＜隨便＞。

(四)蠱與隨反

蠱彖曰往有事。蠱由巽至艮，正南而北。隨由震至兌，正北而南。以蠱反隨，亂而復治之象，所以往則有事。因爲往爲反也，反則不安，不安爲有事之象。

(五)隨始蠱終

蠱爲陽終（蠱由巽二陽至艮一陽），隨爲陽始（震一陽，至兌二陽），蠱反爲隨，故終則有始也。先天卦與始終，先天震、兌、乾三卦爲陽息，巽、艮、坤三卦爲消，隨爲震兌，息卦之始，蠱爲巽艮，消卦之終。

先後天卦陽皆歸于震而終于艮。蠱外艮爲陽之終。隨內震爲陽之始。蠱反隨，故終則有始。

蠱甲在終（艮爲終），隨甲在始（震爲始）。蠱反爲隨，故終則有始也。

(六)蠱初六曰有子，考无咎。厲，終吉。蠱、隨以三四兩爻相易，隨成既濟，蠱成未濟，以反既濟。蠱初爻當成既濟上爻，故初曰終吉。

(七)艮六二不拯其隨，艮二爻動，艮成爲蠱。蠱反隨，故曰隨。

(八)隨蠱皆有事

隨爲兌震，震卦六五說有事，喜隨人者，必有事。震六五動卦成澤雷隨，有事之象。蠱爲事，隨人者必有事。隨卦爲兌震，與蠱巽艮相從，蠱卦以上艮來止下巽（艮爲止也）。巽爲事，巽上下以无事无安。蠱者爲往，往者有事矣。

三・隨人

(一)隨人，執其隨，咸九三卦主應上兌說，以陽說陰，所執者，隨人之道，故執其隨。

(二)隨爲陰御陽。陰卦跟著乾陽，即陰隨陽，婦以＜嫁雞隨雞，嫁犬隨犬＞，以陰陽相感而隨。感爲和，即＜隨和＞。

四・隨即御天

乾卦六爻之變，隨上上兌，三五互巽，初四互離。卦中有巽、離、兌象。巽、離、兌爲三陰卦，陰御陽也。天爲陽，這是說乾跟著巽、離、兌（即先天八卦之乾在巽後，而在兌離前），是御天之象。看起來是陰跟陽，而實在是陽被陰所御。這是隨之眞義。

五・隨爲艮。艮二不拯其隨。艮，跟也，所以有＜跟隨＞的說法。

六・剛隨柔爲隨

隨卦象曰：隨，剛來而下柔，動而說，隨。隨卦爲澤雷，上兌。

◎**執其隨**

咸九三卦主，應上兌說，以陽說陰，所執者，隨人之道，故執其隨。咸卦之主要卦義，是以九三卦主隨上卦之陰。

◎**股**

咸九三互巽爲股。咸自隨來，咸九三執其隨，咸與否通，否上九變三成咸，變二成困，變初成隨。下先變隨而後困然後咸。隨者，咸自來也。隨而感也，隨而後咸，隨感而發。

◎往吝

一・上爲窮位，无論九六，居之皆吝也

　　陽隨陰，陰在上陽不能往，因爲往則吝。往則窮，窮見吝，故往吝。往，往上也，上爲窮，无論六九居之皆吝也。

二・易以上爻爲窮，无論九六居之，皆吝。

　　(一)蠱六四往見吝，上九自泰初往，往爲窮位，故往見咎。

　　(二)屯六三，即鹿无虞，惟入于林中，君子幾，不如舍，往吝。

　　　　屯自觀通，六二往上三曰往吝，三應上也。

　　(三)蒙初六，發蒙，利用刑人，用說桎梏以往，吝。

　　　　蒙自臨通，臨之初九往上卦成蒙。初曰：以往咎。

　　(四)咸自否通，否之六三往上卦成咸，故咸九三曰往吝，上自三往也。

　　(五)蠱自泰通，初九往上四曰往見吝，應初之往也。

　　(六)无妄，即无往也。上九至上，乾陽已窮，无復可往也。

　　(七)姤卦上九，姤其角，吝，无咎。象曰：姤其角，上窮吝也。

三・陽隨陰往上行爲吝，吝是不好走的意思

　　(一)咸九三，咸其股，執其隨，往吝。

　　　　咸九三往吝，九三爲陽爻，以陽爻隨上之陰，失去陽倡陰隨之義，故往吝。咸自否通，上六自三往，往而位窮，故吝。

　　(二)觀二往吝

　　　　觀變屯，觀之二陰往上成坎、震、屯，三應上曰往吝。

　　(三)臨初以往吝。臨變蒙，初往上，初曰以往吝。

　　(四)泰四往見吝

　　　　泰變蠱，地天泰初往上，成山風蠱，四應初曰往見吝。

　　九四，貞吉，悔亡。憧憧往來，朋從爾思。
　　象曰：貞吉悔亡，未感害也。憧憧往來，未光大也。

　　咸卦九四變坎爲蹇，坎水得上卦金之生，大吉。中爻離火，火以剋水又相濟。憧憧爲左右不定，因爲上下之路皆可通，個人无主見。變卦爲蹇難之象，實因缺少果斷之故。往而有悔，不如靜觀。又憧爲童，此爻或可占爲二個乩童在作法，但是缺感應而不靈光。往來在本書解爲祭拜時神靈之回應。

◎悔亡

咸九四悔，咸初四失正，四當有悔。

◎貞吉

　　咸九四貞吉，咸初四失正，初四相易成相濟卦，乃吉。

◎憧憧（音沖）

　一‧憧爲童

　　　（一）咸九四憧憧，咸兌艮二少爲童。咸貞上兌成坎，下艮成離，爲相濟卦，相濟九
　　　　　三互坎，爲兩坎之卦，兩坎則兩心，以兩心從兩童，故曰憧憧。

　　　（二）憧爲童，反慧爲童，即＜反老返童＞。這是往來之另一義。

　二‧憧：九四居股上脢下，中心之位。心向上向下，不定之象。

　三‧憧憧：懷思慮也，思慮不定也。

　四‧憧憧就是往來不定。

　五‧憧憧爲＜憂心忡忡＞

　　　　咸卦九四變爻爲蹇卦，上爲坎，二四互坎，坎坎爲加憂，爲思慮不安，即憧憧之象。

◎往來

　一‧往來之義詳本書无妄卦。

　二‧往來即相濟

　　　　易經之卦爻會有上有下，就是往來。因爲照大自然之磁場原理，陰陽會自動互調到
　　　　和諧之情況，就是相濟。這種調整就會令卦爻上上下下，即往來。比如：咸九四憧
　　　　憧往來，咸九四來初成相濟卦，故曰往來。

　三‧易經卦爻上下不定，因爲同類相聚之牽引是會造成往來不定，故說往來。

　　　　咸外卦兌，內卦艮，外卦感內卦，九四一則可以和九五類聚，也可以與九三類聚，
　　　　爲往來之象。往來，不定也。

　四‧往來：咸九四往來，咸四之初爲來，初之四爲往。

　五‧遲疑不決爲憧憧往來

　　　　往來爲不停也。咸九四要和上爻相感和，卻被九五隔阻了，要和初爻之陰相感應，
　　　　也被三爻之陽搶擋了。兌爲少女，朋爲上爻，這形成了上下都在吸引，而又不能專
　　　　一和合。所以稱爲憧憧往來，俗語說男女之交爲往來。

　六‧水流不止即往來之象。咸卦艮初變之四，下卦成坎，上卦也成坎。一旦初和四爻互
　　　　相交易，就令整個咸卦變成了上坎下坎。上爲水，下爲水，水流不止，這種交流是
　　　　長遠的，所以說憧憧往來。

　七‧蹇卦爲水山。全卦皆以往來取象，也是憧憧之義。

◎朋從爾思

　一‧兌爲朋，咸九四朋從爾思，坎爲思，兌朋下初，咸成相濟卦，既濟上坎中互坎，兌
　　　　朋從于兩坎之下，故朋從爾思。

　二‧物以其類相應。同類爲朋，物都會傾向和同類做相同的事，喜歡時就會看不見對方
　　　　可惡之處，即從同類之立場去思考問題。可以說是人會因爲和某一類人成爲朋友，
　　　　久了想法和他們一致，也看不見他們的缺點。這是因爲好感而生的偏見。

◎思

離爲中虛，心思也。咸九四變卦成蹇，蹇三、五互離，心思之象。故咸九四朋從爾思。

◎朋

朋在易經卦爻出現很多。比如：

坤，元亨，利牝馬之貞。君子有攸往，先迷，後得主。利西南得朋，東北喪朋。

泰九二，包荒，用馮河，不遐遺，朋亡，得尚于中行。

豫九四，由豫，大有得。勿疑，朋盍簪。

復，亨，出入无疾，朋來无咎。反復其道，七日來復，利有攸往。

一・同道爲得朋，即走到同氣之地方。

西南得朋：得朋之得在易經是同道的意思。如果以後天卦解，西南陰方正是陰之初降（亥爲陽始，巳爲陰始），其令爲夏秋之交，萬物初結實而就致養之地也，與陰同道，故曰得朋。

二・友好爲朋，即求得自己所缺的氣。

坤卦說西南得朋，東北喪朋，因爲坤取西南陽氣爲朋。西南方是陽氣盛之地，即陰所需，所以多和坤同類，東北者爲陰盛乃陽所喜，與坤不和，而失其類。

三・二爲朋

坤卦說西南得朋，東北喪朋。二人以上皆謂之朋。

四・雙貝爲朋

損六五，十朋之龜。朋，雙貝，價值二十大貝之龜最神。

五・朋爲聚

(一)兌爲朋，大有互兌，坤西南得朋，比坤順從于五，朋類合聚，如比之水土相黏，故咸卦朋盍戠。

(二)咸卦四五互乾，乾三連，朋類合聚也。錯坤，坤爲得，喪朋。

六・兌爲朋，兌在內爲朋來

(一)易經以內卦爲來。復卦朋來无咎。因爲消息復之卦，臨至夬或爲兌，或互兌，皆有兌朋之象，故曰朋來。兌爲朋，在內稱來，五陰從陽。初陽正息而成兌，故朋來无咎矣。

(二)兌象曰朋友講習。兌二陽爲同類爲朋，伏艮（兌反艮），艮爲友，坎爲習，震爲講。兌兩口對，故朋友講習。

(三)蹇九五朋來。蹇自升通（蹇九五來二，成升），升互兌，爲朋二之兌，兌來于五，而成大蹇。

(四)兌爲朋，大有互兌，坤西南得朋，比坤順從于五，朋類合聚，如比之水土相黏，故朋盍簪。

(五)蹇九五，大蹇，朋來，以中節也。

蹇自升通（蹇九五來二，成升），升互兌，爲朋二之兌，兌朋來于五而成大蹇。

(六)歸妹泰通，泰九二曰朋亡，兌爲朋，兌變乾，而朋象亡。

泰九二，包荒，用馮河，不遐遺，朋亡，得尚于中行。

七‧坤爲朋。坤先後天同兌卦，兌爲朋，故坤爲朋。坤爲得朋，喪朋。

八‧朋亡：先天乾坤對待，坤朋也。今變離在坤，朋亡之象。

◎反復

一‧震爲道，復反震。

二‧反復其道：復爲乾陽，復反震爲道，故反復其道。反復即卜者之反吟也，凡本宮所叢，對宮所犯爲反復。今復卦上下互坤犯。叢則必犯對宮，如夬、姤、剝諸卦皆如是，即命理所說之，叢即所值之元氣，和對宮相犯，又稱爲反吟，比如康午反吟爲丙子。

◎爾

爾就是代名詞「你」：

一‧咸九四爾思，艮爲躬，爲我，咸四目初，故爲爾。

二‧頤初九，舍爾靈龜，觀我朵頤，凶，象曰：觀我朵頤，亦不足貴也。

三‧中孚九二，鳴鶴在陰，其子和之。我有好爵，吾與爾靡之。象曰：其子和之，中心願也。

◎光大

既濟之象。咸貞既濟，則光大矣。

九五，咸其脢，无悔。
象曰：咸其脢，志末也。

　　咸九五咸其脢。變震成小過，小過上震下艮。震卦生在兌中，金受木剋，折損之過也。小過中坎爲水，水生木，其損失可減少。脢在口下，即心與口之間，其感爲无心之意，此爻之象爲假情假意。而入口未吞嚥不得之食，所以咸其脢。但九五爲正位，始終可得。順則无悔，往則有悔。如取物，不能多，但可以有所得。小過飛鳥，多則飛去而失。

　　如以卜占者而言，咸其脢是說靈氣只到心口之間，尚未進到全神貫入之境，所以志末也。

◎脢

咸九五咸其脢。脢，音枚。

一‧喉間梅核，又稱爲三思台。

二‧夾脊肉也，爲坎脊。

　　咸九五脢。脢，背脊之象。咸四變上卦成坎，坎爲脊，咸上錯艮，背也，五應二，二爲艮背，上接四，四變上卦成坎脊，故五咸其脢。咸靜也，人身惟背最靜，故咸其脢。此爻言人之背脊，咸五其位背也。

◎悔

一·上九爲悔，但上九變上六曰无悔。九五爲君位，上无悔(亢龍有悔)。

　　五爻得正則无悔，或上九得三之陰爻相應也是无悔。

　　(一)咸六五无悔，九五得正，故无悔。

　　(二)同人上九，同人于郊，无悔。上九爲悔，但得三爻之陰相應，故无悔。

　　(三)渙六三，渙其躬，无悔。

　　(四)乾上九有悔，以其盈。咸九五无悔，自否變也，否有悔也。

二·順則无悔

　　復卦曰敦復无悔，變坎中象爻艮，艮爲山，厚敦之象也。又坤順也，艮止也，順而止之，故无悔。

三·悔亡就是无悔

　　(一)未濟卦五爻无悔，是貞吉而无悔。易經只有未濟卦說貞吉无悔。其他大壯四、巽五、咸四、未濟四，都是說貞吉悔亡。悔亡，其實也就是无悔。

　　(二)艮六五悔亡，无悔也。艮五上失正，然六五得中承陽，失位之悔可以去除了。晉五也說悔亡。以離艮在上者，五上兩爻得陰順承陽之道，故悔亡。

四·无祇悔就是无悔

　　復初九无祇悔。復自剝反，剝上爻即乾之亢龍，有悔之爻，剝則安于有悔，復則安于悔。五敦復无悔同義。

◎末

咸九五志末，上爻爲末。言咸九五必如脊（膴）之與心（言上爻貞水火相濟，坎爲心）相背，不受物感，而後无悔。上爻陰柔說主，而五比近之，當感之時，志爲之動。凡兌居上體者，五上多有相說之情，如隨、咸、夬、兌。咸五有剛中之德，不受物感，故志末而无悔。手肢爲末。

> 上六，咸其輔頰舌。
> 象曰：咸其輔頰舌，滕口説也。

　　上六變乾爲遯。乾生在兌位爲同宮，是陰陽正配大吉之變也，兌金爲口舌，遇乾，乾兌在先天卦位爲吉合，故此象以言語取勝，感人以言者。其原卦爻之爻象爲輔頰，即星象之左輔右弼爲吉象，是多助也。又咸上六象夾，即巽兌之夾乾。卦含先天右行之乾、兌、離、震，及左行之巽、坎、艮、坤，是左右逢源，萬事皆通。利於需要動到口舌之行業，比如：外交、公關、律師、記者，而不利以動財、動兵。咸卦上與三氣通相感，但又感于五，但五爲正位，應是遠交近攻爲宜。此爻之變成遯，卦體爲巽。巽爲白眼，爲利市三倍。居於乾卦之地，金剋之，是慳吝爲忌。

　　如以占卜者論，此爻是說神之氣已到了卜者之口，可以形諸言辭，但是尚未完全通暢。

◎輔

一・易經爻象見夾爲輔

(一)咸上六輔頰，頰，夾也。咸上兌二互巽，三至五乾，是巽兌夾乾，先天卦，巽
　　兌夾乾。故咸上取輔頰。咸其輔頰。乾象人頭，巽象入即舌，兌象言詞之口。

(二)大過上兌下巽，三爻曰不可有輔。純艮卦上卦錯兌，上卦錯爲兌，二互巽又互
　　大過，爲兌巽夾乾。故艮五曰艮其輔。

(三)純艮卦上卦艮，錯兌，上卦變兌爲兌，二互巽爲大過，中夾三、五之乾，故艮
　　五曰艮其輔。

二・大過上兌下巽，三象純艮，曰不可輔。類此之象：

　　夬三之頄（音叛）；觀之顒（音傭）；大過之頂，皆取象之義者。

◎頰

一・上頷也。近牙之肉爲輔，說文以輔爲頰。

二・頰：耳目之間也。口旁之面爲頰。

◎頰舌

咸上六頰舌。舌，兌爲口舌，上六兌。

◎滕

一・滕字從水，水涌出曰滕。

二・滕口說：上逼于五，不得之三，故滕說。

䷟ 恆

恆，亨，无咎，利貞，利有攸往。

　　恆卦震木爲動，巽木爲風、爲順，震巽陽陰二木爲延年之配，故吉。中爻互坎，坎水生木，相生而和，水木相生爲吉相。巽爲利市三倍，爲入。巽初爻動成乾爲金，坎爲通，乾金坐巽地，乾巽爲金木相剋，主財利。恆之卦體爲坎，中又互坎。水爲流通，象家內陽陰上下皆通達，齊家之道也。此爻以男女夫婦取象，是夫唱婦隨。震運數爲八，巽運數爲二。八爲木，二爲火。木生火而中爻夬。兌乾同宮富貴，應在女性。恆象立木持久，取陰在下陽在上，外剛內柔，有成。恆之象爲心，耐心、節制，不輕易變更立場，故恆爲亨。恆自泰通，通，故亨。

◎恆

一·恆即乾，恆久也。乾爲久，所以乾卦說恆立不易之方，說乾之爲性爲恆。因爲易經諸卦中，乾卦是最堅久的。所以上下經各以乾和恆起始。

二·井有恆象，因爲井卦无喪无得，恆之象也。恆爲久，不失不得。

三·恆與節

（一）恆有水之常性，可以利用，因爲恆之性在于節才能守其恆性。如水要調節。

（二）需初九，需于郊，利用恆，无咎。

　　利用恆：坎水，水不避汙，出不辭難，臣之常節也。得位有應，故利用恆。

（三）恆有節象。恆初至五互大過，大過兌即坎，巽即兌，坎兌爲節。

四·恆爲久

（一）序卦傳，恆者久也。

（二）雜卦傳，咸速也，恆久也。

（三）恆不死，因爲恆上雷震，震反艮也。

　　恆卦說久而不已，震反艮止，故恆久不已。恆上震反艮，艮爲止，恆不止也。豫六五，貞疾，恆不死。象曰：六五貞疾，乘剛也。恆不死，中未亡也。

　　恆咸相對：恆稱爲恆者是對咸而言。恆爲有，即俗說＜有恆＞。咸爲无，恆先天艮在東北，巽在西南，咸卦兌艮澤山之宮正好相對。咸无方體，恆立不易之方，咸速恆久。

五·立爲恆

（一）木爲立之物，立爲恆象。恆爲立（震木巽木），大過獨立（有巽无震）恆上下

皆木（震巽），木立也。立爲恆象，大過自恆來，恆立不易方（上下皆木也）。大過象獨立。恆上震木，下巽木，大過有巽无震，故獨立。

(二)震爲木，所以震爲立。恆立不易之方，因爲恆上爲震，震爲立。渙言先王以享于帝，立廟。艮爲廟。渙二互震，震爲立。

大過獨立不懼。大過自大壯來，壯上亦震也，立爲震。

(三)立爲守在一方，進退則不立

乾文言九四曰：或躍在淵，无咎，何謂也？子曰：上下无常，非爲邪也，進退无恆。

(四)益无方，恆反益，立于不易之方。

雷風恆，風雷益。故恆曰立不易方（益爲益无方）。

六·恆爲相與之卦，分乾坤也。雷風相與：恆象雷風相與，分乾與坤，雷也。分坤與乾，風也。恆自泰通，雷風之間乾坤在焉，故雷風相與。

七·恆爲心，即＜恆心＞

益卦曰立心无恆，恆益爲交易之卦。繫辭下解益曰：立心无恆。恆變益，故立心无恆。

八·中孚有恆象

(一)中孚震兑，終則有始，有終有始，爲恆也。

(二)中孚初至五，互山澤損，艮即震，兑即巽，亦爲風雷恆。

(三)中孚二至上，互風雷益，益易之即恆。恆益反。

(四)家人象曰：君子以言有物而行有恆。家人自孚通，孚二互震，爲行，兑爲陰終，震爲陽始，孚有震兑，始終之象。有恆，終則有始之象。家是最有始終之處。家，恆久之地。

九·益无恆久之道。益方始即終，益无恆久之道，恆益相錯，恆終則有始。

十·歸妹有恆象：上震下巽爲恆，歸妹上震下兑，初九象曰「以恆」，兑巽一體也。歸妹恆象，巽兑同體。坤巽同體。歸妹震兑，中孚下四互歸妹，豫、震、坤皆曰恆。

十一·恆爲雜

易於陰陽爻失位爲雜。比如蒙初、二、三、五、上，五爻皆失位，雜卦曰蒙雜而著。恆卦初、二、四、五四個爻皆失位，故曰恆雜（雜卦傳，屯見而不失其居，蒙雜而著）。

十二·恆爲一，恆以一爲德，即以一爻爲得位，而其他諸爻大都失位。

繫辭下七，履以和行，謙以制禮，復以自知，恆以一德損以遠害。序卦說，恆卦不可久居其所，因爲爻失位則失其所。恆卦初、二、四、五、四爻皆失位，故不可久居。恆，久于其道，德无二三，故恆以一德。

十三·恆爲常，即俗說＜恆常＞

(一)雷風爲恆，即動于風中，翅也。

恆九四田无禽，上六振恆凶。振爲鳥群飛貌，振爲震。田无禽是指鳥從田中飛到天上了，即＜金聲玉振＞。振指的是鳥，故鳥翅爲震，恆常也。

(二)乾文言九四曰：或躍在淵，无咎，何謂也？

　　　子曰：上下无常，非爲邪也，進退无恆，非離群也。

十四・恆萬物之情可見矣

　　恆從心、從二、從舟，爲竟也，常也。不易爲恆。坤靜得常，爲恆之不易，乾健
　　變化，爲恆之不已。萬物即乾坤，恆之情見於乾坤之常與變。

十五・有恆爲成功之本

　　恆卦男在女上，男動于外，女順乎內。即陰卦在下，巽爲順也。此爲人之常理。
　　震爲夫，巽爲妻，夫婦配合，剛柔相濟，則可以久。循環反復永无相盡。後天震
　　巽相連，震爲出巽爲齊，長男長女，修身齊家，家道可以恆久。俗說有恆爲成功
　　之本，其實是說齊家之道。

◎恆與損

一・无咎：恆无咎，恆九六雖失正，而剛上柔上，長男長女，尊卑有序，故无咎。損无
　　咎，損少男、少女尊卑有序，故无咎。

二・利貞：恆利貞，初二四五失正，故利貞。

　　損二、三、五、上失正，故可貞。可貞者，以時發之，艮爲時也。

◎利有攸往

一・攸往：

　　先天八卦行繞行一周爲利有攸往。

　　巽、震、兌、艮四隅卦，恆由巽至震，乾陽復生，損由兌至艮。

　　恆爲巽、坎、艮、坤、乾、兌、離、震。損爲乾、兌、離、震、巽、坎、艮、坤。

　　正好乾陽一周，故恆損皆利有攸往。

二・恆利有攸往，恆震上巽下，先天卦巽陽方終，至震陽復始，終則有始，變利有攸
　　往。損，有孚，元吉，无咎，可貞，利有攸往。損二互震，自震至艮，乾元一周，
　　故元吉。

三・有孚：恆未有孚，損有孚，損貞爲既濟，卦有兩坎，故有孚。易有孚皆言貞坎也。

> 彖曰：恆，久也。剛上而柔下，雷風相與，巽而動，剛柔皆應，
> 恆。恆，亨，无咎，利貞，久於其道也。天地之道，恆久而不
> 已也；利有攸往，終則有始也。

◎剛上柔下

　　言恆剛上柔下，言恆自泰通，六四降初，初九升四，是剛上柔下也。

◎雷風相與

　　恆象曰雷風相與。分乾與坤，雷也。分坤與乾，風也。恆自泰通，雷風之間乾坤在焉，

故雷風相與。

◎久

一・乾爲久，恆象曰久。乾爲久，泰乾雖變，而二四仍互乾，乾居終始之間，久也。

　　恆，亨，无咎，利貞，久于其道也。天地之道，恆久而不已也。

二・恆爲久

　　(一)恆，亨，无咎，利貞，久其道也。天地之道，恆久而不已，利有攸往，終則有
　　　　始也。物有始有終則久。

　　(二)久其道：恆象久于其道也。震爲道，乾爲久，巽震中有乾，故久于其道。恆久
　　　　而不已，震反艮止，故恆久不已。

◎終則有始

一・乾方巽終震始

　　恆象曰終則有始，陰陽皆從乾坤來，先天卦巽則乾之一陽方終，震則乾之一陽又
　　始，故終則有始。有又也。

　　恆，內卦爲巽，巽陽之終也。外卦震，震陽之始也。震以繼巽，故終則有始也。

二・先天卦，震爲始。巽爲陽之終，恆終則有始。

三・巽爲陽之終，震爲陽之始

　　隨以繼蠱：蠱，內卦巽艮，巽，陽之終也。隨，震兌，震，陽之始也。隨以繼蠱，
　　故終則有始。

◎无咎

恆无咎：恆，震世也，巽來乘之。陰陽合會故通，无咎。

◎利貞

利貞，恆利貞。恆長男在上，長女在下，夫婦之道正，故利貞。久其道也。

◎有

一・有爲又。恆象曰終則有始。有，又也。終則又始，即終結了又從新開始。

二・易經在利有攸往一辭有又之義，終則有始也。

> 日月得天而能久照，四時變化而能久成，聖人久于其道而天下
> 化成。觀其所恆，而天地萬物之情可見矣。

◎日月

日月在歸妹，歸妹互離日，互坎月，歸妹自泰來，泰地天，歸妹變泰則日月得天，泰變
恆，恆有震兌，日生東，月生西，而久照也。

◎四時變化

一・四時爲歸妹。歸妹震春，離夏、兌秋、坎冬，變泰則四時變化，泰變恆則能久成，

以咸變恆相對，爲先天之震、兌、巽、艮四孟月（咸爲震巽，恆爲兌艮），而成言乎艮也。咸爲感，恆爲久。合則可以結爲男女，成歸妹之卦。

二‧恆象言四時之變化，恆之變化在四時也。春夏爲變，秋冬爲化。恆變至二離夏，至三兌秋，至四震春，至五坎冬，故四時變化。在恆卦中見到一年四季之變化照卦爻一一運行。

◎成

一‧艮爲成。恆象曰天下化成，成言乎艮，成爲成言也。

二‧坤爲化，恆天下化成。恆自泰通，泰之乾變巽，成坤巽，坤化成物，巽初爲坤也。

◎

之性如下：

‧聖人有恆，久于其道也

恆象聖人久於其道，乾人爲聖人，泰之乾變巽，成爲升，互震巽中互乾，震爲始，巽終，而乾居終始之間，故震巽爲先天卦始終之道，乾聖人居震巽始終之間，故聖人久于其道。

二‧萬物之情爲恆

(一)恆象言天地萬物之情，天地萬物之情爲恆也。

天地萬物之不常者，非其情也，故觀其恆，而天地萬物之情可見矣。天地萬物都是有定性，和永不變易之性格。要用心觀察，都可以看出。

恆象曰久成，乾坤爲物，初爻二爻已正，四五爻復位，成既濟定，乾道變化，各正性命。既濟有兩離象，重明麗正，故化成天下。恆變化後得離、坎、乾、坤、震，離日照乾天，坎月照坤，萬物出震，故天地萬物之情可見矣。

(二)天地萬物之性可以觀察

恆象曰，觀其所恆。恆觀象，天地否，互觀，否爲泰之反，否泰反類也。恆自泰來反否，否互觀，故觀其所恆。要觀天地之道，從易經的角度，是反觀。否爲反，而否互觀，反觀即內省。又從不利之道來看，即否卦之象。

◎化成

一‧坤化成物，恆象天下化成。恆自泰通，泰之乾變巽，成坤巽，坤化成物，巽初爲坤也。化成者，言坤之道也。

二‧要感化天下，必以坤母之道，又恆久之心方可致之。

三‧賁卦說觀乎天文，以察時變，觀乎人文，以化成天下。

◎變化

四時爲變化。春夏爲變，秋冬爲化。

象曰：雷風，恆；君子以立不易方。

◎立

一・正位爲立

(一)繫辭上十二，子曰：＜書不盡言，言不盡意＞，然則聖人之意，其不可見乎。
子曰：聖人立象以盡意。

(二)調正各爻之位使之得位爲立。要先動才可立，即效天下之動。易以動立象做爲
根據，即令爻爻能居正位爲立。

(三)繫辭上十二，乾坤其易之縕邪，乾坤成列，而易立乎其中矣。

(四)各爻就其剛柔得其位爲立，即繫辭下一說的：剛柔者，立本者也；變通者，趣
時者也。說卦傳：觀變於陰陽而立卦。

(五)說卦傳，昔者聖人之作易也，將以順性命之理。是以立天之道，曰陰與陽。立
地之道，曰柔與剛。

二・先後天八卦所居于相對之方爲立。

比如先天之乾，立于後天離，所以坤建于亥，乾立于巳。

三・震爲立

(一)恆立不易之方。因爲恆上爲震，震爲立。渙言先王以享于帝，立廟。艮爲廟。
渙二互震，震爲立。

(二)大過獨立不懼。大過自大壯來，壯上亦震也，立爲震。

(三)益上九，莫益之，或擊之。立心勿恆，凶。象曰：莫益之，偏辭也。
坤，直其正也，方其義也，君子敬以直內，義以方外，敬義立而德不孤。直方
大，不習无不利，

四・恆爲立。不易方：恆象立不易方，先天巽立乾右，震立坤左，自泰通，恆之巽仍立
乾右，震仍立坤左，故立不易方。

五・恆爲方，益无方

雷風恆，風雷益。恆益相錯，故恆曰立不易方（益爲益无方）。

初六，浚恆，貞凶，无攸利。

象曰：浚恆之凶，始求深也。

此爻是執理而不度時勢，不當恆也。要定其交，而度其勢，而後行。巽爲木，爲躁卦。
巽又爲入，變乾金，大壯爲屋宇，恆爲夫婦，夫婦有家可居，宜室宜家之象。原卦中爻坎
爲盜。而卦象爲浚恆，初入宅而急於修建，難免引狼入室。坎爲優蹇，凡事不計深淺，動
輒阻滯，不通人情，而徒遑遑于路。應守靜則凶險可免。

◎浚

一・以深爲久。恆初六浚恆，浚，深也。

二‧井以不改爲久

> 浚恆貞凶：恆初六浚恆，巽入也。初六入之深，始而求深，難乎有恆，貞亦凶也。
> 井卦改邑不改井，爲恆之義也。
>
> 井之初爲舊井，故泥。利用浚。初造井，急於求泉，爲從井之仁，即窮鑿之智。就人
> 事而言，相知未深，不可求之太切。又凡事舊未去，可利用疏浚來改變，而不宜深
> 浚。

◎无攸利

乘剛不利。恆初无攸利，上四爻互歸妹，初應四之柔乘剛，故无攸利。

◎貞

初巽多貞也。恆初貞吉。初六順乎陽，易于巽居下者，初六順乎陽，每以貞許之。姤初
貞吉，亦然也。貞凶之義詳本書頤卦。

恆初貞凶，亦征凶也。恆初應四，互歸妹，位不當也。征凶，歸妹也。

一‧大壯初應四，互歸妹，曰征凶。

二‧益二互歸妹，曰征凶，互震失正也。

> 九二，悔亡。
> 象曰：九二悔亡，能久中也。

恆九二變艮爲小過。艮爲土，恆上震木剋土，土必有損。艮爲止象。九二陽坐陰位，
不吉。小過中互坎，艮止制之，難以生木，所以震巽之恆不易持。原卦中爻爲乾，巽入，
乾金剋金爲得財之象，但是還是不持久之財。變卦小過，飛鳥遺音，不宜上，應宜守不宜
攻。本卦是不得其位，所以好運易成空，有如鳥飛。恆卦之性以守中、持久爲要。若持之
有恆，可望失而復得。

◎久中

一‧久中則不悔。恆九二悔亡，九居二，宜乎有悔，以其居中，中則爲久，故无悔也。

二‧久中恆。恆九二象久中，二之能久者，以其中也。中則无始无終，所以能恆也。

> 九三，不恆其德，或承之羞，貞吝。
> 象曰：不恆其德，无所容也。

恆九三陽德居正位，所以稱德。卦變坎，成解卦。坎能生震巽木，解中爲離，水火相

剋。上卦坤木生火，大象坎水又剋火，生剋雜亂而无序。易經之家人卦說到恆，恆即常。常字指的是恆常之事，也就是家常。恆常的事是永遠刻板而重覆。凡是恆常之事都有慣性，所以不容易一下改變。世界上的事產生慣性後，一旦遇到異常的對應就會生災。因此在做恆常之事時，要講究中庸之道。

◎羞

一・不正爲羞

否三包羞（羞者，三不正爲上所包容，故羞），否泰反類，否三包羞，泰四即否三之反，泰四之陰來初，成爲恆之巽陰，陰承二，正包羞之爻。

二・否爲羞

恆之九三言否象也。九三承羞，否六二包承，六三包羞。故恆九三有否象。

◎貞吝

恆九三貞吝，貞吝者，變巽爲離，故三者下卦之終，終則窮，窮則吝。

九四，田无禽。
象曰：久非其位，安得禽也？

變坤爲升。原卦上卦震爲木，木剋土，爲財官之象。震長男，變爲坤老母，坤之田无木，无木則禽无所可棲者。此爻戒于不在其位，而謀其政。象辭爲久非其位，久所不該久者，或以異術邀寵，皆非正道。既然久非其道，亦不得不改弦更張。泥于常而不知變，未可與權。猶守株以待，不得兔也。如爲舊井，舊井无禽，不如移地而居。

◎禽

一・坎爲禽

(一)屯六三象曰即鹿无虞，以從禽也。坎象飛鳥，六三從坎以從禽也。

(二)師六五曰「田有禽」：六五變坎爲習坎。

(三)比九五，顯比，王用三驅，失前禽，邑人不誡，吉。

二・泰卦翩翩，翩翩，下飛，爲鳥象。和泰卦通之卦也有鳥禽之象。

(一)井自泰通，初應四曰翩翩，曰舊井无禽。

(二)恆自泰通，四正翩翩之位，曰田无禽。

(三)賁自泰通，四正翩翩之位，曰白馬翰如。

三・巽爲禽

恆九四田无禽。恆上卦爲震，反巽，故无禽

四・田无禽

(一)田爲井，井禽象。

見恆之无有禽，井初翩翩，泰四翩翩。

　　(二)有井爲即有禽。井初應四，翮翮之位，故舊井无禽。

　　(三)恆九四田爲禽，恆自泰通，泰四翮翮，坎鳥下飛，恆四正泰翮翮之位，故田无

　　　　禽。

　　(四)泰爲翮翮，鳥象也。泰爲井。

◎田

巽爲田。易中坤巽皆有井象，井，田也。

一‧恆下巽失位，四應之，九四田无禽。

二‧重巽卦，四得位，故田獲三品，禽者，獲也。

三‧益有耒（音壘），耨之利。益易爲恆，則田无所獲。

四‧恆卦无坤，故恆田无禽，无妄无坤，不耕穫，不菑畬也。

◎久非其位

一‧易經以中爲正位，居中則能安其位。

　　恆卦六爻，惟二五居始終之中（先天卦，震爲始，巽爲終），中故能恆。其始終之爻，

　　　則不恆也。恆四爻，終而得始，故久也。

二‧易經中出現「其位」的地方，其卦爻都以守份爲訓。恆以持久，艮以安如山，漸以

　　緩進，謙以恭，歸以貴行（不急走）。

　　(一)艮象曰：兼山，艮。君子以思不出其位。

　　(二)漸彖曰漸其位，剛得中也。

　　(三)繫辭上八言盛。禮言恭，謙也者，致恭以存其位者也。

　　(四)歸妹之袂良也。其位在中，以貴行也。

　　(五)繫辭下五子曰：危者，安其位者也。亡者，保其存者也。

　　(六)田无禽，所居失正。師五田有禽，師二得中也。

> 六五，恆其德，貞。婦人吉，夫子凶。
> 象曰：婦人貞吉，從一而終也。夫子制義，從婦凶也。

　　恆六變兌爲大過。兌金剋震木，財官象。中爻爲乾，乾和兌同宮大吉。先天八卦以一
爲乾始，巽爲終。恆卦二至四互乾，下卦巽，故從一而終。終則吉。又繫辭說恆卦夫婦之
道，不可不久也，故受之以恆。歸妹說的即是夫婦之道。又恆卦二至四互乾，下卦巽，一
爲乾始，終爲巽，故從一而終。所以歸妹以恆。隨初九官有渝。古時以夫爲妻之官，古時
嫁夫從一而終，除非夫故，否則不變。官有渝，即夫亡故了，從正即改嫁。

　　婦女從一而終的本意：終是自始而終。始爲乾，乾元爲始，坤元爲終。坤卦爲順。爲
終。即順先天八卦之左右而行。由乾爲始，乾兌離震，由坤爲終，即巽坎艮坤。坤爲終。

　　一爲乾，終爲巽。恆卦二至四互乾，下卦巽，故從一而終。恆卦原无說女人不得再嫁，

而是說震爲乾，乾爲始，而巽爲終。巽從乾之一而得到元亨利貞，這個道理可惜後來被人誤解爲女人不得再嫁，這是不合易經之原理。此卦以乾（恆卦二至四互乾）從五上二陰，陰爲婦，以陽爲陰乘，不吉也。所以說從婦凶。恆卦之久是取先天八卦之義。

上六，振恆，凶。
象曰：振恆在上，大无功也。

　　恆上六變離爲鼎。原卦上震爲振，震木爲動。變離，震象失，震欲恆動而不得，變鼎爲離，木生火爲吉。原卦下巽亦生上爻之離火，如原卦之外卦不變，是震，也是木。三木生一火，木多火塞，塞者反而不能動矣。中爻互坎，堵塞之火，又被坎所熄，不但无功，而且尚有滅絕之象。卦象坎火沖火，火弱，則多血光、訟事、破敗。又易經不愛見離在上卦，因爲離在上爲不濟，不濟則凶。＜大无功＞：恆之道爲終則有始。有，又也。恆原无始无終。故恆久不已。初爲始，故恆初浚恆，貞凶。上爲終，因其終而振之，故振恆凶。
◎振
　一‧動之極爲振。
　二‧振爲震，震內體爲專，外體爲躁，決躁則无功。卦象本末倒置，是功高震主，結果是大而无功。
　三‧振恆在上，＜大无功＞：上爻已經到終了了，不應再振下去，恆振爲凶。
◎凶
　陰爻在上爲吉者，變則不吉矣。易經卦爻在上吉凶有所不同：
　一‧坎在上，乾在上吉。離在上凶。
　　（一）履上九，視履考詳，其旋元吉。象曰：元吉在上，大有慶也。履上九爲乾，吉。
　　（二）井上六，井收勿幕，有孚，元吉在上，大成也。
　二‧離在上凶
　　升上六，冥升在上，消不富也。
　　旅上九，鳥焚其巢，旅人笑後號咷。喪牛于易，凶。象曰：以旅在上，其義焚也。
　三‧但上下皆爲陰，則以吉論，則上之陰卦爲吉、
　　（一）鼎上九，鼎玉鉉，大吉，无不利。象曰：玉鉉在上，剛柔節也。
　　（二）鼎宜在上，因爲鉉宜在上，故吉。而恆上六振--砥柱--在上，凶。
　　（三）觀巽在上，陰在上吉。彖曰：大觀在上，順而巽，中 正以觀天下。
　四‧震在上凶
　　（一）豫上六，冥豫，成，有渝无咎。象曰：冥在上，何可長也。豫爲陰爻在上。
　　（二）恆上六，振恆，凶。象曰：振恆在上，大无功也。

遯，亨，小利貞。

　　遯為上乾下艮，金土相生大富貴之局。中爻互乾巽，金木相剋，木又剋土，財官旺。然而艮為止，又在遯卦中，不利晉升。中爻互姤，為陰長之象。君子道消，小人道長。以退來避小人之勢，則无災。遯之計，在以退為進。一則乾陽在上，後退空間已全沒有了，幸而大象為巽，順也。性順，所以可以順應而知退守之道。知難而退，不會強求。原卦下卦有巽，初二大象為坤，風地觀也。觀卦說觀我生進退，能觀察大勢，才可以衡度進退之道。本卦遯象在西北方卦，退居西北為利，卦象為空門，是＜遯入空門＞，不利問婚緣。遠小人，則財官可保。問前途則利于遠行，遠離家鄉，其志必達。守在其居，有才難展。問凶災，以避之三舍為全身之道。

◎遯

一・陽伏為遯

　　(一)乾文言初九曰：潛龍勿用，何謂也？子曰：龍，德而隱者也，不易乎世，不成乎名，遯世无悶。

　　(二)遯為陽衰陰進，為夏時六月卦，小人道長君子道消之時。

二・遯為大壯反

　　大過象曰：澤滅木，大過。君子以獨立不懼，遯世无悶。遯為反之義。

　　大過象曰遯世无悶：震為世，大過通大壯，又大壯為遯之反卦（震乾反乾艮）。遯世者，反震為艮也。

三・遯為退

　　序卦傳，物不可久居其所，故受之遯，遯者，退也。雜卦傳：大壯則止，遯則退也。

四・臨遯相錯，遯上乾為大君。

五・遯為訟所通，姤所變。

六・遯，從豚，從走，逃避的意思。

　　遯為遁。乾消至二，艮為門闕。乾有健德，巽為進退。君子出門，行有進退，為逃避之意。

七・遯入空門

　　大畜和遯都是先後天同位之卦。兩卦相對，一艮一乾，一進一退，同為西北，西北為空門，虛无之方。

乾爲天，艮爲門。戌亥爲＜空亡＞，所以俗語說＜遯入空門＞。

八‧遯艮爲山，巽爲入，乾爲遠，遠山入藏，所以爲遯。

九‧遯以避難：宋朱熹曾經想彈劾韓侂胄，蔡元定爲他占卜，得到遯卦，因而打消主意，以後自號爲遯翁。

十‧亥爲遯。亥，肖豕。遯卦之德性取豕多智而遯。

◎退

一‧遯爲陽逆，乾艮在先天爲逆，比如先天卦由乾到艮--由乾至坤，經艮爲逆行，逆爲退也。

雜卦傳，大壯則止，遯則退也。先天卦由艮至乾，陽逆而退，故雜卦曰：遯退也。

卦來爲退，易言前後有二例，一以卦之往來言，往則進前，來則退後。

二‧爻可上，也可下，上下不定，爲進退无恆。爻下爲退，上爻可進不可知退。乾文言，亢之爲言也，知進而不知退，知存而不知得，知得而不知喪。

三‧巽爲進退

(一)巽爲巳，巳蛇也，其行爲一進一退。

(二)巽初六，進退，利武人之貞。

(三)觀六三，觀我生，進退。觀上巽，巽爲進退。

四‧旺極則不能退

大壯上六，羝羊觸藩，不能退，不能遂，不詳也。艱則吉，咎不長也。

大壯全卦象大兌，全卦皆可象羊。羊爲旺極，不可進也。

五‧上爻到下爲退

(一)解六五，君子維有解，吉。有孚于小人。象曰：君子有解，小人退也。坎爲孚，下坎之二陽爻進五，卦得以成正坎。上卦之陰下到二，爲退，即小人（五陰爻）之退。

(二)乾文言九四曰：或躍在淵，无咎，何謂也？子曰：上下无常，非爲邪也，進退无恆。乾爲君卦，四爲臣位，故欲上躍居五。下者，當下居坤，得陽正位，故曰上下无常。進爲居五，退爲居初，故退无恆。

六‧進退爲變化。繫辭上二：變化者，進退之象也。

七‧進退爲逃避

遯卦之遯象曰遯亨。乾消至二，艮爲門闕有健德，巽爲進退。＜君子出門，行有進退＞，進退爲逃避之象。

八‧陰長則陽宜退也

遯象曰：遯，亨。遯自姤變，姤爲乾巽，變爲遯爲乾艮，一陰長爲二陰，正君子道消之時，所以遯卦說的是陽退以避陰之長，遯乃亨也。

繫辭上十一：是故蓍之德圓而神，卦之德成方以知，六爻之義易以貢，聖人以此洗心，退藏於密，吉凶與民同患，神以知來，知以藏往，其孰能與於此哉，古之聰明睿知神。繫辭下二：日中爲市，致天下之民，聚天下之貨，交易而退，各得其所，蓋取諸噬嗑。

◎小利貞
　一・利陰之貞，小利貞
　　　陽大陰小，遯合艮下乾上，皆陽也。大象爲巽，巽陰卦也，故曰小。
　二・柔變剛，利柔之貞
　　　遯，小利貞。陰消，姤爲乾巽，互艮。艮爲山，巽爲入，乾爲遠，遠山入藏，故遯
　　　以陰消也。陽避之乃通也。小謂二陰得位浸長，以柔變剛也，故小利貞也。

象曰：遯，亨，遯而亨也。剛當位而應，與時行也。小利貞，
浸而長也。遯之時義大矣哉！

◎遯亨
　一・遯卦說的是以陰消陽的道理。陽爻在遯卦中沒有可能亨通。如有亨通，只能以遯退，
　　　即以退爲進，所以遯則亨。
　二・遯亨：遯自姤變，一陰長爲二陰，正君子道消之時，故陽退去以避之，要遯才能亨。
◎與時行
　一・遯彖曰與時行。乾九五當位，應二，艮爲時，天行健，故與時行也。言乾應艮，與
　　　艮時行也，應時而動也。
　二・易經說到與＜時行＞有三卦：遯、益、小過。艮在易經爲時。乾爲健，行也。艮乾
　　　爲與時之行。
　三・益動而巽，日進无彊，天施地生，其益无方。凡益之邀，與時行。
　　　益象曰與時偕行。艮爲時，震爲行，益自否來，否四互艮，益下爲震。小過象曰過
　　　以利貞，與時行也。小過爲震艮。易經的艮爲時，震爲行，所以說與時行。
◎浸而長
　　臨浸而長，遯錯臨，故亦浸而長也。惟其浸長，故小利貞。
◎遯之時義
　　遯彖曰時義大矣哉。否剝則時已无可爲，獨姤遯之際，處之爲難，故其義大。

象曰：天下有山，遯。君子以遠小人，不惡而嚴。

◎遠小人
　　小人之義詳本書觀卦。遯卦象言遠小人，陽爲君子，陰爲小人。

◎惡

一・坤爲惡

(一)遯象曰：天下有山，遯。君子以遠小人，不惡而嚴。

不惡：遯彖不惡。坤爲惡。卦有乾无坤，故不惡。

(二)繫辭下五：善不積不足以成名，惡不積不足以滅身。身爲坤。

二・姤爲惡，姤卦之初爲惡，因爲姤爲陰之始。

復爲小善，姤爲小惡。陰息姤至遯，子弒其父故惡而不可掩，陰息遯成，以臣弒君，故罪大而不可解。

繫辭下五：爲无傷而弗去也，故惡積而不可掩，罪大而不可解。

三・實與虛相攻爲惡

鼎九二鼎中有實，我仇有疾，以實害我之虛也。即九二之實和和六五相陷爲惡。

鼎上爲火，火爲惡。六五爲虛，下爲巽，巽九二爲實，以巽風攻上之火，相惡也。

四・火烈爲惡人，又火爲災，性惡也。

(一)睽初九象曰：見惡人以辟咎也。火烈爲惡人，九四失正，故睽孤。

(二)大有下離爲惡

象曰：火在天上，大有。君子以遏惡揚善，順天休命。

(三)睽初九，悔亡。喪馬勿逐，自復。見惡人，无咎。象曰：見惡人以辟咎也。睽離火在上，又兌見也，所以見惡人。見惡人以辟咎是以火攻災，以毒攻毒。

睽卦有以惡人辟咎之說法。惡人包括疾病傷者、殘者、性惡之人，或遭凶險而亡故之人。民俗相信人們所厭惡的事、或人，或他們的神靈，都可以用來幫助他來避邪。

五・盈滿爲惡，即＜惡貫滿盈＞

謙天道虧盈而福謙，人道惡盈而好謙。謙尊而光，卑不可踰，君子之終也。

◎嚴

遯象曰不惡而嚴。乾五剛健中正也，健則嚴。

初六，遯尾，厲。勿用有攸往。

象曰：遯尾之厲，不往，何災也。

遯初六變離爲火。遯卦之陰正要盛長，原卦初六陰爻變陽，爲陰變陽進之象。欲進，進則災厄必到，守則平安。外卦爲乾，與離合爲同人。上爲遠，是遠方有同心之人，應遠離是非之地，而另在遠處謀發展。又初六遯尾，應低聲下氣而不要張揚，以免惹災。因爲乾離雖然是財官，可以求取，乾在上，是危厲之象，過而不止則災，爲凶不可言。又遯自訟來，有災必由於訟，官司打不得。

◎尾

一・初爻爲尾。遯初、未濟初、既濟初，皆曰尾。

(一)未濟，亨，小狐汔濟。濡其尾，无攸利。未濟初六，濡其尾，吝。

(二)既濟初九，曳其輪，濡其尾，无咎。初爲尾也。

(三)遯初六遯尾。易以上象首，初象尾。又遯九三艮爲尾，九居三，故厲。

二・初爻爲尾，九四也是乾之初爻，故重言履虎尾。

履九四，履虎尾，愬愬終吉，柔履剛：六三兌柔，履九四乾剛，四爲虎尾也。

履象曰：履，柔履剛也。說而應乎乾，是以履虎尾，不咥人，亨。

三・尾爲少男少女，即艮兌。

四・艮爲尾

履九四曰履虎尾。艮爲尾，初失位，動而得正，故遯去其尾。

履錯謙，謙，坤爲虎，艮爲尾，乾爲人，乾兌，乘謙（反面爲乘），震足蹈艮，故履虎尾，有咸道也。尾者少男少女象也，陰陽相應而悅。

五・居後之位爲尾。履九四曰履虎尾。六三自後躡之，故爲履虎尾。在後爲尾。

六・遯爲尾。履半對遯，履虎尾，遯曰遯尾。

◎厲

一・陰爻勢力強，爲厲

遯初六厲，遯陰浸長，勢欲消三，三所以有疾厲。

二・困難爲厲

遯體爲艮止，當遯而退。遯尾是有如鳥尾下垂，以避開引來的危險。因爲尾是在後，所以說厲。

◎勿用有攸往

言陰往消陽之道也。姤而後遯，遯而後否。

遯初六勿用有攸往，陰不往則陽不消，陰勿用有攸往。

姤初有攸往見凶，姤往爲遯也，遯往爲否（陰往三，下卦艮成天，乾，天地否）。

◎不往何災

一・遯自訟來，三互離爲災。

二・災之義詳本書无妄卦。

> 六二，執之用黃牛之革，莫之勝說。
> 象曰：執用黃牛，固志也。

遯六二變巽爲木，木土相剋爲財官象。乾金艮土老陽老陰爲正配，是又吉又利。原爻陰爻得位，和五爻相應，是個好地盤。現變了卦爲陽，陽性愛進，但變姤爲陰后，一路皆

是小人，可見不易前行。此爻應固守其志，遠去群邪，以中順之德見用於世。卦象辭皆以牛喻。牛性能忍人所不能忍，又善解，見用黃牛爲黃榜得中，但是牛有路人无妄之心要牽之，而家人則要執之，難免內外相爭也。革爲取新去舊，凡事要果決而不冒進，方能遂其志。

◎革

一・始折謂之皮，已乾謂之革。

二・革初九黃牛，離爲牛，二爲黃，坤爲黃，革象。

三・火金爲革

革爲澤火，反爲火風鼎，鼎革同一卦也，有黃牛之革象。變遯，下卦爲艮，艮手爲執，故執之用黃牛之革。

四・遯六二爲離爻，離畜坤黃牛也。

五・遯反大畜。大畜爲牛，牛反了，是一層皮，成革。

六・坤爲牛，艮爲皮（易經說艮爲膚也）。四爻變之初，則二四互成坎，坎水濡皮，上離日乾晒之，變爲革。艮爲手持革，所以遯二說執用黃牛之革。

革初九，鞏用黃牛之革。革爲變，所以遯六二是以牛皮一般之堅固來改變環境。革之變，在于翻身來去舊存新。

◎黃牛

一・黃牛爲革象，革初九黃牛之革。

二・革爲澤火，即依四時之需而變新。

三・天雷无妄，雷覆爲山，成遯。无妄行人得牛，遯執用黃牛。无妄不用心，遯反之，用心機所以爲反也。

◎說

說，兌也。遯六二，莫之勝說。兌爲說。木說于秋之象，二互巽，巽爲兌之反，故莫之勝說。莫之勝兌是說六二之遯要能固志，如乾初不可拔，否則與同類偕行。二到三，下卦之艮變爲坤，則卦成否。否三是小人，遯二爲君子，與小人走了，是莫之勝說，即無法克制和同行者之快樂，因此遯二要以革堅之志來退守。總之，遯卦要進，不論進那一步，都是危厲。

◎固

一・固之有也：无妄九四本陰位，六、四所固有也。益三曰固之有也。易言三多凶，凶爲三所固有也。

二・革初九鞏，鞏，固也。革初九得位應四，革通兌，二三兩爻動，成兌，四一不動，四未變，初當固守也，不可輕言改革。

三・屯爲固也

遯訟相通，訟二爲坎志，遯二之訟象在坎志，志欲執陽之志固，固象牛革也。

四・金爲固

(一)坤爲事，乾爲金，金固則利於事。

乾文言曰貞固足以幹事。

（二）遯上乾，遯六二，執用黃牛之革，莫之勝說。

　　　　說爲兌。遯二四巽反兌。以順爲兌，爲固志。所以遯六二象曰：執用黃牛，固
　　　　志也。俗言＜固執＞。

五‧固爲有（即俗說＜固有＞），即原爻所有者

（一）益六三，益之用凶事，无咎。有孚，中行，告公用圭。象曰：益用凶事，固有
　　　之也。

（二）繫辭下七，恆德之固也，損德之修也。即原來即有之德性，或固守不易爲恆。

九三，繫遯，有疾厲。畜臣妾，吉。

象曰：繫遯之厲，有疾憊也。畜臣妾吉，不可大事也。

　　遯九三變坤爲土，艮坤先後天同位，富而貴之爻。變卦爲否。又卦象以繫喻，繫爲災，
或纏，或以訟事，或活鬼纏身，否則爲惡疾。原卦九三比附在六二小人之上。九三陽剛下
繫小人，禍事在身，上下都是陰人，小人作祟。初與二，二爻同體，下比于陰，爲繫戀之
象，此爻最忌溺于宴安，貪才悅色，所以言厲。君子爲小人所繫，防所用之人不當也，對
下人要以照養或培育作爲後來之用，但不可縱容。遯卦是陰暗之勢力大，陽剛力小，所以
不能盲目上進。又不可以做大事，因爲環境不利，要知明哲保身，遠離小人。此爻爲有所
遯而不能遯，取危也。

◎繫

一‧巽繩，故繫

（一）姤初六繫于金柅，巽繩，故繫。繫初陰于二，不使前進，故繫于金柅。

（二）否九五，休否，大人吉，其亡其亡，繫于苞桑。象曰：大人之吉，位正當也。

　　　否自漸通，漸巽爲絲，否坤性順從，不能消乾使亡。漸四巽陰，不欲陽消，以
　　　陰繫陽也。

（三）九三繫遯，遯九二互巽，巽繩，故曰繫。二以陰繫三之陽，不使之遯也。

二‧繫爲惹上官司之災，即＜官司繫身＞或＜纏訟＞。

　　无妄六三，无妄之災，或繫之牛，行人之得，邑人之災。

　　无妄之災，或繫之牛：无妄有訟象（自訟通），訟三有牛繩象，三互離爲牛，上爲
　　巽繩。

三‧三爲繫災之爻。无妄之災在无妄六三，象曰：行人得牛，邑人災也。

◎疾

一‧遯九二疾厲，坎爲疾，遯自訟通，訟之坎爻居三，是疾之進象，故有疾厲。

二‧无妄之疾，无妄自訟通，以坎爻居初，是疾退之象，故无妄之疾，勿藥有喜。

　　天雷无妄，雷覆爲山，成遯。无妄說无妄之疾，遯曰有疾厲。

◎畜臣妾

一・遯九三畜臣妾，大畜交易爲遯（天山交山天），畜，養也。臣妾乃初二之陰，順承
　　乎三，乃臣妾之象。三以艮止畜之，則吉。

二・男爲人臣，女爲人妾。二陰除艮爲臣，二巽爲妾。

三・畜以順爲吉。

四・遯卦之三變，爲大畜，所以說畜，又畜爲止。

五・畜要能養，艮要見坤，所以遯能畜。

◎厲

遯九三厲，九三之爻，陽爲陰繫，故厲，陰爲陽厲，則吉。

九四，好遯，君子吉，小人否。

象曰：君子好遯，小人否也。

　　遯九四變巽爲木，木剋土，財官象。中爻成離得木之生，聲氣通也。本爻爲木生火爲
明，所以識時務爲豪傑，以退爲進，好漢不吃眼前虧。變卦爲漸，漸以進也。而且九四乘
陽爲剛，君子象。和，初應而和，剛則有決，可以做明白之決定也。變卦後成漸，二四中
爻爲坎水，上艮見坎水，是土剋水取財。又變卦成漸，漸者，知進退之卦也。和遯爻每個
爻都以退爲戒。唯此爻之遯是好遯，因爲退得不辛苦。一能知謙遜，二是有人附合。在陰
暗之環境，最好在小處下手，心眼太大一定立刻遭到困難抗阻。

◎好

一・易經以先後天卦同宮爲好

　　(一)謙人道惡盈而好謙。謙爲坤艮，先後天同宮。

　　(二)中孚九二，鳴鶴在陰，其子和之。我有好爵，吾與爾靡之。

　　　　中孚巽兌先後天同宮爲好。

二・女子爲好，女人之性以順爲好。遯九四好遯，與家人通，四爲巽之柔順，有不惡之
　　意，所謂好也。

◎否

遯九四君子吉，小人否。遯與否惟九三之一爻相異，三以陽居之，則爲艮之君子，而四
尙與陰遠，无剝陽之患，三若以陰居之，則否之小人，而四與陰近，有消陽之憂，故遯
九四君子小人。

◎君子小人

遯九四君子小人，遯九四變巽爲風山漸，巽爲進退，能進能退爲君子，進而不知退爲小
人。

九五，嘉遯。貞吉。
象曰：嘉遯貞吉，以正志也。

　　遯九五變離爲火。火生在乾地，是離乾先後天同宮，大吉象也。火剋金，主財官旺。原卦五爻和二爻相應，上乾下艮陰陽正配，大富大貴。九五原是尊位，是在陰盛之境撥亂反正，在過去遇到之陰險的經歷，到現在爲止，可以因爲環境改變而顯示出來，原來的計劃亦可以得以實現。此爻是遇明主之象，但變爲旅。要真把大志實現還要到各地行走以訪賢人。

◎嘉

　一‧嘉之義詳本書隨卦。

　二‧離爲嘉。乾離先後天同，乾亦爲嘉。清代最盛之時稱爲乾嘉。

　三‧陰陽亨通爲嘉

　　　遯九五嘉遯。嘉者，陰陽亨通，嘉會之象。二五相應，二陰既長，勢无中止之理，君子見嘉而遯，以爲美也。

　四‧乾爲嘉

　　　(一)遯九五嘉遯：乾者喜之會也，九五變離，爲火山旅。遯上乾，變旅，下乾上乾，下又互乾。故遯九五乾嘉之象也。

　　　(二)嘉：遯九五嘉遯，乾爲嘉，剛當位應二，故貞吉。

◎貞吉

　　遯九五貞吉。遯臨相錯(天山，地澤)，惟以臨之二卦貞其九六，各成既濟，无陰長之患，然後吉也。

◎正志

　　遯以六二貞上九，五爲坎志，得正位，故以正志。

上九，肥遯，无不利。
象曰：肥遯无不利，无所疑也。

　　遯上九爲肥遯。變兌，兌變在乾地，爲乾見兌同宮，所以是大顯之象。原爻上九和九三同是陽爻，不相應。上九無人相和，而遠走高飛。但因爲是上爻，飛得輕易而不受牽連。卦爻之象以肥喻，肥爲肥羊，即變爻之兌，兌爲羊也，是身懷萬金而飛走。如是枉法者一定是捲款而逃者。本爻變咸爲人緣相合，所以走時也有包庇。此爻變大咸，卦體是坎，爲中滿之卦象。坎爲疑，多受疑，所以要遯走也，所謂利飛遁以保名。

◎肥

一・兌爲秋，秋爲肥

遯上九肥遯，上九變兌爲澤山咸，變兌者，萬物之所悅也，饒裕也。兌正秋，收成象也。

二・肥爲飛也

(一)遯上九肥遯，肥，飛也。

(二)易經之爻以上爲飛，比如飛龍。

(三)飛爲飛伏之飛，文王卦所說之飛。

三・乾盈爲肥。因爲乾滿貫，所以會有盈餘而肥。

四・肥爲疾憊之反

九師道訓：「遯而能飛，吉孰大焉。」肥遯：飛遯也。如果遯而不能飛，是死定了。

五・易經說飛，陽爻爲吉，陰爻爲凶。

六・肥爲富。家人六四說富家大吉。

◎疑

一・水見火爲疑

(一)賁六四象曰疑，坎水在離火上，水動則滅火，故有所疑也。賁下四爻互既濟，水火疑也。

賁象曰：六四當位，疑也。六四陰爻當位。六四之位，巽也，陰位也。

(二)見雨爲疑

睽，遇雨之吉，群疑亡也。

小畜上九象曰：既雨既處，德積載也。君子征凶，有所疑也。

二・坎爲疑

(一)坎其於人也爲加憂。心疾，故疑。

大有得坎爲疑，坎居五則勿疑。今變坤則坎已去也，故曰勿疑。大有九四象曰匪其彭，无咎。明辨晢也。

辯，兌爲口之象也。巽爲不果，疑之象。定者，去其疑也。履重實踐，是无所疑也。大有九四匪其彭，可解爲消除他人之誇大，以去疑。火天同位，有變則生疑。

(二)睽上九象曰群疑，物三稱群，坎爲疑。

(三)升九三无所疑，坎爲疑。升自小過通，小過之大象似坎，自解通，解下坎。解小過變，无所疑也。

(四)豐六二往得疑疾。虞翻曰：「豐四往五成坎，則得疑疾。」

(五)巽取訟通象。訟下坎，坎爲狐，性疑。訟坎失正，故志疑。

(六)遯上九象无所疑，坎爲疑，遯訟通，訟乾坎，變艮爲乾艮遯，坎變，故无所疑也。

(七)既濟六四，繻有衣袽，終日戒。象曰：終日戒，有所疑也。

三・坎爲疑，同位則不疑

賁六四，賁如，皤如，翰如。匪寇婚媾。象曰：六四當位，疑也。

四・疑，古作凝

坤陰疑於陽勾戰，坤陰模于陽也。

五・巽不果爲疑

兌爲口之象也。巽爲不果，疑之象。定者，去其疑也。履重實踐，是无所疑也。

䷡ 大壯

大壯利貞。

　　大壯之大象爲兌，兌爲悅。上震下乾，爲六和八之配，其象爲大而壯。兌爲羊，在上角露，爲帶刀之象，即星命所說之羊刃，其凶无比。遇之者輕易即血光凶災。兌爲陰屬老陽，剛之過剛。中爻乾象，大象兌，下爲乾，所以過剛也。以其陽旺之勢帶角而行，遇之難禦。大者壯也，四陽在二陰下成長，所以名壯。大壯中爻象乾，剛而上震動，其勢極壯。大者正也，即无物可以在他前面歪斜。而任何事亦必須要經正常途徑才可壯大。上震木，下乾金，金木相剋，在和平之地可以安享其財。但在凶險之地，其凶可以致命，所以大壯非依禮而且正當行事不可。大壯初五互成夬，剛夬柔也。柔者陰。即決柔應保持正大理氣。勝其私欲，否則金必剋木，其禍難當。

◎大

一・陽爲大，泰爲大，臨爲大。

二・臨爲大之始，泰爲大之中，壯爲大之極。大過爲過，
　　臨者大也。臨卦在觀卦之上，故稱大觀。

三・大者正也，正大。

四・易經有直以大取卦名，比如大壯、大有、大過、大畜。

五・有在卦中以大稱之者，比如大蹇、＜大師＞、＜大觀＞。

六・家人不曰大，而曰富家大，吉。

七・豐卦爲大，臨也是大。

◎大壯

一・大壯爲止

　　(一)易經以大壯爲止。遯爲退，大壯爲止。

　　(二)獨往復而勿徬徨，爲止。大壯上爲震，大象兌，兌反艮，止也。
　　　　大壯爲遯之反。倒置，遯爲退，退而止，大壯進而止。

　　(三)大壯上卦爲震，說卦傳人象爲足，趾者，足之末也，即止也。壯象有如人之趾。

　　(四)大壯之壯爲至。大壯至，晉進。大壯爲陽之止。

二・大壯爲屋

　　豐其屋：艮爲屋。豐取泰爲通象。泰互大壯，豐互大壯，有上棟下宇象，故豐其屋。

三・大壯爲男之壯，姤爲女之壯，遯爲馬之壯。

(一)遯象皆言壯，因爲遯反壯。而且遯卦之二上互爲壯，遯上有壯，所以易卦見遯
也會有壯之象。渙初六馬壯，渙取否爲通象，否互遯，遯壯一卦（遯壯反），
遯二爲互壯之爻，故曰馬壯。
序卦傳，物不可以終遯，故受之以大壯。雜卦傳，大壯則止，遯則退也。

(二)明夷六二，明夷，夷于左股。拯馬壯，吉，明夷二變成泰，泰互大壯，故曰馬
壯。

(三)姤初六繫于金柅。姤爲天風，无震。二爻變，卦成遯，遯壯象，故曰女壯。

四·壯大象夬（壯之初至五互夬），所以夬卦也說壯。
夬初九，壯于前趾，往不勝。爲咎。象曰：不勝而往，咎也。
壯于前趾：夬自大壯變，大壯初壯于趾。壯前爲夬，故夬初壯于前趾。

五·大壯上見風雨：壯卦互兌，反巽。兌爲雨，巽爲風。上震即艮，艮爲對待，待風雨
也。大過象曰棟橈，大過通大壯，大壯上棟下宇。繫辭下二上棟下宇，以待風雨，
蓋取諸大壯。

六·大壯即觀--＜壯觀＞
(一)大壯爲震乾，震對巽，乾對坤。壯之對爲觀，俗語說壯觀。
(二)大壯爲二月卦，觀爲八月卦，一春一秋，互相照映。

七·大壯爲躍，消息卦，乾皆復、臨、泰、大壯、夬所來，到了四爻是大壯，大壯卦中
有震，震爲足，故用躍字。易經說或躍在淵字，有重坎之象。

八·大壯從片從士，大也，盛也，即氣力浸強。又易經三畫之卦以初稱爲少，二稱爲壯，
三爲究。六畫之卦，初爲少，三、四、五爲壯，上爲究。

九·大壯爲籬：大壯上震爲蒼莨竹，藩籬之象。

◎利貞
一·大壯利貞。二、四、五失正，故利貞。大之所以壯者，以大者正也，失正不得爲大
壯。
二·大壯以利貞爲本，故直繫以利貞。大壯二曰貞吉，四曰貞吉悔亡，獨五不曰貞。
三·既濟之貞爲利貞：二、四、五貞之成既濟，既濟利貞，剛柔正而位當也。
四·虞翻曰：「陽息泰也；壯傷也。」大壯四失位，爲陰所乘，故壯。大壯四失位，與
五易仍得正，故利貞。

象曰：大壯，大者壯也。剛以動，故壯。

◎大壯之特點
一·壯：盛也。初爲少，二爲壯，三爲究。
二·卯月之卦，復陽在地中，故見天地之心。大壯陽在天上，故見其情。

三‧大壯：陽大陰小，乾震陽卦，故大者壯也。

四‧壯內剛外動。

◎剛

大壯剛以動，乾剛健中正，傳以剛該正，故剛以動，故壯。

无妄剛自外來，而爲主于內。大畜剛上而尚賢，皆以剛爲本。

◎剛以動

荀爽曰：「乾剛震動，陽從下生，陽氣大動，故壯也。」

大壯利貞，大者正也。正大而天地之情可見矣。

大壯彖曰天地之情可見，大壯象曰正大，四之五之義也，成需，以離日見天，坎月見地，故天地之情可見。又大壯利貞，貞爲既濟，離即乾天，坎即坤地，故正大而天地之情可見。

◎大壯利貞

貞者，正也，利貞正者，利正其不正也。大壯之所以大者，以大者正也。不正不得爲大壯，故大壯利貞。

◎情

情，＜有情＞：

一‧易經之中說到的有下面各種情：

　　(一)萬物之情爲恆：恆象言天地萬物之情。天地萬物之不常者，非其情也。

　　(二)天地之情：觀其恆，而天地萬物之情可見矣；觀其所聚，而天地萬物之情可見矣；大壯正大，而天地之情可見矣。

　　(三)聖人之情見乎辭。

二‧情爲旁通。即先後天卦相聚之卦，或互相旁通之卦。

　　易之各卦皆自有其情。如乾曰：旁通，情也。

三‧同體爲情，情爲親也。

　　(一)比如乾六爻所發揮多六子之象，因爲六子都是乾體。

　　　　象傳解釋說大者，正也。正大而天地之情可見。正和大皆爲乾，這就是說各六子之爻和乾同體之道理。比如大壯，大壯利貞，大者正也。正大而天地之情可見矣。

　　(二)恆爲萬物之情可見矣。恆卦爲雷風，雷風相薄，故親也。

　　(三)大壯正大，而天地之情可見矣。大壯震乾先後天同位，故親。親爲情也。

四‧相類則有情

　　繫辭說始作八卦，以通神明之德，以類萬物之情。情以類生，同類則有情。有情即

親。

五‧易卦聚則有情

(一)萃彖曰觀其所聚，而天地萬物之情可見矣。此與否上九先否後喜通。萃爲聚。
觀其所聚，而天地萬物之情可見矣。

(二)情僞相感利害生，凡易之情，近而不相得則凶，

六‧上下卦有相通，通則有情。睽彖言小事吉，睽火上水下，不交之卦，是上下情不通。

七‧眞假爲有情无情之別。

八‧利貞則有情。乾文言：利貞者，性情也。

九‧兌爲悅，悅則有情

(一)易卦居上體者有兌卦之象，如隨、咸、夬、兌。五上皆說情，但咸五有剛中之
德，不受物感，故志末。志末則无情。

(二)天地萬物之情可見矣。

(三)兌卦說之道爲親人也。其情說物，而物亦說之。兌之義也。

(四)兌初九言和。初九得正，而又遠于陰，情之未感，害于物，故以和爲兌。三四
則有相悅之情。

十‧情即眞相，即吉凶之相

(一)繫辭下說八卦以象告，爻象以情言，剛柔雜居而吉凶可見矣。

(二)變動以利言，吉凶以情遷。

十一‧情：狀也，鬼神之情狀。精氣爲物，遊魂爲變，是故知鬼神之情狀。
情者，性之動也。人生而靜，天之性情也。

十二‧易經以雷乘乾爲大壯，天之道也。陽爲大卯月之卦。復陽在地，故復卦說見天地
之心。大壯陽在天，所以見其情。
又情爲晴也，大地可見爲晴。一陽來復，復見天地之心，四陽見其情。仁者天地
之心，情則因而發。

象曰：雷在天上，大壯。君子以非禮弗履。

◎履

一‧大壯爲履：大壯爲兌乾，履爲乾兌。二者相互相成。履爲禮，履以柔履剛，故嘉會
合禮。大壯以震足之剛履剛，故非禮。

二‧壯履皆體乾，故言履。非禮勿履：上天下澤爲履，履者，禮也。大壯互夬，易履非
者，雷乘乾之上，卑淩尊也。壯者依禮而正，禮者要＜理直氣壯＞。

三‧大壯爲正大光明之象。震雷自地下奮起，雷聲騰播於天上。雷聲響亮，天空光明。
君子體會大壯之理，足不履非禮之地，以保其光明正大的人格。

初九，壯于趾，征凶，有孚。
象曰：壯于趾，其孚窮也。

　　震爲足象，又爲行動。乾卦之陽在震之帶引下，變得剛強无比。但壯之卦體爲兌，兌爲孚也，尙爲可以預估之動，而非盲動，所以尙可借以發揮。其成敗在于所壯之趾，趾要有履之約束。此爻變巽爲木，震巽爲雷風恆，巽木在震地爲比和，可以取財。變恆，中爻大象爲坎。坎爲陷，可知一動即爲難行。本卦之卦旨爲妄進適以取困，要從容以觀變而不躁進，則可免于凶險。不然，持剛妄而无所顧慮，則必然難行。本爻之忌在足，病于動也。防足疾，又不利遠行。

◎趾

　　大壯初九壯于趾，初爲足位，應四之震，震爲足，震艮同體，艮爲指，趾者，足指。壯于趾：大壯初九剛正，志欲前往，故壯于趾。

◎征凶

一・歸妹征凶，大壯初九征凶，象曰征凶，位不當，无攸利，柔乘剛也。大壯三至上，互歸妹，初應九四，位不當也，故征凶。大壯上六柔乘剛，故无攸利。

二・震爲征

　　(一)頤六二，顚頤，拂經于丘頤，征凶。頤自臨通，頤互歸妹，二互震，爲征，震在兌上。

　　　　損九二利貞。征凶，弗損益之。歸妹征凶，震爲征，損二互震，震爲征，不當位之震，故征凶。易經說歸妹征凶不當位也。二五爻爲失正之爻，位不當，故征凶。震上六征凶。

　　(二)復六五，迷復，凶。有災眚。用行師，終有大敗，以其國君凶，至于十年不克征，凶。復下震，爲征。

三・卦象和歸妹相當則征凶

　　(一)頤自臨通，頤互歸妹，二互震，爲征，震在兌上，相剋爲凶。

　　(二)大壯初應四，互歸妹，曰征凶。

四・易爻上下互剋，剋則爲凶，所以征凶

　　(一)革九三征凶。三以離火應上兌澤，上爲澤，動則滅火故征凶。

　　(二)未濟六三曰未濟征凶，未濟之水火克戰于三四，未濟上離即震，下坎即兌，故象曰无攸利。

　　(三)小畜上九，既雨既處，尙德載，婦貞厲，月幾望，君子征凶。小畜上巽木下乾金，下金剋上木，征凶。

五・行失類征凶。臨六二象曰：六二征凶，行失類也。臨變頤二，臨以二陽爲類，變陰爲失類，故凶。

六・位不當征凶

未濟六三，未濟，征凶，利涉大川。象曰：未濟，征凶，位不當也。

七‧未濟上離即震，下坎即兌，故象曰无攸利。

大壯六五，喪羊于易，无悔。象曰：喪羊于易，位不當也。大壯征凶。

九二，貞吉。
象曰：九二貞吉，以中也。

　　九二在中，易經凡是九二居中皆為可以貞正為離。離在下為既濟之相，所以大吉。變離為火，震為木。木火相生，在壯之中火化其頑，是正人君子，又身有長技之相。此爻是得反正之道。有不利，則因為光明之個性而可以矯正。

◎**貞吉**

　一‧易經貞吉之卦象，其原理見本書既濟卦。

　二‧大壯九二貞吉，九二失正，貞乾為離，成水火之下卦，故貞吉。

　三‧大壯九四也是貞吉。九四也是不正，貞而後上卦成坤，坤為泰。坤在上吉。

九三，小人用壯，君子用罔，貞厲。羝羊觸藩，羸其角。
象曰：小人用壯，君子罔也。

　　大壯九三變兌。三為下卦乾卦之極位，其象壯極。乾陽為君子，變爻成兌為陰卦象小人。九三陽爻變陰，下卦成為兌。兌為羊。變于乾之地，兌之爻是取代了上卦之震，其動比原卦有過而无不及。兌之羊再動于三四為乾震之間。震為藩籬，有如一頭被關著而發狂之羊。此象是小人用壯，但无足畏懼，上位震是陰爻，和三相應，不會被兌之動取代。所以卦雖凶險，可以阻擋。羊發狂是因為發情，所以說壯羊。本卦是金剋木為得財之象，尤其變兌，乾之金是富地。但變卦後中爻為離，火剋金，而令金不得剋木，成了互相抵消。

　　此爻以羊比喻。羊為最凶，也是最柔之動物。能動，而有力，一定可以有所作為。但是動之力大，凶害也大，要以離火來化之。禮為君子之風度，遇到再陰狠之人事，也可以以緩兵來擋。而且九三是正位，兌之羊又是在乾金之地，要剋制之並不難。大壯所以為大也是因為君子行正道。如金木調和，可以消除羊角之觸害而馴服之。

◎**君子小人**

　大壯九四小人。九三君子，九二居正，故以君子言。九四居不正，故以小人言。

◎**小人**

一‧卦多陰爻爲小人

（一）師卦上六小人勿用。小人者卦多陰爻。師上坤變艮，艮以止之。

（二）遯卦彖言遠小人，陽爲君子，陰爲小人。

（三）初六，童觀，小人无咎，君子吝。

觀初六小人无咎，觀自否變，初應四，陰得正，故小人无咎。

二‧兌爲小人。

三‧中孚爲小人象，六五有孚于小人。

解六五陰居位，爲小人，以六五退二成萃，萃上四爻互大過，大過澤風反中孚。有風澤中孚之象，故有孚于小人。兌爲小人也。

孚兌象，解六五，有孚于小人，解六五小人居君子位，所以有孚。就是以君子解脫小人之過。解卦六五，君子維有解，吉。有孚于小人。解三五互坎，爲孚象。

四‧小人剝廬，終不可用也。艮爲門闕，廬象也。

五‧大壯三四皆言小人。大壯長象爲兌，有小人在也。

六‧大有九三，公用亨于天子，小人弗克。九二至四互兌。九三變爻爲陰，離不剋兌。

七‧負爲小人。繫辭上八子曰：負也者，小人之事也。

八‧卦爻不正爲小人。既濟三曰小人，易以失正之爻爲小人。泰六居五失正，爲小人。

以既濟貞泰之六五，除去小人也，故小人勿用。

九‧艮爲少男，爲小人

艮爲背，負也。艮爲小人，繫辭上八，子曰：負也者，小人之事也。

（一）觀初爲童觀。觀長象爲艮，艮少男，爲小人。艮錯兌，小人也。

（二）遯天下有山，遯。君子以遠小人。下卦爲艮，小人也。

◎羝羊

壯羊也，肥羊也。

◎螶羸

瘦也。

◎羝

一‧羝羊，牡羊也。大壯三至五，互兌羊，在乾震，故爲羝羊，牡羊也。

二‧低也。羊觸首，常低下，故曰羝。

◎羊

一‧兌爲羊

（一）大壯之大象爲兌，羊也，羝羊之象。

（二）大壯九三變成歸妹，下爲兌，兌爲羊。

（三）歸妹上六，女承筐无實，士刲羊无血，无攸利。

歸妹下卦爲兌。小人用壯：大壯由泰變，泰之九四動，上卦之坎爲震，九四動，故小人用壯。

（四）兌爲羊：羊內狠而外說。

二‧大壯爲羊

（一）夬九四牽羊，兌爲羊，巽繩反牽。夬自大壯通，大壯二五互兌，爲羊。

（二）牽羊：夬九四牽羊，兌爲羊，巽繩反牽。夬自大壯通，大壯象羊，

三・羊爲祥，祥通詳。易大壯，不能退，不能遂，不詳也。不詳者，不善也，即不祥。故大壯六五，喪羊于易，无悔。喪羊爲不祥也。

大壯之易羊，旅之喪羊于易，即交易之易也。喪羊爲不祥之兆。

四・大壯大象爲兌。大壯无兌，但全卦兌象很多，所以象辭說羝羊喪羊。

大壯卦上震下乾。合六爻之奇偶以觀之，上六之陰爻羊之狗角，有兌象。兌爲羊，所以六五言喪羊於易，上六言羝羊觸藩。

◎藩

一・藩，落也。九四體震，震爲竹葦，故稱藩。

二・大壯九三羝羊觸藩，藩，籬之象。大壯外卦震，竹木萑（音環）葦，籬藩之象。

三・藩阻岨，藩柵。君子用罔：罔，柔物也。離爲罔，九居三得正，君子也。

◎觸

羝羊觸藩：大壯九三羝羊觸藩，羊性好觸，四之藩，在三羊之前，三必觸四，故羝羊觸藩。九四在乾首上，象羊之角。

◎罔

一・離爲罔。大壯九三君子用罔，九二變離，離爲罔，三爲君子，三乘二，故君子用罔。罔，羅也，或无也。

二・晉初六，晉如摧如，貞吉。罔孚。晉上離，離爲虛，无也。

◎用壯

大壯九三小人用壯，三陽爲君子，小人謂上，上逆，故用壯。

◎贏其角

大壯九三贏其角，贏，大索也。五互兌，即巽繩也。繩在角上，故贏其角。

◎貞厲

一・過剛則厲。

二・小人用壯，君子用罔，貞厲。羝羊觸藩，贏其角。大壯九三貞厲，九居三過剛，故貞厲。自固而不求于外。厲則自惕，而有戒于中。

九四，貞吉，悔亡。藩決不贏，壯于大輿之輹。
象曰：藩決不贏，尚往也。

大壯九四變坤，九四爲群陽之首，專來制服陰邪之氣。上爻震卦爲蒼筤竹，象藩籬，可以屏障无制之陽氣之上沖。九四變爲陽爻，震象失。震之藩撤出，一夬不可復阻，非九三之贏弱可比。震卦變成坤，坤爲大輿，變泰，泰卦爻象和大壯相同，都是上頭爲陰爻，

而下爲陽。又大壯之象，即羊車也。坤在中，卦變堅穩，不會輕易動搖，所以可以稍擋，是決而不羸之局。爻變坤，坤和乾正好是正配，而且否極泰來。原卦本是震木，變坤，坤生在震，是財來我身，但是震被乾金所制，而且壯象不見，爲失羊之兆，所以悔亡。

綜括而論，九四爲成敗之交關，但是只要保持穩健，會把太強的動力，化成爲有用於我的助力，而很順當地避開凶險。

◎貞吉

大壯九四貞吉，九四失正，有悔，貞四于五，故吉。

◎悔亡

大壯九四貞吉悔亡，九四失正，有悔，貞吉後悔亡，即不必再有悔也。貞九四爲陰，成坤，爲地天泰，故貞吉。

◎藩決不羸

大壯九四藩決不羸，九四爲震，震爲竹木萑葦，大壯之宮室之籬藩也，互夬決，二四五失正，貞之兌羊（大壯之三、四、五互兌），巽繩（兌反巽），震藩之象失，故藩決不羸。

◎輹

大壯九四大輿之輹，坤爲大輿（音與），爲輹。大壯自泰變，泰地天坤乾，坤爲大輿，變壯，震爲輹。小畜錯震，大畜互震，皆取輹象。

> 六五，喪羊于易，无悔。
> 象曰：喪羊于易，位不當也。

六五柔爻中位其象和順，當四陽盛長，能以柔尅剛，不與陽勢相抗。變卦爲夬，夬爲決，上沖之陽勢在變易場合之後，終告消失，有如逃走之羊。此爻在說明遇到无法制服之力，可以很輕易地將它化除。其一是在對手來勢凶凶之時，臨時變更作戰之場地。其二是以柔順來對應剛強。六五變兌，兌爲金，乾兌兩金爲同宮，是吉祥的貴相。不過六五陰爻在陽位，其位不正，所得之財未必正當，或不是名至實歸者。

◎易

易爲疆場。旅上九喪牛，失其順也。壯上九喪羊，失其壯也。當旅之時而不能柔，故凶。過壯，而損其剛，故无悔。

> 上六，羝羊觸藩，不能退，不能遂，无攸利。艱則吉。
> 象曰：不能退，不能遂，不詳也。艱則吉，咎不長也。

　　大壯上六爲羝羊之角，即不能遂其衝破藩籬之意圖，又被拘繫而不能退，又不能預料後果，實在是進退失據之象。唯一是以陰陽調合之道來改正現況。在上爲窮極而反，所以不能再令原始躍動之力繼續下去，而以退爲進。這種情形，終不會久長。本卦爲震卦，變離爲木生火，生在同一地最爲順當。上爻變，卦成火天大有，和震天大壯都是正大光明之象，能進還是該進。不過離上半體爲艮所止，成進退維谷，不過大有爲離體，可以消去金之旺勢。逢凶而化吉。

◎羝羊觸藩

　　羝爲抵消，即上爻和下爻因相應或相似而相抵。

一・大壯上六羝羊觸藩，九三羝羊觸藩，上六窮極而反，故象同于三。

二・巽上九在床下，九二亦在床下。二者相抵而所言爲同一事，即爲上下相抵。

三・漸上九鴻漸于陸，六三鴻漸于陸。先者爲凶，後者爲吉。六三是剛上陸，所以見險，上九已經登陸，所以安全。

◎退

　　大壯上六不能退，遯，退也。大壯反遯，不能退。

◎遂

一・大壯不能遂，遂，成也，震反艮，艮爲成。不能成，反艮爲震也。

二・家人无攸遂，家人自中孚通，中孚互震艮，艮成爲遂，震爲艮反，故无攸利。

◎无攸利

一・壯互歸妹，五上兩爻柔乘剛，故无攸利。

二・柔利剛也，大壯上六柔乘剛，故无攸利。歸妹柔乘剛，无攸利。

◎艱貞

　　大壯上六艱貞，大壯利貞，貞爲既濟，既濟五互坎，三亦互坎艱，九六皆正，故艱則吉。此爻言既濟之象，既濟之艱也。

　　大有初艱則无咎；泰三艱貞无咎；噬嗑四利艱貞；明夷利艱貞。

◎飴

一・羊羹爲飴，即丟在地上身之遺物。

二・頤也，大壯之大象爲頤，大壯象羊。兌羊，爲頤，頤，悅也，兌象。

三・飴從台，兌口也。

晉，康侯，用錫馬蕃庶，晝日三接。

　　晉卦以日出地上爲象。坤爲地，離爲日。坤德爲柔，所以上行是柔順而上，即有所攀緣。在上者以虛心來求賢，而在下者能順應上意，是利于一心上進的人所求者。晉卦卦象包含很複雜，上離爲日，下坤爲地。二五互爲坎，二四互爲艮。論理，艮坤爲先後天同位，而上卦坎離爲既濟正配，所以格局富貴而端正。又上卦離火生下坤，爲上生下之格局。但中爻坎水剋離火，所謂照顧是口惠而實不至，要想有所得，在下者還要自己知道揣摸在上者之心。所幸眾土剋一坎水，化解其剋。全卦因爲无金象，所以變得單純。

◎晉
　　一・序卦傳，晉者進也。
　　二・雜卦傳，晉晝也，明夷誅也。
　　三・日出萬物，進也。
　　四・柔進而上行，則剛退下行。陰卦或陰由下爻到上爻爲進。

◎侯
　　晉，康侯，用錫馬蕃庶。侯者震，震爲侯象。晉自觀通，觀上卦巽，巽錯震。晉有震象，取自巽也。

◎晉康侯
　　一・晉，進也。晉自觀通，進四于五，觀六四之陰進成晉之六，四爲侯位，故晉康侯。
　　二・康侯爲安國之候。

◎晝
　　一・雜卦傳，晉晝也，明夷誅也。
　　二・晉晝日三接，有明象。明出地上也。
　　三・晉卦火地，離火在五行爲午，坤爲未坤，皆晝象。

◎三接
　　晉晝日三接。晉三接者觀之初爻、四爻相接，三爻、上爻相接，下坤成離，上離成坤。
　　觀離晉，晉與需相錯，以晉之六五與需之九二相接，需、晉皆成既濟。

◎錫
　　一・離爲錫
　　　　離爲王，日爲陽德。晉上離，曰錫馬。訟互離，曰錫帶。

離爲日，陽德也。坎爲月，陰刑也。凡錫賞皆離日之象。

二·錫，賞也

師九二，在師中，吉，无咎。王三錫命。象曰：在師中，吉，承天寵也。王三錫命，懷萬邦也。

三·錫是指爻由上到下。比如：

(一)晉用錫馬蕃庶。錫，上錫下也（剛退下也）。

(二)師九二錫命。

(三)訟上九，或錫之鞶帶。

(四)晉以離錫坤。因爲上頭有錫（賜），下頭才得以晉升。

◎訟

上九，或錫之鞶帶，終朝三褫之。象曰：以訟受服，亦不足敬也。

◎蕃

多爲蕃，可見上賜之隆。再三接見，其禮之頻繁。坤爲眾庶民，晉卦上離有如聖明之君，爲提拔能人，對有功者封官賜爵，又賜以馬匹。古時官位高下是以馬計。天子對有功者甚至日夜三次接見。有三之義詳本書巽卦。

象曰：晉，進也，明出地上。順而麗乎大明，柔進而上行，是以康侯，用錫馬蕃庶，晝日三接也。

◎進

一·晉象曰進，柔以進上也。六五之柔進而上行，初之柔進四，三之柔進上，柔進而上行。易經以陽和陰相互交易而動，陽上則陰下，陰下則陽上。晉卦是取陰上行爲進，陰上則剛退下行。

二·晉是日出地之象。上進而明，晉比進多一層意義。晉上而光明，所以不說進，而說晉。

三·晉，進也。晉自觀通，進四于五，觀四之陰進，卦成晉之六，四爲侯位，故晉康侯。四爲侯。

(一)晉之進爲柔進，柔進而上行，是以康侯。

柔進而上行，則剛退下行。陰卦或陰由下爻到上爻爲進。

(二)晉象曰進，柔以進上也。六五之柔進而上行，初之柔進四。

四·易經卦爻說進的情況

(一)有悔則知進退

震无咎者，存乎悔。上九有悔，則知進退之道。

進則无咎也：乾九四象曰：或躍在淵，進无咎也。

四爻進躍居五，而得正无咎，所以五爻不說悔，而六爻說悔。

（二）進爲德

乾九三曰進德修業。乾道爲德，坤事爲業，以乾進坤，故進德，以坤修乾，君子進德修業。乾九三君子進德修業，德就是得心，君子進德修業，欲及時也，故无咎。道德的涵意，是說君子在道德上可以有所進取。

五・進退无恆：乾九四失位，說是進退无恆。益卦說立心无恆。

六・知進退爲聖人。乾文言，知進退亡而不失其正者，其唯聖人乎。

七・屯爲退

屯六二屯如，邅如。邅的意思是人不進去，也就是退的意思。

八・巽爲進退

先後天卦皆至巽而止，或起，先天乾、兌、離、震、坤、艮、坎、巽，以巽爲進。後天巽、震、艮、坎、乾、兌、坤、離、巽，以巽爲起。

九・進退爲履

巽爲股，下兌，兌爲毀折，故曰跛然，巽爲進退，能進退，是履也。

巽爲進退：巽二陽一陰，二陽爲進，一陰爲退。

十・涉爲進退之道，利涉大川爲進

易經卦中有兌皆爲利涉，可進也。因爲乾在後天左右爲坎兌，要進退皆涉水（坎兌爲水）。比如：需卦之乾，後天卦左右爲坎兌，進艮皆必涉川。

十一・往爲進

需九五，往有功。往進也，進而出險故有功。

往有事：往，進也。序卦曰以隨人必有事也。

先天卦由乾到坎，由坎進而到艮、到震、到乾，坎到乾，剛好一周，即一元。往就是前進--從艮之東北進到西南。

十二・漸爲進

序卦傳，漸者進也。進必有所歸，故受之以歸妹，得其所歸者必大。

十三・不宜進之情況

先天卦陽消陰息，易中乾遇巽、坎、艮皆止而不進，進則陽消。

十四・征進也

（一）巽初六，進退，利武人之貞。象曰：進退，志疑也。利武人之貞，志治也。武人之貞爲征也。

（二）歸妹女歸內，乃女子之大歸，故征凶，不利進也，即不利征也，所以无攸利。

（三）豫自謙通，謙互師變豫，帥師之長子，進征于四，四爲侯位，故利建侯。

十五・柔上行爲進

陰卦或陰由下爻到上爻爲進，向上進行也，皆以吉論。

睽，柔進而上行。睽自中孚通，六五柔進上行。

十六・薦，進也。

十七・變化者，進退之象也。

十八‧逐，京房曰：「進也。」

十九‧不進爲艱。上艮止，不進之謂，故曰艱。

二十‧春夏爲變，秋冬爲化，息卦爲進，消卦爲退。

二一‧易經之進可有：

　　(一)漸，進。漸自否來，六三進爲六四，此爲陰爻之進。

　　(二)進，升。進即升。易經中到進和升，都是陰爻陰卦。比如：

　　　　晉，進也。晉自觀通，進四于五，觀四之陰進，卦成晉之六四爲候位，故晉
　　　　康侯。四爲侯，升卦爲進。

象曰：明出地上，晉。君子以自昭明德。

◎明出地上

出地上則可觀矣。晉象曰明出地上，地言坤也，晉觀通，自觀四之坤地出，而明在地上爲
晉矣，故晉爲觀象，上爻火出坤之上。

◎君子

晉之象曰君子自昭明德。艮爲君子，晉觀通，觀五互艮爲君子。坤爲身，故曰君子自昭
明也。

◎自昭＜明德＞

晉以離錫坤，坤成爲離，故自昭明德。

初六，晉如摧如，貞吉。罔孚，裕无咎。
象曰：晉如摧如，獨行正也。裕无咎，未受命也。

　　晉初六陰居陽位，所以急於上進。易經陽本主進，陰爲退讓是其本性。因有九四之應，
而二、三、爻爲罔孚，即不信之。中爻坎爲疑，因爲大眾皆不信，所以初爻以寬裕之心從
容而獨行。而在上近于君四以退之，即接近上位的人，因爲一心要推薦而反而成了阻擾，
初六之上難免會失去信心，此時應找到其他人的經驗，並且觀察四周。又離在上，未受命
于君王。未受命，則无官守。

◎摧

一‧爲退也。退，不進，所言爲一事。

二‧摧是摧嵬之崔高也，是指晉卦中爻艮山在坤土之山崔之。

三・摧下推爲折，上推爲薦，即＜推薦＞。

◎如

一・如其他卦的含義，即取某他卦之義爲義：

(一)晉初六，摧如。四自觀五下退，故摧如。摧退也，此爻說的是晉卦由觀卦退爲晉的道理。

(二)蠱六四曰裕，晉初六裕无咎。晉自觀通，初六進而居四，卦成觀。進而居于柔位。柔爲寬裕，所以蠱卦說的裕是取晉卦的裕无咎作解釋。易經能以解釋之字互通，而來增加該字的含意，實在是奧妙无窮。我們可以說蠱和晉包含有寬裕的情況，而蠱也因爲這個具有進到柔位的平順，而增加另一種含義。

二・如自己的本卦，即以本卦之卦名爲義：

(一)晉卦

晉九四，晉如鼫鼠，貞厲。晉初六晉如，如其卦也。初六晉，亦如其卦。

(二)屯卦

屯六二，屯如，邅如，乘馬班如，匪寇婚媾。女子貞不字，十年乃字。

屯六二屯如，邅如。邅即退，也是屯之意。

屯卦六二說乘馬班如。班爲退，班和屯同義，即退回。班如是說馬不前進，俗語說＜班師回朝＞。陷也，則不可進，變巽爲進退。

屯六三，即鹿无虞，惟入于林中，君子幾，不如舍，往吝。不如舍，即舍如也，舍爲屯，故同其卦。

(三)離卦

離九四焚如。焚爲火，離也。焚如所說的是如其卦，即離卦。

(四)賁卦

賁卦九三，賁如，濡如，永貞吉。

(五)萃卦

萃六三，萃如嗟如。

三・同位爲如，即相同也

(一)大有六五，厥孚交如，威如，吉。

乾與離先後天同位之卦也，故曰交如。易經其他之卦言富者如：小畜九五，有孚如，富以其鄰。

(二)豫彖曰：豫，剛應而志行。順以動，豫。豫，以順動，故天地如之，而況建侯行師乎？豫卦是從地水師、地山謙而來，即地水師之九二爻進而爲地山謙之九三，再進而爲豫之九四。豫卦說順以動，就是說豫九四這個陽爻是順著向上動而來。因爲師卦下卦之爲坎，坎卦九二志向上行，到了謙卦成爲謙九三。謙之艮即有天之義，所以謙卦說天道下濟。這是說豫卦之上震有個艮卦一路跟過來。在易經之中，艮和乾先後天同位，所以豫卦彖說天地如之。用白話來說，就是豫卦之震向上動，而下頭（地）有個像天（乾）的玩意兒一路跟著來，對震而言是艮順著動在下動。這個天地如之包含太多意思，易經之彖可以如此巧妙，

可見聖人是多聰明。

四・同言一物者

　　(一)曰坎卦

　　　　賁卦六四，賁如，皤如，翰如。匪寇婚媾。

　　　　賁、皤、翰皆爲同一物，所以易經作者用如字。賁爲白色，賁如。中爻互坎，坎白色，故曰皤如。翰，鳥飛也，爲坎象。

　　　　小畜互中孚，故小畜九五有孚攣如。

　　　　小畜中孚皆可貞爲既濟。既濟五爲坎，坎有孚，三亦互坎，有孚，兩坎相連，爲攣如象，存于既濟中也。既濟中兩坎爲攣象。攣爲雙也，也就指同一物。

　　(二)象曰：晉如摧如，獨行正也。朱駿聲說摧爲退也。退，不進，所言爲一事，所以說晉如摧如說的是同一件事，即進退。

　　(三)離九四，突如其來如，焚如，死如，棄如。象曰：突如其來如，无所容也。

　　　　離九四取義于子，焚如、死如、棄如，皆言逆子也。不孝于父母，不容于朋友。突如其來，說的是逆子。離六二自大畜來，大畜六五來二成離。突爲山象，艮也，畜中見艮。棄如：離九四棄如，言逆子也。棄，捐也。

　　(四)豫，順以動，故天地如之。豫上震下坤，坤爲地，震如天，所以說天地如之。

　　(五)同心之言，其臭如蘭。

　　　　臭，巽爲臭也。蘭爲草木，草木爲巽。臭和蘭皆巽卦，同一物也。

五・兩個卦都用一種如同的比喻來互通

　　(一)家人上九，有孚，威如，終吉。象曰：威如之吉，反身之謂也。

　　　　大有六五，厥孚交如，信以發志也。威如之吉，易而无備也。

　　　　有孚上九，有孚，威如，終吉。

　　(二)兩卦都以離日之威來互相比喻。家人如有，而大有如家，而且也以孚取信。而中孚上九則含家人大有之天地相合象。

◎晉爲需

錯卦九六相易：上經乾坤後四卦爲需訟，下經咸恆後四卦爲晉明夷，晉需（火地水天）相錯，夷訟（地火天水）相錯，此爲貞九六之道。

◎獨行

震也，晉自觀通，上四下爲初九成觀，摧（退）如也。退言上爻下成初。初九得正，故獨行正也。

◎命

一・命之義詳本書巽卦。

二・巽爲命，晉初六象曰未受命。晉自觀通，觀四爲巽命，上四之陰爻下成晉初之陰，觀變而巽不見，故初未受命。

◎无咎

一・易經卦咎說无咎，通常是得位，即陰爻在陰位，陽爻在陽爻爲无咎。

　　晉以下坤爲无咎。因爲坤字也含无咎之意，其含意參見坤卦說无咎之道理。

二・晉初六无咎。功名之際，易于躁進，初以寬裕之道，處晉進之時，自无咎也。

晉初六无咎。晉觀通。晉卦言初六居四成觀，觀之九四下初得位，故无咎。

六二，晉如愁如，貞吉，受茲介福于其王母。

象曰，受茲介福，以中正也。

晉六二不得六五之應，在上无人爲援，晉身實難，所以言愁。但晉六二得五應，柔以上進，所愁爲四之陽爻。四陽居陰位，又原卦三五互坎，坎爲憂，這可能是多人在中作梗。因近上方之人，而據下爻升進之道。幸而二爻是虛以守中又履得其正者，不必求晉升，自有人會爲之推介而上。此爻互應爲王母之下應，可以因爲柔性之長者，特別拉拔，以女性長輩爲貴人。因爲六二是守分而心虛，所以自有其福份。六二之爻其象爲水火，火水爲災，亦可生財，是因災而得福。本是坤土變坎爲水，水土相因而爲財利，外卦離又生坤，是外生內，即不必刻意去求而人自給之。六二變坎爲未濟，所以在下者缺少動機，機會即會失去。此爻晉升之道全在虛心上進。

◎晉如

晉六二晉如，二應五，柔進上行，故晉如。

◎愁如

一・晉六二愁如，二應五，五互坎心，此坎乃失正之坎也。憂失正，故愁如。

二・易上坎得正，每曰勿憂勿恤，晉五互坎失正，故愁如。

◎介

離爲隔，介也。陽分陰亦爲介，這兒指的是三爻是二和五之介。

◎貞吉

晉六二貞吉，晉惟六二一爻中正，貞吉者，貞下卦坤之初爻、三爻之不正也。二爻得位處中，所以貞吉。

◎福

晉六二介福。晉六二貞吉，貞初爻與三爻之不正，以三上相易，初四相易成明夷，下坤成離日爲陽德，故離成福祉。

◎王母

一・坤爲母

晉六二于其＜王母＞。坤爲母，離爲王，故曰王母。爾雅釋親：「父之考爲王父，父之妣爲王母。」晉自觀來，離火爲坤土之母，巽木爲坤土之母（豫曰祖考，小過曰祖妣，其象皆同）。

二・王母指五。因爲以陰應陰，有妣婦之象，是婆婆媽媽的相應。這和小過卦遇其妣意同，雖是愛管，並非无助。

◎介福以中正也

晉六二中正，二爻中正不變，故受初三爻之離福。

> 六三，眾允，悔亡。
> 象曰：眾允之志，上行也。

晉下卦坤，坤以順爲德，六三居坤爲順之極。晉二要上進是不得眾信。三爲坤順，三以近上之離又是順體，所以得眾之贊同。又三不在正位，和上九相應而可以相易，所以悔亡，即可以改正自己的處境。所以晉三是可以和同道一同上進，而且无所抑。易經以同道爲孚，同氣相求而德業可進。卦變爲旅，是志同道合一路同行。卦象以飛鳥遺音，是上行之象。上者大明也，上行爲順麗而大明，即追求很明白的目標。本爻變艮爲土，下坤，土生在坤土之地，是遇見鄉親，可以比助，但二坎在上阻擋。坎見土爲財，是誘以財利。而且坎也爲困，中途不免有阻。

晉六三失位，爻上行和上九易，卦成雷山小過，這是震之上行，易卦之小過，小過爲飛鳥之象，鳥飛則上行。可見晉卦之進也有飛黃勝達，一路沖天之義。從震之上行來取小過上飛之象。

◎允

一‧晉六三眾允，允，孚也。坤爲眾，坎有孚，六三失正，以坤之眾，上而爲坎之孚，故眾允。

二‧允爲信也。晉初爻之特長是寬裕而不急躁；二爻的特點爲貞，進而得位；三曰允，進而取信，就是得到眾人的肯定。土性爲信。三爻和初爻不同之處，是初爻得不到其他的人支援，而三爻是取得眾人信任。坤爲眾爲順，坤土爲信，土主信。

◎悔亡

晉六三悔亡，三上易而九六正，故悔亡。

◎得志

晉六三象眾允之志。坎爲志，六三下行與上九易而得正成坎，坎爲志。

◎上行

一‧噬嗑離在上，柔得中而上行，雖不當位，利用獄也。中指六五言，柔居之故曰不當。

二‧謙上卦爲坤，坤爲柔，居上爲上行。謙象曰：謙，亨。天道下濟而光明，地道卑而上行。

三‧晉離卦在上，晉柔進而上行，是以康侯用錫馬蕃庶，晝日三接也。

四‧睽，說而麗乎明，柔進而上行。睽，離在上。

五‧損象曰：損，損下益上，其道上行。

六‧革卦離在上。下卦之火征上卦之金，故革曰征（上行）吉。

七・井木上有水，水氣上行至杪，此木上有水之象。地下巽風，鼓氣以上行。

八・風行地下不好，上下皆風，上行下效，必宴。

九・風在上爲上行，故益卦爲上行之卦。

十・坎性愛在上，所以坎上行。

十一・晉六三，眾允，悔亡，象曰：眾允之志，上行也。

十二・柔得中而上行。

十三・水性下，位在上，以上行爲貴，故坎上行（坎志上行也）。

十四・升爲上行，即木之升也。

十五・陰爻居上爲上行。離卦、巽卦、坤卦在上者大多有上行之象。

十六・晉、升、鼎、暌，柔進而上行。

　　九四，晉如鼫鼠，貞厲。
　　象曰：鼫鼠貞厲，位不當也。

　　晉九四是主柔臣剛之象。主爲五，五柔；臣爲四，四剛，這很像是鼫鼠，天性之能力不全，而要做非本份之事。五爲君位，四爲近臣。原爲柔位，陽剛居之，而且志在上，是不安於位。而鼫鼠是性伏藏夜間始動者，不習見光也。九四實爲不中不正，處在主人之身旁。居三陰之上，上而畏五六之大明。喻爲一群小人，其行徑偷偷摸摸，非有作爲之人也。此爻之戒在於安份，而不能貪，尤其忌在優越之地位而不正。命學以六乙鼠貴，但怕見光破相，鼠見光則凶，要不忮不求才可避凶。此爻在艮山坎水之中，艮和坎爲富貴之配。即利涉大川之象。而中夾乾，可以承襲先人之餘。又身處難位，離日變艮，前景不明。變艮爲土，剋坎水，非退守不可。九四以柔爻居剛，是不得位。

◎鼫鼠

晉九四鼫鼠：

一・碩鼠也。

二・碩鼠即五技鼠。晉四互艮，艮爲穴，碩鼠，五伎鼠。碩鼠五伎不成一伎。體離欲升，體坎欲降，貪无藝也。以之來比喻晉卦，五種卦象皆處于劣勢。

　　鼫鼠游不能度谷，不出坎也。晉三五互坎，在內不出。

　　鼫鼠，能飛不能過屋，不至上也。晉上爲離火。火性向下，不至上也。

　　鼫鼠能緣不能窮水，不出離也。晉二四互離，不出離也。

　　鼫鼠穴不能淹身，五坤土薄也。晉下卦爲坤，土在下。

　　鼫鼠能走不先人，外震在下也。晉二五互艮，反震，震在下也。

三・鼠穴地者也

　　易言穴皆艮象。晉二四互艮，上爲離，爲艮鼠象。晉九四鼫鼠，鼠，穴地者。

晉錯需，需六四出自穴，上六入于穴。

四・晉晝夜象，晉九四比喻爲鼫鼠。晉晝夷夜，在晉則爲艮之止，在明夷則爲震之動，是鼠之晝伏夜動者，故象鼫鼠。

五・需有鼠象

晉九四鼫鼠，鼠，穴地者。晉錯需，需六四出自穴，上六入于穴（需上六不速之客，言鼠也。），鼠有鬚，需象也，需鬚同音義類。需九二需于沙，九三需于泥，皆鼠之出入也。

◎貞厲

一・晉九四貞厲，晉者，進也。貞四于初，位非不正，而失晉進之義，故貞厲。

二・晉九四貞厲，位不當也。貞厲以四之位不當，位不當，所以初爻四爻相易。

六五，悔亡，失得勿恤；往吉，无不利。
象曰：矢得勿恤，往有慶也。

晉六五之爻以悔亡爲稱。坎爲恤，而離中變乾之五爻，坎象失，所以失得勿恤。晉六五如日中天，變乾爲離，爲見天之象，所以吉无不利。而且无坎在中，火不受水沖，離火得乾爲財源廣進。原卦中爻互巽爲木，金剋木，亦爲財官之象。變卦巽艮爲巽木剋艮土，是外剋內，而內艮坤土生金爲內生外。外剋內，是得財官之機會，內生外，是要對外有所給付。以五行而論，變卦後二五互艮，和原卦之上爲乾，艮乾是正配，主善變。而且有潛在之富貴象。

晉六五以矢得來比喻，因爲到了權力之中心，不但機會頻頻，而且己身就能爲他人帶來得失，所以以得失勿恤爲戒。而且變乾後坎象不見，對付困難之智慧也沒有了。此爻變卦爲否，看得失要從反面來看，吉凶方明。我們通常習於因凶看凶，因吉看吉，不知吉中有凶，而凶中有吉。而且吉亦爲凶，凶亦可能爲吉之道。來知德著《來註易經圖解》，以爲晉五爻說得失。在上位者斯德，即會有斯應。反之，在上无德，亦會有應。因此最好看清空虛之用處。虛中就是離卦，當上進遇到挫折，要能虛中則廓然大公，不以爲累，反而能得其所哉。

◎悔亡

晉六五悔亡，易言悔亡皆貞九六之義。晉需相錯（火地水天），晉二需五相易，需晉皆成既濟，故晉六五悔亡。

◎矢得

一・離爲矢

晉六五失得（矢得），晉需相錯，相互交易，晉之五往而之二，晉坤成離，離爲矢，離居下體得正，其矢仍得。

噬嗑四得金矢，解二得黃矢。

二・易經飛走或離走常以矢來比喻。離爲兵，所以說矢即兵器。旅爲矢亡，矢可能是天子所賜爲身份，因爲身份不見或被沒收，而必須出行。所以見矢象皆宜往而不宜留。

三・易經說失者，和離皆有關。失爲矢。

火无定體，忽活忽沒，失得不常。易經中遇到離，或錯離，或中爻離，都是言失得。或失或得，乃離之本有。

(一)比卦九五離曰失前禽。

(二)隨六三變離，曰失小子。隨有求得。

(三)噬嗑九四得金矢，六五得黃金。

(四)坎錯離，六二曰求小得。

(五)明夷九二曰得其大首。

(六)解九二錯離曰得黃金。

(七)鼎卦初六曰得妾。

(八)震六二變中爻爲離，曰七日得。

(九)漸卦中爻離，六四曰得其桷。

(十)豐卦六曰二往得疑疾。

(十一)旅九四曰得資斧。

(十二)巽上九變坎，錯離曰喪其資斧。

(十三)既濟六二曰七日得。

(十四)未濟上九曰爲離，離爲失。

四・又吉凶爲得失之象。離爲災，最言吉凶者。在晉卦五離變乾，坎失即離得，所以說得失。

◎勿恤

一・坎爲憂恤

晉六五失得勿恤，晉需錯，相交易成相濟，需九二來晉之五成坎，坎爲心憂，恤，憂也。晉之六五因需而有坎象。坎在上得正，勿憂恤也。

二・家人五勿恤，豐象勿憂。

◎往吉

晉六五往吉。晉需相錯，相交易，成既濟，晉六五往需二，需成既濟，故往吉。

◎无不利

晉六五无不利，言晉需相錯相交易而互成既濟，需二來晉五，晉亦成既濟，无不利。

◎往有慶

一・慶，乾離爲慶，晉需相錯，交易互成既濟，晉五往需二變需之乾爲離，故往有慶。往，晉之五往需之二得離，得位，故有慶。

二・晉五爲日出地上之明。變陽爲乾，乾九五爲飛龍在天之象。晉卦六爻只以此爻爲善，所以往有慶。往即改正其陰爲陽，而可以貞爲相濟。

三・又離明在上，變乾，乾離爲同宮，爲大吉大利之象。

> 上九，晉其角，維用伐邑，屬吉，无咎。貞吝。
> 象曰：維用伐邑，道未光也。

晉上九以角爲象。角在首，是要進而前无路矣。上九用到維字，繫即止。易經以繩爲繫。上九前无路，因爲前路无可進，无法在疆場上施展。上九後退，是艮卦，艮爲邑。是市集。此時已不在外，而是在內爭伐，這是內亂之象。易經之原理是上爻非變不可，上九如无六三，可以登峰造極而另開新境，現只能後退。但以上九之陽後退，下方之陰太旺，也不能成氣候。卦變爲豫，又是苟安之象，在這種情況，維繫是很重要的。維是指隨遇而安，即維持現狀。其二是和舊的勢力維繫著，視情形而定。

上九爻不得位，而且剛之極，已不是可以包容苟且和陰私攪和，最好象牛以其角頂住前來之敵，而堅守崗位。爻變爲豫，上爲震、坎、艮。震坎是正配，變卦結果成震、艮、坎和原卦之乾，由陰眾變爲陽眾。是陰陽不調。晉卦光明之象反而成爲怪氣。因爲坤女失正，有女性或陰私之人弄權，處在此時，道路未明，最應將私心放下，開誠佈公，而且陽不和陰爭，光明自然展現。

◎**角**

角自大壯來：晉上九晉其角；姤上角；大壯四羸其角。

一·上爲角位。見離爲角

（一）晉上九晉其角，晉坤離爲牛，牛有角，上爲角位，故晉其角。晉有牛象。

（二）姤上九姤其角，乾爲龍，有角者也。

（三）需大畜，角成艮木之止，故象楅，而爲童牛之牿。

（四）羸其角：大壯九三羸其角，羸，大索也。五互兌，即巽繩也。羸，大索也。五互兌，即巽繩也。繩在角上，故羸其角。

二·晉之角有觀、大壯象。

三·童僕，奴僕也。又牛羊之无角曰童。大畜童牛之牿，即无角之牛也。

四·乾在上爲角，所以乾卦說龍，龍有角。

角必生于首，大壯下爲乾，乾首也。九四居首上，陽剛象角，角上君以巽繩，故羸其角。

五·震爲龍，龍有角。大壯之卦大象爲震，觀大象爲巽，反震，所以觀和大壯爲角之卦。

晉六四自觀通，觀風地錯大壯天雷，大壯四爲角，進四爲五，故晉其角。取觀錯大壯也。晉之角有觀大壯象。

姤自遯變，遯三即壯四之角位（遯天山四互反雷天大壯，三爲壯四之角）。

姤者，遇也。遯三與下二陰相遇，故姤其角。取遯反大壯也。

六·需爲童牛，角之象

（一）需四互離，故象牛之一角仰也。大畜自需來，自需得牛象，需中互離也。

（二）大畜之牛，卦中不見牛取自需象。需自大壯來，需之牛得大壯之角位。

(三)需大畜，角成艮木之止，故象楅，而爲童牛之牿。

(四)睽三其牛掣(音至)，以大畜變睽，大畜自大壯來(山天序雷天)
　　　六四之角反而向下，故象牛之一角仰。

七·晉有牛象，晉角

凡動物要上進，常是頭上以角問路，所以成功者爲＜頭角＞。

晉上九晉其角，晉坤離爲牛，牛有角，上爲角位，故晉其角。

◎伐

一·晉上九維用伐，晉夷一體，互師，故夷言狩，晉言伐。心不平即有伐意。

二·伐邑：艮爲邑，晉三互艮失正，上九以離之戈兵，下伐艮邑，故維用伐邑。易言
伐皆征卦中失正之爻也。同人五大師克；離上王用出征。
謙五利用侵伐，上利用行師征邑國，謙互師，皆以互師征伐卦中失正之爻也（一、
三、五爻）。

◎厲吉

晉上九厲吉。晉三失正，以上九貞之（離下伐之意），上九貞爲九三，過剛，故厲。易
中九三多曰貞厲，以其得正，故厲而吉无咎。

◎貞吝

晉九三上六失正，以上九之爻下到三爻之位，六三爻應當向上到上爻之位。易中上六每
曰貞吝，以其位窮，雖貞亦吝也。

◎維

一·繫也。晉上九維用，是說上九依戀和他相應之六三，這是陰私之繫，即＜維繫＞。

二·維爲隨。維字之義詳本書隨卦。

◎未光

一·坤失正則未光
　道未光：晉上九曰道未光，易言坤道，地道光也。坤三失正故未光。未光所以用伐。

二·未光之義詳本書大畜卦。

三·陰和陽比爲未光，即陰勝陽。陽爲光。

䷣ 明夷

明夷，利艱貞。

明夷爲土火相生，而坎水當中，上剋下之離火，所以離火被傷。又坎水見離火好則相濟，不好則成災。災者血光。易經以坎在上離在下爲正，明夷之離在下卦是當位，所以明夷有逢凶化吉之本能。不過坎受坤土和離火之制，有志无法申張。坎水被蒙在土中，動則爲大難。但明夷之全卦只變五爻，即成既濟，是很容易貞正，是和吉祥的世界相差不遠。因爲全卦以陰主政，无陽可助之，只要小小不平可以化解，這是一個大吉利的卦象。明夷之夷在于離入坤之中，只用變坤，即晦（坤爲晦），卦象可以變成光明之相。坤爲眾，所以莅眾即不以刻薄之人對待萬民，遇事可以聰明不露，以存厚道。明夷之卦德在于內不失己，而外得免禍。所以不失己，即自己保持清明，即內文明，外柔順所以避災。

◎夷

一‧夷爲睇，旁視也。

二‧夷在星宿爲箕

　　星宿，井噬嗑錯，井爲甘泉，噬嗑爲市巷，明夷之箕，豐之斗，大畜之牛。

　　豐九四，豐其蔀，日中見斗，遇其夷主，吉行也。

　　箕子：明夷彖言箕，明夷三互震，震上值箕斗，故明夷言箕，豐言斗。

　　豐四遇其夷主：豐九四動則爲明夷。

三‧夷爲主

　　（一）明夷六五象曰：明不可息也。王爲主。

　　（二）豐初九遇其配主。九四遇其夷主，豐上卦震，震爲主，離又震所主。豐九四遇
　　　　　其夷主，虞翻曰：「三體震爲夷主，震爲主。」

　　（三）坤爲眾，明夷象曰：明入地中，明夷。君子以莅眾，用晦而明。坤爲眾，入于
　　　　　眾者爲主。

四‧夷爲常

　　（一）匪夷所思

　　　　　渙六四，渙其群，元吉。渙其丘，＜匪夷所思＞。渙六四匪夷所思，渙本散之
　　　　　象，渙爲散之象，而六四言丘，丘爲聚，此非常理所思者。夷，常也。

　　（二）常德行可以涉險，習教事可以夷險。所以德行是可以知道如何在險困的道路行
　　　　　走，而以習（坎爲教事，爲習）來夷險，即＜化險爲夷＞。乾和坤之德，即健

（天行健）和順來行險。

五‧平安爲夷

(一)明夷左股，古人尙右。左爲凶，夷爲安也。

(二)左爲險。師左次，明夷左股，左腹二四位，豐右肱，三位。

(三)明夷六二「夷于左股」，先天陰儀四卦居左，陽儀四卦居右。明夷二爲陰，曰
　　左股；四爲陰，曰左腹。

(四)左之卦爲先天在左，皆不安之象。明夷爲安也。

六‧夷爲誅

頤六三貞凶。頤自明夷通，明夷變三爲頤，明夷九三上上爻爲頤(三之應)，失正，
若貞上于三，卦仍明夷。明夷誅也，凶之義。故頤六三貞凶。若貞上于五，卦爲屯，
屯，大貞凶也。

七‧夷爲伐

(一)晉上九維用伐，晉夷一體，互師，故夷言狩，晉言伐。

(二)伐：師爲伐，明夷互師，伐象也，故三言狩。

(三)既濟卦上坎爲坤，故既濟之中有明夷象。明夷有師象，明夷三言狩，伐也。所
　　以既濟、明夷、師皆言伐。同人謂利涉，而曰大師克。克爲伐。所以既濟卦三
　　爻曰三年克之，既濟有明夷象。明夷三言南狩，不可疾貞。

　　師行多曰狩，明夷九三明夷于南狩，明夷自臨來，九三自臨二升，二至上互師。
　　師爲征也。

八‧夷爲傷

(一)明夷卦曰：日入于坤地，日失其明，故夷。夷傷也。易經以失明爲傷，即命學
　　所說之食傷。日蝕爲食，失明爲傷。

(二)序卦曰，晉者進也，進必有所傷，故受之以明夷。夷者傷也。

(三)明夷爲天道下濟，日在地下，无所謂傷。明夷之傷是因爲八宮爲坎之遊魂，坎
　　傷也。

(四)易經之離在上爲明，在下爲傷。

(五)明夷爲傷。明夷地中有火，五行地中有火爲寅。寅中藏甲丙戊，戊土爲山，丙
　　爲火。

　　奇門以爲木＜傷門＞，正值春分之時，嫩木生發。其傷在木之洩火。又子平法
　　以洩爲＜傷官＞是取木生火之傷爲主。因爲木主生，生木爲＜傷神＞。又傷喪
　　同音，喪爲木。

(六)夷爲平，平之傷爲皮膚之傷。

九‧夷爲過

明夷曰明夷入地中，小過之九四入乎晉卦之坤，爲入于晉之地下也。明夷上六初登
于天。明夷、晉皆自小過通，小過九三登于上之天位，成晉，登于天也。明夷以小
過登天入地。明夷爲鳥，小過爲飛，鳥以飛來登天入地。

十‧明夷爲蒙難

明夷彖曰蒙大難，夷晉一體（夷地火，晉火地），中互蒙，曰蒙大難。坎為難，明夷二四難互坎為難。

十一‧夷為鳥象

（一）夷訟（地火天水）相錯，夷自小過通，自中孚通，小過與孚都是飛象。

（二）鳥飛時不食。明夷初九三日不食，明夷小過通，小過上震即離，下艮即震，為噬嗑象。

（三）明夷初九有攸往，明夷自小過通，小過初四（艮之陰爻，震之陽爻）易，小過為鳥象，明夷為鳥之攸往。

十二‧夷為言

（一）言：夷初有言，夷錯訟，訟則有言，故夷初主人有言。

（二）婚媾有言：震自明夷變，明夷錯訟，訟有言。震卦上六說婚媾有言。易經以說婚媾有言是指在為婚事而生之訟，或如馬融所說的，婚媾之媾為重婚，或不是正配之婚。

十三‧夷為離

夷者為離，故明夷下三爻皆明夷。初明夷于飛，二明夷夷于左股，三夷于南狩，皆是說離象，離開，或旅。

十四‧明夷為夷

夷六二明夷，六二為明夷之主爻，故曰明夷。

十五‧夷宜于緩解，不可疾貞。明夷九三不可疾貞。明夷中四爻互解，解緩也。以九三得位，陽剛之性不能緩。

十六‧明夷為死

震六二蘇蘇，死而復生曰蘇。明夷坤為死（明夷，誅也）。震為明夷所變，夷變震，故蘇蘇。

十七‧日入于坤地，日失其明，故夷。

十八‧夷為平，水性趨平，故夷二六皆曰則。坎為則，坎性求其平也。

十九‧夷為主人，夷初曰主人。

豐九四遇其夷主，吉行也。夷初曰主人，豐四動之明夷，初之主應四為遇。

二十‧公羊傳成十六年曰：「王痍者何，傷乎矢也。」矢傷為夷。

明夷小過通，小過上震即離，下艮即震，為噬嗑象。噬嗑卦六三，噬腊肉，遇毒，小吝，无咎。噬嗑遇毒即中金矢之毒，即傷乎矢也。

易經以離為火之毒。夷卦夷于左股，即射於左股。詩經秦風：「公曰左之，舍拔則獲。」

二一‧明夷九三自臨通，明夷初九自小過通，臨二之三卦成明夷。明夷和晉卦反也。

二二‧明夷之義為安、誅、傷、過、死。

◎利艱貞

明夷利艱貞。六爻惟五失正，利五貞為坎，坎為艱，則六爻皆正。坎如不正，貞之為艱，坎為艱也。

一・既濟之坎艮貞之，乃得正而无咎，既濟三亦互坎，艮貞也。泰貞既濟，泰九三，无平不陂，无往不復，艮貞无咎。

二・噬嗑九四利艮貞：噬嗑九四失正，四五相易（成頤卦）九上居五，爲坎（噬嗑之四互坎）之艮貞，則利而吉矣。

三・大壯上六艮貞。大壯利貞，貞爲既濟，既濟五互坎，三亦互坎艮，九六皆正，故艮則吉。

四・大畜九三，良馬逐，利艮貞。日閑輿衛，利有攸往。此爻言既濟之象，既濟之艮也。

五・大有九初艮則无咎。

◎夷爲平

訟和夷反，訟不平。明夷六五與訟九五相易，夷爲未濟，訟爲既濟，反之亦既濟。

> 象曰：明入地中，明夷。內文明而外柔順，以蒙大難，文王以之。利艱貞，晦其明，內難而能正其志，箕子以之。

◎入中

明夷卦明入地中爲小過象，小過雷入山中。

一・離之大明爲初、三、四、上陽爻，小過九四入坤地初之初六，即明入地中。

二・上卦爲坤，下卦成離，而成明夷，故明入地中。

◎入

明夷象曰明入地中。

一・夷訟（地火天水）相錯，夷自小過通，自中孚通，明夷曰明入地中，過之九四入乎坤，地下也。小過雷之九四入坤，孚之六四入乎兌，澤下也，巽爲入。

二・易經用入字之處有：

　　(一)困六三，入于其宮，不見其妻。

　　(二)屯六三，即鹿无虞，惟入于林中。

　　(三)需上六，入于穴，有不速之客三人來，敬之終吉。

　　(四)訟彖辭，不利涉大川，入于淵也。

　　(五)復繫辭，復，亨，出入无疾，朋來无咎。反復其道，七日來復，利有攸往。

　　(六)坎初六，習坎，入于坎窞，凶。象曰：習坎入坎，失道凶也。

　　(七)隨象曰：澤中有雷，隨，君子以嚮晦入宴息。

　　(八)剝六五，貫魚以宮入寵，終无尤也。

　　(九)坎初六，習坎，入于坎窞，凶。象曰：習坎入坎，失道凶也。

　　(十)明夷六四，入于左腹，獲明夷之心，于出門庭。

　　　　象曰：入于左腹，獲心意也。

(十二)繫辭曰：利用出入，民咸用之謂之神。

(十三)龍蛇之蟄，以存身也。精義入神，以致用也。

(十四)繫辭下八，其出入以度，外內始知懼。

(十五)巽者入也。

(十六)序卦傳，入而後說，故受之以兌。

◎明夷內文明，外柔順

內文明爲六二應六五，內卦外卦柔順也。

◎以＜蒙大難＞

一・明夷三互坎，陽得位，故大。

二・明夷象蒙大難，夷晉一體（夷地火，晉火地），互蒙，曰蒙大難（明夷難互坎難）。

　　　＜蒙難＞：蒙中互坎，坎難，故曰＜蒙難＞。

◎文王

明夷象曰文王蒙難。坤爲文，離爲王，地火爲文王之象。明夷象曰利艱貞，明夷五互坎艱。

◎昧

昧爲沬。豐九三日中見沬，爽昧之象。陰雨之時雲氣蔽空，晦冥更甚。豐爲雷電皆至，風雨如晦，故日中見沬。坤之三陰象月之晦，沬即雨水之氣。

◎難

一・內難：明夷三互坎難於內，坎志得正，故能正其志。

二・文王繫易，箕子衍疇，皆作于患難之際也。

◎箕子

明夷象言箕，明夷三互震，震上值箕斗，故明夷言箕，豐言斗。

象曰：明入地中，明夷。君子以莅眾，用晦而明。

◎晦其明

明夷象曰晦其明，以五互坎，晦離之明也。

◎晦

易經陰卦皆爲晦象。

一・兌爲晦

　　(一)隨象曰：澤中有雷，隨，君子以嚮晦入宴息。

　　(二)嚮晦，向晦也。晦，昏暮也。震則日出，卯則日沒，隨爲兌（酉）震（卯），

　　　　由震而兌，自明向晦。兌爲晦象。

二・坎爲晦，晦其明。明夷象晦其明，以五互坎，晦離之明也。

三·坤爲晦

(一)明夷象用晦，臨三互坤爲晦，臨兌之三來二而爲離明，故用晦而明。

(二)月爲晦，明夷說用晦而明。日入地中，以月爲明。晦爲月，月爲坎。明夷之坎
　　不能用，如可以用，則卦可以日月交輝。

◎**地中**

明夷象曰明入地中，坤在上卦者曰中，不曰上，也不曰下。比如屯卦五爻說險動乎中、
師六五中行、臨六五象曰行中之謂也。這些卦都是坤在上。

◎**君子**

明夷象曰君子以莅眾，艮爲君子。

◎**莅**

臨也。明夷自臨通，九二上三以臨坤，眾莅臨也。

◎**眾**

一·坤爲眾

(一)師彖曰：師，眾也。貞，正也。能以眾正，可以王矣。

(二)坎帥坤眾爲師。

(三)晉六三，眾允，悔亡。象曰：眾允之，志上行也。

(四)解利西南，往得眾也。其來復吉，乃得中也。有攸往，夙吉。

(五)說卦傳，坤爲眾。

(六)雜卦傳，大有眾也。

二·在卦中獨陰爻得五陽爻，以陽爻爲眾。

三·豫繼謙，謙繼大有，大有繼同人，同人卦皆言得眾也。

四·重巽，即重兌，眾多之象。

◎**允**

晉六三眾允，允孚也。坤爲眾，坎有孚，六三失正，以坤之眾，上而爲坎之孚，故眾
允。

初九，明夷于飛，垂其翼。君子于行，三日不食。有攸往，主
人有言。
象曰：君子于行，義不食也。

明夷初以在飛行之中之鳥折了翼比喻。離中虛，爲大腹空腹不食之象，是自悲其傷而
不食。中爻震爲行，所以是長遠之飛行。又卦辭說到與主人有言，是指此行要去見之人，
但是主人有閒話說。義之所在爲見機而作，寧可不食。易經之卦辭不一定是在說某一件特
定事項，也就是說卦爻辭可以不當連貫事態來理解。但在此飛鳥和主人都是很明白之指涉

語，我們可以將它看成是當一個人遠行到某處，而和求見之主人言語不和。飛可以解釋爲
＜遠行＞。本爻火生土是財相，變艮爲土，兩土相諧又是坤艮爲生氣卦，是吉利之配置。
日在地中又被艮土所蓋，變爻之艮爲謙，是因爲自謙而不食。中爻變爲坎，坎在離火旁易
生災變口舌血光。此爻爲飛鳥之象，所以在他鄉發達。君子避凶趨吉，義不可留，而且不
受不義之供養。日在地中是在自家暗淡无光。又離水生土，上卦又是坤土，火洩在土，是
正傷，即京房易所說之食傷（參見明朝萬育吾著之《三命通會》）。食神傷官者，洩氣也。
也是折翼之象。來知德以傷爲傷害其翼，不如說是食傷之意也，食亦爲傷。

◎明夷于飛

一·飛，小過之象，此明言明夷自小過通。小過震之九四之陽入于初，小過艮山成爲明
　　夷之離。

二·明夷于飛可以解釋爲在飛行之中傷到翅。離爲雉鳥，初爻變爲艮，獨一陽在中，有
　　如鳥之身。初和二之陰爻爲翼，在下爲垂。

三·小過也是初爻稱爲翼。小過爲垂其夷：明夷自小過通，小過九四來初，翼折而下垂，
　　故垂其翼。

◎君子

明夷初九君子于行：明夷自小過通，小過艮爲君子，震爲行，變明夷，九三之君子即爲
震行，故君子于行。

◎于行

見機而行爲于行。

◎三日不食

一·明夷初九三日不食，離爲日，其數三，故爲三日。

二·明夷有食象

　　明夷初九三日不食。明夷小過通，小過上震即離，下艮即震，爲噬嗑象。噬嗑爲食
　　又變夷互豐，豐有噬嗑食象。又小過兌口象失，坤爲腹，爲虛，離爲大腹爲中虛，
　　故三日不食。

◎有攸往

明夷初九有攸往：明夷自小過通，小過初四（艮之陰，震之陽）往來成明夷（成明夷之
離之陽，坤之陰），初應四，六四正自初往，故有攸往。

◎主人

明夷初九＜主人＞有言：震爲主，夷之初自小過來，小過之震象也，明夷之主人自小過
來。

◎言

一·訟爲有言

　　（一）夷初有言，夷錯訟，訟則有言。故夷初九主人有言。

　　（二）震上六，震不于其躬，于其鄰，无咎。婚媾有言。震自明夷變，明夷錯訟。訟
　　　　有言。

二·兌爲言

（一）需卦九二說「小有言」：兌爲言。兌口在坎爲隱伏，小少也。

（二）漸初六鴻漸于干，小子厲，有言。

（三）困險以說。困而不失其所亨，其唯君子乎。貞，大人吉，以剛中也。有言不信，尙口乃窮也。

◎**義不食**

明夷初象義不食，賁初義弗乘。明夷、賁初皆暗昧在上，初有明德，初无爵位，故不食。

◎**不食**

一‧兌有食象，兌伏爲不食。

（一）剝上九，碩果不食。君子得輿，民所載也。小人剝廬，終不可用也。

乾卦无兌食之象，剝則兌口象伏，故剝上曰不食。

（二）大畜：大畜，利貞。不家食，吉。其理相同。

（三）井九三，井渫不食。

井二四互兌爲食。井九三之水未至兌口，故不食。

（四）鼎九三，鼎耳革，其行塞，雉膏不食。鼎爲火風，巽爲兌覆，兌爲膏反兌，故故食。

二‧噬爲食，反噬爲不食

（一）井初六，井泥不食，下也。

井卦錯噬嗑，噬嗑爲食，故曰食與不食。

（二）明夷初至五互豐，上爲坤虛，離又中虛，故夷初三日不食。因爲豐爲食象（上震下離），反噬嗑。故不食。

（三）大畜不家食，大畜有豐象。山即雷，天即火，又雷火豐有噬嗑象（震即離，離即震）。噬嗑，食也。

六二，明夷，夷于左股。用拯馬壯，吉。
象曰：六二之吉，順以則也。

　　明夷六二變乾爲泰，乾爲君子。此爻是說傷到的左股，是被暗器所傷。因爲明夷九二爲陽爻，很像是一支箭穿過身體下肢，坤變乾爲泰，是乾危爲安。乾爲君，乾卦之忌爲暗，而明夷是明中帶暗，所以有險。但變了卦，轉爲安。夷于左股，是傷尙未到上身，所以可以得救。明夷卦爲傷，本爻變乾離火剋金，變卦生在剋地，是自傷其身。幸而外卦坤土生金，分散離火之傷，可无大害。離在二爻是正位，六二中正，化凶爲吉。又此爻之傷在後，是暗傷在自家，遠離可以避災。不利于陰以其暗邪，所以凡事要光明正大。六二中正，爲離卦之主。夷者爲離，故明夷下三爻皆明夷。初明夷于飛，二夷于左股，三明夷于南狩。

◎**明夷**

夷六二明夷，六二爲明夷之主爻，故曰明夷。

◎股

一・明夷六二夷于左股，夷自小過通，小過二互巽，巽爲股，變明夷，股象不見，故夷于左股。

二・明夷六二言左股。易經以二、四爲臣位，故一象股，二象腹。

◎左

一・陰儀居左

明夷六二夷于左股，先天陰儀四居左，陽儀四卦居右，易以二四陰位爲左，明夷二爲陰，曰左股；四爲陰，曰左腹。豐三爲陽，曰右肱。

二・來氏以易中言左爲後字

明夷取象爲人之身。初、二爲股，三、四爲腹，五、上爲首，股居下體。易經以人身上下爲前後，左爲後。

◎拯

一・拯爲上舉。明夷六二用拯，拯上舉也。

二・拯爲承，拯爲順承。

三・拯爲救，即＜拯救＞

(一)明夷六二用拯，夷二在坎險下，二順承三，拯，承也，故三用馬拯。故二象順承，順則承也。

(二)渙初在坎險下，初順承二，故二用馬拯。渙初六之吉，順也。

◎馬壯

明夷六二馬壯，泰互大壯，自臨來，臨錯遯，反大壯。故曰馬壯。

◎則

明夷六二象順以則，坎爲則也。明夷二順三，互坎。

> 九三，明夷于南狩，得其大首。不可疾貞。
> 象曰：南狩之志，乃大得也。

明夷九三變震爲復，是敗部復活。震是動，離爲戈兵，是要出動和討伐，而且要擒賊擒王。九三爲陽剛之位，但不是在最理想之王位上，而目前又是屈于陰暗之力量下。南方是光明的地域，在冬天出動最利。不過九三個性剛，處境又不明，加之身上帶傷，要除去禍首，不能心急。而且行事不可過于激烈和極端。又本爻爲以健馬救主爲象，馬要壯方吉。馬爲財，表示可以用金錢來誘惑對手，則身處在遠處之主人可以得救。

離火可以生坤土，變震爲動，則震木剋坤土，表示遠方之敵終會被剋，而事態不合理想之情況可以很快改正。本爻爲得財之象。震綜艮爲火，二土比和而且艮坤同宮，是顯貴

之爻。

◎狩

一・師行多曰狩，明夷九三明夷于南狩，明夷自臨來，九三自臨二升，二至上互師，師
　　行多曰狩。

二・南狩是指到南方行狩。離爲火居南，爲戈兵，征討也。

◎大首

一・元惡爲大首，即賊頭子。

二・乾在五爲大首，爲首。

　　乾首在五則大。明夷錯訟，以訟五易夷五得乾爲首，故得其大首。

◎疾貞

一・易經之卦以坎在上卦爲正位，只要不是在上卦，就要調正，調正就是以變卦或之卦
　　來貞正之。

　　明夷九三互坎，不是在四到五之位，所以要貞正爻位。明夷錯訟，若以訟之九五易
　　明夷六五，五成爲坎，則坎即回到正當之位。也就是說明夷之中，已潛在有坎應該
　　放置之位，所以不必急去調正。明夷之彖利艱貞，故不可疾貞，疾則不艱也。

二・明夷九三不可疾貞。明夷中四爻互解，解，緩也。以九三得位，陽剛之性不能接受
　　緩解，所以不可疾貞。疾，速也，就是要以緩解來調正。

◎疾

一・易經以坎爲疾

　　(一)貞疾：豫六五貞疾，以陰乘四九四之剛，四爲坎疾，故貞疾。

　　(二)復卦曰復，亨，出入无疾，朋來无咎。反復其道，七日來復，利有攸往。

　　(三)遯九三，繫遯之厲，有疾憊也。畜臣妾吉，不可大事也。

　　(四)豐六二往得疑疾。虞翻曰：「豐四往五成坎，則得疑疾。」

　　(五)損六四，損其疾。損自泰通，泰互歸妹，歸妹四互坎，四來三成泰，泰三乃歸
　　　　妹坎疾之爻。

二・兌爲疾

　　兌九四介疾＜有喜＞。坎兌象反，坎爲憂，爲疾。兌爲說，坎與兌象相反。兌取需
　　爲通象，有喜爲得子之兆。

三・離卦見兌爲疾，即疑疾也。離反坎，離爲疑。離言有疾者，必互兌澤。豐下離五互
　　兌，曰往得疑疾。

　　豐六二，豐其蔀，日中見斗，往得疑疾。有孚發若，吉。

　　鼎互大有，大有初，匪咎。鼎二我(乾)仇(乾離相仇)有疾(兌，即大有之互兌)。大
　　有初曰交无害，即鼎二之不我能即。

四・速爲疾

　　繫辭曰：入无疾。疾速也，出入天行也，即四時之運行。无疾者有一定之次序。

　　說卦傳：神也者，妙萬物而爲言者也。動萬物者莫疾乎雷，橈萬物者莫疾乎風。燥萬
　　物者莫乎火。

明夷九三不可疾貞。明夷中四爻互解，解，緩也，以九三得位，陽剛之性不能緩，故不可疾貞。疾，速也。

无妄九五，无妄之疾，勿藥有喜。象曰：无妄之藥，不可試也。

五·疾爲忌，即憎也。鼎九二，鼎有實，我仇有疾，不我能即。

六·疾爲止

繫辭上十，唯深也，故通天下之志，唯幾也，故砥成天下之務。唯神也，故不疾而速，天行而至。

七·疾爲亟，就是極端。

六四，入于左腹，獲明夷之心，于出門庭。

象曰：入于左腹，獲心意也。

明夷可以說是令我心靈或身體受傷的東西。在明夷卦中，我和受傷之造因--或人、事物更加接近。因爲接近，可以得知其狀況而出門行動。明夷六四陰柔得正。與上六同體，自己存于幽暗之中，是很穩當的位置，又可得知對手暴虐之心意，故有入腹獲人之象。四爻變爲震，卦成豐。豐多故而親寡旅。豐象即多故人或同道。坤變爲震，離震同宮，是變在相合之地，好變也。因爲豐多故，所以可以得到＜心腹＞之助。

◎入于左腹

明夷六四入左腹；左，震也。

明夷无震，自雷山小過通，小過四互巽入，小過之六自艮初入于震左，變夷之坤，坤爲腹。

◎左

震爲左：

一·明夷四爻變震。震爲左，故說左腹。

二·小過之震也，易爲夷之坤，震爲左。

三·左腹：＜左右心腹＞。

四·左爲後。易經以右爲前，左爲後。凡說左都和後相關。

◎腹

一·坤爲腹。

二·腹：夷之坤爲腹，左腹，佔震位之坤也。

入：巽爲入，明夷无巽，取小過之巽。

◎門

一·震爲足，爲出門。

二·明夷四爻原卦中爻爲互艮，艮爲門。中爻變爲震，震綜艮，艮爲門。

三‧小過有門。于出門庭：庭，門也，震艮皆門象，震艮小過。小過有門。小過震艮，
　　　震艮皆門也。明夷六四于出門庭，言小過象也。小過四爲震，震，門也，五爲庭位。
　　　震爲出，出至五之門庭。

四‧＜過門＞，小過有門。小過震艮，震艮皆門也。

五‧門之義詳本書隨卦。

◎獲

一‧陰爻得陽爲獲。明夷六四獲明夷之心，獲，陰爻得陽爲獲也。明夷六四言小過象，
　　　小過四爲震門，五爲庭位，出至門庭（四之陽易五之陰），卦變坎，坎爲心。四陰
　　　得以奉承五陽，而得坎心也。

二‧獲心：探知別人在想什麼，又俗語說＜深獲我心＞。

六五，箕子之明夷，利貞。
象曰：箕子之貞，明不可息也。

　　　離卦之正位是下卦，而不是上卦。明夷六五以陰中離相居上六之下，上六是更暗之闇
君。離卦不得伸明其志，又不能貞正自己的身份，處境眞是危險。不過以六五稱臣，是明
白自己不可爲之自知之明。因爲有內心之明才不會息滅，這是在面臨陰險之惡勢力時應保
持之態度。六五變坎爲既濟，是大吉利之象。可知明夷六五是很接近最完美的境界。

◎箕子

一‧明夷六五箕子，漢易以爲亥子，夏至日至戌時始入地，自丑至戌爲十時，惟亥子二
　　　時地上不見日，正明夷之候。

二‧五爲君位。明夷之主爻爲上六。六爲陰，闇君也。在此爻中以紂王比爲昏君，而最
　　　近他的是箕子。箕子是身在紂之側又不失其明而免于傷者。紂王无道，比干爲紂王
　　　之叔父，亦遭剖心之刑。箕子以披髮佯狂爲囚以避禍。

◎明

明爲離卦，離爲爲王。在此爻比喻爲有陰柔之德，晦其明（裝糊塗），以正其志。

上六，不明晦，初登于天，後入于地。
象曰：初登于天，照四國也。後入于地，失則也。

　　　明夷卦是日在地下。明夷上六爲卦主，在上六入坤爲不明之晦。不明之因是失則，即

失去行事法度。上六爲人君在高位，如入于地之落日，原是以他人爲傷己者，後終因爲傷人而自傷、自滅。明夷上六變，陰變陽爻，陽居上爲過，有如鳥之登天太高而折翼。卦變爲賁，賁爲不明象，變得更不明，是昏庸之極了。登天後再入地，是殞滅之象。此爻變艮爲土，原是財官可用，但離震少陰，坤艮老陰，爲孤陽不生，孤陰不長。艮爲止，離錯坎爲陷，所以難言富貴，而且因爲偏枯而无再生之能力。卦象洩太過，而缺生扶之氣也。

◎晦

一·坤爲晦。明夷上六不明晦，上應三互坎，日月至坤而全晦，故不明晦。

二·不明爲晦。

◎登天

上爻爲天。明夷上六初登于天。＜登天＞是鳥上飛象，取小過飛鳥遺音象。明夷、晉皆自小過通，小過九三登于上之天位成晉，初登于天也。

◎入地

初爻爲地，後入于地。明夷上六後入于地，入地取小過象。小過飛鳥遺音是音從天下地。明夷晉自小過通，小過九四入于初之地位，而成明夷。

◎照四國

震爲四，坤爲國，言小過象也。明夷上六＜照四國＞，明夷自小過通，小過震四，坤爲國。

◎則

一·坎爲法，則也

（一）乾文言曰：乾元用九，乃見天則。順天而行，故曰天則，則，法也。

（二）謙六四，无不利，撝謙。象曰：无不利，撝謙，不違則也。謙六四不違則也。訟天與水違行，違行爲逆坎之流行。謙天地皆土，不違坎之行。

（三）明夷六二象曰：六二之吉，順以則也。

明夷六二象順以則，坎爲則也。明夷二順三互坎。

（四）明夷上六，王明，晦。初登于天，後入于地。象曰：初登于天，照四國也。後入于地，失則也。坎爲則，明夷上六失則。則，坎也。小過象坎，小過變明夷，九四入于初之地位坎變，故失則。

（五）震初九象曰：震來虩虩，恐致福也。笑言啞啞，後有則也。

震初後有則，坎爲則，震互坎爲則。四在三之後，故後有則也。

（六）坎爲則。明夷上六失則，則，坎也。小過象坎，小過變明夷，明夷九四變小過，九四入于初之地位，坎變，故失則。又坎爲水，水原也。失則即俗話說＜失去原則＞。

二·先後天同位，通于法則

蠱上九，不事王侯，高尙其事。象曰：不事王侯，志可則也。

志可則也：初六曰意，上九曰志。艮變坤在後天爲對待，坤巽又先後天同位，故通則法也。

 家人

> 家人，利女貞。

　　家人卦為八卦在正位，上下卦各得其所，所以為家人。離火在下，震木在上，木生火，為生於內。女主內，家也主內。內部得到供應照料，是由外部到內部，所以吉富。家人卦是生財之卦，財來生下卦為利於女之貞。對陰性、女性，和內部之人事物特別有利。家人行風化，所以重其言，要言之有物。因為卦利女，所以言不能虛。

◎家

一·陰爻具有家之義

　　坤文言：積善之家，必有餘慶；積不善之家，必有餘殃。坤卦所言為巽離，家人之象也。所以坤卦說家。

二·易經有家人象的含義則說家人，或用家字

　　(一)蒙卦二曰子克家，蒙下四爻互家人，坎水克離火，故子克家。離為陰也，家為蔭庇所。

　　(二)解，錯風火家中，水克火，解錯家人，故克家。

　　(三)豐上蔀其家，豐下四爻互家人，五上兩爻震草覆之，故蔀其家。其他具家人象者：

　　　　復有家人象。

　　　　夬有家人象。

　　　　小畜互家人，故有夫妻象

　　　　大畜自訟通，訟中四爻互家人。

　　　　漸三之夫婦，互家人象。

　　　　歸妹反（返）家：漸歸一卦。漸上四爻，互家人，歸妹反家人。

　　　　漸女歸吉，漸三至上互家人，男有室，女有家，故女歸吉。

　　　　小畜三夫妻，互家人象。

　　　　困中四爻互家，故三言妻。

　　　　親寡，旅也。旅反家人于下四爻，所同者一家人，故親也。旅因與家人相反。

　　　　旅反家人：出門者必和家人違也。

　　　　旅三至上互睽，反家人，故親寡旅也。

　　　　火在內為家人，火在外為旅人，因為旅人以外為家。

　　　　鼎象正位為家人象，女正位內，男正位外，家也。鼎上下卦交易為家人。

雜卦同人親也。同人互家人于下四爻。家爲爲親。

訟不親也。訟互家人于中四爻。一家之人相訟，故不親。

中孚二、三相易爲家人，中孚巽兌皆女，家人象。

三‧艮之內（門內）爲家

（一）蒙二曰子克家。初下卦在艮之內，艮之內爲門闕門之內家也。

（二）師上六開國承家。上六變艮，艮爲門，門內爲家。

（三）噬嗑二四互艮爲家，在家食也。

（四）家人初九，閑有家。閑爲門。

四‧噬嗑有家象

大畜有豐象。山即雷，天即火，又雷火豐有噬嗑。

五‧家人爲反，爲回

（一）旅和睽反家人。

（二）親寡，旅也。旅反家人于上四爻，即三至上互睽，睽反家人。

（三）巽者入也，而旅者在外也。旅无所容，所以旅反家人。

六‧以內爲家。雜卦傳，解緩也，蹇難也，睽外也，家內也。

七‧同人親，家人爲親，旅睽反家人，寡。

同人下四爻互家人，所以同人親也。

八‧家人爲富，家人風火，巽爲富（利市三倍）。

爾雅：「室內謂之家。」在中孚艮，室之內動也。

九‧家爲歸

（一）序卦傳，與人同者，物必歸焉。同人初至四爻互家人。天下一家，物必歸之。

（二）家人爲反（返也），即回家之字義。

十‧女以男爲家，以嫁爲歸。漸上四爻互家人，象見于漸卦，故漸卦主旨說女歸。而家人下卦爲巽，巽爲反，故家人爲反。

十一‧家道窮：家人只有上九一爻失位，爲家道之窮也。

十二‧家人爲剋，有夫妻相剋之象。

蒙九二，包蒙吉，納婦吉，子克家。

十三‧家人爲食

大畜，利貞。不家食，吉。利涉大川。

十四‧豫卦爲安，家爲安居之所。豫卦有家象。

（一）豫卦是上坤下震。後天坤爲先天之巽，先天之震爲後天之離。巽離家人。

（二）豫上九得臣无家。艮爲臣，二至五爲坤，下卦成震，先後天坤爲巽，震爲離，家象。艮失爲无臣。

（三）卦建以朝爲家，臣爲家人，所以說＜家臣＞。

十五‧豐中爻互家人，所以豐爲家中之品質。家道宜豐。

豐上六，豐其屋，蔀其家，闚其戶，闃其无人，三歲不覿，凶。

十六‧家人爲內

雜卦家人內也，睽外也。中孚變外卦爲睽，變內卦爲家人。家人爾雅，室內謂之

　　家。在中孚艮，室之內動也。

十七・家人爲類。巽風爲木，木生火，是同類相生。

◎利女貞

一・家人和觀卦利女貞。

二・家人利女貞，家人自孚通，中孚二三相易爲家人，中孚巽兌皆女，兌女失正，兌變離，六二中正，故利女貞。

三・觀自蒙來，六五變六二，故利女貞。遯初之四變家人，二四得正，故利女貞。利女貞之詳義本書觀卦。

四・女貞可解可家中之女主人德行正，則全家因之而正。

◎利

變動爲利。易象皆出自動爻，所謂變動以利言也。

象曰：家人，女正位乎內，男正位乎外；男女正，天地之大義也。家人有嚴君焉，父母之謂也。

◎女正位乎內

家人六二爲女，正位乎內。男正位乎外：家人男正位乎外，九五爲男，故正位乎外。

◎天地交泰

一・天地爲交泰，即泰卦。

二・家人爲天地交泰：家人天地之大義，天地交泰，家人之巽即坤地，下離即乾天，有交泰之象。男女正：家人男女正，天地之大義。家人六二女正乎內，九五男正乎外，坤以六二爲正位，乾亦以九五爲正位，故男女正，天地之義也。

◎嚴君

一・蠱爲父母

易經說父母。家人言嚴君，蠱言父母。蠱上艮，爲乾父之位，下巽，爲坤母之位，故蠱幹父母。

二・家人有「嚴君」焉，父母之謂也。先天離位乎乾，離中乾父，巽位乎坤，巽中有坤母，故家人有嚴君，父母之謂也。

三・易經說嚴君不是嚴厲，而是尊嚴。家人以父母爲尊。內外整肅，如臣民之聽命於君子。兄友弟恭，夫義婦順，各盡其道而後家道正。家正而天下定。

◎天地之大義

一・乾坤爲天地。

二・離巽之中有乾坤

荀爽曰：「離巽之中有乾坤，先後天離位乎乾，巽位乎坤，先天後天互用。」

> 父父，子子，兄兄，弟弟，夫夫，婦婦，而家道正。正家而天
> 下定矣。

◎道正

易經八卦各個卦在爻位中都是自己正當位置。家人卦之八卦都在恰當之位，所以家人說道正。其實是說陽卦在陽爻，陰卦在陰爻。說明如下：

一‧乾和震之位，乾在上卦之五爻，震在初爻。家人五位是陽，家人說父父子子。家人父父子子，乾父正位在于五，家人五位正，震子位在初，家人初爻正，是父父子子也。

二‧震爲兄，三男艮爲弟，震初爻，艮爲三。家人卦說兄兄弟弟。震爲兄，震位在初爻，家人初爻正，艮弟位在三，家人三爻正，是兄兄弟弟也。

三‧震位在初，巽位在四，坎位在上五，離位在下二。家人說夫夫婦婦。震爲夫，震位在初，巽爲婦，巽正位在四，坎夫正位在五，離婦正位在二，初四二五皆正，是夫夫婦婦。

◎定

一‧天地定位爲定

家人正家而定天下。定，即是易經所說的天地定位。天地定位之位見于下：

> 兌　六陰（陰變陽爲家人象）
>
> 坎　五陽
>
> 巽　四陰
>
> 艮　三陽
>
> 離　二陰
>
> 震　初陽

以上即一家之男女。

二‧既濟爲定

家人貞天之下爲定：天爲上爻，貞上九爲六，即成濟既，濟既定也。

家人貞上九爲六，卦成濟既，既爲定，父子兄弟夫婦各定其位，故正家而天下定。

> 象曰：風自火出，家人。君子以言有物而行有恆。

◎風自火出

一‧震爲出

家人卦象風自火出，出，震爲出，中孚互震，家人中孚通，故風自火出。

風自火出：屋下有火燒柴煮物，則屋頂會有風從煙囪出。

二‧風者木之氣，木火同類，故五行論說＜木火通明＞。

◎君子

家人象君子，以言有物而行有恆。易九三爲君子之位，家人變九三爲中孚。

◎言之有物

一‧中孚爲實，爲信。信實則有物。

家人象言而有物，家人自孚通，孚二兌口，二五中實，故＜言之有物＞，孚中有實。

孚二兌口，二五中實，故言有物，孚中有實。

二‧風火相與必附于物。言行相顧，必要于實。所以說言有物。

三‧家人象以言有物，兌爲口爲言，離爲牛。說文：「牛，爲大物也。」孚二兌口爲言，二五中實，家人自中孚通。

四‧言之有物在于信。孚二五中實，孚二兌口，二五中實，故言有物，孚中有實。

◎恆

一‧行有恆：家人象行有恆，家人自孚通，孚二互震爲行，兌爲陰終，震爲陽始，孚有震兌，始終之象。有恆，終則有始之象。中孚二至上，互風雷益，益易之即恆。恆益反，中孚有恆象。中孚初至五，互山澤損，艮即震，兌即巽，亦爲風雷恆。

二‧恆：上震下巽爲恆，歸妹上震下兌，初象曰以恆，兌巽一體也。

三‧恆：歸妹恆象，巽兌同體。坤巽同體。歸妹震兌，中孚下四互歸妹，豫、震、坤，皆曰恆。

(一)家人行有恆。家人自中孚來，下四爻互歸妹，故家人行有恆。歸妹上震下兌，兌巽同體，歸妹恆象。

(二)豫上震下坤，五曰恆不死，坤巽同位也。故震、坤、豫有震、巽、歸妹象。

四‧家人卦是取後天象。雷風風火，皆爲後天東南相連之卦，所以象稱言有物。即俗說＜言之有物＞。行有恆。恆卦爲二，而曰女正位乎內，男正位乎外。男女正爲家人之象。

初九，閑有家，悔亡。
象曰：閑有家，志未變也。

家人初九爲以防閑爲開始，即防患於未然。初爻變爲土，艮變在離，是火所生，所以變之有道而財旺。但上卦木剋土，爲不安象。如能防患未然，則家道必安。變艮爲門，門內有火，家道可以維繫，但不能因而怠惰。又初九變卦爲漸，防患不必一旦爲之，但是要取漸進的方法，不能一日稍停。發揮持家之法可以成大事，而由齊家治國平天下。

◎閑

一‧闌也。從門，中有木。

　　　　艮爲門，震爲木，門中有木，家人自中孚通，中孚初至五互艮，二爲震，震爲木，門中有木，故爲閑。木設于門所以防閑也。

二‧大畜三日閑，大畜艮門震木之象。

三‧上巽下離中互離坎，爲交互日月之明，得風化之，其炎愈熾，而又有水濟，以爲隄防，家人之義爲防閑。火爲燥，得水濟而精，精則不閑。

四‧家人之義爲防閑。變艮爲門，又爲止。止爲門闌止防之意。閑有家是設限，令家人各稱其職。

◎未變

易經言變通者多，而言未變者少。家人初九象曰：閑有家，志未變也。

◎志未變

一‧初爻未變者，卦變坎爲志。初不變，即說未變。

　　(一)中孚初九象曰：初九之吉，志未變也。中孚貞既濟，既濟之二至上，皆互爲坎，坎志也。惟初不變，故志未變。

　　(二)家人初曰志未變。家人二至四互坎，坎爲志，貞其上九，巽成坎，坎爲志，初不變，故志不變也。

　　(三)既濟、家人皆互坎，坎志，故有志象。變中孚，初不變，故志未變。

二‧二爻未變者，中未變也

　　(一)萃六二象曰：引吉无咎，中未變也。

　　　　萃六二象曰中爻未變。萃之下坤貞變離，上兌貞變坎（貞者，正爲濟卦），變者三爻，全卦三爻變，下卦惟六二中爻未變也。

　　(二)歸妹九二象曰：利幽人之貞，未變常也。

　　　　歸妹初恆二常，初象以恆，九二未變常。初恆象取巽兌同體，歸妹雷兌，恆雷風，一同也。二常爲兌象，兌爲（嫦娥爲兌象）常。夫婦之道貴恆常也。未變爲常也。

◎悔亡

下三爻皆正。中孚變家人，悔亡，即不必悔矣。

　　　　六二，无攸遂，在中饋，貞吉。
　　　　象曰：六二之吉，順以巽也。

　　　家人六二離在二，在八卦是正位。易經以離在下卦取中爲中正之道。上卦九五和二爻相互呼應，是如一家人之同心。而且下卦火生上卦木，是生產之活動，況且變卦爲乾，乾爲金，最喜和離火剋映爲財富之相。加上乾金剋巽木，是善于營生之家。本爻全以離在中調和乾巽，是女善持家，主中饋，大吉之象也。此爻利于內，不利外，忌水土，而喜木火。而且順以饌，飲食不缺。

◎遂

一·家人六二无攸遂，遂，成也。成爲艮（成言乎艮），家人通中孚，中孚互艮，變成家人，故无攸利。

二·大壯上爻不能遂。震反艮也。遂，成也，成爲艮（成言乎艮）。

離婦道无遂，離中爻即坤中爻，地道无成，故婦道无遂。

◎羽

中孚羽象，中四爻互頤，養，頤艮震，艮即震，震即離，震離豐。中孚中有豐象。中孚之羽是未有豐之羽，即＜羽毛未豐＞。

◎饋

一·饋，食也。

家人通中孚，中孚中有食象，何以言之？中孚中四爻互頤，頤養，頤艮震，艮即震，震即離，離即震，震離豐，豐震離，火雷噬嗑。噬嗑，食也。又兩象易爲鼎，鼎爲＜中饋＞之義。

二·周禮：「饋，祭也。」

昏者，將合二姓之好，上以事宗廟，是饋祭爲婦職。二居下體之中，故在中饋。饋爲祭，近時之人尚有結婚時祭祖。

> 九三，家人嗃嗃，悔厲，吉。婦子嘻嘻，終吝。
> 象曰：家人嗃嗃，未失也。婦子嘻嘻，失家節也。

易經九三變震爲益。家人本卦是木生火，變震爲木，兩木比和，財庫三重，大富之相。六三陽爻過剛，而爻在兩陰之中，卦互坎，坎爲夫。坎本來之地位應在上，現陷于中，而三爻又是嚴厲之爻，難免變成過嚴而令家人受不了。一家因之而乖離，以致失去節度。不過九三是處在合法之地位行令，所以不算過份。而家中其他之人也未因而失節或亂來，最終是苦，但家道可以維持。

此爻變爲益，是雷厲風行之變，是好的變爻，所以如家中有不和諧，可以變法來化解。

◎悔

家人九三悔，三互坎憂，故悔。

◎厲

一·家人九三厲，九居三故厲。易經之九三常是說厲。

二·厲字之義詳本書噬嗑卦和大畜卦。

◎吉

一·吉在易經中的含義見本書比卦、頤卦。

二·通常以爻得位爲吉。家人九三吉，九三得位，故吉。

◎終吝

一・吝：坤又爲吝嗇。

二・兌爲吝。家人九三吝，吝，兌象，家中通中孚，中孚之兌說，故吝。兌爲終（先天
　　卦陰終于兌），故終吝。

◎嗃嗃

一・嗃嗃爲嚴酷之聲，嘻嘻笑浮佚之聲。治家之道過嚴，則悔而得吉，過寬則終吝。

二・家人九三嗃嗃，巽爲高，兌爲口，嗃嗃之象也。

◎嘻

一・家人九三婦子嘻嘻。嘻，兌象。

二・也可是嘆息聲。

◎失家節

一・巽離反節
　　家人九三象失家節，家人巽離反，互節，＜失節＞。

二・困反節
　　家人九三象失家節，中孚巽兌，下兌即坎，爲澤水困，困節反，故失節。家人若
　　困，可能易於失節。

三・中孚有反節之象，因中孚有困象，困節反。

◎節

一・節即閑也，即家門。

二・家人節皆體坎，故家人言節。節以水喻，即＜調節＞。

> 六四，富家，大吉。
> 象曰：富家大吉，順在位也。

　　家人六四木生火而變成乾。乾金生在巽地，是剋木財官之象。但是變爻剋入，爲損財。
但下卦爲離，可制乾金之頑。家中有女，可以勤儉致富也。家人巽爲近市利三倍，富之象
也。又變乾爲金、爲玉，也是富象。爻之相承、相應皆陽，而上下內外都是富。易經男主
外，女主內，家人是以女貞吉。所以家中女性個個能幹，只要男人講道理、不霸道，如果
稍是懦弱无能，這是富家以女貞皆會見到的現象。六四爲巽之下爻。巽在八卦爲四，家人
之巽也是在四，是得位而吉。以長女之幹才上下包辦，最爲得當。家人初爻爲閑家。二位
乎內，而主中饋，三位乎外而治家。四爲巽，順而保家業。這是以陰柔之人，或手法理財的
典型。

◎陰利理財

巽順居正，巽爲工，爲帛，爲近利市三倍。陰利理財，故富家。禮運說家之肥。也有一
種說法，即火爲財。南風之歌，皁財也。

◎富

一‧巽爲富。家人六四富家，家人風火，巽爲富（利市三倍）。

二‧富之詳義見本書无妄卦。

◎大吉

一‧易經卦有合先後天運行之始終則吉。但以陽行爲元吉，而陰行爲大吉。其中萃、升、鼎、小過、家人見大吉皆在四爻，四爲陰爻之故也。

小過大吉，家人四大吉，萃升大吉。家人風火，萃澤地，升地風，皆有巽兌，爲陰之終，陰終，實陽之始，故家人、萃、升皆大吉。

(一)家人六四＜大吉＞，家人自中孚通，中孚自兌，陰之終，至巽，陰之始，乃天運之流行不息，故大吉。

(二)萃九四大吉无咎。萃九四位不當，所以與大畜九六相易，成坎，乃大吉也（畜四元吉）。又萃畜之三爻易，兌成坎，乃大吉无咎。此正象利貞之義。

(三)小過不曰元吉，而曰大吉。因小過二五皆柔陰爻用事，故不曰元吉。

(四)吉與雞同音。雞爲酉，陰位之物。民俗以雞做消災之物。雞食蠱，蠱爲災。

二‧家以富爲大吉

大吉：家人六四大吉，家道窮而後乖，故家以富爲大吉。

三‧有始有終爲大吉，家人見中孚爲陰之始終。

家人六四「大吉」，家人自中孚通，中孚自兌，陰之終；至巽，陰之始。

四‧乃天運之流行不息，故大吉。

◎順在位

一‧能順應人心者又在位，富之本也。

二‧家人六四象曰順在位，巽柔順乎剛，四上順五，五在天位者也。

> 九五，王假有家，勿恤，吉。
> 象曰：王假有家，交相愛也。

家人九五變艮爲賁。變艮爲土，土變在離位，有火生之，財官相。五爻和二爻是正應，二五爲家之中心而上下心齊一，五之剛和二爲相親，但爻變爲艮，三五互震，二四互坎，全是陽爻。二四之互坎與下離爻，爲水火之交，陽勢欲張，則反而因爲交纏而妨害。

◎王假

家人九五王假。假，至也；王，離也，中孚三至二，下卦成離，離爲王，王至而成家人，故王假有家。即刑于寡妻，至于兄弟，以御家邦。自古有刑不上大夫；家人卦反之。不私所以可以爲王道，也可致天下一家之理想。

◎天下一家

一‧陸績曰：「假爲大也。」五得尊位，據四應二，以＜天下一家＞也。

二‧天下是九五之意。王爲九五之尊，王天下者。

◎勿恤

一‧南薰解慍，故勿恤。

二‧家人九五勿恤，家人上九失位，貞上為六，成坎，坎恤也＜心憂＞，坎在上得正，故＜勿恤＞。

◎交

一‧交之義詳本書泰卦。

二‧交是說天地之交，即上下卦之交。

三‧蠱、隨、綜，皆言男女交合之象。合于禮曰隨，不合禮為蠱。

四‧家人六五說交相愛。

五‧易經卦爻以交而孚。

六‧大有六五，厥孚交如，信以發志也。六五變乾為重乾，離以中虛為孚，變乾，乾與離先後天同位之卦也，故曰交如。

七‧家人上九交相愛，能交則有孚，有孚即可以貞為既濟。

八‧交害為禍害，同位而无咎。

　　乾離交害。巽乾交害，火金、金木皆害也，同位則不交害。

◎不交

一‧下坤上乾是坤遇坤，乾遇乾、兌兌、震震……是不通也。

二‧不交：否為七月卦，月令天地始肅，不交之謂也。

三‧否為不交，泰為交。

四‧水火以相愛而交。

五‧家人九五象曰交相愛：家人九五交相愛，上卦變坎，成相濟，坎離相交。

◎相愛

一‧＜相愛＞為交。

二‧相愛實為相礙。比如家人以相愛而親，但過份則相礙，形成＜水火之交＞。

三‧水火不相射，故交相愛。

　　上九，有孚，威如，終吉。
　　象曰：威如之吉，反身之謂也。

　　一家如果只講禮儀，終會令家人情感不好而分離，因為禮繁則寡恩。如太於鬆，太講逸樂，終會成放蕩，因為无威嚴也。家人上九變坎為既濟，是家之變最終為理想為世界和樂而有條理。上九變坎為水，水剋火，水火是相仇。但坎因苛於離火，方能濟火。火為禮，上為巽，巽乃順，反兌為樂也。坎為法，家必有法，而巽木為順之生之，則法不苛矣。巽在上為四綠星，和離合為文明之象。一家之中即有威，有禮，又有文彩，一定富貴發達。

◎有孚

一‧有孚為易經最重要之辭。

二‧有孚其他之意義請參看本書之需卦、坎卦、解卦、益卦、中孚卦。

三‧家人上九有孚。上九貞六，成坎，有孚。

四‧家人有孚：家人上九有孚，家人中孚通。

◎威如

一‧家人上九威如，離火為威。上九貞坎，成既濟。

二‧威如：離為日，變乾日照天下，光耀四方，故曰威如。

◎終吉

家人上九終吉。上九貞為坎，成既濟，六爻皆正，故終吉。

◎身

一‧坤為「安身」

(一)繫辭下五子曰：君子安其身而後動，易其心而後語，定其交而後求。

君子安其身而後動：繫辭下言益卦，益風雷，中互坤。坤為安身，震為動，在互坤之下，故安其身而後動。

(二)繫辭曰：善不積不足以成名，惡不積不足以滅身。

惡積滅身：坤為身，積陰成坤。復震來以滅之，故惡積滅身。

(三)艮六四艮其身，艮之六四本晉之坤爻，坤為身，故艮其身。

(四)家人上九象曰反身，家人自中孚通，中孚互艮震，先天卦艮震之中為坤，坤為身。自震三反坤二，故反身。

二‧艮為身

(一)艮六四，艮其身，无咎。

(二)復初九，王遠復，无祇悔，元吉。象曰：王遠之復，以修身也。

復初九象曰修身，復通剝，剝艮為躬，剝反則反躬，反躬所以修身也。

復行也，有不善未嘗不知，知之未嘗不行，言修身之道也。

(三)家人上九象曰反身，反身，躬也。躬，艮也。家人中孚通，孚互艮。

三‧艮在下為反

蹇象曰：山上有水。蹇，君子以反身修德。

四‧家人「反身」

(一)家人上九象曰反身，家人自中孚通，中孚互艮震，先天卦艮震之中為坤，坤為身。自震三反坤二，故反身。

(二)家人上九象曰反身，反身，躬也。躬，艮也。家人中孚通，孚互艮。

(三)睽和家人皆說反身。但家人為上下相合，富家大吉。睽上下乖，所以家道窮。兩者之反身不同。家人是躬親之反為反省，睽為性情相反而又相背。

五‧反身為弓，弓為威

弦木為弧，剡木為矢，弧矢之利，以威天下，蓋取諸睽。離火為威，大有五曰威、家人上曰威、睽上離、皆離也。反身為躬，躬為弓，即睽。

䷥ 睽

睽，小事吉。

　　睽卦之本義乖舛（唸喘），違戾之意。所以睽卦之卦辭、卦爻也是以乖違的方式和含意表現的。比如喪馬宜逐，其實說的是勿逐。見惡人以辟咎也，是說見惡人有咎，最好避開。依常理，人要遇見自己的主人只能在廟堂，在本卦中卻是遇主之於巷，這是不成體統的地方。但卦辭只好以反面的方式表現出乖違之狀。

　　睽是禍福顛倒，見為禍者反而可看成福。見到福，反得禍。所以要讀睽卦，要倒過來看。卦象為和悅而附於光明。六五柔爻進，居上卦中位，與九二相應。剛柔相應，而上為陰爻居陽位，而下為陽爻居陰位，是陰陽顛倒但是相合。雖人情乖違，卻仍有其合乎自然法則之處。以立身處事比喻，人與世俗同流，而不苟合，或與人不共處而心志可以相通。睽卦以上離為陰下兌為陰，上離先天坤為陰。五爻為主爻，陰爻柔中應下卦之二陽剛爻，可以成事，但是小事。因為上下不通，又陰爻主事，所以不能成其大事。

◎睽

一・乖離為睽

　　(一)睽從耳，從癸。耳不相聽，故為違隔乖離之義。天地異位，男女異姓，萬物異形，同道而異趣。大歸雖同，小事當異。

　　(二)火性炎上，澤性潤下。睽二體，火在上，澤在下，乖違也。序卦家道窮，窮必乖，故受之以睽。家道窮就是持家的道理沒有了。

　　(三)睽之乖離在女居陽位，以女人強而又奪男權。睽兌之陰居三，離之陰居五，皆是女子佔住了男人之位置，其行不得其正，所以家道窮，窮則必乖。

二・睽：序卦「乖也」，說文「目不相視也」（王弼註：乖，離也，不相同）。

三・睽為不交

　　小事，睽，象小事吉，睽火上水下，不交之卦，上下情不通，大事不可為也。睽自中孚通，六五柔進上行，故小事吉。

四・睽為癸

　　(一)癸字為相背兩歧之象。

　　(二)戊癸化火，水火大殊，其德相反。故睽為乖違也。

　　(三)女見天癸而男女異。男女不睽，不能成人道。

五・睽為弓矢。睽上九先張之弧，後說之弧。

六‧上下情不通，則大事不可爲也。

七‧睽爲鬼。睽卦說睽孤，即孤魂野鬼。

八‧睽從目，目少晴也，目主見。睽爻辭，初見惡人。三見輿曳，上曰見豕負塗，都是見。

九‧睽從耳。兩耳不相聽，所以違隔乖離。

十‧睽卦說的是事物的異同。睽以同居來比類同之義，又說君子以同而異，同爲天火同人。睽通中孚，所以有同人之義，但其同是在於異。天地異位，男女異性，萬物異形。

十一‧睽爲二女同居，長大各自擇配志趣不同。

十二‧睽綜家人，二卦同體。文王綜爲一卦，故雜卦曰睽外家人內。家人之心向內，而睽心向外，所以睽做小事吉。

睽三五陽位皆爲陰所乘，家人六二主內，九五主外，陰陽得時，內外皆正。

◎小

巽曰小亨，既濟曰亨小，遯曰小利貞，皆陰爻用事之卦也。

象曰：睽，火動而上，澤動而下。二女同居，其志不同行。說而麗乎明，柔進而上行，得中而應乎剛，是以小事吉。

◎火動

一‧火動而上，澤動而下，說的是由中孚變來的過程。火動而上指由中孚之四爻風上行五成火，澤動而下指下卦變。

二‧睽象曰火動而上。睽自中孚通，風澤變火澤，火動也。中孚之柔四上進成五，成睽之上離，成火動而上。

三‧火動：動者，變也。睽卦說火動，是指由中孚變來之過程。中孚爲風澤，其四卦柔，上進爲五，卦成火。

四‧動之義詳本書震卦。

◎澤動而下

一‧澤動是說中孚卦。因爲風在澤下動爲風澤中孚，風動則卦變，風澤下卦變成風天大畜。澤動而下：大畜之二四互兌澤，大畜變睽，大畜六四之陰下而成睽之六三（澤卦），成澤下之意。睽象，澤動而下。睽自大畜通，澤動而下也。

二‧澤動在下則不孚

睽離火上炎，澤水下滲，訟乾之天氣上升，坎水氣下降，上下之情不孚（合）。

三‧睽、訟爲不孚之卦。

◎小事大事

一・陰爻用事，陰爻爲小，以柔爲中爲小事。

　　(一)暌彖曰小事吉。暌六五柔中應剛，是以小事吉。

　　(二)豐九三象曰：豐其沛，不可大事也。

　　　　豐九三不可大事。豐以柔居五，不可大事。

　　(三)易以柔居五者，故不可大事。這個道理和旅、巽卦所說的小亨相同。

二・小過曰小過，亨。利貞。可小事，不可大事。

　　小過與中孚相通，以柔得中，是以小事吉也。

三・小過柔得中，是以小事吉。

四・艮爲少男，爲小人。即勞身之事也。

五・繫辭上八子曰：負也者，小人之事也。艮爲背，負也。艮爲小人。

　　負的意思爲百工所作之事，艮爲身，即用體力之事。比如孟子第四章說：「然則治天下獨可耕且爲與？有大人之事，有小人之事。且一人之身，而百工之所爲備。如必自爲而後用之，是率天下而路也！故曰：或勞心，或勞力；勞心者治人，勞力者治於人；治於人者食人，治人者食於人，天下之通義也。」

　　繫辭上八，子曰：易者，其知盜乎。易曰：負且乘，致寇至。負也者，小人之事也。

六・小過柔得中，是以小事吉也。

◎柔中爲吉

離居上體者，以柔中爲吉：

一・大有，柔得尊位。

二・旅，柔得中乎外。

三・離，柔麗乎中。

四・噬嗑，柔得中而上行。

五・晉，柔進而上行。

六・暌，柔進而上行。

七・鼎，柔進而上行。

八・未濟，柔得中。

◎居

一・兌反艮，居不宜。夬象曰：澤上于天，夬。君子以施及下，居德則忌。

二・艮爲居

　　(一)雜卦傳，屯見而不失其居，蒙雜而著。

　　(二)序卦傳，物不可終久居其所，故受之遯。遯者，退也。八卦以象告，爻象以情言，剛柔居而吉凶可見矣。

　　(三)繫辭下七，困窮而通，井居其所而遷，巽稱而隱。這些都是說居。

　　(四)繫辭下二，上古穴居而野處，後世聖人，易之以宮室，上棟下宇，以待風雨，蓋取諸大壯。

　　(五)繫辭上八，鳴鶴在陰，其子和之；我有好爵，吾與爾靡之。子曰：君子居其室，出其言善，則千里之外應之。

(六)繫辭上二，是故君子所居而安者，易之序也，所樂而玩者，爻之辭也。

(七)未濟象曰：火在水上，未濟。君子以愼辨物居方。

(八)渙九五，渙汗其大號。渙，王居无咎，正位也。

(九)漸象曰：山上有木，漸。君子以居賢德善俗。

(十)革上六，君子豹變，小人革面。征凶，居貞吉。

(十一)革象曰：革，水火相息，二女同居，其志不相得，曰革。

(十二)睽，小事吉。象曰：睽，火動而上，澤動而下。二女同居，其志不同行。

(十三)咸六二，咸其腓，凶。居吉。象曰：雖凶居吉，順不害也。

(十四)頤六五，拂經，居貞吉，不可涉大川。象曰：居貞之吉，順以從上也。

(十五)頤象曰：山下有雷，頤。居子以愼言語，節飲食。

(十六)隨六三，係丈夫，失小子。隨，有求得，利居貞。象曰：係丈夫，志舍下也。

(十七)坤六五文言曰：君子黃中通理，正位居體。美在其中而暢於四支，發於事業，美之至也。

三・同居爲同人之象

　　同人象也，同人天火，乾同艮，離同震。艮震有同人之象，同人有同居之象。

(一)睽彖曰同居。同居者，同人之象也。睽通中孚，中孚互艮震，艮即乾位，震即離位，爲天火同人，故曰同居。

(二)革曰同居，革初至五，互同人。

(三)渙曰上同，渙中爻互艮震。艮即乾，震即離，爲同人。

天地睽而其事同也，男女睽而其志通也，萬物睽而其事類也，睽之時用大矣哉。

◎睽卦上下的卦象

一・睽天地不交

　　睽彖曰天地睽，睽上離即乾，下兌即巽，爲坤，天地也。天地爲否，不交之象，故睽。

二・天地相同

　　天地睽而其事同也。同，天火也。睽通中孚，中孚互艮震，天（艮爲乾）火（震爲離）同人之象，故其事同。

三・睽天地通

　　睽卦說男女睽而其志通也，家人上卦九五居中，男正位在外，下卦六二居中，女正位在內，睽六五居外，九二居內，故男女睽，火上澤下，九四互坎，坎爲志，坎通之。睽之男女以坎通之，男女睽而志猶通，萬物睽而事猶類。睽爲異，類者同。異在于

不同的時間或空間，所以睽之時用大矣哉。因爲異同是因爲時空而定的。

四‧物因睽而類

睽卦說萬物睽而其事類也。火動而上，澤動而下，先天卦火爲乾，萬物天親上也，先天卦澤爲坤，萬物地親下，各從其類，故萬物睽而其事類。

五‧先睽者後和。睽於外者協於中，睽於始者和於終。

六‧睽爲異，而出于同，且歸于同，所以睽是因爲時間和空間而定。世界上事物會不同，都是有其相類似而因爲時空之差別，而被看做相異。但只有聚在一起一段時間，兩者終會歸于相同。

象曰：上火下澤，睽。君子以同而異。

◎睽外，家人內

一‧睽三、四、五互爲坎，卦象水，二、三、四互卦爲離，卦象爲火，合而爲既濟卦。睽中互成既濟，革中互姤，有相遇之情。

二‧家人卦由疏而親，如娶婦，實自外而內，睽則由近而遠，如嫁女，實自內而外也。

◎同

一‧同字之義詳本書同人卦。

二‧同而異：睽，君子以同而異。睽通中孚，中孚爲同：

　　(一)同體：中孚巽兌爲同體之卦。

　　(二)同聲：上爲巽，二互震，雷風之同聲相應。

　　(三)同氣：下爲兌，五互艮，山澤之同氣相求。

　　(四)同人：上艮即乾，下震即離，有天火同人之象。

三‧睽爲同中而異。

四‧君子以同而異

　　睽象曰：上火下澤，睽。君子以同而異。

　　來氏曰：同爲理，異者事。天下无不同之理，而有不同之事。異其事，同其理，所以同而異。

　　來氏之說法可以參照孔子所說之方以類聚，物以群分。事物之分類是因爲在同類中取其相異而分之，或在異類中因其相似之共性而當作一類。

　　(一)睽爲火澤，上下乖異，故曰異。以中孚之同，爲睽之異，故君子以同而異。

　　(二)同而異：中孚睽通，中孚爲同，睽爲異，故君子以同而異。

五‧天地上下異位而同功。天地一上一下，異其位，而所事於造化之功則同。

六‧睽卦上下卦都是陰卦，這是相同之處，上卦離火，下卦兌水，爲澤，是水火相剋，亦不相射。離火剋兌金，其相異而剋。

> ### 初九，悔亡。喪馬勿逐，自復。見惡人，无咎。

　　初九和九四相對的二爻爲陽，不相應，所以彼此糾葛不多。如果見到惡人惡事，是不必去理會太多。如失去的馬不必去追會自己歸回原處。惡人來而照見，不必怕，因爲惡人會被更惡者趕走，而惡人以後會變善。因爲世界上的事物同則會有相異，異則會同，所以發生乖違的情況時，不必急於要求遷就，反而因爲分隔以後无從彌合。過分急要求合，反而適得其反。

　　睽初處在上下相違之環境，因爲不太相近，所以无災。易經以相近而不相得則有災。變坎爲未濟，中爻坎，爲盜象。原卦上爲火，下爲澤水，變生坎水，水皆向下流，所以會經常見到不祥之物。但因爲離兌相見是財相，被坎水盜走，是財路被擋了。雖失了財，見了惡人，破財可以消災。見惡人而從以避邪，這是因爲卦中有復象，即本身有復原的能力。命理所說犯太歲而有救，反而得財。馬爲財也，是失而復得之象。喪馬勿逐，失物勿追。

◎睽蹇互易爲相濟
　　睽惟初九得正。睽蹇相錯（火澤，水山），以初爻相易，蹇成既濟，睽成未濟。睽易蹇，亦成相濟，初九以陽變陰，而得正，悔可亡也＜不必悔矣＞。

◎悔亡
　　睽初九悔亡，初九變陰，水澤成水火，貞既濟。易曰悔亡，皆變爻之義。

◎喪馬
　　畜爲馬。大畜三爲良馬逐。畜下卦變乾，成睽。大畜之馬象失。爲喪馬之象。

◎勿逐
一·震爲逐，震爲馬，逐也。
　　畜三爲良馬逐，畜之下卦變乾，成睽，山天變火澤，大畜之互震馬皆失，故喪馬。震爲逐，震變，故勿逐。
二·逐爲震象。睽自中孚通，中孚四馬匹亡，孚變睽，九四仍互坎，坎爲馬。孚二互震逐，變睽，震象失，故勿逐。
三·既濟二曰勿逐，七日得。

◎自復
一·自復爲自復卦來之義。
二·易經有坤、震（或地、雷）則爲復象。
三·自復卦來的卦是自復，即失而復得。
　　(一)既濟爲復，所以既濟說勿逐。
　　　　既濟上坎即坤，下離即震，復象，頤有剝復之象，故既濟二曰勿逐，七日得。
　　(二)中孚互頤，初至五爲復。
　　(三)睽中爻爲既濟，坎即坤，離即震，有復象。
　　　　睽初九自復，睽初九變六，兌成坎，坎爲馬，未濟互既濟，上坎即坤，下離即

震，成爲地雷復。睽自大畜通，大畜上四互頤，頤有剝復之象。故勿逐，自復。

四‧睽爲復

睽自孚通，中孚互頤，初至五爲復，中孚中有頤復象。頤中爻爲既濟，既濟之坎即坤，離即震，有復象。所以既濟六二曰七日，易經以七日爲復。而既濟六二說七日得，這個得就是得到既濟。易經消卦從一爻到六爻後七爻回頭，即來復。來復也是既濟的意思。又睽爲違，違行，復也。

五‧復字之義詳復卦。

◎惡人

一‧離火爲惡人。睽初九見惡人，火烈爲惡人，九四失正。

二‧坎爲盜，惡人也。

三‧易經說惡之義詳本書遯卦。

象曰：見惡人，以辟咎也。

易經以取代爲化解之法。因爲物以類聚，因類而取代。咎爲惡，所以自古即有以惡人，惡事來辟咎，或可說爲以毒攻毒。

九二，遇主于巷，无咎。
象曰：遇主于巷，未失道也。

睽爲遇，但睽的相遇不是發生在正常情況。比如和主人相遇在里巷之中，而不在朝堂上，是睽遇。和主人在朝堂見面是正常的情況，但因爲各種原因，如今卻在巷中相遇，而不是朝堂，這是不合常情而尙可勉強去接受。睽九二變，卦變震，木生上卦離火。而震木生在兌金之地，震木被剋又要生，有如處在窄道。震爲主，震離在是同宮生氣之卦，又是先天八卦相鄰。相鄰爲遇也，是有知遇之人。因爲震和離上下可以相通，所以卦變爲吉，而未失道也。本爻說的是反常之人情世故，但人可以以平常心面對之。

◎遇

一‧遇之義詳本書姤卦。

二‧睽爲遇：初九遇（見）惡人，九二遇主，六三有終，九四遇元夫，六五往何，上九遇雨。故睽見遇合之象。

三‧遇：不期而會爲遇。

四‧偶遇：偶者乃情之投，遇者爲行之投。一爲出於本心，一爲見於偶然。

五‧相鄰之卦爲遇，遇爲鄰。

　　(一)姤，遇也。先天相鄰之卦，乾、巽先天相鄰。二、四、上皆曰遇。

　　(二)睽：先天火澤相鄰。

　　(三)豐：初遇其配主，離遇震也。先天八卦乾、兌、離、震，震和離相接。

　　　　豐四爻遇其夷主，是說震卦和離卦相遇。

　　(四)睽二動爲噬嗑（火雷），有豐象（火象坤，雷象離）。故睽二言遇主。

六‧豐爲震離。震離在先天八卦爲遇，易經其他卦有豐卦象爲遇。

　　豐卦說遇其配主，主，震也。

七‧困：困相遇也。兌、坎先後天同位。

八‧同氣會方爲遇。五行同氣會方，亥、子、丑會北方，寅、卯、辰會東方，寅、午、

　　戌會南方，申、酉、戌會西方。會方爲聚，物相遇而後聚。

◎主

五爻爲主。

◎巷

一‧宮中之道，家術也。離中虛爲巷。君臣在巷中不期而見，非所由之正道也。

二‧來知德說巷有街巷和里巷。兌錯艮，艮爲徑路，是里巷。

　　應爻爲離，中虛，巷爲中虛之道。

三‧遇主于巷是說不在廟堂中遇見故主，而是在里巷之中。

四‧震爲路，艮爲徑路，大道而有徑路，故稱爲巷。

◎失道

睽九二未失道，道，震也。睽通中孚，中孚二爲震，中孚六四爲睽，六五二五相遇，未
失道也。

> 六三，見輿曳，其牛掣。其人天且劓。无初有終。
> 象曰：見輿曳，位不當也。无初有終，遇剛也。

　　來知德解此卦爲六三、上九本來是正應，可是中爻互坎爲拖象。六三有如人在車中。
六二爲陰爻拖拉其車，而前面的四爻是陰爻，像是拖住了車前之牛，以致不能成行。其人
天且劓，是比喻如同被人用劓刑時的痛苦一樣在生氣。從卦理看，六三夾在二個陽爻之中，
令他左右爲難。而六三原是要應上九，反而被拖累了，這是睽卦中爻出了坎之現象。

　　易經是卜卦用的，所以卦和爻的辭句並不一定要成爲有意義的連貫語意，尤其不一定
會是某一事件之敘述。卜者亦可以把劓解釋爲刑傷或車上爲刑傷之人。本卦爻中三五互坎，
坎爲曳。六三變乾，卦成大有，是體坎。上卦之離爲牛，在坎上，是互剋，而變乾，乾生

在兌地是相比。但乾金被離剋損，而坎又陷。卦說位不當，是因爲原卦之初、三、四、和上都不當位，加上五行互剋，卦不調合則生災咎，是可能會造成身體之傷害，和引起人心志混亂的災咎。原卦說无初有終，尙可告慰。因爲睽卦之特性是開始都不合常理，在反常的情形被當做正常，最後還是歸于正常。遇剛是說上卦之離和下卦之兌原來是同居而相睽違，六三變了爻，成震，是男女相合。若是以上九爲剛，而上九爲終，則說明了六三被坎擋住，但六三和上九終究相應，所以有終。如問女人之婚事，是最後終身大事有著落。

◎輿曳

睽六三輿曳，大畜九三日閑輿衛，大畜九三易四，變睽，睽四互坎，坎爲輿，多眚爲曳。故見輿曳。

◎掣

離性向上，坎性向下，故掣。

◎牛掣

睽六三牛掣，大畜六四爲童牛之牿。牿者，角弛，變睽，陰爻下而陽爻上，象牛角之一俯一仰，故其牛掣。

◎劓

睽六三人天且劓，劓，鼻失之象。睽通大畜，大畜上艮爲鼻，變睽而艮象失，見坎之血，離之戈兵失。

◎天

一‧天或爲天字。

二‧天爲天刑，即爲天閹，生殖之刑也。

◎位不當

一‧卦位不論先後天，相剋爲位不當。睽卦取後天象，離與兌爲火金相剋，故位不當。

二‧睽卦正好和家人相反，陽陰相違。

三‧睽卦說位不當，因爲卦爻除初九，都是陰陽不對位。

四‧位不當之義詳本書需卦上九。

九四，睽孤。遇元夫，交孚，厲无咎。
象曰：交孚无咎，志行也。

睽九四和初兩爲陽，互不相應，所以有乖違之象。九四爲離卦和下卦本是兩家親，但人不投洽。九四和初九因而形成孤僻性格，因爲左右四鄰都是陰柔之爻，而不與之親，所以有睽孤象。本卦雖是孤象，九四和初爻以相應而遇，初爻又是正人君子，可知九四並非得一直孤單下去。變卦爲損，上成艮，和中互坎是同宮，而坤又生兌金，是財利之象。可以交，也可以取信。睽中之信，最終可見陰陽結合。本爻原卦存有吉象，雖開始週遭之人

都和自己不同，難免生孤僻心，但是和別人結緣的潛力很強。變卦了，看來是損失，卻可以因而和別人結合而完成心志。

◎睽孤

睽九四睽孤，中孚柔在內，而剛得中，陰陽皆以類聚，中孚變睽，上四陰陽分散，而其勢孤。

◎孤

一‧孤：易經以剛爲難合，難合則爲奇。睽卦九四以陽居陰位，處不正之位，而相應爲初九，也是陽剛。如果與九二相應，也是陽剛，剛應剛，是孤象。

二‧人命帶孤神，孤僻則難合。

三‧孤其他之義詳本書坤卦。

四‧乾坤對待，故不孤。又後天之坎即先天之坤，先後天同位是謂合德，亦不孤也。

五‧孤字之義在易經由睽卦表現出來。睽卦說睽孤，睽爲違，即兩相違背，背則孤。

六‧孤，顧也。

◎元夫

一‧元配之夫，爲前夫，睽主相離而孤。

近人屈萬里以爲是離婚之夫，而遇元夫爲遇見前夫，此說似很勉強。應以元配之夫，即頭一次結婚之夫爲元夫。古時離婚又遇前夫之情形應不普遍。

易經之爻辭原本未必要有特別解釋，若非不得以前夫一解，則以此婦爲棄婦更有道理。

二‧元爲乾，乾元也，在此以五爻代表。四和五相鄰爲遇，遇乾金之夫，即元夫。

三‧艮爲夫

睽九四遇元夫，睽通中孚，中孚下兌爲妻，五艮夫，九居五爲元夫，變睽，九下于四，三四陰陽相遇，而九四乃艮夫之爻，故遇元夫。

四‧元爲始，初爻也。初爲頭一個和九四相應的。夫爲陽爻，相對爲遇，是對手之比喻。

◎夫

艮配兌爲夫：

一‧睽取中孚爲象。上兌兌爲妻。互艮爲夫，兌艮爲女人有夫之象。

二‧金夫，蒙三見金夫，以蒙自臨來，臨（坤兌）下兌妻，以艮爲夫，臨兌成爲艮爻，故見金夫。

◎交孚

睽九四交孚，睽三四互坎，有孚，三四俱失，三四交易，故交孚。

六五，悔亡，厥宗噬膚，往何咎。

象曰：厥宗噬膚，往有慶也。

睽卦一路都是結緣的機會。初爻說膚，是有＜肌膚之親＞之人。二爻是遇到了故主，三爻是厥宗噬膚，宗是宗親。四爻又遇到了元夫。睽之遇如此多，但是陰柔之質文明，柔進上行。睽卦是火卦，火澤是又相剋，又相親。易經用睽卦來說明有人之心性不願和太相近的人來往，因為太親，就會相沖，但是又會因為相沖而聚合，最後還是會有好的結果。凡是易象見火澤，難免都是這種現象。

六五為柔居尊位，又是離居坎心，所以有悔。但是離中心虛，卦有人同此心之意。睽有噬嗑之象，噬嗑是要求嚴密而果決之結合，表示睽卦是存有結合之可能。又睽五為厥宗噬膚，厥，為失也。厥宗為同宗相妒，噬膚為骨肉相殘，難怪睽之孤性，因為不願有和自己人相惡。此爻本是離火剋金財相。兌離相近，變了乾，乾兌也是近，易經說近而不相得，凶。但乾兌也是同宮而生財，中爻既濟為水火同源，因為乾兌相遇而說有慶，即是同宗，又是相近而相得。

◎宗

同人為宗：

一‧宗之義詳本書同人卦。

二‧宗為廟門內之牆（同人于門）。

三‧同人為宗，同人二以五為宗。睽五以二為宗，睽以陰從陽，睽為宗。

四‧同人睽皆家象，同人為吝，睽為慶。

同人之宗稱為吝。同人六二，同人于宗，吝道也。睽六五稱慶。

五‧睽六五厥宗噬膚，宗，同人于宗，睽六五厥宗，宗為同人（同人于宗），睽與同人通，初至五，互同人，同人二，同人于宗。同人上乾即離，下離即震，有噬嗑之象，噬嗑二噬膚，故厥宗噬膚。同人上乾即離，下離即震，為火雷噬嗑。

睽（離兌）以兌離相易，成同人（天火，離為震，中孚互頤，頤上艮即乾，下震即離，為天火同人。）。

◎慶

一‧有物祭鬼神為慶。

二‧睽卦五厥宗噬膚，有飲食在為宗，就是被祭祀的祖上可以享受到祭品。這可以令祭祀的後代受福。它的功能是由敬祖宗而使宗族團結。

◎噬膚

一‧睽六五噬膚，膚為相近之物，即相近而相仇，同物相鄰而互相咬食。膚字之義詳本書噬嗑卦。

二‧厥宗噬膚，厥，為失也。厥宗為同宗相妒，噬膚為骨肉相殘。

上九，睽孤，見豕負塗，載鬼一車，先張之弧，後說之弧，匪寇婚媾，往遇雨則吉。

　　九四之孤是因爲左右都是陰爻而孤。上九之孤是居高位之孤，也是猜疑而起。睽卦說的是事情反顚不合常情，上九即表現因爲疑心生出的不合情之判斷。主要是陽爻在上，處陰位，自己地位不正而无法料事。卦象所見是背負泥土之野豕載滿一車，又似鬼物，所以一面拉起弓要射之，又放下了把弓脫了。此爻或是說古時婚儀時送禮，以障目之法，而之間要以雙方打鬥爲儀式。又婚俗最忌爲祖上之鬼靈來相擾，所以睽卦初到五都說宗親同人之遇，遇即遇鬼也。張弧，即近時之＜搶孤＞。

　　睽上九遇雨之吉，睽卦上火下澤，志不同行，論六爻，則二爻和五爻，以及三爻和上爻，都是陰陽相應，其中爻又互既濟，所以六爻曰見、曰遇，皆睽求合之義，不合之中求合也。睽上九爲疑，而卦中又見離爲兵器干戈之象，中爻爲坎爲疑，所以卦象无法相生相剋順當合理。得此爻，需要有破解之法。

◎弧
　一‧同孤。
　二‧狐爲妖。張弧、說弧爲祈求祓除之事。弧爲桃弧，桃爲祓除妖之物。
　三‧孤爲疑，狐疑。
　四‧孤：單也，事物單則生怪。
　　　睽孤：睽九四上九睽孤，孤，單也。中孚上巽二陽爻類聚，變睽二陽分散，故四上二陽皆曰孤。

◎豕
　一‧坎爲豕。
　二‧大畜爲豕。大畜六五，豶豕之牙，吉。象曰：六五之吉，有慶也。
　三‧豕大豚小。
　四‧遯爲豕
　　　姤自遯來，遯曰繫遯，陰繫于陽，不使之遯去也，乃使得陰順陽也。姤之象多取諸遯，故姤初六言豕。姤初六，羸豕孚蹢躅。
　五‧見豕負塗：豕，睽四互坎，坎爲豕，離日爲見。負，背也，艮爲背，睽通中孚，中孚四互艮，爲背。塗，震爲塗，六五乃中孚震塗之爻（睽上卦巽之六五乃中孚上卦九五，中孚九五互震）。

◎鬼
　一‧睽爲鬼。
　二‧陰爲鬼，坎隱爲伏，亦爲鬼象。
　三‧坤爲鬼
　　　(一)睽上九載鬼一車，坤爲鬼，坎爲車，四變在坎上，故載鬼一車。放禮儀爲死人之車。
　　　(二)既濟九三，高宗伐鬼方，三年克之，小人勿用。象曰：三年克之，憊也。
　　　　　陽爲變，陰爲化。陽息爲神，陽消爲鬼，故所以變化而行鬼神也。
　　　(三)鬼方：坤爲鬼方。
　四‧歸爲鬼

（一）歸妹爲鬼妹，甲以乙妹妻庚。

（二）遊魂謂之鬼，物終所歸，精氣謂之神，物生所信也（見樂記疏）。

五・氣屈爲鬼。

六・木爲鬼，艮爲門，艮見木爲鬼門。

與鬼神合其吉凶：乾離爲神。坤坎爲鬼，故與合吉凶。

七・近人屈萬里舉杜甫遣悶詩：「家家養烏鬼」。詩中所說的是四川人家家養豬，每呼豬爲烏鬼，故以鬼來稱呼豬。睽卦上九見豕負塗，豕爲豬也，其說頗有理。又鬼也可能是賄，毛傳以賄爲財。在古時或以豬隻爲財，作贈送或婚儀之用。

八・坤爲陰極，鬼也。

載鬼一車：睽上九載鬼一車，坎爲鬼，震爲車，睽通中孚，中孚互震爲車，變睽，睽四之坎鬼載于震車之中。坤爲鬼，坎爲車，四變在坎上，故載鬼一車。

◎負

坎豚背有泥，故負。

◎疑亡

一・中心疑者其辭枝。離火性枝分爲疑。遇雨火息，故疑亡。

二・小畜象曰：既雨既處，德積載也。君子征凶，有所疑也。

◎先張之弧

睽上九，先張之弧，弧矢之利，以威天下，蓋取諸睽。易序，家人在睽之先，家人巽繩加坎弓，先張之弧也，睽在後，以兌說承坎弓，後說之弧也。

◎後說之弧

說爲脫，即取下來。

◎婚媾

陰陽相遇爲婚媾之象。

一・漸歸爲婚媾

睽上九匪寇婚媾，易中漸歸多言婚媾，漸、巽、艮、歸妹、震、兌相婚媾也。

睽通中孚，中孚有漸歸象。中孚上四爻互漸，下四爻互歸。故睽上九曰婚媾。

二・睽上三始睽終合，上九應六三，初疑爲寇（四互坎），張弧以（坎）親之。又坎爲寇，睽非寇也。

◎往遇雨

睽上九往遇雨，坎爲雨，睽下卦兌，初變坎，而居上之離往于下（離卦往下以成既濟），以水火相交也。離下而遇坎，坎爲雨。

象曰：遇雨之吉，群疑亡也。

◎群疑

睽上九象群疑，物三稱群，坎爲疑。

◎遇雨之吉

一・＜遇雨＞火熄。火爲災，去火爲消災，故吉。

二・上坎爲雨。

三・雨字之義詳小畜卦。

蹇

蹇，利西南，不利東北。利見大人，貞吉。

蹇卦坎上艮下。坎爲險，艮爲止，義爲險在前而止，見到險而不再向前走。蹇卦爲跛足之象，不是說殘障之跛，而是走則有難。不過易經所說的道理都可以反面來看。蹇卦說險而止，所以不向前行，從正面的角度來看，也就是前有險，寧可冒險而行，有如跛足。蹇之義爲通，因爲不通，才要行得通。但人生之險種類很多，未必件件都不可行，所以蹇之彖辭說知險而能止，爲知。就是選擇不走，要比選擇走還不容易。而不走，又能達到目的，是要大智慧的。

蹇爲險阻在前。坎爲險，險在前，不可冒然前進。見險而止爲＜明哲保身＞，這才是明智之舉。又西南爲坤地，比艮之東北，易經以東北喪朋，西南得朋。因爲西南有朋，可以得道多助。東北失朋，成爲獨行。又西南爲坤，坤爲中，易經以九五利見大人，蹇初行見艮，爲難，艮從坤行，上卦之坎變坤，坤和艮是同宮之卦，即可以見大人。所以蹇卦道理在於知止以避險，而取中以利行。

蹇上坎是正位之卦。坎在八卦爲五，艮在三，坎最正之位爲九五，艮在三爻，所以蹇卦潛在之地位是正而穩當。所以以正大之行動可以有大吉之結果，因此蹇也是得時之卦。

從流動性來看，坎在上，是水在山上。水性潤下，而被山阻了，所以是另一種難。水爲智，是思路不通，而且違背了思考之本性，必要去掉了堵塞思路的東西，令思考通順，困難立刻解決。蒙險而止，止于外。蹇險在前，止于內。屯動乎險中，可爲。蹇止乎險中，不可犯。蹇屯皆曰險，屯動于險中，則不避險，蹇止于險內，則不走險也。蹇彖不利東北，後天艮居八卦之終，故不利東北。其道窮也。

◎蹇

一·蹇爲難

　(一)上坎下艮，三又互坎，有兩坎。難之又難。

　(二)坎艮皆東北險阻之，方涉河跛山，其象爲蹇。

二·蹇爲腳跛。蹇從足，寒省，跛也。爲禍難，阻塞，艱窘之義。下爲足，知止之意也。

三·蹇爲來。蹇六爻都說來，有來之義。

四·蹇不通。水在山上，失流通潤下之性，故曰蹇。

五·蹇爲遷

　(一)往蹇：水山蹇，蹇自升（地風）通，升二往五，上卦地爲水，下卦風成山，升

成蹇，故蹇卦六爻皆曰往蹇。蹇卦說的是＜升遷＞（蹇）之意，遷即往。

(二)升蹇之道：蹇本升卦，坤乙平易地，自升卦九二，上往得坤體之中，是爲利西南，而往得中。升九二既往五，下體成艮，艮東北之卦，所謂不利東北，其道窮也。此爲＜升蹇＞（即升遷）之道。

六・蹇爲險

(一)先天卦正西爲坎，西北爲艮，其陽窮于艮。

(二)後天卦西南爲坤，正北爲坎，西北艮爲（先天之位），其陽窮于艮。

(三)艮東北，先後天皆以西南爲利（先天西南爲巽，後天西南爲坤），止于西南，不往東北，故兩坎險地自不犯之。

◎利西南

一・先天西南之前爲坎，西北爲艮，正北又爲後天之坎，東北又爲後天之艮，由西南到東北，經二險，故利止于西南，而不利前往東北。

二・蹇利西南（解亦利西南），巽先天西南，蹇利西南，利其止于西南也。先天西南之前即坎艮之卦（巽、坎、艮、坤），先天坎正西，後天坎正北，巽欲前，必經兩坎之地。蹇爲坎艮，巽之前二卦，利止于西南，不利進東北也。乾遇巽、坎、艮三卦爲陽消。

三・西方五行爲金，南方五行爲火，金主秋，火主夏，而蹇之坎五行爲水，艮爲土，坎水可勝南方火，艮土能生金，故利西南。東方在五行主木，爲春令，北方五行爲水，令爲多。艮土忌木，艮所不宜，坎忌火，南方爲坎所忌，故蹇不利東北，而利西南。

◎利見大人

貞九六之義。利見大人之義見本書訟卦。

◎往來

一・內卦以外卦爲往。

二・來，即反也，回頭。

三・蹇六爻皆曰來，蹇自升通，蹇九五反二，上卦坤成坎，下卦艮爲巽，升上坤，後天西南卦，下巽，先天西南卦，蹇六爻皆曰來者，欲九五來二爲升，正象之利西南也。

四・蹇卦下艮，艮綜震爲足。易經見到足象都是往來。

五・艮爲來，不進，則退回。回爲來，即＜回來＞。

象曰：蹇，難也，險在前也，見險而能止，知矣哉。

◎難

一・易見坎，蹇，屯皆言＜有難＞。

二・蹇爲難于中。蹇難，艱難。蹇爲艮，艮爲艱也。雜卦傳，解，緩也；蹇，難也。

三‧動在難外爲解，＜解難＞也。

　　解、震、坎，震動，坎難。動在難外爲解，解動而免乎險。

四‧睽乖而有難。

五‧蹇爲難，睽錯蹇，故睽必有難。睽蹇相錯而同義。

六‧連，蹇難也。連，難也。連，古音輦，難也。

七‧坎爲難

　　(一)明夷三，互坎難於內。

　　(二)明夷象蒙大難，夷晉一體（夷地火，晉火地），互蒙，曰蒙大難（明夷難互坎
　　　　難）。

　　(三)蒙難：蒙中互坎，坎難，故曰＜蒙難＞。

　　(四)明夷象蒙大難，夷晉一體（夷地火，晉火地）。中互蒙，曰蒙大難，坎爲難。

　　(五)明夷二四互坎爲難。

　　(六)乾利右行，不犯難（坎）也--巽、乾、兌、震爲右行，到了坎而止，不犯坎，
　　　　坎爲難，所以說不犯難。因爲陽卦爲右旋，右旋則巽前之坎險自不犯之也，故
　　　　不犯行也。

　　(七)屯乘剛爲難。屯六二小象曰：六二之難，乘剛也。難指上卦爲坎，坎爲難也。

　　(八)需初九象曰：需于郊，不犯難行也。

八‧坤爲難

　　(一)遯字有難義。遯上爲乾，反坤爲難，以乾避難。

　　(二)否象曰：君子以儉德避難。否卦下卦爲坤，上爲乾，以乾避坤之難。

九‧睽爲難。序卦傳，家道窮必乖，故受之以睽。睽者，乖也。乖必有難。易經其他地
　　方說到難字者：

　　(一)屯象曰：屯，剛柔始交而難生。

　　(二)需，不犯難行也。

　　(三)否，君子以儉德避難。

　　(四)明夷，以蒙大難而能正其志。

　　(五)兌，說以犯難。

　　(六)繫辭下七，損先難而後易。

　　(七)繫辭下九，其初難知，其上易知。

十‧艮爲艱，見爲＜艱難＞也。

　　(一)艮爲止。凡易經中爻互艮，皆有難象。所以蹇卦說難於中。

　　(二)蒙以上爲艮，大難也。所以明夷卦象曰：內文明而外柔順，以蒙大難而能正其
　　　　志。＜蒙難＞即因爲艮之蒙。

　　(三)否二四互艮，故否卦象曰：天地不交，否。君子以儉德避難，不可榮以祿。否
　　　　爲避，否下爲坤，坤艮皆土，＜避難＞之象。

　　(四)蹇，難也，險在前也，見險而能止，知矣哉。

　　(五)兌爲艮之反，所以兌卦象辭說「說以犯難」。俗說冒險＜犯難＞。

十一・見險爲難

　　(一)見險爲難，有在前在後之難。

　　(二)易經說難之卦爲屯、蹇、困、未濟。屯之難爲草昧未通。困之難在道窮力竭。

　　(三)蹇之難在于坎險阻當于前。艮止于後，動輒得咎。

十二・易經之難有＜難行＞、難爲，或＜爲難＞、＜難過＞、＜難調＞。

　　睽爲四陽二陰之不協，蹇則四陰二陽之難調。

十三・蹇、屯、困都是難象。屯之難在始交，是初之難。乾坤合震，震生，動在交之中

　　難。四是道窮力竭。蹇是前有阻，而不良於行。

◎險在前

　　蹇彖曰險在前。需曰險在前，蹇之卦象，坎在艮前，而下艮位，亦即乾位（先天之乾位），
後天之乾前亦是坎，亦險在前也。蹇見險而能止，艮遇坎也。

◎知

　　知之義詳本書臨卦。

一・知：坤之六三知光大也。上坤，故曰知。

二・貞爲知，知以知邪正，事必正乃可行。

三・繫辭上傳：神以知來，知以藏往。

四・繫辭下七，復以自知。

五・繫辭下五子曰：知幾其神乎，君子上交不諂，下交不瀆，其知幾乎。

六・繫辭上一，乾知大始，坤以簡能。

七・坎爲知，蹇互坎，上坎爲知。

八・蹇彖曰知矣哉，蹇有兩坎（坎艮及二五互坎），水德知，蹇有兩坎，故曰知。

　　　　蹇利西南，往得中也。不利東北，其道窮也。利見大人，往有
　　功也。當位貞吉，以正邦也。蹇之時用大矣哉。

◎往得中

　　一・五在坤中，坎爲月，月生西南而終于東北。

　　　　　　震象出庚

　　　　　　兌象見丁

　　　　　　乾象盈甲

　　　　　　巽象退辛

　　　　　　艮象消丙

　　　　　　坤象窮乙

　　　　　　喪滅于癸

西南得朋，故往得中。

二‧蹇利西南，蹇通升，升上為坤，後天坤居八卦之中，故蹇利西南，往得中也。蹇自升來，升之九二往五成蹇，往得中也。

◎道窮

蹇為艮坤，易經之西南為地。東北為山。艮東北之卦蹇為地山，坤艮也。在東北之方所見的是艮為丙，而丙消，坤為乙，乙窮。為東北之喪也，所以蹇卦之坤艮所顯示的是消艮（因為艮為丙，丙消艮，坤為乙，而喪乙滅癸，故道窮）。這和西南喪朋不同。

◎來往

一‧蹇卦多言來往，與升之來往也。蹇來升，升往蹇。蹇九五來二成升，升九二往五，成蹇。來往為蹇。

二‧凡陽卦爻皆自乾來，陰卦爻皆自坤來。

三‧往卦之義詳本書蠱卦。

◎利見大人，往有功也

蹇彖利見大人，蹇初六失正，利貞為離，以六二見九五之大人。

◎當位貞吉

蹇初六失正，貞為離，六爻當位，故貞吉。除既濟卦之外，言當位者，只有家人、蹇、漸三卦。

一‧既濟六爻皆正。

二‧家人五爻得正。

三‧漸四爻得正。

四‧蹇當位貞吉。

家人內外皆得正位，睽則皆失之。蹇之六二，九五則與家人同得其正，和睽相反。

◎時用

一‧蹇、睽皆曰時用。睽，睽之時用大矣哉。

二‧時用：用，即用九用六之用。言盡水火之大用。

三‧坎曰：天險不可升也，地險山川丘陵也。王公設險以守其國，險之時用大矣哉。

象曰：山上有水，蹇。君子以反身修德。

◎山上有水

非澗即潭，深不可測。蹇為深難。

◎反身

反身之義詳本書家人卦。

◎修德

一‧蹇象曰反身修德，蹇自升通，升下巽，巽爲德之制也。

二‧蹇自升來，自升通，升互復（地雷），反蹇（水山，水爲坎反，山爲雷反），上坤，
上坤爲身、反，故反身修德。

◎反

來爲反，來譽的意思是宜退而不宜進，退爲來（由上爻到下爻），宜止不宜行。天數固
不免于往之蹇，而君子則重來之譽，故往之不利。

> 初六，往蹇來譽。
> 象曰：往蹇來譽，宜待也。

蹇卦初六失位，與四不相應。如要上進，則入於坎之卦位。如不進，退爲艮之所。是
前行不得。初六只能和四應，所以无法和坎相濟。而二是可以和坎中相應，是多譽之爻，
較初爻受歡迎。因不能進，不如留給二，即等待二爻去和上卦相交。

這個爻是說明自己无力去實行，前途有險，不如留待以後再做。爻象主要說的是宜待
也。此爻變，卦成離，卦成火，離坎相剋一變即沖。原卦是艮土，火可以來生，是生出，
表示現況要變，則要付出，往而有損。不過卦變爲既濟，光明在望。

◎往

蹇初六往蹇，蹇自升通，五自二往，往而爲蹇，故蹇初、三、四、上皆曰往蹇。

◎來

一‧蹇初六來譽，蹇自升來，自升通，升九五來二，二多譽，故來則多譽。

二‧來知德以爲往爲坎在上，譽者有智，爲入坎，入坎即來。又艮爲止，蹇下艮，止則
不進，不進即退。退爲回，回爲來，即＜回來＞。

◎譽

二多譽。繫辭下九，二與四同功而異位，其善不同，二多譽，四多懼，近也。柔之爲道
不利遠者，近者有譽。

一‧蠱六五，幹父之蠱，用譽。象曰：幹父用譽，承以德也。

二‧譽：旅六五終以譽命。二多譽。旅取賁爲通象。二至五互巽命，爲譽命。旅初九之
四變賁，賁初九之四，賁成旅，初九一爲矢，賁成旅而矢（初九）失，變旅，旅互
巽命，二多譽，故終以譽命。

三‧坤六四无譽。陰在二多譽，坤六四遠，故无譽。

四‧蠱六五用譽，二多譽，以六二承九五，九五爲乾父之爻也。

五‧豐六五，來章，有慶譽，吉。譽：二五陰陽正應，二多譽，故譽吉。

六‧蹇初六，往蹇來譽。象曰：往蹇來譽，宜待也。蹇初變爻得位，得以承二，易經之
二爲多譽。

七・大過九五，枯楊生華，老婦得其士夫，无咎。无譽。九五與二相對，二爲陽，不與之應，但巽坤爲同宮而合，合不應，是老婦士夫之合。二多譽，今之合不應爲无譽之事。

六二，王臣蹇蹇，匪躬之故。
象曰：王臣蹇蹇，終无尤也。

　　六二艮體卦象爲獲其身，所以匪躬。人的身子並不是自己的，比如身份爲他人所給，或對別人有承諾而身不由己，但凡事卻又要躬親去做，就不合道理。所以說匪躬。二和九五相應，而且是上爲陽，下爲陰之正應。六二如在下之臣，要去上卦盡臣之責，但上爲坎憂，下爲艮辱。六二在難處之情況還得爲主冒死，把身子不當一回事。初爻因爲无能，也无身份，只是一介布衣。而二位處人臣之位，非獻身不可，但是因爲上有兩坎，困難重重。

　　六二變爻爲巽，變成井卦。井爲坎巽，巽木反震爲動。井之性爲无喪无得，即无所失，又无所得，終无尤也。巽木生在艮地，是剋土得財。本卦王臣蹇蹇，是說爲人臣者要吃苦，也就是捐生爲主，但一旦決心前往，決死之人反而得生。因爲向上走的人，知道要遇險而能止步。

◎王臣

　　蹇六二王臣，蹇坎艮。艮爲臣，坎錯離，爲王。王爲五爻，臣爲二爻。

◎蹇蹇

　　易經重用卦名都有特別意義。蹇六二說蹇蹇，因爲二外卦爲坎卦君王庭，而原卦二四爻互爲坎，兩重坎，所以蹇蹇。

◎躬

　　一・艮爲躬

　　　　(一)艮六四，艮其身，无咎。象曰：艮其身，止諸躬也。

　　　　(二)渙六三，渙其躬，无悔。象曰：渙其躬，志在外也。

　　　　(三)震上六不于其躬。震互艮，艮爲躬。

　　　　(四)蹇六二躬，躬者，艮也。故者，兌也。蹇自萃通，萃二互艮，爲躬，澤地上兌，兌爲故。萃四之三成蹇，蹇二亦艮，躬也。成蹇，去艮上之兌，匪(去)躬(萃之艮)之故(兌)也。坤艮爲我，震亦爲我(震反艮)躬象，也就是事君能致其身。

　　　　(五)蒙六三，勿用取女。見金夫，不有躬，无攸利。象曰：勿用取女，行不順也。蒙上爲艮，艮躬也。六三互震，震反艮，艮爲身，身爲躬，故蒙六三曰不有躬。

　　　　(六)渙六三渙其躬。躬，艮也。渙取否爲通象。否變渙，三至五仍互艮，躬也。

　　二・坤爲躬

　　　　蒙六三曰不有躬，可以說成不有坤，也就是失去婦道。

　　　　蒙六三曰不有躬。蒙六三互坤，從變卦的角度看，坤變，下卦成巽。坤變了，而失
　　　其順之性，所以是失了身，也就是失去婦道。

三‧必上下交易而躬象始失，故渙三其躬无悔。

　　　　悔吝者，憂虞之象也。渙下坎，坎憂，故悔以六居上，乃无悔也。故曰志（坎）在
　　　外（上卦）也。

◎匪躬之故

　　故爲事。不是自身之事，即王之臣不避艱苦而竭力爲君。

◎尤

　　易經以當位則无尤。蹇六二象曰終无尤也。艮爲終，尤，過也。蹇自萃升通，萃升皆互
　大過。六二中正，故无尤過。

　　　　九三，往蹇來反。
　　　　象曰：往蹇來反，內喜之也。

　　　蹇九三變坤爲比。相親爲比，比反爲親于別人。蹇六二忠于主上五爻，而九三爲艮在
八卦三之位，正好是三爻，艮爲止，止者反。以三反過來助二，則上下齊心。蹇九三和上
六陰陽有應，上卦雖然爲坎險，因爲九三之復回，下卦同心一致和上相抗，化險爲夷。

　　　九三位在艮上，爲艮之主，下面初二兩爻，巽柔文賢，九三回歸到本位，陰陽相親，
所以是＜內喜＞。九三變坤爲土，和原卦之艮同是土，又是坤艮同宮，是大吉之配。艮變
坤，變卦之下卦比，初五大象爲艮，坎性下流，而在艮上受阻，坎之難則无所施矣。本爻
主旨爲反比。反事應以退爲進，以虛爲實，要得實情，應反觀其另一面，才可得到眞相。
喜卦內不喜外，功成則應身退，他人比自己人親。

◎反

　　反爲復。蹇九三往蹇來反，蹇自升通，升互復，復爲反。蹇下艮即震，亦有反之象。震
于下卦有復象。

◎內喜

　　蹇九三內喜，蹇自升通，升地風卦，二爻在三之內，互兌，故喜。

　　　　六四，往蹇來連。
　　　　象曰：往蹇來連，當位實也。

來知德以六四來和六二相助為連。因為六四是近朝庭之位，但是六四為陰爻之才，撥亂反正之略，於是先連九三，合力以濟。這是自己力量不夠，連合外人成後盾。艮為山，成六四之盾。六四得位但柔弱无能，又面臨坎險，而初六也是陰爻，不與之應，所以和九三相連。易經以上爻到下爻為來，是為來連。內卦為自家，可比喻為找到自家之人或同道。而下爻是九三也身處坎位之中，可說是難兄難弟。連者，難也，就是找自家人同受難。

又六四和九三都不是无用之貨。六四居於陰位，是穩實之位，九三陽爻更實。陽為實，而且艮在三爻更是八卦本位——艮三也。因為兩者都有實力，可以擋住前險，也可以來去自如，後退有據。可見蹇險之義在于能連合同道共度難關。

◎連

一・易經以二陽爻，或二陰爻相連為連。

蹇六四來連，蹇自升來，升之九二來（下來）二成升，二三之陽相連，故來連。

二・蹇，難也。連，難也。連，古音輦，難也。

三・水氣同類，山水相連，故為來連。即艮山和坎水在先天卦是巽、坎、艮、坤相連。在自然界也以山和水相連為象（此說先作于敦厚老人易傳）。

◎實

一・當位者實，因為地位穩實。當位實也，蹇六四當位實。

二・陽為實。蹇九三當位，陽實也。

九五，大蹇，朋來。

象曰：大蹇，朋來，以中節也。

來知德以為朋指六三和九五為同德。三與五同功而異位，三是能才，上六來碩和三相應，六四來連和三相比，但三與五並非相應之爻，只有二和四是君臣同患難，其他四爻並无實責，所以呼朋來助，就是六四三皆來合。又九五變為坤，坤為朋。坤為土，蹇下艮為土，同是土為朋。蹇九五是居尊位，陽剛中正之德，在蹇難之時，得到其他力量之助。蹇上卦變為坤，坤即坎，下巽反為兌，坎兌為節。爻之變而成為節氣之變。九五以剛而制為有節，變卦為謙，謙為不卑不亢，所以稱大。

蹇卦主旨是在位之人身有責，但身在難中，要有同德之才來解。因為三五非應非比，所以該出力的未必能相應，要在其他地方找可以相連心，或可比心者，因為自己有節制，是以其他人也无背反之心，大功必成。

◎大蹇

一・易經不以卦名而稱大者，只有大蹇和大觀。其他稱大者：

（一）大君：師上六，大君有命。

（二）大得：屯大得民也。

（三）大明：乾大明終始。

（四）大始：乾知大始。

（五）大師：同人九五大師克。

（六）大觀：觀，大觀在上。

（七）大君：臨，大君之宜。

（八）大難：明夷，以蒙大難而能正其志，文王以之。

（九）大首：明夷九三，得其大首。

（十）大牲：萃，萃利貞，用大牲。

（十一）大成：井上六，井收勿幕，有孚，元吉在上，大成也。

（十二）大來：既濟，實受其福，吉大來也。

（十三）大險：蹇九五履乾剛之位，處坎險之中，可稱重險，所以大蹇即大險。

二·陽尊稱，大坎爲勞卦，故大蹇。九五以一身當天下之大難，爲本卦之定卦主。

◎朋

一·坤爲朋

坤偶爲朋，得朋喪朋，朋盍簪，朋來无咎，朋從爾思，朋至斯孚。十朋之龜，皆取坤義。

二·朋之義詳本書坤卦、咸卦、復卦。

三·易以兌爲朋。蹇自升通（蹇九五來二，成升），升互兌，爲朋二之兌，兌朋來于五，而成大蹇。蹇以升而見險。

◎朋來

一·蹇九五朋來。蹇自升通（蹇九五來二，成升），升互兌，爲朋二之兌，兌朋來于五，而成大蹇。

二·九五大君德至位當，與六二中正大之臣，志同道合，故曰朋來。

三·朋來之義詳復卦。

◎中節

一·蹇九五象中節。蹇自升通，升上坤即坎，下巽即兌，有水澤節象，故以中節也。

二·中庸第一章：喜、怒、哀、樂之未發，謂之中。發而皆＜中節＞，謂之和。俗謂＜發而中節＞。

上六，往蹇來碩，吉。利見大人。

象曰，往蹇來碩，志在內也。利見大人，以從貴也。

陽爲大，陰爲小。蹇上六來碩是指來就三爻。上六和九三應，取三爻之剛來制坎。因爲上坎爲既濟之象，上六已无所用，而卦因爲成了既濟，所以利見大人。九三以陽剛當前，

眾志從之，上卦反而就之，上六以柔性在九五君位之前共濟其蹇難。卦變巽，和坎是水木相生，洩其氣，水不頑則萬事通。但水性下流，所以巽木未能依之。幸而巽性柔，以柔尅剛，又反出爲入，坎頑可以因勢利導，是好的結局。

本爻爻旨爲從貴。貴爲九五尊位爲貴，各爻從之，而上情又可下達，无不大吉大利。

◎來

以下解釋只以來始形成之辭，而不以來終形成之辭。

一・蹇六爻皆曰來，蹇自升通，蹇九五反二，上卦坤成坎，下卦艮爲巽，升上坤，後天西南卦；下巽，先天西南卦。蹇六爻皆曰來者，欲九五來二爲升，正象之利西南也。

二・易經之來見於論語有朋自遠方來。易經之朋在西南，西南得朋，而且後天之坤在西南，先天巽在西南。即二陰皆在西南爲朋。

三・蹇自升卦來。升爲月之起，即蹇九五來二，卦成升。

四・來，即反也。回頭，回爲復，來復。

五・萃聚而升不來也。蹇自升變通而來，所以升卦說不來，蹇則說來。

六・由外入內曰來。

泰，小往大來，吉亨。六三之小往外爲四，九四之大，來內爲三。

七・易經所說的來都是自上來下。

八・上爻應下爻爲來。

九・蹇爲來：蹇六爻中除了二爻之外，都說到來。

(一)初六，往蹇來譽。

(二)九三，往蹇來反。

(三)六四，往蹇來連。

(四)九五，大蹇，朋來，以中節也。

(五)上六，往蹇來碩，志在內也。

十・二爻爲內，上爻到二成通卦即爲來內。比如：

(一)蹇卦初六之來說的是升卦五來二成蹇。

因爲譽在易經是指二爻。來譽可說成由上來到二爻。

蹇自升來，自升通，升九五來二，二多譽，故來則多譽。

(二)豐六五，來章，有慶譽，吉。

豐卦由泰卦來變通而成。豐六五來章，有慶譽。泰六四來二卦成豐，所以豐說來章。

章指的是六位相易，易六位而成章，故來章。又豐六五，來章，有慶譽，二多譽。

十一・上卦到下卦爲來。比如蹇上六往蹇來碩，蹇下卦爲艮，上六到艮卦變成升。又艮爲碩，所以蹇九五來于艮內，故來碩，這兒碩可從變通卦看出。

十二・來連：蹇六四，往蹇來連。象曰：往蹇來連，當位實也。

十三・卦變爲復變即來復

復，亨，出入无疾，朋來无咎。反復其道，七日來復，利有攸往。

　　　　來復是說重新回到復爻。乾陽自姤，始消歷遯、否、觀、剝、坤六卦，至復爲七，
　　　　故七日來復。

　十四‧來兌：兌六三，來兌。凶。象曰：來兌之凶，位不當也。

　　　　兌之六三是由大壯變通而來。兌爲壯，大壯爲羝羊觸藩。兌爲二物互相＜抵觸＞。
　　　　六三陰失位，來者爲凶，又凡物相兌而同，同類爭則凶。兌和壯卦有同類之處。

　十五‧雜卦傳，萃聚而升不來也，謙輕而豫怠也。

◎利見大人

　一‧下離見上坎爲利見大人

　　　　蹇上六利見大人，蹇通升，升曰用見大人，升无妄錯，以九六相易，皆貞既濟（以
　　　　下離目以見坎之大人也）。故蹇曰利見大人。

　二‧蹇彖曰利見大人，言貞初六爲離，水山成水火，以離見坎五之大人，六爻皆正，故
　　　　吉。上六曰利見大人，乃以六爻皆欲蹇來爲升卦，升利西南。

◎碩

　一‧碩爲大。

　　　　陽爲大，陰爲小。蹇上六來碩是指來就三爻。上六和九三應，取三爻之剛來制坎。

　二‧又碩爲石，即艮。上六應下卦九三是碩石，以之爲靠山。

　三‧碩字之義詳本書剝卦。

◎志在內

　蹇上六象曰志在內，坎爲志，蹇上卦坎，九五來二成升，升錯无妄，以坤從乾，故從貴
　也。易，皆貞既濟，用下離目以見坎五之大人也。

☲ 解

解，利西南，无所往，其來復吉。有攸往，夙吉。

　　解卦所解的是險。險之爲物，見天則訟，見澤則困，見山則塞。在外卦則屯，解卦坎險在內，震動在外，是動而出乎險在外，所以免除了險。這是因爲見到內部有險象，行動不在內部，而在外部，把險事避了，就叫解。解卦是綜塞。塞爲坎在外，艮在內。解把塞倒過來，不往難處走來避險，和塞停止以避險，都是避，一是止在內，一是動在外，其方法大大不同。

　　解卦說免乎中爻之險也，即除去坎之中爻，而卦成爲解。所以解是解塞卦之難。塞之險在上，是正位，即處在眞正是危險地區的險，不好去險，把塞的險移到內部，即免乎中。險不在中，即不險了。去除坎中之方法是移位。將陰氣往下降，陽氣上升，塞卦四陽爻來三，三陽爻來了，以升降法來將塞變解。陰氣下降爲一陽復始，所以解之原理是以復卦一元復始，大地回春。有如以春天的甲木破土＜解凍＞，使地上結冰之水化到地下，所以解卦說解動而免乎險。

　　卦辭夙吉，即愈早愈好。來知德以爲解利西南是敎占卜者方向之辭，應往西南走，但要早走，否則回復到東北之地也可，只是不如西南好。解卦震坎，坎水生震木。中互離爲火，初五互爲既濟，吉相在中，吉而得中也。解中既濟爲孚象，所以解爲緩，緩爲遲。因爲震在上卦爲動，動而生火，震動在外，而坎水流向下，二者反其道而解開。坎在下欲生木，而木在上生下之離，其道相背而性相生，所以解動免乎險，是安全之開解。

　　解自升來，升互復，所以解是上升後又回復。如僅上升開脫，即无章法，解而脫，是无所解，解无所往。復上坤爲西南，解利西南是反復其道。俗語說＜解鈴還要繫鈴人＞，因爲最安妥之解開，是找出原來如何打結的，所以解其來復吉。

　　易經以初爲早，又早爲日出甲木。解卦除了是說早一點解，還說甲木之性質爲解。因爲甲爲拆甲，拆爲解。解卦震雷，離爲日，坎爲雨，春雷動而雨以潤之，日以烜之，萬物生乎震也。在每日是清晨卯時日出，一年爲驚蟄月之卦，所以解之時義大矣哉。說解要得其時，否則少了開解的因素，就无解了。

◎解

一‧解，緩也。中孚象曰：澤上有風，中孚。君子以議獄緩死。

二‧解爲遲

　　豫卦六三曰遲。豫卦互解，解爲緩，故遲。歸妹四遲歸，亦互解緩。

易中陰陽爻得正速，失正則遲。咸四爻正，故咸速。解五爻失正，故解緩。

三・解爲徐

　　(一)咸曰咸速，解曰解緩，損初四遄，困四來徐，五乃徐有說，震上客不速自來。

　　(二)咸速解緩。易中陰陽爻得正速，失正則遲。咸四爻正，故咸速。解五爻失正，
　　　　故解緩。

四・解不可疾

　　(一)解卦曰不可疾貞。

　　(二)明夷九三不可疾貞。明夷中四爻互解，解，緩也，以九三得位，陽剛之性不能
　　　　緩，故不可疾貞。疾，速也。

五・解无所往

　　解，无所往。解自升來，三四爻之上下，升九三往四成解，九三往四，四不宜往五
　　成坎，坎重險也，故无所往。

六・解從刀判牛角，取其開散之義。

七・解爲驚蟄月之卦。因爲春雷動而雨以潤之，日以晅之，萬物生乎震也。天地之間只
　　有陽光可以散開幽滯。日出甲爲早。

八・解爲蹇之綜，解即解蹇之難。

九・解爲剝。艮坤爲剝。艮即震位，坤即坎位，有雷水解象。剝爲剖，即＜解剖＞。

◎來復

一・解，其來復，解自升通，四來三爲升，升互復，故其來復。

二・解，其來復吉：解升通，解四來三爲升，升互復，故其來復。升則上坤爲後天西南
　　卦，下巽爲先天西南卦，正象之利西南，故其來復吉。

三・來復爲返象。自解爲驚蟄卦，至多至爲復卦，反復之義。

四・解中含震、坎、艮。三者皆爲坤所生，即由陰成陽。即坤後爲震，震後爲坎，坎後
　　爲艮。如以之倒行（回復），即爲艮回到坎，坎回到震，震回到坎。由艮到坎，水
　　山成蹇。如由解（震坎）回復，即坎回（復）爲震，震（復）爲坤，由解變成復
　　（坤震）。

五・解上陰處尊位，陽无所往，來復。

◎來

易言來，下來也。卦爻自上來下，俗言＜下來＞。

◎夙吉

一・解夙吉。解，緩也。緩，故以早爲吉，夙，早也。

二・早也，夙者，當斷不斷，反受其亂。

◎利西南

一・解利西南。西南之地无坎險也，故利西南。解卦出險，所以以西南爲利。

二・西南之地无坎險也，故利西南。正西則先天之坎，正北則後天之坎，自西南而往東
　　北，必歷兩坎之險，故解利來到西南方，可以避險。

三・解中含有震、坎、艮（中互艮）三個卦。三個卦都是由坤所衍化，坤卦西南得朋，

　　而且坤利西南。

四・震在坎上，出險。中互既濟，有相安之志，故利西南。

五・後天坤爲西南，先天巽爲西南，升坤巽，西南卦也。萃上兌即巽，下爲坤，亦西南
　　之卦。

　　解自升來，九三往四成解。解亦自萃來，萃九四來三成解，故解利西南。

六・太陽自秋分後至春分前，總在赤道西南，所以說利西南。

七・易經說到利西南卦有坤、塞、和解。坤，利西南得朋。塞利西南，往得中也。解利
　　西南。解由升來，升爲吉，所以解卦說其來復吉。解，其來復吉，解升通，解四來
　　三爲升，升互復，故其來復，升則上坤爲後天西南卦，下巽爲先天西南卦，正象之
　　利西南，故其來復吉。

　　　　　象曰：解，險以動，動而免乎險，解。解利西南，往得眾也。
　　　其來復吉，乃得中也。有攸往，夙吉，往有功也。

　　解卦象說險以動是指解卦之本象也。解，險以動，動而免乎險。解自萃通，解九四來
三，成升，九二往五，成萃，皆得正。卦成升萃，解之下卦坎象失，所謂動而免乎險也。解
動而免乎險，解九四來三成升，九二往五成萃，解之下卦卦象失，動而免乎險。利西南，往
得中，地居天中，坤居八卦之中，未申居一歲之中，故西南得中。

　　　　　天地解而雷雨作，雷雨作而百果草木皆甲坼，解之時大矣哉。

◎天地

一・解天地解（而雷雨作）：解自小過通，小過互大過，大過巽兌中有乾天，小過震艮
　　中有坤地（震坤），變解（小過）六三往三成解，乾坤天地之象散矣，則天地之象
　　解。

　　坤艮坎　　　巽乾兌　　　離震

　　乾兌離　　　震坤艮　　　坎巽

二・天地之義詳本書復卦。

◎雷雨作

　　解象雷雨作，震爲作，震爲雷，坎爲雨。

◎百果草木

艮爲木，爲果，震爲草木，爲百。

◎甲坼

一·震艮中爲田方，震通小過，小過互兌，毀坼。日出甲上爲早。

二·甲木剋木性拆。拆爲坼，罅也。坼爲宅，根也，即宅居之意。艮爲宅。又解二往之五，四來之初，卦成屯，屯爲宅象。又甲木爲拆，即解甲，俗語說＜解甲歸田＞，田爲宅。

三·甲坼爲驚蟄月之象。震爲甲，易經說甲字爲蠱卦。蠱卦先甲三日，後甲三日。蠱爲蟲。消息卦二月爲卯，震爲甲也。蟄爲蟲，即蠱也。蠱爲蟲動，即＜驚蟄＞。

四·消息卦解爲二月卦，正百果草木甲坼之時。

象曰：雷雨作，解。君子以赦過宥罪。

◎宥罪

解初六宥罪，坎爲罪，動而免乎險之意。

◎＜赦過＞

一·解赦過。解象曰：雷雨作，解。君子以赦過宥罪。

二·小過爲罪過。解自小過來，故曰過。坎爲罪，赦宥者，震也，震甲木爲仁。解以赦過之道理，可以參看小過卦說明解卦和小過之關係自可明白。

初六，无咎。
象曰：剛柔之際，義无咎也。

解卦所解的是以初六之柔交九四之剛。上卦震，初爻剛不得其位，因爲震正位初也。震初爲陽，四回來和下卦坎六之初交。坎卦正位原在上，所以相交爲用，則剛不過剛，柔不過柔。初六本來是不得位之爻，因爲上承陽，易經陽之本性爲承陽，只要承陽，可以咎。而初爲震之本位，陰陽交接之際，可以顯出復始之精神。這是遇到困而以回找出原來問題關鍵，來解難的方法。解卦初爻變兌爲金。金生坎水大利，金剋上卦震木，是一洩一生，只能說是好壞參半。變卦爲歸妹，和復卦之象相同，都是說要回到問題之本來發生之地去找解答。

◎无咎

一·易經以剛承陽爲无咎。

二‧解初六无咎，陰以承陽，故无咎也。

◎義

一‧義字其他之原理詳本書乾卦。

二‧乾爲金，金爲義

(一)需，須也，險在前也。剛健而不陷，其義不困窮矣。

需卦通中孚。中孚巽即兌，兌即坎，爲澤水困，中孚變其義，不困矣。即變爲需，即得乾爲義，而失中孚象，故不困。

(二)同人九四，乘其墉。弗克攻，吉。象曰：乘其墉，義弗克也。

同人三四火金相剋，四變爲坎，以乾變坎，四上皆正。弗克也。乾爲義，變，不和離相剋。

(三)賁初九，賁其趾，舍車而徒。象曰：舍車而徒，義弗乘也。

坤爲車，賁中爻互坤爲車，坤反乾，乾爲義，是義反而不乘。

三‧兌爲金，金爲義

隨九四，隨有獲，其義凶也。有孚，在道，明功也。

隨爲震兌，金木相剋凶也，兌爲義。

四‧復爲厲，厲爲利，義也

(一)易經以利爲義，而利即厲，即極端。復爲一陽之始，始之造端。

復六三象曰：頻復之厲，義无咎也。復之下爻爲坤，錯乾，爲金。易以金爲義，是以復卦說義，義爲金。

(二)易經有復象之卦都會說到義

復六三，頻復，厲，无咎。象曰：頻復之厲，義无咎也。

漸九三，鴻漸于陸，夫征不復。

漸初六，鴻漸于干，小子之厲，義无咎也。

解卦卦辭說其來復。象曰剛柔之際，義无咎也。

既濟初九說，曳其輪，濡其尾，无咎。象曰： 曳其輪，義无咎也。

(三)復爲陽爻初起之際，所以際有義之象，即乾所起也。

凡剛柔相交爲際，即＜交際＞或＜交節＞（節和義之相關詳本書節卦）。

在坎之初或四爻則爲際。解初六象曰：剛柔之際，義无咎也。解初爲坎之初，又解有復象，所以剛柔之際來借復之義也。

九二，田獲三狐，得黃矢。貞吉。
象曰：九二貞吉，得中道也。

九二陽剛得中，又上應六五。照說以九二在上爲得位，而六五在下爲得位，這種上下

不交是解決問題方法之一，即顛倒法。而因為上下相通，可以顛倒錯置而不會傷害。在宗教上以顛倒移位可以解開凶災象根源。易經說上下通而其志同，因為九二和六五相通，可以輕易移位，便使卦成為中道之卦，即九五之尊和六二臣復位，凶災疾病也＜迎刃而解＞。黃矢為刃也。

　　解卦變坤為土，土來剋水，是得財之象。中爻為艮，艮坤為同宮，是吉祥之卦。又發生在二、五正應之卦中。又變卦為豫，豫安也。又豫大象為震，完全合乎解卦之卦性，即以動在外來解決問題。又解之困在坎中，所以不能以離火來剋水，一剋即災，要以震木消水。木消水，是文人出名。貪狼星主政，无不大貴也。田獲三狐為離火之災。

◎田獲三狐

一・來知德釋：「坎狐為弓。」中爻為離，離居三，所以說三。又為戈兵，戈兵震動為田，即田獵。變坤為黃，狐為媚，小人之象。黃為中色，矢直物如君子。九二陽剛得中，上應六五，信任于國家大難方解之後。去狐媚得中直之象。

二・解九二四獲三狐。艮為狐，解自小過通，小過震艮，艮在三，為三狐。小過變解三互離，艮狐入離罔之中，故田獲三狐。

三・孤和狐義詳睽卦，其中最明之義為鬼狐。

四・三狐為三種疑難待解。易以坎為狐，為疑。可能是占卜者在田中驅鬼，有三種問題要回答。

五・解卦以動在外來解決問題。外即在田，田在屋外也。

六・本卦安宅驅鬼當在室外行之，而在室之難可解。

七・田為土地。二爻在下，為地。

◎黃矢

一・矢，屎也，可以避邪之物也。黃為中色，土色也。黃矢為黃屎。

二・黃矢：離得正位

　　(一)解得黃矢，離為矢，二為黃離，中正也。解二互離，離居下得中正位。

　　(二)噬嗑四得金矢，晉五矢得，皆離得正位也。

◎解貞吉

貞坎為離也。

◎得中道

解九二得中道，解下坎貞離，九二成為六二，得中道，故得黃矢。

一・中爻得位，為得中道。陰爻在中為得中。

　　(一)既濟六二為離中，得中之道也。

　　(二)夬九二象曰：有戎勿恤，得中道也。

　　　　　得中道：二貞為離，故得中道。

　　(三)蠱九二象曰：幹母之蠱，得中道也。小象曰得中道也，九二得位故曰中道。

　　(四)中為內，中孚中虛，故柔在內。小象曰得中道也，九二得位故曰中道。

二・得中之義，詳本書中孚卦。

六三·負且乘，致寇至。貞吝。
象曰：負且乘，亦可醜也。自我致戎，又誰咎也？

　　解六三卦象陰爻接近上卦震之陽，是陰乘陽，爲負之象，即背負。下卦坎即坤，坎坤皆車，車上所負爲上爻之物。小象說是醜，即匪類爲醜，即鬼也。又原卦中互離，六三爲離三之中，即二爻所說的三狐。在田中拿到三個作怪之物，置於車上。震爲動，動則行，震木爲卯月之木，即桃木，用之消去坎水，則下卦之難可解，而醜物亦消聲无蹤。

　　解六三變巽爲恆。巽木和震都是木，而解卦是以木來解水之塞難，所以木之用大。本卦卜官利科考。解坎爲＜解元＞，木動爲筆動，動而解。

　　本卦如取艮爲背，以三以四艮背五，則坎水在內只是一時受制，非長遠解決之道，將困難暫時壓下而已。

◎負
　一·爲背。艮背，三以四艮背五。
　二·乘即負。六三以陰乘九四之陽爲負。

◎醜
　一·鬼爲醜類，爲醜。
　二·觀六二，闚觀，利女貞。象曰：闚觀女貞，亦可醜也。
　　　觀爲置於神物之所。鬼在中，所以有闚（鬼）觀之象。
　三·大過九五，枯楊生華，老婦得其士夫，无咎。无譽。象曰：枯楊生華，何可久也？
　　　老婦士夫，亦可醜也。大過爲棺，中有鬼物。
　四·解卦之負和睽上九，睽孤，見豕負塗，載鬼一車同義。即鬼類負塗而在車上。負塗，
　　　可能是把爲了驅邪而捉到的山野豬塗上泥巴來以取代鬼，作爲驅鬼的取代法。

◎乘
　解六三負且乘，負，艮背也，乘，坎輿，六三上承九四，下據九二，是負且乘也。

◎致寇至
　坎爲寇，爲險如匪類。解六三致寇至，坎爲寇，二之坎爲寇，自三致之（解自小過來，小過九三來二），艮成爲坎，致寇言小過艮變坎成解也。

◎貞吝
　解六三貞吝，解上下卦易，坎居上則位正，故貞，但上爲窮位，窮必吝，故貞吝。

◎自我
　一·解六三象自我，解自小過通，小過艮爲躬，故曰＜自我＞。
　二·坤爲自我。
　三·解卦以復來解塞。因爲寇爲匪，即匪類，是自己招來的，可能是自己祖先之鬼靈，
　　　所以解而无咎。

九四，解而拇，朋至斯孚。
象曰：解而拇，未當位也。

解九四爲震卦之頭一爻。震是足，所以九四如姆指。九四變，變坤，坤爲母，是解而後又是拇，即解而未解。因爲坤母尙在而震男已走。得坤爲朋，因爲下卦坎爲坤，是坤又見坤，又是朋象。九四是表示解而未解。但坤來，變師，師是坤坎二卦先後天同位，所以有孚象。即卦雖未顯示有解開之方，所面對的變局仍是穩當而可靠的。

變坤爲土，土水是相剋財象。但坤變在震之卦上，是被震所剋，所以是一得一失。

◎拇

一・解九四解而拇，拇手中指，震艮一體，震在上，故取象艮，手之象。

二・拇，母也。艮爲指，坤爲母，故咸（感）其母失位。此言咸之變爲既濟，艮感否卦之坤母。而應之四，四得正，成既濟也。

三・震爲足，拇居足下，三居震之下，拇之象。

◎朋至斯

一・解自升通，升兌爲朋至，解九四至（下）三，成升，解，解坎險也，朋至，下卦之坎成巽，坎象解。

二・同類爲朋。二與四同功，又是陽爻，所以稱爲朋。

◎孚

一・解九四孚，孚信也，解自升通，升坤即巽，巽即兌，爲中孚象，故朋至斯孚也。

二・解九四不正，變卦爲師。師坎和坤同宮之卦，所以說孚。

六五，君子維有解，吉，有孚于小人。
象曰：君子有解，小人退也。

解卦有四陰爻，六五以陰居尊，而三陰從之，是陰人之首，在古時比爲宦官外戚。但六五近比九四，而又和九二正應，是陽剛君子。如果六五可以維繫身旁之君子，而遠小人，保持虛心，可以上下相通，則陰氣皆爲其所解。

因爲六五和九五相通，身在坎卦之境，最能知道下卦困難之所在，其特長是心虛。六五是占者自己，而其他陰爻是小鬼。因爲居在六五尊位而自己也是小人，居在主位，又有陽爻相助，能有自知之明，所以不怕把局勢變壞。

本卦以變通卦來看是先聚後解。因爲解通萃聚，有了萃中之維繫象，卦才可以打開。這是說明任何開解的方法──先找到自己的著力點，然後才能向困難的地方下手。

◎有解

一・解變萃爲聚，聚衆爲維。有維則可靠，可以解。變通解：解六五君子維有解，解六五失正，二五相易，卦成萃，九居五，成君子，萃二陽相聚，萃卦上二陽爻，以巽繩維之，故君子維。

二・解居萃通，先聚後解

解六五君子有解，君子爲九五，解九二上五成九五，成萃，九五爲君子，萃下四爻互剝，艮坤剝，艮即震位，坤即坎位，有雷水解象，故＜有解＞。

◎有孚

一・有孚之義詳本書需卦。

二・解六五，有孚于小人，解六五小人居君子位，以六五退二，成萃，萃上四爻互大過，大過澤風，兌即巽位，巽即兌位，有風澤中孚之象，故有孚于小人。

◎解爲孚

一・解中孚皆體震。中孚爲大離，解體爲離。

二・孚爲驗（徵信），解爲（解答），解答即有所應徵。

◎維

維字之義詳本書隨卦。維之意義有：

一・四維也，即乾象。

二・維繫也，巽爲繫。

三・解維反，解開維繫。

萃爲繫。解六五失正，以二五相易，卦成萃。萃二陽相聚，爲繫象。而解相反，又萃卦上二陽爻，巽爲繫象。

四・兩柔爻纏終于外爲維。解卦兩卦皆爲陽，和維相反。

五・坎曰＜維心＞亨，乃以剛中也。坎二柔爻于外爲維。解卦二陽在外，包一陰，象大離，反坎相反。坎象維，解以象離反之。

> 上六，公用射隼，于高墉之上，獲之，无不利。
> 象曰：公用射隼，以解悖也。

解卦上六震錯巽，高之象。上六爲天位，所以說高墉。爻象以棲在宮中城上的鳥爲比喻，因爲有權勢可依，別人不能對之不利。這可以說是解卦一路要去除的問題。上爻之鳥是比喻在人君之旁之小人，這些小人是因爲在高墉之上才可以大膽妄爲，這也可以進一步比喻平時擾人之妖邪怪事。震爲王公，一動之下而去之，所以把多年的問題解決。

解卦把坎放在下卦，所以成災，稱爲悖，即星占學之＜水悖＞。水可以用木來消掉多

餘之氣，離火之邪鳥也被捕了。解上六變卦爲未濟，是非常理想，因爲未濟是既濟之開始，是完全可以利貞的。而未濟和解正好也是倒錯之卦，因爲解卦是以復元爲解決問題的方法，復元到基準點，和未濟情況相同。人間問題原不可能完全解決，如能讓問題回到本來的面目，問題會自然順道而解。

◎隼

　禽也，見坎象。解反爲屯，屯二至四互坤，爲器、爲藏、爲身。屯上坎爲弓，爲禽。

◎射

　一・繫辭言射隼、高墉、弓矢、器，孔子以解卦釋之。

　二・解上六射隼。隼者禽也，弓矢者器也，射之者人也。君子藏器於身，待時而動，何不利之有（此爻言弓矢之器，上震反艮爲躬，无不利）。

　三・解下坎，解卦爲大離，解二四互離，離爲矢，射之象也。

　　　解下坎，坎爲弓，弓在下，所以射上。

◎悖

　一・坎爲悖。三出成乾而坎象壞，故解。

　二・五星法之災星之中，悖爲水災。

◎弗攻克

　同人三四火金相克，四變爲坎，以乾變坎，四上皆正，弗克也。

◎墉

　一・墉爲離象。墉之功用爲隔，故離象之。

　　　(一)離人空外圍，墉象。

　　　(二)泰城復于隍，取歸妹，歸妹中互離。

　　　(三)解上，高墉，取貞。

　　　(四)既濟卦互兩離，上爻，在兩離之上，爲「高墉之上」。

　　　(五)同人九四，乘其墉，弗克攻，吉。同人四乘離，乘其墉。

　　　(六)解與家人旁通。同人乘其墉，四之師成家人，九四變離爲風火家人。

　　　　　師和家人都和城牆相關，而是和外圍相隔離。師作戰要城堡，家人則離象。周代家爲國，國有城。

　二・墉，城牆。

　三・墉，離中虛，外圍之象。

　四・墉，高牆爲墉。

　五・墉，城也，高墉爲王宮之牆。解上六說獲其隼，隼是棲在山林之鳥，在山林人人皆可以射它，但是棲在王宮高墉之上，則如城狐社鼠，有所憑依，人不敢射矣。

䷨ 損

損，有孚，元吉，无咎，可貞。利有攸往。曷之用？二簋可用享。

因爲損是失，本來是違背人情之事，或過或不過其時，都不是正理。但損卦卻說一、有孚，二、元吉，三、无咎，四、可貞，五、利有攸往，有五種好處來証明損並不是凶卦。連祭神時用二簋至爲單薄的供品，也可以享于鬼神而无損其功。可見在易經之中損的好處多，是好卦。損卦的道理見于損益盈虛。東西漲了，會一路漲下去，最終其勢終要消下。消則爲損，東西變虛了，空虛不已，其勢必至于息，息則益矣。所以當滿盈之時間到了，不能再增之，否則就逆時了。人到了窮困時，要敬神，用微薄的供奉就合宜，不是說富時還是因陋就簡。要知損之義不在多少，而在因時制宜。

◎損

一・減損，約束。損大象爲頤，二陽包陰在內，是約束之象。易經之包卦都是約束，損卦之損來自節約。對自己從減損和約束，所以損未是減，而不失。

二・損：山高宜高，澤宜深。損澤以益山，其損爲山。此爲損之義。上下交害，爲損。

三・水在山上，爲蹇難。水在山下爲蒙之昧，二者皆失。損以山下有損，其艱可知。

四・艮爲土，兌爲金，土以生金，損土也。

五・損之道，孔子說：「高而能下，滿而能虛，富而能儉，貴而能卑，智而能愚，勇而能怯，辨而能訥，博而能淺，明而能闇，是謂損而不極，能行此道，惟德者及之。」

六・損通泰卦，損乾之三，益坤之上。

◎有孚

損有孚，損益體象中孚，二至上互頤，錯大過，兌即巽，巽即兌，有中孚象，故損有孚。

◎元吉

損元吉。損二至上爲震起艮止，乾元一周也，故元吉。

◎无咎

損艮在上无咎。損象曰无咎，是无咎之卦。五上不正，惟上艮爲止，六五之陰，順承上九，故无咎。損上、賁上皆艮在上，皆无咎也。

◎損可貞

損可貞。損六爻之二、三、五、上爻失正，故可貞。

◎利有攸往

損利有攸往，損二、三、五失正，二往五易之，三往上易之，成旣濟卦，故利有攸往（往，爻往上行也）。

◎簋（音暌）

損二簋，二互震象簋。在二爻，故曰二簋。曷之用，二簋可用享。

◎用亨

亨，京房曰：「祭也。」古文享即亨也。

一・益六二王用亨于帝，益六失正，貞三爲離，離爲王，震爲帝，坤爲牛，變離爲戈兵以殺牛，故王用亨于帝。以牛爲祭，故取坤牛爲祭義。

二・困九二，困于酒食，朱紱方來，利用亨祀。酒食爲祭。

三・隨上六，王用亨于西山。

四・升六四象曰：王用亨于岐山，順事也。

◎用享

損二簋可用享，損二至上互頤，養賢之象，二簋可用享也。

古時盛黍稷稻的一種深的祭器，內方外圓爲簋。古時祭祀時最盛重的用八簋，其次用四簋，最節省的只用二簋。這是說明損的精神在儉約，儉己以益人。

◎損卦之道

一・損益剝復

損卦初爻至五爻互爲坤震，爲復卦。損卦之中含有復卦，所以損卦是可以收復才是損。益二到上爻，卦變爲互剝。益卦之中含有剝卦，可見益中永遠存在剝削或被剝削的內含。

二・損中有益，益中有損

損益兩卦相綜。損中有益，益中有損。損卦中藏有益卦，益卦中藏有損卦。可見當有損失時，其實也存在得益的事實。而得益時自己一定也要付出代價。

三・損益平均

損爲艮兌，益爲震巽，今之成乾包坤，三陰三陽平均。也就是說所謂損和益是互相而且等量互補性。多損即少益，多益即少損。而所損的部份也會有等量的收益。當有收益時，也會在別地方付出等量的支出。損卦上下卦剛好相反，所以上滿則下虛，上虛則滿。

四・損益剛外柔內

損益皆爲陽外陰內之卦。剛外柔內，坤在乾中，所以當陽包陰時爲了包象，即損益會發生，是因爲實體之外部擴張之故。比如帳面擴張，就發生多和少。

五・蹇解損益：艮震與坎相合爲蹇、解兩卦之別。艮兌與震巽相合，爲損益之殊。

六・損卦演泰之損，損所損的是泰卦乾坤。

七・損與益合：損象曰損有孚。孚爲合，損與益之數恰爲合，所以損卦言孚，即符合。

八・損爲損下卦之剛，益上卦之柔。

九・損之道上行

（一）損象辭其道上行，泰三互震，震爲道，爲行。泰三上四爲歸妹，上五爲節，上

上爲損，其道上行也。爻取歸節之意。歸取＜歸元＞（即現代會計之「零基」zero- base）。預算，節爲＜節算＞，即損爲＜歸零＞，節算後爲損。

（二）損下體乾陽以益上體坤陰，所以其道上行。損是以損下來益上。

十・損下益上

損互體爲坤。山在地上。澤在地下，澤以自損增山之高。

泰九三與上六易，泰之九三成六三，上六爲上九，以九三易上六，損者爲下之陽剛，而以益上之陰虛，這就是損（泰之九三）以益泰上六之陰。

十一・損益盈虛：損而有孚，損，損乾之剛，益，益乾盈，益坤虛。

十二・損剛益柔有時

損言時，損自泰通，艮爲時，爲泰震之爻（泰自三爻互震，上行，爲歸，上行爲節，上上爲損）。損于晝而日漸短，益于夜而宵漸長，這是說一日之變化。

十三・損剛益柔：乾滿坤虛。損則損乾之剛，來益坤之虛。

十四・山上有澤損。損象山上有損，澤之深，以益山之高，損之象也。

十五・損懲忿窒慾。損象懲忿窒慾，損自泰來，泰之乾剛多忿，則懲以兌澤之虛，坤柔多慾，則窒以艮山之正。

象曰：損，損下益上，其道上行。損而有孚，元吉，无咎，可貞，利有攸往。曷之用？二簋可用享，二簋應有時，損剛益柔有時，損益盈虛，與時偕行。
象曰：山下有澤，損。君子以懲忿窒欲。

◎上行

一・上行之義見本書謙卦。

二・柔進而上行，則剛退下行。 陰卦或陰由下爻到上爻爲進，向上進行也，皆以吉論。損下爲澤，柔卦，宜上行。

◎與時偕行

艮爲時，爲泰震行之爻，故與時偕行。

初九，已事遄往。无咎，酌損之。
象曰：已事遄往，尚合志也。

損卦初九陽爲實，即有財力者，六四爲虛，損卦上下卦全相合，所以初九和六四合，初九必須補六四之虛。放下自己之事，而往上，易經以上行爲往，自己作的事或可能是祭祀自己祖先。往上可能是當事人要祭祀二姓，而放下自己家之祭而去祭別姓之祖先，這是古時招贅制的情形。因爲一次只能祭一家，其情形和損己益人情況很像。

損初九爲兌，變爲坎，成蒙卦。坎水生在兌金是相生。但上爲艮土來剋，表示遠方之人會給自己爲難。但艮土剋坎水爲財，雖然爲難，對方會給自己一筆財富。這是損己去祭他家之祖可以得到的好處。而且本來就是合志之事，即兩家都說好的，所以无咎。

◎已事遄往

損初九已事遄往，已，止也。損自泰通，變艮爲坤，坤爲事。

損遄往，泰變損，必自歸妹來，歸妹四愬泰變損，損必遄往无咎。

◎已

一・已經，既往也。

二・已爲祀，祭祀。已同己，即候，等祖先之靈來享之。己爲自己。

三・朱駿聲說己事爲先王已行之事。

◎遄

速，快決。

◎酌損

一・酌，酌酒之象。損自泰通，泰必歸妹來（泰三互震，三之四成歸妹，四之五成損）。歸妹四爲震之尊，互坎爲酒。酌損者，不可全損也。泰之乾三陽，惟三過中（互震之三爻）成損，二不可損也。

二・酌就是損剛益柔。

柔爲空虛，有如酒杯。剛爲滿，即酒。把酒倒在空杯中，爲損象。

◎合志

爻合爲合志：

一・損初爲陽與四爲陰爻，兩爻相對應，稱爲合志。

二・二爻與五爻爲中爻之合，稱＜同志＞；六三和上九相應爲＜得志＞。

三・損自泰來，經歸妹，歸妹四爲坎，坎爲志，歸妹初四皆九，合志。

四・初九變，卦成蒙。蒙下坎與損卦下兌，乃爲先後天同位之卦，尙合志（坎爲志）也。

> 九二，利貞。征凶，弗損益之。
> 象曰：九二利貞，中以爲志也。

九二變震。二爲兌悅，悅而動，是必以笑容去討好上面之人。損六五爲柔居剛位，並无不足，而九二剛居柔位，並非有餘。這有如自己用度已很緊，實不能去接濟一位用度很

鬆的人。在這種情形，九二不能得到上爻實質上的援助，而只要給于聲援。本爻是兌金成震木，金剋木難免有凶，動而後去媚上，媚上則不中正，不中正則有凶。九二變震，震木剋艮土，震木被剋則无力剋他。損下卦爲兌，二往五，下卦成震，兌剋震而爲財，其意爲去損他人，反而變成利益自己。

益爲損上益下，若損下益上，財力少的人要去接濟財力多者，結果只是自己得益，就失去損己益人之義了。所以損二說弗損于己。其實九二自損其剛，即以泰卦之乾來九二，則能自益。不必多此一損去調和上卦。所以征凶，征凶就是不可能貞正爲既濟。

本爻變震成頤卦，頤中爻互坤，有剝象。剝爲爛，爛則凶。不過三至五成艮，剝不盡，所以无所損。艮土可以生兌金，是上來助下。而艮和坤是同氣比和，大吉之相。

◎征凶

損九二征凶，歸妹征凶，震爲征，損二互震，二爻爲失正之爻，位不當，故征凶。歸妹征凶曰位不當也。

◎弗損益之

一·損九二弗損益，損九二往五，損成爲益(損下兌，二往五，下卦成雷，損變益)，益爲損上益下，若損下益上，以爲益，(二損以益五)，失益之義。故損二當弗損于己。

二·又九二不自損其剛（泰之九二），則能自益。即弗損則益，損則不益。

三·不損而益之，故損，自損而終，故益。

六三，三人行，則損一人。一人行，則得其友。
象曰：一人行，三則疑也。

損卦是上卦和下卦正配，所以爻爻相應。損初曰酌損，二曰弗損，所以損卦可損之爻是三爻。三爻是損益交接之爻，損下卦之三爻來益上卦之四爻，是眞損而益人。損卦和益卦相交要取其中一爻互相成其友，而不能三爻同交，否則會多生是非。因爲損己益人是損自己之一小部份，這部份是和對方交接的部份，來互通有无。一人行，得友而成雙，如三，則其中不免會有損他人之友，即<損友>。而且多而紛雜，則无法酌折調配。

◎三人行，則損一人

一·乾爲三人之說

（一）下卦乾體損一陽而成兌，上卦坤體益一陽而成艮，實爲三上兩爻相爲損益。下卦乾體三陽損一，爲三人同行而失一人之象，即隻身獨行。
與上卦坤體交而成兌，兌爲有朋友自遠方來，不亦悅乎。

（二）萬澍辰著《周易變通解》：損六三曰三人行損一友，乾爲人，三爻爲三人，泰之下卦乾互震，震爲行，故曰三人行。損自泰通，泰下卦爲乾，乾爲人，泰之乾卦三爻上行，乾損變兌，卦成損，故損一人。損下兌，兌爲朋，艮爲友，一

人上行爲艮，三上相應，故得其友。

二·泰下卦爲乾，今損乾上一爻（即九三），以益上之坤，而卦成損。乾三陽即損上爻，爲乾卦三個爻中去其一。

三·來氏易解：

益卦下三爻居于損之上三爻，即象辭其道上行。損一人者，損六三，一人行，即六三行上而居四。三行上居四，即損下之三而益上之四。益卦下三爻乃一陽二陰，今損一陰以居四，則陰陽相配。居四以初爲正應，則得其友。兩相得，則專。三則雜，三損其一即損其有餘。

四·筆者之創見：

損卦之二、三、四爻互爲震，和益卦之初、二、三爻互益，是低了一爻位。震卦在八卦配卦三，又是人卦，震足象爲行，所以損卦之損己，是以便使。益卦之震能上行。震上行一位，益卦之二爻變成陽，三變成陰，四原爲陰不變，四上五變陰，五陽往上，六乃是陽，則卦變成損矣。損之三爻因爲震之上行而退下居二，卦變成益。所以損變益是取益卦震之三行上，而損卦三自己下二。這是損己益人之眞義。這個解釋是本書作者所發明，比較來知德之解釋要穩妥。

（一）三人損一圖

```
        損卦：                      益卦：
        -----                      -----
        -- --                      -----
        -- --  \                   -- --
        -- --        二四互震       -- --  \
        -----  /                   -- --        初三互震
        -----                      -----  /
```

（二）三爻爲三人。離爲三人。

（三）周禮春官太卜之屬，有龜人、菙氏、占人、筮人等。

（四）尚書洪範：「古時人作卜筮，三人占。則從二人之。」凡卜筮无論貴賤皆三人占之。

（五）儀禮士喪禮卜曰：「占者三人。」

（六）來知德說三爲人位。三人即三爻。

◎行

震爲行，又爲大塗，行人之象也。

六四，損其疾。使遄有喜，无咎。
象曰：損其疾，亦可喜也。

損卦象損下益上，上卦各爻皆可受到下卦之益。四與初應，六四陰爻陰爲虛受之。四和初相應，而初爻是已事遄往，或是爲祭祀自己之祖先之事而和六四之靈相通。所求之事爲問疾。六四與初九相通而爲益。下卦爲兌，以取悅之心來敬神，上卦艮可阻，但六四以爲這是自家本姓之事，所以以與之單獨相應。所求爲疾可以復，而且无需用藥。損咸原爲交易卦。咸爲通靈，所以說速，而且說有喜。易經以疾可以治爲喜也。

六四外卦離火剋金，爲財相。兌金生坎水，但剋離火，是悖雜之間帶吉相。

◎疾

一‧天地之疾，多藏在山澤之間。人生之疾，多在飲食男女之際。

二‧疾爲速

(一)遯九二疾厲。坎爲疾，遯自訟通，訟之坎爻居三，是疾之進象，故有疾厲。

(二)出入无疾：疾，速也；出入，天行也，即四時之運行。无疾者有一定之次序。

三‧坎爲疾

(一)損六四損其疾，損自泰通，泰互歸妹，歸妹四互坎，四來三成泰，泰三乃歸妹坎疾之爻。

(二)訟變遯，訟坎變遯三，訟坎爲疾，遯三所以有疾厲也。損泰之三，故損其疾。

(三)損四爻變，爲睽三、五互坎，以四爲中，心疾之象。損其疾也。

四‧坎爲疾，病可治也

(一)豫卦六五曰不死。豫下互艮，艮止也，中互坎，坎爲心疾，疾止，故不死。

(二)復出入无疾：復卦的出入所說的是消息卦的道理。消息卦陽出，指的是六卦：復、臨、泰、大壯、夬、乾。易經巽卦象爲入。也就是乾陽向坤地入也。消息卦，陽入者，指的是另六卦：姤、遯、否、觀、剝、坤，十二月卦陽入，皆无坎卦。坎爲疾，无坎，故出入无疾。

(三)遯九二疾厲，坎爲疾，遯自訟通，訟之坎爻居三，是疾之進象，故有疾厲。

(四)无妄九五勿藥有喜。

无妄之疾：坎爲疾，无妄无坎象，取自訟，无妄自訟來，訟五應坎疾，訟變无妄，疾退矣。故无妄之疾，勿藥有喜。

五‧疾者，陰陽偏勝而不得其正，故卦以陰居陽，陽居陰者，謂之疾。

六‧緩則不疾，解爲緩也

不可疾貞：明夷九三不可疾貞。明夷中四爻互解，解，緩也，以九三得位，陽剛之性不能緩，故不可疾貞。疾，速也。

◎遄

損六四使遄有喜。遄，速也；咸，速也。損咸爲交易之卦，故損初四皆曰遄，遄，速也。兌說爲喜。咸爲心之感應所以說庶速，損下卦以心感和上卦交。

◎喜

一‧兌爲喜

(一)升卦九二象曰有喜，二互兌，爲喜。

(二)兌九四，商兌未寧，介有喜。兌取需爲通象。需爲坎勞，故未寧。

　　　(三)賁上錯兌，說也，故小象曰有喜。

二・无病爲有喜，常以兌爲喜，所以兌也是得藥之意思。

　　　(一)勿藥介疾爲有喜。

　　　(二)豐六二往得疑疾。易以離遇兌，每言疾。

　　　(三)鼎五互兌，二曰我仇有疾。兌爲喜。仇有疾，即治其疾。

　　　(四)純兌三互離四，曰介疾有喜。取離錯坎疾也，无疾爲有喜。

三・巽反兌，爲反喜

　　　无妄九五勿藥有喜。无妄九五互巽，巽反兌，兌說，故喜。勿藥之喜，反喜也。

四・否爲後喜。

五・大畜，有喜也。艮乾先後天同位，故爲喜。易經以同位爲吉，吉則喜。

六・得子，有喜

　　　兌九四介疾＜有喜＞。坎兌象反，坎爲憂，爲疾。兌爲說，坎與兌象相反。兌取需
　　　爲通象，有喜爲得子之兆。

七・歸妹爲有喜，歸妹即男女結婚歸妹之象，爲喜事。

　　　損遄有喜：損自泰來，泰互歸妹，歸妹愆期遲歸，故使遄有喜。

八・喜之義詳本書兌卦。

九・損爲有喜之象，即男女之合

　　　(一)損反咸，咸男女之合。

　　　(二)損泰通，泰互歸妹，男女之合。

　　　(三)歸妹愆斯遲歸。

　　　(四)損使遄有喜，往頻，頻爲遄。說的是男女之事，所以有喜。

十・變陰爻爲陽爻爲有喜

　　　(一)賁六五有喜。五變爲陽(變既濟六五易上九之陽)，故有喜。凡易言有喜皆陽爻。

　　　(二)損使遄有喜，遄爲速。陰陽得正則速，失正則遲。因爲陰陽得正，所以說有喜。
　　　　　遄字是指陰爻和陽爻得正。由陰變陽，更是合乎其深意。

十一・陽爻得位爲吉，吉則喜。

　　　賁六五，賁于丘園。束帛戔戔，吝，終吉。象曰六五之吉，有喜也。

十二・先後天同位爲有喜

　　　(一)中孚爲風澤，風和澤和後天同位。中孚二象曰：九二之孚，有喜也。

　　　(二)大畜六四，童牛之牿，元吉。象曰：六四元吉，有喜也。艮乾先後天同位，
　　　　　故元吉。

　　　六五，或益之，十朋之龜，弗克違，元吉。
　　　象曰：六五元吉，自上祐也。

六五是陽，陽原當損之爻。因爲六五爲虛中，以虛來下求，有如明君順應下情而接受，所以用或，即可有可无。損上卦爲艮，三、四、五互爻爲坤。形成山地剝，剝爲大艮之象。艮在東北，東北喪朋，喪朋爲損之象。坤自亦爲被剝者，而失朋者，一得一失。但六五本虛心无所求，而因爲虛心可以享受，所以稱元吉。

損卦六五小象說自天祐之，可見此爻說的是求神問卜。上卦本艮剋土，是大財也。土爲坤，即龜也。人來求神而卜得一龜，豈非利大吉大利。中爻變卦，上卦成巽，巽爲中孚，中孚爲貞吉，又是先後天異兌同位之吉卦。只是巽爲木，破坤土，所以弗克違，即无法剋土財來享受，只是得到上天保祐。但是損卦是有損才有益，所以是吉卦而非大富也。易經之原理有出有入，得益即有損，求神亦然。

今民俗尚有求神還願以米龜。還願本爲求者因所祈之事實現而供者，其原理或和損益之道相通。

◎**或益之**

損六五或益之。損以三益上受上之益者，正爲六五（損三往上，上九變六，損成泰，此之謂以三益上也）。受上之益者，正爲六五，三爲人位，故或益之。

◎**十朋之龜**

一·損自泰通，損卦演泰卦。泰互歸妹，歸妹三互離，離爲龜。

二·歸爲龜。

三·歸妹下兌，兌爲朋。

四·損上爲兌，益上爲巽，損益同體，損之兌，即益之巽，巽兌同體，兌數二，巽數五，二五爲十，四爻之數，亦爲十。故爲十朋之龜。

五·兩龜爲一朋，十朋之龜爲大寶。

◎**朋**

一·龜：龜背曰貝，兩貝爲朋。

二·朋爲類。雙貝爲朋，坤爲地龜，震爲木龜，皆爲朋類。兌爲朋，朋爲類。

三·損三、四、五互爻爲坤，坤爲朋。下卦兌後天方位在西，兌月爲朋。

四·六三變爻下卦爲乾，乾後天爲西北，損上卦爲艮，艮後天爲西北，先後天同位，得其友也。友爲同類。

五·三人行則損一人，一人行則得其友（九三之上行，卦成損，爲一人之行）。

六·十爲土之成數。損中爻坤，坤爲十之象。

七·兩象相同則爲朋。或不期而至，或不知所從來，都是朋。

◎**弗克違**

一·損六五弗克違，弗違者，順也。損五互坤順。五順承上，故弗克違。

二·不違龜筮。禮記表記曰：「不廢日月，不違龜筮。」

◎**元吉**

一·損泰通。泰互歸妹，歸妹變泰，泰五曰以祉元吉，損五正元吉之爻。

二·損二互震，自震至艮（損上卦艮），乾元一周，元吉之象。

◎**十**

一‧自復至剝爲十卦。屯六二十年乃字；頤六三十年勿用；損十朋。

二‧損益皆互頤，頤有復剝象，自復；剝爲十卦，故屯、頤、復有十年之象。

◎祐

右行爲祐。

損六五自上祐之。損卦兌艮，乾之兌，坤之艮，先天右行。右行者，日月之象也。乾元以日月之行，而亨吉也。

> 上九，弗損益之，无咎，貞吉，有攸往，得臣无家。
> 象曰：弗損益之，大得志也。

　　損卦上九剛居陰位，剛滿必損。損卦原是有兩個意思：一是以損卦來損益卦，由益下一爻往上，而取代上爻，則一爻變二爻，這是益卦自損。另一意是損卦下卦來損上卦，則有互相損而互相增益，如損益之卦，則上爻到了極點，无爻可以取代，即无爻可損，但上爻會被五所取。損之上九是由益之五爻來居代，即損益卦之五爻，而得損之上爻，但損和益原本上爻爲九，都是陽爻，所以損卦之損是爲了自己得益之九五，所以說弗損益也。

　　損卦上卦爻爻都是受益的對象。上九陽爻爲極位，又是實位，可以自損以益人，所以說是大得志也。一個人可以不必自損又能益人，都是无所求者，因爲已无所求，所以可以把損益置之度外，所以利有攸往。人之无欲，所以可大。而上九陽爻現在是九五所來者，九五爲坎志。坎志上行，爲大得志。又損上再去就是復卦，一元可以復始，所以損光了，可以无欲而節，由一元而變多，又成益了。

　　易經以坤爲家。損卦三至五互坤爲家，變爲臨，又陽極爲大，君臨天下也。今爻來益我，是得下面諸爻之臣，而坤象失。所以无家。无家則不私，不私，則无可復損。

◎无咎

損上九无咎，易以艮居上體者，六五順承上九，得坤陰之道，故无咎。

◎貞吉

損上九貞吉，易以艮居上體者，六五順承上九，得坤陰之道，故貞吉。

◎弗損益之

即不必損下而能自益。

◎利有攸往

一‧利有攸往，其他之義詳本書賁卦、復卦、无妄卦、恆卦。

二‧因爲艮震爲一起一止，所以卦艮稱有攸往。

　　(一)損上九利有攸往，陰陽消息，止艮起震，自艮往震，損震六二起往五，損下卦變震成益，震之一陽下生，爲益之象。故利有攸往。

　　(二)大畜上艮，三曰利有攸往。

◎得臣无家

損上九得臣无家。艮爲臣，二至五爲坤，下卦成震，先後天坤爲巽，震爲離，風火家人之象。得艮，則反家人象失。

 益

益，利有攸往，利涉大川。

益者利也。益卦繫辭利有攸往，利涉大川。利者益也。涉大川，即濟，以財相濟而得益。上卦爲巽，巽綜兌，兌爲利也。益卦益以風行木（震木），又益自渙來，舟楫之利，蓋取諸渙，故利涉大川。舟楫之利就是交通來往。益六三上以六易上九，成既濟，往來必涉大川，是大利益。益卦以損上爲益，如能損上以益下，則上亦得益，即民益君益。益卦之旨在於利民。益在人君居九重之上而能澤被萬民，九五以中正應乎上，而六二以中正相應，是聖主得賢臣。來知德注，以天一陽施于下，則天道下濟，所以資始。地一陰升于上，則地道上行而資其主，所以品物流亨，是以造化自然而益也。

益之卦體震巽各得八卦之正位，巽在四，震爲初，二木比和爲雷風聲勢相長，互爲增益，又是陰陽正配。上下卦兩中爻各得其正，是四正皆全。益卦大象爲頤，頤爲孚象，所以利涉大川。而頤反大過，大過滅木也。而大過主死，益以反大過，所以知過能改，能改則德行學問可以有〈進益〉。而木道乃行，木爲風，風行天下則利可遍及四方，无遠弗屆。

益卦二五互剝，上爲艮止，所以陽爻溢于外，是水溢而木沈，是水下流之後而益。陰爲小人在內，而陽乘陰，而得益，此即爲五鬼運財。善占者待時後動而久旱逢甘雨，但要忌水之過，過者爲欲也。欲多理失，則變損。一損財，二損陰德。

◎益

一・溢也。益字象注水入器皿而益。序卦傳，益而不已，必決，故受之以夬。夬者，決也。溢而後決，可知溢爲由外溢入，而非自內外溢。由外溢入，故皿不許容而決。

二・利益也。

三・助益也。謙象曰：地中有山，謙。君子以裒多益寡，稱物平施。

四・益（溢）則孚，互頤故孚。頤爲舟象。

五・益九五，有孚惠心。勿問，元吉。益初至五互艮震，震起艮止，由寅到丑爲一周，故孚爲既濟之孚，所以益。利有攸往，利涉大川。

六・益爲裕

繫辭下七：益，德裕也，益爲長裕。

七・益爲補不足

謙卦說盈虧。謙錯乾則變爲離，離中虛，虧之象，虛補不足，故曰益。

臨上六敦臨，六五應九二，上六又附益之，謂之敦臨。即上六加之六五，以應九二。

八‧益從水從皿，饒也。

九‧益卦所說的是冬至之候。在冬至時太陽在赤道南，最遠天頂，晝最短，損无可損，而爲益之始。

十‧益者，益前之損也。益下坤體，初畫之陰，坤土＜受益＞，踐土之民，共享其利。

十一‧雷震而動，即陽動，風順而動即陰動。兩者氣雖相薄，但各動其所當動，互不相妨。此即易經說卦說的雷風相薄。恆卦雷發于地，風行于天，互易其居，而互相牽制，難盡其用，故善動變者反以恆久名。

益卦爲雷以動之，風以散之，二氣同升，兩情相合，故風雷爲益。因爲兩者皆動反而安矣。

十二‧否卦九四改爲六四，而以陽實之爻去換震陽之卦，是損上之實以益下之虛，所以稱爲益。

◎益卦之原理

一‧損復益剝，其道理詳損卦。

二‧損益皆三陰三陽，而內外正位各不同。

(一)損下爲兌，五爲柔。兌三失位，五失位，而二爲剛，內外正位互失，所以損。

(二)益上巽下震，九五、六二內外正位，即九五在上卦，六二在下中，所以益。

(三)損下多陽，上多陰，陰主降而陽主升。

益以上多陽，下多陰，則宜于守，亦利于行，所以言利。

三‧益而不已反爲損

器盈則易傾，滿則易溢，益爲溢也。水在皿上，但溢之不已反成爲損。益卦緣于巽震，皆木，而木能浮，以之用製舟楫，故利涉大川，木道乃行。

四‧在上者无損益

損三以益上，所損者大，所益者寡，以上爲極，无可進也。

益損四以益初，所損者少，所益者多，以初爲始，其進无疆。益之初爻震雷可向上進，不受阻也。

五‧損爲否始，益爲泰始

雜卦傳，損益，盛衰之始，否泰反類，損爲否始，益爲泰始，損益，利有攸往。

六‧自上下下，其道大光：益彖曰自上下下，這是說從否卦變成益卦的過程。否四陽爻下三，易之以陰爻，卦成漸，四下二，否下之坤卦成坎，爲渙，下初成益。故自上上而下。漸渙互離又錯離，故其道大光。

七‧益利涉大川。益以風行木（震木），又益自渙來，舟楫之利，蓋取諸渙，故利涉大川。又益六三上以六易上九，成既濟，往來必涉大川。

象曰：益，損上益下，民說无疆。自上下下，其道大光。

◎民說＜无疆＞

一‧兌爲說，坤爲民，益彖曰民說无疆。益四巽，巽即兌，互坤，坤爲民。又坤爲无疆。

二‧地爲疆，即坤。易經說地，都是說水。因爲在全球，水居大半。

> 利有攸往，中正有慶。利涉大川，木道乃行。益動而巽，日進
> 无疆。天施地生，其益无方。凡益之邀，與時偕行。

◎木道乃行

一‧益是巽木得水，即木孚在水上

益木道乃行，巽風行震木，自漸渙來。渙，震木行于坎川（風水），皆木道之行也。益三爻失正，動而成坎，體渙，坎大川，渙爲舟楫象。巽木得水，木道仍行也。易經說天道、人道，也說木道。因爲天地人之地以木通。木爲仁。天、地、人三才齊於巽。但易經不在巽卦說木道，而在益，＜益世＞之義。

二‧來知德以爲是水道乃行，而不是木道乃行。取象中孚，中孚和渙都是風水卦，而益卦象坎錯離，也是如水象，其實无甚差別。

三‧風雷比木木，巽爲木，震木，木能浮水，故木道乃行。

◎中正有慶

益彖中正有慶，乾離爲慶。二五中正，益三上以九六相易，下成離，上成坎，二五中正爲坎離，故中正有慶。

◎利涉

益卦否三之初成益。否上承初，體爲長離。中虛爲舟象，利涉之義也。

◎動而巽

巽則奮發，而不柔弱。巽則有順，人之漸，而不鹵莽。

◎日進

一‧離爲日，益彖日進无疆，言離日之進，又言益自漸、渙來。

　　(一)漸，互離爲日。

　　(二)渙，風水坎錯離日。

　　(三)益，震即離。

二‧日進爲否

　　(一)益彖日進，言益自否來以坤進。

　　(二)天地否。否之下卦坤三進四，上卦成風，下卦成艮，否變風山漸（坤二進四）。

　　　　漸之下卦艮山，二進三，與之相易，下卦艮變坎，漸卦變成渙。

三‧渙下卦坎，初爻二爻相易，下卦成震，變益，（坤初進二）是爲日進无疆。

四‧益初九一爻，爲全卦之主爻，也是震卦之主爻，震卦以一陽起于地下，而上升可至

无限。所以日進无疆。

五・內動奮發有力，外巽而沉潛深入。德崇業廣，日進无疆。坤地爲疆。

◎方

一・乾直坤方：坤六二，直方大。乾爲直，坤爲方，故曰六二之動，直以方。

二・方爲義也：坤，直其正也，方其義也，君子敬以直內，義以方外。

三・坤爲方——即地方

(一)比，吉，原筮，元，永，貞，无咎，不寧方來，後夫凶。

比坎勞，震動則不寧，坤爲方（坤六二直方），坤來于下，故方來坤。

(二)觀象曰：風行地上，觀。先王以省方，觀民，設敎。

觀象曰先王以省方，即省察各方也。坤爲地方之象。

(三)復象曰：商旅不行，后不省方。坤爲地方，巽爲命，省之象。

(四)坤爲鬼，坤爲鬼方。既濟九三，高宗伐鬼方，三年克之，小人勿用。

(五)坤爲神，繫辭上四，範圍天地之化而不過，曲成萬物而不遺，通乎晝夜之道而知，故神无方而易无體。

(六)陽在坤爲无方。坤，方也。

四・八卦之四面爲方

(一)離象曰：明兩作，離。大人以繼明照于四方。

(二)坎象曰四方，後天離南坎北，先天離東坎西，爲四方也。

(三)震坤爲四方：姤象曰以施命誥四方，復卦曰不省方。

姤錯復，復震坤爲四方，以養初陽也。

(四)震巽爲四方。恆爲震巽，象曰：雷風恆，君子以立不易方。恆象立不易方，先天巽立乾右，震立坤左，自泰通，恆之巽仍立乾右，震仍立坤左，故立不易方。

五・消息卦爲无方

(一)十二消息卦陰陽不測无方隅可定，惟變所適。

(二)範圍天地之化而不過，曲成萬物而不遺，通乎晝夜之道而知，故神无方而易无體。

(三)益動而巽，日進无疆，天施地生，其益无方。凡益之邈，與時行。

(四)姤象曰：天下有風，姤。后以施命誥四方。

六・坎離爲方，天地以坎離爲方。

(一)未濟象曰：火在水上，未濟。君子以愼辨物居方。

(二)未濟言居方，居以方位之上下也。坎水宜上，離火宜下，而未濟反之，故言居方，就是處在本位之外的地方。

七・方爲會聚

(一)繫辭方以類聚，因天之方以類聚，而知乾坤之變化見矣。天之方位：東木，西金，南火，北水，東蒼龍，西白虎，南朱雀，北玄武，皆以類聚。

(二)先天巽、乾、兌聚于上，後天坤、兌聚于下，所以物相遇而後聚。

(三)五行同氣會方。亥子丑會北方，寅卯辰會東方，寅午戌會南方，酉戌會西方。

會方爲聚。

八・方爲知。繫辭上十一，是故蓍之德圓而神，卦之德成方以知。

神以知來。神爲乾（乾圓而神也），知以藏往，坤方以知也。

◎＜天施地生＞

一・益彖天施地生，益巽震之來由否卦上卦之乾變巽，巽爲施命，否之下卦坤變震，震爲反生，天施地生。

二・天施是初陽，巽乃柔卦爲地，地生者爲四爻之陰。天以一陽施于下，則天道下濟，而資其始。地以一陰升于上，則地道上行，而資其生。所以物咸亨而其益无方。

◎其益无方

益中互坤，坤爲方，否卦之下卦爲坤，坤初爻陰變陽爲震，故＜其益爲方＞。

◎益與時行

凡益之邀與時行：益彖曰與時偕行，艮爲時，震爲行，益自否來，否四互艮，益下爲震。

象曰：風雷益。君子以見善則遷，有過則改。

◎改過

一・論語鄉黨：「迅雷風烈必變。」古人怕風雷，以爲＜天譴＞，故見＜遷善改過＞。

二・＜見善則遷＞，＜有過則改＞

益象見善則遷，乾爲善，益自否來，巽以入之，故見善則遷。

否之坤陰爲過，益下震，震以動之，故有過則改。善與過爲否，否易之爲巽入震動，皆易變之象。

三・見善則遷：益象曰見善則遷，益初體復，有不善，未嘗不知，知之未嘗復行也。未嘗復行，即以復喻益。

四・過爲小過。益以體離反坎，爲改過，即改了小過之卦。小過卦體爲坎，所以坎有罪過之象。而益卦卦體爲離，離反坎，所以益卦說＜改過＞。

初九，利用爲大作，元吉无咎。

象曰：元吉无咎，下不厚事也。

益初九陽爻得位而且是最先得上卦之益者。初九和六四相應，而六四是近君之位，雖

然地位低下，因爲和六四相知，可以得用，是可以擔當大事之人。益初至五互震艮，是乾元一周。震木剋艮土，是得財。益下震，震爲稼穡，是耒耜之利。斲（音卓）耒首，斲木使銳，以爲之。耒耜柄，楺木使曲以爲之。取諸益者，風雷二體皆木，中有坤田（風雷益，中互坤），上木入坤土，下木動土，爲耜（音私）耒之象。益自否通，以風之四陰爻移四爲初爻而成坤，卦成否，以乾金變作下卦之震木，而成坤土，故爲斲木。

本卦爲「利用爲大作」，且大作即經國大事，或經濟民生。卜得此卦可以大手筆，以立非常之功業也。小事不吉。又卦象宜木，金多反而不利。變卦爲觀，是觀國之光，利用賓於王，有見君之喜。益初无咎：益，初九體復（初至四互坤震復）復初元吉，得正，故无咎。

◎元吉

一‧元吉，益初至五，互震艮，震起艮止，乾元一周，故元吉。

二‧益初九元吉，益初至五，互震艮，震爲起，艮爲止，乾元一周，故元吉。

◎大作

<大作>，即耕種，即耒耜之利。益下震，震爲稼穡。又益正月之卦，啓蟄郊而祈穀，農事之始也。

◎下不厚事

益下不厚事，坤爲厚，爲事，言初位在下，不可厚事益之也。

六二，或益之，十朋之龜，弗克違，永貞吉，王用享于帝，吉。

象曰：或益之，自外來也。

損卦六五即益卦六二。因爲損益相綜，其義是倒轉。損是受下之益，而益則受上之益。本爻卜得十朋之龜，乃大吉昌，是寵錫優渥之象。祭祀祖上，益卦六二和損卦六五爻辭幾乎相同，只是益卦說永貞，王用享于帝，吉。損卦是得神保祐而以自損得益。而益卦是由上益下，是神自願賜福，而求者不必自損亦可得福。這是一勞永逸的好處。損卦之龜在六五，是上者虛受，其龜或可能是求者所獻。而益卦之龜則是神直接賜給求神的卜者，以作爲永遠的福祐，所以象曰或益之。因爲這個寵賜不論求者問或不問，神都會給。而益六二小象說自外來，外即外卦，也就是接受祭祀之祖先之靈。因爲是奉祖上之賜，六二受上之益，不克違拒也，所以弗克違。

易經損卦和益卦都說利，但損之利和益之利不同。益卦說到的是以上益下，即由大自然所給，而得到的方法是開發利益資源。比如舟楫農漁之利，這是長遠而不必屢屢索求的。益卦六二震木變兌爲金，金剋木爲財。外卦巽木亦是財，是大財利之卜。中爻艮坤同宮，又可生兌金。土生金，而金剋上之木，我剋爲財，而木在上，可見財利源源由外而來。這是外來之貴人，外來之財爲偏財。益卦大象離火，火生土，而益之卦象爲木，木火相

生，也是貴局。

◎龜

一·龜之義詳本書損卦。

二·否自漸來，四互離，爲龜。

四爻數十，巽兌一體。

◎永貞吉

坤用六利永貞，益六二永貞吉，益六三失正，三利往上，以上貞三，此坤用六利永貞也。

◎王用亨于帝

益六二王用亨于帝，益六失正，貞三爲離，離爲王，震爲帝，坤爲牛，變離爲戈兵以殺牛。故王用亨于帝。

◎自外來

益六二自外來。言益自否來，否之四陽爻來初，成益卦，陰四爻爲外卦，來初爲益初也，故言自外來。

◎或

一·或字是二者選擇其中，在益卦之中是說三或四爻也。

二·益六二或益之，或之義見乾卦九四文言。

九四重剛，而不中，上不在天，下不在田，中不在。人，故或之（或之者，疑之也。易言或，皆三四兩爻。所取之象，必在三四也。）

六三，益之用凶事，无咎。有孚，中行。告公用圭。
象曰：益用凶事，固有之也。

益卦六三居不正之位，而爲上卦之最先受益者。虛受上之益，即受到由上下降之好處。處在這樣之地位，可以占卜諸如出兵、下葬之類之凶事。而且因爲靠近天神，可以有問必答。

六三變爻，卦成家人。六二原是占問大事，而六三是比六二更大，是持圭爲祭祀朝聘，所問是出征之凶事。因爲六三虛心，在下卦之極是凶地，才有此大問。因爲地位特別，所以利貞卜，可以順便問到家事。卦象變坎，初到四爲水火相濟之卦。但益之卦原爲離象，變坎是水不能剋火，而成爲凶事。不過在凶爻中有凶，皆可以化。卦變既濟，坎水可用，而不怕息滅。益卦小象說益用凶，固有之。固有爲原本即有者，因爲三爻原多凶，則凶事爲三爻之本也。在凶多之地發生凶事，是可以料到的。料到者多少可以預防，所以无咎。

◎＜凶事＞

一·益六三，益之用事凶，易三多凶，益之六三來自之二，故益之用凶事，雖凶，以其

　　　　自否進，有＜進益＞，日進无疆也（益動而巽，日進无疆）。

二・凶事，＜喪事＞也。易經坤卦爲死。三陽伏在坤中，上來益之，象凶事。

三・三爻爲凶，三多凶，凶爲三所固有也。

　　　　益用凶事，固有之也。

四・孔子說三多凶。易經六十四卦之中只有謙卦之三言吉，其他多言凶。

五・凶者，險阻盤錯也。比如出師，古時出遊遇險。

六・說文：「凶象地穿交陷其中。」益卦之二四互爲坤，而震入地，有如地被木穿了一個
　　　　洞，所以陷象重生。

◎有孚

益六三有孚，六三貞爲九三，互坎，坎爲有孚，故曰有孚。

◎中行

益六三有孚中行，六三不正，上進爲上六（爲既濟），上巽亦爲有孚，故有孚中行。

◎告

一・益六告公用圭。易三四曰告，五曰問，問者，問之龜；告者，龜所告。

二・巽綜兌，兌爲口，告之象。

◎圭

一・益六三告公用圭，三爲公位，震爲公侯，象玉，故用圭。

二・圭是祭祀朝聘之物。

三・乾爲圭，圭金玉也。

四・告公用圭：益六三告公用圭，益下卦震，震爲中行，爲告。位在中，故曰中行。
　　　　三公位，乾爲圭，乾之三，故告公用圭。圭，桓圭也。

五・圭爲符信之物。益卦中空象圭，又益體爲頤，頤象中孚。以六爻中虛爲孚，孚者信
　　　　也。

六・春秋傳：「用圭請燿，用瓘斝（唸甲）瓚弭災。」可見圭爲消災之物。

> 六四，中行，告公從。利用為依，遷國。
> 象曰：告公從，以益志也。

　　　　六四是在九五之尊下，有傍依之便。而六四爲益卦互坤卦之最上，也就是在下之附庸
國。六四以附庸之代表寄人籬下，所以有復回家園之意。益六四說中行。中行在易經有出
師、凶事、或嫁娶之事。益卦說的是大事、凶事。在卜得凶事，就想遷移爲安。而六四初
到四爻正好是復卦。復卦也說中行，是中行獨復，即自己獨自回到老家。乘著目前有所依
附，可以出師之名目而離去。

　　　　來知德把這種遷移比爲漢高祖之徙到長安。其地有阻，三面可守。獨當一面，東制諸

侯，依其險而遷者。國有所依，則不費其兵，不費其財，民有所依矣。宋太祖要遷長安，因晉王固諫而嘆曰：「不出百年，天下民力殫矣。以四面受敵，无所依也。故周公不曰利用遷國，而曰爲依遷國。」

損卦艮之一陽下遷爲益之初，兌三之陰上而遷爲益之四。遷是益卦表現求平均的方法。六坐在上，而三陰兩列，中空有如天府。前後一爲之藩屛，有所憑依，一統之象也。

◎中行

中行即出師，爲凶事：

一‧益卦六二說凶事即出征，所以中行。坎爲征，是比喻爲師。

師六五，田有禽，利執言。无咎，長子帥師。弟子輿尸，貞凶。所以出師是凶事。

師小象曰：長子帥師，以中行也。因爲是由長子替父出兵，或可能是帶喪出兵，凶事。

二‧古時嫁妹如征伐，因爲有搶婚之俗。

◎益志

益六四象曰益志，益自漸渙來，漸渙皆有坎，坎爲志。

九五，有孚惠心，勿問，元吉。有孚，惠我德。

象曰：有孚惠心，勿問之矣。惠我德，大得志也。

九五爲給人利益之尊主。尊主給人民以方便可以從事生產，而且提供保護，這是最大的恩惠。益卦說有孚，除了因爲可以調正卦爻之位，而得到平均，也含有舟楫之利的浮。易繫辭說舟楫之利，蓋取諸渙，渙卦先王享于帝。立廟是講以前先王得惠祖上神靈之祐，而以立宗廟來報答。這是渙卦的精神。因爲有了廟，民得以安，就是最大恩惠。所以益卦說有孚惠心。心者，益下之心也。惠我德，德者，益下之政也。

在益卦中三四爻說到的都是大事。五爻是宗廟之內，到了宗廟，可以不問，因爲大事問完了。而益卦之最大的志向是益下，即嘉惠人民。在六四是以遷移到安全而永久的地方，可以不必怕征戰等凶事。

益九五變陰卦爲頤。巽爲命，綜兌爲口，中爻坤錯乾爲言，是吉問。三、四、五艮止，勿問之象。中爻爲剝眾陰之主，變爲坤，得土，得民，是明君之象。可以主大政而施大利于子民。

◎有孚

一‧益九五有孚。益之有孚見于渙之九二（益自渙來），以渙之九二易初，爲益。

二‧坎爲水，有浮

（一）益九五有孚。益惟三上失正，以三上九六相易（以貞既濟），上巽爲坎，有孚。

（二）既濟上爲坎，有孚，九三亦互坎，有孚。

◎惠心

一・愛民好爲惠

益九五惠心。周書謚法，愛民孚與曰惠。益之初九自渙來，九自上下下，故曰惠。

二・益九五惠心。益之惠心見于渙之九二爲坎心，以渙之有孚而惠之以實心也。

益以巽震風行木（震木），又益自渙來，舟楫之利，蓋取諸渙。取自渙即得其所惠。益卦是說上益下，即君王臣子嘉惠人民。所以渙卦大象所說先王以享于帝，立廟。實在是說渙二至上互益。益，享也，即惠于益卦。

◎我

益九五惠我德。五互艮，爲躬，故曰我。

◎大得志

益九五巽，巽爲坎志。在五大，故大得志。

上九，莫益之，或擊之。立心勿恆，凶。
象曰：莫益之，偏辭也。或擊之，自外來也。

益卦上卦巽，巽是又進又退，无心來加益于下卦。加上上九位之極，處在偏僻之地无力給大利益。而陽剛在上，不但不該得益，而且應該受損。所以益卦是有始无終之卦，甚至會以結怨告終。在上卦之中顯示的征伐之心還不放下，表示上天不願給人以永遠的平安。而上九處益之極點，而下卦乃求益不止，所以凶象一直存在著，不知其因從何而來。

上九巽爲進退不定，所以出師不利，凶。而問事者想問又止，所以說或擊之。最後因爲當事人心意不定，立心无恆，也不知所問者何，所以未能得到神賜之利。益卦之自外來，實在是從否卦來，也就是占者未得到肯定的回答。

◎莫益之

益上九莫益之。益，下卦之益也，故上莫益之。

◎擊

一・損者，上卦之損也。故損上就是或擊之。

二・擊爲繫，即繫卦，即有事要卜，卜得之辭可以繫在爻象上。

三・或擊之：益卦之上九處位之極，益无可益。變爻，卦成爲坎。坎爲盜，盜自外來者。爲了保護利益，必要打擊之。

◎立心无恆

一・益和恆通，益即恆之反

（一）益上九＜立心勿恆＞：恆立不易方。

（二）益卦爲震巽，震爲始，巽爲終。益方始即終，益无恆久之道。

（三）恆益相錯，恆終則有始。

(四)益中无坎象。但益之所來，即否、漸、渙之中皆有坎。

(五)益和恆爲通卦，所以益卦說恆。

二‧益中有恆心

益卦之恆心：坎爲心，此言坎之象存于益進之道也。

(一)否之漸(否之下卦坤三進四，上卦成風，下卦成艮，否變風山漸)，漸之坎心立于三。

(二)漸之渙（漸之下卦艮山，二進三，與之相易，下卦艮變坎，漸卦變成渙），坎心立于二。

(三)渙之益(渙下卦坎，初爻二爻相易，下卦成震，變益。)，坎心立于初无坎，是勿恆之象，故凶。

(四)進退爲无恆

益卦上爲巽，巽爲進退，要進又要退，是以益上卦无恆性。

◎自外來

一‧益之卦，益下卦也。以上益下（即由否，漸渙來），故益上九＜自外來＞。

二‧來即復。益和損之互相增減終有停止之時，到時又從頭再來。

 夬

夬，揚于王庭。孚號。有厲。告自邑，不利即戎，利有攸往。

　　夬卦是說眾陽要決去上六一陰，所以揚于王庭，孚號，有厲，都是指上六小人物得志放肆于王庭君側。夬上卦為兌悅，是笑面對之小人。夬卦之一陰加在五陽之上。五陽是君位，在君之上，又與君同體，又容悅，有在王庭上趾高氣揚之狀。但要去掉它，不能用武力去之，因為上六陰爻，其性柔而陰沉，用武不可去。而且一旦去之不得，危矣。所謂兵戎即離火也。兌離是剋而和，怪事未必能去除。較有效的方法是，順其勢而將它推移出庭外，利有攸往也。以爻動而上，爻變而成乾，而兌象不見。

　　來知德以為不利即戎為上六小人尚武，而致令世道亂矣。如陰爻尚武，其力必窮，而剛長陰自消矣。兌為號，夬上為兌，所以上六曰无號。以上六呼三爻，與之孚契，三在眾君子之中不敢與之相交，所以說有厲。

　　夬卦乾兌同宮，都屬金，二金比和，是勢力豐厚之卦。所以小人可以得志，充數于王庭。可惜兌乾陽體，六爻有五爻為陽，陽盛陰衰，難享其福，而且卦象无出，人丁稀少之家也。夬而去之則窮極，是家道窮之象也。夬卦吉相在施祿及下，君王所居為恩澤豐富之地。但君王居在豐澤之地，自己得益，遠不如施其澤於眾臣民。夬卦九五如身居高位的人，身旁皆是正人君子與賢臣，不可以王自居，自以為是，而非於別人。應該而稱讓與人，才可以保其位。否則陽剛長，不心虛，終將被排去。

◎夬

　一·一陰在上消而將盡，眾陽上進，決去一陰，所以為夬也。即五剛用力決去一柔，其力快也。

　二·夬為決：澤上於天，稽之浸，必潰決无疑。水之決流其勢必盛。澤上于天，是指雨氣升到天上，變成非下不可之大雨。

　三·夬卦形工，工為物也。為手夬物，分之象也。

　四·坤卦息至五，以陽決陰。三月之卦也。

　五·夬為決

　　(一)決為斷索。大壯九四，貞吉，悔亡。藩決不羸。

　　　　大壯九三羸其角，羸，大索也。決為斷索。

　　(二)說卦傳曰：兌為澤，為少女，為巫，為口舌，為毀折，為附決。分離為決。

　六·夬為履

(一)易中凡有夬象者，皆言履。

　　離初履，離自大畜來，大畜互夬。

　　坤初履，坤姤同，姤反夬。

　　大有五互夬，履五反，互夬，

　　以上離、坤、大有等卦都有履之象。

(二)履曰夬履，履夬交易，易中有夬象者，每以履言。

七・夬爲快，艮象反夬，凡有艮象之卦象皆有不快的意思。＜不快＞有二個意思，一是不快樂，二是慢。

(一)艮六二，艮其腓。不拯其隨，其心不快。

　　艮卦六二說其心不快是指三爻。因爲艮之三爻爲艮卦中互卦之中爻，坎之中爲心，這三爻是從晉卦之三爻愁如取來。艮卦因爲和晉卦都說愁，而且相通，也就是艮卦的三爻和四爻互易而成晉。易經的卦字相同，通常都可以相易，但相易的原則是變動一個爻或二個爻後會成另一個和他相易之卦。晉是向上，而艮是相除，二者都含有不安之心，即晉卦之愁如，人心之不快大都是從如此之更易而生。艮卦說的其心不快也可以解釋爲其心无法果決。

(二)旅九四，旅于處，得其資斧，我心不快。旅上爲艮，心不快或有心不急之義。

(三)水之流必快。

八・夬如君子，夬去小人，如乾之剛健，兌之和悅。

九・缺也。兌上缺，夬包有虛欠之義，不足也。

十・夬則流。孟子曰：「決之東方則流。」

十一・夬爲闕。掘地以使水流爲闕，故從流。

　　又闕爲門之開口。說卦傳，艮爲山，爲徑路，爲小石，爲門闕。

十二・夬爲決。《漢書》說：「決者智之君也。」

　　＜卜以決疑＞：卜爲木，疑爲坎水，以木消水而去疑。而爲卜者，爲人決事，必是智者。

十三・乾兌本同生於太陽，分之則乾一兌二，合之則爲夬（夬卦爲兌乾），有判合之象。

十四・夬反體爲巽木。乾爲金，以金刻木，爲刻字以反寫也。其理同冶金石，刻印章。

十五・君子決小人。去小人之僞而防其欺。

十六・夬爲＜書契＞。刻木而爲契。又易之爲書也，原始要終以爲質也。六爻相雜，唯其時物也，所謂原始要終是說夬。夬爲逆行，以乾始逆行則兌爲終。

十七・夬之實義在于眾陽去一陰，非去不可。

十八・夬爲羊。夬上兌，象羊。

◎揚于王庭

一・艮爲庭，夬錯剝，艮坤剝。離爲王，夬通大有，大有之離爲王。

二・揚：越也。高舉在上爲揚，推播在前爲揚。

◎有厲

一・勵爲厲

夬卦一互乾，所以有乾象在內。乾九三若厲，夬也說有厲。即見危而自勵。

二・乾卦所說之惕，夬乾在下，乾爲惕，即厲。

三・厲字之義詳本書噬嗑、遯、大畜、晉等卦。

◎門（庭）

一・震爲門

節三有門庭象，互震也。夷四門庭，互震也，艮卦艮其背，不獲其身，行其庭，不見其人，无咎。艮爲門（門取艮象），三四互震亦爲門。

二・兌爲門

兌上爻拆，門之象。又兌艮錯，艮爲門。

夬，揚于王庭。夬上爲兌，節下兌，艮反兌皆曰門。

三・門內爲庭

節初九不出戶庭。節五互艮門，門內爲庭。三四爻皆艮門之內，爲庭位。明夷六四于出門庭。陽三失位，三互震。震爲出，出到五之門庭。

四・一陽一陰爲＜門庭＞。陽爲外，陰爲內。門爲隔內外也。

節初九戶庭，九二不出門庭。初陽爲戶，二陰耦，故曰門。

五・＜過門＞，小過爲門庭

于出門庭：庭，門也，震艮皆門象，震艮小過，明夷六四言小過象，小過四爲震門，所以明夷曰門。

六・五爲庭位，震爲出，出至五之門庭。

五爲庭位，出至門庭（四之陽易五之陰），卦變坎，坎爲心。四陰得以奉承五陽，而得坎心也。四也可以爲庭位，則五爲門闕。

七・庭爲見大人之處

四庭五階由而堂，乃用見大人也。

八・兩門之中爲庭

艮行其庭，艮爲門闕，今純艮，重其門闕，兩門之間，庭中之象也。

九・門內爲庭

節初九不出戶庭。節五互艮門，門內爲庭。三四爻皆艮門之內，爲庭位。

十・門之義詳見本書節和隨卦。

◎孚號

一・孚爲號

中孚爲號。夬通履，履互中孚，兌口，故號。柔乘剛，故有厲。剝艮爲邑，兌口，故告。夬卦彖辭曰孚號，夬爲孚號。

二・雌雄牝牡相呼之聲爲孚號。

三・＜呼號＞有厲，即大聲之呼叫。

四・孚號：易經陽爻在二五稱孚。坎爲孚，夬二失位，變而卦成大巽，巽爲號。

五・易卦以孚爲通，天下事不至於決則不通。故雜卦之序及十三卦制器象占終於夬。

六・夬九五中正，孚于乾行，夬互乾，所以夬九五爲在天之象。因爲天在，所以稱孚。

七‧孚之義詳本書中孚卦。

八‧易經以兌口在上為號。又萃卦說萃初六，有孚不終，乃亂乃萃，若號。

　　同人九五，同人，先號咷而後笑。

　　夬，揚于王庭，孚號。有厲。告自邑，不利即戎，利有攸往。

　　夬九二，惕號莫夜，有戎勿恤。象曰：有戎勿恤，得中道也。

◎號

一‧號之義詳本書同人卦。

二‧哭為號，兌為笑，艮反兌為號。

三‧離為火，火聲无常。忽號忽笑，故曰號咷。同人、旅、大有、明夷，皆曰號咷，因
　　為同人、旅、大有、明夷都見離卦。

四‧孚為號－－＜呼號＞

　　(一)孚，中孚。夬通履，履互中孚，兌口，故號。柔乘剛，故有厲。

　　(二)孚號可能在特別場合所吹奏之樂聲。

　　　　　夬說揚于王庭，孚號。比如王庭或軍營。

五‧號為＜號召＞。夬上六為孤陰无所號召也，終為陽決去。

六‧巽風，其聲為號，所以巽為號，天之號也。

　　(一)孟子萬章間曰：「舜往于田，號泣旻天。何為其號也？」孟子曰：「怨慕也。」
　　　　　在孟子中，號解釋為天之號，即孟子本人所說的怨慕。

　　(二)渙九五大號。巽風為號，天之號也。今居五，五為大，故渙之五曰大號。
　　　　　渙取否為通象。巽變為離（以貞為濟），則大號之象渙散，故其大號渙。

　　(三)旅上九，鳥焚其巢，旅人先笑後號咷。旅下為巽。

七‧一陰五陽為哭象。同人五陽一陰，夬五陽一陰。而夬兌口在上，有呼號之象。

八‧兌為號。夬上為兌，所以上六曰无號。

◎有攸往

夬利有攸往，剝不利有攸往。一往見乾，一往見坤。見乾為利，見坤不利。

夬利有攸往。夬上一陰純乾，故利有攸往。剝不利有攸往。剝往為坤也，夬利有攸往，
夬往為坤也。

◎戎

一‧不利即戎：一次即決是不利於勝算的

　　(一)人之決於行，行而宜則其決為是，往而不宜則決之過也。往而不勝則為咎。比
　　　　如＜一決生死＞、＜一決勝敗＞，都不可再。夬卦九居初，壯於進，躁於動，
　　　　故有不勝之戒。所以夬之成敗在乎五陽同德。

　　(二)不宜用正對面的以兵器對打。

二‧離為戎

　　(一)同人九三，伏戎于莽，升其高陵。象曰：伏戎于莽，敵剛也。
　　　　　離為戈兵，戎也。同人上離，故同人曰伏戎于莽。

　　(二)夬九二有戎。九二失正，貞為離，離為戎。

三・陰敵剛爲戎

　　同人九三，伏戎于莽，升其高陵。象曰：伏戎于莽，敵剛也。

四・兵器爲戎

　　(一)解六三象曰：負且乘，亦醜也。自我致戎，又誰咎也。解卦二爻得黃矢，爲兵
　　　　器。

　　(二)萃象曰：澤上于地，萃。君子以除戎器，戒不虞。

　　　　萃，除戎器。坤爲器，離爲戎。萃自晉通，晉互坎，坎爲金矢戈兵甲胄之象。
　　　　晉變萃，故除戎器。

五・金爲戎

　　夬上兌金，下爲乾金。上下皆金，故曰戎。

彖曰：夬，決也，剛決柔也。健而説，決而和。

◎決

一・剛柔相濟爲決

　　夬爲決：兌爲附，決以陰附陽，陽必決陰也。

　　夬卦下健而上兌，下乾上兌，健而能兌，決而能和。一剛一柔，爲剛柔相濟，方可
　　以稱得上決。

二・夬爲兌乾澤天夬。兌爲金，乾爲金，金見金而闕。一陽爲剛，一陰爲柔。

◎和

　　詳本書兌卦。

揚于王庭，柔乘五剛也。孚號，有厲，其危乃光也。告自邑，
不利即戎，所尚乃窮也。利有攸往，剛長乃終也。

　　揚于王庭是把一個人放在高位，又厚植其勢，等到羽豐時，要決之而去則不可矣。這
是揚于王庭之一義。繫辭下二說上古結繩而治，後世聖人易之以書契，百官以治，萬民以
察，蓋取諸夬。這是說政事。但在朝中如有一陰人作祟，則必去之，但萬不能等到此人在
王庭揚威則爲時太晚了。

◎危

一・得位而无應爲危，也即是安其位而不動。

(一)震六二曰危。干寶曰：「六二木爻，震之身也。得位无應，而以乘剛爲危。」

　　（筆者注：震宮二爻爲庚寅，寅爲木。）

(二)繫辭下五子曰：危者，安其位者也。亡者，保其存者也。

　　繫辭下五，安而不忘危，存而不忘亂，是以身安而國家可保也。

(三)否上爲傾否，故危以動。

(四)夬上缺，陰居陰位爲得位。但柔乘初、二、三、四、五之剛，故危。

二・危爲過，即厲也

(一)小過卦曰：往不宜過，過則厲。小過往必危厲，震六五震往來厲。

(二)震六二厲，危也。震二爻以柔乘初之剛，故厲。因爲厲爲過，故危。

三・不在位之爻爲危

非所據而據，身必危。身和危皆坤象，否下卦爲坤，坤之三下據二，而困之二爲陽爻，非三之陰所據，故非據而據。

四・危者使平，易者使傾。心有危懼，故得平安。心有慢易，必傾覆。

◎窮

窮終指的是上六一爻。上六爲陰已至窮終之地，如兵履絕地。終字之義詳本書蠱卦，其他義見本書謙卦。

一・在上窮爲災

(一)乾文言：亢龍有悔，窮之災也。

(二)未濟男窮。否五來坤二，成未濟。正乾陽窮位，故未濟男窮也。

(三)隨上六象曰：拘係之，上窮也。

(四)无妄上九，无妄，行有眚，无攸利。象曰：无妄之，窮之災也。

(五)巽上九，巽在床下，喪其資斧，貞凶。象曰：巽在床下，上窮也。喪其資斧，正凶也。

(六)節彖曰苦窮，言上爻之六不可貞。姤上窮，吝也。

二・上見六乘危不得應爲窮

(一)節上六，苦節貞凶。悔亡。象曰：苦節貞凶，其道窮也。

(二)夬，揚于王庭，柔乘五剛也。孚號，有厲，其危乃光也。告自邑，不利即戎，所尙乃窮也。

三・上爻爲陰乘陽，男之窮也

(一)易經六十四卦以未濟終。因爲未濟是陽在上，男之窮也，所以未濟卦是男窮。

(二)雜卦傳，漸女歸，待男之窮也。

四・窮則吝也

(一)屯六三象曰：即鹿无虞，以從禽也。君子舍之，往吝窮也。

　　上爻爲窮。易以上爻爲窮，无論九六居之，皆吝。往則窮，窮見吝，故往吝。往則往上也，上爲窮。

(二)蠱六四往見吝，上九自泰初往，往爲窮位，故往見咎。

(三)姤上九，姤其角，吝。无咎。象曰：姤其角，上窮吝也。

五‧養則不窮

    頤爲震艮，震起艮止，有始有終，故頤之養不窮。

    (一)井養不窮：坤、井卦皆曰養不窮。井錯噬嗑，初至四爲頤養，有震起艮止之象，故不窮。

    (二)臨，君子以教思无窮，容保民无疆。臨澤上有地，井象，故无窮。

六‧通則不窮

    (一)窮與通相對而相反者也。故渙之卦是顯示否卦的陽到陰，其象爲通而不窮也。

    (二)渙，亨，剛來而不窮。渙取否爲通象。否之上卦爲乾陽，四爻陽爻來二，下卦成坎。坎爲通，通則不窮。坎上爻陰，爲通。

    (三)繫辭上十一，往來不窮謂之通。

    (四)既濟爲不窮。

七‧窮爲極。

八‧乾元一周爲不窮

    渙二五不窮。渙二至五，震起艮止，乾元一周，不窮也。

    天體左旋，陽生于震，至艮而陽窮。日月右旋，陽生于坎，至兌而陽窮。

    蹇利西南，往得中也。不利東北，其道窮也。利見大人，往有功也。當位貞吉，以正。

九‧窮者不利于戎。窮終指的是上六一爻，上六爲陰已至窮終之地，如兵履絕地。

十‧家道窮：家人只有上九一爻失位，爲家道之窮也。

十一‧失位則窮

    旅反家人，出門者必和家人違也。旅卦上四爻互睽，睽反家人，所以旅反家人。旅卦離在外，失位，故曰窮。

十二‧旅、巽、豫三卦都說志窮

    (一)旅初六，旅瑣瑣，斯其所取災。象曰：旅瑣瑣，志窮災也。

    (二)巽九三，頻巽，吝。象曰：頻巽之吝，志窮也。

    (三)豫初六，鳴豫，凶。象曰：初六鳴豫，志窮凶也。

十三‧窮者苦，即＜窮苦＞

    (一)節苦，節不可貞，其道窮也。

    (二)大壯初九象曰：壯于趾，其孚窮也。

象曰：澤上于天，夬。君子以施祿及下，居德則忌。

◎澤

一‧澤被下也，上于天爲夬

澤上于天，其象爲夬。德澤必施下，若居其德而不施下，終必潰決，君子之忌也。

二·澤爲祿

　　夬君子以施祿及下。兌澤爲祿。

◎施

一·發也。中爻互離，離爲火，施者土之發也。

二·乾爲施

　　(一)乾卦說＜行雲施雨＞，乾見龍在田，＜德施普也＞。

　　(二)謙象曰：＜稱物平施＞。稱物平施：巽稱也，乾施也，坎平也，陰陽物也，艮
　　　　手衰也。履一陽五陰，謙一陰五陽，以謙之陰益履，實以履之陽益謙，二卦皆
　　　　成三陰三陽，爲兩既定，故稱物平施。

　　(三)姤象曰：天下有風，姤。后以施命誥四方。姤上乾爲施。

　　(四)夬卦：「君子以施祿及下」，乾爲施，爲德。兌澤爲祿。

三·給予爲施

　　論語子曰：「己所不欲，勿施於人。」

四·易經說德普施，指的是德這個字可以普遍包含各種意義。施即合用。

◎德

一·各卦之德性，即卦之所得。

　　(一)「卦德」：易經說的道德指的是八卦之德：乾健、坤須、坎孚、離明、震動、
　　　　巽入、艮止、兌說。是故蓍之德圓而神，卦之德方以知，六爻之義易以貢。

　　(二)小畜懿文德

　　　　小畜象曰：風行天上，小畜，君子以懿文德。

　　(三)君子以儉德辟難，不可榮以祿。

　　(四)蠱振民育德

　　　　蠱象曰：山下有風，蠱，君子以振民育德。

　　(五)大有，柔得尊位，大中而上下應之，曰大有。

　　　　其德剛健而文明，應乎天而時行，是以大有之德即＜大有得＞。

　　(六)蹇反身修德

　　　　蹇象曰：山上有水，蹇。君子以反身修德。

　　(七)節議德行

　　　　節象曰：澤上有水，節。君子以制數度。

　　(八)漸居賢德

　　　　漸卦大象山上有木，漸；君子以居賢德，善俗。

　　(九)升以順爲德

　　　　大象升卦地中生木，升；君子以順德，積小以高大。

　　(十)夬不居上之得

　　　　澤卦大象澤上於天，夬。君子以施祿及下，居德則忌。

　　(十一)中孚爲德惠

中孚九五有孚惠心，勿問元吉，有孚，惠我德。

(十二)晉自明德

晉象曰，明出地上，晉，君子以自昭明德。

(十三)豫以崇德

雷出地奮，豫。先王以作樂崇德，殷薦之上帝，以配祖考。

(十四)益之德裕

繫辭下七，益，德裕也。益爲長裕。

(十五)艮之德止

艮之上爻多吉。艮德止，上九之位，正合止德，故艮之上爻多吉。

(十六)水之德剛中

坎爲剛中之德，坎剛中爲水之德，即井之德（大傳，井德之地也）。

(十七)恆爲德

恆六五，恆其德，貞。婦人吉，夫子凶。

恆九三，不恆其德，或承之羞，貞吝。

(十八)乾德有六

乾畫皆陽，今六位皆實爲大明，明爲乾之德，德有六，即潛、見、惕、躍、飛、亢是也。

(十九)乾龍之德爲三

第一爲潛藏。子曰：「龍德而隱者也。即潛龍也。」

第二爲守中。乾文言九二子曰：「龍德而正中者也。」

第三爲飛龍在天，乃位乎天德。得天之位爲龍德。夫乾，天下之至健也。德行恆易以知險。夫坤，天下之至順也。德行恆簡以知阻。

(二十)履，德之基也。謙，德之柄也。復，德之本也。恆，德之固也。損，德之脩也。益，德之裕也。困，德之辨也。井，德之地也。巽，德之制也。

二·天德不可爲首也

陽爲天德，首爲極位，陽極必消，故天德不可爲首。

天德者，正丁、二坤、三壬、四辛、五乾、六甲、七癸、八艮、九丙、十乙、十一巽、十二庚也，乾上无德，故无首。

无首：乾爲首，无首者卦之德无有出於乾之上也。

繫辭說，近取諸身，遠取諸物。於是始作八卦，以通神明之德。神明之德爲天德。

三·得也--＜得心＞

君子「進德修業」：乾九三君子進德修業。德就是得心，業是成於事。九三居內外之間，所以以德業來比。

天，夬。君子以施祿及下，居德則忌。德爲有所得，君子有所得而自惕。

謙，勞謙，君子有終，吉。子曰：勞而不伐，有功而不德。即有功而不居爲謙。德者，得也。

四·德爲進

進德修業：乾九四文言曰進德修業。乾道爲德，坤事爲業，以乾進坤，故進德，以坤修乾，故修業。

五・德爲達

飛龍在天，乃位乎天德。

九五爲乾之正位，故得位天德者乾之德也，即達到天。德爲達。

六・乾爲德

(一)因爲在八卦乾爲唯一達到德最高位者，所以說合其德。乾坤相錯，故合德。

坤厚載物，德合无疆，即乾德與坤合。

(二)坤爲地道，乾爲天德

天地之大德曰生，聖人之大寶曰位。何以守位曰仁，何以聚人曰財，理財正辭禁民爲非。

七・德者易也，合德者合易之理也。

八・德之行爲常

坎大象卦說：水洊至，習坎。君子以常德行，習教事。常德行可以涉險，習教事可以夷險。所以德行是可以知道如何在險困的道路行走。

九・德爲天

乾爲＜天德＞。乾五天位，故曰天德。坤二地位，故二曰地道。

十・儉德避難

(一)否象曰：天地不交，否。君子以＜儉德避難＞。

(二)乾爲德，坤以藏之也。儉德者，收歛其德。

(三)蠱六五幹父之蠱，用譽。象曰：幹父用譽，承以德也。

(四)承以德也：上艮爲手，承之象。德即天也，即＜承天＞。

(五)損以遠害：謙以制禮，復以自知，恆以一德。

十一・德則合

(一)合則不孤，所以說＜德不孤＞。乾坤對待，故不孤。又後天之坎即先天之坤，先後天同位是謂合德，亦不孤也。

(二)廣大配天地，變通配四時，陰陽之義配日月，易簡之善配至德。坤簡爲善，合乾之至德。

(三)子曰：乾坤其易之門邪? 乾，陽物也；坤，陰物也；陰陽合德，而剛柔有體。

(四)先後天合爲德

夫大人者，與天地合其德，與日月合其明，與四時合其序，與鬼神合其吉凶。

十二・艮爲德

(一)蒙卦曰育德。坎爲育，艮爲德。

(二)益五互艮，曰惠我德。

十三・坤順爲德

(一)訟六三，食舊德，貞厲，終吉，或從王事，无成。象曰：食舊德，從上吉也。

後天爲舊，坤順爲德，巽爲食。

（二）大有，其德剛健而文明，應乎天而時行，是以元亨。

（三）繫辭曰：和順於道德而理於義；窮理盡性以至於命。順坤爲道德之本。

（四）巽爲順。繫辭曰：若夫雜物撰德，辨是與非，則非其中爻不備。

順爲德之本。

十四‧見龍在田，德施普也。

十五‧君子四德

乾文言說＜君子四德＞。這四德就是元亨利貞。

亨者，嘉之會也；嘉會足以合禮。

利者，義之和也；利物足以和義

貞者，事之幹也；貞固足以幹事。

君子之德有四：即學問寬仁、學以聚之、問以辯之、寬以居之、仁以行之。

十六‧文言說進德修業的含義。

（一）忠信，所以進德也；

（二）脩辭立其誠，所以居業也；

（三）知至至之，可與幾也；

（四）知終終之，可與存義也。

十七‧坤後得，後得主，厚德即「後得」

（一）至哉坤元，萬物資生，乃順承天。坤厚載物，德合无疆。

（二）地勢坤，君子以厚德載物（大象）。

（三）坤，至柔而動也剛，至靜而德方，後得主而有常，含萬物而化光。坤道其順
乎？

十八‧德爲行

（一）易經說德行和坎險有關。德行即知險也，這個道理說明在繫辭。

繫辭上九說顯道，神德行，是故可與酬酢，可與神知矣。

繫辭上十二：神而明之，存乎其人。默而成之，不言而信，存乎德行。又
說：夫乾，天下之至健也。德行恆易以知險，夫坤，天下之至順也，德行恆
簡以知阻。

（二）乾卦的德性至健，只有健才能面臨險，而不爲險所陷。

坤德至順，順的本質是行簡。惟有順才能行于阻中而不爲阻所止。即順其勢
而行。

（三）常德行可以＜涉險＞，習教事可以夷險。所以德行是可以知道如何在險困的
道路行走。而以習（坎爲教事，爲習）來夷險。乾和坤之德，即健（天行健），
和順來行險。

（四）陽卦多陰，陰卦多陽。其故何也，陽卦奇，陰卦耦。其德行何也。

（五）繫辭第十二章：明之存乎其人；默而成之，不言而信，存乎德行。

十九‧恆爲一，恆以一爲德，即以一爻爲得位，而其他諸爻大都失位。

二十‧進爲德

(一)泰卦曰進德修業。乾道爲德，坤事爲業，以乾進坤，故進德，以坤修乾。

(二)君子進德修業：乾九三君子進德修業。德就是得心。君子進德修業，欲及時也，故无咎。

(三)道德的涵意，是說在君子在道德上可以有所進取。

二一・德日新

大畜，剛健篤實輝光，日新其德，剛上而尙賢。能止健，大正也。富有之謂大業，日新之謂盛德。

初九，壯于前趾，往不勝，爲咎。
象曰：不勝而往，咎也。

夬初九稱壯，是取義于大壯。大壯上六，羝羊觸藩，不能退，不能遂，不詳也。夬上爲兌，大象爲兌，是羊之象。九五爲君位，爲廟堂，在廟堂之上則爲祭祀之羊也。兌爲羊象，又大壯亦爲羊象，所以夬上六取壯，即不能退，不能遂，不詳也，即以羊祭神而觸到祖上之忌諱，所以不詳。

歷來先賢註易大多以小人喻上六之爻，而夬爲陽剛一定要來夬陰柔，所以爲夬。甚少有引申壯之義于羊者。而羊爲祭神之物，也是占卜問神吉祥與否者，因爲壯爲不詳，所以必要去之。

初九說壯于前趾。因爲易經以四陽爲壯，五陽爲夬。壯在夬前，所以壯于前趾，初爻以低下之身份，要參與決去上六之行動，稱爲壯，實則壯在四爻矣，所以往不勝，即不能勝任也。而且初九和九四不應，九四是羊，又被疑牽走之羊，所以不能前往，否則被告訴矣。本爻主旨是下位者不能躁如壯羊，而急于前行，尤其前面都是心自己行之，同行同類，更是不宜。夬卦乾兌同宮，但在陽陰不調，難以言貴。變巽爲陰，初爻震爲趾，欲進于四，而四爲陽壯之位，二陽不和有如兩羊相頂于途，其凶无比。如守勢而知退，則可以享到富貴。變卦爲大過，如持才傲物，仗勢凌人，則有殺身之禍矣。不如退而守之也。

◎趾

一・指也，艮象以取其執止物也。爾雅釋言：「趾，足也。」

二・釋名：「止也。」

三・古之刑法滅趾荆也，滅鼻劓也，滅耳刵也。

四・艮爲趾，凡陽在下者動之象。因初爻爲震之正位也。動其趾，行之象，徒步也。易經所說的趾都有震足艮止之象。比如大壯下艮，艮卦爲重艮，噬嗑下震反艮。

(一)艮初六，艮其趾。无咎。

(二)大壯初九，壯于趾。初爲足位，應四之震，震爲足，震艮同體，艮爲指，趾者，足指。

（三）鼎初六說顚趾，巽錯震足，互艮止，故象趾。

（四）噬嗑初九，屨校滅趾，不行也。噬嗑下震反艮，艮爲趾，震滅之。

（五）干寶說指的是貫械也。噬嗑上互坎，坎爲桎梏，加于足上故屨校。

（六）噬嗑下互艮，又反艮，有指足之象。

（七）夬初前趾。

（八）大壯，壯于趾。

（九）賁初九，賁其趾，舍車而徒。賁上艮。

五・趾者，足之末也。

六・大壯爲趾。大壯初壯于趾，夬自大壯變，壯前爲夬，故夬初壯于前趾。

七・初爲足位

夬初九壯于前趾，初爲足位。大壯初應四之震足艮止也。

鼎趾在下，顚則向上。象巽變鼎，錯震，亦變屯，震足艮止之象。顚而上也。

八・初爻爲足

夬初九壯于前趾，初爲足位。大壯初應四之震足艮止也。

九・艮爲止，所以稱趾

艮卦之彖說艮其趾，艮象人身，以人身陽上陰下，惟艮象之。初應四，四爲震足，艮止，故艮其趾。趾者足指，艮爲指也。

◎壯于前趾

一・夬自大壯變，大壯初壯于趾。壯前爲夬，故夬初壯于前趾。

二・夬初九壯于前趾，初爲足位。大壯初應四之震足艮止也。

◎往不勝

一・往不勝爲咎。

二・夬初九往不勝。初欲決上陰，一陽在下，力微不勝。

三・人之決於行，行而宜則其決爲是，往而不宜則決爲過。往而不勝則爲咎。

夬卦九居初，壯於進，躁於動，故有不勝之戒。上爻陰卦其力已弱，但是初爻之躁動，可能會反而不利上行，所以初爻說往不勝。

九二，惕號，暮夜有戎，勿恤。
象曰：有戎勿恤，得中道也。

夬九二重剛有戎象，所以爻爻曰戎。夬之戎不一定是眞正之兵戎，而是金多有戒心。九二當夬之時，以剛居柔又得中道，是最能和上卦相通者。但自己身在群剛之中，並无行動之能力。不過得柔之中而不恃其剛，所以能憂惕號呼，以自戒備。夬卦是兌乾，在後天八卦都是象黃昏時刻。剛冷而昏暗，性格收斂，不易行動。

九二變離火，火剋金爲財。易以金生離夏富有千鍾也。九二變離卦成革。革九三征凶。三以離火應上兌澤，故征凶。離火見兌財可以剋之，但是變六二，六二和九五相應。陰與陰比而不戰，剋變爲和，是出兵而无所憂也。

夬爲決，決之成敗在於快。九二變離，二五互爲巽，巽爲進退，无所決，不能見財而失戒心，否則要決定之事會受阻。因爲夬九二上爲互乾。金與金只相持而不斷。

◎惕號

一‧夬九二失正，當貞爲離，乾爲惕，互巽，爲號。

二‧惕號爲警告聲，或是夜間防敵之警訊。

三‧剛居柔地則惕，憂之象也。

四‧惕，也稱作錫。

◎暮

一‧正晝日之時。

二‧暮爲莫：兌西于日爲莫。

三‧日入地爲暮夜：夬九二失正，貞爲離，離日在西兌下，日入地中，爲暮夜之象。夬卦下乾，上兌，爲西北方位之卦。

四‧乾西北戌亥。夬下乾，爲暮。

五‧暮夜：九二勿恤，夬兌乾，後天卦兌爲酉，乾爲亥，正暮之時。

◎戒

一‧離爲戒。夬九二有戒，九二失正，貞爲離，離爲戒。

二‧金爲戒。乾金、兌金兩金相敵爲戒。夬上兌金，下乾金爲戒。

三‧戒爲戒：戒上也，即在上而有戒心，戒爲戒。

◎勿憂勿恤

坎正位在上卦，坎居上卦爲无恤：

一‧夬九二勿恤，易坎居上體，得其正位，每曰勿憂勿恤。

二‧晉離爲午，坤後天爲未申，六五悔亡，失得勿恤，往，吉无不利。晉五互坎失正，故愁如。

◎得中道

夬九二得中道。二貞爲離，故得中道。得中道之義詳本書離卦。

九三，壯于頄，有凶。君子夬夬，獨行，遇雨若濡，有慍，无咎。

象曰：君子夬夬，終无咎也。

夬卦之旨在于去上六之小人。九三是和上六相應和之爻，其面目表現似有決心，所以

壯于頄。但是九三早知上六是已經得罪人了，或是成爲祭神之祭品而不被接受，所以占卜得凶兆。而且九三因爲和六上相通，私自得到上六之雨澤恩惠，雖然占卜是凶，心中未有不悅。而九三和九五都是陽剛之君子，保持本色，所以兩爻都說夬夬，即仍保持決心要去掉小人。

夬九三變兌爲重兌，所以稱爲夬夬。夬即祭神之羊。則上之羊不詳，而三變爲羊，可以取代。以爻象論，二兌都是金，中爻離火可以剋金，方不致窮困。火見金爲財也。又夬爲大壯之象，都是體兌。又變卦爲兌，卦象全爲比和而无生剋之力，只是无咎，而不能有大作爲。

本爻爻象是決要和，所以不能以相爭來行事，又獨自做事可以得小利，但偏私之心而和他人苟合，會阻礙大事。

◎頄（音判）

一‧顴爲頄

（一）夬九二壯于頄，頄，面顴，在面中。九三在重乾之中也。乾爲首，頄是倖倖然生氣而臉紅。

（二）頄爲顴。九三應上六，六陰爲拆卦，顴之象也。

二‧面色或表現。壯于頄即疾惡之心見於顏色，如有人壯于頄，即面色不詳，則有凶。應和柔以去之，方可无咎。

三‧夬九三、九四、九五互乾。乾爲首，即頄。

◎獨行

一‧易經以某一爻和其他爻不同，即獨行。

二‧夬卦之九三是全卦唯一和上卦相應之爻，所以說獨。九三一爻獨上和陰上六應，爲陰所施。上六爲陰爻，又兌爲雨澤，雨之象。如遇雨，即有如知遇者。

三‧三與上六爲正應，方群陽共決一陰之時。三去應一陰，與眾不同，爲獨行。

◎慍

一‧九三爲夬卦眾剛之中唯一和上六應和。其他之同類怕他和上六之小人同流合污，所以見恨也。

二‧易中一陽之卦，喜與陽比應，以陽爲君子也。一陰之卦，不善與陰正應，以陰爲小人也。夬三應上，五比上。三曰若慍无咎，五曰中行无咎，皆懼其說上也。

◎首

易以乾爲首，易以上爻象首。

◎夬夬

夬九三、九五曰夬夬，夬之能決上者，惟三五，故三五皆曰夬夬。

◎遇雨

一‧離坎相合爲遇。坎爲雨，所以說遇雨。

睽上九，睽孤，見豕負塗，載鬼一車，先張之弧，後說之弧，匪寇婚媾，往遇雨則吉。象曰：遇雨之吉，群疑亡也。

睽上九往遇雨，坎爲雨，睽下卦兌，初變坎，而居上之離往于下上九，往遇雨則吉，

睽上爲離卦，往下以成既濟，以水火相交也。離下而遇坎，坎爲雨。

二・遇雨之吉

睽上九遇雨之吉，睽卦上火下澤，志不同行，論六爻，則二五三上，陰陽相應，其中爻又互既濟，所以六爻曰見、曰遇，皆睽求合之義。不合之中求合也。

三・陰陽相合爲遇。易經雨出現都是陰陽兩合，即遇也。

（一）夬九三和上六陰陽和合，所以說遇雨。上六爲雨，遇爲合。

（二）小畜風天，半覆風爲澤，卦成澤天夬。小畜曰既雨；夬曰遇雨。雨爲小畜象。
　　　風行天上爲雨來前之氣候。

四・遇字之義詳本書姤卦。

九四，臀无膚，其行次且。牽羊悔亡，聞言不信。
象曰：其行次且，位不當也。聞言不信，聰不明也。

九四以陽居陰，不中不正，有臀无膚，行不進，而不能決。當決之時，不容不決。如能牽連下三陽以同進，因人成事，則可以改變九四不進之情況，則可以无悔。但九四是陽爻處在陰位，拖拖拉拉。九三是一隻可以代行上六不得上天之喜之羊，要九四牽往上頭，可是九四在上不如三爻消息靈通，所以不能聽信別人，否則是聰而不明。九四變卦爲需，上爲坎，而三五互離，可以相濟，是能得到上天之信者。但是需二四互兌又是一羊。牽羊悔亡是說一手牽一隻羊，另外一心要想失去之羊，所以其行一上一下，進退不決。亡其不進之悔。但不中不正之人不樂聞。

◎膚

一・膚字之義詳本書噬嗑卦。

二・乾一、兌二爲膚。

三・兌爲毀，无膚。

◎臀

一・臀從殿，殿後也。
　　兌爲羊，羊性狠。牽羊者必在羊之後。易理以見陽則順之，見陰者逆之。制小人之權術也。

二・巽爲臀
　　夬九四臀无膚，巽爲股，臀即股。艮爲膚，震艮同體，大壯震乾，變夬，震（艮膚）變兌，巽不見，則无膚。

三・卦變坎爲臀。坎爲溝瀆，臀象。

四・來知德以坎爲臀。姤九三變坎，曰臀。困下卦坎，初六曰臀。夬九三變坎曰臀。

五・易經說膚，是相接，即次序。比如乾一兌二互爲膚。

◎其行次且

夬九四其行且次。震爲行，夬自大有來，五上一進一退，進退不決。有夬大成大有，夬上兌，兌反巽，巽爲進退之象，巽兌爲同體。

◎次且

一‧行不進。

二‧巽爲讓也，進而退，巽爲進退。夬上兌，巽兌同體也。

三‧趑趄也，行而不進。

◎牽羊

一‧夬九四在下有三陽推進，在上有九五牽挽。羊性爲拗執，不受牽挽。

牽羊之法：人在前則羊不進，縱之使前而隨可也。

二‧巽繩爲牽。夬上兌，倒爲巽繩，故牽。

三‧夬九四「牽羊」，兌爲羊，巽繩反牽。夬自大壯通，大壯象羊。

巽爲繩，爲順，巽反艮。夬卦上兌反成艮，卦變大畜，艮爲手，＜順手牽羊＞。大畜不家食，羊成爲他家之物也。

◎聞言不信

一‧耳塞則＜聞言不信＞

夬九四聞言不信，坎爲耳，貞四爲坎，四以坎耳塞下，耳必不聰。雖聞牽羊之言必不信也。

二‧言不信：困卦也說言不信，困則消息不通，不能信人之言。

◎聰不明

坎爲耳，見兌爲塞，不＜聰明＞。

九五，莧陸夬夬，中行无咎。
象曰：中行无咎，中未光也。

夬六爻爲陰五爻爲陽，是莧生在陸之上。夬爲除去之意思，莧陸夬夬可以說是看見莧長在三月成雜草，所以一心要除去。這是比喻上六有如莧草。三月爲卯，卯爲草木也。上六陰爻居在陽上，雖然六上是得位，長在大片陸地之上，並不合宜。所以九五以尊位屈居其下就一心要斬草除根。夬之三爻在下位不能做到之事，九五受到九三鼓動而有所行動。但九五與上六一陰一陽地位相近，又是陰陽相合，不免會溺愛之而不決。小象說中未光，近陰而不光明。一則與上同爲兌體，而又爲陰所乘。

本爻之旨在說明太多陽剛正直之人，反而无法去掉一個不算太壞卻很妨礙的小人。個個都有礙手礙腳的問題而不能一舉去之，最主要是无法不守人道。子夏傳說：「木根草莖，剛下柔上，剛正之資，居至尊之位，非中道而行不可。」本來夬卦之卦象是乾兌同

宮，爲大吉之局。二金相比助，格局更大而富。兌澤變爲水，水洩金而剋火，金无火何以言貴。

夬爻象大都取大壯爲象。初爻開宗明義說不能退，羝羊觸藩，不能退，不能遂，不詳也。易經本以水火相害爲不祥，即不論如何求神，仍會降災。夬卦要改正這狀況。到了九五，以斬草除根之心來進行。

◎莧

一·羊頭象，山羊細角而大形者。

二·莧陸：莧（音現）。各種菜都是秋冬皆可種，獨莧菜要在三月生才能種活，所以三月卦以莧來比喻。其他比如姤取瓜。

莧路即彎路。細角之羊行在高平之陸得草，无險之虞。莧是一種馬齒類之澤草。

◎陸

一·高平曰陸。夬錯剝，艮（陸）之象。

漸九三鴻漸于陸。陸，山上高平曰陸。否四互艮山，互巽。艮巽皆高，坤平。漸之陸象取自否，漸自否來。漸上九鴻漸于陸。初在艮山之下，爲陸。故鴻漸于陸，陸爲艮卦。

二·夬之義爲前行无阻，君子決小人也。是有如驅羊於陸，則前无阻滯。

◎中行

夬九五中行，九五中正，曰中行者，二五相應，五欲二之中行，與五同決上，乃无咎也。

◎中未光

夬九五中正，因與上同爲兌體，而又爲上六之陰所乘，故中未光也。

> 上六，无號，終有凶。
> 象曰：无號之凶，終不可長也。

夬卦象五陽一陰，有如五君子和一小人共處，欲去之而安。其勢本是易如反掌，但是小人以柔順之性又得到上六至高之地位，有如置於祭神之羊，未得神所接納，卻无法取之。因爲五剛在一起，金多无木，則无聲也。一則衆剛无法登高一呼，高處已由陰人所佔，又在廟堂之中无眞正之才可以和金相交爲用。這是无號之凶。易經以金多可以鑄印，而見火可以從革。今六上變乾，乾又見乾，又在大象兌卦中變之，既不能鑄印，又不能從革，所以是无號之凶。但是夬之決因爲乾綜坤，又兌綜艮，坤艮都是終象。所以最後上六會被夬去。

◎无號之凶

一·反兌爲號，夬上六无號。上爲兌，故无號。上罪惡極，故无所用號。

二·號爲先告，即如敵人偷襲，不先告也。不先告即无號。

三・上六當權，呼號和它其應之三爻。但是因爲九五在六上之旁，也是一心要和六上相決，但是又和它相親，所以不再有呼號之舉了。

四・金以見木方發聲。夬上兌金下乾金，无聲之象。

◎不可長

一・兌不可長，凡事不可能長久反對。

二・夬上六不可長，巽爲長，上六兌，故＜不可長＞。

三・不可長之義詳本書豫卦。

◎終

一・上爲終。一陽之剝曰終不可用，一陰之夬曰終不可長。

二・坤爲大終

　　(一)坤六三，无成有終，坤以大終，乾坤相貞，坤三當居乾上，故有終。
　　　　六三，含章可貞，或從王事，无成有終。

　　(二)坤文言曰：地道无成，而代有終。

　　(三)先天卦終于坤--乾、兌、離、震、巽、坎、艮、坤。以坤爲終。

　　(四)謙卦，君子有終。先天卦艮至坤，乾陽消淨，爲終。

　　(五)困九四，困于金車。吝，有終。困下坤，坤爲終。

二・艮震有終

　　(一)謙九三，有終吉，謙互震艮先天卦，一陽始震，一陽終艮，故君子有終。

　　(二)艮爲終：先天一陽以艮終震始。

　　(三)賁六五，束帛戔戔，吝，終吉。

　　(四)頤爲震艮，震起艮止，有始有終，故頤之養不窮。

　　(五)蠱九三，終无咎。終者，艮也。蠱上爲艮，艮終也。

三・上卦或上爻爲終

　　(一)无初有終：巽九五无初有終。巽震相交易，震爲離，巽成坎，又以坎離易以成兩既濟。
　　　　巽變坎，上坎正，下坎不正，故无初有終。易以下卦爲初，上卦爲終。

　　(二)夬象辭剛長乃終也。夬爲三月卦也。一變而爲純乾卦。乾四月卦。故夬之象曰有攸往，剛乃終也。夬上爻一陰爲終。往，上也，上爲窮位，无論六九居之皆吝也。

　　(三)需九二以吉終。從變卦來看，九二變，乾成爲離，先天卦位始于乾，後天卦位終于離，所以說終。

四・六爲終

　　賁上六終吉。上爲窮位，故吝，得正，故終吉。

≡ 姤

> 姤，女壯，勿用取女。

　　姤卦爲遇。姤卦所演之易經有善者、不善者。以一陰遇五陽，是爭合，而陽動乎陰之上，是不正當之遇。但天之遇地，而下以巽爲順，又是好遇。天爲乾，金也。風爲木，金木相制，而轉成風。即以一陰之制轉動上卦陽爻，又能止其動。到底好之遇，或不好之遇，端看何時相遇。所以姤卦之時義大矣哉！

　　以五行而言，乾爲金，巽爲木，金剋金。以實數而言，乾九、巽二，九爲金，二爲火，是火剋金。以虛數而言，九爲金，八爲木，也是金剋木。如此之剋是可遇而不可求。所謂遇者，姤，遇也，先天相鄰之卦。乾巽先天相鄰，二、四、上皆曰遇，所以姤爲遇。易經以八卦能遇，必有可以合者，所以能遇爲貴。乾、巽之遇是可遇不可求。婚媾亦本有遇之意。男女結合，有善，不善，全都是遇合之關係使然。姤卦如得遇，即有后妃之貴，以巽風行天下，萬民拱之。但一男五女，如處在不善之遇，則相遇在風月場所。

◎姤

一‧姤以制陰爲義。

二‧姤爲乾之消卦。

三‧姤爲遯息之象，不取乾消之象。

四‧姤，遘，遇也，偶也，不期而會也。

五‧姤爲遇：遇爲相遇、遭遇、待遇、奇遇。

六‧乾爲天，巽爲風，二者合，即爲風行天下，无物不遇，姤之象也。姤，合也。

七‧姤爲后，后以施誥四方之義。風行天下，无所不周。爲加后者，觀其周遍之象，以施其命令，周誥（告）四方也。

八‧姤爲五月之卦。一陰生于下，陰與陽相遇，本來非所期待者，而忽然相遇，有如不期而遇之遇爲姤。

九‧女壯

　　姤卦說女爲壯。女即壯，則能挑起。一陰生于下，五陽不能安於上，有女壯之象。女壯不正。

十‧夬、姤皆一陰五陽。

十一‧夬、姤包乾

　　夬爲三月卦，姤爲五月卦，中來乾爲四月卦，而夬、姤中皆互乾。

十二・物夬（決判）後有遇合。夬後爲姤。

十三・姤上乾下巽，一陰五陽，爲夬之倒象。夬爲決，姤爲不決。

十四・姤之遇爲爭合。孤陰在下，群陽皆要和其遇合。群剛失和，所以有如臀之无膚，
　　　坐不得安。

十五・姤爲邂逅

　　　姤內順而外剛，五陽連續俱升，其志在外而陰不進，這是姤遇之象，即＜邂逅＞。

十六・姤夬往來，姤反爲夬，夬反爲姤，故往來。

◎夬、大壯、姤、遯

一・姤，遯息也。大壯以兌象羊爲壯，遯壯相對，故姤曰女壯，以遯息爲姤也。

二・夬爲羊取象，羊爲壯。姤以遯取象，遯爲豕。

三・虞翻說：「姤之卦爲乾之消，以陰消陽，往而成坤，成遯卦爲子弒父，否臣弒君。」

四・大壯

　　(一)姤卦初爲陰，即坤卦初六。乾初六爲震壯，姤爲女居震位，故女壯。

　　(二)震天大壯。

　　(三)大壯爲壯

　　　　明夷六二，明夷，夷于左股。拯馬壯，吉。夬初九，壯于前趾。夬自大壯變，
　　　　大壯初壯于趾。壯前爲夬，故夬初壯于前趾。夬九三，壯于頄，有凶。

　　(四)夬爲壯。姤爲夬之反，夬爲陽之壯，姤爲陰之壯，即壯之反也。

　　(五)壯爲陽，陰不可壯，女壯則不正。姤，女壯，勿用取女。

五・大壯、遯一卦

　　(一)遯二互壯。

　　(二)壯：渙初六馬壯，渙取否爲通象，否互遯，遯壯一卦（遯、大壯反）。遯二爲
　　　　互壯之爻，故曰馬壯。

六・夬柔遇剛，明言女壯也。但易經之原理女不可壯，故夬。

彖曰：姤，遇也，柔遇剛也。勿用取女，不可與長也。天地相
遇，品物咸章也。剛遇中正，天下大行也。姤之時義大矣哉。

◎取

一・娶也。姤以一陰而遇五陽，此不正之女，故勿用取女。不正之女勿娶。

二・取爲合易經之理則可取，不合易經之理不可取。

◎遇

一・先後天八卦相接爲遇

　　(一)豐初遇其配主，離遇震也（離震相椄），雷火豐，即離震相遇，所以說遇其配

主。

（二）姤九二和九四皆遇。在八宮卦序，乾之一世即天風姤，以其初與坤遇，而先易其本。

二‧睽爲遇

（一）睽卦言遇。睽九二，遇主于巷，无咎。

（二）六三象曰：无初有終，遇剛也。

（三）九四，睽孤，遇元夫。

（四）睽上九，往遇雨則吉。

易以姤爲遇，但爻則以睽論也。

三‧先天卦和後天卦同位爲遇

（一）同人九五，同人，先號咷而後笑，大師克，相遇。同人爲天火，先天乾即後天離，所以同人爲遇。

（二）凡先後天同位爲遇，比如先天之離即後天之震，故卦見震離皆爲遇。

（三）小過六二遇其妣。艮震先後天同位，故曰遇。

（四）豐卦爲遇象。豐卦雷火先後天同位，且豐之離震在先天卦相鄰。

（五）巽即坤地--先天之巽即後天之坤，故姤曰天地相遇。

（六）困相遇也，兌坎先後天同位。

四‧相鄰爲遇

（一）乾兌、離震、巽坎、艮坤等相鄰，皆有遇象。

（二）睽爲遇，因爲先天火澤相鄰。

（三）豐初九遇其配主，離遇震也。四遇其夷主，震遇離也。

（四）睽豐之卦上下皆先後天同位，故睽、豐卦皆有遇象。

（五）睽二動爲噬嗑（火雷），有豐象（火象坤，雷象離），故睽二言遇主。

（六）噬嗑卦爲火雷，也是言遇。

（七）坎遇巽乾皆曰元吉，相遇也。相遇爲吉。

（八）姤，遇也。先天相鄰之卦，乾巽先天相鄰，二、四、上皆曰遇。

五‧天地（乾坤）相遇相會爲遇

（一）姤卦曰天地相遇，品物咸章也。剛遇中正，天下大行也。姤之時義大矣哉！

（二）姤彖天地相遇，乾爲天，巽即坤地。

（三）姤彖曰天地相遇。荀爽曰：「先天乾爲後天離位，而離位消息卦爲姤。姤者，坤陰所出也，乾姤相遇，即天地相遇。」

（四）後天離南，一陰中生，消息爲姤，坤陰之所自始，故坤出于離，至亥月六陰坤成爲後天乾位，故與乾相遇也。

（五）姤者，坤陰所出也，乾姤相遇，即天地相遇。

（六）姤者，天氣下降，地氣上騰。兩者相遇爲姤。

六‧偶爲遇

遇者，偶也。遇偶皆從禺。易以姤卦爲遇。姤，遘，遇也，偶也，不期而會也。

七・豐卦有遇象

(一)豐九四，豐其蔀，日中見斗，遇其夷主，吉行也。

(二)豐初九遇其配主，九四遇其夷主。震爲主。豐上卦震，震爲主，離又爲震所主者。初四相遇，皆曰遇主。

(三)豐卦火雷相接爲遇。

(四)睽二動爲噬嗑（火雷），有豐象（火象坤，雷象離）。故睽二言遇主。

(五)遇者雷火也，睽九二變震，遇主于巷。九四遇元夫，變震也，噬嗑以雷，六三遇毒。

八・遇爲過也

(一)小過六二，過其祖，遇其妣，不及其君，遇其臣。无咎。

(二)小過上六曰弗遇過之。卦爻以在前則遇，故四遇五。四在上後，故上弗遇也。

(三)小過九四象曰：弗過遇之，位不當也。往厲必戒，終不可長也。故上弗遇也（小過主卦爲四）。

九・遇爲婚媾

(一)屯曰十年乃字。字爲婚。

(二)婚媾者皆有相遇之意。比如節卦，水澤先後天同位也，同位則相遇，婚媾之象。然其婚媾由變而來，是不得其當也，所以節卦說匪寇婚媾。

十・姤爲遇

(一)序卦傳曰決必有所遇，故受之以姤。姤者，遇也。

(二)姤卦柔遇剛也。

(三)彖曰：姤，遇也，柔遇剛也。勿用取女，不可與長也。同人錯師，故曰大師。互姤遇，故曰相遇。取姤爲遇象以解同人之意。

十一・卦爻下接上爲遇

(一)小過言四必過五。四前即五之陰，故弗過遇之。

(二)小過上六曰弗遇過之。卦爻以在前則遇，故四遇五。四在上後，故上弗遇也。

十二・相遇而聚

(一)方以類聚，陰陽相遇，卦聚一方，此即所謂方以類聚也。

(二)先天巽、乾、兌聚于上。後天坤、兌聚于下，所以物相遇而後聚，故萃者聚。

(三)睽，天地睽而其事同也，男女睽而其志通也，萬物睽而其事類也。睽卦言類，類則聚，類聚者，陰陽相遇也。故睽卦爻皆以遇名之。

十三・陰陽相合爲遇

夬九三和上六陰陽和合，所以說遇雨。上六爲雨，遇爲合。

十四・對待爲遇，即＜待遇＞。

十五・遇者，＜不期而遇＞也

春秋傳曰：「我所欲曰及，不期而會曰遇。」

姤不曰剛與柔，而曰柔與剛。言先天卦，震至乾皆陽（震、坤、艮、坎、巽），至巽而乾始遇陰。遇者，不期而遇也。

十六・姤九五，以杞包瓜。杞和瓜都是五月所有之物，姤爲五月卦，正相遇。

◎不可與長

一・姤不可與長，巽爲長，長則消乾爲坤。

二・長爲恆

夫婦之道非一朝一夕之事，事曰夫婦之道不可不久也。不可與長者，言女壯是不正，不能與陽從長。

三・壯爲陽。陰之壯只是一時，不可能與陽一同言長。

◎天下大行

姤彖曰剛遇中正，同人曰中正而應。同人以九五遇六二，剛（九五）遇中正（六二）。天下大行。姤自同人通，同人曰大師相遇，同人之遇即姤之大行，行如途也。

◎品物咸章

姤爲五月卦，萬物在五月皆章美。

象曰：天下有風，姤。后以施命誥四方。

◎四方

一・復爲方

（一）姤象曰以施命誥四方，復卦曰不省方。姤錯復，復震坤爲四方，以養初陽也。

（二）姤后以施命誥四方，是比喻爲天之風與物相遇。

二・方之義詳本書益卦。

◎誥

一・姤象曰誥四方。誥，養也。姤以施命誥四方，以養初陰也。

二・告示，即曉諭警戒之意。

◎后

姤象曰后（后以施命誥四方），泰上坤曰后（泰卦象曰，后財成天地之道），姤一陰在下，亦曰后者，以陰卦爲主也。

初六，繫于金柅，貞吉。有攸往，見凶。羸豕孚蹢躅。
象曰：繫于金柅，柔道牽也。

姤卦和夬卦相反。夬卦說羊，是祭祀之用的羊。姤卦是說豬，夬卦之羊已上祭台，成

爲供禮，而姤卦之豕則在家內。姤初六陰爻爲不得位之爻，所以性不定。但陰爻和上卦四爻之陽爻相應，一心要往見。姤卦所演則爲遇，遇在易經是兩爻聚在相對和相接之時的情況。乾巽在先天是相接之卦，所以相遇，因而巽卦之繩是繫在上卦之乾金。乾金可以比爲收絲之工具。巽之初爻被繫在上卦，其消陽之動意更強，因爲初六和九四相對而應，一開始是好的，所以貞吉。姤初六喻爲小豕。豕之性不定，一見四來合應，即孚躑躅，跳蹲纏綿。因爲遇到了相好的同類，无心前行。

　　姤卦是以一陰損傷五陽。初爻之陰尙未長成，所以損力小。易經立姤卦原爲防微杜漸之意，陰柔之長其所以來者漸也。因爲陰爻一向被視爲小人，所以立姤以除積弊消陰匿。又姤下巽，卦體又是巽，是重巽，所以申命。申命是爲了樹立風聲。姤卦之陰來損陽未必全是壞的作用。姤的作用是造成天地相遇而施天命來消積弊，初爻行動不專就不是好事。今以柅止之，初爻之風可以一路往前，无所阻，方可風行天下。姤卦說小人害君子，所以將九五極好之爻通說壞了。姤卦上乾爲金，下巽爲木。乾變乾，則木易折，所以車不能行。但乾爲金，巽爲入，是財利入屋。

◎柅

一·姤初六繫于金柅。柅，車輔也。柅以止車，震爲車，姤无震，姤自遯變，遯壯相對，故曰女壯。震象見于雷天大壯，巽爲車輔。巽見于姤，又姤天風，乾金巽木，故爲金柅。

二·以木止輪之轉者爲柅，或是以木制絡絲阻其轉也叫做柅。

三·姤下巽，巽爲木。卦德爲入。上卦乾，爲金，卦意爲圓。金性凝止，象車下制輪軸之柅加上金屬物來加其堅牢。

四·柅是收絲線之工具，巽爲繩繫之象。

五·許多先賢以爲柅爲在車下止輪之動之物。

◎繫

一·繩爲繫

姤初六繫于金柅。巽繩，故繫。繫初陰于二，不使前進，故繫于金柅。

二·繫即占卜時繫辭。

◎貞吉

姤初六貞吉。姤初爻爲陰，與坎之初爻爲陰爲同體，所以姤初爻說到象坎的豕。坎爲孚也，可見姤初之有坎象。坎豕見巽，形成了繫象，巽爲繩。卦象是以繩拉著一頭小豬，而小豬則進退不安。

◎羸

一·羸者，弱小也。

二·羸，大索也。

大壯九三羸其角，羸，大索也。五互兌，即巽繩也。繩在角上，故羸其角。

三·勝也

大壯九四藩決不羸，言大壯二、四、五失正，其兌（羊），巽（繩），震（藩）之象失，故藩決不羸。

四‧姤卦曰羸豕：羸，犬索也，綁狗之繩。

五‧井卦曰井，羸其瓶，凶。

　　羸：係瓶之繫也，羸爲釣羅也。

　　井卦二說羸其瓶。井，瓶爲初，初欲應五，今爲二所拘，故凶。（體離爲瓶，故瓶謂初）初、二易位，故初應五，有引瓶汲水之功。今二不變，初爲二所拘羸，上不能應五，故羸其瓶凶也。

◎羸豕

　　一‧羸，犬索也，綁狗之繩。

　　二‧姤自遯來，遯曰繫遯，陰繫于陽，不使之遯去也，乃使得陰順陽也。

　　三‧羸豕：小豬。羸豕，未肥壯之豕。羸爲弱小者。

◎豕

　　一‧坎爲豕。

　　二‧遯卦之遯爲豕。

◎見凶

見姤，遯息。初陰前往，必消二爲遯（下卦巽變爲艮），故見凶。見之象在巽，巽多白眼。巽變艮得遯，失巽，巽爲見，見之凶也。

◎孚蹢躅

　　一‧孚爲中孚

　　　姤初六孚蹢（音敵）躅（音逐），孚之坎不見于姤，姤自遯變，遯自訟來，訟、乾、坎孚象。

　　二‧孚爲輕孚

　　　朱駿聲著《六十四卦經解》，以爲是女淫之象。初六姤女望與五也。他說陰質而躁恣者，羸豕爲甚。

> 九二，包有魚，无咎。不利賓。
> 象曰：包有魚，義不及賓也。

　　姤下巽，巽象爲魚。易經之魚和豕多少有相通之處，因爲易經說的豕是海河之豚，取象爲亥，即豬也。姤卦象取豬，因爲夬象羊在上是祭品，而姤在下則是待獵之物。姤之象多取諸遯，故姤初六言豕。九二變艮爲遯，遯正是姤卦之象。陰之善長以退爲進，能退，即可以把勢力拉到前方。但初六多情，和九二有所勾搭，所以這是不正之遇，而成爲過。其過在過時也。

　　所以九二包魚象爲義不及賓。姤爲五月卦，五月包裹之魚必臭矣，所以不利賓也。巽爲臭，九二與初本非正應，彼此皆欲相遇乃不正之遇，有如包魚臭了。其實是以臭魚來比

喻九二和初六不正之相合關係。

此爻九二失正,所以所包之物也不好。又二爲主,四爲賓。不正之過不可及賓,所以說不利賓。又陰到了二爻開始消陽,二爲初之賓,即入幕之賓也。賓被初爻所消,不利之至。本爻說遯,即豕,豕爲乾卦之象,即亥。豕以智長,而姤之陰即長於謀。得本爻,戒之在色,要避凶,即不能一拍即合,尤忌左近之人來合。又含有客,不利久留。

九二卦變卦爲艮,乾艮爲正配之卦。其格局典正。卦變純乾,姤卦在乾宮,所以以包喻其地位。乾以包坤,又九二包初六,姤卦爲乾巽。先天巽爲後天坤,故姤有乾坤象,即天地象。其象大貴。

姤九二包有魚,象曰義不及賓。包之義,使陰及陽也,不使陰消陽,陰可在,巽賓可在也。魚居水中,聚處群居,且以連接爲群。

◎包

一・囊爲包

坤六四曰括囊。坤卦消乾,六四消而觀卦,乾六陽消,至觀以下,四陽皆爲坤所包,故曰括囊。

二・坤德包容而感

坤文言曰「坤德包容而感」。含:坤德之大也,含爲包也,即<包含>。

三・乾見坤爲包,如:

天地曰包,易見天地之象、同在之象曰包。

泰否曰包,泰爲包荒,否爲包承。泰爲坤乾,否爲乾坤。

姤卦曰包有魚。姤卦爲乾巽,先天巽爲後天坤,故姤有乾坤象,即天地象,以九二之陽包初陰。

蒙二之包,亦以九二之陽包初陰。初陰承陽二,陽包陰,即否包承之象。

四・包爲可以承受,即包容

(一)否卦說包羞:坤恥爲羞,否成于三,三以不正爲上所包容,故曰包羞。

(二)姤九二包有魚,象曰義不及賓。包之義,使陰及陽也,不使陰消陽,陰可在巽賓可在也,即包容也。

(三)否六二包承。六二變坎爲天水訟,中爻互艮,爲手承之象。

五・包:易有包卦,即乾三陽由外而包,或坤二陰由外而包。六十四卦之中唯有包含乾坤二卦可形成包卦,其他則不可。而內包者限於四卦--乾、坤、坎、離。其他六十四卦之中只有八個卦符合外包者,即:

乾包坤有二,山澤損,風雷益。

乾包坎者二,風火家人,火澤睽。

坤包離亦二,水山蹇,雷水解。

六・包即兩卦中所夾之卦

比如候卦中姤夬夾乾,而姤和夬皆互乾。兩卦都說到包字。

七・姤卦九二、九四包,爲約束。包括,使不散漫,而可以相合。

八・陰非陽无以包之。

◎无咎

姤九二无咎。姤初承九二，得陰陽之道，故无咎。

◎賓

一・震爲主，和主對者爲賓－－即巽也

　　(一)姤不利賓(巽象賓)。姤九二不利賓，震象主，一陽在內也，巽象賓二陽在外。
　　　　姤一陰既生，必進而消陽，不利于巽賓也。

　　(二)觀利用賓于王。觀上巽，巽賓，故觀曰利用賓于王。觀四陰得正，不消陽也。

　　(三)姤初爻一出即與爻相遇。一爲主，一爲賓。但非初和二不是正當的對應，所以
　　　　不利賓客。

二・近爲賓（訓濱，即臨近）

　　復之養初陽，全在六二，姤之制初陰，全在九二，以其近。

◎魚

一・有魚无魚

　　魚之有无，全看時令，時令之合，以潮汐來定。即月之盈虧，潮汐漸減，魚聚也少。
　　所以有時有魚，有時无魚。姤九二有魚，九四无魚。

二・魚爲陰物（居水下）之美者，羊爲陽物之美者。

三・魚爲民。九二陽剛中正之德，君下卦君位，而首與初六遇，其德可以包容之陰之爻，
　　所以有魚。九四二賓，其力不足以魚。

四・來知德舉九二魚爲陰物之美：

　　(一)剝卦變巽曰貫魚。

　　(二)井射鮒，井下爲巽，巽喻爲魚。

　　(三)姤包魚，姤下巽。

五・姤九二包有魚。魚，巽也。姤自遯變，遯二互魚，變姤，以乾陽包之，故包有魚。

六・巽爲魚，包于姤，貫于剝（貫魚以宮人寵）。剝五之魚，即姤初之魚。

◎義

義者，宜也，時也。時以位明，九二有魚。

> 九三，臀无膚，其行次且。厲，无大咎。
> 象曰：其行次且，行未牽也。

　　姤爲夬之反。夬四說臀无膚，姤三也說臀无膚。夬四即姤三。夬卦之四爲陽爻，在夬
失位，所以說牽羊。在姤得正，故未牽。失正即不在位，被取走了。姤下卦爲巽，即兌反。
夬之臀和姤之臀相反向。夬之臀對趾，姤之臀對角。姤下巽象有如臀，因爲巽卦下爻是開
了孔，有如屁股。姤卦說肌膚之親，因爲姤初爲不正之女，與之親則相爭，又有凶。九三

又捨不得，而又无法牽連。夬卦牽羊，而姤象豕即豬，豬非牽而行者，所以未牽。

　　姤九三變坎爲訟，變爻爲坎，三爻即爲坎。坎性要向上，而非向下。但是姤全卦只有初爲陰可合，而坎上爲乾，无法一路推進，所以有不利於上行之象。若堅留之，而與女合，難免起訟，最好是能行走而不有牽連。中爻互乾，性剛而陽居陽位，剛之極難免大凶。變訟中爻二五互家人，家人內也。姤卦爲豕，豕在家內守而不出，出行亦不易也。

　　此爻於婚姻爲絕配，而可以成家，但會有爭而不得之象。

◎膚

　　一・艮爲膚

　　　　姤九三臀无膚。艮爲膚，互巽，巽爲股，臀也。

　　二・相接觸爲膚，有肌膚相接

　　　　姤九三志在求遇于初，故有臀无膚之傷。

　　　　姤九四說无膚是因爲巽（臀）兌同體，故有臀无膚，同體即无法相接。初九和九二親，九三无親、无膚，即＜肌膚之親＞。

　　三・膚字之義詳本書噬嗑卦。其含意包括：

　　　　(一)艮爲膚，噬嗑卦六二噬膚。

　　　　(二)剝六四，剝床以膚凶。

　　　　(三)夬九四，臀无膚。夬初至四互巽，巽爲股，臀即股。夬下艮，艮爲膚。

　　　　(四)巽（臀）兌同體，故有臀无膚。

　　　　(五)剝六四剝床以膚，剝至三，三之艮象已消，故剝床以膚。

　　四・卦序相近者爲膚：剝爲艮坤，睽爲兌離，噬爲離辰。

　　五・噬嗑即噬膚，嗑爲膚也。

◎臀无膚

　　夬九四臀无膚，巽爲股，臀即股。艮爲膚，震艮同體，大壯震乾，變夬，震（艮膚）變兌，艮象失，故无膚。

◎臀

　　巽爲股，卦中見巽有臀象。

　　一・巽爲臀，巽爲股。

　　二・夬九四臀无膚，說的是巽卦之變。巽爲股，臀即股。艮爲膚，震艮同體，大壯震乾，震即艮爲膚。變夬，震（艮膚）變兌，膚不見了。即巽卦變了。

　　三・困初六，臀困于株木。入于幽谷，三歲不覿。臀，股也。困初應四，四互巽，巽爲股。

◎行且次

　　姤九三行且次，巽爲進退。三欲遇初，又欲制初，行是以且次。姤九三爻是陽爻，性向欲和初爻之陰合。但是因爲无法相接，即爻辭說的「无膚」之患，又不肯放下。所以上下心志不定，即行且次之象。

◎厲

　　一・剛則厲。

姤九三厲，九三過剛，故厲。

二・厲无咎

姤九三厲无咎。九三過剛，故厲，得正，故无咎。復三貞爲九，復者陽也，故厲而无咎。姤三本爲九，姤者陰也，故厲而无咎。

◎牽

詳本書小畜卦。牽爲以陰制陽，姤陽旺，不可制，所以未牽。

> 九四，包无魚，起凶。
> 象曰：无魚之凶，遠民也。

九四居外卦之始，與九三同是人爻，而重剛失中。二四同功而異位，而二多譽，所以得中道，得中道爲包而且是有魚（物）之包。四多懼，多凶，因爲失中道，所以九二有魚，九四无魚。魚于淺水中則易多。

姤初六不中不正，卦辭以女壯勿取爲戒。如屯卦六二與初相比，不從乎初，十年乃字，是有相親之機會而不得成緣，所以守了十年才嫁。六二柔爲順而正，只在乎明媒正娶。姤九四是才剛而處柔位，理可和初爻正配。但二爻近水樓台先得月，所以九四之包无魚。而起凶，成了該配的人得不到，因爲居地太遠了。

姤九四變巽爲重巽。易經說重巽申命。姤上原卦爲乾，乾剛強，變巽柔。巽變在乾金之位是財象，變巽，乾失，則力剋財。以男女而論，是姻緣破象。巽爲不果。

◎起

作也。動而上升曰起，即始作。易經說吉凶生乎動，剛之志好動，外之行志升，九四以剛在外，不中不正。其行必凶。

◎包无魚

姤九四包无魚。巽爲魚，姤自遘變，遘互巽爲魚，乾包之，變姤，乾无魚可包，故包无魚。

无魚之凶：姤九四象曰无魚之凶。四遠陰，无魚之凶也。

◎民

陰爲民，四與民，四與陰遠，故遠民。

> 九五，以杞包瓜，含章，有隕自天。
> 象曰：九五含章，中正也。有隕自天，志不舍命也。

　　姤初曰瓜，瓜者外延離本而實。因為女人是嫁了就是別人家的，所以比喻為瓜。易經巽在木為果，在地為瓜。在姤卦是出現在二爻，柔而蔓生，喻為瓜。瓜之始生勢必延蔓，五以陽包剛，令之无所緣。而包瓜本是很美好的東西，因為九五之剛性，使之不能再向上攀緣，是暴殄天物。所以說有隕自天，隕為損。

　　姤卦九五中正，在易經是以天地相遇品物含章為喻。即九五可以以其地位而成風行天下之局面。則姤卦所演之天地相遇，无財不可用，合乎來利用初爻之絕色之物。

◎杞

一・來知德以為杞是枸杞，與瓜都是在五月出的。

二・杞柳，俗用以編筐箱之物。

三・姤九五杞，杞者，楊杞也、杞柳也。

　　在六經之中杞字共出現二三〇次，是一個很重要的字。杞是一個地名，左傳中說齊侯歸，遇杞梁之妻於郊，這個國家出產多杞，孟子就說何必瘠魯而肥杞。杞柳的性情是很特別的。見左傳哀公。子曰：「性，猶杞柳也；義，猶桮棬也。以人性為仁義，猶以杞柳為桮棬。」孟子曰：「子能順杞柳之性而以為桮棬乎？將戕賊杞柳而後以為桮棬也？如將戕賊杞柳而以為桮棬，則亦將戕賊人以為仁義與？率天下之人而禍仁義者，必子之言夫！何必瘠魯以肥杞？且先君而有知也，毋寧夫人，而焉用老臣？」因為杞的木材特別好，所以比喻為俗語的楚材：

　　（左傳二六・十）及宋向戌將平晉、楚，聲子通使於晉，還如楚。令尹子木與之語，問晉故焉，且曰：「晉大夫與楚孰賢？」對曰：「晉卿不如楚，其大夫則賢，皆卿材也，如杞梓、皮革，自楚往也。雖楚有材，晉實用之。」子木曰：「夫獨无族姻乎？」對曰：「雖有，而用楚材實多。」歸生聞之：「善為國者，賞不僭而刑不濫。賞僭，則懼及淫人；刑濫，則懼及善人。若不幸而過，寧僭，无濫。與其失善，寧其利淫。无善人，則國從之。詩曰：『人之云亡，邦國殄瘁』，无善人之謂也。故夏書曰：『與其殺不辜，寧失不經』，懼失善也。商頌有之曰：『不僭不濫，不敢怠皇。命于下國，封建厥福』，此湯所以獲天福也。」

　　在易經之中，杞柳是指好的人材，即賢君之類的人，可以包容人心的賢者。這個意思見于毛詩小雅中：「翩翩者雛，載飛載止，集于苞杞。王事靡盬，不遑將母。」

◎章

一・坤為章

　　姤初為乾變坤之始。坤為章，乾變坤，欲取于坤卦，所以姤卦六三含章。乾坤而同德，所以含章。

二・坤以赤白相間為章

　　考工記：「青赤為文，赤白為章。赤，南方色也；白，西方之色也。」

三・坤六三象曰「含章可貞」，坤六五象曰「文在中也」。奇為質，耦為文，坤為乾之平分而章言也。

四・易六位而成章

　　（一）姤九五含章，易六位而成章。姤五陽一陰，陰所以成章。

(二)豐六五來章，有慶譽。泰六四來二卦成豐，所以豐說來章。章指的是六位相易。

(三)易六位而成章，故來章。

五・二分爲章

剛柔分，動而明，雷電合而章。章爲二，在中也。坤六五分乾爲二，文在中也。

◎含

一・巽反口爲含

姤九五含章，巽反兌，口含之，故姤九五含章。

坤三含章，坤爲否，反兌口以含之也。

二・以杞包瓜即爲含章之象。

◎瓜

一・姤九五包瓜，艮爲果蓏。姤自遯變，遯乾艮，艮爲果蓏。

二・初陰也。

三・少女爲瓜。

◎隕天

一・從高而下爲隕

初陰爲巽風，風者，隕物者也。姤初本乾，而成爲姤，故有隕天。

二・巽爲命。姤兌反巽，即隕命。

三・隕即損。

◎有隕

一・降也。降必至地，天與地接。如星之落地，也即由陰化陽。

二・隕爲損。

◎志

姤九五志不舍命。坎爲志，訟坎爲志，姤自遯來，遯自訟來，艮爲舍，巽爲命。遯變姤，故不舍（无艮矣）。

◎舍

姤九五不舍命，乾二時舍。

◎命

姤九五言命，志不舍命，姤爲巽，巽風隕乾，此天命之定數，君子則以天命自懼，念念不舍天命也。

上九，姤其角，吝。无咎。

象曰：姤其角，上窮吝也。

易經說到有角的指的是龍和羊，龍即乾卦上爻，而夬之象羊頭也象角。姤卦之所以稱

爲女壯，實在是因爲這個卦和乾卦只差一爻，也和夬卦只差一爻，所以姤卦是取龍和羊之角，看來亦象龍，又象羊。龍角因爲亢而窮，羊角因爲亢而无號，姤則窮而吝。大壯九三贏其角，大壯四贏其角，都是令之无法動彈。姤上九姤其角，來知德以爲是和大壯贏其角同意。因爲當遇之時，高亢過剛，无法和初爻之陰相遇，所以有如被纏住了而不能成其好事。上九本是陽亢爲凶，但在姤卦中，以陰私爲忌，所以是窮文而无咎。

　　姤上九變大過，過則滅頂。這是姤卦上九最要注意的。姤上爲乾，乾變兌是變爲同宮大吉。中爻大象爲坎，坎爲陷，而和兌非相遇之卦。上行无路，而回頭亦不利，動則不遇，而守則遇的情況。

◎角

　一・上位爲角。姤上九姤其角，乾爲龍，有角者也。又上位爲亢，如角。

　二・角字之義詳本書晉卦。

　三・角爲逐，＜角逐＞。以陽日消，陰日長，兩相角逐，而相遇在巓，實相牴觸。一義爲五陽角逐一陰。

　四・角爲羊首上之物，即夬壯卦之上爻。今姤與夬反，但上爻取夬壯爲象，所以稱角。姤上曰姤其角，吝，女壯也，故姤上言角。

◎吝

　一・上爻爲吝

　　姤上九吝，易上爲窮位，无論九六皆以爲吝象，所以曰上窮吝也。

　二・易經觀卦說君子吝。但坤爲吝，窮者吝。姤以女壯。

 萃

萃，亨。王假有廟，利見大人。亨，利貞。用大牲，吉。利有
攸往。

萃是內順外悅于內，五以剛中而下交，二以柔中而上應，內外君臣皆相聚會，是君臣一時聚會，上下情合，順乎天理，合乎自然。情交氣感，應氣相求，萬物通情而聚。悅爲情發在外，內外相通，上下之情无隔閡，所以是亨通之卦。萃卦是在下順，而在上者悅下。以悅應順，以剛中應，所以聚在中。在上之德澤能施及下，萬物得潤澤而萃。澤以卑下而眾流歸之，萬物因之而生，這是生聚之因由。坎水流而比，澤水止而聚，澤上有地，是聚水之地。澤上于地，則聚水，就是堤防。坤爲土，而澤聚水，土剋水生財，是大富之局。卦以兌金生水發財，坤土以生兌金，是在下者奉養在上者，所以稱孝。坤一則生兌金，而兌金爲坤土招來財源，是反哺。所以孝而亨，供養者成爲亨受者。

萃卦取象爲廟，廟所以事鬼神。廟爲宗族聚合向心力之地，也是溝通先人之靈和敬神者互相聯絡情感的地方。但是萃卦三五互巽，巽爲木，在兌金之二，又是二陰，金木相爭之象。在家廟之中親族太聚，自然相爭，而以堤防圍水，得以聚財，土崩則水潰，潰則生災，所以要戒除兵器，以消除鬥爭，防不虞之災。

孔子說方以類聚。萃卦上兌下坤，三五互巽，二四互艮。坤爲乾，在後天八卦中是東北，東南、西北、東北、天地四角齊全。聚是聚四方，兌坤以四象而言，兌爲老陽，坤爲老陰，陰陽正配，大象爲坎，中巽，巽坎同宮，其貴无比。

萃卦所說的是聚合的原理。萃集是取上下相和，守中不邪，而發揮群體力量。產生生聚的可能，是互相供養也互相資取，因爲聲氣相通才可以長久相因。而易經說萃聚升不來，可見聚是指把群體的力推到外面，而不是內部。

◎萃

一‧萃，聚集，攏和，物以類聚。孔子說方以類聚。

二‧水无土，无以蓄其類。澤无地，无以積其用。

三‧萃上悅下順。

四‧萃從草，從卒，如草之聚。物生以草爲最，蔓延廣野而成聚集，草之集以聚也。

五‧萃爲聚，升爲散。

六‧萃爲來，升爲不來。

七‧物之相會爲遇，多至成群，所以在易經序卦中，萃卦是接在姤卦之後。姤卦是相遇，而萃卦是相聚爲群。

八‧萃聚而不散，來而不去。

九‧萃之言祭祀、亨祀均含有二義。一為人群之集會，以謀一群公共之事，亦以祭祀行
　　之。（杭辛齋）其二為宗族之相聚。

十‧群陰順悅而從之，故聚。

十一‧萃卦下為澤，澤水在卑下，流潦歸之，而萬物生。

十二‧萃下无亨字。

十三‧萃有三德：亨于時，利于物，貞于行。

◎廟

一‧萃卦為廟象

　　(一)萃卦繫辭曰王假有廟，萃自晉通，離為王。假，至也。晉上至五，為萃。

　　(二)晉內有萃象，晉離為王。

　　(三)古代之先王假宗廟為祖先及神靈所聚，以求後代之平安，這是萃卦之道。

　　(四)萃卦體為坤下兌上，中爻互艮巽。巽木在艮為闕之上，為廟之象。又坎為隱伏
　　　　為鬼神，內坤為牛為大牲。

二‧宗廟為假

　　(一)宗教皆以假借來處理不可名狀之事物，即假借。

　　(二)渙，王假有廟。渙，五互艮，艮為廟。巽變離，故王假有廟。假，至也。

三‧頤養家神

　　(一)頤為養，養亦為亨，頤養家臣也。頤上為艮，廟也。頤之養為養已故之家神也。
　　　　觀為宮闕。

　　(二)坤為地為眾，巽為木為風，九五天子之爻，互艮，艮為鬼門，又為宮闕。地上
　　　　有木，為鬼門，即宗廟之象。

　　(三)渙中四爻互頤，震帝在二，艮廟在五曰亨（震艮有帝亨之象）。

四‧宗廟為社稷。坤土為社，震為稷。

五‧艮為宗廟

　　(一)萃，王假有廟。艮為廟，萃五應二互艮廟，故王假有廟。

　　(二)觀艮體，所以觀卦有廟之意。艮為廟，神道之廟字曰觀，比如道觀。

六‧渙為立廟

　　(一)渙言先王以享于帝，立廟。艮為廟。渙二互震，震為立，立廟也。

　　(二)程頤曰：「王者，萃聚天下之道。至於有廟，極也。群生至眾也。而可一其歸
　　　　仰。總攝眾志之道，非一，其至，大莫過於宗廟。」

七‧觀卦乾為王，艮為廟。五至初體觀亨祀。上之四，故有廟之象。

八‧坎在萃卦之中居尊而隱伏，為鬼神象。

九‧萃卦言大牲，是宗廟祭之物。

十‧宗廟為社稷：震卦象曰宗廟社稷，坤土為社，震稼為稷。

◎利見大人

萃利見大人，大人為五。大人，天地合其德，日月合其明，火地之象，晉也。萃自晉來，
晉來與天地合其德，日月合其明，故為大人。貞坤為離，兌為坎，故利見大人。

◎利貞

萃爲利貞。萃坤兌，坤貞爲離，兌貞爲坎，成相濟，故萃利貞。

◎牲

一‧大畜爲牲

萃用大牲吉，牲爲畜象。萃大畜錯，大畜有牛豕之象，說文：「牛，大牲也。」

二‧牛爲大牲

萃用大牲吉。萃下坤，坤爲牛，以坤變離貞爲相濟，故曰大牲。牛性順，萃上兌爲悅，下爲順，坤順也。

三‧坤爲牛，兌爲羊。巽木下克坤土，殺牛之象。

象曰：萃。聚也。順以說，剛中而應，故聚也。

◎聚

一‧雙爲聚，二陽爲聚

萃上兌，兌爲講習。習爲雙，即比。同類相聚。易曰：兌爲講習，即學聚問辯。
聚者，兌二陽聚也。兌二陽一陰，乾九二文言說庸言。兌爲言，庸爲常，即二陽相重，所以說庸言。所學習之事即類聚。

二‧繫辭上一，方以類聚。

三‧繫辭下一，何以聚人曰財。

四‧畜爲聚，小畜爲聚

(一)小畜巽乾，說的是巽與乾之會合。

先天卦位巽與乾鄰，鄰爲聚，中爻互離，離即先天之乾也，先後天相合爲聚。即＜聚合＞之意。在後天卦位離與巽鄰，巽與鄰爲聚也，且後天卦位乾巽對待，相對爲對應之合，聚之至也。

(二)師象曰：地中有水，師。君子以容民畜眾。畜眾，聚眾也。

五‧上下相從爲聚，上聚下爲眾

師卦以九二居中，一陽行五陰之間，上下相從，聚眾之象。聚即＜聚眾＞也。上震，震錯巽，其于人也爲寡髮，今變坤，坤眾也，眾也聚。

六‧密集爲聚

密雲不雨：密者聚也。兌爲澤，澤氣上升而成雲，雲騰雨致乃乾陽。

七‧山爲土之聚，即丘爲聚

(一)渙六四匪夷所思。渙本散之象，而六四言丘，丘爲聚，此非常理所思者。夷，常也。

(二)艮爲山：周語：「山，土之聚也。」艮以一陽止坤土上，故爲山。

渙六四曰渙其丘。半山爲丘。渙取否爲通象，否四爲艮山，變渙而四仍互艮之

　　　　山丘，是以渙有丘也。丘字孔安國說：「丘，聚也」。

　　（三）噬嗑爲火雷，火雷二四互艮，爲山丘也。丘爲聚。

八‧物相繫，以聚也。維即繫也，易經說到維字有聚之意。

　　解六五君子維有解，解六五失正，二五相易，卦成爲萃，萃二陽相聚，繫也。

　　萃卦上二陽爻，巽爲繩，維之，故君子維。解維反，解開，解不聚也。

九‧天地爲聚

　　萃，觀其所聚，而天地萬物之情可見矣。

　　（一）陰陽相遇，卦聚一方此即所謂方以類聚也。先天巽、乾、兌聚于上，後天坤、
　　　　兌聚于下，所以物相遇而後聚。

　　（二）繫辭上一，方以類聚。

　　　　　五行同氣會方。亥子丑會北方，寅卯辰會東方，寅午戌會南方，申酉戌會西方。
　　　　　會方爲聚。

十‧朋爲聚

　　朋爲聚：兌爲朋，大有互兌，坤西南得朋，比坤順從于五，朋類合聚，如比之水土
　　相黏，故朋盍戠。

十一‧陰陽相遇成類，類則聚也。

　　睽，天地睽而其事同也，男女睽而其志通也，萬物睽而其事類也。睽卦言類，類
　　則聚，類聚者，陰陽相遇也。故睽卦爻皆以遇名之。

十二‧合爲聚

　　（一）繫辭下二，日中爲市，致天下之民，聚天下之貨，交易而退，各得其所，蓋
　　　　取諸噬嗑。

　　（二）噬嗑爲合，即離震合。自否通，移否之初于五，爲火雷，火雷二四互艮，爲
　　　　止，故噬言聚天下之貨。

十三‧卦爻同性相接爲聚。陽爻接陽爻爲聚，比如：

　　萃卦由晉來，在晉則二陽相離（先天乾、兌、離、震下接坤、艮、坎、巽，離、
　　坤被震所隔），且先天卦由坤左旋。震一陽，離二陽，至兌，二陽始聚。

十四‧爻爻同性相接爲聚

　　比如升卦之上爲三陰，三陰聚，故序卦說「聚而上」，即陰爻聚在上卦。這是三
　　個爻在一起之聚。

　　先天卦坤前爲震、離、兌，震一陽始生，離二陽分麗（離之陽爻在初爻和三爻，
　　爲二陰所分），至兌二陽始聚（兌初爻二爻相聚）。

十五‧聚即萃，萃卦言聚。聚即社會行爲，如祭祀會同、大事召集、軍戎聚合。村鎮之
　　廟會、鄉族之社祭、商工之交易、市集之行旅遇合、精神之相依相成。

十六‧水止爲聚。萃卦上爲地，聚水爲地，即土剋水。五行土剋水以水爲財，水見土方
　　聚。

十七‧萃彖曰聚也。萃聚也，先天卦由坤至兌，二陽爻始聚（坤、震、離、兌而至乾），
　　故萃聚也，先天卦坤前爲震、離、兌，震一陽始生，離二陽分離，至兌二陽始聚，
　　萃下坤上兌，所以名萃。

十八‧萃聚在中

　　　　萃卦以本卦內外兩象和中爻巽艮取義，而都是萃於六四之一爻。

◎震爲鬼

一‧震爲長子，長子入闕升堂，祭祖之禮也。長子爲祭祖之人。

二‧震卦有鬼象。震五互坎，坎爲隱伏，居尊而隱，鬼神之象。

三‧萃卦以體震爲鬼。萃四本震爻，震爲長子，五互坎，坎爲隱伏，居尊而隱，鬼神之
　　象。所以萃卦說王假有廟，廟爲鬼所受亨之地。

> 王假有廟，致孝亨也。利見大人，亨，聚以正也。用大牲，吉，
> 利有攸往，順天命也。觀其所聚，而天地萬物之情可見矣。

◎廟

一‧萃初至四互爲艮體，艮爲廟象。

二‧木在闕上，宮室之象，故曰有廟。

◎聚以中正

　　萃，聚以正。訟，利見大人，尙中正。所謂正己而物正者也。凡要求人正，應自己先正。

◎天命

一‧乾爲天，巽爲命，易見乾巽爲天命。

　　乾巽爲姤，姤九五言命，志不舍命。姤爲巽，巽風隕乾，此天命之定數，无妄言天
　　命。因爲无妄天雷，雷爲巽反，所以无妄有天命之意。

二‧先天卦之運行爲天命

　　先天卦左四卦皆陽，右四卦皆陰。自巽而乾，至坎艮而乾之二陽消，至坤而乾之三
　　陽消盡，故天命不右行。先天氣運之行爲天命。

三‧上爲天，无妄之上九爲極，所以天命不可行。

四‧不順天命則有眚

　　易經以窮爲極。萃上九言不順天命者當時位窮極之際不可行而行，故有眚。

五‧无妄爲「天命」：无妄大亨以正，天之命也。

　　萃王假有廟，致孝亨也。利見大人，亨，聚以正也。用大牲，吉，利有攸往，順天
　　命也。

六‧天命即天道

　　臨剛中而應曰天道，无妄曰天命。臨坤兌，无妄乾震，臨无妄相錯。

　　中庸第一章：「天命之謂性；率性之謂道；修道之謂教。」

　　論語子曰：「吾十有五而志于學，三十而立，四十而不惑，五十而知天命，六十而
　　耳順，七十而從心所欲，不踰矩。」

　　孔子曰：「君子有三畏：畏天命，畏大人，畏聖人之言。小人不知天命而不畏也，

　　狎大人，侮聖人之言。」

七・萃順天命，臨不順命。臨萃互巽命也，臨曰未順命，萃曰「順天命」。

八・巽兌爲天命

　　巽兌中有乾天，故曰天命。

◎順

坤不順，坤在上不爲順，坤在下則順。

◎利有攸往

萃三之无攸利，臨三亦无攸利。歸妹爲歸，不利往。臨互歸妹，故臨三亦无攸利也。不過雖然萃卦六三說无攸利，也說往无咎，因爲萃卦和臨卦一是澤地，一是地澤，二者相反。一個是上臨下，而萃是下迎上。萃卦是說宗族相聚以敬神，也說人和神相遇。是要等神下來祝福。无攸利是不必考慮永遠的利益，不必自己急著去和上天之神相遇。但是這個溝通是有必要的，因爲和神相通是有利的，因而萃卦彖辭說利有攸往。

◎觀

萃爲眾而後觀。萃象曰觀其所聚，而天地萬物之情可見矣。萃初至五爲觀，故曰觀。觀字之義詳本書觀卦。

◎天地之情

一・正大也

　　大壯曰，正大而天地之情可見矣。陰陽失正就可利貞之。大壯說利貞，彖辭解釋說大者，正也。正大而天地之情可見。正大即貞正。

二・天與地爲聚，所以有情而可見。萃，觀其所聚，而天地萬物之情可見矣。

三・易經說觀是看天地萬物

　　(一)萃象曰觀其所聚，而天地萬物之情可見矣。初至五爲觀，故曰觀。

　　(二)咸象曰觀其所感，咸與否通，否互觀，故曰觀。

　　　　天地感而萬物化生，聖人感人心而天下和平，觀其所感，而天地萬物之情可見矣。有感應，即先後天相交感而呼應，則爲有情（貞正爲性情），即＜感情＞。天地有感情，即可見。

四・常情

　　(一)萬物之性情爲恆，萬物之性情爲＜常情＞。

　　(二)恆象言天地萬物之情，天地萬物之情爲恆也。

　　(三)天地萬物之不常者，非其情也，故觀其恆，而天地萬物之情可見矣。

　　(四)恆卦中有日月，即天地。

五・可貞爲既濟，即可見

　　虞翻說萃卦之三四易位，則二上互成相濟，既濟爲水火。離日坎月，日以見天，月以見地，故天地萬物之情可見矣。

六・情字之義詳大壯卦。

◎大牲

大牲爲牛也，萃卦爲用大牲。萃坤爲牛，兌爲羊，所以萃言大牲。又萃互巽，木下剋坤土，殺牛之象。

> 象曰：澤上于地，萃。君子以除戎器，戒不虞。

◎戎

一・戒爲戎，戎上也，即在上而有戒心。戎爲戒。

　　(一)小過九四往厲必戒。小過上爻取蹇象。蹇，宜來，不宜往，往爲蹇難。是故小
　　　　過往必危厲。

　　(二)震上六，震索索，中未得也。雖凶无咎，畏鄰戒也。戒爲動武。

二・既濟六四，繻有衣袽，終日戒。象曰：終日戒，有所疑也。

三・告上天爲戒

　　繫辭上第十一章，是故明於天之道而察於民之故，與神物，以前民用。聖人以此＜齊
　　戒＞，以神其德。不戒以孚：戒，告也；孚，信也。

四・戒爲節

　　中孚九二，鳴鶴在陰，其子和之。我有好爵，吾與爾靡之。象曰：其子和之，中心
　　願也。爵爲鳥之鳴，節節足足，取爲飲戒，即節制也。

五・離爲戒，除去兵器

　　戎器：坤爲器，離爲戒。萃，除戎器。萃自晉通，晉互坎，坎爲金、矢、戈、兵、
　　甲胄之象。晉變萃，故除戎器。

◎虞

萃象戒不虞，兌爲虞，安樂也。中孚下兌，初曰虞吉。

> 初六，有孚不終，乃亂乃萃。若號，一握為笑。勿恤，往，无
> 咎。
> 象曰：乃亂乃萃，其志亂也。

　　萃初六與九四一陰一陽相應。但二爻都不在正位，所以相應也不會長久。加上萃下卦
坤有三陰爻，同類相聚而相爭，初、二、三爻都要和九四相結合，又相聚又相爭，原是小
人心態。而又擠又叫是乃萃乃號，只希望取得四爻之一握，而亳无自珍之心。二四是艮，
爲手象。大象是坎，爲恤也。初六是離九四最遠，雖然是最能相應的，也莫可奈何。中爻
三五互巽爲進退，下坤爲迷，上爻兌又爲口舌，這是初六不能和九四相聚。在類聚的環境
之中，個別的相聚會發生推擠、迷亂而又呼叫的現象。萃上爲兌，兌即坎，坎在上亦爲有
孚，即可以把卦爻之亂象變成有秩序的相濟之象。萃卦取屯爲通象。事物屯積而聚也。屯
卦之震爲亂象，而屯爲盈缶之象，能盈之缶，所以虛也。虛孚信乏之象。萃初六在聚積的
卦中可以得到和上卦相合的可能，但是卦中无坎，而二四艮反震，是沒有心志而且心意混

亂，所以這是沒有結果的相聚。

　　初六變卦爲隨。序卦說以喜隨人者，必有事，故受之以蠱。蠱者，事也。初六見上卦爲兌，悅之喜而想隨之。但是在多人相爭之中自己沒有主見，被始亂而終棄，因隨而變爲蠱，壞了事。

　　本爻說明在群聚之中會產生相爭脫序，而令個人无法組合個別的聚合。在此之中，不可失去個人心志，不可純因喜怒而行動。聚之道在會聚後而上進。而隨人走者，外爲喜而內心亂，終无結果。

◎不終

　一·兌終，巽不終

　　（一）兌在先天八卦爲終，巽爲辰巳，不終。萃卦下兌爲終，上巽不終。

　　（二）萃與巽皆八月卦，故象辭曰上巽。

　　　　萃、巽皆八月卦，本自六十卦貞辰圖之卦值而來。此取明末淸初黃宗羲作《易學象數論》之貞辰圖。本書不談卦氣，有興趣之讀者可參看黃元炳所著《卦氣集解》。以下是淸末易學大師沈竹礽所理出的卦值。

　　　　子　　坎、乾、中孚、頤、蹇、未濟、艮

　　　　丑　　屯、謙、臨、睽、復

　　　　寅　　泰、蒙、漸、升

　　　　卯　　震、需、隨、晉、解、益

　　　　辰　　訟、豫、蠱、夬、革、大壯

　　　　巳　　師、小畜

　　　　午　　咸、家人、比、旅

　　　　未　　離、坤、小過、遯、豐、渙、姤、大有

　　　　申　　否、同人、損、節、履

　　　　酉　　大畜、萃、巽、恆

　　　　戌　　兌、剝、无妄、明夷、困、觀、賁

　　　　亥　　噬嗑、大過、既濟 、歸妹

　二·有孚不終：萃初六有孚不終。言屯初有孚盈缶，初往四成萃，萃初有孚不終。萃自屯通，比初變屯，曰有孚，盈缶（屯自純坎變，下爻坎有孚，屯爲盈，震爲缶，故有孚盈缶），萃自屯來，以屯初之有孚者，往四成萃，故有孚不終。

　三·終之義詳本書謙卦。

◎亂

　一·萃初乃亂乃萃，萃自屯來，屯之震成坤，成亂（乾爲正，故坤爲亂）。

　二·比卦一陽上下皆應，萃二陽，所以无所適從，志亂之象。

◎一握爲笑

　　萃卦初六一握爲笑，萃初互艮手爲握，震卦之象後笑言，故一握爲笑。

　　一握：轉移之間爲一握。

◎勿恤

　　萃初六勿恤。萃卦自屯卦來，而屯卦從比卦來，比初爻說有孚盈缶，是取屯卦之意。屯

是容水之象,所以有孚。屯卦說有孚、盈缶,因爲屯卦是從純坎變來的。坎爲水,屯爲盈,震爲缶,所以比卦說有孚有孚盈缶。而萃卦初六也說有孚,指的是屯卦的卦象。這是變通卦來讀易經的例子。萃卦初爻說勿恤,因爲取屯之坎在上,易經見坎在上都是勿憂之象,故勿恤。

萃初的卦象有叫號之聲,卻因爲一握而笑。但是同人和旅是先號後咷,這個卦象其實是在說明族人相聚因爲都是宗親,所以是吉。而同人是和異族,即與不同之宗人相會,所以先號後咷。而旅是在外,親寡,也是後咷。號咷在宗教文化上很重要。儀式中大叫、與祭神之戲曲都用上了。

> 六二,引吉无咎,孚乃利用禴。
> 象曰:引吉无咎,中未變也。

萃卦二四互艮,所以有手象。艮爲手,所以初爻說一握。握爲手持。二曰引,引爲手開弓。二者都是說初和二爻有很特定的目標要爭取。二爻是引吉,可以放手,因爲六二和九五是相應,而且是正應,是同心同德。在六二的立場說孚,是因爲可以和上相通。萃卦本來是取宗族聚在家廟中祭祖,希望得到祖上的靈來回應。以陰陽兩氣比喻爲男女之交往,其實也无可厚非。易經是開放的語言,不論祭神、求偶……等等都可以解得通。因爲六二守中,所以孚信,可以和神鬼交往而得到庇佑。

以人事而論,坤卦爲小人,眾陰爻也是小人,但是居中的並不能以小人看,因爲六二是離卦中爻的主位,是守中之卦。守中可以不變,則有調和之利。不過就是要常常注意和小人相處。和小人相處,有時不免要用到小人之道。如果以神廟前之景象來看,坤卦是一群只問自己平安的普通人。居中主事的有時要略有偏私來討好他們,要照料到他們的私心,所以中爻守而不變。如中爻變,卦成坎,坎爲鬼,則見鬼不祥。變爻成坎爲隱伏鬼之象。表示六二變爻而神通,可以行祭祀之儀。六二陰居陰爲守中,有守正之德,坤卦性恬靜无急功好利之情,和其他諸小人是不相同,也是一個群體聚合的中心。六二之獨行難免招忌得咎,居坤之中與其上下兩爻立異。所幸九五也守中相應,降尊紆貴來援引,而免來咎。

六二動而成坎水,原是坤土剋水不吉。但坎得上卦,兌生而无缺,但坎在下卦失位,是不濟之象,而成困。困者有惑。此爻所以用禴,是以祭祀來解惑。因爲六二原是正位,居中不變,即不必改變身份而可以直在廟堂上行禮。

◎引

一・開弓爲引。本卦大象爲坎。此爻變坎,坎爲弓,引之象。射以不偏不倚爲要,守中不變也。

二・引吉无咎:萃貞九六,下坤變離,離爲矢,弓也,貞其九六,故吉。

◎孚

一・坎爲孚

萃六二无孚，萃上兌變坎，坎有孚，變而无孚。

二・萃爲孚

(一)萃有孚象，萃象曰虞，孚初虞吉。萃初六有孚不終。

(二)虞吉：虞之義詳本書中孚卦

◎禴（音越）

一・萃六二利用禴，禴，夏祭也。白虎通曰：「夏曰禴者，麥薦之。」

二・萃升皆曰利用禴。巳月麥秋，至巽有魚麥，巽爲巳，巽爲魚，萃互巽，升萃反覆，故升亦曰禴。禴，巽之象也，亦巳之象也。

◎引吉

萃六二引吉。

◎中未變也

萃六二象曰中爻未變。萃之下坤貞變離，上兌貞變坎（貞者，正爲濟卦），變者三爻，未變惟六二，變者三爻，未惟六二中爻未變也。

六三，萃如嗟如，无攸利，往无咎，小吝。
象曰：往无咎，上巽也。

萃卦卦象爲聚，也是說坤卦之中，陰爻想和上卦之陽爻相聚。六三相應的卦是上六，但六三陰爻在陽位，自己不在正位，沒有身份。而上六是兌在開口，有嗟嘆之聲，六三給與應和。六三變卦成咸，是兩性相感而發，是感情用事。咸卦三爻也說往吝，而咸卦三爻是君子之爻，可以大方地和上六結合，而萃之六三是陰爻，不能正大光明來往，陰爻在易經稱小人，而其相感也是小人心態，不求明媒正娶。加上上六是柔爻乘剛，即是個捉權之女，而且倨傲在上，六三自知最後也无利可圖。不過六三是處在萃卦中爻互巽之地位，知道順應環境。孔子說萃聚而升不來，所以巽的性情是循序漸進。只要不急，終必得到和上卦相聚的結果。

易經說咸，速也。咸卦中爻原巽變乾，乾爲金，和上卦兌是同宮。而下爲巽爲財利，是有作爲之卦。本卦說的是聚的道理。六三身在眾陰之間，本來就會和其他陰爻小人相爭之象，現變爲咸，和在外之人原有聲氣相應，得到相感，可以加快聚合。生在女兒眾多之家，原只能當他人之妾，這是五行祿命法易所說的命犯「比劫」，若以順從之心前往，得到該有的地位而富貴可期。

◎如

如字在易經用得很多。有做爲如同別卦、如自己的一卦等意思。如字的用法詳本書晉卦。

◎萃如嗟如

萃六三萃如嗟如，應上爻之齍（音機）咨涕洟。嗟者，兌口也。

◎无攸利

一・柔乘剛則无攸利

萃六三无攸利，以萃六三應上六，上六以柔乘剛，故无攸利。

二・萃澤地，臨地澤，萃爲臨，臨之三（兌）即萃上，三上互應，皆无攸利也。

臨之三曰无攸利，以柔乘剛也。

◎往无咎

萃自晉通（澤地之兌變火地晉離），言六五往上也，往上得陰正位，故往无咎。

◎小吝

萃六三小吝，噬嗑三小吝，皆謂三上九六相易，以六居之，而位窮，故小吝。上爲窮位，以六居之則小吝。

◎上巽

一・由巽變爲兌爲上巽

萃六三上巽，萃自晉通（六五往上也），上九來五，而成兌，巽兌一卦，故上巽。萃之兌五往上，成晉之上巽。萃六三上巽，乃言萃變爲晉之道。巽之義詳本書巽卦。

二・上巽爲升

井彖曰：巽乎水而上水，升巽而順。

觀彖曰：大觀在上，順而巽。

三・巽爲伏

蠱彖曰：蠱，剛上而柔下，巽而止，止於下爲伏。

四・循序漸進

巽爲進，蒙爲＜循序漸進＞。蒙六五，童蒙，吉。象蒙之吉，順以巽也。

九四，大吉无咎。

象曰：大吉无咎，位不當也。

萃卦之聚爲君臣之聚，而亦可說成家人之團聚。但萃下坤而上悅，幾无男人之地位。坤在內，爲主中饋。而變爻初爲隨，二爲困，三爲咸，都有家之象。易經凡是說大吉者，即爲家人。而家人說富家大吉，順在位，即以家爲坤道主政，順在位也。又家人大吉是因爲取家人自中孚通，中孚自兌，陰之終，至巽，陰之始。有始有終家之象。萃卦上兌而三五互巽，也是中孚。孚則有家象，家人聚也。

一家之中以陰多而聚在少數之陽，同類之陰各有不同的性向。萃初爻是亂萃，其聚也是心志不定之聚。二爻是引萃，其聚是由他人所牽引。三爻是嗟如，是呼朋喚友的方式以找人相聚。五爻有悔，是處在上位，不信別人。面對諸多人討好，不知回報。上爻爲涕洟，因爲被排在家外，无人與他相聚而痛哭。在所有爻中，九四是不當位，但因爲不中不正，反而可以自然相聚，聚之不勞心力，也因而可以眞正長久相聚了。

九四因近九五之君有相聚之權。一是處在權力中心，而下有陰爻之承。因爲不在位，

又順承下爻，既不功高震主，又得下人之愛，所以可以大吉无咎。易經之道理在綜和反表現最明。在聚眾之中，最得合人心者，是最不刻意去和他人結黨結派的人。此爻一動成比，比樂師憂，否泰反類也。九四其行是反其類，而其上爻有涕洟，而下嗟如。只是九四不改其樂，以一陽統三陰是眾星拱月，吉慶之兆，三吉六秀在其中矣。

◎往无咎

萃初三皆曰往无咎，萃初四往來，成屯，屯難也。三四往來成蹇，蹇，難也。皆往而不得吉，惟以大畜九六相易，萃成既濟，剛柔正而位當，乃大吉也。

◎大吉

一‧大吉之義詳本書家人卦。

二‧萃為大吉

(一)萃上兌，兌為雞，雞為吉。雞食蠱，消災。

(二)萃九四大吉，吉者，元吉也。乾陽一周為吉。畜四元吉，以震起艮止，乾陽一周也。易經以先天八卦乾陽一周為大吉，其義詳本書家人卦。

(三)萃大畜錯，升成大吉，同義。

三‧相濟為吉（濟）

(一)萃九四大吉无咎。萃九四位不當，所以與大畜九六相易，成坎，坎在上為濟，濟為吉，乃大吉也（畜四元吉）。又萃畜之三爻易，兌成坎，乃大吉无咎。此正象利貞之義。

(二)萃九四，大吉无咎。象曰：大吉无咎，位不當也。

(三)家人六四，富家大吉。象曰：富家大吉，順在位也。

(四)升初六，允升大吉。象曰：允升大吉，上合志也。

(五)鼎上九，鼎玉鉉，大吉，无不利。象曰：玉鉉在上，剛柔節也。

小過繫辭：小過，亨。利貞。可小事，不可大事。飛鳥遺之音，不宜上宜下，大吉。

四‧易經陰爻曰大吉，陽爻曰元吉。

家人四曰大吉，家人四陰爻，故不曰元，曰大。家人六四，富家大吉。象曰：富家大吉，順在位也。

五‧大吉為富

家人六四大吉，家道窮而後乖，故家以富為大吉。

六‧陰道流行為大吉

家人六四大吉，家人自中孚通，中孚自兌，陰之終，至巽，陰之始，乃天運之流行不息，故大吉。萃之大吉同理。

七‧易經有小過象者大吉

(一)小過大吉，以小過艮震，艮止震起。艮止復為震起，陽道之吉，故大吉。

(二)小過大吉。小過初四五失正，利貞，大吉。

(三)小過大吉，家人四大吉，萃升大吉。家人風火，萃澤地，升地風，皆有巽兌，為陰之終。陰終，實陽之始，故家人、萃、升皆大吉。

八‧萃為大吉

（一）大畜爲元吉。因爲萃和大畜相易，成坎。
（二）萃九四大吉无咎。萃九四位不當，所以與大畜九六相易，成坎，乃大吉也。坎在上爲濟（畜四元吉）。又萃畜之三爻易，兌成坎，乃大吉无咎。此正象利貞之義。

九・大過爲大吉
（一）大爲大過，萃三上互成大過象。易經說到大過的即有大吉之象，所以萃說大吉。
（二）大過死象，是大事。四爻和三易位，卦之死象破了，所以大吉。俗語中有以吉來喻事物完結者，比如＜關門大吉＞。

　　九五，萃有位，无咎。匪孚。元、永、貞、悔亡。
　　象曰：萃有位，志未光也。

　　萃卦九五爲陽爻在中，爲得位之卦。九五爲一家之主，而且又得位。可惜家中陰盛陽少，而九四之一陽又分散了萃聚之力，九五之權威不顯。而諸陰爻各自一心，全家之精神反而因擠在一堆而疲靡。九五因爲上爲陰而心偏之，可是上六已在家之外者，兩相悅而有雙飛之意。萃九五變卦爲豫，悅卦變震，震爲動，動而欲行。萃卦原是內聚而不孚，今變震爲行，則合乎易經所說萃聚而升不來之訓。不來而往，則全卦之聚力發生，而九五之坎志可以發揚。
　　易經以陰過陽則未光。萃卦九五發揚陽爻之力在外。但是陽與陰相聚會，又悅、又動、又順、又和樂，長此以往，不會有作爲。今變震，大象爲坎，爲水木相生。變卦含坎、震、艮爲陽象之正，原卦悅變震爲動情，動情其心必忐。今變爲坎，陽剛得正，坎爲通而智。陰和陽，感情與理智終得到平衡。
◎有位
　一・居九五爲得位
　　萃九五萃有位，萃九五匪孚，萃自小過通（萃之二陽爻一同往上，成小過），小過九三上五而居尊位，故萃有位。有位者，居尊位也。小過錯中孚，小過之象因三往上而變，孚象失，故匪孚。
　二・萃九五得中得正，所以有位。易經六十四卦只有萃卦稱有位，小畜柔得位，旅未得位也。　渙象曰柔得位乎外而上同。
　三・萃之九五爲當位，下爻皆向之歸依，所以萃卦說有位。
◎匪
　一・孚爲飛，聚則不飛。
　二・萃一字爲孚象之反，小過飛鳥，內聚爲萃不飛。匪孚也。
◎未光
　一・易經有鳥象之辭和未光有關

　　萃九五有位，志未光也。萃未成坎離，坎離皆鳥象，故志未光也。

二‧未光之義詳本書大畜卦。

◎匪孚

　　孚指四爻，四爻變正則上卦成坎，而五爻也正式成爲坎卦之中爻，爲正。萃五說匪孚指四爻而言。

> 上六，齎咨涕洟，无咎。
> 象曰：齎咨涕洟，未安上也。

　　萃上六處在萃聚之未終，因乘九五之上，即陰乘陽爲危厲，又三六不相應，求萃而不可得。如此失其所亦失其應，又處在太遠太高而被其他之人遺忘。此爻說的有如是一家之中一員在家廟向祖靈痛哭，因爲家族其他成員只顧相依而未安撫先人之靈。朱駿聲著《六十四卦經解》注曰：「祭之日，樂與哀半。饗之必樂，已至必哀，故齎咨涕洟。」又上卦體爲大過死象，所祭者可能是最近亡去之先人。小象說未安，未安另一個意思是說跑到上位去祭祖的人不安，也可以說是剛死去的神靈不安。上六居高而心不安，是未安于上。上六因接近九五家主，可以親之。但是陰乘陽，危而不安。陰爻可以看成是死者。上六居高而心不安，是未安于上。六上因接近九五家主，可以親之。但是陰乘陽，危而不安。

◎齎

　　萃上六齎咨，齎，遺也。遺，即被遺失在外。

◎涕

　　萃上六涕洟，自目爲涕，自鼻爲洟。

䷭ 升

升，元亨，用見大人，勿恤。南征吉。

升卦下巽上坤，內順而外柔。從人的性格來看，內巽外順，則心不躁妄，行不悖理，有二爻爲陽，有剛中之德，而六五以順應之。因爲順下，故而升上。坤爲順，巽爲卑，順而謙卑，不犯上，以求升進。

本卦坤土巽木，木剋土而巽運數爲二。二爲火，火以生土。中爻爲坎，坎爲水，水生木相生爲進之象。但火卦在外，外生內，而易雜卦說升不來也。又巽爲木，木剋坤土，剋則上進，若六五動成坎，中爻成離，離爲火，火生土，正生正配，陰變陽進之象。升說南征吉，即利見火也。火可以生土，又洩木氣。征爲進，而升宜進不宜退也。升卦以坤土生巽木而得名，所以君子以順德。坤卦之順德表現在敬以直內，義以方外。木爲直，敬而植之木可以高，是納而生之。木之生是以柔克剛，拔擢而上，利用相反之力道破地之堅，而其力道的來源是順著低下的途徑行走。升大象說：君子以順德，積小以高大。占得此卦大亨，用見大人，不可憂懼，南方吉。序卦傳，聚而上者謂之升，故受之以升，升而不已，必困。

◎升

一‧十龠爲升，從斗象形，同昇，日上爲升。

二‧進益也。

三‧出爲升。同人九三乾變震，萬物出乎震，離爲日，升之象。所以同人九三，伏戎于莽，升其高陵。

四‧止則不可升。坎卦說天險不可升也。坎卦中爻艮，艮止也。止則不可升。
　　五爻爲天位，故＜天險＞。五爻從乾來，故不可升。天爲乾。

五‧升＜凌虛＞
　　兩陽在中，因爲上下皆空，所以上升。其理如大氣球之上升。內外之空氣帶動物體而升。升卦初陰，四至六陰，爲虛也。
　　升下巽爲風。九二、九三如鳥之翼，＜乘風展翅＞，即凌虛之象。

六‧雜卦傳，萃聚而升不來也，升爲散。升不來而往，往則分。

七‧升爲往不來：无妄卦言往于升而有眚。往：由坤往乾也。先天卦由乾至坤，爲逆而來，由乾來坤也。由坤至乾爲往，故雜卦曰升不來也。升當由坤往乾，故不來也。
　　不來：往而不復爲不來。來爲復也。

八‧聚而上爲升，萃卦爲聚。眾力聚後會產生動力，驅使力量向上升。

九‧自下而上謂之升，如地中生木。升九二剛中，上應六五，巽順則其德可進。

十‧風自地升

風之氣變動從下而上，上升到空中成爲風。

十一‧升爲萃之升

（一）萃下卦之坤，升到升卦成爲升卦的上卦。升上爲坤，此爲升之義。

（二）萃以九五爲正位，下爻皆向九五，所以萃卦說「萃有位」。而升則以九二爲內卦之中位，各爻皆跟著九二動，即隨之而升。

◎大人

一‧易經說大人皆言乾卦。升九二爲大人，即乾也。

二‧大人之義詳本書離卦。

◎元亨

升无妄錯，无妄陽卦，曰元亨利貞。升陰卦，曰元亨，不曰利貞，變未濟也。升，元亨。

◎用見大人

一‧易中利見大人皆貞九六之義。而各卦言利見大人者，必上爲九五--乾、訟、蹇、萃、巽是也。

二‧大人者，天地合其德，日月合其明，四時合其序，鬼神合其吉凶。必卦有此象，乃言大人。

三‧九二爲大臣，爲剛中之大人。六五爲柔中之大人相對，對爲見。

◎在下求用

一‧升卦曰用見大人，是易經中唯一次說用見。因爲用和升有特別含義。

二‧乾文言曰潛龍勿用。大人爲乾，用爲初九，下爲用也。

三‧升爲六五，不曰利見，而曰用見。言用柔以時用之道，以見大人也。

四‧在下求用，即在下者用見在上之大人，以求晉升。

◎有憂

一‧升變坎爲有憂。

二‧升，勿恤。用初柔升二，初二相易爲離（巽之初二相易爲離），離爲目，故見，坎爲憂恤。六五變九五，上卦成坎，易中坎在上者，必憂勿恤，以得正也。

◎征

一‧征爲正。

二‧升，南征吉。征者，正也。言升卦征于无妄而吉。升巽坤，爲陰之下降（巽、坎、艮、坤）。升錯无妄，无妄震乾，爲陽之升（震、離、兌、乾），乾居南位（後天之離）。

三‧南爲征

（一）離火爲南。

（二）升卦上爲坤，後天八卦在西南，下巽，後天八卦在東南，由西南到東南，必經離卦。離爲南，所以南征。因爲先天巽在後天之坤，所以南征吉。

四‧易經向南爲進，向北爲退。進爲征。

◎升有眚

升卦錯无妄，无妄其匪正有眚，不利有攸往。无妄爲純陽卦，往于升，爲純陰卦，故无妄往于升而有眚。升有眚之象，言乾陽之息上升，无妄往乾陽息，往于升而有眚也。

◎勿恤

一‧升爲勿恤。升繫辭、象辭說勿恤。

二‧易經之履九三、晉六五、家人九五、夬九二、萃初六，都說勿恤。

這些卦之勿恤含升之意，因爲升者棄其他而上，所以无憐恤他人之心。又這些卦皆有兌象。兌悅而不恤也，只以取悅而不有悲憐心。

象曰：柔以時升。

一‧升爲征。升卦有師象，故言征。

二‧升有明夷象，與九三之狩同義。

三‧柔之升：坤爲柔卦。萃下爲坤，變爲升卦，坤位移爲上，所以說柔升。

升卦之上爲坤，卦象坤爲地，爲土。萬物所居，位原在下。在升卦之中坤居上，是由下升上，所以升卦也說坤的升。

巽而順，剛中而應，是以大亨。用見大人，勿恤，有慶也。南征吉，志行也。

◎有慶

詳本書大畜卦。

◎木之生以順

一‧巽而順。

二‧升卦說巽而順。巽爲風、爲木。木生土之中，而風揚空際。木之志和風皆以爲要。

三‧五行木剋土，但是木也受到土之限，因爲土限而木向上長，這是升的現象。升卦和觀卦上下易位。

四‧木之生是以柔克剛，拔櫂而上，利用相反之力道破地之堅。而其力道的來源是順著低下的途徑行走。論語說：「君子以順德，積小以高大。」

五‧不躐等而進之義，木之生爲順進。

六・升卦初六爲深入地中之樹根，二、三兩陽爻爲透出地面樹身，三、四、五互震，震
　　爲大木，即成長爲大木。

◎勿恤

一・易中坎在上卦，皆曰勿恤
　　(一)升卦象曰，勿恤。升用初柔升二，初二相易，爲離（巽之初二相易爲離），離
　　　　爲目，故見。坎爲憂恤，六五變九五，上卦成坎，易中坎在上者，必憂勿恤。
　　　　以得正也。
　　(二)萃初六勿恤。坎在上後正，則勿恤，往无咎也。
　　(三)夬九二象曰：有戎勿恤，得中道也。夬上兌，坎象也，故必恤。易坎居上體，
　　　　得其正位，每曰勿憂勿恤。
　　(四)晉六五，悔亡，失得勿恤，往吉无不利。象曰：失得勿恤，往有慶也。
　　　　晉需錯，相交易成相濟，需九二來晉之五成坎，坎爲心憂，恤，憂也。晉之六
　　　　五因需而有坎象。坎在上得正，勿憂恤也。
　　(五)家人九五勿恤，家人上九失位，貞上爲六，成坎，坎恤也，即心憂。
　　　　坎在上得正，故勿恤。
二・坎爲憂，離无憂，所以易經見離爲无恤。
　　(一)南薰解慍，故无恤。
　　(二)升，勿恤。用初柔升二，初二相易爲離（巽之初二相易爲離），離爲目，故見，
　　　　坎爲憂恤，離，勿恤。
　　(三)坎爲血，恤爲血也。坎得正，即勿恤。
三・履九三、晉六五、家人九五、夬九二、萃初六都說到「勿恤」。升繫辭、象辭皆曰
　　勿恤。
四・勿眚即勿恤
　　震六三，震行，无眚。言震三失无，上行于四，四上行于五，震成坎，得正，故无
　　眚。坎爲眚。居五而无眚，勿憂勿恤之義也。
五・兌在上，喜樂也，所以勿恤。
　　萃初六，一握爲笑，勿恤。萃兌在上，爲坎也，故勿恤。
六・易經說到有慶，也說勿恤。乾爲慶，離爲勿恤，乾離同位。

◎柔以時升

一・艮爲時，坤以時發，柔以時升，都是以柔變爲剛。所以坤六三變陽爲艮，艮爲光，
　　發光也。
　　升卦象曰柔以時升，剛中而應。升象柔以時升，升自小過通，小過下卦艮，爲時。
　　小過艮二升六四，上卦成坤，小過變升，柔以時升也。
二・孟子斧斤以時入山林，材木不可勝用也。
三・柔爲坤卦，坤在萃卦是下卦，萃變成升，坤爲升之上卦，所以柔。但柔爻不易上，
　　所以柔以時升。

◎慶

升象曰有慶，乾離有慶，慶，乾離之象也。用見大人，則下巽成離（日月合其明也），
勿恤，則上坤成坎（易中坎在上卦，皆曰勿恤）。

初三五得正位，此乾之象也，故有慶。有慶者，合乾之初、三、五正位也。用見大人，
即初柔升二，巽易爲離。勿恤，即上卦變坎。

象曰：地中生木，升。君子以順德，積小以高大。

升象曰地中生木，坤三陰生于巽之一陰，巽爲木，故象地中生木。升以坤在上，巽在
下，爲木生地中，雖然在地下，但下无可居，所以稱爲地中。易經以陰性虛而降，陰降則
陽升，升則浮。升卦之浮爲下卦二陽之浮。二、三陽爻在初陰之上，而四、五也是陰，助
長二三爻向上浮動，因爲陽氣上升而上又是陰氣，可以助長陽氣上升。升則浮，所以升卦
是說二三爻之上孚。初六與四原爲相對應之爻。允字本是草出頭的意思，又允爲應允，即
四爻應允初可以上而與之相合。初爻受鼓舞而向上進，初爻上進成二爻，爻爲陽，與五爻
之陰相合。

升爲上進，是事物發展的過程，所謂不進則退。但上升的條件是上面的人能應允，方
可以依序而上。升卦之形有如進入廟堂之台階，升堂入室初從初步起。初爻一開始即得到
應允，雖不是在開始入室的位置，卻可看得到。看得見即爲可觀。觀卦上巽，下坤，正和
升相反。觀卦即觀我生，是說在廟觀之中看到自己的精神上升到和神交通。觀卦說觀我生
進退，進即升也。

本卦爲吉，。因爲和上天之神明相合，可以祈福、求願。升初爻變乾爲泰，泰卦大來
小往，即升相反。升卦是陽上進，即升不來。變乾爲金，巽爲入，爲利市三倍。乾和坤是
大貴，乾金必得財。泰卦三陽爲泉，三陰爲井，井爲往來井井，上下通則利。

◎生

生爲升：

一・升爲生之道。

二・升象地中生木，坤中之三陰生于巽之一陰，風地觀曰觀我生，同理也。

　　升卦三陰在上，陰性降，陽性升，所以升卦說的是陽爲主的活動。升卦中兩陽爻之
　　性在於向上升。諸爻說的也是和二陽向上升有關。

◎順德

一・坤德順巽（先天卦位坤接于巽之下也），又柔皆順乎剛，坤巽皆有順德。

二・順：升卦坤在上，但坤性順，能承受陽卦上升之志。所以升卦二爻九二說孚字，孚
　　即升浮。

◎升爲孚

一・升爲孚，即＜升浮＞。

二・升九二說孚。孚者，浮。因爲二、三陽爻在陰初之上，而四、五、上爲陰，皆助長
　　其上升之力，爲浮。升卦說的是升浮的原理。

三・升卦和中孚很像，因爲其卦體都巽、震、兌。

◎積小以＜高大＞

一・巽爲小，坤爲大

　　升象曰積小高大，升初巽陰爲小，積至三陰爲坤，則高大矣，巽爲高，坤爲大，以
　　木象之也。

二・升爲木，木爲高大。

◎＜高升＞

一・升卦高，巽爲高。

　　(一)升爲高，即＜升高＞。

　　(二)巽爲長，爲高。

　　　　巽爲木，木大爲高。

　　　　巽乾陽在上，長故高。

　　　　說卦傳：巽爲木，爲風，爲長女，爲繩直，爲工，爲臼，爲長，爲高。

　　　　蠱上九，不事王侯，高尙其事。象曰：不事王侯，志可則也。蠱下巽，爲高。

二・乾爲高。乾文言上九曰：亢龍有悔，何謂也？子曰：貴而无位，高而无民。乾爲高，
　　坤爲民。乾高无坤，即无民。

　　繫辭上一：天尊地卑，乾坤定矣，卑高以陳，貴賤位矣。

三・同人九三，伏戎于莽，升其高陵，三歲不興。

　　巽爲高，變離中爻互變艮，艮爲山，陵爲象。故曰升其高陵。

四・孤爲高，＜孤高＞也

　　老子三章說：「故貴以賤爲本，高以下爲基。是以侯王自稱孤、寡、不穀。此非以
　　賤爲本邪？」

五・解上六，公用射隼，于高墉之上，獲之，无不利。

初六，允升，大吉。
象曰：允升大吉，上合志也。

◎允升

一・允者，信也。坎爲孚信，升初六柔而失位，當升二，下巽貞爲離，上坤貞坎，坎有
　　孚，二上應坎孚，故爲允升。晉三曰允，三往坎上也。

二・允爲孚：升卦初六與上卦三陰同體，得九二陽剛之助。而九二之大臣應六五之尊，
　　升之道是在相應而孚應之情況進行，是以大吉。

三・升初六有如地中之樹根，二、三兩陽爻爲透出地面的樹身。三、四、五互震，二、
　　三、四互兌。震爲奮動，兌爲和悅，這是允升之象。

◎允

　　信義，又爲相許之義。

◎坤巽爲＜生風＞

　　一・升象地中生木，坤中之三陰生于巽之一陰。升上坤爲地，下巽爲風。

　　二・風地觀曰觀我生，同理也。觀上巽下坤，正和升相反。觀卦說觀我生爲觀我升也，
　　　　升如生。比如道敎說升仙，其廟爲觀。

　　三・升卦上坤下巽，兩陽在內，與觀卦同體，所以升即觀。

　　四・觀爲八月卦，其象兩陽在顛，在顛爲升。在上以目觀下，日月之照也。

◎志行

　　升象曰志行，升錯妄，升南征于无妄，以无妄九五易升六五，坤成坎志，故志行也。

◎上合志

　　初升二，二升五，爲坎志，二與五應，故上合志。

> 九二，孚乃利用禴。无咎。
> 象曰：九二之孚，有喜也。

　　升卦卜問神之事，所以九二利用禴。禴即薄祭，亦可交神之象。升初尙未入室，而九
二剛登階。九二以剛居中，而六五以柔順應，是上下交合，所以是孚信之象。五爲君位，
而順應下情，二爲人而有志向上，可說是面君之喜，臣慶會也。易經說喜，即神來也。

　　升卦綜萃，萃六二引萃。引爲陰象，即有神靈來引導。升九二變艮爲謙，謙自虛爲輕。
九二喜陽，可浮，變虛則下沉。謙卦艮坤爲正應，取信於土。又敬神以謙自低而可升也。
此爻利于問神，求創造之靈感，求官職。

　　升九二象曰之孚。升卦言初升二，二升五，上貞爲坎孚。孚爲信，祭神必要取信。

◎升

　　一・升爲祭。

　　二・升九二孚乃利用禴，升二五失正，貞之，初升二，二升五，變其初爻，則上爲坎孚。
　　　　孚爲信，祭也。

　　三・坎爲孚，升孚爲祭也。九二以陽剛居中，六五以柔順應之。因爲孚爲信，祭神所最
　　　　必要的。升是和神交通的道理。

　　四・萃卦六二也說「引吉无咎，孚乃利用禴」，可見萃和升都是說祭祀之事。

◎禴

　　一・升九二孚乃利用禴：禴，夏祭也。

二‧祭之省者爲禴。

三‧非其時而祭也是禴。

四‧升九二利用禴，因爲升說的是祭之事。

◎喜

喜之義詳本書損卦。

一‧升爲神來，即神靈上升。所以升爲喜。

　　(一)升則有喜：升九二孚，即祭而有信徵，所以有喜。

　　(二)升虛邑，陽進陰之象，即祭者開始通神。

二‧兌爲喜，互兌有喜：升卦九二象曰有喜，二互兌，爲喜。

> 九三，升虛邑。
> 象曰：升虛邑，无所疑也。

　　升九三陽實陰虛，上體坤爲國，邑之象。九三以三升四，以實升虛，故曰升虛。四邑爲丘，丘爲虛也，虛即墟。又九三是陽剛之才，陽居三得位，所以可以登堂入室者，而四則虛位以待。如以祭神而論，九三進四，是完全被接受，无所疑者。虛或爲墟，即臨時在虛空郊野曠所建的祭神的神台。又升卦下巽反兌，坤兌爲臨，即臨時用之祭神地爲臨。升九三進臨于坤，坤爲邑，所以是升虛邑。

　　九三變，爻成坎，坎水生木，是文昌而无財利，以主考試求官也。求財不利。水入虛邑入爲災也。又卦變爲師，升變師，師爲征，征利南方。

　　升卦三四既濟象。易經既濟是人和天全然相合的狀態，无所不利也。

◎虛

一‧虛爲坤。坤三陰爲虛，易經之陰爻中虛。

二‧升九三升虛邑，坤爲虛，升自小過通，小過震艮，六二升四，小過成升，震成坤，坤成虛，震即艮。

三‧墟也，即野空曠阜陵即墟里，小民村聚之所。通常是居於高地。

四‧升虛邑爲陽進陰之象。

◎疑

一‧坎爲疑

　　升九三无所疑，坎爲疑。升自小過通，小過之大象似坎，自解通，解下坎。解小過變，无所疑也。

二‧升二四互兌，三動爲兌動。動而悅，人莫違拒，所以无所疑。

三‧中心正爲无疑。升九三、六四正好相對，合爲既濟之用。因爲濟卦正是三爲陽爻，四爲陰爻。卦得中爻正，心中正，即无疑。

◎邑

一‧虛邑：虛空郊野曠遠之地。

二‧邑有大小，小者爲十室之邑。

三‧艮爲邑。

> 六四，王用亨于岐山，吉，无咎。
> 象曰：王用亨于岐山，順事也。

　　升六四是入于庭位，所以見了王，而且可以爲王所用。王者六五也。六四柔在陰位，是正位。在升卦中二和五不說升，而其他爻說升，地位特別。因爲二五正應，但是六五不能直接和二爻相通，以仍未升入廟堂之中。六四因爲近五，所以可以傳話當溝通者。而六四陰爲虛，已通神靈了，可以當人神之間的媒介。升六四說岐山。岐爲分，即占卜之折合也。因爲六四見用于大人，可見他是正式的靈媒，所以順事。又五爲王位，王是不可升者。六四虛位，可以迎進二、三陽爻升殿，又可直上上六，作爲進階之介。

　　升卦六四變震爲木，上下皆木，木多爲鬼。順事者，事鬼神也。中爻互坎，坎難，下剋坤土，爲口舌訟事。升者以陰升陽，坎爲陽爲亂事。六五爲君位不可升也。四本爲順體，以柔居柔，正順于五。

◎岐

一‧分岐也。火之性分，爲岐。

二‧火性岐，火以升生。升六四亨于岐山。火性枝，即岐也。亨爲烹，用烹即以火。＜升火＞以祭先人。升卦爲巽坤，在後天八卦之中，巽坤之間夾著是離。離爲火，火性岐。

三‧兩山爲岐。

四‧岐山爲小過。升卦六四王用亨于岐山，升自小過通，小過二升四成升也。小過下爲艮山，上震反艮，亦山，故小過爲岐山象。兩山相並也。其峰岐出，象岐山。

五‧岐山爲西

　　(一)岐山在國之西，昔日建都，日多在陝西河南，而岐山是在中國古代重要都城之西，所以也可說是西山。

　　　　升卦之三、四、五互震綜而爲艮，有山。二、三、四互卦爲兌，兌爲西。

　　(二)西爲死地。岐山取升小過象，升即升天，人亡故則升天。過即過亡。

　　　　升六四王用亨于岐山，和隨上六王用亨于西山，皆爲報本返始之意，又和歸西同義。

六‧岐字其實就是坤。分兩爲岐，而坤爲兩折。

七‧岐爲卜也。岐兩分，卜爲折與合。

◎亨

升六四王用亨，亨通也。小過變升，巽坤中有離王。

◎无咎

升六四无咎，以六四得正，故无咎。

◎順事

升六四＜順事＞，順，坤也。升无妄錯，以无妄九五易升六五，升五得乾天之爻，六四以坤順事之者也。

六五，貞吉。升階。
象曰：貞吉，升階，大得志也。

升卦九二如一良臣要覲見六五之君主而升階。六五以貞吉回應，是順應下臣之心，而後依個人的身份來升階接見。升階即二爻升三爻，三爻升四爻等，一路上升，有如階梯，而到了進階即入大堂。升卦以這種進升來比喻上升的狀況。升卦六五變坎爲井，井爲井井有條也。水生木出，而生出散財，但井爲通象，六五之變，變爲通，爲得賢才輔助而成大業之象。如比爲祭祀，六五才是眞正實行祭祀的地位。升卦另一個意思即入門。大者可以君位，是大都得志也。九三晉六四之位，而六四引之方得入六五之主。而六五以井井之序接納之。升六貞吉，六五失正，故貞吉。

◎＜升階＞

一・升卦有升階之意思，所以升六五說升階。

二・升六五升階，升三爲門，四爲庭位，五爲階。

◎入門爲升

一・升卦三到五互震，震爲門。比如節三有門庭象，互震也。

二・夷四門庭，互震也。明夷二上互升是三爻之升，明夷四互震，所以明夷說于入門庭。這是說三爻升到四，而入到了門庭之中。明夷卦有開化蠻夷之意。令其登堂，而以文化開化之。四庭五階由而堂，乃用見大人也。大人是開化蠻夷之明君。

上六，冥升，利于不息之貞。
象曰：冥升在上，消不富也。

升上六爻辭象解：升上六冥升，冥的意思是不可長。因爲升的特點是不知止，如果到

了陰虛之地，而陽氣不入，則成爲升而不回，應了雜卦說萃聚升不來，就不好了。不過天理是永升不絕，而人事有限。易經之豫卦和升卦都說冥，因爲上六爲極陰，而比應又是陰，所以不明。如以祭鬼而論，在祭司進入和神鬼相通後，爲極陰之境，而此時又見陰之氣，則會有遊魂出竅的危險。而上六是在廟堂之外，爲荒山野地，反而消掉了要求的福報，而得不到財富和福氣了。

升上六變爻爲艮，艮爲山。艮爲阻也，升以升陽，而見阻則不升矣。但變卦爲蠱，蠱爲祟，下體之巽本爲富，變了祟難以言吉，不吉則凶。豫曰冥豫，震二陰也。上六極陰，比應又陰，故冥也。

◎息

陰用事爲消，陽用事爲息。

◎消

消爲損

一・升上六有消象。因爲升上六坤變成艮，艮爲止，地而成爲山。又上六變，卦成蠱，蠱爲風落山。升所以會有損象，隕其實，即山上之石下落，爲損之象。

二・損即消也，所以升之上卦說消不富。昏冥於升而至窮極，无可再升。

豫絕而爲隨，升窮而爲困。

◎冥

一・坤性暗昧而靜，在上曰冥。

二・陽爲明，陰爲冥。

三・冬神爲冥

四時不忒，春神勾芒，夏神祝融，秋神蓐收，冬神玄冥。

四・冥爲瞑

豫卦說冥豫在上，何可長也。古爲瞑字，張目爲盱，翕目爲冥。

五・冥不可長

豫上六，冥豫，成，有渝无咎。象曰：冥豫在上，何可長也？

上六冥豫，與六三盱豫相反，一翕一張，皆不可長也。盱和冥反，一張一翕。

六・艮不瞑，冥者不明也，四爻即中爻互艮，乾鑿度以艮爲鬼，冥門。

七・陰爲冥。坤三陰，所以坤爲冥。

八・豫上六冥陰性暗，故冥。升曰冥升，豫曰冥豫。升冥升，坤三陰也。

九・陰又應陰爲冥

(一)豫曰冥豫，震二陰也。上六極陰，比應又陰，故冥也。

(二)豐九三日中見沬，晦冥之意。即雷電要來時之天氣。因爲豐卦二爻爲陰，而上六應爲陰，所以豐爲昧。

 困

困，亨，貞，大人吉，无咎。有言不信。

　　困卦亨貞是易經中少見的。因爲易經不亨，即是貞，這是聖人教人知困之道。易經卦爻能正，則可貞。得位，相應而守中，可以亨通。而困卦是只有能貞正，則可以亨。亨之二個中爻都是陽爻在中，上下卦皆實則可信。一則對自己有信心，二則中實可以不失其所有。困卦在彖辭說明是因爲剛被柔掩。其一是兌在上，而坎在下失位，是坎被掩，不能歸到上位，上位是坎在相濟的正當位置。其二是二爻爲陽，陽不在其位，而又无五相應，又被二陰爻所掩。四五陽爻被上六掩，有如小人在上。而九二是前後初爻和三爻小人也。困下坎爲險，而上爲兌，是在險中而又能保持歡悅。又困而不失其所，卦旨在說明人要樂天知命，在苦中作樂。

　　困卦剛中爲二五，但九二得中，窮而通，故不失其所亨。彖辭說不失其所亨，亨就是通也。因爲九二是人卦，人貴自知。九二剛中則知名守固，居易俟命，而不像一些人光以口說自嘆不得志，而不願守份。困的能耐在於不怕人不知，也不在乎人之口評，自己有自己的評價。聖人設困卦是教人能守困窮。

　　困之卦象是兌爲金，爲水澤。而水在地下，則无水之困也。坎陷重重水火相剋，雖中爻木火相生，爻動一變即无火可生，應在絕處找生路。三到上互成大過爲棺槨之象，有死亡之險。困卦最怕在澤下之水，下漏而枯，是上枯之困。人在這種境界，只能把命託付給上天，而爲了實現自己之志向不惜一死，是置之死地之而後生，這是困卦精義。

◎困

　一・困爲止象。水在下，山在上，必困。

　　（一）蒙六四，困蒙，吝。

　　　　蒙六四困蒙，象曰遠實。山水爲困，以上九之止，止故困也。又水在山下爲困。

　　（二）繫辭下五易曰：困於石，據於蒺藜，入於其宮，不見其妻，凶。子曰：非所困而困焉，名必辱。

　　（三）困於石

　　　　繫辭下五易曰：困於石。艮爲石也。非所困而困，名必辱。困上爲澤，而不是艮，所以是非其所困。

　　（四）困爲窮。因爲困爲止，上止爲窮也。繫辭下七困窮而通。

　二・中孚爲不困

　　　　(一)中孚巽即兌，兌即坎，爲澤水困，中孚變其義，是困而不困矣。

　　　　(二)需爲孚象，所以需卦說，需，其義不困窮矣。需因爲水在山，所以不困。

三‧困爲床。木在圍中困爲床，所以剝六二剝床以辨。困爲睡象，困即俗說之睏。
　　床爲睏之所，人在床中，是把床一分爲二，所以剝床以辨，辨爲分也。

四‧困爲辨

　　　　(一)繫辭下七說困，德之辨也。

　　　　　　繫辭說困爲德之辨，即困之德爲辨。

　　　　(二)分水火爲辨

　　　　　　辨上下：辨上下就是說水火二卦的位置。

　　　　　　又未濟象曰君子以愼辨物居方。離爲明坎，爲知，故辨。

　　　　　　同人自履通，履之兌離，卦爲同人，明以辨之也，即分水火。

　　　　　　履象曰：上天下澤，履。君子以辨上下，定民志。

　　　　(三)辨爲分上下，即床也

　　　　　　六二，剝床以辨，蔑貞，凶。床爲困象，所以易卦剝，未濟，都以辨稱。火在
　　　　　　水上，未濟，君子以愼辨物居方。黃穎曰：「床簀也。」困爲木在圍中，即家
　　　　　　中之床也。困中互家人，床在家中。

　　　　(四)中爻分爲辨，易之中爻常爲困象

　　　　　　凡卦二爻爲內卦之人位，五爻爲外卦之人位，然非中爻不辨，即互卦上繫辭所
　　　　　　說：「是故列貴賤者存乎位，齊小大者存乎卦，辨吉凶者存乎辭。」下互三、
　　　　　　四兩爻。

五‧升上爲困。序卦傳，升而不已必困。

六‧困爲遇

　　　　(一)雜卦傳說井通而困相遇也。困通坎，坎艱也。

　　　　(二)困卦曰相遇。困內爲坎，外爲兌，先天坎位在西，後天兌位也在西。先天變後
　　　　　　天，即爲以坎水變爲兌澤。以兌遇坎，如故舊之相遇，故困卦曰相遇。

　　　　(三)困遇而不通，所以繫辭下七困以寡怨。

七‧井通，困不通。困字是木在圍（澤）中，四面不得通達，窮悴之象。

八‧坎漏而上之澤水竭爲困。

九‧困可能是古時屋上所設之蒺藜。困六三據于蒺藜，爲困之象。

十‧无水爲困，即木在土中，土剋水，所以困。水通，困不通。

十一‧困爲剛揜

　　　　困卦九二爲剛爻，九二被初六和六三兩柔爻所揜，九四和九五被六三和上六所揜。
　　　　剛爲君子，君子被小人揜，是困象。

十二‧困從木在圍中，故困又爲廬。

十三‧困卦見坎月，互離日，但卦中有兌，爲西方日入之所，所以說剛揜（湮），這是
　　　　困象。揜爲蔽，日被遮爲困。

　　　　坎爲月，互體離，離爲日，兌爲暗昧，日所入也。象明之被揜，＜困惑＞之象。

十四·困通坎

　　兌坎之相關：傳曰川壅爲澤，坎爲川，塞而爲澤。此爲先天坎川變後天兌澤之義。
　　水澤相睽，成澤中无水，所以困。

十五·困爲固（涸）

　　水性潤下，在澤之下，勢必流滲以涸。外爲澤，而水在內，水必流盡。困爲固，
　　易經以同類相守爲固。而水與澤之相守，爲涸。事物相類會相吸，被吸的一方即
　　不守。水之不守爲涸。困言坎兌之相通，實則同類之相通，是一方吸去另一方。
　　另外一個正面的意思是一方可以固守另一方使之不會走掉。這個比喻用之於水澤
　　之相守最切。川壅而爲澤，坎爲川，塞而爲澤，則澤可以固水，而也可以令水流
　　去而乾涸。世界上的事物相近而相得則互相固守，若不相得，則一方被剝而乾涸
　　矣。困卦說先天坎川變後天，兌澤之義。坎在先天之卦位爲兌。又困卦本原是由
　　坎卦之四爻變爻而成，坎之四陽下爲初陰得困，坎卦之變爲困是因爲水變而成澤。

十六·困窮而通

　　(一)困否通，否上陽窮，上來二，變坎通，故窮而通。
　　(二)困彖亨，困自否通，通故亨。繫辭，困窮而通。

十七·困，許慎說文解注解困字爲「故廬」。「廬」者，二畝半一家之居，必有木樹牆
　　下以桑是也，故字從口。謂之困者疏廣所謂舊田廬令子孫勤力其中也。困本義爲
　　止而不過，引申之爲極盡，論語四海困窮謂君德，充塞宇宙與橫被四表之義略
　　同。苞注曰言爲政信，執其中則能窮極四海，天祿所以長終也，凡言困勉困苦皆
　　極盡之義。有人引申而解困爲「廢頓之廬，口者四壁，木在其中者，棟析廢崩，
　　廢頓於其中。」亦合於困之意。
　　說文提到種桑樹，可能有特別意義。因爲困之義爲窮極，實爲否之義。因爲否卦
　　中提到了桑字。又種桑爲了鼓勵子孫要勉力在圍頓之環境，這是大人能守困的作
　　爲，所以困大人吉。否卦上陽窮，所以否九五說：「休否，大人吉。其亡其亡？
　　繫于苞桑。」桑樹是比喻短暫的安全（見本書否卦九五解），這是充滿鼓勵的意
　　思。而困卦之五爻和上爻都是得正位，所以困卦的繫辭說貞大人吉。象曰：大人
　　之吉，位正當也。這兩個卦都是說一個人守在正當的地位，不論多苦，都是吉事。
　　易以坎爲大人，困下坎失正，必坎居上，乃貞大人而吉，无咎。
　　又師卦繫辭說「貞，丈人吉，无咎」。易經原本作「大人吉」，這和困卦意思同，
　　因爲師卦下卦爲坎，卦意說的是坎之上征爲師，比困卦的困還大。而坎在上卦稱爲
　　大人。據清代易學家李鼎祚說這是王弼違背經旨把師卦的大人吉改爲丈人吉。按照
　　易經的原理，師卦以大人吉要比丈人吉解釋要合理多了。

十八·困即大過，即象棺槨。困中有大過象，大過枯楊，困中互大過，困爲墳。

十九·困爲死

　　(一)困爲墳，命之所致。
　　(二)困致命遂志：先天一陽生坎中，至巽二己窮，六三坎應上兌（澤水困），故
　　　　大傳曰：「死期將至」（致命遂志）。

◎信

一・既濟爲信

(一)豐變既濟，二曰信以發志也。

(二)發而爲信，即動而得坎水之意，所以豐四五發之。豐四發之五，成坎孚，動而得正。上卦爲坎，正爲既濟，故有孚，孚信也。有孚，就是見到坎水上升。

二・孚爲信

(一)革而信之，革象巳日乃孚，孚者，信也，故革而信之。

(二)萃九四，臀无膚，其行次且，牽羊悔亡，聞言不信，聰不明也。

萃澤地，孚象。兌爲孚。

(三)鳥孚卵，皆如期而不失信。

(四)中孚取豚爲象。豚，江豚，一名豬魚。生于水而知風信，爲有孚之物，故中孚取以爲象。

三・升爲信

(一)升九二孚，升卦說的是祭神。神爲升天之氣，所以升卦說祭。祭即看是否祭而有信徵，所以升。如有升就是好事，所以升九二說升則有喜。

(二)又升卦說允升。允者，信也。也就是神答應祭神者的要求。

(三)進爲升，即德業之進

乾文言子曰：忠信，所以進德也；修辭立其誠，所以居業也；知至至之，可與幾也。

(四)水高了就升，所以水爲信。因爲信爲伸長，或升高。

升初六柔而失位，當升二，下巽貞爲離，上坤貞坎，坎有孚，

四・鬼取歸，神取信

遊魂謂之鬼，物終所歸，精氣謂之神，物生所信也（見樂記疏）。

五・凡卦中爲實即信

孚二五中實：孚二兌口，二五中實，故言有物，孚中有實。

言之有物在于信：信爲中實，二五陽剛各處一卦之中爲中實，以此引爲忠實。

六・坎爲志，志即是要求，即應允，允爲信也。

晉六三象眾允之志，坎爲志，六三下行與上九易而得正，成坎，坎爲志。

允爲信也。二爲貞，進以正。三曰允，進以信也。

七・順爲信

(一)坤爲眾爲順，坤土爲信，土主信。

(二)大有上九，履信過順，又以尙賢也。

(三)納甲離納巳，巳爲土，位乎中，故孚。孚爲信，土取信也。

八・坎爲信

坎行險而不失其信：水性有常，消息與月相應，故不失其信。

九・再次爲信。師一宿爲舍，再宿爲信，過信爲次。

十・節爲信

節而信。節上爲坎，坎爲孚信。＜守信＞即守節。

節變上爻，即成中孚。故節而信，受之以中孚。

十一‧來爲信（伸），去爲屈

繫辭下繫：寒暑相推而歲生焉。往者屈也，來者信也，屈信相感而利生焉。

陽信而陰屈。消卦陰來陽往，陰在內爲主，陽在外而爲客。故陰信而陽屈。陰陽相感，內外相推者也。

尺蠖之屈，以求信也，龍蛇之蟄，以存身也。精義入神，以致用也。利用安身，以崇德也。復爲信，而姤爲屈。以二氣，言復姤皆屈。

十二‧信爲行

（一）信者必行。

（二）大過爲動，小過爲行。上震爲行，下艮反震亦爲行。

（三）鼎九四，鼎折足，覆公餗，信如何也。

象曰：困，剛揜也。險以說，困而不失其所亨，其唯君子乎？貞，大人吉，以剛中也。有言不信，尚口乃窮也。

◎揜

陽爲陰所掩。困象曰剛揜也。揜，掩也。二五爲陰所掩。

◎不信

一‧困爲不信，因爲困有言。因象言險以說，說，有話說也。

二‧困象險以說，困自否通，否六二往上，爲兌說，上九來二，爲坎險，故險以說。

險以說，困之象也，即在危中作樂也。

易經說險以說，困而不失其所亨，其唯君子乎。貞，大人吉，以剛中也。有言不信，尚口乃窮也。險以說是以險辭和人對應，因而不可置信，所以說有言不信。

◎貞大人吉

困象貞大人吉，九五中正，居尊。五有剛中德也。

象曰：澤无水，困，君子以致命遂志。

◎澤无水致命

一‧困澤无水，以中爻互離，爲乾卦。水下漏，則澤上枯，澤无水，水爲養命之源。所

　　以困卦象說「致命」。致命即俗說令人致死。

二‧致命：巽爲命，坎爲志。困自否來，坤爲身，故遂志。

三‧論語子張篇：「士見危致命，見得思義。」

四‧因卦爲兌无水。

　　(一)澤卦刲羊（兌）无血。

　　(二)歸妹刲羊无血，歸妹中互離，无水。

　　(三)困卦說澤无水。意思相同。都是无水。

　　(四)因卦說澤无水，意思相同，都是无水。

初六，臀困于株木。入于幽谷，三歲不覿。

象曰：入于幽谷，幽不明也。

　　困初六應四，九六皆失正，困四者三也。初六之卦象見於下卦坎爲隱伏，而三五互巽爲木，木在上，幽谷在下，則谷之中都是木。而這些木是倒下的木，比喻爲臀之困。臀困，則人倒。臀取音屯，屯亦爲＜困頓＞也。困之初六爲陰柔之才，居坎陷之下，當困之時遠與四爲應，近而與二相比。中間又爲六三所阻隔了。其心要想壓過二爻之陽，但才柔居下有如坐木根入幽谷，而不得出來。本爻變了，卦成重兌。兌爲金，剋去了原卦中的巽木，則木死矣。本爻主事難成。

◎臀

一‧困臀困于株，臀，股也。困初應四，四互巽，巽爲股。臀字之詳義姤卦。

二‧臀爲枯坐。比喻爲人的身體，是行爲趾在下，坐則臀在下。

三‧臀爲尾，即顚也。臀從殿，殿後之義。

四‧坎之下爲臀，即水下洩。

五‧臀爲顚，同音，即在後。顚爲尾。

　　臀爲豚，即爲豕，豬也。臀困株木就是把豬關在柵中。

六‧巽爲股，臀即股，所以巽爲臀。

　　(一)夬九四，臀无膚，其行次且，牽羊悔亡，聞言不信。

　　　　夬九四臀无膚。夬上爲兌，反巽，所以成了无膚之臀了。

　　(二)姤九三，臀无膚，其行次且，厲，无大咎。象曰：其行次且，行未牽也。

　　　　姤下巽，臀也。姤反夬，姤夬都是一陰諸陽，一陰爲皮脫之象。

◎株木

一‧大過爲株木。困初六困于株木，三至上，互大過。枯楊株木。

二‧株爲幹。

三‧株木是指无枝葉的禿木。

四・株爲木根，臀爲枯坐。

五・臀困于株：臀居在枯木之下，不得庇護的意思。臀是指枯坐。

六・初六陰不得其位，如臀坐。一心向上要和九四之近臣相應。九四陽剛可應，但是中間的六三阻隔了，而上面又是上六的陰爻，无可攀緣，又不得上進，喻爲臀坐。

七・困爲枯木

　　就五行而言，困上兌爲金，剋到了中互爻巽爲木（困三五互爲巽），二四互離火，皆不利於初爻和九五相合。如可合，即是既濟之象了。而今木因爲受金剋，火焦，自己又是枯木，所以顯出困象。這種現象有如入于幽谷，三歲不見光明，所以說三歲不覯。

八・木之株受折與火焦爲困。

九・困卦見坎，見木，坎木多心，故言株。

十・困即株

　　困四卦體爲離，困卦見巽，巽爲木，離爲朱，合起來成爲株字。株是喬木，喬木是不易遷移之象，困也。

◎幽

一・離在兌下爲幽。人于幽谷：困初入于幽谷，巽爲人，兌爲谷，三互離，在兌下，爲日入之象。日入則谷幽。困坎水下注爲谷象，谷爲无水之澤，空谷也，故可以入。

二・幽字爲鬼象。

三・幽爲不明，困于學也。即論語所說困而不學。

◎覯

　　覯爲見也。困初三歲不覯，覯，三互離，離爲目，兌澤掩之，目必失明。

◎三歲不覯

　　卦互離而上有兌澤曰不覯：

一・困初六三歲不覯。困三之離目，應上之兌澤，而初曰三歲不覯，初應四，互離之爻也。

二・豐上六，三歲不覯。豐，二之離目，應五之兌澤，而初曰三歲不覯，上爲卦之終也。

三・三歲是久之義，凡二以上者常稱爲三。

　　九二，困于酒食，朱紱方來，利用亨祀。征凶，无咎。
　　象曰：困于酒食，中有慶也。

　　困卦說的是陽爻的困境，被陰爻所困也，困的是下卦坎水被困在下，坎不能上天，坎天爲需酒食也，在下无酒无食。九二和升卦一言利用亨，一言利用禴。升卦之二是有祭神得神靈來引，而困則上爲九五不通，必須要利用亨，即和神靈交通來祭神。但是不通，則

有各種危險。因爲困中有死象，有陰伏之鬼。而九二之坎爻又被中爻互離之火所纏，所以動則得咎。這是一個人意圖上進時遇到小人，而又不能有所作爲的困境。不過九二在困中，宜有上卦之二陽下來相接，上爲廟，廟中之神下降到二，是二升在廟，而五親奉之，所以說利用亨祀。困爻象說中有慶，慶爲祭神之畜牲。有物祭神則神自來臨，而不必想其他打腫臉充胖的方法去討好。

　　困卦九二主旨在於困要能守，福自然會降臨。如不安份，而多作主張，就會有凶險之事。困九二是木在澤下，无水之困。雖人有志氣，坎陷重重。中爻火來剋，身處險中。雖木火相生，爻動一變即无火可生。困中有大過之象，要小心求生之道，在絕處找生路，凡事不必急於變。變卦爲重兌，但是兌金變後生水而无火生財，變了還是懷才不遇也。此爻利於隱世埋名來避難，貴人最終必來臨。利于在室內，不宜貿然外出求解。

◎酒食
　　一・坎酉兌食，坎象酒，兌象食，困爲坎兌象酒食。需中爻兌言酒食。未濟與坎也說酒食。需九五，需于酒食，貞吉。坎兌酒食，離震飲宴。
　　二・噬嗑食也：困錯賁，賁錯噬嗑一卦，噬嗑食也。
　　三・困二者，初三之柔，故以酒食象之。

◎朱紱
　　困自否來，否乾坤象衣裳，上九一陽來坤，裳中帶裳，幅鳥下體之飾，困九二朱紱。詩赤紱在股，二在巽股下，故象紱。乾爲大赤，故朱紱。

◎朱
　　離爲朱。又朱雀，鳥象。

◎慶
　　一・乾爲慶。困九二象中有慶，乾爲慶，九二乃否之乾爻，困自否通，故中有慶也。
　　二・易經通常以乾爲慶。此外，陰陽相得爲有慶，君臣相會爲有慶。

◎祀
　　祀爲祭神。易經有鬼象之卦如坎，言祀。坎爲隱伏，象鬼。

◎凶
　　一・致命爲凶。
　　二・不得位則言凶。不得位包括：
　　　　坎在上，乾在上吉。離在上凶，坎在下亦爲凶。
　　　　旅上九，鳥焚其巢，旅人先笑後號咷。喪牛于易，凶。
　　　　困卦坎在下，而在離之下，爲凶。未濟之象，未濟就是失去救濟，窮困之象。
　　三・大過爲死，凶也。困卦中互大過，死象。
　　四・過剛爲凶：大過九三，過剛，凶。
　　五・窮困而无養爲凶。困卦初五互渙，反噬嗑，无食之象也。
　　六・陰陽交戰爲凶。
　　七・易經以該靜時反而動爲凶。當困之時，往則凶。所以困卦二爻征爲凶。
　　八・離火爲災，凶也。困卦九二上爲二四互離，即離火在前。火爲災，災在前也。

> 六三，困于石，據于蒺藜。入于其宮，不見其妻，凶。

　　困六三是陰柔不在位，不正不中，當困之時要掩二之剛，是困。陰爻小人想困住二爻之君子，而上爻又是陽剛之爻，成爲陰爻要困人而反爲自困。陰在二陽中而不得位，孤陰在中。前困者无情，後據者有刺。困卦二五互家人，而六三自身无據，是无法守家。此爻之象是困人者人恆困之，陰以困陽而自困。易經說非所據而據，身必危。

　　六二以坎爲宮，中爻爲巽入，是入了宮室而无法出來。有妻者，妻不在其位，人非在而不得見，是凶兆。古時以蒺藜放在宮室之垣爲防禦用，人以蒺藜爲守禦外，反成爲困己。六三之陰爲巽草之象，陰爻柔以草象之，六三不在其位，據守在草下而不變，是入墳之象也。困卦三上互大過，三變爻爲大過，大過棺槨，死必矣，是以凶。

　　困六三木，和兌金相剋。中爻離爲火，爻動成金。火金相剋在中，是疾病之象。蒺爲疾也。三爲人位，離爲火，變大過離不見，无火制金必則金木相剋爲忌。原卦兌，下互坎，爲夫妻象。兌中宮爲坎，巽爲入，妻入宮，其實爲棺，入棺必死矣。得此爻傷妻破財。

◎石

一‧艮爲石

　　困六三困于石，艮爲石，困自否通，否四互艮石，六三上承九四，故困于石。

二‧石爲物堅而不韌，其質无情。石在前爲困。

◎蒺藜

一‧蒺藜，草本植物。困爲屋上之草，即蒺藜。

二‧困六三據于蒺藜，否變困，六三下據坎，坎爲蒺藜。據，艮手也。否四互艮。六三之柔，上下爲剛所困也。

三‧艮爲宮室，坎亦宮。巽爲入，故入于其宮。

　　聞一多《璞堂雜識》：「案古者宮室之牆垣，其上必施蒺藜荊棘之屬，以嚴禁禦，詩牆有茨，不可掃也。」茨即蒺藜也，牆所以防非常也，此爲困之一義。

◎妻

一‧水火爲妃

　　困六三不見妻，妻，妃也。左傳以水火爲妃。三以坎互離，坎夫離妻。離火最畏兌澤，三應上澤，滅火，妻當凶。

二‧家中有妻，易經家人象妻

　　(一)困三言妻，困中四爻互家，故三言妻。

　　(二)小畜三夫妻，互家人象。

　　(三)漸三之夫婦，互家人象。

三‧大過无妻。大傳曰：「死期將近，妻其可見邪」。

　　(一)困不見其妻凶，自己將死之象。

　　(二)困三至上，爲大過，棺槨。

象曰：據于蒺藜，乘剛也。入于其宮，不見其妻，不祥也。

◎不祥
　一・乾爲祥，困爲不祥
　　　困六三象不祥，乾爲祥，困自否通，否乾變兌爲困，故不祥，言否變困爲不祥。
　二・祥爲詳也，即善也。乾爲詳，伏陽出而爲乾。
　三・困卦三之卦體爲大過，死象也。死爲不詳。

九四，來徐徐，困于金車，吝，有終。
象曰：來徐徐，志在下也。雖不當位，有與也。

　　　困九四說的是四爻要下到初，與之交易，下坎三爻上進，則可成爲相濟。九四因爲中間被六三所間，九四无法堅定其心，所以徐徐狀，即進退失據之感。加上六三又是據于宮入不出，而九二爲坎車，乾金，是金車，擋在其中，又是以陰困陽之現象。易經說的是亨通爲吉。困卦遇到的是陰爻都處在不當的位置，有如頑固乖僻的女人在與他作對，破壞他人好事。所以九四爻要找到與他相合的方式眞不容易。易經之爻如不能變到相濟的狀況就不安，在困卦表現的是走不出的困境。易經以陰困陽爲困，最理想是陽外而陰內，或爻可以往來自由，中无阻隔，即可亨通。
　　　九四變坎爲水，成二坎，艮山見坎水原是生財之道，而中爻變爲火，上卦成艮爲止。重坎爲重險，原卦之乾爲金車，不能助其交通，反而以險阻之。不過九四變了坎，上卦是濟象，而原卦是九四和初六本有相應，所以說有與。
　　　困卦可以看做求偶，或求同心相助之人，則存在的名份希望都有。困之忌在陰乘陽，或掩陽。如以求神問卜，則可看做是因爲陽氣不能透過陰氣之籠罩，人无法得到靈感。但是九四的危險是可以克服，而有心者結果會有得其所願。
◎來
　易爻以自下而上爲往，自上而下爲來。
◎徐徐
　一・自上爻來下爻交易爲來
　　　困九四來徐徐，困初、二、三、四皆失正，若九四來初，下坎三爻上進，則困成既濟，故困四言來不言往。凡爻曰往來皆通象。
　二・徐徐，荼荼也，內不定之意。
　　　凡爻曰往來皆通象。惟困四之來，咸四之往來，非通象。而惟貞九六之義。

九五，劓刖，困于赤紱。乃徐有説，利用祭祀。
象曰：劓刖，志未得也。乃徐有説，以中直也。利用祭祀，受
福也。

　　困九五是全卦的主旨所在，即卦主。困三陽居中，上下居陰，陰為割象，也是削，都是分割的比喻。赤紱是臣子所受的紅帶。在困卦中九二、九五因為處在一卦之權力中心，所以以在朝所賜的紅色飾帶來比喻。因為中爻離巽，與九二同是紱，為柔物，比為四和二爻。困卦九五是說在朝有地位者祭神時，祭司以自傷身體來求神之賜福。困中互離為牛，兌為巫，而兌在上爻為祭台。五剛中據國，先避去邪淫之氣，清淨其身，當其位而主祭祀。因為占卦的主事者自己受困，甘願以自刑身體來求神之降臨。這種自傷身體之儀式自古中外皆有也。

　　易經本為占卜之書，而古來解釋易經大多未從祭神之儀式來看，所以劓刖被解為用刑者。易經之辭語本和現實世界未必全然符合也。困之九五所說解困之道，在于利用祭祀來脫困，其法則是由當事或求神者，以真實或象徵的自殘來取得神之信而求福。因為九五為主位，是合法之地位，與升卦中臨時在郊野所作之野祭不同，所以乃徐有說，即漸漸得到神意而取悅之，終可以對神直說无諱也。

　　本爻變為乾，兌乾同宮是大貴。陰變則陽進，正符解困之道。但陰在下，而兌口在上，難免有口舌訟事，動而有悔也。困九五互兌巽，兌錯艮，巽錯震，劓刖之象，又兌為刑人。

◎劓刖
　　一・劓（音義），刖（音月），刖失足，劓鼻失。割去鼻子的刑罰為劓。
　　　　足為震，鼻為艮，困之上六以兌柔揜艮（揜錯之卦）。而艮象失，上柔應九二，九二又為初三之陰所揜。上六以兌柔揜艮剛，艮鼻象失，六三以巽柔揜震剛（六三互巽，巽錯震），震足象失。
　　二・困因否來，取通卦象，成隨，困，咸。隨咸變困，失鼻失足之象。困九五劓刖，困由否來，否上九通三，卦成澤雷隨，澤水困，澤山咸。上九之初成隨，隨有震足，上九之三成咸，咸有艮鼻。隨、咸二卦變困，初失震足，三失艮鼻，是劓之象也。

◎困于赤紱
　　困九五困于赤紱，九五在巽股下，為紱，坎為赤，為赤紱。紱，諸侯之服。

◎徐
　　困九五徐，易陰陽爻得正則速，失正則緩。

◎乃徐有說
　　困九五乃徐有說，徐則二也，說則五也。五應二，二失正，易失正則徐。

◎志未得
　　困九五志未得。坎為志，困自否通，否上九三，卦成咸，之二卦成困，之一卦成坎。困變咸隨，卦有劓刖之象，坎失位（卦變為震或艮），故志未得也。

◎中直

困九五中直，困通否，否之乾上九之二，成困，乾動而直，乾動之二，故中直。

◎受福

一・困九五受福，乾為福。

二・困否通，否之上為乾，乾上九之二，卦成困，困二五皆乾爻，故可受福。易經既濟
卦說「實受其福」，見卦變既濟可得福。

上六，困于葛藟，于臲卼。曰：動悔，有悔，征吉。
象曰：困于葛藟，未當也。動悔，有悔，吉行也。

坎為陷，為叢棘，為蒺藜，都是說葛藟之類會纏束之物。易經說到祭祀之卦，上六為
陰界，都用詭異之比喻。因為在上六為神界，為不明與不定之境界。於言辭則多為口舌。
上六陰柔要掩剛而困君子，但是上六為正位，不利貞，貞則有悔。困卦上六兌反巽，為草
木、為蛇蟲，為陰伏之象。兌在陽明為悅，而在陰暗則為毀折。其象為在陰幽之界，剛受
之折，則不宜再往。正人君子處之，不免憂懼，若以陰為術，終被自己之多心與詭計所纏
而不得脫身。困上六柔困剛。

◎葛

困于葛藟：困上六困于葛藟。巽剛爻為木，柔爻為草，葛藟草之蔓延者，可為絺（音吃）
綌（音繫）。絺綌者，暑服也。上六應三，三互離，為夏，上六以柔困剛，困之極，自受
其困，故困于葛藟。葛藟是緣木之草。

◎臲卼

一・困卦上六于臲（音聶）卼（音務），困上六臲卼，不安貌。

二・臲卼兀刑也。

三・在高山小徑臲卼，不安。

◎動悔

一・困上六動悔，困自否通，否變困，動成坎，坎為憂，故悔。

二・困所以困者，困動成悔（困自否變，否上六下二，下卦坤成坎，坎為悔），故動悔。

◎未當

困上六未當。困下坎失正，上應三，坎失正，故未當。

◎吉行

一・困上六吉行，下坎三爻上征（貞為乾坤卦），三之上爻，卦為否，故行。

二・困上六吉行，征吉者，九四來初，下坎三爻同時上進，困成既濟。

三・上應三言下坎三爻，上征則吉，故困六象曰吉行。這和益之遷國，以下坤爻上行同
理。

◎有悔

困上六有悔，悔吝者，憂虞之象，四以說處困，上困極，故吝。

 井

> 井，改邑不改井，无喪无得，往來井井。汔至亦未繘井，羸其瓶，凶。

井卦以在井中取水，由巽入坎，木入水中水上升爲象。因爲井卦中爻爲離，離中虛，有如以繩索吊空瓶，一不小心即將瓶墜落，則前功盡棄。井的特性是井井。井井是說泉取之不盡，而往來之人用者，濟人利物。但井之利用卻不容易。一則水即將到井口，而倒翻，即有如无水，所以井卦不能光以繩索來取。失而復取之則爲往來之道，則井水无喪无得。因爲水因井而來，非其自來，是以取井水要用井上之轆轤，即吊車，以索加在上頭，再用桶下汲，這才合於井卦卦象所說的巽乎木，即以巽木下木引水而出。

易經困卦和井卦都是以水來比喻做人的道理。困卦的水在下卦，水性剛，在下之剛中即是困象。因爲坎水在下不流，即人才不被發現而无所用。井卦是水在上卦，是得志的水，但是下卦巽木是要洩水的，所以志向難升。井的個性是无喪无得，失之太拘泥，而困是失在不得勢。二者之水如一上一下，水成爲活水，則往來井井，就是可以濟人利物的水了。但是水性堅，缺少變通會成災，所以木在水上有其作用。一則可以令水動而勞，水勞則味甜，但太勞又溢。井卦卦象說君子以勞民勸相，因爲水怕勞，所以要以木相之。在這兒說相是五行時令所說的多天水旺，以木相之的相。木相水，則水不旺而性順矣。

井卦六個爻是代表取水的過程。初不食，因爲井中有泥。二是井怕漏。三求王明，四修井，五、六則水齊口，是井滿爲好水。所以井卦說養，一則自修養德行，二則以養人。井卦說改邑不改井，指的是坎中，居中則不可改，乃以剛中也。中即守中而不變。井卦是由否卦變過來的。否之坤變坎，邑象改，井必得水，坎水成爲井，不改井也。

◎井

一・井爲田，即＜井田＞

（一）田爲井之義。疇類也，亦爲田疇，否自漸通，漸巽有井象，故以疇言。疇爲九，即＜九疇＞。九爲田，井田爲九塊，故九象田。

（二）坎巽有田之象。易經之中，提到田的卦有坤、師、解、巽。否卦都見坎巽，坎巽即井。

否九四，有命无咎，疇離祉。否自漸來，四爲巽，坎見巽即爲井，所以否卦也說疇。

（三）孟子滕王公章：「死徒无出鄉，鄉田同井，出入相友，守望相助」。

孟子滕王公章：「方里而井，井九百畝；其中爲公田，八家皆私百畝，」

二·井卦見鳥

井自泰通，初應四曰翩翩，翩翩，下飛也。曰舊井无禽，恆自泰通，四正即是翩翩之位，曰田无禽。可見井卦、泰卦，和恆都是見鳥。

三·乾和井通

乾二爲臨上，坤二兌即巽之反，曰在田。

乾九二，見龍在田，利見大人。井爲田，乾九二所見爲井象。乾和井相通可以從某些地方看出。比如乾和井皆曰時舍；乾二和初六都說時舍；乾二不當位，又不升到坤五，所以說時舍。井初不當位，應當升到二以既濟，二尙未升，所以也說時舍。

四·井爲通

(一)井爲通，通則不窮。

(二)井卦說往來井井，就是說相通。通則不窮。

(三)上下爻互動爲往來，即井井之意。

(四)井卦說往來井井。井自泰來，陽往居五，上坤成坎，陰來在下，下巽爲井，故往來井井。往來，上下爻動之象。

(五)養爲不窮。坤象井，也說不窮。井和坤都說養之義。

坤井卦皆曰養不窮。井錯噬嗑，初至四爲頤養，有震起艮止之象，故不窮。

(六)臨，君子以教思无窮，容保民无疆。臨澤上有地，井象，故无窮。

(七)井井列寒泉，上坎也。泉水多甘，以其爲通流之水也。

五·井爲恆

恆字爲井象，恆之互爲井象。井卦改邑不改井，爲恆之義也。井卦和恆卦相同之處很多，兩卦皆見鳥。鳥知時而有恆。

六·先天之巽，即後天之坤，上値井宿，故水風象井。

七·噬嗑爲市，井和市同。市井相近，噬嗑井相錯。所以說＜市井＞。

井卦之名取自噬嗑，＜市井＞相聯，往來井井。

八·井不食。井水風，反噬嗑，噬嗑，食也。火雷食象。

九·井爲營耕，耕者從井。

十·穴地以達泉爲井。

十一·古者八家一井，連中央爲九宮，井爲九。井道久而恆。

十二·井道不可不革，故受之以革。

十三·井卦是上敝下漏。

十四·水風爲井。井之構成爲水，桔槔，瓶，及泉口。坎爲水，巽爲桔槔，互體離兌，離外堅中虛，瓶也。兌爲暗澤，泉口也，言桔槔引瓶下入泉口，汲水，而出井之象也。

十五·未爲井

(一)井先天巽居未方，後天坤居未方，未上値井宿，井宿主井泉之事。

(二)井自泰通，泰上坤，値井宿。坤在後天未方。

十六‧改邑不改井

十七‧艮爲邑，變坎，坎爲井水。

　　　井自泰通，泰三互震，反艮，爲邑。變坎，有邑象改，井必得水，乃成爲井，坤
　　　變坎井，始有水，故改邑（反震象，泰之震改，上坤變成水，故改邑不改井）。
　　　古立邑必相泉，源不得則改邑以就之。

十八‧井法也，以淸潔而不變更爲義，井之體无喪无得也。因爲井不能異製，所以不改
　　　井。

十九‧井无喪

　　　泰初失一陽爲喪，而陰來順承陽，喪而无喪。井通泰，井亦无喪。

二十‧井无得

　　　井卦曰井无得。泰井通，泰變井，五得一陽爲得，而陽爲陰陷，得而无得。

二一‧以木入于水而又上水爲井。

二二‧井爲公私之分。同養公田，公事畢，然後敢治私事，所以別野人也。

二三‧井鑿地出水爲，井泉，取其淸也。井甃，甃，修理也。

◎井爲困

井爲困，困爲造井之象：

一‧井綜困。困爲木入於木四方之圍，即井象。

二‧窮則不困。井不困，井卦和困卦相反。

三‧澤反下爲井。困之兌柔，窮于上，必反下，而爲井。井困相反。

四‧文王綜困爲一卦，雜卦曰井通而困，相遇也。所以相遇即井和困上下相易之遇。

◎喪

一‧喪爲退，乾退而爲坤，坤爲喪

　　　乾文言：亢之爲言也，知進而不知退，知存而不知亡，知得而不知喪。退爲喪，乾
　　　上以進，不知退爲不知喪。

二‧坤藏爲喪

　　（一）坤在先天卦居艮震之中（巽、坎、艮、坤、震、離、兌、乾），坤爲藏，葬也，
　　　　　喪象。

　　（二）中孚互艮震，故中孚有藏象，亦有葬象。

　　（三）坤，利西南得朋，東北喪朋。喪朋即失坤。

　　（四）中孚爲喪期：坤爲喪，日月爲期，中孚无坤坎。

　　（五）繫辭下二：古之葬者，厚衣之以薪，葬之中野，不封不樹，喪期无數。後世聖
　　　　　人，易之以棺槨。

三‧艮爲喪，喪在東北

　　（一）坤得朋，東北喪朋。

　　（二）旅九三，旅焚其次，喪其童僕，貞厲。

　　　　　旅中互大過，大過，棺槨，死期將至。旅九三，喪其童僕，艮爲喪期，故喪其
　　　　　童僕。坤順而成艮止，艮爲喪，故旅上九喪牛于易。

(三)旅上九喪牛于易，凶。

　　旅上九喪牛于易，牛乃坤之順德，否下坤，旅取否爲通象，否變旅，坤失，所以說喪。

(四)小過象曰：山上有雷，小過。君子以行過乎恭，喪過乎哀，用過乎儉。小過下艮，艮爲喪。

四·陽失爲喪

(一)井，改邑不改井，无喪无得，往來井井。

(二)井无喪，泰初失一陽爲喪，而陰來順承陽，喪而无喪。

(三)震自明夷來，下離失一陽，二曰億喪。

(四)巽自訟來，上乾失一陽，上曰喪其資斧。

(五)震五曰億无喪。无喪者，即象之不喪匕鬯（音唱）。匕鬯：宗廟社稷之事。

五·震失爲喪

(一)睽初九，悔亡，喪馬勿逐。

　　大畜三爲良馬逐，畜之下卦變乾，成睽，山天變火澤，大畜之互震馬皆失，震失爲喪，故喪馬。震爲逐，震失爲喪馬。

(二)既濟六二，婦喪其弗，勿逐，七日得。

　　坤爲婦，既濟取泰爲通象，泰之坤（婦）變既濟之坎，坎爲盜，泰中有震（髮），泰變坤，震失，髮象不見，故喪。

(三)大壯喪羊于易。大壯上震，坤爲羊，大壯震在上，失位，又上乾非坤，坤爲羊，爲喪，所以喪羊。

六·坎爲盜，見盜物喪，＜喪失＞也。

　　震六二喪貝，易之以震中之互坎盜也。

◎汔

汔爲幾。井卦汔至，汔，幾乎也。

◎至

井卦汔至，至者，上至下也。井以陽爻爲水，井水幾可至初，而初爲巽繘，水幾至，亦未至繘。

◎繘

汲水用之繫也，綆也，巽爲繩索之象。

◎羸

一·係瓶之繫也。鉤羅拘攣。

二·羸和贏其角之義相同，是弱的意思。

◎瓶

兌暗澤爲泉口。坎爲水，巽木爲桔槔。離外堅而中虛，離腹虛爲瓶。

◎往來

往來之義詳本書无妄卦解。

一·易經說到往來之卦爲：

咸九四，貞吉，悔亡。憧憧往來。井，往來井井。震六五，震。往來厲。

二‧往來爲井

（一）易經卦上下交易爲往來

井卦曰往來井井。井自泰來，陽往居五，上坤成坎，陰來在下，下巽爲井，故往來井井。往來，上下爻動之象。

（二）坤爲井

易經說到巽即坤，最可以從井卦看出。井卦下爲巽，上爲坎。坎巽有田之象。易經之中，提到田的卦有坤師解巽。先天之巽，即後天之坤，上值井宿，故水風象井。又井爲田。古時以井爲田，易經之田即坤，所以見龍在田，田即坤，可見坤爲井。井下巽，巽即井，而坤即巽也。巽象曰：「重巽以申命」，說的即是坤。巽和坤在易經皆爲命，又俗言水爲養命之源，即是說井水。

三‧同位爲井井（易經同位常用重覆之辭表示，比如井井）

井卦往來井井，後天坤值井，井自泰變，變之坤爲井，六五來初，泰之乾變巽，先天巽亦爲井，故往來井井。

四‧井爲井水之井，亦爲井田之井。

◎邑

一‧四井爲邑。井爲邑，井卦有四井象。地風升，坤即巽，巽即坤，四井象。升以四井起數，四井爲邑。

二‧邑爲虛。升曰升虛邑。四井爲邑，四邑爲虛，故升三曰升虛邑。

◎无喪无得

井象无喪无得。陰來居初，有實，无喪。上失中，爲无得。

彖曰：巽乎水而上水，井。井養而不窮也。改邑不改井，乃以剛也；汔至亦未繘井，未有功也；羸其瓶，是以凶也。

◎養

一‧井爲養

（一）易經言養之卦有蒙、需、頤、井、鼎等卦。

（二）蒙之養是蒙以養正。

（三）物㡯不可不養，受之以需。需爲飲食之養也。一爲養身，一爲養性。

（四）頤爲觀頤，即觀其所養。自求可實，即自養。

二‧井養命

（一）井性鼎命，井鼎相對，一取水爲養，一取火爲養。井爲定性，鼎凝命。所謂＜

　　　　井性、鼎命＞。

　　（二）井爲木上有水，鼎爲木上有火。

　　（三）蒙、需、井皆坎水。鼎爲離火，頤象離爲火，所以養不外以水火爲用。

三・井象養而不窮：坤萬物皆致養，井自否來，否之坤變坎，故井養不窮。

　　木入水，出井之象也。

◎巽乎水

一・巽，入也。巽乎水之水，乃兌之谷。而上水之水，乃坎之泉。

二・革于象曰水火相息，井于象曰巽乎水。

◎不窮

一・井養不窮：坤井養不窮，井錯噬嗑，初至四爲頤養，有震起艮止之象，故不窮。

　　井以養人口，坎爲通，兌爲口，飲水之象。

二・震艮爲不窮

　　坤井養不窮。井錯噬嗑，初至四爲頤養，有震起艮止之象，故不窮。

　　渙二五不窮。渙二至五，震起艮止，乾元一周，不窮也。

三・窮：未濟男窮。否五來坤二，成未濟。正乾陽窮位，故未濟男窮也。

◎剛中

坎爲剛中之德，坎剛中爲水之德，即井之德（大傳，井德之地也）。

◎汔至

一・井象曰汔至。未繘井，未有功也。羸其瓶，是以凶也。

二・井象曰汔至。井自泰來，泰之上坤陰來初，下至汔竟。

◎羸

釣羅也。

◎繘

巽繩也。

◎未

一・井象未繘，繘者，所以出水。通井通也，乃在初，未得應五，故未繘也。

二・繘者，綆汲之具也。

◎羸其瓶

艮手，巽爲繩，離爲瓶。手繘折其中，故羸其瓶。體兌（互兌），毀折，瓶缺漏，故凶。
二爲井，瓶爲初，初欲應五，今爲二所拘，故凶（體離爲瓶，故瓶謂初）。

初二易位，故初應五，有引瓶汲水之功。今二不變，初爲二所拘羸，上不能應五，故羸
其瓶凶也。

象曰：木上有水，井。君子以勞民勸相。

◎木上有水之義

一‧木入水，出井之象也。

二‧井木上有水，水氣上行至杪，此木上有水之象。地下巽風，鼓氣以上行也。風行地下不好，上下皆風，上行下效，必宴。

凡物巽入於水，水即乘而上升，井象也，即物理學之毛細作用。

三‧坎卦取之升來，非巽風无以升于五之天位，辰巳月水溢，戌亥月水消，正木上有水之驗。

四‧井初爻爲泥，有木底以隔泥，使清泉上出木上，故木上有水。

◎勞民

一‧坎爲勞，坤爲民。

二‧井象曰勞民勸相。勞坎也，坤爲民。泰、坤變坎成爲井，故勞民。

三‧井水爲財，木在六壬卦爲傷。又木爲材，即財，俗謂＜勞民傷財＞，即勞民則傷財也。

◎勸相

兌爲民勸，巽爲輔相，巽中互兌，故勸相。使人民自己以互助養自己的財源，使民相養也。

初六，井泥不食，舊井无禽。

象曰，井泥不食，下也。舊井无禽，時舍也。

井卦初六陰爻在陽位，是陰濁在下爲泥。井中之泥不易浚渫，則井水不可食用，成了廢井。井初變乾，金剋巽木爲財，巽卦口向下，所以井底之水不可食。取鳥爲食象，鳥爲火，巽木无火，而上坎之水无財可剋。

◎泥

井下體爲坤，坤爲泥。

◎不食

一‧井錯噬嗑爲不食

井卦言食與不食。井卦錯噬嗑，噬嗑爲食，故曰食與不食。

井初六井泥不食，井自泰來，泰上坤之陰來居初，故井初爲坤土之爻，土入井底，爲泥，井之食者水，泥，故不食。噬嗑，食也，井錯噬嗑。

二‧來知德以巽口在下爲不食。又巽爲臭，不可食。

◎舊井

井初六舊井，井自泰來，泰之坤爲舊井。

◎禽

一‧鳥飛則无禽

　　(一)井初六无禽，井初六應四，井自泰來，泰四曰翩翩（泰自歸妹來，九四坎鳥下
　　　　飛），井初應翩翩之爻，故舊井无禽。

　　(二)恆四位翩翩之爻，故田无禽。

二‧禽，古時爲擒字，不得水而无所獲也。

三‧坎爲小過象，易經說到禽常說的是坎，比如師六五（井，德之地也）。

◎舍

一‧井卦中有泰卦之象，因爲井卦是自泰來，泰互震，即是艮（先天震爲後天艮），艮
　　爲時，艮也是舍。

二‧易經之中言時舍有二處：乾二和井四。乾二不當位，又不升到坤五，所以說時舍。
　　井初不當位，應當升到二以既濟，二尙未升，所以也說時舍。

> 九二，井谷射鮒，甕敝漏。
> 象曰：井谷射鮒，无與也。

　　朱駿聲著《六十四卦經解》，注井九二之井谷爲井渠，即古時做井深可四十多丈，井
下相通行水，水類以絕，即井渠。在井谷中魚得水深廣而後可活，但小魚可以沾濡就夠，
這種魚可以少許水而行數十里。但這是當井久不修，井敗器頹時則不行。井卦九二以此比
喻人之德性亦會到了變成和井水一樣，只能供小魚所用的地步。井九二變艮爲蹇，艮爲土，
木剋土失財。山下有井爲谷，谷中之水急，則无利養魚。无與即无所得。

◎井谷

一‧巽爲井谷

　　井九二井谷，井谷是井中出泉之穴。水半見口，爲谷象。九二爲巽之半，有水見谷
　　口之象。

二‧谿爲谷。谷流水，井谷就是井渠。深四十餘丈，井下相行。

◎鮒

　　井九二射鮒。鮒性好泥，好象是九二之爻依在一爻（爻一是坤爻，也就是泥）。而射字
取象自坎弓，弓射器，加上離矢。井卦的中四爻互睽，睽卦是＜弧矢之利＞。

◎敝

一‧瓶破爲敝

　　甕敝漏：甕字是象所說的瓶，兌爲毀折，

二‧兌爲敝，即破口

　　(一)歸妹卦之下兌，所以歸妹象曰「君子以永終知敝」。

　　(二)而井二互兌，又互巽，巽是反互兌，所以井卦是上敝下漏。

◎射

一‧射即去邪時用之法，即厭勝法。

二‧坎爲弓，離爲矢，水火不相射。射也是厭。

> 九三，井渫不食，爲我心惻。可用汲，王明並受其福。
> 象曰，井渫不食，行惻也。求王明，受福也。

　　井卦九三是巽卦，巽爲清潔，所以九三井渫，即洗清井底之泥。這有如一個人經常修身養性。但是井卦初六是沉泥之地，九三洗之，水不能食用，連路人看了都覺可惜。如果能用繩索提水，則可被用。這是比喻一個仁人君子經常修身自省，可是因爲身旁之人不潔而不見用於世。本來九三和上六是相應的，所以可以往上得到提拔，但上六无能力，而初六之小人又拖累了他，他只好不理會該有的升遷，而直接向九五大君要求提拔。九三本爲有福之人，而得五爻果斷之君主拉拔，有如將好的井水提到井口來用，不但自己受福，而且又造福人群。

　　井卦九三變坎，爲重坎，二水比和是格局旺者。中爻成離火，原卦上巽可以生之，所以得貴人之助。本卦主旨在拿井水比高潔之人，而不得重用。但井水之性是可以上引，只有得到巽木之助。九三爲巽之上，可說是自己找出路，是自助而得人助。

◎井渫不食

　　渫是去污而清潔之。潔是巽象（潔齊乎巽），井卦下巽，故潔。三之水未至兌口，故不食。

◎我

　　井卦說「爲我心惻」，易言「我」有下列幾處：

一‧益九五，有孚惠心。勿問，元吉。有孚，惠我德。

二‧蒙彖曰，匪我求童蒙，童蒙求我。

三‧需九三象曰：需于泥，災在外也。自我致寇，敬愼不敗也。

四‧小畜繫辭，亨。密雲不雨，自我西郊。

五‧頤初九，舍爾靈龜，觀我朵頤，凶。

六‧解六三象曰：負且乘，亦醜也。自我致戎，又誰咎也。

七‧鼎九二，鼎有實，我仇有疾，不我能即，吉。

八‧旅九四，旅于處，得其資斧，我心不快。

九‧中孚九二，鳴鶴在陰，其子和之。我有好爵，吾與爾靡之。

十‧小過六五，密雲不雨，自我西郊。

十一‧易言我皆坤艮之象。坤爲身，艮爲躬，身爲我身，躬爲我。我爲卦本身，井卦，爲我心惻。

◎王明

離爲王，爲明。井王道明則天下福。

王得其民，而民得其王，爲王明受福。

六四，井甃，无咎。

象曰：井甃无咎，修井也。

　　井之三爲渫，四爲甃，一治內，一治外。三爲淸潔，四爲禦污。井卦初爲泥，二射鮒，三爲渫，四爲以瓦修井，井則日新，以蓄九五之寒泉。井卦變兌爲大過。原卦是木水相生，上生於下，而六四與初非正應，變兌爲金，爲澤，爲水。中爻成乾，乾兌爲同宮大貴之局。原卦中爻離火，兌爲金，爲富相。井卦六四陰爻得位，變卦中爻爲乾，乾爲泉，卦无坤，坤爲井，所以六四修井以畜泉。

◎井甃

　火燒土爲瓦，兌爲秋，故爲甃。甃以磚疊，舊井故必修治。得正，故无咎。四互兌，兌爲毀折，故甃以修。井三爲巽，故渫以冽。

◎甃

以磚疊井爲甃。

九五，井冽，寒泉食。

象曰：寒泉之食，中正也。

　　井卦九五變坤，坤爲井，九五陽居陽，是淸冽之象。上卦坎居北方，一陽生于水中，得水之正體，所以甘潔而寒美。寒泉爲最淨之水，可以養身。井卦中爻離火，火可以生土，變坤爲升。井道上行爲升，升是引坎水而上以供食。泉自地下出稱爲井，變升，水源源不絕。而變坤爲土，土見水爲財，爲大富之象。又冽爲甘泉，兌爲口，五在兌上爲食象。又坤爲甘，養也，養爲食。井卦說養之理，一爲養生，井九五寒泉爲活水，源源不絕；二爲養民，井之四修井爲敝漏補救，以利民生。九五之冽泉爲養民之資。

◎冽

　一·水清。

　二·巽爲潔齊，故渫以冽。井。

◎寒

乾爲寒。五自乾來，爲乾天，有源之水，故爲寒泉。至五，水出泉口，故食。

◎寒泉

泉自下出稱，井周七月，夏之五月，陰氣在下，二已變坎。十一月爲寒泉，初二變體噬嗑，爲食。井消息卦爲五月卦，井泉冬溫夏寒。

上六，井收，勿幕。有孚，元吉。
象曰：元吉在上，大成也。

井口不加蓋，是取信於人，又因井的目的爲養，而取之不盡也。因爲經過九二補漏，九三淸溁，六四之修井，到了九五井水品質淸洌甚至可以長久供養眾生，所以上六爲大成之境界。井卦以養爲目的，養爲頤，即中孚象，所以井初爻和二爻易卦成既濟。既濟互重坎，所以有孚。易經以有孚爲先天卦右旋一周，所以是大成之象。

◎勿幕

以布遮蓋爲幕。井上爲坎，坎爲輪，以收汲水之巽繩，故曰收。坤布爲幕，坤成坎通，故勿幕。

◎井有孚

井初爻和二爻易，卦成既濟，既濟互重坎，故有孚。

◎元吉

一・易經先天卦右旋，陽生坎中，至巽二陽，至乾三陽（坎、巽、乾——兌、離、震、坤、艮）。坎遇巽、乾皆曰元吉。

二・井、渙、訟都說元吉。井坎巽，渙爲巽坎，訟乾坎（上下皆宜），都見坎卦之象。

◎大成

井卦只要把初爻和二爻互易，卦即成爲既濟，既濟定，大成也。

易與「星宿」：井噬嗑錯

　　　　　　　井爲甘泉

　　　　　　　噬嗑爲市巷

　　　　　　　明夷之箕

　　　　　　　豐之斗

　　　　　　　大畜之牛

以上皆上值天宿。

◎井收

一・是井上的轆轤，是把水取出的工具。

二・井卦只要變初二即成既濟，所以上六有完成之意思，所以說收。

䷰ 革

革，己日乃孚，元吉，利貞，悔亡。

革者變革。澤在上，火在下，火燃則水乾，水決則火滅，二者為相息之勢。水中有火，水若盛則息火，火或盛則息水，水火相革也。又後天卦離兌之間為未，坤也，所以坤土在革中有特別作用。因為兌為金，離為火，火燒金，金斷，則要以土來接。土即是兩個東西互相變更對方時調和的東西。這東西即是彼此之互信。五行土為信，而金火相革，取土來做調和。缺乏土，則二者不能變更對方，而變更的結果是使對方破壞。

革卦是澤為水，水中有火，如水盛，則息火，火或盛，則息水。革卦是下卦離火來革上卦之兌金。所以二、三爻說革，即革上卦。到四、五即改革和變革。離為火，為理。革上兌，兌是和悅。離為明理，明則識事理而所革不苟。悅則順時勢而所革不驟，這是革要成所得注意的。

革是以火之明理來改變兌之和悅，有如火煉黃金，越燒金越新而亮，所以革是去舊變新之意。易經以事物陽極則陰生來革陽，陰極則陽生而革乎陰，即水火以滅息為革。不過離火剋兌金，如離從錯卦來看是坎。坎為水，反而是金來生。而兌錯艮，艮為土，離火生土。以革卦卦象來看，二至六為坎象，坎為陷。坎剋離，三至五成乾，乾為金，離剋之也。如以中爻看，二至四成巽，兌金剋之，可見革中是不停在相生相剋，即不斷在改變。

獸皮治去其毛為革。古時取禽獸之毛皮能代換，俗稱為＜改革＞。命學以金＜從革＞，革即兌金之革，革有兌象之象：革彖順乎天而應乎人，兌彖之象。革自兌來，故其辭同。

◎革

一・從三十，三十為一世而道更。

二・從臼，改也。

三・火上革金，故曰革。四十之序，木火金水皆相生，只有夏秋之交火剋金，故月令取中央土聯其間。

四・四時之革（見天地革而四時成之注）。

五・命之革（見革命之注）。

六・獸革毛。

七・鼎為革

　　革為澤火，反為火風鼎，鼎、革同一卦也。

八・革為黃牛

　　　革初九黃牛，離爲牛，二爲黃。

九・牛爲順，牛耳爲革

　　鼎九三，鼎耳革，其行塞。耳以順爲聽，順則不塞。鼎九三鼎耳，五有聰明之象，
　　三爲陰陽交暢，順之象。

十・金曰從革，卦以離火革乾之金，故卦名曰革。乾中有革：

　　(一)乾爲金。乾後天爲離火，乾中有革。

　　(二)乾文言，或躍在淵，乾道乃革。

　　　　　乾之二、四二爻人爻也。四爻變巽互兌互離，革象也，言乾變革之時也。

◎己日乃孚

一・己和巳通用。

二・己日爲終日

　　革自兌卦通，互離于三，終日象。變革離日居兌下，亦終日象。巳日者，終日也。

三・己日爲孚

　　月令土在金火之間。天干之中，戊己接在丙、丁、火和庚、辛、金之中，所以土爲
　　孚契之意。

　　孚契爲信，己日乃孚是說信我後革，當人心信我時，即兩信有孚合之處。如果人對
　　人沒有信心，而想改變對方，就會生怨，怨而悔。如兩人之心有相合，對某些事看
　　法相同，互相糾正可以接受。

四・己日乃孚

　　(一)己在先後天均无定位，因時而動，合於時爲孚，所以己日乃孚。

　　(二)離兌有定位，戊己无定位。

　　(三)納甲離納己，己爲土，位乎中，故孚。孚爲信，土取信也。

　　(四)革四失正，貞四爲坎（坎在上卦爲既濟卦），坎有孚，故己日乃孚。巳之數四
　　　　也。

　　(五)巳日乃孚，即巳日乃革。己同巳，巳爲四，十二地支之第四位。巳日乃孚即言
　　　　四當改革。

◎己日

己即巳。

一・己日爲天干之第六干：甲、乙、丙、丁、戊、己。

二・己象人腹，離也是大腹。

三・天以六爲節。自甲至己其數六，到七日庚，即更新之意。

四・己爲過中，因爲戊己在天干居中，而己已經過了中，所以己受之以庚，庚爲新(辛)
　　也。

五・庚爲更，變更爲改。改爲革，所以己日乃革。

六・四月陽氣已出，出陰氣已藏。萬物見，成文章，所以以巳(蛇)形爲比。

七・乾爲孚，所以乾之三皆稱爲孚。坎之爲孚，因爲坎中體爲乾。

八・己爲改，改從己。

儀禮少牢禮：日用丁己（音幾），鄭注：「必用丁己者，取其自變改也。」鄭以己為古改字。己日即改也，改日猶革日也。

九・己音紀，十天干之名。己者信，五行之德仁義禮智信，惟信屬土。離火燒兑金，金斷，只有土可以接續。

◎利貞

革利貞，革四失正，貞為既濟，故言利貞。

◎悔亡

革貞四為既濟，貞四乃孚，革而當，其悔（坎心為勿悔象）乃亡。

> 象曰：革，水火相息，二女同居，其志不相得，曰革。己日乃孚，革而信之；文明以説，大亨以正，革而當，其悔乃亡。

◎息

一・息卦之義詳本書隨卦。

二・生為息，革水火相息，息為消息之息，澤火則相革，水火相息，水火互根，故相息。息，生也。

三・息為熄，即滅也。離為中女，兑為少女。離火志在上，兑水志下，故兩于相得。

四・息則革

澤為水，革卦之卦象取水火相息，息必滅也，勢所必革。

◎同居

一・同人為同居。易經之卦中互同人為同居。卦中互同人，或有同人之象，皆有同居之之意。中孚互艮震，艮即乾位，震即離位，為天火同人之象，故曰＜同居＞。

革卦初至五互同人，所以革卦說二女同居。

二・艮為居，卦有艮之象，為同居。

革二女同居，革錯蒙，蒙之艮為居，故二女同居。

三・同：革二女同居，同為同人，初至五為同人。故革曰同。

◎志

一・坎為志，革志不相得。革四變坎（貞為既濟），三亦互坎，坎為志，故二女有志。

二・志為卦爻上行與下行以求相濟

革志不相得：離火志上欲以火涸澤，兑為澤，澤為水，水火相近則水熄火。兑志下欲以澤熄火，故其志不相得。

◎孚

一・既濟為孚，不相革則孚

未濟卦不相革，未濟中爻為既濟。未濟六五，貞吉，无悔。君子之光，有孚。

革三有孚，三互坎，革四貞成坎爲相濟，有孚。

二‧爻變坎爲孚

革卦說己日乃孚，革而信之。離至三，離日乃巳。過三至四，革兌成坎，乃孚。

三‧革卦不孚，要革後才孚，孚方得信，所以革卦說革而信之。革彖己日乃孚，孚者，信也，故革而信之。

◎文明

革彖說文明以說。革卦上爲離，下爲兌。離爲文明，說者兌也。

◎大亨

革彖大亨，元亨也。

◎其悔乃亡

革彖其悔乃亡，革九四失正，有悔。革九爲六，革而當，其悔乃亡。

天地革而四時成。湯武革命，順乎天而應乎人。革之時大矣哉。

◎天地革

一‧天地爲鼎，天地革即鼎革，革鼎相對。鼎離即乾天，巽即坤地（天地象，鼎火風，火爲乾，風爲坤）。鼎覆爲革，故天地革。

二‧蒙象也。革蒙相錯，蒙艮即乾天，坎即坤地，蒙變爲革，故天地革。

◎四時成

一‧四時存于革蒙之中也。

二‧四時者，震春、坎冬、離夏、兌秋。革蒙互爲四時。革蒙相錯，蒙二互震坎，震春、坎冬。革爲火澤，離夏、兌秋。四時存于革蒙之中也。蒙艮坎，艮爲成，艮亦時也。

◎革命

一‧湯武爲改革之聖人，革中有乾，乾爲聖人。

二‧易經說受命，王者之與受命於天，所以說革命。

◎順乎天，應乎人

一‧革「順乎天，應乎人」，二應五順天，上應三應人。革二互巽命，貞四則改巽命。

二‧順天

萃用大牲，吉，利有攸往，順天命也。

大有象曰：火在天上，大有。君子以遏惡揚善，順天休命。

三‧順天命

(一)臨不順命

臨萃互巽命也，臨曰未順命，萃曰順天命。

(二)坤在上不爲順

坤在下則順，坤在上，則未順也。

◎應人

一・上爻下來應三爲「應人」。革卦上爲陽，三爲陰，相應，又離兌也相應。

二・兌曰順天應人，革亦曰順乎天應乎人。革自兌通，而兌亦互革，故其辭同。

象曰：澤中有火，革。君子以治曆明時。

◎明時

革彖明時，革錯蒙，蒙自震起艮止，十二辰一周。四蒙和革之四爻九六相易（即蒙之六四和革之九四相易），革成既濟，蒙成未濟。艮爲時，艮爲離明，故明時。

◎治曆

一・革治曆，曆，日月星辰也。

二・改革之時，必改正朔。這是重新調正行事步驟的必要。

三・治曆爲明晝夜之革也。晦朔爲一月之革。

初九，鞏用黃牛之革。

象曰：鞏用黃牛，不可以有爲也。

革是以皮來綁東西或固定東西，革的方法是二物互相抵銷而又互相固定，比如把志不同之二人置于一處。革初九變爻，革是由遯來，革上之兌變乾，兌之陰爻來下，下變艮，而火象不見即成遯，遯則固。原卦初九當革之時，以陽剛之才可以來變革上卦，但初爻位卑，是无權可革。上又无應，加上火性炎上，不能固守，所以小象說鞏用黃牛不可以有爲。

凡要行改革，光以理尚不夠，因火性炎上，是光說不做的。而且變革之代價太大，不能輕舉妄動。初爻變艮爲咸，咸卦是兩物相宜才可以相革，而其行動要快。變咸中互坤，坤爲黃牛，卦辭一說用黃牛之革，而革象卻說用黃牛之革不可爲，因爲原是變離卦爲火牛來剋，火剋金傷。變坤爲土牛，土牛不傷。一是可用，另一個不可用。卦變艮，離火生艮土，艮土生兌金，則變剋爲生。

革卦所以說改革之道，要革除一物，用傷害方式來改變，是无效用的。要先取得改和被改者互相之相感，可以接受，則被改的東西才可以繼續有用。而改後，要求安固其新的面貌，有如黃牛皮綁的如此緊，否則革後又變革，則天下大亂。

◎牛

革初九黃牛，離爲牛，二爲黃。

◎鞏

一・鞏爲固，爻不變爲固。

二・革初九鞏，鞏，固也。革初九得位，應四，革通兌，二、三兩爻動，成兌，四、初不動，四未變，初當固守也，不可輕言改革。

◎黃牛之革

一・遯六二，執之用黃牛之革。遯二之牛，即革初之牛也。

二・四陽二陰爲牛。

三・易經之革爲四陽二陰，易經之四陽二陰有牛象。而四陽二陰之卦皆自遯、大壯來。遯和大壯都是牛象之卦，而遯自革來革上之陰來初，上成乾，下成艮，即天山遯。遯下爲艮，艮止，則不革了。

◎皮革

一・革爲皮，革初九黃牛之革，以鳥獸毛革（更易也）之時，亦爲四時更易也。

二・革爲治皮。說文：「革，獸皮治去其毛。」革五、上虎豹之變，初黃牛之革，皆皮革之改革也。

◎有爲

一・就是有行。

二・繫辭上十，是故君子將有爲也，將有行也，問焉而以言，其受命也如響，无有遠近幽深，遂知來物非天下之至精，其孰能與於此。

> 六二，已日乃革之，征吉。无咎。
> 象曰：巳日革之，行有嘉也。

　　古時治器必有依五行之日而爲，即金之日作金，土之日作土。革卦爲火剋金，所以要選用火日。但純火爲午，太烈，革之事，必定傷物，不可以太烈。己日爲金火土皆含之，所以己日乃革之日也。又巳通己，己爲陰土，此爻變爲夬，情悅性健，所以易于革，不傷也。己爲軟土，卑溼而潤，又主信，都是改革、變革者應要有的性情。六二是得位之爻，又和九五相對應，君臣同心大有可爲，待己巳之日來到，革之必成。

　　革卦之形成乃因二女同居，性別同而志不同，始終都要嫁人。嫁人也要擇吉，挑好日子出嫁，何況是經國大事。離在下卦又是中爻正位，立場正，則出征必吉。變卦爲乾，乾爲嘉，而乾兌同宮，是征而得利。

◎巳

一・巳爲火位：子丑寅卯辰巳之巳，火之位也。

二・革卦說巳曰乃革：革卦二應五，二爲離火，五爲兌金。金以火革。說的是巳火剋金。

三‧五行地支巳中爲金和火，是自「己」相剋，所以和革字同意。

四‧巳通己。即五行戊己之己。己爲土，土主信。

◎征吉

革六二征吉，革五爲兌金，金以火革，故征（上行）吉。

◎嘉

一‧嘉字之義詳本書隨卦。

二‧禮者，嘉之會也。離爲嘉，以離火革乾之金，故行有嘉。行者，征也。

三‧乾爲嘉，四動承五，故行有嘉也。革卦三五互乾。

四‧革六二離明之主，而得位，故嘉。易經二五應，多稱嘉。

九三，征凶，貞厲。革言三就，有孚。

象曰：革言三就，又何之矣！

在變革之中，最怕太嚴厲求變，這是危險的行爲。革九三以陽爻居在剛位，原應虛人爲吉。剛又居離之剛位，是在刀口也。易經之三多凶，而在多凶之地，在改革之路躁動而不能詳審，必有凶事。不過卦爲離，離卦面臨兌，雖要剋之，離火和兌乃有其相得益彰之處。革卦九三是很急烈。如果是以口舌來爭論，相互探討利弊，其至能三次審度興革之必要，一而再，再而三去找人，終會得到眾信，而革可以成。

革卦變震爲木，木生火，是生出。上卦兌金剋木，變爲隨卦，乾變巽，和金相抗，可見變中也是是非。隨爲隨人、隨事、而隨和。九三居在凶位，能知隨之道，變革之事可以事半功倍。

◎三就

一‧即三匝，固結也，即鞏。

二‧乾三爻在需曰三人，在革曰三就。

三‧以三爻就二爻爲三就

四‧三爲三爻，三皆爻數也。革九三言三就，解卦說三狐（自小過之三來），巽卦說三品（自訟之三來）。

五‧離居三爲三，先天八卦離爲三，以下都是離火卦爲三之例：

   （一）離居三爻爲三。同人曰三歲不興，未濟曰三年有賞于大國，既濟曰三年克之，

       明夷曰三日不食。

   （二）卦錯離也言三。

       坎卦三歲不得，困卦三歲不覿，解卦田獲三品。

   （三）中爻合離。漸曰婦三歲不孕，巽曰田獲三品，

   （四）上六變而爲離。豐之三歲不覿。

◎言

兌為言，火主言，兌為口舌，皆為言。

革九三言三就二，兌為言，兌變革，以三就二，故革言三就。

◎征凶

革九三征凶。三以離火應上兌澤，故征凶。

◎貞厲

一・易經中許多卦說貞厲。通常都在九三爻。因為九三為中，剛居中為過，怕過中，所以要警惕，貞厲也有警惕之意。

　　(一)小畜三爻為陽剛居中，卦意為夫妻反目，象曰不能正室。以失家人男之地位。所以說婦貞厲，君子征凶。

　　(二)旅九三貞厲，以九三過剛不中。

　　(三)大壯九三貞厲，九居三過剛，故貞厲。

二・如果九三或九四和上下相剋，也不利進退，就說貞厲

　　(一)革九三至五互坎，革九三曰征凶，貞厲，革言三就，有孚。革九三離火和上相剋。

　　(二)晉九四貞厲，晉者，進也。貞四于初，位非不正，而失晉進之義，故貞厲。

三・易卦的中爻變得正，但還說是貞厲。因為變了卦和其卦德相反者。

　　比如噬嗑六五之柔中，貞六為九，失其柔中之德，雖貞亦厲。原本是得其正為善，但是噬嗑之卦是以柔中為卦之德，所以雖然貞（改）正了，還是過頭（厲）了。

四・貞厲有危險的意思

　　(一)比如噬嗑六五貞厲，是過而危也。

　　(二)震六二厲，危也。震二以柔乘初之剛，故厲。小過九四，小過往必危厲。

◎又何之矣

革九三象曰：革言三就，又何之矣。之往也，革三往上凶（征凶）。

　　九四，悔亡，有孚改命，吉。
　　象曰：改命之吉，信志也。

　　易經說改命可以解釋為改變現況，改變一個人的命運，或改變群體的命運。革本是以改為主，因為出現了二物（個體和主體，和某二個相關之物體）必須進入對方改變他方之性質。對一個個體或團體，即稱為改命。革卦九四由下卦進入上卦，如同夏天入秋，節氣時令變了，所以得改命以適應。改命的目的是使卦成為既濟。九四因為正好變了爻，即可以成既濟，這是條件成熟，非改不可。可見要改命，是要看時機，時機到了，只要稍加一變即改，這才是改命之道。所以改命也是順命，因為改命不能違逆天時。改命的目的也是

爲了去掉不利的因素，就是貞吉悔亡。革卦因爲離在下卦，兌在上卦，是幾乎完全在无悔的境地，既濟即无悔也。改命不是勉強去改變。

◎悔亡

一・就是无悔

(一)未濟卦五爻无悔，是貞吉而无悔。易經只有未濟卦說貞吉无悔，其他大壯四、巽五、咸四、未濟四，都是說貞吉悔亡。悔亡，其實也就是无悔。

(二)艮六五悔亡，无悔也。艮五上失正，然六五得中承陽，失位之悔可以去除了。晉五也說悔亡。以離艮在上者，五上兩爻得陰順承陽之道，故悔亡。

(三)大壯九四貞吉悔亡，九四失正，有悔，貞吉後悔亡，即不必再有悔也。貞九四爲陰，成坤，爲地天泰，故貞吉。

(四)革九四悔亡，九居四，失正。當悔九變六，革而當，其悔乃亡。

◎改命

一・易經說命，其實可說是四季的時令，令即命。

二・革下卦爲離，離是夏令，到下上卦兌是秋令，所以到四爻命即改了。可見命是先定了時間之基準，即時令，後有命。

◎吉

革九四改命吉，四貞爲坎，成既濟，坎有孚，革二至四互巽，巽爲命。四貞爲坎，巽命變爲坎孚，巽命改矣，故有孚。改命成，既濟定，故吉。

> 九五，大人虎變，未占有孚。
> 象曰：大人虎變，其文炳也。

易經以九五爲大人位。上卦兌爲虎，兌在西，即白虎。革卦九四說有孚，而九五也說有孚，但是九五是不必占即知有虎，虎即變也。因爲時局到了大人之位，大人作事是剛中而尊，不能任意變化，而要應天時之變也。易經有孚是說水火相交，爻到了九五爲坎，應下卦之離，是以大人登九五之位，有如虎之變，即易服色徵號，變犧牲、制禮樂，換其文章。

◎大人

一・革錯蒙，中有乾坤（天地合其德之象），四貞爲坎（卦成既濟），下爲離（日月合其明也），四時合序（革之兌離爲秋夏）。蒙二互震坎，中有春冬在焉（四時合其序也），鬼神合其吉凶，大人之象也，故革九五爲大人。

二・本爻變豐，豐者大也。又原卦離火剋兌金，變震爲木，兌反來剋木，而生下卦之火，是反生。又原卦二至上爲互大過，大過原是之以薪葬之中野，不封不樹，葬期无數後世聖人易之棺槨，蓋取諸大過，這是最古之革新，而後文明生也。小人之變爲改

變命運，而大人之虎變創造文明也。

◎虎

一‧革卦離，離爲目，虎之威在視。

二‧陽爻稱虎，陰爻稱豹，豹爲小虎。

三‧革九五大人虎變。五爲大人，兌爲白虎，兌變坎（以貞爲既濟卦），坎五之大人，爲兌虎所變，故大人虎變。

四‧兌在西，西爲秋天，即鳥獸開始變毛時。變同辨，分其大小和斑紋。揚子法言吾子篇：「聖人虎別，其文炳。君子豹別，其文蔚。」別即辨別，君子與小人之別。

五‧通常以謙遜仁慈者爲龍，龍爲木，而殺伐以見威者爲虎。

六‧兌錯艮，艮爲寅，即虎也。

◎未占

革九五曰未占。革錯蒙，有蒙象。蒙曰筮，革曰占，革无蒙之著象，故「未占」，而知其有孚也。

上六，君子豹變，小人革面。征凶，居貞吉。

象曰：君子豹變，其文蔚也。小人革面，順以從君也。

革卦說變革的過程。上六爲終，是革命成功氣象一新。在從事改革時，氣派大一點的人都是從根本制度來改，即使是普通人也得改變衣冠來接受新的環境。不過小人就不是如此了。小人是不易在大變易能內外都變，所以只是外表形式的依附，有如穿著豹皮一般戴著面具，只是形式變換。君子和小人之變在這兒以虎變和豹變相比。

革變之後，上六跟著大勢而成氣候，這時不免有心再求更大進展。但是革卦再上，變了上六之爻，即爲乾。剛革了命，又要再進，而上六又不是發號令者，自然有凶。上六君子之爻，可以順應變革後之局，而開始從教育、文化、或格式，在革新了的社會發表，而小人物是只跟著流行變化也不錯。

君子豹變是變其舊日之衣冠。變即是革，＜變革＞是也。乾六爻之變均在革卦上下卦之中，即可知凡卦之變无一非革也。

◎君子豹變

革上六君子豹變。革自兌變，兌九五爲虎，九二爲豹（豹小于虎，陽大陰小之意）。離九三爲君子，而三之君子乃九二所變，故君子豹變。

◎虎與豹變

一‧兌爲白虎，兌九五爲虎，九二爲豹，豹爲虎之小者。

二‧革卦虎卦與豹變皆由兌來，即革自兌所變。

◎虎與豹

一・豹爲文密而理，故曰蔚。虎文疏而曰文炳。

二・豹小虎大。大爲大人，小爲君子。

三・虎豹其實爲同類，可以比擬。

◎革面

我國從唐朝以來即盛行鍾馗驅儺之戲，傳到北宋假面長髯裹綠袍的鍾馗成爲當時「啞雜劇」之特色。演員用面具可能和更早時蘭陵王之代面有關，筆者相信戲劇之代面是爲了驅邪。根據「唐代敦煌寫本」（斯二零五五）的記載，民間的鍾馗形象是從方相氏演變而來的。對比之一是方相氏是「蒙熊皮」，鍾馗是著「豹皮」。鍾馗在中國民間戲劇的重要性是戲劇學者所知的，但是很少有人談到這個傳統和易經革卦的淵源。

革卦錯蒙，蒙面即古時的代面。在民間戲劇原始傳統說蘭陵王出征時戴面具在面上，來表現威武，這可能有更深的宗教含意。蒙爲蒙面，革爲皮革。可能是最早和儺戲之演員用面具。《周禮・夏官》說：「方相氏，掌蒙熊皮，黃金四目，玄衣。朱裳，執戈揚盾，帥百而時儺，以索室毆疫。」可見驅鬼的傳統中蒙和革二個相錯的卦發揮很大的作用，否則爲何鍾馗是著「豹皮」。革卦不是說「君子豹變，小人革面」嗎？君子就是驅鬼的人，但是載了鬼臉的面具去妝扮爲鬼。

本書因爲主要談易經原理，易經顯現在文化生活上種種影響有待以後以專書道出。因爲限于篇幅在此只能簡要粗略說明，點到爲止。

◎面

首爲面。

◎小人革面

革上六小人豹變，九四不正，爲小人，三至五爲乾首，四在乾首中象面。

◎小人

一・小人一辭之義詳本書觀卦。

二・革四爻陰在五之君子下，所以稱小人。

革上六小人革面，五爲君位，四之小人革面（四爻在乾首中象面）。

◎征凶

一・征凶一辭之義詳本書大壯卦。

二・在易經中有下列之情形則征凶：

　　(一)卦辭有震的意思。

　　(二)有歸妹的意思。

　　(三)易爻上下互剋，剋則爲凶，所以征凶。

　　(四)行失類征凶 。

　　(五)位不當征凶。

三・革卦上六曰征凶，因爲革卦上爲澤，動則滅火，故征凶。這是易爻上下相剋之凶。

◎蔚

一・革上六象曰文蔚，上六應九三，九三離互巽，離爲火，巽爲草，草多貌，故其文蔚。

二・豹爲文密而理，故曰蔚。

◎順從

順以從君：革上六順以從君，五爲君，上卦之五變，九五之陽變陰，陰道＜順從＞，故
順以從君。

鼎

鼎，元吉，亨。

鼎爲烹飪之器。卦巽下離上，下陰爲足，二、三、四陽爲腹，五陰爲耳，上陽爲鉉。鼎象具，所以鼎也和亨象同意。鼎以木入火之下而烹飪，烹爲享，即以重禮來祭神。革綜鼎，所以雜卦說革去故，鼎取新。革去舊制，而鼎爲建新制。革之下卦爲離，離進而成鼎之上卦，而上行居五之中，應乎二之剛。

鼎代表一個人之尊重。鼎內巽外聰，即內柔順，而外聰明，革變之後向上升而得位。鼎之德爲居正位，端莊安正，齋明盛服，非禮不動，又堅如磐石，所以自古以鼎象乾代之建立。離爲火，巽爲木，木火相生，巽坎少陽，離震少陰，陰陽正配爲富貴之象。中爻二至三互兌，四至二互乾，乾兌同宮，所以元吉。

◎鼎

一・鼎爲三足兩耳和五味之寶器，巽下離上，爲折木以炊之象。

初爲足，二、三、四爲腹，五中虛爲耳，上爲鉉，足以承，腹以實、以行，鉉以舉。

其形爲鼎，主調理食爲養。大臣輔其主，亦以調和上下，理陰陽爲職。

二・鼎屯相錯，以三爻九六交易，屯成既濟，故元亨利貞，鼎成未濟，不曰利貞，曰元吉。易元亨優于元吉。

三・鼎卦之名，由內外兩象取義，即火風。鼎之火風反爲水雷，即屯卦。

四・鼎卦爲亨通

（一）先天卦爲右旋，乃離日行天之象，乾元之氣，因日行而亨通。大有彖曰應乎天而時行，是以元亨。離日應天也，大有由乾而兌而離，故元亨。鼎由巽而乾、而兌、而離，故元吉，亨（多一位巽）。

（二）鼎卦爲離巽，後天離爲先天乾，後天之巽爲先天之坤，即鼎卦爲乾坤之卦，所以天地相通，通者亨。

五・古器，三足二耳，三方相併曰鼎。

◎元亨元吉

鼎養賢所以元亨，易經以養賢爲元吉。

一・易經說元亨者，必陽息之卦。若元吉，或陰順承陽，皆元之吉。有養賢之象者，每爲元吉。

二・大畜四元吉。大畜養賢，以上四爻互頤，養賢養　艮爲賢也。艮爲賢。

三・損五元吉。損二至上亦互頤養賢，損二簋（音鬼）可用。

> 彖曰：鼎，象也。以木巽火，烹飪也。聖人亨以享上帝，而大亨以養聖賢。巽而耳目聰明，柔進而上行，得中而應乎剛，是以元亨。

◎象

一・鼎爲象，鼎字就直接從象字取義。

鼎卦彖曰鼎，象也，故鑄鼎以象物，故鼎也。而卦之六爻，亦足，腹耳鉉皆備，則鼎亦象也。

二・鼎有足，大腹，有耳如象。

◎巽

一・鼎以木巽火，鼎象曰木巽火，鼎自巽通，故以木巽火，巽入也。

二・鼎自巽通，巽初至五互鼎。

◎烹飪

一・鼎象曰烹飪。以木巽火爲烹飪，鼎以木入于火，亨爲煮也。亨飪有調和的意思，即論語說：「失飪不食。」亨飪之事，關于祭祀賓客而已。祭祀最大爲帝，所以鼎爲亨、爲享。

二・鼎亨，亨爲烹也。

三・鼎爲養，烹也。聖人亨以享上帝，而大亨以養聖賢。

◎聖人

乾爲天，爲聖人。坤爲地，爲養。大過互乾，大過中有聖人象。

◎養

一・亨爲養。

二・頤爲養而亨

(一)大過反頤，大過爲養。

頤象曰：天地養萬物，聖人養賢以及萬民。

(二)益下四爻互頤，震帝在初，曰亨帝。

(三)渙中四爻互頤，震帝在二，艮廟在五曰亨（震艮有帝亨之象）。

(四)大畜上四爻互頤艮賢在上，曰不家食吉，養賢也。

(五)頤養家臣也：頤上爲艮，廟也，即宗廟。

(六)損上互頤，得臣无家，禮賢人也。

(七)賁上互頤，賁，束帛戔戔，禮賢人也。

(八)蠱上互頤，蠱，不事王侯，高尚其事。

(九)鼎自巽通，巽錯震帝于上，故亨以享上帝。

◎亨

一‧亨為享

(一)亨以享上帝：享為養象，頤中有養也，震為上帝。

(二)亨與大亨有鼎象，巽初至五互鼎，亨。

(三)巽變鼎，初五錯頤，故大亨（鼎）以養賢（頤）。

(四)震初至四亦互頤，巽初至五亦互鼎，故震巽卦云亨與大亨。

二‧鼎為亨

鼎得中而應剛：應剛，剛者乾天也。陰與陽應，陽氣通陰，此乾元所以元亨也。

三‧巽與鼎之亨

(一)鼎為飲饌，饌為巽。

(二)巽耳目聰明，柔進而上行，得中而應乎剛，是以元亨。鼎為元亨。

巽六四為柔，進居五而上行，得五中位，而應九二之剛。鼎卦雖陰爻用事，而六五下應九二，上承上九乾元之吉，是以元亨。

(三)鼎巽有耳，目得中。

巽耳目聰明，巽互離，目不中，卦歸于離，離目得中。巽變鼎，目得中，即成為正離之卦。巽錯震，互坎，耳不正，變屯（鼎之錯），耳亦得正。

四‧鼎與大有亨

鼎柔進而上行，是以元亨。

大有應乎天而時行，是以元亨。

象曰：木上有火，鼎。君子以正位凝命。

◎凝

一‧結冰為凝，變堅而定之謂。

坤卦曰履霜堅冰，陰始凝。初六始姤，姤為五月卦，陰氣始，至九月霜降，坤十月卦，十月見之冰。冰為堅也。

象曰：履霜堅冰，陰始凝也。馴致其道，至堅冰也。

二‧閉為凝

坤卦四爻曰括囊，无咎。荀九家易曰：「坤為囊，且屬純陰而凝閉，故曰括。」

三‧古作凝

不敵陰故戰，卦剝必戰。六陰爻之稱，陰為戰，因為坤上六變艮，是陰極而陽動也。九月為剝，陰凝已極，不能敵陰也，故戰。

四・馴致其道：言陽順陰性，不爲制防，必至堅冰也。初六始姤，姤爲五月卦，陰氣
　　始，始於微霜，終堅冰也。九月霜降，坤十月之卦，十月之令水始冰，地始凍冰。

五・陰極則凝

凡雨者，皆是陰氣旺，凝結得密，方得降爲雨。今乾上進一陰，止他不得，所以彖
曰尙往也。

六・模

坤凝乾之元，終於亥，坤由乾卦出，初爲子，品物咸亨，故坤元亨。而乾卦的元亨
也和坤陰疑於陽勾戰。坤陰模于陽也。

七・金性凝止

姤下巽，巽爲木。卦德爲入。上卦乾，爲金，卦意爲圓。金性凝止，象車下制輪軸
之柅加上的金屬物，可以用來堅牢車子。

八・正位爲凝

（一）易經卦成既濟，或有家人象，則爲正位，正位爲凝。

（二）剛柔正而位當

鼎卦象曰正位凝命，以家人爲正位。鼎卦全卦只有九三一爻得正，火風鼎，上
下卦交易成風火家人。女正位內，男正位外。正位在易經即家人。

（三）易經正位皆和家人有關

坤君子黃中通理，正位居體。

家人象曰：家人，女正位乎內，男正位乎外，男女正，天地之大義也。

九・凝，定也

（一）既濟爲定。家人貞上爻爲既濟，剛柔正而位當。鼎卦上下卦交易爲家人，故以
正位凝命。

（二）鼎器端其位，取其鎮重，故凝其所受之命，使之愈久愈固。

（三）易經六十四卦以鼎和既濟爲正位凝命之卦。

（四）正位爲中，凝命爲和。各正性命，保合太和。

（五）鼎具乾坤，＜鼎立天立地＞：鼎，天地象。鼎火風，火爲乾，風爲坤，天地定
位也。

十・中庸：「苟不至德，至道不凝焉。」不拘泥爲不凝，中庸爲守中，但不拘。

十一・巽在初爲正位

天澤履，陰爻在初爲巽之正位，入之象。今變震爲足，震爲大塗，入於地而足又
在大塗，履之象。

十二・以乾通坤曰變，以坤凝乾曰化。

◎木上有火

鼎象木上有火。鼎巽通，故木上有火。

◎正位

剛柔正而位當，正位爲家。

一・家有鼎。鼎惟九三一爻得正，上下卦交易成家人。女正位內，男正位外，故鼎有正

位家人象。又家人食象，俗曰＜鼎食之家＞。

二·凝，定也，既濟定。家人貞上爻爲既濟，剛柔正而位當，故以正位凝命。

家人之心要能凝成一體，所以家人正位，而定。

> 初六，鼎顛趾，利出否。得妾以其子，无咎。
> 象曰：鼎顛趾，未悖也。利出否，以從貴也。

鼎初六下卦巽是震之綜。巽爲長女，鼎爲寶器，主器者莫若長子。巽爲長女，不是主器者，必得將鼎倒過，巽變震，鼎之地位才可以建立。以烹器而言，鼎用過必要洗鼎，洗鼎要先把水倒出，把鼎足放置在上，這叫「出否」，就是把不淨的東西出倒出。鼎要顛過來，以利出否。，就一家而言，傳宗之事要順乎易經之原理，古時如果沒長子來承家，則要娶妾以利得子。鼎之用在木生火，木爲母，而火爲子，巽爲離之母，而離爲子。鼎爲更新，即庚辛，甲以乙妹妻庚，妹即妾。鼎之金因爲得到巽木之妾，而可以生火。這個道理，即自古命理以養長生灶來求子息運相同。鼎卦互大過，大過之初也說得其女妻。因爲一家失去了子息承傳，必得要用娶妾而得，則不必借異姓者來承傳香火。八字命理也有借胎生子，即丈夫命中无子，而取五行相配之女爲妻，這也是絕配之方法。

鼎之動爻爲四五，四五動，鼎變巽。初應四，初取應象也。

◎顛

一·顛字之義詳本書頤卦。

二·鼎爲顛

鼎上下爲乾坤之體。鼎上離爲乾，下巽爲坤，同體爲顛之象，乾乃坤之顛也。同理，頤卦上爲兌，下爲巽，正倒皆爲頤，所以頤卦爲顛。大過上兌下巽，正倒皆爲大過，故大過爲顛。

三·大過爲顛

(一)雜卦傳，大過爲顛。

(二)顛大過象，鼎初至五爲大過。顛者，逆也。先天巽至兌爲逆，大過逆行。

(三)鼎初六顛趾。顛大過象，鼎初至五互爲大過，故鼎初六爲顛。

(四)頤曰顛，爲反顛，即弗顛也。大過錯頤，大過爲顛，故顛頤。

(五)大過爲顛，顛則折，鼎卦說折足。鼎互大過，顛，故折足。

◎趾

一·初陰爻在陽下爲趾

鼎初爻居卦之下，同於人之足趾。而陰爻中虛，如兩足分立。

二·艮爲趾。賁初九，艮其趾；噬嗑初九，履(音唅句)校滅趾。互艮爲指足，指爲趾。

◎鼎孚

一・鼎爲大鍋，即大過。鼎初至五互大過。大過爲澤風，反爲風澤成孚，即過中之孚。
　　孚爲浮也。

二・頤卦說拂頤，拂爲沸也，鼎卦中有孚象，即鼎中水沸而拂之。又沸爲浮，即中孚，
　　即爲調理時大鍋（過）中之水過大而沸。

◎顚趾

鼎初六顚趾，易所云趾皆震足艮止之象。大壯、艮、噬嗑是也。夬初前趾，承大壯、離
而言。鼎初六顚趾，巽錯震足，互艮止，故象趾。

鼎趾在下，顚則向上，象巽變鼎，錯震，亦變屯，震足艮止之象，顚而上也。

◎妾

一・兌失位爲妾。

二・陰居下爲妾

　　(一)遯九三象曰：係遯之厲，有疾憊也。畜臣妾吉，不可大事也。

　　　　臣妾乃初二之陰，順承乎三，乃臣妾之象。

　　(二)鼎初六得妾，初巽以長女居下，象妾。初陰，陽利得陰，故得妾。說卦傳，兌
　　　　爲妾。

三・初六因居非其位，故以妾喻。

◎子

一・離火爲子，木所生也，所生爲子。

　　(一)鼎初六得妾以其子，離火爲子，巽木爲母，以木生火，得妾者，以其能生子也
　　　　（鼎互大過，初之得妾，即大過之得其女妻也）。

　　(二)水爲金之子。中孚九二，鳴鶴在陰，其子和之。中孚爲澤金，金生水。

二・震爲子

　　(一)序卦曰，主器者莫若鼎，主器者爲長子也，故鼎爲長子。

　　(二)師六五，田有禽，利執言，无咎，長子帥師。弟子輿尸，貞凶。

　　　　師二四互震，成師，震爲子，故師曰長子帥師。

三・艮少男爲小子

　　漸初六，鴻漸于干，小子厲。漸下卦爲艮，艮小子也。

四・隨卦，係小子，失丈夫。隨中爻互艮，艮爲少男，故稱小子

◎貴

一・易經以五六爻爲上，上爲貴。

二・鼎從貴，鼎六五上承九，得陰之道，于位未悖也，五爲尊位。

三・鼎從巽來，鼎取新，巽爲薪。巽四下五，成爲六五。五爲貴，故以從貴也。

◎出否

一・鼎初六出否。否爲不合宜之物，于鼎中，傾其不合之物爲出否。

二・鼎初六象出否，易中之象，出自動爻。

三・否可能是古時作鼎時以坯模。利出否，即利于從坯模取出。否爲反，坯模爲實物之
　　反，所以鼎卦也說有實。這爻說到鼎的虛實面。

　　九二，鼎有實，我仇有疾，不我能即，吉。
　　象曰：鼎有實，愼所之也。我仇有疾，終无尤也。

　　　鼎九二有實，實爲陽。鼎二爲鼎之底，鼎之中會有金火互不容之現象。離爲火，兌爲金，即二物相調和時會互相排斥。鼎本爲頤養之物，其性爲孚而虛，但爲了要成爲坐鎭之器，必要有內容，所以鼎有實。有在易經即大有，大有離乾也是金火相剋。鼎中互大有，所以有實。要養生，必須自己先空虛，但要尊貴，則不能不充實內在，這是鼎卦在初爻洗鼎後而容物的現象。鼎中有大有之象（言互大有），大有言乾金遇離火，離火遇兌澤，所謂愛惡相攻，而吉凶生者也。

　　　九二本是鼎底，下爲巽木，要生火，而二四互乾爲金，金以剋木，所以初爻之陰和二爻之陽自然相仇，因爲二者不是一同起成用。不過巽木經過乾金，其仇可以用。離火如乾金，不可成烹器。所以仇而疾，卻是必要的，所以終无尤。

◎有實
　一・中孚爲虛，頤爲實，鼎反虛爲實。
　　　鼎初五互大過，大過與中孚相反。大過兌巽，中孚巽兌，故鼎有實。
　　　大過錯頤，頤自求口實。頤爲實也，口中有物爲實。
　二・陽爲實
　　　鼎九二有實，二至四爲鼎腹，陽爻居之，故有實。
　三・實：鼎有實。實從貫，貫爲貨物，貨充於屋下，是爲實。
◎仇
　一・相剋爲仇，比如火剋金爲仇。
　　　鼎九二我仇，鼎二互乾金，應離火，爲仇。而六五互兌澤，以熄火，故我仇有疾。
　二・佳偶曰配，怨偶爲仇。
　　　鼎九二與六五相應，但六五與九二皆居不正之位，且六五有疾，剛柔互失其位，是非佳配也。
　三・鼎二至四互卦成乾，五行爲金，應爻之五，在離火之中，火與金相剋，爲我仇之象。
　四・鼎六五與九四、九三互卦爲兌，兌五行爲金，九二處巽木之中，金剋木，爲相仇。
　五・鼎卦以乾金之二，遇離火之六五，成相剋之理。六五處離火之中。鼎三、四、五互兌，離遇兌澤，澤爲息火，成相剋也。火剋金。
　六・仇爲匹對。九二和初六有仇，易經每二爻合爲一。
　七・我仇有疾：仇，比也。疾，憎也。
◎疾
　一・火與金相近有妒，妒爲疾
　　　(一)離言有疾者，必互兌澤。豐下離五互兌，曰往得疑疾。
　　　(二)純兌三互離，曰介疾有喜。

二‧疾者，陰陽偏勝而不得其正，故卦以陰居陽，陽居陰者謂之疾。

鼎六五失位，相應九二也失位，爲之疾。

三‧疾之義詳本書蠱卦。

◎我

鼎九二我仇，我爲乾卦，乾爲人，在內卦，則曰我。鼎內互乾爲我。小畜內乾，曰自我。

◎不我能即

一‧火性炎上，不能不行，故不我能即，而吉也。

二‧鼎互大有，大有初，匪咎。鼎二我（乾）仇（乾離相仇）有疾（兌，即大有之互兌）。大有初曰交无害，即鼎二之不我能即。

三‧鼎中有大有之象（言互大有），大有言乾金遇離火，離火遇兌澤，所謂愛惡相攻，而吉凶生者也。

九三，鼎耳革，其行塞，雉膏不食。方雨虧悔，終吉。

象曰：鼎耳革，失其義也。

鼎九三變卦變爲離，三五互坎，坎耳，手執之用。鼎中有離火坎水相濟，離爲雉，坎爲膏，即煮在鍋中的雞湯。三爻居在巽木之極，上應火之極，水火既極，則鼎中騰沸，連鍋柄都是熾熱而不得舉移。鼎九三之耳變爻爲離，因爲鼎之耳變換了，舉是不得，而內中之食物因爲煮木火太旺而塞成一團，不能食用。革在於去舊，而鼎之意在於取新。雉膏爲油脂，太多而過熟把鼎塞住，失去了新味。

易經之食爲養象。其義在於養民、養身、養天地。而鼎卦取新即不在於革舊，所以九三之變爻，把巽變爲離，是變革太過了，沒有必有，不如二爻變乾尅巽爲好。因爲有乾金尅巽木，火才旺。

◎塞

一‧坎爲塞

(一)巽錯震，震爲足，爲行。九三變，卦成坎。坎爲陷，不利于行，爲行塞之象。

(二)易林觀之噬嗑：「鼎易其耳，熱不可舉。大路壅塞，旅人心苦。」鼎九三陽爻承陽四，坎爲塞。鼎中之膏敗，不可食矣。

(三)鼎九三變爲離爲坎，坎爲耳。鼎九三爲巽，巽錯震爲行，卦變則成坎，坎陷而不能行。

二‧震不行爲塞。

三‧履，塞也。卦辭爲窒、爲象，窒就是不能含忍，思考不通，容易啓訟端。

四‧時爲通，塞爲失時

節，通塞以時。初九象曰知通塞。初知通塞，无咎。九二不出，凶而失時。

五‧坎爲通，兌爲塞，故節象曰知通塞也。傳曰：川壅爲澤，坎爲川，塞而爲澤。
鼎九三行塞。鼎初五互大過，上兌爲塞，下巽反兌，爲塞。

六‧否爲塞，交氣之通也。否天地閉，氣之塞也。

◎耳

一‧鼎九三革，以陰爻（上陰下陰）象耳。

二‧古器，三足二耳，三方相併曰鼎。

三‧耳爲順

需卦六四曰順以聽。坎爲耳，耳痛，聽不聰也。順以聽也，聖人說＜耳順＞。

四‧坎爲耳，耳內陽而陷，故象坎。

五‧九三鼎耳，五有聰明之象。三爲陰陽交暢。

◎耳革

一‧鼎九三曰革。鼎革爲同一卦。

二‧鼎九三，鼎耳革，火金爲革。

◎革

一‧革爲日終。革自兌卦通，互離于三，終日象。變革離日居兌下，亦終日象。巳日
者，終日也。又巳爲四（革初九，鞏用黃牛之革）。

二‧革曰明時。

◎不食

一‧不合時宜者不食

（一）明夷初九象曰：君子于行，義不食也。

（二）鼎九三，鼎耳革，其行塞，雉膏不食。方雨虧悔，終吉。象曰：鼎耳革，失其
義也。失其義，即不合義理。

二‧明夷爲不食

（一）明夷初九、九三都說不食。火爲食，火在地下，故不食。

（二）大畜不家食：大畜有豐象，山即雷，天即火，又雷火豐有噬嗑象。上震下離，
反噬嗑，噬嗑爲食，大畜不食。

（三）明夷初九三日不食，明夷小過通，小過上震即離，下艮即震，爲噬嗑象。
噬嗑爲食，明夷反噬嗑，故不食。

三‧鳥飛時不食。明夷初九，明夷于飛，垂其翼。君子于行，三日不食。

四‧井卦言食與不食

（一）井九三，井渫不食。井九三見坤土，土塞，故井渫不食。

（二）井初六，井泥不食。

（三）剝上九說到不食。剝互純坤，上坤即坎，下坤即巽，爲水風井，非火雷噬嗑。
噬嗑，食也，井故不食。

五‧塞則不食

鼎九三，鼎耳革，其行塞，雉膏不食。雉膏爲油脂，塞而泥，所以鼎九三不食。這

和井九三不食同義。

六‧豐爲不食

(一)明夷互豐，豐有噬嗑食象，但反噬嗑，所以明夷說三日不食。

因爲豐爲食象（上震下離），豐反噬嗑，故不食。

(二)明夷初至五互豐，上爲坤虛，離又中虛，故夷初三日不食。因爲豐反噬嗑，所以不食。

七‧兌有食象，兌伏爲不食

(一)剝上九，碩果不食。乾卦无兌食之象，剝則兌口象伏，所以剝卦說不食。

(二)井二四互兌，爲食。井九三之水未至兌口，故不食。

(三)鼎九三，鼎耳革，其行塞，雉膏不食。 鼎爲火風，巽爲兌覆，无口也。

(四)大畜，利貞。不家食，吉。大畜下乾，乾上口封，所以不食。

(五)明夷初至五互豐，上爲坤虛，離又中虛，故夷初三日不食。

八‧論語鄉黨說到各種不食的情況：

(一)食饐而餲，魚餒而肉敗，不食。

(二)色惡不食，臭惡不食。

(三)失飪不食。

(四)不時不食。

(五)割不正不食

(六)不得其醬不食。

(七)肉雖多，不使勝食氣；唯酒无量，不及亂。沽酒、市脯，不食。

(八)不撤薑食，不多食。祭於公，不宿肉。祭肉，不出三日；出三日，不食之矣。

(九)食不語，寢不言。雖疏食，菜羹，瓜祭，必齊如也。

九四，鼎折足，覆公餗，其形渥，凶。
象曰：覆公餗，信如何也！

鼎卦彖辭柔進而上行，是說巽之陰爻如火氣向上。鼎卦之象辭是正位凝命，凝者堅也。鼎九四變，卦成艮，艮反震，震動則鼎不正而折足。易經震足在下，今上移到四至六位，是過實而滿。九四近公侯之位，顯然是王侯祭祀所備之佳珍，因爲鼎不正，食物都流在鼎外，而破壞了儀式與料理。這是象徵一國之人因爲起始地位不正當，很容易在最重要的場面出了意外，而導致全盤覆沒。

鼎之重在其足。離巽二卦成鼎，下體巽有足而无耳，所以耳革。上體離有耳无足，所以折足。可見鼎之主要靠柔上進而得中，應乎剛。鼎九四陽爻居陰位，不中不正，而又下應初六之陰，是任非其人，而不能勝大臣之任。

本爻四變成蠱，蠱四爻互震足，是蠱見復則生蠱，敗象。變艮爲土，木剋土，上卦成離象，木生火不致絕嗣。卦中大，象爲坎水，可以剋火而相濟之。離爲戈，艮爲門，內是災在門內，家破之象。本卦貴而危，禍足以滅門。發貴必敗，不可大意。

◎覆

國傾爲覆。

◎餗

一・佳膳也。

二・鼎九四說覆公餗，即把祭禮之食物倒了。

三・凡爲公設者，或王侯所命置備者，爲公餗。尊則享于上帝，祀于祖廟，隆則宴其嘉賓，酬其功績，非關日月之食，則皆公餗。

四・更羹糝，八珍之膳。

◎渥

一・大刑爲渥，渥，誅也。京房以刑在頄爲渥。

二・國敗而殺身爲渥。

三・是指霑濡，即外表流滿了油水而污垢。

◎形

可能是刑。

◎足

一・震爲足

說卦傳：乾爲首，坤爲腹，震爲足。

剝初六，剝床以足。乾初爲震足，剝初成巽，巽爲床，故剝足以床。剝震爲巽。

二・初爻爲足

夬初九壯于前趾，初爲足位。大壯初應四之震足艮止也。

三・鼎九四，鼎折足，覆公餗。

繫辭下五子曰：德薄而位尊，知小而謀大，力小而任鮮，不及矣。易曰：鼎折足，覆公餗，其形渥，凶，言不勝其任也。

四・顛爲折足

鼎折足，鼎互大過，顛，故折足。足爲所靠也，鼎折足，爲任非其人。

六五，鼎黃耳金鉉，利貞。
象曰：鼎黃耳，中以爲實也。

鼎六五變爻卦成未濟，未濟中爲坎，人象爲耳，下坎也是耳。鼎六五居君位而有虛中之德，下應九二，是主政者心虛，合乎鼎之德。但鼎之象取陰上進，不必上來相應，得道

多助黃金累累之象。因爲相應，所以可以貞固。

　　鼎之耳爲在鼎之受鉉，或在鼎之外貫以便舉提，鉉爲鼎之繫。鼎卦六五說黃金，一是離取中，二是變乾，乾爲金。又離變乾，則爲得黃金。而離乾成大有之象，大吉大利。

◎黃金

　一・易經之離卦變爲乾，得正，爲得黃金。

　二・離卦居中爲黃，鼎卦上離，離爲黃，變乾爲金。噬嗑六五得黃金，以六五貞爲九五，離成乾，故得黃金。

◎耳

　一・耳之義詳本書噬嗑卦。

　二・鼎六五鼎黃耳。鼎六五得中道，中之陰爻，爲黃。

　三・鼎六五變卦，成未濟。三、四、五互爲坎，人象爲耳，未濟下坎爲坎，也是耳。

　　上九，鼎玉鉉，大吉，无不利。
　　象曰：玉鉉在上，剛柔節也。

　　鼎爲器，實鼎在腹，行鼎在耳，舉鼎在鉉。得到鼎之鉉，則鼎之道成。鼎卦說制鼎之過程，亦說鼎爲烹器之用，可以養人矣。道理和井卦爲做井之過程相同。因爲上九以陽剛居陰位，所以有溫潤玉鉉之象，占得此卦凡事大吉。

◎玉

　一・上九奇爲剛，剛爲實，玉爲實也。

　二・鼎上卦離爲乾，又上九爲乾卦所衍生，說卦傳，乾爲玉。

◎柔

　　鼎上九居陰位，剛而能柔。鼎上九鉉，柔如爲玉，內柔外剛也。易經鼎卦爲唯一稱玉者。

◎剛柔節

　一・鼎是由金之屬所做的，所以爲剛，鼎內所盛物爲柔。

　　　易經中稱剛柔節，或剛柔際，都是坎卦，火起而水出。

　二・剛與柔接，或相交替爲節。比如坎離相交。即相濟之交。烹爲亨。即鼎之水火相濟。

　三・鼎卦上九小象剛柔節。鼎上爲離，鼎之上九合初六，與六五成坎，坎水爲調節之用，即鼎上之蓋如不調節，即鼎內之水即湧到初爻之地下，所以鼎上九爲調節之功用。上九爲離卦，和坎合爲相濟，一剛一柔互爲節制，所以剛柔節。

◎節與際

　一・凡卦剛柔在坎之中爻爲節，坎中爲剛爻。

　　　蒙九二，包蒙吉，納婦吉，子克家，剛柔接也。蒙坎中爻，接即節也。

二‧在坎之初或四爻則為際

坎六四象曰：樽酒，簋貳，剛柔際也。坎之六四為陰。解初六象曰：剛柔之際，義
无咎也。剛柔相接為節，節為接，上九與六五相比，成剛柔相接。

# 震

震，亨。震來虩虩，笑言啞啞。震驚百里，不喪匕鬯。

　　震卦取壁虎為象，因為壁虎常周環在壁間，不自寧而驚顧。震卦是行宗廟之禮所用之器具，在祭祀時以棘所作的匙，在未祭祀前用來煮祭神之太牢，以之從鼎鑊中取祭品，再以之來澆奠黍酒，這是請神的過程。震動的目的是取得感應。雷霆震擊，則鬱悶的氣候頓時疏解，有亨通之象。天地之氣因震撼而得通暢，隱藏在陰暗的邪氣也因而消除。在雷震之中，人有如壁虎在顫懼，而後又因舒解而笑言，這也是易經變化之道。易經之危者使之平，易者使之傾，震動是為了解險，否塞因動而通。震是模擬害怕的狀況，能令人在平時不忘危，而心中有如大禍臨頭，如此去掉輕慢，一言一笑成為自如，到了臨時大變，可以心有主意，氣定神閒，鎮定到可以手取木匙去主持最重大的祭祀。

　　古時因為長子為家業之繼承人，所以能得長子是大事。而一家最怕也是剛出生的長子被剋死，所以主祭莫如長子。這句話原是說家中主祭之事要由長子來做，其實長子死了尚有人可以擔任。實在的意思是祭神之事莫過於問長子的出生，或吉凶。

　　人因為對神敬畏以及自然的災害，和人世變化而恐懼，之後反而生起了幸福感，平常保持這種心，不違禮，不越分，不失日用之常度，恐懼之後所生的安定感，是朝朝安樂之因。當大禍在倉卒之間來時，乃可以從容應付。有這種修養的人，足可以把國家託付給他。

　　震也是借用震動之原理來找出和神靈交通的方法。古人製震盤，可以用之調理音樂，用之在典禮上，以取得宇宙之間和諧的秘密，所以震卦是笑言啞啞後有法則。震動的目的是去除鬱積的悶氣。

◎震與動

　一‧變為動

　　(一)中庸：動則變，變則化，惟天下至誠為能化。

　　(二)睽卦說，睽，小事吉。象曰：睽，火動而上，澤動而下。二女同居，其志不同行。動者，變也。睽卦說火動，是指由中孚變來之過程。中孚為風澤，其四卦柔，上進為五，卦成火。

　　(三)解，險以動，動而免乎險，解。解自萃通，解九四來三，成升，九二往五，成萃，皆得正。卦成升萃，解之下卦坎象失，所謂動而免乎險也。

　　(四)困上六象曰：困于葛藟，未當也。動悔，有悔，吉行也。困自否通，否變困，

動成坎，坎爲憂，故悔。

二・震爲動

　　說卦傳：雷以動之。說卦傳震，動也。

　　說卦傳，動萬物者，莫疾乎雷。雷能振物，故謂之震。易經以震爲動之象者：

　　(一)屯彖曰：屯，剛柔始交而難生。動乎險中，大亨，貞。雷雨之動，滿盈。天造
　　　　草昧，宜建侯而不寧。

　　(二)豫彖曰：豫，剛應而志行，順以動，豫。豫下震，震爲動。
　　　　豫，天地以順動，故日月不過而四時不忒。聖人以順動，則刑罰淸而民服，豫
　　　　之時義大矣哉。坤爲順，震爲動。

　　(三)噬嗑彖曰：噬嗑而亨，剛柔分，動而明。噬嗑下卦爲震，震動也。

　　(四)无妄彖曰：无妄，剛自外來而爲主於內，動而健，剛中而應。
　　　　无妄下卦爲震，震動也。

　　(五)恆彖曰：恆，久也。剛上而柔下，雷風相與，巽而動，剛柔皆應，恆。
　　　　恆上巽下震，巽而動也。

　　(六)大壯彖曰：大壯，大者壯也。剛以動，故壯。上震爲動。

　　(七)益彖曰：益動而巽，日進无彊，天施地生，其益无方。凡益之邎，與時偕行。

　　(八)艮彖曰：艮，止也。時止則止，時行則行，動靜不失其時，其道光明。震動艮
　　　　靜，皆九三一爻，故動靜不失其時。

　　(九)豐彖曰：豐，大也。明以動，故豐。

　　(十)歸妹震兌卦，歸妹說以動，所歸妹也，震爲動。

　　(十一)震爲出，震道本帝出之象，震以出。

三・震先後天方位相連，即先天震在東北方（即後天之艮方），後天在東方。東北和東
　　方相連也，這是震象，即頻動，頻率之動，所以震卦多疊字。比如：

　　　　震來虩虩，笑言啞啞；

　　　　震蘇蘇；

　　　　震索索，視矍矍；

　　這是往來不停之動象。所以震卦有蝙蝠、火象、牆垣之虎……等之象。

四・易經說到動字地方很多。包括：

　　(一)繫辭上一：動靜有常。

　　(二)繫辭上二：六爻之動，三極之道也。

　　(三)見天下之動：爻也者，效天下之動也。觀陰陽之會通，使六爻各得中正之位，
　　　　以行其典常之禮，嘉會足以合理，爻之得禮則吉，失禮則凶。

　　(四)繫辭上二：動則觀其變而玩其占。

　　(五)繫辭上六：夫乾，其靜也專，其動也直。夫坤，其靜也翕，其動也闢。

　　(六)繫辭上八：聖人有以見天下之動，而觀其會通，以行其典禮，繫以斷其吉凶，
　　　　是故謂之爻。

　　(七)繫辭上八：言天下之至動而不可亂也。

(八)繫辭上八：言行，君子之所以動天地也，可不愼乎。

(九)繫辭上十：以動者尙其變。

(十)繫辭下一：剛柔相推，變在其中矣。繫辭焉而命之，動在其中矣。

(十一)繫辭下一：吉凶悔吝者，生乎動者也。

(十二)繫辭下一：天下之動，貞夫一者也。

(十三)繫辭下一：爻象動乎內，吉凶見乎外。

(十四)繫辭下一：爻也者，效天下之動者也。

(十五)繫辭下五：君子藏器於身，待時而動。

(十六)繫辭下八：道有變動，故曰爻。

◎雷

水雷玄，火雷赫，土雷連，石雷霹。

◎虩虩

一‧恐懼之物，始在穴中跳躍而出，人心之恐動。

虩（音細），蠅虎，其性易驚。

二‧恐懼驚慌狀。

三‧明夷爲虎象，震之虩虩即明夷也

(一)震來虩虩：震自明夷來，坤爲虎，自臨來，兌亦爲虎，故曰虩虩。

震互艮，有宮至牆垣象。牆垣之虎性易驚懼，是虩也。重震，故虩虩。

(二)明夷爲虎：坤爲虎，自臨來，兌亦爲虎。明夷有虎象，明夷三至五互震，下爲

離，爲虎象。

◎笑言

兌口爲言，兌說爲笑。

◎啞啞

一‧震笑言啞啞，和且言之意。

二‧震大象爲兌，中爻錯兌。兌爲喜象，又兌爲言語，笑言和適之狀。

◎震驚百里

震爲雷，聲聞百里。

◎驚

一‧震卦說震驚百里，驚爲金。

二‧奇門以驚門屬金。震納庚，庚爲金。歌曰：「驚門无化氣爲逆。旺在庚申辛酉地，

羅綱張疑立獄訟，攻門刑擊一齊到，逃亡淹捕得功能，賈市營修皆可忌，致訟虛驚

疾疫興，敗囚軍賊犬羊斃。」

三‧乾爲惕，＜警惕＞也。易經之乾和震通在驚字可見。震爲乾之初爻，乾初所說的就

是震卦之象。乾初說潛龍，震即爲龍。而震納庚，庚爲金，即乾也。震卦之中所說

的驚即乾之惕。

四‧立春之候爲驚蟄，雷始發，震爲雷。

◎百

一・易經以十爲百

　　震卦，震驚百里，震四坎六，爲十，震四互坎，易以十爲百。

二・訟九二，不克訟，歸而逋，其邑人三百戶，无眚。

　　象曰：不克訟，歸竄也。自下訟上，患至掇也。

　　離爲三，震爲百，訟卦二說三百戶。訟二互離，離數三百，故曰三百。震數百，在
　　三爻爲三百。

三・震爲百里

　　百里：震，震發聲聞百里，震爲道，故以里言。

◎匕

一・匕，以棘木爲之。詩經，有捄棘匕。鬯（音唱）以秬黍酒，和和鬱金，灌地以降
　　神。

二・匕鬯：宗廟社稷之事。

> 彖曰：震，亨。震來虩虩。恐致福也。笑言啞啞，後有則也。
> 震驚百里，驚遠而懼邇也。出，可以守宗廟社稷，以為祭主也。

◎福

一・坤爲福

　　(一)坤卦說坤厚德載福。坤爲土，土德爲福（幅也）。又土地之神爲福德，以德爲
　　　　福也。

　　(二)乾之行健，坤之勢厚，君子法乾健以自強，法坤厚以載物，所以與天地合其德
　　　　也。易經以合德爲福。

　　(三)困九五象曰：劓，刖，志未得也。
　　　　乃徐有說，以中直也。利用祭祀，受福也。困下坤爲福。

二・乾爲福，坤爲靜，致者，以物與人。震初九，震來虩虩，恐致福也。笑言啞啞，後
　　有則也。則爲定，也就是守其法則。

　　因爲震內互艮，爲止，定也。外互坎，坎爲律，律爲則，也即是說亂中求整而得福。

三・離爲福

　　福爲鳥，即蝙蝠，火象。民俗以蝙蝠音喻爲福。

　　(一)震爲明夷通，明夷下爲離，離爲福。

　　(二)晉六二，晉如愁如，貞吉，受茲介福于其福，以中正也。
　　　　晉六二介福，晉六二貞吉，貞初爻與三爻之不正，以三上相易，初四相易，成
　　　　明夷，下坤成離日爲陽德，故離成福祉。

　　(三)井九三，井渫不食，爲我心惻，可用汲，王明並受其福。

王道光明，則天下受福，離爲王道之明。

(四)泰九三，无平不陂，无往不復，艱貞无咎，勿恤其孚，于食有福。象曰：无往不復，天地際也。天地于食有福：泰三互兌口，故食。泰貞既濟，乾變離，離爲福，故于食有福，既濟其福也。

四・虛爲福

謙卦說，鬼神害盈而福謙，所謂高明之家，鬼瞰其室，所謂害盈也。

謙爲謙虛，指富家招忌，因爲不知持盈保泰。

◎震主祭

一・震驚百里，驚遠而懼邇也。出可以守宗廟社稷，以爲祭主也。

二・鼎以折足，而覆公餗，震以保全心邑而主祭事。

◎遠

一・震象驚遠。遠，乾爲遠，震无乾象，取明夷，震自明夷通，明夷錯訟。訟上乾天。

二・遠字之義詳本書復卦。

◎邇

一・坤爲邇，乾爲遠

(一)震象懼邇，坤爲邇。震无坤象，取明夷，震自明夷通，明夷上爲坤。

(二)中庸：君子之道，僻如行遠必自邇，僻如登高必自卑。

(三)夫易，廣矣大，以言乎遠則不禦，以言乎邇則靜而正，以言乎天地之間則備矣。

二・遠邇：震卦象曰遠邇，乾爲遠，坤爲邇，取乾坤二象。震无乾坤，震自明夷之中，震自明夷來也，明夷上坤，明夷錯訟，訟上乾，夷四變震，震多懼，故震驚懼邇。

三・雷震及于百里。遠者驚，邇者懼。

◎出

震爲出，震卦象曰出爲守。

◎社稷

震卦象曰宗廟社稷，坤土爲社，震稼爲稷。

◎宗廟

宗廟之義詳本書萃卦。

◎祭主

震卦震爲主，主器者莫若長子，震爲長子，故爲祭主。

◎啞啞

一・笑聲，放肆之笑聲。震爲善鳴，而體艮止，故啞啞。

二・震卦如音叉，善鳴而體爲止，樂也。

象曰：洊雷，震。君子以恐懼修省。

◎洊

一‧洊爲再

(一)震象曰洊雷，坎水洊至，震曰洊雷，四互坎也。坎象洊，洊爲再之意，
　　雷聲以重爲盛。

(二)坎象曰：水洊至，習坎。君子以常德行，習教事。習爲坎，習爲再也。坎象曰
　　水洊，洊，再之意也。

二‧洊爲坎

震，上震下震，合成四陰二陽之象。初與四皆陽，二與五、三與上皆陰，則陽自下
始，至四爻後相接，有如水波之狀。一起一落，爲洊之意，也是坎象。

◎懼

震象以恐懼修身，懼爲四爻象，四多懼也。震自明夷變，明夷四爻變而爲震，故震卦驚
遠懼邇。

◎修省

震卦象曰：修省，省見于復觀之中。

一‧復卦象曰：雷在地中，復。先王以至日閉關，商旅不行，后不省方。

二‧觀卦象曰：風行地上，觀。先王以省方，觀民，設教。

◎省

一‧明爲省。離爲省。震曰修省，省以離明也。

二‧巽爲省

巽爲命教之象，即省。復象曰：商旅不行，后不省方。坤爲地方，巽爲命，省之
象。復下震，反巽。震不省，＜反省＞也。

初九，震來虩虩，後笑言啞啞，吉。
象曰：震來虩虩，恐致福也。笑言啞啞，後有則也。

　　震卦是震出，即震爲出，但是震動產生的動感是由外而入來，即震來。震卦下陽上陰，
震是動之發源，二、三、五、上之陰爻爲陽所震，因爲初爻成了一卦的主要動作者，初而
成爲主，即不免會生驚懼之心。震來虩虩是動，比喻爲震動時像老虎。虎爲伏獸，而性善
驚易懼，它之驚來自警覺，因爲恐懼而生幸福感。伏爲覆，即占卜射覆之覆。占卜以陽之
一面來觸動陰面，作爲對未來之判斷。虎善變，有文。壁虎一日能變四季之顏色，所以象
易。震卦初和四不相應，而應於其他之爻，易經之四爻多懼，初爻則以虩虩之動來應和其
他之陰爻。

◎虩虩

一‧虩爲驚懼：

　　(一)震來虩虩：震自明夷來，自臨來，臨六三來二，臨變明夷，明夷六四來三，變
　　　　震，而成重震，故曰震來虩虩。虩，蠅虎，坤爲虎。虩，善驚易懼者也。初九
　　　　應四，四多懼。
　　(二)坤爲虎，兌亦爲虎，故曰虩虩，震互艮，有宮至牆垣象。牆垣之虎性易驚懼，
　　　　是虩也。重震，故虩虩。
二・虩爲四。臨二之四卦變爲重震，虩虩爲四（唸四），四失位多懼。

◎福

離爲福，初九應九四，夷中之離爲福。震之九四所懼者，乃明夷之離爻，故恐致福。

◎笑

一・同人爲笑
　　旅上九先笑後號咷，同人先號咷而後笑。旅寡親（不同人），故先笑後號咷。同人
　　初四互家人，故同人親也，親而可笑，先號咷而後笑爲同人之象。同人九五，同
　　人，先號咷而後笑。
二・兌爲笑
　　(一)一握爲笑：萃卦初六一握爲笑，萃初互艮手爲握，兌開口爲笑。
　　(二)序卦傳，泰先否後。泰互順兌，故先笑也。否互反兌，故後號咷。
　　(三)震初九笑言，兌爲笑，震四錯兌，兌爲笑。

◎後

震初九後有則，言四在三後。以畫卦而言，下卦爲先，上卦爲後，內卦爲先，外卦爲後。
比卦上卦後夫，上後于五也。

◎後笑

一・在艮後笑。後笑言：震初後笑言，震先艮後者，序卦之次，故後笑。
二・兌爲笑。同人先，大有後，同人互反兌，故先號咷，大有互順兌，故後笑。
三・樂爲後笑。比樂師憂，師先比後，比樂爲後笑。
　　同人大有錯師比，師先比後，師憂，故後號咷。比樂，故後笑。

◎啞啞

震初九笑言啞啞。啞，笑且言也，震九四之象。

◎吉

震初九得位，故吉。

◎則

震初後有則，坎爲則，震互坎爲則，四在三之後，故後有則也。

　　　六二，震來厲。億喪貝，躋于九陵，勿逐，七日得。
　　　象曰：震來厲，乘剛也。

　　震卦六二是震動由上而下受到最強的，因為震卦三爻變，則成互離，離在震卦之中象貝，是代表財富。但是因為六二身在初爻發動震動最近的區域，寧可放棄財貨而向外發展，可是面對的是艮卦之阻，有如九陵之高，岡陵重重，人跡不到。不過二爻在下卦之中位，中正不偏，能去也能回。震動的原理是一來一回，而无往不復。六二在震動之中，六二乘初九之剛，有其危險，但是震動由二爻推上三、四、五、上、初，又回到二，是七日來復，等回到原處，財利自然回到手中。所以在震動之情況，不必勉強追逐，自然不求而自獲。

◎厲

　　剛為厲。震六二厲，危也。震二以柔乘初之剛，故厲。

◎貝

　　一·貝是海中之介蟲。九三變中爻為離、為蟹、為蚌，用之比喻為財物。

　　二·震六二貝，古以貝為貨。明夷下離為貝，震通明夷，離變震，故大喪其貝。

◎億

　　指數目之大。

◎九

　　一·震卦六二九陵，離為三，震象中見明夷之離，三三為九。

　　二·六二之九字言三爻也，三三為九。

　　三·最高為九。

◎陵

　　一·震六二躋于九陵，艮山為陵。震二四互艮，二在艮山之下。

　　二·震六二曰九陵：山之最高為陵。

◎來

　　震二來厲，來者，臨也。震自明夷通，明夷又自臨通，所以震之爻象會合臨與明夷，而言其典常之禮。二之震來厲，來者，臨也。

　　一·來是易經最重要的一個字之一，通常指的是由外入內為來。

　　二·來字之義詳本書泰卦。

　　三·來為復，易經見復卦之象為來。

　　　　震六二曰七日得，七日為復，復即來。

　　四·震來是震動之發動由下而上，但震之動是由上而下，比如雷在天上，震在地上。

◎躋

　　乘也。震六二躋于九陵，震為足，足乘初九，故躋于九陵。

◎喪

　　一·喪之義詳本書井卦。

　　二·震二五互坎，坎為寇盜，取之而去也，故震六二喪貝。貝，古之貨也。離為貝，離見于明夷中，明夷通震，變震，離失。易之以震中之互坎盜也。

◎勿逐

　　一·震為逐，震為馬象。

二‧艮爲止，卦見艮則勿逐。震二、三、四互爻爲艮，艮止也。

震六二勿逐，六二互艮止，故勿逐。

三‧歸爲勿逐。歸妹卦爲征凶，勿攸利，即勿逐之意。震卦六二變卦，下卦成爲兌澤，

震卦成爲歸妹。

四‧不復則勿逐

泰三无往不復，不復即无法再得者，即勿逐。

震六二勿逐，以震六二有七日復象，故勿逐。

◎七日

一‧七日爲復

震六二曰七日，七日爲復象（七日來復），震自臨、明夷二卦來，臨二夷三中皆互

復，有七日之象。

二‧七日勿逐

既濟六二，婦喪其茀，勿逐，七日得。

三‧艮於先天爲象爲七，七日爲止。

四‧爻六而仍至原爻則七，所以爻變到了七是復到原處。

五‧天行之道爲七。震，天行也。

復卦象曰：反復其道，七日來復，天行也。

六‧震六二爲七日之得，天之道七曰而復。

七‧艮卦在八卦中是七位。震中爻互艮，爲七。

◎乘剛

乘剛之義詳書噬嗑卦。

干寶曰：「六二木爻，震之身也。得位无應，而以乘剛爲危。」

六三，震蘇蘇，震行无眚。

象曰：震蘇蘇，位不當也。

　　震爲雷動，雷在驚蟄時把蟲叫醒，大地回春。震卦六三陰爻在陽位，六三和初九遠，初九頭一波震動到六三將盡，而接在上頭的九四又開始上卦第二波之動，所以說蘇蘇。易經在重卦時，或重爻會用重字，蘇蘇就是一蘇又蘇。震卦和離較配，而忌見坎，六三本來至五爻互坎，易經以坎爲病，因爲變爻，坎象不見，所以无眚，這是以震動來去除毛病的說法。比如針灸、外丹功皆用震卦原理來治病。

◎蘇蘇

一‧死而復生曰蘇

（一）震六二蘇蘇。明夷坤爲死（明夷，誅也）。震爲明夷所變，夷變震，故蘇蘇。

　　(二)春秋傳：「晉獲秦諜，六日而蘇。」

　　(三)虞翻曰：「死而後生曰蘇，三死坤中，動出得正，震爲生，故蘇蘇。」

　　(四)震自臨來，臨二之四成震。臨之上坤，坤爲死，故三坤爲死。

　　(五)尸位素餐意。

　　(六)春時百果草木皆甲坼，无屯結之象爲蘇。

　　(七)震變巽，雷之末，易爲風則蘇蘇然如偃。

二・神氣緩散自失爲蘇。

三・震卦以復爲象，復就是復生，甦也。

◎震行

震六三震行无眚。六三失位，三上行于四。四上行于五，震成坎，得正（正，貞爲既濟之坎也），故六三震行无眚。

◎无眚

震六三震行无眚，言震三失无，上行于四，四上行于五，震成坎，得正，故无眚。

坎爲眚，居五而无眚，勿憂勿恤之義也。

◎位不當

一・位不當之義詳本書需卦。

二・震九居四爲陽居陰爻，位不當也。

九四，震遂泥。
象曰：震遂泥，未光也。

　　震九四以剛居柔，下初不應，是不中不正，陷于二陰之間，即不能守，又不能進，這是進行震動之中會有的現象。震爲車，而見水，是不能行。這種情形可以比喻一個人既有才不得用，又耽溺在享樂之中。震九四變爲陰爻，卦成互坤，坤爲土，見到原卦三五互坎爲水，水見土爲泥，水見土之泥有財，但是變坤去水，則有財而不得用。九四變坤後，二四、三五、四六皆是互坤，是土多爲忌。土在木中，利于營造修建，而不利生意。坤爲未，卦中无離，是未光，即土多晦火，有財而无名。九四變爻，卦成震體是大震，所以九四之泥，是有大動之潛力時的拘泥。

　　本爻變，卦成復卦，是七日來復之變。財來財失，是爲復也。又卦象爲車陷於泥中，行不得也，必要等大變動之後可行。

◎泥

一・土入水爲泥

　　震九四遂泥，土入水爲泥，此象言明夷變震，明夷四爲坤土，變震，互坎水。明夷變震，有土入水之象。

二・止爲泥

泥爲止，震九四互艮止，以九四失正，失其震動之性，故震遂泥。

三・坤土得坎，雨爲泥

（一）需九三，需于泥，致寇至。象曰：需于泥，災在外也。自我致寇，敬愼不敗也。

需卦上坎，而下乾，反坤，沒有坤則无泥，所以未泥。

（二）井上坎，下體爲坤

井初六，井泥不食，下也。舊井无禽，時舍也。

四・介于陰陽之際，在于水陸之間，非水而近水，屬陸非陸，爲泥。

震九四一陽陷於四陰之中，故有墜泥之象。又三、四、五互卦爲坎，卦象爲水，變爻成復，復上坤，坤爲土。故知震九三一陽在諸土之中。

五・泥爲沉溺不險，陷而不能奮發。震九四上下互坤互坎，爲泥之象。

六・塗爲泥。睽卦錯坎，曰負塗。

七・乾曰淵，震曰泥。

八・其他有關泥字之義詳本書需卦。

◎未光

一・光之義詳本書大畜卦。

二・陽爻爲陰爻所揜，爲未光。

震四遂泥，未光。此象言明夷之變震，明夷之離變，夷爲震，故未光。凡陽爻爲陰爻揜（掩），每曰未光。位在坎中，坎爲隱伏，故未光。

◎遂

古墜字，車馬陷淖之象。奮而上達曰遂，不能震，故泥。

六五，震往來，厲。億无喪，有事。
象曰：震往來厲，危行也。其事在中，大无喪也。

震卦動由下發，而震由上來。初爻起到了五爻一波進，一波退，是有如水浪，是洊象。震卦象曰洊，洊是有如人死而靈又回來，所以古有荐亡，震卦說的是祭神之事。震爲廟象而五爲卦主，是主祭者之位，他是安靈之位。震卦以震驚百里，不喪匕鬯，六二喪貝，六五无喪有事，是指死後祭祖之事。震卦之事爲後代奉祀祖先，而大小過所說的是人剛死後做喪事。无喪是因爲死者過去已久，但是在剛死其靈還在來回行走，所以說往來。因爲六五爲陽，而回到初爻也是陽，陽剛之地，不宜陰事，所以厲。震卦之小象是往來厲，即亡者之靈有點凶，後世之子孫无不人存危懼也。

易經之厲字有很多，在此可說是陰爻勢力強，而過陽爲厲。因爲陰太強，而陽有所懼，以振動來驅之。

◎往來

震六五震往來厲，此象言震與明夷之往來，震六五乘九四，九四為明夷往之爻（震之六三與九四往來，成明夷）。

◎厲

一‧陰乘陽為厲

　　震六五震往來厲，震之六五乘九四，九六皆失正，故震往來厲。震變明夷，震二內卦惟有六來，故震之二來厲。外卦則六來九往（成明夷），故震五往來厲。

二‧厲危可以說是厲鬼，因為震卦言祭，在祭神之目的是安撫成為厲鬼的先人之靈。

三‧厲字在易經中是用最多字之一，其解釋詳本書噬嗑、家人、大畜、姤、睽、頤等卦。

◎億

一‧億，大數目為億。

　　震六五億无喪，此言明夷變震，震有陽爻之得失。億大數也，為陽。明夷變震，下失一陽，故震二億喪。上得一陽，故二億无喪。

二‧測于未至，擬于未來曰億，即无數之可能。

◎有事

一‧坤為事（大象申命行事），震自明夷變，明夷之坤為事，坤成震，震為行，故有事。

二‧祭祀為事。易經中說到事，大都和祭祀（事）有關。

　　震六五有事。春秋，凡祭祀曰有事。震五應二，二互艮廟，宗廟社稷，震為祭主，故言祭祀之事。

三‧隨有事。見隨卦、序卦。

　　震六五有事，喜隨人者，必有事。震六五動，卦成澤雷隨，有事之象。

四‧易經中，事也常指喪事。

　　震卦不喪。大過巽兌中有乾天，小過震艮中有坤地，大過事天，事為喪事，大過言喪事。

◎喪

震自明夷來，下離失一陽，二曰億喪。巽自訟來，上乾失一陽，上曰喪其資斧，震五曰億无喪。无喪者，即象之不喪匕鬯（音唱）。匕鬯：宗廟社稷之事。

◎其事在中

震六五其事在中：坤為事（易大象曰申命行事），明夷變震，坤爻下而之三，在艮廟之中，故其事在中。言九明夷之變震也。

上六，震索索，視矍矍，征凶。震不于其躬，于其鄰，无咎。婚媾有言。

象曰：震索索，中未得也。雖凶无咎，畏鄰戒也。

　　震卦之上六以陰居震極之中心，是最危險之地，不能自安，而不停地顫動。因爲在上六和神靈最近，而神所示足令人害怕。震所求者，是爲了長子所求之婚媾是否會合，而神靈並未降在求問者之身，而把吉凶說在和他成親之鄰家身上。這是因爲到了震卦之尾，當事人无所備戒，而生大意。這時不可以再進，否則即壞事矣。

◎索索

一・蹄蹄，足不正也。

二・方寸已亂，內心不安之狀。

三・索爲震：震一索得男。震爲重卦，所以稱爲索索。

四・雷震之聲。先大聲後漸消索也。

◎矍矍

一・震上六矍矍，矍矍，目驚懼貌。以明夷離目，成震，震爲懼也，目不正也。

二・左顧右盼，徊徨驚懼。

◎征凶

一・征凶之義詳本書大壯卦。

二・易經之卦下爻變到上爻，失位，爲征凶。震上六征凶，言明夷變震，明夷九三，上征于四，失位，故凶。所謂吉凶者，得失之象也，上應于三，故征凶。

◎于其鄰

一・震上六不于其躬，于其鄰。先天離震相鄰，震坤相鄰，此言明夷之象。

　　震爲明夷所變，明夷變坤，而明夷互震，皆鄰象。因爲明夷取離和震，離震坤在先天卦相連（鄰）。

二・自古凡相鄰都是好象，因爲相鄰爲遇，即天地之合。在震卦中是說和比鄰之家訂親，震上六不于其躬，震互艮，艮爲躬，即震之動，尚未到自身，但因爲和鄰家有親，所以先和鄰人招呼，以求互保。

◎无咎

　　震上六无咎。明夷變震，明夷三四爻之九六各正，此言上六應三，明夷三四爻爲正，故无咎。

◎婚媾

一・歸妹爲婚媾

　　(一)震上六婚媾有言，婚媾歸妹象。

　　(二)臨互歸妹，明夷自歸妹來，震兌爲婚媾。

　　(三)屯自臨通，臨下四爻互歸妹，故上言婚媾。

二・易言婚媾皆有漸象

　　(一)震自臨通，臨下四爻互歸妹，上四爻互漸，故臨二四言婚媾。

　　(二)睽自中孚通，中孚下四爻互歸妹，上四爻互漸，故上言婚媾。

三・馬融以重婚爲媾。漸歸爲先天四隅之卦，漸爲長女少男，歸妹爲長男少女，皆非正配。可以說成一是娶了妾，其二爲配偶死了，再婚。

四・婚媾有言：震自明夷變，明夷錯訟，訟有言。婚媾有言或是說小時爲長子配婚，以

後發生有關婚姻定位之事，而爭訟。

婚媾有言其他之意思是在長子出生時，即爲他定下姻緣，以＜媒妁之言＞全憑一句話也。

五・來知德注，以易經以震遇坎水爲婚媾。比如屯震坎，賁中爻震坎，睽上九變震，中爻爲坎都是說到婚媾之事。震卦中互坎，而上下皆震，又大象爲震體，所以說婚媾。

◎未得

一・坎卦失其位，失位爲未得

(一)旅九四象曰：旅于處，未得位也。得其資斧，心未快也。旅上離，坎相對，所以旅未得。這和易經之中所說的「志未得」意思相同。

(二)萃九五得中得正，所以有位，也就是說到坎之中爻得位。

　　易經六十四卦只有萃卦稱有位。

(三)小畜柔得位，因爲上巽和下乾相應，卦義和相濟之卦相同。

(四)旅未得位也，渙象曰柔得位乎外而上同。

二・易經相濟之卦爲得，既濟卦以坎居正，如果一個卦坎失正位，即不合相濟之道，稱爲志未得。比如：

(一)困九五，劓，刖。困于赤紱。乃徐有說，利用祭祀。象曰：劓，刖，志未得也。乃徐有說，以中直也。利用祭祀，受福也。困九五志未得。坎爲志，困自否通。否上九之三，卦成咸之二，卦成困之一，卦成隨。困變咸隨，卦有劓刖之象，坎失位（卦變爲震或艮），故志未得也。即困卦之下卦坎因爲變卦而失。

(二)同人上九，同人于郊，无悔。象曰：同人于郊，志未得也。

(三)鳴謙，利用行師，征邑國。象曰：鳴謙，志未得也。可用行師，征邑國也。

三・未，就是未濟之象

　　蠱六四，裕父之蠱，往見吝。象曰：裕父之蠱，往未得也。蠱初至四爲坎象，三至上爲離象，所以蠱卦之中爲未濟，所以蠱卦六四說往未得。

四・震卦在上，皆以失位論

(一)豫卦上震，五曰中未亡也。上之震，中皆未得，四失位也。

(二)純震上爻爲陰爻。震上六曰中未得也。上震，上之四爻失位。

◎戒

戒字之解詳本書萃卦。

艮

> 艮其背，不獲其身；行其庭，不見其人，无咎。

　　大多學者解釋易經皆以艮爲止其所止，初之四，二之五，三之上，都不相應。易經之八個純卦：乾、坤、震、坎、艮、兌、離、巽，都是上下不相應，只有艮卦稱道止而不執，所以艮象爲止，而艮又爲時。是該動則動，該止則止。

　　艮象背，在艮卦之中以三和上之陽爻象背。人之人性受欲望所操縱，五官四肢都爲欲望所役使，而勞神耗力。只有背不受嗜好所欲役使，有靜止之象。艮卦綜震，震卦當行則行，其行止動靜不失其時，能合乎天理。艮卦外實而內虛，虛空中而不光明之象。靜止時可以做到忘去形骸之累，所以不獲其身。艮上下相敵抗，所以上忘下，下忘上，如人處在庭之中，又有如不見。

　　艮卦三至上互離象，而二至五互坎，艮之中含未濟，所以上下不宜交。離在上不利，在下不利，不交，則各行其是，則无未濟之可言，所以无咎。

◎艮（音岡）
一·艮爲止
　　（一）艮從目從匕，目相比不相下也，故有止義。
　　（二）艮止也。時止則止，時行則行。
二·艮爲背
　　（一）人身之靜止者莫如背。艮爲多節，爲背脊之象。
　　（二）艮爲反身，背也。
　　（三）背无思无爲，不像耳目口鼻四肢，比較容易誘于物。背爲靜安之象，艮爲靜止。
　　（四）背爲北。人身面南背北，明爲東北之卦。
三·艮爲門闕
　　純艮爲重其門闕。
四·重艮爲兩艮相背，內外相限，兩象各止其所。
五·艮爲定
　　艮上和初爻互易，卦成既濟，既濟定也。
六·奇門以艮爲生門。少陽之少，艮在寅位，天開於子，地闢於丑，人生於寅，天地到此，而三陽俱足開泰，從此而萬物皆生，陽迴氣轉，天地好生之情，而廣及萬物，

仁道生焉。

七・艮坤相對：八卦之先，本艮居西南，坤居東北，坤艮相對，而成後天之卦。

◎不見

坎爲不見。

一・坤不獲其身：困卦六二曰入于其宮，不見其妻。因爲坎在下，見不得也。

二・艮則中藏坎。艮卦說艮其背，不獲其身，行其庭，不見其人，无咎。

三・晉不見其人，晉三至五互坎。

◎艮其背

一・艮卦以陽止于表，剛章于外，如人之背脊，故艮其背。

二・艮其背，不獲其身，靜中之靜。行其庭不見其人，動中之靜。艮爲主靜之學也。

◎庭

一・庭之義詳本書夬卦。

二・門內爲庭

　　(一)艮行其庭，艮爲門闕，今純艮，重其門闕，兩門之間，庭中之象也。

　　(二)艮爲門（門取艮象），門之內爲庭。庭爲四三，互震行，故行其庭。

◎震艮往來

一・易經每卦皆有互相往來之卦，比如震爲動，中互蹇，艮義爲靜，中互解，蹇、解爲往來之卦。

二・地雷復爲震之道，山地剝爲艮之首。

象曰：艮，止也。時止則止，時行則行，動靜不失其時，其道光明。艮其止，止其所也。上下敵應，不相與也，是以不獲其身，行其庭，不見其人。无咎也。

◎止之義

一・艮爲止，易經見艮象都說止。

　　(一)蒙彖曰：蒙，山下有險，險而止，蒙。

　　(二)蠱彖曰：蠱，剛上而柔下，巽而止，蠱。

　　(三)賁彖曰：賁，文明以止，人文也。

　　(四)大畜彖曰：剛上而尙賢，能止健，大正也。

　　(五)蹇彖曰：蹇，難也，險在前也，見險而能止，知矣哉。

　　(六)艮六四象曰：艮其身，止諸躬也。

　　(七)說卦傳：艮以止之。

　　(八)咸艮兌澤，艮爲主，艮止也。止而說，則其感也以正，是爲取女之吉。

二・艮為止：坤為腹，腹象坤，身柔。背象艮，剛也。人身皆動，惟背不動，象艮之止。

三・巽為艮反，巽亦為止。

巽為進退，先後天卦皆至巽而止或起。先天乾、兌、離、震、坤、艮、坎、巽，以巽為進。後天巽、震、艮、坎、乾、兌、坤、離、巽，以巽為起。

四・大畜為止。剛上而尚賢，能止健，大正也。

五・己為止

(一)大畜初九，有厲，利己。己，止也。

(二)以乾遇巽，一陰生，而陽小止，故風天曰小畜。乾遇艮，而陽大止，故山天曰大畜。

(三)損初己事，止也。

(四)彖曰：咸，感也。柔上而剛下，二氣感應以相與，止而說。

六・內為止

旅彖曰：旅，小亨，柔得中乎外而順乎剛，止而麗乎明，是以小亨，旅貞吉也。旅彖言止而麗乎內，旅卦是由晉和睽而來的，即火地晉、火澤睽、火山旅。其行到旅為止，三個卦皆見止象。晉二五互艮，艮止也。晉之主在順，睽之下卦為兌，艮之反。兌為和順，旅之下卦為艮，。見艮即止，止在於內。

七・節為止--＜節止＞。

八・陽爻到了上，即不復升進，其義為止。艮卦陽在上，為止。

九・既濟定，定則止。物止而後能定。

(一)艮卦三為九三，四為六四，是既濟最主要的卦象，所以艮有既濟象。

(二)既濟為止。既濟卦說終止則亂，其道窮也。雜卦曰：「節，止也。」止，水澤也。以先天陽生坎中，至兌陽終。終，故止。既濟上坎，下離，離中陰生，坎陽終止。

十・兌為陽止：坎兌--先天陽生坎，終于兌。終，故止。坎陽終，坎兌為陽止，即節止。

十一・大壯為止。雜卦傳：大壯則止，遯則退也。

十二・上位為止。止為上位，艮其止，止于上位也。

十三・蒙險而止，止于外。蹇險在前，止于內。

◎時

一・時字之義詳本書隨卦。

二・艮為時。艮彖時止則止，時行則行。艮位丑寅，一歲始寅終丑，故艮為時、為歲。

◎時行

一・艮時行，震為行，九三互震。

(一)小過：過以利貞，與時行也。

小過震艮，所以小過卦說與時行。過時行，易艮為時，震為行。

(二)動靜不失其時：艮動靜不失其時。震動艮靜，皆九三一爻，故動靜不失其時。

二・應乎天，即應先天卦之卦理，即為時行。

易經大有卦說其德剛健而文明，應乎天而時行，是以元亨。

大有爲離乾相應，以離應乾天，所應爲天，所以時行。離日在天，每日右施一度，積三百六十五日有奇，與天會以成歲，而春、夏、秋、冬四時行。大有自乾至離，中互有兌（乾、兌、離、震），在先天爲右施，爲日行天之象。

三・易經之爻當位而應，則與時行。

與時行也：遯彖曰剛當位而應，與時行也。乾九五當位，應二，艮爲時，天行健，故與時行也。言乾應艮，與艮時行也，應時而動也。易經說到與時行有三卦：遯、益、小過，艮在易經爲時。乾爲健，行也，艮、乾爲與時之行。

(一)遯彖曰當位而應，與時行也。乾九五當位，應二，艮爲時，天行健，故與時行也。言乾應艮，與艮時行也。應時而動也。

(二)益動而巽，日進无彊，天施地生，其益无方。凡益之邀，與時行。

益彖曰與時偕行，艮爲時，震爲行，益自否來，否四互艮，益下爲震。

(三)小過彖曰過以利貞，與時行也。小過爲震艮。易經的艮爲時，震爲行。所以說與時行。

◎敵應

敵應即不相應，而反以相對。

◎與

一・與，應也。

二・相與就是兩卦互換以取得相濟之利。

(一)咸二氣感應以相與，剝六二未有與，艮上下相敵應，不相與也。剝二无應，未有與也。

(二)雷風相與：恆彖雷風相與，分乾與坤，雷也。分坤與乾，風也。雷風之間乾坤在焉，故雷風相與。

(三)恆彖曰：恆，久也。剛上而柔下，雷風相與，巽而動，剛柔皆應，恆。

三・相與就是互通聲氣。

四・不相與：艮象曰上下敵應，不相與。艮其背，兩象相背，故不相與也。

◎上位爲止

艮象曰艮其止，三爲艮位，上爲止位，艮止之，止其所（止位，上位也）。

◎光

一・坤亦爲光

坤的二爻說六二不習无不利，地道光也。道之光，因爲坤二五交成爲離，離是火之光。天地之交，交以水火，所以坤也是有光的意思。但是和乾交而後得離卦，是以離爲光之象。坤之光是借自乾，如月因日而明。

二・離爲光

(一)需，有孚，光亨。水天需，通風澤中孚，中孚離象，故光亨。

(二)噬嗑九四象曰：利艱貞，吉，未光也。

未光：離爲日、爲火、爲電，皆光也。今變艮止也，光而止 未光之謂也。

(三)晉上九，晉其角。維用伐邑，厲，吉无咎。貞吝。象曰：維用伐邑，道未光也。

(四)艮卦曰其道光明：離爲明，艮其道光明，艮卦和晉通，晉爲通象，晉上離，三爲離，所以艮爲光。

三・乾離爲光

(一)光大：坤六三或從王事，知光大也。坤二五交，爲離，以乾光坤，故其光大。易經光明可指離。又先後天乾離同位，故乾也是光。

(二)泰九二象曰：包荒，得尙于中行，以光大也。泰爲坤乾皆光也。

四・謙爲光

(一)謙彖曰：謙，亨。天道下濟而光明，地道卑而上行。

(二)繫辭下七，謙尊而光。

(三)謙爲坤艮，艮光明之道也。

謙卦曰地道變盈而流謙，天道虧盈而益謙，鬼神害盈而福謙，人道惡盈而好謙。謙尊而光，卑不可踰，君子之終也。

(四)離爲光明：謙互坎，坎錯離，光明之象也

五・艮爲光

(一)艮爲光明：艮象曰：艮，止也。時止則止，時行則行，動靜不失其時，其道光明。

(二)謙尊而光：謙卦說尊而光。山出地尊也，光者，艮之象曰其道光明，故曰光。

(三)觀六四，觀國之光。觀中爻互艮，艮之象曰其道光明，故曰光。

(四)大畜彖曰：大畜，剛健。篤實，輝光，日新其德。

(五)晉上九，晉其角。維用伐邑，厲，吉无咎。貞吝。象曰：維用伐邑，道未光也。

(六)頤上艮，艮爲光。頤六四象曰：顚頤之吉，上施光也。

◎光大

既濟之象。咸貞既濟，則光大矣。

◎未光

一・未光之義詳本書大畜卦。

二・易經以坎離皆爲鳥。坎中實爲鳥之孚，離爲鳥之飛。凡是易經見到坎離，是通于坤卦。坤在未，爲太陰神，即命理所說之兔入月宮格，主功名。在易卦之中，中孚之卦象也主功名，見之于萃之孚象。萃卦上澤爲坎，下坤爲離。所以萃主名。萃爲精英也。

三・土多未光。震九四，震遂泥。象曰：震遂泥，未光也。五行土洩火，火見土掩而不光。

象曰：兼山。艮。君子以思不出其位。

◎兼

　　一・兼爲重

　　　　艮兼山，上下皆山，故兼山。

　　　　艮卦一動一靜，一起一伏，爲重之象。

　　二・兼爲雙。

　　三・兼爲連。

　　四・兼爲洊

　　　　震卦洊雷，坎爲水洊至。艮卦曰兼，兼即洊，即有如水波。艮爲靜，但靜中之動，

　　　　有如震卦卦象所說的水洊。

　　五・兼爲謙。

◎思

　　艮不思出其位，思。坎爲心，艮互坎，爲思。出爲震，艮互震，出而爲艮止，故不出其

　　位。

初六，艮其趾，无咎，利永貞。
象曰：艮其趾，未失正也。

　　　　易經以卦爻象人身。四爲身之主，即人也，其他則以身之部份相比而稱之。初六爲下，

下爻二分，爲趾之象。艮綜震，震爲足，咸卦也稱初爲趾。咸艮山兌澤，是止而說，所以

咸卦是上下相感而正。因爲能止，而可以相感。艮卦說止，是止在該止，因爲初六是地位

卑下，如輕舉妄動，是不可能行的。初六不得位，因爲六二在上，可以承陽爻之九三，所

以初六止而得宜。

　　　　艮卦之艮另一個意思是「倒」，所以艮卦說的話有倒反之意。初六陰爻居初，是失

位，這是失正而初爻和六四不相應，這是其二。但是初爻變，卦成離，離在下則得位也，

而且變爻可和六四相應，又和三五互坎成相濟，即永貞也。可知易經說到卦理都要以相反

來看。艮卦是看倒卦最好的方法。

　　　　艮卦之不獲其身，不見其人，不失其時，思不出其位，初六未失正，六二其心不快，

象未退聽；九三限危，六四身止諸躬，都是相反之意，所以艮中互未濟也。未在艮卦即反

之意。全卦從初爻之反開始，只有上爻敦艮，即完全合乎艮卦之大象，而其他之爻都以反

面來說艮象，所以初、二、三、四、五爻爲艮，即跟，而上之止，爲＜止于至善＞。

◎趾

　　艮象艮其趾，艮象人身，以人身陽上陰下，惟艮象之。初應四，四爲震足，艮止，故艮

　　其趾。趾者足指，艮爲指也。

◎无咎

艮初六无咎，艮三四爲卦之動爻，動得正，故无咎。

◎利永貞

艮初六利永貞，艮惟六二、九三、六四三爻得正。初承二，應四，三爲下卦，主爻皆得正，不變，故利永貞。

六二，艮其腓，不拯其隨，其心不快。
象曰：不拯其隨，未退聽也。

艮卦六二卦象是不能跟隨三爻，但是又不能退，因爲中有坎水，坎之性是向上卦，不肯退。艮本來是初和二爻之陰走向上，但是初不敢動，而二要全排走，卻不能隨下一爻，其爲陽爻阻之。不過二爻仗著坎水之勢還是要上，不願聽人之言，又不肯退。而二之艮止，不願跟隨三，三爻之止，不肯退到二。因爲卦中爲坎，坎爲心，坎水被艮土擋了，其心不快。

腓對於初爻之趾，以之比爲腿肉，即小腿肚。趾在下原是要跟著小腿走，但是足每走必止而復行，小腿則不停，所以產生了顫動。這可以比爲渙卦初六用拯，馬壯。渙是借其他交通工具來行，初六陰爻接二之陽，可以前行，有如馬之壯行。二爲中正，都是八卦正位，所以渙爲舟船之利，一瀉千里也。但艮走動時，爻爻互相牽動，易經以該靜則靜爲吉，所以艮卦是不跟隨也不退。但是艮卦之止是堅定如山，不可動搖，當行則行，當止則止，完全是身體自己控制，而无外力來推移。如人的人身可以做到如此，所以不相應合，都是有肯定的作用。

◎腓

艮六二艮其腓，六二在趾（初六）上，故象腓。

◎隨

一·艮爲隨，即跟隨，是說跟在下面的一個爻。

二·艮六二不拯其隨，二動爲蠱。蠱反隨，故曰隨。

三·咸三，執其隨。執之以艮手也。艮二不拯其隨，不拯以艮手也，三爻跟在二爻之後。

四·咸有相感之情，艮爲各止之義。

◎心

艮卦二爻出現了一個隨字，因爲艮卦二爻變動了，就成爲蠱卦。我們別忘了蠱卦和隨相反，所以蠱字有隨義。我們俗說隨心所欲就可以從艮卦二爻看出。因爲艮卦二爻是不快之心，出自不能相隨。艮字本有跟隨之義，但是二爻艮其腓，腓是人身，只是從人之身而不是從人之心。艮震本又是一卦，所以艮之反爲動，現在艮卦三五互震爲動，五爻失其正，不正之動也，所以是身體動得不得法，而沒有心來配合，人不能隨遇而安時就會

如此，這和咸卦三爻之執其隨不同。咸卦有相感之情，是和物相感而動，隨而能安，艮卦爲各止之義，是不能相隨，所以身動心不動。這個動和隨的道理可以用來說明人的心理狀況，有時也可以拿來參考各種人體身心相配的活動，比如習氣功和武術、音律、平劇發音之法，不一而足。

◎未退

一‧艮止而退：退在易經是由上爻到下爻，遇到止，則退，但反艮則不退。艮卦一見正，二四互坎，所以二爻不能退。

二‧艮六二象曰未退聽。坎爲耳，司聽。坎止于三爻，艮九三爲晉四下退，坎止于三，未退也。艮六二象曰未退聽，退爲艮象。聽爲耳，亦艮象。

◎拯

來知德注：「陰爻之柔資于陽剛，爲拯。」

> 九三，艮其限，列其夤。厲熏心也。
> 象曰：艮其限，危熏心也。

九三是上下卦界限，即人上身和下身之相接處。腰在人身，屈伸之際，如該動則不能停止，否則人會倒。如艮其限，則上自上，下自下，各行其是，不相連，則當限之處不能限，當止之時不能止，變成上下身分爲二。艮卦之特點就是在不當止時不能止，但是該止則應止。九三是人身體相連之處，是最不能限止的，否則人即分爲二段。列，就是分裂。列其夤就是把腰和下身分了。艮卦從三至上互成離體，而二至五互成坎。如分裂，則中爻坎心就和下卦分，而與上卦之離象成未濟。上體不能控制下體，人的欲望不能實現，是未濟之象，而未濟不能變爲既濟則坎心敗矣。久之，就是熏心之情況。因爲熏心有危厲的意思，危字就是彎腰或身屈。易經說到厲，就是危厲，是不能彎腰，這是很嚴重的情形。艮卦是說老頭兒養身之道。老了，能彎腰，就安。

◎限

一‧身之半爲限，限即艮。

二‧限，腰也。腰爲上下體界，故艮其限。

　艮九三艮其限。九三爲卦身之腰，即重心之所在。

三‧門之限也。

◎夤

一‧夤，脊肉。三互坎，脊肉。艮九三列其夤，九三爲腰，夤爲脊肉。

二‧夤即寅。艮在後天八卦爲寅位，寅在坎震之間，即冬春之限。

◎列

一‧列，裂也。艮九三列其夤，三爲艮震土木之位。又爲坎（三互坎）離（晉上離）之

氣，情相戰剋。震行艮止，離上坎下，氣各不同，故有艮限列夤之象。艮三爲晉離火之爻（由晉離火之所來也）。

二・列爲解。艮三、四、五互卦爲震，二、三、四互坎，合爲雷水解，解爲列。

◎厲

一・厲字之義詳本書噬嗑卦。

二・水見火爲厲。艮九三厲，以艮自晉來，上震艮，震行艮止，三爲晉離火之爻，又互坎心，故火氣＜熏心＞，危厲也。

三・水見火爲熏心。

六四，艮其身，无咎。
象曰：艮其身，止諸躬也。

人最容易有煩惱的是稱爲肉皮囊的身子，但是身子也是最容易約束的。身子最要緊是安靜韜晦，如坤卦說的括囊无咎，即把身子如閉了關，不受外界之誘惑困擾。六四爲陰，純陰取陰爻，是爻即得位，在艮卦就是安守靜。能靜則靜，不受外物干擾則心神寧靜，安常守份，无從獲咎。艮和坤都是土，即身子。休止之義在身和心不妄動。六四爲人身之爻，身子的本性原是愛靜的，如以止來復其本性，災病即不臨身。坤爲身。坤艮爲土，身也。艮六四艮其身，艮之六四本晉之坤爻，坤爲身，故艮其身。

◎身

一・家所以安身。身之義詳本書家人卦。

二・伸也。

三・躬，屈也，傴背而傴其身。

四・艮卦六四艮其身，因爲艮卦初爲趾，二爲腓，三爲限（腰），四爲身，五爲輔。

◎限

兩卦交接的地方，即腰。

◎躬

艮六四止諸躬，躬，傴背也，見背不見面。易中艮與坎者，每象以躬，艮三互坎。

六五，艮其輔，言有序，悔亡。
象曰：艮其輔，以中正也。

　　因爲語言而悔即失言。人會因爲口之動失序，而語无倫次。人之言，易則誕，肆則
忤，悖則違。六五以陰居陽則不免會有悔。而六五艮反兌，兌爲言，即語言之顚，則悔。
艮卦是以艮限其口，則言有序。

◎輔

　　一·口爲輔

　　　　艮六五艮其輔，輔，口象。艮三至六互頤，故取口象。艮其輔，限其口也。非不言，
　　　　言有序也。

　　二·面頰之前的位置爲輔。五在四，即人身之上，爲輔。

◎序

　　一·序者如鴻鳥之飛，即漸卦

　　　　言有序：艮六五言有序，漸六爻象鴻，鴻有序者也。艮五動之漸，漸進以序，故言
　　　　有序。

　　二·有的書以艮卦六五爲言有孚。中孚體艮，故稱孚。

◎悔亡

　　一·艮六五悔亡，无悔也。艮五上失正，然六五得中承陽，失位之悔可亡也。

　　二·晉五亦悔亡。以離艮在上者，五上兩爻得陰順承陽之道，故悔亡。

> 上九，敦艮，吉。
> 象曰：敦艮之吉，以厚終也。

　　人命具有艮之知止，賁之文飾，小畜之止，蠱之尊古，損之自窒，蒙之童心，則必有
厚終。厚終是晚運好，死時體面，後事无憂。這些卦上九都言吉，而上九本爲陽居陰位不
吉，因爲居上九以止，而不進，這比到了上爻而要飛還不容易。艮卦從初爻到五都說人身
部份，到了上九完全到了太上忘情，所以无欲則剛，而又不剛厲。人能剛而无欲，則可以
守成。來知德說上九以陽剛居艮極，自始至終，一止于貞，而不變敦厚于止者也。人在止
時不削不刻，而又能敦厚于止，是爲厚終。

　　易經之震卦說動，艮卦說止。震動發于下，而動傳自上而下，艮則靜由于上養，而靜
終致安于下，是爲艮卦之意。

◎敦

　　一·敦之義詳本書敦卦。

　　二·重坤重艮皆曰敦。敦，安土敦仁，敦爲土德。坤艮皆土，敦爲重土。

　　三·復五敦復，復二至四互坤，五互重坤。

　　四·臨上敦臨，三至五互坤，上互重坤。

　　五·艮上九敦艮，艮上重艮也。

六・艮上九敦艮，坤厚爲敦，自晉來，坤土之上加以艮山，故曰敦艮。

七・敦爲厚。

八・敦艮：

    (一)艮卦五爻艮字皆在上，惟上曰敦艮，艮在下即艮之止。

    (二)易經臨卦說敦臨。敦復，是取土爲象，艮卦爲土，土之性靜。

◎吉

一・艮上九吉，艮九爻三爻皆陽，陽爻得正位，故艮上九吉。

二・艮之上爻多吉。艮德止，上九之位，正合止德，故艮之上爻多吉。

◎厚終

一・艮爲厚終

    艮卦上九象曰厚終，易中艮爲終，敦艮，故厚終。

    艮之在上者八卦，皆吉。艮者，物以成始而所成終，所以象辭說艮爲厚終。

二・虞翻曰：「坤爲厚，陽上據坤，故以厚終。」

三・易經之卦如賁、小畜、蠱、頤、損、蒙，都是上九爲陽爻。上九爲久之意，又上爲山，智者樂山，所以厚也。這些卦都要狀似蒙薇之象。

四・繫辭下二：古之葬者，厚衣之以薪，葬之中野，不封不樹，喪期无數。厚是說加蓋衣薪。

◎厚

一・坤爲厚

    (一)敦爲厚--＜敦厚＞。

    (二)坤＜厚德載福＞。

    (三)乾之行健，坤之勢厚，君子法乾健以自強，法坤厚以載物。

    (四)剝下坤。剝象曰：山附于地，剝上以厚下。

    (五)益初九象曰：元吉无咎，下不厚事也。二五互坤，坤爲厚，初九在二下，故爲下不厚事。

二・艮爲厚

    謙上艮下坤，上下皆厚，厚之至者。

    繫辭上八：勞謙，君子有終，吉。子曰：勞而不伐，有功而不德，厚之至也。

    謙爲德之厚，即俗語之＜厚道＞。

三・人身之厚敦莫如背。背在後，而上爻在卦中稱爲後。上爲北(坎)，下爲南(離)，即背北面南，也就是所謂負陰抱陽。

漸，女歸吉，利貞。

漸卦在雜卦中和歸妹看爲一卦。雜卦說漸女歸待男行也，歸妹女之終也。這是娶女入門，要帶進門時，不能遽進。漸爲進，與晉之進不同。娶女入門要待之以禮，不且苟且因循，才能達到娶入門的目的。又進而得位，如此女人之終身才可以有依託。歸妹下卦是兌，進而爲漸，上卦之巽進而得九五之位，不但得位，而且是正大之位，所以漸之進是有結果的。歸妹變漸卦，下爲艮之止，則未進之前要心不急於求成，自我克制，雜卦說待男行，即耐心等男子之要求而動身。所以漸下卦爲艮止，而在外則巽順，是入門後順應夫家環境。

漸卦之爻位自二至五都是陰爻在陰位，陽爻在陽位，各得其正，是爲內順之義，順序漸進一定成功。如進取之心愈急，則進之機益阻。漸卦說君子居賢德善俗。

◎漸

一・進也

進也，漸自否通，否之六三進四成漸，故漸進。此卦之精義在漸進，主要以漸之九二進四成否，在止而順。艮爲止，巽爲順。進字之義詳本書晉卦。

二・漸即歸妹

(一)漸歸妹互反，又漸自歸妹通。

(二)漸女歸

泰爲女子于歸。泰自歸妹來，以歸妹六三兌妹，外歸于泰四，與漸女歸吉同，故曰帝乙歸妹。

歸妹者歸四爲三，女子大歸之象，所以无攸。泰者，歸三爲四，乃女子于歸之象，所祉元吉。

(三)觀互漸，女歸待男行，待男下求乃行，其道上行也，爻取歸節之意。這是說泰卦到女歸節是上行之道。

(四)漸上承爲歸。

(五)漸彖女歸，言六四之歸九五也。

(六)漸女歸吉

漸、歸妹爲一卦，漸爲歸之反，漸女歸外，乃女子之于歸，故吉。歸有家人象，爲女之歸也。漸女歸吉，漸三至上互家人，男有室，女有家，故女歸吉。

歸妹下四爻互睽，睽反家人，歸之下卦爲兌，兌女歸，爲其本家之人。

(七)漸緩進，歸妹不利進

歸妹女歸內，乃女子之大歸，故征凶，不利進也，即不利征也，所以无攸利。

(八)漸男窮，爲歸，有未濟之象。

雜卦傳，漸女歸，待男之窮也。男窮爲未濟之象。

(九)漸爲否三歸四

歸三之歸于四也，漸女歸，爲否之三歸四，泰五歸妹元吉，爲兌之三歸于四。

(十)漸與咸同歸。咸娶女吉，漸女歸吉，兩卦都說娶女之事。

咸艮兌澤，艮爲主，艮止也，止而說，則其感也以正，是爲取女之吉。

漸爲巽艮，止而巽，則其進也正，是爲女歸之吉。

(十一)漸莫如女歸

婦女出嫁爲歸，天下之事只有女人出嫁爲有漸，即按步而行，不得遽進。納采、問名、納吉、納徵、請期、親迎，六禮備而後成婚，所以爲漸。

(十二)鴻漸之爲物至有時而群有序，不失時序，乃爲漸也。

三‧漸爲歸妹互反，歸妹爲鬼魅，漸反歸去鬼。

漸，從斬，古時有寫漸加耳字在下在門上以嚇鬼之風俗。今病方二條曰＜瀉刀＞，曰斧斬若，即取斬鬼之意。古人相信鬼斬除，病自去。又《錢鍾書管錐編》（六七五頁）說鬼死爲聻。

◎利貞

一‧漸卦利貞，以卦惟初上失正，故利貞。

二‧漸利貞，漸歸妹，初九交易，漸成既濟，歸妹成未濟，故漸利貞。

象曰：漸之進也，女歸吉也。進得位，往有功也。進以正，可以正邦也。其位剛，得中也，止而巽，動不窮也。

◎功

一‧功之義詳本書師卦。

二‧漸爲進，進爲往，往有功。

漸往有功。漸自否通，否之三進四，成漸，上承九五，故往有功也。

三‧坎爲勞卦，凡坎用事皆曰往有功。又九五卦取坎中，常說是往有功，因爲坎爲險，見險而往，可進，以取功，但卦必要得中爲宜。

(一)坎，維心亨，乃以剛中也，行有尚，往有功也。

(二)蹇坎艮卦，利西南，利見大人，往有功也。當位貞吉，蹇利西南，往得中也，不利東北，其道窮也，利見大人，往有功也。

(三)解爲震坎。解，利西南，往得眾也。其來復吉，乃得中也。有攸往，夙吉，往有功也。

(四)又師六三曰大无功，坎在下，不利進。

(五)需上爲坎，需卦說位乎天位，以中正也，利涉大川，往有功也。

◎進

漸之進，言漸自否所通，否三進四成漸，陰居四，得位，故進得位。此不同于升晉之進。

◎正邦

坤爲邦，漸彖曰正邦。漸无坤，漸自否通，否之三進四，成漸·漸之四乃否之坤爻，坤爲邦，故以正邦。

◎位

漸其位剛，得中。剛得中，九五也。

◎通則不窮

一·往來不窮，謂之通。井卦說井養而不窮，井象通，故井卦有窮通之象。

二·動爲通，通則不窮，所以卦以震起，會有不窮的說法。

(一)頤，震起而不窮，漸動不窮也。漸，下艮止，艮反震，震爲起，起而不窮。

(二)先天卦陽起于巽、坎、艮，艮止震起，乾陽復始，故皆不窮。困窮而通，起坎之義也。坎爲通，通則不窮也。

(三)漸彖曰動不窮，漸四承五，四爲卦主，五又爲四所主。漸由否通，否之三進四成漸。漸下止上巽，由否而通，往來不窮，謂之起而不窮，漸動不窮也。

象曰：山上有木，漸。君子以居賢德善俗。

◎山上有木

一·艮爲山。

二·漸卦說山上有木，說的是下卦艮爲山向上行，代表艮山的三爻漸進到四爻，四爻爲代表巽卦的木，這是山上有木之意。這也是說漸卦是取通象，由否卦相變通而來。

三·漸與否通，漸之三進四成否，循序以進，故曰漸。漸山之三爻上四，卦成爲否。

◎君子

艮爲君子。漸言君子，象曰：君子以居賢德善俗。漸下艮，艮爲君子，漸三上四成否，上卦爲乾。

◎善俗

一·乾爲善。

二·漸言善風。象曰君子以居賢德善俗，漸三上四成否，否上乾，乾爲君子。漸上巽爲風。成乾，乾爲善，故善風俗。

初六，鴻漸于干。小子之厲，有言无咎。
象曰：小子之厲，義无咎也。

漸卦中爻離坎，離爲飛鳥，離在巽木之上，鴻之象也。鴻在秋天葉落時南飛，冬天冰化即回北，因爲來去有時，且其群有序。不失其時與序，用以代表漸很貼切。漸卦的六個爻都取鴻象，鴻漸以初爻所代表的是少男艮卦，即小子。初爻爲言，即開口之象，下卦艮錯兌，外卦巽綜兌，兌即爲口。一上一下之口是多言之少男，喻爲群雁相聚。雁鳥爲候鳥，喜飛到水與岸相接之地。漸一爻坎水流于山，所以說干，比喻爲鴻在水旁，尙未離水，還未上岸，是棲息飲水時，所以鴻漸亦說飲茶之道。人之飲茶是一口一口，如鳥之啄於水湄，進退小心，有如入社會之人，初學禮儀。

◎鴻漸
一・是一種鳥。
二・漸六爻和三爻曰鴻漸，坎爲飛鳥，三互坎，飛于風中，隨陽以進，其來有時，其進有序，鴻之象也。

◎鴻
一・女歸，昏禮用鴻，取其不再偶之義。
二・飛不獨行，先後次列，鴻隨陽。
三・離爲飛鳥，居坎爲水，巽爲風，鴻之象。
四・鴻爲大雁，爲水鳥。

◎于干
一・干爲水旁：
　　(一)水澗之水爲干，小水從山流下稱干。艮爲山，爲小徑，水流下山，故爲干。
　　(二)干爲大水之傍，爲停水之處。天爲涯，水之畔。
　　(三)漸，初六于干，干，水傍也。初爻近坎水，故鴻漸于干。
二・天干
　　即甲、乙、丙、丁、戊、己、庚、辛、壬、癸十天干。

◎小子
一・漸初六小子，小子，艮也。艮存于訟卦之中，訟自遯來，否互遯，否變漸，遯訟之爻，成艮。
二・初爲小子。小子爲未笄之女，未冠之男。

◎有言
漸初六有言，訟象。漸自否變，否互遯，遯自訟來。

◎厲
漸初六厲无咎，漸通否，否自遯來，遯初尾厲，尾爲九三。

六二，鴻漸于磐，飲食衎衎，吉。
象曰：飲食衎衎，不素飽也。

　　漸卦是取候鳥在棲息時漸漸上岸爲象。六二是鳥上了岸了，棲息在岩石上，這也用之比喻爲一個人進身之道。剛上岸，尚未全然離水，最安全之地即岸邊之石頭。六二是柔順又居陰位，是非常穩當的。而且上有九五之應，知道前途光明，所以可以呼群飲啄，衎（音看）衎和樂之象。因爲心中平安穩當，可以不必爲了飽肚而食，此時已到了品味之時了。漸以茶道喻，人在離水後，開始可以暢飲，但此時是淺嚐即止，是一付悠閒之態。漸六二變卦爲重巽，二巽木爲比和，氣旺。原艮土見巽木加重受其剋，木剋土，是得財之象。兌卦爲樂，悅樂生財，又有不必費心之食祿，吉祥之爻也。

　　漸六二有女歸之象。六二以陰從陽，應陽，合女歸之義。

◎磐

　一・艮石得位爲磐

　　　(一)漸六二鴻漸于磐，據艮三之石也。

　　　(二)漸三爲艮，艮爲石，九二得位，成大石（屯初磐，震得位也）。

　二・磐爲般，水涯堆也。

　三・艮石爲磐。

　四・山中石磐紆，稱爲磐。

◎飲食

　一・衎（音看）衎爲飲食

　　　漸六二衎衎，不素飽。坎水爲酒，兌口爲食，兌說，故衎衎。漸二至上錯豐，豐即噬嗑之象。

　二・噬嗑，食也

　　　漸自否通，否互遘，遘乾艮，乾即變離，艮即震，亦噬嗑象。噬嗑，食也。

　三・漸歸都取兌爲飲食

　　　漸有兌象。漸歸一卦，巽兌相反，故漸亦言兌，即有飲食之象（飲食衎衎吉）。

　四・坎爲飲食象，即經說飲食，坎大多說是酒食，如：困九二酒食、需九五酒食、未濟上九酒食、坎卦六四樽酒。

　五・漸六二言飲食。漸无兌，取自二上互噬嗑。

　六・坎滿盈爲飲食之象。

◎素

　一・白爲素：

　　　漸六二象不素飽。巽爲白，素也。

　二・空爲素

　　　漸六二象不素飽，素，空也。二承二應五，故不素飽。

> 九三，鴻漸于陸，夫征不復，婦孕不育，凶。利禦寇。
> 象曰：夫征不復，離群醜也。婦孕不育，失其道也。利用禦寇，
> 順相保也。

　　漸九三陽居陽位，中卦變爲陰，二四互坤，坤爲陸。又漸取否爲通象，也就是從否中可以看出漸卦的另一面。否互艮，艮是山，艮巽都不平，而坤平。否下坤，也是陸。總之，漸卦中有陸地之象。漸九三以夫婦來比，因爲三爻艮是少男，又是陽爻，而四爲陰，上卦巽爲長女，是陰爻，是爲一男一女相聚爲夫婦。因爲二四互坎，三是滿在中，有孕之象。有孕而不育，是指肚子一日一日大，而不敢讓別人知曉。

　　漸卦以鳥棲水湄，在占示上，可看成是陰陽交媾之現象。自古以鳥踏人之足跡，或其他鳥象可占女人之孕。但漸之九三動而上進，爲征──＜征夫不回＞，則妻之孕令人生疑。九三之奔，則變卦成觀，下四爻之陰聚在一處，成陽死坤離絕夫位，妻有孕，而夫不在家，原卦是木淫於水，變觀又是上下爲陰爻之卦，應是不可告人的醜事，所以卦九三言醜。

　　本卦之小象直以醜言。易經以坤爲醜，三五互離，即九三由陽變而附麗於群陰，是九三變坤，又附麗於群陰之中，漸卦上進易之心不見，又女有淫奔之事，而失去夫妻之道。上卦巽順見坤又是順，彼此互相庇護，以去坎水之剋。九三原爲坎，坤爲土，土剋去水，是失財之象。坎卦性強，而漸卦之離、坎、艮三象非陰陽正配，必各自爲是。本爻是坎爲盜，而群陰見盜來，夫不在，起而驅之。陰之群，即雁行也，所以卦象爲相保。如一女獨行，必是夫出征在外，而妻自行另嫁，爲雁失群之象，其身必危。

　　漸卦只有九三言凶，其他之爻都是吉，因爲漸爲居賢德善俗之故。易經之卦有主爻，而也有與主爻之義相反者。比如漸卦以六四爲主爻，漸以進爲義，然而九三不進而退，與卦義相反，所以九三之象凶。歸妹以反歸爲義，也就是說歸妹雖然說歸，是歸到夫家嫁給他，實則反而是離家外嫁，是歸的相反義。歸妹六三爲主爻，而九四不反歸而進，卦義反，所以歸有時征吉也。從漸卦和歸妹兩卦相比較而得知，漸九三說婦孕不育也可能是婦回到娘家住。漸之義和歸相反，而兩字之義可以吻合到如此程度，易經之精準令人讚嘆。

◎陸

　一・陸之義詳本書夬卦。

　二・巽艮見坤爲陸，一高一平也。

　　漸九三鴻漸于陸。陸，山上高平曰陸。否四互艮山，互巽，艮巽皆高，坤平。漸之陸象取自否，漸自否來。

◎三歲

　　三爻爲三歲。

◎夫征

　　漸自否來，否中有夫婦之象。否三爲婦，四爲夫，否變漸，夫動而征（進），成艮。

◎不復

一・剝則不復：漸自否來，否中有夫婦之象。否三爲婦，四爲夫。否變漸，夫動而征
　　（進），成艮。陽終于艮，死于坎，否互剝而不復。

二・陰長陽不復，陽消陰＜不育＞。又陽皆復象，故稱爲復。

三・天地之際爲不復之境也
　　泰九三，无平不陂，无往不復。象曰：无往不復，天地際也。漸卦爲巽艮，巽爲
　　坤，艮爲乾。先天之巽爲後天之坤，先天之艮爲後天之乾。乾坤爲天地，天地之際
　　不復也。

四・泰爲歸，泰三无往不復。泰三互復，反泰爲否則不復。漸卦有歸妹象，取其泰之不
　　復也。

五・剝而不復，否互剝爲不復。
　　（一）易經剝卦有復象，即剝而不復。
　　（二）漸九三夫征不復，不復，剝之象也（剝而不復）。否互剝，漸自否來，漸有否
　　　　象，否中有象，否互剝。

◎婦孕不育

陰陽不交則不孕。

一・漸九三婦孕不育。婦之孕者，陰陽交也，否陰陽不交，漸自否通，言九乃否之不交。

二・漸九五婦不孕，九三婦孕，漸之九三以九下于三，六上于四，陰陽獨交，交故孕也。

◎不育

一・陽進爲育，陰消陽爲不育。（乾爲大生，震爲生）乾、震爲陽卦之育象，乾震消，
　　則不生育。
　　（一）養育者，陽進之道也。漸三不育，凶。
　　（二）漸九三象曰不育，養育者，陽道之進也，九三獨退（否變漸，否九四退三變成
　　　　漸），故漸九三爲否退象，反陽道也。

二・艮坎皆有死象，不育也。
　　漸爲上艮中互坎，故有不育象。漸九三婦孕不育，漸上艮，中互坎，艮爲喪，坎爲
　　死，故不育。

三・坎爲育，水，養也。
　　蒙象曰：山下出泉，蒙，君子以果行育德。坎爲育，艮爲德，蒙卦曰育德。

四・坤爲母，育也
　　蒙中互坤，爲母育之象。德，坤德也，坤德以順爲性。

五・漸卦有育象，順爲育之道。育德之順就是循序漸進之意。

六・木爲育
　　蠱象曰：山下有風，蠱，君子以振民育德。巽爲風，又爲命，振民之象。艮爲山，
　　山多材，木育德之象。蠱爲養，育也，蠱爲木卦。

七・頤，養也，故頤爲育、无妄象曰：天下雷行，物與无妄，先王以茂對時，育萬物。
　　育萬物：九四互頤，養象。

八‧大生為育--＜生育＞也。乾為大生，所以育萬物。

无妄初九應四，互艮時，艮反為震，震為生，乾為大生，故育萬物。

九‧孕為育。孕，交，陰陽不交則不育。否不交，不育也。

漸九三，鴻漸于陸，夫征不復，婦孕不育，失其道也。利用禦寇，順相保也。漸九三婦孕不育，婦之孕者，陰陽交也。否陰陽不交，漸自否通，所以漸之九三有否不交之象。

十‧漸為育，以進為吉，不進為凶。

(一)漸九三凶，九三退（漸自否變通，否九四下成漸之九三），不進反退，故凶。

(二)養育者，陽進之道也。漸三不育，凶。

◎利禦寇

坎水為寇，艮山止之，坎寇不行。漸三之坎寇，自四下退，為寇則之象。蒙上利禦寇，漸卦互蒙，故利禦寇。

◎夫婦

易之言夫婦，有言二五之相應者，有言于三四之相承者。

一‧三四相承之例：

(一)屯六二，十年乃字。屯二婚媾，二五相應。

(二)同人六二，同人于宗。

(三)家人二五女正乎內，男正位乎外。

(四)賁六四婚媾，三四相承。

(五)睽上九婚媾，上三相應，三四相承。

(六)震上九婚媾，上三相應，三四相承。

(七)歸妹上士女，上應三也，三四相承。

二‧三五相應之例：

(一)畜三夫妻反目。

(二)困三入其宮，不見其妻。

(三)漸三夫征不復，婦孕不育。

三‧既濟為夫婦。

◎醜

坤為老婦，為醜。

一‧觀六二象曰：闚觀女貞，亦可醜也。觀下坤，老婦之象也。乾錯坤，大過九五，枯楊生華，老婦得其士夫，无咎。无譽。象曰：枯楊生華，何可久也。老婦士，亦可醜也。

二‧漸九三象曰離群醜，漸四互離，離麗也，坤為醜，九三一陽麗坤中，故離群醜也。解六三象曰：負且乘，亦醜也。醜在這兒有苦的意思。

◎順

一‧坤為順。

二‧順相保：漸九三象曰順相保。坤為順，艮為守，故相保也。離群醜，離為罹。

六四，鴻漸于木，或得其桷，无咎。
象曰：或得其桷，順以巽也。

　　六四以坤順爲巽，漸卦六四鴻漸于木，是直接說到鴻鳥從水上到陸地，進而飛到枝上或人家屋子的樑上。樹枝要橫而寬平，有如房子上的椽，又直又長，鴻鳥才可以久停。桷是長而平之柯木，桷爲鳥平安之歇處，當風上山，鴻之掌不能握木，一定要得到桷，即平木，才安全，則可眞正進一步到岸上來活動。這可以同時比喻爲女人出嫁漸漸習慣夫家的生活，或是求婚者可以瞭解到女家的習俗而開始求婚，也可以比喻爲飲茶者在水開了以後小試茶水的溫度，而把取茶之木匙放好，這時人的心情也可以順當。

　　漸六四陰柔駕於陽剛之上。離爲鳥，在剛上是棲象。六四得位，又得八卦正位，順應九三陽剛，是陰者以順爲駕，而不是陰爻要壓迫陽爻，所以喻爲鴻鳥漸漸習于木。漸也可以說是一隻一隻來停，是溫柔小心之棲息。六四是近君位之小臣，下有能幹之幕僚，其態度要上下謙和，方可相安无事，如此方可漸進而上。漸六四鴻漸于木，四爲巽木，故鴻漸于木。否互遘，是知退而守。六四變乾爲金，離火剋之，有財利。火天大有之象，上卦巽木生火，所以更爲吉昌。卦變遘，遘體爲艮止，應當遘而退。遘初爻喻爲遘，是鳥在棲時鳥尾下垂，以避開引來的危險。又遘艮山，是鳥所歸也。漸于干爲棲爲止，變遘爲吉。

◎桷（唸覺）

桷爲平木：

一・漸六四或得其桷，桷是房間上頭的木也，也是稱爲椽。桷爲平木，所以鴻鳥可棲止在上。

二・漸有遘象（漸自否通，否互遘），遘、大壯一卦（乾同震，艮同乾），遘、大壯皆爲宮室，所以漸卦也有宮室之象。

◎得其桷

漸六四或得其桷，即象所謂進得位也。

九五，鴻漸于陵，婦三歲不孕。終莫之勝也，吉。
象曰：終莫之勝吉，得所願也。

　　漸卦九五喻鳥由水到山上，即鴻漸于陵。離爲鳥，鳥因到山无水飲，腹空有如婦女腹中不孕。易經以正應爲君子，相比爲小人，九五爲夫，和六二爲夫婦相合而又正位，但夫在五爲家之外，中間有隔，而又三年之久，所以婦女无孕在身，這和鳥飛到山上无水相同處境。

就飲茶而言,這是乾澀之味,或喻爲山上取茶。飲茶雖樂,其間亦有苦時才可以後甘。而夫妻相合,亦有分別才見情之切。雖九五六二有小人在中間,因爲夫妻正大名份,又是相合,三歲之久不足道也。

水鳥止於水之湄,是最近水的,但是要到陸上,甚至到山上,必須要緩進才可。先是初六鴻漸于水湄也,再是六二入磐石,三爲飲食衎衎不素飽,到了四爻是非得好好休息。而五爻到山,可以得到辛苦後之甘味,而漸入佳境。漸九五爲坎,是離上而和坎合,成爲相濟。坎爲水,可見婦得孕,鳥得水之飲。飲茶者可得美味,而君子修身有所遲阻,而後得吉。本爻變爲重艮,艮爲靜而止,見山而止,吉也。

◎陵

一‧牛山爲陵

　　漸九五鴻漸于陵,陵,山之牛也,漸五應艮中爻,艮爲山,中爲牛。

二‧艮爲山陵

　　(一)同人九三,伏戎于莽,升其高陵。

　　　　巽爲高,變離中爻互變艮,艮爲山,陵爲象,故曰升其高陵。

　　(二)震六二躋于九陵,艮山爲陵,艮山見于震二艮。

　　(三)賁九三象曰莫之陵。艮爲山陵,艮貞爲坎(得既濟卦),山陵象失,故終莫之陵也。

三‧坎象曰山川丘陵。牛山曰丘,邱下稱陵。

◎三歲

漸九五三歲不孕,離爲三,艮爲歲。

◎莫之勝也

漸九五終莫之勝,吉就是吉凶。易經之卦爻相應時,最不要其他爻來夾在中間成祟。漸卦是九五正位,而六二也是正位,好比心心相應之夫妻。因爲這兩爻定位,這兩爻會對其他爻有正面的影響,也會把其他不正之爻帶好,所以最後作怪之陰爻就勝不了。

◎婦不孕

一‧陰陽不交則不孕

　　漸九五婦不孕。漸自否通,否天地不交,故婦三歲不孕。

二‧易經以大腹爲孕。因爲離爲中虛,中虛和坎中滿相反,所以易經見到離卦反了坎卦,就有不孕之象。而鳥在喝了水時,腹中飽滿,和女人有孕相似,即不飛了。要飛,就不能肚中有水,所以漸卦說不孕,是說鳥之腹中无水,即離象。

　　比喻爲喝茶,即喝茶時如鳥飲。不能太飽,即不孕之狀。因爲鳥飛到了山上,不易上天。

三‧婦喻爲鴻雁,是不再偶之鳥,因爲夫故,所以不再偶,而无孕。

四‧易漸卦以坎中實孕,而以離中虛不孕。

◎願

漸九五象曰得所願。上貞坎,坎爲心,心願也。

上九，鴻漸于陸，其羽可用為儀，吉。
象曰：其羽可用為儀，吉，不可亂也。

漸上九為陸，因為上九變爻成坎，坎為水，水只在平坦之地留，但是原卦巽，為木，又巽是進退，而漸之象是由下漸進，到上九无可再進了，漸上九成了坎。坎為水，是鳥所需要生存之物，而飲茶者在此可以暢飲。漸卦以鳥喻，可見說的是一種完成之儀式，有如現時人說之茶道。鴻鳥一步一步到了陸地，可以完成它季節之遷移，到陸地時，既安全，又可以井然有序。因為鴻鳥知時序，和其他鳥不同，所以經過重重的困難和歷練，到這時可以成為其他鳥的模範。

就做人之修養而言，漸上九是木在山上，長年之生長，到了至高之地，是漸之極矣。俗語說＜樹大招風＞，所以不能再進，而巽卦之木是能進能退的，而變爻後成陰，則既濟矣。易經以歸妹和漸卦說男女結合，人道始終。而漸卦上卦變坎，為濟象，三爻各正其位，因為正，德行至高，不可亂也，就是不會被別人干擾而生亂心。羽可以為儀，好似人之言行修養成為法則。

漸上九變爻卦成蹇。蹇為澀，艱澀，茶之味也。蹇是跛足之象，蹇是山上有水，蹇足難也，不能進行之難。蹇就是如同跛了足的鳥，山水之泉曲折，但受阻而行，為經過重山越嶺而來，身心交疲而不懈。但是鳥在平陸，鴻漸于陸，非鳥所安也，復可再登天矣。鴻飛于天，列陣有序，鴻之離所止而飛于雲空，羽為儀羽，旌旃纛之飾也。而漸是說鳥在山上還可以保持其知時合序之天性，這是教人以反身修德，內靜以順為進也，能知進退而為世人之典範。

◎陸

在高地乾淨又平坦為陸。

◎鴻漸于陸

易經卦爻到了上極就反下，易經上爻常和下爻名稱相同。巽上象同二，大壯上象同三。同理，漸上九漸陸，彖曰利貞，利貞既濟之義也。漸上初都失正，以上九下初，互易卦成既濟。初在艮山之下，為陸，故鴻漸于陸。陸為艮卦，所以鴻漸于陸，實在是說漸卦最後變成既濟卦。

◎羽

漸上九其羽可用為儀。九三互坎，為飛鳥，六二、六四正飛鳥之羽。漸卦取茶之義有下面的典故：

陸羽，唐德宗，字鴻漸，他出生不詳。在嬰兒時，被一個和尚智積從水濱撿到，到長大後，自己從易經卜筮得蹇卦之漸，他取漸卦之上九爻辭鴻漸于陸，其羽可用為儀，開始給自己取名陸羽，號鴻漸。到了上元初，隱居在苕溪，和女詩人李冶，詩僧皎然成了好友，相往甚篤。自號千桑苧翁，又稱竟陸子。陸羽後來詔拜太子文學，他辭官不就，杜門著書。常常獨行野中，誦詩擊木，每到月黑共盡，慟哭而還。

陸鴻漸一生最著名之事是作《茶經》一部，是空從絕後有關飲茶之與。陸羽是在水上飄被拾到岸上，其過程和漸卦所說相同，而他的命造也和水鳥棲山很象。漸卦象曰山上有木，山上有木即是茶也，而漸卦也是說飲茶之道，易經之神妙可以至此。

山上有木，茶也，君子以取賢德善德善俗，所以善俗是不移本。易經以茶（漸）與井皆爲風，風俗也。

◎儀

漸上九其羽可用爲儀。離爲威儀，漸利貞爲既濟。上爻下初互易，艮爲離。六二，六四皆爲離儀，故其羽可用爲儀。儀是古時舞者用以翳首之羽飾，即鴻鳥之羽。

◎終與亂

坤失位爲亂：

一・屯變爲萃，故有孚不終，乃萃乃亂，坤失位也。

二・漸上九象曰不可亂。漸卦利貞爲既濟，三爻各正其位，漸自否通，利貞爲既濟，坤爻不可用，故不可亂也。

◎始終

先天四隅卦上經者隨、蠱，下經者漸、歸。隨、蠱于先天爲順，故以象天運之始終。漸、歸于先天爲逆，故以象人道之始終。上經謙、豫、臨、觀中爲隨、蠱，艮、震、兌、巽之合也。下經震、艮、巽、兌中爲漸、歸，亦爲震、艮、巽、兌之合也。

◎吉

一・謙得師之正爲吉。

二・上爻陰爲吉

　　(一)乾九，見群龍无首，吉。

　　　　易上爻爲首，而陽不可極，極則必消。乾卦之陽在上，故以无首爲吉，因爲乾卦亢陽爲嫌。

　　(二)蒙六五，童蒙，吉。童蒙之吉，順以巽也。

三・坎坤同位爲吉

　　(一)訟訟，有孚，窒，惕，中，吉。終凶，利見大人，不利涉大川。

　　(二)師九二，在師中，吉，无咎，王三錫命。象曰：在師中，吉，承天寵也。王三錫命，懷萬邦也。九二變坤爲純坤，爲先後天同位之卦，本吉，故曰吉。今中變爲純坤，復本位，仍在師中以先後天卦位合。

　　(三)比，吉，原筮，元，永，貞，无咎，不寧方來，後夫凶。

　　(四)小畜九二，牽復，吉。象曰：牽復在中，亦不自失也。

　　(五)同人九四，乘其墉。弗克攻。吉。象曰：乘其墉，義弗克也。其吉，則困而反則也。

四・位中正爲吉

　　(一)隨九五，孚于嘉，吉，位正中也。

　　(二)臨六五，知臨，大君之宜，吉。象曰：大君之宜，行中之謂也。

五・未光爲吉

噬嗑九四，噬乾胏，得金矢，利艱貞。吉。象曰：利艱貞。吉，未光也。

六・不在家食之吉（食祿也）

　　(一)大畜，利貞。不家食，吉。利涉大川。

　　(二)大畜六五，豶豕之牙。吉。象曰：六五之吉，有慶也。＜打牙祭＞。

七・无逐則吉，不必追人或被人追。

　　頤六四，顛頤，吉。虎視耽耽，其欲逐逐，无咎。象曰：顛頤之吉，上施光也。

八・居大屋之吉

　　大過，棟隆，吉。有它吝。象曰：棟隆之吉，不橈乎下也。

九・畜牛之吉

　　離，利貞，亨。畜牝牛，吉。

十・離王公，不必爲五斗米折腰之吉

　　離六五，出涕沱若，戚嗟若，吉。象曰：六五之吉，離王公也。

十一・得壯馬之吉

　　夷六二，明夷，夷于左股。拯馬壯，吉。象曰：六二之吉，順以則也。

十二・家人女人安樂之象爲吉

　　家人九三，家人嗃嗃，悔，厲，吉。婦子嘻嘻，終吝。象曰：家人嗃嗃，未失也。婦子嘻嘻，失家節也。

十三・有喜事相隨爲吉

　　隨九五，孚于嘉，吉，位正中也。

十四・見金之喜

　　噬嗑九四，噬乾胏。得金矢。利艱貞。吉。象曰：利艱貞。吉，未光也。

十五・升官可以用大牲祭神爲吉

　　萃，亨，王假有廟。利見大人，亨，利貞。用大牲，吉，利有攸往。

十六・家用不虛（缺）之吉

　　九二，鼎有實，我仇有疾，不我能即，吉。

　　象曰：鼎有實，慎所之也。我仇有疾，終无尤也。

十七・順事之吉

　　升六四，王用亨于岐山。吉，无咎。象曰：王用亨于岐山，順事也。

十八・安于飲食爲吉

　　漸六二，鴻漸于磐，飲食衎衎，吉。象曰：飲食衎衎，不素飽也。

十九・嫁女之吉

　　漸，女歸，吉，利貞。

二十・得病又康復之吉

　　豐六二，豐其蔀，日中見斗，往得疑疾。有孚發若，吉。象曰：有孚發若，信以發志也。

二一・兩朋對照，天地相合之吉

　　歸妹六五，帝乙歸妹，其君之袂，不如其娣之袂良，月幾望，吉。

二二‧喜慶之吉

豐六五，來章，有慶譽，吉。象曰：六五之吉，有慶也。

二三‧得羽衣爲禮服之吉

漸上九，鴻漸于陸，其羽可用爲儀，吉，象曰：其羽可用爲儀，不可亂也。

二四‧得到好的驅鬼之巫師爲吉

巽九二，巽在床下，用史巫紛若，吉。无咎。象曰：紛若之吉，得中也。

二五‧和兌爲吉

兌初九，和兌，吉。象曰：和兌之吉，行未疑也。

二六‧有始有終爲吉

繫辭上傳八章：勞謙，君子有終，吉。

◎蹇爲澀

艱澀，茶之味也。

歸妹

歸妹，征凶，无攸利。

　　歸妹包含有關女孩出嫁所有的情況。歸可以從兩方面來看：從男方看，即有女從別家歸屬於我，即娶媳婦。從女方看，即從自家歸到別家，即嫁女。古時以長者為姊，而兌為少女，所以稱妹。因為嫁娶事關天地之常經，男女不交則萬物不生，而人道息滅，可說人倫之始。從道德看嫁娶，可以防止男女不正當之合。從宗教來看，嫁娶有許多功能：比如為一個社稷之安定與其他別族之和睦，從嫁娶來消除因為祖先神靈作祟而帶來之災。因而自古除了正式一男一女之婚姻之外，尚有納妾、童養媳、指腹為婚、代姐妹婚、姐妹同嫁。在宗教上則以各種習俗來進行婚儀。歸妹在漸卦後，漸卦說君子居賢德善俗，歸妹卦說的是結婚之禮俗，還有特別之婚俗，其作用也是為了家族所有成員之平安而設的，比如搶婚、鬼婚、或陪葬等。這些都在歸妹卦中可以看出。總之，歸妹卦絕不是只說單純的婚嫁。

　　歸妹卦體兌下震上，以少女從長男，其情又以悅而動，也包括女兒自己主動，即私奔。歸妹卦所以主要之爻都是不正。下卦兌之主爻六三為陰爻，在奇位，即少女主動而嫁。震卦主爻九四陽爻，而在陰位。又三、五、上各爻都是陰，以陰柔乘剛，這在易經都是凶象。歸妹卦說征凶，可以解釋為：為了消除家中之邪氣、災禍所進行之婚事。其二是因為不正當之男女相配，和男女八字不和，風水不對，結了婚必會帶來凶事，而聖人以天地大義來教人要正當相配的方法，這是征凶之訓也。聖人說无攸利，即為陰乘剛，這是最反人道的。

　　震為雷，兌為澤，兌澤之上為震雷，兌澤受到震雷之憾盪則女先乎男，是女人先主動，這是私情。但是夫婦之道焉能无情，只是震木受兌剋，夫妻因為剋而合，難免有口舌爭吵，甚至相剋之災。歸妹卦也說到如何克服這些因為配合不當而帶來的災難。

◎歸妹

一·歸妹就是嫁娶之象，但不是正當之嫁娶，而是因兄長而嫁，所以說歸妹。

二·易經之兌為少女，歸妹卦是震兌，所以說歸妹。

三·易經之卦凡是卦中互歸妹皆有特別之含義：

　　(一)臨卦地澤，一五互為雷澤，即為歸妹。

　　(二)泰互歸妹，又與歸妹通，泰卦之象皆和歸妹有關。

　　(三)睽卦互為歸妹，所以兩女不同居。即兩女相處如婚，不宜也。

(四)節卦水澤節互歸妹，卻是守節，主女子失其夫。

(五)漸卦反歸妹。歸妹震兌，漸爲巽艮，震巽反，兌艮反，是以漸卦說女歸吉，歸妹征凶，漸卦說的即是嫁娶之禮俗。

(六)觀卦中互漸，反歸妹，所以不利求親。

(七)姤勿用取女，臨、泰、大壯，皆互歸妹之反歸妹也。

(八)遯、否、觀皆互漸，都是女待男。

(九)屯卦說十年乃字，是女的等待男。屯與觀通，觀互漸，女歸待男行，待男下求乃行。屯卦實是說古時搶親之風俗。

四・易言歸者，都有歸妹卦的意思，即雷澤象。易言歸者有下面之處：

(一)訟九二歸而逋。訟卦說剛結婚之女逃走了，引起爭訟。

(二)泰六五，帝乙歸妹，以祉元吉。

泰說的是帝王家嫁女之事，爲了宗族平安无事。

(三)漸，女歸，吉，利貞。漸卦即說女嫁，其義詳漸卦。

(四)歸妹卦：說以動，所歸妹也。

(五)歸妹卦象曰：澤上有雷，歸妹，君子以永終知敝。

(六)繫辭，易曰：憧憧往來，朋從而思。子曰：天下何思何慮，天下同歸而殊塗，一致而百慮。同人，親也，即與人同而結爲親家。

(七)序卦說泰者，通也，物不可以終，故受之以否。物不可以終否，故受之以同人。與人同者，物必歸焉，故受之以大有。

(八)序卦說漸者，進也。進必有所歸，故受之以歸妹，得其所歸者必大，故受之以豐者，豐者大也。

五・女嫁曰歸，以男爲家也。

六・歸妹即征凶。易經說到征凶皆和歸妹有關，所以易經說：「征凶，歸妹也。」

(一)大壯初應四，互歸妹，曰征凶。

(二)益二互歸妹，曰征凶，互震失正也。

(三)頤互歸妹說征凶。

(四)征凶可解爲不利行，因爲歸妹不利進。

(五)征爲剋，征凶即驅鬼。

七・歸爲始終

歸，歸返元始也，所以歸妹有始終之義。婚姻以有始有終爲精神。先後天卦陽皆歸于震，而終于艮。蠱外艮，爲陽之終。隨內震，爲陽之始。蠱反隨，故終則有始。兌爲少女，歸於震男，上動下悅，男女交，生生不已。前者終，後者復始，人之始終，先天卦坤之三陰始于巽之初陰，終于兌之上陰。歸妹自泰通，以泰之坤陰而爲兌陰，爲陰道之終也，故歸妹爲女終。

八・歸妹因爲與泰卦相通，即泰之三上四成歸妹。而歸字即取泰四反歸于三，而成歸妹卦。

九・歸妹有其他卦之意：

漸爲進，以六三進爲六四也，卦成否，漸反歸妹，爲女歸之象。

歸妹有恆象：上震下巽爲恆，歸妹上震下兌，初象曰以恆，兌巽一體也。

歸妹恆象，巽兌同體，坤巽同體。歸妹震兌，中孚下四互歸妹，豫震坤，皆曰恆。

十‧歸爲規，即＜圓規＞之規。在天時可看成是四時變化：四時言歸妹也。

歸妹震春，離夏、兌秋、坎冬，變泰則四時變化，泰變恆，則能久成，以咸變恆相
對，爲先天之震、兌、巽、艮四孟月（咸爲震巽，恆爲兌艮），而成言乎艮也。

十一‧歸爲鬼

(一)歸妹爲鬼妹，甲以乙妹妻庚。

(二)遊魂謂之鬼，物終所歸，精氣謂之神，物生所信也（見樂記疏）。

十二‧歸爲龜

損卦說十朋之龜。歸妹下兌，兌爲朋，即損所說的十朋之朋。

十三‧上承爲歸

漸彖女歸，言六四之歸九五也。

十四‧歸有家人象，爲女之歸也

(一)天地造端乎夫婦。男有室，女有歸。

(二)漸女歸吉，漸三至上互家人，男有室，女有家，故女歸吉。

(三)歸妹下四爻互睽，睽反家人，歸之下卦爲兌，兌女歸，爲其本家之人。

十五‧歸利入不利出

歸妹女歸內，乃女子之大歸，故征凶，不利進也，即不利征也，所以无攸利。

女子于歸，歸于外也。

十六‧漸男窮，爲歸，有未濟之象。雜卦傳：漸女歸，待男之窮也。男窮爲未濟之象。

十七‧入爲歸

(一)京易釋歸遊章

自他宮而入曰歸魂，自親宮而出曰遊魂，是往返之卦也。

(二)入爲返，歸妹是出嫁，爲入（回家）之反。

(三)歸妹是歸于內卦，即歸于內。女子謂嫁曰歸，言陰爻來（歸）于內卦，而非
歸之于外也。

十八‧八宮之中以雷澤爲最終爲歸魂卦，所以以歸妹名之。

十九‧歸妹爲嫁不及時，或非常之婚嫁。

歸妹卦不是說正常之婚嫁，在卦理上可以看出：

(一)長男配少女，震兌之配。震兌爲金木相剋之合，在三合卦中是絕命之配，所
以不喜。故卦中說征凶，无攸利。

(二)歸妹之女先乎男，嫁不及時。

(三)又不待取而自歸，這可能是因爲特別情形而爲的，比如爲了兩家進行絕配，
即某一家之男女因爲命太旺，要過房爲妾，招贅而由女兒先嫁。但這種婚娶
並不合禮儀，所以歸妹卦在婚儀之義上和咸卦相反。

二十‧歸妹即返家

歸妹反（返）家：漸歸一卦，漸上四爻互家人，歸妹反家人。歸妹者，反家人之象也。

二一‧歸妹爲女之終

(一)雜卦傳，歸妹，女之終也。

(二)泰卦以坤陰爲兌陰，先天卦坤之三陰，終于兌上一陰，泰通歸妹，泰以坤陰爲兌陰，陰道之終也，故曰女之終也。

二二‧歸妹，少女也。歸于夫家之後，少女乃人之婦。婦，女之終也，即終身大事。

二三‧歸妹爲天子嫁妹

帝乙歸妹，泰五帝乙歸妹。歸妹之六五居尊爲帝，六來于二，象天子之嫁妹。

◎歸妹征凶

一‧歸妹通泰，泰之九三往四，六四來三。陽往失位，故征凶。

二‧震爲征。歸妹卦以長男偶少女，氣非配命。嫁不及時，且女先乎男，不待時而自歸。

三‧征凶可以解釋爲不適合正（即征）當方式的婚娶。

四‧又征凶的意思，不是說歸妹卦所說的不是吉祥的結合，而剛好相反，這是說不利征，即要求明媒正娶，而歸則吉，即可以把女孩嫁出去。易經之漸卦則適於正常之婚，即按結婚禮儀，由問名開始，一步一步＜漸漸＞進行。

◎无攸利

歸妹象曰无攸利。歸妹通泰，泰之九三往四，六四來三。陰來，故无攸利。

◎泰歸互通

歸妹六五居尊有應，二五相應。泰卦也是六和九五相應，這是天地之相應也。五爲天，二爲地，又泰卦上爲坤，在先天八卦接震，即歸妹之上卦，泰卦下卦是乾，在先天接兌，兌爲歸妹之下卦，是以泰卦和歸妹是上下皆相連接，而通聲氣。

◎往來

一‧泰與歸爲往來卦。

二‧往來不窮謂之通：言泰歸妹互通，又言往來之道，此與泰五同義（泰五帝歸妹）。歸妹之六五居尊爲帝，六來于二，象天子之嫁妹，正是往來不窮謂之通也。

象曰：歸妹，天地之大義也，天地不交而萬物不興。歸妹，人之終始也。說以動，所歸妹也。征凶，位不當也。无攸利，柔乘剛也。

◎說以動

一‧因喜而動

歸妹象曰說以動，所歸妹也。歸妹雷兌爲悅而動。

二・歸妹之動爲小妹之動

歸妹彖說以動，歸妹六三（兌說）以女下男，而說以動，不正也，以无所歸，乃歸而爲妹（以妹之身份回來），即三日反歸以娣之義。

◎天地

一・天地即家人之義，易經說到天地皆有家的意義。

（一）家人彖曰：家人，女正位乎內，男正位乎外，男女正，天地之大義也。

（二）歸妹彖曰：歸妹，天地之大義也。

（三）乾亦以九五爲正位，故男女正，天地之義也。

（四）易經天地之義詳本書復卦。

二・歸妹爲天地之大義

（一）歸妹，天地之大義。天地以交爲泰，泰歸妹通，歸妹天地之大義。

泰卦三之四，卦成歸妹。歸妹二五互爲坎離，坎爲日，離爲月，陰陽之義配合日月，天地相交而萬物通。

（二）泰卦說天地交泰。

（三）天地不交物不生，男女不交人不生

歸妹之初爻和上爻易，卦即成未濟，所以雜卦傳說未濟，男之窮也。歸妹，女之終也。

（四）歸妹卦在易經之中是唯一具有震、兌、坎、離四卦的。歸妹爲震兌，二五互坎離，震爲東，兌爲西，離南，坎北。六十四卦之中以歸妹最備。四時正，所以合乎天地之天義。

◎始終

一・震爲始，兌爲終。歸妹者震兌，兌女之始，震男之終。歸妹爲女始男終。

二・又陰終於坤癸，乾始震庚，歸妹卦。五行之陰以坤爲終，即癸也。而乾之始在震庚，震庚即雷澤（庚爲兌位），所以乾爲始而終於坤，即終於癸，癸在十天干之中居最後爲未，即未（尾也）。未即妹，即癸妹（歸妹）。

三・歸妹爲人之始終

歸妹者震兌，兌女之始，震男之終。三四爲人位，言泰震互通以泰九三往四，歸妹以六四來（歸）三，故言人之終始。

◎所歸妹也

歸爲嫁出，所歸者，爲妹也，即甲以乙妹妻庚，這不是正式的夫妻相合。五行之合以甲己爲正合，甲以乙來妻庚，即所歸者爲妾妹，所以說所歸妹也。

◎无攸利

柔乘剛，无攸利。歸妹象无攸利，柔乘剛也。

歸妹通泰，泰之九三往四，六四來三。陰來，故无攸利。六四來三，成歸妹，六三乘九四，柔乘上爻之剛也。

◎柔乘剛凶

一・歸妹象爲牝雞司晨。兌爲酉雞，震爲晨，柔乘剛，故凶。

二・歸妹卦中四爻皆失位，也即是說本卦不是居其位者，所以用凶字。

三・乘剛則不利嫁娶。屯卦六二象曰：六二之難，乘剛也。十年乃字，反常也。說的也和歸妹相同，即女人嫁不出去。因為命有刑剋，而要以非常的方式出嫁，比如硬配。

四・其他易經言乘剛，詳解見本書噬嗑卦

(一)豫六五象曰：六五貞疾，乘剛也。

(二)噬嗑六二，噬膚滅鼻，乘剛也。

(三)困六三象曰：據于蒺藜，乘剛也。

(四)震六二象曰：震來厲，乘剛也。

象曰：澤上有雷，歸妹，君子以永終知敝。

◎終

歸妹象曰君子永終。先天卦坤為大終，兌為陰終，歸妹通泰，以坤為兌，故永終。詩曰：「在彼无惡，在此无射；庶幾夙夜，以永終譽。」君子未有不如此，而蚤有譽於天下者也。

◎敝

歸妹象曰知敝，井二曰敝。

◎征凶

一・位不當也。

二・征凶是去除凶害，即作法術來除去家中邪氣。

◎永終

兌為秋，正秋也。澤上之雷為即將收歸之餘聲，也是結尾之聲。又兌為金，金剋木，震折矣。兌為剛鹵，震為決躁，兩者相合，必傷，傷則必終，這是從兌震卦看出。詩曰：「在彼无惡，在此无射；庶幾夙夜，以永終譽。君子未有不如此，而蚤有譽於天下者也。」永終即是過其限度。

初九，歸妹以娣，跛能履，征吉。
象曰：歸妹以娣，以恆也。跛能履，吉相承也。

歸妹卦說的都是殘缺之事，因為易經以金剋木為缺。在一個家族之中因為震兌不和之風水，也會有各種金木相剋之害。在金木相剋之中，最明顯的影響是個人肢體殘傷，所以

自古以言嫁娶來化解，希望以金木之和以去凶取吉。歸妹初九為跛，九二為眇，六三為賤其驅，都是聖人以殘傷來警戒不和之婚姻。

歸妹亦為＜鬼妹＞，即尚未出嫁即亡故之女子。自古相信因為未嫁而故，其靈會來妨害家族後代女人之婚姻，所以歸妹者，先嫁出家中之鬼妹，即＜鬼魅＞。另歸妹亦可解為以妹＜陪嫁＞。娣，根據曲禮，即世婦姪娣，以妻之妹從妻一起到男方，或以兌卦為妾娣之象，而兌卦在下，初爻，亦是輩份小之女孩作陪嫁者。

來知德注以為震為足，居初中爻，離為目，與足皆毀折，所以初爻言足，二爻言目之眇，而坎為曳，亦為跛，即行不正，以正側行，即做人＜側室＞，故以跛象之。此種說法甚為牽強。古時多女共嫁一夫，從易經來看，其最原實的發生，可能是宗敎上之作用。也就是說，古時多妻制的發明從歸妹卦來看是為了消災。可是宗敎上之意義，最主要是要調和金木相剋之災，其次為傳宗接代。歸妹卦象夬，夬缺，而又借夬象履。跛能履，即男女二家或有肢體之殘缺，因為調和之後，尚可以結緣而行禮。履者，禮也。

◎妹
一‧歸妹震兌卦，兌為少女，故稱妹。
二‧歸妹為鬼妹，甲以乙妹妻庚，凶為吉兆，故征吉。
三‧妹，即曖昧不明。昧，為弱昧。

◎歸妹以娣
歸妹卦初九歸妹以娣，兌少女為娣，三互離中女為妹，九四不但歸兌妹，而且又以娣同歸。歸即嫁。

◎娣
一‧歸妹初九歸妹以娣，故者嫁女，姪娣從之，謂之媵（音應）。
二‧娣即陪嫁之女，有時可能是新娘之親妹妹。
《爾雅》：「長婦謂稚婦為娣，娣婦謂婦為姒。」

◎跛
一‧金剋木則跛
（一）歸妹初九跛能履，初應四震，震為足。初女應震，不正，互坎，坎為曳，故為跛。卦中兌金剋震木，木為足，所以跛。
（二）夬為履：夬履之象為跛也，即拐。
二‧兌在震下為跛
歸妹初九跛能履，言六三之陰，承九四之陽，四為震足。兌為毀折，跛也。震為行，跛能履也。
三‧歸為跛象。歸為夬，故履。
（一）歸字可解釋為夬，所以有履象。易中凡有夬象者，皆言履。
（二）離初履，離自大畜來，大畜互夬。
（三）坤初履，坤姤同，姤反夬。
（四）大有五互夬，履五反，互夬。
（五）歸妹初能履。歸妹陰爻上進成泰，歸妹泰通。四上進，故能履。泰互夬，夬為

履象，履自夬來。易中言夬象者，即言履。

四‧夬，缺也，即拐，跛象也。

五‧歸妹卦說的是缺陷。初為跛，二為眇，三為須（須為賤），四為愆（遲緩），五為袂，上為无實，皆為夬象。歸妹是泰卦為通象，而泰互夬。

履六三，眇能視，歸初九妹跛能履，履虎尾，咥人凶，武人為于大君。以能履，即合禮，即眇亦能視，跛亦能履。《論語》說非禮弗視。

◎征吉

歸妹初九應四而征吉，卦有恆象。征吉者，陰以承陽也。

◎歸以恆

一‧歸妹和恆卦說的都是家的特質在恆常，即不變。兩卦皆提到＜未變＞。說家人之事，所以說未變。

二‧又繫辭說恆卦夫婦之道，不可不久也，故受之以恆。歸妹說的即是夫婦之道。

又恆卦二至四互乾，下卦巽，一為乾始，終為巽，故從一而終，所以歸妹以恆。

◎恆

歸妹初九以恆。歸妹以兌陰承震陽，恆以巽陰承震陽，巽兌同體，為一卦，故曰以恆。

> 九二，眇能視，利幽人之貞。
> 象曰：利幽人之貞，未變常也。

歸妹九二變震為重震，木多再見木，木多火塞也。又原卦震木已受剋，而二四互離，離為火，為目，三五互坎，火又剋火，是火不明，失明之象。而重木為比，＜比劫＞之卦是未婚，或嫁夫不賢，或為人妾者，木多剋土之故。

九二卦以幽人為象，可以比喻為貞靜之女、已守節之女，或已故而未嫁之女。眇能視是喻一家之中有不正、不相配之姻緣、或不守貞之女。這是一家之風水金木相剋之現象。不過歸妹上震下兌，中爻互離火，火可以化去震巽之剋而消災，所以利幽人之貞。

九二陽剛得中，上爻為六五正應，是注定得有相配之對象。但是六五陰柔居陽爻，而且又是中正之位，似有妾居主位，陰奪夫權之象，或有配而剋夫之可能。如是其他因由，九二所配或為六五守貞之女，即＜節婦＞。歸妹下卦為兌，兌象徵月，即守節之婦也，所以雖然有祖上風水之影響，守節之婦可以不因家中之變化而失節，所以未變夫婦恆常之道。

◎眇

一‧偏盲為眇。兌綜巽，巽為白眼，為眇象。

二‧離不中正為眇，即邪視也。歸妹眇能視，歸妹九二眇能視，三互離，位不中正，故眇。以其為動爻，故能視。

◎幽人

一·履歸皆曰幽人。卦皆下兌，兌爲幽，兌常比喻爲幽閒貞靜之女。

二·幽人爲遭時不偶，抱道自守者。自古幽人无賢君。以女而言，嫁錯夫，或夫不賢之女人。

三·幽人爲死者，即先人未嫁而死者。

◎變與常

一·易道論＜常與變＞，恆爲常，恆爲巽兌同體，同爲常，＜恆常＞也。

二·兌爲常

歸妹初恆二常。初象以恆，九二未變常。初恆象取巽兌同體，歸妹雷兌，恆雷風，一同也。二常爲兌象，兌爲常，＜夫婦之道貴恆常＞也。＜嫦娥＞爲兌象，兌爲月，＜嫦娥奔月＞。

三·巽爲反常

訟四說不失，實爲不＜失常＞也。因訟三互巽，四爻變後，上卦爲巽。巽變後又見巽，不失巽之常也。巽爲反常，失而得，反成不失。

六三，歸妹以須，反歸以娣。

象曰：歸妹以須，未當也。

又六三不居中，而居上位，仍娣妾身份而位正位，其身份或是妾身扶正，或六三陰爻居陽位，和歸妹卦中之多數爻相同，都是陰居陽，是硬配之局也。是續絃。歸妹之歸本來是女歸到男家，但是在特別情況會回到女子自家來。其一是被夫家退婚，其二是夫故而歸。又須也可解爲妹，歸妹以須可能是妹以妾之身份隨姐出嫁，但如果是妹出嫁，以姐爲陪嫁，則有所不當。

本爻變乾，乾變在兌中同宮大吉，但原卦中爻離火變兌，變卦爲大壯，又是兌爲卦體，火相不見。一五又互爲兌，比劫太多，而又是兌澤，女兒成群，是陰盛陽敗，必爲剋夫之象。

◎須

一·姊爲須

歸妹六三，歸妹以須，姊爲須也。巽長女爲須，歸之六三在漸爲六四，乃巽之長女（歸妹震兌，漸艮巽，巽兌同體，反漸爲歸），以巽之須，反歸爲兌之娣，故歸妹以須。又媵（音應）之妾。須爲妹，姐歸而娣從，今以姐反爲娣，所以不當，即以姐姐當陪嫁。但是在特殊風俗要求之下爲之，即歸妹之意。

二·來知德以須爲賤妾。天文志，須女四星，賤妾之稱，所以古人以婢僕爲＜餘須＞。

◎位未當

漸六三位未當，言漸歸之易。漸六四爲巽，歸爲兌，故位未當也。

> 九四，歸妹愆期，遲歸有時。
> 象曰：愆期之志，有待而行也。

　　九四歸妹愆期是說到另一種避除沖剋凶害的方法。通常女子在訂婚後會改變日期，總是男女之家有喪事、或大事發生。擇日之法雖然在漢朝才流行，但因當事人家中喪事，或其他大事而改變婚期，以避開沖剋。據饒宗頤在談十干與立主於《饒宗頤史學論著選》所見，夏初已使用十干，且有＜諏擇吉日＞之事，歸妹九四遲歸有時。

◎**遲歸**

易中陰陽爻得正速，失正則遲。

一‧易中陰陽爻得正速，失正則遲。咸四爻正，故咸速。解五爻失正，故解緩。

二‧損初四正，故皆遄。

三‧困初四失正，故四來徐徐。五應二失正，故五乃徐有說。困四動互解緩，五動爲解緩也。

四‧需五爻皆正，故上客不速自來。

五‧震上客不速自來。

◎**愆期**

一‧過了婚期

　　過也，在歸妹卦可以說是女子到了適婚而未嫁。

　　歸妹二變三，二五互成大過象。而坎爲月，離爲日，期也，三變，日月之象不見了，所以＜愆期＞。

二‧歸妹卦震春、離夏、兌秋、坎冬（本卦爲震兌），中互離互坎，故言期。中二、三、四、五爻失正，故愆期。愆，過也。

◎**歸有時**

女子于歸之象。歸妹卦爲反歸，獨九四一爻自內往外，有女子于歸之象。歸九四遲歸有時，艮爲時，震艮一體，故遲歸有時，有待而行也。待，即待聘，或出嫁。易經之需卦和漸皆含「有待而行」之意。

> 六五，帝乙歸妹，其君之袂，不如其娣之袂良。月幾望，吉。
> 象曰：帝乙歸妹，不如其娣之袂良也。其位在中，以貴行也。

　　歸妹卦說其君之袂不如其娣之袂良，君是女人，君爲小君、夫人。帝乙歸其妹於他人，爲＜小君＞，但她之衣飾反不如陪嫁之妹。娣，即陪嫁之妹。兌卦爲妾媵，也是俗語說的＜偏房＞，這是說偏房的衣飾比正房還講究。

　　歸妹六五說三爻不中正，而講究衣著。而五爻不如三爻之講究衣著外表。因爲身居六五之尊位者爲帝王之女，下嫁時要著簡樸之衣著以示德行比外表重要也，這也是爲了避凶之用。因爲帝王之女假爲陪嫁者，自貶身價，而以妾自居，可以避開神煞之沖。

◎帝乙

一・乙爲坤，泰卦上坤，坤納乙，故帝乙。

　　(一)泰六五，帝乙歸妹，以祉元吉。

　　　　乙爲坤，泰上坤，坤納乙也。

　　(二)歸六五帝乙歸妹，泰歸相通之証也。

二・乙爲離，歸妹以兌爲離，故帝乙。歸妹六五皆曰帝，帝出乎震。

　　帝出乎震，震爲主，兌爲妹，所以歸妹卦六五稱帝乙歸妹。

　　歸妹二五皆失正，以六五歸爲六二，下卦之兌成離，正爲相濟，以兌爲離。正帝乙（泰之上爲坤，坤爲乙），上卦歸爲下之離，故帝乙歸妹。

三・乙爲燕，即巽

　　乙爲卯，卯爲嫁娶之月，所以在這兒說帝乙。帝爲震，即春月，所以帝乙歸妹可說是在卯月結合。

四・成湯是在乙日生，所以帝乙在此可能是指成湯。

　　易經繫辭是周文王所著，文王本是商朝之諸侯，經文中稱帝乙都是說湯王。

◎袂

一・袂爲夬，有口爲夬

　　(一)歸妹六五其君之袂。乾爲衣，衣有口，袂象。

　　(二)歸妹下兌爲口，故稱袂。

二・袂是衣袖，作爲禮容之用。

◎君

一・乾爲君。

二・歸妹六五其君之袂。乾爲君，五應泰下乾，六居五，小君象，即泰之稱后者。

　　據來知德注諸侯之妻曰子君，其女稱縣君，而不曰妹。

◎良

　　歸妹六五其君之袂良。乾爲良，六三得乾之二陽，六五得乾一陽，是君袂不如娣袂之良。

◎幾望

一・月幾望

　　歸妹六五月幾望。月以乾而盈，兌，將盈之月；巽，初虧之月。皆幾望者。

　　幾，近也。歸妹卦離日在兌西，坎月在震東，正月幾望之象。

二・望：日月相對曰望。歸妹二五互日月。

◎吉

卦成既濟則吉：

一・歸妹六五月幾望，吉。以下兌貞爲離日，上震貞爲坎月，又日月相對，而日居兌西，月居震東爲望象，陰陽各正，卦成既濟，故吉。

二・月幾望：歸妹震兌，

三・雷澤歸妹。外卦雷易爲風，爲風澤中孚，所以歸妹曰月幾望，而中孚亦說月幾望。

四・日居兌西，月居震東爲望。

◎貴

一・上爻爲貴

（一）乾文言上九曰：亢龍有悔，何謂也？貴而无位，高而无民。

（二）頤初九象曰：觀我朵頤，亦不足貴也。初九上九均變爲陰，易例陰賤陽貴，故曰亦不足貴。

（三）鼎初六，象曰：鼎顛趾，未悖也。利出否，以從貴也。

易經以五位爲貴，陰爻居貴本來是不利的。因爲鼎卦從巽卦變，巽爲順，即順從。巽卦之六四上爲六五，卦成鼎。鼎之五位是以六四一路順而上，在卦象上是取在鼎下之木生火而上。鼎卦有貴象，因爲六五之陰順於上九，上九得陰爻之順，所以是從貴之象。

二・乾爲貴

蹇上六，往蹇來碩，志在內也。利見大人，以從貴也。

蹇上六象曰志在內，坎爲志，蹇上卦坎，九五來二成升，升錯无妄，以坤從乾，故從貴也。

三・貴爲歸

歸妹六五象曰：帝乙歸妹，不如其娣之袂良也。其位在中，以貴行也。

歸妹二五皆失正，以六五歸爲六二，下卦之兌成離，歸妹卦正爲相濟卦。以兌爲離，上卦歸爲下之離，六五之下行爲歸之行，故曰以貴行。

上六，女承筐，无實。士刲羊，无血。无攸利。

象曰：上六无實，承虛筐也。

歸妹上六終位，和六三終不相應，是婚姻不成之象。上六說古代婚姻儀式，以女子手奉竹筐在宗廟祭祀，男子則殺羊以供祭。如今女子所持爲无物在中之筐，而羊爲无血之死羊，這可能是草草行之的禮儀。因爲吝而節禮，以致成爲不吉之祭，或破壞婚事，或是成爲无子之兆。實爲果實，即子孫後代，這是絕後之占。上六變，卦成睽，睽者，睽孤，即犯了＜孤神＞、＜寡宿＞，終非吉兆。六上象筐爲无實。變離，中虛。

◎女

　未嫁稱女，未娶稱士。

◎承

　承，奉也。

◎无血之羊

　一‧兌爲羊。歸妹下兌，是羊在下。而中坎爲血，血在上，是无血。

　二‧无血之羊是不具有儀式含意之羊。

◎血

　一‧易經中以陰爻爲血，兌卦中爲陽，所以无血。又无血即无水，坎爲血，也是水。

◎筐

　一‧歸妹上震，震爲虛筐之象。

　二‧筐即古時婚禮時所用之筓（音繁），由竹編成，用來裝榛栗棗脩，作爲會見舅姑之
　　　見面禮。周之婚禮，在宗廟或神主前行之，女承筐，出其實以獻焉。男刺羊，＜歃
　　　血爲盟＞。

　三‧震竹象筐。震仰盂，筐爲无實之象。

◎无實

　歸上六无實，兌女无見舅姑之儀物。實之義詳見本書鼎卦。

◎刲羊

　一‧歸妹上六刲羊。兌爲羊，離爲兵，震士刲之。刲羊之羊指的是地支之未，生肖以
　　　未爲羊，即乙日坐木庫，爲得財庫之象。男命得此，主得妻也，木剋土取土爲妻。
　　　《劉伯溫滴天髓》說：「乙木雖柔，刲羊解牛，懷丁抱丙，跨鳳乘猴。虛溼之地，
　　　騎馬亦憂，藤蘿繫甲，可春可秋。」（《滴天髓闡微》爲清乾隆時任鐵樵稱劉伯溫
　　　作）

　二‧刲羊是男子在祭祀時所作之事。

◎无攸利

　一‧易經說无攸利即歸妹

　　（一）歸妹卦說歸妹，征凶，无攸利。

　　（二）歸妹征凶，位不當也。无攸利，柔乘剛也。

　　（三）歸妹上六，女承筐无實，士刲羊无血，无攸利。承筐无實可解爲未得到嫁女之
　　　　　粧奩。

　　（四）蒙六三，勿用取女，見金夫，不有躬，无攸利。象曰：勿用取女，行不順也。

　　（五）蒙卦說取女，即娶女。蒙象曰无用娶女行不順，因爲婚事受阻。

　　（六）頤六三，拂頤，貞凶，十年勿用，无攸利。十年，即十年乃字，也是說婚娶而
　　　　　不順。

　　（七）蒙、歸妹、頤都是上卦艮，艮爲少男，少男爲阻，可能是指婚娶因爲家中有少
　　　　　男，而不得行。

　二‧又无攸利有未濟象，詳本書未濟卦。

豐，亨，王假之。勿憂，宜日中。

　　豐卦震在上，離在下，震爲雷，離爲光，雷聲和光同現爲豐象。豐爲大，日昃則不能照天下，日以中爲盛，中則必昃，月以盈爲盛。月盈則必食，天地造化之理。

　　豐爲內明（下離）而外動（上震），始明而終動。內明外動，所以說：「明以動。」本卦以雷電交作之象演盛極而衰之理。豐卦聲勢強大，但是即刻消竭而不復壯盛之現象。又豐爲假，假是借另一個力量來把存在的勢力宣張出來，所以大爲假也。而豐的光明並不明朗，而是在陰微之中才顯，可見豐大之虛幻也。又豐大卦意並非豐而富，豐之大是外表，實則爲大而空虛，所以序卦說豐大也，必失其居，故受之以旅。豐卦是說一家＜沒落戶＞，曾經有過好日子，因爲災禍而致家破人亡。易經卦象卦辭常是出說相反之事，豐卦是最明顯的。雜卦傳說豐多故，是因勢力眼而來的故舊，故也是多事，即＜災故＞。豐卦是說各種災難。

◎豐

一‧豆子長得飽飽的稱爲豐，所以豐字從豆。腆厚光大爲豐。

二‧豐爲大。離南爲中，大中之意，即日正當中爲大。

　　豐以內明（離）外動（震）。

三‧豐即噬嗑，兩卦爲同體。豐象曰宜日中，日中，即噬嗑。日中爲市，噬嗑爲市，所以豐卦有噬嗑之象，兩者都在日中。

四‧禮記月令二月雷乃發聲，後五日始電，如果雷電一同來，即爲豐，即聲光同到。

五‧豐卦二、三、四互卦爲巽，三、四、五互卦爲兌，爲大過象。

　　豐卦錯渙，渙彖辭說：「王假有廟，王乃在中也。利涉大川，乘木有功也。」

　　豐卦也說王假，豐卦離震爲由乾到震之度，在易經是利涉，即順行。

六‧豐爲假象

（一）豐卦的彖辭說到了＜假象＞，因爲豐卦代表了許多和大，以及完美的卦象。而豐卦本身卻是不盡完美，只是假借他卦的性質。

　　　易經各家尚少有談到＜假象＞，豐卦可說是假象很好的例子。假，大也，豐也是大。易經許多卦都代表一種讀卦方法。豐卦所代表的即是假象的看法。豐卦的日是斜射的，比如說「日中見沫」，或「日中則昃」，給人看到的日在當中是假象。

（二）豐取噬嗑爲象，噬嗑爲市，豐之市爲假市，即＜海市蜃樓＞。

七・豐是日中見鬼

　　豐三五互兌爲雲雨之象，故說日中則昃，過旬災也。日中見沫，沫可以解爲魅，這
　　是＜日中見鬼＞象。

八・豐即亨，亨通也。

九・豐是盛大，雷電交作有盛大之勢。

十・豐爲泰。豐自泰通，豐二自泰之四來（泰四來二成豐）。

十一・豐爲獄

　　(一)噬嗑利用獄；豐，折獄致刑。以噬嗑三折于坎獄中而成豐。

　　(二)豐象多取諸噬嗑，如：

　　　　勿憂：豐，勿憂。坎爲憂。

　　　　日中：豐宜日中。離爲日，既濟四互離。

象曰：豐，大也。明以動，故豐。王假之，尚大也。

◎豐爲大

豐以震離相合，木火通明，照臨萬類，雨陽時若，生化无窮，所以豐，大也。

◎大

一・陽盛爲大。易經之卦有大的含意而有豐之象者，其卦有：臨、大有、大畜、大壯。

　　(一)都是陽盛之卦。

　　(二)皆是陽爻在下，而陰爻在上互相呼應爲大。臨卦初二爻爲陽，大有、大畜、大
　　　　壯都是乾卦在上，而上卦中爻爲陰。

二・天地相合爲大

　　易經說：「利見大人，合其吉凶，可以相濟也。」只要天地相合，即爲大。

　　損上九大得志，心之所至也。損卦艮坤卦先後天同位，同志之卦位也，所以說大。

三・既濟定，大成也。

　　井上六，井收勿幕，有孚，元吉。象曰：元吉在上，大成也。井卦初爻二爻互易，
　　卦即成爲既濟，是以大成。

四・乾爲大

　　(一)乾文言見龍在田，天下大明。

　　(二)乾道變化，各正性命，保合太和，乃利貞。

　　(三)象曰：大哉乾元，萬物資始，乃統天。乾因爲統天，所以大。

　　(四)坤爲大終。坤六三无成有終，坤爲乾之終，乾大，所以坤爲大之終。

　　(五)大過者，大（乾）之涉川也。易經之卦先天八卦經過乾卦，比如大過（兌巽，
　　　　即兌、乾、巽）之序，即爲大，即乾之涉川。乾爲大，所以大過是乾卦之過。

五‧動者爲大。頤六三象曰：十年勿用，道大悖也。

　　飛龍在天，大人造也。飛龍，動之極爲飛。

六‧光大

　　(一)離爲光，離合乾爲大。坤含離，含宏光大。

　　(二)坤二五交乾成離，含宏光大。

　　(三)干寶曰：「大，光也。」

七‧元爲大，元即先後天八卦一周爲元。元者大也，由震至坎艮，故大者亨。

八‧大壯正大而天地之情可見矣。

九‧大爲陽爻，小爲陰爻。屯九五小貞吉，大貞凶。小者指陰爻，大者指陽爻。

十‧中爲大，即大中

　　泰九二，包荒。用馮河。不遐遺，朋亡，得尙于中行。象曰：包荒，得尙于中行，以光大也。

　　大有九二象曰：大車以載，積中不敗也。因爲九二爲中，中爲大，大中也。

十一‧大爲來，即卦由上而下行爲大。比如：

　　　泰彖曰：泰，小往大來，吉亨；

　　　既濟九五象曰：實受其福，吉大來也。

十二‧乾爲動，動之大爲大悖。

十三‧大爲富，繫辭上五說「富有謂之大業」，所以豐爲富，即＜豐富＞。

十四‧大爲吉凶之事

　　繫辭上傳曰：「八卦定吉凶，吉凶生大業。」

十五‧王爲大

　　坤卦三爻曰或從王事。王大也；王事，大事也。虞翻云：「乾爲王。」

十六‧先後天同位，或卦相錯以同，或卦有同人象者爲大。

　　(一)同人錯師，故曰大師。

　　(二)師六三，師或輿尸，凶。象曰：師或輿尸，大无功也。

十七‧乾坤爲大

　　易經不以卦名而稱大者，只有大蹇和大觀。其他稱大者，皆含乾或坤，所以乾和坤可稱大而无愧。

十八‧稱大之名：

　　(一)大君--師上六，大君有命。師坤坎。

　　(二)大得--屯大得民也。屯乾艮。

　　(三)大明--乾大明終始。

　　(四)大始--乾知大始。

　　(五)大師--同人九五，大師克。同人乾離，離爲乾，必稱大也。

　　(六)大觀--觀大觀在上，觀卦巽坤。

　　(七)大君--臨大君之宜，臨坤兌。

　　(八)大難--明夷象曰：以蒙大難而能正其志，文王以之。明夷坤離。

(九)大首--明夷九三，明夷于南狩，得其大首。明夷坤離。

(十)大牲--萃利貞，用大牲。兌坤萃。

(十一)大蹇--蹇九五，大蹇，朋來。蹇坤艮。

(十二)大觀--臨卦說大觀。臨者大也，臨卦在觀卦之上，故稱大觀。臨坤兌。

(十三)大成和大來並不出現在有乾或坤之卦，但以大為吉。

　　　　大成--井上六，井收勿幕，有孚，元吉在上，大成也。

　　　　大來--既濟，實受其福，吉大來也。

◎故

一·豐多故

(一)得親之助，是以大。大為多，旅為少，所以旅小亨。又序卦說：得其所歸者必大，故受之以豐。歸為歸到故舊也。

(二)雜卦傳豐多故，親寡旅也。豐卦綜卦為旅，旅以不得合（＜天地不合＞）而寡親，豐天地相合而多故。

二·故為事，即＜舊事＞、＜故事＞。

◎以

易凡言以者，皆重復首字。

一·剛以動，故壯。

二·順以說，故萃。

三·豐明以動，故豐。

◎假

一·離以代乾為假

(一)豐卦說的是天不明，日代天明之理。因為離在後天八卦為先天乾位，是以離居乾，代為乾行王事。從卦的角度來看，即是豐卦之六五以陰代行九五之尊，但是因為離和乾同位，所以這是兩廂情願之代，並非僭竊者，所以說尚。

(二)豐王假之。離為王，豐自泰通，泰四至二為離王。

　　豐取乾坤為象，即王象。坤六五黃裳元吉，坤是代乾之九五之尊，二者皆為帝王之徵。豐卦之五為陰，所以取坤之黃裳，離為黃也，上下皆俱離象，這是假借而來的。

二·假即至，豐王假之。假，至也。

◎尚

尚，大也。尚即坤之黃裳之裳，權威大的象徵，乃有希冀求更高尚的地位，即向上。

勿憂，宜日中，宜照天下也。日中則昃，月盈則食；天地盈虛，與時消息；而況於人乎，況於鬼神乎。

◎日中則昃

一・昃，即斜照也。

二・昃為太陽西下之意。西為兌，卦中離見兌皆有昃象。

三・兌為日之昃

(一)豐彖曰日中則昃。豐下離，中互艮為反兌，兌在西，日西下也。

(二)泰日中則昃。泰自歸妹通，歸妹三互離日，歸下為兌卦，兌為西，日中則昃也。

(三)離九三象曰：日昃之離，何可久也。離為日，離三五互兌為西。

四・既濟為日中之象，即＜如日中天＞。

濟既四曰終日戒。終日，自朝至于日中昃，有日中之象。

◎月盈則食

一・月食不是月蝕，而是月消，即不圓之月，指兌卦。

豐震離，震中為日在天中之象，而六五互兌，上爻，是日偏兌西之象。

二・張衍義說：「日月相對謂之望，日月相會謂之晦。日常食於朔，月常食於望，正如水火相剋。」

三・月盈則食：豐錯渙，渙坎巽，坎月居巽下，月已虧矣。又渙之巽為兌之反，反兌之口下食其坎月。

◎食

噬嗑食也，噬嗑象食。豐為豐盈，皆食象，＜豐衣足食＞。

◎消息

泰為消息。

一・豐彖言消息。豐為泰通，泰象乾為盈，坤虛，泰變豐，乾之盈者消，坤之虛者息。消息者，言泰變豐之象。

二・豐彖言天地盈虛，與時消息。豐自泰變，泰為天地。泰變豐，乾之盈消，與坤之虛息，震（豐之雷也）為時，故天地盈虛與時消息。

◎鬼神

乾離為神，坤坎為鬼。鬼神即天地盈虛之跡，其變化更不可測也。

象曰：雷電皆至，豐。君子以折獄致刑。

◎雷電

豐象曰雷電皆至。雷電皆至，正天地搏擊之時。

◎刑

兌折為刑。

◎折

一・兌爲折，折爲斷也。

二・折獄有幾個意思：一是斷一件官司；第二種情況是變掉原來的決定，是把一件官司翻案；第三種意思是去除掉牢獄；第四種意思是嚴判爲死；第五種意思是把犯人放了。這些是清明之訟政才可以做到的。

(一)折獄是說嚴＜判死刑＞

大過爲極刑。豐互大過，死象，故言折獄致刑。

豐取噬嗑通象，噬嗑四失正，繫在坎獄之中。噬嗑上九至四卦成豐，豐互大過，死象，故言折獄致刑。

(二)折獄是釋於犯人

旅象曰不留獄。旅取賁爲通象，賁之艮爲獄，賁之四爻來初相易，上卦之艮成離，下卦之離爲艮，上卦之艮獄不見，故不留獄，折獄之意也，與豐之折獄同義。旅與獄：旅象言獄，以獄爲旅，不欲人久留也。

(三)折獄即改變原判

豐三從噬嗑上來之三，豐與噬嗑皆三五互坎，坎爲獄，豐之三折四于坎獄中而成豐，所以說折獄。即見坎而變，折爲變也。

三・折也即是折中

＜折中＞就是把事情於在至當之理。可以放，也可以嚴。

四・乾爲金，金能斷物，故折。

在訟卦之中有折這個字，但未說到折獄，不過折即是斷，這和折獄說法很相近。

訟上乾，乾爲金，折象，即折獄，也就是斷案。斷爲折也。

五・兌爲折，凡卦中互見兌爲折，而坎象失。

(一)豐卦說「君子以折獄致刑」。豐卦二四互爲兌，豐三五互坎爲獄。九三，豐其沛，日中見沬，折其右肱。

(二)賁說「君子以明庶政，无敢折獄」。賁卦上錯旅，中互艮，即反兌，爲折反，又二四互坎爲獄。

(三)豐通象噬嗑。上九失正，來三，震爲離，互兌，兌爲折，噬嗑之艮象（二五互艮）失，故折其右肱。

六・折字上頭加上草頭是一個異形字，出現在《易緯》中。這個字是卜辭字，是當作折用，也就是蓍字的異形。鄭玄注：「蓍者，薪，靈草，蕭蒿之類也。」這兒折是斷事最原始方法的意思，即卜占法。

七・大過爲顚，物顚則折

鼎九四，鼎折足，覆公餗，信如何也。顚則折，鼎折足。鼎互大過，顚，故折足。

八・力小而任大則折

繫辭下五子曰：德薄而位尊，知小而謀大，力小而任鮮，不及矣。易曰：鼎折足。

九・豐卦和噬嗑卦是相通之卦，是取折字爲義。

豐卦三爻是從噬嗑上爻來。三折四于坎獄之中而成豐。折字的意思是交，即陰陽爻

相交而變成另一個卦。在這兒豐和噬嗑之相交以折來說明。因爲所折爲噬嗑之三五互坎之卦，坎爲獄，因此豐和噬嗑卦相交之象爲折獄之象。噬嗑卦說利用獄，是取噬嗑之上九來三變成兌折。豐卦說「折獄致刑」，是說噬嗑四爻失正，繫在坎獄之中，上之三折四，卦成豐。但是變成豐卦卻不吉，因爲豐卦中有二五互大過之互卦象，大過是死相，所以豐卦是獄中死人之相，因而豐卦說「折獄致刑」。「折獄致刑」可以解釋爲把獄中人犯判死刑，也可以說把死刑犯的死罪減免。總之在這兒說的是事情變卦轉折。據虞翻變通卦的說法，易經最得變卦眞義的是豐、旅、噬嗑、賁，這些卦都說到獄之：

旅卦象曰：山上有火，旅。君子以明愼用刑而不留獄。

賁卦卦象曰：山下有火，賁。君子以明庶政，无敢折獄。

豐卦卦象曰：雷電皆至，豐。君子以折獄致刑。

噬嗑卦的卦辭說：「亨，利用獄」，而象辭曰：「雷電噬嗑，先王以明罰敕法。」這些虞翻以爲最具變通的卦都在說刑獄之事，而其取象之著眼點是在一個折字，也是易經最重要的一個字。因爲折代表了看事物要懂得偏差的道理。

(一)易經之發明，包括被拘在羑里而演易的文王，對於理刑很有感觸。古時文明之開創是從理刑，即如何處理人事開始。文明是先知天理，而後知人事。

(二)這幾個變通之卦都說到天時。豐卦說「與時消息息」，旅卦說「旅之時義大矣哉」，賁卦說「觀乎天文，以察時變」，而噬嗑不言時，但是繫辭以「日中」說噬嗑來比豐卦所說的「日中見斗」，所言之事也是「天時」。

十・折是以變通的方法來觀天時。

賁卦彖辭說「觀乎天文，以察時變」，如何觀看天文呢？從變通的觀念，就是以轉折的方法來看。比如日晷之製做，其原理可從賁、豐、噬嗑之變通找到。豐卦說「日中則昃，月盈則食」，是取噬嗑卦變通而來。噬嗑說「日中爲市」，正離日之中天。噬嗑四坎月，坎月在震之上，震東，爲正月之盈。噬嗑之上九來三，成豐，豐之一五互兌離，離日反入兌西之下，坎月正爲兌口所食，故日中則昃。昃字與「折」同音同義。

十一・折也是反。易經之否卦之否有反的意思。豐有反否之象：豐自泰來，爲反否之卦。豐泰象通，泰反否。這是折爲反。又泰否所說是天地之義，而豐卦說日月（日中則昃，月盈則食），其理相同。

◎君子

豐象曰君子，三爲君子。

初九，遇其配主，雖旬无咎，往有尚。
象曰：雖旬无咎，過旬災也。

豐卦說的是日和月，天和日相互輝映而形成相配的狀況。在易經之中，遇，即天地相遇和配，都說明先後天同位，或兩象同宮的和祥。以八卦而言，是離震相合之類。以天干而言，是天干五合，即甲己，乙庚，丙辛，戊癸，丁壬之合。以文王卦辭言，是一天之內時辰所成之合。以月分而言，即一旬一合，即十日一合。如過一旬，即天干五合不成。不合，則有災。

在相一個卦時，兩爻或二個天干之相合，都是以一個相配者，即事主來看。易經之合可以看出事物之間吉凶變化。凡合，可成其為大。但合，則能在一個階段內為之，超過了，即无法相配而相合。

豐初九遇其配主，九四遇其夷主。因為初九和九四是相遇之卦。震為主，豐上卦震，震為主，離又震所主者。初四相遇，皆曰遇主，本來初為九，和九四皆九，是陽遇陽，初為離卦明之初爻，四爻為震卦動之初，一明一動，是豐大之配。所以這是以陰卦和陽卦之配，而初爻動則成陰爻，可以往而與四爻合。易經說天地之合，即孔子說的五合。合則吉，不合則災，這是基本的定理。

本爻變艮為阻，所以初爻變而欲往上和四和，未必能順。初以位卑而不敢前，所以爻辭以說往有尚。

◎配

一·先後天同位為配：豐離震先後天同位，為天地相配之卦。

二·日見月為配。

三·豐配遯，遯司六月卦，豐為六月卦象。

四·繫辭上六，廣大配天地，變通配四時，陰陽之義配日月。也就是說日月即為配。

五·配從酉，從己，離日納己，酉兌為月，配字即從日月。

六·二爻相合（即一陽一陰）為配，即＜配偶＞。

七·相比（兩者皆同為陰，或同為陽）稱為遇。

八·兩相應之卦成相敵，也是稱為配。豐初、四皆曰配。

九·先後天同位卦為相配，即天地相配。

左氏曰：「山獄配天。」言先後天乾艮同位西北，故山獄配天。

十·配為妃也，火為水妃。在五行中，我剋為妻，但特別以水剋水為主。

妃為我配之女，＜嘉偶＞為妃。

《左傳恒公》二·八師服曰：「異哉，君之名子也！夫名以制義，義以出禮，禮以體政，政以正民，是以政成而民聽。易則生亂。嘉耦曰妃，怨耦曰仇，古之命也。今君命大子曰仇，弟曰成師，始兆亂矣。兄其替乎！」

十一·配即孚，合於所稱，得其實用，而有能力發配他人之權力為配。下求上則稱為遇其配主。

十二·豫象曰：雷出地，奮，豫。先天以作樂崇德，殷薦之上帝，以配祖考。配是找到自己本來的姓氏，從此可以祭之祀本家之祖宗。

◎過旬

通常＜災不可久＞，以十日為準，過十日即有災。災主生剋，定吉凶也。卜筮者，吉凶

以一旬之內爲斷，過旬即再筮。

筆者案：卜筮之以一旬爲準，是因爲天干十日一輪。

◎過旬之災

天干以十日爲一旬，命理以過十日即有災。災即生剋也，天干以甲、乙、丙、丁、戊、己、庚、辛、壬、癸一行一干，十日正好一輪，以後從頭。＜過旬之災＞是指癸見甲，甲木出癸水爲過。甲日行十日到乙，乙爲甲之羊刃，乙刃爲甲之災。丙日起，行完十日，天干輪行到丁，爲羊刃。

	1 2 3 4 5 6 7 8 9 10	11（十一過十）	
癸	甲乙丙丁戊己庚辛壬癸	癸過後爲甲	甲爲癸之傷
甲	乙丙丁戊己庚辛壬癸甲	甲過後爲乙	甲過後爲乙刃
乙	丙丁戊己庚辛壬癸甲乙	乙過後爲丙	乙過後爲丙刃
丙	丁戊己庚辛壬癸甲乙丙	丙過後爲丁	丙過後爲丁刃
丁	戊己庚辛壬癸甲乙丙丁	丁過後爲戊	丁過後爲戊刃
戊	己庚辛壬癸甲乙丙丁戊	戊過後爲己	戊過後爲己刃
己	庚辛壬癸甲乙丙丁戊己	己過後爲庚	己過後爲庚刃
庚	辛壬癸甲乙丙丁戊己庚	庚過後爲辛	庚過後爲辛刃
辛	壬癸甲乙丙丁戊己庚辛	辛過後爲壬	辛過後爲壬刃
壬	癸甲乙丙丁戊己庚辛壬	壬過後爲癸	壬過後爲癸刃

◎過爲災

過爲禍，所以過稱爲災，但以過一旬爲災。

◎旬

一・十日爲旬

豐初九雖旬无咎。離爲日，旬爲十日。

二・旬爲離之象

離之明在陽爻（四應初），震之動亦在陽爻，故无咎。

三・十干又旬爲十日，震納庚，庚至己十日。

四・旬：商代之人以甲至癸爲一旬，而於上旬之末，卜下旬之吉凶。

五・離納巳，震納庚，自庚至巳爲旬。

六・雖旬无咎

豐初九雖旬无咎。離爲火，旬爲十日。言雖十日之久，互巽木以生離火，過旬无咎也。

◎往有尚

豐初九往有尚。初應四，豐四失位，四往上成既濟。豐變既濟，以初應上往之爻，曰往有尚。節五應上往之爻，曰往有尚，乃坎行有尚之義。

◎災

一・火滅爲災

豐初九象過旬有災。離爲火，陽爲陰蔽，故災。易中離畏兌，離爲日，兌西方，日

之所沒。離爲火，西位，火之所死，火滅爲災。

二‧過旬有災：豐初九象曰過旬之災。

　　離爲火，火過兌滅，豐互兌澤以滅離火，爲災象。火之性不留久，所以離之災爲過
　　旬，即十日之災。

三‧水火爲災

　　豐四上之五卦成大離，離爲災。又離爲日，離之體大過，所以說過旬之災。又四上
　　之五，上卦變爲坎，坎爲災。易經說到災皆和水火有關，因爲水火都是災。

六二，豐其蔀，日中見斗，往得疑疾；有孚發若，吉。
象曰：有孚發若，信以發志也。

　　豐是說震離二象以震爲乾，和離同，同則可假，所以有日光不明之象。日光不明，反
而是在白天可以看到北斗的時候，這是說以筮草占卜天象所見之情形。

　　北斗分陰陽，建四時，均五行。北斗七星，離三震四爲七，所以豐卦也說北斗星。其
星時亮時暗，以兆天理人事。又震數爲七，豐卦二五都是陰爻，君臣具暗，暗成疑疾，所
以豐六二說往得疑疾。而豐卦是上震動下離明，是暗而又明，這也是比喻日中見斗的現
象。豐卦是陰據不正，而奪陽位。豐大以雷震配離火來驅附陰邪，豐其蔀就是以豐大之聲
勢來照亮陰暗的部份。

◎蔀

一‧豐六二，豐其蔀。蔀，蔽也。虞翻曰：「日蔽雲中曰蔀。」豐三五互兌爲雲雨之
　　象。

二‧蔀，小也。

三‧蔀與薄同義，比如簾子。在這兒我們先想起薄雲蔽日的樣子。

四‧蔀，草也，菜葦之物，俗以之覆屋，即窮人住的房子。豐其蔀是說以很多的茅草覆
　　蓋一間破房子。

五‧蔀也當作部，即安置。

　　豐卦說豐其蔀，泰卦初九說拔茅茹，否卦初六也說拔茅茹。

　　繫辭上八：「夫茅之爲物，薄而可用重也。慎斯術也以往，其无所失矣。」從繫辭
　　的含意可知茅也指占卜的著草，如有疑問時以輕薄之著草來求問，這是小術，但是
　　可求而无所失，因爲以著草占比龜占容易。我們不能忘記易經原是爲占卜而產生
　　的，所以卦辭所說的都是說占卜的方法和含義。準此，豐卦初九過旬之，災九三的
　　日中見沬（或沫），九四的日中見斗，說的都是星占，包括看日月蝕。

◎日中見斗

一‧斗爲量器：北斗形如量器，所以名斗。

(一)斗的用處是分陰陽，建四時，均五行移節度，定諸紀。

(二)斗爲七星。易經離爲三，震爲四，加起來是七。又震在洛書爲七數，斗爲艮，
　　艮止也，斗爲星止于北中。

二‧日不明，如雲蔽日，天日晦明則斗見，三五互兌爲雲爲澤。

三‧震爲凶

豐六二日中見斗，震爲斗，先天震位值斗，震又象斗。豐卦震在上，故日中見斗。
豐之震陰氣太盛，星斗晝見也。

四‧豐卦日中見斗。星斗晝見，是日蝕的現象，豐卦說的豐是日中則昃。從某一個角度
來看，是說日下西山，但也可看成是日蝕的情形。

五‧震爲斗

豐九四日中見斗，二應五，四承五，六五仍豐蔀爲斗也（取其五之震象），震爲斗。

◎得疾

一‧爻往上見疑疾：豐六二往得疑疾，虞翻曰：「豐四往五成坎，則得疑疾。」

二‧離遇兌爲疾

(一)豐六二往得疑疾。易以離遇兌，每言疾。

(二)鼎五互兌，二曰我仇有疾。

(三)純兌三互離四，曰介疾有喜。取離錯坎疾也。

◎有孚

豐六二有孚。

◎發若

豐六二有孚發若。

◎發

易經之卦可以變爲有孚即爲發，這說法有如成語中之＜出發＞。

一‧豐六二象曰發若。

二‧大有變既濟，五曰信以發志。豐變既濟，二曰信以發志也。

三‧發：坤三曰以時發。

四‧信以發志：豐四五發之，豐四發之五，成坎孚，動而得正，上卦爲坎，正爲既濟，
　　故有孚，孚信也。

九三，豐其沛，日中見沫。折其右肱，无咎。
象曰：豐其沛，不可大事也。折其右肱，終不可用也。

變中爻成坎水，水沫在雷出時是雨象，或天上雲氣。二爻巽木，爲草；三爻澤爲水，
又是沫象。震綜艮，中爻兌錯艮，艮爲手，兌爲折，是折了右手。易經以陽爻爲右，陰爻

爲左，折右肱是折了三爻。不過豐爲夏至之卦，夏至陰生，豐卦陰蔽陽，是亂世之始。六五君弱，九三臣強，所以折右肱可以无咎。陽爻在三是艮象，艮爲手，變震，中互巽，巽爲進退，手之動作方便，所以去了右肱反而方便。有如大臣太多事，要斥退他才好。

豐卦卦理主要在說陰暗遮住了太陽，有時可以方便觀看北斗星之位而知道如何調正。但是陰蔽陽終非好事，在這時可以作一些小改變，而進行大事不可能實現。如果有大臣逞強好勝，他要壓退他。

豐卦中爻變成艮，艮止也，建立大事，久以保豐亨之人，必要英明又能動。今爲艮止，无法動，則不可行大事。易經說王事爲大事，生死爲大事，刑獄爲大事，三種大事都要明以動，如遇到阻或折，則敗事矣。

◎沛
　一·水多爲沛
　　　豐九三豐其沛。沛，滂沛也，雨澤沛，雨滂沛也。
　二·大暗爲沛
　　　豐九三豐其沛。沛，九家易曰：「大暗謂之沛。」
　三·日在雲下爲沛
　　　豐九三豐其沛。沛，虞翻曰：「日在雲下曰沛，不明之義。」

◎沬
　一·音爲妹。
　二·斗杓後小星也。
　　　子夏傳曰：「沬，星之小者也。」
　三·沬，魅，即鬼魅。揚雄說：「高明之家，鬼瞰其室。」
　　　豐其沬，也可以說成是白天見鬼。
　四·沬，或小雨。豐九三日中見沬，爽昧之象。陰雨之時雲氣蔽空，晦冥更甚。豐爲雷電皆至，風雨如晦，故日中見沬。

◎折其右肱
　一·陽爻爲右
　　　豐九三折其右肱，右，艮也；先天艮位右。豐通象噬嗑，上九失正，來三，震爲離，互兌，兌爲折，噬嗑之艮象（二五互艮）失，故折其右（艮）肱。
　二·陽爲右，右爲不可少的人才。
　三·陰爻爲左。師左次，明夷左股。

◎不可大事
　柔爻居五不可大事。豐九三不可大事易以柔居五者，每曰小亨（見旅、巽），故不可大事。因爲五爲尊位，柔爲小人，小人居尊，不可成大事。

◎終不可用
　豐九三折其右肱，終不可用。人之右肱，便用也，折之而失其用。

◎无咎
　豐九三得正，故无咎。

九四，豐其蔀，日中見斗。遇其夷主，吉。
象曰：豐其蔀，位不當也。日中見斗，幽不明也。遇其夷主，
吉行也。

豐九四和六二都豐其蔀，日中見斗。二四同德，是同遇難者。二之豐蔀見斗，豐之
蔀，是取中爻互巽爲象。豐卦二四互爲巽，而二是巽之下，陰中之陰，和二同命之九四是
在巽之上，也是日中見斗，但是遮蔽的是三五互兌之澤水。二至五互大過，大過是死象，
而九四變卦成明夷，是死而復明。因爲豐卦中有生死之難，而幸而遇到能平定大難之主。

九四遇夷主和初九遇配主相應，主爲命主，即一個人生日之天干用來代稱。比如成湯
出生在乙日，所以乙爲湯之主。天干和相和者爲庚，庚就是乙之配主。配者，取庚金剋乙
木而又相合爲配，即夫妻之意。但乙庚合而不化，則災難无可以解。九四則爲乙日相正剋
之主，即辛，相剋而解其災，是取蠱卦之原理。因爲豐卦象爲明暗交雜，必要以正剋而避
凶。夷爲剋，即去災。而豐卦中因爲天象不明，北斗見幽，又有日蝕之象，所以更必須要
以殺神去凶。雷聲作，而日方明也。

◎主
一・明夷爲主
　　(一)豐九四遇其夷主，吉行也。夷初曰主人，豐四動之明夷（震動爲坤，雷火成地
　　　　火），豐九四遇其夷主。虞翻以爲三爻體震爲夷主，震爲主。
　　(二)夷主是平大難之主。豐與明夷都是坎世卦，坎爲難。
二・震爲主
　　豐九四遇其夷主，震爲主也。易經只有震卦稱主。初爲主，陽在初，所以震爲主。

◎吉行
一・豐初曰往，四曰吉行，謂九四當上五也。
二・困上，吉行也。吉由于行也（往上曰行）。

六五，來章，有慶譽，吉。
象曰：六五之吉，有慶也。

豐卦六五是全卦最吉之爻。豐爲大，是因爲得衆望民心，而六五在震卦之中，有足夠
聲名，所以身爲主事之人，可以柔順以對下。易經之來原本只是指下爻到上，有＜朝見＞
之象。而六五之來是反身之語，或是指自己從上位來到下位召請賢人。六五柔爻陽位，變

陽成正，柔順而能招賢，自然得人心，所以豐大而光明。

◎**來章**

一·豐六五來章，凡言來者皆來于內。

二·章爲文。六四來二，以柔文剛，文爲章也。豐取泰通象，豐六五來章。

三·易經以由下而上爲往，由上而下爲來，又來爲往而不復。六五之來與六二成一卦之往復，以其外在之顯（章）來生化內在，也可以說坤卦之「含章」相同義。

四·來章爲返照。

五·來章是比喻爲坤

(一)豐六五之理解是從和坤卦比較得來的。

(二)坤卦說含章，豐說來章。

(三)坤卦說括囊，无咎，无譽。豐卦爲有慶譽。因爲豐上離爲乾，乾爲譽。

(四)豐六五來章，易六位而成章。豐六五所以爲章。

◎**章**

一·坤爲文，故曰章。

二·坤卦六三含章可貞，或從王事，无成有終。豐卦是來章有慶。豐六五是應坤之二，本坤之德自外而內，自上而下，六五居尊位，是坤卦之位，得天時之位，即王假之，尙大也。

◎**大終**

坤爲大終，豐卦以取坤德而成爲乃終之慶。六五處尊位，本坤之德厚載物，也即是在高處造福眾生，「豐」富天下萬民。

◎**慶**

一·陽爻得位爲慶

豐六五有慶。乾爲慶，乾陽爲慶，九四上五，乾陽得位，故有慶。

二·有慶之義詳本書大畜卦。

◎**譽**

二五陰陽正應，二多譽，故譽吉。

上六，豐其屋，蔀其家，闚其戶，閴其无人，三歲不覿，凶。

象曰：豐其屋，天際翔也。闚其戶，閴其无人，自藏也。

豐上六是日全食之象，在此時白日如夜晚，行人可以見到星斗，獸歸于穴，鳥藏于林。九三之沬爲魅，即鬼魅，揚雄說：「高明之家，鬼瞰其室。」和上六之闚其戶，閴其无人都在說明屋中陰暗而若无人之狀。上六和九三相應，但九三是鬼在偷看屋內的情形。上六震爲大壯之象，可見這是一潤其屋之富貴之家。但是屋上是草生于屋，已沒有炫耀之

氣派。豐上六小象說天際翔，指的是天災。豐下卦離是目，是由外窺入內。闃是寂靜无
人，有三年之久都不見人之狀，這是凶災而死的家人。豐卦所說的是占星，占星是爲了知
道天災，而在上六才明示豐卦所說之豐大並不是當前所見者。本爻變爻卦成重離，火又見
火，足見是災象。而其室人之人是藏身在內而死。

　　豐卦說的是災害的預占。因爲天象不正，陰邪太重，所以不是天災即人禍。若以天災
而論，上卦木生於下，變木生火，而變卦又是火，中互大過，死兆已明。三五互兌金，兌
金和震和爲歸妹之反，即鬼昧，是返魂回家者探視家人之鬼，所見是家人皆亡。來知德注
以爲三歲不覿者，變離，離取三，說的有人偷窺其戶，寂靜无人，至于三年之久，猶未見
人也，凶殺身亡之家也。若以來氏解爲主，則豐卦大象言折獄致刑是頗有道理。豐上互
兌，下離爲目，離目爲兌澤掩，目失其明，故三歲不覿（音敵）。

◎屋
　　一·艮爲屋。
　　二·豐卦說豐其屋，大壯爲屋之豐，艮爲屋，豐取泰爲通象，泰互大壯，豐互大壯，有
　　　　上棟下宇象，故豐其屋。

◎蔀其家
　　豐上六蔀其家：豐下爻互家人，上爲震草，故蔀其家。

◎闃其戶
　　豐上六闃其戶，豐上震下離，震爲門，承以離目，故闃其戶。

◎无人
　　豐上六闃其无人。豐互家人，象在下四爻，五上爲坤虛，无人象，故闃其〈无人〉。

◎闚
　　離爲目，巽爲戶，擠眼偷看。離爲目，巽爲戶，把眼睛近門看，大張目爲從內看，像狗
　　看人似的。

◎三歲
　　豐上六三歲。豐取噬嗑象，噬嗑通艮，艮爲歲，噬嗑變離，離爲三，故三歲。

◎覿
　　覿爲見也。困初三歲不覿，覿，三互離，離爲目，兌澤掩之，目必失明。

◎三歲不覿
　　卦互離而上有兌澤曰不覿：
　　一·困初六三歲不覿。困三之離目，應上之兌澤，而初曰三歲不覿，初應四，互離之爻
　　　　也。
　　二·豐上六三歲不覿。豐二之離目，應五之兌澤，而初曰三歲不覿，上爲卦之終也。
　　三·三歲是久之義，凡二以上者常稱爲三。

◎凶
　　豐上六凶。其爻象掩，不明，卦義爲動。爻與卦義反，故凶。

◎翔
　　一·豐上六象曰翔。豐取泰通象，泰四爲翩翩爻位，故豐上（天）曰天際翔也。

二‧天際翔也是古人以爲仙人飛遁，和自藏相同，即遁世。易經說到飛的有乾卦之飛龍，明夷初九明夷于飛，上六則說王明。晦，初登于天，這是說仙人登天。小過小六飛鳥遺音。飛鳥離之，同是說仙人遁跡人世。

三‧二至上體互小過，爲飛鳥之象，所以說翔。

四‧翔爲祥，即天降之災：

(一)孟喜曰：「天降下惡祥也。」豐卦所說惡祥包括日全蝕、火災。

(二)春秋傳：「將有大祥，國幾亡。」五行傳：「有靑白之眚，靑白之祥。」

(三)鄭氏曰：「眚生于己，祥自外來。天降之惡徵，故爲祥也。」

五‧天際翔，即詩經所說「如翬斯飛」，言屋之高大。易經上爻常曰飛，上爻爲天。

◎藏

一‧豐上六象曰自藏。坤爲藏，豐之上六取泰之通象，震爲自泰坤變豐震，自藏也。藏爲收藏。

二‧藏，葬之象。豐上六之象是一個包圍的大空間中爲冷而暗。自藏有若在指停柩在家而不發。

三‧藏爲殘，即傷也。

䷷ 旅

旅，小亨，旅貞吉。

旅卦以五行而論，是離火艮土，火生土相生。但火在上，火勢无常，象事物變化不易捉摸。旅卦爻除初六陰柔不正，有如小人，其他柔爻皆利，剛爻皆不利，所以聖人以柔順守中來做旅卦之訓。人在羈旅之時，柔順而守中，不取辱，順乎剛，不招禍，止而不妄動，明而識時得宜，這四件事是旅行者之正道。

旅卦離在外卦所以稱柔得中乎外。易經離卦在下才合於既濟之道，在上不稱也。但旅卦之離在外，可以稱爲得中。因爲旅小亨，只是暫居在五爻之位。旅爲羈旅，山在內，火在外，外爲客，山止而不動，有如旅館，而火動不止，有如旅人。

旅卦雖說旅行之事，其象包含很廣，是上古生活之各種活動都有，從商旅、童僕之跟從、喪失、旅資之得失、旅舍之焚、射雉、交易牛羊、到審理刑獄。六五一爻以得君王之命爲譽，可說包羅萬有。其所言，不外動之災，其所戒，无非是柔順爲吉。

◎旅

一・火在山上，山附地而止遷。火在山上逐草即過，勢不久留，旅之象也。離火在艮山之上，火勢延燒不停留，有如行旅之人。

二・旅者客寄之名，失其本居而寄他方謂之旅。

三・艮爲山，山止而不遷，如館舍。過山而不留，旅人之象。

四・火行不居，如行人，故火象旅。

五・旅卦是由八宮取象。乾七世遊魂爲火地晉，歸魂爲火天大有，後乃復乾位，所以有歸之名。如不歸回乾卦之位，卦變成火山，火山爲旅，所以旅是歸妹卦之行於外而不回。

六・旅眾也。<軍旅>--五百人爲旅。

七・文王拘羑里，孔子周流四方，皆爲旅，失其所爲旅。序卦說旅而无所容。

八・旅，寄也。乾寄於坤，坤寄於乾。旅卦通否，否爲乾坤。

九・旅卦自否卦而來，否卦三五易成旅，去其本體，故爲客旅。

十・復象曰：雷在地中，復。先王以至日閉關，商旅不行，后不省方。旅卦上九喪牛，拉車牛做買賣者爲旅人之事。旅卦六二懷其資，資爲實利之所在。

十一・旅爲柔順，二爲中，中爲柔，五爲外，五得陰爻。二五兩爻爲柔，卦中柔卦是得內外正位。初二之柔順三四之剛，六五之柔順上九之剛，又柔又順。

十二‧旅爲順路

易經以剛先柔後。卦以剛爲先，柔爲後，相隨而進，則爲順。在外行走者，要＜順路＞而行，爲旅行之道。旅卦上爲艮山，艮道路也。中互巽，爲順，旅不但要順路，還要順時，即看天候而行，所以旅之時義大。

十三‧旅不得豐

山上之火，明于遠而蔽于近，故旅以羈寓爲其所志，而不求豐。豐旅皆說大。豐爲永大，終乃就于小，豐之志遠，終失其居。豐和旅爲往復之卦，如果占卜得旅卦，即不宜求豐，而要自儉。

旅，君子以明愼用刑而不留獄。豐，君子以折獄致刑。卦重刑獄，以求其平，旅則以明愼用刑而不留獄，愼審判也。

十四‧旅之志遠

山上之火，照遠而不明於近，如旅人之心志在遠方。

十五‧賁卦和旅反，賁卦以外止內，即艮在外，離在內，艮爲止也，所以不能有作爲，以賁无敢折獄，但旅卦明在上，但下爲止，即基本上講求收斂，但也不放縱。

離爲明，艮爲愼，即明且愼，則速斷而不淹滯以滋擾。如山之火，過不居。

十六‧本卦主旨：「羈旅者應謙降柔和，以求自保。不然會招來災禍。」

十七‧旅卦一陽在顛，不得久留，而成爲羈旅。

十八‧旅卦以陽終，无可進而遂成旅。

十九‧旅取否通象。否之六三往五，九五來三，成旅。

二十‧山上有火：旅人在山上坎食之象。

二一‧旅卦和否相通，亦與賁相通，所以旅卦精義可從否和賁卦卦象來看。

旅卦彖辭說柔中。旅豐同卦同體，文王卦以旅豐綜爲一卦，故雜卦曰豐多故，旅親寡。豐下卦爲離，離上進成旅之上卦，所以柔得中乎外。

◎**貞吉**

易經卦辭只說貞吉者只有旅卦。其他之卦辭說貞吉的很多，但是都是加上其他之辭，可見聖人對旅字和貞吉之相關有特別的想法。旅者特別要求吉利平順，有關貞吉之義詳本書未濟卦。

◎**亨**

一‧亨者通。旅小亨，陰升居五，與陽通，通則亨。

二‧往而得中故亨。旅小亨，陰爲小，六五之陰，往而得中，故小亨。

三‧先天卦陰生離中右旋，由震而坤、而艮（震、坤、艮、坎、巽、乾、兌、離之序），皆陰道之亨通也。旅上離下艮（由離、而兌、而巽乾），故曰小亨。

◎**旅寡親**

家人爲親：

一‧雜卦同人親也。同人互家人于下四爻。

二‧訟不親也。訟互家人于中四爻，一家之人相訟，故不親。

三‧親寡，旅也。旅反家人于下四爻，所同者一家人，故親也。旅因與家人相反，以外

為家也。

四‧旅不返家，失親也。

五‧家人為親，旅為寡親。旅反家人，旅卦二爻到上爻互鼎，反家人。

彖曰：旅，小亨，柔得中乎外而順乎剛，止而麗乎明，是以小
亨，旅貞吉也。旅之時義大矣哉！

◎小亨

一‧小亨之義詳本書賁卦。

二‧旅小亨。旅取否象通，旅六五、九三為動爻，六五柔中順剛，內止外明，所以致亨者。

三‧旅小亨。旅途親寡，勢渙情疏，縱有亨通之事，也必微不足道，所以人在旅中，只能守小吉即可亨。

◎麗

一‧旅止而麗乎明。凡言麗者皆明在外，而以內卦為主。

二‧麗，旅行也。

◎止

一‧旅象言止而麗乎內。晉以順為主，睽以說為主，旅以止為主，主以內也。

二‧止之義詳本書艮卦。

◎時

一‧易經之卦以見到震、兌、坎、離為春、夏、秋、冬四時。

旅上離，二五互坎體，三五互兌，下艮錯震，四象亦全。旅取賁為通象。賁上震中互坎，震為春，坎為冬。旅上離中互兌，賁旅皆以言時，易經之時字精義見於隨卦。

二‧時義大

（一）易經說到時義大之卦有：豫卦、遯卦、隨卦、和旅卦。豫為雷地，隨為澤雷，遯為天山，旅為山火。四卦皆為震艮。

（二）旅以離日麗天，懸象著明莫大於日月，故義大。

（三）時義大之義取之大畜。易經說大畜為時，无妄災也。旅行者要能畜守，一方面要有資源，也要節時，不得違行。行而違時，災害必至。

象曰：山上有火，旅。君子以明慎用刑而不留獄。

◎山上有火

旅人在山上炊食之象。

◎獄

一‧旅象曰不留獄。旅取賁爲通象，賁之艮爲獄，賁之四爻來初相易，上卦之艮成離，下卦之離爲艮，上卦之艮獄不見，故不留獄，折獄之意也。與豐之折獄同中有異。旅與獄--旅象言獄，以獄爲旅，不欲人久留也。旅卦不留獄是有如艮山之愼重，而不枉縱刑罰。

二‧易經獄象見于噬嗑卦。

◎君子

旅象曰君子，三爻爲君子。

初六，旅瑣瑣，斯其所取災。
象曰：旅瑣瑣，志窮災也。

旅卦初六陰爻在艮山下，是細小而貪吝象。因爲旅卦在外，不能言大格局，所以瑣小反而爲忌。論語說放于利而行多怨，故以取災來比喻。旅行者不能隨身帶許多金錢，在外容易窮困，但是因困而志窮，人變了淺狹，則會貪取，遲早到得到災禍。旅卦吉象在于柔中順剛，遇到阻礙不去強過，又能止而麗明，休止時還是精神高昂。旅行者是沒有身份的，處境猥鄙細屑，很容易自取輕侮，而自取其災。旅初六變離爲重離，火二爲比，如在外的人很容易交到很多朋友，也可能一個朋友都沒有。如心眼不好，要取錢，可以暴發。因爲火旺而无水來剋，可以无所欲爲，但火多自无禁則自焚。變離，火剋坎水，坎爲志，志窮則心不正，所以要特別小心。離火生艮土，而无金，所以有財也不存。初六陰不得位，變陽可進，但被艮止，欲和九四相合，又爲中爻二坎所勸阻，坎離相交，災禍重重。

◎瑣瑣

一‧細小之兒，貪吝之象。

二‧細屑猥鄙爲瑣。

三‧旅瑣瑣，瑣爲小，艮爲小旅取賁爲通象。賁上卦艮爲小，變旅，下卦艮亦小，故瑣瑣。

◎斯

旅初六斯其所災。斯者廝役也；廝，賤也。旅取賁爲通象，賁初旅，失位而賤。

◎災

一‧旅初六斯其所取災。旅取賁爲通象，賁初爲離，旅初應離，焚如之爻，故取災。

二‧初六艮變爲成離，卦成重離。火見火，五行午午相刑，又炎上爲躁動，所以取災。

三‧旅卦初爻變，艮成離，離錯坎，坎卦被沖，坎爲志，志窮之象，即水火不濟。以不

濟以出發，雖在二爻見到資源，是遠水救不了近火，所以成災。

四‧論語：「放于利而行多怨。」故以取災戒之。這是說旅行或行商之道在於不重利。旅卦初六耽於瑣瑣之事而取災。

九三爲旅行中喪其童僕；九五爲心不快之旅；六五終以譽命，是比喻自己爲徒然一走有如未中的之矢；上九則有焚巢、喪牛之災。所以旅卦言災，都是因爲六二懷其資之近利而起的。

五‧旅卦艮爻變離不止，而炎上躁動，所以取災。

六‧易經說吉凶，所以對災咎有特別多的提示。關於災字之義詳本書无妄卦。

七‧易經之剛位而逢剛爻，照說是吉，但是因爲旅中爻互爲大過，所以稱爲災。

八‧无妄爲災。旅卦言災，因爲无妄爲邑人，旅卦爲客，兩者都是犯災。一是在內爲主，得災是无心之災，而其二是旅行之災。旅卦因爲終莫之聞者，是无所見聞，因爲不知所以爲災。

災指的是不是自過而起的。旅上離即乾，下艮即震，无妄之象也。

九‧旅卦所以取災是因爲旅初爻變離，離在下爲災。根據《風俗通‧怪神篇》引易經說其亡斯自取災，以証變怪都在于婦女下賤，其說不易理解，但可能原意是旅之下艮變離，有女入而爲災，即招來不良之女入室而自取其災。

六二，旅即次，懷其資，得童僕，貞。
象曰：得童僕貞，終无尤也。

旅卦六二說到旅行以順爲要。順的先決條件就是身懷旅費，其次是有順從之童僕來跟班。懷資足用，得童僕之役，二者都是旅行最喜愛的，所以說无尤。因爲旅親寡，所以旅六二惟童僕，可以幫助旅途中之困難。

旅下艮，艮爲童僕之象。陰爻中虛爲孚，所以說貞，即可以變爲既濟。旅之最善者，是能濟度而到目的地，但是童僕必要品性良好，乖順而忠心。本爻變巽爲木，原卦爲艮，巽木剋艮土爲財，是變而得財。又卦變爲鼎，鼎即九四所說之資斧，一則爲錢，一爲鼎鍋，旅行所要備者。

◎即次

一‧旅六二旅即次，懷其資，得童僕貞。即次，安居也。

二‧旅六二旅即次，即＜旅次＞。次，旅舍也。左傳說：「凡師，一宿爲舍，再家爲信，過信爲次。」言所居久也。

旅二居艮止之中，艮爲門，所以是即次得安。

三‧次爲第，即宅第也。所以今說＜旅次＞、＜客次＞、＜次第＞。

四‧旅下卦爲艮，艮之卦德爲伏人。又旅卦下艮爲門，二、三、四爻互巽，巽爲入，即

入門，即入舍。

五·旅六二旅即次。艮爲舍，二三得位，二以三爲次，舍即就也，故旅即次。

◎資

一·巽爲利，資也。

資爲齎（唸基），巽爲近利市三倍，資也。資爲實利之所在。旅二四互巽，所以懷其資。

二·坤卦厚，爲資之象。

三·離爲貝爲資

旅六二懷資。旅上離，離爲貝，爲龜。古者貨貝爲資。

四·資爲助，斧爲輔、爲釜。皆爲旅行者所必備者。

◎懷

旅六二懷資。旅二在艮躬中，爲懷。

◎斧

一·扶也，輔也。

二·釜也，旅二上互鼎，鼎爲釜，旅之野外必炊，不可无鼎。

三·離爲兵，巽爲木，兌爲金，木貫于金，有斧護之象。爲扶也，斧也。

◎童

旅六二童僕，少男爲童。

◎僕

下承上爲僕。旅六二得童僕之正道，以六二中正，上承九三之故。

◎尤

六二象曰得童僕，終无尤也。尤，過也。旅二互大過。

九三，旅焚其次，喪其童僕，貞厲。

象曰：旅焚其次，亦以傷矣。以旅與下，其義喪也。

旅九三居下卦之上，即過剛不中，居下之上，則自高不能下。旅行之要訣在於守中，因爲前後之險可以避。九三是到了高而剛之地，與群體不合，而旅卦之危在於過高則被焚，而所居之旅舍也被燒了。

易經以豐和旅都是說危險而變爲災，旅六二與九三的情形剛好相反。旅六二說即次，九三說焚，六二得童僕，而九三喪之，這都是因爲旅卦以陰爲吉。陽剛爲凶，因爲人在外，太招惹或顯耀，必然引人注目。旅卦多處居噬嗑爲通象，比如旅九三焚次、喪僕，噬嗑滅鼻、滅耳。而二者皆說刑獄，可能是原始二個卦都是占卜被流放之人。商代時，成湯亦爲流放之族也，所以演旅卦以求自保。旅焚其次，或是說被追逐者所害者。

　　旅卦變坤爲土，艮坤同宮是貴象，是出門遇到貴人。行旅以和順爲上策，九三陽剛得位，與旅處之國相爭，禍害即至。而所旅之處都是兵家出沒，所以山上有火，近火者必追兵所殺。旅上離，離爲矢，旅爲矢亡也。

◎次

　　一・次爲舍。旅焚其次，旅九三艮爲舍，次之意也，即旅次。

　　二・見旅六二即次之說法，次是安居。

◎焚其次

　　旅九三焚其次，艮爲次。旅取賁通象，旅變賁，艮變旅，而艮之次失。下卦變爲離，離炎上，故焚其次。

◎喪

　　一・大過爲喪

　　　　旅九三言喪，以旅取賁之通象。賁三應上艮，艮爲僕，變旅，旅中互大過。大過，棺槨，死期將至。艮爲喪期，故喪其童僕。

　　二・艮爲終，喪也

　　　　(一)艮三无吉辭：漸三夫征不復，婦孕不育，以艮爲陽之終也。

　　　　(二)旅九三言喪。以旅取否爲通象，否九三乃否其亡其亡之爻。

　　　　(三)旅九三象曰其義喪。旅取否爲通象，否以九五下而易三，艮失。艮東北喪朋，
　　　　　　故其義喪失也。旅卦九三所失者爲童僕，旅人漸和親人骨肉分，轉而和童僕近。

　　三・喪字之義在井卦發揚最明，詳見本書井卦。

◎貞厲

　　過剛則貞厲。旅九三貞厲，以九三過剛不中。

◎小亨

　　旅小亨。以陰道亨通之象，故旅二五吉，而三上凶也。

> 九四，旅于處，得其資斧，我心不快。
> 象曰：旅于處，未得位也。得其資斧，心未快也。

　　旅九三是焚了旅舍，九四其地可居，暫時見地而棲息。九四在離卦之中，是離火之動，身在災多之區，不能久留。九四變，卦成艮土，上艮下艮，土旺氣壯，而艮可以去火之炎，所以消災。本爻自坐坎象之位，只要見水，即有財源。旅四得資斧，可能是得旅行之資，也可能是得到斧刀之器，以防身。但是九四是陽剛處在柔位，是不得位，久留不得。離爲戈兵，中爻上兌金，下巽木，是刀斧之象。

　　旅行以順爲吉，而九四自己爲了壯大聲勢，不得不剛，反其道也，所以心不快。不遇貴人，又是流離奔波。易經小畜、渙說柔得位，漸說進得位，只有旅說未得位。旅九四失

位。

◎資

巽近利市三倍，故稱資。

◎斧

一・斧為兵器。旅卦九四言斧，離為兵，巽為木，兌為金，木貫于金，為斧象。

二・旅九四得其＜資斧＞。旅取賁通象，賁之艮變離，為戈兵。

◎處

一・艮居為處

　(一)旅九四旅于處，處，居也。旅取賁為通象，賁四為艮，艮為居止，故旅于處。旅九四旅處。

　(二)繫辭上八，同人，先號咷而後笑。子曰：君子之道，或出或處。同人卦无艮，錯師，師中互震，震反為艮。

　　　同人之道在知進退，即要知與人相同之道在於能出，即出道，所以同人卦无處象。

二・處，止也。暫時停留之地。

　(一)小畜上九說：既雨既處，尚德載，婦征厲，月幾望，君子征凶。坎為雨，水在天上亦雨之象。處是停了，畜為止，所以小畜是既雨又止。

　(二)雜卦傳小畜，寡也。履，不處也。

　　　咸九三象曰：咸其股，亦不處也。志在隨人，所執下也。

　(三)處可說是女人出嫁，未嫁之女為＜處女＞。

　(四)繫辭上傳，同人或出或處，或默或語。

　(五)繫辭下繫，上古穴居而野處，居所為止也。

◎我心不快

一・坎為心，失則不快。

　旅九四＜我心不快＞。旅取賁為通象，賁九三互坎，坎為心，賁初九變旅之四，失正，賁之坎象失，故我心不快。

二・兌不正為不快。

　　　六五，射雉，一矢亡，終以譽命。
　　　象曰：終以譽命，上逮也。

　　旅卦上卦中爻乃兌與巽，即三五互兌，而二四互巽，即互大過。旅中為大過，一是因為旅者犯大錯過而被放逐，或是走到外，但最可能的是受到君王之命，而旅次在外，比如蘇武和李陵的遭遇。

　　中互兌巽，兌為譽，巽為命。六五和四相近，乘剛，但旅之六五以陰順上，所以終能以榮譽達成天子之命。六五變乾為遯，離火剋金是血光破財之象。乾艮同宮是陰陽正配，大貴之極。又旅之卦凡見陰爻都吉，以柔順而免災。六五射矢雉，雉飛矢亡。旅六五射雉，一矢亡，矢是取睽卦象。睽卦說，弧矢之利，蓋取諸睽。睽卦說捉鬼狐，即去孤神，這是古時消災之法。

　　六五爻變陽，卦成乾，乾為一，離為矢，因為變了乾，所以離矢不見了。矢亡，即小損而有所得。射雉即去災也，而去災，災去而有所損。離為文明之象，所以得譽而上達，即神示，或君令。

◎射

一‧進退為射。旅卦之中有離（雉）、巽（進退）、艮（手）、兌（決），進退其體，矢決於外，為射之象。旅之六五上為剛，如物之阻，故喻為射。

二‧離錯坎，靜物象為矢，矢見阻（目標），為射雉。旅六五射雉，離為雉，以離象朱鳥也。

◎矢

一‧矢為離

旅六五射矢，旅上為離，矢也。

二‧旅六五射雉，一矢亡。矢取睽象，弧矢之利，蓋取諸睽。

旅上四爻互睽，而睽反家人，以外為家，卦所以言旅，而五本離，矢也。

三‧矢字之義詳本書噬嗑卦。

四‧矢為失：旅卦上九陽剛處陰柔之位，是旅人失位之象。

◎矢亡

一‧離矢變為矢亡

（一）離為矢，變乾離矢之亡失。

（二）旅卦之六五變了以後卦離變乾，雉象不見，亡為失也，失去了一根矢。

二‧易以下離得正，乃曰矢得。上離失正，雖象矢而矢亡。晉五失得，以晉離往下，矢乃得也，故晉曰往吉无不利。

三‧一矢：旅六五一矢，初九數一為一矢。旅初九變六，一矢象失，故旅六五一矢亡。

四‧旅三焚次，喪僕。五一矢亡，皆言卦變之象。

五‧矢為進，晉五矢得。

◎譽

一‧二多譽

（一）旅六五終以譽命，二多譽。旅取賁為通象，二至五互巽命，為譽命。

（二）旅初九之四變賁，賁初九之四，賁成旅，初九一為矢，賁成旅而矢（初九）失。變旅，旅互巽命，二多譽，故終以譽命。

二‧兌為譽

易經見兌為譽，比如：

（一）蠱卦用譽，中爻兌也。

　　(二)蹇卦柔譽，下體錯兌也。

　　(三)豐卦慶譽，中爻兌也。

　　(四)旅以六五爲終以譽命，因爲旅卦三五互兌爲譽，譽是喜悅之事，好的名聲。

◎逮

　　旅六五象曰上逮，逮，及也。

> 上九，鳥焚其巢，旅人先笑，後號咷。喪牛于易，凶。
> 象曰：以旅在上，其義焚也。牛喪于易，終莫之聞也。

　　易經以乾卦上九爲亢，所以上九都有險。旅卦上九取乾之亢險之義，來說販賣牛羊之商旅失去家園，有如鳥之焚巢。在邊遠的地方，是古時放牧者互相以物易物之市場，因爲不愼而焚了居所，又在一場壞交易中失去了牛。

　　九爲剛居高，有如鳥巢在顚，位尊而處境甚危。又旅之窮在於失所，在於失去資金。旅人以牛爲車行工具，離畜牝牛，牽車牛遠服賈，旅人之事也。以牛爲資，喪牛，則失其資。旅過在於過剛自高，以致困災羈身。

　　上九與六三旅在上，旅卦以謙順爲吉，高倨在上，或過剛，都是凶象。說卦傳：離其爲木也科上槁，即鳥巢也。離爲火，中爻巽爲木，爲風，鳥居在風木之上，遇火必燃，火燃風烈焚巢之象。上九陽爻居陰位，本是失其所之象，變爻卦成小過，小過是飛鳥遺音，鳥失其家也。上九過高，最怕見惡于人，以致失牛而自己无所聞。又在失去牛後，既无川資，又无通行工具，是旅者走投无路，此爻占者凶也。

　　旅卦上九旅先笑後號咷也是比喻爲一個病入膏肓的人死前之迴光返照，先光而後息。在高而危之位，如在得意時要愼防破敗，所謂居安思危。旅行只能一時苟安，而无久安，所以得意時要以退爲進。

◎巢

　　一‧有鳥即有巢

　　　　旅上九處離上，有如鳥巢之象。巢在火上，爲焚巢。

　　二‧離爲鳥，中虛爲巢。

◎鳥

　　一‧鳥象爲飛，飛則過。旅上九變，卦成小過。

　　二‧旅人爲鳥，旅卦爲離，離爲鳥。

　　三‧離爲巢，旅上九鳥焚其巢。離爲巢，艮爲室。

◎焚

　　一‧易象火无風不發。旅上九火焚其巢，二爲巽風也。離九四焚如，離二爲互巽風也。

凡象必有取象之理。

二・京房易傳：「人君暴虐，鳥焚其巢。離爲鳥又爲火，故爲焚。」

三・旅卦上卦離，火之焚也。

四・賁爲焚

賁旅取賁爲通象，賁卦之義爲焚。賁下離上艮，上九爲艮，鳥之室，是巢也。

詩經：「无毀我室，是室爲巢。」賁變旅，火炎上，艮室失，故鳥焚其巢。

◎笑

一・同人笑

（一）同人先號咷而後笑。

（二）旅上九先笑後咷。先號咷而後笑爲同人之象。

（三）旅寡親（不同人），故先笑後號咷。同人初四互家人，故同人親也。

（四）旅三至上互睽，反家人，故親寡旅也。

（五）同人三四攻克，故先號咷，大師克相遇，故後笑。

二・得則笑，失則咷

旅人二即次，懷資得僕，故先笑。三焚次喪僕，故後號咷。

◎先後

旅上九，鳥焚其巢，旅先笑後號咷。易經先後之用法見本書同人卦。

◎易

一・乾爲易

（一）乾爲易。旅上失三，五動應二，故喪牛于易。

（二）壯喪羊失其很（狠），旅喪羊失其順。

二・易爲疆場。睽喪馬，大壯喪羊，旅喪牛，象略同。易（疆場也）即放馬放羊放牛之處。

三・旅喪牛于易，大壯喪羊于易，都說易爲放牛之場。

古時畜牧爲主業，可能場即爲人民互交易牛羊之所。

◎凶

旅上九凶。旅小亨，上九非小，旅貞吉，上九失貞，故凶。

◎牛

離大畜牝牛吉。離，利貞，亨。畜牝牛，吉。大畜六四，童牛之牿，元吉。畜四來二，成離，童牛變爲牝牛。離象畜牝牛吉，離六二之柔自大畜四通，畜之四陰來二成離，畜四童牛之牿元吉，畜四來二，是以畜牝牛吉。二爲牝牛，二與四同功，皆坤位陰正也。故象牛。

◎喪牛

一・坤爲牛，坤不在正位，或變其他之卦，就有喪牛之象。坤爲牛，艮爲喪。

（一）旅上九喪牛。旅六五非坤陰之正位，坤爲牛。

（二）旅上離即乾，下艮即震，无妄之象也。无妄曰或繫之牛，行人之得。

邑人之災之象，故旅上九喪牛。而離畜皆牝牛吉，以陰坤之位也。

(三)否下坤有牛象，變旅，坤成艮，喪牛。

　　旅上九喪牛于易，牛乃坤之順德。否下坤，旅取否爲通象，否變旅，坤順而成艮止，艮爲喪，故旅上九喪牛于易。

二‧離得正即有牛象

　　賁下離得正，有牛象。賁變旅，下離變，亦喪牛象。

三‧无妄爲喪牛而引起的災

　　易經說喪牛是因爲聽聞之事，旅和无妄都是因爲不知不曉的情況而惹來災咎。

　　夬卦九四牽羊悔亡，聞言不信，聰不明也。夬卦是羊被牽了，但喪失了羊的人卻聞言不信，聰不明。

◎旅爲災

　　旅卦上九說燒了鳥巢，和失去了牛，都當做災禍來講。易經災字說的最明的是旅卦。旅卦以上九說災。

◎聞

一‧耳塞爲失聞。

二‧聞爲耳在門中，艮爲門，坎爲耳。水山爲蹇，蹇知險而能止。

三‧聽爲聞

　　(一)旅上九象曰牛喪于易，終莫之聞。

　　(二)萃九四，臀无膚，其行次且，牽羊悔亡，聞言不信，聰不明也。

◎順

　　晉以順爲主，睽以說爲主，旅以止爲主。主以內也。

巽

巽，小亨，利有攸往，利見大人。

巽卦爲入，陰伏于四陽之下，能巽順乎陽，所以名爲巽。象風，亦取入之義。序卦說旅无所容，故受之以巽。人在外旅，非得順應環境才可以被收容接納。巽和旅同，都是屬陰，又卑下，才智不足以識遠任重，不如只求小處著手。因爲小，能跟從別人，能從，則无往不利。

巽卦是重巽申命，比喻爲風，風吹物，是一再而吹，无處不入，无物不動。巽象隨風，因爲前風去了，後風又來，是風隨風。而人之申命，即實行別人曉諭之事，順令而行。申命者臣，臣爲小也。

巽卦卦德柔而中，喜怒哀樂未發謂之中，發而皆中節謂之和。中也者，天下之大本；和也者，天下之達道。致中和天地定位焉而萬物育，无成見之內蘊，洞察事機即是中。巽卦以巫蠱喻人事變化時超乎常理，而以過剛過柔都不是正當處理之方法。太強力以矯正，會有適得其反之效果，所以繫辭下說「巽德之制也」，巽以行權制宜，即要求合乎中道。

巽象爲床，床對人非常重要，事關健康。床下不可藏污，而床上要知節制，以免淫泆无度而傷身。聖人稱巽爲命，即因此事關係重大，不可小視。

◎巽

一．巽爲入之義：

易經談出入，但多具巽卦之義，而且都是在陰爻，陰爲入也。又凡卦爻多陰，以入稱，陰爲入。

乾，健也；坤，順也；震，動也；巽，入也；坎，陷也；離，麗也；艮，止也。

巽入乎乾，以一陽入乎地之下而成巽。

易經用到入字爲入于宮、林中、淵、地、坎、左腹，皆爲巽木之象。宮木所造，林中木多，淵爲木之生地，地爲木之所在，坎爲穴象。左爲地，木所入者。

(一)困六三入于其宮，不見其妻。困取否爲通象，否中互艮，艮爲宮室，坎亦宮。巽爲入，故入于其宮。

(二)屯卦六三，即鹿无虞，惟入于林中，君子幾，不如舍，往吝。巽爲木，屯下震大木，震巽合爲多木，所以入于林中。

(三)需上六入于穴。訟象辭說：不利涉大川，入于淵也。需上六變，卦爲巽。

(四)明夷六四，入于左腹，獲明夷之心，于出門庭。

明夷上六，不明晦。初登于天，後入于地。

明夷自雷山小過通，小過四互巽入。

明夷入左腹，腹爲地，即＜腹地＞。

明夷上初＜登于天＞，後＜入于地＞－－＜登天入地＞。

(五)坎初六象曰：習坎于坎，失道凶也。坎六三，來之坎坎，險且枕，入于坎窞，勿用。坎卦多陰，所以以入稱。

(六)坎爲隱伏，穴象也，上六變巽，巽爲入也，故入于穴。

(七)大畜上巽，稱潛，即潛入。

(八)繫辭上十一，利用出入，民咸用之謂之神。

(九)隨卦以乾入坤靜，入宴息也。

(十)在內卦爲入。小過變解三互離，艮狐入離罔之中，故田獲三狐。

(十一)序卦傳巽而後說，故受之以兌，兌者，說也。說而後散之，入爲巽。

(十二)過爲入。明夷曰明夷入地中，過之九四入乎坤，地下也。明入地中爲小過象。巽爲入，明夷无巽，取小過之巽。

(十三)木入水，出井之象也。

(十四)土入水爲泥，震九四遂泥。

(十五)乾坤爲＜入門＞之本

乾坤爲易之門，言各卦皆出入于乾坤也。

(十六)益中之象爲木入土，動土，爲益世之事。風雷益爲木入坤。

(十七)大過中互乾，乾爲人，人入于木爲大過，大過即大故也。

(十八)巽爲陽之伏也，故巽爲入，爲伏。

(十九)巽入成風

巽入也：陰在內，陽在外不得入，則周旋不舍而爲風。

(二十)旅而＜无所容＞，故受之以巽。巽者入也，回家。巽者入也，而旅者在外也。

(二一)入而後說，故受之以兌，兌者，說也。巽卦反兌，故入而後說之，巽爲入。

二・巽爲＜雙女＞。巽後天八卦居巳，巳爲雙女。

三・巽爲天數

陰陽合德，而剛柔有體，天地之撰，以體天地之撰。撰，事也，或曰數也，即天數。撰即巽。

四・巽爲順。繫辭下九曰：若夫雜物撰德，辨是與非，則非其中爻不備。撰爲巽。順爲德之本，巽爲德之基，即＜順德＞。

五・巽，損之又損爲巽。

六・巽以行權。

七・巽爲順，所謂順是指順天道之行，即先天八卦乾、兌、離、震、巽、坎、艮、坤之序。易經大過之卦下爲巽，即巽起兌止，即從巽到乾到兌之行爲大過，此爲順行。

八・巽卦在其他之卦中皆當做有意義之字來用，所以小畜是健而巽，中孚是兌而巽：

(一)井爲巽乎水而上水，升爲巽而升，恆爲巽而動，家人順以巽，益動而巽，萃上巽。

(二)鼎木以巽火，漸順以巽，蒙順以巽，巽而止爲蠱。

(三)觀順而巽。

九・小畜健而巽，剛中而志行，乃亨。

十・巽爲說

巽反兌，以兌爲義。中孚彖曰：中孚，柔在內而剛得中，說而巽，孚乃化邦也。

十一・巽乎水而上爲井

井彖曰：巽乎水而上水，井。井，養而不窮也。改邑不改井，乃以剛中也。巽爲順，升之道也，井水以順木而上。

十二・巽爲升之道。升卦說巽而順，剛中而應，是以大亨。升是下順應上卦而升。

十三・巽者動

恆彖曰：恆，久也。剛上而柔下，雷風相與，巽而動，剛柔皆應，恆。

十四・順爲巽

(一)家人六二，无攸遂，在中饋，貞吉。象曰：六二之吉，順以巽也。

(二)漸六四，鴻漸于木，或得其桷，无咎。象曰：或得其桷，順以巽也。

(三)蒙六五，童蒙，吉。象曰：童蒙之吉，順以巽也。

十五・巽爲乾之反。巽卦在後天居乾之反方，所以巽卦有反的意思。

十六・巽，上也

萃六三，萃如嗟如，无攸利，往无咎，小吝。象曰：往无咎，上巽也。

十七・木以巽火

鼎彖曰：鼎，象也。以木巽火，烹飪也。聖人亨以享上帝，而大亨以養聖賢。

十八・巽爲動，不動者生災

(一)蠱彖曰：蠱，剛上而柔下，巽而止，蠱。

(二)動而巽爲益。

(三)益動而巽，日進无彊，天施地生，其益无方。凡益之邈，與時行。

十九・說卦釋巽

(一)帝出乎震，齊乎巽。

(二)乾，健也；坤，順也；震，動也；巽，入也。

(三)乾爲首、坤爲腹、震爲足、巽爲股、坎爲耳。

(四)乾爲馬、坤爲牛、震爲龍、巽爲雞、坎爲豕、離爲雉、艮爲狗、兌爲羊。

(五)巽爲木、爲風、爲長女、爲繩直、爲工、爲臼、爲長、爲高、爲進退、爲不果、爲臭。

二十・巽爲伏。雜卦傳：兌見而巽伏也。

二一・巽爲入。序卦傳：窮大者必失其居，故受之以旅；旅而无所容，故受之以巽；巽者，入也。

二二・繫辭下七：井以辨義，巽以行權。

坎爲權，巽以行權也。權，稱物也，稱物以平準。

二三‧繫辭下七：益，德之裕也；困，德之辨也；井，德之地也；巽，德之制也。制即
剋制，制訂禮數。節象曰：澤上有水，節。君子以制數度，議德行。是＜節制＞，
節制在於＜禮數＞。巽爲事，也是數，以數來制做禮儀之法。數，一爲天數，一
爲地數，即河洛之數。

巽，德之制，牽也，即＜牽制＞。巽爲稱，稱物平施以數也。

二四‧巽爲稱

繫辭下七：困，窮而通；井，居其所而遷；巽，稱而隱。

謙象曰：地中有山，謙。君子以裒多益寡，稱物平施。稱即巽，謙以＜制禮＞。
制爲巽，即雜物撰德。

二五‧巽食舊德

食舊德：後天之坎即先天之坤，故曰舊。坤順也，故曰德。巽錯兌口象，故曰
食。言含忍不訟以食坤舊日之順德，故貞厲。

◎小亨

一‧巽小亨，爲陰生之始。陰道自巽亨通，故巽小亨。

二‧巽陰之始小亨。

◎利攸往

一‧往爲向陽，巽利攸往。

二‧巽利有攸往：巽，陰之生也。凡陰利往（向上），而爲陽。

◎利見大人

一‧巽利見大人

(一)巽四互離目，爲見。以見九五爲大人也。

(二)剛巽乎中正而志行，柔皆順乎剛，是以小亨，利有攸往，利見大人。
易經下卦可貞爲離，即濟卦之下離，上貞坎五，就可利見大人。
巽卦三四五得正，利下卦之巽貞爲離也。離爲見，上巽貞坎五爲大人，故利見
大人。五爲大人，易中見大人皆貞九六之義，其義詳見本書蹇卦。

二‧大人謂五

(一)巽二失位，往應五，故利見大人。

(二)巽「利有攸往，利見大人」。又大人謂五，巽二失位，往應五，故利見大人。
巽五互離。

(三)五爲大人。巽卦見離，離爲見，五爻見離，利見大人。

三‧坎象曰大人，易中利見大人，皆以上坎爲大人，下離爲利見。坎離相濟，所以稱大
人。

四‧易經說利見大人者爲乾、訟、蹇、萃、巽。

五‧利見大人：貞九六之義。貞爲既濟，則有大人象。易經中說到利見大人之卦有：

(一)乾九二，見龍在田，利見大人。

(二)乾九五，飛龍在天，利見大人。

（三）訟，利見大人，不利涉大川。

（四）蹇，利西南，不利東北。利見大人，貞吉。

（五）蹇上六象曰：利見大人，以從貴也。

（六）萃，亨，王假有廟，利見大人。

（七）巽，利有攸往，利見大人。

象曰：重巽以申命。剛巽乎中正而志行，柔皆順乎剛，是以小亨，利有攸往，利見大人。

◎重

一・重爲互卦相重

　　乾文言九三，重剛而不中，上不在田，中不在人，說的其實是乾卦中互卦也是乾。乾下乾，所以乾卦文言才特別標明重字。乾四爲重乾（互乾重），故曰重剛。

二・重爲大，即＜重大＞。重大之重唸破音種。

　　坎象曰「習坎，重險也。」而不說重坎，其險非在於重，而在於重大，即大大的危險。蹇卦九五說大蹇就是這個意思。蹇九五正好在乾剛之位，也在處坎險之中，可稱重險。

　　蹇卦之險含有兩個卦，所以大蹇，即大險。這兒大蹇之重是包含三種情況。一是六二王臣蹇蹇之重；二是往來之重：往蹇來譽，往蹇來反，往蹇來連；三是大蹇朋來，朋爲雙月，重也。

三・巽象曰：重巽以申命。重在繫辭可看出含有先後天卦交重的意思：

　　繫辭下一：八卦成列，象在其中矣；因而重之，爻在其中矣。

　　八卦成列，象在其中

　　　　先天卦

　　東南多澤，居之以兌。

　　驚蟄雷鳴，居之以震。

　　小暑風多，居之以巽。

　　　　後天卦

　　坎離爲南北極。

　　震兌爲赤道，日月所行。

　　乾攜巽爲天綱。

　　坤抵艮爲地維。

　　這是先後天交重之一個例子。事實上，先後天卦之交重可以有很多安排，應該是多重的。

四・對合爲重

繫辭下二：重門擊柝，以待暴客，蓋取諸豫。

＜重門＞對合爲重，比如繫辭下二重門擊柝，以待暴客，蓋取諸豫。

豫上下艮相對，豫之震爲門，又互艮，艮爲門，故重門。

五・兼爲重

艮卦不說＜重山＞，而說兼山。

六・動爲重

易經說動在其中，所說的動即是重。動者爲兩爻，即兩相重之爻。一爲不動之爻，一爲動之爻。因此動之形成在于一動一靜之重，這是＜動在其中＞的意思。艮卦一動一靜，一起一伏，爲重之象。艮卦說兼，實爲重，形其動象。

◎性命

一・＜性命＞爲中國人最重要的人生理念，在易經之中性命的解釋和始終有關，即乾和巽。易經說乾爲性，巽爲命，在先天八卦乾爲始，巽爲終。

二・說卦傳，觀變於陰陽而立卦，發揮於剛柔而生爻，和順於道德而理於義，窮理盡性以至於命。

三・乾道變化，各正性命，保合太和，乃利貞。

四・＜性命＞，說卦：昔者聖人之作易也，將以順性命之理，是以立天之道，曰陰與陽；立地之道，曰柔與剛；立人之道，曰仁與義。

◎命

一・行四方則爲命。風行四方，施命誥四方。

古代立風后以施命誥四方，命爲君令也。象曰重巽以申命，因爲風能繼而行。

二・巽爲命，重巽即命，重巽以申命。

巽卦之象說「重巽以申命」，

訟四說「復即命」。即命，即就也。訟卦三到五爻互爲巽，

訟卦三到五爻互易，卦變成巽。四爻變，上卦乾成巽，兩個巽，就是重巽。

易經巽爲命，重巽，就是申命，即一再申言。所以訟即巽，即一再申命，也就是＜復命＞、＜重復＞的意思。重復，就是申，巽爲＜命令＞，故復即命是也。

三・申爲命，申之義見本卦之詳解。

巽卦初爻說＜申命＞，巽爲風，風爲天之號令。

四・聖人非常重視命的看法。在易經之中，一共提到了二十三處命這個字，幾乎沒一處是用同一種說法，可見命的含義在於它的變化性。而命在易經之中各有不同層次的觀照。

(一)＜性命＞：乾，乾道變化，各正＜性命＞。

(二)＜復命＞：訟九四，不克訟，復即命。

(三)＜錫命＞：師九二，在師中，吉，无咎。王三錫命。

(四)＜有命＞：師上六，大君有命，開國承家。

(五)＜有命＞：否九四，有命无咎，疇離祉。象曰：有命无咎，志行也。

（六）＜命亂＞：泰上六，城復于隍，其命亂也。

（七）＜休命＞：大有象曰：君子以遏惡揚善，＜順天休命＞。

（八）＜順命＞：臨初九，吉无不利，未順命也。萃利有攸往，順天命也。

（九）＜天命＞：无妄，大亨以正，天之命也。

（十）＜施命＞：姤象曰：姤，后以施命誥四方。

（十一）＜舍命＞：姤九五，有隕自天，志不舍命也（＜捨命陪君子＞）。

（十二）＜致命＞：困象曰：君子以致命遂志。

（十三）＜革命＞：革，天地革而時成。湯武革命，順乎天而應乎人，革之時大矣哉。

（十四）＜改命＞：革九四，悔亡，有孚改命，吉。象曰：改命之吉，信志也。

（十五）＜凝命＞：鼎象曰：木上有火，鼎。君子以正位凝命。

（十六）＜譽命＞：旅六五，射雉，一矢亡，終以譽命。

（十七）＜申命＞：巽象曰：重巽以申命。

（十八）＜知命＞：繫辭上傳，旁行而不流，＜樂天知命＞。

（十九）＜受命＞：繫辭上傳，其受命也如響，无有遠近幽深。（＜授命＞）

（二十）＜繫命＞：繫辭下繫，繫辭焉而命之，動在其中矣。

（二一）＜至命＞：說卦傳，＜窮理盡性，以至於命＞。

（二二）＜性命＞：說卦傳，昔者聖人之作易也，將以順性命之理。

◎申

一‧申命：申，就是一而再，即＜申復＞。申有復象，因為申為重，而復也是重。

二‧申為地支午未申之申。

三‧屈申即乙辛也。巽為乙，申為辛。

四‧坤居八卦之中，未申居一歲之中。

五‧坤為事，易經大象曰申命行事。

六‧巽卦言先庚後庚，庚主義，巽為酉月卦，嚴令也，所以＜申令＞，俗曰＜三令五申＞。又庚為申，巽卦說＜申命＞。

七‧庚這更也，時之變也。庚于時為秋，寒暑生殺變易之機也。申為令，即＜時令＞。

象曰：隨風，巽。君子以申命行事。

◎隨風

一‧巽象曰＜隨風＞。風之被物，物亦隨之，故曰隨風。

隨卦為巽離兌三卦，故曰隨。乾卦在先天跟隨著巽、離、兌，也就是陰卦御陽。先天卦巽而後乾，乾後兌、離，這就是御的意思。而御也就是隨之意。巽卦上巽，中互離，互兌。巽、離、兌有御天之象，即隨風也。

二・＜隨風＞、＜御天＞、＜御風＞皆俗語。

三・風之被物，物亦隨之，這是風的特性。凡世上的東西見到風，會跟著風走，這是風的本質也，所以巽爲隨風。巽爲順也，又俗語說＜順風＞。又隨爲跟，所以俗語說＜跟隨＞。艮爲跟，巽反艮，又重巽反重艮，艮卦二爻不拯其隨。

四・隨相從也，兩巽相隨，即申命之意。

五・隨巽皆體兌。隨兌震，上兌爲兌，下震兌體。巽體兌，隨也是體巽，即兌反，所以稱爲隨。巽二旁通震五，則震成隨。

六・前風去了，後風隨之，即風隨風。

◎行事

一・蠱爲事，蠱巽震，巽震也都有事象。

　　巽錯震，以震取象。震以五爻九六和巽相易，震成隨。巽五爻九六和震相易，巽爲蠱。可見巽震之中互有蠱和隨之象。蠱之震爲五事，隨卦說必有事也，

　　所以巽卦說申命＜行事＞。又震爲行也，巽和震是互動而成行事之象，蠱、隨二卦爲象。

二・坤爲事，震爲行

　　乾卦說終日乾乾，行事也。坤爲事，震爲行，巽卦說申命，申爲坤。

初六，進退，利武人之貞。
象曰：進退，志疑也。利武人之貞，志治也。

　　巽卦爲柔順之至，而初六又在柔之下，卑之太過。陰柔居巽之下，是非可否无所適從，不知要進或要退。易經之進退即變化，變化太過，令人生疑。風之性動，動多不能靜，必殃。要矯枉過正，所以初六變乾，乾用九，天下治矣，即以乾之初爻陽剛來制服巽之柔，變文爲武，巽陰之伏性可以出，能出，才可以風行天下。巽爲不果，爲木，變乾爲金，金剋木，則可生財。但是巽原卦中爻離火，火剋金，則損。巽卦以損之，又損爲順，但損過即可以益，喜見乾金剛強，而乾巽又相遇，巽又是先天以巽進，後天以巽爲起，萬事起頭難，所以要特別用力。

◎進退

一・易經知進退是一件大事，從繫辭可知進退幾乎是最高的智慧。

　　(一)知進退亡而不失其正者，其唯聖人乎。因爲易經之爻是以進和退來動，知進退即知易之大道。

　　(二)陽元必消，上九惟知進退，上九居乾上不知退，居坤上，則亡則喪。退三則存則得，知進退，則不失其正位，聖人所以用九六進退六爻，各正性命，保合太和。

二・進退无恆：乾九四失位，說是進退无恆。益卦說立心无恆，
　　乾進而爲居五，退爲居初，故退无恆。

三・變化者，進退之象也。

四・觀三曰觀我生，進退，觀三爲坤，觀五之我，五互艮也，艮爲我。
　　觀卦爲巽坤，巽爲進退。觀三上爲巽，以三以觀上之進退。
　　觀卦巽在先天爲陰之始，始爲進。坤爲陰之終，終爲退。觀卦所管爲陰之大始大
　　終，所以觀我生進退。

五・凡易見乾、坎、兌皆爲利涉，因爲乾在後天左右爲坎兌，要進退皆涉水（坎兌爲
　　水），是以稱進退。

六・有悔爲知進退
　　繫辭上三，震无咎者存乎悔。上九有悔，則知進退之道，有悔則厲。易經言厲之處
　　皆爲懼，所以凡易例厲多吉。厲知進退。

七・巽爲進退
　　(一)巽象履，知進退，即能行也。又風爲行，風行。履爲行，履行也。
　　　　巽爲股，下兌，兌爲毀折，故曰跛然。巽爲進退，能進退，是履也。
　　(二)巽二陽一陰，二陽爲進，一陰爲退。先後天卦，皆至巽而陰進陽退也。巽爲進
　　　　退，爲不果。
　　(三)巽爲進退。先後天卦皆至巽而止或起，先天乾、兌、離、震、坤、艮、坎、
　　　　巽，以巽爲進。後天巽、震、艮、坎、乾、兌、坤、離、巽，以巽爲起。
　　　　先天：乾　兌　離　震　　巽　坎　艮　坤
　　　　後天：坎　艮　巽　離　　坤　兌　乾　震
　　(四)巽取訟象，訟六三進四爲巽。巽九四退三爲訟，巽初爻應四爲進退之爻，故曰
　　　　進退。
　　(五)巽爲巳，巳蛇也。其行進退，一進復一退。
　　(六)觀六三，觀我生，進退。觀上巽，巽爲進退。

八・進退其他之義詳本書觀卦。

九・進之義詳本書大壯卦。

十・風性動，動爲進。巽爲股，股即退也。巽爲進退。
　　巽爲進退：(一)先後天卦皆至巽，其卦三陰進而在內，二陽退而在外，亦爲進退。
　　　　(二)巽二陽一陰，二陽爲進，一陰爲退。

◎武人之貞

一・易經利某人之貞者三：坤利牝馬之貞，歸妹利幽人之貞，巽利武人之貞。

二・巽其究爲躁，所以稱武人。乾爲金，純剛。

三・易卦以變乾爲武人
　　(一)巽七月之卦，爻變乾，所以利武人之貞。
　　(二)履卦六三變乾，也說武人。
　　(三)乾爲武人，訟乾九四失正，九四退爲九三，武人之貞也。之，往也。貞，正也。

四·陰居陽位，後又變爲陽，則可稱武人。因爲陰居陽位，則不正，變乾，則貞正矣，
　　所以稱武人之貞。即因爲卦位較有利於調正爲陽剛之爻，所以說利武人之貞。

◎志疑

巽取訟通象。訟下坎，坎爲狐，性疑。訟坎失正，故志疑。

◎志治

巽取訟通象。訟上乾，乾爲治，以貞訟之乾爲坎，爲相濟之正（上卦以坎爲正），以乾
變坎，故志治也。所謂乾元用九，天下治也。

九二，巽在床下，用史、巫紛若，吉，无咎。
象曰：紛若之吉，得中也。

巽九二敎以卜筮之事，史爲祭祀時作冊書以告神明的人，巫是祓禳時爲歌舞以事神
者。巽爲命令，兌爲口舌，都是指巫，也有人說史掌文書，巫掌卜筮。易經本爲卜筮之
書。巽爲蛇，或邪氣。陰柔善於順藏，所以床下容易有陰氣藏匿，這是不吉利之事。巽本
爲床象，初爻爲床下，陰爻居下，爲邪。二爻爲人位，二陽即史和筮，剋制陰邪者。九二
以陽爻居陰，二是人位，即能和鬼交通之史筮。

古來巫有文巫和武巫，因爲巽之初陰太強，宜以武爻有效，所以初六利武人之貞。武
者，動刀鎗之乩童也。二爻敎之以巫之紛若，即比手劃足，以抖擻奮發。宗敎之避邪以取
代法最多，即巫者扮鬼神之狀來除。如所扮如陰邪之鬼，則爲文巫；如扮者爲和陰相反，
則爲武巫。紛若或可解爲口舌，也是巫者作法之變化來取代初爻之陰也。

又巽九二變，卦成漸。漸即在山上之木鬼。又漸上艮，艮爲山嶽，即鬼之庭。巽卦之
象爲糾纏，要去之非易。二陽尙不能制之。上卦五爻陽可制，所以二爻稱吉。

◎床

一·巽爲＜床＞。

二·剝有巽象，所以剝說床。

三·巽兩木四足，床象也。巽下人而順乎人，床之象。

四·易經說到床只有剝卦和巽卦。剝言床，初六，剝床以足，蔑貞，凶。
　　剝自乾變，每爻皆有巽象，初至四爻都說床。

五·在床下爲巽伏。巽九二巽在床下，巽爲木，二陽在上，初陰在下，床之象。

六·巽卦在後天八卦之東南方，是先天乾位所枕藉之處。乾爲人位，而巽爲乎下而順乎
　　人，所以巽卦象床。

七·人最常用到的東西是床，所以巽卦也有常字的含義。

◎史巫

巽九二史巫紛若。史者祝史，巫者覡巫，皆接事鬼神者。巽反即兌，而又互兌，兌爲書

契，史巫之象。

◎史

祭祀時作冊書以告神為史。史掌文書，巫掌卜筮。

◎制

一·巽，德之制也。

二·巽二五以陽剛制伏初四之陰柔，巽之初六陰邪隱伏，以坎鬼象之，以史巫制之（巽之反為兌，兌為巫），吉。

三·巽德之制見姤初之繫、二之包、巽之史巫（制初陰之邪）。

◎紛

一·眾多為紛

巽九二史巫紛若。史巫象眾，故用史巫紛若吉。

二·巽九三說頻巽，頻和紛皆是同義語。

三·巽為伏，坎為隱伏，坎為鬼。坎在乾下為鬼到人間，訟也，即口舌災咎。又俗說＜聚訟紛紛＞，所訟者都是鬼所造成，鬼就是隱藏之氣。

四·史巫紛若：巽為伏，坎為隱伏，坎為鬼。人在床下者，所訟者，坎之鬼也。巽反兌，兌為史巫，重巽，即重兌，眾多之象。紛若為鬼象。

五·言多為紛。

◎得中

一·中為中孚。易經說得中以中孚解之最詳，詳本書中孚卦。

二·巽二得中。巽彖傳剛巽乎中正，二得中也。

　　九三，頻巽，吝。
　　象曰：頻巽之吝，志窮也。

巽九三剛乘剛，所以窮，即无復退之路。巽卦象蛇，及蛇之舌，分叉而多動，所以頻巽。三爻居兩巽之間，一巽去了，又來一巽，是極難去除之鬼魅也。

◎頻

一·巽九三頻巽。復三變，互坎，曰頻復。巽廣顙，顙有憂色，頻之意也。

二·頻字即不停地動，其義詳本書復卦。

三·巽九二說紛，即頻多之意。巽卦以二陽在一陰之上，必頻動，其形如音叉。

四·頻為水之涯。

◎志窮

一·窮之義詳本書夬卦。

二·窮即吝。巽九三吝，象曰志窮。震巽錯，以三上相易，震成離，巽成坎，為相濟之

象，既濟六三爲窮位。窮則吝矣，故吝，吝爲窮。屯象曰往吝，往吝，窮也。

三・坎爲志，志上則窮。巽卦可變爲既濟，既濟坎在上，坎志居上，故窮也。人之心志，一旦實現了目的，即不再奮進，所以志窮。

六四，悔亡，田獲三品。
象曰：田獲三品，有功也。

　　巽卦六四以田祭來解災，因爲九二、九三都過剛，而无以制初爻，六四所居得位，可以貞初之不正。而且六四在上位，是在田中祭神請來床下之邪。祭者以三種牲禮來討好天神，而六四和初爲正應，上下相通，初六之志可以上達天聽。以陰氣來解去初之怪，而六四自己也是陰氣重之怪，可以剋之，而又可得亨三種祭物。

◎悔亡

一・不得位爲悔。巽六四陰得位，悔亡，即不必悔矣。

　　巽六四悔亡，四爻變爲陰得位之象，故悔亡。失位者，悔也。

二・陽變陰，而得位，爲悔亡

　　巽六四悔亡：巽取訟通象，訟四以陽變陰，當有悔。因巽六四得位，悔亡。

◎獲

一・卦見離有獲象，離爲網罟。

　　巽六四田獲三品。巽四有田獵象，巽四互離，離爲網罟，巽爲入，有禽獸入網之象。

二・隨卦說隨有獲，隨爲澤。

◎品

一・品爲三口，巽六四田獲三品。巽自訟三來，取訟爲通象。訟三互兌口，三之兌，三口也。變巽，三品變，故田獲三品。

　　解二自小過三來，小過三爲艮，艮爲狐，故解二田獲三狐。

二・類爲品

　　巽禽、兌兔、離雉，巽、兌、離爲三品。巽卦中互兌離，一如三種獲物。

　　三種爲三品，周公篇說：「錫臣三品：州人、重人、庸人。」三種人爲三品。

三・巽六四田獲三品，恆四曰田无禽。巽有田象，恆四應巽，而九失位，故田无禽。

四・所謂三品是初巽爲雞，二兌爲羊，三離爲雉。

◎三

一・三爻爲三

　　三爲三爻，三皆爻數也。革、同人、既濟都在三爻說三。

二・從相通之卦的三爻變來的也說三。

巽卦說三品，因爲巽自訟之三變通而來。

三・離爲三

乾一、兌二、離三、震四爲洛書卦。

訟卦二說三百戶。訟二互離，離數三百，故卦說三百戶。

明夷初九三日不食，離數爲三，故爲三日。

鼎三足，巽下離上，離爲三。

豐上六三歲。豐震離，離爲三，故三歲。

解九二田獲三狐。艮爲狐，解自小過通，小過震艮，艮在三，爲三狐。

四・艮爲三

河圖數納甲以艮爲三，即：

一乾甲　二坤乙　天地定位

三艮丙　四兌丁　山澤通氣

五戊　　六己

七震庚　八巽辛　雷風相薄

九離壬　十坎癸　水火不相射

五・易經說到三有：

(一)三歲

坎上六，係用徽纆。寘于叢棘，三歲不得，凶。象曰：上六失道，凶三歲也。

同人九三，伏戎于莽，升其高陵，三歲不興。象曰：伏戎子莽，敵剛也。三歲不興，安行也。

豐上六，豐其屋，蔀其家，闚其戶，闃其无人，三歲不覿，凶。象曰：豐其屋，天際翔也。闚其戶，闃其无人，自藏也。

既濟九三，高宗伐鬼方，三年克之，小人勿用。象曰：三年克之，憊也。

(二)三日

蠱，元亨。利涉大川。先甲三日，後甲三日。

明夷初九，明夷于飛，垂其翼。君子于行，三日不食。有攸往，主人有言。

(三)三百戶

訟九二，不克訟，歸而逋，其邑人三百戶，无眚。象曰：不克訟，歸逋竄也。自下訟上，患至掇也。

(四)三人

需上六，入于穴，有不速之客三人來，敬之冬終吉。

(五)三瀆

蒙：蒙亨。匪我求童蒙，童蒙求我。初筮告，再三瀆，瀆則不告，利貞。

晉，康侯，用錫馬蕃庶，晝日三接。

(六)三狐、三就、三品、三驅

比九五，顯比，王用三驅，手失前禽，邑人不誡，吉。

師九二，在師中，吉，无咎。王三錫命。象曰：在師中，吉，承天寵也。王三

錫命，懷萬邦也。

解九二，田獲三狐，得黃矢，貞吉。象曰：九二貞吉，得中道也。

革九三，征凶，貞厲，革言三就，有孚。象曰：革言三就，又何之矣。

巽六四，悔亡，田獲三品。象曰：田獲三品，有功也。

繫辭上二：變化者，進退之象也。剛柔者，晝夜之象也，六爻之動，三極之道也。

◎有功

一・順則有功

(一)繫辭說易從則有功

繫辭上一：易則易知，簡則易從。易知則有親，易從則有功。有親則可久，有功則可大。

(二)巽為順，巽六四象曰：田獲三品，有功也。巽之功為得田獲。

(三)隨為順，所以隨初九、九四都說功。

隨初九象曰：官有渝，從正吉也。出門，交有功，不失也。

隨九四象曰：隨有獲，其義凶也。有孚在道，明功也。

二・五多功，二應五為多功。

(一)繫辭下九三與五，同功而異位，三多凶，五多功。

(二)蒙卦象曰：初筮告，以剛中也。再三瀆，瀆則不告，瀆蒙也。蒙以養正，聖功也。聖為二，二志應五，五為功。

(三)三上五為往有功，五多功。坎自升通，升之三上行于五，五多功也。

三・九五中正，可以往，多功。因為五本多功之卦。易經見上坎多說往有功，義詳本書漸卦。

四・易經之坎為勞，勞則有功。

(一)繫辭上八，勞謙，君子有終，吉。子曰：勞而不伐，有功而不德，厚之至也。比如謙卦說勞謙，謙中互坎，坎為勞，功也，五多功，四有功。

(二)坎，維心亨，乃以剛中也，行有尚，往有功也。

(三)隨九四曰在道明功。

隨四爻居多懼之位，然已近五爻多功之位，所以明功。

(四)需，有孚，光亨，貞吉，位乎天位，以中正也，利涉大川，往有功也。

(五)需九五為坎中，五多功，又九五進，見險而進可得功。

(六)渙象曰：乘木有功。五多功，渙二互震，震舟，應五多功，故乘木（震舟乘木）可渡，則有功。

五・恆為功，但終則无功

有恆則有功。恆上六，振恆，凶。象曰：振恆在上，大无功也。上六為終，終則不久，无功也。雖然繫辭說有功則可大，但上六之大為震卦之末，是在上為大之大，不可同日而語。

六・三去五遠為无功，這和恆在上其理相同。初爻遠五，不得應，也說无功。

(一)訟六三曰大无功。易經之爻，三多凶，五多功。今三去五尚遠，故曰无功。

（二）坎六三象无功，坎自升通，在升六陰居五位，五多功，六五來三，終无功也。

七・坎在下不宜，和上卦之坎不同。所以：

（一）師六三，師或輿尸，凶，象曰：師或輿尸，大无功也。

（二）井汔至，亦未繘井，未有功也。羸其瓶，是以凶也。井初欲應五。二變艮，艮為手，手持繘（即吊水瓶之索），所以未有功。因為遠五。

> 九五，貞吉。悔亡，无不利。无初有終。先庚三日，後庚三日，吉。
> 象曰：九五之吉，位正中也。

巽九五取蠱卦象。蠱卦體為巽，蠱之事壞而當飭，事之順而當行。是二卦實為一物，就是鬼怪。巽卦之體和互卦之體都是陰爻。巽于羲圖起午牛之丁，一陰生也，終于子牛之癸，六陰具。所以巽為事，即蠱之事，二者都是鬼怪之事。巽九五是一中之君，光明正大，足以去除邪惡。先庚三日，後庚三日，是三令五申，共六日，足以待不利之陰爻調正。九五之位中正，下卦四三二陰陽來順之，這時之順是順乎陽，而中爻成兌，乾兌同宮，大貴氣重重。例來解釋先庚後庚之方式很多，有以納甲，先後天之易圖、五行，都是講震巽二卦金和木二元相調來求其大吉之排列。金木剋而无所調和，又位不正，則凶災必生，鬼怪難消。如調理正當，則大吉大利。甲者事之創，庚者事之繼也。

◎貞吉

巽震錯三上兩爻，九六相易，震為離，巽為坎，又以坎離互易，兩卦皆成既濟。九六各正，故貞吉。

◎悔亡

一・卦成既濟則悔亡，即卦可以變正。亡為失正，

巽九五悔亡。以巽震互易成坎離，坎離互易成既濟，故悔亡，无不利。

二・貞吉悔亡，即可以成相濟，所以无不利

巽五貞吉悔亡，无不利。巽震相錯，巽貞既濟，初二上三爻與震相易，先庚者，成離之三日，巽反兌為未濟。後庚者，亦成離之三日，未濟終，反為既濟，此貞卦之象也。

三・易經悔亡很重要，因為這是除災避邪之關鍵。如卦爻正，陰邪不亂也，人事皆為順。

四・貞吉悔亡：易經說言貞吉悔亡者，大壯四、巽五、咸四、未濟四。

◎先庚三日，後庚三日

一・巽卦說言先庚三日，後庚三日。震亦先庚三日，後庚三日。震主庚，離為日也。

二·消息卦爻值一日一卦，六日七分。內卦司三日，外卦司三日，震納庚，震即震。
震變離，爲日數三。震爲先庚三日，後庚三日。

三·巽變坎，三上兩爻，得震庚氣，坎錯離，巽亦先庚三日，後庚三日。坎離交易，成
兩既濟，故巽九五吉。
巽九五吉：以巽震互易成坎離，坎離互易成既濟。坎離交易，成兩既濟。故巽九五
吉。

四·先天巽坎間爲庚位，巽變坎，故言先庚後庚。
先天巽前離，巽前坎。

五·乾坤爲陰陽之始終，震巽陰陽之始。乾坤父母，震巽長男長女。

六·消息卦巽值申月，正庚金用事之時也。一卦六日七分，故巽先庚三日，後庚三日。

七·庚者納甲爲震。巽初變至二成離，至三成震。震主庚。離爲日，震三爻在前，故先
庚三日。

八·先天卦巽位西南在庚之先，後天卦兌位正西在庚之後。巽反即兌，二卦相次，故先
庚三日，後庚三日。此先後天八卦之象也。

九·乙丙丁爲先庚，即地下三奇
先庚三日：乙丙丁（戊己在中不論）至庚也。庚者終也。
　　-- 乙丙丁（戊己）--庚　辛壬癸
後庚三日：由癸壬辛至庚也。（戊己在中不論）。七干中无甲
　　乙丙丁（戊己）庚--　辛壬癸--

十·爻辰以先庚三日爲午辰寅，先陰後陽。後庚三日爲子戌申，先亂後治。

十一·先庚後庚言先後天卦，而先甲後甲，惟言後天卦。
因爲蠱言利涉大川，先天巽艮甲爲坎大川(山風蠱，巽艮中爲坎--巽坎艮--)，蠱
由巽至艮，爲涉川之象，此是言先天卦位。先甲三日，後甲三日，是言後天卦。

十二·王引之以爲先庚先甲是行事取吉而言。巽爲申命行事，所以要諏日。先庚是指
癸，春秋書葬書用癸。

十三·朱駿聲著《六十四卦經解》注，春分到秋分，兩氣相差一百八十六日，減三旬
周，餘六日，所以先後三日。從秋分逆溯至春分，庚日之前三日丁日春分，則庚
日之後三日癸日秋分。癸爲終，初爲甲，有庚剋甲，則无初，而見癸。

十四·來知德以伏犧先天圖証先庚後庚。艮巽來兌于西方之中，所以先庚後庚。巽先乎
庚，艮後於庚也。

◎无初有終

一·易以下卦爲初，上卦爲終
(一)巽九五无初有終。巽震相交易，震爲離，巽成坎，又以坎離易以成兩既濟。
(二)坎，上坎正，下坎不正。故无初有終。易以下卦爲初，上卦爲終。

二·巽九五无初有終，睽三无初有終。兩者義同，理不一也。

三·春分利秋分，兩氣相距八十六日，減三旬周，餘六日，所以先後三日。從秋分逆溯
到春分，庚日之前三日丁日分，則庚日之後三日癸日秋分。癸爲終，甲亡於庚，所

以巽卦說无初有庚。十干以癸為終，甲為始。甲被庚剋，无初也。

四・乾坤為陰陽之始終，震巽陰陽之始。乾坤父母，震巽長男長女。巽卦中為陰，乾不見，所以无初有終。

五・繫辭說雷風相薄，在後天東南方也。雷風相薄，即震巽薄，雷風因為无形，當變為震，巽究為躁卦，躁卦即震，所以无初有終。

六・庚者終也，甲者始也（卦納甲言戊已居中，甲居東方，庚居西方）。而八卦納甲，甲納于乾，以甲為始（乾為始），庚納于震，以庚為終。先庚三日，後庚三日，七干中无甲，故先庚曰无初（甲）有終。

七・復內為震，震納庚。先庚當三日，大壯外為震，震納庚，後庚當三日。自復而一陽息，至大壯而四陽息。震庚司氣皆陽息之候，為氣之初。巽辛司氣，故无始有終。因為以巽辛而變為震庚，先庚三日則姤巽之氣變，即遯艮否坤之氣亦變矣。

八・後庚三日，則觀巽之氣變，即剝艮純坤之氣亦變。由陽之消變為陽之息。故吉，无初有終。

◎中正

巽九五象曰九五之吉，位正中也。象傳曰：巽乎中正而志行。巽取訟通象，巽變坎，志行也。

◎中

巽象傳中正而志行，二曰得中，五曰正中。

◎庚

一・隨卦體巽，又巽二旁通震五，卦成隨，其象在震，不在巽。

巽五先庚三日，後庚三日。巽五易為蠱，巽五以蠱事取象。八卦陰陽之氣，至巽而更，巽兌相對，為一卦。巽兌之間為庚位，故以庚言。巽為七月卦，庚金用事之時。消息卦巽司申月，艮司戌月，正先天巽艮位，消息卦氣兼先後天兩卦也。

二・庚為更。

三・巽為庚

巽卦先庚，蠱卦先甲。巽為酉月之卦。秋為金，即庚金。

四・巽先庚三日，後庚三日，消息卦以巽值申月，正庚金用事之時。一卦六日七分，故巽先庚三日，後庚三日。

五・艮為庚，艮卦有庚象，艮二不拯其隨。隨卦體為巽。巽，庚也。

六・庚為終

(一)巽言先庚後庚。十二辟卦，姤內為巽，巽納辛。先辛當三日。觀，外為巽，巽納辛，後辛當三日。自姤而一陽消，至觀而四陽消。外巽辛司氣，皆陽消之候。為氣之終。

(二)庚者終也，甲者始也（卦納甲言戊已居中，甲居東方，庚居西方）。而八卦納甲，甲納于乾。以甲為始（乾為始），庚納于震，以庚為終。先甲三日，後甲三日，七干中无庚，故先甲曰終則有始（甲）。

(三)震始艮終

先後天卦陽皆歸于震，而終于艮。蠱外艮。爲陽之終。隨內震，爲陽之始。蠱反隨，故巽卦說終則有始。

七‧巽爲庚之先後，蠱爲甲之先後。

先庚後庚：巽中互兌，兌在庚方，故言先庚後庚。

八‧庚爲震

庚者納甲爲震。巽初變至二成離，至三成震。震主庚。

◎終

一‧蠱初曰終吉。蠱隨以三四兩爻相易，隨成既濟，蠱成未濟，以反既濟。蠱初爻當成既濟上爻，故初曰終吉。

二‧以消息卦言始終：隨自否變，以上爲初，乃否反泰之始也。蠱反即隨，故終則有始。十二辟卦，陰以巽始。其卦爲姤。陰以兌終，其卦爲夬。陽以震始，其卦爲復，蠱隨相次。由巽至兌，爲陰之始終。由艮至震，爲陽之始終。始主陽而言，故終則有始。

上九，巽在床下，喪其資斧，貞凶。
象曰：巽在床下，上窮也。喪其資斧，正乎凶也。

巽木綜兌金，中爻又是兌金，而離又是戈兵，亦爲斧。巽初爻利武人之貞，是武巫作法。但上九陽居陰位，陰乃巽之主，陰在下四，上九重複九二之巽在床下，是說在床下之鬼尙在，而作法之武巫无法對付，連兵器都丟失了。巽爲利，上九陽變爲坎，坎爲盜，是失財之象。上爻與九三相比，九三又是頻巽，可知陰邪所應之事不止一端，或可能是床下藏奸，雖變卦坎在上爲相濟之象，上九不中不正，窮之極也。又喪資斧，所以貞凶。

巽上九陽爻變陰，卦成井繫辭下七曰「井居其所而遷，巽稱而隱。」巽床下陰邪不利，所以上九稱凶。除凶不得，只好遷移他所以保平安。

◎巽在床下

巽上九巽在床下。巽取訟爲通象，訟三互巽，巽爲床。變巽，九四入三卦成巽。訟九四互巽，三即成爲訟卦之中巽，床之下也。故訟有巽床之象，變巽，巽入在床下（訟之巽床之下）。

◎資斧

一‧巽爲資利

(一)巽利市三倍爲資。

(二)巽上九喪其資斧。巽取訟爲通象，訟上乾，乾爲斧象。訟四互離，離爲戈兵。離爲貝，爲龜，古者貨貝寶龜，資象也。訟九四之三，成巽，乾失一陽，故喪其＜資斧＞。

（三）巽爲工，爲繩直，裁制萬事，是斧齊之利所依賴。

　　　齊乎巽，木工以齊直爲事。齊爲濟，即斷也，斧以斷物。

二‧巽卦爲木，中互兌，斧象。

三‧斧爲伏，巽伏。

◎**貞凶**

消息即吉凶，巽上九貞凶。吉凶者，得失之象也。巽上九貞凶，乾陽變陰巽，陰爲陽消之始。乾失一陽，故訟乾變，九四下爲九三，六三下爲六四，卦成巽，雖可貞，因乾陽失，故亦凶也。

䷹ 兌

兌，亨，利貞。

　　兌卦是陽剛在中，即二五都是陽爻，而居中，柔在外，則接物和柔。外雖柔，而內剛，即外柔內剛，是爲兌。二陽在內，一陰在外，剛中柔外，其德爲說。在天地則爲陽氣在內而敷散，陰潤于外，以滋萬物。澤之象也。在人則實心在內，而以說之道親人，其情說物，而物亦說之。兌之義也，兌爲麗澤，麗是附麗，兩澤相依互相交流，爲和悅之象。本卦是講中和之道。所謂中和，是和悅而不柔媚，在陰柔之間，要堅守剛性之中正，以期剛柔並濟，這也是順天理應人情之法。兌卦之中爻象初之和，二爲孚，都吉。九四，商兌未寧，介有喜，與九五孚于剝有厲，都是附于陰爻，陰爻在兌中是陰少陽多之陰，所以喜合。對九四和九五之陽是一種引誘。但是二陽在中，二上互卦成大過，是以大過爲戒，所以九四說未寧，而九五說有厲。易經以乾象居中被陰爻所包即稱爲「有厲」，是警戒之意。因爲有戒，所以不受媚惑，故有喜象。三之來兌，則以陰柔來迷向上來之初和二爻，所以爲凶。爻爻所証是是非分明。

◎兌
　一・兌爲喜
　　（一）兌九四，商兌未寧，介有喜。
　　（二）否上九，先否後喜，否上九變爲萃，上兌下坤，澤與地本相親，故喜。
　　　　　觀其所聚，而天地萬物之情可見矣。天地同情爲喜，此與否上九先否後喜通。
　　（三）賁六五有喜。五變之陽（賁變既濟以六五易上九之陽），故有喜。凡易言有喜
　　　　　皆陽爻。賁上錯兌，說也，故小象曰有喜。
　　（四）蹇九三內喜之也。蹇六二在九三內，互兌，故喜悅。
　　（五）升卦九二象曰有喜，二互兌，爲喜。
　　（六）兌九四介疾有喜。坎兌象反，坎爲憂，爲疾。兌爲說，坎與兌象相反，兌取需
　　　　　爲通象。兌四由需之坎變，疾變爲兌也，故介疾有喜。言需坎得兌象也。
　二・勿藥有喜：无妄九五勿藥有喜。无妄九五互巽，巽反兌，兌說，故喜。勿藥，即不
　　　必用藥而可愈。
　三・通則喜
　　（一）兌上九變兌爲澤地萃，兌爲毀折，傾之象。否窮則傾，傾畢則通，故後喜也。

（二）兌卦曰後喜：兌爲喜象，否則傾，故先否。傾則通，故後喜也。

四・變陽爻爲喜。

五・先後天同位也可說有喜

大畜六四，童牛之牿，元吉。象曰：六四元吉，有喜也。艮乾先後天同位，故元吉。

六・得子爲＜有喜＞。兌九四介疾＜有喜＞，坎兌象反，坎爲憂，爲疾。兌爲說，坎與兌象相反，兌取需爲通象，有喜爲得子之兆。

七・兌從口從入，氣象分散。

八・兌從八，從口，從人。八爲分，爲介。口爲說言，轉訓爲悅。

九・先天坎居後兌位，故兌爲坎。坎水下流，故兌爲澤。兌爲月，附麗之光，麗澤也。

十・水所鍾聚爲兌。

十一・兩口爲講習。論語：「學之不講爲憂，學而時習之爲說，朋自遠方來爲樂。」兌爲坎，坎習也。

兌爲說，兌月爲朋。古時造士于澤宮，建學于泮水。取兌之義，兌爲講習。

十二・兌之道有和兌、孚兌、來兌、商兌、引兌。九五爲好孚于剝。

十三・兌爲陽息之卦，反巽陰生不同。巽曰小亨，陰道亨也。兌曰亨，陽道亨也。

十四・兌是悅无心，即不用心而兩情相洽爲兌。咸爲无心之感，又兌爲无言之說，即兩人相知，不必言詮。

十五・兌爲折

（一）兌之毀折，乾也。先天卦由兌至乾（乾、兌、離、震、巽、坎、艮、坤），以兌二陽息乾之三陽。兌陰，夬去，故兌爲附決。謂兌陰附于二陽之上，陽必決之爲乾也。先天卦由兌至乾，以乾三陽消爲兌二陽，乾陽毀折，故兌爲毀折。謂乾三陽毀折其一陽，而爲兌之二陽也。

（二）兌言毀折，乃毀折乾也。

◎利貞

一・易經之爻失正，爻變而成正，即利貞。兌利貞，二、三、四失正，故利貞。

二・兌利貞。兌取需爲通象，需變兌，三四九六失正，故說以利貞。貞其失正，以順天應人也。

三・因卦不足，或失正，而戒之。兌卦陰陽相說，易流于不正，所以以利貞爲戒。

◎亨

亨者因卦之所有而與之也。

彖曰：兌，說也。剛中而柔外，說以利貞，是以順乎天而應乎人。說以先民，民忘其勞；說以犯難，民忘其死。說之大，民勸矣哉！

◎難

一 · 兌卦互離，離爲甲冑，兌爲附決，毀折。秋爲肅殺，故象傳說犯難。兌爲犯，兩物相對，不相讓爲犯，俗說＜冒險犯難＞。坎爲險，兌取需之坎通，故言難。

二 · 坎爲難。犯難，難，坎也。兌取需爲通象，需上坎，爲難。

三 · 難字之義詳本書蹇卦。

◎順天應人

一 · 易經以三爲人位，兌卦四承五爲順天，五爲天位，上六爲天，下六三爲人位，是說四爻之象。

二 · 兌彖言順天應人。兌取需象，需六四承九五，順乎天也。初九應六四，上六應九三，應乎人也。

三 · 兌爲順。兌字中爲口，上爲人，下亦爲人。

四 · 兌曰順天應人，革亦曰順乎天應乎人。革自兌通，而兌亦互革，故其辭同。

五 · 兌卦上兌順天，下兌應人，兌即互相對應。天有天之道，人事有人事之理，天爲上六，人爲六三，上卦反巽爲順，即上六爲順天，而下卦之六三爲人卦，變爲乾天，與上卦之六相應，即順天應人。

◎勞

一 · 坎爲勞

兌彖民忘其勞，兌取需爲通象。需上坎，爲勞。

二 · 坎爲勞，爲死，兌彖曰忘勞忘死。以兌後天乃先天之坎變，以離上爻變坎下爻，以坎下爻變離上爻，坎遂成兌。變遂成震，故忘（失也）勞（坎也），忘死（坎也）。

象曰：麗澤，兌；君子以朋友講習。

◎兌

兌象＜朋友＞。

◎麗澤

麗爲離，兌象麗澤。兌中互離，故曰麗澤。

◎朋友講習

一 · 兌象曰＜朋友＞、＜講習＞。習，坎也，兌取需爲通象，需變上爲坎，故曰習。兌，兩口相應，故曰講。

二 · 兩口相應爲講，即兌也。講：兌兩口相應，故兌象曰講習。

三 · 兌爲習，兌象曰講習。兌兩口相應，兩說相承，故習。

四 · 兌爲說爲樂：學之不講爲憂，學而時習爲說，朋自遠方來爲樂。

五 · 兌爲朋。兌初在二爲陽，二陽爲同類，爲朋，伏艮（兌反艮），艮爲友。坎爲習，

震爲講。兌兩口對，故朋友講習。

六・兌象曰君子以朋友講習。朋友之誼，必相說而成，故兌象朋友。

◎麗

一・離兌皆曰麗。火係（音樹）有係无火，火必附麗于木。澤亦時有時无，必附麗于土木，故離兌皆曰麗也。

二・麗爲兩，離爲兩。兌講習，習爲重，兩也。講爲對口，兩口也，俗說＜小兩口＞。

三・麗爲連。禮稱麗皮，言兩連，俗說＜皮肉相連＞。

初九，和兌，吉。

象曰：和兌之吉，行未疑也。

兌卦爲和悅，但是太親密陰陽互相耽溺而有私心，親密過度甚至乖戾陰險。全卦四陽爻之中，唯一不與陰爻相接之爻，卓然自立，悅而不讒。最象兌卦內剛外柔之德性，即和而不流。

兌卦卦體上下都是中爻互巽，互離，三五互巽，而二四互離，即互爲家人。而初爻在家之外，即无家人之偏私。因爲爻位超然不受拘泥，行止才可以中節，其和兌方以致用，因爲无私心，不和身旁之家人鄰居有利益之輸送，而不受人懷疑。如此則可以感動人心，而令天下之民冒死患難。

易經說和兌，是和和相對。雷風相薄是相對而互相交流。先天八卦震和巽都是木，但卦位相對，是一端。又先天卦乾和兌同宮而乾爲金，兌亦爲金，是同類之相和。風澤爲巽兌，一木一金，成中孚，中孚有相濟之相，是相濟之和。凡是和，則吉昌，是陰陽分明，相剋又相生，而且聲氣相通。

兌初爻變爲陰爲困卦，變爻，下卦成爲坎，坎爲疑，疑爲不和之先。但是初爻上行，即見離，離剋水，可以解其困。所以遇疑則行，行則不疑，喜樂發而中節謂之和。初爻變爲坎，坎塞在下，和而不流。金水本相涵，但水不可順木而行，否則就流而濫了。兌卦以和爲貴，和者天下之達道，但關鍵在於如可和，和與誰和。

兌是羊象，羊之角遇觸則相爭，不遇則和順。初爻因爲變了爻，和四爻相應，是不觸，所以說和而吉。又未是生肖羊的地支，未火旺，剋坎水，水不亂則不疑。

◎和

一・乾金爲和，所以易經乾卦，保合＜太和＞。

乾彖辭曰：乾道變化，各正性命，保合太和，乃利貞。

金者義之和。兌初九和兌，吉，兌取需爲通象。需下乾，需變兌，以需之上乾易爲兌，乾兌皆合。

二・義爲和也

(一)乾文言利者，義之和也。

(二)義爲利，又金爲利也（其利斷金），又乾爲金，金之德義，所以乾卦爲義卦。

(三)兌初九曰和兌，吉。兌爲金，金之德以義，其性爲和，所以兌卦初爲和。

(四)金之德爲義，利者義之和也。兌取利象，與乾相合，即先天八卦之乾兌合爲生氣。

(五)五行金爲義。金之德義，利者義之和也，兌取利象。

三・易經以陰陽相得爲和

合爲生氣卦，即乾兌、離震、巽坎，艮坤爲生氣卦，生氣即得利。

四・相遠而不害爲和

兌初九言和，初九得正，而又遠于陰，情之未感害于物，故以和爲兌。

五・利爲和，金利也。金爲義，義之德爲和，生氣之象合。乾兌、離震、巽坎、艮坤爲爲生氣卦。

(一)乾文言說，君子體仁足以長人，嘉會足以合禮，利物足以和義，貞固足以幹事。

(二)利配義：義有嚴有和，利者義之和，會陰陽和會。兌爲陰，乾爲陽。

(三)說卦傳，觀變於陰陽而立卦，發揮於剛柔而生爻，和順於道德而理於義。

(四)利貞與性命皆以和爲本質

乾道變化，各正性命，保合太和，乃利貞。

六・咸卦爲和

咸卦：天地感而萬物化生，聖人感人心而天下和平，觀其所感，而天地萬物之情可見矣。

七・兌爲和卦

(一)兌者和之至也，履自高至下，自夬上至三爲履，故和而至。

(二)中孚九二，鳴鶴在陰，其子和之。我有好爵，吾與爾靡之。

此說的是乾和兌兩卦生氣之象。金生水，坎爲金之子。

(三)繫辭下七：履和而至。履之初爲兌，兌爲和。

(四)兌爲說，易經之說卦亦應以兌卦來看。說卦傳「和順於道德而理於義」，是以說卦二章說：「昔者聖人之作易也，將以順性命之理，是以立天之道，曰陰與陽。」闡明說卦主旨在說＜順＞字的道理。

八・履爲和

(一)繫辭下七，履和而至。

(二)繫辭下七，履以和行。

(三)夬履：大傳，履以和行，兌初和兌，履卦內，兌以和爲本，履者，禮也，以和行之者也，

九・和爲合，同類爲合，所以同類以和爲相處之道。不和，即不合。

(一)類爲合。孔子曰：「君子和而不同。」同人以有所不同爲同，比以无所不比爲比。物類不能和，即无所同，即不合，不合即分。

(二)和爲合一也。易經說的道德指的是八卦之德：乾健、坤須、坎孚、離明、震
　　動、巽入、艮止、兌說。

十．山澤通氣，雷風相薄爲和

　　中孚九二曰其子和之。中孚卦見雷風，同聲相應之象。卦有山（孚三五互艮山）澤
　　（孚下卦澤），則有同氣相求之象，故相和鳴，此爲中孚之象。

十一．和爲貴

　　履以和行：履者，禮也。＜和爲貴＞，故履以和行。

十二．比爲和，其義詳本書比卦。

十三．樂＜發而中節＞爲和。

十四．和兌之吉

　　和爲比，易經以比爲吉，此義詳本書比卦。＜和而不流＞，故吉。

十五．和者，天下之達道，故象傳以和稱兌。兌爲和。

十六．兌爲見，其義詳本書乾卦。

十七．夬則和，金性爲快，以決爲和。

　　夬卦象曰：夬，決也，剛決柔也。健而說，決而和。兌爲金，金爲義和。決爲金
　　之性，金，快也。又金去爲缺，唯兌金之決在合宜，求其和也。

十八．中孚爲生子之和

　　中孚九二，鳴鶴在陰，其子和之。我有好爵，吾與爾靡之。象曰：其子和之，中
　　心願也。

(一)中孚九二曰其子和之。中孚卦見雷風，同聲相應之象，相應爲和，中孚卦有
　　山（孚三五互艮山）澤（孚下卦澤），則有同氣相求之象。

(二)易以五行相生，比如金生水，金以水爲子，金爲母，母子有和，有不和，其
　　生有和，有不和者。

(三)鼎初六得妾以其子，離火爲子，巽木爲母，以木生火。離巽非和也。

(四)中孚九二，鳴鶴在陰，其子和之。中孚爲澤金，金生水。水爲金之子，兌生
　　坎，坎兌先後天同位，爲和。這是生子之和。

　　　九二，孚兌，吉。悔亡。
　　　象曰：孚兌之吉，信志也。

　　兌卦取中孚爲象。中孚是取中爻爲陽，即坎在中，所以爲孚，即可以相濟。中孚卦說
鳴鶴在陰，其子和之，這個和是取兌卦卦象的和，即共鳴。兌九二和九五都是陽爻，互不
相應，但是九二上承陰小人，九二以剛中之德，和小人同居而不同流，所以有守信之德，
性情孤介。

　　九二有動向，所以變爲陰爻，立刻和九五相應和，這是易經最理想的陰陽之和。因爲九二變爲陰，陰在下卦之中是離卦象。上陽爻在中是坎卦象，兩者相配成爲既濟，凡是有相濟，就稱爲孚。即一內一外，一上一下，相孚應，這也是爲何兌卦有孚吉象。

◎孚兌

一・孚即中孚

　　兌九二孚兌是取中孚爲義，即和鳴。即中孚之九二，鳴鶴在陰，其子和之義。

二・兌取坎孚爲義

　　兌九二孚。兌艮相錯，兌艮互易，成爲坎（貞其九六，上兌成坎）。三又互坎，坎有孚，故兌九二孚象。

◎吉

　　兌九二吉。以兌艮互易，貞爲既濟，六爻皆正，故吉。

◎悔亡

　　兌九二悔亡，以兌艮互易得坎。兌四變五，五在中（中孚），故稱孚。二動得位，應五之中，故孚兌，且悔亡，悔亡是不迷失自己。易經亡是說迷失。

◎坎兌象反

　　坎爲憂，兌爲說，坎與兌象相反。

◎信志

　　兌九二象曰，孚兌之吉，信志也。兌二貞爲坎，兌取孚象，坎孚，故信。

六三，來兌，凶。
象曰：來兌之凶，位不當也。

　　兌爲悅，但是處不正位而取悅，爲諂媚也。兌爲少女，離火見兌金，特別冶豔。巽爲市門，這是冶容豔淫，倚門招來，這是以不正常手法取悅他人。兌初爲剛正，二剛中，都是君子之爻。現六三是陰爻站在不正當之門口，向上來者求親，自取其辱。

　　陽氣發舒而向上，陰氣沉滯而就下，這是易經基本道理。六三由外來，居悅初二之象，反而不能取悅別人，所以凶。六三本是中爻互離剋兌金，是金見火而富，又變爻成乾，又是金，財富纍纍乾兌同宮，大貴之象。但兌爲少女，互巽，互離，中爻巽長女，離中女，陰盛陽衰。易經以陰多爲邪淫。又三女同一室，多愛居悅，多口舌。本爻爲＜流水桃花＞象。

◎來兌

一・易經以來爲始之用辭和來之義詳見本書蹇卦。

二・易經之卦爻自下卦至上爲往，自外至內爲來。

三・來爲交易，兌爲易，即＜兌換＞。物以需要後才兌換彼此之需要，所以兌卦和需卦

互成相通之卦，其象可解爲來去，其交易爲來兌去需。兌六三來兌，六自需四來，需之上卦坎之六四陰爻與下乾卦之三陽爻易，需卦成兌，即需之六四來成兌（即兌換）之六三，故曰來兌。

四・兌之三是由大壯卦來，三在大壯爲陽居陽，變了兌，三爻成陰居陽，失位，是以凶。大壯是屋宇，變了屋，而失其居，有如換了房，而无房住。

◎凶

一・三多凶。

二・陰居陽位爲凶，又乘陽更凶

兌六三，易經三爻多凶，而六來，而六居三，其位失正，乘陽，故凶。

三・兌六三來兌是和他爻相易，凡相交易自己得到別人之惡，爲凶。

九四，商兌未寧，介疾有喜。
象曰：九四之喜，有慶也。

商亦有交易之義，商兌是爻與爻互相爭相合相。兌九四介乎上下二卦之間，四與三上下爲異體，但三爲陰爻，時與四眉目傳情，而四居五之下，五爲陽剛之君，不敢妄爲，有守節之必要。但背五就三，怕背棄自己的主子不忠，於心不安，又不甘割情而就理。不過九四本質陽剛，只是處在易被引誘之地，本質尙正。九四捨三而就五，君臣慶會，所以大慶。九四變坎，坎爲志，變卦爲節，人之守節爲介也。因爲九四守正，**趨吉避凶以爲慶**。

◎商

一・兩口相向爲商

兌卦九四曰商。商，兩口相向也（商量是以口對口）。兌九四在兩兌之間，口相對之象。

二・從內知外爲商。

三・兌正秋，其音商。

四・商成章，＜出口成章＞也。

五・商，傷也。五行以洩爲商。口出爲洩，即＜出口傷人＞。

六・音律以＜夷則＞爲傷。

七・兌爲金，商爲金。

八・隱度爲商，即＜商量＞裁制。

◎未寧

一・坎卦在上，坎勞，勞則不寧。

(一)兌九四商兌未寧。兌取需爲通象，需爲坎勞，故未寧。

(二)比曰不寧。比上坎也，又比則不寧。

比，吉，原筮，元，永，貞，无咎，不寧方來，後夫凶。

比坎勞，震動則不寧，坤爲方（坤六二直方），坤來于下，故方來坤，坤之五
變，來而順從九五，卦成爲水地比。水見地則水性不安，欲求平也。

(三)无君則不寧

君爲五爻，兌卦九四不可无九五之君，故孔子說動乎險，則不可无君。

二‧坤爲寧，坎爲不寧，方來不寧。

不寧：屯卦彖「宜建侯而不寧」，坎爲勞卦，故不寧。寧爲動也。

◎商兌

一‧兌爲酌，酌商。

二‧酌損。損當酌，兌當商。

三‧商兌未寧：兌九四言商兌未寧。兌初之于三，四之于上，皆有相說之情，而四又欲
說乎三。

四‧兌九四與上同體，上則欲說乎上，故商所兌而未寧。

◎介

一‧介爲大

兌九四介疾。介者，大也。兌取需爲通象，需坎居五陽得位，故大。

二‧離爲隔離，即介。介爲離，以離爲介物也。

(一)需四互離，爲介也。

(二)晉二應離，曰受茲介福。

(三)豫二動互離，曰介于石。

三‧介爲辨

纖小爲介，但是介亦爲大。因爲介以小隔大，大的意思未必是自己大，而是其功用
大。

四‧介爲疾，喻小惡。介蒂爲忌惡。

五‧兩間謂之介，分限也。

六‧相比爲介，相應爲仇，鼎我仇有。

七‧介爲隔

疾爲三四，以剛德來隔絕佞說之人在君之所。

◎疾爲速

剛斷則速。

◎慶

一‧慶爲沖喜，面君之喜：五行命理以見命主和太歲之年天沖地剋爲慶，即君臣慶會。
太歲爲君，歲君也。

二‧四舍三而就五，爲君臣相說之慶。

三‧乾爲慶

兌九四象曰慶。兌取需爲通象，兌之九四乃需之乾爻，故有慶，即兌有慶象。

◎有喜

一・兌爲月，月滿爲孕，婦女以得孕爲喜。

二・君子聞過則喜。

三・陰位爲疾，陽爻爲喜。

四・无妄之疾，勿藥有喜。

五・坎變兌爲介疾，爲喜，即病好了，是喜事。

兌九四介疾有喜。坎兌象反，坎爲憂，爲疾。兌爲說，坎與兌象相反，兌取需爲通象，兌四由需之坎變，疾變爲兌也，故介疾有喜。言需坎得兌象也。

六・兌有无病之喜

兌爲君臣慶會，人臣承君令，順時節宜，民无夭疾也。

> 九五，孚于剝，有厲。
> 象曰：孚于剝，位正當也。

兌卦說的是討好取悅。在九五王位，凡有討好取悅，最後无不出現王位被奸佞剝去了權位。所謂剝是剝卦六五陰爻到了兌卦上六，即剝去了上六，陰柔容悅，剝乎陽。陰險之人，因爲接近主上與之討好，取而代之。兌卦上六是小人剝了上位，而登於九五之上，上六陰柔又得位，特別易於取信於人。但是九五中正得當，不爲所欺。

本爻變陰，卦成歸妹。又中孚下四互歸妹，所以歸妹爲孚象。九五變爲震，震和兌金木相剋，則兌金之悅可得孚信於人。兌卦取羊爲象，羊性順，但也好爭。兌爲秋月，是剝羊以烹之時，是正當而合時宜之事。因爲孚象爲和，以羊祭神，必多得福昌，所以孚于剝，即取信于神而烹羊以祭之。

◎兌

兌五孚于剝有厲：消息卦以震離兌坎爲方伯卦。卦有六爻，爻主一氣。

兌司秋令：一爻　　立秋

二爻　　處暑　候爲七月　辟卦爲否

三爻　　白露

四爻　　秋分　候爲八月　辟卦爲觀

五爻　　寒露

上爻　　霜降　候爲九月　辟卦爲剝

兌九五正剝卦用事之時，故五孚于剝，有厲。

易經陽居五爻，都是說位正當。位正當實則位正中，意思相同。

一・履九五象曰：夬履貞厲，位正當也。

二・否九五象曰：大人之吉，位正當也。

三・隨九五象曰：孚于嘉，吉，位正中也。

四・兌九五象曰：孚于剝，位正當也。

五・中孚九五象曰：有孚攣如，位正當也。

　　乾之正位在五，故曰位正當中也。

◎孚于剝

一・兌爲浮。

二・剝即孚

　　兌卦在中孚，是指陽爻浮在陰爻之上。而剝卦就是陽爻之孚在眾陰之上，剝實在是
　　孚，所以兌九五孚于剝。兌之九五是剝卦的上九，而剝即浮。

三・坎爲浮，但水在下卦爲不正之浮，即不孚（符）合。比如未濟孚于飲酒，不知節
　　也，這是輕浮。所以不知節，即不知節制而多飲。解卦說孚于小人，小人退也。解
　　卦是坎在下，但隨卦說孚于嘉，吉，位正中也。因爲兌澤在上卦，是水在上，易經
　　之水在上是合乎上下之道的，所以隨卦孚于嘉。嘉就是離火，是水火相濟，這是隨
　　人之道。陰不揜陽，兌說孚于剝，是因爲剝象立于九五之正位。九五爲坎之中，而
　　且三爻到上三互成坎象，坎在上，是吉象，所以兌孚爲正當之浮。

◎剝

一・剝爲小人在上位。

二・孚爲五，中也。二四變，兌體變剝象。

三・剝：剝羊之皮。詩經說或剝或烹，兌卦九五剝，兌爲羊，剝羊也。兌之九五正當剝
　　六五之位。

四・兌三息乾爲夬，與剝旁通，故稱剝有厲。

五・剝即陰能剝陽，指上六也。

六・兌九五孚于剝有厲：言需變兌，乃剝乾（需之下卦）之象。乾爲厲。

七・兌九五孚于剝。兌取需爲通象，兌五孚于二，二在需爲乾之三陽，需變兌，以乾之
　　三陽爲兌二陽，乾之九三剝去一陽。剝者，下之乾也。五孚二，故孚于剝。

八・剝者，剝乾卦也。

九・剝字之義詳本書剝卦。

◎孚

一・兌互中孚，故二曰有孚。五孚于剝。

二・小畜互中孚，四五曰有孚。中孚二五皆陽爻，兌小畜，二五亦陽爻也。

◎有厲

兌九五孚于剝，有厲。兌取需爲通象，需錯晉，晉四互剝，陽剝爲陰，故有厲。

上六，引兌。

象曰：上六引兌，未光也。

　　兌卦上六一陰在二陽之上，是兌卦主爻。陰爻坐極位，是得位，但也奸邪，因此最爲難防。因爲上六在前帶頭有如牽羊，而陽爻爲被牽者。因爲上六不光明，它可以帶引陽剛君子而與之共行。陰揜陽爲未光，就是令人失去理知和判斷。引兌是可以引得大家大樂而不止，有如弦出弓外。本爻變，卦成履，履不處也，即非可久留之地。

◎引

　一・引者，坎弓離矢之象。

　二・兌上六引兌，引開弓的意思。貞上兌爲坎，貞下兌爲離，離矢。

　三・引爲射

　　　繫辭上九：引而伸之，觸類而長之，天下之能事畢矣。說的是引伸的方法，有如射弓。

　四・引說的是射覆

　　　萃六二象曰：引吉无咎，中未變也。中即是中的之中，兌卦說未光，即未找出所射出的答案。射覆即占卜也。

　五・引爲牽兌五爲互巽，巽爲繩，爲牽羊之象。

　六・物交物爲引

　　　物至而人化爲物，即羊與牽者變成同一個。

◎未光

　一・陰揜陽爲未光

　　　(一)兌上六未光，以陰揜陽，故未光。貞爲既濟，則有光矣。

　　　(二)兌九五受離之光，而揜于上六，故象曰未光。

　二・兌爲羊，在未方，西南爲離之後。

　　　(一)未在地支生肖爲羊，又坤爲地，所以未光。未，火地也。

　　　(二)兌卦三五互巽爲繩。柔道牽，牽羊，兌爲順，〈順手牽羊〉。

　三・羊爲人民，牽羊爲引而束縛之，故未光。未光是指民智不開。

　　　笑爲引，仰天開口引笑之象。

　四・二爻生疑，則曰未光

　　　(一)夬卦九五小象曰中未光。

　　　(二)萃卦曰志未光。

　　　(三)兌上六未光。當陰陽相比，就是陰陽接陽爻，或陽爻接陰爻，置於一處，即陰陽相比。陽爲光，因爲陽受到陰的遮蔽，即无光。

　　　　　兌卦是從二到上都是陰和陽相接，所以未光。兌之二陽比三陰，三陰比四陽，五陽比六陰，陰陽相接反爲波紋之光澤，所以說未光。相比，則不能不疑。

渙

> 渙，亨，王假有廟，利涉大川，利貞。

　　渙卦象離散，而實在是要取離散而收到相聚之功。渙卦象爲廟，和震、萃都是講祭祀祖先之事，所以離散是指先人之靈。死者之靈魂最好能分開置放，散則不致糾集一處，後人无法適當加以祭祀。但是爲了使他們不會散而失，又必須以廟來聚之。廟，所以假借也。

　　渙取否爲通象，以否之四陽離散坤三陰，故渙爲離散之象，故雜卦曰「渙，離也。」離，散也。在天地，則渙散陰霾之氣；在人身，則渙散陰寒之疾；在國家，則渙散陰邪之小人；在家族而言，則代表散發陰聚在家而不安的先人亡魂。渙卦是說建廟請神入廟，雜卦傳說渙離節止。離爲分，即將祖先各人所屬之位置分開，以減少各先靈之紛爭，而以節止之。節者，各種節日來祭拜，不同的神享受不同節日。節上卦坎中之陽，來居於渙卦之二，所以渙象傳說剛來而不窮，這是以節來邀請祖上之靈來，到了二爻人間之位，以後這些神靈不致窮困无食。

　　渙卦說柔得位乎外而上同，即祭神者以順應之心到神位來，取得和神相通，即亨而通。下卦兌三之柔，而爲巽五同德，因爲八卦之正位，坎在五，巽在四，所以正好得位。而坎在中是相濟，相濟則神人相通。

　　渙三五互艮爲廟門，門內即廟。在九五之位，先王，即先祖之靈在中。自古以木爲神靈之主，木爲神主，乘木而浮，即神主得到先王之靈，這廟即有靈應矣，所以渙是象徵神主入靈。渙卦大象說先王以享于帝立廟，就是與天神相接，立廟而與祖考接。聚合一家族之精神，所以風在天上，即天神之象。水在地下，即人鬼之象。享帝，則天人感通，立廟則幽明感通。

◎渙

一‧離爲渙，序卦渙者離也。

　　(一)渙否通，九四來二，而離坤之三陰。三渙躬，四渙群，五渙汗，上渙血。每一爻都在說渙是由一陰之爻離開否卦中的坤陰。這個過程是渙字之義，故渙，離也。

　　(二)渙爲離散。坎下巽上，風行水上，有披離解散之意。

二‧渙爲流散

　　(一)散也，即俗說＜渙散＞。風行水上，水遇風吹，自然渙散，天下物无聚不散。

(二)冬月水澤腹堅，巽風一行而散，故渙。渙本以乾之陽散坤之陰。

三·渙爲文采風流，風行水上而文成焉。

四·太玄經：「陰斂其質，陽散其文。」即五行易所說之＜散氣之文＞。

　　京房易傳：「水上見風，渙然而合。」渙之合爲巽與坎之合也，巽坎爲生氣之合。

五·舟楫之利，蓋取諸渙。

六·風在水上爲水紋。

七·渙爲喚，號，水之呼，聲散而遠，如風行水上。

八·陰斂其質，陽散其文，文質斑斑，萬物粲然此爲煥之義。煥同渙。

九·渙與畜對。

◎亨

一·易經有天地交泰之象則亨。易經說亨皆有天地相交之意，即否泰之交。渙自否通，故亨。渙自否取通象，否四之二成坎震，卦天地交，故亨。渙卦具否則之象，否是天地卦。

二·亨爲享。渙卦說的是祭祀祖廟之事，所以稱亨。

◎廟

一·渙，王假有廟。渙五互艮，艮爲廟，巽變離，故王假有廟。假，至也。

二·否艮爲門闕。坎爲隱伏，巽爲伏，宗廟之象。渙卦自否二四互易，否四之二成渙。

三·否爲宗廟，渙通否取否之廟象。

四·否卦體爲觀，觀爲廟。

五·古立廟于國之東南，渙巽爲東南之卦。

六·廟爲食其鬼，噬嗑食象。

七·漸有思源之象。巽木爲本，坎爲水源，廟爲人所宗其本源也。

　　渙卦自漸三二互易，漸三之二成渙，渙取漸之象稱廟。

◎假

　　至也，來到。

◎王假有廟

一·渙借變通卦爲王，所以說王假。

　　王假有廟：乾爲王，假，至也。渙之艮借否卦，從變通卦的角度看，否體觀（否一五互成巽坤），亦體爲艮，觀艮爲宗廟，否之乾四之坤二，卦由否變成渙。否中乾坤皆王象，變渙，即成王之廟象。故王（乾）假（至）有廟（成艮廟）。

　　王假有廟之象仍言由否卦變成渙卦之過程。王，在中也，就是神主入廟。否或可解爲木之神主或神象，所以說「假」即假借之以安靈。

二·豐因爲和渙卦相錯，所以也假借爲王。

　　(一)豐以離假乾爲王

　　　　因爲離在後天八卦爲先天乾位，是以離居乾，代爲乾行王事，所以豐卦說王假。豐王假之，離爲王，豐自泰通，泰四至二爲離王。

　　(二)豐取乾坤爲象，即王象。尤其是坤六五黃裳元吉，坤是代乾之九五之尊，二者

　　　　皆爲帝王之徵。豐卦之五爲陰，所以取坤之黃裳。離爲黃也，上下皆俱離象，
　　　　這是假借而來的。豐王假之，假，至也。
　　（三）家人離爲假王，所以假王爲家。自古天下爲一家，爲假也。
　　　　　陸績曰：「假爲大也。家人五得尊位，據四應二，以天下爲一家也。」
　三・廟爲假之家。易經說到廟象之卦都爲王假，王爲先王，即祖先。
　　　渙卦王假有廟，王在中，即先王之鬼在廟之中。萃聚也，所聚爲先王鬼神之靈。渙
　　　爲丘，即聚也，豐也說王假，豐卦之義爲「多」，多爲大，大爲王，又豐錯渙而具
　　　廟之象。
　四・自古來各家易經言象，取法很多，唯以論假象來觀易尙不多見。以上只是以假象觀
　　　易之之法，聖人以假借之卦來說明。
　五・廟象以假借，多取聚和散爲義。聚散爲精神魂魄，即鬼神所處，所以渙爲散，豐爲
　　　聚，萃聚也，離爲散。易經說王假者：
　　　渙彖曰，王假有廟。
　　　豐下離，曰王假之。
　　　家人下離，九五曰王假有家。
　　　萃彖曰，王假有廟。渙、萃皆无離，而曰王假有廟，乃利貞之象。
　六・又假所假爲家，即鬼神所居之家。
　七・假，至也，即先王所至。
　八・王，在中也，王在中爲廟。

◎風見木利涉

　一・渙之木爲舟。
　二・中孚利涉大川，乘木舟虛也。
　三・乘木爲益
　　　益以巽震風行木（震木），又益自渙來，舟楫之利，蓋取諸渙。
　四・頤錯中孚。頤亦爲舟象，益互頤，故浮。
　五・渙二至上互益曰乘木，有功也。三卦之利涉，皆取風木之象。
　六・渙萃曰利貞，因爲震木入虛有舟之象。二互震，震爲舟。于坎（川也）上以巽風行
　　　之，故渙萃曰利涉大川。渙，二四互震，萃，二四互艮，艮反互震。
　七・刳木爲舟，剡（音炎）木爲楫，舟楫之利，以濟不通，蓋取諸渙。渙二震木爲舟，
　　　刳（音姑）使中空，三四陰虛也，五艮木爲楫，剡使末銳。
　　　渙取否爲通象，否上乾，金也。否爲上下不通之卦，變渙，渙爲巽坎，坎爲通，
　　　故以濟不通，濟否之不通也。

◎利涉大川

　一・易經以卦象可以變成相濟爲利涉大川。
　二・利涉大川之義詳本書需卦。
　三・渙利涉大川。渙卦以木浮水上，即是利涉大川之象。
　　　易經諸卦具渙卦象者，都是有利涉之含義。

四‧渙之震爲木中虛，有舟之象。坎爲大川，渙舟楫之象，故利涉大川。

◎利貞

一‧渙利貞：渙二失正，變，應五，故利貞也。

二‧利貞：渙上巽下坎，卦以巽變離，成未濟，上下交易，爲既濟，故利貞。

象曰：渙，亨，剛來而不窮，柔得位乎外而上同。

◎窮

一‧窮字之義詳本書乾卦。

二‧通則不窮

(一)坎爲通（水性爲通），通則不窮。

(二)渙剛來而不窮。渙取否爲通象，否四來二，成坎，坎爲通，通則不窮。窮與通
相對而相反者也。

◎同

一‧同爲天火象，即天火同人。如卦有取得頤象，即爲同。因爲頤艮震，和同人先後天
同。

(一)渙象曰：得位乎外而上同。渙六居四，故柔得位乎外，四中爻互頤。

(二)渙爲巽坎。先天八卦乾兌、離震、巽坎、艮坤爲生氣卦，所以說同，即同氣相
生。渙卦之水生木，爲相生而合，所以上同。上同說的是下卦之坎，與上卦
同。

(三)天地睽而其事同也：睽通中孚，中孚互艮震，先後天艮爲乾，震爲離，乾離爲
同人之象。

二‧渙象言上同。渙惟四五得位，故四上同于五。

三‧上卦和下卦相交錯，比如泰爲地天，睽爲離兌。泰象曰：泰，上下交而其志同也。

◎上同

渙象曰上同。渙中四爻互頤，頤爲艮震，先天艮即後天乾，先天震即後天之離，故渙中
有天火同人之象。

王假有廟，王乃在中也。利涉大川，乘木有功也。

◎廟

一・艮爲廟

否渙二五爲艮廟。二應五，廟中也。渙彖曰王假有廟，渙取否爲通象，否二四互艮，艮爲廟，二正廟中。

二・易經說到廟字有三個卦。萃、震和渙。萃爲聚，渙爲散。

(一)震卦震驚百里，驚遠而懼邇也。出可以守宗廟社稷，以爲祭主也。

(二)萃卦繫辭曰王假有廟。萃卦體爲坤下兌上，中爻互艮巽。巽木在艮爲闕之上，爲廟之象。

(三)萃和渙是說王假有廟。王爲先王，即祖先，其靈可以借廟而顯。

◎乘木有功

一・易經以五爻多功，渙卦象是在水上行，要借力於舟船，渙彖曰乘木有功，五多功。渙二四爻互震，震爲舟。二應五，易經五爻多功，而五爻所乘正好是二四互震之木。渙卦也說乘木爲舟，故乘木（震舟乘木）有功。

二・乘木有功是說利涉大川，渙卦有利涉之象。

三・木爲木主，即神主。乘木有功是使祖先之靈入神主，而後人可以以之相通。

◎王乃在中

一・乾爲王

渙彖曰王。渙取否爲通象，否上乾下坤，乾爲王。乾四之坤，成渙，嫌二非王，故稱以明之。

二・先王，即祖先。王乃在中，即祖先神位入廟中。

三・本姓神主入中，即所祭之神主爲本家姓者，這是有別於祭祀之神爲外姓之人。這種情形發生在養子和非嫡系之後代所作之祭祀。

象曰：風行水上，渙。先王以享于帝，立廟。

◎帝

渙象曰，先王以享于帝立廟。渙二互震，震爲帝，二至五互頤養，故以享于帝。

◎享

一・頤爲享

渙象曰：先王以享于帝立廟。渙二互震，震爲帝，二至五互頤養。

二・益爲享

渙卦象曰先王以享帝立廟。渙二至上互益，益，享也。

三・享有噬嗑象

(一)享爲祭

渙象言先王以享于帝立廟，渙取否爲通象，否之上卦乾爲先王，享，祭也。

(二)坤爲牲，祭神之物

渙取否通象，否之上乾四陽之坤之二，卦成渙，即以否之乾坤變通成渙。坤爲大牲（牛），易坤爲坎，仍殺坤（大）牲，故以享帝以廟。

(三)既濟有噬嗑象，故爲祭。祭爲濟，即以物來濟助鬼神。既濟卦說東鄰殺牛，不如西鄰之時，實受其福。說的即是以大牲祭神。渙卦說以濟不通，即以祭神來和神相通。

◎震爲立

一‧恆立不易之方。因爲恆上爲震，震爲立。

二‧渙言先王以享于帝立廟。艮爲廟，渙二互震，震爲立。

三‧大過獨立不懼。大過自大壯來，壯上亦震也，立爲震。

◎渙爲立廟

震爲立，渙言先王以享于帝立廟。艮爲廟，渙二互震，震爲立。

◎立廟

以下之立字都說立廟之事：

一‧震爲立，恆立不易之方。

二‧大過獨立不懼。

三‧渙先王以享于帝立廟，皆取震爲立象。

◎利涉大川

一‧渙利涉大川。渙二五互震，震爲中虛之木，下卦坎，坎爲大川，乘木有功。

二‧利涉大川之義詳本書需卦。

三‧渙巽坎爲生氣卦，即先天乾兌、離震、巽坎、艮坤之合，此合爲利涉。

四‧渙卦卦象爲舟，所以利涉。

五‧渙爲廟，廟通神，利涉大川即通鬼神。

初六，用拯，馬壯，吉。
象曰：初六之吉，順也。

渙卦初六柔爻，才不足以濟，即不能和神相通。幸九二剛中有能濟之具者，初爻可以託之以濟。而馬是快行者，所以得到相濟之人可以快快相通。

渙初六變爲中孚，中孚是可以取信之象，而且父子和鳴。變兌爲金，金生水，水生在九二，與初互相合作。渙卦是離散之象，而其功是聚合，初六陰爻，和六四皆爲陰，變陽後下卦變兌。中孚反大過，即可以濟度也。渙卦主要是能由陽間度通到天上，和神相通。變而通，所以順。渙初六用拯是剛建完廟時，廟中无祭神之桌。作薦物之用者，所以用可以承上之物代替，所以用拯。

◎馬

一・坎爲馬

渙初六馬壯。渙二互震，下卦坎，震坎皆爲馬，三中互坎。

二・坎爲亟心，爲馬。

◎壯

一・遯卦有大壯之象

渙初六馬壯，渙取否爲通象，否互遯，遯、大壯同爲一卦（遯壯反），遯二爲互壯之爻，故曰馬壯。

二・坎在下卦，伏爲壯象，比如明夷二用拯馬壯，二應五，二五互坎爲馬，馬伏，可上舉得位，爲壯象。渙下卦坎，坎伏，上有五應，故馬壯。

◎拯

渙初六用拯。

一・拯即承，下爻承上爻也。初承二爲順，順承也。渙初六用拯，初居坎險下，順承九二，故用拯。

二・順則爲承，即下爻可以接受上爻

明夷六二，夷于左股，用拯馬壯，吉。象曰：六二之吉，順以則也。

明夷六二用拯，夷二在坎險下，二順承三，拯，承也。順則承也。

三・艮六二，艮其腓。不拯其隨，其心不快。象曰：不拯其隨，未退聽也。

艮初至四互爲蠱，蠱反隨，艮六二不順三，即不跟隨三。不順，即不拯，三者皆言順承之意，拯，承也，拯爲救。

四・用拯馬壯

(一)渙、明夷之用拯馬壯，吉，皆利貞之義。

(二)明夷二，用拯馬壯吉。二應五，謂六五下伏坎，馬六二當舉其伏，陽馬在五得中正位，故壯吉。

(三)渙初之豐四，渙成中孚，豐成明夷，故渙和明夷辭同。

五・拯爲救也。坎居下體，失位而險，當舉而在上得正，故吉。拯馬：附驥尾。

六・渙、大壯體震，故壯。震爲車，坎爲輪，爲馬。坎居下體，失位。濟爲拔，舉也。

◎順

一・渙初六之吉，順也。

二・初上承坎，坎以居上爲順。

三・易經有關順之辭很多。渙巽爲順，見需卦。渙初爻動得大壯之卦，所以言馬。

九二，渙奔其机，悔亡。
象曰：渙奔其机，得願也。

渙九二渙奔其机。渙上巽，巽爲木，互艮，手憑之象机。二互震足，急行，爲奔，這是家廟中祭神啓靈時，巫師開始在神桌上以手示神諭。渙二五互震，在祭神時，神靈失散无主，无法溝通。啓靈時，神桌震動，有出奔之象。三五互艮爲手，手在机上動，而求問者得其願矣。當神靈渙散之時，二居坎爲陷之中，本不可以相濟，因爲易經坎卦要到上卦居中才會見到相濟之象。但坎二因爲震動而可以出奔到五爻，即濟也。如坎比喻爲心，則九二之心尙未啓發，被三五互艮之土壓住了，問神者心神不敏，但是震起後，和九五相通，故占得悔亡，問神即有應。

◎奔其机

渙二互震，震足，爲奔象。渙下坎，下坎失位，謂九二當上行至五，以五爲机而倚之。

◎机

一・小棗木所做的。

二・廟中祭神之桌，作薦物之用者。

三・机可能是杭，杭是古時的船。

四・木无枝曰机（唸物），亦可能是机。

◎奔

一・馬爲奔。

二・坎爲亟心，奔之象也。

◎悔亡

一・爻失位爲悔，變成得位，則悔亡。

二・渙二悔亡：渙下坎，坎下失位，以二上行五，變正，則悔亡。

◎渙奔其机

震爲奔，坎爲棘，爲矯輮。震爲足，輮棘有足，艮手據之，憑机之象。

◎願

心也，坎象。渙九二象渙奔其机，得願。渙下坎，上居五正位，得願。

六三，渙其躬，无悔。

象曰：渙其躬，志在外也。

易經說渙卦，剡木爲楫，舟揖之利以濟不通，致遠，以利天下，蓋取諸渙。渙初爻和九二是不得位之爻，處在不得位之爻，只能借用他力才可以推動達到度濟之目的。六三也是失位，但是因爲三爻和上卦最近，而且和上九相應，所以最可以親自來求援上九，是以陰求陽。若以祭神爲喻，渙是取廟宇來安神位，以期上通神明，但求神者或可以借助專業的巫師，也可以當事人自己求問。六三渙其躬，就是當事之主人自己直接求問。六三之陰有利於接通在上位之神，故其心志是向上九。

渙六三變卦爲重巽，重巽申命，是好的變化。申命是上天之神有言下諭。

◎躬

一‧躬爲艮，卦變後，艮象失，則不有躬，或匪躬。

(一)渙六三渙其躬，躬，艮也。渙取否爲通象，否變渙，三至五，仍互艮，躬也。上下交易而躬象始失，故渙三其躬无悔。悔者，憂虞之象也。渙下坎，坎憂，故悔以六居上，乃无悔也，故曰志（坎）在外（上卦）也。

(二)蒙三不有躬。蒙自觀通，觀六三互艮之躬，變蒙，艮象失也，故蒙不有躬。蹇二說王臣蹇蹇，匪躬。蹇自萃通，萃六二互艮，躬，兌爲躬。萃變蹇，二亦艮躬而匪躬。

(三)震上下不于其躬，于其鄰。震自明夷通，震離相鄰，明夷之離變震，而震互艮躬，故躬于其鄰。

二‧體中爲躬。事君能致其身，所謂渙也。

六四，渙其群，元吉。渙其丘，匪夷所思。
象曰：渙其群元吉，光大也。

渙是散離，當群體失散，有如土崩瓦解。渙六四能渙小人之和群，成天下之公道。渙之其中一個意思是指群體之散渙，失去聚合之精神中心。六四陰居陰位，又上承九五，可以渙起個別之私群，在團體要崩解時登到山上一呼而天下群賢來聚。以宗廟論，六四是喚其群體之成員到宗廟之中，共同參與祭祀，或登上特別推起之祭神之高地，而當神諭經巫師傳下之時，其言語非常人所能理解，這時，因爲上下皆相通，所以稱爲元吉。

渙六四匪夷所思。渙本散之象，而六四言丘，丘爲聚，此非常理所思者。夷，常也，夷爲明夷，渙和明夷都是卦體坎震，夷上坤爲坎，下離爲震，渙巽錯震，離錯坎，所以明夷和渙意相通。又豐卦和渙相通，豐也說夷，遇其夷主，匪夷所思是平常的人說出不平常的話，這是神靈附身時會有的事。因爲渙卦是取明夷爲通象，都是以凡人之生活來看敬神之事，不免會對神諭起不可思議之嘆也。

◎群

一‧坤以三陰爲群

渙六四渙其群，坤三陰爲群。渙取否爲通象，否以九四來二，而六二往四，坤之三陰，遂相離散。故四，渙其群。

二‧人三爲眾，三爲群。

三‧羊爲群。渙二四互巽，爲倒兌爲羊，羊三爲群。

四‧乾爲群，群龍也。否六二象曰：大人否，亨，不亂群也。群爲乾。

五‧否離群而不群。

　　(一)否六二象曰：大人否，亨，不亂群也。

　　　　　渙取否爲通象，否二至四，卦成爲渙，否之二陰爻之四，離其群侶(陰爻也)。

　　(二)渙卦爲離，離其群之象見於否。

六・睽上九遇雨之吉，群疑亡也。睽爲離，乾也。離无坎，坎爲疑。

七・渙爲賢，群爲眾。渙群：從者都是賢明能幹的人。

八・坤卦三爻稱爲群

　　(一)否下坤三爲群，否之二陰爻之四，卦成渙。否成渙成陰爻離開其他之陰爻，即

　　　　　初爻和三爻。渙卦說渙其群，即是說否渙變通之意。

　　(二)渙卦二變，卦成坤，坤三爻稱群。

九・渙群，＜離群＞也。因爲和群眾不同，即絕其類。

◎元吉

一・先天卦陽生坎、申，至巽二陽至乾三陽爲元陽之吉，故渙、井、訟皆曰元吉：

　　　　　風水——巽坎

　　　　　水風——坎巽

　　　　　天水——乾坎

二・渙四之陰得位承尊，故元吉也。

◎損

五元吉，象曰六五元吉，自上祐也。損自泰來，由乾而兌，由坤而艮，正天右行之象：

```
- -     ---     ---     ---x
- -     ---     - -x    - -x
- -     - -     - -x    - -x

---x    - -x    - -x    - -
---x    ---x    ---     ---
---x    ---x    ---     ---

  乾      兌      坤      艮
```

大有：由乾而兌

```
---     ---     ---x
---     - -x    - -x
---     - -x    ---x

---x    ---x    ---
---x    ---     ---
---x    ---     ---

  乾      兌      離
```

先天右旋爲元亨（日月之躔）：

坤＞　艮＞　坎＞　巽＞　乾＞　　兌＞　離＞　　震＞

左旋爲元吉(天之運行)。

震＞　離＞　兌＞　乾＞　巽＞　坎＞　艮＞　坤＞

◎丘

一・艮爲山丘

(一)渙六四曰渙其丘，半山爲丘。渙取否爲通象，否四爲艮山，變渙而四仍得互艮
之山丘，是渙有丘也。渙互體有艮，艮爲山，丘也。

(二)賁六五賁于丘園。艮爲山，半山爲丘。

(三)頤六二，顚頤，拂經于丘頤，征凶。象曰：六二征凶，行失類也。頤卦上艮，
故曰丘頤。

(四)坎，天險不可升也，地險，山川丘陵也。坤爲地，艮爲山，坎爲川，半山稱
丘，丘下稱陵。

二・孔安國序：「丘，聚也。」

渙與丘：丘聚也，渙散也，散而有聚。

◎匪夷所思

一・匪夷所思是出于普通人的想法。夷爲常，匪夷不平常，超出常人所能想的，就是＜
匪夷所思＞。渙六四匪夷所思。渙本散之象，而六四言丘，丘爲聚，此非常理所思
者。夷，常也。

二・匪夷所思：夷，明夷也。渙四動，卦成訟，訟錯明夷，豐四動，卦成明夷，曰遇其
明主。

三・渙六四匪夷所思，咸四朋從爾思。

四・夷爲明夷，渙和明夷都是卦體坎震，夷上坤爲坎下離爲震，渙巽錯震，離錯坎，所
以明夷和渙意相通。又豐卦和渙相通，豐也說夷，遇其夷主。

> 九五，渙汗其大號。渙王居，无咎。
> 象曰：王居无咎，正位也。

渙卦其中之一意是把失散之亡靈呼喚回來。渙上卦風以散之，而下坎爲汗，巽綜兌，
兌爲號。渙汗是令病人發汗使其醒過來，而主持呼喚者是九五之尊，而王者爲先王，即先
祖之靈。以九五之尊下號令，眾神皆來到靈位上，和正其位，以後不必在外當孤魂野鬼。
因爲九五是正位，居之无咎，先王之位一定，則族人心定於一。

據朱駿聲著《六十四卦經解》，盤庚遷殷，周公營洛，可以當之。又謂將祭祀，先後
大號，以夙戒王居于齋宮，乃假廟也。假廟也可說是臨時的王居。在一個朝代或家族移
居，臨時要設王居之地。渙九五所占者，即可以長遠號召族人向心之地方。

◎渙汗

一・坎爲血汗

渙五應坎二，爲血卦。汗，血所化。在內爲血，在外爲汗。坎居下失位，宜自內而

外，乃渙汗之象。

二・汗出而不復，渙即呼喚回來。天者之令出而不可復返，如身上之汗出，一出即不可返。

◎大號

一・易以五爻爲大，所以五爻皆以大稱。如：

(一)乾九五，飛龍在天，利見大人。

(二)革九五，大人虎變，其文炳也。

(三)蹇九五，大蹇，朋來，以中節也。

(四)臨六五，知臨，大君之宜，吉。

(五)同人九五，大師克。

(六)否九五，休否，大人吉。

二・王爲大

王位曰大寶，王者之稱爲大號。

三・號之義詳本書夬與同人卦。同人和夬皆有號之象。同人反兌，兌爲笑，反爲哭，夬爲哭象，夬字字形爲雙口在天之外。

四・渙爲大號，即＜大聲呼號＞。

五・渙九五大號，巽風爲號，天之號也。令居五，五爲大，故渙之五曰大號。渙取否爲通象，巽變爲離（以貞爲濟），則大號之象渙散，故其大號渙。

六・號爲名，即名號，近時亦有稱名爲＜大號＞。

◎王居无咎

无咎者，善補過也。

上九，渙其血，去逖出。无咎。

象曰：渙其血，遠害也。

渙上九渙其血，在這兒渙可以有另一個意思，即在家族立廟，要號召族人來祭，最後以血緣之關係來號召。渙上九陽剛性急，要喚回族群，以及失散之祖先靈魂，不免會手法激烈，甚至會衝突流血，而宗族相爭更要流血。在渙之始，其害不多，但在九五之令，出昭告天下，遷居正位，歸于一統，則不免見血。渙其血，除了有以血緣號召，也可解爲在祭神時以血來離散不散之陰魂，則群體之傷害可以渙散而消失。此處說的是民俗血祭之根由。

◎血

一・坎爲血

坤變坎（渙取否爲通象，否坤變坎成渙），故坎爲血卦。血卦，謂坤也。渙本以乾

之陽，散坤之陰，故渙其血。

二 · 渙言血者，以渙取否為通象，否之坤變坎，坤為地，變坎水，以象血也。坎在下失位，言險。

◎逖

一 · 逖者，遠也。乾為遠，故渙上九象曰遠害，去逖也。

二 · 渙為散，散者遠。渙卦說逖夷，遠方之人。

◎血

一 · 陰為血

（一）易經中以陰爻為血。兌卦中為陽，所以兌卦說刲羊无血，歸妹下兌也說刲羊无血。

（二）兌與歸妹皆說无血。龜與羊皆為補品，補人之血。

（三）渙卦說渙其血。渙卦取否中坤之三陰之初陰和九四互易，即以乾之陽，散坤之陰，故渙其血，即陽易陰。

（四）渙五應坎二，為血卦。汗，血所化。在內為血，在外為汗。

二 · 坎為血，恤為血也。坎得正，即勿恤。

（一）无血即无水，坎為血，也是水。刲羊无血，歸妹刲羊无血，中互離，為乾卦，无坎。

（二）說卦傳坎為水。說卦傳，坎為血卦，故屯上六曰泣血漣如。漣即流淚。

三 · 恤即血

易經中有數次用恤字。坎為憂恤，上坎得正，故恤去。恤，血也，坎為血。

六四變乾為純乾，中爻互離，離錯坎，坎之卦曰習坎有孚，又坎為血卦，今變乾則血已去惕懼也。

四 · 血為傷

（一）見傷出血。

（二）比六三說不亦傷乎。六三變，變成艮，則中爻所互之艮亦變為坎。見坎為出血。比六三說傷則有血之象。

（三）坎為血，汗散則人鬱滯，血散傷害。

五 · 坤為血，坤上曰其血玄黃。

渙上九渙其血，坤上曰其血玄黃，坤之文言曰猶其類也，故稱血焉。血為陰類。

◎遠害

渙上九去逖出。逖為遠，乾為遠。渙自否取為通象，否上乾，出，而卦為渙，乃得无咎。易經言害之卦尚有：

一 · 坤六四，象曰：括囊无咎，慎不害也。

二 · 大有初九，无交害。

三 · 大有九三象曰：公用亨于天子，小人害也。

四 · 咸六二象曰：雖凶居吉，順不害也。

五 · 節，天地節以制度，不傷財，不害民。

六‧繫辭上八，幾不密則害成。

◎害

一‧渙爲害

渙上九，渙其血，去逖出。无咎。象曰：渙其血，遠害也。遠爲害，乾爲遠。渙取
否之上乾爲通象。易經說到害的卦有坤、大有、咸、節、渙。其中只有渙是以遠
害，其他卦皆說不害，而損卦不說害，但是繫辭上七說以遠害，可見渙字有害義。

二‧害陽之物也，即陰。否之上乾下二爲坎，必去下位，而出乾陽之地，乃得无咎。

三‧損以遠害：謙以制禮，復以自知，恆以一德，損以遠害，益以與利，困以寡怨。

四‧坤六四，括囊，无咎，无譽。象曰：括囊无咎，慎不害也。慎爲艮。坤消乾爲觀。
觀互艮，艮慎。乾消，乾以遠爲害，所以坤六四不害。

五‧情僞相感利害生。卦相似或相近，尤其是相接之卦，都會互相生情。相感而生情，
但是近而不相得則凶。得爲利，凶爲害，凶即沒有相合象。

六‧交則无害

大有初九，无交害，匪咎，艱則无咎。象曰：大有初九，无交害也。

七‧相交會互害，即損卦之交害 。

八‧損卦說交害，損爲害，即＜損害＞

(一)山高宜高，澤宜深，損澤以益山，其損爲山，此爲損之義。上下交害，爲損。

(二)否爲七月卦，月令天地始肅，不交之謂也。否以不交爲害。

(三)否爲不交，泰爲交，天地交泰。

(四)下坤上乾是坤遇坤，乾遇乾，兌兌、震震，是不通也。

九‧交害爲禍害，即禍害。凡卦同位而无咎，但不同位而相交或相近，即會成禍害。
乾離交害，巽乾交害，火金、金木皆害也。同位則不交害，比如：

(一)大有九三，公用亨于天子，小人弗克。象曰：公用亨于天子，小人害也。大有
乾離爲交害，大有三五互兌，兌離相接而不合，爲小人之害。大有无交害。

(二)大有初九變巽，巽和乾對待，亦交也。但火金、金木皆相害，今同位對待，同
氣則相和。

十‧鬼神爲害

天道虧盈而益謙，地道變盈而流謙，鬼神害盈而福謙，人道惡盈而好謙，高明之家
鬼瞰其室是也。

十一‧陰爲害，陰以順陽則不害

咸六二，咸其腓，凶。居吉。象曰：雖凶居吉，順不害也。

十二‧泰卦不害，天地交泰。節和泰相通，泰說天地交而泰，節卦象也說天地節，所以
節卦說天地節而四時成。節以制度，不傷財，不害民。

十三‧出門爲害

易經繫辭上八說，幾不密則害成，是之君子慎密而不出也。因爲出門爲害，節之
所以避害也。節卦和泰通，所以節初九說不出庭戶，知通塞。不出門，知通塞，
即不會受害。古時人說＜秀才不出門，能知天下事＞，即說節卦的精神，知天下

事即知通。

十四‧實與虛相攻爲惡，惡則爲害

　　鼎九二鼎中有實，我仇有疾。以實害我之虛也，即九二之實和六五相陷爲惡。鼎上爲火，火爲惡，六五爲虛，下爲巽，巽九二爲實，以巽風攻上之火，相惡也。

十五‧轄爲害

　　子平命理以馬前六位爲害，害就是管轄。

　　馬前六位爲害，以警蹕也午。害前爲華蓋，備旌旗也未。

　　卯將　鞍辰　駕巳　午害　未蓋　申煞

　　午將　鞍未　駕申　酉害　戌蓋　亥煞

　　酉將　鞍戌　駕亥　子害　丑蓋　寅煞

　　子將　鞍丑　駕寅　卯害　未辰　巳煞

十六‧三元命理以異方異性相剋爲禍害卦。比如：乾巽、兌坎、離艮、震坤。

十七‧易經有相害之卦爲：

　　(一)小畜巽乾金木相剋。

　　(二)姤爲乾巽金木相剋。

　　(三)澤地困以澤爲水，水剋土。

　　(四)坎兌節以澤爲水，水剋土。

　　(五)離艮旅。

　　(六)艮離賁。

　　(七)震坤豫木剋土。

　　(八)坤震復木剋土。

十八‧害之義詳本書大有卦。尤其是先天八卦禍害卦在易經節、坤二卦特別強調。

 節

節，亨，苦節不可，貞。

節卦是水流遇險而止，即節而止之，則水不亂流。節卦上卦坎，坎剛中，是守正之位，可以不動而通。易經說通，就是上下卦合乎天地陰陽之道也。卦體兌下坎上，澤上有水其量有限，不使四處奔流，所以為節。事物調和得宜則不致偏枯。

萬物以陽生陰，陰生陽。柔節以剛，剛節以柔，有此制則不過。所以四季、日月晦朔、四時，可以不差是因為有制也。節是節以制度，凡事節以制度，則不踰越。量入為出，不傷財不至于匱乏；不害民，民不苦于誅。古時制器用宮室數量都有定則，令錢不踰貴，下不侵上。但是節不可過，過分收儉則成為苦。如水，流則甘，止則苦。

節以坎一陽二陰，兌一陰二陽，剛柔上下平分，二五中位。而陽爻居中，為主，事无偏差。坎為堅，而兌柔和悅，和者可以犯難出險，坎堅可以有擔當。以此道理可以測四時之順序，萬物生成，人事制度，是以為節之義。

◎節
易經言節之特見於卦象者：
一·節上升，即俗說＜節節上升＞
　　(一)頤象曰節飲食；家人九三失家節；蹇九五以中節也；鼎上九剛柔節也；升上坤
　　　　即坎，下巽即兌，有水澤節象。
　　(二)未濟上九象曰：亦不知節也。
　　　　以卦之序正好是頤大象、家人三、蹇五、鼎上，有如節節上升之象。
二·大過即節
　　大過兌巽，後天卦之兌在先天為坎，後天之巽在先天為兌，坎兌為節。
　　＜過節＞有二義：一是與他人有不合，一是度過年節。
三·節為竹約，即筠，求東西之是否太過，以便求得均勻所用之器，所以說過節。節為
　　止水，使不為過，故稱為節。
四·頤錯大過，頤為節
　　頤象曰：山下有雷，頤。居子以慎言語，節飲食。艮為節，故＜節飲食＞。卦成水
　　澤節，所以觀卦有節象。而頤卦因為錯大過，也有節象。
五·大過為節，＜過節＞。困錯大過，困為窮，＜時窮節乃見＞。
六·蹇為困艱，困也，困為節。

　　　　蹇九五象中節，蹇自升通，升上坤即坎，下巽即兌，有水澤節象，故以中節也。

七・觀有困象，以困（觀）來通節，頤之義也。觀為艮，艮為節，人在觀中節飲食，又
　　觀之大象艮，觀為艮，艮為節，節字從艮。

八・恆有節象。恆初至五互大過，大過兌即坎，巽即兌，坎兌為為節。

　　(一)需卦說利用恆
　　　　需卦之坎水，不避汙，出不辭難，臣之常節也。得位有應，故利用恆。需之利
　　　　用恆是說為臣之常為節，即節要有常性方可節，故利用恆。

　　(二)恆有節象。恆初至五互大過，大過兌即坎，巽即兌，坎兌為為節。恆為常，而
　　　　非變，事物不變均為過，所以恆為大過。

九・家人外失節，內有節。節即閑也，即家門。家門分內外，內外有節，婦女守之。

　　(一)家人＜失節＞
　　　　家人九三，家人嗃嗃，悔，厲，吉。婦子嘻嘻，終吝。象曰：家人嗃嗃，未失
　　　　也。婦子嘻嘻，失家節也。
　　　　家人巽離反之，離即坎之反，巽為兌之反，家人即節之反，所以失節。

　　(二)又家人二四互為坎，二至上爻互為巽坎，巽坎為節，互節，＜失節＞。

　　(三)家人九三象失家節，中孚巽兌，下兌即坎，為澤水困，困節反，故失節。中孚
　　　　有反節之象，因中孚有困象，困節反。節即閑也，即家門。

　　(四)家人節皆體坎，故家人言節。節以水喻，即＜調節＞。

十・艮為節。節字從艮，從竹，竹有節。

十一・雜卦：節，止也。

十二・水溢當節。澤上有水，以堤防為節。

十三・節為竹節，有限而不可踰。上坎下澤，澤是節水也。流水无窮，而澤水有限，量
　　　　有限而畜无窮，為節。

十四・節為裁度合宜，如天地以氣候為節，而成四時。

十五・節為度。

十六・好廉自克曰節。

十七・川水流通，澤水瀦聚。節有塞義。坎為通，兌為塞。

十八・兌為口，節言君子議德行。

十九・六十四卦以節終之，其節止之義也。

二十・以剛柔節
　　　　剛柔節為鼎象。鼎上九，鼎玉鉉，大吉，无不利。象曰：玉鉉在上，剛柔節也。

　　(一)介兩段之間曰節，如歲時之節。

　　(二)凡在中，而前後相等，自成節度者，皆為節。

　　(三)節為際也，相交接處為際。易經中稱剛柔節，或剛柔際，都是坎卦。

　　(四)剛與柔接，或相交替為節。比如坎，即相濟之交。

　　(五)剛柔難分為節。易經剛柔分之卦有二十個，噬嗑為雷電難分，澤澤水難分，
　　　　澤即水，火即為雷。

◎中節

一・蹇九五象中節。蹇自升通，升上坤即坎，下巽即兌，有水澤節象，故以中節也。

二・中庸第一章：喜、怒、哀、樂之未發，謂之中。發而皆中節，謂之和。

三・守中爲節

　　(一)未濟上九，有孚于飲酒，无咎。濡其首，有孚失是。象曰：飲酒濡首，亦不知節也。

　　(二)不知節爲不守中。不中節，即過份。

　　(三)中者節也。未濟上九不知節，九三不中，故不知節。

　　(四)泰爲歸妹通，互節。否爲漸通，互渙，渙節相對之卦也。

四・中節乃中正以通。一爲守中，而中正以通；一爲順，順而奉行。

　　節在行事因之義，都以守中道，不多不少爲節。

　　(一)在學者要講不<陵節>之節，即不躐等。

　　(二)在禮爲<禮節>，即節文之節，不過分文飾，<繁文縟節>。

　　(三)在財爲<撙節>之節，即<撙節爲用>。

　　(四)在信爲符節之節。

　　(五)爲臣即<名節>之節。

　　(六)爲君即<節制>。

◎符節

一・節爲符。

二・符爲合，節卦爲先後天同位之卦，同位則合。其他同位之卦爲噬嗑爲合，同人爲親，比者比附，都是先後天相同位。

三・節即孚，中孚爲同，即符合。

　　古時軍中以<符節>爲徵信物，所以中孚卦在節卦後。中孚爲信。

四・古時軍中以節爲符，稱節符，在外行君命爲使節。節符，或稱虎符（詳中孚卦）。

五・節而後信。

◎亨

節，亨。節取泰爲通象，泰三之五，成節，天地交五當位，以節中正以通，故節亨。節卦通泰卦，故節卦亨。

◎苦節

一・節爲苦，凡事要節制即有人以爲苦。

　　節卦曰苦節。水之流者甘，止者苦。節下兌，兌剛鹵，鹵地之水至苦。

二・火炎上爲苦

　　節言苦。火炎上，作苦。位在火上，故言苦。雖得位乘陽，故不可貞。節上爻和三應，初爻變，二五成互離，離爲火，上坎見下爲離火，火性炎上，相蒸之苦。土爲<稼穡>，土中央爲甘也。

三・舍生取義爲節。節上坎爲苦，下兌爲義，金以生水爲苦節。

　　蘇武持節十九年，爲<苦節>。

四・兌爲鹵，苦也，儉也。以簡約樸素爲苦節。

五・漸進易急，節貞易苦，難于得中。

六・水窮則苦

節有甘苦。節九五坎通，水通則甘，上六爲苦，上六窮也，水止于上爲窮，水窮則苦。

七・節不可太過，太過則苦

人之守節以中節爲原則。大過有苦節之象：大過兌即坎，巽即兌，爲節，苦節。人與人交不知節則會有＜過節＞。

八・水窮則苦，變則不過。過爲哀，節不過，＜節哀順變＞。

◎節止不可貞

一・節：雜卦，節，止也。

二・陽道止，爲節。易經以陰接陽爲順。節卦爲水兌，在先天八卦之中，先天卦一陽生于坎中，至兌而陽道窮，故節止，陽止也。

三・不可貞：節上應三，三失正，爲兌之剛鹵，故節止，陽止也。

四・節爲陽止之象。二三兩爻當貞（得位），其他失位，故可貞。貞之成既濟，則一陰生于離中矣，若貞爲離，則坎之陽皆變爲離之陰，故不可貞也。節之止與不可貞，都是說坎卦，即節爲坎之節，即坎卦到了不可變的情形，如同一個人守節因爲不可變。如變，則要＜變節＞失貞。而要有節，就不能想變。易經以節卦來做爲終止的句子是有道理的。

五・易經之卦不合，則變其爻，但上爻不易變，變後卦之義不吉，則不可貞。比如乾之上爻曰窮。窮爲極，節之上卦坎，上六本貞（正位），但節卦開宗明義在卦辭說節不可貞，因爲節之義爲止，取其上爻之止爲義，以上爲窮位。

水以窮而苦，故苦節（上之六）不可貞。易中上爻，无論九六取之，皆以爲窮。節貞易苦。

易經說不可貞之卦另一個是蠱。蠱九二，幹母之蠱，不可貞。蠱卦上艮爲止，止則窮。

彖曰：節，亨，剛柔分而剛得中。

◎剛柔分

一・剛分而得柔。言節取泰爲通象，泰九三上五，六五下三，故剛柔分。

二・剛分而剛得中：節取泰爲通象，泰九三上五，居五爲中，故剛得中。

三・節澤水難分。

四・困爲澤水，但不說分，因爲困以无水爲其義，即无水爲困。

五‧節卦和渙相綜，在渙爲柔外而剛內，在節卦則剛外而柔。內剛柔分，指一內一外之
　　分。

◎剛得中

節卦二爻和五爻都是陽爻，陽居中爲剛居中。易經以坎卦在上爲通，因爲相濟之卦即坎
在上卦。

> 苦節不可，貞，其道窮也。説以行險，當位以節，中正以通。
> 天地節而四時成；節以制度，不傷財，不害民。

◎窮

一‧上爻爲窮

節象曰苦窮，言上爻之六不可貞。乾上九亢龍有悔，窮之災也。姤上窮，吝也。未
濟，男之窮也。卦皆言上九，然上六亦言窮。

二‧失水爲窮

水爲財，困卦澤水而失水，所以困。困爲窮也。

三‧窮則苦

節卦上六說苦節。節爲水之節，水在上，上六窮也，水窮則苦。

◎兌以行險

一‧兌爲說，震爲行，坎爲險。

二‧節上坎爲險，二互行，下兌，故說（節下兌）以行（節二震行）險（節上坎險）。

◎中正以通

一‧坎爲通，節象曰中正以通。九五當位，中正也。坎爲通，故中正以通。兌爲塞，通
塞相對。

二‧乾九五當位，卦見乾曰中正。

(一)乾文言：大哉乾乎，健中正，純粹精也。

(二)需象曰：需，有孚，光亨，貞吉，位乎天位，以中正也，利涉大川，往有功也。

(三)需九五，需于酒食，貞吉，象曰：酒食貞吉，以中正也。

(四)訟九五象曰：訟，元吉，以中正也。

(五)履象曰：履，柔履剛也。說而應乎乾，是以履虎尾，不咥人，亨。剛中正，履
帝位而不疚，光明也。

(六)同人象曰：同人于野，亨，利涉大川，乾行也。文明以健，中正而應，君子正
也。

(七)姤九五，以杞包瓜，含章。有隕自天。象曰：九五含章，中正也。有隕自天，
志不舍命也。

二·坤陰在下，中爻爲陰，爲陰之中。

　　(一)豫六二，介于石，不終日，貞吉。象曰：不終日，貞吉，以中正也。

　　(二)晉六二，晉如愁如，貞吉，受茲介于其福，以中正也。

三·易經以坎在上爲中正，上坎爲九五之中。

　　節，說以行險。當位以節，中正以通。

四·卦見九五和二六，或六五和九二，水火相濟之相：

　　(一)益：利有攸往。中正有慶。利涉大川，木道乃行。

　　(二)井九五，井洌寒泉。食。象曰：寒泉之食，中正也。

　　(三)艮六五，艮其輔，言有序，悔亡。象曰：艮其輔，以中正也。

　　(四)天地節而四時成。節以制度，不傷財，不害民。

◎節爲天地之道

一·四時有節，即節氣。天地節而四時成，四時即節氣。

　　我國曆法，朔望依太陰（以陰曆算），節氣依太陽（以陽曆算）。

　　立春、驚蟄、清明、主夏、芒種、小暑、立秋、白露、寒露、立冬、大雪、小寒，
　　爲十二節。

二·一年以泰卦始，而節之。

　　節彖天地節，節取泰爲通象，泰爲天地卦，故節言天地節。天地節而四時成：兌秋
　　坎冬，互震春，節變泰，變離爲夏，互艮，爲時，故四時成。

三·天地之道以節裁成

　　節彖曰節以制度，泰以財成天地之道（泰，天地交，泰。后以財成天地之道，輔相
　　天地之宜，以左右民），所以節卦說以制度，不傷財，不害民。不傷財，因爲有節
　　以裁成。以節而度之，節言泰之道也。

　　＜節度＞：泰以財成天地之道，輔相天地之宜，節以制度，不傷財，不害民（節泰
　　通）。

四·節爲度：節以制度，度生于律者也，節故有制。度，法也。坎爲律（法）。大傳曰
　　出入以度。

◎傷財

節卦言不＜傷財＞，財爲坤。不害民，坤爲民。

◎害

害字之義詳本書大有卦、渙卦。易經只在坤和節卦提出慎防害成之道理。害之形成見於
先天八卦之原理。

象曰：澤上有水，節。君子以制數度，議德行。

◎節爲度

一・澤水節：澤受水有限量，故澤上有水爲節。未溢爲節。

二・數度必以節，仍能畫一，德行必議以節，乃能適中。

三・坎爲則，故以制度。坎爲則，故節言君子節以制數度。

四・古時官制有＜節度使＞。

> 初九，不出戶庭，无咎。
> 象曰：不出戶庭，知通塞也。

　　節卦中爻艮爲門，門在外，內戶在內，所以初和二爲門。初九前爲陽爻蔽塞是閉戶不出。而初應四，四爲坎險，見險在外而不出。

　　節卦說的是愼密之道。易經繫辭子曰：「亂之所生也，則言語爲之階。君不密則失臣，臣不密則失身，幾不密則害成，是之君子愼密而不出也。」節初九變爻卦成重坎，但在初位，有如在兌澤之底層，未經宣洩，象徵關閉在門戶之內，而无洩漏之虞。初九和六四相應，下卦變坎，坎和上坎都是坎，即澤可以變爲水，而上下相調濟，所以不出戶庭而可以知通塞。控制出入的就是兌卦，即鬼谷子所說口爲心之門戶，故闔之以捭闔，制之以出入。

◎門

有關門這個字的種種：

一・堂內爲室。室東南開一戶爲出曰戶，戶外爲堂，堂下階前庭直之路爲庭，其外闔雙扉爲門。

二・奇爻象戶，偶爻象門。九二爲偶爻，爲門。

三・節初九不出戶庭。節五互艮門，門內爲庭，三四爻皆艮門之內，爲庭位。
　　二互震，震爲出。震性動，必陽得乃動而出。

四・艮爲門，在內之互卦之艮爲門內之內，戶也。

五・兌在時辰爲酉時，酉時是闔戶之時。

六・戶與門：初陽爲戶，二陰耦，故曰門。節初九戶庭，九二不出門庭。

七・門內爲庭。

八・門戶：鬼谷子說：「口爲心之門戶，故闔之以捭闔，制之以出入」。節卦之兌爲口。＜門戶＞爲通塞之處。節卦爲兌坎，坎在上爻，合既濟之道，是爲通。兌爲塞，節卦坎兌，是通塞。

九・門之義詳本書夬卦。

◎出

一・陽爻失位爲出

陽失位則泥而不出，出爲陽之象：

(一)節二互震，二陽失位，故初不出戶庭。

(二)隨初出門交，陽二失位。

(三)明夷三出門庭，陽三失位，三互震。

二‧初爲出門之象

節初九不出戶庭。初爲出，隨下震爲開門，故初九出門之象。

節下兌爲閉門，故初二有不出之象。

◎**不出**

節卦說不出，包括各種情形：

一‧讀書人不出，則心口含章。

二‧處事做人，不出爲括囊。

三‧言語爲簡默，不出言也。

四‧用財爲儉約，量入爲出。

五‧在立身爲隱居，足不出戶。

六‧在戰爭爲堅壁，不出兵也。

◎**通塞**

一‧節，通塞以時。初九象曰知通塞，初知通塞，无咎。九二不出，凶而失時。

坎爲通，兌爲塞，故節象曰知通塞也。

二‧不出戶庭，知通塞也：節初九象曰：不出戶庭，知通塞也。節上坎下兌，坎爲通，兌爲塞。

坎塞下爻爲兌，初正于塞位，知其通之已塞，不出，故无咎。

三‧節卦是不出門戶爲節，但其條件是守節的人要知通塞，即知進退之道，而不是一成不變之守節。知通塞則不出門戶，即可以知門外之事，而不會因此受拘。

四‧坎爲通，即水性要通。節卦初爻之象爲出，性出即通。但二爻是坤，土壅初爲塞。

初應四，四互坎艮，艮爲門，四居中爲在門。

五‧五行水見土多爲塞，見木則通。

九二，不出門庭，凶。

象曰：不出門庭，失時極也。

節卦二在兌澤之中層，而且處在門口。易經以爻位在上爲外，在下爲內。二在初之上，所以二以門庭取象。因爲在門口，水滿溢時，不能不出庭戶，否則必溢也，是以九二之不出庭戶則爲不知時。因爲當出而不出，則凶矣。節卦不出庭戶可以有另一種看法，是說九二和初九都是不宜出庭戶，因爲九二和九五並不相應，外无應，貿然而出，也不行，

但總比該出不出好，這似乎是節卦的困境。眞正節的眞義不是在出，而是在應時而出入。初爻的情況是塞，而即使出也不可能。

　　二爻和上卦坎中不應，但是相比而通，通則不出庭戶，則凶也。初爻不該出是无咎，但九二該出而不出，後果較初爻不堪。因爲九二不出則滿而溢，是失節之象。節卦二爻之特點：

　　一・九二爲偶爻爲門。

　　二・失時極：節九二不出門庭，失時極。易經講通和塞，都是以合時不合時看。
　　　　初爻當閉，二居中，二爻是陽爻，和五之陽爻爲敵應，即不相通，所以二爻知塞而不知通也。不知通塞，即不知時宜。
　　　　象傳說失時極也。

　　三・節九二失時，失時中之義也。

　　四・不出門庭：節九二不出門庭，節二應艮，艮爲門，互震爲出，而五爲艮止，二又失位，故節二不出門庭。

◎節卦之凶

　　一・水滿爲凶
　　　　澤至二，澤中之水已滿，而塞，而不通，必有泛濫之患，故凶。震于時爲卯，爲闢戶象。節二四互震，震有闢戶之象，可以解其凶。但震在艮門之內，无可解也。

　　二・失時極
　　　　節九二不出門庭，失時極。通塞以時，初當閉。二居中，與五爲敵應，知塞而不知通也。

　　　　六三，不節若，則嗟若，无咎。
　　　　象曰：不節之嗟，又誰咎也。

　　節卦之節除了知儉約之節，尙要知道消耗之節，即溢而後消。比如人之情緒，累積了怨氣，即要排除。

　　節之六三在兌卦上，是水滿盈之時。六三以陰爻居陽位，即非正位，又不居中不能盡調節之功，溢者有潰決之勢。不節的情況也可能是因爲自己拘守在門內，又不能約束自己行爲，恣情妄費，縱情肆欲，則反而不得其節。不過兌卦爲加憂，又是悅之極，樂極也會生悲。但是悅爲出口，即凡心有情緒，都可以發洩，這是六三爲何无咎。而因爲做錯了事，發出悲嘆，表示人會悔過，因而有所渲洩與警惕，因此可以避去凶咎。

◎不節

　　一・水在澤上爲氾濫不節。

　　二・不節爲失節。

三‧音樂以合爲中節，不合失節。失節則如嗟，所以節六三失位，失位不中不正，失位
　　乘剛，與卦義相反，故六三不節而嘆（嗟若）。

◎又誰咎也

節六三象曰：不節之嗟，又誰咎也。同人初九象曰：出門同人，又誰咎也。又誰咎也，
即出門容易得咎。但是出門後與人做法相同，則可以无咎。

◎嗟

一‧佐也

　　節六三，不節若，則嗟若，无咎。象曰：不節之嗟，又誰咎也。言不足以盡意，發
　　聲自佐爲嗟。

二‧兌爲嗟

　　（一）離六五，出涕沱若，戚嗟若，吉。象曰：六五之吉，離王公也。離錯坎，坎爲
　　　　加憂，兌爲口，嗟象。

　　（二）萃六三，萃如嗟如，无攸利，往无咎，小吝。象曰：往无咎，上巽也。萃六三
　　　　萃嗟如，應上爻之齎（音機）咨涕洟。嗟者，兌口也。

三‧嗟者善補過也。

四‧易于兌貴其能嗟憂。以能嗟憂，則能知悔過，必能得其位，故節六三嗟若，无咎。
　　六三，兌，三失位，能悔則无咎。

　　（一）臨三，既憂之，无咎。

　　（二）萃上，齎（音機）咨涕洟，无咎。

> 六四，安節，亨。
> 象曰：安節之亨，承上道也。

　　節卦主爻爲九五，居中而節，六四上承九五，順而奉行之，所以稱安。安就是順承主
事者之意，或上天之意。安是爲死者安魂，爲生者安宅。易經萃卦未安上，是說尙未將先
人之靈安在位上，以致先人神无主可入。而剝卦剝上厚下，安宅是請先人之靈包庇厚愛，
令生者可以安置其居安宅。訟卦安貞是爲了避免先人不同姓者爭爲後世之所立之廟，以免
口舌是非。同人九三三歲不興，安行，是說三年過後方才把不同姓之神主入廟。節卦說安
節是要尊奉先人之言而安之，不可以將旁系之祖放在家廟中。

　　節卦六四陰爻在正位之上，而上承之九五也是正位，因爲節卦上坎爲正位，所以可以
安放先人神主，安置後人之宅。節六四承五，應初，故安，故亨。這種做法也可以得到晚
輩之同意，上下都通，所以有安節之亨。

◎安

節六四安節。坤安貞吉，陰以承順乎陽，爲貞。六四順承五，得坤道之安貞，故曰安

節。六四坎水通，流通，故亨。

> 九五，甘節，吉，往有尚。
> 象曰：甘節之吉，位居中也。

　　節卦九五是節之主爻，其一是九五當位，而且陽爻中正。易經以九五居陽爲通達之意，這在所有的卦爻都是相同。因爲九五可以守在自己的位置，還可以發揮功能去調節其他的爻，九五之節是先自己節制，而別人也自然節制，即自節節人。

　　節卦下卦六三是兌體之上，是開口求人，而以取悅乎人者，但九五居悅體之上，似乎是人家來討好我。因爲九五是守中之節，可以成爲典範，而且是坎居中，水順流而上，是不偏不激。上卦坎爲水，四上兩坤爻爲土，九五之水橫貫其間爲中流，水流則味甘。人如有這種修養，甘於節制而不肆意妄爲，可以奉承上位者而不顯卑讒，當位以節，中正以通，乃節之極美者，完全曉得節之眞義而不過。節卦九五變，卦成甘節，爲地澤臨卦，知大君之宜也。但節之五爲主將，變其節，失其主。三國孫氏聞關公敗，令虞翻筮之，遇節之臨，曰不利于客，五爲主將，行師喪亡之象。

◎甘

水流者甘：

一・節九五水之流者也，其味至甘。易以坎爲泉，蒙，山下出泉，下坎也，節卦初至五互蒙。

二・易以坎爲泉。蒙，山下出泉，下坎也。泉水味甘，節九五甘節，九五坎也。

三・井卦說井洌寒泉，泉爲上坎也，泉水多甘，以其爲通流之水也。

四・艮木多節，有如吃甘蔗，艮甘。

五・坎在五得中，五坎在井爲洌，在節爲甘。

六・節爲泉象。節九五互艮，艮爲山，坎在山爲泉。

七・易經以稼穡爲甘。土爲稼穡，節九五變爲坤，坤爲土，土稼穡。又艮土也是甘。節九五互艮，艮即根，根中含甘。

八・節九五甘節。臨六三，甘臨。澤水見土爲甘，節九五互艮土，臨下坤土。

九・甘節可以說是寧可＜節儉＞，以儉爲甘。

十・美與甘：坎爲美，節九五甘節，坎得正居中，故甘節，吉。

十一・節卦九五變爻，卦成坤，坤爲土，其數五，易經以坤土爲甘。凡味之甘者，人皆嗜之。

十二・樂易而无艱苦爲甘。

◎往有尚

一・有尚就是有功，坎以上行爲尚。

二・尙字和上行有關，易經該上行之坎莫過于坎。坎在相濟之情況是坎在上，有關尙字之義詳本書坎卦。

三・節取泰爲通象，節之五自泰三上往，往而得位，居尊，故往有尙。

四・坎：維心亨，乃以剛中也，行有尙，往有功也。

　　行有尙：坎行有尙，坎自升通，升互震，震爲行，行而上居五位，故行有尙。

上六，苦節，貞凶，悔亡。
象曰：苦節貞凶，其道窮也。

　　節上卦坎之極位，水流至極，在極處止而不動，水止，則味苦。凡困苦而勉強之節制，不合人道，失去節止之意。人之守節，不可以節而極端，否則變成節而窮苦，失去了節之義。

　　節卦是以沼澤蓄水之象，演調和之理。水性流動而沼澤蓄之，水溢則要洩，水少則要存，總是要保持水之活性。死水味苦，但任其流則竭，過于堵塞則終致潰決爲害。這道理可以用在所有的人生活動，必須講調和。節上六居上而固執不變，所以有凶。本爻變爲中孚，雖是苦節，變而有信，尙可以轉困爲富也。

◎苦

一・節卦繫辭說苦節，節之苦上六，其他之爻說的是失節、安節與甘節，即文天祥正氣歌說的「時窮節乃見」。時窮即說節卦之上爻，乃苦節。

二・甘過爲苦：節上六苦節，上居窮位，水窮則苦。五爲甘節，甘過亦苦。

三・水止炎上則苦

　　節上六應三，三爲兌，兌爲剛鹵，鹵味至苦。節卦貞既濟，下爲離火，炎上，作苦。（雜卦，節，止也，謂先天坎至兌而陽止也。）

◎貞凶

一・易有貞凶，不可貞，不利君子貞者。

　　(一)易經之卦說貞凶者屯、師、隨、頤、節、中孚、巽。

　　(二)繫辭說八卦定吉凶，吉凶生大業，即貞凶之意。

　　　　八卦定吉凶：由震至乾，陰消陽息，吉所生也。由巽至坤，陽消陰息，陰所生也。陽消爲凶，陽止爲凶。

二・先天論陰陽吉凶之法：

　　天體左旋，陽生于震，至艮而陽窮，窮故凶也。

　　日月右旋，陽生于坎，至兌而陽窮，窮故凶也。

　　窮凶則惡極－－＜窮凶惡極＞。

三・天道左旋之凶，比如互卦成「艮坤」剝象，艮坤爲左旋。

（一）屯五大貞凶：屯下震上坎互有「艮坤」。

　　由震至坎以及艮、坤（乾兌離--震-巽-坎艮坤），爲乾陽之窮也。

　　屯五大貞凶（大者，陽也）

（二）易經屯卦之象都貞凶，比如師、隨、頤，都有屯象，即艮坤在中，所以貞凶。就是陰陽之行與天道相反，不可貞矣。屯卦不但說貞凶，而且是易經所有卦中唯一說大貞凶的卦。

　　師五貞凶：師五動爲純坎，二至上，互屯，所以師五貞凶。屯上震下坎互有「艮坤」，隨四動爲屯，所隨四貞凶。

　　頤三貞凶：頤自屯變，三應上，若貞上于五，卦仍爲屯，故貞凶。

四・日月右旋之凶：

　　坤艮--坎--巽震離兌--乾。

（一）節上坎，下兌，由坎至兌，而止于乾，乾陽之窮，故貞而凶。節上六坎爻，正應下三之兌爻，所以上曰貞凶，故節卦爲止。

（二）節卦爲坎至兌，反天道之行，即不合乎自然，因爲天道日月不能右旋。由坎至兌而以乾爲止，即反其道而行，所以節字特重貞，即俗說＜貞節＞。

（三）易經之卦互卦見節，即有貞凶之象。比如：

　　中孚上曰貞凶：上貞成節，故凶。上風，貞成坎，卦成中孚。故中孚貞凶，即有止節之意。

　　巽上九，巽在床下，喪其資斧，貞凶。象曰：巽在床下，上窮也。喪其資斧，正凶也。巽上九曰貞凶，巽上貞爲坎，上爲坎，二五互兌，互節，故凶。巽貞爲節，有止之意。

　　恆初曰貞凶：恆反咸，兌即坎，艮即震，有屯之象。恆初至五爲大過，兌即坎，巽即兌，有苦節之象。恆有節象。恆初至五互大過，大過兌即坎，巽即兌，坎兌爲爲節。

（四）巽上九，巽在床下，喪其資斧，貞凶。象曰：巽在床下，上窮也。巽因爲在乾之後，巽而後則乾止而不行，這是天體（天道）右旋之道。而上巽下巽爲由巽到巽，右旋後復過于乾。巽爲陰，易經以陰過陽爲凶。太過于乾陽，所以貞凶。

䷼ 中孚

中孚，豚魚吉，利涉大川，利貞。

中孚卦二柔在內爲中虛，而又有二剛在內，居上下卦之中，又是中實，這是又虛又實之卦。虛則內欲不崩，實則外誘不入，所以中孚是說一種彈性很強的狀況。中孚本體是下兌上順，在上則性順，而在下者善于取悅，可以是上下相得，所以本卦稱爲中孚。

中孚外實中虛，喻爲行舟，如乘巽木之空以行兌澤之上，是毫无沉舟之顧忌，所以中孚利涉大川。中孚大象以虛中爲火，而中爻二四互爲震雷，所以也有噬嗑之象，即獄象。又大象也象頤，頤中空，外被陽爻所圍，是牢獄之象。中孚卦象是獄，但是是中空之獄，即无犯人在內的牢獄。當在上者順應民情，而在下者和悅以敬，天下皆以孚信爲相處，即能做到不留獄之境地。孔子說到易經獄象，都是以寬容之態度，而以苛刑爲戒，所以易經中有五處說是到獄，都是從仁民愛物出發。豐卦、賁卦是折獄，即輕判。解卦赦過，旅卦不留獄，而中孚緩獄。這些卦都有頤象，而頤是中空，即令獄中无人也。

過去先賢解中孚之議獄緩死，有以兌爲口舌，巽爲不果而爲緩議之象。中孚爲巽風在水上，是周歷民間訪察隱情以審議冤獄，緩免死刑，實則聖人在易經中五次說到獄字，可見刑獄之重要。其中凡言獄字都明示有刑獄相關之意，獨以中孚看似和獄无干涉，反而最能說出聖人對刑獄的態度。他希望刑期无刑之精神，是因爲无人犯法，而不是在於寬免犯人。中孚取睽，家人爲通象，卦象多取諸睽。

◎孚

一‧孚，卵孚也，鳥翌以爪反復其卵。

　鳥孚卵，皆如期而不失信，又信爲實不虛。鳥爲伏，有孚：孚信也，鳥伏卵之象，即＜孵卵＞。兌反巽，爲雞，伏也。雞爲離卦，中孚象離。

二‧乾爲孚：夬九五中正，孚于乾。乾飛龍在天之爻，故曰孚。易經孚字有在天的意思，因爲飄浮在天。

三‧解爲孚

　(一)中孚爲大離，解體爲離，故解爲孚。

　(二)孚爲驗，驗即是＜徵信＞，解爲＜解答＞。解答即有所驗徵。

四‧頤爲孚

　(一)坎爲頤有孚。中孚爲頤有孚，孚頤也。因爲中孚有大頤之象，又中孚和頤都是大離象，大離反坎，坎爲孚。

(二)坎中四爻互頤，風澤中孚中四爻也互頤，同取頤爲孚象也。

(三)損益卦互反，皆說到有孚。益中互頤，損互頤，頤爲大過反，而大過反中孚，皆爲孚象。損卦說：有孚，元吉。无咎，可貞，利有攸往。益卦九五說：有孚惠心。勿問，元吉。有孚，惠我德。

五·水浮于上，上卦貞坎爲有孚。易上卦貞坎，即曰有孚。有孚和中孚不同，有孚是眞正的孚起來，如鳥＜孵卵＞象。

六·坎或兌在上爲有孚

(一)初六，有孚，比之，无咎。因爲比卦之坎在上卦。

(二)小畜九五，有孚攣如，富以其鄰。九五巽貞爲坎，因爲坎在上卦。

(三)坎卦上爲坎，曰習坎，所以坎卦說有孚。

(四)大壯初九，壯于趾。征凶，有孚。大壯三到五互兌，兌爲坎，在上，爲孚象。

(五)解卦六五，君子維有解，吉。有孚于小人。解三五互坎，爲孚象。

(六)萃初六，有孚不終。萃上爲兌，兌即坎，在上亦爲有孚。

(七)革九三至五互坎，革九三曰征凶，貞厲，革言三就，有孚。

(八)未濟上九，離在上而坎在下，坎不在上所以說有孚失是。這是飲酒象，即俗語＜浮一大白＞，兌爲白。

七·伏爲孚。

八·陰下孚陽（陽在下陰在上）爲有孚

陰下孚陽，上下相抱，陽上望陰，內外相承。有孚不同于中孚，中孚爲孚之至也。

九·凡是易經中之卦，陽爻在二五，可稱爲孚。

十·虎爲孚

易經取兌卦爲虎之卦象。兌居八卦西方即白虎位，如兌卦居下卦，三爻爲陰而初二爲陽，則具有虎躡行之意。又中孚初至五互爲履卦，所以中孚也具有履卦所稱的履虎尾之卦象。中孚值在十一月虎始交也，在十一月中孚卦氣在虎交候前十日，騫值候爲虎始交，十日後爲中孚。震爲虎也，孚音虎類，虎爲伏獸--＜伏虎＞。

十一·孚爲信

(一)鳥孚卵都如期而不失。不失信也，孚爲信。

(二)中孚上巽，巽雞。孚爲信，所以訂風向有風信雞。

(三)雞知旦，爲＜信物＞。

十二·中虛爲孚。中孚三四中虛，二陽在外，爲孚，二五互離亦爲孚。

十三·舟爲孚。中孚巽爲木爲風，兌爲澤。木在水上而風行之，卦外實內虛，爲舟象。

十四·巽兌皆合，爲孚。中孚三四在內，二五得中，兌說而巽順，故孚。

十五·中孚自家人來

(一)家人二陰之三，卦成中孚。

(二)中孚有諸多家人之象：九二曰其子，曰我、曰吾、曰爾，皆家人之成員也。

(三)雜卦家人內也，睽外也。中孚變外卦爲睽，變內卦爲家人。

十六·虛爲孚

卦言虛實，如損、咸、升，皆有中孚象。損大坎象，反離，離爲孚。咸大坎象，反離，升大坎象，反離，離爲孚。易經之卦如果外爲陰，而包陽，比如升之初四五上包二三之陽，爲虛，因爲中陽之反實爲虛，皆有升浮之象（詳見本卦說虛字之義）。

十七‧中孚卦體風在澤上，水面空曠无阻佈滿風力，爲空間充實之象，无物在上而不浮。

十八‧中孚爲飛，道理見本書萃卦。

◎豚魚吉

一‧巽爲魚。

二‧中孚取睽爲通象，睽爲火澤，睽四上五，坎化爲巽魚，四上五，而九（四九）得位，故豚魚吉。

三‧中孚利貞爲既濟。三互坎豚，上爲坎豚，是以巽魚而爲坎豚，孚信及豚也，故曰豚魚吉。

◎豚

一‧彖子也。

二‧豚魚，即江豚，一名豬魚，生于水而知風信。此物有風則出拜浮水面，南風口向南，北風口向北，水手稱它爲風信。巽爲魚，兌爲鳥，魚鳥相親，鳥亦知信也。

三‧孔子說：「吾之入也以忠信，出也以忠信。」所以能入而後出也。子曰：「水且可以忠信親之，而況人乎。」取水爲親信也，時人有＜親水＞之說。

四‧信及豚魚：中孚之象曰信及豚魚。豚爲有孚之物，故中孚取以爲象。

五‧豕大豚小。

六‧豚爲遯，中孚三爻至上爻成遯體。

◎利涉大川

中孚利涉大川。中孚二互震，舟于兌澤中，行以巽風（中孚有兌震巽），二至上互益，故利涉大川。

◎利貞

一‧中孚二、三、上爻皆失正，故利貞。

二‧睽四互坎，家人三互坎，坎爲豕，豕有孚。巽爲魚，風澤自睽，家人變，是以坎豚而爲巽魚。睽之四互坎，家人之三互坎，變爲中孚，卦爲互巽，巽爲魚。巽魚得中，中孚貞爲既濟，坎豚得正，故吉，利貞之吉也。

彖曰：中孚，柔在內而剛得中；說而巽，孚乃化邦也。豚魚吉，信及豚魚也。利涉大川，乘木舟虛也。中孚以利貞，乃應乎天也。

◎得中

一・易經說到＜得中＞之卦有十七個：

(一)同人彖曰：同人，柔得中而應乎乾，曰同人。

(二)蠱九二，幹母之蠱，不可貞。象曰：幹母之蠱，得中道也。

(三)噬嗑彖曰：噬嗑而亨，剛柔分，動而明。雷電合而章，柔得中而上行，雖不當位，利用獄也。

(四)離六二，黃離元吉。象曰：黃離元吉，得中道也。

(五)睽彖曰：說而麗乎明，柔進而上行，得中而應乎剛，是以小事吉。

(六)蹇彖曰：蹇利西南，往得中也。

(七)解彖曰：解利西南，往得眾也。其來復吉，乃得中也。

(八)解九二，田獲三狐，得黃矢，貞吉。象曰：九二貞吉，得中道也。

(九)夬九二，惕號暮夜，有戎勿恤。象曰：有戎勿恤，得中道也。

(十)漸彖曰：漸之進也，女歸吉也。進得位，往有功也。進以正，可以正邦也。其位剛，得中也。

(十一)旅彖曰：旅，小亨，柔得中乎外而順乎剛，止而麗乎明，是以小亨，旅貞吉也。

(十二)巽九二，巽在床下，用史巫紛若，吉，无咎。象曰：紛若之吉，得中也。

(十三)節彖曰：節，亨，剛柔分而剛得中。

(十四)中孚彖曰：中孚，柔在內而剛得中，說而巽，孚乃化邦也。

(十五)小過彖曰：柔得中，是以小事吉也。

(十六)既濟彖曰：初吉，柔得中也。

(十七)未濟彖曰：未濟，亨，柔得中也。

二・離爲中，易經見離或離象即爲得中

(一)離六二，黃離元吉。象曰：黃離元吉，得中道也。

(二)既濟下爲離，故既濟，初吉，柔得中也。既濟柔得中，六二居初和三爻之中，爲離象。

(三)夬九二，惕號暮夜，有戎勿恤。象曰：有戎勿恤，得中道也。夬九二得中道，二貞爲離，故得中道。

(四)解九二，田獲三狐，得黃矢。貞吉。象曰：九二貞吉，得中道也。解得黃矢，離爲矢，二爲黃離，中正也。解二互離，離居下得中正位。

(五)同人下離，彖曰：同人，柔得中而應乎乾，曰同人。同人者，與居中之爻相同爲同，不求和人異也。

(六)噬嗑而亨，剛柔分，動而明。雷電合而章，柔得中而上行。中爻爲假離象，上爲離。

(七)旅上離。旅彖曰：旅，小亨，柔得中乎外而順乎剛。

(八)未濟上離，彖曰：未濟，亨。柔得中也。

(九)睽三五互離，上爲離。睽，說而麗乎明，柔進而上行，得中而應乎剛。

三‧陽爻居五，為得中

節彖曰：節，亨，剛柔分而剛得中。節取泰為通象。泰九三上五，居五為中，故剛得中。俗說＜中節＞，是取剛中之節。漸九五居中，剛得中也。漸彖曰：其位剛，得中也。

四‧九二得位稱為得中道，蠱、離、解、夬，皆稱得中道。

五‧蹇往得中，解來得中

（一）蹇：蹇利西南，往得中也。

（二）解，利西南，往得眾也。其來復吉，乃得中也。有攸往，夙吉，往有功也。

六‧坤為五，五為中。坤居八卦之中，而坤為得朋之卦。易經得朋之卦可以稱為得中，即天之中所見之月。

（一）乾、兌、離、震、坤、艮、坎、巽，以坤為中。

（二）坤為未申，未申在一年居中。

（三）地居天中，以坤為中。

（四）眾為中（即佔大多數者），坤為眾，居中。

（五）解，利西南，往得眾也。其來復吉，乃得中也。西南為坤地。

（六）五在坤中，坎為月，月生西南而終于東北：

震象出庚

兌象見丁

乾象盈甲

巽象退辛

艮象消丙

坤象窮乙而　喪滅于癸。西南得朋，故往得中。

這是依先後天納卦圖，乾納壬甲，而坤納乙癸，坤之象到了乙即消失，而滅于癸。又坤為五，居八卦之中，所以中孚卦之「中」，和「得中」都見得到是在說干支納甲取太陰之義。太陰即月亮。所謂納甲，是把八卦和十天干相配，據說是漢朝的京房發明的。

七‧中孚象離，所以卦象中孚都得中。中孚彖曰：中孚，柔在內而剛得中。

小過中孚象，所以小過說，柔得中，是以小事吉也。

八‧易言孚，皆坎象，習坎有孚也。

九‧中孚取睽，家人為通象，卦象多取諸睽。睽、家人三四皆互坎孚，卦自睽、家通以坎孚。

◎正邦

一‧孚為化，中孚化邦，中孚彖曰，孚乃化邦也。

二‧坤為邦

（一）易經說邦之卦為中孚化邦。離以正邦，蹇以正邦，漸可以正邦。

中孚彖言化邦，中孚二五互震，互艮，震艮在先天卦中有坤，坤為邦。中孚之中，互卦有坤之象，故孚乃化邦。

(二)離自大畜來，上四爻互頤，頤爲震艮，震艮中有坤邦，故離曰以正邦也。

(三)蹇自小過來，小過爲雷山，艮震中有坤邦，故曰以正邦也。

(四)漸彖曰：漸之進也，女歸吉也。進得位，往有功也。進以正，可以正邦也。其位剛，得中也。止而巽，動不窮也。漸其位，剛得中也。漸自否通，否之三進四，成漸。漸之四乃否之坤爻。坤爲邦，故以正邦。

三·正邦以信，民无信不立。

◎誠自明來

中孚柔在內，則中虛，剛得中，則中實，虛則明，實則＜誠實＞。誠自明來也。

◎剛得中

一·易經言剛得中之卦爲漸、節與中孚，三個卦都是九五爲陽爻。

漸彖曰：漸之進也，女歸吉也。進得位，往有功也。進以正，可以正邦也。其位剛，得中也。止而巽，動不窮也。漸其位剛，得中。剛得中，九五也。

節彖曰：節，亨，剛柔分而剛得中。

二·剛分而剛得中：節取泰爲通象，泰九三上五，居五爲中，故剛得中。

三·陰卦見陽在中爲得中

(一)卦以中虛而見陽爻在中爲得中

中孚和節卦二和五都是陽爻，而卦之大象爲離，離爲中虛，中虛而見剛在中爲陰和陽相孚，所以節和中孚都說剛得中。

(二)中孚彖曰：中孚，柔在內而剛得中，說而巽，孚乃化邦也。

中孚柔在內，則中虛，剛得中，則中實，虛則明，實則誠。誠自明來也。

◎信

一·中孚信及魚。坎有孚，行險而不失其信。睽四互坎孚，是信及于豚，信及魚。由睽變中孚，以坎豚而化巽魚，是信及于豚魚。

二·中孚豚魚吉。中孚自睽、家人來。睽、家人中互坎，卦變中孚，坎成巽魚，是孚信之及豚也。

◎虛

一·虛爲明

虛爲明，實爲誠（＜誠心＞），坎爲心。這是虛心的眞義－－＜虛心＞在乎誠信而明。

二·虛則氣通。咸象曰：山上有澤，咸。君子以虛受人。

咸有虛象，咸山澤通氣，山虛則能升澤之潤，澤虛則能納山之流。

三·虛則浮

(一)咸卦上兌下艮，爲大坎象，即經之坎反離。離爲虛中，而中孚爲大離象。

(二)咸卦說虛，其實是虛之反。

四·坤爲虛，乾爲人

(一)咸卦上兌爲坤，下艮爲乾。乾爲人，坤爲虛，所以咸卦說君子以虛受人。

(二)陰虛則陽浮，所以說＜虛浮＞。

(三)咸象，外爲三陰爻（初二和上），中爲三陽爻（二至五），以坤之三爻，容乾

之三爻于中，故以虛受人。又咸內乾陽，外坤陰，以坤包乾，以虛受人也。

五‧舟爲虛：中孚彖言舟虛。震木爲舟，中孚柔在內，故舟虛。

六‧損則有孚

(一)物損而後有陰餘，即有孚。有孚，即＜有餘＞。

(二)孚爲損剛益柔，損即損剛益柔，以損益來盈虛。

(三)損剛益柔：損乾剛，益坤柔。損乾盈，益坤虛。

七‧虛則升

(一)道以永虛，致永昇也。

(二)升九三，升虛邑。象曰：升虛邑，无所疑也。

陰爲虛，陽入陰爲升。升虛邑，陽進陰之象。升九三升虛邑，坤爲虛，升自小過通，小過震艮，六二升四，小過成升，震成坤，坤成虛，震即艮。

(三)升卦的原理，是從小過之外陰包陽，變爲坤陰，升到上卦而風在下。虛爲坤，坤三陰爲虛，易經之陰爻中虛。風在下而上陰爲浮，這是升卦的眞義。飛行原理即以風在下，陰空在上，求升。

八‧震卦上爲二陰爻，爲虛象，即无實。

(一)歸妹上六，女承筐无實，士刲羊无血，无攸利。象曰：上六无實，承虛筐也。

(二)歸妹上震，震爲虛筐之象。

(三)歸妹好言鬼神，因爲卦中之震虛。

九‧泰卦爲天地。天爲盈而地皆虛，泰卦爲乾和坤之盈虛。

(一)豐日中則昃，月盈則食，天地盈虛，與時消息，而況於人乎，況於鬼神乎。

(二)豐彖言天地盈虛，與時消息。豐自泰變，泰爲天地。泰變豐，乾之盈消，與坤之虛息，震（豐之雷也）爲時，故天地盈虛與時消息。

十‧繫辭下八：初率其辭，而揆其方，既有典常，苟非其人，道不虛行。

◎應乎天

中孚應乎天。中孚二、三、上利貞，二貞爲六，三貞爲九，上貞爲六。二、五、三、上相應，五上皆天位，故應乎天也。

◎天

一‧乾爲天，上下卦相應乾爲應天。

二‧中孚彖曰應天，上曰登天。訟乾爲天，二動應乾，故乃應乎天也。

◎信

一‧信爲中實，二五陽剛各處一卦之中爲中實。

二‧信及豚魚：坎有孚，行險而不失其信。睽四互坎孚，是信及于豚。中孚二五相孚，是信及于魚。由睽變中孚，以坎豚而化巽魚，是信及豚魚。

◎應天

先天卦巽兌中有乾天，故中孚曰＜應天＞。

> 象曰：澤上有風，中孚。君子以議獄緩死。

◎議獄

一‧坎爲獄，中孚議獄，中孚錯小過，小過象坎，坎爲獄也。小過雷山，艮震相對，爲反生，亦爲緩死。

二‧中孚大象反頤，頤卦爲閉合象，獄也。

三‧刑罰公正曰中，斷獄得其實情曰孚，即出之以大白。

四‧中孚內實外虛，中四爻爲獄之闌。

五‧中孚象曰議獄。獄商以兌口，故議獄。又巽兌兩口相向，亦爲議獄。

六‧易經凡是有火雷噬嗑之卦都是獄象。因爲火之明，雷之威，二者爲獄者所具之條件。孔子大象言用獄有五處，都有雷火，或火雷之象：

(一)豐卦爲雷火。豐，君子以折獄致刑。

(二)賁卦艮綜震，也是雷火。象曰：山下有火，賁。君子以明庶政，无敢折獄。

(三)解卦上雷而中爻爲火，下體錯離也是火，解卦君子以赦過有罪。

(四)旅象曰：山上有火，旅。君子以明慎用刑而不留獄。

(五)中孚議獄。

七‧豐爲折，所以折獄；賁爲變色，不敢折獄；解爲解放，所以赦過；旅不留，所以不留獄；中孚爲口舌，所以議獄。

> 初九，虞吉，有它不燕。
> 象曰：初九虞吉，志未變也。

中孚卦以在水面上生活的的鳥和魚，來比喻易經所追求的最高和諧境界--即利涉大川與水火相濟。中孚卦初九是說到崇拜鳥之先人面對崇拜蛇之族人發生的不安。虞和燕意義相似，即安也。當蛇族出現時，在沼澤上求生之虞族即无法安居。中孚卦三四都是陰爻，六三陰柔不正，六四是八卦正位，因爲六三之不正作隔，所以才有不安之象。這六三陰爻使初九不能向上和六四相應，這種困擾可以用來比喻拜蛇族和拜鳥族之間的矛盾，是因爲蛇是巽，性陰，和鳥之兌陰有相似之處。因爲相似而比，是身份不明之不安。

初九變爻，卦成渙，渙爲舟楫之利。但是坎爲水，水以生上卦之木，而且巽坎爲同宮之卦，所以雖然坎在下卦又遇中離爲未濟，巽坎相合，坎之志未變也。這是遇到困難而不死心，最終可以孚吉之兆。

◎虞

一‧得位則安，虞爲安

　　(一)中孚初九虞吉。初九得正，能安其位，則吉。

　　(二)屯六三，即鹿无虞，惟入于林中，君子幾，不如舍，往吝。象曰：即鹿无虞，
　　　　以從禽也，君子舍之，往吝窮也。

二‧虞爲守，虞爲掌守山林之官

　　(一)＜无虞＞就是時間到了，可以＜採收＞。
　　　　屯卦六二象曰「即鹿无虞」，因爲夏至陽氣開始屈收，陰氣開始上升，而就在
　　　　此時鹿也正開始解角，即鹿，就是到（即）鹿身上取角。

　　(二)屯卦六二象曰即鹿无虞。掌山林之政令，屯卦說山虞爲管山之人，中孚爲澤
　　　　虞，中互艮爲山，下兌爲澤。虞，即管澤之人。

三‧兌卦爲虞

　　萃象曰：澤上于地，萃。君子以除戎器，戒不虞。萃兌坤，兌爲虞，萃上兌。

四‧悔吝爲虞

　　繫辭上二：是故吉凶者，失得之象也。悔吝者，憂虞之象也。

五‧虞爲澤鳥。一名鷖，一名姻澤鳥，一名護田鳥，常在澤中，見人即鳴叫不去，有如
　　守主，所以稱爲虞。虞鳥性專一而无它，所以虞又有安字之義。
　　卦取虞信守之義，中孚爲信也。守，專一爲守。

六‧古禮有虞祭，所以安神。

七‧上古華夏有鳥族和蛇族，鳥族忌見蛇，蛇即它，見之不祥。虞爲鳥族稱。
　　見它不安，所以中孚初即說虞吉。有它不燕，燕爲安。

八‧虞爲樂，安也。而燕是喜，也是安。兩字原意相近，可知虞和燕是同一族之代稱。

◎它

一‧比爲它，它是相爭之物，比孚都說它。比初六，有孚，比之，无咎，有孚盈缶，終
　　來有它，吉，象曰：比之初六，有它吉也。從比卦，可看出「它」是中孚和比卦
　　之主象。

二‧它爲蛇

　　(一)比爲雙，在雙女也，雙女爲蛇，蛇即它。
　　　　中孚初九有它不燕：中孚初欲應四，若初欲應四，而又說三，一念應四，一念
　　　　說三，是有它也。有它，心反不燕（安）。

　　(二)中孚初九有它不燕。不燕，不安也。
　　　　它爲蛇，所以中孚（即鳥）有它不燕。蛇食鳥也，尤其鳥所孚之卵。
　　　　大過九四，棟隆，吉。有它吝。象曰：棟隆之吉，不橈乎下也。大過爲屋之棟
　　　　樑，有蛇橈屋不吉也，但有它而不橈乎下則吉。巽爲蛇，橈萬物者莫疾乎風，
　　　　蛇橈物。

　　(三)說文以它爲上古之所患。注曰：「上古艸居患它，故相問，无它乎。」這是說
　　　　有巢氏爲鳥族與蛇族相爭。它爲蛇，不見它爲安，所以卜辭有亡它，不它之
　　　　語。而卜辭以燕爲安，燕爲鳥也。

三‧兌爲它：兌也，大過四，有它，言兌也。中孚初，有它，言兌也。

(一)大過四，有它，言兌也（大過四以上爲它也）。

(二)中孚初，有它，言兌也（中孚初以三爲它也）。

(三)大過中孚爲交易卦。澤風，風澤也。過四即孚，大過初過四，棟隆吉，有它，
吝。象曰：棟隆之吉，不撓乎下也。

◎未

兌九四，商兌未寧。中孚初九有它不燕。

◎志未變

一‧孚取家人爲通象，家人三互坎心，初若說三，而三志已變，孚取睽爲通象。

睽四互坎志，初若應四，而四志已變（四向上之兌相說也），睽家之初志未變，故
以安于初九吉。初九若動，則下卦變爲坎志，孚之初能安(虞)，故＜志未變＞也。

二‧中孚之志未變取自家人，指初爻不變之意。因爲易經之既濟、家人，卦皆互坎，坎
志，故有志象。變中孚，初不變，故志未變。

三‧變則安

中孚初爻說虞吉，虞爲安，說不燕，燕也是安。初爻正，和二比，而二不正，化爲
坤。坤爲安--＜安邦＞。

九二，鳴鶴在陰，其子和之。我有好爵，吾與爾靡之。
象曰，其子和之，中心願也。

中孚九二描寫鳥族人互相找到自己族人和樂之象，而把這種情形看成是易經最完美的
境界。易經是伏犧所造，他是鳥族的祖先，所以易經說到鳥最爲詳細而完全。在所有的卦
中，中孚是最接近既濟卦的，所以以鳥來比喻最多。

中孚自家人、睽通，家人、睽下卦離，離爲鳥，故中孚多鳥象。二之鶴，上翰音，初
燕二之爵（舌），二互震爲鵠（鶴類）。因爲中孚爲鶴八月卦霜降時鳴，卦不以震比鵠，
而以鶴比之。中孚錯小過，小過飛鳥之遺音，兌爲鳴。巽爲長女，兌爲少女，而卦中互艮
互震，又卦體爲離，而離錯坎，這是一家人和樂融融的景象。中孚卦以詩之語言，道出古
時因爲宗族互相排擠帶來困擾，所以以宗教儀式和詩酒唱和，來增進家族感情。在易卦的
運用上，則取八卦繫辭所說的山澤通氣，雷風相薄來安排文化、居住、風水、命運、政
治……種種活動求得和諧吉祥的方法。

中孚九二原是爻位不正，但九二剛居中，有中孚之實。而九五剛中居上，也是中孚之
實。二者相應，有如在下者登高，而得到在上者相和應。易經以陽爻居中爲誠心誠信，精
誠所至，皆可感而應。九二比喻爲鶴鳴在陰僻之處，其子相和。中孚大象爲離，變震爲
鵠，二五兩爻陰中之陰卦，而召陽爻九五是八卦正位。又三五互艮山，下卦兌，艮兌爲山

澤通氣，而上爲巽，而二五互震爲雷，是雷風相薄，這是易經八卦最爲和諧之情況。

◎鳴鶴在陰

一・澤爲陰。

二・鶴之羽爲陰羽。鶴行必依洲嶼，止不集林木，八月白露降則鳴而相警。

三・二爻陽居陰，兌澤之中，艮山之下，爲鶴鳴在陰之象。

九二爲陰位，故在陰。鶴水鳥，象震，白鶴爲陽鳥，性喜游于陰。秋至則鳴，夜半露下亦鳴。兌爲秋，爲口舌，故爲鳴鶴。二爲陰，故在陰。

四・樹之蔭爲陰。

◎鳴

一・雙口相對爲鶴之鳴。鶴之雄鳴上風，雌鳴下風。

二・鶴八月霜降則鳴，兌乃正秋，故以鶴鳴來比。

三・象小過爲鳴

(一)中孚錯小過，小過爲飛鳥遺音，又兌爲口舌，鳴之象。

(二)謙卦象小過。謙初至五互小過體，所以謙有鳴謙之說。

(三)豫卦二上互爲小過，所以豫卦鳴豫。

◎其子

艮爲子。陽大陰小，艮爲小子。

◎和

中孚互震爲東，兌爲西，震東兌西相鳴爲合，震巽同聲相應爲和。

◎靡

一・靡爲摩，即觀摩。東西相對而互相附合。

二・靡也有共飲之意。

三・靡爲留，即繫。

四・靡也，即散，分也。

五・共也。家人互坎，坎酒，睽四亦互坎酒，五亦坎酒。中孚取睽，家人爲通象。睽、家人皆見坎。睽四互坎酒，五亦爲坎之爻(上貞坎，取坎之中爲爻)，故二五共之。

◎爵

一・雀爲爵，其鳴節節足足，故象形爲酌器。

二・大夫以上與燕饗者，然後賜爵，爵所以獻酬。

三・酒尊，上刻爵形。爵之鳴，節節足足，取爲飲戒。孚二互震，爲酒尊，家人互坎，坎爲酒，而爲震尊。震艮皆曰我，故我有好爵。

四・好爵是有懿德，是有特別美德的人，而又得到肯定之認定者。

◎和之

一・同聲相應爲和

(一)中孚九二曰其子和之。中孚卦見雷風，同聲相應之象。

(二)雷風相薄，即同聲相應爲和

二・山澤爲同氣相求

(一)中孚卦有山（孚三五互艮山）澤（孚下卦澤），則有同氣相求之象。

(二)艮兌為同氣卦。

◎我

震艮皆曰我。

◎中心

一・泰為和──＜和泰＞。泰之和見於爻之鳥象，即中孚。泰九三說其孚，六四說以孚，一大一小，小往大來，說的皆是中孚象在上下相交，所以泰卦說志同。說不戒以孚，中心願也。

二・坎為心，歸妹、家人皆互坎心。

三・泰、謙、中孚之中心都是說鳥象，即鳥之浮。其孚之理在於兩爻互相交泰，處於同位。泰之失實是有如鳥上升時腹中加氣而浮，謙之鳴也是腹中加氣而得鳴。坎為腹，卦見坎象為中心之實與中心之得。

(一)泰六四，翩翩，不富，皆失實也。

(二)謙六二，鳴謙，貞吉，中心得也。

四・謙初六象曰中心得正，謙自師變，師之坎心在中，移三得正也。

五・中心得也，中指六二。言心得者，指同位言也。

六・歸妹變泰，泰卦六四象曰：翩翩不富，皆失實也。不戒以孚，中心願也。

七・家人變中孚，二曰中心願。

八・泰貞既濟，下坤為坎孚，亦不戒以孚也。

　　六三，得敵，或鼓或罷，或泣或歌。
　　象曰：或鼓或罷，位不當也。

　　中孚六三是陰爻在陽位，而上九是陽爻在陰位，這是陰陽顛倒，所以有敵對之象。因為六三為悅，但上九為陽艮象也。象止，毫无相和之意。不論是以鼓，或擺（罷為擺），或哭叫，或放聲而歌，都沒有回應。這是因為遇到了看到外貌有如自己同族的人，而溝通的語言不對，這種情形也會發生在祭神時。巫師祭神禱祝時為了啓靈而作的動作，因為位置不當，得到上天的回應，卻是和自己不相干之神靈來，或者祭神者陰居陽位，顛倒而變體无常。

　　中孚為信，是因為巽兌互相交孚。但六三和上九相應兩爻各趨極端，適得其中敵孚之象。三上相應是過分表現情緒，而向上示意。因為上九未給恰當之回應，而致令六三舉止不定，或喜或悲，有心神錯亂之象。易經在上下交孚之卦而有錯亂，這是必然之現象，因為顛倒才會有正對之相應也，而敵應也是和應之過程。

◎敵

一‧艮曰敵

　艮象曰：艮其止，止其所也。上下敵應，不相與也。

二‧相制爲敵

　(一)同人九三象曰：伏戎于莽，敵剛也。

　(二)火性炎上，自乾兌離，火下行，澤又相制，三四爻火金爲相剋之交，相制爲
　　　敵。

三‧相比爲＜匹敵＞

　卦爻爲同一體，爲得敵。

　中孚三四皆陰，而兌巽又一體，故得敵。陰與陰相敵。

　中孚六三不正，而和六三相應的上九也不正，兩者是可以相比擬。因爲是不正的比
　擬，所以可說是匹敵。

◎鼓

一‧水在澤，風動如鼓，息則罷，狂風則呼。此爲風在澤上之象。

二‧震艮爲鼓：中孚六三得敵或鼓（鼓之以雷霆），震艮皆象鼓也。中孚中互艮震。

◎止

一‧罷爲止。

二‧艮止爲罷。中孚六三或罷，罷，止也，中孚四互艮。

◎歌

　兌爲歌。中孚六三或歌，兌說，或歌也。

◎泣

　中孚六三或泣或歌。離爲目，泣以目，兌爲口，歌以口。

> 六四，月幾望，馬匹亡，无咎。

　　中孚之孚爲滿，當月和日相對時，稱爲望，即爲孚象。六四是陰爻，陰爲月之象，五
爲陽爻，五爲日之象。又本卦下體爲兌，而中爻互震，震兌一在東，一在西，正好是相
對。震爲日，兌爲月；坎爲月，離爲日；震在東，兌在西。月在兌爲二，日在震爲三，二
者在後天八卦是相對，這有如月亮到了盈滿而幾乎要圓之時的形狀。又兌在西，月出在
西，兌上缺半，爲半月形。而與巽合，成爲圓月，所以巽兌爲中孚。

　　易經震兌相會有許多意義，其一是金木相剋而相合，如困金木相剋，而不相合，會有
金剋弱木，或金反被強木所剋之象，這是造成精神錯亂、血光的原因。中孚五爲君位，和
六四是相合，但是六四原本和初九相和，近有九五在旁，下爲六三相擾，不能算是完全日
月相望，所以是外表類似之相合而已。在八卦中爲偏針之合有顛錯之象。

　　四爻如可以避開初爻之應，即和其同類相斷絕，或可以專一心向九五，可以失去和相

匹敵之初爻，可以發揮柔順之天性，而不和初九相交，則在上卦成六四順服九五，是忠信
之象。又中孚上下比陰，其交孚有如兩女之同性之交，必要先絕其類才可以成爲合乎易經
之金木之交。易經必要同中求異，在中孚絕類之現象可以看出，物必相絕其類而後可以相
孚。六四以馬之類相比，古時駕車四馬，不能純色，必要兩服兩驂各一色，稱爲匹，這也
是取絕類的道理。

◎望

一‧乾象爲望

乾象月望，盈月也。月幾望：中孚月幾望。乾象三陽滿盈，爲月之望，兌將虧之
月，皆近于望者。

二‧日月相對成望。又望，滿也，幾乎要滿月之時。

中孚巽兌，巽兌中原有乾（坤、艮、坎、巽，乾、兌、離、震），望月之象也。

三‧望月爲陽盛也

中孚六四月幾望。六四之陰承九五之陽，而幾望，則得陽最盛。

四‧兌西方，月生于西。兌上缺，半象，以巽合之則圓。中孚之四爲巽，可合月之缺，
合則孚。孚：月圓之象。

◎月幾望

一‧幾，幾乎。幾望就是要望而未望。

二‧巽兌爲幾望

中孚月幾望。乾象爲月望，盈月也，兌象月光將滿，巽象月光初虧，皆近望者。

三‧家人、睽三四皆互坎月，變兌巽，月變爲小，月幾望也。

四‧八卦爲震兌，震東、兌西成相對而相望，也可說幾望，但這和乾象之望不同。

（一）小畜（風天）上九，既雨既處，尙德載，婦征厲。月幾望，君子征凶。小畜之
象同中孚六四。

（二）歸妹月幾望。歸妹月東日西相對成望象，與此意不同。

（三）訟初四互易卦成中孚，中孚取訟爲通象，訟下卦坎爲月，二四互離爲日。
兌西震東，日在兌二，日在震三，兩兩相對，成幾望之象。

五‧爻不在二五，互不相對爲幾。

◎匹

一‧中孚六四馬匹亡。匹，虞氏以兩馬爲匹。

二‧程氏以古者駕車用四馬，則兩服兩驂各一色，又大小必相類，故兩馬爲匹。乾爲
馬，坎爲馬，兩馬爲匹。

三‧兩隻馬之大小相稱爲匹，匹爲敵。

◎中孚馬匹亡

一‧中孚中存兩坎之象，變而亡失。

二‧坎爲馬，中孚失坎，所以不見馬。

（一）中孚六四馬匹亡。中孚所亡失的是家人和睽卦之坎馬。

（二）坎爲馬，中孚取家人、睽爲通象，中孚風澤，家人火澤，家在內。睽爲澤火，

睽在外。家人和睽變中孚，中孚之家人三互坎，睽四互坎，即中孚取了家人和睽中之坎。

(三)謂中孚三四皆存馬象，兩馬也。家人、睽變中孚，馬象失，故馬匹亡。

(四)坎馬雖亡，而居乎二五，位得中正，故无咎。

三‧乾坎爲馬

中孚初四易成遯，即遯走，乾坎之馬失。

中孚六四馬匹亡。乾坎皆爲馬，乾坎兩馬稱爲匹，中孚初四易位，成遯，震爲奔走，體遯，遯山中，中孚變遯，乾坎皆失，故馬匹亡。

四‧坤爲母馬。有關馬之義詳本書坤卦。

象曰：馬匹亡，絕類上也。

◎類

類在易經中是一個相當重要的字，緊扣著幾個卦的主要卦義。比如同人、頤、中孚……等。其義詳本書同人卦和頤卦。

◎絕類

一‧易經絕字只出現在中孚象。陰絕於陰，陽絕於陽。以緣論之，即有＜絕緣＞之說。

二‧同性相處爲＜絕類＞

(一)二女同居爲絕類，自絕於其他之同類也。

(二)中孚六四象曰絕類上也。中孚取睽爲通象，睽二女同居，二陰爲類，九四絕其二陰，故絕其類上也。上九爲上，陰，故類。

三‧失類爲絕類。頤六二象曰：六二征凶，行失類也。臨變頤二，臨初和二皆爲陽。臨以二陽爲類，變頤，失其類也。

四‧類爲同，＜同類＞即同人。類卦之義詳本書同人卦。

五‧風澤以上風下澤比陰爲絕類，臨以上坤下澤比陰爲失類。

九五，有孚攣如，无咎。
象曰：有孚攣如，位正當也。

中孚初到五正好也是互爲中孚，就是初至五中孚，和本卦初到上九中孚，是兩個中

孚。這現象在六四匹字中已經顯示出來了。匹就是兩個相類東西在相對位上，這和所謂攣相同，攣如即雙生，重復之意。

中孚卦有一個很重要卦象，就是因為日月暈光之作用，而會有錯象，在祭神是即是錯把別家之人擺在自家廟中祭拜。在古時，為了避開血緣，宗族之錯象而有中孚卦來說明，在風水上即所謂偏針，這會造成類別分不清的現象。有時這種顛錯也會以雙生的方式出現，這就是中孚九五有孚攣如的情形。不過因為中孚之攣如是發生在正中，即主爻，本來是有孚象，所以是正當而合宜的。

易經說有孚為符信，即以一個物品來表示另一個真實物，這是符信的來由。符信是作為判正有孚與不孚之方法，即一個合乎要求的假象。中孚九五有孚，習坎為有孚，中孚取睽為通象。睽通五為坎爻，故有孚，中孚之孚見之于睽也。

◎攣為孚

一・攣就是攀緣上。中孚九五攣，二互兌，兌之反為巽，繩象。二五中正，相孚，故有孚攣如，无咎。

有孚攣如即卦象合，即可因孚上攀，有如物上升，以攣如即有孚。

二・小畜互中孚，故小畜五有孚攣如。小畜、中孚五為主爻，故以五正各爻之不正。小畜、中孚皆可貞為既濟。既濟五為坎，坎有孚，三亦互坎，有孚，兩坎相連，為攣如象，存于既濟中也。

三・攣為雙也

坎在中為孚象，兩坎既濟中兩坎，為攣象。中孚初到五爻互為中孚。

上九，翰音登于天，貞凶。
象曰：翰音登于天，何可長也。

中孚九二曰鶴鳴，而上九曰翰音。九二鶴鳴是九二上孚五，又處在陰處，所以有子和鳴。而上九下和三相應，居一卦之極，是聲聞過其情，而不能長久于中孚，這和中孚卦重實不重虛相反，是虛張聲勢，自我炫耀，終會招到凶咎。

易經无假象，曲禮說翰音，就是祭祀作為祭品的牲禮。翰為支時祭禮用之紅羽之雞，因為羽毛華美，被選當做祭品。易卦巽為雞，但巽在上卦，上九又是陽爻居陰位。中孚又錯小過飛鳥之遺音，就是鳥高飛時又鳴叫，這種通常是鷺雉之類的鳥，不能飛太高。

中孚上九翰音登于天，中孚互兌，反巽，巽為雞，雞曰翰音。中孚上九象曰：翰音登于天，何可長也。巽為長，翰音為鳥象，為无實之聲，故不可長也。

◎翰音

一・巽為雞，雞曰翰音。

二・翰為鳥振羽

（一）中孚上九翰音，中孚上下皆陰爻，象飛鳥之羽。

（二）中孚上九翰音，中孚取睽爲通象，睽變中孚，六五下四振動羽翰而下應兌口。

（三）震善鳴，故不曰雞，而曰翰音。

三・中孚上九翰音，翰，羽也。中孚最上爲鳥飛時羽翅飽滿之象，所以上爲陽爻。

四・翰爲高也，翰爲長聲。

五・中孚上九孤高絕物。

六・翰隨風舉，音自口發，指所有之鳥類。

　　雞鳴膒膒膊膊，必振其羽，而後發聲，稱爲翰音。翰爲羽動。

七・賁六四，賁如，皤如，翰如。

　　賁卦上離爲鳥，說翰如，翰之意思即爲鳥飛之象。賁取泰爲通象，泰卦、井卦、恆卦都說翩翩，即下飛也。井自泰通，初應四曰翩翩，曰舊井无禽。恆自泰通，四正翩翩之位，曰田无禽。賁自泰通，四正翩翩之位，曰白馬翰如。

八・且飛且鳴之鳥爲翰音。其義詳本書小過卦。

◎登天

一・鳥之高飛爲登天

　　中孚上九翰音登天，中孚取睽爲通象，中孚之九四上登九五，卦成睽，九五爲天位，故翰音登于天。

二・鳥被用以祭神爲登天

（一）古時候以雉之肥者郊祭天，所以說登于天。

（二）郊天之禽，衣以文繡，非雞之幸也，故貞凶。人之外表華美，而无實德，如衣繡之雞，終罹其咎，有貌无實。

三・鳥之登天宜下不宜上，避凶也。

　　中孚旁通小過，小過飛鳥之遺音，鳥又飛又鳴稱翰音，又飛又叫之鳥不宜上而宜下，所以中孚初九安于下而吉，小過志在上而凶。

四・明夷爲鳥之登天

（一）初九明夷于飛。二至上體互小過，爲飛鳥之象，所以說翔，亦爲鳥之登天。

（二）明夷具有平安，誅滅、傷、過（大小過）、死之象。鳥高飛戒危，否則即因太過而被殺傷，所以中孚卦上九說登天以戒，中孚爲中道也。

◎天

一・中孚上九翰音登天。九五爲天位，故翰音登于天。天爲九五之位也--＜九五之尊＞。

二・俗語＜一人得道，雞犬昇天＞。

◎**貞凶**

一・貞凶之義見本書節卦。貞凶有節象。

二・節上九苦節貞凶，中孚上九貞凶。中孚貞上爲節，節二至上互屯，屯大貞凶。

# 小過

小過，亨，利貞。可小事，不可大事。飛鳥遺之音，不宜上，宜下，大吉。

小過卦體二陽象鳥身，上下四陰爻象鳥翼，中爻兌為口舌，口舌出聲，所以有遺音之象。凡是鳥飛能留音，必定是低飛，在下不在上，這和上六飛鳥離之者不同。小過和大過是一輕一重，大過比喻為棟橈，因為太重了，所以說大過。小過是喻為輕如飛鳥，又為遺音，所以小過不宜上，而宜下。因而小過也可解為鳥從高往下飛。

小過的含意為＜過失＞、＜過分＞、過乎中、罪過、災禍，這些都是不善，但是小過之過可以解。又小過體坎，益體離，反之，所以＜知過能改＞，則必得益。小過的特點是上下卦中爻都是陰柔，有如鳥腹放空，柔順在於一身。因為天下大事要剛健中正之君子可以承擔，而小過陽爻在三四，重力在三四爻，是不在其位。陽剛不得志，所謂不在其位，不謀其政。而五爻之重位由陰柔之爻居之，是內實外虛，又不是真正可以浮到天上有如中孚之卦，所以是不宜升遷之象。這些特點說明小過卦是稍得小成即可。

小過比為鳥之音。音為最柔最輕之物，陰柔則于人无所逆，而于事无所拂。小過之上飛為勢逆，而鳥之下行其勢順，順則吉，而逆則凶。又大過以大者貞吉，小過以小貞，所以小過不宜大事宜小事。因為以小事吉，卦象得小過時人應謙虛，在小處著手，以退為進。就犯錯而言，小事可以錯，大事不去犯，而无以錯。小事糊塗，大事不糊塗。如果反其道，凡事都有講究大排場，要大躍進，一定有咎。

小過卦象是山中有雷聲，是雷聲之末，漸漸遠而小，已无震天動地之勢。凡占得此卦寧可失之於小之過，即與其過份傲慢不如過謙；喪事與其鋪張，不如過於哀；享受與其奢，不如過於儉。小過上卦震下艮土，木以剋土，以上剋下可以得財。中爻變為大過，大過顛也，所以顛為吉，是上剋下為吉。小過上震木，中互坎水，下艮土，二五互兌金，二四互巽木，五行只欠離火，但小過錯中孚，為離，所以五行俱備。但離火為外來，所以小過宜取逆局，宜顛倒，宜將大做小。

◎小過

一‧天地定位以乾坤為中心，過乎中，即為過。

二‧易道扶陽抑陰，陽為大，陰為小，陽過乎中為大過，陰過乎中為小過。
　小過陽大陰小，大過過乾，小過過坤。

三‧坎離得其正為＜不過＞

(一)日月不過：豫由初變至四需，離爲日，坎爲月，皆得其正，故日月不過。豫天地以順動，故日月不過。

(二)坎、離和小過關係密切。易經上經以坎、離爲終，坎、離之上是頤卦和大過卦。頤卦體離，而大過體坎，所以頤、大過、離、坎，是一一照秩序而下，是說同一事。而下經以既濟、未濟終結，在既濟、未濟之上有小過、中孚。中孚體離，而小過體坎，是離、坎、既濟、未濟，也是照秩序。這是上經有大過，而下經有小過。坎、離求其正，所以稱過。

四・坎爲罪，＜罪過＞也。坎在下，山阻之，爲過。

(一)解自小過來。解象曰：雷雨作，解。君子以赦過宥罪。

(二)小過變解，爲艮變坎，故曰赦過。坎爲罪，赦宥者，震也，震甲木爲仁，＜赦過＞以善心也。

(三)小過卦體爲坎，所以坎有罪過之象。而益卦卦體爲離，離反坎，所以益卦說＜改過＞。

(四)益象曰：風雷益，君子以見善則遷，有過則改。益卦體象離，離爲坎之反。小過體坎，坎爲罪過，所以益卦說改過。

五・過爲避災

豐初九，遇其配主，過旬无咎，往有尙。象曰：雖旬无咎，過旬災也。豐卦過災的意思是逃過了災害。因爲小過爲災，小過雷山變成豐之雷火，水之災不見，但是豐卦是雷火，火爲災相，由水之災變火之災，即由陰變陽。豐卦說過旬之災即是一旬十日過了，日子的天干每過十日即重輪，故災過十。

六・小過爲過，大過非過

雜卦傳，大有，眾也；同人，親也；革，去也；鼎，取新也；小過，過也。

七・陰過陽爻爲過，即＜過多＞。

八・大過體坎，水之過爲大。又陽爲大，中孚體坎，大過即中孚。

九・小過體離反中孚

(一)小過爲鳥之過川而非水之過川。中孚利涉大川，小過是鳥飛過大川。

(二)孚爲信，孚即中孚之利於涉川。

(三)序卦傳，物不可以終離，故受之以中孚。有其信者必行之，故受之小過。中孚體離，小過體坎，合之爲坎離，坎離爲濟。

(四)萃一字爲孚象之反，小過爲飛鳥，內聚爲萃不飛，匪孚也，匪孚即不飛。萃爲不飛，中孚爲飛。

(五)小過錯中孚，中孚體離，離爲雉，乃飛鳥也。

十・過爲災禍

過爲禍，所以過稱爲＜災禍＞即＜災過＞，但以過一旬爲災。災爲過之義詳本書大過卦中有關過字的解釋。

小過爻辭說遇其妣，曰遇其臣。過即災也，遇其妣，即其母遇災。

十一・過即遇，相比爲遇。兩事兩物開始相比，即變成相同，即爲遇，遇則爭。

十二‧小過爲鳥之卵

　　小過爲柔在內而剛在外，如鳥之卵。

十三‧小過爲鳥

　　小過二陽在內爲身，四陰在外爲羽，鳥振翅而飛之象。

十四‧大過巽兌中有乾天，小過震艮中有坤地，大過事天，小過事地。

十五‧大過者不及之反爲小過，即所謂＜過猶不及＞。

十六‧過而亨。小過彖曰：小過，小者過而亨也。

十七‧小過爲臼

　　繫辭下二：斷木爲杵，掘地爲臼，杵臼之利，萬民以濟，蓋取諸小過。

十八‧忒爲過

　　觀彖曰不忒，忒，過也。觀自小過變，故不忒。又忒，差也。

十九‧小過過坤之陰

　　先天震居坤之左，艮居坤之右，震艮爲小過，即在坤之左右，過中。小過爲陰
　　體，所以稱小。

二十‧小過飛鳥之災

　　小過上六，弗遇過之，飛鳥離之，凶，是謂災眚。小過卦象長坎，錯離，象鳥。

二一‧小爲陰，陰之過陽爲小過

　　陰過陽爲小過，小過卦二五爲陰，以二五之陰過三四之陽，小者過也。過即是在
　　外，二五包三四，爲過。

二二‧八卦之爻不相應爲過。

二三‧易經繫辭、序卦、雜卦都說到過。

　　(一)繫辭上三：无咎者，善補過也。

　　(二)繫辭上四：知周乎萬物而道濟天下，故不過。

　　(三)繫辭上四：範圍天地之化而不過，曲成萬物而不遺。

　　(四)繫辭下五：過此以往，未之或也。窮神知化，德之盛也。

　　(五)繫辭下九：知者觀其辭，則思過半矣。

　　(六)序卦傳：有過物者必濟，故受之以既濟。物不可窮也，故受之未濟終焉。

　　(七)繫辭下二：斷木爲杵，掘地爲臼，杵臼之利，萬民以濟，蓋取諸小過。

　　(八)雜卦傳，大過，顛也。

二四‧易經用到過字甚多，都可以用大小過之象來說明：

　　＜經過＞；＜悔過＞；九六不當爲過；无咎爲善＜補過＞；葬爲過；超過；小過
　　中＜過節＞；＜過客＞；過爲尤；大過爲＜極刑＞；過爲刑；鼎爲過；過爲鍋；
　　過反頤；大過爲棺；困爲過；顛爲過。

◎亨

小過繫傳說小過亨。小過卦含艮、坤、震，先天卦以艮、坤、震爲右行。小過先天艮震
中爲坤，自艮而震，陽終復始。八卦始于震，由艮坤到震故亨，又是有始（震爲始）有
終（坤爲終）。

◎小過利貞

小過利貞，小過初四五失正，故利貞。

◎音

一・震為振，振出聲，即＜金聲玉振＞之音。

＜飛鳥遺音＞：坎為鳥，小過自解（下坎）、蹇（互坎），坎象變小過，坎失。小過二五兌口，震為聲，艮亦震，故鳥去而音尚在，故飛鳥遺之音。

震為音，艮為止，＜飛而且鳴＞，鳥去而音止。

二・中孚上九，翰音登于天，貞凶。

且飛且鳴之鳥為翰音。中孚反小過，小過鳥鳴在體外，中孚鳥鳴在體內，中孚上巽反震也，震為音，下兌反艮，小過為音止於內（艮止在下卦），而發於外（震在上卦）。中孚二四互震在內，二五互艮在外，聲音之發法不同。小過聲在外，所以為餘音。中孚聲在內為中氣之聲，翰音為高揚而久長之音。

◎遺音

一・留下為遺：鳥飛了，留下了鳥音。

二・失去為遺

鳥飛而音止，所以說飛鳥遺之音。

三・中孚為鳥，錯小過，而坎不見。離則為鳥，飛過而留遺音。

四・又遺之音謂下墜其音也。可解為鳥下墜時所發之音，或其音下墜。

◎鳥宜下不宜上

一・陽為上，陰為下

小過卦之過在於五爻之陰乘坐四爻之陽，即陰過陽之過。要變成為既濟，必得以陽爻之四和五之陰互易，上卦之震變成坎。易經之坎在上卦即有既濟之象。

因為五為陰是乘陽，不宜在上，所以說宜下不宜上。易經的陰爻皆以順為吉。

二・小過下卦艮，六二終以得位承陽，是順也，故宜下。易以陰承陽為宜，承陽為順。

三・離卦象鳥，鳥宜下，而且離是既濟卦之下卦，離在下為得位，所以說宜下。

◎大吉

一・易經以震卦為起，艮卦為止，凡是有起始之象，則為大吉。

小過大吉，以小過艮震，艮止震起，艮止復為震起陽道之吉，故大吉。小過不曰元吉，而曰大吉，因小過二五皆柔陰爻用事，故不曰元吉。

二・易經以陽始陰終為大吉，因此凡卦中見巽兌為陰之終，即為大吉。

小過大吉，家人四大吉，萃升大吉。家人風火，萃澤地，升地風，皆有巽兌，為陰之終。陰終，實為陽之始，故家人、萃、升皆大吉。

三・利貞則大吉

小過大吉。小過初四五失正，利貞，大吉。

四・大吉為大雞，雞為鳥禽類之一種。

五・大吉之義詳本書家人卦。

◎小事

一‧下爲＜小事＞，上爲＜大事＞

　（一）易經說不宜上宜下，小過也。小過爲鳥飛象，鳥飛宜下不宜上。鳥爲火，日爲
　　　　火，上近日，火火相刑。

　（二）小過爲小事。

　（三）繫辭上八子曰：負也者，小人之事也。震即艮之背，負也。艮爲背，震爲負，
　　　　震艮爲小過象，小過，即小事也。

　（四）小過，亨，利貞。可小事，不可大事。飛鳥遺之音，不宜上宜下，大吉。

二‧小事：

　（一）柔居中爲小事

　（二）豐九三不可大事。易以柔居五者，每曰小亨（見旅，巽），故不可大事。

　（三）小過柔得中，是以小事吉也。

三‧睽爲小事，睽卦說小事吉。

四‧小事爲小過，不犯大錯而犯小錯爲小過，所以小過可以小事，不可大事。小事可以
　　胡塗，＜大事不可胡塗＞。這種情形爲小過。

五‧失中則＜不可大事＞

　　小過可小事，小過剛失位而不中，故不可大事。中四爻皆動，故可小事。易經以守
　　中爲吉，失中不吉。不吉，則不可大事。

象曰：小過，小者過而亨也。過以利貞，與時行也。柔得中，
是以小事吉也。剛失位而不中，是以不可大事也。有飛鳥之象
焉，飛鳥遺之音，不宜上宜下，大吉，上逆而下順也。

◎過而亨

　小過艮震，陽終于艮，復始于震，故亨通。

◎時行

　一‧艮爲時，震爲行，小過艮震，故曰時行。小過時行，易艮爲時，震爲行。

　二‧時行之卦義見艮，艮爲時。有關時行之解釋詳本書艮卦。

◎小過與中孚

　一‧過則利涉，中孚利涉。

　二‧小過中孚相易，卦得貞爲相濟也。

　三‧小過與中孚相通。

◎小事吉

　小過柔得中，是以小事吉。

◎逆

一‧說卦傳，數往者順，知來者逆，是故易，逆數也。

二‧易經六十四卦只有小過用到逆字，因爲易經以小過爲逆。

三‧退爲逆

先天由艮至乾，爲逆而退，由乾至震，爲退而止。

(一)序卦傳說，物不可以終遯，故受之以大壯。物不可以終壯，故受之以晉。晉者，進也。這是說順逆進取。

雜卦說，大壯則止，遯則退也。遯爲陽逆，乾艮在先天爲逆，比如先天卦由乾到艮--由乾至坤，經艮爲逆行。逆爲退也。雜卦傳，大壯則止，遯則退也。先天卦由艮至乾，陽逆而退，故雜卦曰：遯，退也。卦來爲退，天道以逆爲退

(二)先天由艮至乾，爲逆而退；由乾至震，爲退而止（乾、兌、離、震）。

天道一日一周而黃道不及天之一度，順輪而前者謂之＜進神＞，逆輪而後者謂之＜退神＞。是以亥變子而前進，未變震而後退也。

四‧逆即爲來

往爲順，來爲逆：

(一)易經由下卦到上卦爲來，來即逆向而行。以上卦之爻推向下卦，爲逆以來，即逆數。易用逆數，不用順數。何謂順數，以順爲順，以逆爲逆即爲順。即照順逆之本來運行，即爲順。

何謂逆數，即以順爲逆，以逆爲順也。

(二)來：先天卦逆時鐘而行爲來

升，不來也：先天由巽至坤，即巽坎艮坤，氣本下降，爲逆而來。升卦說升，是因爲反逆向而升，即其卦由先天卦之運行，巽到坤是下降，而從卦爻之方向運行，即由坤到巽，是反逆。逆爲來，升即不來。

(三)易經之卦外卦爲先天卦之先，而內卦爲後，但是在卦爻之行是以下卦到上卦爲逆。先天卦以乾、兌、離、震、坤、艮、坎、巽爲順行，逆之爲來。節卦水澤，節外卦爲坎，內卦兌，坎先反來兌後。

旅卦則由外卦逆來內卦，離、震、巽、坎、艮，離先反來艮後，井、坎、兌，兌、離、震、巽、坎，兌先反來坎後。井卦亦以外卦之坎，逆來內卦。

(四)來：易經說到來這個字，包含有逆而上的意思。比如乾自復、臨、泰、大壯、夬所來。

(五)＜往來順逆＞

往乾爲順，順爲往。往坤爲逆，逆爲來，所以升說不來--＜逆來順受＞。

五‧日月逆行于天：坎離居上卦即在天，易經之卦水火在上爻，爲右行。

先天陽生坎中，陰生離中，乃是日月之象。日月之行天，是右旋，所以：

火天大有，曰元亨。

火風鼎，曰元吉亨。

水雷屯，曰元亨。

水風井，曰元吉。

此皆日月逆行于天之義，而逆行是吉。

六‧過即是逆

易經有大小過之象都會有逆向的特質。

(一)大過為逆：大過兌巽，始于巽，見乾陽之將消，終以兌者，見乾陽之復息。大過卦把始之巽置于上卦，而終之兌置于下卦，是顛倒運行。所以說大過，顛。顛就是逆也。

(二)頤為順：大過和頤相反而意同，都是先天八卦兌巽一順一逆。先天八卦由兌到巽，是逆向經過乾卦，要左行，所以大過逆也。頤卦是艮到震，經過坤，可以右行為順，所以頤為順。

(三)往者順，來者逆：後天八卦左四陽卦，震離至乾，自下而上，為順以往，皆已生卦。乾至震，自上而下，為逆以來，皆未生卦。右四卦，巽、坎、艮、坤，坤至巽，自下而上，為順以往。　巽至坤，自上而下，為逆以來，皆未生卦。

七‧數往者順，知來者逆

坤以三陰順往乎乾而成女，乾以三陽逆來乎坤而成男。以坤數巽離兌之卦，為已生者，正數往也。說卦傳：數往者順，知來者逆，是故易，逆數也。

八‧顛為逆

(一)顛者，逆也。先天巽至兌為逆，大過逆行。

(二)先天卦逆行為顛。頤順，反顛。

九‧旅為逆，＜人生逆旅＞

旅九三言喪，即人生寓為逆旅。

十‧背水為逆

坎為水，水性順，背水為逆--＜背水一戰＞。背水為違行。

謙六四不違則也：訟天與水違行，違行為逆坎之流行，謙天地皆土，不違坎之行。

十一‧水在上，逆水為犯上。坎為耳，以子坎為耳垂。坎為耳，坎為水，水忌在逆--＜忠言逆耳＞。

(一)天耳天目，以子坎為耳垂，以午離為目眥，視上，故始天門。從亥、申、巳、寅為次，次耳聽下，故始地戶。從巳、寅、亥、申為次，目司視聽，故動而音。信至耳目本吉宿，以用則將迎而成，故逆行。

(二)同行之化則有進退，異行之變，則只有生剋。所以申變未而為生，丑變卯而為死。進神右順行西，退神左逆行東，五行同類論進退，不同類論生剋。

十二‧陰乘陽為逆

小過六五自四上（貞自坎離相濟之道），而失位，乘陽，是逆也，故不宜上。

十三‧剋為逆

水木之交，有艮土，則木交剋土，土剋水，此乃生者又逆以相剋。天干逆行七位為剋。比如庚逆行七位見甲，庚剋甲。

十四‧小過二與四同功而異位。為過，即相較。

象曰：山上有雷，小過。君子以行過乎恭，喪過乎哀，用過乎儉。

　　小過之行爲恭、哀、儉。過恭：小過象曰＜過恭＞。禮爲恭，禮卑法地。坤爲地，艮震之中有坤。禮爲恭，故過恭。過哀：小過象曰＜過哀＞。哀之象見于坤，坤爲死也。小過艮震中爲坤，坤爲死。過儉：小過象曰＜過儉＞。坤爲吝嗇，小過之儉象見于坤，小過艮震，中爲坤，坤爲吝象。小過象曰過恭，＜過哀＞，過儉。恭、哀、儉皆坤象。小過艮震，中見坤。坤爲恭、哀、儉。

◎喪

　　一・喪爲死

　　　大過爲死，小過象辭曰喪，皆棺之象。

　　二・震卦不喪

　　　大過巽兌中有乾天，小過震艮中有坤地。大過事天，事爲喪事，大過言喪事。

　　　震卦以震驚百里，不喪匕鬯。六二喪貝，六五无喪有事，是指死後祭祖之事。

　　　震卦之事爲後代奉祀祖先，而大小過所說的是人剛死後做喪事。

　　三・喪爲失

　　　旅喪童僕喪牛、巽喪資斧、大壯喪羊、既濟喪婦、睽喪馬。

　　四・易經之卦以井卦和震卦言无喪，而喪之意在井卦說得最明。

初六，飛鳥以凶。
象曰：飛鳥以凶，不可如何也。

　　小過本來就是飛鳥之象，其象顯在鳥之兩翼，而初六上六是利，即銳利之利，就是翰之意，即鳥最好用的羽毛，所以初六和上六都有飛象。小過本來就是宜下不宜上，而初六羽毛未豐，又陰居陽爻不正，而上從九四陽剛之爻，是小鳥跟大鳥，不知如何飛行才好。

　　初六和四爻相應，變爻成離，離爲鳥，離入艮，即鳥入山受阻。又小過中互大過，折入大過，是鳥飛而撞山，凶象。月卦九爲遯，遯是入山，不宜鳥飛。爻變離火，火在土中爲灶，雉近灶，必成烹物，凶象。洞林曰此爻爲致羽蟲之孽。

　　小過是說稚弱之小鳥未見人事，而急於自顯其才，因爲急飛而不得應，所以凶。小過可以大從小，而不可小從大。初六變爻卦成豐，是變卦後而可以毛豐，所以尙无大凶可言。小過初六飛鳥以凶，凶，三多凶也。小過初六必要跟九四，中被九三所隔阻，而易經以三爻爲凶，九三陽爻阻之，无法飛過，所以飛鳥以凶。

◎飛鳥

一‧解爲飛

（一）小過初六飛鳥以凶，飛，取解通象。解下卦坎，坎二陽爻自二飛三，卦成小過。三多凶，故飛鳥以凶。

（二）解三互離，離爲網罟。小過取解爲通象，鳥入網罟爲凶，所以小過初六說飛鳥以凶。

（三）易經之卦象飛鳥者有解、蹇、小過、明夷、遯、震等，都是說明變卦後之坎失了，而成鳥飛之象。

二‧小過飛鳥遺音

坎爲鳥，小過自解（下坎）蹇（互坎），坎象變小過，坎失。小過二五兌口，小過卦之坎爲水，也是鳥，由解和蹇卦變來。

解和蹇卦一爲雷水，一爲水山，合之成雷山，即代表鳥之坎水經由解和蹇之變而不見了，也就是鳥飛了。一是震（解之震）翅而飛，一是飛過了山（即蹇之水山）。解卦和蹇卦之鳥，變成小過即不見了。

三‧明夷爲垂翼

明夷初四爻變，地成雷，火成山，即小過。夷之二四互爲坎，變成小過，坎也不見了。

四‧遯爲飛遯

遯自訟變，即天山之山是從天水之水變，自上應坎爻，所以說飛遯，飛爲坎象。

五‧飛鳥所遺之音爲震音，即震翅和鼓舌之音。

小過卦從解卦變來，解上震，震爲聲，艮亦震，故鳥去而音尙在。故飛鳥遺之音，是說解卦雷還在，但坎鳥變成了艮，震仍在，而坎變了。

六二，過其祖，遇其妣；不及其君，遇其臣。无咎。
象曰：不及其君，臣不可過也。

小過六三陰爲母，祖妣之象。小過震和艮是一君二民，爲君臣。三四陽爻居二之上爲祖君，初在下爲妣。因爲小過六二是母居中，而得位，所以說遇其妣。小過卦二個陽爻都說弗過，即不遇，因爲六二陰爻不和五爻相應，而與初相比，所以說妣。妣字可能是指小過陰爻。

小過本是說祭祖，六二是地位低下者，不宜主祭。小過和解、豫卦都說祖，即祭祖之儀式。而五爻是陰又不能主事，所以象曰不及其君，不可遇也。易經以先後天同宮爲遇，相應也是遇，六二本應奉六五之命而行事，但是六五陰爻不當位，爲无能之君。而和初六相比應，這是能幹臣子，因爲六五是无能之君，不和它相應，所以无咎。

　　易經說相應也是求神感應，六二原是爲了問事而祭其祖，但是其祖不應，反應了妣，即女性之先人。在家廟中，妣代表是母舅之家，在宗祠祭拜母舅是外姓之人，所以這是拜過了房，即＜過房＞。過了房之子孫所祭拜者，所拜不是本姓，所以爲小過。

　　小過卦說到家族承傳，最常用以解決爲了消災而易姓之傳統，包括招贅、收養等。一個家族之氣太旺、太弱，即有過，後代會因之而有災咎。因而其中之成員要改變到別家，和收養別家之後代來調和。有時兒子繼承母姓也是一端。這就是小過，即過房只是小小之過到母舅之家。在祭祖時，就會有拜到自家之祖而不得認，而由先妣來認之事。

◎祖

一・五行之義，剋我者爲祖。祖爲鬼，剋我之物爲官鬼，比如震木爲坤土之祖考（木剋土，土亡，故震木爲坤土之考）。豫卦上震下坤，象曰祖考。坤爲死，曰祖考也。

二・易經說祖之卦只有豫和小過，二卦皆爲震坤。

　　(一)祖妣：小過六二過其祖，遇其妣。

　　(二)小過艮震中有坤，先天八卦艮後坤，坤後震，所以小過有其祖妣之象。

　　(三)大過巽兌中有乾，故有老婦、老夫之象。小過艮震中有坤，故有其祖妣之象。

　　(四)九四陽爻爲祖、爲君，六五陰爻爲妣與臣。二過四遇五，故過祖遇臣，不及君遇臣，得位，故无咎。

三・始爲祖，即＜始祖＞。

◎遇

一・卦爻先後天同位爲遇

　　(一)小過六二遇其妣。艮震先後天同位，故曰遇。

　　(二)困卦爲兌坎，先天之坎爲後天之兌，所以繫辭說井通而困相遇也。

　　(三)兩卦或爻看似爲比，而實爲不比，即遇也。

二・陰爻不和陽爻應，而與陰相比稱爲應

　　陰爻阻住陽爻使之无法上進，爲遇之象。比如小過初爲陰，二爲陰，二者都是妣，即相比之陰也。而陰遇陽，是因爲初爻和四相應，而上爻和三相應，都是陰陽相應。但六二和六五不相應，而是與初相遇，所以九二、九三都說弗過，即不給過。

◎遇字之義

遇字之義可包括下列情形，詳列在本書姤卦：

一・先後天八卦相接爲遇。

二・暌爲遇。

三・先天卦和後天卦同位爲遇。

四・相鄰爲遇。

五・天地（乾坤）相遇相會爲遇。

六・偶爲遇。

七・豐卦有遇象。

八・遇爲過也。

九・遇爲婚媾。

十・姤爲遇。

十一・卦爻下接上爲遇。

十二・相遇而聚。

十三・陰陽相合爲遇。

十四・對待爲遇，即＜待遇＞。

十五・遇者，不期而遇也。

十六・姤九五，以杞包瓜。杞和瓜都是五月所有之物，姤爲五月卦，正相遇。

十七・遇詳見噬嗑卦六三。陽爲父，陰爲母，母爲祖妣之象。

◎妣

一・過其祖，遇其妣，妣即姤。

　　(一)繫辭曰姤者遇也，姤實爲后，即＜皇天后土＞之姤。姤爲女性之祖先。

　　(二)小過之二爻過初爻，即二者皆爲陰，可比而不能比，所以說妣。妣爲女陰之
　　　　比，二陰之比爲非比。

　　(三)小過三爻之卦體爲妣，即一陰在乾陽之下，爲姤，所以二爻說遇妣。

二・祖爲過，遇爲妣。

三・祖母以上通稱爲妣。

四・母死爲妣。

◎不及

一・過爲往，即＜過往＞，＜來不及＞也。

二・剛柔不應爲不及。小過二爲陰，五爲陰，不相應。象曰：不及其君，臣不可過也。

◎過爲祭祖

一・小過卦六二說臣不可過，因爲臣之身份不如君，不宜主祭。

二・小過六二曰臣不可過。九四陽爻爲君，六五陰爻爲臣，
　　解二過四，遇五，臣不可過君，故解變過而言不及，＜不過＞。

三・解卦、小過、豫卦都是有祖象，即震木剋坤土，卦皆說＜不過＞，即不可遇也。豫
　　卦說冥豫，有祭拜先人之意。豫以樂爲儀。

◎順爲不過

豫天地以順動，故日月不過而四時不忒。解卦說赦過也是不過。

孔子說六十而耳順，七十而從心所欲，不踰矩。不踰即不過。

九三，弗過防之，從或戕之，凶。
象曰：從或戕之，凶如何也。

小過九三弗過是陽不能過陰。小過卦是陰過乎陽，即家族是母系太強，而凡是陽爻都

說弗過，這是要防母系之家所阻。在這種家族，男性成員不能太強，否則被剋，因爲陰性太強了。在母系強之家族，女性成員都強，而男性成員數目少，也弱，有時會被剋死，所以小過九三喻爲家中碩果僅存之男性後代被剋傷。從卦爻來看，就是陰爻要害陽爻，使陽爻不能出頭。九三爲艮，艮爲止，其地位在卦是極位，但上六小人居高位，九三不知其咎，而欲向上和上六相應，幾乎被戕害而亡。

◎過

越也。小過卦爲陰過陽，故三四陽爻皆曰弗過，過不宜也，＜越過＞。

◎防

艮在上爻爲防，防爲限也。

◎戕

一・兌折爲戕

小過三五互兌爲折，下巽爲入，兌爲折，又互乾爲金。上爲巽木，折象。

二・射鳥爲戕

以兵器擊鳥之象。金見木而无火化，凶。

三・戕爲凶死

小過中互爲大過，大過爲死象，乾金剋木而見死，當然凶。小過九三凶象。

四・小過震艮，九三曰戕，這和豫卦很像。豫卦爲震坤，繫辭說重門擊柝，以待暴客，蓋取諸豫，皆是預防別人之攻擊。

五・孔穎達曰：「春秋傳曰，在內曰弑，在外曰戕，然則戕者殺害之謂也。」又豫卦說冥豫，可能是指剋害之原因是來自亡者之鬼魂。

> 九四，无咎，弗過遇之；往厲必戒，勿用，永貞。
> 象曰：弗過遇之，位不當也。往厲必戒，終不可長也。

易經之爻以陽爻性向上行爲本質，而小過之卦卻宜下不宜上，所以往上爲難。而九四卻要動而上，是不合時宜。九四因爲以剛居柔，是不得位，但在小過之卦中因爲在陰位，反而是失位爲宜。這可比喻爲在陰盛陽衰之家中，男性不可逞強，反而以居在不重要之位爲安穩。九四下爲陰爻，上也是陰爻，是相遇之象。以陽四過陰五，是不合之遇，所以四不能過。

本爻中爻坎水生震木，且互變坤土，而水剋土爲財。四爲多懼之爻，又近於无能之君，不可以跟隨，否則有險咎。本爻應以退爲進，可以明哲保身。

◎无咎

小過九三得位而凶，失位而无咎，卦宜下不宜上。

◎弗過

一・小過爲難過，即不可過，難過

　　小過取蹇爲象，蹇爲難，小過之難過在不可往，＜難過＞。

　　小過九四象曰往厲必戒，小過上爻取蹇象。蹇，宜來不宜往，往爲蹇難，是故小過往必危厲。取解之象象言无所往。以解上震，四往五，卦成坎之重險，解以動而免險。若動而走險，失解之義也，故解四曰无所往也。

二・動而見險爲過，故弗過

　　（一）解以動而免險。

　　（二）解與小過：解小過皆上震，往皆成坎，解四往五則成純坎，但是小過往五，則成蹇難。故解无所往，小過往厲必戒，勿用，永貞。

　　（三）解卦是四往五上卦成坎，小過陽四過陰五，爲厲。

　　（四）因爲小過言四必過五，四前即五之陰，故弗過遇之，即不可過，不合也。

六五，密雲不雨，自我西郊。公弋取彼在穴。

象曰：密雲不雨，已上也。

　　小過六五密雲不雨，自我西郊，這是小畜彖辭所說的，可知小過有小畜象。小過初至五互咸，五動又之咸，咸爲澤山兌艮。易經之兌即巽，艮即乾，所以小過通過咸卦而取得小畜之象。小畜不雨，陰寡也；小過不雨，陰過也。一是陰太少而雨，另一是陰太過而雨，二者都是陰陽不和。小過則是陰過乎陽而雨。小過說密雲就是陰氣也。西郊者，陰方也，陰過乎陽之象。五爻爲君位，而小過五爲陰，所以小過說不可大事，說的是五爻。因爲五爲陰，蒼生所盼之甘霖不來，只見滿天烏雲。小過卦是從兌到巽，兌爲西，是從西而來。易經以乾爲郊，西北方爲郊，是乾燥之地。這是比喻上天給許多明示，但都是虛言而不實。小過九五變咸，咸爲感，在求神之際，有感則如雨自天上來。上過是陰太盛，即使有感，也是若眞若假，有如在樹上射取睡中的鳥。小過講的是相遇，而所遇的都是太過和不及之相遇，因而六五之感不可信也。不過所得也現成，有如到樹上取鳥，並非是大的對現，但不无小補。

　　小過九四艮爲鼠，有鳥鼠同穴之象。但小象說已上，已爲蛇也，蛇上是取鳥。蛇爲陰，取鳥爲陽，陰過陽也。小過是災，因爲象異族之蛇來取了鳥，而鳥遇凶，所以飛鳥遺音，即亡故者之音也。此爻是說明異族在生活上和祭祀上會有假象和亂象擾亂。小過是陰多陽少之家族，所以有過房之情形，而被其他姓所吞食，比喻爲蛇吞樹上之鳥。

　　命理以八字偏印太多爲＜吞啖全排＞要＜過繼＞，或過房。如過給自己宗族爲小過。

◎長

　　巽爲長，小過四象曰終不可長也，四互巽爲長。

◎雨

　　一・小過爲雨

　　　　小過取解蹇通象，解下水爲雨，蹇上坎雨，變爲震（小過之震），象天之將雨，而
　　　　遇雷霆。小過上震爲雷，雷在山上，有雲无雨。

　　二・解蹇下爲坎，坎在下爲雨。

　　三・雨字之義詳本書小畜卦。

　　四・小過＜密雲不雨＞，解下水爲雨。

　　五・密雲，陰氣也。小過六五和上六爲雲象。

　　六・小畜和小過都說密雲不雨，自我西郊。小畜是陰在上，陽在下而不和；小過是陰過
　　　　陽不及，都說是不雨。

　　七・小過大象爲坎，坎爲雲。中爻兌爲雨。

◎雲

　　一・小過密雲不雨。陰陽之氣上則雲行，下則雨施。小過自蹇取通象，自蹇六自四上五
　　　　陰，上而不下也，故小過曰己上。

　　二・密雲爲流言。不雨爲不實，不實之言也。乾陽爲實，小過上二爻爲陰，不實。

◎西郊

　　一・陰方也。小過六五上六皆陰，陰爲西方。

　　二・乾爲郊，小過三五互乾。

　　三・小過兌在西，巽在東，自西到東。

◎密雲不雨

　　一・恆象不雨

　　　　恆中爻兌雨應巽風，風以散之，亦必不雨。

　　二・蹇爲密雲之象：蹇上震爲雲，坎得位爲密雲。卦下艮，五互兌，山澤通氣也，亦爲
　　　　密雲。

　　三・小畜、小過皆不雨。小畜自履取爲通象，六自三上四陰有上而不下之象，故曰：「
　　　　尙往也。」

◎戈

　　一・過爲戈。

　　二・小過爲戈，解蹇用坎弓離矢，以小過互巽，爲絲也，故用戈。戈是以繩繫在矢而射。
　　　　小過大象爲坎，坎爲戈，巽爲繩。

　　三・解上六，公用射隼，于高墉之上，所以解卦之戈是取高處。
　　　　小過宜下不宜上，不射高處，而取對方在穴，艮爲穴，艮手取之，解是射鳥，而小
　　　　過是取鼠。

◎穴

　　一・艮爲穴。

　　二・鳥和鼠之居爲穴，小過飛鳥象，艮爲鼠。

　　三・小過坎爲穴，又鳥穴通常在高處。小過九五在高處，有穴象，而非巢。在穴中之鳥

是宿鳥。

◎己上
一·己爲己經。
二·己或爲止。
三·己同巳，巳爲蛇。蛇入穴取鳥與鼠，爲己上。
四·小過自蹇取通象，六四自四上五陰，有上而不下之象，故先曰己上也。

上六，弗遇過之；飛鳥離之，凶。是謂災眚。
象曰：弗遇過之，已亢也。

　　小過上六陰爻居陰位是得位，但上六是在五陽之前，既然上六前面已經沒有陽爻了，就是弗遇過之。陰爻上頭沒有陽爻阻之，可以向上飛更高，然而小過是喜愛向下而不愛向上，如上六向上飛，是逆勢而飛，不能飛高，最終必有災眚。而且上六震錯巽爲巽之顛，巽爲蛇，蛇到顛，上爻在易經是亢龍之象。但上六是陰，所以是亢蛇而不是亢龍。蛇爲火，火在上爲災。

　　易經以火亂行，離開了生火之物，即爲災、或滅，所以旅寡親。在其他爻我們談到了一個陰多陽少之家族，其中有女兒陰居高位，權高而无威，雖上六得九三應，中間九四間之，而六五過之，以致无可以合者，令她要遠走高飛。但是陰在上是无翅的蛇，而不是能飛的龍，凶多吉少。上六爲孤女獨行之象，非爲偶也。无遇，則終守小姑獨處。

◎遇
弗遇過之，小過上六曰弗遇過之。卦爻以在前則遇，故四遇五。四遇五，四在上後故上弗遇也（小過主卦爲四）。遇者四五兩爻，故上弗遇過之。

◎飛鳥離之
一·坎爲離之反，小過坎體反離。反離，即離之，即離去。離爲鳥，坎離鳥，所以小過不見鳥。
小過上六飛鳥離之。小過取蹇爲通象，蹇上坎爲飛鳥，四互離罟，九五坎鳥飛入離人，故飛鳥離之。
二·離、小過都是體兌巽，即離。鳥見戈死，爲災。
三·小過和旅卦都是鳥象。旅上六焚巢，而小過爲飛得太過而見戈。

◎災眚
一·小過上六言災眚，離爲災，坎爲眚，災者天殃，眚者人害。
二·災之義詳本書離卦。

◎亢
一·上爻爲亢。

二・乾上曰亢(亢龍有悔)。小過五在四前，故四過五，遇者四五兩爻，小過五曰己上，
　　上六居五之上，故己亢也，卦宜下不宜上，上而亢，故小過上六凶。

三・過五爲亢。

四・天下无不亢之龍，无不飛之鳥。

五・已亢是蛇之亢（穴）。

既濟

既濟，亨小，利貞。初吉終亂。

既濟卦以水火相生相剋演繹事物變化狀況。易經最合於宇宙之運作原理爲既濟，即亨通。初、三、五陽爻居陽位，而二、四、六陰爻居陰位，剛柔正而位當，所以利貞。易經說利貞有二個意義，一是已經完全在正當之位，很有利，即利貞；另一個意義是目前不正，但可以調正，也是利貞。既濟也有二種狀況，一是方才進入相濟之時，柔順得中，這時要思患亂而預防周密，以保持通達。另一種是已經完全成爲相濟，這是接近終止了。易經以終止爲死亡、爲亂，因而平常无事之時要有知止之心。心止，則不會亂。止而不進，則亂不生。文王說終亂也有兩個意義：一是終止亂源，使亂不生，其二是因爲終止，而生亂，即終而後亂。既濟水在上，火在下，都是處在這二者最合宜之地。但水在上終必潤下，而火在下終必炎上，因而既濟也有二個意義。一是終究水和火會合，水性下流，而火性上升，二者終將既濟也。另一個意義是水停在上，而火停在下，二者既然已相濟了，也就是既濟了，各自回歸到原位。

易經之卦爻所說的總是包含兩重的意思，在既濟卦看得最清楚。

一‧既濟爲豐泰

豐四之五，泰五之二，都成上坎下離卦。易經凡坎在上，或離在下，都有濟象。既濟，定也，即六爻各自定於陰陽爻之正位。既濟爲定也，俗語說＜既定＞。定爲陰陽爻位定于正位。陽爻在陽位，陰爻在陰位爲定。

二‧時不定，而位有定。

三‧履卦和謙卦爲定

履定民志：謙履二卦，九六相易，成兩既濟。既，定也，故定民志。

四‧定則无疑

兌爲口之象也，巽爲不果，疑之象。定者，去其疑也。履重實踐，是无所疑也。

五‧定則成

俗說＜一定成＞。井卦只要把初爻和二爻互易，卦，即成爲既濟，既濟定，大成也。

六‧渡也。後天卦由坤至乾必濟兌澤。

七‧既爲已，盡也。

八‧濟爲通。

九‧濟爲成。

◎小亨

一‧陰道通爲小亨

陰道之通也,先天陰生離中,歷震、坤而陰終于艮,由震經坤到艮,陽生坎中,歷巽乾而陽終于兌(兌、乾、巽、坎、艮、坤)。既濟內離外坎,自陰生以至陽生。

　　　離　　震　　坤　　艮

　　一陰　二陰　三陰　二陰

二‧由離至艮爲陰之始終也

(一)旅離艮,陰自離至艮爲始終,故旅小亨。

(二)賁上艮下離,爲陰之始終,故小亨。

(三)既濟之亨小利貞,旅小亨,賁亨小,利有攸往,始離終坎之義也。

三‧亨通爲盛大之通,小亨可比爲日之艮。艮,即西下,不如日在當中之盛。亨小而不大,是大過頭了。

◎亂

一‧坤爲亂,易中有亂字皆見坤象。

(一)泰上六,城復于隍,其命亂也。泰上坤。

(二)履九二,履道坦坦,幽人貞吉。象曰:幽人貞吉,中不自亂也。履下兌,中二四互離,三五互巽,含坤之象。

(三)有孚初六,有孚不終,乃亂乃萃。有孚下兌。

(四)否六二象曰:大人否,亨,不亂群也。否下坤。

(五)漸上九象曰:不可亂也。漸卦利貞爲既濟,三爻各正其位。漸自否通,利貞爲既濟,坤爻不可用,故不可亂也。

二‧既濟則亂

既濟,亨小,利貞,初吉終亂。

三‧錯則亂

離目炫則亂生。離卦錯坎,則<錯亂>。比如履九二,履道坦坦,幽人貞吉。象曰:幽人貞吉,中不自亂也。九二變震爲天雷无妄,互卦爲離,離又錯坎,坎神離鬼,所以履卦說幽人,就是見鬼。離爲見,而錯坎,坎離相履,則人有妄心妄想。坦坦是指像大路之開闊,即震卦之象。履澤變震,小象說中不自亂也。九二居中故曰中亂者,這是因爲履中二四互離,離爲目,變震後,成了无妄。離目炫,故亂。

四‧群則不亂

(一)乾爲群,群龍也。

(二)否六二象曰:大人否,亨,不亂群也。群爲乾,否卦上卦爲乾之群龍,否以陽在上爲不亂,因爲陽必變陰也。如果是陰在上,極而不變,則生亂,這和水火相濟卦之上爻曰亂意思相同。

(三)否離群而不亂

易經以同性之爻爲群。否六二象曰:大人否,亨,不亂群也。渙取否爲通象,

否二至四，卦成爲渙。否之二陰爻之四，離其群侶（陰爻也）。渙卦爲離，離其群之象見於否，否卦上爻以陽，非終也，所以不亂。

(四)終而不變即亂。坤爲終，坤爲亂。

坤爲終，易經以終而窮則亂。漸上九象曰不可亂，漸卦利貞爲既濟，三爻各正其位，漸自否通，利貞爲既濟，坤爻不可用，故不可亂也。

(五)屯變爲萃，故有孚不終，乃萃乃亂，坤失位也。兌終巽不終。

五‧終爲亂

萃初乃亂乃萃，萃自屯來，屯之震成坤，成亂（乾爲正，故坤爲亂）。終則窮，物窮而亂也，俗語說＜始亂終棄＞，其意思是以始爲終。一開始即不想了結，這和終乃亂意思並非不同。

六‧終，止也。終止而不進則生亂。

＜終止＞則亂：既濟終止則亂，止，節也（坎兌--先天陽生坎，終于兌），終，故止。坎陽終，則陰亂也。

七‧乾起坎而終于離，坤起于離而終于坎，既濟內離外坎，象曰初吉終亂。一陰坤之生，至坎而陰盡。

乾

兌　　　　巽

離　　　　坎

震　　　　艮

坤

既濟卦坎離相交，和否泰同例。既濟以六爻皆當位，而易之道窮矣。

◎利貞

既濟利貞，剛柔皆正而位當，故利貞。

◎始終

一‧以先天卦而論，陰生于離中，至艮陰盡。艮之後爲坎，艮盡後一陽由坎而生。由離至坎，爲陰之始終。陽生坎中，至兌陽盡。兌後爲離，兌盡後一陰生于離。由坎至離，爲陽之始終。易經陽爲始，陰爲終。陽不可以終，所以未濟內坎外離，曰男之窮也。窮者，終也。終者必反，所以既濟之後接未濟。而以未濟終。

二‧六爻組成，下卦初爲始，上爲終。三又是下卦始之終，四又是上卦終之始。

三‧坎離爲大明，即日月。坎離爲始終。乾起坎而終于離，坤起離而終于坎。離坎者，乾坤之家。而陰陽之府，故曰大明始終。

四‧復剝爲陽始終，姤夬爲陰始終。

　　復坤震，姤兌乾，陽始坤終震，陰始兌終乾。

五‧艮爲始

　　(一)艮居丑寅，爲四時始終。一年以立春寅月起，爲一年之始。丑爲一年之終，所以艮是四時之始終。

　　(二)易經以艮爲時。

　　(三)觀彖言四時。觀自小過通，小過雷山，山艮，位居丑寅間，爲一歲之始終，故觀曰四時不忒。易經之卦說四時都是依此原理。

六‧先天卦震、兌、乾三卦爲陽息，巽、艮、坤三卦爲陰消。

　　隨爲震兌，息卦之始；蠱爲巽艮，消卦之終。

七‧先後天卦陽皆始于震，而終于艮。

　　蠱外艮，爲陽之終。隨內震，爲陽之始。蠱反隨，故終則有始。蠱甲在終（艮爲終），隨甲在始（震爲始）。蠱反爲隨，故終則有始也。

八‧中孚爲始終

　　中孚下卦兌，二四互震，卦中見震、兌爲始終之象。震爲陽始，兌爲陰終，先天卦以巽爲陰始，而兌爲陰終。中孚爲陰之始終。

九‧先天卦以震爲始，巽爲終，震巽爲始終之道。

　　(一)恆卦爲震巽，所以凡易經有恆卦之象的卦取恆之道。

　　(二)恆卦之彖辭說聖人久於其道。恆久之道在有始有終。

　　(三)家人象曰君子以言有物而行有恆。家人自孚通，孚二互震，爲行，兌爲陰終，震爲陽始，孚有震兌，始終之象。有恆，終則有始之象。

　　(四)益无恆久之道。益方始即終，益无恆久之道。恆益相錯，恆終則有始。

　　(五)歸妹有恆象：上震下巽爲恆，歸妹上震下兌，初象曰以恆，兌巽一體也。歸妹恆象，巽兌同體。坤巽同體，歸妹震兌，中孚下四互歸妹，豫震坤，皆曰恆。

十‧有始有終則大吉

　　家人六四大吉，家人自中孚通，中孚自兌，陰之終，至巽，陰之始，乃天運之流行不息，故大吉。

十一‧易經卦有家人象者皆說大吉。

十二‧隨、蠱天道之始終，漸、歸人道之始終

　　先天四隅卦上經者隨、蠱，下經者漸、歸。

　　隨卦兌震，在先天卦爲乾、兌、離、震之序，順也。蠱爲艮巽，先艮後巽，亦爲順。隨、蠱于先天爲順，故以象天運之始終。漸巽艮，巽爲終，以終起，艮爲始，以始終，爲逆。歸以震兌，震在兌後，也是逆。漸歸于先天爲逆，故以象人道之始終。

　　上經謙、豫、臨、觀中爲隨、蠱，艮、震、兌、巽之合也。下經震、艮、巽、兌中爲漸、歸，亦爲震、艮、巽、兌之合也。上下經都有始終之象。

十三‧歸爲始終

　　(一)歸，歸返元始也。歸的意思即回到元始，所以歸妹有始終之義。

(二)先後天卦陽皆歸于震，而終于艮。蠱外艮，爲陽之終。隨內震，爲陽之始。
　　蠱反隨，故終則有始。

(三)兌爲少女，歸於震男，上動下悅，男女交，生生不已。前者終，後者復始，
　　人之始終。

(四)先天卦坤之三陰始于巽之初陰，終于兌之上陰。歸妹自泰通，以泰之坤陰而
　　爲兌陰，爲陰道之終也。故歸妹爲女終。

(五)歸妹者震兌，兌女之始，震男之終。

十四・恆爲始終

　　(一)從一而終

　　　　恆六五象曰：婦人貞吉，從一而終也。夫子制義，從婦凶也。先天八卦以一
　　　　爲乾始，巽爲終。恆卦二至四互乾，下卦巽，故＜從一而終＞，終則貞吉。

　　(二)合乎始終則貞吉。

十五・性命爲人之始終

　　乾和巽，易經說乾爲性，巽爲命；乾爲始，巽爲終。

十六・以消息卦言始終

　　(一)隨自否變，以上爲初，乃否反泰之始也。蠱反即隨，故終則有始。

　　(二)十二辟卦，陰以巽始，其卦爲姤。陰以兌終，其卦爲夬。陽以震始，其卦爲
　　　　復。蠱隨相次，由巽至兌，爲陰之始終。由艮至震，爲陽之始終。蠱卦艮
　　　　巽，故曰終則有始。

十七・震起也，艮止也。

　　先天陽爻之始終，先天一陽始于震，一陽終于艮（即震、離、兌、乾、巽、坎、
　　艮、坤）。

　　後天帝出乎震，成言乎艮，亦震起艮止（震、巽、離、坤、兌、乾、坎、艮）。

十八・損益，盛衰之始也

　　損自泰通，一陽外往（即泰之九三外往之上，卦成損），陽爻到了上爲極，極則
　　成否。損爲衰之始也。益自否通，否之九四一陽爻由外而內來，卦成益，極則成
　　泰。是以損爲衰否之始，益爲盛泰之始也。

十九・節知始終

　　節爲止：坎起兌止，節止爲陽止。

　　節上坎下兌，先天之卦陽始于坎，而終于兌，節上坎下兌，爲乾陽始終之象，故
　　節爲止。

二十・鬼神即始終，歸宿和生長。

二一・既濟爲始終

　　既濟初吉終亂：大傳原始要終，以爲質也。

二二・乾坤爲始終

　　先天乾陽始于坎中，坤陰始于離中。

二三・艮爲始，坤爲終

　　　　天者陽，始于東北；地者陰，始于西南。

　　　　先天乾陽始于震，東北；坤陰始于巽，西南也。

　二四‧先天陰陽右旋，以坎離始之。左旋，以震巽始之。

◎初吉終亂

　　既濟之初本諸泰卦，泰爲天地交，而君子道長，故既濟初吉。既濟之終反于未濟，故終
亂。

◎陰陽之府

　　水火爲陰陽之府。

　　坎離爲乾坤之家。乾中陽藏于坎中，坤中陰藏于離中，故爲陰陽之府。

　　　　彖曰：既濟，亨，小者亨也。利貞，剛柔正而當位也。初吉，
　　柔得中也。終止則亂，其道窮也。

◎既濟亨小

　　既濟由離至坎，爲震坤艮二陰三陰息之候，故既濟亨小者，亨也。

　　剛柔正：泰二五失正，泰通既濟，二五皆正，故利貞。

◎位當

　一‧既濟位當，以水上火下，水火之位當。水上火下，位當。

　二‧易經剛爻和柔爻都在正當之位，爲位當，既濟之象。

　三‧當位之義詳本書臨卦。

◎柔得中

　　柔得中有當位和不當位之分。坎在上，或離在下爲當位，反之則不當位。

　一‧既濟卦下爲離，柔得中

　　　既濟柔得中，謂六二得居初三兩陽之中。易經離卦在下爲得位，離中虛爲中，離在
　　　下當位。

　二‧同人彖曰：同人，柔得中而應乎乾，曰同人。

　　　乾離先天後天同位，離爲柔中，上應乾，離在下當位，所以同人。

　三‧噬嗑：噬嗑而亨，剛柔分，動而明。雷電合而章，柔得中而上行，雖不當位，利用
　　　獄也。

　　　離在上不當位，但下卦爲震，震爲乾，乾離同人，所以稱得中。

　　　噬嗑柔得中而上行，雖不當位，中指六五言，柔居之故曰不當。

　四‧旅彖曰：旅，小亨，柔得中乎外而順乎剛，止而麗乎明，是以小亨，旅貞吉也。

　　　(一)小過柔得中，是以小事吉也。

　　　(二)柔居中爲小事。

(三)豐九三不可大事。易以柔居五者，每曰小亨（見旅、巽），故不可大事。

五‧既濟初吉，柔得中也。

◎終止

一‧既濟終止則亂。雜卦曰，節，止也。止，水澤也。以先天陽生坎中，至兌陽終，終，故止。

既濟和節都說終止。節以下卦兌爲止，既濟以下卦離，既濟上坎下離，離中陰生，坎陽＜終止＞。

二‧節和濟都是止於水，但是節以兌金止水，截水之流，是以金止水，取其＜節流＞。但節卦水不得其流，財不流通則亂。既濟以坎水來剋止離火，火爲水之財。

三‧反坤爲亂，坎之陽至兌上爻而止，既濟上離，爲兌前之位，爲坤，陰所由生，坤爲亂也。既濟卦主離而言，一陰中生，至坎而陰盡（坤終于坎）。

◎止

一‧既濟定，定則止

艮卦三爲九三，四爲六四，是既濟最主要的卦象，所以艮有既濟象。既濟爲止。

二‧物止而後能定。既濟卦說：終止則亂，其道窮也。雜卦曰，節，止也。止，水澤也。以先天陽生坎中，至兌陽終，終，故止。既濟上坎，下離，離中陰生，坎陽終止。

　　象曰：水在火上，既濟。君子以思患而預防之。

◎患

一‧易經以水火爲患。

二‧坎爲心思，爲患。既濟是以水之濟爲主，所以既濟之主題爲思患，即＜居安思危＞。

三‧易經以三四兩爻多患

人在六爻之中是三四兩位，立人之道即以三四爻來看。易經說三五同功而三多凶，而四多懼。

四‧患所以修德

繫辭下六，言作易者其有憂患。繫辭下章所言皆處于憂患之道：

履、謙、復、恆、損、益、困、井、巽。而人在患中修德。

易之興也，其於中古乎，作易者，其有＜憂患＞乎？是故履，德之基也；謙，德之柄也；復，德之本也；恆，德之固也；損，德之修也；益，德之裕也；困，德之辨也；井，德之地也；巽，德之制也。

五‧失位爲患

訟卦九二不克訟，歸而逋，其邑人三百戶，无眚。象曰：不克訟，歸竄也。自下訟

　　上，患至掇。訟卦說的是无居，即失位之患。掇爲憂的意思，即逃亡之憂。六三說
　　食舊德，是因爲九二失位，但可以應上，而得以保全食祿。

六・易經之患在於知天道，所以繫辭上說藏於密，吉凶與民同患，神以知來，知以藏
　　往。易之六爻以順以數往，逆以知來也。順逆即天道。

七・文王繫易，箕子衍疇，皆作于患難之際也。

八・既濟象曰君子＜思患＞，離爲明，思也。坎爲憂，豫也。中四爻爲未濟，上離既
　　震，下坎爲坤，正雷地豫象。

初九，曳其輪，濡其尾，无咎。
象曰：曳其輪，義无咎也。

　　　既濟是以渡河比喻卦爻走到合理通暢的情況。而卦爻進行是一退一進，一來一往，以
互補而進退變化，所以既濟初爻以輪子來比喻。易經說水火不相射，即坎離子午，水上火
下，其性相交，而不間，這種相交有如輪轉。既濟卦要保存既濟，要發揮水火交溶之效。
初九二至四體爲坎，坎爲輪，初爲濟之始，前有險，而且眾皆競濟。初爻能曳而止之，因
爲下卦卦體離明，內心明白而知險。而初爻與二爻相近而陰陽相得，已經開始共濟，易經
以剛得正不輕易動，有如車輪放下不行。又象剛出道的小狐要過水之前，以尾沾水試探才
走。

◎輪

一・坎爲輿，乾爲圜，爲健行，車輪之象。

二・畜爲輪之止

　　(一)大畜上艮爲止，下乾爲輪，即輪之止，畜止也。

　　(二)需卦變大畜，坎之輿爲艮止，輿說輹也。

　　(三)大畜九三所說輿退輹有二義：一爲車輪破轂裂而後說，一爲車軸在行中脫。
　　　　　易經以畜則止，所以小畜之輿脫輹，指車行因爲車輪破而中止。

三・既濟爲坎月離日，一月一日，正是一輪。

四・離爲日，輪象。離二陽一陰，陰方陽圓，輿輪之象。

五・天干以甲至癸一輪，子到亥爲一輪。

六・剝卦爲復之反，此見之息卦。自復至剝，爲一輪，即剝而後復。

◎曳

一・敗爲曳，火入坎水則敗曳，即洩。

二・尾爲曳，拖了尾爲曳。

◎尾

一・易經以初爻爲尾，所以未濟初爻和既濟初都稱尾。而遯初六遯尾，有時上卦之初

爻，即四爻也稱尾，比如履卦四履虎尾。

二・易經也以下爲尾而上爲角，下就是初和二爻。

三・尾字之義詳本書遯卦。

六二，婦喪其茀，勿逐，七日得。
象曰：七日得，以中道也。

　　文王在既濟卦中作了許多渡河的比喻來說明既濟的道理，初爻是以未出道的小狐涉水爲比。小狐可能是當時胡人，而作者或許是生活在許多外族人之中。二爻以衣冠來說婦女渡河時失去了船上的遮蓬而不能行。因爲卦中互坎，坎爲盜，可能是遇盜。總之是離卦陰柔遇坎，不便上行。

　　初爻舉到輪字，輪字可能是往返一輪，在卦爻正好是七日來復，輪罷了六個爻，又會回到了初爻，也就完成了既濟之道。既濟是本身已經有正位之爻在上，即九五之陽爻，六二不必出行也可以維持在相合之境。

　　既濟爲過河的道理，在古時可能是用來比喻和對面鄰人相會，或和異族相求和，或送女遠嫁，或是出征。在占卜時用處很大。本爻變陰爲陽，卦成乾。既濟變需卦，需爲飲食之道，所以占得此爻，雖不能成行，倒是衣食不缺。水火相剋變乾金，金火爲財寶，但坎爲失寶之象，不可妄動，否則失物不免。

◎茀

　一・茀爲髮，震爲髮

　　既濟六二婦喪其茀。茀，髮也。震爲髮（巽爲寡髮），坤爲婦。既濟取泰爲通象，泰之坤（婦）變既濟之坎，坎爲盜，泰中有震（髮），泰變坤，震失，髮象不見，故喪其茀。坎爲髮，坎爲元雲。

　二・茀爲蔽，婦女以蔽膝。

　三・在車前作爲遮蔽的是鞃，在車後的是茀。

　四・草長很盛可以蔽遮馬路爲茀。以前婦女設蔽來禦風塵者，它的功用有如舟上之蓬。

◎七日得

　一・復爲七日，既濟爲復

　　(一)易經說七，有復之意思。復卦說七日來復。

　　(二)否泰反類，既濟自泰來，泰三言往復之理，既濟二言往復之象。

　　　　泰三自歸妹復，既濟二自泰往，泰三互復曰无往不復。變既，上坎即坤，下離即震，故既濟有復象。泰、既濟皆有復象，故既濟六二言七日得。

　二・震卦和既濟都說勿逐，七日得。

◎喪

既濟卦自泰來，泰卦中之坤爲喪（見坤卦解喪之義）。五取乾二之坤爲坎，坎爲盜，故喪。易經見坎都有失象，因爲坎爲盜也。

◎勿逐自得

既濟六二勿逐自得，和震卦六二同，這是車不行也。得爲等，有待而行。

九三，高宗伐鬼方，三年克之，小人勿用。
象曰：三年克之，憊也。

易經最主要的卦--既濟，所舉的是當時和異族關係，即剋伐北通稱鬼方，而基本上是居住在北方的異族，實則不一定是在北方者。在古時，凡是有變幻莫測之現象都以鬼來看待。聖人說作易者知憂患，就是在水火兩氣相接時，可以看到鬼象，而以動靜來應付。既濟卦是調和大人（陽爻）和小人（陰爻）的勢力，伐是借五行相剋來互消抵消。既濟卦下卦離爲戈兵，變爻爲震，是動兵之象。坎居北方，爻變中爻爲坤，爲鬼方之象。震木以剋坤土，離三，三爲人位是小人，離受制於坎，被坎所剋，所以小人勿用。

既濟卦在不動之時，天下无事。三爻剛居剛，剛爻好動，而興兵。在天下无事之時，任用小人，而窮兵黷民。其他各爻都求安定，獨三爻愛動，只是徒勞无功，所以小象說憊矣。

◎高宗

既濟九三曰：高宗伐鬼。同人一曰宗，二曰高，乾象也。高宗乃武丁，離位即丁位也，後天離即先天乾。

◎鬼方

一‧坤爲鬼方。

二‧鬼爲西北方，西爲日落之地，鬼方即西北之戎。夏、商、周時西北方數民族爲鬼方。

三‧鬼方爲北方之國，夏曰獯鬻，商曰鬼方，周曰獫狁，漢曰匈奴，魏曰突厥。

四‧鬼宿在南方。

五‧氣屈爲鬼。

六‧易經坎離皆有鬼象。

七‧鬼之義詳本書睽卦。

八‧高宗，殷王武丁，鬼方，國名。甲骨文有伐鬼方之文，皆在武丁在世時。可見九三之辭有實據。

九‧既濟三與上六相應，坎居北，故曰鬼方。坎爲隱伏，鬼象也。

◎伐

一‧明夷爲伐

(一)明夷三曰南狩，既濟三曰伐鬼方。鬼方爲坤位，既濟上爲坤，六五不正也，以

　　　九三之正者伐之。

　　(二)既濟之中有明夷象。

二‧明夷互師爲伐。

　　師爲伐，明夷互師，伐象也，故三言狩（其義詳本書師卦）。

三‧易經見離卦都是征伐之象，以離爲戈兵。離爲戈兵，兵爲火，既濟下爲離，上爲
　　坎，坎爲鬼，有師象、有同人象，明夷三言狩，伐也。同人二曰宗，三曰高，爲高
　　宗伐鬼方。《辯證汲郡》曰：「武丁三十二年，伐鬼方，次于荆。三十四年，克
　　鬼，方氏人來賀。」《竹書紀年》說武丁三十五年周王季伐西落鬼戎。古時伐北方
　　異族是常常發生的事，但在易經舉武丁是因爲武丁的武象，和丁當離方。離爲戈
　　兵，兵爲火，所以伐。

◎三年

　　既濟九三曰三年，卦重坎，坎數六，六六三十六，三十六月爲三年。有關三在易經用法
　　之原則見本書巽卦。

◎小人

　　既濟三曰小人，易以失正之爻爲小人。泰六居五，失正，爲小人。以既濟貞泰之六五，
　　除去小人也，故小人勿用。

◎克

一‧水火遇爲克

　　　蒙卦二曰子克家，蒙下四爻互家人，坎水克離火，故子克家。

二‧克爲承當，下爻承上爻爲克。

三‧陽見陰爲克

　　　蒙卦二曰子克家。原卦坎中男，艮少男，互震長男，九二變坤爲母。卦中有三男一
　　　母，故爲子故家。這是以陽爻見陰爻之蒙象。

四‧克爲反。訟卦上乾下坎。坎上行見乾金反而生訟，以下訟上，不行則反，反則歸。
　　訟九二，不克訟，歸而逋，其邑人三百戶，无眚。

五‧五行以火剋金，同人爲上金下火相克。

　　(一)同人九四，乘其墉，弗克攻，吉。乾離先後天同位，爲剋中之合。

　　(二)大有九三，公用亨于天子，小人弗克。象曰：公用亨于天子，小人害也。
　　　　大有乾離爲交害，即相剋。三五互兌，兌離相接而不合，爲小人之害，這和同
　　　　人之剋略有不同。

六‧復六五，迷復，凶，有災眚。用行師，終有大敗，以其國君凶，至于十年不克征。
　　復卦言消息，消息卦臨、泰、大壯、夬、乾、姤、遯、否、觀，或兌或乾（无離无
　　坎），皆金象也。復下震，以震爲征而行消息之卦中之乾金，木反受金剋，所以復
　　卦說不克征，不剋而回。

七‧克爲刻，即在龜背刻文，占卜之用。近人聞一多探「不廢日月，不違龜筮」爲弗違
　　之說。

八‧益六二，或益之，十朋之龜，弗克違，永貞吉，王用亨于帝，吉。象曰：或益之，

　　　自外來也。損六五，或益之，十朋之龜，弗克違，元吉。象曰：六五元吉，自上祐
　　　也。損益卦中多說龜貝事。

　九‧師卦和明夷卦都稱伐，伐爲剋伐。
　　　既濟三爻說三年克之，既濟有明夷象。九明夷三言南狩，曰不可疾貞。既濟九三象
　　　言勞師之久（坎爲勞），憊也。

> 六四，繻有衣袽，終日戒。
> 象曰：終日戒，有所疑也。

　　　既濟卦以渡水和征伐，來說明卦爻處在完全調和時尙有的各種顧慮。九三說伐鬼方，
三年才克服。旅人勤勞，衣服皆敗，而鬼方之民有時還搶偷衣物，所以不得不終日戒守。
這種情形，有如以撕裂衣物來塞破舟之篆，是要小心到不容許任何縫隙存在。把衣服撕下
是有特別功用的。易經只在坤卦和既濟卦提到衣裳，即文明之表徵。在漢朝時有把衣物撕
下作爲門關符信，就稱爲繻。坤卦是衣裳，文明之象，而既濟是在渡到異族國土以征伐之
時，在兩國之間，衣裳不免是相錯相間。有鬼方之衣，亦有文明國度之衣物。

　　　如比喻爲祭祀，在祭神時，鬼方爲陰間之地，亡魂的國土，所用之衣物和生者不同。
符爲符咒，是爲既濟者（即問神明卜者）護身。既濟是由離卦到坎卦，離爲文明，而坎爲
陰隱，既渡是求神通。而坎爲疑，即有鬼之疑。六四之爻變爲革，革則更衣也，更衣而後
與亡魂通矣。終日爲日落時，在日落西山時，陰魂出現，而有所戒。戒者齋戒也。

◎繻

　一‧布帛端末之識也。

　二‧程傳，四在濟卦，而水體，故取舟爲義。繻，當作濡，謂滲漏也。舟有滲漏，則塞
　　　以衣袽。

　三‧既濟六四繻有衣袽，繻爲帛邊，帛爲坤也。

　四‧既濟六四繻有衣袽，乾爲衣（袽爲衣中之絮）。泰爲坤乾，衣帛之象，成既濟，衣
　　　帛之乾坤毀裂。

　五‧漢朝以裂衣來做爲門關符信，裂帛也。
　　　坤爲衣，繫辭下二，黃帝、堯、舜垂衣裳而治，蓋取諸乾坤。既濟卦坎離爲乾坤相
　　　錯其間，有如裂帛。

　六‧易經只有既濟、乾說衣字。

　七‧繻是難衣，和袽都是破布，可以用來塞舟之用。

◎袽

　　　殘幣帛可拂拭器物也。

◎終日

既濟卦互離日而在下，離日已終，故曰終日。

◎戒

一・鳥也，易經說到戒之卦都有鳥象，或爲摸擬之象，所以可疑。

　　(一)戒爲節，節爲鳥象（詳本書節卦）。

　　(二)泰六四象曰：翩翩，不富，皆失實也。不戒以孚，中心願也。

　　(三)萃象曰：澤上于地，萃。萃爲澤旁之鳥。

　　(四)震上六，震索索，中未得也。震卦之蘇蘇、索索、虩虩，爲擬鳥飛之聲象，聲
　　　　音之戒也。

　　(五)小過九四，无咎，弗過遇之，往厲必戒，勿用永貞。指鳥高飛之戒。

　　(六)既濟六四，繻有衣袽，終日戒。象曰：終日戒，有所疑也。

二・祭神之戒

　　繫辭上，是故明於天之道而察於民之故，是與神物，以前民用，聖人以此齋戒。

三・除戒有戒心。疑，告上天，節，除戒之意。

四・戎字之義詳本書萃卦。

九五，東鄰殺牛，不如西鄰之禴祭。實受其福。
象曰：東鄰殺牛，不如西鄰之時也。實受其福，吉大來也。

　　既濟卦之濟，可說是祭。濟爲祭也，易經象辭時時言祭。又濟爲亨通，即享于鬼神。易經以貞正爲濟，是說祭神時得法、得時，則可以和神明相通。鬼神无常享，享于克誠，享德不享味。祭同而受福不同，以其時也。而易經是言時與位。

　　既濟上六已濟而驕，六四求濟而慎，故五之福獨施于四，又上六躋于高位，僭行郊禮，故神不亨。既濟初吉終亂，所以外卦不如內卦之吉。外卦三五爻互震爲東，二四爻互兌爲西，故東鄰之祭，不如西鄰之薄祭，實受其福。又上卦坎爲陰，鬼神所居者，二至上象坎，五與三相對，上下有兩坎，東西二鄰，而九五不如九三之得時。又三和五同功，也是鄰。三至五互離，離爲牛，禴祭殺牛，而三五共之。但上時不如下所得福大。

　　有關鄰字可以有很多解釋，最主要是說祭神時要講求合時宜，而不在乎地位和祭神時所供之供品厚薄。本爻變坤爲明夷，明夷爲誅，有誅必傷，所以殺以祭。明夷有義不食之象，是吾王好殺，而鬼神不來享其祭也。既濟已定，則必亂。而且上六躋于高位，僭行郊禮，故神不亨（乾離爲福）。實受其福，吉大來也。

◎牛

　　殺牛，既濟卦言東鄰殺牛，言泰變既濟之象，泰變既濟，泰之坤失變既濟之坎血，既濟之離爲戈，故有殺象。

◎禴

夏祭，祭之薄者。乾離爲坤，坤坎爲鬼，故言祭祀。

◎鄰

一・朋也。同類爲朋，乾、震、坎、艮爲同類，爲朋。

二・二離日出東方，東鄰之象。五坎月生西方，西鄰象。

三・坎以震爲東鄰，離以兌爲西鄰

　　(一)震在東，東震之鄰爲坎，兌在西，西兌之鄰爲離。坎離爲既濟，所以既濟卦有
　　　　鄰之象。

　　(二)坎以震爲東鄰。而離以兌爲西鄰。既濟卦上坎，爲東鄰，下兌爲西鄰。以文王
　　　　時，紂爲東鄰，而文王在西爲西鄰。紂王富而祭厚，但文王窮而祭薄，但文王
　　　　受福多于紂王。以坎在君位，即紂王當位者，而文王離以伐紂。這是既濟卦解
　　　　釋當時之政治情形。

　　(三)東鄰殺牛是天子郊祭。禴爲夏祭，也用太牢，但不如天子祭天。朱駿聲著《六
　　　　十四卦經解》，以爲紂王和文王是君臣，而且德行不同，不可以稱鄰。文王雖
　　　　儉，不會對祭神之事省。而紂王雖淫，未必會對祭神之事講究。

四・物以相鄰則互濟，即＜相濡以沫＞。

五・爻相隔爲鄰

　　(一)鄰：東震之鄰爲坎，西兌之鄰爲離。
　　　　泰之九二、六四相鄰（即相隔），而互兌。泰通既濟，泰六四互兌變濟六二，
　　　　爲互離、故離兌相鄰，而爲西（兌）鄰，言變爲兌之鄰也。

　　(二)泰六五與九三鄰（相隔），而互東震，泰之六五（互震）變濟既之九三互坎。
　　　　故坎震相鄰，而爲東（震）鄰。

　　(三)泰之六四，翩翩，不富以其鄰，不戒以孚。泰取歸妹爲通象，四以其鄰歸妹。
　　　　泰之四爲互兌，兌之鄰爲離，以泰之四來歸于歸妹，爲歸妹之三，三互離，先
　　　　天兌離互爲鄰，泰之上互震，即歸妹之互坎，泰之下互兌，即歸妹之互離。以
　　　　震坎變乾，以兌離變坤，卦爲乾坤，故泰四以其鄰。

　　(四)既濟至五，將反未濟。泰之過中，將反爲否。故九五不如六二之得時也。既濟
　　　　九五爲坎，來自泰之六五互震，爲東鄰，既濟之六二來自泰之九二（互兌西），
　　　　故既濟上卦九五與震鄰，下卦六二與兌西鄰，濟初吉終亂，故外卦不如內卦之
　　　　吉。故九五象曰不如西鄰之實也。

◎實受其福

　　既濟九五實受其福（乾離爲福）。既濟六二承三應五，皆泰乾之爻，故實受其福。

上六，濡其首，厲。
象曰：濡其首，厲，何可久也？

　　既濟卦爲涉川，所以用各種比喻來說明濟渡之原理。初九爲卦之始，所以說濡尾，是心有所懼，不敢遽涉。而上六是已涉，心志已實現，心存大意。又處高居盛，不久即又要陷險。這種情形可以和大過上六相比。大過在涉水時是玩得太過頭而忘了自身安危，而既濟是以爲涉過水了而不再有警覺心。易經以上六爲得位，因爲得位，而不再需要變改，所以大過上六滅頂，既濟和大過一是涉水，一爲玩水，都是陷溺。但既濟是把頭埋入水中而已，尙不至有生命之危。

　　濡首爲見尾不見首，指將頭（即上爻）埋在水中。既濟卦上六和乾卦有相呼應之處。乾卦初爻說潛龍，潛和濡正好互相應對。一是知道自己處境不好，而以无用自求生存，這是六十四卦初爻的道理。而在既濟卦上六即因爲位在高處不知已危而濡其首。濡首就是＜見尾不見首＞，這種情形和一個高高在上的人君，自得意滿，而不求改進，終日埋頭，沉溺在自滿的心境，終久要被消滅。

◎濡其首

　一‧濟爲濡，以九五之坎水濟上，上爲首。

　　　濟上六濡其首。濡者，九五坎水所濡者。既濟反未濟，濟而濡者，未濟可知也。

　二‧首：濟上六曰濡其首，首爲上。

　三‧濡的第二個意思是以既濟卦之二至四爻互坎，以坎來濟九五，而九五已是坎之中，所以說濡。

　四‧濡爲涉水。易經凡卦先天後天相合皆爲利涉，但是既濟上爻爲陰乘陽，所以說厲。濡字用來說明上爻似有沉溺之意，即狎水，所以說何可久。

◎厲

　一‧厲字之義詳本書噬嗑卦。

　二‧濟上六言厲，危厲之象，即所謂終亂者也。

　　　既濟言終亂，而節言止（坎之陽至兌上爻而止）。陰道貴其盡，陽道患其窮。節上坎下兌，節，止也。以坎之陽至兌上爻而至也。

䷿ 未濟

未濟，亨，小狐汔濟，濡其尾，无攸利。

韓愈：「說官怠于官成，病加于小愈，禍生于懈惰，孝衰于妻子。察此四者，慎終如始。」未濟爲六十四卦之終，易曰小狐汔濟，濡其尾。未濟以登岸爲終，而尾在易經亦可說是上爻。濡其尾，亦可以解釋爲登岸時，而其尾尙在水中，即幾乎要渡過水了。未濟之訓，依韓愈之詩可以解爲凡事要慎終如始，否則爲官因爲得了小官而不能再升，病是因爲小愈而拖延，禍事因爲輕忽而變大，人有了妻和子後對父母的孝心淡薄了。

不少先賢解濡其尾爲小狐不敢涉水，先以尾試之。未濟象曰柔得中，指的是六五陰居陽位而陽中。五爻是君位，得中，則既不柔弱无爲，又不是剛愎用事，有如小狐渡水，心虛而愼行。小狐尾毛既密又長，須豎起不使浸水，以免沉溺。要渡河先把尾揭起，害怕陷于險境，也害怕尾沾了水即无法過。小狐體弱，必待河水乾竭之時，才能安然過水。這是過淺淺的河川都會有的顧忌。但是尾揭則不能進行，因爲上卦離之中和下卦坎不交，所以小狐未敢冒險，而終于不能渡濟。

易經之濟，基本上並不一定要解釋成渡川，因爲卦中所說的川是很淺，動物也可以渡過的。實則，易經之濟最近的意思是祭神之祭，而小狐是祭神時溝通人神之間之狐仙。又狐字也包含莫測之靈氣，以及祭者不熟的鬼魂。因爲祭祀者發現有阻擾和先人之靈溝通的邪氣，所以既濟和未濟都說伐鬼方。

古時祭祀最主要是問宗族香火之繼承。未濟卦說小狐汔濟，艮爲狐，艮即少男，小狐汔濟是祭者求問是否會生男。而未濟卦是很不利於求問生男。未濟是由坎一陽中生，至離一陰中生，本爲陽亨，易經中凡是陽窮都是不利。未濟由陽至陰，陽已終而窮矣，所以雜卦傳說：未濟，男之窮也。男之窮，就是這一家人男性的承續發生中斷，有絕後的危機，所以說未濟。易經之濟字也可以解爲過河、出征、嫁娶、祭神。

◎未濟

一‧未濟相違。火炎上，水潤下，兩者相違。

二‧未濟亨。否卦所通，柔得中，天地交，故亨。

三‧濟，成也。六爻皆錯，故未濟。

四‧濟，渡也，即先後天八卦之周行經坎離。地天泰卦說馮河，坎卦說坎離濟。

五‧未濟類否，所以不過。卦否之五，否從不，不通。

◎亨

既濟小亨，未濟亨。

一・既濟內離，一陰中生，極則爲三陰之坤，陰道亨通，故亨者小。未濟內坎，一陽中
　　生，極則爲三陽之乾，陽道亨通，故未濟直謂之亨（異小亨，兌亨）。

二・既濟是小亨，道理詳既濟卦。未濟是待時而濟，所以尙未到了過濟之時，可以進入
　　亨通的況態，所以未濟亨通，而既濟小亨。

◎狐

　一・狐爲狐

　　　(一)睽上九，睽孤，見豕負塗，載鬼一車，先張之弧，後說之弧，匪寇婚媾，往遇
　　　　雨則吉。睽卦說睽孤，睽遇雨即濟也。睽孤即狐，未濟卦說小狐汔濟，和睽卦
　　　　上九意同。

　　　(二)不濟爲孤，既濟不孤
　　　　遇雨是相濟，睽中爻互既濟，又六三上爻互應，爲相比和之象。離遇坎，坎爲
　　　　雨，離坎相應，乾坤對待，故不孤。
　　　　易經後天之坎即先天之坤，先後天同位是謂合德，亦不孤也。

　二・狐爲坎

　　　(一)狐，妖獸。形能隱伏，坎爲隱伏，故坎爲狐。艮亦爲狐者，以純艮互坎。物之
　　　　穴居隱伏，往來水間爲狐。

　　　(二)未濟以下卦爲坎，坎爲狐。在下卦稱爲小，有如還未長大的狐。

　　　(三)未濟以濟渡爲喩，狐行走在水間。

　　　(四)坎爲心病，心病就是疑，狐多疑，即＜狐疑＞。

　三・艮爲狐

　　　(一)艮亦爲狐者，以純艮互坎。艮爲穴，爲山。狐，穴山而居，

　　　(二)未濟小狐，艮爲狐，艮爲穴，爲山。狐，穴山而居，艮爲少男，故爲小狐。

　　　(三)狐爲小男，即艮也
　　　　小狐爲少男：未濟曰小狐汔濟。未濟取否爲通象，否互艮，艮爲少男，故曰小
　　　　狐。小狐見之于否中，否二四互艮，而否在未濟中見。未濟之上卦爲離，離爲
　　　　乾即天，下卦坎即坤地，天地爲否。

　　　(四)解九二田獲三狐，艮爲狐，解自小過通，小過震艮，艮在三，爲三狐。

　　　(五)小過變解三互離，艮狐入離罔之中，故田獲三狐。

　四・未濟小狐汔濟。小狐汔濟：郭璞《洞林》曰：「小狐汔濟，垂尾累衷。」

◎汔

　一・汔爲幾
　　　未濟曰小狐汔濟，幾也。差一點兒即可爲汔。

　二・未濟取否爲通象，乾中有兌澤，由坤至乾必經兌，必濟兌澤也。汔濟，幾乎要通
　　　過。否變未濟，即幾濟也。此言由否變爲未濟。

　三・水涸爲汔，濟渡水邊水淺處爲汔。

◎濡

一・需爲濡

賁九三，賁如，濡如。賁爲濡，賁卦通濟卦，所以賁九三賁如、濡如。賁如、濡如爲盤桓不進，和未濟之「濡其首」、「濡其尾」之濡其意同。

二・未濟下坎，坎正爲濡。艮爲尾，故濡其尾。

三・小狐渡水，未下一步，先把尾放下，只沾濕，是爲濡。

四・又濡另一個解釋，是獸類要過河得把尾巴舉起來。

◎无攸利

一・歸妹无攸利

无攸利爲歸妹之象。未濟上離即震，下坎爲兌，有歸妹象，故象曰无攸利。

二・未濟三曰征凶，因未濟有歸妹之象。歸妹陰陽不交，陰又乘陽，未濟自否來，否亦陰陽不交，陰乘陽，故无攸利。

象曰：未濟，亨，柔得中也。

◎未濟亨

未濟亨，未濟象曰亨。未濟自否取通象，否天地不交，萬物不興，六二往五，九五來二，而成未濟，天地之氣已交，交故亨。

小狐汔濟，未出中也。濡其尾，无攸利，不續終也。雖不當位，剛柔應也。

◎无攸利

一・未濟就是无攸利。

二・未濟就是不利貞。易經以先天卦或先後天卦得生氣，天乙之位爲利貞，不利貞則无攸利。

三・臨六三，甘臨，无攸利。既憂之，无咎。象曰：甘臨，位不當也。既憂之，咎不長也。臨坤兌爲巨門，不利貞。

四・无妄上九，无妄，行有眚，无攸利。象曰：无妄之行，窮之災也。无妄乾震爲五鬼，不利貞。

五・頤六三，拂頤，貞凶，十年勿用，无攸利。象曰：十年勿用，道大悖也。頤爲艮震，六煞，所以貞凶。

六‧恆初六，浚恆，貞凶，无攸利，象曰：浚恆之凶，始求深也。恆震巽爲武曲，所以
貞凶。

七‧萃六三，萃如嗟如。无攸利，往无咎，小吝。象曰：往无咎，上巽也。萃爲兌坤巨
門，不利之貞。

八‧未濟，亨，小狐汔濟，濡其尾，无攸利。未濟小狐汔濟，未出中也。濡其尾，无攸
利，不續終也。雖不當位，剛柔應也。未濟爲坎離无攸利，坎離爲武曲之配。

九‧歸妹爲震兌，破軍之配，不利貞。歸妹之不利貞另有他義，詳本書歸妹卦。

生氣　貪狼　震木
　　　乾變上一爻

乾 兌	離 震	巽 坎	艮 坤
9 4	3 8	2 7	6 1

天乙　巨門　艮土
　　　變下二爻

乾 艮	兌 坤	巽 離	震 坎
9 6	4 1	2 3	8 7

延年　武曲　乾金
　　　變三爻

乾 坤	兌 艮	坎 離	震 巽
9 1	4 6	7 3	8 2

禍害　祿存　坤土

乾 巽	震 坤	坎 兌	離 艮
9 2	8 1	7 4	3 6

　　　變下一爻
火生於木必連　由恩生子　子害於恩（木受土害）

六煞　文曲　坎水
　　　上下皆變
　　　東西相剋

巽 兌	艮 震	乾 坎	坤 離
2 4	6 8	9 7	1 3

五鬼　廉貞　離火
　　　變上二

乾 震	巽 坤	艮 坎	離 兌
9 8	2 1	6 7	3 4

絕命　破軍　兌金

離 乾	兌 震	坤 坎	巽 艮
3 9	4 8	1 7	2 6

　　　變中一

◎**未出中**

未濟彖曰未出中。中者五也，未濟取否為通象，否四互艮，艮為狐。濟，否之乾坤中必濟兌澤，故小狐汔濟言四爻，未濟之四未出五，故未出中。

◎**未**

一‧未為坤，未濟為坤之濟也。未濟下為坎，後天坎為先天坤，坎欲上，上則濟。

二‧易經以未濟終，未字因而特別重要。在六十四卦之中有四十四個爻提到未。有關未字的原理，詳本書大畜卦。

三‧未為尾，為末，皆最後之意。

物不可終窮，既濟為窮，是以未濟接。

四‧未濟有待。未濟為否二之五，否象，否從不，未濟為不通，不通所以有待。

五‧未為妹，即歸妹。

六‧未為滅。

七‧未就是有所等待。

◎**不續終**

一‧未濟不續終，艮為終，坤大終，未濟取否為通象，否五之二，卦成未濟，坤變為坎，坤之三陰失其終，故不能接續以終也。

二‧終為不續，坤為終也。

三‧不續終即无後代，絕子絕孫也。

> 象曰：火在水上，未濟。君子以慎辨物居方。

◎**慎辨**

未濟彖曰慎辨，未濟取否為通象，否互艮，艮為慎。

◎**辨**

一‧剝為辨。辨之意在剝卦說之最明，詳本書剝卦。

二‧分水火為辨。

三‧艮為慎，慎即辨，所以未濟卦說慎辨。物以群分，方以類聚，故君子以辨之。

四‧未濟言辨物，辨物者，辨其物性之潤炎。

五‧辨是以同辨異。未濟水火象，而以火辨水，故離在上。以水辨火，故坎在下。

同人象曰：天與火，同人。君子以類族辨物。大有九四，匪其彭，无咎。象曰：匪其彭，无咎，明辨晢也。大有、同人上下皆為先後天相同之卦，事物以同辨異，所以同人說辨物，大有說＜明辨＞晢。

六‧辨是分上下，以離（禮）分上下

(一)履象曰：上天下澤，履。君子以辨上下，定民志。

(二)履大象象頤，頤上下相合卦，即取象爲咬合，如上下排牙齒。

七‧頤爲辨。頤卦大象陽包陰，反中孚之陰包陽，頤和中孚皆爲陽陰之辨。

履爲足，履卦象曰履。君子以辨上下，辨上下之間即剝。履大象頤，也是離（即二陽包陰），所以離即辨。離爲禮，禮，履也，知禮在于明辨是非。

八‧未濟卦說辨。履象曰辨上下，是說未濟之辨。未濟上爲火，下爲水，易經以水火爲辨。所以履卦履象曰：君子以辨上下，定民志。既濟，定也。易經在上下經中說到定的只有履卦。

九‧辨上下

(一)履辨上下。先天乾一兌二，後天乾六兌七，皆上下也。

(二)辨爲水和火不交，如同二人之言，一爲水，一爲火，交互往來。

(三)剝六二，剝床以辨，蔑貞，凶。剝所辨者，上下之辨，所以近災。

(四)繫辭上三，是故列貴賤者存乎位，齊小大者存乎卦，辨吉凶者存乎辭。繫辭分上下，辨吉凶也。

十‧辨則未濟。

十一‧辨，未濟象曰君子以愼辨物居方。離爲明坎爲知，故辨。

十二‧周禮保章氏以星土辨九州之地所封，也就是分封。封域皆有分星，這或許是後代以天星爲九州分野之稱。這種分法，一直流行到民國初年，星命家尚以此作爲論命之法(見徐樂吾命理著作)。

◎居方

一‧未濟象曰居方，未濟取否爲通象，否互艮，艮爲居。

二‧坎離爲方。天地以坎離爲方，一南一北。

未濟象曰：火在水上，未濟。君子以愼辨物居方。

易經以坎之方在上，即北。離之方在下，即南。未濟坎離，坎居離方，離取坎方。未濟言居方，居以方位之上下也。坎水宜上，離火宜下，而未濟反之，故君子愼辨物以居之也。

初六，濡其尾，吝。
象曰：濡其尾，亦不知極也。

未濟初六取否爲通象，否四互艮，艮爲尾，是指一家中最小的一位，或是可以接濟香火之人。未濟是取否卦爲通象，否字是泰之反，即地在上，而天在下。否卦初爻是儉德辟難，所以濡其尾，以避免得災。否卦中互艮，艮即尾，否卦變爲未濟是坎水濡之。否爲辟難，即消災，但因爲消災而變成不能濟渡，即造成无法得子，這是因爲不知坎在中做怪。

初六是柔爻，力量薄弱，如果冒然前進，不自量力，非要到不可，必然會引來災咎。

未濟初六變兌爲睽，兌爲金，金復生水，是助坎之力，破財而无法消災也。又兌爲折，損丁之象，更不利求子之問。變卦成睽，睽爲睽孤，孤爲家中犯姑惡，即不利子息。而睽卦是載鬼一車，是陰邪一路果然是不知其最終爲无後之命也。

◎尾

一‧未爲末，末尾，未爲尾，未濟爲易經之尾。

二‧躐後爲尾。履虎尾，六三自後躐之，故爲履虎尾。

履象曰：履，柔履剛也。說而應乎乾，是以履虎尾，不咥人，亨。

三‧初爻爲尾

尾：初爲尾也。遯初、未濟初、既濟初，皆曰尾。

四‧尾字之義詳本書遯卦。

五‧在後爲尾。比如四爻在五爻後，四爲尾。

六‧尾爲乾卦所說見首不見尾，這兒有乾卦的意思。

九二，曳其輪，貞吉。

象曰：九二貞吉，中以行正也。

未濟九二是駕車過河。未濟九二陽爻居陰位，是過份急迫。九二是有才力者，也是可以濟渡，但出發不得時。二以陽剛之才當未濟之時，居柔得中，因而宜往後退，而不宜往前進。

本卦未濟求問子息，其主要原因是前路被堵。全卦爻之陽爻被陰所堵，而陰爻被陽所堵，解決之法是要卸下阻擋之物。因爲九二爲坎在中之象，坎在下，不易上行，在未濟之時，不上行反而是好事，可以免去災咎。以退、以消，來排除无後路，或沒有後代之慮。得此爻之占，要丟棄身旁多餘之物，遠離不利之人，則可化凶爲吉。又九二變爻爲坤，卦成晉，坤卦在下卦有否象，否是反其道而行，和未濟之卦性相同，所以說貞吉。

◎曳

一‧坎爲曳

(一)坎初足不正，故爲曳輿。如坎居下，則三爻皆不正。所以不能行，曳也。

(二)未濟九二曳其輪，未濟下坎，坎爲曳

(三)曳其輪，車輪不前而後退之象。坎爲輪，未濟下爲坎。

(四)坎爲退。坎居既濟之上，易經坎之位在上，以退爲進，所以坎爲曳。

二‧曳即多眚

(一)未濟九二不正，行不正，則多眚。

(二)既濟初曳其輪，初自泰五下退，初承二，故初曳其輪。

(三)未濟二自否五下退，二正退爻，故二曳其輪。

三・易經卦以坎象輪和車，如果坎爲不正皆以輿曳比之。比如：

(一)睽六三輿曳。

(二)大畜九三日閑輿衛。大畜九三易四，變睽，睽四互坎，坎爲輿，多眚爲曳，故見輿曳。

(三)未濟九二象曰曳其輪，坎爲輪，未濟下坎，九二自否五來，言車輪後退之象。

◎貞吉

未濟九二貞吉。未濟坎居下，失正，貞而爲上，故貞吉。因爲未濟是既濟之反，易經說貞，即貞爲既濟，所以未濟之貞特別重要。九二貞吉，中以行正也，易經貞吉之用有下：

一・合乎始終則貞吉

(一)先天八卦以一爲乾始，巽爲終。恆卦二至四互乾，下卦巽，故從一而終。終則貞吉。

(二)恆六五象曰：婦人貞吉，從一而終也。夫子制義，從婦凶也。

二・陰以順爲吉

(一)恆初貞吉，初六順乎陽。

(二)家人六二，无攸遂，在中饋，貞吉。象曰：六二之吉，順以巽也。中互離，巽在下爲吉。

(三)姤初六，繫于金柅，貞吉。姤以巽在下，順上之乾爲貞吉。

(四)旅卦柔中而順乎剛，所以旅卦貞吉。

三・坤爲貞，貞則吉

(一)屯九五小貞吉，大貞凶。屯上爲坤，三、四、五互坤，坤爲貞，故爻辭兩貞字。

(二)復，一陽來復，曰元吉。姤，一陰來復，曰貞吉。所貞者爲坤陰，所以貞。

(三)賁九三，賁如，濡如，永貞吉。永貞者即坤用六利永貞也。九三變震，中爻二四互坤，三五互坤。賁卦三爻是變坤爲貞之一例。

(四)頤六五象曰：居貞之吉，順以從上也。坤爲順從，卦見順從爲貞吉。
　　頤六五坤順承上九之陽，得坤順承天之道。故貞吉。

(五)損上九貞吉，易以艮居上體者，六五順承上九，得坤陰之道，故貞吉。

(六)頤和革卦都說居貞吉。

(七)升六五，貞吉，升階。升巽在下。象辭曰：地中生木，君子以順德。坤在下貞吉。

四・易經卦變爲既濟，稱爲永貞吉。既濟之卦爲最正，所以永貞。

(一)賁九三永貞。貞上九爲上六，六五爲九五，得既濟卦，故永貞吉。

(二)大壯九二貞吉，九二失正，貞乾爲離，成水火之下卦，故貞吉。

(三)巽九五，貞吉。巽震錯三、上兩爻，九六相易，震爲離，巽爲坎，又以坎離互易，兩卦皆成既濟。九六各正，故貞吉。

五・比卦說比吉，凡事物可以相比則吉。
　　比六二，比之自內，貞吉。比之自內，不自失也。比六二變坎爲習坎，變坎內卦與外卦同比之象，故曰比之自內也。

六・易經之卦易於變爲既濟者都是貞吉，也就是很容易變爲水火相濟之情況。其中以未濟最容易，所以未濟九二、九四都說貞吉。

七・其他之卦如類似未濟卦也說貞吉。如合于相濟，是正面的貞吉。反之，也是貞吉，前者之貞爲合乎正位，後者爲可以更正。

八・巽卦接近相濟，所以巽卦用庚，庚者更也。巽卦先庚、後庚說的也是貞吉，所以巽卦九五貞吉。

九・未濟九二，曳其輪，貞吉，悔亡，志行也。未濟九二貞吉。未濟坎居下，失正，貞而爲上，故貞吉。未濟所說的貞吉是說坎居下，可以貞正。

十・未濟九四，貞吉，悔亡，震用伐鬼方，三年，有賞于大國。九四象曰：貞吉，悔亡，志行也。卦悔亡，即不會亡失，則可說貞吉。悔亡一辭詳革卦、巽卦等關於悔亡的解釋。

十一・貞吉亨：泰初貞吉，否初貞吉亨。泰初九得正，否初六失正，必貞之乃吉而亨也。否爲天地卦，乾坤在先天爲一元，所以否言亨，以乾爲始，坤爲終。

十二・先後天同位則貞吉

(一)謙六二象曰：鳴謙，貞吉。謙六二變巽爲坤，巽坤先後天同位則志合，故貞吉。

(二)豫六二，介于石，不終日，貞吉。六二變坎爲雷水解，坤爲坎，是先後天同位，故曰貞吉。

(三)賁九三，賁如，濡如，永貞吉。九三變震爲山雷頤，此爻先後天同位之卦，故辭簡。

(四)臨九二，咸臨，吉，无不利。象曰：咸臨，吉无不利，未順命也。臨爲坤兌，兌在後天爲巽順。

(五)遯九五貞吉。遯臨相錯（天山，地澤），惟以臨之二卦貞其九六，各成既濟，无陰長之患，然後吉也。

(六)臨初九貞吉，變坎爲地水師，臨兌卦變師坎卦，兌坎，此爻先後天同位之卦，故曰貞吉。

十三・卦貞成相濟爲貞吉

(一)巽九五貞吉，象曰：九五之吉，位正中也。
巽九五吉，以巽震互易成坎離，坎離互易成既濟。坎離交易，成兩既濟，故巽九五吉。

(二)咸九四貞吉，咸初四失正，初四相易，成相濟卦，乃吉。

十四・位中正皆曰貞吉

(一)豫六二位中正，故貞吉。貞坤爲離二，在日中，故不終日。

(二)頤，貞吉，觀頤，自求口實。陽養陰，下動上止，各得其正，則吉。
頤卦說養正則吉，養正即貞正，也就是上下得正。

(三)蹇六四象曰：往蹇來連，當位實也。蹇卦象辭曰：蹇利西南，往得中也。蹇當位貞吉。蹇六四象曰：往蹇來連，當位實也。蹇六四當位實，九三當位，

陽實也。而且二四互坎，中實也。又坎在上卦，九五當位，貞吉。

(四)需九五，需于酒食，貞吉，象曰：酒食貞吉，以中正也。需九五爲坎，五居中。

(五)初九，咸臨，貞吉。象曰，咸臨貞吉，志行正也。咸二爻爲陰，五爻爲陽。上下都中正，所以貞吉。就是位中正。

(六)需，有孚，光亨，貞吉，位乎天位，以中正也，利涉大川，往有功也。

(七)謙六二，鳴謙，貞吉，中心得也。

(八)解九二田獲三狐，得黃矢。貞吉。象曰：九二貞吉，得中道也。坎在下，可以解爲正。

十五‧爻得中又相應爲貞吉

遯九五，嘉遯，貞吉。遯九五嘉遯，乾爲嘉，剛當位應二，故貞吉。

十六‧卦貞而變離，離在下爲濟卦，所以下卦貞爲離有濟象，故言貞吉。

(一)蹇初六失正，貞爲離，六爻當位，故貞吉。

(二)解下坎貞離，九二成爲六二，得中道，故得黃矢，也稱貞吉。

(三)家人六二，无攸遂，在中饋，貞吉。家人卦下爲離，家之象。家以貞爲吉。

(四)大壯以利貞爲本，故直繫以利貞。大壯二曰貞吉，四曰貞吉悔亡，獨五不曰貞。大壯九二失正貞乾爲離，乃吉。

十七‧坤利永貞

坤用六利永貞，益六二永貞吉。下之三失正，二爲正，以二征（向上去改變三爻的陰陽爲征），卦得正，因爲是以坤來正，坤利永貞。易經下卦見離坤皆合既濟，所以稱永。

十八‧下爻和上爻易，以修正上爻之不正，下進上爲征，即正也。

(一)大壯九四貞吉，九四失正，有悔，貞四于五，故吉。

(二)晉六二貞吉，晉惟六二一爻中正，貞吉者，貞下卦坤之初爻三爻之不正也。

十九‧家人、中孚皆合濟象，易卦類家人而言貞吉者爲旅。

旅反家，旅卦貞吉，卦惟二、三兩爻得正，故旅貞吉。

二十‧未濟卦不正，所以貞吉。因爲貞吉，所以未濟爻辭多吉，生于憂患也。既濟爻爻皆正，反而爻辭少吉，死于安樂也。

◎中以行正

未濟九二曰九二貞吉，中以行正，以九二失正，上（曰行）爲九五，九五爲中，故曰中以行正也。

六三，未濟，征凶，利涉大川。
象曰：未濟征凶，位不當也。

未濟卦因爲有坎之險才未濟，如能出坎險，則可以濟。初爻爲濡其尾，有出行，但中爻止之，二爻見坎險而退，曳其輪。未濟初至四互坎，三至五互坎，三在兩坎之中，險之極，所以直稱名爲未濟。未濟之水火克戰于三四爻，六三以陰爻處在陽位，其柔質而緩，三之才德非能濟者，所以未濟六三曰未濟征凶。

變爻爲巽木，巽木在兩坎之中，是乘舟之象，有舟則可以渡矣。又三爻變巽木，則三五互爲兌金，金剋木，則木无法前行，所以征凶，即出征不利。本爻變巽，初到五互大過爲凶象。又未濟卦是說送女兒過河出嫁，變巽，巽反震，又兌妹在上，是歸妹不成。即想出嫁，而不能成事。

◎征凶

一・未濟上離即震，下坎即兌，故象曰无攸利，爻曰征凶。歸妹征凶也。

二・易經以歸妹爲征凶。歸妹爲鬼魅，征凶即以相剋之道去除陰邪之氣。歸妹震兌，以兌之妹剋震木，五行以金木不相諧，不吉，相剋之，可以調和。

三・征凶即甲以乙妹妻庚，凶爲吉兆。說明以嫁娶來消除家中凶氣，所以征凶是說嫁娶。

四・征凶之其他義詳大壯卦。

◎利涉大川

未濟六三利涉大川。未濟取否爲通象，否由坤至乾，必涉兌澤，此與同人、大畜、蠱之利涉大川同。

> 九四，貞吉，悔亡；震用伐鬼方，三年有賞于大國。
> 象曰：貞吉悔亡，志行也。

未濟九四貞四乃吉。九四貞爲六四，卦成蒙。蒙中有師，蒙二至四互震，蒙二至上互坤，坤爲鬼，坤爲土，而未濟卦九四變，二四互震，震爲木，以震木剋坤土，爲震用伐鬼。未濟卦以上下見兩坎，水多，四爻變，三五互坤土，土剋水，則坎水被剋，而震木不能渡水矣，所以要伐坤鬼。坤爲國，在上卦，稱爲大國。賞爲尙，即進神也。尙爲進，即震之長子可以進神主祭，而稱爲侯。以震剋坤土，是分封國土給震，這是完成繼承的使命。

易經濟卦說的都是祭祀，主要是爲了傳宗。九四震之長子並非是眞的，而是變爻之取代，所以卦辭說震用，用即代也。因爲如果一家有了長子，就不必去祭神求子了。這是先分封土地，來增加得子之可能性。九四因爲在祭祀中所見都是剋象，有剋即可以得，所以貞吉。坎爲月數六，六六三十六，三年之象。故三年有賞于大國。

◎鬼方

一・鬼方之義詳既濟卦。

二・鬼爲殺之旺者，即五行祿命之命理所言殺多變鬼。所謂殺即：

　　　庚剋甲　庚爲甲之殺

　　　壬剋丙　壬爲丙之殺

　　　甲剋戊　甲爲戊之殺

　　　丙剋庚　丙爲庚之殺

　　　戊剋壬　戊爲壬之殺

　　　乙剋己　乙爲己之殺

　　　丁剋辛　丁爲辛之殺

　　　己剋癸　己爲癸之殺

　　　癸剋丁　癸爲丁之殺

　　　戊剋壬　戊爲壬之殺

　三‧子平命理以殺不多而可用，則爲得子之象。

◎伐

　　未濟九四曰伐，伐其卦爻之失正者也。九四失正，故曰伐。

◎大國

　　未濟九四曰大國，九四失正貞爲六四，卦爲互坤，坤爲國，六四得位，爲大國。

◎有功

　　未濟九四三年有賞，四承五，五有功，故有賞。

◎賞

　一‧賞以春夏，刑在秋冬。未濟九四曰賞，古者，賞以春夏，刑以秋冬。未濟九四貞爲
　　　六四，以離夏變爲震春，正論功行賞之時。

　二‧離爲錫賞，未濟九四曰三年有賞于大國。未濟取否爲通象，下見坤，未濟上爲離，
　　　離爲賞錫。離爲王，日爲陽德，以上離錫下，下爲否之坤國，故有賞于大國。錫：
　　　離爲王，日爲陽德。晉上離，曰錫馬；訟互離，曰錫帶。未濟易既濟，以上離錫
　　　下。下爲否之坤國，故有賞于大國。離爲日，陽德也；坎爲月，陰刑也，凡錫賞皆
　　　離日之象。

　三‧功爲賞，賞爲尙，指往有功也。因坎爲勞卦，凡坎用事皆曰往有功，〈有功必賞〉。

◎震

　一‧震爲懼。

　二‧震爲諸侯，故大國。

◎志行

　　坎爲志，震爲行。四坎變震，故志行。

六五，貞吉，无悔。君子之光，有孚吉。
象曰：君子之光，其暉吉也。

　　既濟和未濟是互綜，所占者正好相對又互補。未濟六五柔爻居陽位，可比爲陰弱之暉光。光不強，而集中明亮。和午時之光強而散不同。未濟之光是漸漸明亮，所以有文明之象。而六五居中和九二互應，可以虛心接納九二，以期＜和衷共濟＞，和以剋伐求和諧，比如金剋木，以求金木相諧之作法不同。

　　本爻變乾爲金，火剋金，爲財象。乾爲君子，離爲光明，君子光明正大，柔爻得中，居中應剛而虛心求賢，即求九二之共濟，所以有孚。但變爻卦成訟，易經以中孚爲虛而浮，訟爲塡實，又風木入兌澤，爲舟入淵之象，不可不愼也。

◎君子之光

一‧離爲光

　　易經三爲人爻，九爲剛爻，居三爲正，剛正爲君子。未濟六五曰君子之光。貞未濟爲既濟，下離得正，離爲光，爲君子之光。

二‧君子之光，即君子之終

　　謙尊而光，卑而不可踰，君子之終也。離爲光，離在下爲謙虛之象，君子所以謙虛，是因爲他知道既濟會漸漸成爲未濟，而未濟也漸漸成爲既濟，有如光在最後要息時，乃能繼續明亮，這時的光輝要比日正當中時要難得。因爲在陰暗之中，看如不濟，而實在是漸漸在濟。所以君子之光是君子之終，終而復始之意。

三‧君子之義詳本書乾卦。

◎吉

　　未濟六五吉。未濟貞爲既濟，六爻皆正，故吉。

◎无悔

　　上九爲悔。未濟六五无悔，无所悔也。乾上九亢龍有悔，未濟六五承上陽，上爲悔，六五以陰相應，上九不亢，則无悔。

◎有孚

一‧相濟則有孚

　　未濟可貞爲既濟，上爲坎，坎有孚，所以未濟六五有孚。

二‧有孚之義詳本書中孚卦。

◎暉

　　光之本也。管輅曰：「日中爲光，朝日爲暉。」正以日中光散，朝日光歛。上離居下，二爲日中。初爲朝日，初二皆正。

> 上九，有孚于飲酒，无咎。濡其首，有孚失是。
> 象曰：飲酒濡首，亦不知節也。

　　易上經乾上坤下，離東坎西，爲先天之卦，說的是天地日月之四象，即山澤通氣，雷

風相薄而不相悖，火水相逮。後天之卦以六子爲用，下經首咸恆，終未濟。咸恆男女爲始，未濟說飲食。下經說的是人道，一爲天理，一爲人道。未濟卦是怕无後而祭神。飲酒爲祭祀之禮，一爲以酒敬神，一爲祭者飲之。如所求得神之應，祭者即可以飲酒，是爲孚，有孚，即可以濟，即通神明。被神接受，則可以飲酒，但飲酒者要知節，要有中介，而不能過量。上九濡其首是指沒有使用得當的飲器，而在傾杯入口時使酒流到頭面，沾濕了頭，這已不是謝神之飲，而是爲了嗜好而飲。因爲不知節，而不宜。不過未濟可以貞爲既濟，故无咎。

◎酒

一・坎爲酒，易經說酒皆有坎象。

　　(一)需六四，需于酒食。需上坎，爲酒，變卦成兌，兌爲食。

　　(二)比初六，有孚，比之无咎。有孚盈缶，終來有它，吉。象曰：比之初六，有它吉也。

　　(三)坎六四，樽酒，簋貳，用缶，納約自牖，終无咎。

　　(四)未濟上九，離在上而坎在下，坎不在上，所以說有孚失是，這是飲酒象。

　　　　未濟上九曰有孚于飲酒，上離貞坎，坎有孚，坎爲酒，故有孚于飲酒，俗說＜浮一大白＞，坎爲白。

二・未濟是坎在下，即飲酒不知節。未濟上九，離在上而坎在下，坎不在上所以說有孚失是，這是飲酒象。困卦坎酒在下，是未濟之象。因不知節而困，是困于飲食。

三・飲酒，水泉必香，火齊必得，酒必水火相濟。

四・未濟是說无水，酒以渡日。因只爲飲酒不能解渴，所以只是濡其首。

五・有孚于飲酒。

六・未濟六爻都有酒象，酒即坎。

◎缶

一・頤爲陽包陰，外實中空，爲缶象。

　　中孚體頤，所以中孚初六，有孚，比之，无咎，有孚盈缶。

二・震爲缶，屯初九純坎來，坎有孚，故有孚盈缶。

◎是

嗜也，嗜樂也。

◎孚

中孚大離象，未濟體離，而未濟、中孚兩卦皆辟復，故稱孚。

◎濡其首

未濟上九濡其首。乾爲首，下坎貞離，上九成爲九三，三亦互坎，有孚。九三爲乾首之爻，上又爲坎酒以濡之，故濡其首。

◎首

未濟濡其首。上九失正，下坎失正，貞離，上九成爲九三，卦成大離，互坎，有孚。

◎節

一・中者節也。未濟上九不知節，九三不中，故不知節。

泰爲歸妹通，互節。否爲漸通，互渙。渙節相對之卦也。

二・未濟上九說不知節。未濟上九爲六十四卦最後一爻。六十四卦以節終之，其節止之義也。

三・節爲介，古時飲酒皆有介。未濟卦上爻之三，則四成爲中介。

四・酒器爲爵，以鳥形。古之爵上有二支突出之物，可以介於飲者與面孔之間，其功用爲提示飲者不能過量，所以爲節制。

五・未濟和節都是以坎爲體，和酒有關。

繫辭上

第 一 章

天尊地卑，乾坤定矣。卑高以陳，貴賤位矣。動靜有常，剛柔斷矣。方以類聚，物以群分，吉凶生矣。在天成象，在地成形，變化見矣。

◎方

一・繫辭方以類聚。因天之方以類聚，而知乾坤之變化見矣。天之方位：東木、西金、南火、北水。東蒼龍、西白虎、南朱雀、北玄武，皆以類聚。

二・天施地生，其益无方。

三・乾直坤方：坤六二，直方大。乾爲直，坤爲方，故坤六二之動，直以方。

四・方爲方位或方向。

五・方之義詳本書坤卦。

是故剛柔相摩，八卦相盪。

◎剛柔相摩

摩爲摩，即觀摩。東西相對而互相附合，即金木相接。中孚九二，鳴鶴在陰，其子和之。我有好爵，吾與爾靡之。靡爲摩，即金木和鳴。中孚巽爲木，兌爲金，金木相鳴爲合。

鼓之以雷霆，潤之以風雨，日月運行，一寒一暑。乾道成男，坤道成女。乾知大始，坤作成物。

一‧鼓之以雷霆，潤之以風雨，日月運行，一寒一暑，此四句乃先天卦象。

二‧巽與震爲雷雨，鼓之以雷霆是說震和艮。天地之雷霆，鼓其陽以上行。雷震、艮霆，
依乎乾坤之象。

三‧陰潤下

(一)潤之以風雨：潤爲巽和兌，因爲陰下潤。

(二)潤之以風雨：天地之風雨下降，其陰以下潤，乃巽風兌雨，依乎乾天之象也。

四‧日月運行在天地。繫辭說日月運行，天地之日月東西運行，而一寒一暑，乃離日坎
月，居乎乾坤中之象。

五‧乾道成男，坤道成女

乾道成男：乾爲父，得道而成震、坎、艮三男，先天乾統三男。

坤道成女：坤爲母，得道而成巽、離、兌三女，後天坤統三女。

乾知大始，坤以簡能。

一‧乾知大始：後天卦陰以終成亥，戌亥正好是乾在後天所以居之地，所以乾知大始。

二‧坤居未申，皆已化成之也。

三‧坤作成物：物至未申皆已成就，坤化成之也。此爲後天之象。

四‧乾以易知，坤以簡能。易原于健，簡原于順，爲物不二，故其知易。无爲而成，故其
簡能。

五‧簡：平易不庇曰簡。

易則易知，簡則易從。易知則有親，易從則有功。有親則可久，
有功則可大。可久則賢人之德，可大則賢人之業。易簡，而天
下之理得矣。天下之理得，而成位乎其中矣。

一‧繫辭曰：易簡，而天下之理得。理得，故乾天成位于五，坤地成位于二，而二五亦
爲人位，乾二五皆曰大人是也。

二‧而成位乎其中：乾天成位于五，坤地成位于二。而二五爲人位，乾二五皆曰大人。
陽位成于五，陰位成于二，五爲上中，故曰成位乎其中也。

三‧乾坤之變化，象天地。乾坤之易簡象聖賢。

第 二 章

聖人設卦觀象，繫辭焉而明吉凶，剛柔相推而生變化。

◎剛柔相推

一・卦曰剛柔，從上推下，從下推上，所謂推而行之謂之通也。

二・剛柔相推生變化：剛推柔生變，柔推剛生化。剛柔既推移，陽則化陰，陰則化陽，所謂化而裁之謂之變也。

◎通

推而行之謂之通也。

是故吉凶者，失得之象也。悔吝者，憂虞之象也。變化者，進退之象也。

◎變化

一・乾爲變，坤爲化也。坤作爲物，作當爲化。作，化也。

二・變化者，進退之象也：變者，自无而有，天道之進象也。化者，自有而无，天道之退象也。

三・春夏爲變，秋冬爲化。息卦爲進，消卦爲退。陰可變陽，陽可化陰。

四・裁之謂之變也。

五・繫辭剛柔相推生變化：剛推柔生變，柔推剛生化。

六・繫辭三章曰爻者，言乎變者也。易中所言變者，皆變通之意與利貞之道。

◎虞

樂也。虞，致吝。

剛柔者，晝夜之象也，六爻之動，三極之道也。

◎剛柔

剛者，陽而明，地道之畫象也。柔者，陰而暗，地道之夜象也。

◎動

一‧通與變皆為動。

二‧動爻：易之繫辭皆出之動爻，即所謂繫辭焉而命之，動在其中矣。

三‧吉凶悔吝生于動者也。

◎極

一‧初四，下極；二五，中極；三上，上極。三極之道，即九六之道也。

二‧極數知來謂之占，極其數，遂定天下之象。

三‧凡數至三而極，如卦爻三變奇，則為老陽之九，陽數以九為極。

四‧九必動而變陰，三變皆偶，則為老陰之六，陰數以六為極。

是故君子所居而安者，易之序也；所樂而玩者，爻之辭也。是故君子居則觀其象而玩其辭，動則觀其變而玩其占，是以自天祐之，吉无不利。

◎居

艮為居。居為同在一起，居義見同人卦。居即同居，比如未濟言居方，是離居坎方，坎居離方。居之義詳本書同人和艮卦。

◎序

一‧易之序是指先天八卦乾、兌、離、震、巽、坎、艮、坤，和後天八卦坎、艮、震、巽、離、坤、兌、乾之序。

二‧易經所有之辭義都要合先天卦的序。比如利貞、利涉大川，都是要從先天卦之序來解。

◎觀

繫辭上二：是故君子居則觀其象而玩其辭，動則觀其變而玩其占。觀卦是指知道變通。變通可以知易道易卦彼此相通，即觀其會通。從會通來解釋易卦。

第 三 章

象者，言乎象者也。爻者，言乎變者也。吉凶者，言乎其失得也。悔吝者，言乎其小疵也。无咎者，善補過也。

一‧易經的卦象要從彖傳來看，而易辭的含意要從卦爻之變化來看。比如取互卦，變通卦、錯卦、綜卦來解。

二‧彖是總合各卦的精義和主要的象。而爻是把一個卦分開來看，並加以疏通，如此則可以旁通到其他卦爻看。彖的含意比較抽象，而爻的含義比較具象。

三‧八卦的解釋要從象來看，不可以不解象。漢朝的王弼不主張看象，是因為有人把易經胡亂以不合宜而籠統的象來解易，弄得不成體統。但是萬不可因噎而廢食，如王弼之掃象。其實易經之爻可以解釋的象，是有特定的原理，這也是筆者著此書的目的。凡古人所指的易經合於易理都可取，不合易理則可掃之。但讀易經而不釋象，是緣木求魚也。

四‧象是根據六爻的陰陽變化，有時陰爻之爻辭以變了的陽爻來解釋反而更合宜。爻有六畫，九六變化，故言乎變也。

◎吉凶悔吝

　　吉凶者，言乎其失得也。悔吝者，言乎其小疵也。无咎者，善補過也。

◎小疵

　　繫上曰吉凶者，得失之大端，悔吝在中，故曰小疵。

◎過

一‧凡卦爻九六失正為過，貞其九六乃无咎。故无咎者，善補過也。

二‧失位為咎，悔變而之正，故善補過也。過字之義詳本書大過卦和小過卦。

是故列貴賤者存乎位，齊大小者存乎卦，辨吉凶者存乎辭。

◎大小

一‧卦有陰陽，自有大小，卦有上下經，上經陽而下經陰，文王分經，正所以齊大小之卦也。所謂齊大小是指分上下經來看。

二‧上卦為大，下卦為小。陽爻大，陰爻小。而卦也有小大：陰卦小，陽卦大。

三‧善惡分界之處。繫上曰齊大小者存乎介，介者，是分別。介為隔，易經二爻為初和三之介，而三爻是二和五之介。二和五是上下卦之中，決定一個卦可不可以變為既濟。如能相濟為吉，不能為凶。所以辨吉凶要以分大小開始。

憂悔吝者存乎介，震无咎者存乎悔。是故卦有小大，辭有險易；辭也者，各指其所之。

一·震即恐懼修省之謂也。无咎曰善補過，恐懼故能修省。

二·是故卦有小大，辭有險易。辭也者，咎指其所之。

三·陰卦辭險，陽卦辭易。易之辭象皆出自動爻也。

第 四 章

> 易與天地準，故能彌綸天地之道。

一·易與天地準：準，則也。

二·彌是合萬爲一，渾然无欠。綸是分一爲萬，粲然有倫。

三·消息卦以六十卦司一歲，是其彌天地之道。以一卦司六日七分，是其綸天地之道也。

四·渾而合之就是約繁歸簡。

五·綸是條理經緯，就執簡御繁。研究易經只要把握根本原則，即无所不通。

> 仰以觀於天文，俯以察於地理，是故知幽明之故。原始反終，
> 故知死生之說。精氣爲物，遊魂爲變，是故知鬼神之情狀。

一·天文地理：天有日月星辰之文，以乾象之，仰而觀之，而祐其所以明。祐是指自天祐
　　之，即先天卦左右行之右。右行爲吉。佑同祐，易經天祐之祐字義詳本書大有卦。

二·原始：乾之初陽原于姤，二陽原于臨，三陽原于泰，四陽原于大壯，五陽原于夬，六
　　陽原于乾者。六陽盡，而入以死。

三·乾之初陽反于姤，二陽反于遯，三陽反于否，四陽反于觀，五陽反于剝，六陽反于
　　坤。坤爲終。凡事最後終歸一死，是易可知死生之說。

四·氣伸爲神。

五·乾坤交而爲泰。

六·精氣爲物是說坤卦。因爲陰的氣是精氣聚而爲物，有如女人之懷孕，物顯坤之情狀
　　也。而乾有象，要借坤以顯。

七·氣屈爲鬼。

八·陽爲魂，陰爲魄，遊而爲變，鬼之情狀也。鬼神是說深藏在事物之間不可測的現象，
　　即現代人類學所說的深層結構。

九·陰陽交合，物之始也。陰陽分離，物之終也。合則生，離則死。

十・原始返終：陰陽交合，物之始也。陰陽分離，物之終也。合則生，離則死。故原始返終，知生死之說。交泰時春也，分離時秋也。

十一・精氣謂七八也，遊魂謂九六也也，七八木火之數，九六金水之數，木火用事而物生，故曰精氣為物；金水用事而物變，故曰遊魂為變。

十二・木主生，金主死。木火生物，金水終物。

十三・遊魂謂之鬼，物終所歸，精氣謂之神，物生所信也（見樂記疏）。

◎魂與變

一・由乾變乾之十六變。易卦由十六變而成，謂乾一變姤、二變遯、三變否、四離觀、五變剝，上爻天也，故不變。而復下變四爻為晉，易章成有七焉。三變旅，遊魂入離宮，故聖人以火地晉為遊魂。二變鼎，一變大有不序他卦還入本宮，易章始成八卦，故聖人以大有為歸魂也。一共九變，萬物歸還理數以極。

		乾為 天	乾宮金		
第一變	乾之一爻變為	姤	乾宮金		
第二變	姤之二爻變為	遯	乾宮金		
第三變	遯之三爻變為	否	乾宮金		
第四變	否之四爻變為	觀	乾宮金		
第五變	觀之五爻變為	剝	乾宮金		
第六變	剝之四爻變為	晉	乾宮金	晉為遊魂	遊入離宮
第七變	晉之三爻變為	旅	離宮火	晉遊入離宮	
第八變	旅之二爻變為	鼎	離宮火		
第九變	鼎之一爻變為	大有	乾宮火	歸回乾宮	
第十變	大有之二爻變為離		離宮火		
第十一變	離之三爻變為噬嗑		巽宮木		
第十二變	噬嗑之四爻變頤		巽宮木		
第十三變	頤之五爻變為益		巽宮木		
第十四變	益之四爻變為无妄		巽宮木		
第十五變	无妄之三爻變為同人		離宮火	遊入離宮	
第十六變	同人之三爻變為乾人		乾宮金	歸回乾宮	

二・京房易經釋歸遊章，自他宮而入曰歸魂，自親宮而出曰遊魂，是往返之卦也。魂為神也，歸遊之，本從世而來，因變以立，遊魂之為象也。變遷而不恆，惶惑而不定。歸魂之為象也，志忐而不正，拘泥而不行，所以說歸魂不出疆，遊魂心不定。

與天地相似，故不違。知周乎萬物而道濟天下，故不過，旁行而不流，樂天知命，故不憂。安土敦乎仁，故能愛。

一‧乾知大始，故知周萬物，坤化成物，故道濟天下。其氣與天地不過也。

二‧旁行：夬、姤、剝、復四卦是乾坤旁行之卦也。蓋先天乾、坤、坎、離居四正，震、
　　兌、巽、艮居四旁，乾、坤與巽、兌、震、艮相遇，為旁行。復為坤震，剝為艮坤，
　　姤為乾巽，夬為兌乾。四卦以乾、坤和艮、震、巽、兌，為四時。這些卦都沒有坎。
　　坎為水，水為流，所以旁行為不流。

三‧剝、復、夬、姤四卦為沒頭沒尾之類，所以不流。

四‧夬卦因為兌為說，乾為天，故樂天知命。
　　姤卦說乾知巽命，故知命由姤而夬，為陰始終能樂也。能知，故不憂。

五‧安土：安土者剝卦也，艮止坤土，故安土。敦仁者，復卦，坤厚震仁，故敦仁。
　　坤建于亥，乾立于巳，陰陽孤絕，其法宜憂。坤下有伏乾，為樂天，乾下有伏巽，為
　　知命，陰陽合居，故不憂。安土謂否卦，乾坤相據，安土。

六‧旁行周知：主月五卦，爻主一日，歲既周而復始也。

七‧敦仁，泰卦也，天氣下降，以生萬物，故敦仁，生息萬物，故謂之愛也。

　　　　範圍天地之化而不過，曲成萬物而不遺，通乎晝夜之道而知，
　　故神无方而易无體。

一‧這一句繫辭是專說十二辟卦的。範圍天地之化而不過，曲成萬物而不遺，此言十二辟
　　卦。十二辟卦由復至乾六，息卦以震、兌、乾範圍坤陰姤至坤六。消卦以巽、艮、坤
　　範圍乾陽十二卦，或陽化陰，或陰變陽，天地之化，受其範圍而不過也。

二‧復一陽至乾六陽，為由夜至晝之道也；由姤至坤六陰，為由晝而夜之道。蓋陽生子為
　　復，陰生午為姤，通十二卦剛柔消長之象。通乎晝夜之道，即幽明之故，死生之說，
　　鬼神之情狀，通乎此，則无有不通矣。

三‧十二消息卦陰陽不測无方隅可定，惟變所適。

四‧消息：卦之消，即明之故，生之說，神之情狀，而晝之道也。卦之息，即幽之故，死
　　之說，鬼之情狀，而夜之道也。通乎消息之道，則天地之間，无所不通矣。

第 五 章

　　　　一陰一陽之謂道。繼之者善也，成之者性也。仁者見之謂之仁，
　　知者見之謂之知，百姓日用而不知，故君子之道鮮矣。

火爲繼，爲善；兌爲金，爲悅；木爲仁，爲震；知爲水，爲坎；五行之用在於土。坤爲土，即眾也。百姓爲眾，這是說陰陽五行與易的用處。

顯諸仁，藏諸用，鼓萬物而不與聖人同憂。盛德大業至矣哉。富有之謂大業，日新之謂盛德。生生之謂易，成象之謂乾，效法之謂坤，極數知來之謂占，通變之謂事，陰陽不測之謂神。

物无不備，故曰富有。日新，變化不息，故曰日新。生生之謂易，成象之謂乾，效法之謂坤。

◎生生之謂易
陽以生陰，陰以生陽，轉相生也。

◎極數
一・極數知來之謂占，通變之謂事。陰陽不測之謂神。
　　占用九六，九六者，陰陽之極數也。由七進九，而數極，陰主退。由八退六，而數極，占用九六，爲現在之象。而極則必反，陽極化陰，陰極變陽，爲將來之象，故極數知來之謂占。
二・神也者，變化之極，妙萬物而爲，言不可以形詰者也。

◎易无方
氣有動靜，而神則无動、无靜，而无不周。形有彼此，神則无彼无此而无不在。其體不可見，其用不可度思，故曰无方。

第 六 章

夫易，廣矣大矣！以言乎遠則不禦，以言乎邇則靜而正，以言乎天地之間則備矣。夫乾，其靜也專，其動也直，是以大生焉，夫坤，其靜也翕，其動也闢，是以廣生焉。廣大配天地，變通配四時，陰陽之義配日月，易簡之善配至德。

◎廣大
乾象動直，故大；坤形動闢，故廣。

◎禦

禦，止也。

◎遠

乾天遠，天高則不禦。禦，止也；遠，无所止也。

◎邇

邇，謂坤地，其德方，故正。

◎備

易廣大悉備，有天地（乾坤）人道，故備。

◎至德

一·太極也。易簡之善配至德。

二·乾坤以奇耦陰陽變通為震、兌、巽、艮，四卦為司春、夏、秋、冬四立之氣。

◎陰陽之義配日月

日月為離坎也，即乾舍于離，配日而居，坤舍于坎，配月而居。

◎變通

變通趨時：乾、姤、遯配夏，否、觀、剝配秋，坤、復、臨配冬，泰、大壯、夬配春。十二月消息卦相變通，周于四時也。

◎盈虛

復出震、臨見兌、泰盈乾、觀退巽、剝消艮入坤，是謂陽盈。姤遇巽遯侵艮、否滅坤、大壯反震、夬決兌就乾，是謂陰虛。此與日月懸象相應，是謂配日月也。

◎簡易

乾息為易，坤消為簡，至德太極也。禮曰至德，以為道本。

第 七 章

> 子曰：易其至矣乎！夫易，聖人所以崇德而廣業也。知崇禮卑，崇效天，卑法地。天地設位，而易行乎其中矣。成性存存，道義之門。

◎天地設位

一·後天坎離以先天巽艮相通而變，後天乾坤以先天兌震相通而變。後天艮巽，先後天皆相通而相對，此六卦皆縱對，以先天坎離相通而變，後天震兌，未申為天中，故以未申位坤，此為居人所設之位，故曰天地設位。

二·乾、坎、艮三皆天位，坤、離、巽三卦皆地位。震兌居中為赤道，為日月之門戶。

◎知崇禮卑

離南為禮，坎北配知，震東配仁，兌西配義，坎配知，知欲其崇，而坎位乾艮中，乾艮

皆天，故崇效天，離配禮，禮欲卑，而離位坤巽中，坤巽皆地，故卑法地。

第 八 章

聖人有以見天下之賾，而擬諸其形容，象其物宜，是故謂之象。

◎賾
　一・繁雜也。聖人見天下物類繁雜，擬諸形容，以肖物之狀。象其物之宜，以通物之
　　情，而象斯立矣。卦之象，皆深而窮究。
　二・多變爲賾。
◎象以物宜
　象取物爲宜，如剝曰觀象，小過曰飛鳥之象，噬嗑曰頤中有物曰噬嗑。

聖人有以見天下之動，而觀其會通，以行其典禮，繫辭焉以斷其
吉凶，是故謂之爻。

◎見天下之動
　爻也者，效天下之動也。觀陰陽之會通，使六爻各得中正之位，以行其典常之禮。嘉會
　足以合理。爻之得禮，則吉，失禮，則凶。
◎典禮
　出入以度，度即典禮也。天下之動，貞夫一者也，此所謂典禮也。

言天下之至賾，而不可惡也，言天下之至動，而不可亂也。擬
之而後言，議之而後動，擬議以成其變化。

◎擬議
　君子之學，其初擬議求合，其終變化无方，故擬議以成變化。

鳴鶴在陰，其子和之；我有好爵，吾與爾靡之。子曰：君子居
其室，出其言善，則千里之外應之，況其邇者乎？居其室，出
其言不善，則千里之外違之，況其邇者乎？言出乎身，加乎民，
行發乎邇，見乎遠。言行，君子之樞機。樞機之發，榮辱之主
也。言行，君子之所以動天地也，可不慎乎？

◎鳴鶴在陰

這一節說中孚互艮為君子。

◎賾

至賾而象物宜，至動而行其典禮。

◎千里之外應之

一・此行言中孚之卦也，句中有「君子」、「居」、「言」、「出」、「善」、「不
善」，中孚五互艮為君子，為宮室，為居處。兌為言，互震為行，為出。善為乾，
乾在巽兌之中，不善為坤，坤在震艮之中。震為百里，中孚之中爻互頤，有復剝
象，自復至剝，月卦為十，百里十之，故為千里。此言繫辭十節鳴鶴在陰句「善則
千里之外應之」。中孚以誠實相孚，不論應之遠近，其相孚者即相應，上在五外，
亦以誠實與二相應，況初之邇乎。

二・千里指上下卦之中爻相應，千里為遠。

◎樞機

一・樞機為弓象，坎為弓，中孚自睽來，離兌三四互坎。

二・樞動而戶開，機動而矢發，小則招榮辱，大則動天地。感應之最捷者，莫如言行
也，故繫辭說君子之所以動天地也，不可不慎。

◎榮辱之主

乾為榮，坤為辱。其義見繫辭上十章說中孚卦：「言行君子之樞機，樞機之發，榮辱之
主也。」兌為言，巽為風行，中孚兌巽為言行。樞動為門戶之動，即乾坤闔闢之道，不
慎則招榮辱。乾以發代表榮，而坤以收斂為辱。

◎動天地

風火家人動二，為孚，二為地。火澤睽動五成中孚，五為天，故動天地一句，是說中孚
由家人和睽變來之意。此語見繫辭上十章。

同人，先號咷而後笑。子曰：君子之道，或出或處，或默或語。
二人同心，其利斷金。同心之言，其臭如蘭。

◎同人

這一節說同人卦。

◎親

同人親也：同人以下四爻互家人，故曰親。

◎出

同人錯師互震，震爲出，同人无震，錯師，互震。

◎處

艮爲處，同人无艮，錯師，師中互震，震反爲艮。

◎或默或語

巽爲默，兌爲語，同人互巽，爲默，巽反爲兌，兌爲語。

◎斷金

乾爲金，同人由純乾變，乾變爲離火，火去乾金，爲斷金。斷金之象言同人爲純乾之乾變離。離爲戈兵，故言利。

◎同心

一・二人同心。坎爲心，同人錯師，師中有坎，坎爲心，在同人之中，故爲同心。

二・乾爲人，坎在師之二爻，故爲二人。

三・需上爻應乾三爻，曰三人。

四・損自泰變，損乾大三爻曰三人

◎其臭如蘭

臭，巽爲臭也。蘭爲草木，草木爲巽。

◎同人先號咷而後笑

一・同人五爻與二，未其先未同，故號咷，其後乃同，故笑。

二・同人不在形跡，而在心性也。

三・此一辭義詳本書同人卦。

初六，藉用白茅，无咎。子曰：苟錯諸地而可矣，藉之用茅，何咎之有？慎之至也。夫茅之爲物薄，而可用重也。慎斯術也以往，其无所失矣。

◎藉用白茅

這一節說大過卦。

◎苟錯諸地

初爲地，位至安，莫如地。

◎橈

一‧大過象棟橈者，以棟所任過重，故橈。

二‧大過象棟橈，以棟所任過重，故橈。而茅之爲物，雖薄用之，可以任重。天下事以剛承剛，則有傾折之患。以柔承剛，則无覆敗之憂。

◎茅

一‧茅之爲物薄，而可當重用。以剛承剛，則有傾折之患。以柔承剛，則无覆敗之憂。

二‧自古圖大事者，必以小心爲基，藉用白茅，无咎之道也。

　　勞謙，君子有終，吉。子曰：勞而不伐，有功而不德，厚之至也。語以其功下人者也。德言盛，禮言恭；謙也者，致恭以存其位者也。亢龍有悔，子曰：貴而无位，高而无民，賢人在下而无輔，是以動而有悔也。

◎勞謙

這一節說謙卦。

◎勞

坎爲勞，功勞也，五多功，四有功，地山謙，自水地比，雷地豫通，由水地，而雷地，而地山，是由五退四而居于三，此爲勞而不伐之象。

◎厚

有功而不德，厚之至。厚，坤也，厚爲不爭功。

◎禮

禮中有謙：繫辭上曰禮言恭，謙也者。禮和謙通，禮者，履也，而謙錯履。

◎亢龍有悔

子曰：貴而无位，高而无民，賢人在下位而无輔，是以動而有悔也。

◎高而无民

繫辭曰高而无民，陰爻爲民，乾爲純陽，故乾上高而无民。

◎賢人在下位而无輔

繫辭言九三之君子，與上敵應，故賢人（君子）在下位而无輔，是以動而有悔也。

　　不出戶庭，无咎。子曰：亂之所生也，則言語以為階。君不密則失臣，臣不密則失身，幾事不密則害成，是以君子慎密而不出也。

◎不出戶庭

這一節說節卦，孔子以言語當之。

◎節

一・不出戶庭，无咎是說節卦。節之內兌爲口舌，舌在內，故不出戶庭。

二・不出門爲節，詳本書節卦。

三・无言爲節。節，不出戶庭，无咎。節之內兌爲口舌，舌在內，故不出戶庭。

四・節爲階。繫辭子曰亂之所生也，則言語以爲階。階，四爻爲階位，三爲庭，此以室喻人之口也。故子曰言語以爲階，是慎密。階爲節也，故曰不出戶庭。

◎不密

繫辭曰君不密則失臣，臣不密則失身。此言泰卦變節也，泰中有天爲君，有地爲臣，變節，君臣象失。節中二爲兌，五錯兌，而四爲階（守口）。

> 子曰：作易者，其知盜乎？易曰：負且乘，致寇至。負也者，小人之事也；乘也者，君子之器也；小人而乘君子之器，盜思奪之矣；上慢下暴，盜思伐之矣；慢藏誨盜，冶容誨淫。易曰：負且乘，致寇至，盜之招也。

◎負且乘，致寇至

這一節說解卦和小過卦。

◎負

震即艮之背，負也。解上爲震，震背艮，下坎水，坎爲輿，乘者也。既負且乘，故致寇至。

◎致寇

一・小過也有解象。小過下爲艮，艮爲背也，上負九四，六二和三易，是變成乘二，這句是解釋「乘」字的意思。小過變解，解之六三「乘」坎（寇）之九二。繫辭這一段是說明小過和解互變。

二・二爲坎，坎輿也。小過三下二成坎，致寇之象。

◎藏

坤爲藏，慢藏誨盜：小過艮震中有坤，坤以藏之，艮震者，守藏者。艮變坎而坤藏，象失。上爲震慢，故慢藏誨盜。

◎冶容誨淫

小過互兌爲悅，變解，互變，爲冶。坎爲淫，以爻皆失正。兌爲教，故曰誨。

◎盜之招

易曰：致寇至，盜之招也。坎爲盜，艮爲手，艮致之，故曰招。

第九章

天一地二，天三地四，天五地六，天七地八，天九地十。天數
五，地數五，五位相得而各有合。天數二十有五，地數三十，
凡天地之數五十有五，此所以成變化而行鬼神者也。大衍之數
五十，其用四十有九。分而為二以象兩，卦一以象三，揲之以
四以象四時，歸奇於扐以象閏。五歲再閏，故再扐而後掛。

◎**天地**

繫辭上八曰：天一地二，天三地四，天五地六，天七地八，天九地十。一、三、五、
七、九爲天，二、四、六、八、十爲地。

◎**相得**

朱子曰一與二，三與四，五與六，七與八，各以奇耦相得。

◎**相合**

一・子曰一與六，二與七，三與八，四與九，五與十，各以五行相合。

二・五位爲五行之位：繫辭第八章曰天數五，地數五，五位相得而各有合。

三・甲乾　乙坤　皆得合木　天地定位也

　　丙艮　丁兌　相得合火　山澤通氣也

　　戊坎　己離　相得合土　水火相逮也

　　庚震　辛巽　相得合金　雷風相薄也

　　天壬　地癸　相得合水　言陰陽相薄而戰于乾

　　以上爲虞翻之說，以十數配干，又以一干配卦，則是卦之相合，非數之相合。

四・一六合水，二七合火，三八合木，四九合金，五十合土。

五・漢書五行志：「天以一生水，地以二生火，天以三生木，地以四生金，天以生土
五，位皆以五而合。」

六・李安溪稱：「天地之數各五列成五位，四方相生，是相得也。奇偶同居，是相合
也。」

七・數之相合：凡數相去五位氣即相得，如一至六爲五位是也。易中言相合者必相生相
比之卦。

　　(一)十數若一六爲水，二七火，三八木，四九金，五十土，皆一氣相比，故五位相
　　　　得。

　　(二)中數：一九爲太陽，四六爲太陰，二八爲少陰，三七爲少陽。一六合爲太陽合
　　　　太陰，二七合爲少陰合少陽，三八合爲少陽合少陰，四九合爲太陰合太陽。

　　(三)易經曰，各有合者，以一合四爲五，六合九爲十五，共爲天地之五十五數，一
　　　　太陽，四太陰，六太陰，九太陽，陰陽正配，而又以四九之金，生一六之水，

于西北方者也，以三合二爲五，八合七爲十五，共爲天地之五十五數。三少陽，二少陰，八少陰，七少陽，陰陽正配，而又以三八之木，生二七之火於東南二方也。一六合，二七合，三八合，四九合，五十合。止爲一氣相比。但是一四合，二三合，六九合，七八合，是爲五行相生。乃五行相生此經之所以言各有合也。

(四)洛書去十用五，播五行于八方，而其相對者即相合者也。凡生數之相合，皆參兩之合，爲五。數之合，類皆參伍之合爲十五，總其生成之合，爲五十五。

八‧天數二十有五，地數三十，凡天地之數五十有五，此所以成變化而行鬼神也。

(一)一三五七九，共二十五；二四六八十，共三十；天地之數爲五十五。

(二)天地十數，一六司各，三八司春，二七司夏，四九司秋，五十司季夏月令只言其成數。

(三)陽爲變，陰爲化，陽息爲神，陽消爲鬼，故所以行變而行鬼神也。

(四)在天爲變，在地爲化，在地爲鬼，在天爲神。

(五)鄭玄曰：「天地之數，五十有五，以五行氣通，凡五行減五，大衍又減一，故四十九也。」

九‧大衍之數五十，其用四十有九，分而爲二以象兩，掛一以象三。揲之以四，以象四時。歸奇于扐以象閏，五歲再閏，故再扐而後掛。

十‧一三五七九爲天，二四六八十爲地。

虞翻說：「天一水甲，地二火乙，天三木丙，地四金丁，五土戊，地六水己，天上火庚，地八木辛。天九金壬，地十土癸。」（注意在這兒五行互易）

◎大衍之數

即河圖之數。五其十，十其五，皆爲五十。

一‧太極一，兩儀一二，四象一二三四，八卦一二三四五六七八，乘之爲五十。

二‧五一得五，五二得十，五三十五，五四二十，共得五十。

三‧相對者皆爲五十，如：

五一如五，五九四十五，共五十。

五二得十，五八四十，共五十。

五三十五，五七三十五，共五十。

五四二十，五六三十，共五十。

乾之策二百一十六，坤之策百四十有四，凡三百有六十，當期之日。二篇之策，萬有一千五百二十，當萬物之數也。是故四營而成易，十有八變而成卦，八卦而小成。

◎四營而成易

一・營者，七、八、九、六也。七四二十八爲少陽，四八三十二爲少陰，四九三十六，爲老陽。九六變易，故四營成易。

二・成易：經謂成易，易者，變易也。經謂成易，而非成爻。四度營爲，方成易之一爻者。

◎十有八變

一爻三變，九變止成三爻，方得內卦，故十有八變，而一卦之六爻成。

> 引而伸之，觸類而長之，天下之能事畢矣。顯道神德行，是故可與酬酢，可與祐神矣。子曰：知變化之道者，其知神之所爲乎。

◎引而伸之

內卦成了以後，復求外卦，是引而伸之也。卦成而有動爻則有之卦，是觸類而長之。又引而伸之，是互卦，互卦，四爻，可引而伸爲六爻，觸類而長之，是先天後天同位之卦，同位爲類。乾離同位，同人曰類族。

◎相接爲觸

即先天卦乾兌、離震、巽坎、艮坤相接。先後天八卦兩卦在一起爲接解，兩卦相接，可以旁通--＜觸類旁通＞。

◎類

一・易經八卦先後天爲同位，或同宮曰類。

二・詞曰，觸類而長之，是先天後天同位之卦，同位爲類。乾離同位，同人曰類族。

◎神

一・神之所爲，變化也。神不離乎變化，惟知道者知之。

二・顯道，神德行。神者，易之主人也，人之與神如同賓主，可與酬酢。

三・祐，祐神，見繫辭。顯道，神德行，是故可與酬酢，可與神知矣。

四・六爲神

(一)祿命法有＜六神＞之說。

(二)河圖之數五十有五，以五居中，象太極，故尊五不用。而爲大衍之數五十，大衍之數，以一居中，象太極，故尊一不用，而其用四十九，此四十九數，用以揲著著，所揲之餘不一則二，不三則四，乃以一、二、三、四之生數，求六、七、八、九成數，而七八爲二少，不變化者，而九六爲二老，至變化者。九以陽化陰，則鬼之行也。六以陰變陽，則神之行也。

五・虞翻曰：「著稱筮，動離爲龜，龜稱卜。」

第 十 章

易有聖人之道四焉，以言者尚其辭，以動者尚其變，以制器者尚其象，以卜筮者尚其占。是故君子將有為也，將有行也，問焉而以言，其受命也如嚮，无有遠近幽深，遂知來物。非天下之至精，其孰能與於此。參伍以變，錯綜其數。通其變，遂成天下之文。極其數，遂定天下之象。非天下之至變，其孰能與於此？易无思也，无為也，寂然不動，感而遂通天下之故。非天下之至神，其孰能與於此？夫易，聖人之所以極深而研幾也。唯深也，故通天下之志；唯幾也，故能成天下之務；唯神也，故不疾而速，不行而至。子曰：易有聖人之道四焉者，此之謂也。

◎幾
　一‧動之微也，箸法占其動者也。
　二‧極深者理，故能通志，研幾者事，故能成務。

◎四道
　辭、變、象、占為易之四道。

◎嚮
　一‧其受命也如嚮，是用在祭祀時奉敬食物給鬼神，即＜尚嚮＞。此字義通亨。
　二‧上下卦有互應。
　三‧易經之卦占都是在說明占卜問神的方法。如果得法，則可以通鬼神而知未來。在問鬼神時，以酒食奉神，得到神明回應，即為受命如嚮。

第 十 一 章

子曰：夫易，何為者也？夫易，開物成務冒天下之道，如斯而己者也，是故聖人以通天下之志，以定天下之業，以斷天下之疑。

◎通志定業
　一‧箸用七，七象天之圓而神，故有以開物而通志。通志是指坎在五位，坎為志，為通。

坎在五爻之位，卦成既濟，則上下卦相通，這是通志的意思。

二・卦用八，八象地之方以知，故有以成務而定業。

三・爻用九六，兼天圓地方之道，變易不測，而常以吉凶之象貢之于人，故有以冒道而斷
疑。

◎神武

一・神武爲精於斷易。武爲兵，五行爲金，金斷物也。斷天下之疑者也。

二・神武，乾之謂也。睿知謂坤。

◎知來藏往

一・神以知來，知以藏往。易之六爻以順以數往，逆以知來也。

二・虞翻：「乾神知來，坤知藏往。庖犧在乾，五動而之坤，與天地合聰明，在坎則
聰，在離則明。」

◎方以知

一・卦之數，八八六十四，象陰方，爻位有分，因之以藏往知事，是卦之德方以知也。

二・坤德爲方。

是故蓍之德圓而神，卦之德方以知，六爻之義易以貢，聖人以
此洗心，退藏於密，吉凶與民同患。神以知來，知以藏往。其
孰能與於此哉？古之聰明睿知，神武而不殺者夫。是以明於天
之道，而察於民之故，是興神物以前民用。聖人以此齊戒，以
神明其德夫。是故闔戶謂之坤，闢戶謂之乾，一闔一闢謂之變，
往來不窮謂之通。見乃謂之象，形乃謂之器，制而用之謂之法，
利用出入，民咸用之謂之神。

◎蓍之德，圓而神

一・蓍之數七七四十九，象陽圓，其爲用變通不定，因之以知來物，故蓍之德，圓而神
也。

二・論衡卜筮篇曰：「夫蓍以爲言者也。龜之言舊也。明狐疑之事，當問耆舊也。」

三・蓍爲老，老神多知。李時珍本草綱目曰：「白虎通載孔子云：蓍之爲言者也。老人
歷年多，更事久，能盡知也。」

◎闔闢

一・虞翻曰：「闔闢，翕也。」

二・謂從巽到坤（巽、坎、艮、坤），坤柔象夜，故坤爲闔戶。闢，開也。從震到乾，
乾剛象晝，故以開戶也。陽變闔陽，陰變闢陽，剛柔相推，而生變化，消息卦即先
天卦，由此見。

是故易有太極，是生兩儀，兩儀生四象，四象生八卦。八卦定吉凶，吉凶生大業。是故法象莫大乎天地，變通莫大乎四時。懸象著明莫大乎日月，崇高莫大乎富貴。備物致用，立成器以為天下利，莫大乎聖人。探賾索隱，鉤深致遠，以定天下之吉凶，成天下之亹亹者，莫大乎蓍龜。

◎太極

太衍之數，五十有五，其用四十九，去一不用，以象太極。或曰乾為太極，為陽始之說。

◎八卦定吉凶

由震至乾，陰消陽息，吉所生也。由巽至坤，陽消陰息，陰所生也。

◎吉凶生大業

聖人吉凶與民同患，則有教民趨避之事，故生大業也。

◎法象莫大乎天地

天垂象，地效法。先天四正卦為天地日月。

◎變通莫大乎四時

一‧四時春夏秋冬。

二‧變者，震為一陽二陰變其中陰，則為兌。巽為一陰二陽變其中陽，則為艮。

三‧通者，艮上一陽，推而移下，則為震。兌上一陰，推而移下，則為巽。

四‧震為立春，兌為立夏，巽為立秋，艮為立冬。

　立冬至立春，氣之相通者，艮--震。

　立春至立夏，氣之相變者，震--兌。

　立夏至立秋，氣之相通者，兌--巽。

　立秋至立冬，氣之相變者，巽--艮。

◎懸象著明莫大乎日月

一‧朔至望，震兌乾三卦，由一陽而二陽而三陽之象著明。

二‧望至晦，巽艮坤三卦，由一陰而二陰而三陰之象著明。

三‧虞翻曰：「日月懸天，成八卦象。」

　三日暮震象，出庚。八日兌象見，出丁。十五日乾象盈，出甲。十七日旦巽象退，出辛。二十三日艮象消，出丙。三十日坤象滅，出乙。晦夕朔旦，出坎。象流，出戊。日中則離，離象就己，戊己土位，象見于中。日月相推而明生。

◎探

探賾索隱，探者，抽而出之也。隱者，僻。索者，尋而得之。

◎鉤深致遠

鉤者，曲而取之。遠，難至也。致，推而極之也。

是故天生神物，聖人則之。天地變化，聖人效之。天垂象，見吉凶，聖人象之。河出圖，洛出書，聖人則之。易有四象，所以示也。繫辭焉，所以告也。定之以吉凶，所以斷也。

◎**天生神物**

蓍龜也。

◎**易有四象**

四象爲陰、陽、老、少。

第 十 二 章

易曰：自天祐之，吉无不利。子曰：祐者，助也。天之所助者，順也；人之所助者，信也。履信思乎順，又以尚賢也。是以自天祐之，吉无不利也。

◎**天之所助者順**

繫辭十二章主要說大有卦。這一句言大有之象中有大有本象、大有錯比之象、大有互夬象、大有易履象。

一・順爲承上九：此言大有六五之陰順承上九之陽，故天祐而順。

二・履信思乎順：此言信和順之關係。順爲大有六五，信者，孚也。比五坎，有孚。

三・大有互夬，夬澤天，易爲天澤，履。履二五皆陽，陽實，故信。

四・履，柔履剛也。大有有履象，大有六五之柔，履下四爻之剛也。履卦的特質是尙賢順信。大有錯比，比坎心爲思，故履信思乎順。比下順從，故思乎順。大有錯比，比五爲坎，孚，二應之，四承之，故信。

子曰：書不盡言，言不盡意。然則聖人之意，其不可見乎？子曰：聖人立象以盡意，設卦以盡情僞，繫辭焉以盡其言，變而通之以盡利，鼓之舞之以盡神。

◎變通

繫辭十一章曰變而通之以盡其利，剛柔相推而生變化。剛柔者，通也。生變化者，變也。變止變一爻，通則變其兩爻。周易繫辭，既取變象，又取通象。

◎鼓舞

一‧見繫辭十一曰鼓之舞之以盡神。

二‧鼓：鼓其陽而爲陰。鼓，變也。

三‧舞者，顚而倒之，舞其上而爲下，舞其下而爲上。

四‧荀爽曰：「鼓舞者，鼓者動也，舞者行也。」三百八十四爻，動行相反其卦，所以盡易之神也。

◎情僞

情爲親也，如雜卦所說：「同人，親也；訟，不親也；親寡旅地。」

> 乾坤，其易之縕邪？乾坤成列，而易立乎其中矣。乾坤毀，則无以見易。易不可見，則乾坤或幾乎息矣。是故形而上者謂之道，形而下者謂之器，化而裁之謂之變，推而行之謂之通。舉而錯之天下之民謂之事業。

◎乾坤成列

一‧列，即爻位，乾坤成列者，天尊地卑，而天地之分以定。

二‧乾下坤上，上下爲一列。

三‧乾坤爲易之門，言各卦皆出入于乾坤也。

◎縕

一‧乾坤其易之縕，縕者，衣之著，无著不能成衣。无乾坤，不能成易，各卦陰陽皆中藏有乾坤也。

二‧凡易相錯，兩卦合之，仍爲六陰六陽，所以乾坤是易之縕也。

> 是故夫象，聖人有以見天下之賾，而擬諸其形容。象其物宜。是故謂之象。聖人有以見天下之動，而觀其會通，以行其典禮，繫辭焉以斷其吉凶，是故謂之爻。極天下之賾者存乎卦，鼓天下之動者存乎辭，化而裁之存乎變，推而行之存乎通，神而明之存乎其人。默而成之，不言而信，存乎德行。

◎德行

神而明之，存乎其人。默而成之，不言而信，存乎德行。

◎極天下之賾

天地萬物之事理，酬酢往來，千變萬化。又至動而難以占決，而以爻辭來發揚其原理，以助決斷。

◎鼓天下之動存乎辭

指的是象，因為象要動才可現。而要令象動，則先鼓之，即從乾卦之初為震起。又動另外一個意思是變爻，爻動則變，變則象顯。

◎化而裁之

一・陰陽合而變成另一種象，為化。但是不去加以裁量，會大而化之，不容易精準。應該因時地而制宜，當勿用之時即勿用。不泥于本卦之元亨利貞，則行之通達，而不阻滯。易經說勿用，是不宜以辭之字面意思來看，所以要加以裁量。

二・象之取用可以採天干五合而化來看。五合即甲己合而化土，乙庚合而化金，丙辛合而化水，丁壬合而化木。戊癸合而化火。

繫辭下

八卦成列，象在其中矣。因而重之，爻在其中矣。剛柔相推，變在其中矣。繫辭焉而命之，動在其中矣。吉凶悔吝，生乎動者也。剛柔者，立本者也。變通者，趣時者也。

◎**八卦成列，象在其中**

一‧先天卦，東南多澤，居之以兌；驚蟄雷鳴，居之以震；小暑風多，居之以巽。

二‧後天卦，坎離爲南北極，震兌爲赤道，日月所行，乾攜巽爲天綱，坤抵艮爲地維。

三‧先天離、坎爲日月之體，震、兌、乾三陽卦爲生明之象，巽、艮、坤三陰卦爲生魄之象，乾之三陽象月之望，坤之三陰象月之晦。

四‧虞翻曰：「象，三才也，成八卦之象。」乾坤列東（以納甲言，乾納甲，故乾坤列東），艮兌列南，震巽列西，坎離在中，故八卦成列。

◎**變在其中**

剛爻易而爲柔，柔爻易而爲剛，故變在其中。

◎**吉凶悔吝生乎動**

一‧變通二者，通者必變，而變不必皆通也。合通與變，皆謂之動。

文王繫辭因其動象而繫以辭，動而得，則吉；動而失，則凶。動而憂虞，則悔吝。

二‧這句話說的是人的命運。命者，卦爻之理。命其吉爲吉，命其凶爲凶。

三‧動是人的動作營爲，即趨吉避凶之道。因爲人一動，則吉凶生。動得對，則吉，動得不對，則凶。

◎**動在其中**

一‧動是指爻動。動者，不過兩爻，而其不動之爻與動之爻，有承乘比應之情，則亦以動爻之象爲象，而繫之以辭。故動爻在其中。易之辭象，皆出之變通。

二‧吉凶悔吝之辭，生于變通之象。合通與變，皆謂之動，故吉凶悔吝生乎動者也。

三‧虞翻曰：「動即是爻，爻也者，效天下之動者也。」爻象動內，吉凶見外。

◎**剛柔立本**

一‧乾剛坤柔，往來而成六十四卦。陽爻皆乾來，陰爻皆坤來。

　　　易中各卦所言變通之象，有取一卦來者，有取兩卦來者，有取三四卦來者，然皆爲
　　　近脈，若溯其本始，皆自乾坤來。故剛柔者，立本者也。

二・本是指原卦，即未變之前的卦。有剛柔以立本，才可以變通來趨時。時是指卦占所
　　據之節氣。

◎乾坤爲易之門

一・門是指開闔。

二・門之定義和用法詳本書艮卦。

◎變動趨時

一・變動趨時是說十二辟卦。坤、復、臨爲冬，泰、大壯、夬爲春，乾、姤、遯爲夏，
　　否、觀、剝爲秋。五十二卦皆由此十二卦來，故以趨時者。

二・趨時有作趣時，即取時。
　　占卜吉凶要看爻之變動，爻之變動之解釋要根據時令和時間。

> 吉凶者，貞勝者也。天地之道，貞觀者也。日月之道，貞明者
> 也。天地之動，貞夫一者也。

◎吉凶者，貞勝者也

一・貞勝：貞者，正也。辭有吉凶，不知吉凶，當先知貞不貞，惟貞，才可成。易有貞
　　而吉，貞吝，貞而悔亡。无悔，爻位之貞吉勝，貞凶亦勝。

二・易以貞乃勝。

三・貞勝之勝爲勝負之勝。勝是指消災之法，即厭勝之法。

四・來知德說一部大易皆利于正，就是以道義來配合禍福，不能如術家光談吉凶，而不
　　談道義。其實吉凶是存在道義，二者不應相悖。

◎天地之道，貞觀者也

一・坎離交而成既濟，乾坤者，天地也；坎離者，日月也。既濟剛柔正而位當，既濟于
　　定，定于一也。易中六十四卦，九六之爻，皆貞以既濟一卦，貞夫一也。

二・天地＜貞觀＞，日月貞明，即正大光明，吉凶可以明現。

> 夫乾，確然示人易矣；夫坤，隤然示人簡矣。爻也者，效此者
> 也；象也者，像此者也。爻象動乎內，吉凶見乎外；功業見乎
> 變，聖人之情見乎辭。

◎健與順

　　一‧乾爲健，易確然健貌。坤順，簡隤然順貌。

　　二‧易原于健，簡原于順。易中之陰陽爻必當其位，乃得健順之德。

◎功業見乎變

　　一‧易窮者變，變則通，通則久，通其變，使民不倦，神而化之，使民宜之，故功業見
　　　　乎變。

　　二‧功業是完成一件事。在易經之中有所謂大事，包括建國、征戰、祭祀、婚儀。事情
　　　　因爲變，才顯出原來的形貌。

◎聖人之情見乎辭

　　聖人吉凶，與民同患，故聖人之情見乎辭。

第　二　章

> 天地之大德曰生，聖人之大寶曰位。何以守位？曰仁，何以聚
> 人？曰財。理財正辭，禁民為非曰義。

乾大生，坤廣生，故天地之大德曰生。

◎財

　　兌爲財，萃爲聚，萃爲兌坤。

> 古者包犧氏之王天下也，仰則觀象於天，俯則觀法地，觀鳥獸
> 之文，與地之宜，近取諸身，遠取諸物，於是始作八卦，以通
> 神明之德，以類萬物之情。

◎觀象于天，觀法於地

　　天垂象，地效法，故觀象于天，觀法于地。

◎觀鳥獸之文

　　文是說天文，即鳥獸之象。東爲蒼龍，故震東象龍；西爲白虎，故兌西象虎；坤西南，
　　參爲虎首，故坤亦象虎。南爲朱鳥，故離南象雉。雉文彩，爲朱鳥也。

◎地之宜

　　地理各其所宜，如東方宜木，而爲震巽；南方宜火，而爲離；西方宜金，而爲兌乾；北

方宜水，而爲坎。東北、西南爲土，而爲坤艮，皆地所宜也。

◎近取諸身

乾上爲首，巽下爲股，乾巽相對也。艮剛爲背，坤柔爲腹，坤艮相對也。離火坎水，爲心腎之位；肝木肺金，爲震兌之區；脾胃則坤艮之土。

一‧身爲五爻，乾爲首爻。

　　咸其拇、咸其腓、咸其股、咸其脢、咸其輔，爲人身五爻。

　　艮其趾、艮其腓、艮其限、艮其身、艮其輔，爲人身五爻。

二‧剝卦：剝床以足、剝床以辨、剝床以膚。

三‧噬嗑卦：滅趾、滅鼻、滅耳。

四‧明夷卦：入於左腹。

五‧豐卦：折其右肱。

六‧夬卦、姤卦：臀无膚。

七‧既濟、未濟：濡其首。

八‧遯尾、鼎耳、壯頄、賁趾。

◎遠取諸物

一‧乾爲金玉，坤爲布帛。

二‧草：蒺藜、葛藟、茅茹、莽、莧。

三‧木：枯楊、苞桑、杞、果。

四‧鳥：鴻、雉、鶴、隼。

五‧獸：鹿、狐、　虎、豹。

六‧蟲魚：龍、魚、鮒、龜。

七‧六畜：牛、馬、豕、羊、雞、犬。

八‧器物：金柅、玉鉉、張弧、說輹、渙杌、剝床、網罟、舟，剡木爲楫、粔，耒耨、車輛。

◎以通神明之德

八卦爲天地日月山澤雷風，故以通神明之德。

◎作八卦

先天卦生于太極，是天定者，故八卦曰生；後天卦作于聖人，是人爲者，故八卦曰作。繫辭言於是始作八卦，爲伏犧之時已成後天八卦。

作結繩而為網罟，以佃以漁，蓋取諸離。

◎網罟

一‧重離之卦，二五反覆，巽繩之象，故繫辭下曰結繩。

二‧重離目目相承，象網罟。二互巽，巽爲草木，離爲鳥，故以佃。五互兌，兌爲水，澤巽爲，故以魚。

◎離

一‧古者網羅所致曰離。即詩經所說：「魚網之設，鴻則離之，有兔爰爰，雉離于羅。」

二‧這一節說離卦。

> 包犧氏沒，神農氏作，斲木為耜，揉木為耒，耒耨之利，以教天下，蓋取諸益。

◎取諸益

一‧益爲土木之互動。益變否爲木入土，種作之象。

取諸益是說益卦易爲否之象，益中之象爲木入土，動土，否象爲乾金剋木而成土，又否互艮爲手，以艮手去益之巽草。

二‧取諸益者，風雷二體皆木，中有坤田（風雷益，中互坤），上木入坤土，下木動土，爲耜（音私）耒之象。益自否通，以風之四陰爻移四爲初爻而成坤，卦成否，以乾金變作下卦之震木，而成坤土，故爲斲木。

三‧揉木爲巽象，巽爲工，爲曲直。益卦上爲巽也，巽爲曲直象。

耨者，互艮，艮爲手，以去巽草也。否象中互艮爲手，以否之艮易益之巽。

四‧這一節說益卦。

◎斲

音卓。耒首，斲木使銳，以爲之。耒耜柄，斲木使曲以爲之。

> 日中為市，致天下之民，聚天下之貨，交易而退，＜各得其所＞，蓋取諸噬嗑。

◎市井

先天卦離震之位，在上天值天市垣，故噬嗑象市。先天之巽，後天之坤，上值井宿，故水風象井。＜市井＞相近，噬嗑、井相錯。

◎日中爲市

一‧以天地否卦之初六移到噬嗑之六五，離日中于乾天，故日中爲市。日中者，離日居

於乾天也。

二・這一節說噬嗑卦。

◎噬（市）中爲聚

一・噬嗑自否通，移否之初于五，爲火雷，火雷二四互艮，爲止，故噬言聚天下之貨。交易而退：否與噬易，以否之九五易爲噬之初九，否之初六易爲噬之六，成交易而退，即五退爲初九之象。

二・大壯之易羊，旅之喪羊于易，即＜交易＞之易也。

神農氏沒，黃帝、堯、舜氏作，通其變，使民不倦，神而化之，使民宜之。易窮則變，變則通，通則久，是以自天祐之，吉无不利。黃帝、堯、舜垂衣裳而天下治，蓋取諸乾坤。

◎通其變使民不倦

一・變而通之，以盡其利，故使民不倦。

二・這一節說乾和坤，乾坤爲變通。

◎窮通與六爻

易繫辭曰，窮則變，變則通，通則久。凡陰陽爻窮於上者，必反於下，此爲窮則變也。變動之後，其陰陽爻必遍歷六位，此變則通也。變通之後，必息爲純乾純坤而後已，天地之道，恆久不已，此通則久也。

◎垂衣裳而治

乾爲衣，坤爲裳，法乾坤以治天下，故垂衣裳而治也。

◎神而化之，使民宜之

折中守舊，則倦；更新則不宜。凡事之情變其舊，使民不倦者，化也。趨於使民咸宜者，神而化之也。

刳木為舟，剡木為楫，舟楫之利以濟不通，致遠以利天下，蓋取諸渙。

◎刳木

木，巽象，見諸渙卦。渙自否變，否四陽爻移二，上卦乾成巽，下卦坤成坎，乾金變巽木，爲刳象。下卦坎水，巽在水上爲舟象。乾金入巽木，木變小，爲剡也。

◎刳木爲舟

　　渙二互震，震爲舟，浮以坎水，行以巽風，故渙，利涉大川。

◎以濟不通

　　這一節說渙卦自否卦來。

◎通

　　否不通，否卦變則通。否變渙爲通，言否變渙，否爲閉塞不通之象。變渙，坎爲通。
濟象見於漸卦，二五互未濟。此象見諸于否（天地）卦來爲漸（風山），漸來爲渙（風
水）。此爲濟象，漸中見未濟，故曰濟不通。

> 服牛乘馬，引重致遠，以利天下，蓋取諸隨。

◎隨爲服牛乘馬

　　一‧隨卦服牛乘馬，中有穿鼻之象。

　　二‧坤爲牛，見于否卦，否變震爲車，故服牛。乾爲馬，見否卦，引爲巽繩之象，見于
　　　　隨卦之上兌，兌反爲繩。隨四互艮，穿鼻之象。

　　三‧大車服牛以引重，小車則乘馬以致遠。

　　四‧這一節說隨卦。

◎致遠

　　乾爲遠，致遠之象見諸於天地否變爲風水渙。否上乾之九四來二，成風水，故致遠。

◎隨爲車

　　繫辭下曰隨卦服牛乘馬，言車之象。隨震爲車，兌亦爲車。困四曰金車，四爲兌。

> 重門擊柝，以待暴客，蓋取諸豫。

◎重門

　　言豫卦之象也。豫卦自復通，亦自謙通。復爲閉關（復，先王以至日閉關），覆也。坤
爲闔戶，謙之艮爲門。豫之震爲門，又互艮，艮爲門，故重門。兩艮對合，重門之象。

◎擊柝

　　象見諸於豫。豫上震，互艮手，震木有聲，艮爲小木，艮手擊之，擊柝之象。

◎暴客

　　見諸豫卦，豫之坤爲夜，互坎爲盜，艮爲客，待也。艮爲闇，＜守門者＞也，故以待暴

客，豫以待之也。

◎重門擊柝

柝者，兩木相擊，以行夜也。坤爲夜，震爲行，豫象。即夜行擊門也。

斷木爲杵，掘地爲臼，臼杵之利，萬民以濟，蓋取諸小過。

◎掘地

一・掘爲闕，艮爲闕。

二・斷木掘地見諸晉入小過。斷木取小過象，晉上之三爲小過，離木科上槁，離去上爻，故斷木。小過下艮爲手，上爲木，手持木象，晉下地，爲手持木入地穴，故掘地。又小過，上震木，杵象也。下艮之穴，臼象也，震出，巽入，艮穴下止，臼杵舂象。

◎杵

木出。

◎萬民以濟見晉卦

坤爲民，互未濟，故萬民以濟。

弦木爲弧，剡木爲矢，弧矢之利，以威天下，蓋取諸睽。

◎弦木爲弧

象見睽卦。坎爲弧，離爲矢，睽上離互坎弓，承以反兌之繩（巽），故弦木爲弧。

◎剡木爲矢

象見睽卦。兌爲金，離爲斧，離火爲威，大有五曰威，家人上曰威，皆離也。

◎威

離火爲威，大有五曰威，家人上曰威，皆離也。

上古穴居而野處，後世聖人易之以宮室，上棟下宇，以待風雨，蓋取諸大壯。

◎上古

遯反爲大壯，上古象見遯，遯乾在上，乾爲古，故爲上古。

◎穴居

象見遯，爲大壯之反。艮爲穴，乾爲野處。

◎後世聖人

見大壯卦。壯上爲震，震爲後世。易以宮室，宮室象爲艮，艮爲震之反也，故易以宮室。

◎上棟下宇

見大壯象。大壯上震，震木上橫，爲棟橫于上之象。宇，垂下也，象乾天之下垂，故上棟下宇見之大壯震乾象中。

◎壯上見風雨

壯卦互兌，反巽。兌爲雨，巽爲風。上震即艮，艮爲對待，待風雨也。无妄見乾人在路，乾爲野處，艮爲穴居。无妄反爲大壯，故易之以宮室。宮室者，大壯也。

古之葬者，厚衣之以薪，葬之中野，不封不樹，喪期无數。後世聖人易之以棺椁，蓋取諸大過。

◎大過

中孚交易爲大過。

◎葬

一・中孚入葬象：中孚反大過，大過棺象，反爲入土，此可能是懸棺之源由。

二・易言葬，繫辭取大過，而通中孚取象也。中孚巽兌中互乾，乾野，爲衣，中孚上兌爲木，互艮震，震爲木。薪，木也。艮爲封。

三・葬，藏也。藏爲坤象，見之中孚象。

坤在先天卦居艮震之中（巽、坎、艮、坤、震、離、兌、乾），中孚互艮震，中藏坤，故中孚有藏象，有葬象。

四・葬之中野見于中孚之象

艮爲厚，乾爲衣，爲野，中孚中巽兌，中爲乾，乾象在中，故爲中野。

中孚爲喪期：坤爲喪，日月爲期，中孚无坤坎。

喪期見中孚象，中孚自睽、家人來（風澤，火澤，風火）。

五・葬取象于大過。大過卦木上有口，乾人入中，上卦兌爲巽之反，巽爲木，下（內）卦爲巽，內爲木，棺象。上卦反巽木，外木爲椁象。

六・葬爲大過象：葬宜厚，故取諸大過。

◎不封不樹

一・不封不樹是說中孚卦。

二・中孚互艮，艮爲封。震爲樹，震兌爲毀決，爲附，故不封不樹。

三・中孚无坤坎之象，故不封不樹。

四・中孚言古之葬者。乾爲古，見巽兌中孚象中。中孚上巽下兌，中有互乾。中孚交易爲大過。

◎无期

中孚互坎離爲日月，象失則爲无期矣。

◎封

穿土爲封，古之窆（音貶）字。

◎棺槨

一・中孚爲棺槨。

二・易之以棺槨：內木爲棺，外木爲槨，棺槨象見於風澤卦和其交易卦之澤風，孚之巽爲過之兌，孚之兌爲過之巽，大過中互乾，乾爲人，人入過之中。

上古結繩而治，後世聖人易之以書契，百官以治，萬民以察，蓋取諸夬。

◎書契

一・易言結繩、書契，取諸夬，而實可通取姤象。詳本書姤卦。

二・契，書契者，刻木兩書一札，各執其一，後相考驗。

三・夬爲乾兌，乾兌同體，太陽至夬，復合爲一。

四・夬錯剝，坤爲文，書契之象。

夬者，決也，有書契事乃可決。取夬者，取其明決之義。

五・契刻也。金決竹木，爲書契象，易之夬，原取大壯變夬也。

◎上古

乾爲古，姤乾在上，爲上古。乾爲治。

第 三 章

是故易者，象也。象也者，像也。彖者，材也。爻也者，效天下之動者也。是故吉凶生而悔吝著也。

◎象

象以像物，故象也者，像也。

◎彖

彖者，材也。

◎爻

一‧爻也者，效天下之動者也。

二‧效天下之動：易以動立象。

◎吉凶生而悔吝著

吉凶悔吝因爲動而發生，所以吉凶生而悔吝著也。

第 四 章

> 陽卦多陰，陰卦多陽。其故何也？陽卦奇，陰卦耦。其德行何
> 也？陽一君而二民，君子之道也。陰二君而一民，小人之道
> 也。

◎陽卦多陰，陰卦多陽

震坎艮陽卦皆一陽二陰。巽離兌陰卦，皆一陰二陽。

◎陽卦奇，陰卦耦

一‧陽卦以一奇爲主，陰卦以一耦爲主。陽卦包卦震、坎、艮，陽卦之爻都是由五條構
成的，這是奇數。震卦一陽是一劃，二陰爻各二劃得四，共爲五條，是陽數。陰卦
包卦有巽、離、兌。陰卦之爻，每個都是四畫，是耦數。比如兌卦一陰爻是兩劃，
另外二條陽爻，各一劃，加起來是四畫。凡先天錯卦，其爻畫共九，四九三十六
畫。

二‧陰卦之爻，共爲四畫，耦也。凡先天錯卦，其爻畫共九。

第 五 章

> 易曰：憧憧往來，朋從而思。子曰：天下何思何慮，天下同歸
> 而殊塗，一致而百慮，天下何思何慮？

◎憧憧往來

一・咸卦憧憧往來，朋從爾思。繫辭下之憧憧往來是在解釋咸卦和姤卦之間的相接。

二・息卦始復終咸，消卦始姤終中孚。上傳七爻始中孚，下傳十二爻始咸，皆消息卦氣之終。咸姤之間，正陰陽往來屈信之地，咸下接姤復。

◎朋從

朋爲兌，見咸卦，九四來初，卦成坎離相濟。

◎一致

夫子曰：「天下事動皆貞一，何用其思慮哉。理本同歸，而人自殊塗。」意思是六十四卦其九六皆貞以既濟一卦，正殊塗同歸，百慮而一致者。

> 日往則月來，月往則日來，日月相推而明生焉。寒往則暑來，暑往則寒來，寒暑相推而歲生焉。往者屈也，來者信也，屈信相感而利生焉。

◎日往則月來，月往則日來

一・繫辭下說日月往來還是在說變既濟之道。

二・孔子在繫辭下解釋咸卦是從坎離變化來看。咸卦變爲既濟，是以咸卦初爻往四，與三變成離，故曰往。四爻來之初，與二成坎，故月來。初變之四，與上成坎，故曰往。四變之初，與三成離，故曰來。這個原理本書在同人卦（釋同人）和蒙卦（釋童），都提過。

二・繫辭下五是說咸卦。

◎屈伸

消息卦陰陽二氣具有往來屈信。息卦陽來陰往，陽在內爲主，陰在外爲客，故陽信而陰屈。消卦陰來陽往，陰在內爲主，陽在外而爲客，故陰信而陽屈。陰陽相感內外相推者也。

◎明生

一・既濟兩體，坎離，故明生。

二・既濟坎月上而離日下，爲月之望象，正日月繼明之時，故明生也。

◎歲成

既濟內卦，值戌月之終，外卦值亥月之始，陰陽消息至亥月而其氣已周，故歲成。

◎利生

繫辭下曰，屈信怠，相怠而利生。屈信者，消息卦氣至既濟，陰氣欲屈，陽氣將信，復之一陽將來復矣，故利生。

尺蠖之屈，以求信也；龍蛇之蟄，以存身也；精義入神，以致
用也；利用安身，以崇德也。過此以往，未之或知也。窮神知
化，德之盛也。

◎尺蠖之屈，以求信也
　一‧尺蠖之屈以求信，是說姤象。姤為乾巽，巽為蠱，為進退，蠱行一進一退。
　二‧尺蠖之屈，以求信也。夏至一陰始生，陰氣尚屈，至六陰之坤，氣乃信。
◎龍蛇之蟄，以存身也
　一‧龍蛇之蟄，以存身也：言復卦。復之震為龍，復即乾初，即潛龍之爻，復下伏姤，
　　　巽陰為蛇。
　二‧龍潛蛇藏。十一月陽氣伏，地下萬物蟄藏，故龍蛇之蟄，其蟄也正以存身也。
　三‧復卦為冬至，冬至一陽始生，陽氣尚屈，至六陽之乾，氣乃信也。
　四‧復為信，而姤為屈。以二氣，言復姤皆屈。
　五‧這句是說復卦和姤卦。
◎過此以往
　＜過此以往＞是說消息卦。復、姤二卦為陰陽之始，若過復、姤，自一陽以至六陽之
　乾，而終于咸，自一陰以至六陰之坤，而終于中孚。

易曰：困於石，據於蒺藜，入於其宮，不見其妻，凶。子曰：
非所困而困焉，名必辱；非所據而據焉，身必危。既辱且危，
死期將至，妻其可得見邪。

◎困於石
　艮為石，困自否通，否四互艮石，變困二為坎。艮為宮，否互巽為入，故曰入於其宮。
◎不見其妻
　困中四爻互家人，故言妻，家人有妻也。又離為火目，為兌澤所滅，故目无所見，而妻
　當凶。
◎非所困而困，名必辱。非所據而據，身必危。
　一‧非所據而據，身身必危：身和危皆坤象，否下卦為坤，坤之三下據二，而困之二為陽
　　　爻，非三之陰所據，故非據而據。
　二‧乾為名，坤為身，為辱，為危，非所困而困，名必辱。乾為名，困卦之三爻被四在
　　　外所困，而四在外體，失正，故非所困而困。

三．咸三入中宮，據二陽，居陰位，變，困即非所困而困。

◎死期將至

一．這是說困卦，因爲困爲睡在棺材。困六三從困辱之家變之大過，爲棺槨死喪之象，故曰死期至。

二．困互大過，三動又之大過，三互離，日坎月，離坎爲期，大過棺槨象，故曰死期。

易曰：公用射隼於高墉之上，獲之，无不利。子曰：隼者，禽也；弓矢者，器也；射之者，人也。君子藏器於身，待時而動，何不利之有？動而不括，是以出而獲，語成器而動者也。

◎射隼

一．繫辭言射隼，高墉，弓矢，器，孔子以解卦釋之。

二．隼：禽也，見坎象。解反爲屯，屯二至四互坤，爲器，爲藏，爲身。屯上坎爲弓，爲禽。

◎括

一．結也。又坤曰括囊。

二．動而不括，說的是解卦。解卦爲震動在險下，解六三爲悖逆之小人，上下卦交，易六三成爲上六，有陰險之象。動而射之，可以驅之。但是只是驅散，所以說不括。不括是說不是眞正傷之。括即結，了結也。

三．動而不括，括之義見解卦之說明。

子曰：小人不恥不仁，不畏不義，不見利不勸，不威不懲。小懲而大戒，此小人之福也。易曰：屨校滅趾，无咎，此之謂也。善不積不足以成名，惡不積不足以滅身。小人以小善為无益而弗為也，以小惡為无傷而弗去也，故惡積不可掩，罪大而不可解。易曰：何校滅耳，凶。

◎善積成名

善不積不足以成名：乾初曰，不成乎名，必積至三，陽乃成乾，則成名也。此言由復初之小善積至乾，而成名。

◎惡積滅身

坤爲身，積陰成坤。復震來以滅之，故惡積滅身。

◎**惡積罪大**

姤初爲惡，惡爲坤也。由姤一陰積至否之三陰，則惡積而罪大矣。

◎**罪大**

一・繫辭下五曰罪大不可解。坎爲罪，解卦九四互坎爲罪，陽大，故＜罪大＞。

二・解卦赦過宥罪。

三・罪大不可解：解卦象曰：雷雨作，解。君子以赦過宥罪。此卦言姤一陰爲小惡，至
　　否三陰，則積而罪。

◎**小善小惡**

小人以小善爲无益而弗爲，以小惡爲傷而弗去。復爲小善，姤爲小惡，陰息姤至遯，子
弒其父，故惡而不可掩。陰息遯成，以臣弒君，故罪大而不可解。

> 子曰：危者，安其位者也；亡者，保其存者也；亂者，有其治
> 者也。是故君子安而不忘危，存而不忘亡，治而不忘亂，是以
> 身安而國家可保也。易曰：其亡其亡，繫於苞桑。

◎**危者**

坤爲危。

◎**安其位**

乾之五，五爲安位。

◎**身安**

坤爲身，爲國。

◎**安身國家可保**

繫辭下曰，安身而國家可保。言否變爲漸之象。

◎**有命无咎**

否四曰有命无咎。否取漸爲象，否自漸來，漸其中有家人象（互家人），漸反復。

◎**其亡其亡**

一・否卦五曰其亡其亡，又否變漸（之漸），否上之乾四亡一（迷失到否之初爻），
　　卦成漸，故曰其亡其亡。

二・此言否變漸之象。

◎**苞桑**

一・繫于苞桑，見漸卦。漸四爲巽，巽爲繩，繫五。故曰繫。否中見漸象。

二・桑以養蠶，衣之所來。否爲上衣下裳。

子曰：德薄而位尊，知小而謀大，力小而任重，鮮不及矣。易
曰：鼎折足，覆公餗，其形渥，凶，言不勝其任也。

◎**德薄而位尊**

一‧鼎九四互乾，又九四失正，乾爲德，故曰德薄。

二‧鼎九四爲公侯之位，故尊。

◎**知小**

一‧知，見乾卦曰乾知大始。繫辭曰知小而謀大，言鼎卦之九居四，故知小。

二‧鼎二四互乾，往上，故曰謀大。

◎**力小**

一‧繫辭曰力小而任重，言鼎卦之象。鼎互大過，本末弱，故力小。力小爲鼎四爻之象。

二‧鼎力少：鼎卦五至成互大過，大過本末力少。

◎**任重**

一‧曰鼎象。鼎卦中承四陽爻，故任重。

二‧鼎力小而任重：鼎互大過，本末弱，故力小。中承四陽爻，故任重。

三‧鼎力少而任重：鼎初至五互大過，大過本末力少，但中互乾，乾以己任，故任重。

◎**刑渥**

用刑之屋也。繫辭曰其形渥，言鼎卦四爻之象。鼎卦四變艮曰：其刑渥，五變乾曰金
鉉，上變震曰玉鉉。

◎**德薄**

乾爲德，鼎九居四，曰德薄，以乾九失正也。

◎**位尊**

四爲公侯位，故鼎九居四曰德薄而位尊。

◎**謀大**

一‧兌爲知小，乾爲大謀。四在乾體，故爲大謀。

二‧乾爲知，爲大

　乾知大始，鼎九居四，曰知小而謀大。乾爲大，鼎九四互乾，故曰謀大。

◎**折足**

鼎折足。鼎互大過，顛，故折足，覆公餗。

◎**渥**

一‧易曰，鼎折足，覆公餗，其形渥。鼎四動之艮，艮爲屋。

二‧鼎爲屋中之刑：鼎四動之艮，艮爲屋。四互兌爲刑。故爲屋中之刑。

三‧鼎爲刑屋。

四‧鼎卦中用到之渥字，鄭玄作剭。九家易、京房、荀爽、虞翻、僧一行、陸希聲，皆
　　作刑剭。周禮有「屋誅」之說，即誅大臣于屋下，爲了怕露風聲。鼎卦四爻說覆公

餗，其形渥，是把王公之地位之滅亡，比如美食在屋中被處理掉了。餗字是美饌，為八珍之一，所謂「若三公傾覆、王之美道，屋中刑之」。鼎三足，為三公之象。至於刑字之義可見之《周禮天官宰》：「亨人，掌共鼎鑊，以給水火之齊，職外內饔之爨亨煮，辨膳羞之物，祭祀，共大羹鉶羹，賓客，亦如之」。

周禮把備辨膳羞，用鉶字，這個鉶字即易經繫辭說的「其形渥」之形，或「其刑剭」之刑。為何辨膳羞和用刑會扯在一起呢？讀者也許可以從古來即有的最凶的殺人方法，即鼎鑊大刑來聯想。因為這是把這看來完全風馬牛不相及之事，合在一起。照筆者的看法，古來鼎鑊的各種功能，包括大凶之事，都有宗教儀式的傳統。其目的還是一句老話--要消災。

> 子曰：知幾其神乎，君子上交不諂，下交不瀆，其知幾乎？幾者，動之微，吉之先見者也。君子見幾而作，不俟終日。易曰：介于石，不終日，貞吉。介如石焉，寧用終日？斷可識矣！君子知微知彰，知柔知剛，萬夫之望。

◎幾者動之微

震為幾，震為動。豫自復謙來，謙互復，復中有震象。

◎知幾其神

見復之象。復初為乾，乾為知（知大始），復中有震，震為動，動者，幾也。繫辭曰，知幾其神言復象也。

◎上交不陷，下交不瀆

一·這一句是說謙之象。

二·謙三互震，震為交（剛柔始交而難生），天地交……皆言震。謙下艮，艮為君子，謙二上交九三（上接震，震為交），兌說為諂，謙之艮為兌之伏，故上交不諂。

◎下交不瀆

一·瀆為疾。瀆，坎為瀆。復卦曰出入无疾，坎為疾。

二·瀆是不通，坎所瀆為陰爻。

三·易經說到不瀆就是无疾之意。瀆是出入被堵，復卦是出入无疾，而謙取復為象，也是无疾，即上下不被堵。所以瀆字是有出入之象，即復卦在消息卦中之主要卦象。六卦復、臨、泰、壯、夬、乾，巽為入，乾陽向坤地入也。消息陽入者，六卦姤、遯、否、觀、剝、坤，十二月卦陽入皆無坎卦，坎為疾。无坎，故出入无疾。无疾則不交，交則不瀆。謙之二在互震之下，震為交，故曰下交，下交復之初九，復之初有无疾之象，故謙亦言下交不瀆，不見坎疾之象也。

◎上交不諂

易經以震爲交。交即爻，爻效震卦之動。謙卦之艮爲君子，二在謙，上交九三，兌說爲
諂，謙艮伏兌，故上交不諂。

◎動之微

一・繫辭下說知幾、上交、下交、都是在說謙謙君子之道。

二・謙、復皆知幾也。復初爲震象，謙二下交震，謙復皆知幾。且謙二至上亦爲復，幾
者動之微，震之一陽動一于地下，故微。謙卦所說的知幾是從交復之道來，即謙卦
中所具的復卦卦象。而復是一陽來復之動，是微動，所以說知幾動之微。

◎不俟終日

終日曰離也，離初爲日出，二爲日中，三爲日終，六二居中，故不俟終日。

◎離

離爲介。離，間也。

> 子曰：顏氏之子，其殆庶幾乎？有不善，未嘗不知；知之，未
> 嘗復行也。易曰：不遠復，无祇悔，元吉。

◎庶幾

近道也。繫辭下五，顏氏之子，其殆庶幾乎？

◎知與不知

繫辭下五：知之，未嘗不知，知之，未嘗復行也。

◎无悔

繫辭不遠復，无祇悔。復自剝反，剝上爲乾，爲亢龍有悔之象。剝爲安于悔，剝反復，
故无安于悔。此言復之象。

◎復爲知

復以自知，復小而辨于物，故復爲知。繫辭下曰：知之未嘗復行。

◎不遠復

取象于剝反復之象。乾爲遠，復自坤反（消息卦由坤反到復），故不遠復。

> 天地絪縕，萬物化醇，男女構精，萬物化生。易曰：三人行，
> 則損一人。一人行，則得其友。言致一也。

◎天地絪縕

天地爲泰象。泰爲天地交，損爲男女，山澤通氣。山澤之氣即天地之氣，故言天地絪縕。絪縕爲交密之狀，醇厚而凝，天地以氣交，萬物化于氣中。男女以形，交萬生于中。此言泰損之象。

◎三人損一

一‧易曰：三人行，則損一人。一人行，則得其友。言致一也。三人（乾卦之象），乾卦變損，損去一人。

二‧男女構精：繫辭下泰三之上，爲損。艮爲男，兌爲女，男女構精爲損，損反爲益。

三‧一人行，則得其友：言泰變損象。損去九三，九三爲人，九三上行，卦爲泰，損之兌上行，兌得良友。

　　子曰：君子安其身而後動，易其心而後語，定其交而後求，君子修此三者，故全也。危以動，則民不與也。懼以語，則民不應也。无交而求，則民不與也。莫之與，則傷之者至矣？易曰：莫益之，或擊之，立心勿恆，凶。

◎君子安其身而後動

繫辭下五，言益卦。益風雷，中互坤。坤爲安身，震爲動，在互坤之下，故安其身而後動。

◎易其心而後語

坎爲心，益无坎，益渙來（風雷，風水），九二易爲初九，震爲後吉，故易其心而後語。

◎定其交而後求

一‧震爲交，益卦風雷，下震，初九得正，則位定。天地定位：下卦爲乾，故定。

二‧益卦二上互觀，觀反臨，雜卦傳，臨觀之義，或與或求，故定其交而後求。

◎无交而求

言否卦。否天地不交。

◎交而後全

交此三者故全：

一‧這是說君子之修身見于益卦。安其身而後動，易其心而後語，定其交而後求，修此三者而益道乃全。

二‧這一段是說否卦變爲損益之道。否上爻之初，卦變成兌震。兌爲損之上卦，而震爲益之下卦，這是否卦變成損上益下之道。易經否卦是不交之卦，以孔子說要先定其交而後求。震爲交，艮爲求，震爲益之下卦，而艮爲損之下卦，是先得益而後損。虞翻說這一段是孔子在說反損爲益，所成全的是把在上高而无位的否之上爻，變到

下來和下民（否卦下坤爲民）相交。自上下下，民說无疆。全其疆土，故曰全。澤地爲臨。君子以敎思无窮，容保民无疆。益卦彖曰：益，損上益下，民說无疆。自上下下，其道大光。

◎危以動

這句話是說否之象。否上爲傾否，故危以動。

◎懼以語

否上窮災，故懼。坤民否閉，故民不與。否四下之初，成益。否下之坤卦失，坤爲民，故民不應。

◎立心无恆

恆益爲交易之卦，繫辭下解益曰立心无恆。恆變益，故立心无恆。

◎民不與

一・繫辭這一句話是說否卦和損上益下之道，上爲君，下爲民，故曰民不與。上下不應，所以民不應，民不與。

二・繫辭說民不與是解復卦。復自否來，否上九高而无位，故危。坤爲民，否爲閉，故弗與也。

三・繫辭下前五章說復益解豫咸，鼎、損、否、困、噬嗑等爲消息之義。五章曰咸之貞爲既濟者，以明貞一之義。咸爲息卦之終。咸後即姤，既濟爲消卦之終。既濟後爲復，故下接言復姤之象，以明消息之義。

（一）此章引息卦五：十一月復，正月益，二月解，三月豫，五月咸。消卦五：六月鼎、七月損、否，九月困，十月噬嗑（无八月卦 七月二卦）。

（二）上傳中孚下六卦--息卦共三：二月謙，三月解，四月乾。消卦共三：七月節、同人，十月大過（无八月卦，七月二卦）。

第 六 章

子曰：乾坤，其易之門邪？乾，陽物也；坤，陰物也。陰陽合德而剛柔有體，以體天地之撰，以通神明之德。其稱名也，雜而不越，於稽其類，其衰世之意邪？

◎乾坤其易之門邪

乾坤爲陰陽所出入，易卦陽爻皆自乾來，陰爻皆自坤來，故乾坤其易之門。

◎陰陽合德

陽卦多陰，陰卦多陽，故陰陽合德。

◎剛柔有體

陽卦奇，陰卦偶，故剛柔有體。

◎撰

以體天地之撰。撰，事也，或曰數也。繫辭下傳第六章解易之變化：

一‧通易：復通爲師，曰長子帥師。履通爲小畜，曰密雲不雨，自我西郊。

二‧變易：豐四變明夷，曰遇其夷主。革四變既濟，曰有孚改命。

三‧對易：乾坤相對。

四‧反易：屯蒙相反。

五‧交易：屯解上下交易。

> 夫易，彰往而察來，而微顯闡幽。開而當名辨物，正言斷辭則備矣。其稱名也小，其取類也大，其旨遠，其辭文，其言曲而中，其事肆而隱，因貳以濟民行，以明失得之報。

◎變通

易有變通，則有往來。

◎往來

彰往而察來：往者在外，故曰彰。來者在內，故曰察。

◎易之取名小

易者，市井交易之稱。取名皆由小著眼。

◎易之取類也大

易之取類以天地日月，爲君父帝王，故類大。

◎肆

一‧事肆而隱。肆，陳也。事物畢其貌，故肆。義理幽深，故隱。肆也可以當疏講。

二‧事肆用白話說，就是易經常有在現實人生之中，用完全不存在的事來做爲比喻。肆就是放肆，放開想像力來想事情，即不合事理的講法。比如：人腹獲心、履虎尾、載鬼一車，可以說是肆。這是爲了說明一個易經的原理，而拿了幽深難測的事來比喻。事實上，易經中大部份的取象都不全然合乎常理，否則就不必有易理之必要。但是有些是太過份了，所以孔子在繫辭特別加上說明。這種話，或許對思想比現代靈活的古人是沒有這個必要的，但是對於思想愈來愈僵固的現代人來說，易經的每一個說法可能都要加上特別說明了。

◎貳

貳爲疑，因貳以濟民。貳，疑也。

◎曲而中

比如乾四，或躍在淵，无名。或躍而上居五，或退而在下，居初，在淵是言曲而在中。曲而皆无咎，則中乎義理也。

第 七 章

易之興也，其於中古乎？作易者，其有憂患乎？是故履，德之基也。謙，德之柄也。復，德之本也。恆，德之固也。損，德之脩也。益，德裕也。困，德之辨也。井，德之地也。巽，德之制也。

◎憂患

繫辭下六言作易者其有憂患，該章所言皆處于憂患之道：履、謙、復、恆、損、益、困、井、巽。

◎易之德

一・卦之德因上下卦而定。

　履，德之基：剛爲天德（乾爲天，乾剛）。

　謙，德之柄：謙上坤，坤爲柄。

　復，德之本：復初爲仁，仁爲德之本。

　恆，德之固：恆，終則有始，立易不易之方，德之固也。

　損，德之脩：損爲懲忿窒慾，德之脩也。

　益，德之裕：益之旨在遷善改過，故爲德之裕。

　困，德之辨：澤與水同爲一物，利於辨也。

　井，德之地：井改邑不改，井德之地也。

　巽，德之制：巽之旨爲二陽制初，如姤（天風）之繫，二之包，皆制初之陰。

二・易中凡言德者，皆陽爻。

履，和而至；謙，尊而光；復，小而辨於物；恆，雜而不厭；損，先難而後易；益，長裕而不設；困，窮而通；井，居其所而遷；巽，稱而隱。

◎履和而至

兌者和之至也。履自高至下，自夬上至三爲履，故和而至。

◎謙尊而光

　　一・尊而光。尊，乾天爲尊。謙无乾，自謙和剝通，剝上爲乾，天之尊，可爲典要，唯變所適。

　　二・謙尊而光，卑不可踰，君子之終也。

◎復小而辨於物

　　復一陽曰小，臨二陽曰大，復自剝反，剝以陽居陰，復以陽居陽，是能辨陰陽之物者，故小而辨於物。

◎雜

　　易於陰陽爻失位爲雜：

　　一・比如蒙初、二、三、五、上，五爻皆失位，雜卦曰蒙雜而著。

　　二・恆卦初、二、四、五，四個爻皆失位，故曰恆雜。

◎先難後易

　　先難，言損卦自泰通之象。損自泰通，損乾而益坤也。內先受損，故先難外後受益，故後易。受損難而受益易之義。

◎長裕而不設

　　即天地設位之設。八卦之乾坤爲天地，離坎爲日月，艮兌爲山澤，皆設以定形。惟風雷以氣用，而不設以定形。用之不竭，故長裕。視之无形，故不設也。

◎窮通

　　一・繫辭下，困，窮而通，言困自否通之意。否上爲窮陽，乾上亢龍有悔，窮之災也。

　　二・否變困，以上來二，成澤水困，下卦成坎，坎之通也，故窮（否之上九）而通。

　　三・困卦象窮而通。繫辭，困，窮而通。

◎井德之地

　　井，居其所而遷，言泰卦變井。泰九居初，居得其所，自初往五爲井，井五位中正，遷而得地，此與益四利用爲依，遷國之象同。

◎益爲遷國

　　井改邑，益遷國。益六四，利用爲依，遷國。益自否來，否以四益初，四下初，坤之三陰同時上進，坤爲國，有遷國之象。

◎巽稱而隱

　　一・稱，各得其位爲稱。言巽訟通之象。訟之上九來三，初三往四，上九和六三各得其所，即各爻都歸於正位，故巽爲稱。

　　二・就是謙卦所說的稱物平施。謙與履易，履一陽五陰，謙一陰五陽，以謙之陰益履，實以履之陽益謙，二皆成三陰三陽，稱物平施也。

◎隱伏

　　坎曰隱伏，以乾之上下二陽隱坤陰之下，而爲坎。巽曰隱伏，以乾之一陽，伏於坤之下（消息卦，乾之一陽伏於坤，卦成巽），故巽爲伏。坎以乾之上下二陽伏於坤陰之下，而爲隱伏。巽自訟來，以坎之隱伏爲巽之伏，故巽稱而隱。

履以和行，謙以制禮，復以自知，恆以一德，損以遠害，益以
興利，困以寡怨，井以辨義，巽以行權。

◎**履以和行**

　一‧履者，禮也。和為貴，故履以和行。

　二‧謙履相錯，九六交易，故履以和行，謙以致禮。

◎**謙以制禮**

　禮言恭，謙，恭也。致恭以存其位，故謙以制禮。

◎**復以自知**

　復有不善，未嘗不知，知之未嘗復行，故復以自知。

◎**損以遠害**

　損，懲忿窒慾，皆損其德者，故損以遠害。

◎**巽以行權**

　巽稱而隱，凡人稱（秤）物，必有權以行之。巽之德能進能退，正所以行者。易中各卦
皆貞以既濟，惟巽五，貞吉，无初有終，先庚三日，後庚三日，吉。庚者，震也，震巽
相錯，九六相易，震貞為離，巽貞為坎。庚者，震氣，先庚者，坎之六三為震爻，爻值
一日，故先庚三日，後庚三日。純離之卦，惟下三爻得正，純坎之卦，惟上三爻得正。
巽貞為坎，貞者上體，而下體非貞，故无初有終。初即上坎，終即下坎也。坎離交易，
終成既濟，巽所之坎，皆在上體，亦无初有終，故吉。巽貞既濟，必先變坎，此正巽之
行權也。以上九卦---履、謙、復、恆、損、益、困、井、巽是聖人所作以明處憂患之道。

第 八 章

　易之為書也，不可遠。為道也屢遷，變動不居，周流六虛，上
下无常，剛柔相易，不可為典要，唯變所適。其出入以度，外
內使知懼。又明于憂患與故，无有師保，如臨父母。　‧

◎**屢遷**

　易道尚變，故屢遷。

◎**周流六虛**

　卦雖六位，而剛柔交畫，往來如寄，六位皆虛也。

◎**上下无常**

一上一下，剛易爲柔，柔易爲剛，其上下无常者推而行之欲通也。其剛柔相易者，化而裁之之變也。通與變，皆謂之動。

◎**典**

易，不爲典要。典，常也，要約也。易屢遷无常，故不可爲典要，唯變所適而已。

◎**出入**

一‧復言出入，泰否言內外。

二‧十二辟陽爻，入者六爻，出者六爻。陽爻在內，則陽道之長；陽爻在外，則陽道之消。其消長皆以法度繩之，故知懼。

初率其辭，而揆其方，既有典常。苟非其人，道不虛行。

◎**辭**

辭，彖爻也，方向也。學易之初，惟循其辭，以揆度其意之所向，則變易之中，自有不易者在。既而自有典常在矣。

◎**既有典常在**

易經之爲書上下无常，剛柔相易，因爲太多層面，不可以當做典要來看。讀易經最怕是只知其一，而不知其二，以偏概全。但是繫辭是聖人之說，其辭可以揆出入以度。

第 九 章

易之為書也，原始要終以為質也。六爻相雜，唯其時物也。

◎**原始要終**

易之爲書，必推原卦之所始，要約卦之所終，以始終之卦，參觀爲辭之體質。比如歸妹爲泰之始。泰貞既濟，既濟爲泰之終。既濟，初吉，終亂，既濟自泰來，泰爲既濟之始。終亂者，既濟終反未濟，未濟爲既濟之終。

◎**質**

一‧以始終之卦爲質。

二‧泰之辭象以歸妹，既濟爲之質。既濟之辭象以泰、未濟爲之質。因爲歸妹爲泰之始，既濟爲泰之終。

> 其初難知，其上易知。本末也，初辭擬之，卒成之終。若夫雜物撰德，辨是與非，則非其中爻不備。噫！亦要存亡吉凶，則居可知矣。知者觀其彖辭，則思過半矣。二與四，同功而異位，其善不同；二多譽，四多懼，近也。柔之為道，不利遠者，其要无咎，其用柔中也。三與五，同功而異位。三多凶，五多功，貴賤之等也。其柔危，其剛勝邪？

◎其初難知

卦初爻時物難知，上爻時物易知，以初本上末。

◎非中爻不備

一‧易之互卦有三法，中四爻互一卦，下四爻互一卦，上四爻互一卦，惟中爻不用本卦。下四爻互者，則用下卦，上四爻所互者，則用上卦。

二‧易之辭象多取諸互卦，所以解易不能不看互卦。

◎互卦

易之互卦有三法，中四爻互一卦，下四爻互一卦，上四爻互一卦。中四爻互者，二與四同為一卦，三與五同為一卦。上四爻互者，四即二爻，五即三爻，故二與四同功。

◎多凶

易以六四承九五皆不吉而无凶。其以九四承六五，則凶者多矣。

◎譽

二多譽，四多懼。當位用事，則有譽。

◎五多功

凡人事之大者，若初上則為无位，往往有事外之象。此言互卦，中四爻互，所以為備者，蓋當位用事則有譽。不在其位，不謀其政。

第 十 章

> 易之為書也，廣大悉備。有天道焉，有人道焉，有地道焉。兼三才而兩之，故六。六者，非它也，三才之道也。道有變動，故曰爻；爻有等，故曰物；物相雜，故曰文；文不當，故吉凶生焉。

◎文不當，故吉凶生焉

當不當，以時義。言時義得，則當，不得，則不當。

第 十 一 章

易之興也，其當殷之末世，周之盛德邪？當文王與紂之事邪？是故其辭危。危者使平，易者使傾，其道甚大，百物不廢。懼以終始，其要无咎。此之謂易之道也。

◎危者使平，易者使傾

有心有危懼，故得平安。心有慢易，必傾覆。

◎過

凡九六有不當者，即過。必貞九六歸于无過。故曰无咎者，善補過。危懼，震也。

第 十 二 章

夫乾，天下之至健也，德行恆易以知險；夫坤，天下之至順也，德行恆簡以知阻。能說諸心，能研諸侯之慮，定天下之吉凶，成天下之亹亹者。是故變化云為，吉事有祥；象事知器，占事知來；天地設位，聖人成能；人謀鬼謀，百姓與能。八卦以象告，爻象以情言，剛柔雜居，而吉凶可見矣。

◎健

乾德至健，惟健能行于險中，而不為險所陷。險中情，健則知之。

◎德行恆簡

坤德至順，故其行簡。惟順則能行于阻中，而不為阻所止。

◎天地設位

天設位于五，地設位于二，天地成位于中。聖人亦成能于中，惟中故庸。

◎人謀鬼謀

凡卜筮之事，先謀諸人，然後謀諸鬼神。

◎剛柔雜居

象即剛柔雜居也。

◎情

爻象以情言（繫辭下），情即吉凶之可見者也。

變動以利言，吉凶以情遷；是故愛惡相攻而吉凶生，遠近相取而悔吝生，情偽相感利害生。凡易之情，近而不相得則凶；或害之，悔且吝。將叛者其辭慙，中心疑者其辭枝，吉人之辭寡，躁人之辭多，誣善之人其辭游，失其守者其辭屈。

◎變動以利言

一・八卦之象，剛柔變動爲之也。爻既變動，象自有所利。如：屯，利建侯；蒙，利用刑人；需，利涉大川；訟，利見大人。都是以動之利者言也。

二・變動以利言：八卦之變動，有利，有不利。睽自大畜變，亦自中孚變。大畜變者，三四失正，不利者也；中孚變者，柔進居中，利者。故睽象多以中孚言。比如：睽象曰同居，同居者，同人之象也。睽通中孚，中孚互艮震，艮即乾位，震即離位，爲天火同人，故曰同居。

天地睽而其事同也：同，天火也。睽通中孚，中孚互艮震，天（艮爲乾）火（震爲離）同人之象，故其事同。

睽象曰：上火下澤，睽。君子以同而異。同而異：睽，君子以同而異。睽通中孚，中孚爲同。

◎情

一・易之各卦皆自有其情，如：

乾曰：旁通，情也。

天地萬物之情可見（見咸、恆、萃卦）。

大壯曰，正大而天地之情可見。

二・情，狀也。鬼神之情狀。

三・利貞，性情也。

四・設卦以盡偽，情爲眞。

五・比應之情。

六・聖人之情見乎辭，聖人之情是聖人想說眞意。

七・卦因情遷而吉，吉凶亦因以變遷。卦之情不吉，因遷變而成爲吉。比如，震之六二，以柔乘剛，无吉。但復二休復吉，因爲復之情爲反，而復六二休復，不反，故吉。各卦皆以九二多吉者，而節二不出門庭，凶。因爲節之情止，節二不出門庭故凶。

八・情遷

　　各卦以六五應九二爲吉，但師卦五長子帥師，弟子輿師，貞凶。弟子師輿之情遷。

◎愛惡相攻而吉凶生

卦體相生相比則相愛，相克相傷則相惡。

◎辭可相人

將叛者因爲悖理則其辭慚，中心疑者語多失要則其辭枝，吉人因爲學養深則辭寡，躁人氣動則辭多，誣善之人无實以疑人則其辭游，失其守者強說而无據則其辭屈。

說卦傳

> 昔者聖人之作易也，幽贊於神明生蓍，參天兩地而倚數，觀變於陰陽而立卦，發揮於剛柔而生爻，和順於道德而理於義，窮理盡性以至於命。

◎奇偶

一・奇數始于參，偶數始于兩。

卦	陰數2	陽數3	共得
坤三陰	3乘3得6		6
艮兩陰一陽	2乘2得4	1乘3得3	4加3＝7
巽兩陽一陰	1乘2得2	2乘3得6	2加6＝8

其他依此類推。

二・參伍以變：陰陽合參得伍。陰為兩，陽為參，參兩合而為五。每爻可得參變，共一十五。

◎倚數

一・參數倚兩，兩數倚參，故陰陽可變倚。

二・依也。

◎參天兩地

這句不能當做三天二地之三。參者以參數倚兩，兩數倚參也，參也有參加之義。

◎和順於道德

一・和為合一也。

二・易經說的道德指的是八卦之德：乾健、坤須、坎孚、離明、震動、巽入、艮止、兌說。

◎窮理盡性

八卦爻爻有理。初二爻為地，剛柔之理也；三四為人，有仁義之理；五上為天，則有陰陽之理，即命也。

第 二 章

　　昔者聖人之作易也，將以順性命之理。是以立天之道，曰陰與陽；立地之道，曰柔與剛；立人之道，曰仁與義。兼三才而兩之，故易六畫而成卦。分陰分陽，迭用柔剛，故易六位而成章。

◎立人之道

　　人在六爻之中是三四兩位，立人之道即以三四爻來看。易經說三五同功而三多凶，四多懼。因為人生為憂患開始，一生都在凶和懼之中，故孔子以立人之道曰仁，與義來解決人生疑難。性命之理性的理為人道，生命之理為天道。地有剛柔，人有仁義，天有陰陽。

◎三才而兩之

　　三畫之卦，天地人各一位，六畫之卦，天地人各二位。兼三才而兩之也。

◎分陰分陽

　　言六畫之卦，陰陽各半，初、三、五為陽位，二、四、上陰位，陰陽各半，故分陰分陽。

◎迭用陰陽

　　言爻位有六，其陰位（二、四、上）皆可居以六，亦可居以九。陽位（初、三、五）皆可居九，亦可居以六。剛柔互用，迭用陰陽。

第 三 章

　　天地定位，山澤通氣，雷風相薄，水火不相射。八卦相錯。數往者順，知來者逆，是故易逆數也。

◎不相射

　　一・乾坤上爻往來而成艮兌，故曰山澤通氣。乾坤下爻往來而成坎離，故水火不相射。

　　二・射者，及也。

　　三・說卦：水火不相射。先天離東坎西，坎下潤而不及東之離，火上炎而不及西之坎，故不相射。

◎天地定位

　　乾上坤下，天地定位。因為六子陰陽皆由乾坤往來而成。

◎神以知來

先天八卦圖，自乾數向坤卦（乾、巽、坎、艮、坤），爲右至左，皆未生卦。如從今日逆計來日，自坤數向乾，爲左至右，皆已生卦（坤、震、離、兌、乾）。如由今日復數到昨日，曰神以知來。神爲乾（乾圓而神也），知以藏往，坤方以知也。

◎數來者順，知來者逆

一·下至上爲順，上至下爲來，爲逆。

二·由先天八卦看數往知來：順數往則順：自伏羲畫卦，始畫卦由太極，而兩儀，而四象，而八卦，皆自下畫向上，故以下至上，爲往，爲順。上至下爲來，爲逆。

三·往者順，來者逆

由後天八卦看，後天八卦左四陽卦，震離至乾，自下而上，爲順以往，皆已生卦。乾至震，自上而下，爲逆以來，皆未生卦。右四卦，巽、坎、艮、坤，坤至巽，自下而上，爲順以往。巽至坤，自上而下，爲逆以來，皆未生卦。數往者順，謂順以數之，皆已生卦。

四·伏羲畫重卦，先內卦，後生外卦，故爻自內推向外。也就是已生之爻，此即數往者順。自外推向內，也就是未生之爻，即是知來者逆。

五·易用逆數，不用順數。何謂順數？以順爲順，以逆爲逆即爲順，即照順逆之本來運行。可謂逆數，即以順爲逆，以逆爲順也。比如文王繫卦，初、二、三、四、五、上，自下而上，即以下卦之爻，推向上卦，爲順以往。以上卦之爻推向下卦，爲逆以來，即逆數。

六·數往者順：坤以三陰順往乎乾而成女，乾以三陽逆來乎坤而成男。以坤數巽、離、兌之卦，爲已生者，正數往也。

七·知來者逆：乾知震、坎、艮之卦，爲未生者，正知來也。以初中上之次，正逆數也。

> 雷以動之，風以散之，雨以潤之，日以烜之，艮以止之，兌以說之，乾以君之，坤以藏之。

◎雷以動之

陰氣壓在陽下，陽氣一定會完全要出動，一動，即爲雷。陰氣靜，陽以動之而成雷。

◎風以散之

陰氣包在陽外，陽不得入，則散而成風。陰氣性凝，陽以散之而成風。

◎雨以潤之

陰之性濕，鬱陽於中，陽氣被蒸而成雨。

◎日以烜之

烜，暖之也。陰性虛，陽麗於外，必明而如日。

◎艮以止之

陰氣盛，戴陽之剛大於上，而陽以止之。

◎坤以藏之

坤陰質也，去陽之氣，非坤陰之質无以收斂之。

◎兌以說之

陽氣太盛，逼陰之滋液于外，而陽以悅之。

◎乾以君之

萬物之生皆以氣爲主，乾陽者氣也，故乾陽以君之。

第 四 章

帝出乎震，齊乎巽，相見乎離，致役乎坤，說言乎兌，戰乎乾，勞乎坎，成言乎艮。萬物出乎震，震東方也。齊乎巽，巽東南也。齊也者，言萬物之潔齊也。離也者，明也。萬物皆相見，南方之卦也。聖人南面而聽天下，嚮明而治，蓋取諸此也。坤也者，地也，萬物皆致養焉，故曰致役乎坤。兌，正秋也，萬物之所說也，故曰說言乎兌。戰乎乾，乾西北之卦也，言陰陽相薄也。坎者，水也，正北方之卦也，勞卦也，萬物之所歸也，故曰勞乎坎。艮東北之卦也，物之所成終而所成始也，故曰成言乎艮。

◎相見乎離

離位南方，時爲夏至，萬物至，此生陽生陰者，皆有形以相見。離之日使之以相見。

◎致役乎坤

坤爲土，所以養萬物，未月土氣正旺，坤土之力，盡爲帝所致發矣。

◎說言乎兌

兌正秋，萬物成熟而可說也。

◎天地閉

天地陰陽之氣，至酉月而將終，故觀爲八月之卦，而有天地閉之象。乾位西北，時爲戌亥，戌亥者，乾天之位，而卦氣六陰。

◎齊乎巽

萬物隨陽以出巽一陰伏于下，萬物至巽而齊出。蓋物有得陽氣而生者，亦有得陰氣而生者，震後繼以巽，物于是始齊。齊者，有陰有陽之謂也。

◎戰乎乾

乾爲戌亥，戌亥者，乾天之位，而卦氣則六陰之坤用事。乾坤同居，故陰陽相薄而戰。

此即坤上龍戰于野之義也。

◎**勞乎坎**

坎位北方，時爲冬至，陽氣閉藏地下，坎勞卦也。勞，故歸藏也。

◎**成言乎艮**

艮位東北，時丑寅，八卦之陽至艮而至，亦至艮而成，故丑寅所以成終，而寅者又所以成始也。艮土終止萬物，物已成就，故成言乎艮也。

◎**帝出乎震**

離明以德言，八卦之德可推：坤土坎水以象言。八卦之象可推，兌秋以時言。八卦時之可推，以互見也。夏而秋，火剋金者也。火金之交，有坤土焉，則火生土，土生金。剋者，又順以相生，冬而春，水生木者，水木之交，有艮土焉，木剋土，土剋水，生者又逆以相剋。土金順以相生，所以爲秋之剋。木土逆以相剋，所以爲春之生。生生剋剋，變化无窮。孰主宰之，曰帝是也。《周易折中》：木之生火，金之生水，无土不能生金，金无土，不能生木。一歲之間，陰陽二氣，皆互相勝，則爲木之溫，火之熱，自卯至未，陽多之卦，是也。陰勝陽，則爲金之涼水之寒，自酉至丑，陰多之卦是也。惟丑接于寅，未接于申，爲三陰三陽之卦，則二氣適均，而爲中和之會。此所以獨以土德之居也。

> 神也者，妙萬物而為言者也。動萬物者莫疾乎雷，橈萬物者莫疾乎風。燥萬物者莫熯乎火，説萬物者莫説乎澤，潤萬物者莫潤乎水，終萬物始萬物者莫盛乎艮。故水火相逮，雷風不相悖，山澤通氣，然後能變化，既成萬物也。

◎**神**

帝者，神之體，帝之用。神乃乾坤運用，六子合一，不測之所爲也。

◎**妙萬物**

妙萬物者，其一則神也，其二是化，六子不能獨化，故必相逮，不相悖也。通氣也，然後能變化既成萬物。合則化，化則神。合，即甲巳合，乙庚合，丙辛合，戊癸合，丁壬合。合而得時得位，則可以化，化則神。

◎**水火相逮**

先天離東坎西，爲赤道之位。火上炎不及西之坎，水下潤不及東之離，故水火不相射。後天坎上離下，爲南北極之位，火上炎而上交乎坎，水下潤而下交乎離，故相逮也。上經坎離，正是火水不相射之象。下經既未，正後天相逮之象。

◎**天地定位**

先天乾坤定位，後天乾坤爲天地設位。因爲後天乾坤之位，乃聖人仰觀俯察而設者也。

> 乾，健也；坤，順也；震，動也；巽，入也；坎，陷也；離，
> 麗也；艮，止也；兌，說也。

◎健

說卦說乾健。乾純陽，故健。

◎順

說卦說坤順。坤純陰，故順。坤順承陽也。

◎動

說卦說震動。乾以一陽出乎坤地，下而成震，其出也陽之動也。故震爲動。

◎入

說卦說巽入：

一‧乎乾以一陽入乎地之下而成巽，其入也，陽之伏也。故巽爲入，爲伏。

二‧巽爲入，爲伏：入與伏皆謂乾初一陽，非謂巽之初陰入乎二陽之下伏也。

三‧巽入也：陰在內，陽在外不得入，則周旋不舍而爲風。

◎陷

說卦說坎陷。乾以中陽陷于坤陰之中而坎，故坎爲陷。

◎麗

說卦說離麗也：

一‧乾以上下二陽于坤陰之外而爲離，故離爲麗。麗者，陽麗乎陰，如火之麗木。

二‧陽麗于陰爲火，一附麗不得去爲離。

◎兌說

說卦說兌說。乾以二陽說于坤陰之內而成兌，故兌爲說。

◎坎陷也

說卦說坎陷也。陽陷于陰爲水，一陷溺而不得出爲坎。

> 乾爲馬，坤爲牛，震爲龍，巽爲雞，坎爲豕，離爲雉，艮爲狗，
> 兌爲羊。

一‧乾爲馬，馬健而致遠。

二‧坤爲牛，順而任重。

三‧震爲龍，龍以雷動。

四‧巽爲雞，雞以風入。

五‧坎爲豕，豕好陷于污濁。

六‧離爲雉，雉文明而麗于草木。

七‧艮爲狗，狗善止人。

八‧兌爲羊，羊內狠而外說。

乾爲首，坤爲腹，震爲足，巽爲股，坎爲耳，離爲目，艮爲手，兌爲口。

一‧乾爲首：首圓而尊，故象乾。

二‧坤爲腹：腹而藏，爲陰所歸，故坤爲腹。

三‧震爲足：足動于下，故象震。

四‧巽爲股：股伏于內，故象巽。股者，屁股也，而非小腿。

五‧坎爲耳：耳內陽而陷，故象坎。

六‧艮爲手：手動上，故象艮。

七‧離爲目：口說于外，故象兌。

八‧艮爲手：艮震相反，在上手，在下爲足，兌巽相反，在上爲口，在下爲，口爲上竅，股爲下竅，屁股也。

九‧乾巽爲首尾：後天乾巽相對，說卦乾爲首，巽爲股，陰陽尊卑之象。

坤艮爲前後：後天坤艮相對，說卦坤爲腹，艮爲背，剛柔前後之象。

乾，天也，故稱乎父；坤，地也，故稱乎母；震一索而得男，故謂之長男；巽一索而得女，故謂之長女；坎再索而得男，故謂之中男；離再索而得女，故謂之中女；艮三索而得男，故謂之少男；兌三索而得女，故謂之少女。

一‧八卦象父母男女出于先天圓圖。

二‧先天圓圖見諸于數往逆來之義。

先天八卦及六十四卦，同時以生，无所謂父母男女，自橫圖變爲圓圖，乃有父母，有往來變動。

三‧乾天爲父，坤陰爲母。

第 五 章

乾為天，為圜，為君，為父，為玉，為金，為寒，為冰，為大赤，為良馬，為老馬，為瘠馬，為駁馬，為木果。

◎寒

乾居亥位，故為寒為冰。

◎大赤

在午，乾位後天在午。

坤為地，為母，為布，為釜，為吝，為均，為子母牛、為大輿，為文，為眾，為柄，其於地也為黑。

◎坤

一·坤為地：坤靜，以地象之。

二·坤為母：坤為三女（陰爻），能致養，故為母。

三·坤為布：坤道廣布，不止不方，故為布。

四·貴坤富：乾為金玉，坤為布帛。

五·坤為吝嗇：坤以陰化陽，吉趣于凶，故吝。嗇者，鄙也。

六·乾施坤斂：乾為仁，仁主施。坤為鄙，鄙主斂。

七·坤為旬：說卦坤為均，或曰旬，說文十日為旬，坤納乙癸，癸為旬終。天干從乙到癸為十日。

八·坤為均：地生萬物，不擇美惡，故為均。

九·坤為子母牛：坤中爻為離，中爻以坤腹牛，故為子母牛。坤腹離為牛。

十·坤為大輿：坤載物，為大輿。輿，地道也。

十一·坤為文：質法天，文法地，坤為地。

十二·坤為眾：坤為眾，虞翻曰：「物三稱群，為眾。」

十三·坤為柄：柄，本也。

十四·坤為黑：消息卦坤司十月，為北方之色，故天玄。後天坤西南，故地黃。

震為雷，為龍，為玄黃，為敷，為大塗，為長子，為決躁，為蒼筤竹，為萑葦，其於馬也為善鳴，為馵足，為作足，為的顙，其於稼也為反生，其究為健，為蕃鮮。

◎震

一‧震為雷：虞翻曰：「太陽火，得水，有聲，故為雷。」

二‧震為龍：東方七宿，為蒼龍。震為東方，故龍。

三‧震為玄黃：震，天地之雜也，天玄而地黃。

四‧震為敷：敷，干寶曰：「花之通名。」鋪為花兒，謂之敷。

五‧震為大塗：震上值房心，取房有三塗。鄭玄曰：「國中三道曰塗。王制，道路，男子由右，婦人由左，車從中央。」

六‧震為長子：震一索而得男，為長子。

七‧震為決躁：陽決而陰躁。震一陽生，必決去二陰之躁也。

八‧震為蒼筤竹：蒼筤，靑也。震陽在下，根長野剛，陰爻在中，外蒼筤。

九‧震為萑葦：竹類也。

十‧震為善鳴馬：震得乾初陽，有聲，乾為馬，震為雷，善鳴。

十一‧震為馵足：馬白後左尼為馵。震為左（先天卦為左後也），初陽為白。

十二‧震為作足：震起也，故作足。

十三‧震為的顙：的，白也，正乾陽之白。顙，額也。劉備之馬名為的盧，額上有白點。

十四‧震為反生：反生，稼之始生也。屯，剛柔始交而難生，難生者，反生也。

十五‧震其究為健：震巽陰陽之始，皆曰究。健者，乾也。震究為健，故其究為健（巽曰其究為躁，躁，坤也。）。

十六‧震為蕃鮮：蕃者，巽之草木。鮮者，巽之魚。蕃鮮者，巽也。震變巽，故為蕃鮮。此指震即巽之意。

十七‧震即巽，故巽先庚三日，後庚三日，庚者震也。震納震，巽之三上皆以震之陰爻變之。

巽為木，為風，為長女，為繩直，為工，為白，為長，為高，為進退，為不果，為臭。其於人也為寡髮，為廣顙，為多白眼，為近利市三倍，其究為躁卦。

◎巽

一・巽爲木：巽處春夏間木長養之時，故爲木，爲風。

二・巽爲風：風，土氣也。巽爲坤所生，故爲風。坤，爲本，巽爲末，靜于本而動于末也。

三・巽爲繩直：巽爲長女，一索得也，故爲繩直。上二陽共正一陰，使不得邪辟，如繩之直也。

四・巽爲工：巽以繩木，故爲工。

五・巽爲白：巽，乾陽在上，故爲白。

六・巽爲長，爲高：巽乾陽在上，長故高。

七・巽爲進退：巽二陽一陰，二陽爲進，一陰爲退。先後天卦皆至巽而陰進陽退也。

八・巽爲不果：巽爲兌反，兌爲決，故不果。

九・巽爲臭：臭，氣也。巽爲風，風是最知氣的。

十・寡髮：一說風落木也。或髮爲血生，坎上爻變巽，坎血不行，故寡髮。

十一・廣顙：坤爲廣，乾爲顙。巽得乾二陽，首也。

十二・巽多白眼：巽爲白，離目上見，則白眼見。重巽互離，爲目，不正而向上，則眼之白者見，故多白眼。小畜反目（夫妻反目），即白眼之象也。

十三・巽近利市三倍：噬嗑爲市，離震之卦，後天巽位離和震之中間（震巽離），巽近近離，近震，即近離震，火雷爲市也。巽數五，重巽，即五五二十五，較離之三三得九，約三倍，即近三倍。巽爲陰，陰主利，故爲利言。

十四・其究爲躁卦：左氏曰：「陰血躁作，陰性躁也。」巽一陰生究（到底）則爲坤（巽、坎、艮、坤），陰始于巽，而極于坤，故巽其究爲躁卦。

十五・巽爲蠱，食心，故上槁。或曰離火燒巽，故折槁。巽爲風，風生蠱。
蠱：巽爲風，蠱爲風。夫蠱，風氣所生。

坎爲水，爲溝瀆，爲隱伏，爲矯輮，爲弓輪。其於人也爲加憂，爲心病，爲耳痛，爲血卦，爲赤。其於馬也爲美脊，爲亟心，爲下首，爲薄蹄，爲曳。其於輿也爲多眚，爲通，爲月，爲盜。其於木也爲堅多心。

◎坎

一・坎爲水：說文，水，準也。北方之行，象眾並流，中有微陽之氣也。

二・坎爲溝瀆：坎以陽闢坤，水性流通，故爲溝瀆。

三・坎爲隱伏：坎陽藏陰中，故爲隱伏。
伏：乾之初，陽伏而爲巽，乾之初上，二陽伏而坎，乾之中，陽隱于坤中，故爲隱伏也。

四・坎爲矯輮：使曲者更直爲矯，使直者更曲爲輮。凡物之矯輮，其曲直者，必先以水柔其性，故坎水爲矯輮。弓輪即矯輮而成者。使曲者更直爲矯。坎爲矯輮：使直者更曲爲輮。

五・坎爲弓輪：坎爲月，月在庚，爲弓，在甲象輪，故爲弓輪。

六・坎於人爲加憂：兩陰夾心爲多眚，故加憂，爲心病。

七・坎爲耳痛：坎爲，爲疾，故耳痛。

八・坎爲血卦：血陰類，坎水流坤故爲血卦。

九・坎爲赤：赤爲血之色。《白虎通》曰：「十一月之時，陽氣始養根株黃泉之下，萬物皆赤也。」

十・坎于馬爲美脊：陽在中央，美脊之象。

十一・坎爲亟心：亟，內陽剛動也。亟心，或曰極心，中也。乾爲馬，坎中爻，乾也，故極心。

十二・坎爲下首：乾爲首，坎爲乾陽陷中，故爲下首。

十三・坎爲薄蹄：蹄，震爲蹄。薄，迫也。坎陽不在初，行則迫地，故爲薄蹄。

十四・坎爲曳：坎初足不正，故爲曳輿。

十五・坎爲輿多眚：虞翻曰：「眚，敗也。」坤爲大輿，坎折坤體，故爲輿多眚。多眚，車之勞也。

十六・坎爲通：坎爲大川，爲溝瀆，以達于川，故爲通。

十七・坎爲月：月，爲水精。虞翻曰：「坤爲夜，以坎陽光坤，故爲月。」

離爲火，爲日，爲電，爲中女，爲甲胄，爲戈兵。其於人也爲大腹，爲乾卦，爲鱉，爲蟹，爲蠃，爲蚌，爲龜。其於木也爲科上槁。

◎離

一・離爲電：多明似日，暫明似電。

二・離爲中女：離，柔在中也。

三・離爲甲胄：離外剛，爲甲。胄乾爲首，離卦巽繩貫甲而在首上，故爲胄。胄，兜鍪也。

四・離爲戈兵。乾爲金，離火斷金，燥而煉之，故爲戈兵。戈兵上銳，象火形也。

五・離爲矢，爲斧，皆兵也。

六・離爲大腹：離象日，常滿，妊身婦。乾爲大，坤爲腹，離中爲坤爻，坤爲腹，離中空而體乾，故爲大腹。大腹爲孕：易漸卦以坎中實孕，而以離中虛不孕。

七・離爲乾卦：乾不濕，躁物者，莫若火也。

八‧離爲鱉蟹：鱉，蟹，蚌，蠃，龜五者皆介物。離爲外剛之象。

九‧離爲科上槁：科，空也，木既中空，上必枯槁也。離巽木在離中，體爲大過，大過，死也。

艮爲山，爲徑路，爲小石，爲門闕，爲果蓏，爲閽寺，爲指，爲狗，爲鼠，爲黔喙之屬。其於木也爲堅多節。

◎艮

一‧艮爲山：周語：「，山，土之聚也。」艮以一陽止坤土上，故爲山。

二‧艮爲徑路：山中路爲徑。艮，震陽在下，爲大塗。艮陽在上，爲徑路。鄭曰：「田間之道路曰徑路。」

三‧艮爲小石：震艮反，震爲玉，艮反而爲石，震爲磬，艮反而爲小石。

四‧艮爲門闕：乾爲門，艮在門外，故爲門闕。

五‧艮爲果蓏：果，上陽也；蓏，一陰也。木實謂之果，草實謂之蓏。

六‧艮爲閽寺：閽人主門，寺人主巷，掌禁止者。周官：「閽人，掌王宮中門之禁止，物之不應入者。寺人，掌王之內及宮女之戒令，止物不得出者。」

七‧艮爲指：艮爲手，手多節，故爲指。指動于手之末，艮象也。

八‧艮爲狗：屈指屈伸制物，故爲狗。

九‧艮爲鼠：鼠，穴地者也。艮爲穴，故爲鼠。

十‧艮爲黔喙之屬：黔喙，肉食獸。豺狼之屬。黔，黑也。

十一‧艮爲木也，爲堅多節：艮陽剛在外，堅多節。

兌爲澤，爲少女，爲巫，爲口舌，爲毀折，爲附決。其於地也爲剛鹵，爲妾，爲羊。

◎兌

一‧兌爲澤：坎水半見，兌爲澤。

二‧兌爲少女：兌三索而得，故爲少女。

三‧兌爲巫：乾爲神，兌爲通，與神通氣（山澤通氣，故兌爲通），女爲巫也。

四‧兌爲口舌：兌之陰爻闕于上，象口舌。兌之陽爻動于中，爲舌。

五‧兌爲毀折：兌二折震足，故爲毀折。

六‧兌爲附決：乾體未圜，故附決。

七‧兌爲毀折，爲附決：消息卦先天右旋，乾消爲兌。乾三陽毀折其一陽，而爲兌也。
　　先天左旋，兌息爲乾，兌上一陰附于一陽，陽必決去之而爲乾也，決即夬決也。

八‧兌爲剛鹵：埆薄之地。
　　鹵：先天曰鹵，人生曰鹽。鹽在正東方，鹵正在西，方兌位正西，爲剛鹵。

九‧兌爲妾：兌少女，三失位，故賤而爲妾。

◎以下爲逸象

一‧迷：坤先迷，故爲迷。

二‧震爲王：今之王，故之帝。

三‧漿：酒主陽，漿主陰，故爲漿。

四‧鵠：聲之遠聞者。

五‧鼓：蟄蟲好聞雷聲而動，故取象震雷，故爲鼓。傳曰鼓之以雷霆。

六‧楊：枯楊生梯。大過體巽，巽爲木，故爲楊。

七‧鸛：水鳥，知風雨者，故爲鸛。

八‧宮：坎爲宮，坎十一月律中黃鐘，音爲宮。爲聲調之始。故坎爲宮。

九‧律：坎卦水，水性平，銓亦平也。六律爲萬事根本。黃鐘又爲六律之本，故爲律。

十‧可：可河字爲磨滅之餘　石鼓文，河作可。坎爲大川，故爲河。

十一‧鬼：說文，狐者，鬼所乘，爲狐。坎爲鬼。

十二‧桎：蒙初用說桎梏：坎爲穿木，震足爲艮手，互與坎連，故爲桎梏。

十三‧牛：昭公四年春秋傳曰純離爲牛。坤爲牝，坤二五之乾，爲離。故爲牝牛。

十四‧鼻：艮爲鼻。管輅曰　鼻者，艮天中之山。裴松注書謂鼻之所在爲天中。鼻山象。
　　故曰天中之山。

十五‧狐：坎爲狐，取其形之隱也。狐：艮爲狐，取其喙之黔。

十六‧鼻：艮也。噬嗑六二，噬膚滅鼻。鼻者，艮也。艮无膚(虎)象，艮爲膚。爲狐。

十七‧蠱：蠱上體艮爲狐。春秋傳曰，其卦遇蠱。曰獲取其雄狐也。

十八‧常：兌爲常，常，西方之神也。

十九‧兌：爲輔頰，兌上也。咸上曰咸其輔頰舌，故兌爲輔頰。

序卦傳

有天地然後萬物生焉。盈天地之間者唯萬物，故受之以屯。屯者盈也。

◎萬物生
一・乾大生，坤廣生，故萬物能生。
二・乾坤生六子。
三・夫乾，其靜也專，其動也直，是以大生焉。夫坤，其靜也翕，其動也闢，是以廣生焉。廣生是生萬物。

◎盈
一・雷雨為盈。
二・序卦說屯者盈也。屯初雷在地，水在天，為雷雨之動，故滿盈。

屯者物之始生也。物生必蒙，故受之以蒙。蒙者蒙也，物之稺也。物稺不可不養也，故受之以需。需者飲食之道也。飲食必有訟，故受之以訟。

◎屯物始生
一・震為反生。
二・屯者物之始生。屯上艮，反震，物始生也。
三・屯者物之生：震為反生，物之始生也。屯為坎上震下，震始生。

◎蒙不明
一・蒙二陽失位，陽不能明。
二・蒙卦陽皆失位，陽不能明，故蒙。
三・蒙物之稺也：蒙上艮，艮為少男，故稺。稺无明。

◎頤為養
一・頤養蒙。

二‧蒙二至上互頤，頤爲養。

三‧物稚不可不養：蒙爲物之稚，蒙二至上爲頤，頤養也。

◎需爲飲食

一‧需坎爲水，酒四爲兌口，爲食。

二‧需，需者，飲食之道也，飲食必有訟，故受之以訟。

三‧需者飲食之道也。震五爲坎酒，四爲兌口，爲食。

◎噬嗑見訟

一‧飲食必有訟。訟自遯來，遯上乾即離，下艮即震，爲噬嗑，即食也。遯有食象，而源於訟，故飲食必有訟。

二‧噬嗑爲食，飲食必有訟。訟卦中有遯象。訟自遯來，遯上乾下震，後天卦乾爲離，艮爲震，爲噬嗑食象。

三‧訟卦取自遯，取自噬嗑。所以飲食必有訟，也就是噬嗑卦見訟。

訟必有眾起，故受之以師。師者眾也。眾必有所比，故受之以比。比者比也。比必有所畜，故受之以小畜。物畜然後有禮，故受之以履，履而泰，然後安，故受之以泰。

◎訟必有眾

一‧訟必有眾起：訟下坎，上坎爲眾，故訟必以眾起。

二‧訟下爲眾。

三‧訟下坎，坎爲眾，坤坎爲眾。

◎師爲眾

一‧師爲坤坎，眾也。

二‧師者，眾也：師爲坤坎，坤爲眾，坎爲眾。故師者，眾也。

◎比

一‧比爲相親。

二‧眾比爲親。

三‧眾者坤民，必比于五之君長。比爲下順從，故比者，比也，比以相親也。

四‧同位爲比。乾離同位曰同人，坎坤同位曰比。

◎養

一‧養而後禮。

二‧畜養後有禮。

三‧畜後有履。

四‧君爲民所親比，必有畜養之道，故比受之以小畜。

五‧物畜然後有禮，故受之以履，履而泰，然後安，故受之以泰。

六‧衣食足，然後禮義興，故畜然後有禮。

泰者通也。物不可以終通，故受之以否。物不可以終否，故受
之以同人。與人同者，物必歸焉，故受之以大有。有大者不可
以盈，故受之以謙。有大而能謙，必豫，故受之以豫。

◎泰

一‧泰爲通，俗曰通泰。

二‧泰者通也：泰爲天地。交氣之通也。否爲天地閉，氣之塞也。天地之氣通塞以時，
故泰後必否，否後又必通。

◎同人

一‧同人者，通人情也。

二‧物不可終否，故受之以同人：同人者，人情之通也，人情通則否極而泰來。

◎同人爲歸

一‧家爲歸。

二‧序曰與人同者，物必歸焉。同人初至四爻互家人。天下一家，物必歸之。

三‧同人：乾離同位，故卦爲同人。

◎盈者

一‧餘也，大有不盈。

二‧剝上九爲乾之盈。

◎剝不盈而謙

一‧剝謙通。剝上九爲盈，上九來三，不盈而謙。

二‧不盈而謙：大有者不可以盈，故受之以謙。謙自剝來，謙取剝爲通象，剝上九爲
乾，爲盈也。剝變謙，上九來三，剝而不盈，故不盈而謙。即去乾象而後得謙。

豫必有隨，故受之以隨。以喜隨人者必有事，故受之以蠱。蠱
者事也。有事而後可大，故受之以臨。臨者大也。

◎隨從

一‧隨蠱（蠱爲蟲）也。

二‧隨卦爲兌震，與蠱巽艮，相從，而司四季，隨而從之。蠱爲蟲，蟲爲從。

三‧豫必有隨，故受之以隨。人既豫樂，必相隨從。

◎蠱爲事

一‧隨人者必有事。隨卦爲兌震，與蠱巽艮相從，蠱、巽皆爲事。

二‧蠱卦以上艮來止下巽（艮爲止也）。

三‧巽爲事，巽上下以无事无安。蠱者爲往，往者有事矣。

四‧蠱有事：隨、蠱爲震、兌、巽、艮，先天司春、夏、秋、冬四孟月。大傳曰變通莫
　　大乎四時，即謂此四卦，通變之謂學。故隨蠱獨以事言，蠱上止下，巽上下以无事
　　爲安。有蠱則必治之，故蠱往有事也。

◎臨大復小

一‧序卦有事而後可大，故受之臨。臨者，大也，臨以二陽臨陰爲大。陰以一陽潛在地
　　下，故復小。

二‧臨二陽見于地上，故臨大。復陽在地下，爲小。

　　　物大然後可觀，故受之以觀。可觀而後有所合，故受之以噬嗑。
嗑者合也。物不可以苟合而已，故受之以賁。賁者飾也。致飾
然後亨則盡矣，故受之以剝。剝者剝也。物不可以終盡，剝窮
上反下，故受之以復。復則不妄矣，故受之以无妄。有无妄然
後可畜，故受之以大畜。

◎大觀

一‧序卦物大而後可觀。臨爲坤兌，反卦爲巽坤，觀二陽在上，臨反爲觀，觀爲大。

二‧物大然後可觀：臨反爲觀。二陽在上，與人以可觀，故觀曰大觀在上。

◎合

易序卦說各種合：

一‧觀有合

　　序卦說可觀而後有所合，觀有所合。觀爲巽坤，巽坤同位，故爲合。

二‧離震爲合。乾離爲同，坎坤爲比，皆合。

三‧噬嗑上離下震，先後天同位，故嗑者合。乾離同位曰同人，坎坤同位爲比。

四‧可觀而後有所合，故之以噬嗑，嗑者，合也。

五‧苟合

　　(一)觀爲苟合，賁爲難合。

　　(二)觀无文，爲苟合。賁有文，爲難合。難合，則難散也。序卦說物不可以苟合而
　　　　已，故受之以賁。

（三)苟合：玉帛以相見，物不可以苟合，苟則易合。易合者，亦易離也。

六‧觀以下觀上，觀有所合。噬嗑上離下震，先後天同位，故嗑者合也。

七‧噬嗑之合，雷電合而章也。

八‧賁難合，亦難散，故合必有文以飾之，受之以賁也（物不可以苟合而已，故受之以賁，賁者，飾也。）。

◎剝

一‧飾後為剝。

二‧賁文太過，亨則盡矣，故受之以剝。

三‧賁盡則剝。

四‧賁一陽窮于上，故亨盡。陽盡，剝象也。

五‧剝反為復，復者，覆也。

六‧陽盡則剝。

七‧致飾然後亨，則盡矣，故受之以剝。剝者，剝也。

◎文過滅質

一‧序卦致飾然後亨盡。

二‧＜文過滅質＞是文之太過，又滅質而有所難。行致飾而亨通亦有時盡時，故受之以剝。剝者，陽實剝盡也，所以＜文人无行＞。行為質，即亨通之象。

◎剝反為復

剝陽窮于上，而反于下為復。

物畜然後可養，故受之以頤。頤者養也。不養則不可動，故受之以大過。物不可以終過，故受之以坎。坎者陷也。陷必有所麗，故受之以離。離者麗也。

◎畜為止

一‧序卦說物畜止，然後可養。畜，畜止其德也。有无妄之心，然後可畜止其德。有无妄，然得可畜。故受之以畜。

二‧剝反為得，得則不妄，由不妄而无妄。

◎頤養

一‧坤萬物致養，重坤為養。

二‧頤重坤，故養也。

三‧物畜必止，然後可養。坤，萬物致養。頤互重坤，故頤者養也。

四‧大過象頤、象離。頤互純坤，坤為養。大過互純坤，坤為動。頤錯大過，不養則不可動也。養充而動，動則必大過人者。

◎不養則不可動

一・卦說不養則不可動。頤為養，頤互純坤，養多必動，動則大過。大過大動。

二・不專一則不能直遂，不翕聚則不能發散。故有養，然後能動。

> 有天地然後有萬物，有萬物然後有男女，有男女然後有夫婦，
> 有夫婦然後有父子，有父子然後有君臣，有君臣然後有上下，
> 有上下然後禮義有所錯。夫婦之道不可不久也，故受之以恆。
> 恆者久也。

◎恆為夫婦

一・有男女才有夫婦。

二・咸恆為夫婦之道。

三・咸卦兌艮，艮為乾，兌為巽。恆卦震巽，震即艮，巽即坤，先有男女（即咸之兌艮，和恆之震巽），才有夫婦（乾坤）。

四・上經首乾坤，下經首咸恆，咸艮即乾位，恆巽即坤位，咸兌又即艮，故以配乾坤。

五・上經言天道，乾坤以象天地。下經言人道，咸恆即夫婦。

◎久

一・恆終則有始。久于其道，故恆為久。序卦說恆者，久也。

二・恆，久也。恆終則有始，久于其道，故恆，久也，所以說＜恆久＞。

◎麗

物不可以終過，過者，陽過乎陰也。陽陷乎陰而為坎，陷必有所麗，故陽麗乎陰。而為離，離者麗也，坎離相錯。

> 物不可以久居其所，故受之以遯。遯者退也。物不可以終遯，
> 故受之以大壯。物不可以終壯，故受之以晉。晉者進也。進必
> 有所傷，故受之以明夷。夷者傷也。傷於外者必反其家，故受
> 之以家人。

◎久居其所

一・序卦說恆卦不可久居其所，因為爻失位則失其所。

二・物：物者，陰陽也，物不可久居其所。久者恆也，恆初、二、四、五，四爻失位。

故不可久居其所。

◎久

易經不可久者有二：

一・盈而不可久：亢龍有悔，盈不可久也。陽亢則悔，盈則必消，不可久也。

二・失位則不可久。

◎遯爲退

遯卦先天由艮至乾，爲逆而退。又遯爲消卦，初二之陽消而退也。

◎逆而退

先天由艮至乾，爲逆而退。由乾至震，爲退而止（乾、兌、離、震）。

◎進

一・大壯爲陽之止，晉爲陰之進（詳本書大壯卦和晉卦對止和進之說明）。

二・物不可終久居其所，故受之遯：遯爲陽消之卦，大壯爲陽息之卦。物不可終遯，故受之以大壯。大者，壯也。

三・雜卦，大壯則止，遯則退也。先天由艮至乾，爲逆而退，由乾至震，爲退而止。物不可終壯，不可于退止，故受之以晉。晉者，進也。

◎地傷明

夷爲傷，坤暗傷明，地火傷明，明夷以坤傷離，土洩火也。傷爲傷官之傷。

◎返家

家人下卦爲巽，巽爲反，故家人爲反，＜返家＞。

◎錯

一・序卦凡相錯之卦意皆相兼。

二・頤錯大過，皆爲動。

三・睽錯蹇，皆難。

四・錯：大過曰，茍錯諸地，而可矣。故錯也是置也。

家道窮必乖，故受之以睽。睽者乖也。乖必有難，故受之以蹇。蹇者難也。物不可終難，故受之以解。解者緩也。

◎家道窮

家道窮必乖，故受之以睽：家，家人，家人惟上九一爻失位，爲家道之窮。

◎睽爲乖

一・睽卦二女同居，其志不同行。

二・睽：序卦，乖也。說文：「目不相視也。」乖，離也，不相同爲乖。

三・家道窮則反下爲睽：睽，二女同居，其志不同行。故睽者，乖也，乖離也。

◎難

一・暌乖而有難。

二・蹇爲難，暌錯蹇，故暌必有難。暌蹇相錯而同義。

三・易見坎、蹇、屯皆言有難。

四・蹇爲難于中。

五・蹇難即艱難。蹇爲艮，艮爲艱也。

六・暌必乖，乖必有難。暌火澤，與水山蹇正錯，故乖必有難。蹇者，難也。

七・動在難外爲解。解震坎，震動，坎難。動在難外，爲解。解動而免乎險。

◎緩

反死爲緩，中孚議獄。中孚錯小過，小過象坎，坎爲獄也。小過雷山，艮震相對，爲反・生，亦爲緩死。

◎解緩

易經說緩之意有下：

一・解難在外，故緩。

二・蹇解皆有坎，坎爲難。蹇，則止于難中，解則動于難外。所謂動而免乎險，故難可寬緩也。

三・失正則緩。困九五徐，易陰陽爻得正則速，失正則緩。

四・不速爲緩。易中陰陽爻得正速，失正則遲。咸四爻正，故咸速。解五爻失正，故解緩，震上客不速自來。

五・象曰澤上有風，中孚，君子以議獄緩死。

六・失位則遲而緩。易中陰陽爻失位，則遲而緩，得位則速而決。

得位則速而決，故緩必有所失。緩必有所失，故受之以損：易中陰陽爻失位，則遲而緩。

七・緩反爲遄，緩遲，遄速。

損六四使遄有喜，遄，速也。咸，速也。

損初九已事遄往。

咸曰咸速，解曰解緩，損初四遄。

八・徐爲緩

困四來徐，五乃徐有說。

九・緩皆有所失。損四爻失位，故初四曰遄。損，爲失也，＜損失＞。

緩必有所失，故受之以損。損而不已必益，故受之以益。益而不已必決，故受之以夬。夬者決也。決必有所遇，故受之以姤。姤者遇也。

◎損益

一・損而不已者，必益。已者，艮止也。益者，溢也。損不止，必外益（外溢）。損爲澤山，艮爲止在內，故不已。艮反震而益。

二・損反爲益。

三・損初四爲遄，遄爲不緩。

　　損四爻失位，惟初四得位，故初四皆曰遄。

四・損而不已，必益。已者，止也，艮爲止。不已，則艮反震而爲益。

◎益不已必決

一・決以剛決柔。益上三失位，決去而益。

二・損而不已，必益；益而不已，必決。故受之以夬。夬者，決也。益爲滿溢，必須要找出路來消費，否則必破。夬是缺口。

三・益上三失位，益而不已，上三易以剛決柔，益受以夬，夬者決也，剛決柔者也。即以剛易柔。

◎夬爲決

剛決柔也。益上三失位，必將上三易以剛決柔。

◎決必有所遇

一・夬、兌、姤、巽皆與乾相鄰，即相遇，即先後天相鄰之卦，皆曰遇。

二・夬爲澤天，乾兌也。兌爲澤與乾先天臨。姤爲天風，姤者，乾巽相遇，柔遇剛也。巽爲先天乾巽相鄰，相鄰爲遇（遇爲鄰之理由詳本書姤卦之遇字解）。

> 物相遇而後聚，故受之以萃。萃者聚也。聚而上者謂之升，故受之以升。升而不已必困，故受之以困。困乎上者必反下，故受之以井。

◎相遇而聚

一・物相遇而後聚：陰陽相遇，卦聚一，方所謂方以類聚也。萃者聚也，先天巽、乾、兌聚于上，後天坤兌（酉未）聚于下，故物相遇而後聚。聚者，爻與陽爻之聚也。萃自晉來，在晉則二陽相離，在萃則二陽相聚。且先天卦由坤左旋，震一陽，離二陽，亦至兌而二陽始聚也（乾、兌、離、震，兌離聚也）。

二・方以類聚：陰陽相遇，卦聚一方此即所謂方以類聚也。先天巽乾兌聚于上，後天坤兌聚于下，所以物相遇而後聚。五行同氣會方，亥子丑會北方，寅卯辰會東方，寅午戌會南方，申酉戌會西方，會方爲聚。

三・鄰爲聚

　　小畜，先天卦位巽與乾鄰，中爻互離，離即先天之乾也，在後天卦位離與巽鄰，且

　　　後天卦位乾巽對待，皆聚之至也。

四·密爲聚，兌密雲不雨：密者聚也。兌爲澤，澤氣上升而成雲，雲騰雨致乃乾陽卦爻
　　同性相接爲聚。陽爻接陽爻，比如：

　　泰與歸妹通，六三之小，往外爲四，九四之大，來內爲三，大來而三陽類聚，故亨。
　　萃卦由晉來，在晉則二陽相離（先天乾、兌、離、震下接坤、艮、坎、巽，離坤被
　　震所隔）。且先天卦由坤左旋，震一陽，離二陽，至兌，二陽始聚。

　　升卦之上爲三陰，三陰聚，故序卦說「聚而上」，即陰爻聚在上卦。

五·朋爲聚。兌爲朋，大有互兌，坤西南得朋，比卦之坤順從于五，朋類合聚，如比之
　　水土相黏，故朋。

六·合則聚。比如豫卦九四朋盍簪」。盍字京房解爲「合也」。京房說盍字「聚髮之
　　物」。上震，震錯巽，其于人也爲寡髮，今變坤，坤眾也，眾也聚。

七·萃爲聚。萃彖曰聚也，萃聚也，先天卦由坤至兌，二陽爻始聚（坤、震、離、兌而
　　至乾），故萃聚也。

　　先天卦坤前爲震、離、兌，震一陽始生，離二陽分麗（離之陽爻在初爻和三爻），
　　爲二陰所分，至兌二陽始聚（兌初爻二爻相聚）。萃下坤上兌，所以名萃。

八·丘爲聚。渙六四曰渙其丘，半山爲丘。渙取否爲通象，否四爲艮山，變渙而四仍互
　　艮之山丘，是渙有丘也。丘字孔安國說：「丘，聚也。」

◎升聚而上

一·升自解來，解爲震坎，變升，解下坎之陽升至四，卦成升。而上卦之三陰始聚也。
　　所以聚而上。

二·聚而上，謂之升。升自解來，解六三（坎之三）上升于四（卦成坤），地風升，而
　　坤之三陰始聚于上，故曰升。

◎升爲降

一·＜明升暗降＞：先天卦巽在坤上（巽、坎、艮、坤，先巽後坤），但是升卦之坤卦
　　在巽上，升爲巽坤卦，這是明升暗降。所以說升者，因爲卦由一陰而三陰，陰道在
　　上已到極點，再升即爲陽。所以升卦說「南征吉」，因上六說「征吉」。

二·升卦是地風，由巽而坤，義本下降（巽、坎、艮、坤，由上而下也），今曰升者，
　　是升卦由一陰而三陰，陰道已極，必升到陽位了，所以升卦說南征吉。南是乾南，
　　但是不可升而不停，所以受之以困。升卦錯无妄，无妄是乾震，皆陽。困自否來，
　　以柔困剛也。

◎澤反下爲井

　　困之兌柔，窮于上，必反下，而爲井。井困相反。

◎井困相反

　　困卦以柔困剛。困之兌爲柔，窮于上，必反下，而爲井。困井相反，即反過來看井即
　　困。

井道不可不革，故受之以革。

◎革

一‧火革金也，五行易金曰從革。井互兌，兌爲金，因爲井初爻二爻失位，以初爻和二爻相易，而改其革（其兌象失也），故井道不可不革。

二‧井卦初和二爻都失位，以初二相反以改革之。金曰從革，井互兌，中互離，革以離火，故井道不可不革。革之義改四爻之爲坎，卦成既濟，以革曰有孚，改命吉。

三‧火見金則革。

四‧革志不相得：離火志上欲以火涸澤，志下欲以澤熄火，故其志不相得。

五‧或躍在淵，乾道乃革。乾之二四二個爻爲人爻也，四爻變巽互兌互離，革象也，言乾變革之時也。

六‧志不同爲革。革象曰：革，水火相息，二女同居，其志不相得，曰革。

七‧革物正爻。

革物者莫若鼎，故受之以鼎。主器者莫若長子，故受之以震。震者動也。物不可以終動，止之，故受之以艮。艮者止也。物不可以終止，故受之以漸。漸者進也。進必有所歸，故受之以歸妹。得其所歸者必大，故受之以豐。豐者大也。

◎陰陽爲物

物者，陰陽也。序卦曰革物。

◎革物莫若鼎

一‧物者陰陽也，序卦革物莫若鼎。

二‧革物就是把不正的爻變爲正。鼎五個爻都陰陽失位，應當改革，故革物莫若鼎。因爲鼎卦最須要改革。鼎五爻陰陽失位，當改革，互兌爲金，上離，金從革，革以離火，故革物者，莫若鼎。

◎震主器

一‧主器莫若長子。震爲祭主，爲繼體之君。

二‧主器者莫若長子，故受之以震。震者，動也：主鼎之器者，莫若長子。震，長子，爲祭主。

◎止

一‧艮爲止。

二‧震爲動，艮爲止，震反爲艮，動有所止。

三‧物不可以終動：陰陽之物若其終止，則天運有時不行，故物不可以終止。

四‧物不可以終動，止之，故受之以艮。艮者，止也。

◎進

易經之進可有下面之意：

一‧漸進

　　(一)漸自否來，六三進爲六四，此爲陰爻之進。

　　(二)漸爲進，六三進爲六四，否變漸之意。否地之六三進而爲漸之巽（風山漸），
　　　　易之言進言升者，皆主陰爻陰卦。因爲陰性本下降，要令它進而上升，陰陽之
　　　　氣始交也。

二‧進升

　　進即升。易經中說到進和升，都是陰爻陰卦。比如：

　　晉，進也。晉自觀通，進四于五，觀四之陰進，卦成晉之六，四爲侯位，故晉康
　　侯。四爲侯，升卦爲進。

三‧往爲進--從艮之東北進到西南。

四‧征爲進也

　　(一)小畜上九，既雨既處，尙德載，婦貞厲。月幾望，君子征凶。

　　(二)進也，君子知盈虛之理，守而不進，如既處又如婦之貞，方合小畜之道。

◎女子于歸

一‧歸于外也。

二‧女以男爲家，以嫁爲歸。漸上四爻互家人，象見于漸卦。漸卦自否來，六三爲六
　　四，此爲自內而歸于外。

◎歸

一‧漸女歸。

二‧漸爲進，以六三進爲六四也。卦成否，漸反歸妹，爲女歸之象。

三‧漸必有所進，故受之以歸妹。漸上四爻互家人，女以男爲家，以嫁爲歸。漸自否
　　來，自內而歸于外（即否六三進四成漸，六三爲內，六四爲外），有女子于歸之
　　象。所以進必有所歸。

◎得其所歸爲豐

一‧序卦說得其所歸必大，故受之以豐。豐卦上四爻互歸妹，下四爻互家人。離取下體
　　得正，故得其所歸。

二‧進必有所歸，故受之以歸妹。得其所歸者必大，故受之以豐。豐者，大也。漸和
　　歸妹反，所以受之以歸妹。

◎大

一‧豐爲大。

二‧豐卦以初爻和三爻得正，離在下爲得體（合濟卦之道），故爲大。

三‧得其所歸者必大，故受之以豐。豐者，大也。豐上四爻互歸妹，下四爻互家人，離

居下體得正，故得其所歸者，必大。豐，初三陽爻得正，故大也。

四・得體爲大。

窮大者必失其居，故受之以旅。旅而无所容，故受之以巽。巽
者入也。

◎**失位則窮**

一・旅反家人，出門者必和家人違也。旅卦上四爻互睽，睽反家人，所以旅反家人。

二・火在內爲家人，火在外爲旅人。因爲旅人以外爲家，旅卦離在外。

◎**旅无所容**

一・旅上爲離卦，離卦在上失位，故无所容。

二・窮大者必失其居，故受之以旅，旅而无所容，故受之以巽。巽者，入也。

三・旅上四爻反家人，而互睽，上離失位而窮，故窮大者必失其居，俗語說＜窮措大＞。

四・火在內爲家人，在外爲旅人。旅人以外爲家也，在外則无所容。

五・旅者无所容：旅上離失位，故无所容。純離四曰，突如其來如，焚如，死如，棄
如。象曰：突如其來如，无所容也。

六・旅而无所容，故受之以巽，巽者，入也。巽上四爻互家人，巽者入也。謂旅而在
外，則無所容，故只好回來而入乎其家。漸、歸妹、豐、旅、巽、兌此六卦皆互家
人，故皆以其象言之。

七・離卦突如其來，旅卦无所容。因爲不得位，所以離卦之象爲突如其來。有如臨時登
門的客人，无處可居也。而旅卦則直接說无所容。

◎**巽爲入，旅在外**

巽爲家人象，上四爻互家人。旅卦說受之以巽，因爲旅卦上四爻反家人，所以必須要＜
回家＞。巽者入也，而旅者在外也。旅无所容，所以反而入乎其家。旅巽反，漸、歸
妹、豐、旅、巽、兌，六卦都互家人。

入而後説之，故受之以兌。兌者説也。説而後散之，故受之以
渙。渙者離也。

◎**入而後兌**

一・巽卦反兌，故入而後説之。巽爲入。

二‧入而後說：巽爲入，巽反爲兌，故入而後兌。

◎渙

渙者，離也：

一‧說而後散之，故受之以渙。渙者，離也：兌爲說，兌之反爲巽風，風以散之。故說
　　而後散之，散爲離散。

二‧渙之上卦爲巽，渙自否來，以否上卦乾之九四一陽，易以爲渙之下坎卦九二，以離
　　散坤之三陰，故渙者，離也。

三‧雜卦曰，渙，離也。離散也。

物不可以終離，故受之以節。節而信之，故受之以中孚。

◎節

一‧節上爲坎，坎爲孚信。節爲信。

二‧節變上爻，即成中孚，故節而信，受之以中孚。孚爲信。

三‧陰陽之氣，不可終離，故受之以節，節者，止也。

四‧節爲上坎，故受之中孚。節上爲坎，坎有孚信者，故受之以節。節者，止也。

有其信者必行之，故受之以小過。

◎信者必行

一‧小過爲行，上震爲行，下艮反震亦爲行。

二‧大過爲動，小過爲行。

三‧中孚有其信，中孚小過相錯，中孚爲信。小過爲行，所以說有其信者必行。

四‧有其信者必行之，故受之以小過：中孚小過相錯，中孚有其信者，小過上震爲行，
　　下艮反震亦爲行，故有其信者，必行之。

◎過

一‧大過爲動，小過爲行。

二‧小過以陰過陽，陽爲善，陰爲惡，所以說小過。五爻以陰過陽。

三‧過猶不及

　　(一)小過是行動，未到目的，所以未及。而大過即至而又動，又行，則踰其度矣，
　　　　是＜過猶不及＞。

（二）過猶不及：序卦有其信者必行之，故受之小過。頤、大過相錯，不養則不可
　　　動。人若自持其信終必困也。太自信，會使自己反而失去外援。

四‧大過曰動，小過曰行。凡行動未至其所，為未及，既至其所為至。既至而又動，又
　　行，則為踰越其所至之地而過也。

五‧不養則不可動。

> 有過物者必濟，故受之以既濟。物不可窮也，故受之以未濟終
> 焉。

◎過者必濟

有過物者必濟，故受之以既濟：物就是陰陽也。小過，陰過乎陽。失天地之義。所以用
既濟之三陰和三陽來當做標準為定，使不正之卦（太過頭和不足）可以正之。

◎未濟為窮

一‧易經六十四卦以未濟終，因為未濟是陽在上，男之窮也，所以未濟卦是陽爻之終。
　　終則反以既濟，物則不窮矣。以正來看，既濟卦是終結，但以陽爻來看，未濟卦是
　　終。

二‧「物不可窮也，故受之以未濟」來做為結尾，因為未濟卦是男之窮，陰陽之物，不
　　可以窮，所以以未濟來相接，當做結尾，最後會反未濟為既濟。而易卦之陽可以得
　　以重生，窮者不窮矣。

三‧終反未濟為既濟。

雜卦傳

◎雜

雜卦以各種方法言說易之大義。因不止一端，所以說雜卦。

一‧說卦德者：謙輕，豫怠，臨觀之義，或予或求。

二‧說變通之義：剝爛，復反，井通，困遇，否泰反類，睽外、家人內。

三‧先天陰陽之義者：大畜時，无妄災，大壯止，遯退，節止，未濟男窮，歸妹女終。

四‧言錯卦者：大有眾，小畜寡，萃聚，履不處，需不進。

五‧言互卦之義者：同人觀，訟不親，親寡爲旅。

六‧陰陽爻位得失者：咸速，解緩，屯見而不失其居，蒙雜而著。

七‧言利貞其九六者：革去故，鼎取薪，隨无故，蠱飾。

乾剛坤柔。

◎剛柔

易經剛柔之道都是從乾坤而來，所以說剛柔者，立本也。

比樂師憂。

◎樂

一‧比卦下順從，上爲坎，坎爲憂。上坎得位，則不憂爲樂。

二‧坎在上爲樂，在下爲憂。

　　(一)乾文言樂則行憂則違之。乾坤二交爲師比，師比爲憂樂之象。

　　(二)需象曰：君子以飲食宴樂。需坎在上，爲樂。

◎憂

一‧師爲憂。師行險毒民，故爲憂。

二·坎在上爲樂，在下爲憂。師坎在下爲憂。

臨、觀之義，或與或求。

◎相求

一·臨觀相求，爲陰陽互求。陽與陰，陰求陽也。

二·陰上陽下，陰必求陽。臨二在下，四陰在上。所以頤卦說「觀頤，自求口實。」

◎與

陽在上，陰在下爲與：

一·觀二陽在上，四陰在下，故臨、觀則或與或相，求即上給予下而下爲受與。

二·恆卦二陽在上，彖曰：恆，久也。剛上而柔下，雷風相與。

◎求

一·求之義有下，皆有臨觀之象

　　(一)屯蒙自臨觀來，屯六四象曰：求而往，明也。蒙彖言求。

　　(二)蒙彖曰：匪我求童蒙，童蒙求我。

二·臨卦爲求

　　隨自否來，否互觀反臨。所以隨六三，隨，有求得。

三·同氣爲相求

　　(一)乾文言九五：同氣相求，水流濕，火就燥，雲從龍，風從虎。言水，爲坎也。
　　　　下乾爲離，坎離相求。

　　(二)恆爲震陽在上，巽陰在下，爲相與。恆初六，浚恆之凶，始求深也。

四·卦中見坎也說求

　　(一)井九三求王明，受福也。井上坎，陽在下。

　　(二)坎九二陽在下，故曰求小得。

五·陰陽相交而後求

　　(一)繫辭下五，尺蠖之屈，以求信也。中孚互頤，爲離象，坎離互求。所以中孚爲
　　　　信。

　　(二)繫辭下五，定其交而後求。

　　(三)繫辭下五，无交而求。

屯見而不失其居，蒙雜而著。

◎居

一‧艮為居。

二‧屯不失其居

屯卦從臨卦變來。臨卦上坤，下兌。臨離為屯，九二上為九五，臨坎在上，中為陽，得其中正。而屯九五互艮，艮為居，變而不失其居。臨卦下為兌，兌為見。屯卦取臨為象。

◎雜

陽居陰位曰雜：

一‧蒙卦下坎，坎三爻皆失位。陽居陰，故蒙雜。蒙上為艮，艮其道光明，故蒙雜而著。

二‧易經在繫辭中說其稱名也，雜而不越，可知雜卦和稱名有關。所謂稱名，有人說是卦名，不如稱為變易之名稱，即是交易之名。易經交易之名很雜：

(一)通易之名：復卦通師卦，所以復卦說「長子帥師」（復為長子），履卦通小畜，曰密雲不雨，自我西郊（履之兌為西）。

(二)變易之名：豐九四變明夷，曰遇其夷主。革四變既濟，曰有孚改命（改命為革）。

(三)對易之名：乾坤相對。

(四)反易之名：屯蒙相反。

易經因為稱名之法很雜，但是雜又不能亂，所以繫辭說雜而不越。雜是為了分別各卦之卦德，所以繫辭又說雜物撰德，非中爻不備。這句話其中一個意思是以爻位來判明卦的德性。

比如屯卦是只有九三爻不在位，所以屯而不失其居。因為除了三爻每個爻都居在正位，但是蒙卦是只有六四爻居在正位，其他各爻皆失位，所以說蒙雜而著。而恆卦初、二、四、五失位，所以繫辭下說恆雜而不厭。因為五個爻失位所以稱雜，但是恆卦立不易之方，所以烈以雜而不厭。

> 震起也，艮止也。

◎起止

震起艮止：

一‧震艮二卦先天陽爻之始終：先天一陽始于震，一陽終于艮（即震、離、兌、乾、巽、坎、艮、坤）。

二‧後天帝出乎震，成言乎艮，亦震起艮止（震、巽、離、坤、兌、乾、坎、艮）。

> 損、益，盛衰之始。

◎損益為始終

一・損自泰通，一陽外往（即泰之九三外往之上，卦成損），陽爻到了上為極，極則成否。

二・損為衰之始也。益自否通，否之九四一陽爻由外而內來，卦成益，極則成泰。是以損為衰（否）之始，益為盛（泰）之始也。

三・周易上經至泰否十二卦（乾、坤、屯、蒙、需、訟、師、比、小畜、履、泰、否），下經頭十二卦以損益為終。下經咸恆至損益十二卦（咸、恆、遯、大壯、晉、明夷、家人、睽、蹇、解、損、益），以損益為終。

四・雜卦乾坤外以損益為首。雜卦舉下列之卦，以損益為首：
乾、坤、損、益、大畜、无妄、萃、升、謙、噬嗑、兌、隨、剝、晉、井、咸、渙、節、解、蹇、睽、家人、否、泰、大壯、遯、大有、同人、革、鼎、小過、中孚、豐、旅、離、坎、小畜、履、需、訟、大過、姤、漸、頤、既濟、歸妹、夬。

> 大畜時也，无妄災也。

◎時

一・消息為天時之義。

二・大畜，時也

(一)大畜震乾，先天卦由震至乾為陽之息，乾至艮為陽之消，此言天時之義。

(二)陰極而陽至為時。大畜，時也，大畜卦乾艮，先天卦由乾至艮，陽消已極，其息將來，故大畜時。

◎災

一・陽息陰至為災。

二・无妄震乾，由震至乾為陽息已極，其消將至，故无妄為災。

三・眚為災，又无妄為行有眚。

(一)乾文言，亢龍有悔，窮之災也。乾上九陽極故為災。

(二)需九三，需于泥，災在外也。

(三)剝六二，剝床以膚，切近災也。

(四)復上六，迷復，凶，有災眚。

(五)无妄六三，无妄之災，或繫之牛，行人之得，邑人之災。

（六）无妄上九象曰：窮之災也。

（七）大畜初九，不犯災也。

（八）遯初六，遯尾之厲，不往何災也。

（九）豐初九象曰：過旬災也。

（十）旅初六，旅瑣瑣，斯其所取災。象曰：旅瑣瑣，志窮災也。

（十一）小過上六，飛鳥離之，凶，是謂災眚。

萃聚而升不來也。

◎聚

一 · 聚之義：先天往來消息，坤至兌，二陽始聚（乾、兌、離、震、巽、坎、艮、坤）。

二 · 畜爲聚，萃錯畜，故曰聚。

◎升

先天卦由巽至坤，由一陰而三陰，陰息已到極端，巽、坎、艮、坤，後接乾，是氣由下而上升。升到乾，所以升卦彖曰南征吉。先天乾居南，所以說南征。

◎不來

一 · 升不來。

二 · 萃聚爲升，升尙往而不來。

三 · 往乾爲順，順爲往，往坤爲逆，逆爲來，所以升說不來。

◎往來

一 · 往來即是順逆。

二 · 萃聚而尙往。

三 · 升往而不返。

謙輕而豫怠也，噬嗑食也。

◎怠

豫之震四逐泥之爻，不能振作，故怠。

◎食

一 · 噬嗑爲食。二食膚，三食臘肉，四噬胏，五噬肉，皆爲所食之物。

二·頤中有物爲噬嗑，頤爲食。

賁无色也。

賁：五色不純爲賁。

兌見而巽伏也。

◎伏
　巽爲伏，指的是乾之初伏在坤之下，而成巽。

◎兌見
　兌爲何稱爲見？乾之初陽動在坤地之下而成震，兌卦之形成是由乾之二陽（初爻和二爻）伏在坤上，而成兌。卦出現了兌，即表示初二之陽爻可得而見，所以兌爲見。乾初爲一陽伏于坤，所以說潛龍，也就是一陽潛在坤陰卦之下。但乾二說見龍，因爲乾二是兌，也即是乾之初和二爻伏在坤上，卦成兌，所以見龍。因爲初二是地，初在地下，所以乾初是潛龍，而二在地上爲見龍。見，是指見到陽卦。

隨无故也，蠱則飭也。

◎故
　一·故即故舊。
　二·乾爲古，兌爲舊。五行中只有金可久存，所以乾金和兌金爲古舊。
　　　隨无故：隨卦三四爻失位，上卦貞爲坎，兌象失，所以隨卦說无故，因爲金象不見了。
　三·革去故
　　　革六爻之中只有四爻失位，上卦貞爲坎，四易爲六，成既濟，兌變爲坎，所以革去故。

四・蠱爲故

蠱六爻之中，初二五上等四個爻都失位，巽卦貞爲離，所以蠱卦先甲三日（即丙火，甲乙丙）。蠱之艮貞爲坎，壬癸甲，所以後甲三日。先甲後甲中无庚辛之金，金從革爲故，所以蠱卦也以故爲象。

◎隨

无故也。蠱爲故，隨取蠱反象。

◎飭

治也。雜卦蠱曰蠱則飭，即治蠱之義。

剝爛也，復反也。

◎碩果

剝爲一陽在上，碩果之象也。剝爛而爲坤，坤而復，這是說明自然之現象。復卦反生，如果爛而核存，核存而仁生。

晉晝也，明夷誅也。

晉賞，明夷誅。晉象曰錫馬蕃庶，明夷晉之反，爲誅。

井通而困相遇也。

◎通

一・坎爲通，井爲通，說卦傳井爲通。井上爲坎，坎爲通。井坎在上，上爲困窮，窮而通，故井通。

二・井通泰，困通否。

井自泰來，泰初九往五，卦成井。否上九來二，卦成困。

◎遇

一·先天後天相同位曰相遇，比如：

(一)困卦曰相遇。困內為坎，外為兌，先天坎位在西，後天兌位也在西，先天變後天，即為以坎水變為兌澤。以兌遇坎，如故舊之相遇。故困卦曰相遇。

(二)豐初九，遇其配主，雖旬无咎

(三)豐九四，遇其夷主，吉行也。豐上卦震，震為主，離又震所主者，震離先後天同位。

二·遇為婚媾

屯曰十年乃字，字為婚。婚媾者皆有相遇之意。比如節卦，水澤先後天同位也，同位則相遇，婚媾之象。然其婚媾由變而來，是不得其當也，所以節卦說匪寇婚媾。

三·姤為遇，柔遇剛也

同人九五大師克。同人錯師，故曰大師。互姤遇，故曰相遇。決必有所遇，故受之以姤，姤者遇也。

四·睽為遇

(一)噬嗑六三象曰：遇毒，位不當也。

(二)睽九二象曰：遇主于巷，未失道也。

(三)睽六三，无初有終，遇剛也。

(四)睽九四，睽孤。遇元夫，

五·雨為遇

(一)睽上九，往遇雨則吉。睽遇雨之吉，群疑亡也。

(二)夬九三，遇雨若濡，有慍。

(三)姤彖曰：姤，遇也，柔遇剛也。天風則雨，姤為天風卦。

六·小過為遇

(一)小過六二，過其祖，遇其妣，不及其君，遇其臣。无咎。

(二)小過九四象曰：弗過遇之，位不當也。

(三)小過上六，弗過遇之，飛鳥離之。

七·聚為遇

物相遇而後聚，故受之以萃。萃者，聚也。

咸速也，恆久也。

◎咸

一·咸為應，咸為感，感則必應。

二·說卦，咸，感必應，故咸速也。

◎速

一・咸速解緩：咸，說卦曰咸爲速。陰陽爻得正，即速，易通也。

二・神爲速，神速

繫辭說「唯神也，故不疾而速，天行而至」。需卦上六說「有不速之客三人來」，客是和需卦上六相對的下乾。乾卦對的是坎，而不是順行的兌，所以乾爲不速之客。又坤爲神，乾非坤也，所以乾也是不速。因爲從繫辭說神，即速也，所以俗語有＜神速＞一辭之用法。

◎久

恆，終則有始，故恆爲久。

澳離也，節止也。

◎散

一・坤陰爲散。

二・澳取否爲通象，以否之四陽離散坤三陰，故澳爲離散之象。否九四來三，否之下坤卦散矣。澳三爲澳躬，四澳群，五澳汗，上澳血，皆散坤也。

◎止

一・節爲止：坎起兌止，節止爲陽止。節旅相錯，節爲止。

二・節上坎下兌，先天之卦陽始于坎，而終于兌。節上坎下兌，爲乾陽始終之象，故節爲止。

先天坎息爲一陽所生

至巽息而爲二陽

至乾而息爲三陽

至兌而消爲二陽（陽始消，陽之止也）

先天卦右旋，始（坎--巽--乾--兌）--離--震--坤--艮。由坎起，而到兌爲陽止也即自兌之後陽消矣。

三・見險而能止

(一)陽在上者止之象，變夬三月卦也，過此陽將極盛，物極必反之際，故有悔。

(二)陰陽之終爲止。

(三)蒙險而止。

(四)蠱巽而止。

(五)賁文明以止。

(六)大畜能止健。

（七）蹇見險而能止。

（八）艮其身止諸躬也。

（九）旅小亨止而麗乎明。

（十）既濟終止則亂，其道窮也。

（十一）大壯則止，遯則退也。

（十二）艮止也。時止則止，時行則行。

解緩也，蹇難也。

◎難

蹇二個互坎，故難上加難。

睽外也，家人內也。

◎睽

睽和家人卦皆通中孚。

◎內和外

一・易經中說的內外：

（一）坤，君子敬以直內，義以方外。

（二）比六二，比之自內，貞吉。象曰：比之自內，不自失也。

（三）泰，內陽而外陰，內健而外順，內君子而外小人。

（四）否，內陰而外陽，內柔而外剛，內小人而外君子。

（五）无妄象曰：无妄，剛自外來而爲主於內。

（六）明夷，內文明而外柔順。

（七）家人象曰：家人，女正位乎內，男正位乎外

（八）蹇九三，象曰：往蹇來反，內喜之也。

（九）蹇上六，往蹇來碩，志在內也。

（十）中孚象曰：中孚，柔在內而剛得中

（十一）繫辭下繫，爻象動乎內，吉凶見乎外，功業見乎外。

（十二）繫辭下繫，其出入以度，外內始知懼。

二・中孚爲內外：中孚四至五，至外也。中孚四爻往外，皆成睽，所以說卦傳說睽，外

也。中孚三之陰爻回到內卦二爻，內（下）卦兌成離，所以家人爲內。

> 否、泰反其類也。

◎反類

即卦反後和陰陽之同類相聚，也就是和陰爻反和陰爻聚，陽爻回而和陽爻聚。變通卦中所現之反義：

一・否自漸來，漸之六四反爲六三，下坤艮成坤。六二與初六，六二皆爲陰，相聚也。所以否卦說大往小來。

二・泰自歸妹來，歸妹之九四反爲九三，下卦成泰。如此則和初九、九二皆陽相聚，故反其類。所以泰卦說小往大來。

三・反爲復

(一)乾，終日乾乾，反復道也。

(二)屯剛也，十年乃字，反常也。

(三)小畜九三，輿說輻，夫妻反目。

(四)同人九四，則困而反則。

(五)復，亨，反復其道，七日來復。

(六)復彖曰：復亨，剛反。

(七)復六五，迷復之凶，反君道也。

(八)家人上九，威如之吉，反身之謂也。

(九)蹇象曰：君子以反身修德。

(十)蹇九三，往蹇來反。象曰：往蹇來反，內喜之也。

(十一)歸妹六三，歸妹以須，反歸以娣。

(十二)繫辭上傳，原始反終，故死生之說。

(十三)震反生。

(十四)序卦傳，傷於外者，必反。

(十五)說卦傳，困乎上者，必反乎下，故受之以井。

(十六)雜卦傳，剝爛而復反也。

> 大壯則止，遯則退也。

◎止

大壯爲止，大壯爲震乾。先天卦由乾至震爲逆行，若由乾至震，一陽窮盡，无可復退，大壯則止。遯卦由艮至乾，陽道逆行而退，故遯爲退。大壯不進，而止也。

大有眾也，同人親也。

◎眾

一・大有一陰而五陽。陽爲大，五爲眾多。

二・大有眾也。坎爲眾，坤爲民，亦爲眾。大有錯比，比爲坎坤。故曰眾。

三・大有錯比，比一陽而五陰，也是眾。比坎坤，坎爲眾，坤爲民，民眾也。

四・晉六三，眾允，悔亡，象曰：眾允之，志上行也。晉下卦錯變大有，所以也說眾。

◎親

一・易經卦互家人爲親。同人下四爻互家人，家人親也。

二・訟互家人于中四爻，故訟不親也。

三・旅三至上互睽，反家人，故親寡旅也。

◎同宗

同人二爲同人于宗，一家人，故爲宗，即＜同宗＞。

革去也，鼎取新也。

◎故

一・乾爲古，兌爲故，乾兌爲金，五行之性，金歷久不衰，爲故。

二・隨无故：隨上兌爲故，三四失位，三四相易，上兌成坎，故隨无故。

三・豐多故：豐五互兌，二反兌，兌象多，兌爲故。所豐卦多故。

四・兌爲故

（一）蹇取萃爲通象，萃二互艮，上爲兌，所以蹇二仍艮躬，兌變蹇，上卦之兌失，失兌，兌爲故，所以蹇六二，王臣蹇蹇，匪躬之故。

（二）革卦上爲兌，所以革卦在說卦傳說去故。革卦四說有孚改命吉。

◎新

一・易經說離，都有新的意思：

（一）大畜彖曰：日新其德。大畜取需爲通象，需四互離，需變大畜，艮道光明，所

以用了兩個日，日日新。

(二)離卦說日日新。鼎自巽取通象，巽四互離爲日。六四進爲六五，巽變爲離，所以離日日新。鼎取新。

二‧繫辭上傳，富有之謂大業，日新之謂德。

小過過也，中孚信也。

◎過

一‧說卦傳說小過，過也。

二‧何謂過？易經以陰過陽，就是過。小過之過爲陰過陽，即五之陰過四之陽也。

三‧陰過陽爲小過，小過陰比陽過多，爲過之象。

豐多故，親寡旅也。

◎豐多故

豐大之時，下明上暗，事故必多。豐多故，旅親寡。故爲故舊，即故人也。親爲宗親，親友。易經之兌爲故。豐卦自泰來，泰互兌，所以豐卦可見到故舊之象。又豐二四互巽，爲兌之反，三五互兌，故豐卦之中兌象多。所以豐卦多故。

◎旅親寡

一‧旅象火之焚山，過而不留，如困旅人。是以山火爲旅象。

二‧旅上四爻互睽，睽（火澤）爲家人卦之反（倒看），即和家人背離，所以旅親寡。

◎親與家人

一‧漸、歸妹、豐、旅四卦皆說家人，而四卦在易經中之序是相次。

二‧漸上四爻互家人，漸上巽，女在外，所以漸女歸吉，女歸在外也。而漸卦家人在上（漸上四互家人），宜其家人也，＜宜室宜家＞。

三‧歸妹下四爻互睽，睽反家人，歸之下卦爲兌，兌女歸，爲其本家之人。歸妹震兌爲兄妹取家人（即震兄兌妹），以兄歸妹，也可說是歸而成兄之妹（即回母家）。

四‧豐卦之家人取的是其他之象。豐卦上六豐其屋、蔀其家、闚其戶、闃其无人，是明白說出家的樣子。而豐初至四互家人，二上互震巽，震巽爲同聲相應，也是家人象。

五‧豐卦之中，兌卦多（豐二四互巽，爲兌之反，三五互兌，故豐卦之中兌象多），也

即是故舊多也。這些都是說明豐卦有家人象。家族旺，故舊多。

六‧訟不親。中四爻互家人，而訟卦之天水違行。內險外健，故訟不親。

離上而坎下也。

◎離上坎下

一‧先天離上坎下：先天乾巽爲天，坤艮爲地。震兌爲赤道，日月所往來。坎爲北極，離爲南極。

二‧後天離上坎下：後天卦本來離在下，坎在上。因爲坎在上，其氣下潤，離在下，而其氣上炎（即五行易所說水爲潤下，而火爲炎上）。乾坤交以坎離，坎水爲乾天之大用，而離火爲坤地之大用。

小畜寡也，履不處也。

◎寡

一‧巽一陰，而乾三陽。陰小，以小畜大，所以稱爲小畜。

二‧小畜寡（少爲寡），因爲小畜上巽，全卦只有六四爲陰，所以寡。

三‧謙地山，全卦只有三爻爲陽，所以說謙。君子以裒多益寡。

四‧小畜三爻爲夫妻反目，象曰：不能正室。以失家人男之地位，而且婦貞厲，君子征凶，也就是妻不利于夫。所以小畜是寡象。

◎不處

一‧履乾兌，兌爲二陽，乾爲三陽。由二陽而息爲三陽，即乾兌離震，由乾而兌，陽道大通，陰道難處。所以履卦說不處。

二‧履中四爻互家人，但是上互巽，履卦之上乾金所剋，而下爲互離爲兌澤所滅，履是家人不和之象。這句是說家有不處，爲難相處的意思。

需不進也，訟不親也。

◎需不進

一・晉爲進，晉爲火地。需爲火天，反晉，晉爲進，需不進。

二・易言進者，大多主柔爻：

　　(一)乾，或躍在淵，進无咎也。

　　(二)乾文言九三，君子進德修業。

　　(三)乾文言，亢之爲言也，知進而不知退。

　　(四)觀六三，觀我生，進退。

　　(五)晉彖曰：晉，進也。

　　(六)晉，柔進而上行。

　　(七)睽，柔進而上行。

　　(八)益，動而巽，日進无彊。

　　(九)漸彖曰：漸之進也，女歸吉也。

　　(十)巽初六，進退，利武人之貞

　　(十一)繫辭上傳，變化者，進退之象也。

　　(十二)說卦傳，漸者進也。

大過顛也。

◎大過爲顛

一・顛爲首。說卦之後八卦爲大過、姤、漸、頤、既濟、歸妹、未濟、夬等。以大過爲首，所以大過爲顛。

二・先天乾陽之流行，始以巽（巽、坎、艮、坤、震、離、兌、乾，以巽爲始），終以兌（乾而後兌，乾復息也）。巽兌之合，所以說大過。

三・顛爲大過之義：(一)頤六二，顛頤。頤（艮震）錯大過（兌巽）。(二)鼎初六，鼎顛趾。鼎初五互大過。

四・大壯爲大過之顛倒也，大過之顛爲壯。大過自大壯來，大壯上棟，而大過則說大過棟橈，本末弱也。大壯上爲震，下爲乾，上爻來初，成大過。這是自上顛到下，所以大過說顛。

姤遇也，柔過剛也。

◎遇

一‧先後天同位相遇爲遇。

二‧先天相鄰爲相遇。乾兌、兌離、離震、震坤、坤艮，坎艮、巽坎、巽乾。即姤、小畜、革、睽、豫、謙、蹇，等卦皆有相遇之象。關於相遇之義，詳本書姤卦解釋遇字之說明。

三‧先天震至乾（即震一陽，兌二陽至乾三陽）其卦皆陽，至巽（一陰）而陽始遇陰，有如不期而會。所以乾遇巽，爲遇。遇，不期而會也。

四‧姤柔遇剛

姤爲巽遇乾（先天卦相鄰爲遇），以巽爲主，而說以柔遇剛，因此姤卦爲女壯。

漸女歸，待男行也。

◎漸爲女歸

漸艮巽反歸妹震兌，有女子于歸之象，故漸彖女歸吉。

◎漸爲待男

巽爲女，艮爲男。艮爲求，待也。艮反爲震，震爲行。巽女之歸，必待男下求而後行之意。所謂六禮不備，貞女不行。

頤養正也。

◎養

坤爲養，頤中互純坤，坤以致養。二五中正，故養正。頤卦通蒙，頤初九進二，得中正之位，所蒙卦說蒙以養正。

一‧蒙彖曰：蒙以養正。

二‧大畜養賢也。

三‧頤彖曰：頤，貞吉，養正則吉也。觀其所養也。自求口實，觀其自養也。養也。

四‧頤，天地養物，聖人養賢。

五‧井彖曰：井養而不窮也。

六‧鼎彖曰：大亨以養聖賢。

七‧序卦傳，物之樨不可不養也。

既濟定也。

◎定

一‧既濟卦剛柔皆正而位當，六爻各個皆得其正位。所謂位當，就是水火之位，上下得當，即水在上而潤下，而火在下在炎上。上下得當，所以定也。易經說乾坤定，也說水火定。

二‧其他卦的剛柔皆未定。

三‧易經在上下經中說到定的只有履卦。履象曰：君子以辨上下，定民志。

辨上下就是說水火二卦的位置，其他皆在繫辭和說卦中講到的：

(一)繫辭上傳，天尊地卑，乾坤定矣。

(二)繫辭上傳，遂定天下之象。

(三)繫辭上傳，以定天下之業

(四)繫辭上傳，八卦定吉凶，吉凶生大業。

(五)繫辭上傳，探賾索隱，鉤深致遠，以定天下之吉凶。

(六)繫辭上傳，定之以吉凶，所以斷也。

(七)繫辭下傳，定天下之吉凶，成天下之亹亹者。

(八)說卦傳，天地定位，山澤通氣，雷風相薄，水火不相射，八卦相錯。

歸妹女之終也。

◎女之終

先天卦坤之三陰始于巽之初陰，終于兌之上陰。歸妹自泰通，以泰之坤陰而爲兌陰，爲陰道之終也。故歸妹爲女終。

未濟男之窮也。

一‧未濟男窮

　　窮爲盡，先天卦陰生離中，由離而兌、而乾、而巽、而坎，至艮陰盡。陽生坎中，
　　而艮、而震、而離、至兌爲陽盡。

二‧未濟內坎外離，離爲陽之終也，故曰男之窮。

夬決也，剛決柔也；君子道長，小人道憂也。

◎**夬爲決**

　　夬以五陽去一柔，乾陽復息。姤以一乃遇剛，乾陽始消。

◎**君子**

　　君子爲陽爻，小人爲陰爻。

解說

一・易之含意

易，改變也。

《國語晉語》：「子常易之，易變也。」《左傳元年》：「子常易之，易猶反也。」反亦改變之意，又交易也。《荀子正名》：「易者，以一易一。」易，謂以物相易。又通場，闢地以聚人物者皆曰場。如文場、戰場、戲場等。《荀子富國》：「觀國之治亂臧否，至於疆易，其端已見矣。」易即場，按場謂其事起訖之時期也，如詩：「紅藥開時醉一場。」

二・卦之含意

卦爲掛。掛萬物也，可以一看就清楚，所以以掛爲喻。又易經備三才，以天象來論，日和月是掛在天上，所以說掛。又周禮大司徒以土圭測土深淺，正日景，以求地中，於仰觀俯察之義兼備。又卦之從圭從卜，所以占卜取卦爲喻。項安世《周易玩辭》說：「易之文均有來歷與他經不同。」有字指有一種憑藉之物即卦是也。卦可以說是假借。易經所有之辭、象，可說都是由假借得來的。

三・十翼

易經的十翼是：一・乾坤之彖；二・卦辭之彖；三・大象；四・爻辭小象；五・文言；六・繫辭上；七・繫辭下；八・說卦；九・序卦；十・雜卦。

四・卦爻歌

乾三連；坤六斷；離中虛；坎中滿；震仰盂；艮覆碗；兌上缺；巽下斷。

五・卦別

陽爻多為陰卦，陰爻多為陽卦。比如坎二陰爻，為陽卦，離為陰卦。

◎貞悔卦

卦可分為貞卦、悔卦。卦體以內為貞，外為悔。以占卜而言，靜貞動悔。坤之六三含章可貞，乾之上九為亢龍有悔。蠱貞為風，山為悔。風在下為貞，在外為悔。

◎上下反易

上下反易之卦，也可說是半對卦。上下兩卦自相反易，比如頤、大過、中孚、小過。通常自相反易卦都有相反、相悖之意。比如：山雷頤，上下相象自相反易卦還是頤，所以象曰道大悖矣。

◎之卦

一・易經繫辭曰：爻也者，各指其所之，由此而往彼。之卦在春秋經中所言之占者，以及以後歷朝史書中所說，大都是以之卦來占。

二・之卦就是由某一卦爻到別一卦之爻，在占卜文王卦用之。
　　占卜以之卦論吉凶。如乾之剝，家人之睽，左傳蔡墨曰：「坤之乾，亦乾之坤。」

三・之卦也可用來解釋為到相反之卦爻，即當位之爻，指當之而當位。比如乾二、四、六爻不當位，之坤一、三、五則當位，坤一、三、五不當位，之乾二、四、六則當位。當位為正。如：乾二、四、上之坤，乾成既濟。坤初、三、五之乾，坤成既濟。

◎像卦

一・合六爻之奇偶來觀卦。易經說象也者，像也。以類為卦象。比如大壯卦上震下乾，合六爻之奇偶以觀之。上六之陰爻羊之犄角，有兌象，兌為羊，所以六五言喪羊於易，上六言羝羊觸藩。

二・象卦來知德謂之大象，合六爻之奇偶觀之，像三畫之一卦也。如大坎、大離等。
　　(一)頤，大象離，中孚大象離。大過大象坎，小過大象也象坎。
　　(二)大壯大象為兌，大壯无兌，但全卦兌象很多，所以象辭說羝羊喪羊。
　　(三)剝大象艮，所以重兌象說孚於剝，兌為艮反。

◎命卦

繫辭下一，剛柔相推，變在其中矣。繫辭焉而命之，動在其中矣。如屯陽卦，二、五兩爻有卦名，二五為陽，餘皆陰論，即命為坎。屯命坎，坎離動在其中，為小過中孚。蒙卦初二、四、五、上有卦名，都是陰爻。三爻以陽論，則命謙。

◎辟卦

即消息卦。

◎消息卦

一陽：十一月子，復。

二陽：十二月丑，臨。

三陽：正月寅，泰。

四陽：二月卯，大壯。

五陽：三月辰，夬。

六陽：四月巳，乾。

一陰：五月午，姤。

二陰：六月未，遯。

三陰：七月申，否。

四陰：八月酉，觀。

五陰：九月戌，剝。

六陰：十月亥，坤。

辟卦即消息卦。復、臨、泰、壯、夬、乾爲息卦；姤、遯、否、觀、剝、坤爲消卦。

陽息而升，陰消而降。

◎八宮卦

乾宮八卦：乾、姤、遯、否、觀、剝、晉、大有。

坤宮八卦：坤、復、臨、泰、大壯、夬、需、比。

震宮八卦：震、豫、解、恆、升、井、隨、大過。

巽宮八卦：巽、小畜、家人、益、无妄、噬嗑、頤、蠱。

坎宮八卦：坎、節、屯、既、革、豐、明夷、師。

離宮八卦：離、旅、鼎、未濟、蒙、渙、訟、同人。

艮宮八卦：艮、賁、大畜、損、睽、履、中孚、漸。

兌宮八卦：兌、困、萃、咸、蹇、謙、小過、歸妹。

說明：八宮卦在文王卦占卜用到，學占卜者不可不曉背。

◎往來卦

一·卦有往來。乾圓往屈，坤方來信。

二·數往者順，知來者逆。

三·序卦以乾坤始，終既濟、未濟。

四·乾卦往，坤卦來。屯往蒙來。既濟往，未濟來。

◎錯卦

一·錯卦又稱爲對卦、旁通卦，或類卦。

二·錯卦：陰和陽對立叫錯。

三·繫辭說：錯其數。天地間獨陰陽不能生成，故必有錯。

四·八卦相錯：乾錯坤，震錯巽，坎錯離，艮錯兌。

五·六十四卦之錯爲（來氏八卦所屬自然相錯圖）：

　　(一)乾一坤八相錯所屬自然相錯：乾錯坤、姤錯復、遯錯臨、泰錯否、大壯錯觀、

　　　　夬錯剝、需錯晉、比錯大有。

　　(二)兌二艮七相錯則所屬自然相錯：艮錯兌、賁錯困、大畜錯萃、損錯咸、睽錯

　　　　蹇、履錯謙、中孚錯小過、漸錯歸妹。

　　(三)離三坎六相錯則所屬自然相錯：坎錯離、節錯旅、屯錯鼎、既濟錯未濟、革錯

　　　　蒙、豐錯渙、明夷錯訟、師錯同人。

　　(四)震四巽五相錯則所屬自然相錯：震錯巽、小畜錯豫、家人錯解、益錯恆、无妄

　　　　錯升、噬嗑錯井、頤錯大過、蠱錯隨。

六‧伏羲相錯圖

乾一卦	大乾錯大坤	乾一卦	履謙錯
兌二卦	夬剝錯	兌二卦	兌艮錯
離三卦	大有比錯	離三卦	睽蹇錯
震四卦	大壯觀錯	震四卦	歸妹漸錯
巽五卦	小畜豫錯	巽五卦	中孚小過錯
坎六卦	需晉錯	坎六卦	節旅錯
艮七卦	大畜萃錯	艮七卦	損咸錯
坤八卦	泰否錯	坤八卦	臨遯錯
		乾一卦	同人師錯

兌二卦　革蒙錯

離三卦　離坎錯

七‧自己相對自己之卦，也就是反過頭也不變的卦有八個。其他卦倒反而成別為另一卦
有二十八個。乾、坤對，頤、大過對，坎、離對。

八‧相對但不反：相反之卦比如屯對鼎反成蒙、鼎對屯反成革。

九‧錯綜

兩卦正對體為相錯，比如夬剝－渙豐。

兩卦反對體為相綜，比如剝復－比師。

◎覆卦

即綜卦或顛卦。

◎顛卦

覆卦又稱為反卦、或綜卦、顛卦。來知德稱為綜卦。比如：屯覆蒙、需覆訟、震覆艮、
巽覆兌。

◎綜

織布帛之綜，或上或下，顛而倒之，也就是反卦。比如：

一‧綜卦

(一)巽即兌，艮即為震。屯蒙相綜，在屯則為雷，在蒙則為山。

(二)履小畜相綜，在履則為澤，在小則為風。

(三)損益相綜，損六五即益六二（艮之中和雷之中皆陰），故十朋之龜。

(四)夬姤相綜，夬九四即姤九三，故其象皆臀膚。

(五)文王序卦有正綜和雜綜。

(六)乾初爻，姤坤逆行，五爻變與姤相綜，所以姤綜夬，遯綜大壯，否綜泰，觀綜
臨，剝綜復。這是乾坤之正綜。

二‧易經爻辭之綜，相綜即相同，比如既濟和未濟相綜，既濟九三爻辭和未濟九四相同。
損益相綜，損六五即益六二。夬姤相綜，夬九四即姤九三。

三‧綜也就是反卦、覆卦，也有人說顛卦。

綜即反卦也。如乾、坤、坎、離四正，巽、兌、艮、震四隅卦。巽爲兌，艮爲震。履小畜，損益，夬姤，文王序卦有正綜、雜綜，比如姤綜夬，大壯綜否，泰觀綜臨，剝綜復，此乾坤之正綜也。八卦通是初與五綜，二四綜，三六綜。

四·文王序卦相綜圖：易經除了乾、坤、坎、離、大過、頤、小過、中孚、等八卦相錯，其餘五十六卦皆相綜。文王以爲連八卦皆相綜，故五十六卦綜，止有二十八卦，向上成一卦，向下成卦，加上相錯的八卦（乾、坤、坎、離、大過、頤、小過、中孚），共三十六卦，而分上下經各十八。

五·遊魂卦爲雜綜：

見而不失其居	屯	蒙	雜而著
不進也	需	訟	不親也
憂	師	比	樂
寡	小畜	履	不處也
反其類也	泰	否	反其類也
親	同人	大有	眾也
輕	謙	豫	則飾也
无故也	隨	蠱	則飾也
或與	臨	觀	或求
食也	噬嗑	賁	无邑也
爛也	剝	復	反也
災也	无妄	大畜	時也
速也	咸	恆	久也
則退也	遯	大壯	則止
晝也	晉	明夷	誅也
內	家也	睽	外也
難	蹇	解	緩也
盛衰之絡	損	益	盛衰之始也
決也剛決柔也	夬	姤	遇也，柔遇剛也
聚	萃	升	不來
相遇	困	井	通
去故也	革	鼎	取新也
起也	震	艮	止也
女歸待男行	漸	歸妹	女之終也
名故	豐	旅	親寡
伏	巽	兌	見
離	渙	節	止也
定也	既濟	未濟	男之窮也

六·以上綜卦來知德也以四正卦重排，成爲次序自相綜圖，這可稱爲正綜卦。

上卦為乾的倒卦　　　　　　上卦為震的倒卦

乾坤　　　　　　　　　　　大壯遯

履小畜　　　　　　　　　　歸妹漸

同人大有　　　　　　　　　豐旅

无妄大畜　　　　　　　　　震艮

姤夬　　　　　　　　　　　恆咸

訟需　　　　　　　　　　　解蹇

遯大壯　　　　　　　　　　小過中孚

否泰　　　　　　　　　　　豫謙

上卦為坤的倒卦　　　　　　上卦為艮的倒卦

泰否　　　　　　　　　　　大畜无妄

臨觀　　　　　　　　　　　損益

明夷晉　　　　　　　　　　賁噬嗑

復剝　　　　　　　　　　　頤大過

升萃　　　　　　　　　　　蠱隨

師比　　　　　　　　　　　蒙屯

謙豫　　　　　　　　　　　艮震

坤乾　　　　　　　　　　　剝復

上卦為坎的倒卦　　　　　　上卦為巽的倒卦

需訟　　　　　　　　　　　小畜履

節渙　　　　　　　　　　　中孚小過

既濟未濟　　　　　　　　　家人睽

屯蒙　　　　　　　　　　　益損

井困　　　　　　　　　　　巽兌

坎離　　　　　　　　　　　渙節

蹇解　　　　　　　　　　　漸歸妹

比師　　　　　　　　　　　觀臨

上卦為離的倒卦　　　　　　上卦為兌的倒卦

大有同人　　　　　　　　　夬姤

睽家人　　　　　　　　　　兌巽

離坎　　　　　　　　　　　革鼎

噬嗑賁　　　　　　　　　　隨蠱

鼎革　　　　　　　　　　　大過頤

未濟既濟　　　　　　　　　困井

蹇豐　　　　　　　　　　　咸恆

晉明夷　　　　　　　　　　萃升

七‧兩個顛倒相反的卦做綜，陰上則陽下，故必有綜。倒而不綜：

乾、坤、坎、離、頤、大過、中孚、小過。這八個卦兩兩相錯，故不綜。

八‧六十四卦之中除有兩兩相錯而不綜之外，其他五十六卦皆綜：

屯蒙、需訟、臨觀、噬嗑賁、泰否、同人大有、咸恆、遯大壯、蹇解、損益、困井、革鼎、豐旅、巽兌、師比、小畜履、謙豫、剝復、隨蠱、晉明夷、无妄大畜、夬姤、家人睽、震艮、萃升、渙節、漸歸妹、既濟未濟。

否極泰來，豐大必旅，損盡益至，晉極必傷；屯見而不失其居，蒙雜而著。

九‧來知德所屬自相綜圖：

乾之屬，與坤所屬相綜。乾自姤至剝順行，坤自復至夬逆行。

　　　姤夬

　　　遯大壯

　　　否泰

　　　觀臨

　　　剝復

坎之屬，與離所屬相綜。自節至豐順行，自旅至渙逆行。

　　　節渙

　　　屯蒙

　　　既濟未濟

　　　革鼎

　　　豐旅

艮自賁至履順行，巽自小畜至噬嗑逆行。

　　　賁噬嗑

　　　大畜无妄

　　　損益

　　　睽家人

　　　履小畜

震自豫至井順行，兌至困至謙逆行。

　　　豫謙

　　　解蹇

　　　恆咸

　　　升萃

　　　井困

十‧顛倒卦，即是錯卦。但錯卦只顛倒，不易位。顛倒易位是內外互易，而且其中之一，或兩者成錯（顛倒）。

十一‧半覆卦

　　（一）半覆卦，與半對卦同。或內或外，各以所覆象所得之卦來求。

　　　　屯水雷，以雷覆為山。卦成水山蹇，蹇難，所以屯卦說難。

　　　　天雷无妄，雷覆為山，成遯。无妄說无妄之疾。无妄行人得牛，遯執用黃牛。

　　　　　山天大畜，山覆爲雷卦成大壯，故大畜利貞。大壯利貞。大畜曰輿說輹，大
　　　　　壯曰壯於大輿。小畜風天，半覆風爲澤，卦成澤天夬，故小畜曰惕出。夬曰
　　　　　惕號，小畜曰既雨，夬曰遇雨。

　　(二)半覆卦亦可稱爲反卦。因爲半覆互見其義，往往相反。如地山謙，下半覆爲
　　　　　復，謙利用征伐，復曰十年不克征。

十二・交卦

　　交卦，即上下易或兩象卦，本卦內外兩象交相易位。天澤履，和澤天夬內外兩象
易位，可以稱爲錯卦。履錯夬，履九五曰夬履貞厲。雷風恆，風雷益，故恆曰立
不易方（益爲益无方）。交卦的類別：

　　(一)易位卦：內外卦上下易位。比如水風井卦上下易爲風水渙。

　　(二)外錯生卦：外卦生卦，只有外卦顛倒而內卦卻不顛倒。
　　　　　外錯生卦，本卦內外兩象有一象易爲對卦，或內，均與所易之卦象相同。
　　　　　澤澤兌，變成風澤中孚，所以歸妹曰月幾望，而中孚亦說月幾望。
　　　　　澤雷隨，變成風雷益；雷澤歸妹，變成山澤損；履半對遯，履虎尾，遯尾。
　　　　　師錯明夷，師曰左次，明夷左股。

　　(三)內錯生卦：只有內卦顛倒，而外卦不顛，但內外不互易。
　　　　　山風蠱卦之山顛錯爲澤，變成澤風大過。
　　　　　雷澤歸妹之澤卦顛錯爲山，變成雷山小過。

　　(四)內卦錯，又易位到外卦之上。
　　　　　地火明夷卦之離火顛錯成坎，再移位到地上，成爲火地晉。
　　　　　風水渙卦之水顛錯成火，再移位到水上，卦成未濟卦。

　　(五)外卦錯，又易位到內卦之下。
　　　　　地火明夷卦之地錯爲天，再移位到火之下，成了同人卦。

　　(六)內外錯，即內外互易位卦。比如：
　　　　　火地晉變天水訟（這和晉卦之綜不同，晉卦之綜爲明夷）。

　　(七)外卦易位生卦（外卦易位到內卦之下：如井卦和渙易）
　　　　　風水渙，易爲水風井（這和綜卦不同，風水渙的綜卦是，水澤節）。

　　(八)易位內外顛生卦：內外卦相互易位，如：萃卦和臨卦，澤地萃易爲地澤臨。
　　　　　內卦易位生卦，外卦不顛倒，只有內卦顛卦。比如：
　　　　　山風蠱卦內顛成爲山澤損（外卦要來和內卦相對，而內卦變心了，向後轉
　　　　　去）。風山漸卦內顛變成風雷益卦。山山艮卦內顛變成山雷頤卦。
　　　　　內外互易生卦(虞翻稱之爲兩象易，即上下兩象互易)：雷山小過，變成山雷
　　　　　頤（注意：如果是綜卦的話，雷山小過的綜卦也是雷山小過）。山雷頤卦變
　　　　　成雷山小過（頤卦的綜卦是頤）。風澤中孚變成澤風大過（中孚的綜卦是中
　　　　　孚）。澤風大過的內外顛生卦是中孚（大過的綜卦是大過）。

◎大卦

　　即全卦。全卦即是六畫的卦，全體具備，又名大卦。全卦取大卦之象而言，卦德加倍。

臨（全震）；遯（全大巽）；小過（全大坎）；中孚（全大離）；觀（全大艮）；大壯
（全大兌）。

◎似卦

合六爻之奇偶來看，像某一個大卦，又稱爲象卦。比如：大壯上震下乾，合六爻之奇偶
而看，六五上六陰爻像羊之兩角，有兌象。兌爲羊，所以六五言喪羊於，易而上六言羝
羊觸藩。大過似坎，咸似大坎，頤似大離，益似大離，損似大離。

◎包卦

一・包卦：六畫重卦中間含有別種卦。

二・六畫以上下三畫中包三畫。如咸恆爲坤包咸，損益爲乾包坤。

三・一卦兩卦，兩卦分四卦，一正一反又得四卦，即太極生兩儀，兩儀生四象，四
　　象生八卦。咸與恆中爲三陽爻，外上下皆見陰爻，是坤包乾。
　　損益乾包坤；咸爲坎包巽；恆爲坎包兌；損亦爲離包震，益亦爲離包艮。

四・包卦是在占卜衼褥，或是病症用的。
　　恆咸以坤包乾
　　損益以乾包坤
　　家人睽以乾包坎
　　蹇爲坤包

◎互卦

一卦之內，二、三、四爻，和三、四、五爻，皆成一卦，統稱爲互卦，或約象。京房
說：「一卦四卦者謂之互。　會於中而以四爲用。」崔子元說：「中四爻雜合所主之事，
撰集所陳之德，能辨其是非，備在中四爻也。」

一・中爻互體。繫辭傳曰：雜物撰德，辨是與非，則非中爻不備。由中互爻所成十六卦
　　爲：乾、夬、睽、歸妹、家人、既濟、頤、復、姤、大過、未濟、解、漸、蹇、
　　剝、坤。

二・中爻互乾坤者有：乾--大過、夬、姤互乾;坤--剝、復、頤互坤。

三・中爻互既濟未濟有：解、睽、歸妹、未濟互既濟；蹇、漸、既濟互未濟。

四・中爻互剝復者有：比、觀、屯、益互剝。師、臨、蒙、損互復。

五・中爻互姤夬者有：咸、遯、同人、革互姤；恆、大壯、大有、鼎互夬。

六・中爻互漸歸妹者有：无妄、萃、隨、否互漸；大畜、升、蠱、泰互歸妹。

七・中爻互大過頤者有：小過、豐、旅、離互大過；渙、節、中孚、坎互頤。

八・中爻互解蹇者有：艮、謙、賁、明夷互解；震、豫、晉、噬嗑互蹇。

九・中爻互睽家人者：巽、井、小畜、需互睽；兌、困、履、訟互家人。

十・各個卦的中爻皆是互乾，坤，未濟，既濟。
　　中爻一互乾者：乾、大過、姤、夬。　　　　中爻一互坤者：坤、剝、復、頤。
　　中爻一互未濟：漸、蹇、家人、既濟。　　　中爻一互既濟：歸妹、解、睽、未濟。
　　（這十六個卦都歸於四象：即乾坤既濟未濟）

◎伏卦

山火賁，伏有澤水困。伏即陽伏陰，陰伏陽，在文王卦、金錢卦中用到。

六·先天八卦吉凶卦

◎先天八卦

乾兌離震四卦，巽坎艮坤四卦。

延年卦—東西配陰陽：乾坤、巽震、兌艮、坎離。

否泰、損益、恆咸、既濟未濟。

生氣卦—同氣同方：乾兌、離震、巽坎、艮坤。

履夬、噬嗑、豐、渙井、剝謙。

五鬼卦—同方同性：乾震、兌離、巽坤、坎艮。

无妄、大壯、革睽、觀升、蹇蒙。

六煞卦—異方同性：乾坎、巽兌、離坤、艮震。

訟需、中孚、大過、晉、明夷、頤小過。

禍害卦—異方異性剋：乾巽、兌坎、離艮、震坤。

小畜、姤、困、節、旅賁、豫復。

絕命卦—同方異性剋：乾離、兌震、巽艮、坎坤。

同人、大有、隨、歸妹、比師。

七·二八易位

二八兩數相易，在先天是巽震，在後天爲坤艮。坤艮皆爲土，實爲五十之數。萬物皆生於土，同歸于土，成始成終，皆在於艮之一位。

原數

9

4　　　　8

3　　　　7

2　　　　6

二八易位成洛書之數

離9 己

辛　巽4　　　坤2　癸　乙

庚　震3　　　　　　兌7　丁

丙　艮8　　　乾6　壬　申

坎1　戊

八‧河圖數納甲圖

一乾甲	二坤乙	天地定位			2	7	
三艮丙	四兌丁	山澤通氣					
五戊	六己		3	8	5	10	4　9
七震庚	八巽辛	雷風相薄					
九離壬	十坎癸	水火不相射			1	6	

9離

4巽　　　　　　坤2

3震　　　　　　　　7兌

8艮　　　　乾6

坎1

九‧先天八卦對待夫婦

乾南坤北，離東坎西，兌居東南，艮居西北，巽居西南，震居東北。

乾一，兌二，離三，震四，巽五，坎六，艮七，坤八。

◎先天四局

坤水來立乾向	乾水來立坤向	天地定位
酉水來立艮向	艮水來立酉向	山澤通氣
巽水來立卯向	卯水來立巽向	雷風相薄
午水來立子向	子水來立午向	水火不相射

```
                    9離

         4巽                坤2

      3震                       7酉

         8艮                乾6

                    坎1
```

十‧後天八卦

合十夫婦

```
                    9離              帝出乎震
                                     乎齊乎巽
         4巽                坤2      相見乎離
                                     致役乎坤
      3震                       7酉   悅言乎兌
                                     戰乎乾
         8艮                乾6      勞乎坎
                                     成言乎艮
                    坎1
```

戴九履一　　左三右七　　二四爲肩　　六八爲足

十一‧河圖與五行方位

| 16 | 水火不相射 | 壬納離 | 癸納壬 |
| 27 | 山澤通氣 | 丙納艮 | 兌納丁 |

38　天地定位　　甲納乾　　乙納坤
49　雷風相薄　　庚納震　　辛納巽

易卦取咸恆爲下經，以澤山，兌艮少男少女配，通氣也。
恆爲長男女，雷風相薄。

<pre>
                        日

                       離9
                  x
卯時仰天看月   x
18-22 辛   巽4 x   坤2   28-2 乙
                   x
                    x
                    x
3-7 庚   震3   x   兌7   8-12 丁
                      x
                      x
22-27 丙   艮8   x   乾6   13-17 甲
                     x   日在正東
                    x
                   x
                  坎1   x
                     x
                    月
</pre>

十二・取象之法

◎動物象

一・乾爲馬，物性中馬最健行。

二・坤爲牛，物性中牛最柔順。不動即睡，起先後足，與馬相反，得陰柔之美。

三・兌爲羊。未爲羊，而主兌者，金生於土也。土旺則金生，故坤伏必於建未之月。

四・離爲雉，東西風則復，南風去而不復。

五・震爲最善動者，龍也。

六・巽爲雞，雞司晨，時至而鳴，與風相應，雞善伏。雞應八方，風雨節而變，變不失
　　時。雞將鳴時先動股振翅，起風昂聲，易辭稱爲翰音（中醫，人風疾之人食禁食
　　雞。）

七‧坎爲豕　水畜，河豚也，海豚也。亥爲豕者直室，坎之所自生。

八‧艮爲犬，艮止主守禦。星宿斗運爲犬，十三時日出，犬生十三日開目，艮火之精，而伏性飲水，飲以舌舔。

◎近取諸身（人體象）

一‧乾爲首，乾尊在上爲首。

二‧坤爲腹，坤能包藏含容如腹。

三‧兌爲口，艮爲鼻，口鼻通氣，　山澤通氣也。

四‧離爲目，目偶而日奇，同爲離。陰麗陽中，眼珠如日，主視爲目，目明於外，心開竅於目。仍繫於腎而見於外，皆爲離象。

五‧震爲足，震動於天下，取乾取，陽氣自下，健行爲足。

六‧巽爲股，巽卦下偶，有股象。

七‧坎爲耳，坎陽含陰中，耳聽於內。腎開竅於耳，腎水渴，耳便聾，皆爲坎象。

八‧艮爲手，陽動於上，所以爲手。

十三‧取象法例舉

◎剝

眾陰在下，一陽覆於上，如床，如宅。

◎鼎

下陰爲足，二、三、四陽爲腹，五陰爲耳，上陽爲鉉，象鼎之形。巽木入離火，象烹飪。

◎頤

四爻一陽取中，如匱中梗物，勢必先噬而後嗑，是以言噬臘肉，噬乾胏，噬乾肉。

◎噬嗑

如在獄中，所以說滅趾、滅鼻、用獄、明罰。

◎小過

陽在中，如鳥身陰居，上下象兩翼，狀如飛鳥，所以說飛鳥之遺音。

◎大過

中剛而兩端柔，狀似棟橈，所以說本末弱。

◎漸

取卦情象。鴻至有時而群，有序不失其時，這是合于漸字的意思。又鴻鳥不再偶，正合辭女歸之意。古時婚嫁以鴻聘爲禮。

◎中孚

豚魚知風，鶴知秋，雞知旦。三者皆有信。所以中孚卦辭說豚魚吉，爻辭說鳴鶴在陰。易經陽在上者皆艮巽，陽在下者皆象震兌，陽在上下者爲離象，陰在上下者爲坎象。

十四‧大象

一‧大象象坎者：恆，豫，大過，升，師，比，萃，咸，小過，謙。

二‧大象象離者：大有，大畜，損，頤、小畜，履，同人，中孚，无妄，益。

三‧大象象震兌者：復，臨，泰，大壯，夬。

四‧大象象艮巽者：剝，觀否，遯，姤。

十五‧相借象

借互卦之卦象來取。比如：

一‧漸卦二四互坎，坎中滿，故九三婦孕不育。三五互離，故三歲不孕。

二‧履下錯兌，兌變艮，艮為虎，故履虎尾。

三‧井巽下坎上，綜為困，巽為市邑，在困為兌，這是將邑（巽）改了，所以井卦說改邑。

四‧革離下兌上，兌錯為艮，艮為虎，離色黃，所以說君子豹變。

十六‧卦象形成

易者象也。象也者，象也。易者象萬物，象者形象之象也。

一‧兩體具成：雲雷屯，地天泰，天地否，雷電噬嗑，雷風恆，雷雨解，風雷益。雷電為豐，洊雷為震，隨風為巽，習為坎。

二‧上下對（上下合或上下反）：天水訟，天澤履，天火同人，火澤睽。

三‧以上為文：雲天需，風天小畜，火天大有。

四‧以下稱上：地雷復，澤地困，天在山中大畜，火在地下明夷。

五‧實象：地上有水為比，地中生木為升。

六‧假象：天在山中，風自火出。

十七‧易象雜例

一‧陽明則正，陰濁則邪。見大壯和遯九三注。

二‧陽為實，陽為大陽為富，陽為正，陽為明，陽為前，陽為右，陽為君子。

三‧陰為虛，陰為小，陰為貧，陰為邪，陰為暗，陰為後，陰為左，陰為小人。

四‧卦序相近者為膚：剝為艮坤，睽為兌離，噬為離辰。

五‧外含內為包：泰為包荒，否包羞，姤包魚。

六‧邑爲坤，國爲坤，皆土也。

七‧離爲得失。易中遇離，或錯離，或互離，皆失得。比如比九五錯離失前禽；隨六三變離失小子。

八‧隨有求得。噬嗑九四得金矢，六五得黃金，坎錯離，六二求小得，明夷九三得其大首。

九‧解九二錯離得矢，鼎初六得妾，震六二變中爻爲離七日得。

十‧漸卦中爻離六四得其桷，豐六二得疑疾，旅九四得資斧，巽上九變坎錯離喪其資斧，既濟六二七日得，未濟上九失是，晉六五兌皆勿逐自復，震六二變兌勿逐自七日得，既濟六二變兌勿逐七日得，睽初二腎爲坎，坎爲溝瀆，故坎九三變坎曰臀。比變坎曰臀。

十一‧離遇震爲言，明夷之主人有言，中孚泣歌。

十二‧陰資陽爲拯，渙初六，用拯馬壯。

十三‧兌爲譽，蠱用譽，中爻兌，蹇來譽，下錯兌，譽中爻兌。

十四‧陰多于陽中，聖人皆曰災，復上六遇者，雷火也。睽九二變震，遇主于巷，遇元夫變震也。遇配主，遇夷主，小過大象坎錯離，遇其妣，遇其臣，雷火相言遇毒。左爲後，師六四，明夷六二。

十八‧取象例舉

一‧乾爲寒冰。乾主立冬後冬至前，故爲寒冰。

二‧大赤。乾四月純陽卦，故盛陽爲大赤。

三‧坤，布。偏布萬物致養。

四‧均，生萬不擇善惡。萬物之本，地爲黑，坤十月卦極陰之色。

五‧大塗。萬物所出在春，故爲大塗。

六‧決躁。剛在下動。

七‧長。風行之遠，故爲長。

八‧蒙六三見金夫，指二爻剛體，水性趨下，志在二而不從上失位乘剛。

十九‧一陽一陰卦之取象

一‧易卦中只有一陽的卦有：
地水師：大君有命小人无用。
水地比：四陰承陽順也。
地山謙：君子有終，謙謙君子。
雷地豫：喜樂之貌，順以動，介於石。

山地剝：柔乘剛。

地雷復：一陽復始。

二・易卦中只有一陰的卦有：

履：天澤，履虎尾。

同人：天火柔得中。火天大有，柔得尊位。

夬：剛決柔（把陰爻逼走）。

天風姤：女壯，勿用取女・以柔牽。

風天小畜：柔得位，上下相應（互家人，故有夫妻合象），多白眼，夫妻反目密雲
不雨。

二十・解象

四通：解象要會四通之法。見、伏、動、變為四通。

一・見：本卦所獨動之一爻為見，是動而見（現）。

二・伏：見之下即伏，見顯而伏隱，以可見來推其不可見，所以有見即有伏。比兌為見，
而巽為伏，見是一種現象，現在的狀況。伏是預測未來的根據。

三・之：見者為動，動必有所之。之者，往也。比如震為起，艮為止。用法參見之卦解。

四・又見者伏，而伏者見，兩者互相產生相應，是由於變。用法參見伏卦解。

二一・卦名取象

乾健，姤遇，遯退，否塞，觀觀，剝落，晉進，大有寬，坎陷，屯難，既濟合，革改，
豐大，師眾，艮止，賁飾，大畜聚，損益，睽背，履禮，中孚信，漸進，震動，豫悅，
解散，恆久，升進，井靜，大過禍，隨順，風順，小畜塞，家人同，益損，无妄天災，
噬嗑嚙，頤養，蠱事，離麗，旅客，鼎定，未濟失，蒙昧，渙散，訟論，同人親，坤
地，復反，臨大，泰通，大壯志，夬決，須需，比和，悅兌，困危，萃聚，咸感，蹇
難，謙退，小過過，歸妹者大。

二二・卦名取義

履陽處陰位謙也，損頭益尾，否泰反對，益損盛衰，屯盈坎陷，蹇難夬決，蠱事復長，
泰通否塞，剝落隨喜，晉進頤養，明夷傷，姤遇，萃聚豐大，睽離无妄災，噬嗑食大畜
時，震起訟親，歸妹大有眾，既濟定，未濟窮。

二三・爻之三才

三才：
一・主地之道陰陽爲六五爻。
二・柔剛爲初二爻。
三・人之道仁義爲三四爻。

二四・爻位之律則

一・凡爻當位則多吉，不當位者多凶。
二・陽居陽位，陰居陰位，謂之當位。一曰正，合乎爻位之正反也。
三・二五爻各得陰陽之位則謂之中正，不得其位則曰中。
四・不中者，爲初三四上三個爻。不中不正者即這四個爻不當位。
五・凡合乎爻位者多吉。背乎爻位者多凶。但如有合乎此一律則，易經還是有咎，而背乎這個律則的反說无悔者，可能就要看時是否相得，或情是否相協。所以易經大傳說六爻相雜，唯其時物也。所以讀易經要知道各爻之位，和時物之所主。
六・易卦皆言人道，而易爻皆言人事。
七・爻位不動，而爻則動也。
八・易例六（即陰爻）居五爻多吉。
九・凡易言乘剛指陰爻言。
十・凡易先天對待之卦二五爻莫不中正。
十一・九居五爻多厲。

二五・易經之卦爻之動皆有所據

◎往來
一・往來言乎其氣也，即卦氣之流行。
二・往：由內而外曰往。
三・來：由外而內曰來。
四・易凡言往者皆指外卦言。
◎應與
一・初爻四爻，二五，三與上，陽以應陰，陰以應陽。二氣感應以相與曰應與。
二・无應：陰以拒陰，陽以拒陽，爻氣不相應則謂之无應。
◎相比
相類鄰近者謂之相比。陽不和陰比。

◎乘

一・上爻乘下爻也。

二・乘剛：凡易言乘剛指陰爻言。

◎承

下爻承上爻也。陰乘陽多危，陽承陰多助。

◎情

易之情近而不相得則凶，悔且咎者此之謂也。所謂近指八卦之中爻位相近。

◎錯

陰與陽相待也，八卦相錯是也。乾坤，震巽，坎離，艮兌。六十四卦屯鼎，蒙革，頤大
過。

◎變

爻動即變，如漸卦九三以三爲夫，以坎中滿爲婦孕，及三爻一變，則陽死成坤變離絕夫
位。故有夫征不復之象。

◎中爻

即互卦也。辨是與非，則非其中爻不備。如左傳莊公廿年，敬仲之將生也周使有以周
易，見陳侯者，使筮之，遇觀之否，曰觀國之光，利用於賓王。又曰坤土也，巽風也，
乾天也。其所謂山者，以觀卦中爻三至五爲艮，艮爲山也。

◎位

爻位不動，而爻則動也。

◎六

易例六居五爻多吉。

◎時位

凡卦之變，言時乾道也，言位，坤道也。

◎先後天

一・先後天同位則其辭簡，使人自悟且吉者居多。

二・先後：端木國瑚曰：「易凡言先後皆以先天後天爲義。」即先後天八卦。

三・後天凡是陽卦皆居東北，陰之卦皆西南。

◎厲

九居五爻多厲，若先後天同位則否。

◎二五

凡易先天對待之卦二五爻莫不中正。

◎中正

凡易先天對待之卦二五爻莫不中正。

◎偕行

二五爻先行。初，三，四，上爻隨之而動之「偕行」。

◎志與孚

專言二五爻：

一・坎爲志。爲孚。五爻居中爲孚。

二・坎爲心。心之所之爲「志」，爻之他卦而居中心，且合於位爲「孚」（符合）。

三・二、五爻動而得應，謂之「志孚」・即陽爻居陽位，陰爻居陰位・

四・二，五爻居中心而位當，謂「志孚」・

五・又二，五爻動而得居中正之位，謂之「偕極」（極，爲「中」）・

六・二，五爻不動，而其他之爻先動，謂之「瀆」，不利。

七・二爻動，五爻不應，謂之「悖」（違背）。五爻動，二爻不應，謂之「過」。太過則
　　受阻礙。

二六・爻之變爲交

◎交

爻爲動，不是直線進行，而是呈曲折線進行。卦爻的變化也不是直線相對，而是以升降，
錯線，分合的曲線構成。爻之字形，在古文字即升降，交互的曲折之形，其變化法則稱
爲「爻之」法則：

　　　甲卦之初爻，往乙卦之四位
　　　甲卦之二爻，往乙卦之五位
　　　甲卦之三爻，往乙卦之上位
　　　甲卦之四爻，往乙卦之初位
　　　甲卦之五爻，往乙卦之二位
　　　甲卦之六爻，往乙卦之三位

皆斜行，或曲折之形。

卦之爻詞，大都指動爻之象而言。初之四，二之五，三之上，向上進也（升）。四之初，
五之二，上之三，向下退也（降）。初，三，五本進而宜退，二，四，上本陰性，本退
而宜進。若陽剛進而无退，則亢則亡。陰柔良而无進，則窮而竭。陽左旋，爲逆取，陰
右行，爲順守。逆取順守則存，順取逆守則亡。

二七・六神和五獸

◎六神

青龍震東方，白虎兌西，朱雀離，玄武壬，土爲戊已勝蛇。

◎五獸

一・土主信爲勾陳勝蛇，木主仁爲青龍，火主禮爲朱雀，水主知爲元武，金主義爲白
　　虎。

二・勾陳之象實名麒麟，位居中央，權司戊日，蓋仁獸而以土德爲治也。

三‧勾陳吉神，不踐生草，不履生蟲，其行多遲，配土德，敦信爲用。

四‧青龍之神左居東方，權司甲乙，而主文事，以木德爲化白虎爲殺，右君西方。

五‧朱雀舞端門，南方司丙丁而主對章彈諫文學。以火爲德。

六‧元武爲帝座，北方司壬癸，而主計謀，籌畫機巧，以水爲德。

七‧朱雀位帝之前，諫臣也。凡易中見他卦之名者，必有其象，皆不容略者。

二八‧遊魂和歸魂

◎遊魂

一‧遊魂是死道。乾的遊魂是晉卦，就下卦而言，下卦乾形，變而艮，就是變爲遊魂，而成死道。歸魂是生道。乾的歸魂是大有卦，坤變爲乾，就是變爲歸魂，而成生道。

二‧在占卜，卜病人生死時，遇著遊魂，病人必死。遇著歸魂，病可痊癒。

◎遊魂卦

晉、明夷爲離坤，中孚、大過爲巽兌，訟、需爲乾坎，頤、小過震艮。

一‧卦上下相反方，先天卦：離坤、巽兌、乾坎、震艮一在東方，一在西方。

二‧遊魂卦之世爻應爻和本宮卦相反，比如晉爲乾宮之遊魂，乾卦在一爻，晉在四爻。

三‧遊魂卦上下卦陰陽相同，故不合。離、坤、巽、兌爲陰，乾、坎、震、艮皆爲陽。

◎歸魂

京房曰：「坎宮歸魂卦，歸魂卦，卦皆先後天同位。如師，坎下坤上，先後天同位之卦也。」易經歸魂：

一‧歸魂卦中大有、師、漸、蠱四卦之五行天干相合，故有女歸之意。比如：
　　火天大有爲己巳、己未、己酉、甲辰、甲寅、甲子。甲和己相合也。
　　師卦：癸酉、癸亥、癸丑、戊午、戊辰、戊寅。戊和癸相合。
　　漸卦：辛卯、辛巳、辛未、丙申、丙午、丙辰。辛和丙相合。
　　蠱卦：丙寅、丙子、丙戌、辛酉、辛亥、辛丑。辛和丙相合。

二‧上下爲陰陽相合。火天、天火、風山、山風、雷澤、澤雷、水地、地水，爲歸魂卦。

三‧卦以下卦爲官名。

四‧歸魂卦皆在同一方，東西方合，故卦善也。所謂東西相合，是指上下卦不是在東四命，即在西四命。先天卦以乾、兌、離、震，巽、坎、艮、坤，各在一方。
　　歸魂卦上下都在一方：大有、同人爲乾離，漸蠱爲巽艮，比、師爲坎坤。同在一方即有所歸也。

五‧歸魂卦世皆在三爻。

六‧乾卦歸大有，坤爲需，一爲有，一爲不足。
　　坎卦歸師，離歸同人，一爲征，一爲合。
　　震卦歸隨爲順，兌歸歸妹爲歸，一爲隨爲與他人行，歸爲回家。
　　艮卦歸漸，巽卦歸蠱，一爲風山，一爲山風，一爲進，一爲入。

二九·卦理舉要

一·陽為大，陰為小，陰為分，陽為合。

二·利貞者，性情也。凡卦六十四卦三百八十四爻，陰陽苟失正，皆利貞之。此情之性情也。正大（利貞）而天地之情可見矣，乾坤交為各卦，成為情。而乾為人之最始之本，所以說六爻發揮，旁通情也。乾六爻所發揮，多六子之象。以六子皆乾體所成，故乾能旁通之，這是乾所以發之情。

三·康有為說：「夫變之道有二，不獨出於心之不容已，亦由人由人情之趨簡易焉。繁難者，人之所畏也。簡易者，人所共喜也。去其所畏，道其所喜，握其權便，人之趨若決川於堰水之坡，沛然下行莫不從之矣。」

◎八卦相錯

指山澤處西北東南與天地相錯，雷風亦同。水火列於正西正東亦為相錯。又天地定位猶上經首乾坤也，山澤通氣雷風相薄，猶下經首咸恆也。

◎飛伏

一·陰陽消長斯有飛伏。顯者飛而隱者伏，既飛則由顯而隱，既伏則由隱而顯。

二·飛中有伏，伏中有飛。消息循環无有盡時，八宮中陰陽相對者互為飛伏，如乾坤相互，震巽相互。八宮所生之卦，自一世至五世，前三卦與內卦飛伏。後二卦與內封卦伏。如乾宮一世卦飛伏在內巽，二世遯卦飛伏在內艮，三世否卦飛伏在內坤，四世外卦在外巽，五世剝卦飛伏在外艮。

◎舍一不用

為何舍一而不用，以象太虛而不用也。且天地各其數以字其位，故太一亦為一數而字其位也。王輔嗣曰：「天地之數所賴者五十，其用四十有九，其一不用，不用以之通非數而數以之成，即易之太極也。」

◎著之德圓而神

著之數七七四十九象陽圓而為用也，變通不定因之以知來。八八六十四象陰方其為用也。爻位有分，因之以藏往知事。長陰八八為六十四，長陽七七四十九。著圓而神，象天，卦方而佑象地。陰陽之別也。

◎吉凶悔吝一吉三凶

為何吉凶悔吝只有一吉而三凶？陽晝六時晚昏皆為陰所侵，其用事惟四時而已。卦六爻初上皆无正位，其用事四爻而已。四分善人，六分惡人。

◎悔吝

繫辭悔吝言乎小疵，比於凶咎若疾病之於小疵也。

◎大衍之數

大衍之數，參天者從三始頂數也，五七九不取於一也。兩地者從二起逆數而至十，八六不取於四也。

艮三　坎五　震七　乾九

兌二　離十　巽八　坤六　故五十

不取一（天數）、四（地數），此八卦之外大衍所不管也。

爲何舍一而不用，以象太虛而不用也。且天地各得其數以守其位，故太一亦爲數而守其位也。

◎天地之數

先天以東南爲陽方，西北爲陰方，故自陽儀而生之卦，皆居東南離三兌二乾一是也。萬物成形莫不由水生，故屯以下若蒙、需、訟、師、比諸卦皆以水坎之爲卦也。先後天同位則其辭簡，使人自悟且吉者居多。九居五爻多厲，若先後天同位則否。

◎先天

先天以東南爲陽方，西北爲陰方，故自陽儀而生之卦，皆居東南離三兌二乾一是也。

◎三多凶

易言三多凶，凶爲三所固有也。

◎變化

一・老陰之爲少陽曰變，老陽之爲少陰曰化，蓋變者如物之消而長。

二・退而進，夜而晝也。化者猶物成而敗，上而下。

◎六五多吉

易例，六居五爻多吉。

◎時位

凡卦之變，言時乾道也，言位，坤道也。

◎乘剛

凡易言乘剛指陰爻言。

◎九五多厲

厲九居五爻多厲，若先後天同位則否。九居五爻多厲。

◎中正

凡易先天對待之卦二五爻莫不中正。

三十・時

時在易經有特別的重要性。知道時，即可易理解，易經就是時。孟子公孫丑上篇曰：「可以仕則仕，可以止則止，可以久則久，可以速則速，孔子也。」孟子稱孔子：「聖之時者也。」秦篤輝：「易，一言以蔽之，曰時，一言蔽之曰，進退存亡而不失其正，聖人安然爲之，常人勉而效之。」

三一・時與位

失位因得時而解凶。遯上九遠離小人，不與初六、六二兩陰爻相應，位在卦之極，以

退爲進，心无掛慮，雖位不當，仍爲吉利。當位因失時而不吉。屯九五上卦爲坎水，九五一陽陷於二陰之間，閉塞不通，雖有才能，辦小事則可，辦大事必凶。位如不當，猶可反悔調整，然而處時不當，則一瞬即逝，不可挽回了。

◎趣時

繫辭下一，說變通者，趣時也。

◎待時

繫辭下五，君子藏器於身，待時而動，何不利之有。

◎時爲原始

繫辭下九，易之爲時也，原始要終以爲質也。六爻相離，唯其時物也。

◎因時而惕

文言傳乾卦九三是故君上位不驕，在下位而不憂，故乾乾，因其時而惕，雖危无咎矣。

◎時升

升卦象曰柔以時升。

◎治曆明時

革卦象曰澤中有火革，君子以治曆明時。

◎遲歸有時

歸妹九四歸妹愆期，遲歸有時。

◎與時消息

豐象曰天地盈虛，與時消息。

◎畜爲時

既濟卦九五東鄰殺牛，不如西鄰之時也。雜卦傳大畜，時也。

三二・四時

文言傳乾卦九五，與四時合其序，與鬼神合其吉凶，先天而弗違，後天而奉天時，天且弗違，而況人乎，況乎鬼神乎。豫象曰日月不過而四時不忒，觀象曰觀天之神道，而四時不忒。恆象曰日月得天而能久照，四時變化而能久成，革象曰天地革而四時成，節象曰天地節而四時成。

一・惠棟言時者乾、蒙、大有、豫、隨、觀、賁、頤、大過、坎、恆、遯、睽、蹇、解、損、益、姤、革、豐、旅、節、小過。

二・隨曰隨時，節曰失時，革曰明時，无妄曰對時，睽、蹇曰時月。

三・豫、姤、旅皆曰時義，坤曰時發，賁曰時變，而於艮无，傳統偈其義曰時止則止，時行則行，動靜不失其時，其道光明，故君子進德修業欲及時也，此可謂孔子於易獨得之秘，而爲天下萬世指迷者也。

三三・卦名吉凶

◎卦吉

一・卦名吉；二・爻得位吉；三・辭吉則吉；四・得時爲吉；五・爻得相應爲吉；六・順時則吉；七・卦得體象則吉；八・當位則吉；九・合理合宜則吉；十・得眾爲吉；十一・得承爲吉；十二・相接爲吉。

◎卦凶

一・卦名不吉爲凶；二・爻辭卦辭不吉爲凶；三・不得時爲凶；四・无援无助无凶；五・孤陰孤陽爲凶；六・逆時爲時；七・不得體爲凶；八・位不當位凶；九・違背常理爲凶；十・眾叛爲凶。

參　考　書　目

一・朱熹，《周易本義》。

二・萬澍辰著，《周易變通解》，國立編譯館中華叢書，民國四十八年己亥重印。
本書成於同治十二年，清朝易家大多以錯綜變互論易，而萬氏獨言變通，貞九六，言消息卦氣、先天義、先天後天之合。在讀他家之說所不能解之處，用變通卦皆可理析明目而立刻觸類旁通。萬氏不偏漢宋，尤其對被惠棟和顧炎武諸儒所疑之宋人先天圖能以實例證明。在易象之推演其理解，也超過對後世易占影響很大的虞翻。
在各家論易中，筆者特別鍾愛萬氏所著之《周易變通解》。

三・來知德註，《來氏易經圖解》。自序言明萬曆纂修《理性大全》，雖會諸儒眾註成書，然不過以理言易而不知其象。來氏爲侍父母未仕，乃取易讀於釜山草堂，以綜卦解易。來氏易特精於象，但和京氏易相差甚遠。該書自隆慶庚午到萬曆二十六年成書。

四・朱駿聲著，《六十四卦經解》。台北：宏業書局，民七十一年九月出版。

五・謝文藝著，《易經地理考證》（上下冊）。高雄藝苑圖書公司，一九七八年出版。
本書作者台灣人，家學淵源，承其庭訓，其祖父爲前秀才謝振聲。作者是從地理風水之觀點來論易經，雖然是堪輿之書，書中對易經與卦爻之解釋是參雜象數納音五行。作者對象數之解釋頗得來氏之秘。

六・楊以迴著，《周易臆解圖說》。楊以迴爲清朝易學家，作者序中說得先祖承傳，少習易學，且於諸子百家、天文曆律、地輿形勢、兵刑禮樂、之書方術技能之事都有涉獵。及長不求功名，在二十年中橫遭拂逆，破子喪身，念其父早故，爲繼家學，成此書。

七・杭辛齋著，《學易筆談》，上海：上海書畫出版社，一九八七年版。

八・屈萬里著，《讀易三種》，台北：聯經出版社，民國七十二年版。

九・黃元炳著，《易學探原經傳解》，台北：集文書局印行。本書原出版在民國十年秋。書中有作者自序於上海觀蝶樓，民國十一年壬申蔣維喬序。黃元炳爲無錫人，其他之著作尚有《易學入門》、《河圖象說》、《經傳解》、《卦氣集解》等共七冊六十餘萬言。集冊統名爲《易學探原》。

十・趙迎，《陳希夷範圍數》，台北：瑞成書局。範圍數爲明朝趙迎所撰。據四庫全書總目所載，趙迎是河南鞏縣人，嘉靖五年丙戌（西元一五二六年）進士，曾任南京工部主事。此書曾被收在明朝永樂大典，書中大部份是依邵康節的皇極經世的原理，以卦象和數論吉凶禍福。

十一・陳希夷著，《河洛理數》。本書陳仁錫重印於明崇禎壬申序。歷來程言理，邵言數，而未有以理數合併。此書以理數論人世吉凶，取男女命八字演天干地支數，並

參納音五行。書中舉宋儒論証，包括程伊川、邵康節、蘇東坡、李文靖、范文正、司馬溫公等，歷歷如數。可見書爲宋人之著。

十二‧劉思白著，《周易話解》，台北：弘道文化事業有限公司重印。原書出版在民國二十四年，有孔祥熙等之序。最後附筮法說明。

十三‧王植，《皇極經世數解》，台北：集文書局印行，民國八十二年版。

十四‧陳炳元，《易鑰》，台北：弘道文化事業有限公司印行，民國六十七版。

十五‧孔穎達著，《周易正義》，四部備要中華書局版。

十六‧吳秋文編著，《周易白話經解》，台北：龘巨書局印行。

十七‧李安溪著，《周易觀彖大指》。

十八‧馬瀚如，《易元會運》。

十九‧饒宗頤，《史學論著選》，上海：古籍出版社，一九九三年版。

二十‧謝大荒，《周易語解》，台北：大中國圖書公司，民國六十六年初版，六十九年再版。

二一‧李鼎祚，《周易集解》。

承	辨	始交	我
承天	龍戰于野	往	法
朋	隱	明	金
直	雜	泣血	家
知光大	疆	爲反常	時
厚德載物	譽	盈	婦子
括	變	貞	寇
殃	體	乘	无攸利
相交		候	發蒙
剛	**（三）屯**	剝爲十	童蒙
家	十年	桓	順
消	大	班如	漸
消息	大小	婚	蒙
草木	大亨	鹿	說
馬	女子	貴	禦
乾爲龍	女子貞	貴賤	擊
堅冰	不寧	媾	瀆
常	元吉	經	離爲見
從	元亨	虞	離虛山實
終	元亨利貞	遇爲婚媾	
通	勿用	滿盈	**（五）需**
通理	屯	漣	九五中正
野	水而生	膏	三人
陰始凝	民	磐	上爲天位
章	光	難	上爲前
无成	如		大川
无咎	字	**（四）蒙**	小
无疆	亨	上下順	不及
順	何可長	不有躬	內爲主
嫌	利居貞	勿用	天一生水
弑君	利貞	包	穴
慎	含	正	光
漸象	坎爲禽	刑	光亨
疑	坎動險中	艮身爲躬	有孚
履	坎寇	克	血
慶	志行	利禦寇	位不當也
戰	坤爲民	困	利涉大川

雲	小人	通泰	承
載	不富之家	陰陽	拔
輻	不遐遺	富	茅
輿	中心	復	茅茹
攣	中行	裁成	苞
	元吉	隍	苞桑
（十）履	勿恤其孚	彙，類也	匪人
上下	天地交泰	道	桑
大有慶	左右	遐遺	羞
元吉	交	馮河	喜
夬履	交通	實	傾
正當位	合明	際	彙
民志	告命	翩翩	祿
兌爲虎	志同	鄰	辟
坦坦	戒	艱貞	榮以祿
定	邑	歸	儉
虎	來		離祉
帝位	妹	**（十二）否**	疇
幽人	尙	亡	繫
柔履剛	往和復	大人	
眇	征	大人否	**（十三）同人**
貞厲	征吉	大往小來	三歲
咥	朋	不交	于野
素	長短	包承	大師
旋	陂	休	大師相遇
祥	城	先否後喜	中正
无咎	帝乙歸妹	亨	中直
視	祉	位不當	升
跛	茅	何	反則
愬愬	食	何可長	文明以健
履虎尾	柭	否	爻爲年歲
履霜	師	否泰之貞	弗攻克
辨	泰	君子	伏
	消	志在君	先後
（十一）泰	荒	志行	同人
乙	茹	邦	同人于野
人	財	命	安

戒
艮止不興
亨
利涉大川
吝
困
志未得
宗
門
柔陰爻也
高陵
乾行
莽
野
號咷
遇
埔
辨物
應乎乾
離
類

（十四）大有

大車
小人
公
天
弗克
交如
亨
孚
志
威
柔得尊位
害
時行
祐

乾爲天子
敗
厥
彭爲盛
无備
載
晢
積
應乎天

（十五）謙

下行
上行
上行與下行
小畜爲寡
不富
中心
天道下濟
平
用涉大川
伐
光明
吉
地道和天道
自牧
亨
利用
君子之終
邑
卑尊
征
盈
貞吉
害
鬼神
終之義
勞

富
无不利
撝
萬民服
裒
裒多益寡
寡
稱物平施
鳴
鳴謙
鄰
踰
虧盈
謙
謙卦多鳴
謙爲益
謙謙
變盈

（十六）豫

上帝
大有得
大行
不可長
不過
中正
介于石
勿疑
天地
天地以順動
四時
四時不忒
民
由
刑罰
死
艮爲建

位不當
作樂
志行
志窮
忒
事
朋
盱
侯
怠
貞
乘
冥
剛應
師
師之德
時義
殷
疾
盍
祖考
祖妣
崇
終日
渝
順也
遇
鳴豫
奮豫
遲
薦

（十七）隨

丈夫
上窮
小子
元亨利貞

天下隨時	元亨利貞	未	神道
天時	天下治	吉无不利	國
出門	天行	在內	設
在道明功	父	至	无咎
有功	父母	行之中	童
有孚	王侯	位不當	童觀
有得	母	位當	進退
西	先甲，後甲	志在內	漸
亨爲祭也	成	知	賓
君子	考	保民无疆	盥
志	利涉大川	咸	醜
志舍下	志可則也	咸臨	薦
求	見	貞吉	顒
官	事	剛中而應	闚
門	往	容	觀
門戶	往有事	消	觀民設敎
係小子	承	浸	觀其生
兼	治和亂	敦	
剛來下柔	剛上	无咎	**（二十一）噬嗑**
宴	高尙	順命	不行
息	終吉	憂	不當位
乾爲息卦	終而有所成	臨	未光
渝	終則有始		矢
无咎	終无咎	**（二十）觀**	先王
嘉	巽歸合震	大觀	耳
維	无疾	小人	肉
與	幹	小人无咎	亨
隨	幹父之蠱	四時	位不當
隨爲時	裕父	生	何
獲	厲	光	利用
嚮	譽	有孚	柔中而上行
嚮晦	蠱與隨反	利女貞	毒
		利用	肺
（十八）蠱	**（十九）臨**	君子吝	乘剛
子	八月有凶	我	校
小悔	大君	忒	得
不可貞	凶	省方	得當

敕	亨	災	出入无疾
趾	利有攸往	足	休
滅趾	吝	往	先王
无咎	君子	果	后
須	折獄	附	后不省方
黃金	束帛	剝	考
滅	車	剝廬	至日
滅耳	戔	宮人	利有攸往
遇	柔來	得輿	災
雷電合而章	徒	終不可用	其道
雷電噬嗑	婚媾	魚	朋來
獄	寇	巽在床下	長短
鼻	庶	滅下	修身
厲	得志	碩果	剛長
膚	終	與	師
噬嗑	趾	膚	祇（唸之）
噬嗑之金	陵	蔑	迷
頤	无咎	蔑足	動
屨（唸句）	賁	辨	國君凶
屨校	須	輿	從
艱	園	寵	閉關
	當位	變剛	復
（二十二）賁	疑	觀	復象商旅
小	翰如		敦
小亨	翰爲	**（二十四）復**	无咎
分	濡	七日來復	順行
分剛	皤	十年	義
天文		不行	雷在地中
尤	**（二十三）困**	中行	對時
文	上下	仁	遠
文柔	小人長	元吉	頻
文剛	不食	反復	頻復
丘	天行	天地	
永貞	未與	天地之心	**（二十五）无妄**
白	宅	天行	大旱
刑	利有攸往	方	不可試
有喜	床	出入	不家食吉

獨立
藉
懼

（二十九）坎

三歲
三歲不覿
不可升
不得
中未大
勿用
天險
心
王公
出中
失道
地險
守其國
有孚
缶
行
行有尚
坎坎
求小得
求得
來
來之
尚
往有功
枕
信
係
流
盈
祇既平
重
重險

洊
剛中
剛柔接
時用
納約
酒
常
得
教事
習
習坎
設險
无功
无咎
貳
歲
實
窞
維心
德行
牖
樽酒
樽簋
險
徽纆
爵
簋（音鬼）
叢棘

（三十）離

大人
子
中道
元吉
元亨利貞
化成天下
日昃

日昃之離
木
牛
王
四方
生養
吉
死
牝牛
缶
折首
邦
兩
兩作
征
沱
突
突如其來
重明
匪
畜牝牛吉
逆子
棄如
野
焚如
无咎
无所容
嗟
黃離
敬之
辟
鼓
歌
履
錯
錯然
避咎

離
麗

（三十一）咸

上爻為窮
凶
反復
末
光大
艮居吉
亨
否與人身
取女
往吝
往來
拇
朋
朋亡
朋從爾思
股
咸
咸亨
咸其拇
咸恆相配
思
貞吉
悔
悔亡
執其隨
胸
腓
虛
爾
輔
憧憧
滕
隨

頻	好	罔	角
頻舌	否	貞吉	命
觀	君子小人	貞厲	往吉
	尾	剛	往有慶
（三十二）恆	固	剛以動	明出地上
久	肥	悔亡	侯
久中	革	退	貞吉
久非其位	浸而長	情	貞吝
不恆其德	畜臣妾	趾	貞厲
凶	疾	逐	悔亡
化成	退	羝	晉
日月	惡	羝羊	晉如
四時變化	黃牛	羝羊觸藩	晉爲需
田	嘉	无攸利	康侯
成	疑	飴	得志
有	與時行	履	晝
利有攸往	說	羸其角	訟
利貞	遠小人	螢羸	无不利
恆與損	厲	輹	无咎
貞	遯	艱貞	進
貞吝	遯之時義	觸	愁如
剛上柔下	遯亨	藩	摧
振	繫	藩決不羸	福
浚	嚴		維
終則有始		**（三十五）晉**	需有鼠象
羞	**（三十四）大壯**	上行	厲吉
无攸利	大	介	憂
无咎	大壯利貞	允	獨行
禽	小人	勿恤	蕃
雷風相與	用壯	王母	錫
變化	有情	未光	離
	羊	矢得	鼫鼠
（三十三）遯	利貞	伐	
小利貞	君子小人	如	**（三十六）明夷**
不往何災	征	自昭明德	入
勿用有攸往	征凶	行	入于左腹
正志	易爲疆場	君子	入中

入地	義不食	終吉	宗
三日	腹	終吝	居
于行	過門	陰利理財	往遇雨
于飛	箕子	富	物三爲群
大首	蒙	无恤	狐
小過	蒙大難	閑	巷
不食	蒞	順在位	後說之弧
允	獲	節	柔中爲吉
內文明	難	道正	負
文王		遂爲成	悔亡
主人	**(三十七)家人**	嗃嗃	鬼
左	大吉	厲	婚媾
平	女正位	嘻	喪馬
地中	不交	嚴君	惡人
夷	天下一家	饋	掣
有攸往	天地交泰		群疑
利艱貞	王假	**(三十八)睽**	路
君子	未變	小	遇
言	交	小事大事	遇雨之吉
明	吉	小事吉	睽
明夷	有孚	中孚	睽外，家人內
股	羽	中孚爲同	睽孤
門	利	元夫	睽蹇
則	利女貞	勿逐	疑亡
拯	君子	天	慶
昧	志未變	夫	剬
狩	言之有物	火動	噬膚
食	身	牛掣	澤動而下
疾	定	主	輿曳
疾貞	威	失道	豐有遇象
馬壯	恆	交孚	
晦	相愛	先張之弧	**(三十九)蹇**
晦其明	風自火出	同	大蹇
眾	家人	自復	山上有水
登天	悔	位不當	中節
傷	悔亡	豕	內喜
照四國	乾坤	孤	反

反身	利西南	弗損益之	木道乃行
尤	孚	用亨	王用亨于帝
王臣	來	合志	民說无疆
利西南	來復	在上	永貞吉
利見大人	拇	有孚	立心无恆
志在內	朋至斯	行	圭
來	宥罪	利有攸往	有孚
來往	致寇至	征凶	自外來
往	貞吝	朋	利涉
往來	負	貞吉	利涉大川
往得中	乘	疾	告
朋	射	益之	我
朋來	悖	祐	改過
修德	隼	酌損	其益无方
匪躬之故	得中道	得臣无家	其道益大光
躬	赦過	喜	或
連	无咎	无咎	益
當位貞吉	黃矢	損	益志
道窮	義	損元吉	益卦之原理
實	解	損可貞	益與時行
碩	解爲孚	損卦之道	動而巽
險在前	解貞吉	遄	莫益
蹇	雷雨作	與時偕行	惠心
蹇蹇	維	簋	龜
難	墉	懲忿窒慾	擊
譽	醜		

（四十）解	**（四十一）損**	**（四十二）益**	**（四十三）夬**
天地	十	下不厚事	不可長
弗攻克	十朋	大作	中未光
田獲三狐	十朋之龜	大得志	中行
甲坼	三人行	中正有慶	勿憂勿恤
白果草木	上行	中行	夬
夙吉	已	元吉	夬夬
有孚	已事遄往	凶事	危
有解	元吉	天施地生	戎
自我	弗克違	方	有厲
		日進	次且

利有攸往	中孚	誥	涕洟
壯于前趾	天下大行	賓	巽爲伏
孚號	天地相遇	厲	循序漸進
決	夬壯姤遯	膚	无攸利
足	包	臀	萃
其行次且	包无魚	臀无膚	萃如嗟如
和	四方	繫	順
往不勝爲吝	民	羸	亂
門	瓜	羸豕	虞
施	后		聚
首	有隕	**（四十五）萃**	聚以中正
得中道	行且次	乃亂乃萃	廟
牽羊	吝	上巽	震爲鬼
終	含	上巽爲升	龠
莧	壯	大吉	觀
趾	孚蹢躅	大牲	
陸	志	小吝	**（四十六）升**
頄（音判）	杞	不終	入門
揚于王庭	見凶	中未變也	大人
无號之凶	角	勿恤	元亨
惕號	豕	天地之情	允
愠	取	天命	允升
號	命	引	勿恤
遇雨	坤出于離	引吉	升
聞言不信	舍	未光	升階
德	品物咸章	如	生
德普施	貞吉	戎	生風
暮	姤	有位	用見大人
暮夜	杫	利有攸往	在下求用
窮	起	利見大人	有眚
膚	牽	利貞	有慶
獨行	章	孚	有憂
聰不明	魚	宗廟	亨
臀	无咎	往无咎	孚
	義者	牲	岐
（四十四）姤	遇	匪	志行
不可與長	隕天	匪孚	邑

征	志未得	未繘	大亨
柔以時升	來	至	小人
冥	受福	汔至	小人革面
息	妻	困	己日
消	祀	我	己曰乃孚
高	刲羊无血	邑	巳日
高升	信	往來	天地革
祭	幽	往來井井	文明
喜	致命	泥	牛
巽而順	貞大人吉	舍	四時成
无咎	徐	洌	未占
虛	徐徐	甃	皮
順	株木	剛中	刑
順事	酒食	射	吉
順德	動悔	敝	同居
疑	揜	瓶	有爲
慶	葛藟	勞民	利貞
震爲門	蒺藜	喪	君子豹變
積小	慶	寒	孚
繪	劓刖	寒泉	志
	臲卼	巽乎水	改命
（四十七）困	臀	巽爲潔齊	言
乃徐有說	覿	幾	征凶
三歲不覿		无喪无得	征吉
不信	**（四十八）井**	禽	明時
不祥	大成	養	治曆
中直	不食	鮒	虎
凶	不窮	舊井	虎與豹
未當	井	繘	虎與豹變
石	井瓦	勸相	貞厲
刖	井收	羸	面
吉行	井有孚	贏	革
有悔	井谷		革命
朱	井渫不食	**（四十九）革**	革面
朱紱	元吉	又何之矣	息
困	勿幕	三就	悔亡
困于赤紱	王明	大人	豹

野人	塞	後	不見
順天應人	節與際	後笑	心
順從	聖人	省	止之義
黃牛之革	鼎	洊	未光
嘉	鼎中大有	乘剛	未退
蔚	鼎孚	修省	光
鞏	養	笑	光大
應人	餗	笑言	列
	凝	索索	吉
(五十)節	覆	啞啞	艮
子	顚	婚媾	利永貞
不食	顚趾	祭主	序
仇		陵	身
元亨元吉	**(五十一)震**	喪	厚
凶	七日	无咎	厚終
出否	九	无眚	思
正位	匕	遂	拯
玉	于其鄰	雷	限
有實	勿逐	遠	兼
耳	爻	億	庭
耳革	出	厲	悔亡
形	未光	震主祭	時
我	未得	震行	時行
足	吉	震爲動	躬
固志	有事	震驚百里	趾
妾	百	邇	敦
柔	位不當	離爲福	无咎
革	戒	虩虩	腓
剛柔節	貝	蘇蘇	夤
疾	來	矍矍	與
烹飪	其事在中	懼	輔
趾	宗廟	躋	熏心
巽	往來	驚	厲
渥	征凶		敵應
象	泥	**(五十二)艮**	震
賁	社稷	上九爲背	隨
黃金	則	上位爲止	

（五十三）漸

三歲
于干
小子
山上有木
不育
不復
夫
夫婦
功
正邦
吉
有言
羽
位
利貞
利禦寇
君子
始終
素
婦不孕
婦孕不育
終與亂
莫之勝也
通則不窮
陵
陸
桷
復其桷
善
善俗
進
順
飲食
漸
儀
厲

磐
禦寇
醜
鴻
鴻漸
鴻漸于陸
蹇爲澀
願

（五十四）歸妹

女
天地
永終
吉
血
位
君
良
妹
始終
往來
征凶
征吉
承
刲羊
帝乙
幽人
柔乘剛凶
眇
恆
娣
泰
袂
終
幾望
敝
无血之羊

无攸利
无實
筐
貴
跛
須
愆期
說以動
遲歸
歸
歸有時
歸妹
歸妹以娣
歸妹征凶
歸妹以恆
歸爲跛象
變與常

（五十五）豐

三歲
大
大終
不可大事
凶
勿憂
戶
日中見斗
日中則昃
月盈則食
主
以
刑
吉行
旬
有孚
君子
折

折其右肱
沛
災
來章
尙
尙，大也
往有尙
沫
信以發志
屋
故
食
消息
配
鬼神
假
得疾
終不可用
章
无人
无咎
發
發若
翔
過旬
過旬之災
過爲災
雷電
蔀
蔀其家
藏
豐
闃
譽

（五十六）旅

小亨

山上有火	聞	悔亡	信志
凶	親	消息之義	剝
尤	懷	紛	悔亡
止	麗	健	疾爲速
牛	譽	得中	商
矢		終	商兌
矢亡	**（五十七）巽**	終則有始	勞
先後	三	巽	順天應人
次	小亨	巽在床下	慶
亨	中	无初有終	難
即次	中正	進退	麗
君子	天行	資斧	麗澤
快	史	說以忘勞	
我心不快	史巫	隨風	**（五十九）渙**
災	田獲三品	頻	上同
斧	甲	獲	大號
易	申		元吉
貞吉	先庚後庚	**（五十八）兌**	王乃在中
貞厲	有功	介	王居无咎
射	行事	凶	王假有廟
旅	利攸往	引	丘
時	利見大人	它	立廟
笑	床	未光	同
巢	志治	未寧	汗
處	志疑	吉	血
鳥	志窮	有喜	机
喪	兩相濟	有厲	亨
喪牛	制	亨	利貞
焚	命	兌	利涉大川
焚其次	庚	利貞	壯
童	性命	孚	享
逮	武人之貞	孚（兌）	奔
順	治	來	奔其机
資	品	來（兌）	帝
僕	貞凶	和	拯
獄	貞吉	朋友	風見木利涉
瑣瑣	重	朋友講習	乘木有功

剛來而不窮	度	得中	防
匪夷所思	苦	望	宜下不宜上
害	苦節	豚	戕
悔亡	貞凶	豚魚吉	長
躬	剛柔分	登天	雨
馬	剛得中	絕類	音
假	害	虛	飛鳥
逖	符節	虞	飛鳥離之
渙	通塞	誠自明來	時行
渙奔其机	傷財	鼓	祖
渙爲立廟	嗟	獄	逆
順	節	鳴	密雲不雨
損	窮	鳴鶴在陰	喪
群		敵	无咎
遠害	**(六十一)中孚**	翰音	雲
廟	中心	應天	順爲不過
窮	匹	應乎天	遇
震爲立	天	爵	過
願	月幾望	靡	過爲祭祖
	止	類	遺音
(六十)節	它	議獄	
又誰咎也	未	攣爲孚	**(六十三)既濟**
不出	正邦		七日得
不節	利貞	**(六十二)小過**	三年
中正以通	利涉大川	大吉	小人
中節	孚	小事	小亨
凶	志未變	小事吉	勿用
天地之道	我	小過之往	勿逐自得
止不可貞	其子	不及	止
以剛柔節	和	亢	牛
出	和之	戈	伐
失節	泣	穴	曳
甘	信	西郊	亨小
安	貞凶	亨	位當
亨	剛得中	利貞	克
兌以行險	馬匹亡	妣	利有攸往
往有尚	商兌	災眚	利貞

尾	有孚	化而裁之	苟錯諸地
戒	缶	天之所助者	負
始終	汔	天生神物	負且乘
初吉終亂	亨	天地	剛柔
柔得中	利涉大川	天地設位	剛柔相推
茀	君子	太極	神
高宗	孚	引而伸之	神武
鬼方	尾	方	配日月
患	居方	方以知	高而无民
終日	征凶	出	乾坤成列
終止	狐	四道	動
陰陽之府	貞吉	四營而成易	動天地
喪	首	生生之謂易	情偽
復	酒	先號咷	探
袽	鬼方	吉凶生大業	莫大乎四時
亂	无攸利	吉凶悔吝	處
實受其福	无悔	同人	通
箕子	飲酒濡首	同心	通志定業
厲	嗜也	至德	釣深致遠
輪	暉	冶容誨淫	備
鄰	節	序	勞
濡其首	賞	見天下之動	勞謙
難	震	其臭如蘭	幾
繻	辨	典禮	棟橈者
綸	濡	居	盜之招
	濡其首	或默或語	象以物宜
		易无方	圓而神

（六十四）未濟

		法象	極
大國	**（六五）繫辭上**	知來藏往	極天下之賾
不續終	八卦定吉凶	知崇禮卑	極數
中以行正	十八變	厚	節
未	千里之外	盈虛	虞
未出中	大小	相合	過
未濟	大衍之數	相得	鼓天下之動
伐	小疵	相接為觸	鼓舞
吉	不出戶庭	致寇	榮辱之主
曳	不密	茅	遠
有功	亢龍有悔		

魂與變

鳴鶴在陰

廣大

德行

橈

樞機

賢人在下位

禦，止也

親

縕

擬議

斷金

禮

簡易

藏

藉用白茅

邇

闔閉

類

懸象著明

嚮

變化

變通

觀

（六十六）繫辭下

一致

人謀鬼謀

八卦成列

力小

三人損一

下交不瀆

上下无常

上古

上交不諂

上棟下宇

大過

不見其妻

不俟終日

不封不樹

不遠復

井德之地

互卦

五多功

天地之道

天地設位

天地絪縕

尺蠖之屈

文不當

方向也

日中爲市

日往月來

爻

以濟不通

出入

功業見乎變

市中爲聚

市井

民不與

穴居

立心无恆

交而後全

交而後求

任重

先難後易

刑渥

危以動

危者

危者使平

吉凶生

地之宜

多凶

安身

安身而後動

安其位

曲而中

有命无咎

死期將至

位尊

作八卦

利生

困於石

折足

求信也

身安

使民不倦

其亡其亡

其初難知

典

取諸益

取類也大

周流六虛

屈伸

弦木爲弧

往來

易之取名小

易之門

易之德

易其心

易則使傾

明生

服牛乘馬

朋從

杵

知小

知幾其神

知與不知

近取諸身

長裕而不設

非中爻不備

非所困而困

刳木

刳木爲舟

垂衣裳而治

威

封

屋

後世聖人

括

既有典常在

致遠

貞一

貞勝者也

重門

重門擊柝

彖

剛柔立本

剛柔有體

剛柔雜居

原始要終

射隼

息卦

悔吝生乎動

悔吝者

書契

桑苞

神而化之

神明之德

財

健

健與順

動之微

動在其中

國家可保

庶幾

情

掘地

通

通其變	德薄	不相射	楊
陰卦多陽	德薄而位尊	分陰分陽	鼓
陰陽合德	憂患	天地定位	說言乎兌
巽以行權	憧憧往來	天地閉	鼻
巽稱而隱	撰	水火相逮	齊乎巽
幾者動之微	暴客	父母	漿
復以自知	窮通	牛	窮理盡性
復爲知	窮通與六爻	可	震爲王
惡積滅身	質	立人之道	離位南方
惡積罪大	遷國	成言乎艮	鵠
揖	斲	兌	麗
棺槨	謀大	兌說	蠱
无交而求	辨於物	坎陷也	鸛
无初有終	隨爲車	妙	
无悔	龍蛇之蟄	和順於道德	**(六十八)序卦傳**
无期	擊拆	奇耦	入而後兌
善積成名	謙以制禮	狐	久
象	謙尊而光	帝出乎震	久居其所
貳	隱伏	律	大
陽卦多陰	斷木掘地	致役乎坤	大觀
陽卦奇陰卦	離	迭用陰陽	女子于歸
愛惡相攻	雜	倚數	巳爲四
損以遠害	辭	宮	井困相反
歲成	辭可相人	神	升爲降
萬民以濟	懼以語	神以知來	升聚而上
罪大	譽	迷	屯物始生
聖人之情	變在其中	鬼	文過滅質
肆	變動趣時	桎梏	止
葬	變通	健	比
載鬼一車	觀法於地	動	夬爲決
過此以往	觀鳥獸之文	參天兩地	失位則窮
屢遷	觀象于天	常	未濟爲窮
網罟		陷	同人
遠取諸物	**(六十七)說卦傳**	勞乎坎	同人爲歸
履以和行	入	寒	地傷明
履和而至	三才而兩之	順	艮爲稚
德行恆簡	大赤	圓圖	決必有所遇

因時而惕　　　　遲歸有時
位　　　　　　　錯
似卦　　　　　　錯卦
志與孚　　　　　應與
卦　　　　　　　歸魂
卦凶　　　　　　覆卦
卦吉　　　　　　顛卦
命卦　　　　　　變
往來　　　　　　變化
往來卦
承
易
易位卦
治曆明時
舍一不用
待時
相比
貞悔卦
飛伏
乘
乘剛
悔吝
時升
時位
時爲原始
消息卦
畜爲時
偕行
情
辟卦
遊魂
遊魂卦
像卦
綜
綜卦
與時消息
厲

易經用辭索引　二‧依字辭之注音符號先後分類

ㄅ		不往何災	（遯）	包	（蒙）	閉關	（復）
八月有凶	（臨）	不信	（困）	包卦	（解說）	逋	（訟）
八卦成列	（繫辭下）	不俟終日	（繫辭下）	包承	（否）	備	（繫辭上）
八卦定吉凶	（繫辭上）	不封不樹	（繫辭下）	包无魚	（姤）	賁	（賁）
八卦相錯	（解說）	不恆其德	（恆）	半覆卦	（解說）	跋	（履）
八宮卦	（解說）	不相射	（說卦傳）	白	（大過）	跛	（歸妹）
匕	（震）	不相與	（大過）	白	（賁）	賓	（姤）
不中	（乾）	不食	（井）	白茅	（大過）	賓	（觀）
不及	（小過）	不食	（困）	冰	（坤）	鼻	（說卦傳）
不及	（需）	不食	（明夷）	百	（震）	鼻	（噬嗑）
不出	（節）	不家食	（大畜）	百果草木	（解）	暴客	（繫辭下）
不出戶庭	（繫辭上）	不家食吉	（无妄）	妣	（小過）	蔀	（豐）
不可久	（乾）	不能正室	（小畜）	貝	（震）	蔀其家	（豐）
不可大事	（豐）	不密	（繫辭上）	邦	（否）	辨	（未濟）
不可升	（坎）	不得	（坎）	邦	（師）	辨	（困）
不可長	（夬）	不祥	（困）	邦	（離）	辨	（坤）
不可長	（豫）	不終	（萃）	卑尊	（謙）	辨	（履）
不可貞	（蠱）	不習	（坤）	奔	（渙）	辨於物	（繫辭下）
不可試	（无妄）	不處	（雜卦傳）	奔其机	（渙）	辨物	（同人）
不可與長	（姤）	不富	（謙）	拔	（否）	避咎	（離）
不失	（訟）	不富之家	（泰）	拔	（泰）	辯明	（訟）
不永所事	（訟）	不復	（漸）	保民无疆	（臨）	變	（坤）
不交	（否）	不當位	（噬嗑）	苞	（否）	變	（解說）
不交	（家人）	不節	（節）	苞桑	（否）	變化	（恆）
不亦傷乎	（比）	不遏遺	（泰）	剝	（兌）	變化	（乾）
不吉	（坤）	不過	（豫）	剝	（困）	變化	（解說）
不有躬	（蒙）	不寧	（屯）	剝	（序卦傳）	變化	（繫辭上）
不自失	（比）	不寧	（比）	剝不盈而謙	（序卦傳）	變在其中	（繫辭下）
不行	（復）	不遠復	（繫辭下）	剝反為復	（序卦傳）	變盈	（謙）
不行	（噬嗑）	不窮	（井）	剝為十	（屯）	變剛	（困）
不克為勝	（訟）	不續終	（未濟）	剝廬	（困）	變動趣時	（繫辭下）
不育	（漸）	比	（比）	悖	（解）	變通	（繫辭下）
不見	（艮）	比	（序卦傳）	班如	（屯）	變通	（繫辭上）
不見乎世	（乾）	比吉	（比）	豹	（革）	變與常	（歸妹）
不見其妻	（繫辭下）	包	（坤）	敝	（井）		
不來	（雜卦傳）	包	（姤）	敗	（大有）	ㄆ	

匹	（中孚）	磐	（屯）	沫	（豐）	滿盈	（屯）
平	（明夷）	磐	（漸）	閂	（夬）	蒙	（明夷）
平	（謙）	翩翩	（泰）	閂	（同人）	蒙	（蒙）
皮	（革）	頻	（巽）	閂	（明夷）	蒙大難	（明夷）
牝	（大畜）	頻	（復）	閂	（隨）	蒙不明	（序卦傳）
牝牛	（離）	頻復	（復）	門戶	（隨）	鳴	（中孚）
沛	（豐）	旛	（賁）	昧	（明夷）	鳴	（謙）
朋	（坤）	鞶	（訟）	眇	（履）	鳴豫	（豫）
朋	（咸）	鞶帶	（訟）	眇	（歸妹）	鳴謙	（謙）
朋	（泰）			茅	（大過）	鳴鶴在陰	（中孚）
朋	（損）	**ㄇ**		茅	（否）	鳴鶴在陰	（繫辭上）
朋	（豫）	木	（離）	茅	（泰）	廟	（渙）
朋	（蹇）	木道乃行	（益）	茅茹	（否）	廟	（萃）
朋亡	（咸）	末	（咸）	面	（革）	暮	（夬）
朋友	（兌）	母	（蠱）	冥	（升）	暮夜	（夬）
朋友講習	（兌）	民	（屯）	冥	（豫）	蔑	（困）
朋至斯	（解）	民	（姤）	袂	（歸妹）	蔑足	（困）
朋來	（復）	民	（豫）	迷	（復）	謀大	（繫辭下）
朋來	（蹇）	民不與	（繫辭下）	迷	（說卦傳）	謀始	（訟）
朋從	（繫辭下）	民志	（履）	馬	（坤）	靡	（中孚）
朋從爾思	（咸）	民說无疆	（益）	馬	（渙）		
陂	（泰）	妙	（說卦傳）	馬匹亡	（中孚）	**ㄈ**	
品	（巽）	命	（否）	馬壯	（明夷）	分	（賁）
品物咸章	（姤）	命	（姤）	密	（小畜）	分剛	（賁）
旁通	（乾）	命	（晉）	密雲	（小畜）	分陰分陽	（說卦傳）
配	（豐）	命	（訟）	密雲不雨	（小過）	反	（大過）
配日月	（繫辭上）	命	（巽）	莽	（同人）	反	（乾）
烹飪	（井）	命卦	（解說）	莫大乎四時	（繫辭上）	反	（蹇）
瓶	（井）	妹	（泰）	莫之勝也	（漸）	反身	（蹇）
頒（音判）	（夬）	妹	（歸妹）	莫益	（益）	反則	（同人）
彭爲盛	（大有）	拇	（咸）	脢	（咸）	反復	（咸）
普	（乾）	拇	（解）	滅	（大過）	反復	（復）
裒	（謙）	明	（屯）	滅	（噬嗑）	反類	（雜卦傳）
裒多益寡	（謙）	明	（明夷）	滅下	（困）	夫	（睽）
辟	（否）	明出地上	（晉）	滅耳	（噬嗑）	夫	（漸）
辟	（離）	明生	（繫辭下）	滅頂	（大過）	夫妻反目	（小畜）
辟卦	（解說）	明夷	（明夷）	馮河	（泰）	夫婦	（大過）
僕	（旅）	明時	（革）	馮河	（泰）	夫婦	（漸）

方	（坤）	孚	（解）	紛	（巽）	膚	（噬嗑）
方	（益）	孚	（需）	婦	（小畜）	奮豫	（豫）
方	（復）	孚（兌）	（兌）	婦子	（蒙）	蕃	（晉）
方	（繫辭上）	孚號	（夬）	婦不孕	（漸）	輻	（小畜）
方以知	（繫辭上）	孚蹢躅	（姤）	婦孕不育	（漸）	輹	（大壯）
方向也	（繫辭下）	防	（小過）	符節	（節）	鮒	（井）
父	（蠱）	拂	（頤）	富	（小畜）	覆	（井）
父母	（說卦傳）	斧	（旅）	富	（家人）	覆卦	（解說）
父母	（蠱）	服牛乘馬	（繫辭下）	富	（泰）	豐	（豐）
弗克	（大有）	法	（蒙）	富	（无妄）	豐有遇象	（睽）
弗克違	（損）	法象	（繫辭上）	富	（謙）	藩	（大壯）
弗攻克	（同人）	肥	（遯）	復	（小畜）	藩決不羸	（大壯）
弗攻克	（解）	返家	（序卦傳）	復	（既濟）	豶	（大畜）
弗損益之	（損）	附	（困）	復	（泰）		
伐	（未濟）	非中爻不備	（繫辭下）	復	（乾）	ㄉ	
伐	（既濟）	非所困而困	（繫辭下）	復	（訟）	大	（大壯）
伐	（晉）	封	（繫辭下）	復	（復）	大	（屯）
伐	（謙）	負	（解）	復以自知	（繫辭下）	大	（序卦傳）
伏	（同人）	負	（睽）	復其桷	（漸）	大	（坤）
伏	（雜卦傳）	負	（繫辭上）	復爲知	（繫辭下）	大	（豐）
伏卦	（解說）	負且乘	（繫辭上）	復象商旅	（復）	大人	（升）
伏羲相錯圖	（解說）	風自火出	（家人）	焚	（旅）	大人	（否）
缶	（比）	風見木利涉	（渙）	焚如	（離）	大人	（革）
缶	（未濟）	風從虎	（乾）	焚其次	（旅）	大人	（乾）
缶	（坎）	飛	（乾）	發	（豐）	大人	（訟）
缶	（離）	飛伏	（解說）	發若	（豐）	大人	（離）
否	（否）	飛鳥	（小過）	發蒙	（蒙）	大人否	（否）
否	（遯）	飛鳥離之	（小過）	腓	（艮）	大小	（屯）
否泰之貞	（否）	飛龍在天	（乾）	腓	（咸）	大小	（繫辭上）
否臧	（師）	茀	（既濟）	腹	（明夷）	大川	（需）
否與人身	（咸）	匪	（萃）	腹	（師）	大吉	（小過）
孚	（大有）	匪	（離）	福	（晉）	大吉	（家人）
孚	（中孚）	匪人	（比）	輔	（大過）	大吉	（萃）
孚	（升）	匪人	（否）	輔	（艮）	大成	（井）
孚	（未濟）	匪正則有	（无妄）	輔	（咸）	大有	（頤）
孚	（兌）	匪夷所思	（渙）	膚	（夬）	大有得	（豫）
孚	（革）	匪孚	（萃）	膚	（困）	大有慶	（履）
孚	（萃）	匪躬之故	（蹇）	膚	（姤）	大行	（豫）

大亨	（屯）	多故	（雜卦傳）	得中	（巽）	鼎中大有	（井）
大亨	（革）	朵	（頤）	得中	（中孚）	鼎孚	（井）
大作	（益）	兌	（兌）	得中道	（夬）	窞	（坎）
大君	（臨）	兌	（說卦傳）	得中道	（解）	對時	（復）
大壯利貞	（大壯）	兌以行險	（節）	得臣无家	（損）	德	（夬）
大旱	（无妄）	兌見	（雜卦傳）	得志	（晉）	德行	（坎）
大赤	（說卦傳）	兌爲虎	（履）	得志	（賁）	德行	（繫辭上）
大車	（大有）	兌說	（說卦傳）	得志	（无妄）	德行恆簡	（繫辭下）
大事	（坤）	典	（繫辭下）	得其士夫	（大過）	德普施	（夬）
大卦	（解說）	典禮	（繫辭上）	得其所歸	（序卦傳）	德與業	（乾）
大往小來	（否）	定	（家人）	得疾	（豐）	德薄	（繫辭下）
大明	（乾）	定	（履）	得當	（噬嗑）	德薄而位尊	（繫辭下）
大牲	（萃）	定	（雜卦傳）	得輿	（困）	遯	（遯）
大衍之數	（解說）	帝	（渙）	惕	（乾）	遯之時義	（遯）
大衍之數	（繫辭上）	帝乙	（歸妹）	惕	（訟）	遯世无悶	（乾）
大首	（明夷）	帝乙歸妹	（泰）	惕號	（夬）	遯亨	（遯）
大師	（同人）	帝出乎震	（說卦傳）	掇	（訟）	遯爲退	（序卦傳）
大師相遇	（同人）	帝位	（履）	羝	（大壯）	敵	（中孚）
大國	（未濟）	度	（節）	羝羊	（大壯）	敵應	（艮）
大得志	（益）	待時	（解說）	羝羊觸藩	（大壯）	獨	（大過）
大終	（坤）	怠	（豫）	敦	（艮）	獨立	（大過）
大終	（豐）	怠	（雜卦傳）	敦	（復）	獨行	（夬）
大號	（渙）	毒	（師）	敦	（臨）	獨行	（晉）
大過	（大過）	毒	（噬嗑）	棟	（大過）	斷木掘地	（繫辭下）
大過	（繫辭下）	迭用陰陽	（說卦傳）	棟橈者	（繫辭上）	斷金	（繫辭上）
大蹇	（蹇）	咥	（履）	登天	（中孚）	瀆	（蒙）
大觀	（序卦傳）	娣	（歸妹）	登天	（明夷）	顚	（井）
大觀	（觀）	動	（復）	盜之招	（繫辭上）	顚	（頤）
地	（坤）	動	（說卦傳）	蠱	（離）	顚卦	（解說）
地中	（明夷）	動	（繫辭上）	逮	（旅）	顚趾	（井）
地之宜	（繫辭下）	動之微	（繫辭下）	當位	（賁）	覿	（困）
地傷明	（序卦傳）	動天地	（繫辭上）	當位貞吉	（蹇）		
地道	（坤）	動在其中	（繫辭下）	道	（泰）	**去**	
地道光	（坤）	動而巽	（益）	道	（頤）	天	（大有）
地道和天道	（謙）	動悔	（困）	道正	（家人）	天	（大畜）
地道无成	（坤）	得	（坎）	道窮	（蹇）	天	（中孚）
地險	（坎）	得	（大過）	鉤深致遠	（繫辭上）	天	（睽）
多凶	（繫辭下）	得	（噬嗑）	鼎	（井）	天一生水	（需）

天下一家人	（家人）	天命不祐	（无妄）	泰	（序卦傳）	女子	（屯）
天下大行	（姤）	天施地生	（益）	泰	（泰）	女子于歸	（序卦傳）
天下平也	（乾）	天時	（隨）	泰	（歸妹）	女子貞	（屯）
天下治	（蠱）	天道下濟	（謙）	涕洟	（萃）	女之終	（雜卦傳）
天下雷行	（无妄）	天德	（乾）	退	（大壯）	女正位乎內	（家人）
天下隨時	（隨）	天險	（坎）	退	（遯）	內文明	（明夷）
天之所助者	（繫辭上）	天衢	（大畜）	探	（繫辭上）	內為主	（需）
天文	（賁）	太極	（繫辭上）	統	（乾）	內喜	（寒）
天生神物	（繫辭上）	屯	（屯）	豚	（中孚）	內與外	（雜卦傳）
天地	（乾）	屯物始生	（序卦傳）	豚魚吉	（中孚）	牛	（大畜）
天地	（復）	它	（中孚）	通	（坤）	牛	（既濟）
天地	（解）	它	（兌）	通	（訟）	牛	（革）
天地	（豫）	田	（恆）	通	（雜卦傳）	牛	（旅）
天地	（頤）	田	（乾）	通	（繫辭下）	牛	（无妄）
天地	（歸妹）	田獲三狐	（解）	通	（繫辭上）	牛	（說卦傳）
天地	（繫辭上）	田獲三品	（巽）	通志定業	（繫辭上）	牛	（離）
天地之心	（復）	同	（渙）	通其變	（繫辭下）	牛掣	（睽）
天地之情	（萃）	同	（睽）	通則不窮	（漸）	泥	（井）
天地之道	（節）	同人	（同人）	通泰	（泰）	泥	（需）
天地之道	（繫辭下）	同人	（序卦傳）	通理	（坤）	泥	（震）
天地之數	（解說）	同人	（繫辭上）	通塞	（節）	柅	（姤）
天地以順動	（豫）	同人于野	（同人）	逑	（渙）	納約	（坎）
天地交泰	（家人）	同人為歸	（序卦傳）	童	（觀）	逆	（小過）
天地交泰	（泰）	同心	（繫辭上）	童	（旅）	逆子	（離）
天地定位	（說卦傳）	同宗	（雜卦傳）	童	（大畜）	逆而退	（序卦傳）
天地相遇	（姤）	同居	（革）	童蒙	（蒙）	鳥	（旅）
天地革	（革）	同氣相求	（乾）	童觀	（觀）	撓	（繫辭上）
天地設位	（繫辭下）	同聲相應	（乾）	滕	（咸）	凝	（井）
天地設位	（繫辭上）	忒	（豫）	臀	（夬）	橈	（大過）
天地閉	（說卦傳）	忒	（觀）	臀	（困）	臲卼	（困）
天地絪縕	（繫辭下）	坦坦	（履）	臀	（姤）	擬議	（繫辭上）
天地變化	（坤）	沱	（離）	臀无膚	（姤）	難	（屯）
天行	（困）	突	（離）	體	（坤）	難	（兌）
天行	（乾）	突如其來	（離）			難	（序卦傳）
天行	（巽）	彖	（乾）	**ㄋ**		難	（明夷）
天行	（復）	彖	（繫辭下）	乃徐有說	（困）	難	（既濟）
天行	（蠱）	庭	（艮）	乃亂乃萃	（萃）	難	（寒）
天命	（萃）	徒	（賁）	女	（歸妹）	難	（雜卦傳）

ㄌ

力小	（繫辭下）	利爲和	（乾）	雷電合而章	（噬嗑）	夬壯姤遯	（姤）
立	（大過）	利貞	（大壯）	雷電噬嗑	（噬嗑）	夬爲決	（序卦傳）
立人之道	（說卦傳）	利貞	（小過）	屢遷	（繫辭下）	夬爲決	（雜卦傳）
立心无恆	（益）	利貞	（中孚）	履	（大壯）	夬履	（履）
立心无恆	（繫辭下）	利貞	（屯）	履	（坤）	功	（師）
立廟	（渙）	利貞	（兌）	履	（離）	功	（漸）
老夫	（大過）	來	（比）	履以和行	（繫辭下）	功業見乎變	（繫辭下）
老婦	（大過）	來	（兌）	履和而至	（繫辭下）	瓜	（姤）
利	（坤）	來	（困）	履虎尾	（履）	甘	（節）
利	（家人）	來	（坎）	履霜	（履）	光	（大畜）
利	（乾）	來	（泰）	樂	（雜卦傳）	光	（屯）
利女貞	（家人）	來	（解）	龍蛇之蟄	（繫辭下）	光	（艮）
利女貞	（觀）	來	（震）	龍戰于野	（坤）	光	（坤）
利永貞	（艮）	來	（蹇）	禮	（繫辭上）	光	（需）
利永貞	（比）	來（兌）	（兌）	離	（同人）	光	（觀）
利生	（繫辭下）	來之	（坎）	離	（晉）	光大	（艮）
利用	（噬嗑）	來往	（坤）	離	（離）	光大	（咸）
利用	（謙）	來往	（蹇）	離	（繫辭下）	光亨	（需）
利用	（觀）	來章	（豐）	離上坎下	（雜卦傳）	光明	（謙）
利有攸往	（大過）	來復	（解）	離位南方	（說卦傳）	各正性命	（乾）
利有攸往	（夬）	律	（師）	離爲光亨	（需）	圭	（益）
利有攸往	（困）	律	（說卦傳）	離爲見	（蒙）	艮	（艮）
利有攸往	（恆）	旅	（旅）	離爲終	（需）	艮止不興	（同人）
利有攸往	（既濟）	旅小亨	（雜卦傳）	離爲福	（震）	艮身爲躬	（蒙）
利有攸往	（復）	旅在外	（序卦傳）	離祉	（否）	艮居吉	（咸）
利有攸往	（无妄）	旅无所容	（序卦傳）	離虛山實	（蒙）	艮爲君子	（乾）
利有攸往	（萃）	旅親寡	（雜卦傳）	類	（中孚）	艮爲建	（豫）
利有攸往	（賁）	勞	（兌）	類	（同人）	艮爲稚	（序卦傳）
利有攸往	（損）	勞	（謙）	類	（頤）	告	（益）
利西南	（解）	勞	（繫辭上）	類	（繫辭上）	告命	（泰）
利西南	（蹇）	勞乎坎	（說卦傳）	攣	（小畜）	改命	（革）
利攸往	（巽）	勞民	（井）	攣爲孚	（中孚）	改過	（益）
利見	（訟）	勞謙	（繫辭上）			卦	（解說）
利見大人	（訟）	雷	（震）	**ㄍ**		卦凶	（解說）
利見大人	（巽）	雷在地中	（復）	公	（大有）	卦吉	（解說）
利見大人	（萃）	雷雨作	（解）	戈	（小過）	固	（遯）
利見大人	（蹇）	雷風相與	（恆）	夬	（夬）	固志	（井）
		雷電	（豐）	夬夬	（夬）	孤	（坤）

孤	（睽）	剛柔相推	（繫辭上）	媾	（屯）	歸	（歸妹）
官	（隨）	剛柔接	（坎）	幹	（蠱）	歸有時	（歸妹）
庚	（巽）	剛柔節	（井）	幹父之蠱	（蠱）	歸妹	（歸妹）
果	（困）	剛柔雜居	（繫辭下）	葛藟	（困）	歸妹以娣	（歸妹）
股	（明夷）	剛健	（大畜）	過	（大過）	歸妹征凶	（歸妹）
股	（咸）	剛得中	（中孚）	過	（小過）	歸妹以恆	（歸妹）
括	（坤）	剛得中	（節）	過	（序卦傳）	歸爲跛象	（歸妹）
括	（繫辭下）	剛過而中	（大過）	過	（雜卦傳）	歸魂	（解說）
故	（豐）	剛應	（豫）	過	（繫辭上）	蠱	（說卦傳）
故	（雜卦傳）	宮	（說卦傳）	過以相與	（大過）	蠱爲事	（序卦傳）
苟錯諸地	（繫辭上）	宮人	（困）	過旬	（豐）	蠱與隨反	（蠱）
革	（井）	耕	（无妄）	過旬之災	（豐）	觀	（困）
革	（序卦傳）	躬	（艮）	過此以往	（繫辭下）	觀	（咸）
革	（革）	躬	（渙）	過者必濟	（序卦傳）	觀	（萃）
革	（遯）	躬	（蹇）	過門	（明夷）	觀	（繫辭上）
革命	（革）	高	（升）	過爲災	（豐）	觀	（觀）
革物莫若鼎	（序卦傳）	高升	（升）	過爲祭祖	（小過）	觀民設教	（觀）
革面	（革）	高而无民	（乾）	過涉	（大過）	觀其生	（觀）
姤	（姤）	高而无民	（繫辭上）	鼓	（中孚）	觀法於地	（繫辭下）
剛	（大壯）	高宗	（既濟）	鼓	（說卦傳）	觀鳥獸之文	（繫辭下）
剛	（坤）	高尚	（蠱）	鼓	（離）	觀象于天	（繫辭下）
剛上	（蠱）	高陵	（同人）	鼓天下之動	（繫辭上）	鸛	（說卦傳）
剛上柔下	（恆）	鬼	（睽）	鼓舞	（繫辭上）		
剛中	（井）	鬼	（說卦傳）	寡	（謙）	ㄎ	
剛中	（坎）	鬼方	（未濟）	寡	（雜卦傳）	口實	（頤）
剛中而應	（師）	鬼方	（既濟）	歌	（離）	亢	（小過）
剛中而應	（无妄）	鬼神	（乾）	膏	（屯）	亢	（乾）
剛中而應	（臨）	鬼神	（謙）	詁	（姤）	亢龍	（乾）
剛以動	（大壯）	鬼神	（豐）	廣大	（繫辭上）	亢龍有悔	（繫辭上）
剛自外來	（无妄）	國	（觀）	鞏	（革）	可	（坤）
剛來下柔	（隨）	國君凶	（復）	盥	（觀）	可	（說卦傳）
剛來而不窮	（渙）	國家可保	（繫辭下）	龜	（益）	可貞	（坤）
剛長	（復）	牿	（大畜）	龜	（頤）	考	（復）
剛柔	（雜卦傳）	棺槨	（繫辭下）	簋	（損）	考	（蠱）
剛柔	（繫辭上）	貴	（井）	簋（音鬼）	（坎）	克	（既濟）
剛柔分	（節）	貴	（屯）	歸	（序卦傳）	克	（蒙）
剛柔立本	（繫辭下）	貴	（歸妹）	歸	（泰）	困	（井）
剛柔有體	（繫辭下）	貴賤	（屯）	歸	（訟）	困	（同人）

困	(困)	厂		亨	(節)	侯	(豫)
困	(蒙)	互卦	(解說)	亨	(噬嗑)	厚	(艮)
困	(需)	互卦	(繫辭下)	亨	(謙)	厚	(繫辭上)
困于赤紱	(困)	化成	(恆)	亨小	(既濟)	厚終	(艮)
困於石	(繫辭下)	化成天下	(離)	亨者,嘉之會	(乾)	厚德載物	(坤)
坎	(比)	化而裁之	(繫辭上)	亨爲祭也	(隨)	後	(震)
坎	(需)	戶	(豐)	亨爲通	(乾)	後夫	(比)
坎坎	(坎)	火動	(睽)	何	(大畜)	後世聖人	(繫辭下)
坎爲弟子	(師)	合十夫婦	(解說)	何	(否)	後笑	(震)
坎爲禽	(屯)	合序	(乾)	何	(噬嗑)	後說之弧	(睽)
坎動險中	(屯)	合志	(損)	何可長	(屯)	恆	(家人)
坎寇	(屯)	合明	(泰)	何可長	(否)	恆	(需)
坎陷也	(說卦傳)	合明	(乾)	含	(屯)	恆爲久	(序卦傳)
快	(旅)	合德	(乾)	含	(坤)	恆爲夫婦	(序卦傳)
坤	(坤)	后	(姤)	含	(姤)	恆與損	(恆)
坤出于離	(姤)	后	(復)	宏	(坤)	恆	(歸妹)
坤爲民	(屯)	后不省方	(復)	和	(中孚)	候	(屯)
刲羊	(歸妹)	好	(遯)	和	(夬)	害	(大有)
刲羊无血	(困)	汗	(渙)	和	(兌)	害	(渙)
刿木	(繫辭下)	行	(晉)	和之	(中孚)	害	(節)
刿木爲舟	(繫辭下)	行	(損)	和順於道德	(說卦傳)	害	(謙)
枯楊生華	(大過)	行之中	(臨)	或	(益)	悔	(咸)
苦	(節)	行且次	(姤)	或	(乾)	悔	(家人)
苦節	(節)	行事	(巽)	或之	(乾)	悔	(乾)
寇	(賁)	亨	(大有)	或默或語	(繫辭上)	悔亡	(大壯)
寇	(蒙)	亨	(小畜)	或繫之牛	(无妄)	悔亡	(艮)
康侯	(晉)	亨	(小過)	或躍在淵	(乾)	悔亡	(兌)
筐	(歸妹)	亨	(升)	狐	(未濟)	悔亡	(咸)
睽	(睽)	亨	(屯)	狐	(睽)	悔亡	(革)
睽外,家人內	(睽)	亨	(未濟)	狐	(說卦傳)	悔亡	(家人)
睽孤	(睽)	亨	(同人)	虎	(革)	悔亡	(晉)
睽爲乖	(序卦傳)	亨	(兌)	虎	(履)	悔亡	(巽)
睽蹇	(睽)	亨	(否)	虎	(頤)	悔亡	(渙)
虧盈	(謙)	亨	(坤)	虎視	(頤)	悔亡	(睽)
闚	(豐)	亨	(咸)	虎與豹	(革)	悔吝	(解說)
闚	(觀)	亨	(旅)	虎與豹變	(革)	悔吝生乎動	(繫辭下)
饋	(家人)	亨	(渙)	侯	(比)	悔吝著	(繫辭下)
		亨	(賁)	侯	(晉)	桓	(屯)

盍	（豫）	獲	（明夷）	交如	（大有）	君子	（未濟）
荒	（泰）	獲	（巽）	交而後全	（繫辭下）	君子	（明夷）
婚	（屯）	獲	（隨）	交而後求	（繫辭下）	君子	（明夷）
婚媾	（賁）	鴻	（漸）	交孚	（睽）	君子	（家人）
婚媾	（睽）	鴻漸	（漸）	交卦	（解說）	君子	（雜卦傳）
婚媾	（震）	鴻漸于陸	（漸）	交通	（泰）	君子小人	（遯）
患	（既濟）	闔閉	（繫辭上）	吉	（比）	君子小人	（大壯）
晦	（明夷）	鵠	（說卦傳）	吉	（艮）	君子之終	（謙）
晦其明	（明夷）	懷	（旅）	吉	（兌）	君子咎	（觀）
寒	（井）			吉	（革）	君子豹變	（革）
寒	（說卦傳）	ㄐ		吉	（師）	戒	（泰）
寒泉	（井）	九	（乾）	吉	（漸）	戒	（震）
惠心	（益）	九	（震）	吉	（震）	戒	（既濟）
渙	（渙）	九五中正	（需）	吉	（頤）	決	（夬）
渙奔其机	（渙）	九六	（乾）	吉	（謙）	決必有所遇	（序卦傳）
渙者,離也	（序卦傳）	久	（序卦傳）	吉	（離）	見	（乾）
渙爲立廟	（渙）	久	（恆）	吉	（未濟）	見	（蠱）
隍	（泰）	久中	（恆）	吉	（家人）	見凶	（姤）
黃牛	（遯）	久居其所	（序卦傳）	吉	（歸妹）	見天下之動	（繫辭上）
黃牛之革	（革）	久非其位	（恆）	吉也	（比）	角	（姤）
黃矢	（解）	己	（大畜）	吉凶生	（繫辭下）	角	（晉）
黃金	（井）	己日	（革）	吉凶生大業	（繫辭上）	居	（睽）
黃金	（噬嗑）	己日乃孚	（革）	吉凶悔吝	（解說）	居	（雜卦傳）
黃離	（離）	井	（井）	吉凶悔吝	（繫辭上）	居	（繫辭上）
撝	（謙）	井收	（井）	吉行	（困）	居方	（未濟）
彙	（否）	井有孚	（井）	吉行	（豐）	近取諸身	（繫辭下）
彙,類也	（泰）	井困相反	（序卦傳）	吉无不利	（臨）	金	（蒙）
暉	（未濟）	井谷	（井）	机	（渙）	戔	（賁）
號	（夬）	井渫不食	（井）	即次	（旅）	建國	（比）
號咷	（同人）	井德之地	（繫辭下）	君	（歸妹）	既有典常在	（繫辭下）
嗃嗃	（家人）	介	（兌）	君子	（否）	既處	（小畜）
魂與變	（繫辭上）	介	（晉）	君子	（旅）	郊	（需）
緩	（序卦傳）	介于石	（豫）	君子	（晉）	洊	（坎）
緩必有所失	（序卦傳）	甲	（巽）	君子	（乾）	洊	（震）
翰如	（賁）	甲坼	（解）	君子	（賁）	兼	（艮）
翰爲	（賁）	交	（泰）	君子	（漸）	兼	（隨）
翰音	（中孚）	交	（家人）	君子	（隨）	家	（坤）
徽纆	（坎）	交	（解說）	君子	（豐）	家	（師）

戕	(小過)	慶	(暌)	小	(需)	凶	(頤)
泣	(中孚)	慶	(豐)	小人	(大有)	凶	(臨)
泣血	(屯)	潛	(乾)	小人	(大壯)	凶	(豐)
前言往行	(大畜)	窮	(夬)	小人	(既濟)	凶事	(益)
祗既平	(坎)	窮	(渙)	小人	(革)	心	(艮)
起	(姤)	窮	(无妄)	小人	(泰)	心	(坎)
起止	(雜卦傳)	窮	(節)	小人	(觀)	穴	(小過)
乾	(乾)	窮大而失其居		小人勿用	(師)	穴	(需)
乾用九	(乾)	(序卦傳)		小人長	(困)	穴居	(繫辭下)
乾行	(同人)	窮理盡性	(說卦傳)	小人為野人	(革)	休	(否)
乾坤	(家人)	窮通	(繫辭下)	小人革面	(革)	休	(復)
乾坤成列	(繫辭上)	窮通與六爻	(繫辭	小人无咎	(觀)	先天	(解說)
乾為天子	(大有)	下)		小子	(漸)	先天四局	(解說)
乾為息卦	(隨)	遷國	(繫辭下)	小子	(隨)	先王	(復)
乾為龍	(坤)	親	(比)	小亨	(既濟)	先王	(噬嗑)
乾乾	(乾)	親	(旅)	小亨	(旅)	先甲後甲	(蠱)
情	(大壯)	親	(乾)	小亨	(巽)	先否後喜	(否)
情	(解說)	親	(雜卦傳)	小亨	(賁)	先庚後庚	(巽)
情	(繫辭下)	親	(繫辭上)	小利貞	(遯)	先後	(同人)
情偽	(繫辭上)	親與家人	(雜卦傳)	小吝	(萃)	先後	(坤)
棄如	(離)	謙	(謙)	小事	(小過)	先後	(旅)
牽	(小畜)	謙以制禮	(繫辭下)	小事大事	(暌)	先後天	(解說)
牽	(姤)	謙卦多鳴	(謙)	小事吉	(小過)	先迷後得	(坤)
牽羊	(夬)	謙為益	(謙)	小事吉	(暌)	先張之弧	(暌)
傾	(否)	謙尊而光	(繫辭下)	小悔	(蠱)	先號咷	(繫辭上)
愆期	(歸妹)	謙謙	(謙)	小畜為寡	(謙)	先難後易	(繫辭下)
禽	(井)	勸相	(井)	小疵	(繫辭上)	刑	(革)
禽	(恆)	驅	(比)	小過	(明夷)	刑	(賁)
群	(否)	衢	(大畜)	小過之往	(小過)	刑	(蒙)
群	(渙)			凶	(大過)	刑	(豐)
群疑	(暌)	ㄒ		凶	(井)	刑渥	(繫辭下)
群龍	(乾)	下不厚事	(益)	凶	(兌)	刑罰	(豫)
齊乎巽	(說卦傳)	下交不瀆	(繫辭下)	凶	(困)	旬	(豐)
慶	(大畜)	下行	(謙)	凶	(咸)	血	(小畜)
慶	(升)	夕	(乾)	凶	(恆)	血	(渙)
慶	(兌)	小	(訟)	凶	(師)	血	(需)
慶	(困)	小	(賁)	凶	(旅)	血	(歸妹)
慶	(坤)	小	(暌)	凶	(節)	行	(坎)

中孚	（姤）	壯于前趾	（夬）	征凶	（大壯）	貞	（豫）
中孚	（睽）	志	（大有）	征凶	（未濟）	貞	（頤）
中孚	（雜卦傳）	志	（革）	征凶	（革）	貞一	（繫辭下）
中孚爲同	（睽）	志	（姤）	征凶	（損）	貞大人吉	（困）
中直	（同人）	志	（隨）	征凶	（震）	貞凶	（中孚）
中直	（困）	志可則也	（蠱）	征凶	（頤）	貞凶	（師）
中節	（節）	志未得	（同人）	征凶	（歸妹）	貞凶	（巽）
中節	（寒）	志未得	（困）	征吉	（革）	貞凶	（節）
中道	（離）	志未變	（中孚）	征吉	（泰）	貞吉	（大壯）
之卦	（解說）	志未變	（家人）	征吉	（歸妹）	貞吉	（比）
止	（中孚）	志同	（泰）	枕	（坎）	貞吉	（未濟）
止	（序卦傳）	志在內	（臨）	治	（巽）	貞吉	（咸）
止	（既濟）	志在內	（寒）	治和亂	（蠱）	貞吉	（姤）
止	（旅）	志在君	（否）	治曆明時	（解說）	貞吉	（旅）
止	（雜卦傳）	志行	（小畜）	治曆	（革）	貞吉	（晉）
止不可貞	（節）	志行	（升）	直	（坤）	貞吉	（巽）
止之義	（艮）	志行	（屯）	知	（臨）	貞吉	（損）
止則勿用	（頤）	志行	（否）	知小	（繫辭下）	貞吉	（臨）
主	（坤）	志行	（豫）	知光大	（坤）	貞吉	（謙）
主	（睽）	志治	（巽）	知來藏往	（繫辭上）	貞吝	（恆）
主	（豐）	志舍下	（隨）	知崇禮卑	（繫辭上）	貞吝	（晉）
主人	（明夷）	志疑	（巽）	知幾其神	（繫辭下）	貞吝	（解）
正	（蒙）	志與孚	（解說）	知與不知	（繫辭下）	貞爲正	（乾）
正位	（井）	志窮	（巽）	長	（小過）	貞悔卦	（解說）
正志	（遯）	志窮	（豫）	長短	（泰）	貞勝者也	（繫辭下）
正邦	（中孚）	折	（訟）	長短	（復）	貞厲	（大壯）
正邦	（漸）	折	（豐）	長裕而不設	（繫辭下）	貞厲	（革）
正當位	（履）	折足	（繫辭下）	拯	（艮）	貞厲	（旅）
宅	（困）	折其右肱	（豐）	拯	（明夷）	貞厲	（晉）
朱	（困）	折首	（離）	拯	（渙）	貞厲	（履）
朱紱	（困）	折獄	（賁）	祉	（泰）	重	（巽）
至	（井）	制	（巽）	致役乎坤	（說卦傳）	重明	（離）
至	（坤）	周流六虛	（繫辭下）	致命	（困）	重剛	（乾）
至	（臨）	征	（大壯）	致寇	（繫辭上）	振	（恆）
至日	（復）	征	（升）	致寇至	（解）	株木	（困）
至德	（繫辭上）	征	（泰）	致遠	（繫辭下）	祗（唸之）	（復）
壯	（姤）	征	（謙）	貞	（屯）	酌損	（損）
壯	（渙）	征	（離）	貞	（恆）	枃栝	（說卦傳）

上下	（困）	史巫	（巽）	尙	（坎）	時	（艮）
上下	（履）	失位則窮	（序卦傳）	尙	（泰）	時	（旅）
上下反易	（解說）	失節	（節）	尙	（豐）	時	（蒙）
上下无常	（繫辭下）	失道	（坎）	尙賢	（大畜）	時	（雜卦傳）
上下順	（蒙）	失道	（睽）	社稷	（震）	時升	（解說）
上下應	（小畜）	市中爲聚	（繫辭下）	舍	（井）	時用	（坎）
上爻爲窮	（咸）	市井	（繫辭下）	舍	（姤）	時行	（艮）
上古	（繫辭下）	生	（升）	舍	（乾）	時行	（大有）
上交不諂	（繫辭下）	生	（觀）	舍	（頤）	時行	（小過）
上同	（渙）	生生之謂易	（繫辭上）	舍一不用	（解說）	時位	（解說）
上行	（晉）	生風	（升）	施	（夬）	時爲原始	（解說）
上行	（損）	生養	（離）	是	（乾）	時義	（豫）
上行	（謙）	申	（巽）	牲	（萃）	時與位	（乾）
上行與下行	（謙）	矢	（旅）	狩	（明夷）	書契	（繫辭下）
上位和下位	（乾）	矢	（噬嗑）	省	（震）	神	（說卦傳）
上位爲止	（艮）	矢亡	（旅）	省方	（觀）	神	（繫辭上）
上帝	（豫）	矢得	（晉）	食	（大畜）	神以知來	（說卦傳）
上爲天位	（需）	石	（困）	食	（明夷）	神而化之	（繫辭下）
上爲前	（需）	守其國	（坎）	食	（需）	神明之德	（繫辭下）
上巽	（萃）	束帛	（賁）	食	（頤）	神武	（繫辭上）
上巽爲升	（萃）	沙	（需）	食	（豐）	神道	（觀）
上棟下宇	（繫辭下）	豕	（姤）	食	（泰）	商	（兌）
上窮	（隨）	豕	（睽）	食	（雜卦傳）	商兌	（兌）
士夫	（大過）	身	（艮）	食舊德	（訟）	商兌	（中孚）
山上有木	（漸）	身	（家人）	首	（夬）	庶	（賁）
山上有水	（蹇）	身安	（繫辭下）	首	（乾）	庶幾	（繫辭下）
山上有火	（旅）	事	（豫）	首	（未濟）	設	（觀）
升	（升）	事	（蠱）	射	（井）	設險	（坎）
升	（同人）	使民不倦	（繫辭下）	射	（旅）	赦過	（解）
升	（雜卦傳）	受福	（困）	射	（解）	善	（漸）
升爲降	（序卦傳）	始	（訟）	射隼	（繫辭下）	善世而不伐	（乾）
升階	（升）	始交	（屯）	師	（師）	善俗	（漸）
升聚而上	（序卦傳）	始而亨	（乾）	師	（泰）	善積成名	（繫辭下）
水	（解說）	始終	（乾）	師	（復）	視	（履）
水火不相射	（乾）	始終	（漸）	師	（豫）	順	（升）
水火相逮	（說卦傳）	始終	（既濟）	師之德	（豫）	順	（坤）
水而生	（屯）	始終	（无妄）	師爲衆	（序卦傳）	順	（旅）
史	（巽）	始終	（歸妹）	時	（頤）	順	（渙）

資斧	（巽）	竄	（訟）	死	（離）	遂	（震）
載	（大有）	辭	（繫辭下）	死期將至	（繫辭下）	遂爲成	（家人）
載	（小畜）	辭可相人	（繫辭下）	似卦	（解說）	瑣瑣	（旅）
載鬼一車	（繫辭下）			祀	（困）	愬愬	（履）
綜	（解說）	**ㄙ**		思	（艮）	餗	（井）
綜卦	（解說）	三	（師）	思	（咸）	隨	（艮）
臧	（師）	三	（巽）	桑	（否）	隨	（咸）
樽酒	（坎）	三人	（需）	桑包	（繫辭下）	隨	（隨）
樽簋	（坎）	三人行	（損）	素	（漸）	隨	（雜卦傳）
澤反下爲井	（序卦傳）	三人損一	（繫辭下）	素	（履）	隨爲車	（繫辭下）
澤動而下	（睽）	三才	（解說）	索索	（震）	隨爲時	（隨）
藏	（豐）	三才而兩之	（說卦傳）	訟	（晉）	隨風	（巽）
藏	（繫辭上）	三日	（明夷）	訟	（訟）	隨從	（序卦傳）
雜	（坤）	三多凶	（解說）	訟必有眾	（序卦傳）	蘇蘇	（震）
雜	（雜卦傳）	三年	（既濟）	速	（雜卦傳）		
雜	（繫辭下）	三百	（訟）	喪	（小過）	**ㄜ**	
		三就	（革）	喪	（井）	惡	（遯）
ㄘ		三歲	（同人）	喪	（既濟）	惡人	（睽）
次	（旅）	三歲	（坎）	喪	（旅）	惡積滅身	（繫辭下）
次且	（夬）	三歲	（漸）	喪	（震）	惡積罪大	（繫辭下）
草木	（坤）	三歲	（豐）	喪牛	（旅）		
財	（泰）	三歲不覿	（困）	喪馬	（睽）	**ㄞ**	
財	（繫辭下）	三歲不覿	（坎）	散	（雜卦傳）	安	（同人）
參天兩地	（說卦傳）	巳日	（革）	斯	（旅）	安	（節）
從	（坤）	巳爲四	（序卦傳）	塞	（井）	安身	（繫辭下）
從	（復）	四方	（姤）	損	（渙）	安身而後動	（繫辭下）
從事	（訟）	四方	（離）	損	（損）	安其位	（繫辭下）
萃	（萃）	四時	（豫）	損	（頤）	安貞	（坤）
萃如嗟如	（萃）	四時	（觀）	損元吉	（損）	愛惡相攻	（繫辭下）
裁成	（泰）	四時不忒	（豫）	損以遠害	（繫辭下）		
摧	（晉）	四時合其序	（乾）	損可貞	（損）	**ㄦ**	
錯	（序卦傳）	四時成	（革）	損失	（序卦傳）	二五	（解說）
錯	（解說）	四時變化	（恆）	損卦之道	（損）	耳	（井）
錯	（離）	四通	（解說）	損益	（序卦傳）	耳	（噬嗑）
錯卦	（解說）	四道	（繫辭上）	損益爲始終	（雜卦傳）	耳革	（井）
錯然	（離）	四營而成易	（繫辭上）	歲	（坎）	貳	（坎）
聰不明	（夬）	夙吉	（解）	歲成	（繫辭下）	貳	（繫辭下）
叢棘	（坎）	死	（豫）	肆	（繫辭下）	爾	（咸）

遊魂	（解說）	應與	（解說）	文明	（革）	未濟	（未濟）
遊魂卦	（解說）	錫	（晉）	文明以健	（同人）	未濟爲窮	（序卦傳）
飴	（大壯）	隱	（坤）	文柔	（賁）	未離其類	（坤）
貪	（艮）	隱伏	（繫辭下）	文剛	（賁）	未繘	（井）
疑	（升）	嚴	（遯）	文過滅質	（序卦傳）	未變	（家人）
疑	（坤）	嚴君	（家人）	王	（訟）	危	（夬）
疑	（賁）	議獄	（中孚）	王	（離）	危以動	（繫辭下）
疑	（遯）	嬴	（井）	王乃在中	（渙）	危者	（繫辭下）
疑亡	（睽）	嬴	（姤）	王三錫命	（師）	危者使平	（繫辭下）
億	（震）	嬴豕	（姤）	王公	（坎）	位	（解說）
儀	（漸）			王母	（晉）	位	（漸）
憂	（晉）	**ㄨ**		王用亨于帝	（益）	位	（歸妹）
憂	（臨）	亡	（否）	王臣	（蹇）	位不當	（否）
憂	（雜卦傳）	五多功	（繫辭下）	王居无咎	（渙）	位不當	（睽）
憂患	（繫辭下）	五獸	（解說）	王明	（井）	位不當	（震）
牖（音有）	（坎）	勿用	（屯）	王侯	（蠱）	位不當	（噬嗑）
養	（井）	勿用	（坎）	王假	（家人）	位不當	（豫）
養	（序卦傳）	勿用	（既濟）	王假有廟	（渙）	位不當	（臨）
養	（頤）	勿用	（蒙）	外	（比）	位不當也	（需）
養	（雜卦傳）	勿用有攸往	（遯）	外比於賢	（比）	位尊	（繫辭下）
養象	（无妄）	勿妄之藥	（无妄）	未	（中孚）	位當	（既濟）
剮	（睽）	勿恤	（升）	未	（未濟）	位當	（臨）
剮刖	（困）	勿恤	（晉）	未	（臨）	尾	（未濟）
嬴其角	（大壯）	勿恤	（萃）	未出中	（未濟）	尾	（既濟）
螢嬴	（大壯）	勿恤	（雜卦傳）	未占	（革）	尾	（遯）
遺音	（小過）	勿恤其孚	（泰）	未光	（大畜）	我	（中孚）
頤	（噬嗑）	勿逐	（睽）	未光	（艮）	我	（井）
頤	（頤）	勿逐	（震）	未光	（兌）	我	（益）
頤爲養	（序卦傳）	勿逐自得	（既濟）	未光	（晉）	我	（蒙）
頤象離	（序卦傳）	勿幕	（井）	未光	（萃）	我	（頤）
頤養	（序卦傳）	勿疑	（豫）	未光	（震）	我	（觀）
頤養正之吉	（頤）	勿憂	（豐）	未光	（噬嗑）	我心不快	（旅）
應人	（革）	勿憂勿恤	（夬）	未退	（艮）	往	（屯）
應天	（大畜）	勿藥有喜	（无妄）	未得	（震）	往	（困）
應天	（中孚）	文	（賁）	未富	（无妄）	往	（无妄）
應乎天	（大有）	文不當	（繫辭下）	未當	（困）	往	（蹇）
應乎天	（中孚）	文王	（明夷）	未寧	（兌）	往	（蠱）
應乎乾	（同人）	文在中	（坤）	未與	（困）	往不勝爲咎	（夬）

往吉	（晉）	渥	（井）	无咎	（履）	蔚	（革）
往吉	（无妄）	无人	（豐）	无咎	（震）		
往有功	（坎）	无不利	（大過）	无咎	（噬嗑）	凵	
往有事	（蠱）	无不利	（晉）	无咎	（隨）	于干	（漸）
往有尚	（節）	无不利	（謙）	无咎	（頤）	于行	（明夷）
往有尚	（豐）	无功	（坎）	无咎	（臨）	于其鄰	（震）
往有慶	（晉）	无民	（乾）	无咎	（豐）	于飛	（明夷）
往而有功	（无妄）	无交而求	（繫辭下）	无咎	（離）	于野	（同人）
往吝	（咸）	无妄	（无妄）	无咎	（觀）	元	（比）
往來	（井）	无妄不利升	（无妄）	无所容	（離）	元	（乾）
往來	（咸）	无妄之行	（无妄）	无初有終	（巽）	元	（訟）
往來	（无妄）	无妄之災	（无妄）	无初有終	（繫辭下）	元夫	（睽）
往來	（解說）	无妄之往	（无妄）	无恤	（家人）	元吉	（大畜）
往來	（震）	无妄之疾	（无妄）	无首	（比）	元吉	（井）
往來	（寒）	无妄元亨	（无妄）	无悔	（未濟）	元吉	（屯）
往來	（歸妹）	无妄四時	（无妄）	无悔	（繫辭下）	元吉	（坤）
往來	（雜卦傳）	无成	（坤）	无疾	（蠱）	元吉	（泰）
往來	（繫辭下）	无血之羊	（歸妹）	无眚	（訟）	元吉	（益）
往來井井	（井）	无位	（乾）	无眚	（震）	元吉	（復）
往來卦	（解說）	无攸利	（大壯）	无備	（大有）	元吉	（渙）
往和復	（泰）	无攸利	（未濟）	无喪无得	（井）	元吉	（損）
往爲進	（需）	无攸利	（恆）	无悶	（大過）	元吉	（履）
往得中	（寒）	无攸利	（萃）	无期	（繫辭下）	元吉	（離）
往无咎	（萃）	无攸利	（蒙）	无號之凶	（夬）	元亨	（升）
往遇雨	（睽）	无攸利	（歸妹）	无實	（歸妹）	元亨	（屯）
往慶	（无妄）	无咎	（小過）	无輔	（乾）	元亨	（无妄）
武人之貞	（巽）	无咎	（升）	无疆	（坤）	元亨元吉	（井）
物	（大畜）	无咎	（艮）	萬民以濟	（繫辭下）	元亨利貞	（屯）
物三爲群	（睽）	无咎	（坎）	萬民服	（謙）	元亨利貞	（隨）
罔	（大壯）	无咎	（坤）	萬物生	（序卦傳）	元亨利貞	（離）
威	（大有）	无咎	（恆）	違	（訟）	元亨利貞	（蠱）
威	（家人）	无咎	（姤）	網罟	（繫辭下）	允	（升）
威	（繫辭下）	无咎	（晉）	維	（晉）	允	（明夷）
屋	（豐）	无咎	（乾）	維	（解）	允	（晉）
屋	（繫辭下）	无咎	（復）	維	（隨）	允升	（升）
爲反常	（屯）	无咎	（賁）	維心	（坎）	月盈則食	（豐）
望	（小畜）	无咎	（損）	聞	（旅）	月幾望	（中孚）
望	（中孚）	无咎	（解）	聞言不信	（夬）	永貞	（賁）

永貞吉	（益）	虞	（屯）	輿	（小畜）
永終	（歸妹）	虞	（萃）	輿	（困）
玉	（井）	虞	（繫辭上）	輿尸	（師）
用	（坤）	裕父	（蠱）	輿曳	（睽）
用	（乾）	遇	（小過）	輿說輹	（大畜）
用九	（乾）	遇	（同人）	繘	（井）
用亨	（損）	遇	（姤）	顒	（觀）
用壯	（大壯）	遇	（睽）	願	（渙）
用見大人	（升）	遇	（噬嗑）	願	（漸）
用涉大川	（謙）	遇	（豫）	譽	（坤）
刖	（困）	遇	（雜卦傳）	譽	（旅）
羽	（家人）	遇雨	（夬）	譽	（寒）
羽	（漸）	遇雨之吉	（睽）	譽	（豐）
育萬物	（无妄）	遇爲婚媾	（屯）	譽	（繫辭下）
雨	（小畜）	隕天	（姤）	譽	（蠱）
雨	（小過）	獄	（中孚）	躍	（乾）
爲始	（乾）	獄	（旅）	礿	（升）
原	（比）	獄	（噬嗑）	礿	（既濟）
原始要終	（繫辭下）	與	（艮）	礿	（萃）
庸	（乾）	與	（困）		
御天	（乾）	與	（隨）		
欲	（頤）	與	（雜卦傳）		
淵	（乾）	與時行	（遯）		
魚	（困）	與時消息	（解說）		
魚	（姤）	與時偕行	（損）		
渝	（訟）	遠	（復）		
渝	（豫）	遠	（震）		
渝	（隨）	遠	（繫辭上）		
雲	（小過）	遠小人	（遯）		
雲上于天	（需）	遠取諸物	（繫辭下）		
雲行雨施	（乾）	遠害	（渙）		
雲從龍	（乾）	墉	（同人）		
畬	（无妄）	墉	（解）		
園	（賁）	禦	（蒙）		
圓而神	（繫辭上）	禦，止也	（繫辭上）		
圓圖	（說卦傳）	禦寇	（漸）		
愠	（夬）	縕	（繫辭上）		
虞	（中孚）	踰	（謙）		

成語索引－依筆劃數先後分類

一畫

一元復始	（復）
一決生死	（夬）
一決勝敗	（夬）
一定成	（既濟）

二畫

七日	（震）
九五之尊	（中孚）
九疇	（井）
人生逆旅	（小過）
入于地	（巽）
入門	（巽）
十八變	（蠱）
卜以決疑	（夬）

三畫

三人行	（師）
三人行	（需）
三令五申	（巽）
下來	（解）
上窮碧落下黃泉	（隨）
口實	（頤）
土墩	（臨）
大丈夫能曲能伸	（大過）
大吉	（家人）
大有得	（夬）
大而无功	（大有）
大而无功	（師）
大而无功	（師）
大作	（益）
大君	（履）
大事	（小過）
大事不可胡塗	（小過）

大和	（兌）
大師	（壯）
大師	（師）
大師	（觀）
大眾	（大有）
大无功	（恆）
大塊朵頤	（大畜）
大聲呼號	（渙）
大號	（渙）
大鍋	（大過）
大觀	（觀）
大觀園	（觀）
小子	（隨）
小君	（歸妹）
小事	（小過）
小兩口	（兌）

四畫

无人	（豐）
无交	（大有）
无地自容	（臨）
无地自容	（離）
无妄之災	（无妄）
无所容	（巽）
无所容	（臨）
无虞	（中孚）
无疆	（益）
不可大事	（過）
不可長	（夬）
不必悔矣	（暌）
不甘雌伏	（臨）
不行	（噬嗑）
不利行師	（師）
不孝	（離）
不快	（夬）

不育	（漸）
不處	（履）
不期而遇	（姤）
不鳴則已一鳴驚人	
	（謙）
不過	（過）
中節	（中孚）
中節	（寒）
中饋	（家人）
井田	（井）
井性鼎命	（井）
今日之師	（比）
今日之師	（師）
內喜	（寒）
內應外合	（比）
內應外合	（師）
內觀	（觀）
六神	（繫辭上）
公平	（大有）
凶事	（益）
凶事	（蠱）
勿恤	（家人）
化險為夷	（明夷）
匹敵	（中孚）
升火	（升）
升浮	（升）
升高	（升）
升階	（升）
升遷	（寒）
升塞	（寒）
反老返童	（咸）
反老返童	（蒙）
反吟	（復）
反身	（家人）
反省	（震）

反常	（屯）
反復其道	（復）
反感	（咸）
反觀	（觀）
天下一家	（家人）
天下大同	（同人）
天下太平	（乾）
天文	（賁）
天地不合	（豐）
天地之交泰	（泰）
天命	（巽）
天命	（姤）
天施地生	（益）
天時	（隨）
天理	（坤）
天德	（夬）
天險	（升）
天險	（坎）
天譴	（益）
夫妻反目	（小畜）
夫婦之道貴恆常	
	（歸妹）
太白	（頤）
少女十八變	（蠱）
心腹	（明夷）
心憂	（家人）
文人无行	（序卦）
文曲	（賁）
文明	（賁）
文過	（大過）
文過滅質	（序卦）
方言	（大畜）
日中見鬼	（豐）
木火通明	（家人）
比劫	（歸妹）

恆常	（恆）	重復	（復）	書塾	（觀）	偏財	（蠱）
恆常	（歸妹）	革命	（巽）	殊途同歸	（同人）	動則得咎	（咸）
恆觀	（觀）	革面	（觀）	海市蜃樓	（豐）	商量	（兌）
拯救	（明夷）	風化	（蠱）	涉險	（夬）	問神	（觀）
故事	（豐）	風行	（觀）	浮一大白	（中孚）	國土	（觀）
故事	（蠱）	風俗通,怪神篇	（旅）	浮一大白	（隨）	國語上	（隨）
施命	（巽）	風評	（謙）	特立獨行	（復）	密雲不雨	（小過）
既定	（既濟）	飛而且鳴	（小過）	班師	（屯）	專家	（大畜）
春門	（隨）	飛鳥遺音	（小過）	班師回朝	（屯）	常情	（姤）
星宿	（井）	食言	（訟）	班師回朝	（師）	常備師	（師）
泉石生輝	（賁）	食言	（需）	畜勢待發	（大畜）	常與變	（歸妹）
流水桃花	（兌）			病從口入	（頤）	得中	（中孚）
爲仁不富	（无妄）	**十畫**		益世	（益）	得心	（夬）
爲富不仁	（小畜）	乘風展翅	（升）	眞知灼見	（臨）	得志	（師）
爲難	（蹇）	乘龍快婿	（屯）	神速	（需）	得志	（損）
皇天后土	（小過）	剝削	（剝）	神速	（雜卦）	從一而終	（坤）
相比	（比）	匪夷所思	（否）	笑面迎新	（隨）	從一而終	（既濟）
相比	（師）	匪夷所思	（明夷）	茶經	（漸）	從革	（革）
相愛	（家人）	匪夷所思	（渙）	逆子	（離）	從容	（復）
相濡以沫	（既濟）	家人	（家人）	逆來順受	（小過）	御天	（巽）
秋收多藏	（坤）	家人	（乾）	逆旅	（大過）	御風	（巽）
突如其來	（離）	家臣	（家人）	退神	（小過）	接濟	（豫）
背水一戰	（小過）	家常	（乾）	配偶	（豐）	推荐	（晉）
致命	（困）	家常	（蠱）	骨髓	（咸）	授命	（巽）
致命	（巽）	家族	（同人）	高大	（升）	採收	（中孚）
苦節	（節）	家園	（賁）	高亢	（乾）	捨命陪君子	（巽）
苟合	（賁）	師出有名	（師）	高升	（升）	捨近求遠	（頤）
衍流	（需）	師承	（師）	鬼吏	（否）	啓蒙	（蒙）
貞節	（節）	悔過	（大過）	鬼妹	（歸妹）	淘汰	（泰）
貞觀	（繫辭下）	悔過	（小過）	鬼魅	（歸妹）	深獲我心	（明夷）
貞觀	（觀）	旅次	（旅）	凌虛	（升）	牽羊	（夬）
軍旅	（旅）	時令	（巽）			牽制	（小畜）
郊外	（小畜）	時用	（隨）	**十一畫**		牽制	（巽）
重大	（巽）	時行	（遯）	假象	（豐）	理直氣壯	（壯）
重山	（巽）	時窮節仍見	（節）	做事謀始	（訟）	眾望所歸	（大有）
重門	（隨）	書不盡言，言不盡		做事謀始	（需）	祭神	（觀）
重復	（乾）	意	（恆）	側室	（歸妹）	移風易俗	（觀）
重復	（巽）	書契	（夬）	偏房	（歸妹）	符節	（節）

過此以往	（繫辭下）	禍從口出	（頤）	撙節爲用	（節）	隨和	（隨）
過往	（小過）	稱物平施	（夬）	樂天知命	（巽）	隨便	（咸）
過房	（小過）	維心	（坎）	稼穡	（節）	隨俗	（同人）
過門	（夬）	維心	（解）	窮凶惡極	（節）	隨風	（巽）
過門	（明夷）	維繫	（晉）	窮則變，變則通	（乾）	隨時	（隨）
過哀	（小過）	維繫	（隨）	窮苦	（夬）	隨從	（隨）
過客	（大過）	聞言不信	（夬）	窮措大	（序卦）	隨喜	（蠱）
過客	（小過）	聚合	（姤）	窮理盡性，以至於		隨善隨喜	（隨）
過度	（臨）	聚珍	（噬嗑）	命	（巽）	險陰	（履）
過恭	（小過）	聚眾	（姤）	調節	（家人）	頭角	（晉）
過時	（豫）	聚訟紛紛	（巽）	質	（巽）	頤和	（比）
過從	（咸）	膏澤	（屯）	遷善改過	（益）	頤和	（師）
過猶不及	（小過）	蓄勢	（大畜）	養賢	（大有）	頤和圓	（比）
過猶不及	（序卦）	蓄勢待發	（大畜）	餘殃	（坤）	頤和圓	（師）
過節	（節）	蒙大難	（明夷）	餘須	（歸妹）	頤然自得	（咸）
過節	（小過）	蒙昧	（蒙）	諏擇吉日	（歸妹）	頤然自得	（觀）
過儉	（小過）	蒙難	（蹇）	遯入空門	（遯）		
過繼	（小過）	蒙難	（明夷）			**十七畫**	
零基	（損）	遠行	（明夷）	**十六畫**		龍吟龍嘯	（隨）
飾言	（賁）	齊戒	（姤）	凝命	（巽）	龍蛇之蟄	（乾）
飾身	（賁）	熏心	（艮）	壁虎	（履）	應人	（革）
歃血爲盟	（歸妹）	熏心	（坎）	樽酒	（坎）	應天	（中孚）
		儉德避難	（夬）	樹大招風	（漸）	曖昧	（剝）
十四畫		寬容	（臨）	積中不敗	（大有）	濛濛	（蒙）
鼎天立地	（鼎）			積弊成習	（坎）	獲利	（隨）
鼎革	（鼎）	**十五畫**		積蓄	（小畜）	繁文縟節	（節）
鼎革	（離）	履以和行	（履）	親如手足	（比）	聰明	（噬嗑）
嘉偶	（豐）	履行	（履）	親如手足	（師）	聰明	（夬）
嫦娥	（歸妹）	履行契約	（坤）	親密	（比）	臨事	（臨）
嫦娥奔月	（歸妹）	履行契約	（履）	親密	（師）	臨帖	（臨）
孵卵	（中孚）	德不孤	（夬）	親族	（同人）	臨陣	（臨）
寡宿	（歸妹）	德不孤	（坤）	遲緩	（豫）	臨淵	（臨）
對合爲重	（巽）	德不孤必有鄰	（小畜）	錯亂	（履）	臨場	（臨）
對時	（隨）	德施普也	（夬）	錯亂	（既濟）	臨朝	（臨）
榮祿	（否）	徵信	（中孚）	隨心所欲	（隨）	艱難	（蹇）
滿盈	（屯）	憂心忡忡	（咸）	隨身在側	（隨）	虧盈	（謙）
滿腹經綸	（屯）	憂患	（既濟）	隨車	（大有）	蟒蛇	（同人）
碩果僅存	（剝）	撙節	（節）	隨和	（咸）	謙虛	（謙）

後 記

　　本書在出書過程中，多蒙林慶南小姐的協助校對，才得以如期問世。她聰明過人，所提的許多建議和校正非常有深度，使本書增色不少，在此特別表示感謝。

　　在進行校對工作時，作者正旅居國外，所以稿件的往返完全透過電腦網路傳送，不但節省費用，而且快速方便，同時本書完稿不必經由排版公司即可付印，這在我多年前開始寫作本書時是始料未及的。在現今全球的電腦網路開始成為家喻戶曉的溝通工具之時，我們能和這潮流並駕齊驅，非常高興。就傳播工具來說，這本注解中國最古老智慧經典的書，能運用最新科技產品完成製作，深具時代意義。

　　在此我也要謝謝遠流出版公司董事長王榮文先生的支持。他是個具有敏銳眼光的事業家，洞悉未來出版界將要發生的革命趨勢。過去這一年，我們常一起走在這五光十色、令人神迷的資訊樂園裡，共同探討電腦網路、數據化資料處理的可能性，這成為我在成書過程中一個充滿趣味的珍貴經驗。

　　最後要謝謝密宗黑教林雲大師在百忙之中不吝惠賜墨寶為書題名。多年前，我曾在電台中和他一同上節目談「易經與生活」，啓發我寫本書之契機，以後還承蒙他為我的頭一本書《談天說命》作序。孔子說：「吉凶生大業。」大師多年來如行雲流水，活在眾生中力行易經的原理，教人趨避之道，這是最不易之易也，今得他之鼓勵，我與有榮焉。

一九九六年卯月

王明雄　謹識

國家圖書館出版品預行編目資料

易經原理 / 王明雄著. -- 初版. -- 臺北市 :
遠流，1996〔民85〕
　　面 ；　公分.
參考書目：面
含索引
ISBN 957-32-2820-3(精裝)

1. 易經 – 評論

121.17　　　　　　　　　　　　　85004758